西藏年鉴 2010

西藏年鉴编辑委员会

西藏人民出版社

图书在版编目（CIP）数据

西藏年鉴. 2010 / 《西藏年鉴》编委会编. -- 拉萨:
西藏人民出版社, 2011.3
ISBN 978-7-223-03076-2
Ⅰ. ①西… Ⅱ. ①西… Ⅲ. ①西藏－2010－年鉴Ⅳ. ①Z527.5
中国版本图书馆 CIP 数据核字(2011)第 026211 号

西藏年鉴（2010）

主　　办	西藏自治区人民政府办公厅 西藏自治区地方志办公室
编　　者	西藏年鉴编辑委员会
责任编辑	晋美旺扎　张慧霞　梁惠敏
设　　计	王景远
出版发行	西藏人民出版社
印　　刷	西藏新华印刷厂
成品尺寸	889×1194　1/16
插　　图	378 幅
字　　数	1090 千字
版　　次	2011 年 3 月第 1 版
印　　次	2011 年 3 月第 1 次印刷
印　　数	01-5000 册
书　　号	ISBN 978-7-223-02807-3
定　　价	498.00 元

编辑说明

一、《西藏年鉴》由西藏自治区人民政府办公厅和地方志办公室主办，自2000年开始每年出版，是大型综合性、权威性、史料性年刊。《西藏年鉴》(2010)坚持以马克思列宁主义、毛泽东思想和邓小平建设中国特色社会主义理论为指导，坚持为西藏改革开放、全面构建和谐小康社会、实践新时期跨越式发展战略目标服务的办刊方针，由《西藏年鉴》编辑部编辑、西藏人民出版社出版。

二、《西藏年鉴》(2010)翔实、全面、系统、客观地记载了2009年西藏自治区政治、经济、文化、社会等各方面的发展状况。为各级领导了解区情，实施科学决策提供依据，为各行业、各部门、各单位查寻资料，为国内外各界人士了解、认识、研究西藏提供可靠的信息，也是西藏自治区精神文明建设和对外宣传的窗口。对西藏与各省、市、自治区进行社会、经济、科技发展等方面的合作交流、实现经济快速发展将起到极大地促进作用。

三、《西藏年鉴》(2010)分特载、西藏综述、政治(包括党委、人大、政府、政协、群众团体和工商联、法制)、军事、经济(包括发展和改革、商务，财税、金融、保险、证监，管理与监督，农牧业、林业、水利，交通、民航、邮政、通信，国土资源、城乡建设、旅游，气象、地震、电力、石油销售，环境保护、地矿勘查)、社会事业(科技、教育、文化、广电传媒，卫生、计划生育、体育，民政、劳动和社会保障)、市地县(区、市)、大事记、统计资料、发展风貌图片彩版宣传等九个篇目。

四、《西藏年鉴》(2010)采用分类编辑法，由篇目、类目、部(门)目、条目组成。篇目下设类目，类目下设部(门)目，部(门)目下设若干条目。条目标题统一使用黑体字加【】表示。彩版单独标页，便于查阅。

五、《西藏年鉴》(2010)所用稿件均由自治区各部、委、办、厅、局、地县(区、市)及驻藏部队负责撰写，并经撰写单位领导审核。所用综合性资料、数据，一律截至2009年底。年鉴中的“统计资料”由自治区统计局提供，正文中的数据由各单位提供。数据一般以现行价格计算。本卷“统计资料”，因统计口径等原因，有关部门所用数据与“统计资料”中的数据不尽一致，采用时请予注意。

六、《西藏年鉴》的编辑、出版、发行，得到了各级领导、各企事业单位和广大读者的大力支持，在此表示衷心感谢。有极少数单位因特殊原因，本期没有刊载。

欢迎广大读者对本书的编辑工作提出宝贵意见，以便把《西藏年鉴》编得更好。本书采用了部分作者的图片或文字，望作者见稿后与我们联系，以便支付稿酬。

编　者

2010年12月

西藏年鉴编辑委员会

目 录

特 载

第一篇 西藏综述

第二篇 政治

第三篇 军 事

第四篇 经 济

第五篇　社会事业

第六篇　地（市）、县（区、市）

第七篇 政府 2009 年大事记

第八篇 统计资料

MAIN CONTENTS

Special Preface

Chapter 1 Tibet Summary

Chapter 2 Politics

Chapter 3 Mititary Affairs

Chapter 4 Economic

Chapter 5 Affairs

Chapter 6 Regions Cities Districts Counties

Chapter 7 Important Events

Chapter 8 Statistical Data

西藏自治区行政区

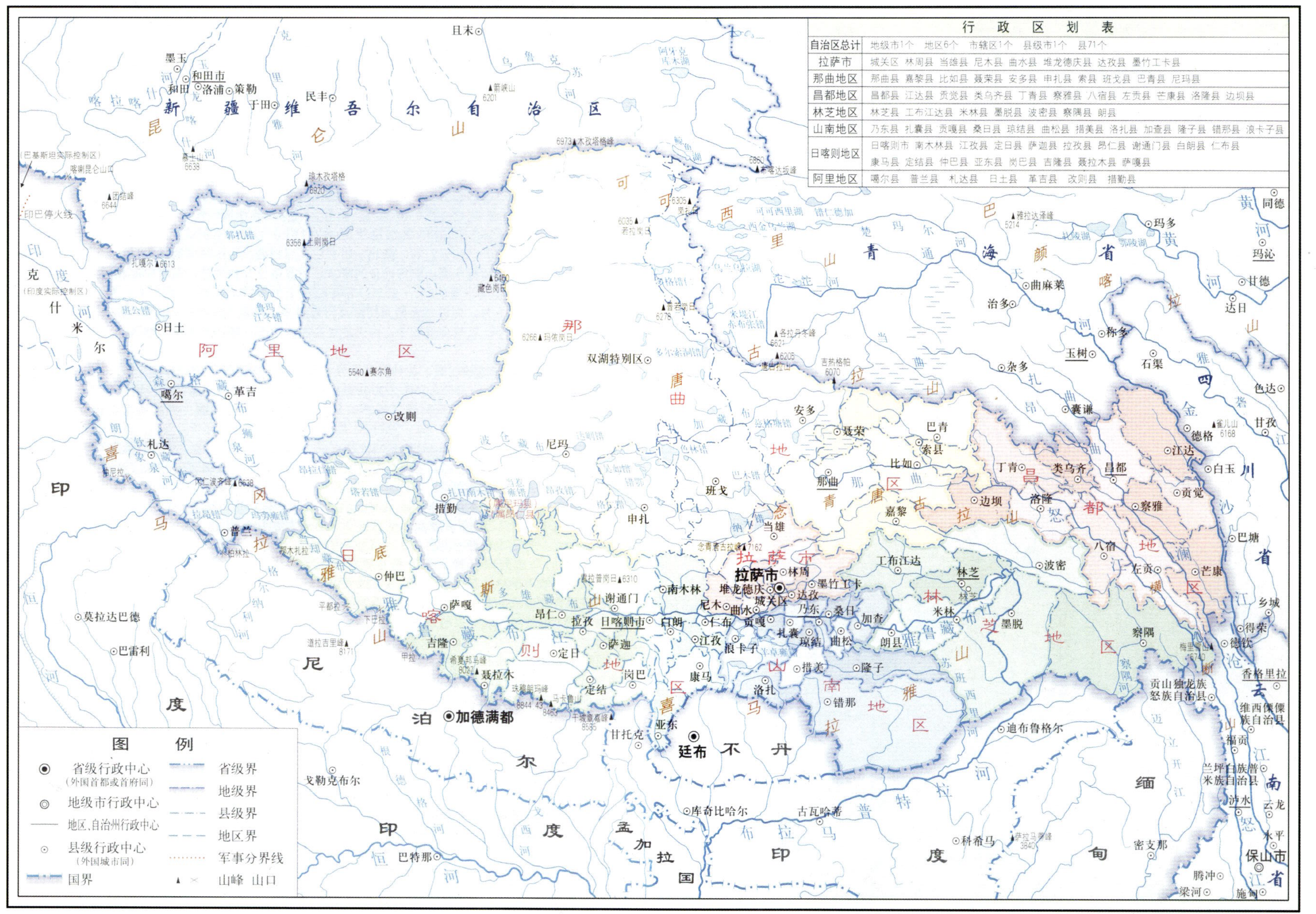

行政区划表	
自治区总计	地级市1个 地区6个 市辖区1个 县级市1个 县71个
拉萨市	城关区 林周县 当雄县 尼木县 曲水县 堆龙德庆县 达孜县 墨竹工卡县
那曲地区	那曲县 嘉黎县 比如县 聂荣县 安多县 申扎县 索县 班戈县 巴青县 尼玛县
昌都地区	昌都县 江达县 贡觉县 类乌齐县 丁青县 察雅县 八宿县 左贡县 芒康县 洛隆县 边坝县
林芝地区	林芝县 工布江达县 米林县 墨脱县 波密县 察隅县 朗县
山南地区	乃东县 扎囊县 贡嘎县 桑日县 琼结县 曲松县 措美县 洛扎县 加查县 隆子县 错那县 浪卡子县
日喀则地区	日喀则市 南木林县 江孜县 定日县 萨迦县 拉孜县 昂仁县 谢通门县 白朗县 仁布县 康马县 定结县 仲巴县 亚东县 岗巴县 吉隆县 聂拉木县 萨嘎县
阿里地区	噶尔县 普兰县 札达县 日土县 革吉县 改则县 措勤县

图例

省级行政中心（外国首都或首府同）	省级界
地级市行政中心	地级界
地区、自治州行政中心	县级界
县级行政中心（外国城市同）	地区界
国界	军事分界线
	山峰 山口

比例尺 1：8 000 000

自治区第九届人民代表大会第二次会议

自治区第九届人民代表大会第二次会议（各地区代表）

自治区主席向巴平措作政府工作报告

自治区主席向巴平措参加区九届人大二次会议会组审议会

自治区常务副主席郝鹏参加区九届人大二次会议会组审议会

自治区常务副主席吴英杰参加区九届人大二次会议会组审议会

自治区第九届人民代表大会第二次会议（解放军代表团）

自治区第九届人民代表大会第二次会议（各地区代表）

自治区第九届人民代表大会第二次会议（各地区代表）

自治区第九届人民代表大会第二次会议（各地区代表）

自治区党委书记张庆黎会见乌拉圭副总统、参议长尼恩·诺沃亚

自治区主席向巴平措会见英国外交国务大臣刘易斯

自治区常务副主席白玛赤林接受境内外记者采访

自治区常务副主席郝鹏会见新加坡外长

新杂·单增曲扎活佛在渥太华接受《渥太华公民报》记者的专访

自治区领导及尼方代表为中国西藏——尼泊尔经贸洽谈会开幕式剪彩

西藏自治区党委常委、统战部部长，自治区政协副主席、党组副书记洛桑江村在基层视察

西藏各族各届党外人士庆祝建国60周年座谈会

全区藏传佛教爱国守法先进寺庙和僧尼表彰大会

捐赠仪式

藏传佛教学经僧人晋升格西拉让巴颁证仪式

自治区副主席、政法委副书记、公安厅党委书记、厅长李昭

自治区高级人民法院

自治区高级人民法院党组书记、院长罗布顿珠慰问基层干警

自治区领导检查“车载流动法庭”装备情况

自治区高级人民法院党组书记、院长罗布顿珠

开庭

邀请自治区人大代表、政协委员旁听庭审

法院干警向过往群众讲解法律知识

"车载流动法庭"启动仪式

"流动车载法庭"庭审现场

区高级人民法院法律宣传咨询活动

新落成的自治区高级人民法院刑事审判综合楼

自治区领导视察法制宣传服务活动

9月19日，自治区党委常委、政法委书记王宾宜（右一）等自治区领导，在自治区司法厅厅长荣生（左一）等同志的陪同下巡视国家司法考试考场

藏历新年第一天（2月25日）上午，司法厅副厅长何平同志带领厅政治部、办公室以及拉萨监狱的负责同志，着藏民族节日盛装，看望、慰问正在值勤的武警官兵

9月22日，司法厅召开民族团结工作座谈会，司法厅领导、退休老干部和厅直各单位、厅机关各部门、有关民族代表参加了会议

拉萨市司法局组织宣传组，在当雄县等地开展法制宣传服务活动

6月30日，堆龙劳教所举行庆"七·一"迎国庆暨学习实践科学发展观加强作风建设等学教活动知识竞赛

胡锦涛总书记与中央第五次西藏工作座谈会代表亲切握手

中共中央政治局委员、全国政协副主席、党组副书记、全国政协代表团团长王刚在庆祝西藏自治区政协成立50周年庆祝大会上亲切接见欧洛布穷总队长

西藏自治区党委张庆黎书记亲切接见边防总队第二次代表大会代表

西藏自治区党委书记张庆黎会见边防局傅宏裕政委

西藏自治区党委书记张庆黎、边防局政委傅宏裕等领导出席边防总队第二次代表大会

自治区副主席、公安厅党委书记、厅长李昭莅临边防总队一线检查指导边境防控工作

自治区党委副书记、政府常务副主席郝鹏，自治区党委常委、政法委书记王宾宜，公安部边防管理局副局长张崇德等领导出席边防总队指挥中心开工奠基仪式

公安部边防管理局向尼泊尔内政部移民局援助边检查验设备

自治区公安消防总队

自治区党委书记张庆黎听取西藏消防总队政治委员琼色、总队长吴根群汇报

自治区党委副书记张裔炯等领导到消防宣传点视察

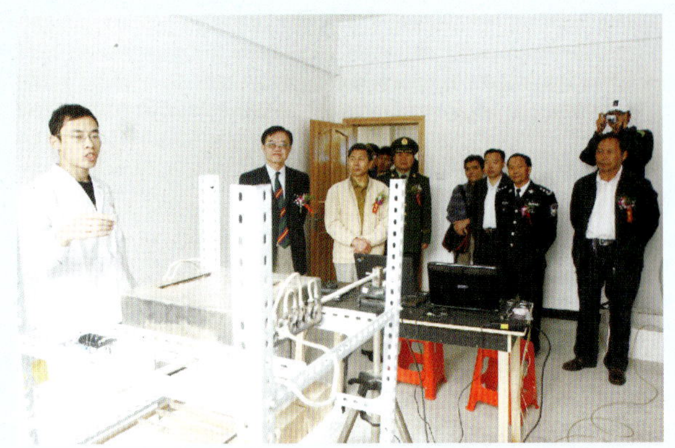

中国工程院院士范维澄院士一行观摩实验

首批高校消防志愿者颁证暨普法行动

西藏自治区高原火灾安全实验室暨中科大火灾科学国家重点实验室西藏实验基地在拉萨挂牌

消防官兵在仓库火灾救援现场

拉萨消防官兵抢挖被埋压小孩.

消防官兵在米林县红卫林场火灾救援现场

西藏公安消防部队在拉萨市消防特勤大队隆重举行消防特种装备车辆服役仪式

西藏消防协会开展消防科普进寺庙活动

警营文化建设警民联欢

自治区消防工作会议

自治区人民防空办公室

自治区领导视察人防宣传活动

开展人防宣传活动

开展人防宣传活动

2009年8月，国家税务总局王力副局长视察西藏税务干部学校建设情况

2009年1月，西藏自治区国税局表彰全区国税系统先进党支部

2009年4月税收宣传月期间，西藏自治区国税局举行《西藏税收改革发展三十年》赠书仪式

2009年8月，西藏国际税收研究会成立

2009年9月，税务干部在布达拉宫广场宣传税法

自治区党委书记张庆黎会见商务部钟山副部长

自治区主席向巴平措与商务部副部长钟山亲切会谈

马相村厅长向自治区领导汇报中尼贸易洽谈会情况

厅领导陪同邓小刚副主席考察“放心肉”市场

索朗多吉书记与外商亲切交谈

马相村厅长会见尼泊尔驻拉萨总领事

中国西藏—尼泊尔经贸协调委员会谅解备忘录签字仪式

马相村厅长在全区盐务工作会上代表商务系统和政府签署碘盐推广协议

马相村厅长在全区碘盐营销网络拉萨配送中心开工仪式上发表讲话

迎接商务系统赴玉树抗震救灾英雄们归来

西藏餐饮发展论坛开幕式

山南地区家具家电下乡试点启动仪式

首届全国商务系统援藏工作会议

中国共产党成立87周年优秀共产党员表彰大会

中国西藏—尼泊尔经贸洽谈会客商云集，人头攒动

农行西藏分行行长米玛旺堆、副行长支章深入农牧民家中了解小额信贷情况

农行西藏分行米玛旺堆行长在曲水调研

农行西藏分行召开信贷扶贫座谈会

中国银行总行李早航副行长视察西藏分行基层网点

中行西藏分行与西藏华泰龙矿业有限公司签署战略合作协议

中行西藏分行向定点扶贫点捐赠钱物

中国工商银行西藏自治区分行

2009年1月24日，西藏自治区党委书记张庆黎，副书记、常务副主席郝鹏，区委常委、组织部长尹德明，主席助理丁业现，党委副秘书长胡为民等到西藏分行，对春节期间坚守岗位的干部员工进行慰问

2009年11月6日，西藏自治区党委副书记、主席向巴平措，宫蒲光副主席到西藏分行视察工作

西藏自治区党委书记张庆黎等领导检查指导工作

2009年8月24日-26日，姜建清董事长到西藏分行检查指导工作，慰问员工。并拜会西藏自治区政府向巴平措主席，出席为纪念中华人民共和国成立60周年暨西藏民主改革50周年牡丹联名卡揭牌仪式。总行人力资源部王希全总经理、公司一部莫扶民总经理、银行卡中心栾建胜总裁陪同

2009年7月15日-17日，中国工商银行牛锡明副行长到西藏分行检查指导工作，并慰问员工。总行授信业务部赵银祥总经理、信用审批部索绪全总经理、李峰副总经理陪同

2009年8月13日，中国工商银行赵林监事长到西藏分行检查指导工作，并慰问员工

2009年9月17日，中国工商银行魏国雄首席风险官到西藏分行检查指导工作。总行信贷管理部刘子刚总经理陪同

2009年6月23日下午，中国银行业监督管理委员会监管一部杨家才主任、人事部干部处陈阳处长、监管一部工行处李琳处长、农行处成家军处长、现场处喻剑萍处长、人事部陈宇科长、现场处郑小鸥科长和西藏银监局廖平之局长一行到西藏分行指导工作

2009年6月5日，西藏分行向西藏自治区检察官协会定向捐款10万元，作为我区检察官因公牺牲伤残抚恤专项资金，充分体现了对我区检察机关和广大检察人员的极大关心和支持

2009年10月21日，西藏分行与日喀则地区行署签订向扎西宗乡捐建太阳能光伏电站项目备忘录

2009年12月15日，由西藏分行牵头引进的西藏第一家商业担保公司西藏世丰担保有限公司在拉萨挂牌成立。在西藏世丰担保有限公司开业庆典上，我行与世丰担保公司、西藏俊诚公司签订借款合同和担保协议，并发放中小企业贷款300万元

2009年10月20日，西藏分行与中国华能集团公司，就拉萨市过渡电源项目签订贷款合作意向。11月19日，发放1.86亿元项目前期贷款，实现了我行贷款业务零的突破

中国建设银行西藏自治区分行

2009年总行范一飞副行长深入西藏分行网点视察工作

2009年12月建行西藏分行韩文贞副行长参加电子银行工作会议

2009年9月建行西藏分行李振宇副行长参加行长接待日

2009年12月建行西藏分行资产保全部拉巴边觉总经理及保全人员参加法制宣传

2009年12月建行西藏分行中间业务专题会议

西藏区分行韩文贞副行长主持工作

2009年12月建行西藏分行李振宇副行长参加电子银行工作会议

2009年8月建行西藏分行本部新食堂开业

2009年建行西藏分行客户说明会

2009年建行西藏分行上半年经营分析会议

中国人民财产保险股份有限公司

孙国新总经理在理赔现场会上用藏语发表讲话

孙国新总经理向日喀则受灾群众理赔418万元

孙国新总经理向山南嘎玛洛桑副专员理赔农险332万元

孙国新总经理向农牧民群众宣传政策性农险

受灾群众打出感谢党感谢政府标语

特　载

政府工作报告

——2010年1月10日在自治区九届人大三次会议上

自治区主席　向巴平措

各位代表：

现在，我代表自治区人民政府，向大会报告工作，请予审议，并请各位政协委员提出意见。

2009年工作回顾

2009年，我区经济社会发展面临的形势极为复杂、极为严峻。一年来，在中央的亲切关怀和全国人民的大力支援下，在自治区党委的正确领导下，我们高举中国特色社会主义伟大旗帜，坚持以邓小平理论和“三个代表”重要思想为指导，深入贯彻落实科学发展观，全面贯彻党的十七大和十七届三中、四中全会精神，按照自治区第七次党代会和区党委七届四次、六次全委会的部署，坚持走有中国特色、西藏特点的发展路子，大力实施“一产上水平、二产抓重点、三产大发展”的经济发展战略，以“新西藏、新发展、新变化、新生活”凝聚力量、鼓舞斗志、坚定信心，着力维护社会局势稳定，更加重视保障和改善民生，加强经济调控，加强社会管理，加强公共服务，有效应对国际金融危机的冲击，积极克服拉萨“3·14”事件的后续影响，努力抗击干旱、暴雨、地震等多种自然灾害，完成了自治区九届人大二次会议确定的各项任务，较好地实现了“保增长、保民生、保稳定”的目标。

一、多措并举保增长，经济平稳较快运行，跨越式发展的物质基础更加坚实

我们坚决贯彻落实中央关于扩大内需、刺激经济增长的一系列决策部署，把保增长、促跨越作为政府调控的重要目标，采取有力措施，积极应对挑战，努力扩大投资、刺激消费，加快产业建设，完善体制机制，保持了全区经济平稳较快发展。

加强政府调控，实现了12%以上的经济增长。我们认真落实刺激增长、恢复发展的一系列政策措施，加强经济监测预警，发挥投资财政金融调控作用，全区经济运行好于预期。全年共落实中央投资210亿元，同比增长31.3%，这是中央投资到位最好的一年；为扩大内需、促进经济增长，我们及时出台了185亿元总盘子的两年刺激计划，加大对“三农”、基础设施、产业发展、社会事业、改善民生、生态环境保护等方面的投入，现已完成110多亿元，占计划的60%以上；各项贷款余额达到248.35亿元，较年初增长了13.24%，有力推动了我区经济的快速恢复和发展。预计全区GDP完成437亿元，增长12.1%，其中一、二、三产分别增长3.0%、18.3%和11.7%；地方财政一般预算收入突破30亿元，比上年实际增长20%以上；共组织各项收入34亿多元，同比增长15.2%。农牧业的稳步发展，“三农”工作的不断加强，为全区经济快速恢复发展奠定了良好基础；二、三产业的较快发展，对我区国民经济起到了重要支撑作用。总体上看，全区经济在跨越式发展的轨道中迈出了更加稳健的步伐。这充分说明我们贯彻中央的决策部署是坚决有力的，自治区各项调控措施是扎实有效的。

扩大有效需求，投资消费均实现了20%以上的增长。我们进一步加大投资落实力度，大力刺激城乡消费，投资消费并驾齐驱拉动经济增长的格局得到巩固和发展。全方位、多渠道扩大投资，预计全社会固定资产投资超过370亿元，增长20%以上。“180项目”中已有125个项目资金全部安排到位。落实援藏资金20亿元，增长21.4%。民间投资信心逐步恢复，预计完成105亿元，增长23%。城乡消费持续活跃，预计社会消费品零售总额实现155亿元，增长20.1%，城市和农牧区消费市场呈现出齐头并进、同步增长的良好态势。积极推动“家电、家具、农机、汽车和摩托车下乡”，扩大实施范围，提高补贴幅度，全年共安排补贴资金4077万元，有力刺激了消费的较快增长。建立了生活必需品应急和储备制度。“万村千乡市场工程”和“双百市场工程”扎实推进，完成了400家农家店的建设和改造。碘盐营销网络体系建设顺利启动，拉萨配送中心建成使用。住房消费逐步回暖，旅游、汽车消费旺盛。

及时集中开工，重点项目建设进展顺利。我们认真做好前期工作，积极创造开工条件，及时组织旁多水利枢纽、国省干线公路整治改建等一批重点项目开工建设；除拉日铁路已报国家待批、藏中抽水蓄能电站调整外，实现了“180项目”全部开工的目标，目前已有100个项目竣工。青藏、川藏、新藏、滇藏、中尼公路、墨脱公路和通县油路建设进展顺利，共有49个县通油路。阿里昆莎机场校飞成功，昌都邦达机场改扩建工程已完成。老虎嘴水电站建设进展顺利，巴河雪卡水电站投产运营，实现了林芝电网与藏中电网联网。提前安排、精心组织，藏中电网过渡电源加紧实施，藏历新年前可实现全部机组发电。阿里光伏并网电站开工建设，狮泉河应急电源建成投运。满拉、墨达两大灌区主体工程完工。与全国同步开通了3G业务。三大重点文物维修工程竣工。青藏铁路那曲物流中心投入运营。加强重点项目的审计、监察和稽查，项目管理能力和水平不断提高。

突出重点领域，工业经济和旅游发展取得新突破。我们注重政策引导，加大资金扶持力度，促进重点领域企业强强联合，经济发展方式加快转变，质量和效益明显提升。第一产业平稳发展，预计完成增加值64亿元。积极抵御各种自然灾害，农牧业综合生产能力不断增强，粮食总产量达到92万吨左右；畜牧业稳步发展，乡镇企业和多种经营发展态势良好。坚持做大做强，努力优化政策环境，工业产销两旺，第二产业增加值在GDP中的比重首次突破30%。自治区安排5亿元产业发展与国有企业发展资金，积极帮助企业恢复生产经营，努力渡过难关，提高了经济效益，实现了工业经济的较快发展。继续落实去年安排的200多亿元，开展青稞啤酒、甲玛铜矿、新型干法水泥等重点工业项目建设和前期工作。建工集团、建材集团和矿业集团挂牌成立。地质找矿工作取得新进展，矿产资源整合力度加大、勘查开发管理进一步规范。以旅游业为龙头的第三产业快速恢复发展，完成增加值241亿元，增长11.7%。全年接待国内外游客突破500万人次，达到556万，旅游收入达到52.4亿元，分别增长1.47倍和1.32倍，实现了历史新高。农村旅游快速发展，全区有4.2万农牧民参与旅游接待服务，实现旅游收入2.6亿元，一万多户农牧民家庭受益。旅游业的快速增长，有力地促进了相关行业的发展，为保增长作出了积极贡献。

深化改革开放，发展动力与活力不断增强。我们注重健全优化体制机制，锐意推进各项改革，大力实施开放带动战略，经济社会发展更富活力、更具效率。农村综合改革不断深化，农村公共服务体系进一步完善。农村水电体制改革和集体林权制度改革试点进展顺利。国有企业改革稳妥推进，出台了自治区扶持企业发展激励办法和企业高管人员激励办法。推进了电价改革。

资本市场有了新的发展，奇正藏药成功上市，雅砻上市公司顺利重组。全区医药卫生体制改革全面启动。盐业体制改革取得实质性进展。积极开展对外经济交往与合作，与华能、华电、国电等三大电力集团和中国电信、移动、联通三大通信运营商签订了战略合作协议。非公有制经济加快发展，创造就业岗位32.1万个，上缴税收达25亿元，占全区各项税收总额的73%，为解决就业、促进经济发展作出了突出贡献。招商引资力度不断加大，全年到位资金59亿元，增长23%。拉萨国家级经济技术开发区建设和企业入驻工作加快。边境贸易稳步发展，预计全年实现进出口贸易总额4亿美元。对外经济交往与合作积极开展，成功举办了第十二届中国西藏－尼泊尔经贸洽谈会。我区参加上海世博会的各项筹备工作进展顺利。

二、千方百计保民生，人民共享发展成果，促跨越奔小康的群众基础更加坚实

我们坚持以人为本，把改善民生作为改革发展稳定的重要结合点，着力解决人民群众最关心、最直接、最现实的利益问题，大幅提高民生投入，努力提高保障水平，不断提高公共服务能力，各族群众得到了更多实惠。

切实改善农牧民生产生活条件，提前一年完成了“十一五”安居工程规划目标。我们始终把农牧民安居工程建设作为改善农牧民生产生活条件的着力点，加快推进“八个基本解决”，到目前已解决了23万户、120万农牧民的安居问题，去年又投资2.9亿元实施了农房抗震加固工程；累计解决了122.2万人的安全饮水问题，提前一年完成“十一五”规划任务；共有668个乡镇、4222个行政村通了公路，提前一年实现了80%行政村通公路的目标；新增和改善用电人口11万人，现在已有150多万农牧民用上了电；行政村通电话率达到85%、乡镇通邮率达到80%；农牧区碘盐覆盖率达到80%以上；所有县乡村医疗机构都配备了标准医疗设备；做到了白内障成熟一例、治愈一例。薪柴替代工程加快推进，累计完成11.4万户沼气池建设、向39.5万户农牧民家庭发放了太阳能灶。随着生产生活条件的显著改善，以安居乐业为突破口的社会主义新农村建设迈上了新台阶。

充分发挥政策增收作用，农牧民人均纯收入实现13%的增长。我们按照“打牢一个基础，转好两个轮子，搭建一个平台”的工作要求，通过农牧业增产增效、特色产业开发、劳动力转移、科技推广、加大信贷投入和加快发展农牧民专业合作经济组织等多项措施，农牧民增收长效机制进一步巩固完善。预计农牧民人均纯收入达到3589元，增长13%，连续七年保持两位数增长。加大强农惠农补贴力度，全年累计落实粮食直补、农机购置补贴、化肥补贴、牲畜出栏补贴等各项补贴2.13亿元，比上年增长37%。全年涉农信贷余额51亿元；商业保险面不断扩大，在30个县开展农牧业商业保险，有效降低了灾害对群众造成的损失。整合资金8.3亿元，实施了65个农牧业特色产业开发项目，带动了项目区群众增收。以科学文明进步为导向，大力实施科学知识和劳动技能培训，共安排培训资金5000万元，培训农牧民28万人次，农牧民增收致富能力进一步增强。

社会事业投入增长22%，公共服务水平不断提高。我们始终坚持统筹兼顾，把促进经济社会协调发展作为实现科学发展的重要战略任务，加大投入力度，各项社会事业加快发展。

教育水平进一步提升。“两基”成果不断巩固，“普九”、“扫盲”任务全面完成。再次提高了“三包”经费标准，年生均达到1800元，受益学生27万人。免除了农牧民子女中职教育学费和住宿费，受益学生2.9万人。对高校师范、地矿及涉农专业学生实行了免费教育。高中教育和职业教育快速发展，高等教育质量得到提高。内地办学规模逐步扩大，结构得到优化，水平不断提高。大骨节病区学生搬离病区就学任务完成，高等院校质量工程和中学改造、小学规范化和幼儿园建设进展顺利，农牧区寄宿制学校建设力度不断加大。高校思想政治教育、中小学思想品德教育、小学“双语”教育和学前教育深入推进。

医疗卫生服务进一步改善。启动了31个县卫生服务中心、53个乡镇卫生院和4个社区卫生服务中心标准化建设，新建了4个县疾控中心，自治区第三人民医院和藏医院开工建设。加大村医补贴与奖励力度，人均每年可达3200元以上。实施了农牧民健康促进行动。在农牧区孕产妇住院分娩全部免费的同时，实施了城镇孕产妇补助政策。传染病、地方病防控防治工作得到加强。高度重视，切实加强联防联控，有效控制了甲型H1N1流感疫情蔓延，最大限度地减轻了疫情对人民健康的危害。人口和优生优育工作取得新进展。食品药品监管工作得到加强。

科技支撑产业发展和服务“三农”的能力进一步增强。“金牦牛、金太阳科技工程”等重大科技项目深入实施，加强科技特派员和科普工作，科技特派员增加到2112人，其中农牧民科技特派员1163人。

文化事业进一步发展。农牧区基层文化工作稳步推进，建设了13个县综合文化活动中心、41个县文化信息资源共享工程、81个乡镇综合文化站和680个农家书屋。西新工程、广播电视户户通工程、农村电影放映工程、有线数字电视工程大力实施，广播电视综合人口覆盖率分别达到89.2%和90.4%。在北京成功举办了文化产业项目推介会。创造和推出了《扎西岗》等一批优秀剧节目。藏戏和“格萨尔”成功入选世界非物质文化遗产名录。重点文物保护维修工程顺利推进。体育事业取得新成绩，新建了290个村级体育健身场地，我区运动员在第十一届全运会上实现了奖牌零的突破。

高度重视生态文明建设。《西藏生态安全屏障保护与建设规划》获得国务院批准，已落实投资17.5亿元。草原生态保护奖励机制率先在我区试点，森林生态效益补偿全面落实。全区第一次污染源普查和全区土壤污染状况调查工作基本完成。节能减排、饮用水安全保障、环境综合整治等工作扎实推进。农牧区环境保护不断加强。地质灾害预测预警防治工作得到加强。

高度重视就业和社会保障工作，全区新增就业2万人。我们注重社会公平，积极促进就业，健全社会保障体系，就业和社会保障工作扎实推进。大力开展就业服务，多渠道、多方式增加就业岗位，高校毕业生就业率达80%以上，复转军人得到妥善安置，残疾人就业得到重视。开发安置了13989个公益性岗位，对“零就业”家庭做到了出现一户、援助一户、消除一户。职业培训力度加大，职业技能鉴定进一步规范。城镇登记失业率为3.95%。覆盖城乡居民的社会保障体系逐步完善。开展了7个县的新型农村养老保险试点工作。城镇职工基本医疗保险率先在全国实行省级统筹，失业保险、工伤保险、生育保险已实现了地市级统筹。通过提高补助标准、改革支付办法，大幅提高了城镇居民的基本医疗保险待遇，将关闭、破产国有企业退休人员纳入了基本医疗保险。制定专门政策，确保了参加基本养老保险企业离退休人员病故后一次性抚恤金的按时足额发放。全区参加社会保险总人数达到72.1万人，社会保险覆盖面进一步扩大。

加大扶持救助力度，再次提高了困难群众最低生活保障标准。我们始终将扶贫济困作为政府工作的重要责任，不断加大救济救助力度，着力保障困难群众生活。城镇和农牧区低保标准再次得到提高，“五保”供养标准增加到1800元。向全区城乡低保人员、国有企业退休人员、优抚对象和“三老”人员发放了购物券（卡）或购物现金9530.3万元，赢得了群众的广泛好评。加强保障性住房建设，投资4.35亿元建设廉租住房4236套，下达了1.5万城镇低收入住房困难人员租赁住房补贴资金。投资7.79亿元，安排建设县乡周转房7045套。投入救灾资金8517.8万元，救助受灾群众24.86万人。当雄、仲巴地震民房恢复重建工作全面完成。投入福利彩票公益金5900万元，新建福利院、敬老院、流浪儿童救助保护中心52所。妥善处置拖欠农民工工资和土地征收、拆迁中存在的问题，保障了群众的合法权益。高度重视扶贫工作，不断加大工作力度，贫困人口和重点帮扶人口大幅下降，扶贫开发取得了显著成效。

全区第二次经济普查取得阶段性成果，第六次全国人口普查前期准备工作正式启动，统计服务决策的能力和水平显著提升。全区第二次土地调查工作进展顺利。哲学社会科学、新闻出版、妇女儿童、文学艺术等事业全面发展，老龄、残障、气象、地震、人防等工作取得新成绩。大力支持国防、军队建设，双拥工作进一步加强。

为隆重庆祝“西藏百万农奴解放纪念日”，中央下拨专款5.3亿多元，向城乡低保人员、民主改革前参加工作的老同志发放了慰问金，向广大农牧民赠送了应急灯、电视接收器，为所有通公路的行政村配备了农用汽车。这充分体现了党中央、国务院对西藏广大干部群众的巨大关怀。

一年来，我们不遗余力抓落实，切实关注和改善民生，各族群众共同享有改革发展成果；我们大张旗鼓抓宣传，惠民政策明白卡进村入户，广大群众真正明白惠在何处、惠从何来，全区各族人民群众更加心向党、心向祖国、心向社会主义，推动科学发展、促进社会和谐的群众基础更加牢固。

三、全力以赴保稳定，各族人民团

结进步，安定和谐的社会基础更加坚实

我们始终把维护稳定作为第一责任，把反分裂斗争作为维稳工作的重点，高举维护社会稳定、维护社会主义法制、维护人民群众根本利益的旗帜，按照“谋长久之策，行固本之举”的要求，健全工作机制，强化社会管理，保持了社会局势的持续稳定。

保持高度警惕，严密防范和严厉打击了敌对势力的各种分裂破坏活动。我们全面贯彻中央对达赖集团斗争的基本方针，旗帜鲜明地揭批达赖，反分裂斗争深入开展。针对春节、藏历新年、“3·10”、“3·14”、“西藏百万农奴解放纪念日”、新中国成立60周年等敏感时段和节庆期间，我们高度警惕、严密防范，加强军警民联防联控，加强情报信息搜集研判，严密掌握分裂分子和敌对势力的动向，彻底粉碎了各种分裂破坏活动。加强边境管控工作，有力打击了非法出入境和边境渗透活动。紧紧围绕中央涉藏外交工作大局，积极开展外事外宣工作，加强涉外管理，有效挤压了达赖集团的国际活动空间。

建立健全机制，社会管理取得新成效。我们进一步健全社会防控体系，加大社会治安综合治理力度，严密防范和依法打击了各类违法犯罪活动。进一步加强和改进信访工作，一些涉及人民群众切身利益的热点、难点问题得到解决，有效预防和妥善处置了群体性事件。扫黄打非工作得到加强，社会文化环境不断净化。流动人口服务与管理得到加强。城市社区管理制度逐步健全，农村社区建设试点工作顺利推进。基层政权和政法基础设施建设不断加强，基层基础更加巩固。狠抓安全生产，高度重视道路交通、食品药品、消防等重点领域的安全防范工作，深化专项整治，保障了人民群众的生命财产安全。

加强民族宗教工作，党的民族政策和宗教信仰自由政策得到全面贯彻落实。我们始终坚持“共同团结奋斗、共同繁荣发展”主题，积极推进民族团结进步事业。开展了一系列形式多样、内容丰富的民族团结宣传教育和表彰活动，“三个离不开”和“团结稳定是福，分裂动乱是祸”的思想更加深入人心。藏语言文字工作不断加强，藏文信息化工作扎实推进。兴边富民行动成效显著，人口较少民族地区经济社会加快发展。认真贯彻国务院宗教事务条例，依法管理宗教事务，深入开展寺庙法制宣传教育，规范管理重大宗教活动和跨地域宗教活动，寺庙管理长效机制进一步健全。

一年来，我们积极参加深入学习实践科学发展观、领导干部作风建设年和千名干部进百村开展“两帮助”活动，进一步密切了党群干群关系，进一步夯实了基层基础，政风建设得到加强。认真实施《行政许可法》和《依法行政实施纲要》，公共服务能力和依法行政能力不断提高。全年共办理人大代表议案、建议和政协委员提案 637 件，答复率100%。切实加强执法监察、效能监察和廉政监察，认真开展重点专项整治工作。审计监督力度进一步加大，政府廉政建设取得明显成效。突发公共事件应急管理体系不断健全。积极推进政府机构改革，完善了机制，理顺了职能。不断完善公众参与、专家论证和政府决策相结合的决策机制，西藏自治区发展咨询委员会的作用得到有效发挥，科学民主决策成为政府工作规范。

各位代表，刚刚过去的一年，我们迎来了新中国60华诞。60年来，中国共产党团结带领全国各族人民，谱写了中华民族伟大复兴的光辉篇章。西藏各族人民无不为伟大祖国的繁荣昌盛感到无比的骄傲和自豪！

刚刚过去的一年，我们迎来了西藏民主改革50周年。50年来，在中央的正确领导和全国人民的无私援助下，西藏各族人民以主人翁的姿态和空前的热情，投身建设社会主义新西藏的伟大实践，创造了一个又一个发展奇迹，50年跨越上千年。西藏各族人民无不感到中国共产党的英明伟大、社会主义道路和民族区域自治制度的无比正确！

刚刚过去的一年，我们迎来了第一个“西藏百万农奴解放纪念日”庆祝活动，西藏各族群众欢欣鼓舞，“新西藏、新发展、新变化、新生活”宣传活动深入开展，唱响了共产党好、社会主义好、改革开放好、人民军队好、各族群众好、伟大祖国好的主旋律，增强了党和政府的感召力、祖国的向心力和中华民族的凝聚力！

刚刚过去的一年，中央组织开展了西藏民主改革以来调动力量最大、参与部门最多、涵盖领域最全、工作分工最细、谋划发展最周密的深入调研，进一步为我们理清了发展思路，为我区“十二五”的更好更快更大发展指明了方向。这充分表明了中央对西藏工作的高度重视，西藏各族人民再一次感受到了中央的亲切关怀和祖国大家庭的无比温暖！

这些年，我们在树立和落实科学发展观、推进跨越式发展的伟大实践中，作了一些有益的探索，积累了一些宝贵的认识。

深入贯彻落实科学发展观，推动西藏在科学发展的轨道上实现跨越式发展、在社会和谐的进程中实现长治久安，必须始终坚持新时期西藏工作指导思想不动摇，走有中国特色、西藏特点的发展路子，这是我们建设社会主义新西藏的强大思想武器；必须始终坚持把保障和改善民生放在更加突出的位置，让各族人民共享发展成果，这是我们一切工作的出发点和落脚点；必须始终坚持加快转变经济发展方式，着力提高经济增长质量和效益，这是我们深入贯彻落实科学发展观的重大举措和重要目标；必须始终坚持做强做大特色优势产业、保护生态环境，不断增强自我发展能力和后劲，这是我们全面建设小康社会的战略支撑；必须始终坚持统筹兼顾、整合资源，集中力量办大事，这是我们推动跨越式发展的根本方法；必须始终坚持稳定压倒一切的思想，加强民族团结，坚决反对分裂，这是我们建设和谐社会的首要政治任务。

各位代表，刚刚过去的一年，面对严峻的反分裂斗争形势，我们倾注了更多的精力和心血，维护社会局势的稳定；面对国际金融危机和自然灾害的严重影响，我们采取了更加特殊的措施，促进经济平稳较快发展。在这种异常艰难曲折的形势下，我区改革发展稳定能取得这样的成绩，确实来之不易，实属难能可贵。这是以胡锦涛同志为总书记的党中央正确领导、全国人民大力支援的结果；是全区上下坚决贯彻中央一系列方针政策，旗帜鲜明反分裂、坚定不移抓发展的结果；与全区各族人民的团结拼搏、艰苦奋斗，是决然分不开的。在此，我代表自治区人民政府，向付出辛勤劳动的全区各族干部群众，向全国人民特别是承担对口支援的省市、中央国家机关和重要国有骨干企业，表示诚挚的谢意！向给予政府工作大力支持的人大代表、政协委员和离退休干部，向驻藏人民解放军、武警官兵、政法干警，表示崇高的敬意！向关心、支持我区改革开放和现代化建设的海内外各界人士，表示衷心的感谢！

同时，我们也清醒地看到，在推进跨越式发展和长治久安的进程中，还存在不少困难和问题。虽然我们在改善农牧民生产生活条件、增加农牧民收入方面尽了很大努力，也取得了显著成效，但由于农牧业基础薄弱，农牧民稳定增收的长效机制和增收致富能力有待进一步完善和提高。虽然我们在培育发展特色优势产业上做了大量工作，但由于能源建设滞后、人力资源短缺、市场开拓不够，产业发展的特色不够鲜明，规模较小、效益不高的情况依然存在，自我发展能力亟待培育和提高。虽然我区拥有特殊优惠的政策，但由于思想解放不够，政策措施落实还不完全到位，加上一些不正常因素的干扰，发展软环境尤其需要治理和优化。虽然我们采取多种措施有力地促进了社会就业，但就业渠道狭窄，就业观念落后，就业总量矛盾与结构性矛盾并存，压力将越来越大。虽然我们保持了社会局势的持续稳定，但反分裂斗争形势依然十分严峻，这始终是影响西藏发展稳定的主要因素。虽然我们大力开展作风建设年活动，各级干部工作作风有了较大的改进，但在工作责任心、服务意识和工作落实上还需要进一步加强。对这些困难和问题，我们必须认真研究解决，把西藏的改革开放和现代化建设事业不断推向前进。

2010年主要任务

今年是全面完成“十一五”规划目标任务的决战之年，也是承前启后的关键之年，做好政府各项工作责任重大、意义深远。

政府工作的总体要求是：高举中国特色社会主义伟大旗帜，坚持以邓小平理论和“三个代表”重要思想为指导，深入贯彻落实科学发展观，认真贯彻党的十七大、十七届四中全会精神，坚持新时期西藏工作指导思想不动摇，坚定不移地走有中国特色、西藏特点的发展路子，按照自治区第七次党代会和区党委七届六次全委会的决策部署，大力实施“一产上水平、二产抓重点、三产大发展”的经济发展战略，谋长久之策，行固本之举，始终处理好发展与稳定的关系、近期发展与长远发展的关系、经济增长速度与质量效益的关系，把保障和改善民生放在更加突出的位置。立足完成“十一五”任务，着眼谋划“十二五”发展，着力推进以“首要任务”为重点的社会主义新农村建设，着力推进以扩大投资消费为重点的经济发展，着力推进以改善民生为重点的社会建设，着力推进以完善体制机制为重点的改革开放，着力推进以反分裂斗争为重点的长治久安，努力建设小康西藏、平安西藏、和谐西藏、生态西藏。

主要预期目标是：全区生产总值增长12%以上；农牧民人均纯收入增长13%以上；地方财政一般预算收入增长20%以上；全社会固定资产投资增长18%以上；社会消费品零售总额增长18%以上；居民消费价格总水平涨幅控制在3.5%以内；城镇登记失业率控制在4.3%以内。

为实现上述目标，我们将重点做好以下工作。

一、抓住首要任务，突出安居乐业，扎实推进社会主义新农村建设

按照“打牢农牧业基础，转好特色农牧业、劳务输出两个轮子，搭建农牧区综合服务体系平台”的“三农”工作基本思路和总体要求，以增加农牧民收入为核心，将工作精力、资金投入、项目安排全方位向“三农”倾斜，加大政策支持引导力度，提高农牧业综合生产能力和效益，改善农牧民生产生活条件，建立健全农牧民增收长效机制，全力推进以安居乐业为突破口的社会主义新农村建设。

确保农牧民人均纯收入突破4000元。巩固和完善农牧民增收长效机制，强化组织引导，积极培育农牧民专业合作组织和经纪人队伍，不断提高农牧民的组织化程度、抗风险能力和市场竞争力。继续发挥政策增收作用。抓住农牧业内部增收这个根本，大力发展特色农牧业及其加工业，实现农牧业增效增收。坚持农外结合，多业并举，大力发展非农产业，培育劳务经济，积极促进农牧区富余劳动力转移和就业，进一步拓宽增收渠道。

全面落实强农惠农政策。大幅度增加“三农”投入，自治区安排资金34.9亿元，促进农牧区发展。进一步健全财政投入稳定增长机制，不断扩大财政对农牧区公共服务的覆盖范围，发挥政府投入带动效应。进一步完善补贴办法，加大补贴力度，安排29240万元，用于化肥补贴、良种补贴、农机具补贴、农资综合直补等各类强农惠农补贴。

着力保护和提高农牧业综合生产能力。继续执行最严格的耕地草场保护和节约集约用地制度，加快农田草场水利基本建设，加强农业综合开发，不断增强农牧业综合生产能力。调整和优化种植业结构，扩大青稞种植面积，继续搞好青稞生产基地建设，提高青稞最低收购价，确保青稞安全；坚持立草为业、草业先行，实施退牧还草工程，扩大饲草料种植面积，以农区畜牧业的大发展带动全区畜牧业上水平。切实优化畜群结构，加大牲畜出栏力度，发挥高原草地畜牧业优势，加快培育精品牦牛产业，保持好高原特色、有机特色；强化品牌宣传和市场营销，让牦牛产品进入高端消费市场。积极推进农牧业标准化建设。加强动物防疫体系建设，重点抓好重大动物疫病防控工作。加快农牧区防抗灾物资储备设施建设，进一步提高防抗灾能力。加大农牧业商业保险力度，力争实现全覆盖。从人才、资金、项目、制度建设等方面着手，大力加强以公共服务为依托、合作经济组织为基础、科技服务为支撑的新型农牧业社会化服务体系建设。

力争完成“八个基本解决”。紧紧围绕改善农牧民生产生活条件、增加农牧民收入这一首要任务，整合资金，加大力度，加快推进“八个基本解决”。再经过一年的努力，提前实施并完成剩余20%的安居工程计划任务。再投入3亿元资金，提高新建安居工程抗震能力；对已建安居房，在拉萨、那曲开展抗震加固试点工作。安排 2.6 亿元“以奖促治”资金，积极开展 500 个行政村的村容村貌综合整治试点工作，创造整洁、卫生、文明的新农村人居环境。加快农村公路建设，力争使所有乡镇通公路；加快农牧区邮政、通信建设，力争实现85%的乡镇通邮、88%的建制村通电话。加大碘盐推广力度，力争农牧区碘盐覆盖率达到 90%以上。着力加强农村电力、安全饮水工程建设，再解决15万人的用电和25万人的农村饮水安全问题。

大力培养社会主义新型农牧民。加大培训力度，把农牧民培训与农牧区精神文明建设结合起来，以崇尚科学、追求文明为方向，以党的方针政策、思想道德、法律常识、实用技术、劳动技能等为重点，拓展培训内容，创新培训方式，提高培训效果，培养造就“有觉悟、有文化、懂技术、会经营”的高素质新型农牧民，不断增强广大农牧民商品意识、竞争意识，强化和巩固农牧民在社会主义新农村建设中的主体作用。

二、抓住投资消费，突出合力拉动，促进经济更好更快更大发展

抓住有利机遇，努力扩大投资，刺激消费需求，着力做大经济总量，不断提高经济发展的质量和效益，进一步巩固投资消费合力拉动经济增长的良好格局。

全面完成“十一五”投资计划。调整优化投资结构，合理安排资金投向，努力提高投资效益。加快推进投资主体多元化，力争全社会固定资产投资超过440亿元。做好项目前期工作，力争中央投资达到 220 亿元。进一步加强与援藏省市和中管企业的协调，做好第六批援藏项目的筛选、衔接和投资争取工作。充分发挥政府投资的引导带动作用，落实好各项优惠政策，力争民间投资达到120亿元以上。

扎实推进基础设施和重点项目建设。加大工作力度，全面完成“180 项目”“十一五”期间的建设任务。积极推进综合交通运输体系建设，加快国防公路、口岸公路和通县油路建设。充分发挥青藏铁路的经济社会效益，力争青藏铁路延伸线拉萨至日喀则段开工建设。抓紧那曲机场项目选址工作，完成阿里昆莎机场建设和日喀则和平机场改造任务，争取拉萨贡嘎机场飞行区改造和配套工程开工建设。加快旁多水利枢纽工程建设，推进雅江江北灌区建设进度，完成满拉、墨达、雅砻三大灌区工程收尾和验收工作。争取开工建设青藏直流联网工程。继续做好老虎嘴电站、果多电站等续建项目建设，实现老虎嘴电站首台机组发电。开工建设 5 万千瓦光伏并网电站，力争完成 2 万千瓦的建设任务。加快实施农网建设和改造工程、藏中电网输电工程、七地市城网改造工程。加快开展雅鲁藏布江和藏东南“三江”流域水电资源开发规划和前期工作，积极推进“西电东送”接续能源基地建设。积极推进信息化，加快自治区、地、县三级电子政务网络建设。加强项目前期工作，让更多的项目具备开工条件，储备一批符合国家和自治区投资导向的重大项目。加强对重点项目的审计、监察和稽查工作，全面提升项目管理水平和质量。抓好竣工项目验收，高度重视建成项目管理，切实发挥效益。

努力扩大消费需求。以中低收入群体为重点，多渠道增加群众收入，努力提高城乡居民消费能力。继续开展好“家电、家具、农机、汽车和摩托车下乡”、科技文化卫生“三下乡”等活动，大力拓展农牧区消费市场。着力发展商贸餐饮、文化健身、社区商业、物业、家政等服务性消费。优化金融服务，鼓励个人信贷消费，不断扩大旅游、住房、汽车等消费热点。大力优化消费环境，整顿和规范消费市场。依法惩治虚假广告、制假售假、商业欺诈、强买强卖等行为，维护消费者权益。认真做好价格监测预警和监管工作，切实加强商品和生活必需品的储备和供应，防止脱销断档，防止物价过快上涨。加快市场建设，进一步组织实施“万村千乡市场工程”，完成4个地市农产品批发市场、6个边贸市场和 400 家农家店的建设和改造，力争社会消费品零售总额达到 180 亿元以上。

做好财税金融工作。继续抓好国家和自治区扩大内需、促进增长各项政策措施的落实，进一步调整优化财政支出结构，大幅增加对“三农”的投入，大幅增加对保障和改善民生的投入，大幅增加对教育卫生等社会事业的投入，大幅增加对维护稳定和基层政权建设的投入，积极支持产业发展。规范政府采购，深化国库集中支付管理改革。积极推行财政科学化、精细化管理，严格预算管理，严格控制一般性支出，坚决反对铺张浪费。依法加强税收征管，规范非税收入管理。切实加强和改善对金融的指导、支持和服务，高度重视金融生态建设；认真落实中央赋予西藏的特殊优惠金融政策，加快制定符合西藏实际的信贷管理办法，放宽审贷条件，优化贷款程序，调整信贷结构，增加对“三农”、中小企业、产业发展的有效信贷投入。继续扩大商业保险覆盖面。

三、抓好产业建设，突出规模与优势，不断增强自我发展能力

坚持“注重特色与规模、注重引导扶持、注重生态环境保护、注重带动农牧民”的产业发展指导原则，积极创新发展思路和发展模式，科学规划、整合资源，实行大区域谋划、大产业构建、大集团引领、大项目支撑，做大做强市场主体，加快培育战略支撑产业，以产业化推进城镇化，切实提高自我发展能力。

精心组织，科学编制特色优势产业发展专项规划。结合国家重点产业调整振兴规划，深入做好前期研究，加快制定出台特色优势产业发展专项规划和配套产业政策。规划编制要依托能源、交通等基础设施条件，找准产业和市场定位，注重生态保护，突出惠及民生，依靠企业主体，强化产业带动；依据地域条件、资源优势，合理调整产业布局，规划建设特色产业园区，形成不同区域、各具特色的产业群。必须做到一个产业，一个规划，一套实施办法，一套班子一抓到底。严格执行规划和配套政策，避免低水平投资和重复建设，确保规划权威性。

整合资源，做大做强特色优势产业。抓住青藏铁路那曲物流中心投入运营的重要契机，发挥青藏铁路的强大辐射带动作用，从资源条件和产业基础等实际情况出发，坚持扶优扶强，切实发挥产业发展资金的引导带动作用，向优势产业和优势企业倾斜，提升企业市场竞争力，扩大产业规模。大力培育扶持市场主体，注重打造和保护高原特色品牌，着力发展一批具有自主品牌、核心竞争力、带动作用明显的特色优势产业龙头企业。坚持优势互补、强强联合，以产权为纽带、以市场为导向，加快组建企业集团，推动企业的集约化、规模化发展。通过兼并、重组、联合等方式，积极推动藏药、旅游两大集团的组建。

突出重点，加快培育战略支撑产业。立足我区的资源特色和企业的自身特点，重点发展旅游业、藏医药业、优势矿产业、高原特色生物产业和绿色食（饮）品业、特色农牧业及加工业、建筑建材业、民族手工业和以水电为主的能源工业，加强产业建设与信息化的融合，以信息化促进产业建设，加快形成我区的战略支撑产业。大力发展旅游业。加快旅游配套设施建设，优化接待服务，规范旅游市场，提升旅游形象；围绕自然、人文资源，深度开发具有吸引力的旅游景区景点；突出地域和文化特色，加快旅游纪念品创新和市场开发；鼓励扶持农牧民积极参与旅游业发展。大力发展藏医药业。保护和挖掘传统医药方，积极开发藏医药新品种；重视藏医药科技人才培养和科技创新工作，加快藏药标准体系和检验检测体系建设，推进藏医药的产业化、标准化、规模化和可持续发展。大力发展优势矿产业。继续按照抓大限小的要求，加大资源整合力度，做大做强优势矿产业。加快优势矿产资源勘查，实施好以青藏专项为重点的各类地质勘查项目。开发建设甲玛多金属矿、巨龙铜矿和玉龙铜矿二期及盐湖资源的综合利用开发。继续整顿和规范矿产资源开发秩序，建立企业与政府、企业与群众的有效沟通和利益形成机制，营造矿业发展的良好环境。大力发展特色农牧业及加工业。着力抓好青稞、牦牛等特色农畜产品和优势产区的开发建设，延伸产业链，提高附加值；探索建立农牧户和龙头企业的利益联接机制。

四、抓好社会建设，突出改善民生，不断提高公共服务水平

民生连着民心，民心关乎和谐。切实把保障和改善民生放在更加突出的位置，加大投入力度，推动社会事业快速发展，促进基本公共服务均等化。

优先发展教育事业。进一步巩固“两基”攻坚成果，提高义务教育普及水平。认真落实农牧民子女义务教育阶段“三包”政策，加强经费管理。加快寄宿制学校建设，推进小学规范化和初中标准化建设，实施中小学校舍安全工程。以农牧区为重点，加快幼儿园建设，启动学前两年“双语”教育工程。积极发展高中阶段教育，提高入学率。继续办好内地西藏班，进一步提高办学层次，优化招生结构，逐步扩大办学规模。大力发展职业技术教育，做好内地西藏中职班招生工作。推进高等教育质量工程，完善家庭经济困难学生资助政策。关心支持特殊教育。以热爱党、热爱祖国、热爱人民、热爱社会主义教育和民族团结教育为重点，强化思想政治教育和德育工作，大力加强师德师风建设，用社会主义核心价值体系牢牢占领学校阵地。

加快发展卫生事业。大力开展农牧民健康促进行动。加强基层医疗卫生服务体系建设，完成20个县级卫生服务中心、50个乡镇卫生院的标准化建设任务。不断完善农牧区医疗制度，将农牧民免费医疗补助标准提高到 180 元。加强乡村医生培养，力争为每个行政村配备两名村医。加强学校和社区医疗卫生工作，推进学校医务室和社区卫生服务中心建设。继续做好自治区藏医院改扩建、自治区疾控中心改造，新建自治区第三人民医院，改扩建自治区第二人民医院。加强重大传染病和地方病的防治工作，认真做好甲型 H1N1 流感防控工作，有效预防、及时控制突发公共卫生事件。加强流动人口计划生育服务与管理。切实做好妇幼保健、优生优育工作，落实好农牧民孕产妇住院分娩医药费全免、奖励和生活救助政策，进一步降低婴儿死亡率和孕产妇死亡率，提高出生人口素质。

提升科技服务能力。围绕特色经济发展、经济结构调整，加强科技平台建设，建立健全科技推广服务体系，加大科技创新力度，引进、吸收、创新和推广先进适用技术，在农牧业、新能源、高原生物、藏医药、生态环境、民族手工业等应用领域取得突破。深入实施科技入户工程，实现科技指导直接到户、良种良法直接到田、技术要领直接到人。今年再发展 500 名农牧民科技特派员。实施民生科技工程，推广适宜西藏民用的光热、光电等新产品和新技术，继续开展沼气与生物质能技术示范推广。进一步深化科技交流，积极推动跨区域重大科技项目合作。大力开展科普宣传活动，开工建设西藏自然科学博物馆。

繁荣发展文化事业。强化广播电视、新闻出版、文化、哲学社会科学等工作，努力构建“体系健全、事业发展、市场活跃、产业兴旺”的文化发展新格局。以基层为重点，加大投入力度，加快文化基础设施和队伍建设，完善公共文化服务网络。扎实推进“西新工程”、广播电视户户通、广播影视数字化和农村电影放映等文化建设工程，完成10个县综合文化活动中心、29 个县文化信息资源共享工程、46 个乡镇综合文化站建设任务，建设1320家农家书屋，切实改善基层文化设施条件。进一步繁荣文化艺术创作。加强物质和非物质文化遗产保护，全面启动古籍普查保护工作。加快推进“十一五”重点文物保护工程。深化改革创新，大力发展文化产业。抓好竞技体育工作。认真实施全民健身条例，加快群众体育、健身场所建设，提高人民群众健康素质。

加强社会主义精神文明建设。大力推进社会主义核心价值体系建设，坚持用中国特色社会主义理论体系武装头脑、教育人民。不断深化社会主义荣辱观教育，大力加强公民道德建设和未成年人思想道德建设。进一步加强爱国主义教育和民族团结教育，教育引导广大干部群众特别是青少年牢固树立马克思主义祖国观、民族观、宗教观、文化观，深刻认识中华民族多元一体，进一步增强公民意识，像爱护自己的眼睛一样珍惜民族团结、维护社会主义祖国大家庭。进一步加强党的惠民政策宣传，继续开展“四新”宣传教育活动，唱响“六好”主旋律。开展群众性精神文明创建活动。深入开展扫黄打非活动。继续做好双拥工作，加强国防教育、国防动员和人民防空工作。

提高就业和社会保障服务水平。继续实施积极的就业政策，做好高校毕业生就业和转业退伍军人安置工作，鼓励高校毕业生到基层和企业就业，扶持高校毕业生自谋职业、自主创业，确保城镇新增就业2万人，城镇登记失业率控制在4.3%以内。加快地市级城乡人力资源市场建设。加强公益性岗位开发管理，重视残疾人就业，援助“零就业”家庭和困难群体就业。加大农牧民和城镇失业、转岗等人员技能培训力度，进一步提高就业和创业能力。建立健全统筹城乡的社会保障体系。完成20%的新型农村社会养老保险制度试点任务，到2012年基本实现全覆盖。再次提高企业退休人员基本养老金标准。加快社会保险扩面工作，将城镇非公经济组织单位及其从业人员和灵活就业人员全部纳入城镇基本养老和基本医疗保险覆盖范围。在完善城镇居民基本医疗保险的基础上，加快发展商业补充保险和医疗救助，大幅提高城镇居民医疗保障水平。实现失业保险自治区级统筹。完善城乡居民最低生活保障制度，将城镇低保标准从月人均310元提高到330元，农村低保标准从年人均1100元提高到1300元，并切实抓好落实。加大城镇低收入住房困难家庭住房保障力度，建设2000套廉租住房和300套经济适用住房，继续对城镇住房困难家庭发放住房租赁补贴。加大干部职工周转房建设力度，建设周转房5500套。加大扶贫开发力度，完成31个乡镇整乡推进扶贫工作。投入2.3亿元资金，实施好溜索改桥项目建设。加快53个地、县救灾物资仓库建设。妥善安置受灾群众。积极发展妇女、儿童、老龄、残障和慈善等事业。

加强生态环境保护与建设。加快实施《西藏生态安全屏障保护与建设规划》，提高生态安全保障能力，推进生态西藏建设。继续抓好草原生态保护奖励机制试点工作。积极探索开展资源开发生态补偿试点。加强气候变化应对工作，提高防灾减灾能力。加强高原生物多样性保护，搞好自然保护区建设。积极开展植树造林，加大水土流失治理力度。实施饮用水水源地保护工程，建立健全饮用水水源安全预警机制。倡导以低碳排放为特征的消费模式，发展低碳经济。高度重视节能减排工作，严格环境监测监管，认真落实规划和建设项目环境影响评价制度，深入开展环保专项行动。加快城镇生活污水和垃圾处理设施建设，推进农牧区薪柴替代和环境综合治理工程。

五、抓好改革开放，突出扶持市场主体，不断增强跨越式发展的动力与活力

进一步加大改革开放力度，着力破解经济社会发展中的突出矛盾和问题，采取特殊扶持政策，发展壮大中小企业和非公有制经济，为推动科学发展注入新的生机与活力。

稳步推进各项改革。完善和落实土地、草场承包经营责任制，积极推进土地流转、集体林权制度改革和农村综合改革。加快建立健全统一规范的土地和矿业权要素市场和监管平台。继续深化国有企业改革，着力完善法人治理结构，建立健全现代企业制度。进一步加强和改进对国有企业的监管，逐步将部分行业部门管理的国有企业划归国资委监管。依法完善国有资产监督管理体制和制度，确保国有资产保值增值。认真贯彻自治区深化医药卫生体制改革的意见，抓好各项工作的落实。继续推进教育、科技和文化等社会领域改革。全面完成政府机构改革，积极稳妥地推进事业单位改革。

全方位扩大开放。把祖国内地作为我区开放的重点，依托青藏铁路和资源优势，进一步加快西藏与内地经济、文化的交融，壮大经济主体，增强发展活力。积极参与上海世博会，建好具有浓郁民族特色的西藏展馆，全面展现新西藏、新形象。以做大做强特色优势产业为方向，以青藏铁路那曲物流中心、拉萨国家级经济技术开发区和产业园区等为主要载体，全面落实各项优惠政策，吸引更多的资本投入西藏、更多的企业落户西藏、更多的人才流向西藏。进一步加强与内地特别是对口支援省市和重要国有骨干企业的交流与合作，探索优势互补、合作联合、互惠互利的有效途径。积极鼓励和支持我区企业走出去，努力开拓国内外市场。加大招商引资力度，力争达到70亿元以上。重点建设吉隆口岸、普兰口岸，稳步发展樟木口岸、普兰口岸，加快推进南亚陆路贸易大通道建设。继续巩固边境贸易，稳定一般贸易，加快特色出口产品基地建设，努力提高自产产品出口，力争进出口贸易总额增长10%。配合国家总体外交，继续加强和改进涉藏外事外宣工作。

促进中小企业和非公有制经济发展。认真落实中央和自治区促进中小企业和非公有制经济发展的政策措施，加强政策落实情况的监督检查，保护中小企业和非公有制经济的合法权益。加大财政资金支持力度，重点支持中小企业技术创新、结构调整、开拓市场、扩大就业。根据中央政策规定，结合西藏实际，完善小企业信贷考核体系，提高小企业贷款呆账核销效率，建立信贷人员尽职免责机制。建立小企业贷款风险补偿机制，对金融机构发放小企业贷款按增量给予适当补助，对小企业不良贷款损失给予适度风险补偿。设立多层次的贷款担保专项资金和担保机构，切实解决中小企业和非公有制经济融资难问题。发展资本市场，拓宽企业直接融资渠道。加快培育拟上市公司，提高上市公司质量。认真落实自治区人民政府关于贯彻《国务院关于进一步促进中小企业发展的若干意见》的实施意见，促进中小企业和非公有制经济实现又好又快发展。

六、抓好维稳能力建设，突出反分裂斗争，促进社会持续稳定

始终坚持稳定压倒一切的思想不动摇，深入持久地揭批达赖，旗帜鲜明地反对分裂，立足强基固本，强化能力建设，积极主动治理，维护安定和谐的社会局面。

深入开展反分裂斗争。高举维护社会稳定、维护社会主义法制、维护人民群众根本利益的旗帜，深入开展“团结稳定是福、分裂动乱是祸”教育，坚决贯彻中央对达赖集团的斗争方针和政策，深入揭批达赖，旗帜鲜明地反对和打击一切分裂祖国、破坏民族团结的言行。着力构建反渗透防控体系，清理查处各类反动出版物及宣传品，坚决杜绝分裂思想和有害言论的传播，切实维护意识形态领域安全。认真落实维护稳定的各项措施，严密掌握分裂分子和敌对势力的动向，切实加强重点时段和重点部位的管控，严厉打击各种分裂破坏活动。对蓄意挑拨民族关系、破坏民族团结、制造恶性事件的违法犯罪分子，坚决依法严惩。进一步加强边境管控，维护边境安宁。

加强信访工作，化解社会矛盾。始终把群众呼声作为第一信号、群众需要

作为第一选择、群众利益放在第一位置、群众满意作为第一标准，健全维护群众权益机制，健全正确处理人民内部矛盾的工作机制。认真落实信访属地责任、部门责任和领导责任，及时处理群众反映的各类问题，努力把矛盾化解在基层、解决在萌芽状态，防止群体性事件发生，防止各类矛盾叠加升级。

进一步创新社会管理。深入开展平安西藏创建活动，加强和完善社会治安综合治理，全面堵塞管理漏洞、消除管理盲点，依法打击各种刑事犯罪活动，构建点、线、面结合的社会治安防控体系，切实增强人民群众的安全感。加强流动人口管理与服务。坚持建管并重，加强网络虚拟社会管理。加强社区管理，积极推进社区矫正工作，完善服务设施，建设新型城乡社区。

加强维稳能力建设。进一步健全和完善维稳工作机制，提高预警反应处置能力。加大政法系统维稳处突、治安防控、技术手段、教育培训、装备配置等方面的投入，提高维稳处突能力。加快公安特警基础设施和队伍建设。健全基层政法机构，继续建设乡镇公安派出所、司法所。加强边防建设。着力夯实基层基础，不断提高基层组织的凝聚力和战斗力。

高度重视安全生产工作。认真落实安全生产责任制，抓好交通运输、食品药品、建筑矿山、危险化学品、爆炸品、消防等方面的安全整治和监管，严防重特大安全事故发生。加强地质灾害监测预警防治工作。加强市场监管，强化产品质量管理和监督，确保人民群众生命财产安全。

七、抓好民族宗教工作，突出团结进步，凝聚力量建设和谐西藏

高举爱国团结进步的旗帜，加强教育引导，打牢民族团结的思想基础和群众基础，巩固西藏各族人民共同团结奋斗、共同繁荣发展的良好局面。

认真做好民族工作。牢牢把握民族工作主题，全面贯彻落实党的民族政策和民族区域自治法，保持和发展各族人民和睦相处、和衷共济、和谐发展的良好局面。积极探索做好新形势下民族工作的思路和办法，深入开展“三个离不开”思想宣传教育和民族团结进步创建活动，增强对中华民族的归属感、对中华文化的认同感和对伟大祖国的自豪感。继续加强使用、规范和发展藏语文工作。采取特殊政策扶持人口较少民族地区和边境地区加快发展，扎实推进兴边富民行动。改善边境地区基础设施条件，建立边民补助机制，不断提高边民生产生活水平。

依法加强宗教事务管理。全面贯彻落实党的宗教工作基本方针，依法加强宗教事务管理，积极引导宗教与社会主义社会相适应。坚决打击利用宗教从事分裂破坏活动，建立和维护正常的宗教秩序。深化寺庙法制宣传教育，大力开展和谐寺庙创建活动，建立健全寺庙管理长效机制。加强寺庙管委会建设。完成全区宗教活动场所登记和活佛、僧尼资格登记备案工作。加强宗教爱国力量建设，凝聚广大僧尼和信教群众共同致力于推进跨越式发展和长治久安。

八、抓好政府建设，突出增强能力，努力建设人民满意的政府

我们工作的态度和力度，体现着对人民群众感情的深度。要坚持一切从人民利益出发，认真履行政府职能，不断提高政府管理经济社会事务、服务市场主体、驾驭复杂局面的能力和水平，切实做到让人民群众满意。

与时俱进，不断提高学习能力。积极引导广大公务员特别是领导干部不断学习、实践和创新，自觉做到学以立德、学以增智、学以创业，努力营造勤于学习、不断学习、善于学习的良好氛围。重点抓好党的十七届四中全会精神的学习，全面贯彻落实好自治区党委七届六次全委会议的决策部署。紧紧围绕促进跨越式发展和长治久安，继续开展好学习实践科学发展观活动，努力把学习成果转化为推动各项事业发展的智慧和能力。加强经济、政治、法律、文化、历史、民族宗教等知识的学习，提升综合素质，增强运用各学科知识驾驭市场经济、应对复杂局面的能力。

依法行政，不断提高管理能力。深入贯彻实施《行政许可法》和《全面推进依法行政实施纲要》，规范行政行为。自觉接受人大和政协的监督，主动听取社会各界的意见和建议，欢迎和支持人民群众、新闻媒体对政府工作进行监督。善于运用经济、法律等手段，调整各种经济关系和利益关系，引导和调控经济平稳较快运行。继续推行行政综合执法，加强市场监管，维护公平竞争的市场秩序。加强社会管理，建立健全各类突发事件应急机制，提高政府应对和处置突发事件的能力。围绕关键环节和重点领域，扎实推进政府立法工作。深入开展法制宣传教育，加强法律援助工作，不断提高法律服务水平。深入开展执法大培训，大力推行阳光执法，加强行政执法监督，切实提高公正廉洁执法水平。

转变职能，不断提高服务能力。牢固树立“支持市场主体就是支持发展，服务市场主体就是服务发展，保护市场主体就是保护发展”的理念，把市场主体满意、人民群众满意作为服务的最高标准，把服务市场主体、服务人民群众作为履职的根本责任，把安商、稳商、富商和便民、利民、惠民作为工作的第一要求，踏踏实实为市场主体和人民群众办实事，真正做到服务高效率、工作快节奏，形成诚心诚意办实事、尽心竭力解难事、坚持不懈做好事的良好风气。进一步理顺职责关系，明确和强化责任，不断提高政府行政效能。创新服务方式，完善服务载体，加快推进政务中心和公共资源交易中心建设，使政府的服务更加便民、更加有效。着力推进政务公开，完善新闻发布制度，发展电子政务，实行限时办结制、服务承诺制，积极主动地为基层、企业和群众解决实际问题。

求真务实，不断提高执行能力。各级政府和领导干部要始终做到勤政、廉政、公正，对党和人民的事业高度负责；始终保持锐意进取、蓬勃向上、争创一流的工作激情，敢于坚持原则、敢于严格管理、敢于修正错误，真正形成干事创业的良好氛围。对中央确定的各项大政方针和自治区党委、政府的决策部署，要雷厉风行，坚决贯彻，坚决落实，确保令行禁止、政令畅通。大力加强督查督办，确保工作部署事事有着落、件件有成效。加强公务员队伍建设，完善绩效考核和监督约束机制。全面落实党风廉政建设责任制，加强行政监察和审计监督，深化治本抓源头工作，坚决查处违纪违法案件，坚决纠正部门和行业不正之风，坚决杜绝损害群众利益的不良行为。

各位代表，科学编制“十二五”规划，是今年的一项重要工作。我们将以科学发展观为指导，按照跨越式发展的要求，从西藏实际出发，紧扣全面建设小康社会的主题，用改革的精神、改革的思路和改革的办法，认真研究加强基础设施建设、推进产业建设、社会建设、维稳能力建设等战略性和长远性重大问题，抓紧编制“十二五”规划。创新总体规划内容，强化战略指导功能，突出针对性和可操作性。加强分类指导，做深做细专项规划，把区域规划放在重要位置，加强总体规划与专项规划、地市规划、国家规划及主体功能区规划之间的衔接，同步组织，协调一致，形成合力。

各位代表，今年是全面完成“十一五”规划目标任务的最后一年，任务十分艰巨。让我们在自治区党委的坚强领导下，更加紧密地团结在以胡锦涛同志为总书记的党中央周围，高举中国特色社会主义伟大旗帜，坚持以邓小平理论和“三个代表”重要思想为指导，深入贯彻落实科学发展观，抓住机遇，团结拼搏，扎实工作，为圆满完成“十一五”规划目标任务，加快推进跨越式发展和长治久安而努力奋斗！

第一篇 西藏综述

西藏自治区概况

地 理

【名称由来】“西藏”全称西藏自治区，是中华人民共和国的五个省级自治区之一。根据考古发现，早在距今 5 万年以前，西藏就有人类活动。今日西藏境内的某些高海拔地区甚至“无人区”也是古代人类生存的场所。7 世纪吐蕃政权建立，并统一了青藏高原。藏语称西藏为“播”，所以唐时称西藏为“吐蕃”、“吐番”，“蕃”或“番”在汉唐之时的西北方言中读音同“播”，是藏语西藏的音译。元明时称西藏为乌斯藏。由于在祖国的西边，清时称为西藏，“西藏”的“西”表示在祖国的方位，“藏”是乌斯藏的略写。1965 年 8 月经全国人民代表大会常务委员会第十五次会议批准，于 9 月 1 日正式成立西藏自治区。

【世界屋脊】西藏自治区是世界上最高的青藏高原的主体部分，平均海拔高度在 4000 米以上，素有“世界屋脊”之称。由于西藏冰川分布广泛，高山常年积雪，也被称为雪域高原。由于亚洲重要的河流大都发源于此，有“亚洲的水塔之称”，是“名山之宗、江河之源”。远古时期，青藏地区是一片汪洋大海，在据今三千万年前，在亚欧板块与印度板块的巨大碰撞下，发生了“喜马拉雅运动”，隆起了世界最年轻的高原——青藏高原。西藏是地球上平均海拔最高、地壳厚度最大、隆起形成时间最晚、最年轻的高原，是除南极和北极之外世界最高的地方，也称为“世界的第三极”。这里的自然景观世界独有，地形地貌千姿百态。西藏高原群山连绵，峰峦叠嶂，雪峰林立，既有白雪皑皑的高山，绿草如茵的宽阔草原和清澈见底的河流湖泊，也有争奇斗艳的万种花卉和郁郁葱葱的原始森林及十分丰富的野生动植物资源，更有那幽深的藏传佛教、圣湖、神山和充满神秘色彩的喇嘛寺庙、世界独有的高原自然风光和民俗民风。

【位置与面积】西藏自治区地处祖国的西南边疆，南起北纬 26° 52′，北到北纬 36° 32′，西起东经 78° 24′，东至东经 90° 06′。东西长约 1900 千米，南北宽约 1000 千米。面积约 122 万多平方千米，占全国总面积的 1/8，仅次于新疆维吾尔自治区，居全国第二位。北与新疆维吾尔自治区、青海省毗邻，东隔金沙江和四川省相望，东南部在横断山区和云南省相连，西部和南部与印度、尼泊尔、不丹、缅甸等国以及克什米尔地区接壤，边境线长约 4000 千米，是中国西南边陲的重要门户。

【地形与山脉】西藏平均海拔 4000 米以上，地形可分为三个阶梯，藏北高原平均海拔 4500 米以上，位于昆仑山、唐古拉山和冈底斯山、念青唐古拉山之间，占全自治区面积的 2/3。藏南谷地平均海拔 3500 米左右，在冈底斯山和喜马拉雅山之间，即雅鲁藏布江及其支流流经的地方。藏东高山峡谷区平均海拔 3500 米以下，为一系列由东西走向逐渐转为南北走向的高山深谷，系横断山脉的一部分。总的特点是西北高东南低。西藏地形的主要特征表现为：高原辽阔，群山巍峨，平原狭长，峡谷深邃，冰川广布。

西藏有许多著名的大山，从走向来看主要有两组，一组是近东西走向的，从南向北依次为喜马拉雅山、冈底斯山、念青唐古拉山、昆仑山；另一组是近南北走向的横断山脉。在这些巨大的山脉之间，又有许多分支山脉，使西藏成为一个“山脉的海洋”。

喜马拉雅山脉巍峨蜿蜒于西藏高原最南缘，由许多平行的山脉组成，山脉的走向自西段的西北—东南向，到东段转为东西向，并向南突出，呈一弧形。山脉全长约 2450 千米，宽约 200～300 千米，平均海拔在 6000 米以上，超过 7000 米的高峰有 50 多座，超过 8000 米的山峰有 10 座。海拔 8844.43 米的世界第一高峰珠穆朗玛峰就耸立在中国和尼泊尔的边界上。

【河流与湖泊】西藏河流众多，境内河流流域面积大于 1 万平方千米的有 20 余条，大于 2000 平方千米的有 100 条以上。西藏外流水系主要包括雅鲁藏布江、金沙江、澜沧江、怒江、狮泉河、朋曲、察隅曲等，流域面积约 58.88 万平方千米，约占西藏总面积的 49%。

雅鲁藏布江是世界上海拔最高的大河之一，发源于西藏南部桑木张以西喜马拉雅山北麓的杰马央宗冰川，被藏族人民视为母亲河。全长 2506 千米，流经 23 个县和珞瑜地区，流域面积 23.92 万多平方千米。雅鲁藏布江绕南迦巴瓦峰后，形成了世界上最大的峡谷——雅鲁藏布大峡谷。在全国各大河流中雅鲁藏布江水能蕴藏量仅次于长江，居全国第二位，流量居全国第三位。

西藏高原以湖泊众多闻名于世，全区大小湖泊共 2000 多个，湖泊总面积约 2.4 万平方千米，占全国湖泊总面积的 30%以上，其中面积超过 100 平方千米的湖泊有 47 个。面积 1000 平方千米以上的西藏三大湖泊纳木错、色林错、扎日南木错均分布于藏北。著名的羊卓雍错在藏南。

气　候

【气候特点】夏秋季多夜雨，冬季干燥多风，气压低含氧少，由于日照多辐射强，冬季白天仍暖意洋洋，晚间气温才降至零下。其主要的特点表现为：空气稀薄，含氧量少；光照充足，辐射强烈；气温偏低，年温差小；干湿分明。

【气候评价】2009 年度，全区年平均气温为 5.9℃，较常年同期偏高 1.5℃，是 1971 年以来历史第 1 高值。就四季而言，各季平均气温均偏高 1℃以上，其中冬季偏高最明显，达 2.3℃，为连续第 9 个（2001～2009）暖冬；夏、秋季平均气温创 1971 年以来历史同期最高。全区平均年降水量为 363 毫米，较常年偏少 20%，为 39 年来降水最少的年份。部分站点月平均气温、日最高气温和月降水总量超历史同期极值。全区日照时数多寡不一。年内出现了干旱、霜冻、雪灾、冰雹、雷电、大风、泥石流等灾害性天气，给当地群众生产生活造成了较大的影响。

【气温】西藏夏季平均气温不高，除藏东南一角和喜马拉雅山南翼外，雅鲁藏布江中游谷地温度最高，但也只有 15℃左右，藏北高原的大部分地区气温低于 8℃，是我国盛夏温度最低的地区。人们常用“一年无四季，一日见四季”来形容西藏气温年变化小、日变化大的特点。2009 年全区各地年平均气温为-1.0℃～13.6℃，与历年同期比较，各地平均气温偏高 0.8℃～2.3℃，其中拉萨、墨竹工卡、泽当、那曲偏高 2.0℃以上。年内有 29 个站点月平均气温在不同月份创历史同期最高，拉萨、泽当、日喀则等 8 个站点日最高气温超历史极值。就平均而言，西藏年平均气温为 5.9℃，较常年同期偏高 1.5℃，是 1971 年以来历史第 1 高值。

【降水量】2009 年全区各地年降水量在 25～649 毫米之间，与常年同期相比，除普兰、帕里、申扎偏多 3 成外，其余各地正常或偏少，其中阿里地区大部、林芝地区大部、沿江一线大部、那曲、当雄、洛隆、八宿偏少 3～7 成。年内部分站点月降水量超历史同期极大值。西藏平均年降水量为 363 毫米，较常年偏少 20%，为 39 年（1971～2009）来降水最少的年份。

【日照】2009 年，全区各地年日照时数在 1494～3645 小时之间，与常年同期相比，聂拉木、比如、类乌齐、波密正常，那曲、班戈、南木林、拉孜、改则偏少 37～243 小时，其余各地偏多 30～323 小时，其中林芝地区大部、昌都地区南部、山南地区东南部、拉萨、尼木、申扎、日喀则、江孜、定日偏多 100 小时以上。

【气压】西藏气压年平均大都在 625 百帕以下，仅为海平面气压的一半。空气平均为海平面空气密度的 60%～70%。由于空气稀薄，含尘量少，高原天空分外碧蓝，在白云的衬托下景色分外艳丽。西藏高原空气含氧量比海平面减少 35%～40%，水的沸点大部分地区在 84℃～87℃。

行政区划

【行政区划】西藏自治区是中华人民共和国的五个自治区之一，是一个以藏族为主的民族自治区。西藏现行的行政区划分为 1 个地级市，6 个地区和 73 个县（市、区）。其中，拉萨市辖 7 个县和 1 个县级城关区；林芝地区辖 7 个县，行署设在八一镇；昌都地区辖 11 个县，行署设在昌都镇；山南地区辖 12 个县，行署设在泽当镇；日喀则地区辖 17 个县和 1 个县级市，行署设在日喀则市；那曲地区辖 10 个县，行署设在那曲镇；阿里地区辖 7 个县，行署设在狮泉河镇。拉萨市是西藏自治区首府所在地，是全区政治、经济、文化的中心。

人口和民族

【人口】2009 年，全区常住人口总数达 290.03 万人（常住人口是根据人口普查、每年的人口变动抽样调查推算），常住人口出生率 15.3‰，死亡率 5.1‰，人口自然增长率为 10.2‰，其中男性人口为 146.03 万人，女性人口为 144.00 万人，农业人口 221.00 万人，占人口总数的 76.2%，非农业人口 69.03 万人，占人口总数的 23.8%。

【民族】西藏是藏民族的发源地和聚居区，藏族遍布西藏各地，是西藏自治区人口最多的民族。除藏族外，西藏还有汉族、回族、门巴族、珞巴族、纳西族、蒙古族、怒族、傈僳族、土族、独龙族、满族、白族、布衣族、维吾尔族、苗族、彝族、壮族、夏尔巴人及其他民族。

自然资源

【地热资源】西藏的地热蕴藏量居全国第一位。三江（怒江、金沙江、澜沧江）构造带、雅鲁藏布江断裂带和那曲至尼木断裂带均为地热活动的最有利地区，已发现温泉、沸泉、间歇喷泉、热水河、放热地面等各种形迹的地热显示区 600 多处，估算总热流量为每秒 55 万大卡，相当于标准煤约 240 万吨/年所释放的热量。当雄县境内的羊八井地热田是目前中国最大的高温湿蒸气热田，也是世界已获开发利用的大型地热田之一。

【光照资源】西藏太阳辐射强，光能丰富，西藏的太阳年总辐射值达 140～200 千卡／平方厘米，是中国东部沿海地区的 1 倍以上。西藏丰富的光照资源，补偿了由于高海拔所引起的气温低的不足，使西藏许多农作物的分布上限成为世界同类作物分布的最高限。青稞、春小麦分别在海拔 4750 米和 4400 米的高度种植成功。另外，充足的光照和日照时间，使作物的光合作用强化，而较大的昼夜温差，可使作物夜间的呼吸作用微弱，有利于农作物的有机质的积累。因此，西藏成为全国小麦和青稞的高产区之一。太阳能的开发利用，对于改善西藏的能源构成具有重要的意义。

【水资源】西藏的水资源相当丰富，据统计，全区水资源总量 4482 亿立方米(不含地下水)，按全区人口和耕地计算，人均占有水量和亩均占有水量均居全国首位。西藏各河流径流量大小相当悬殊，雅鲁藏布江是区内最大的河流，平均年径流量仅次于长江、珠江、黑龙江，居全国第四位。西藏的年径流深度从藏东南向藏西北递减。西藏的广大农区雨量较少，春播、冬播都要进行灌溉，灌溉是保证农作物稳产、高产的基本条件，而西藏充足的水资源(特别是外流区)为西藏农业的稳定发展创造了极为有利的条件。西藏南部和东南部河流水量充沛，河床大，蕴藏着极为丰富的水力资源。西藏的水能资源理论蕴藏量为 2.01 亿千瓦，占全国水能理论蕴藏量的 15.83%。其中可开发的水能资源为 5660 万千瓦，占全国可开发的水能资源的 17.1%，居全国首位。雅鲁藏布江是西藏水能资源最丰富的一条河流，理论蕴藏量为 1.13 亿千瓦，占全区理论水能蕴藏量的 56.22%，其中可开发量为 4837.14 万千瓦，占全区可开发量的 80.96%。特别是雅鲁藏布江的峡谷地形很适合建筑水坝，拦洪蓄水。

【风力资源】西藏是全国大风≥8 级或 17 米／秒最多的地区之一。高原地区年平均大风日数多达 100～150 天，最多可达 200 天，比同纬度中国东部地区(5～25天)多 4～30 倍，是全国大风日数最多、范围最大的地区。小型风力发电机具有移动方便的特点，风能对流动性大的牧区是最合适的能源类型。随着风能进一步开发利用，草场的大量牛粪就可作为有机肥料，促进牧草的生长。

【森林资源】西藏多类型原始森林是青藏高原乃至全国森林资源的重要组成部分。根据和平解放以来多次调查统计，有林地面积约 60666667 公顷，全区森林覆盖率为 9.84%。西藏森林分布很不均匀，绝大部分森林分布在藏东南地区，活立木总蓄量 20.84 亿立方米，居全国第一位，藏东南林区是全国第二大林区——西南林区的主要组成部分之一。西藏森林植被组成部分古老、特有种多。成林树种中属西藏和喜马拉雅特有种的就有 14 种和 3 个变种，如西藏红豆杉、林芝云杉、墨脱冷杉、察隅冷杉、长叶云杉、喜马拉雅红杉、西藏冷杉、喜马拉雅长叶松、乔松、巨柏、西藏柏木、垂枝柏等。西藏森林资源大部分保持完好，具有很高的科研价值和良好的生态、经济效益。

【植物资源】西藏高原生态环境复杂多样，为各类植物的生存提供了有利的条件，是一个巨大的植物王国。据统计，全区高等植物种类约 6400 余种，隶属于 270 余科和 1500 余属。裸子植物在全世界共有 12 种，西藏就分布有 7 种；被子植物有 15 科 33 属 120 种。野生药用植物有 1000 多种，比较有名的有藏红花、雪莲、冬虫夏草、贝母、胡黄连、大黄、天麻、三七、党生、秦艽、丹参、灵芝、鸡血藤等。

【动物资源】西藏有哺乳动物 142 种，鸟类 488 种，爬行类 55 种，两栖类 45 种，鱼类 68 种，昆虫 2305 种。其中一些是中国特有的珍贵动物，在世界上亦是稀有的。西藏的野生动物资源有：兽类 33 种，主要有孟加拉虎、雪豹、金钱豹、云豹、金猫、兔猫、小灵猫、果子狸、黑熊、小熊猫、红腹松鼠、赤狐、藏狐、长尾叶猴、熊猴、野牛、野牦牛、马麝、林麝、白唇鹿、扭角羚、藏原羚、藏羚羊、岩羊、野驴、盘羊等。另外还有数量众多的鸟类和鱼类资源。其中白唇鹿、野牦牛、雪豹等被列为世界珍品。西藏是野生动物的乐园，藏北大草原的野生动物可与非洲大草原比美。西藏的家养动物有绵羊、山羊、猪、牦牛、黄牛、犏牛、驴、骡、犬、鸡、兔等。

【矿产资源】西藏已发现矿产 101 种，各矿床、矿点 2000 多处，在全国已发现的 160 余种矿产资源中，西藏就有 99 种。已探明储量的矿藏有 30 多种，其中储量居全国前十位的有：铬、铜、火山灰、菱镁矿、云母、硼、砷、泥炭、钼。在矿产资源中，具有重要经济意义和开发价值、在全国占优势的矿种有铬、铜、釉硼为主的盐类矿产、地热等。铬铁矿居全国首位，锂的远景储量居世界前列，铜的远景值储量列全国第二，石膏的储量居全国第二，已探明硼矿、菱镁矿、重晶石、砷的储量居全国第三位。此外，石油也是潜在的优势资源。

【草地资源】作为中国五大牧区之一，西藏拥有 8207 万公顷草原，其中可利用草地 7077 万公顷。畜牧业是西藏主要的产业，占全自治区国民收入的 1/3 强。西藏草场分为 8 个大类，16 个亚类，38 个主要草场型。高山草甸草场是西藏面积最大、质量较好的草场，是区内草场中的一个主要类型。主要分布在那曲地区东部，昌都与拉萨地区北部，山南地区南部，日喀则地区北部和西部以及阿里地区西部山体中、上部位也有一定数量。约占西藏面积 1/2 的藏北草原是西藏主要的草原，面积约为 60 万平方千米，当地人称为“羌塘”。

自然灾害

【旱灾】2009 年初夏西藏持续少雨晴热天气，拉萨市、日喀则、山南、林芝、昌都地区大部出现了 10～20 年一遇的中等强度的气象干旱，其中拉萨市和山南地区的部分地方出现了 30 年一遇的重度气象干旱。此次干旱对农业、林业、草场、牲畜等造成了不同程度的影响。据统计，全区农作物受灾总面积达 28313.7 公顷，其中绝收面积 4856 公顷，占受灾面积的 17%。

【雪灾】据统计，2009 年全区农作物受雪灾总面积为6065.5公顷，其中绝收面积2596公顷。以日喀则地区受灾面积最大，为3918.2公顷。

2008年10月26日～2009年3月4日，由于前期降雪降温以及长时间持续积雪，致使那曲地区嘉黎县死亡牲畜6593头（只、匹）。

5月12日～16日，日喀则地区昂仁县宁果乡、达若乡和雄巴乡出现强降雪和大风天气，各乡出现不同程度的积雪，宁果乡积雪深度达35～50厘米。强降雪和降温天气造成该县三乡共死亡牲畜0.36万头（只），部分乡通讯中断。

5月25日～31日，那曲地区申扎县、尼玛县、班戈县、安多县、聂荣县和双湖区出现大范围持续降雪天气，尤其是班戈、申扎出现暴雪天气，气温骤降，积雪融化缓慢，草场被覆盖。致使那曲地区中西部地区出现部分路段交通受阻或中断，牲畜死亡81358头（只、匹），763间房屋损坏。

8月25日～26日，日喀则地区定日县出现强降水天气，累计降水量为45毫米。造成该县协格尔镇、克玛乡、扎宗乡、扎果乡、加措乡和岗嘎镇6个乡镇不同程度的雪灾。农作物受灾面积达1921公顷，绝收面积8.9公顷，粮油损失产量约为1540吨，冻死牲畜493只。

10月4日～8日，阿里地区遭遇暴雪天气，造成昌都地区3208户14062人受灾；6594头（只、匹）牲畜死亡，795头（只、匹）牲畜丢失；86户192间民房倒塌及严重损坏；冲断农田水渠36处，损坏渠首12处，92公里水渠无法使用；倒塌牲畜棚圈等附属设施54间；造成219国道等主干线公路堵塞300余公里，乡村道路堵塞600余公里。

10月7日08时～8日08时，日喀则地区帕里镇遭遇暴雪天气，累计降水量达43.7毫米，积雪深度为11厘米。暴雪天气造成农作物受灾面积200公顷，绝收面积80公顷，直接经济损失达61万元。

11月12日～14日，受南部云系和北部冷空气共同影响，阿里地区南部普兰县出现降雪天气，过程累计降雪量达39.5毫米，积雪26厘米。由于降雪强度较大，雪后降温，积雪不易融化，导致普兰县境内219国道、207省道通行困难，乡村道路和通往各牧业点的道路不通，霍尔乡贡珠村一组因灾转移安置8户44人、3000余头牲畜，解救被困207省道13人、5台拖拉机、4辆车。

【滑坡和泥石流】受孟加拉湾热带风暴“艾拉”影响，2009年5月25日～26日，日喀则地区亚东县出现了强降水天气，帕里和亚东累计降水量分别为145.6毫米和106.3毫米，引发山洪、泥石流、山体滑坡等次生地质灾害。日亚公路帕里至亚东段多处塌方、康亚公路交通中断；亚东县城至下亚东乡多处道路受损，路基垮塌达50余米，1间民房被洪水冲走，无人员伤亡；下亚东乡防洪堤出现决口，决口长40余米；仁青岗村12户群众的房屋已被水冲走，其余46户已成危房；上亚东乡林玛唐带10户搬迁户房屋进水，岗古村因道路塌方交通中断；帕里镇14间房屋墙体倒塌，42间房屋成为危房；堆纳乡15户民房倒塌，35户成为危房；吉汝乡降雪厚度达30～40公分，交通中断，1户房屋倒塌，3户房屋漏水；康布乡的道路全部被山洪冲断，部分耕地被冲毁。日喀则地区岗巴县死亡牲畜0.94万头（只）。

5月25日～27日，山南地区洛扎县境内普降中到大雨雪，降水量达100毫米以上，高海拔乡（镇）最大积雪深度达120厘米。此次强降雨天气致使洛扎县多处发生泥石流、塌方等次生灾害，死亡4人，死亡牲畜2211头（只），倒塌房屋92间，受损房屋836间，农田受损1.3公顷，公路中断里程达299.9公里，电线杆断裂9根，受损水渠24927米、水池4座。同时，林芝地区米林县发生洪涝灾害，47人受灾，淹没冬小麦2.5公顷，直接经济损失20多万元。

6月30日～7月5日，林芝地区察隅县察瓦龙乡境内部分区域出现强降水天气，该乡洪东村和果达村发生2处山体滑坡，2处水渠冲毁（约200米），2.87公顷玉米地受灾，经济损失达3.2万元。

7月4日，昌都地区芒康县出现短时强降水天气，日降雨量达17.4毫米。造成芒康县西曲河出现规模较大的山洪、泥石流，堵塞西曲河道，形成一个长约300米、宽约60米、水深约6～8米的小型堰塞湖，给下游群众和西曲河二级水电站取水枢纽及发电房构成一定的威胁。

7月11日，昌都地区洛隆县城出现局部范围的强降水，导致县城信隆加油站附近出现山体滑坡和泥石流灾害，堵塞和冲垮303省道。

7月25日，昌都地区昌都县城出现强降水，12小时雨量达28毫米。强降水引发昌都县城10余处泥石流灾害，倒塌房屋9户，造成2人死亡，100户410人不同程度受灾，10头牦牛走失；损毁灌溉水渠3000余米；冲毁耕地2公顷；村道1000余米交通受阻。7月27～28日。拉萨市墨竹工卡县24小时雨量达32.7毫米。造成墨竹工卡县扎西岗乡约1.8公顷农田被洪水冲毁。

7月27日凌晨5点左右，林芝地区波密县318国道沿线K3975+300米处发生泥石流灾害，导致交通一度中断，堆积物约1500立方米，掩埋公路0.07公里，倒塌电线杆4根，损坏电线0.2千米。

8月16日，拉萨市尼木县出现短时强降水，日降水量为15.6毫米。强降水导致尼木县卡如乡山洪暴发，出现泥石流地质灾害，倒塌房屋2间，危房7间，部分公路被毁。

据统计，2009年全区农作物受滑坡、泥石流灾害总面积为2193.4公顷，其中绝收面积246.1公顷。

【霜冻】据统计，2009年全区农作物受低温冷冻总面积为3567.8公顷，其中绝收面积710.1公顷。以日喀则地区受灾最严重，面积为2243.4公顷。

5月15日，拉萨早晨地面最低温度降至零下3.3℃，霜冻致使达孜、堆龙德庆两县处于苗期的玉米遭受较为严重的冻害，也使处在分枝期的马铃薯受冻。据不完全统计，仅达孜县帮堆乡就有153公顷马铃薯遭受霜冻。19～20日拉萨早晨地面最低温度降至－2.3℃～－2.9℃，连续两天的显著降温，导致正处在孕穗～抽穗期的冬青稞发生严重霜冻。据拉萨国家一级农业气象试验站大田调查，此次霜冻造成曲水县才纳乡和容巴郎乡的冬青稞受灾面积达124公顷，其中81公顷绝收。

5月15日～20日，山南地区沿江一

线各县出现了严重的霜冻。昌都地区受霜冻为害的作物有冬青稞、春青稞、玉米和马铃薯，其中60多公顷玉米绝收，必须复种；贡嘎县130余公顷冬青稞霜冻灾害严重，基本不能授粉的有120公顷；扎囊县冬青稞受霜冻灾害面积达108公顷，其中，重度65%以上28公顷，春青稞受灾面积轻度67公顷；乃东县土豆受灾面积37公顷，油菜受灾面积17公顷，冬青稞受灾面积99公顷，春青稞受灾面积113公顷。

【雹灾】据统计，2009年全区因风雹受灾农作物面积为5823公顷，其中绝收面积2484.7公顷。

6月15日13时50分至14时09分，丁青县协雄乡郎通村发生雹灾，冰雹最大直径8毫米，受灾农田45.2公顷。

7月5日下午6点48分，山南地区琼结县加麻乡特日村遭受冰雹灾害，受灾农田总面积为17.8公顷，其中绝收1公顷。9日该县琼结镇和拉玉乡遭受冰雹袭击，农业受灾总面积15.6公顷，其中重灾面积6.3公顷，绝收面积1.6公顷。直接经济损失约2.5万元。

7月18日下午18时至19时，日喀则地区聂拉木县琐作乡指列村遭受强冰雹袭击，地面积雹深度达10厘米。雹灾造成该村死亡牲畜212只（头、匹），直接经济损失约6.2万元。

7月29日～8月2日，日喀则地区拉孜县连续出现降雨和冰雹天气，使得该县柳乡、锡钦乡、芒普乡、拉孜镇和扎西宗乡不同程度受灾，造成173户982人受灾，农田受灾330.9公顷（绝收55.1公顷，重灾122.1公顷，轻灾137公顷），损坏房屋4间，牲畜死亡61只。

8月23日，拉萨市林周县边交林乡和江热夏乡突降冰雹，持续时间30至40分钟，最大冰雹直径6～7毫米，地面积雹平均厚度达6厘米。造成2个乡受灾面积共计539.7公顷，其中重灾面积251.0公顷。

9月17日下午17时，山南地区浪卡子县卡热乡边久和卡普两村出现冰雹灾害，造成171户、722人受灾，农作物受灾面积达37公顷。

【雷电】2009年5月22日，山南地区加查县发生雷电伤人事故，造成1人死亡，9人受伤，其中2人伤势严重。

5月31日17时，那曲地区索县亚拉镇发生雷电伤人事故，造成4人死亡，3人重伤，4人轻伤。

6月13日9时50分左右，那曲地区班戈县马前乡乡政府办公室遭雷击，雷电波沿着电话线入户，造成5部电话机、4个调制解调器被损坏。

6月14日，昌都地区物资公司避雷针上因捆扎电话线、架空线路导致雷电事故，强大的雷电波造成7人受轻伤，卫星接收设备及电话设备被烧毁。丁青县出现雷阵雨天气，导致丁青县觉恩乡拉旺村1名妇女受雷击，当场死亡。

6月18日17时左右，那曲地区索县亚拉镇出现雷暴天气，造成索县亚拉镇热瓦六村一名男子重伤。那曲地区荣布镇16村村民德吉一家遭受强烈的雷击，一家5人全部被雷电击昏，房屋的部分墙体造成严重裂缝，窗户玻璃全被震碎，太阳能电板及电池被雷电击坏。

6月23日下午18时，那曲地区索县嘎美乡16村两名群众在16村差龙自然村采挖虫草时被雷电击中致死。

6月23日17时30分，山南地区琼结县加麻乡扎西一村农民下杰家遭雷击，家中一女孩受到惊吓，双耳受刺激，影响了听力。雷击还造成该户房屋南面二层的一间卧室墙壁外侧出现长50厘米，宽15～20厘米的裂缝，内侧出现长90厘米、宽20厘米的裂缝，房屋二层厨房北墙出现长20厘米、宽15厘米的裂缝。同时，雷击使该户电源总开关被击碎，电线和固定电话被击坏。

7月26日，山南地区乃东县出现雷暴强对流天气，造成索珠乡支岗村2名放牧人遭雷击，致1人死亡，1人受伤。

8月19日午后，日喀则市区出现强雷雨天气。14时左右，扎什伦布寺广场附近发生雷击事故，1人当场死亡，另1人受重伤。

【病虫害】2009年5月4日，拉萨市林周县冬小麦发生病害，有1131.5亩麦田确诊发生细菌性病害，受害田占该县冬麦种植面积的3.2%；1250亩麦田为疑似病害田，占该县冬麦田的3.6%。

5月27日～6月18日，日喀则地区拉孜县持续23天无降水过程，由于长时间的晴热无雨天气，致使12～13日拉孜县锡钦乡、曲下镇、拉孜镇的措布村、拉曲村、吉如村等村的退耕还林区域及部分农田中发现大面积蝗虫。此次蝗虫泛滥面积广，灾情重，其中农作物严重受灾面积达127公顷，轻度受灾面积87公顷，重灾区虫口密度达500只/平方米，轻灾区虫口密度达18只/平方米。据统计，2009年因病虫害全区农作物受灾面积为742.3公顷。

【冰湖溃决】2009年7月3日18时左右，错那县卡达乡折麦措冰湖发生溃决，致使当地道路、桥梁及部分水利基础设施遭受不同程度损失。据初步统计，冲毁公路3公里、涵洞3座、简易桥梁4座，损毁水渠2条、取水口6座，1060米渠道被冲毁，导致8.2公顷农田、80公顷草地及33.3公顷林地无法灌溉，冲毁水磨房1座及房内粮食600公斤，1处水安全工程严重受损，部分农田及草地被冲毁或淹没。

7月29日凌晨3时50分，昌都地区边坝县加贡乡加布沟次拉冰湖突发冰崩，造成次拉错水位增高，湖口溃塌，导致加布沟湖水急泄，使沿河群众受灾。截至7月30日晚8时，冲毁房屋15户，草场400余公顷，耕地6余公顷，公路47公里，桥梁18座；冲走车辆2台、摩托车17辆；造成2人失踪。

【大风】2009年6月8日16时3分左右，阿里地区革吉县中学校园内突然出现直径达15米、垂直高度20多米的大型尘卷风，吹倒了革吉县中学工地上正在施工的建筑墙体，造成了3人死亡、2人重伤的灾害。

7月14日17时17分，阿里地区改则县城出现风力为20米/秒的大风天气。大风导致气象站采暖房玻璃被吹碎，钢架被掀起砸到太阳能光板及架子，致使36块太阳能光板中21块被砸坏，充电系统彻底瘫痪，屋顶多处遭受破坏，宽带网络线路中断。

【火灾】2009年3月13日，林芝地区工布江达县朱拉乡布如自然村灌木区发生火情，过火面积0.13公顷。

5月4日17时，林芝地区八一镇北面115医院后山发生森林火灾。

11月25日下午17时左右，林芝地区察隅县发生森林火灾，受有利于火灾发展的气象条件影响，林火迅速蔓延，过火面积0.67公顷。

自治区对口援藏工作

【年度综述】2009年度，自治区对口援藏工作在发改委党组的直接领导下，认真学习党在新时期各项方针政策，学习张庆黎书记在全区援藏干部座谈会上的讲话精神，树立和落实科学发展观，面对全球金融危机带来的不利影响，加大与援藏省市和中央企业的沟通和协调力度，积极配合协调各地市发展改革委（受援办）支持援藏项目的顺利实施。按时保质保量地完成了全年的工作目标和任务。

【积极配合西藏经济社会组调研的工作】自治区对口援藏工作积极参与经济社会发展组赴西藏调研的工作，报送《2001年以来对口援藏情况》和第（六）四批援藏项目规划单子，建议中央建立长期的援藏机制。并配合西藏经济社会发展调研报告中“对口支援”部分修改意见。

【加强对口援藏建设的宏观调控，积极引导援藏资金投向】认真贯彻落实中共和区党委关于援藏工作的一系列方针政策，充分发挥经济援藏对促进我区经济社会发展的重要作用，积极引导援藏建设资金项目向基层和农牧区倾斜，突出改善农牧区生产生活条件，增加农牧民安居工程、搬迁重建、小康示范村建设、民房改造、发展旅游、智力援藏、沼气建设项目等牧民受益的工程项目。

【完成2009年上半年全区对口援藏资金及项目完成情况的统计汇总及上报工作】2009年上半年，在自治区党委、政府的正确领导下，各援藏省市、中央援藏企业的大力支持下，克服金融危机不利影响，通过全区各地市和各部门共同努力，较好地完成了2009上半年的援藏目标任务，有力地推进西藏经济社会发展。上半年援藏资金完成14多亿元，占全年计划援藏资金的70%多。

【继续做好协调及服务工作，加强与援藏省市的沟通】为了进一步做好援藏工作，及时了解和掌握援藏建设项目进展情况，加强与援藏省市和中央企业的沟通与协调，对进藏考察团和来拉萨的援藏干部及其家属，积极做好接待服务工作，热情关心他们在拉萨的生活，增加双方的感情，增进理解，加强团结。跟踪和落实自治区党政代表团赴援藏省市、中央企业开展回访答谢活动考察期间达成的各项援藏的建设项目。

【开展对经济援藏情况进行调研】2009年9月16日—25日，会同委基建处、《援藏会刊》等有关部门，到那曲、日喀则、山南、林芝、拉萨等五地市对1—8月份援藏情况进行调研，主要调研内容：2009年1—8月份援藏资金到位、项目进度情况；援藏资金项目向基层农牧区倾斜情况，在改善农牧民生产生活条件方面发挥的主要作用；需要协调解决的问题。

【做好《援藏会刊》编辑发行工作】《援藏会刊》是由西藏援藏工作者协会主办，《援藏会刊》编辑委员会编辑发行，面向广大援藏干部及有关援藏单位的宣传刊物，旨在宣传援藏政策、展示援藏成就、交流援藏经验、讴歌援藏人物、沟通援藏信息、服务援藏工作。《援藏会刊》为双月期刊，《援藏会刊》在广大援藏干部中口碑极佳，对宣传和促进援藏建设工作起到了积极作用。

【做好《对口援藏建设信息》的编辑及报送工作】在各地市（援藏工作组）报送的援藏建设信息基础上，进行重新编辑整理，《对口援藏建设信息》的报送使自治区党委、政府及时动态掌握援藏工作的进展情况，有利于各有关援藏单位之间相互了解情况，交流经验，促进援藏工作的又快又好发展。

【完成委领导交办的其他工作】提供编制《西藏自治区地图集》相关对口支援资料；搜集整理“2001年以来对口援藏大事记和工作成果”的报送事宜；抽调人员参加自治区第二、第三批学习实践科学发展观活动。

自治区经济社会发展情况

【年度综述】2009年，全区各级、各部门在自治区党委、政府的坚强领导下，坚持以邓小平理论和“三个代表”重要思想为指导，深入贯彻落实科学发展观，紧紧围绕新时期西藏工作的指导思想，认真落实中央和自治区经济工作会议精神，坚持走有中国特色、西藏特点的发展路子，大力实施“一产上水平、二产抓重点、三产大发展”的经济发展战略，国民经济又好又快发展，民生状况不断改善，社会各项事业全面进步。

【年度情况】初步核算，2009年，全区实现生产总值（GDP）441.36亿元，按可比价格计算，比上年增长12.4%。其中：第一产业增加值63.99亿元，增长3.3%；第二产业增加值136.19亿元，增长21.7%；第三产业增加值241.18

亿元，增长 10.3%。人均 GDP15295 元，增长 11.2%。

在全区生产总值中，第一、二、三产业增加值所占比重分别为 14.5%、30.9%、54.6%，与上年相比，第一产业比重下降 0.8 个百分点，第二产业提高 1.7 个百分点，第三产业下降 0.9 个百分点。

全区居民消费价格总水平比上年上涨 1.4 %。其中：城市上涨 1.5%，农村上涨 1.3%。服务项目价格上涨 1.0%，消费品价格上涨 1.5%。从居民消费价格构成大类看，食品类、烟酒及用品类、衣着类和医疗保健及个人用品类，分别比上年上涨 3.9%、1.9%、1.6%和 1.4%；交通和通信类、娱乐教育文化用品及服务类和家庭设备用品及维修服务类，分别比上年下降 3.0%、0.9%和 0.7%；居住类价格与上年持平。商品零售价格下降 0.5%。农业生产资料价格下降 0.9%。工业品出厂价格下降 1.8%。年末全区从业人员 172.14 万人，比上年末增加 8.64 万人，增长 5.3%。城镇登记失业率为 3.95%。

【农牧业】全年粮食作物种植面积 169.43 千公顷，比上年减少 1.20 千公顷。其中：青稞面积 117.83 千公顷，减少 0.02 千公顷；小麦面积 36.77 千公顷，减少 0.57 千公顷；油菜籽面积 24.42 千公顷，减少 0.23 千公顷；蔬菜面积 20.44 千公顷，增加 0.30 千公顷。全年实现粮食总产量 90.53 万吨，比上年下降 4.7%；油菜籽 5.77 万吨，下降 4.0%；蔬菜 55.11 万吨，增长 14.5%。年末牲畜存栏总数 2324 万头只匹，比上年末减少 81 万头只匹。其中：牛 653 万头，增加 8 万头；羊 1584 万只，减少 94 万只。全年猪牛羊肉产量达 25.52 万吨，比上年增长 4.3%；奶类产量 29.43 万吨，下降 0.1%。

【工业和建筑业】全年全部工业实现增加值 32.67 亿元，比上年增长 12.9%。规模以上工业企业实现增加值 27.56 亿元，比上年增长 10.8%。其中：轻工业实现增加值 11 亿元，增长 16.4%；重工业实现增加值 16.56 亿元，增长 7.8%。国有及国有控股企业全年实现增加值 13.69 亿元，比上年增长 12.2%。按登记注册类型分，国有企业实现增加值 9.63 亿元，增长 2.5%；集体企业实现增加值 0.65 亿元，下降 4.9%；股份制企业实现增加值 11.61 亿元，增长 15.2%；股份合作企业实现增加值 0.05 亿元，下降 60.9%；外商及港澳台企业实现增加值 4.03 亿元，增长 34.0%；其他经济类型企业实现增加值 1.59 亿元，增长 1.7%。

全年规模以上工业企业实现利润总额 5.63 亿元，比上年增长 4.9%。其中：国有及国有控股企业实现利润 1.07 亿元，增长 7.6 倍；集体企业实现利润 0.22 亿元，增长 50.3%；股份制企业实现利润 3.68 亿元，下降 6.8%。规模以上工业企业产品销售率 97.2%。

全年规模以上工业企业完成水泥产量 187.65 万吨，比上年增长 14.9%；发电量 18 亿千瓦时，增长 12.5%；啤酒 11.30 万吨，增长 25.0%；中成药（藏医药）1319 吨，增长 5.4%；自来水 10873 万吨，增长 17.5%；瓶（罐）装饮用水 6.58 万吨，增长 71.0%；铬矿石 11.23 万吨，增长 6.0%。

全年建筑业实现增加值 103.52 亿元，比上年增长 24.9%。

【固定资产投资】全年全社会完成固定资产投资总额 379.42 亿元，比上年增长 22.4%。其中：民间投资 105.67 亿元，增长 23.8%。

按产业分：第一产业 23.60 亿元，比上年增长 47.5%；第二产业 91.97 亿元，增长 41.4 %；第三产业 263.85 亿元，增长 15.3%。按经济类型分：国有经济完成投资 268.95 亿元，比上年增长 28.0%；集体经济完成投资 1.05 亿元，下降 16.7%；其他各种经济类型完成投资 71.41 亿元，增长 7.6%；个体经济完成投资 38.01 亿元，下降 18.0%。按城乡分：城镇完成投资 328.66 亿元，比上年增长 21.1%；农村完成投资 50.75 亿元，增长 31.9%。在农村投资中：农户投资 25.10 亿元，下降 24.5%；农村集体投资 0.44 亿元，下降 30.9%。

在城镇固定资产投资中，农、林、牧、渔业投资完成 20.50 亿元，增长 39.4%；采矿业投资完成 9.75 亿元，增长 26.2%；制造业投资完成 18.07 亿元，增长 32.8%；电力、燃气及水的生产和供应业投资完成 41.48 亿元，增长 34.5%；建筑业投资完成 20.17 亿元，增长 67.2%；交通运输、仓储和邮政业投资完成 78.89 亿元，增长 7.6%；信息传输、计算机服务和软件业投资完成 9.62 亿元，下降 4.6%；批发和零售业投资完成 5.88 亿元，下降 8.6%；住宿和餐饮业投资完成 8.80 亿元，增长 19.0%；金融业投资完成 0.38 亿元，下降 4.3%；房地产业投资完成 34.98 亿元，增长 24.7%；租赁和商务服务业投资完成 0.52 亿元，增长 44.6 倍；科学研究、技术服务和地质勘查业投资完成 0.45 亿元，下降 17.1%；水利、环境和公共设施管理业投资完成 19.07 亿元，增长 16.6%；居民服务和其他服务业投资完成 0.36 亿元，增长 66.0%；教育投资完成 9.91 亿元，增长 30.3%；卫生、社会保障和社会福利业投资完成 3.66 亿元，增长 1.6 倍；文化、体育和娱乐业投资完成 4.53 亿元，增长 37.7%；公共管理和社会组织投资完成 41.79 亿元，增长 11.2%。

全年房地产开发投资 15.75 亿元，比上年增长 14.2%。房地产开发施工房屋面积 145.92 万平方米，比上年增长 1.0%；竣工房屋面积 45.98 万平方米，下降 16.2%；商品房销售面积 63.26 万平方米，下降 5.1%。

【国内贸易】全年实现社会消费品零售总额 156.58 亿元，比上年增长 21.3%。其中：城市消费品零售额 76.02 亿元，增长 18.3%；县及县以下消费品零售额 80.56 亿元，增长 24.3%。分行业看，批发和零售业零售额 129.82 亿元，增长 24.1%；住宿和餐饮业零售额 22.93 亿元，增长 17.6%；其他行业零售额 3.83 亿元，下降 23.1%。

在限额以上批发和零售业零售额中，增长较快的有：食品饮料烟酒类比上年增长 28.1%；服装鞋帽针纺织品类增长 37.0%；金银珠宝类增长 45.0%；日用品类增长 38.1%；机电产品及设备类增长 33.6%；石油制品类增长 15.3%；汽车类增长 36.6%。

【对外贸易】全年进出口总额40202万美元，比上年下降47.5%。其中：出口总额37535万美元，下降46.9%；进口总额2667万美元，下降54.2%。

全年对亚洲出口32585万美元，比上年下降31.9%；对欧洲出口2466万美元，下降76.8%；对北美洲出口1066万美元，下降52.1%；对大洋洲出口221万美元，下降73.7%。

在进出口贸易中，边境小额贸易实现进出口总额24878万美元，占进出口贸易总额的61.9%，比上年增长3.9%。其中：出口24526万美元，增长3.6%；进口352万美元，增长28.5%。

全年审批利用外商直接投资项目1个，合同利用外商直接投资7641万美元，实际利用外商直接投资5800万美元。

【交通、邮电和旅游】全年完成货运量959.26万吨，比上年增长28.0%。其中：公路运输完成920万吨，增长29.4%；铁路运输完成22.80万吨，下降10.9%；航空运输完成1.36万吨，增长32.0%；管道运输完成15.1万吨，增长25.8%。全年客运总量7965.80万人次，增长14.9%，其中：公路运输完成7760万人次，增长14.4%；铁路运输完成74万人次，增长19.0%；航空运输完成131.80万人次，增长60.9%。

年末公路总通车里程53845公里，比上年增加2531公里，其中：有铺装路面总里程3279公里，增加384公里。

年末全区民用汽车拥有量达到19.9万辆，比上年末增长3.1%。

全年完成邮电业务总量52.12亿元，比上年增长24.9%。其中：邮政业务总量1.69亿元，增长14.3%；电信业务总量50.43亿元，增长25.3%。年末局用交换机总容量41.99万门。年末固定电话用户53.93万户，其中：城市电话用户51.21万户，乡村电话用户2.72万户。新增移动电话交换机62.5万门，总容量达189万门。新增移动电话用户41.99万户，年末达到125.51万户。年末全区固定及移动电话用户总数达到179.44万户，比上年末增加23.24万户。电话普及率达到62部/百人。

全年接待国内外旅游者561.06万人次，比上年增长1.5倍。其中：接待国内旅游者543.57万人次，增长1.5倍；接待入境旅游者17.49万人次，增长1.6倍。旅游总收入55.99亿元，增长1.5倍；旅游外汇收入7873万美元，增长1.5倍。

【财政、金融和保险】全年完成地方财政收入30.37亿元，按同比口径计算，比上年增长6.2%。其中：一般预算收入30.09亿元，增长20.9%。

全年财政总支出470.56亿元，按同比口径计算，比上年增长22.5%。一般预算支出470.13亿元，增长23.5%。其中：社会保障和就业支出32.30亿元，增长15.8%；教育支出61.07亿元，增长29.7%；医疗卫生支出21.84亿元，增长33.6%；环保支出9.88亿元，增长73.2%。

年末全部金融机构本外币各项存款余额1028.40亿元，比上年末增长24.1%。其中：城乡居民储蓄存款226.87亿元，增长22.4%。全部金融机构本外币各项贷款余额248.35亿元，增长13.2%。金融机构累计现金收入911.68亿元，增长14.6%；累计现金支出958.37亿元，增长15.5%。现金净投放46.69亿元，比上年多投放12.16亿元。

全年保险公司保费收入4.01亿元，比上年增长23.5%。其中：财产险保费收入3.77亿元，比上年增长4.2倍；人寿险保费收入0.24亿元，增长1.0倍；人身意外伤害险保费收入0.29亿元，增长70.6%；机动车辆险保费收入2.60亿元，增长30.0%；健康险保费收入0.11亿元。全年共支付各类赔款1.97亿元。

【教育、科学技术】全区普通高等教育院校6所，年内招生9248人，其中：研究生228人，普通本专科9020人；在校生30853人，其中：研究生589人，普通本专科30264人；毕业生8594人，其中：研究生140人，普通本专科8454人。中等职业学校6所，招生11038人，在校生21357人，毕业生3603人；中学118所，其中：高级中学15所，完全中学9所，初级中学94所。高中招生13884人，在校生38383人，毕业生13312人；初中招生50042人，在校生143187人，毕业生42401人；小学884所，招生53682人，在校生305235人，毕业生50850人；特殊学校招生11人，在校生200人。年末幼儿园在园幼儿16068人，比上年增加1401人。全区小学学龄儿童入学率达98.8%，比上年提高0.3个百分点。

2009年末，全区共有科学研究机构33家，其中：独立科研机构25家，非独立科研机构8家。全年共承担国家科技项目79项，安排自治区级重点科技项目67项，全区取得省部级以上科技成果1项。受理专利申请195件，授权专利292件。全区科研机构发表科技论文230篇，其中：国外发表1篇，科技著作24种。

2009年西藏气象系统共有125个自动气象站，其中：有人值守气象台站39个，无人值守气象站86个。天气雷达站7个，其中：多普勒雷达站5个，数字化雷达站2个。地震监测台站（点）13个。水文监测站34个，水位监测站10个。

【文化、卫生和体育】年末全区共有各级群众艺术馆、文化馆（站）295个，各类专业文艺演出团体10个，民间艺术团19支。公共图书馆4个，博物馆2个。广播电台1座，中、短波转播发射台42座，电视台5座，广播电视台3座。广播、电视人口综合覆盖率分别达89.2%和90.36%。出版报纸121097.4千印张，各类杂志132.3万册，图书1351万册。

年末全区共有卫生机构1329个，其中：医院、卫生院763个，疾病预防控制中心（卫生防治机构）81个，妇幼保健院、所、站57个。实有病床床位8553张，其中：医院5368张。卫生技术人员10047人，其中：执业医师3395人。每千人病床数和卫生技术人员数分别达到了2.95张和3.46人。

全年新建全民健身活动场所337处，其中：健身路径器材100套、农民体育健身工程237个（每个工程包括：1个篮球场和2个乒乓球台）。我区运动员在国际国内各种体育竞技比赛中共取得金牌1枚、铜牌4.5枚，在登山及攀岩比赛中获得2个第二名、1个第三名；组织群众体育活动169次，参加活动总人数达18.5万人次。本年度认证社会体育指导员79人，其中：一级体育指导员12人；二级体育指导员34人；三级体育指导员33人。全年销售体育彩票1.99亿元，筹集体育彩票公益金4433万元。

【人口、人民生活和社会保障】根据人口抽样调查资料推算，年末全区常住人口总数为290.03万人，比上年末净增加2.95万人。其中：城镇人口69.03万人，占总人口的23.8%；乡村人口221万人，占总人口的76.2%。人口出生率为15.3‰，死亡率为5.1‰，自然增长率为10.2‰。

全区城镇居民人均可支配收入达13544元，比上年增长8.5%；农牧民人均纯收入3532元，增长11.2%。通过推进新农村建设、实施安居工程，年末已有23万户、120万农牧民住上了宽敞明亮的新房。2009年年末城镇居民人均居住面积33.83平方米，农牧民人均居住面积达到23.62平方米。

基本养老金按时足额支付率和社会化发放率均达到100%。年末全区参加基本养老保险的职工8.80万人，参加失业保险8.80万人，参加工伤保险6.90万人，参加生育保险12.50万人。城镇职工参加基本医疗保险22万人，城镇居民参加基本医疗保险13.1万人（另有3.90万名城镇居民参加了农牧区医疗制度，其中：在校大中专学生1.80万人）。

全年农牧民每人医疗筹资140元，其中：中央财政补助125元，自治区各级财政15元。

全区城镇居民共有39415人享受政府最低生活保障，发放低保救助金9921.37万元。农村居民有23万人享受政府最低生活保障，发放低保救助金11260万元。年末全区各类社会福利机构共有205个，共有床位5131张，收养五保老人和孤残儿童3696人。全年销售社会福利彩票2.78亿元，筹集社会福利公益金8678万元。

【资源、环境、安全生产】全年新发现矿产地10处，有7种矿产新增探明储量，地质勘查实施地勘项目130项，完成机岩芯钻探实务工作量9.70万米。

2009年国家投入1529万元加强我区环保能力建设，投入150万元用于国家级自然保护区能力建设，投入1540万元用于我区17个村环境综合整治。拉萨市全年空气质量优良天数361天，优良率达98.9%。全区共有8个环境监测站，水质监测断面47个，水土保持监测站7个。全区共有自治区级以上自然保护区20个，其中：国家级自然保护区9个。自然保护区面积4125.80万公顷，占我区总面积的34.4%。

全年共发生各类安全事故912起，比上年上升17.0%；死亡409人，下降1.0%；直接财产损失1263.70万元。亿元GDP生产安全事故死亡人数为0.94人，下降10.0%；工矿商贸十万从业人员生产安全事故死亡人数为4.40人，上升57.0%。道路交通万车死亡人数为16.56人，下降17.0%。

注：

1.本文数据均为初步统计数，正式数据以《西藏统计年鉴—2010》为准。

2.对外贸易、交通、邮电、旅游、财政、金融、保险、教育、科技、气象、环保、文化、卫生、体育、社会福利和保障、资源、安全生产方面的数据均由自治区有关部门提供。

3.GDP、各产业增加值绝对数按现价计算，增长速度按可比价计算。

第二篇 政治

中国共产党西藏自治区委员会

自治区纪检（监察）工作

【年度综述】2009 年，全区各级纪检监察机关按照十七届中央纪委三次、四次全会的工作部署和区纪委七届四次全会确定的十项具体任务，紧紧抓住贯彻落实《工作规划》和《实施办法》这条主线，切实加强以坚定理想信念为重点的思想道德建设、以严肃政治纪律为重点的纪律建设、以转变作风为重点的勤政廉政建设、以规范权力运行为重点的制度建设，扎实推进教育、制度、监督、改革、纠风、惩处六项工作，党风廉政建设和反腐败工作取得了明显成效。

【认真履行监督检查职责，确保中央和自治区一系列重大决策部署的贯彻落实】2009 年，全区各级纪检监察机关和广大纪检监察干部将维护社会稳定作为压倒一切的政治任务，坚决贯彻中央对达赖集团斗争的方针策略，坚决执行区党委各项决策部署，认真贯彻中央纪委办公厅《关于严明党的政治纪律维护藏区社会和谐稳定的通知》精神，先后下发了《中共西藏自治区纪委关于严明政治纪律的通知》、《关于认真贯彻落实中央纪委办公厅〈关于严明党的政治纪律维护藏区社会和谐稳定的通知〉的通知》，要求全区广大党员干部和国家公职人员切实增强政治意识、政权意识、责任意识、忧患意识，提高政治敏锐性和政治鉴别力，坚定理想信念和政治立场，旗帜鲜明地开展反分裂斗争。自治区纪委七届四次全会提出十个“决不允许”，对全区党员干部遵守政治纪律提出了明确要求。严格执行党的政治纪律特别是反分裂斗争中的政治纪律，严肃查处违反政治纪律的案件，对涉案人员依纪依法进行了严肃处理。全区广大纪检监察干部始终战斗在维护稳定工作第一线，立场坚定、旗帜鲜明、坚决斗争，以自己的实际行动，为我区的维稳工作作出了重要贡献。

紧紧围绕中央扩大内需促进经济增长的战略部署和区党委保增长、保民生、保稳定等一系列决策措施的贯彻落实，深入开展监督检查。先后组织 13 个检查组，深入 7 个地（市）和 57 个县（市、区），实地检查 364 个项目，对发现的问题，及时予以纠正。积极配合中央检查组在我区开展的监督检查工作，对存在的问题，督促有关地（市）和部门抓好整改落实工作。对部分县、乡在管理、使用支农惠农资金中的违纪违法问题进行了通报，有力地推动了中央扩大内需促进经济增长政策在我区的顺利实施。

区党委两个巡视组认真学习贯彻《中国共产党巡视工作条例（试行）》，坚持将执行党的政治纪律和扩大内需促进经济增长政策落实情况作为巡视工作重点，统筹兼顾，科学安排，完成了对 2 个地区及所属 4 个县和 2 个区直部门、1 个驻内地办事处、1 所高校的巡视工作。

【扎实开展领导干部作风建设年活动，狠抓党员干部作风建设】2009 年，为认真贯彻落实胡锦涛总书记在十七届中央纪委三次全会上的重要讲话精神，区党委决定把 2009 年作为领导干部作风建设年，着重解决政治立场不坚定、赌博、大操大办、出工不出力、政策截留和铺张浪费等 6 个方面的突出问题。建立了领导干部作风建设年活动联席会议制度，先后两次召开全区地（市）和区直单位领导干部作风建设年活动座谈会，举办了以“百姓在心中”为主题的作风建设专题文艺晚会、全区领导干部作风建设演讲比赛。按照《在全区开展领导干部作风建设年活动的实施意见》的安排，各级党政组织认真抓好理论学习，深入开展作风建设讨论，各级领导班子开展作风建设讨论 2901 次，组织专题辅导 1776 次，交流学习心得 3357 次，征求意见 26425 条，梳理汇总 8299 条；召开作风建设专题组织生活会 6878 次，查找问题 10971 个，制定整改措施 13031 条，解决问题 7495 个；制定规章制度 5304 个，修改完善规章制度 8813 个。经过各级党政组织和广大党员干部的努力，通过作风建设， 6 个方面的突出问题得到有效解决，取得了明显成效。广大党员干部特别是领导干部对加强作风建设的重要性和紧迫性有了更加深刻的认识，自觉纠正自身作风建设方面存在的问题，一些群众反映强烈的突出问题得到治理和解决，一些不良风气得到有效遏制，党风政风和社会风气明显好转，达到了预期目的。

【深入贯彻落实《工作规划》和《实施办法》，扎实推进惩治和预防腐败体系建设】为深入推动《工作规划》和我区《实施办法》的贯彻落实，召开了区直机关落实《工作规划》暨2009年反腐倡廉工作任务分工会议，通报了区直单位贯彻落实《工作规划》和《实施办法》的情况，对工作任务进行细化分工，并要求各级党政组织把贯彻落实《实施办法》作为党风廉政建设责任制的一项重要内容，建立健全督查、评估、考核、奖惩等工作机制，确定监督检查工作的标准，量化各项工作考核，并严格实施责任追究。组织召开全区贯彻落实《工作规划》及《实施办法》经验交流会，在肯定成绩、交流经验的同时，指出落实工作中存在的一些问题，有力推动了《工作规划》和《实施办法》的落实。

高度重视农牧区基层党风廉政建设。组织相关部门深入基层开展调研，制定出台了《关于进一步加强农牧区基层党风廉政建设若干问题的实施细则》、《西藏自治区进一步加强农牧区基层党风廉政建设的意见》。加强政策宣传，印制、发放了25000册藏文版《农村基层党风廉政建设工作简易读本》。加强对中央关于推进农村改革发展重大方针、各项制度和强农惠农政策落实情况的监督检查，保证党的农村政策落到实处。开展对农牧区土地承包、土地征用、村级组织选举等情况的监督检查，坚决查处和纠正侵害农牧民利益的突出问题。

2009年是我区第三轮党风廉政建设责任制考核验收年，在各地各部门认真自查的基础上，12月初，区党委组成了由省级和厅级干部带队的七个检查考核组，对五个地（市）和部分区直部门近年来落实党风廉政建设责任制情况和2009年推进惩治和预防腐败体系建设情况进行了检查考核。从检查考核情况看，各地各部门高度重视执行党风廉政建设责任制的贯彻落实，主要负责人能够坚持一岗双责，切实担负起第一责任人的责任，做到领导重视、措施得力、工作落实。

【继续加大查办案件工作力度，严肃查处违纪违法分子】召开全区纪检监察信访举报工作座谈会、案件检查工作会议、案件审理和申诉复查工作会议，分析查办案件工作面临的新形势、新挑战，回顾总结近年来办案工作的经验，研究部署当前和今后一个时期的办案工作。高度重视信访工作，开通网上举报网站，不断拓宽信访举报渠道。完善信访举报工作制度，制定了《中共西藏自治区纪委西藏自治区监察厅案件线索统一管理规定（试行）》、《中共西藏自治区纪委西藏自治区监察厅信访举报件案管理办法（试行）》、《关于纪检监察机关领导干部定期接待群众来访办法》、《西藏自治区纪检监察信访监督工作暂行办法》等规章制度。高度重视办案安全工作，严格依纪依法办案。试行"县案地审"制度，不断提高审理质量。注意保护被调查对象的合法权益，切实做好案件申诉复查工作。

【大力推进执法监察和纠风工作，一些损害群众利益的突出问题得到较好解决】狠抓工程建设领域突出问题专项治理工作。成立了以区党委常委、纪委书记金书波为组长的专项治理工作领导小组，并制定了实施方案。各地（市）、自治区各部门也先后组建了相应的领导小组和办事机构。区纪委主要领导亲自带队，对部分重点项目进行了实地检查。区专项治理工作领导小组组成两个督查小组，对各地市、区直有关部门工程建设领域突出问题专项治理工作和自查自纠情况进行了监督检查。同时，对2008年以来政府投资的所有限额以上竣工和在建项目进行全面排查。各地市、各部门均采取有效措施，对工程建设领域存在的突出问题进行了认真排查治理。

深入开展执法监察，全区各级纪检监察机关对国家投资的384个工程建设项目招投标进行了监督。将"拉萨至贡嘎机场专线公路"、"自治区人才市场"、"自治区藏医院改扩建工程"等三个投资总额达12.79亿元的工程作为重点监督检查项目进行全程监督。配合国土资源厅等单位对2008年拉萨、日喀则等地市15个农业大县、45个乡镇的耕地保护责任目标落实情况进行了检查。对26个县30座矿山、7个重点矿产资源勘查区环境保护、资源利用情况进行了调研，并就发现的问题及时向相关部门进行了通报，提出了整改意见。加大安全生产责任事故责任追究力度，先后对"11·14"、"1.06"重大道路交通事故相关责任人进行了严肃处理，正在对"9·16"重大道路交通事故进行调查处理。加大对"高考移民"的查处力度，共取消79名考生的高考报名资格。以作风建设推动行政效能建设和效能监察工作，共受理群众投诉30件，纠正或督促整改影响行政效能行为17件，查处影响行政效能行为2件。继续加强对我区现有"一站式"行政审批服务中心工作规程进行规范和指导。

认真贯彻全国纠风工作电视电话会议，召开全区纠风工作会议，对2009年纠风工作进行安排部署。对120项自治区一级评比达标表彰项目进行全面清理，拟保留33项，拟撤销87项。着力抓好民主评议政风行风工作，全年安排50个单位、部门参加政风行风"阳光热线"，直播节目72期，其中19个单位同时用藏汉两种语言播出。积极开展"小金库"治理工作，共清理银行账户4万多个，自查自纠上报"小金库"资金1500万元。深入开展社会保险基金专项监督检查，对发现的问题及时提出了整改意见和建议。严肃查处了那曲地区某县侵害农牧民利益问题，拉萨市某运输公司在运营和车辆挂靠中存在的违纪违规问题，某单位领导顶风违纪、奢侈浪费问题。

【全面加强自身建设，努力提高纪检监察工作的能力和水平】2009年，区纪委常委会高度重视纪检监察队伍建设，坚持把"做党的忠诚卫士、当群众的贴心人"主题实践活动作为学习实践科学发展观活动的有效载体，围绕全面正确履行职能这个重点，把提高纪检监察干部的思想政治素质、业务素质和工作能力贯穿始终，努力用科学发展观和中国特色反腐倡廉建设理论武装头脑、指导实践，在推动工作上下功夫、见成效。委厅领导带头深入基层、深入群众，开展调查研究，体察民情、了解民意，为人民群众办实事、做好事、解难事。通过召开机关县处级以上干部座谈会、支部学习会，专题学习王瑛、汤扬的先进事迹，组织党员干部观看电教片，举行“做党的忠诚卫士、当群众的贴心人”主题演讲比赛等多种形式，促进党员干部自觉以王瑛、汤扬同志为榜样，进一步提高思想境界和职业道德，提高“做党的忠诚卫士、当群众的贴心人”的自觉性，将加强党性修养和作风养成落实在工作中，立足本职，忠诚履行职责，恪尽职守，秉公执纪，树立纪检监察干部的良好形象。

完成了机构改革任务，新设了案件监督管理室和行政效能监察室（行政效能投诉中心），以及对部分地市纪委书记、派驻机构负责人和机关各室负责人的调整工作。

认真做好干部培训工作。组织我区71名县纪委书记参加中央纪委监察部举办的培训班，在区党校对全区73个县（市）的监察局局长进行了集中培训。在海南省纪委的大力支持协助下，对全区地（市）监察局局长和区监察厅各派驻机构监察室主任进行了培训。选派18名纪检监察干部到内地省市纪委挂职。

自治区组织工作

【年度综述】2009年，自治区组织部门全面贯彻党的十七届三中、四中全会和区党委七届四次、六次全委会精神，深入贯彻落实中办发〔2008〕16号和藏党发〔2008〕11号文件精神，围绕中心、服务大局，求真务实、埋头苦干，为推进科学发展和长治久安选干部、配班子，建队伍、聚人才，抓基层、打基础，管机构、用编制，较好地完成了各项任务。

【围绕提高执政能力和领导水平，有力推进领导班子和干部队伍建设】坚持以站稳立场、坚定信念为根本，以加强党性修养和作风养成为重点，突出抓好领导班子和领导干部思想政治建设，研究制定了加强和改进领导班子思想政治建设的意见，在广大党员干部特别是各级领导干部中深入开展中央关于新时期西藏工作指导思想、反分裂斗争、民族团结教育和党性教育，切实解决了部分党员干部在理想信念、政治立场、政治敏锐性等方面存在的问题，增强了反分裂斗争的坚定性和贯彻落实科学发展观的自觉性。着眼于党在西藏的事业后继有人，制定了自治区党政领导班子后备干部队伍建设实施规划和加强培养选拔年轻干部工作的实施意见，召开全区培养选拔年轻干部工作座谈会暨后备干部集中调整工作部署会，全面开展后备干部集中调整工作，大力加强年轻干部和后备干部队伍建设。结合后备干部集中调整工作，对全区各级领导班子和领导干部进行集中考核，注重对干部在反分裂斗争等关键时刻表现和干事创业的了解，掌握了一批优秀的领导班子和领导干部。结合自治区政府机构改革，按照从严管理干部的要求，充分运用考核结果，对各级领导班子进行了调整充实。加强县委书记队伍建设，召开县委书记座谈会，制定贯彻落实中央关于县委书记队伍建设若干规定的实施意见，注重选好配强，抓好教育培训，加强日常监督，重视关怀激励，在23个援藏干部担任县（市）委书记的县（市）配备了正县级常务副书记，部分任职时间较长、表现突出、群众公认的县委书记得到提拔使用。扎实推进干部教育培训工作，坚持分层次、多渠道、多形式大规模培训干部，全年共举办各类培训班350多期，培训各级各类干部19100余人次，进一步提高了广大干部领导科学发展、促进社会和谐稳定的能力。特别是中组部与区党委共同举办的全区地（市）县党政主要领导干部应急处变能力培训班，内容丰富，形式新颖，效果很好。加强干部监督，落实干部选拔任用工作“一报告一评议”制度，建立严重违规用人问题立项督查制度，开展选人用人满意度调查，不断提高选人用人公信度。

【围绕增强创造力、凝聚力和战斗力，大力加强基层组织和党员队伍建设】以村级组织建设为重点，大力推进农牧区党组织建设，制定出台了加强农牧区基层党组织建设的意见。从建立村党支部书记队伍培养选拔、岗位责任和监督、教育培训、激励保障等4个机制入手，进一步推进村“两委”班子建设，建立了村党支部书记岗位目标责任制、年终民主评议制度，制定实施村党支部书记、村委会主任和其他村干部业绩考核奖励办法，基本建立村干部基本报酬及业绩考核奖励制度和村党支部书记体检制度，大幅度提高村党支部书记和其他村干部待遇。加强村党支部书记的教育培训，举办村党支部书记培训班166期、7687人次，对全区5261名村党支部书记全部轮训一遍。着力充实基层力量，从优秀高校毕业生中公开考录基层公务员和事业单位工作人员5434人，定向考录基层政法机关工作人员832人，考录村官300人，继续从机关选派干部到工作薄弱、情况复杂、不稳定因素较多的乡镇（街道）、村（社区）任职或挂职。大力推广“三个培养”活动，将4509名优秀致富带头人培养成党员，将3483名党员培养成致富带头人，把4498名党员致富带头人培养成村组干部。完成了全区大部分村级组织活动场所建设。进一步加强街道社区党建工作，制定出台加强街道社区党的建设工作的意见，统筹抓好机关、企事业单位、学校、科研院所基层党组织建设。认真贯彻“书记抓、抓书记”的要求，健全和落实县（市、区）委抓基层党建工作责任制的意见，建立地（市）、县委专题研究基层党建工作制度，扎实开展县委书记抓基层党建专项述职，积极推广波密县县乡村三级书记联动抓基层党建的经验，形成了县乡村三级书记抓党建的新格局。大力加强党员队伍建设，认真组织实施自治区2009—2013年发展党员工作规划，发展党员工作力度加大，2009年预计发展党员1.3万余名，是历史上发展最多的一年。加强党员教育管理，认真开展流动党员教育管理试点工作。扎实推进党内激励帮扶工作，制定出台自治区党内激励帮扶资金使用管理暂行办法，采取财政支持、党费划拨等形式，全区各级党组织共建立党内激励帮扶资金3000余万元，投入激励帮扶资金1000万元，奖励、帮助和扶持党员1900余名。全面启动农村党员干部现代远程教育工作，建成远程教育终端站点2249个，收集制作整理课件404个。

【围绕实施人才强区战略，切实加强人事人才工作】坚持党管人才原则，深入实施人才强区战略，认真贯彻落实全国人才工作座谈会精神，着眼于适应经济社会发展需要，按照增强战略性、前瞻性和科学性的要求，着力抓根本、抓长远、抓关键，组织力量编制我区中长期人才发展规划纲要。加强人才教育培训，重点实施党政人才、专业技术人才、企业经营管理人才和农村实用人才培养工程。积极实施人才资源开发项目，认真做好海外高层次人才创新创业基地和"千人计划"申报工作。认真做好"博士服务团"成员的接收、"西部之光"访问学者人选推荐和百千万人才工程国家级人选推荐等工作。加强专业技术人员管理，建立自治区享受政府特殊津贴专家制度，制定享受政府特殊津贴专家选拔办法。启动少数民族专业技术人才特殊培养工作，选派 120 名少数民族专业技术人员到内地进行特殊培养。积极稳妥地推进事业单位岗位设置管理工作。扎实做好高校毕业生就业工作，通过公开考录、招募"三支一扶"人员和西部计划志愿者、安排公益性岗位、企业招聘等多种途径，实现了大多数高校毕业生就业。公务员管理工作进一步加强，制定自治区公务员考核实施细则（试行）和公务员调任规定，进一步规范了行政性表彰奖励、公务员职务任免与职务升降、申诉、培训、新录用公务员任职定级、辞职、辞退、考核等工作。做好第七届全国"人民满意的公务员"和"人民满意的公务员集体"的推荐、评选工作，我区 2 名公务员和 1 个集体获此殊荣。工资福利工作和军队转业安置工作进一步加强，企业军转干部解困维稳工作扎实有效。

【围绕充分发挥援藏干部的作用，着力加强和改进对口支援干部工作】始终坚持建设好、管理好、使用好援藏干部队伍，召开全区援藏干部座谈会和援藏干部领队研讨会、企业援藏干部研讨会，总结交流援藏工作经验，切实加强和改进对口支援干部工作，动员组织援藏干部为实现经济社会更好发展、更快发展、更大发展作贡献。修订完善《对口支援西藏干部管理办法》，进一步加强了援藏干部管理。加强援藏干部教育培训，举办了 2 期"援藏县委书记培训班"。与派出单位一道，不断加大援藏干部考察考核力度。加强援藏工作的宣传报道，大力宣传了一批优秀援藏干部的先进事迹。采取积极措施，推动援藏干部加强自我教育、自我管理、自我监督。始终坚持高看一眼、厚爱三分，着力解决援藏干部的实际问题和困难。认真编制、协调和衔接第六批援藏干部需求计划。

【围绕推进科学发展和转变政府职能，稳步推进政府机构改革】认真贯彻全国地方政府机构改革精神，坚持以转变职能为核心，按照精简、统一、效能的原则，着眼于理顺职责关系，明确和强化责任，优化组织结构，规范机构设置，完善管理机制，严格控制编制，圆满完成了自治区政府部门的机构改革工作，进一步转变了政府职能，充实了相关部门力量，为各部门更好地履行职责创造了条件。同时，对与政府机构改革关联度较大的部分党委部门的机构编制进行了调整。地（市）、县（市、区）政府机构改革扎实有序推进。积极向中央编办争取我区县级政法、统战、民宗等部门编制。事业单位登记管理工作扎实推进。机构编制管理制度化、规范化建设进一步加强。

【经验体会】必须始终坚持以科学发展观为统领，确保组织人事编制工作始终沿着正确的方向前进；必须把围绕中心、服务大局作为根本要求，不断把党的组织优势转化为推动科学发展和长治久安的强大动力；必须坚持用改革创新的办法解决工作中的新情况新问题，不断取得组织人事编制工作的新突破；必须坚持把让党和人民满意作为检验工作成效的标准，始终把推进组织人事编制工作的过程成为体现群众意愿、实现群众利益、全心全意为人民服务的过程；必须坚持从严治部、从严律己、从严带队伍，始终不懈加强组织部门自身建设。

【获奖情况】组织处被评为全国民族团结进步模范集体；办公室被评为全区社会治安综合治理先进集体、全区督查工作先进集体。

多松柏同志被评为全国党员电化教育先进工作者；宋海燕同志被评为全区先进工作者；郁汉明同志被评为全区社会治安综合治理先进个人；樊竹婷同志被评为全区部门统计工作先进个人；方奇明同志被评为区直机关优秀党务工作者；王凤梅同志被评为区直机关优秀共产党员。

【领导名录】

自治区党委常委、组织部部长：尹德明
常务副部长：武金辉
副部长、人事厅厅长：边巴扎西（2009 年 11 月后任自治区党委组织部副部长、人力资源和社会保障厅党组书记、副厅长）
副部长、编办主任：唐明英
副部长、巡视员：李晓云　许鹏　邹立
副部长：强秋（2009 年 11 月前任区党委组织部部务委员、驻人事厅纪检组组长）
部务委员、人事厅副厅长：谭超运（2009 年 11 月后任人力资源和社会保障厅党组成员、副厅长）
部务委员、编办副主任：王岐海　解海源
部务委员、人事厅副厅长：皮大中（2009 年 11 月后任人力资源和社会保障厅党组成员、副厅长、公务员局局长）
部务委员：段胜前（2009 年 11 月前任区党委组织部副巡视员、研究室主任）
部务委员：李小宁（2009 年 11 月任职）

自治区统一战线工作

【年度综述】2009 年，是自治区积极应对国际金融危机冲击，及时消除拉萨"3·1 4"事件后续影响，经济实现平稳较快增长，社会局势保持基本稳定，反分裂斗争取得重大胜利的一年。一年来，在区党委的坚强领导下，在中央统战部的有力指导下，自治区统一战线工作以民族宗教工作为重点，坚持同达赖分裂主义集团作坚决斗争，全力推进民族团结进步事业，深入开展寺庙法制宣传教育，建立寺庙管理长效机制，凝聚人心保稳定，汇聚力量促增长，圆满完成了区党委赋予统一战线的各项任务。

【加强教育引导，共同思想政治基础更加牢固】2009 年，自治区统一战线部门把深入学习实践科学发展观活动作为筑牢统一战线成员共同思想政治基础的重要措施来抓，认真学习党的十七届四中全会和区党委七届六次全委会精神，使统一战线成员充分认识我们党适应时代发展、以改革创新精神加强和改进党的建设的战略远见。抓住新中国成立60周年、西藏民主改革50周年、百万农奴解放纪念日等重大活动，在统一战线成员中集中开展爱国主义、社会主义和改革开放教育，特别是深入揭批达赖集团分裂本质，在深化认识中筑牢思想防线，使统一战线成员坚持中国共产党的领导，坚持社会主义制度，坚持民族区域自治制度，坚持走有中国特色、西藏特点的发展路子的信心倍增。充分利用西藏社会主义学院培训基地的作用，多渠道、多层次加强培训教育，全年举办党外人士培训班36期、培训1781人次，党外人士的思想政治素质和参政议政能力得到有效提高。

【丰富形式内容，民族团结进步事业扎实推进】2009年，自治区统一战线部门认真贯彻落实中央和区党委精神，把促进民族团结进步放到突出位置，通过举办座谈会、报告会、专题宣讲、编印学习宣传材料等多种方式，在统一战线成员和寺庙僧尼中深入开展民族团结宣传教育活动，广泛宣传党的民族理论政策，深入揭批达赖集团分裂祖国、破坏民族团结的罪恶行径，使“各民族共同团结奋斗、共同繁荣发展”的主题和“三个离不开”的思想更加深入人心，各族各界人士和广大僧尼的中华民族意识、国家意识、公民意识、法律意识不断增强。抓住国务院第五次全国民族团结进步表彰大会这一有利时机，自治区隆重举行民族团结进步表彰大会，大张旗鼓地宣传民族团结先进事迹，动员全社会积极参与民族团结进步事业，努力营造珍视民族团结、爱护民族团结的浓厚氛围。充分发挥统一战线成员在协调民族关系、化解民族矛盾方面的特殊作用，促进各民族之间的交流交融，维护祖国统一和民族团结成为各族群众的普遍共识。

【破解重点难点，寺庙法制宣传教育不断深化】2009年，自治区统一战线部门把思想教育作为寺庙法制宣传教育的抓手，不断丰富教育内容，突出反分裂斗争教育，深入揭批达赖集团反动本质，坚决清理整顿闹事和出现群体性事件的寺庙，整顿、改组、充实了一批重点寺庙管委会，全区寺庙管委会整体得到了加强。制定和完善寺庙各项规章制度，佛事活动、学经管理、财务管理有章可循。扎实开展寺庙登记和活佛、僧尼资格备案管理工作，为建立宗教新秩序奠定了良好基础。认真开展平安和谐寺庙创建活动，确保僧尼不参加分裂破坏活动，不参与非法游行示威等扰乱社会秩序的活动。对藏传佛教寺庙先进集体和个人进行表彰，弘扬了正气，压制了邪气。面向全区寺庙成功举办了2009年度藏传佛教格西拉让巴学位晋升考试，一批爱国守法、有较高宗教造诣的僧人获得了格西拉让巴学位。西藏佛学院建设进展顺利，各项筹备工作加紧进行。十一世班禅在藏宗教活动庄重祥和，社会活动安全有序，圆满完成接待工作，进一步树立了威信，扩大了影响。

【抓住敏感节点，宗教领域始终保持基本稳定】2009年，自治区统一战线部门把寺庙维稳工作作为重中之重，在“3·10”、“3·14”和国庆节等敏感时段，始终做到思想不放松、力量不减弱、目标不动摇，全面排查寺庙不稳定因素，严格落实管理措施。选派得力干部坚守重点寺庙蹲点开展工作，全力维护寺庙稳定。全区抽调干部组成32个督导组，深入寺庙开展督促检查，确保各项维稳措施落实到位。加强佛事活动管理，确保“萨嘎达瓦”、雪顿节等大型宗教活动安全祥和。发挥统战部门牵头协调作用，稳慎处理了一系列复杂敏感宗教问题，把负面影响降到最低程度，全力维护了藏传佛教正常秩序，有力促进了社会大局的稳定。

【把握特点规律，寺庙管理长效机制建设取得重要进展】2009年，自治区统一战线部门坚持谋长久之策、行固本之举，制定并出台了《关于创建平安寺庙的意见》、《西藏自治区关于加强社会流动从事宗教活动人员管理的意见》和《西藏自治区藏传佛教活动场所学经班管理办法(试行)》、《西藏自治区藏传佛教活动场所经师资格评定和聘任办法(试行)》、《西藏自治区藏传佛教活动场所管理组织章程(试行)》、《西藏自治区藏传佛教活动场所教职人员基本行为规范》等多个宗教工作政策文件和规章办法，为建立藏传佛教新秩序提供了重要的政策法规依据。认真总结和全面推广扎什伦布寺、强巴林寺等爱国寺庙管理的好经验好做法，得到区党委和中央统战部的充分肯定。探索创新寺庙管理模式，分类指导，区别不同情况，在全区寺庙推行不同寺庙管理方式，确保寺庙领导权牢牢掌握在爱国爱教人士手中。明确了地、县、乡、村四级寺庙管理责任主体，建立了地市、县领导干部和乡村基层干部与寺庙定点联系制度，推动治安、户籍、消防等社会公共管理进寺庙，有效推进了寺庙属地管理和社会化管理。

【发挥自身优势，服务经济发展取得明显成效】组织党外人士特别是党外专家学者，围绕“保增长、扩内需、调结构”以及改善和保障民生等重大问题开展考察调研，形成一批有价值的意见建议。鼓励和支持党外代表人士建言献策，以自治区“两会”、党外人士座谈会等为平台，广集睿智之言，广聚务实之策，共谋经济发展之举。以非公有制企业开展学习实践科学发展观活动为契机，狠抓非公有制经济人士的思想政治工作，初步建立了非公有制经济人士综合评价体系，工商联组织建设得到进一步加强。区工商联成功协调组织了全国工商联和30多家著名民营企业赴藏考察调研活动，已达成产业投资项目意向22个，特别是娃哈哈等一批著名企业在我区投资建厂，民营企业产业援藏迈出了可喜的一步。截止2009年底，全区共有个体工商户8.7万户，从业人员20.24万人，注册资金24.66亿元;私营企业6286家，从业人员11.8万人，注册资金176.9亿元；外资企业243家，投资总额6.36亿美元。2009年非公有制企业创造就业岗位32.1万个，上缴税收达25亿元，占全区各项税收总额的73%，非公有制经济已经成为我区经济社会发展的重要力量。

自治区政法工作

【年度综述】2009 年，全区各级党委政法委和政法各部门高举维护社会稳定、维护社会主义法制、维护人民群众根本利益的旗帜，认真贯彻落实胡锦涛总书记“谋长久之策，行固本之举”的重要指示，以保持社会政治局势持续稳定为要旨，以确保国庆60周年和西藏民主改革50周年庆祝活动绝对安全为重点，以平安建设为平台，以维稳能力建设为抓手，强化社会面管控，严密防范和严厉打击达赖集团的分裂破坏活动，始终保持对严重刑事犯罪活动的高压态势，强化社会治安综合治理，积极开展人民内部矛盾纠纷排查调处和群体性事件、突发事件的预防处置工作，大力加强政法队伍建设和政法基础建设，各项工作取得了新的成绩，进一步巩固和发展了西藏来之不易的大好形势，为促进我区社会局势从持续稳定到全面稳定、从基本稳定走向长治久安，促进经济社会又好又快发展作出了新的贡献。

【严密防范和严厉打击各类分裂破坏活动，确保社会局势持续稳定】2009 年以来，全区各级政法机关始终坚持中央对达赖集团斗争的一贯方针不动摇，不断完善反分裂斗争和维稳工作领导体制机制，认真贯彻落实区党委重要指示，坚持“防范第一，处置高效”的工作要求，围绕敏感节点，实行总体上严密布防和重点敏感日高度戒备相结合，扎实开展各项维稳防控工作，连续打赢了全年维护稳定的三大战役，实现了预期工作目标。

【深入开展“严打”整治斗争，强化社会管理，积极推进平安西藏建设】一年来，全区各级政法机关着眼于减少社会对抗、促进社会和谐，坚持惩防并举，持续开展了以严打整治斗争为龙头的“大走访、大摸排、大清查、大收缴、大整治”活动，始终保持了对严重刑事犯罪的高压态势，依法严惩了一批危害公共安全、危害人民群众生命财产安全的严重暴力犯罪、侵财犯罪和涉黑涉恶犯罪。通过高压管控和严厉打击，有力地促进了社会治安秩序的进一步好转，人民群众的安全感进一步增强。据测评，2009 年全区群众安全感平均达到 95%以上，其中拉萨市为 95．7%，比 2008 年度提高了 2．7 个百分点。

认真组织开展治安专项整治行动，大力构筑新的社会治安防控体系。各地(市)、各部门大力加强社会治安防控体系建设，积极探索建立以“110”巡警、特警巡逻为龙头，交警、治安警、武警、治保、联防为一体的多功能、全方位、多时段的社会治安管理模式，加强社会面管控。各级公安机关加强治安管理，认真落实严管严控措施，先后认真组织开展了多次治安专项整治行动，严密清查管控“3·14”涉案人员及各类“三无人员”等重点人员，对宾馆旅店、娱乐场所、出租房屋和网吧等实施不间断排查，集中整治了城乡结合部、寺庙周边、人员密集区等各类治安“乱点”，强化交通管理，严厉打击酒后驾驶违法行为，有效净化了社会治安环境。

积极推进平安西藏建设，全面加强社会治安综合治理。各级综治部门继续坚持“打防结合、预防为主”的方针，充分发挥社会治安综合治理工作优势，进一步建立健全党委领导、政府负责、社会协同、公众参与的社会管理格局，全面落实社会治安综合治理各项措施，积极推进平安建设。一是加强矛盾纠纷排查调处工作机制建设，由各级党政组织一把手负总责，相关部门积极参与，强化基层组织建设，形成了“三位一体”的基层大排查、大接访、大调处工作格局。二是加大平安建设和普法、依法治理工作宣传力度，坚持把“三月综治宣传月”、“六月综治宣传周”、“9·16”平安西藏宣传日与“五·五”普法宣传工作有机结合起来，大力开展平安宣传和“法律七进”活动，以优化法律服务为重点，建立健全县、乡、村三级普法网络，稳步推进普法、依法治理工作和法制建设，努力营造“深化平安建设、构建和谐社会”的良好舆论氛围和社会环境。三是以“平安县”和“平安寺庙”创建工作为重点，加强平安县、乡镇、村（居）委会和平安单位等基层平安创建活动，不断扩大平安建设覆盖面。拉萨市深入开展了平安创建自查自评和自荐申报工作，评选出了 58 个单位为拉萨市市级“平安单位”。林芝地区开展了“平安县”验收工作，严格按照标准完成了对林芝县、墨脱县的考评验收。四是强化对国保重点人员的有效管控。自治区综治办与区公安厅国保总队组成督导组认真检查督导，尽最大努力促使重点人员尽早回归社会，减少不和谐因素。五是以平安和谐为主题，重点加强寺庙治安管理和对僧尼的依法管理，认真落实“四个一样对待”的工作要求，加强法制宣传教育。坚持不懈开展综合治理进寺庙工作，与寺庙、僧尼及一些文物保护单位全部签订综治目标责任书，确保寺庙文物管理和安全防范措施落到实处。六是流动人口服务和管理工作进一步加强。2009 年，各地(市)整合基层组织力量，积极搭建流动人口服务管理平台，按照“公平对待、搞好服务、合理引导、完善管理”的方针，以底数清、情况明、管理严、服务好为目标，以法制化、规范化、信息化、社会化为方向，认真落实流动人口服务和管理的各项措施，初步形成了地、县、乡(镇)三级管理网络，维护稳定的基础性工作更加扎实有效。拉萨市、昌都地区流动人口服务管理试点工作稳步推进，基本建立了流动人口和出租房屋信息库，为加强全区流动人口服务和管理工作积累了试点经验，探索了有效的工作方法。同时，各地各部门加强流动人口服务管理法制化建设，相继出台了一系列可操作性和指导性较强的政策文件，为流动人口服务和管理工作提供了政策依据。七是大力表彰先进典型。2009 年 3 月，我区有 14 个先进集体、17 名先进个人、8 名先进工作者受到了中央宣传部、司法部、全国普法办的表彰。2009 年 10 月，自治区召开了全区社会治安综合治理工作会议暨 2005—2008 年度综治工作表彰大会，对四年来全区社会治安综合治理工作中涌现出的 30 个先进集体和 70 名先进个人进行了隆重表彰。自治区党政军主要领导亲临大会，张庆黎书记发表了重要讲话，对社会治安综合治理工作提出了新的要求和期望。通过表彰先进，弘扬了正气，鼓舞了士气，进一步推动了社会治安综合治理工作向纵深发展。

严厉打击经济领域犯罪活动，维护社会主义市场经济秩序。一年来，各级政法机关围绕优化发展环境、营造良好的经济关系和社会关系的工作目标，严厉打击经济领域犯罪活动，加大反渎职侵权工作力度，深入开展预防职务犯罪工作，为促进全区经济社会又好又快发展提供了有力保障。全区公安机关积极开展打击假币犯罪“09 行动”和打击整治假发票犯罪专项行动。检察机关加大力度查处各类职务犯罪、危害能源资源、生态环境、渎职犯罪和商业贿赂等犯罪，集中查办大案要案。目前，全区已初步建成举报线索网上受理和举报电话自动受理系统，各地(市)检察分院“12309”举报电话已全部开通，实现了与全国举报工作网络衔接。同时，区检察院率先在全区检察系统开通了“行贿犯罪档案查询系统”，并与中国工商银行西藏分行建立了银检共建关系，进一步拓展了预防职务犯罪的工作领域。各级法院依法严惩贪污贿赂、渎职犯罪和商业贿赂犯罪，高度重视各类行政案件及民商事案件的审判、调解工作，加大执行力度，维护当事人的合法权益。特别是通过开展集中清理执行积案活动，在公安、检察和纪检监察等部门的通力协作下，执结了一批“老大难”案件，“执行难”问题得到一定缓解，受到了社会各界的赞誉。

强化护路联防工作，确保青藏铁路绝对安全。鉴于青藏铁路的特殊地理状况和重大的政治意义，为严防达赖分裂集团实施破坏活动，确保青藏铁路绝对安全，铁路沿线各级党委、政府和铁路护路联防组织继续坚持以“防恐怖、防爆炸、防破坏”为工作重点，紧紧围绕“铁路护路联防工作措施不软，力度不减，确保安全畅通”的工作目标，根据维稳形势发展变化，适时调整护路方式和力量，对重要路段重点看护，在敏感时段全线设防，集中人力、物力和财力，全力以赴开展铁路护路联防工作。全体护路人员兢兢业业，尽职尽责，不畏艰辛，认真加强巡线检查，确保了青藏铁路安全畅通。

【深入开展各项学习教育活动，不断加强政法干警的思想政治建设和业务能力建设】一是深入开展学习实践科学发展观教育及“回头看”活动和民族团结宣传教育活动，教育广大干警牢固树立“三个至上”的执法指导思想，不断改进工作作风，进一步明确政法机关实现自身科学发展、服务经济社会发展的思路。二是坚持不懈开展反分裂斗争形势教育，教育广大干警充分认识反分裂斗争的长期性、复杂性、尖锐性，切实做到立场十分坚定、旗帜十分鲜明、行动十分坚决。三是认真组织开展“领导干部作风建设年”活动，加强政法队伍纪律作风整顿，狠抓党风廉政建设，教育广大干警无私奉献、清正廉洁、秉公执法，坚决查处政法队伍中存在的违法违纪行为，确保队伍的纯洁。四是强化业务能力建设，积极开展各类政法业务培训，进一步提高了政法队伍整体业务素质。一年来，中央组织部和自治区党委联合举办了两期由地市县党政主要领导参加的应急处变能力培训班。区党委政法委会同区党委组织部等部门成功举办了第五期维护西藏稳定工作专题研讨班，以全区各地、市政法委副书记，县(区)政法委书记和区直政法各部门副处级以上干部为对象，围绕深入开展反分裂斗争、确保社会和谐稳定进行深入的研讨，进一步提高了政法部门领导干部队伍反对分裂、维护稳定能力，提高了领导水平和执政本领。为了提高干警的政治素质和业务技能，各级公安机关共举办各类培训班 14 期，培训 1014 人次。区检察院制定了《关于 2009 年—2012 年大规模推进检察教育培训工作的实施意见》，共举办各类素能培训班 8 期，培训检察系统各级领导干部 100 人次，举办各类专项业务培训班 23 期，培训干警 2158 人次，举办司法考试培训班 3 个，培训 150 人，并与北京师范大学法学院暨刑事法律科学研究院成功签订了长期全面合作协议。全区法院系统共开设司法考试强化培训班等 9 个班次，培训干警 654 人次，并选派 147 名法官前往国家法官学院等高等院校学习培训，选派 54 名法官到内地法院跟案学习，69 名法官下基层锻炼。2009 年，我区共有 1358 名考生登记报名参加国家司法考试，比去年增加 125 人。五是司法执法责任制得到全面落实，自治区司法厅按照《西藏司法行政系统推进行政执法责任制的实施方案》的要求，向自治区法制办上报了具有行政执法监督岗位和行政执法岗位人员名单及相关材料，共 37 人获得资格，其中 15 人取得《西藏自治区行政执法监督证》，22 人取得《西藏自治区行政执法证》。同时，全区监狱体制改革工作稳步推进，围绕清产核资、产权界定、协调解决历史遗留问题和推进试点工作四个环节，草拟了监狱集团公司的组建方案，编制了《西藏监狱体制改革宣传手册》。

【大力加强政法基层基础建设，进一步夯实了全区维护稳定的根基】一是基层政法机构进一步健全。公安机关认真落实区党委办公厅、政府办公厅《关于加强乡镇派出所建设的意见》，研究制定派出所建设方案，计划在 2012 年底以前实现一乡一镇一所，同时，层层分解落实任务，进一步建立完善了社区警务室。检察机关积极推动基层检察院规范化建设，在全区基层检察院均成立了党组和检委会。各级法院抓住实施“天平基层基础工作”的有利时机，着力解决基层基础建设中最需要、最迫切、最突出的问题，在 73 个基层法院建立了党组，并全面启动了广覆盖、宽领域，方便快捷的“车载流动法庭”。一年来，“车载流动法庭”总行程 52 万公里，共出动法官和工作人员 4920 人次，下乡巡回办案 2484 次，审结各类纠纷案件 1824 件，开展法制教育 2943 场次，发放各类法宣材料 80 余万份，对 2000 余名人民调解员进行了业务指导，深受基层广大群众的好评和欢迎。全区监狱布局调整和信息化建设工作取得初步成效。二是基层警力得到了进一步充实加强。根据中央政法委的统一部署，在自治区党委的高度重视和统一领导下，区党委政法委会同区党委组织部(人事厅)严格把关，从 2009 年已退役士兵、拟退役士兵、高校毕业生、应届高中毕业生中定向招录人员，全部充实到基层政法机关，有效缓解了基层警力不足的问题。三是基层政法机关经费保障不断完善。全区县级政法机关公用经费保障全面落实，公用经费和办案(业务)经费基本给予了及时和达标保障，业务和技术装备方面较往年

也都有不同程度的增加。基层法院、检察院的经费保障机制进一步完善，标准有所提高。四是围绕提升基层司法执法能力和水平，认真谋划“十一五”后期及“十二五”规划。2009年，政法各部门紧密结合“5·20”会议筹备调研工作，切实把加强政法基层基础调研，推进政法维稳项目建设作为重点工作之一，围绕政法各部门需要解决的重点项目、必要装备等问题进行调查研究和考察论证，科学提出了政法各部门“十一五”末及“十二五”期间基础设施建设规划，主动谋划、积极协调落实政法项目建设，为进一步加强政法基层基础工作打下了坚实的基础。

自治区党校（行政学院）工作

【年度综述】2009，自治区党校（院）在区党委、政府的直接领导下，坚持以邓小平理论和“三个代表”重要思想为指导，深入贯彻落实科学发展观，按照“以教学为中心、科研为基础、信息化为手段、行政后勤为保障、人才队伍为关键”的办学格局，与时俱进，开拓创新，各项工作成效显著。

【认真贯彻落实《中国共产党党校工作条例》】2009年是贯彻落实《中国共产党党校工作条例》和全国党校工作会议的第一年。经过自治区党校精心的筹备，1月4日至5日，全区党校工作会议在拉萨召开。自治区党委书记张庆黎出席会议并发表重要讲话。自治区党委副书记、党校校长张裔炯在会上作了题为《以改革创新精神全面推进党校事业新发展》的工作报告。会议要求各级党校一定要围绕区党委的中心工作，坚持以服务我区发展稳定大局为出发点，以巩固党在西藏的执政地位为着力点，以宣传党的创新理论和西藏工作大政方针、提高领导干部素质能力为主要任务，抓好科学理论大灌输、重大问题大研究、教学方式大转变、党性修养大熔炼、带动社会大学习，切实把党校的作用发挥好。会议召开后，自治区党校（院）就贯彻落实会议精神作出了具体安排部署。

【全力办好应急处变能力培训班】2009年7月7日至25日，中央组织部会同西藏自治区党委在自治区党校举办了两期全区地（市）、县党政主要领导干部应急处变能力培训班，共241人参加培训。这次培训是一次关键时期就关键问题对关键干部进行的关键培训。主要任务是，深入贯彻中央关于新时期西藏工作的指导思想和方针政策，进一步认清西藏改革发展稳定的形势任务，总结反思拉萨“3·14”事件及一系列重大自然灾害和突发事件应对处置情况，掌握应急处变的政策法规和知识技能，交流应急处变工作经验，切实提高各级领导干部应对和处置突发事件的能力。自治区党校（院）把这次培训作为上半年工作的重中之重，专门组织力量，在教学、管理、后勤保障等方面做了大量工作，为学员提供了良好的学习环境和生活条件，得到了中组部和自治区领导充分肯定以及学员的一致好评，在全区各地市、县引起了强烈的反响。

【培训工作】主体班次。全年共举办各类班次29期，共培训轮训学员1451人。其中，计划内班次22个，培训学员1111人。分别为：全区地（厅）级领导干部推进农村改革发展专题研讨班，第十六期、第十七期中青年干部培训班，全区县（处）级领导干部“推进农村改革发展”专题研讨A、B班，第一期、第二期全区援藏县委书记培训班，第二期区直系统公务员初任培训班，第二期、第三期全区中高级专业技术人员公需科目培训班，第十五期、第十六期乡（镇、街道办）党委书记进修班，第一期、第二期乡长（镇长、街道办主任）进修班，第九期、第十期区直机关处级领导干部进修班，第十一期全区公务员任职培训班，第九期区直单位科级干部培训班，2007级两年制经济管理专业干部培训班，第五期全区维护西藏稳定工作专题研讨班。计划外班次7个，培训学员340人。分别为：自治区九届人大代表培训班，第八期离退休干部党支部书记培训班，第十四期军队转业干部培训班，第三期高等院校哲学社会科学教学科研骨干研修班，第三期全区基层人大干部培训班，全区统计调查系统县处级干部及业务骨干培训班。

研究生教育。按照“严格把关，保证质量”的招生工作要求，进一步加大宣传力度，拓宽招生渠道。全年共招收在职研究生123人，毕业函授学员3500名。

【教学工作】按照教学新布局，强化“一个中心、五个方面”和“一个核心、三个重点”的教学。坚持以学习邓小平理论、“三个代表”重要思想以及科学发展观等重大战略思想为中心，着眼于提高党员领导干部的领导素质和执政能力；以掌握理论创新的最新成果为重点夯实学员的理论基础；以把握时代特征和国际经济政治形势为重点拓展学员的世界眼光；以强化大局意识和应对复杂局面为重点培养学员的战略思维；以坚定理想信念、增强宗旨观念和改进作风为重点加强学员的党性修养；以突出维护祖国统一、加强民族团结、反对分裂的教育为重点坚定学员的政治立场。根据形势和任务的要求，不断充实和创新教学内容，优化党校教学布局。坚持把马克思主义中国化的最新成果作为党校教学的中心内容，贯穿于各班次教学的全过程和各个方面，在教学中突出时事政策教育，进一步丰富和拓展教学内容，完善教学新布局，实现了教学内容与时俱进。一是开展了民族理论、民族政策、民族法律法规以及民族基本知识的教育，开展维护祖国统一、加强民族团结和“三个离不开”的思想教育，在思想上筑牢反分裂斗争的钢铁长城，着力提高学员在藏工作所应具备的民族理论政策素质与履行职责的本领。二是加强了党中央关于新时期西藏工作一系列战略决策的教育，增强坚持党的领导、坚持社会主义制度、坚持民族区域自治制度的自觉性和坚定性，开设了“走有中国特色、西藏特点发展路子的研究”等专题，着力提高学员的政策素质与执政本领。三是加强党风廉政教育，加强“两个务必”和老西藏精神的教育，增强学员的党性锻炼，着力提高学员的党性素养。

【科研工作】坚持实施“科研兴校”战略，紧紧围绕区党委的中心工作和西藏改革发展稳定中的“重大问题”、“突出问题”和“现实问题”，以课题为龙头，以课题申报、举办和参加研讨会为双翼，推动党校的科研工作不断迈向新台阶。全年组织申报国家社科基金项目5项，其中，《中国共产党维护西藏稳定的历史经验及政策分析》（批准号：09XDJ002）和《推动西藏科学发展社会和谐的重点难点问题研究》（批准号：09XMZ006）获国家社科基金课题西部项目立项。普布次仁教授主持的国家社会科学基金项目《中国共产党在西藏工作的决策与实践研究》顺利结项并获良等级；2007年度国家社科基金项目课题《党在西藏领导宗教工作的历史考察和历史经验研究》（批准号：07BDJ013）被全国哲学社会科学规划办公室列为《成果要报》候选文章。六项课题被列为四川省委党校2009——2011年资助课题。获准立项国家信息中心精品课件4个。三项课题获自治区发改委“十二五”规划前期重大课题研究立项，与自治区统计局联合开发统计资料课题4个。完成了2008年的校级课题结项登记，发布和设立了2009年度校级课题13个。由牛治富教授主编的《西藏“四观两论”》教材和由自治区党校与区纪委组织编写的《西藏党政干部反腐倡廉教育读本》已经出版发行。全年教研人员共公开发表各类文章65篇，举办“建国60周年纪念”等理论研讨会3场，充分发挥了党校作为哲学社会科学理论研究和理论宣传的重要阵地作用。

【业务指导】对地（市）党校、行政学校的业务指导工作是自治区党校、行政学院的一项基本职责，也是提高全区党校、行政学院（校）系统整体功能的有效途径之一。主要是通过《西藏党校工作通讯》，及时把中央、国务院和区党委对党校、行政学院（校）工作的指示精神以及全国党校、行政学院和全区党校系统有关培训工作、教学科研改革、行政后勤管理等一些动态、经验及时转发给各地（市）委党校、行政学校，使各地（市）党校能及时了解掌握到中央的指示精神，学习借鉴兄弟党校好的做法，及时调整、充实和完善教学内容，提高教学水平和质量。

【加大援藏力度，进一步改善党校办学条件】经过积极争取，在中央党校的高度重视和习近平校长的亲切关怀下，于2009年8月成功地召开了援藏会议，确定了资金、教师培训、信息化建设、基础设施等方面一系列援助项目，初步落实资金2500万元。本次援藏会议规模之大，各级领导重视程度之高，参会人员之集中。援助项目之广泛，落实资金之多，在党校建校史上是前所未有的，援藏会议所取得的一系列成果必将为进一步改善党校办学条件，提升办学层次，缩短与内地党校的差距起到十分重要的作用。

【大事记】1月4日　全区党校系统工作会议在自治区人民会堂隆重召开。自治区党委书记张庆黎出席会议并发表重要讲话。自治区党委副书记、区党委党校校长张裔炯主持会议并作工作报告。自治区领导金书波、尹德明、公保扎西出席会议，区直（中直）单位主要负责人、各地（市）委副书记（分管干部教育培训工作）、组织部部长参加了会议。

1月18日　区党委书记张庆黎在《关于呈报〈自治区党委党校、自治区行政学院2008年工作总结及2009年工作要点〉的报告》上批示：“2008年区党委党校、行政学院的工作做得很好，尤其在干部培训、教师队伍素质提高和后勤管理方面，都取得了优异成绩。希望在新的一年里认真贯彻全国和自治区党校工作会议精神，把党校各方面工作都提高到一个新水平。”

3月15日　自治区党校与区纪委联合组织编写的《西藏党政干部反腐倡廉教育读本》正式出版发行。

3月25日　举办“庆祝西藏民主改革50周年暨西藏百万农奴解放纪念日”文艺联欢会，全体教职员工、离退休干部以及学员共200余人参加了联欢会。

3月31日　举行2009年春季开学典礼，自治区党委副书记、党校校长张裔炯出席并作重要讲话。常务副校长石俊华主持开学典礼。

4月9日　自治区副主席次仁为学员和全体教职工作“西藏农牧区经济发展的现状与对策”专题报告，报告会由常务副校长石俊华主持。

5月25日　第一期援藏县委书记培训班举行开班式。区党委常委、自治区常务副主席吴英杰出席开班式并作专题报告，常务副校长石俊华主持开班仪式。

6月1日　由区党委副书记张裔炯作序，副校长牛治富主编的《西藏“四观两论”干部读本》正式出版发行。

6月5日　第二期援藏县委书记培训班举行开班式，自治区党委常委、组织部部长尹德明出席开班式并作重要讲话，常务副校长石俊华主持开班式。

6月10日—27日　常务副校长石俊华一行4人专程赴中央党校、国家行政学院、广东省委党校等协调落实召开“全国党校系统援助西藏党校工作会议”相关事宜。

6月22日　自治区党校申报的国家社科基金项目《中国共产党维护西藏稳定的历史经验及政策分析》（批准号：09XDJ002）和《推动西藏科学发展社会和谐的重点难点问题研究》（批准号：09XMZ006）获国家社科基金西部项目立项。

7月7日—25日　中央组织部会同西藏自治区党委在自治区党校举办了旨在提高西藏各级领导干部应对和处置突发事件能力的两期“西藏自治区地（市）、县党政主要领导干部应急处变能力培训班”。

7月9日　中共中央政治局常委、国家副主席、中央书记处书记、中央党校校长习近平在中央党校关于校领导暑期调研的报告上批示：“要积极推动地方党校开展援藏工作。”

8月10日　第二次全国党校系统援助西藏党校工作会议开幕式在学术报告厅召开。自治区党委书记张庆黎和中央党校常务副校长李景田作了重要讲话，中央党校副校长陈宝生主持大会。

9月10日　举行2009年秋季开学典礼暨庆祝教师节大会。自治区党委副书记、党校校长张裔炯出席大会并作重要讲话。会议对2007—2009年度先进集体、优秀教师和先进工作者进行了表彰。

12月26日　召开教职工大会，总结2009年全校（院）工作，并对2010年工作进行了安排部署。常务副校长石俊华作了2009年工作总结报告。2009年寒假时间为2010年1月1日至3月8日。

【获奖情况】副校长、教授牛治富撰写的《关于中国特色、西藏特点发展路子内涵的思考》，副校长、教授普布次仁撰写的《论改革开放时期中国共产党在西藏工作的决策与实践》，副编审李宏撰写的《推动经济社会科学发展的根本举措》，讲师土多旺久撰写的《论西藏经济社会发展的阶段性特征和挑战》，讲师曲宗撰写的《充分发挥基层党组织在西藏反分裂斗争中的战斗堡垒作用》5篇论文在2009年全区宣传部长会议上被评为2008年度全区优秀论文。

戎新龙同志被评为自治区劳模。

政工人事处党支部获2007—2009年度区直系统优秀基层党组织。

【领导名录】

校　长：张裔炯（区党委常务副书记）

院　长：郝鹏（区党委副书记 政府常务副主席）

常务副校长：石俊华

副 校 长：牛治富、张新坡、侯典明（中央党校援藏干部）、普布次仁、扎西泽仁

纪检组长：周阳光

副巡视员：次仁卓玛

自治区党史研究（地方志）工作

【进一步完善《中国共产党西藏历史图志》的编写工作】根据2009年1月9日区党委第一次专题会议精神和要求，《中国共产党西藏历史图志》（以下简称《图志》）编撰组在2008年第二稿的基础上，继续征集大量的图片，先后到西藏军区等5个单位及个人手中征集购买了200余幅图片和大量文字资料，集中力量对《图志》的内容、图片的编排进行了大量的修改、调整和增补，形成了第三稿样书并提交审稿会会审和呈送区党委各常委、在京的自治区党委原主要领导。根据6月下旬成都审稿会的集中意见和有关领导提出的书面意见，党史研究室又集中力量多次到新华通讯社、民族画报社、西藏日报社、区社会科学院等多个单位查找、核实相关图片，并于8月份再次集中力量与出版单位、设计单位在北京对《图志》进行了大量修改、补充及统稿工作，这次修改先后从新华总社等单位又购买补充了100余幅图片，补充修改文字达8万多字，于九月初形成了较为成熟的第四稿呈送区党委有关领导审阅。11月9日，区党委常委、秘书长公保扎西根据审读的情况召集课题组相关人员开专题会议，就《图志》下一步的修改工作提出系统的意见并作出明确指示，之后又亲自带领课题组到相关部门挖掘相关资料。同时就《图志》的进一步修改计划向列确、张裔炯副书记作了汇报，明确了《图志》的修改和制作样书的工作计划。12月份，党史研究室主要负责人带领编写组有关同志再一次到北京与设计单位、出版单位集中修改、补充、调整部分版面，制作出第四稿彩色样书，待区党委常委会通过后正式出版发行。

【完成了重大党史课题《执政中国·西藏卷》(1949-2009)的撰写工作】2009年2月5日至3月9日，区党委党史研究室组织骨干力量在成都集中撰写课题。编写人员按照编写工作方案，经过一个月的艰苦工作，形成了20余万字的初稿。根据中央党史研究室的要求，上报了3个专题、5万余字、20余幅图片的书稿。

为了适应西藏反分裂斗争的形势，配合区党委中心工作，经区党委批准，课题组的同志在室领导的带领下，将该课题扩展为“中国共产党领导西藏人民革命和建设的历程”，“中国共产党领导西藏革命和建设的丰功伟绩及经验总结”，“中央指导西藏工作的决策与方针”，“全国支援西藏及其对西藏社会进程的历史作用”四个专题，近20万字，50余幅图片的书稿。5月，在北京对书稿作了进一步的补充修改完善，拟出版专著。目前，该书稿已报送区党委审定。

【完成了《谭冠三与老西藏精神》一书初稿的编撰工作】谭冠三同志是老一辈无产阶级革命家，是“老西藏”精神的集中体现，也是长眠于西藏的唯一一位共和国将军。做好《谭冠三与老西藏精神》一书的编撰工作，对于缅怀先烈，教育各族群众、特别是青少年学生有着十分重要的现实意义。经过编辑人员的共同努力，截止2009年上半年，初稿已经形成，该书已选用图片50余幅，共30万余字。

【党史宣传不断开拓新局面】通过“《解放西藏史》与西藏历史跨越”研讨会，宣传党在西藏走过的光辉历程。2009年5月8日，党史研究室协助《解放西藏史》编委会在北京举办了“《解放西藏史》与西藏历史跨越”研讨会，会议围绕《解放西藏史》的丰富内涵及反映出的西藏巨大跨越的历史进行了认真的研讨。通过此次会议的召开，向全国宣传了党领导西藏人民驱逐帝国主义势力，推翻封建农奴制度，完成西藏的政治解放、百万农奴的人身解放和生产力的解放，推动西藏社会历史的伟大跨越，创造前无古人的丰功伟绩。这次研讨会受到了区内外的广泛重视和关注，取得了良好的效果。

组织《中国共产党西藏历史图志》成都审稿会，宣传党领导西藏革命和建设的丰功伟绩。6月17日至20日，由党史研究室组织的《中国共产党西藏历史图志》审稿会在成都举行。自治区党委高度重视，会议由区党委常委、宣传部长崔玉英、区人大常委会副主任宋善礼分别主持，区党委副书记、区人大常委会主任列确出席会议并做重要讲话，曾在西藏工作过的自治区党政军老领导和有关部门负责同志通过对《图志》丰富内容的审读和讨论，对党在西藏执政的历史和坚苦卓绝的奋斗历程有了更深刻认识，以对西藏的发展变化切身体会谈感受，并以深厚感情对党的光辉历史热情地讴歌。《西藏日报》、西藏电视台以突出的位置报道了这次审稿会。

完成了纪念中华人民共和国成立60周年征文撰稿、汇编工作。为纪念新中国成立60周年，宣传中国共产党领导全国各族人民建设社会主义新中国以及取得的辉煌成就，根据中央党史研究室的工作安排和区党委领导的指示精神，党史研究室从总结党领导西藏人民进行革命和建设历史的角度向全区开展征文活动。从4月份启动此项工作，到9月份先后从区内外、全区有关地市、部门、学校及部队征集了200余篇、近150余万字的论文。此后党史研究室先后组织专家对征文逐篇进行认真评审和集中编

改，在此基础上又增补了反映党领导西藏革命和建设历程、中央指导西藏工作的大政方针、各地(市)有关行业系统光辉成就的文章。形成涵盖西藏社会进步的伟大历程、党中央指导西藏工作的方针政策等 15 个专题，100 余篇、近 110 万字的论文集样稿，近期送审，将出版论文集《新中国的西藏 60 年》。在这次征文活动中，党史研究室向区内外的专家、老同志发征文函 38 份；寄发、传真征文反馈意见 52 份；查收、回复征文邮件 200 余封；打印、复印征论文 800 余篇，复印各种资料达 3 万多页。仅党史研究室的有关专业人员就撰写论文达 12 篇。这次征文活动广泛地调动了西藏社会各界的积极性，为纪念中华人民共和国成立 60 周年提供了来自党史研究的重要成果，为配合全国性的纪念活动庆祝活动创造了良好的舆论氛围，这次征文的结集出版，对系统宣传党在西藏的光辉历史将发挥重要的作用。

发挥史志优势，宣讲党的光辉历史，弘扬党的光荣传统。2009 年以来，自治区党委研究室负责同志在西藏民主改革 50 周年、新中国成立 60 周年之际，先后在有关单位宣讲了以党的历史和“老西藏”精神为主要内容的党课，有效地发挥了党史部门宣传党的历史的职能作用。自治区党史研究室相关同志还协助区党委办公厅机要局完成了《守望忠诚》一书，并参与了该书的终审工作。

【开展了向离退休老领导、老同志征集个人留存的党史资料和口述史的工作】1 月，党史研究室先后向全区离退休老干部个人寄送了征集党史资料的信函。并于 1 月 23 日在成都召开离退休省级老干部征集党史资料座谈会，20 余位离退休省级老干部及已离世老干部的亲属应邀参加会议。5 月 8 日，在北京召开“《解放西藏史》与西藏历史跨越”研讨会之际，向老干部们发放《区党委党史研究室关于征集个人留存党史资料的函》，征集留存个人手中的笔记、照片、录音、录像、有关文件摘抄件及复印件、各种有历史价值的实物等。

6 月，党史研究室在成都分别走访了曾在西藏工作过的部分老领导、老同志，对他们口述的历史进行了记录，形成了 9 个专题、3 万余字的口述史资料。与此同时，还收集了老同志个人留存的史料图片、实物、光盘等历史资料。在上半年，编辑部同志通过各种渠道，完成了对全国政协副主席阿沛·阿旺晋美个人部分资料的征集、整理工作。

【积极参与全国组织的党史重大活动】2009 年 2 月 4 日至 6 日，中央党史研究室召开全国党史研究室主任会议，会上西藏党研室主任作了重点发言，向全国宣传了党在西藏的历史，介绍了当前西藏的反分裂斗争形势。这次会议对全国党史部门先进集体进行了表彰，对西藏近年来的党史研究成果给予了充分的肯定。西藏自治区党委党史研究室获得了全国省级党史部门三项专项特色业绩奖：“党史研究和资料征编”特色业绩奖、“党史重大纪念活动”特色业绩奖、“党史宣讲”特色业绩奖，党史研究处被评为全国地方党史部门 2007—2008 年度先进集体，党研处达瓦扎西同志被评为全国党史系统先进工作者。此次会议的召开，给予我区党史工作者以极大的鼓舞，为我区党史工作在全国各省市党史系统中起到了更好的宣传和交流作用。

在新中国成立 60 周年之际，党史研究室积极参加全国性的纪念中华人民共和国成立 60 周年全国党史系统学术研讨会，区党史研究室主要负责同志向研讨会提交了论文《党领导西藏革命和建设的丰功伟绩》，为全国党史系统了解党在西藏历史提供了学术研究资料。在中央文献研究室召开的“毛泽东与新中国”的学术研讨会上，提交了《毛泽东为核心的第一代中央领导集体对西藏工作的指导方针》一文。在两次学术研讨会上，区党史研究室主要负责同志均作了重点发言。同时，党史研究室主要负责同志在中央党史研究室和中共党史学会纪念建国 60 周年征文活动中发表了《改革开放时期西藏“一个转折点”的形成与经验总结》的学术论文，并在《中国藏学》2009 年第 3 期上刊登发表。

通过参加全国性的专业培训班和专题工作会议，不断开阔我区党史研究的视野，有效地拓展了党史研究和红色遗迹普查、保护的工作领域。2009 年夏天，区党史研究室先后派人参加了全国党史系统干部培训班。通过学习培训，进一步加深了对党史专业知识的学习与理解，并利用全国党史系统这个交流的平台，学习了兄弟省市党史研究的先进经验，介绍了我区区情及西藏反分裂斗争所面临的新的形势和任务，交流了党史工作服务大局的经验。

按照中央党史研究室的专业工作安排，区党史研究室派人参加了由中央党史研究室组织召开的全国红色遗迹普查工作会议。根据会议要求，西藏党史研究室将在请示自治区党委后，于明年对全区红色遗迹进行全面普查，并将普查结果形成详细的普查调研报告上报中央党史研究室。

【树立精品意识，有计划、有步骤开展志稿审查、总编、印刷出版工作】2009 年，初审了《左贡县志》、《仁布县志》、《类乌齐县志》、《隆子县志》、《林周县志》、《丁青县志》等 6 部志稿，约 480 万字；复审了《林芝县志》、《墨竹工卡县志》、《贡觉县志》、《昌都县志》、《江达县志》、《八宿县志》、《堆龙德庆县志》、《达孜县志》、《贡嘎县志》等 9 部志稿，约 750 万字；终审了《城关区志》、《米林县志》、《波密县志》、《人事志》、《堆龙德庆县志》、《墨竹工卡县志》、《林芝县志》、《日喀则市志》、《江达县志》等 9 部志稿，约 800 万字；验收了《阿里地区志》、《加查县志》、《谢通门县志》、《米林县志》、《城关区志》、《堆龙德庆县志》、《墨竹工卡县志》、《林芝县志》等 8 部志稿，约 800 万字，并对通过终审的《人事志》、和通过验收的 8 部县志都以正式文件的形式下发了《评审意见》，为《人事志》和 8 部县志的进一步修改完善提供了依据。组织专家、学者先后对《民政志》、《琼结县志》、《卫生志》、《阿里地区志》、《谢通门县志》、《米林县志》、《加查县志》、《日喀则地区志》、《地质矿产志》、《堆龙德庆县志》等 10 部志稿进行了总编，总编字数近 2000 万字。印刷出版了《测绘志》、《邮电志》、《审判志》、《山南地区志》、《政协志》、《米林县志》、《阿里地区志》等 7 部志书；《检验检疫志》、《城乡建设志》、《民政志》、《财政志》、《琼结县志》、《谢通门县志》、《加查县志》等7部志稿已送出版社。

【加大督导力度，推动全区编修工作有序开展】5月12日至17日，先后深入林芝、昌都地区对米林、波密、林芝、八宿、昌都、贡觉、江达县修志工作进行督促检查指导，听取编修情况汇报，就进一步加强县志编纂工作提出具体意见和要求，并参与志稿的审改工作。通过检查指导、召开座谈会、参加志稿审查会，进一步增强了地(市)县(市、区)对编修社会主义新方志重要性和紧迫性的认识，推动了地县两级地方志工作有序开展。同时采取以会代训方式，加强业务指导和人员培训，提高各地(市)县(市、区)地方志办公室业务人员的审稿能力。

9月、10月，通过给区志各承编单位、各地(市)地方志办公室打电话、要求上报材料等多种方式，了解了全区修志工作情况，并及时制定下发《西藏自治区地方志编纂委员会关于进一步做好全区地方志编纂工作的通知》(藏志委发[2009]7号)，督促区志各承编单位、各地(市)县(市、区)制定今明两年修志工作计划，进一步明确了修志目标。截止2009年底，全区73部区志中，《税务志》、《外事志》等23部已出版；7部地(市)志中，《昌都地区志》、《林芝地区志》、《拉萨市志》、《山南地区志》、《阿里地区志》等5部已出版，《日喀则地区志》正在总编，《那曲地区志》通过初审；73部县(市、区)志中，《江孜县志》、《乃东县志》、《芒康县志》、《桑日县志》、《工布江达县志》、《米林县志》等6部已出版，《琼结县志》、《谢通门县志》、《加查县志》等3部志稿已送出版社，59部县志进入审改阶段，5部县志正在撰写中。

【加大方志系统人员培训力度，加强与区内外修志部门的交流与合作，积极推进修志援藏工作】加大对县志修志人员的培训力度。2008年11月第四次全国地方志工作会议后，自治区地方志办公室与内地部分省(市)地方志编纂委员会(办公室)协商。分别在上海市、长春市、天津市、南京市、合肥市为日喀则、昌都、拉萨、山南举办县志修志人员培训班。各对口省市地方志编纂委员会(办公室)都高度重视培训工作，精心安排，使培训工作取得良好效果。同时，组织培训人员参观考察，实地感受内地城市发展建设的新面貌和改革开放、发展经济的新成果，拓宽眼界、增长见识。培训期间，上海市地方志办公室专门安排三位专家审改《日喀则地区志》验收稿，并形成书面修改意见；吉林省地方志编纂委员会对定结、吉隆、萨嘎三个受援县志稿进行了认真审读，并形成修改意见；天津市、江苏省、安徽省地方志编纂委员会(办公室)也与对口支援县达成帮助审改志稿的协议。通过参加培训，使自治区地方志办公室及我区各地市地方志办加大了与内地兄弟省市的业务交流，探索出一条全面提升修志队伍整体素质和志稿质量的有效途径。

圆满完成地方志系统赴藏考察团的各项接待任务，积极促成修志援藏工作。2009年6月至9月，区党史研究室先后接待了辽宁省、福建省、上海市、吉林省等4省(市)地方志系统赴藏考察团，与考察团召开座谈会，洽谈修志援藏工作有关事宜，达成有关修志援藏协议。一是4省(市)将尽快制定修志援藏工作计划及方案，上报省(市)政府，争取将修志援藏工作早日纳入到全省(市)援藏工作总体部署，使修志援藏工作制度化、程序化。二是4省(市)将加大对受援县的支持力度，从人力、财力、智力等各方面给予大力支持，帮助受援县审改志稿，严把质量关，争取在2010年底前圆满完成对口支援县首轮社会主义新方志的编修任务，努力推动修志工作为大局服务、为中心工作服务。三是4省(市)将继续加强与自治区地方志办公室、受援地区以及受援县的交流与合作，紧密联系，寻求做好工作的捷径，使双方在交流中受益，为深入开展方志工作奠定良好的基础。

加强对我区地方志工作的宣传力度。2009年11月，方志处1名同志参加中直组在安徽省黄山市召开的“全国第二轮省级志书编纂工作经验交流会”。为我区地方志工作的开展起到了宣传和推进作用。

【认真做好资料征集和期刊编发工作，发挥史志刊物和信息的宣传作用】《西藏党史资判.》、《西藏地方志》、《西藏党史工作简讯》坚持正确的政治方向，充分发挥史志期刊的平台作用，进行史志资料的收集整理和史志宣传教育工作，不断完善组稿机制，拓宽稿源渠道，加强栏目建设，推陈出新，提高刊物质量，广泛征集保存了一批有价值的党史资料，刊登了一批有质量的方志理论文章。全年编发《西藏党史资料》4期，刊登文章56篇，图片30张，近40万字；编发《西藏地方志》4期，刊登文章52余篇，图片26张，近304万字；《西藏党史工作简讯》5期。通过紧紧围绕学习实践科学发展观活动、纪念西藏民主改革50周年、中华人民共和国成立60周年等重大活动以及党史重大课题工作、地方志工作，积极进行文章资料征集，精选优秀文章和重要史料文章，编辑出版；进行史志宣传教育，进行党史(地方志)工作交流指导，取得了好的效果。

自治区保密工作

【年度综述】2009年，自治区各级保密部门认真落实胡锦涛总书记等中央领导同志关于加强保密工作的重要批示，紧紧围绕区党委、政府的中心工作，突出工作重点，狠抓《西藏自治区党委保密委员会2009年工作要点》的落实，较好地完成了各项任务，有力推动了我区保密工作科学发展，为反对分裂、维护社会稳定，构建“小康西藏、平安西藏、和谐西藏”充分发挥了服务保障作用。

【提高认识，狠抓落实，认真贯彻落实中央保密委和区党委保密委有关会议文件精神】2009年4月20日，自治区党委保密委召开了第七次会议。会议传达学习了胡锦涛总书记等中央领导同志关于加强保密工作的批示精神和令计划同志在中央保密委第一次会议上的讲话，总结2008年工作，研究部署我区2009年保密工作。

根据《关于学习贯彻令计划同志重要批示精神的通知》要求，自治区党委领导高度重视，自治区党委书记张庆黎，自治区党委副书记、保密委员会主任张裔炯，自治区党委常委、秘书长、保密委员会副主任公保扎西都作出了重要批示，要求切实抓好落实，扎实做好保密检查的各项工作。

各地(市)认真学习中央及自治区党委领导重要批示精神，深入贯彻落实各项保密工作。林芝地区召开专题会议，就保密工作中存在的问题进行部署落实。日喀则地委书记、人大工委主任格桑次仁同志多次就保密工作作出批示，指导保密工作。自治区区(中)直各部门负责同志都就加强当前保密工作作了批示。

【精心组织，突出重点，保密检查工作扎实有效】一是成立领导小组，制定方案。3月9日，自治区党委保密委员会下发了《关于在全区开展保密工作检查的通知》和《关于开展保密工作检查的实施方案》，提出了严格要求。二是各地、各部门积极开展工作。各地各部门认真学习贯彻文件精神，加强组织领导，十分严格、十分细致地开展检查工作。三是检查组认真开展全区大检查。自治区检查组对所有区(中)直单位进行检查，共检查109家区(中)直单位，抽查了拉萨、日喀则、那曲、山南、林芝5个地(市)及11个县，抽查办公网76个，计算机1528台，移动存储介质180个。地市检查组分赴地直单位和所辖县进行保密检查，共检查281家单位、46个县，抽查计算机2480台，移动存储介质352个。日喀则地区保密局还对本地20家旧货市场进行了突击检查。我区检查工作得到国家保密局巡查组的肯定。

【突出重点，以人为本，加大保密宣传教育工作力度】继续加大力度，突出重点，坚持以人为本，认真开展了保密宣教工作。一是举办保密业务培训班。自治区保密局组织七地(市)保密局局长及保密技术干部举办了保密知识培训，并赴四川、云南、广东学习、交流、考察。拉萨市保密局将保密知识教育纳入到党校公务员培训中，收到了显著效果。山南地区加强对各县各单位办公室涉密人员的保密培训，共培训涉密人员800多人次。二是继续开展保密法制宣讲活动。对自治区纪委办公厅、区直工委、区农牧厅等20余家区(中)直单位进行了保密知识讲课，并深入基层，对林芝、那曲、拉萨等地(市)县处级以上领导干部300余人进行了保密法制讲座。三是继续开展保密警示教育片督放工作，对自治区党委办公厅、自治区财政厅、自治区体育局、中国农业银行西藏分行等7家单位1430余人播放了保密警示教育片。日喀则地区保密局借检查之机播放了教育片《警钟长鸣》。四是完成了以“保密责任，重于泰山”为主题的全区保密普法知识竞赛活动的阅卷工作，评出了599名高分参赛者，颁发了奖金和证书。组织报送以“保密依法行政”和“依法定密”为主题的保密法制论坛论文50多篇。五是充分发挥《西藏保密》、《保密工作简报》的宣教阵地作用。认真负责《保密工作》征订、征稿、通联工作。编发《西藏保密》8期，《保密工作简报》22期。

【加大力度，严格标准，严肃查处窃密、泄密案件】科学鉴定和评估涉嫌泄密文件资料的密级和危害，严肃处理泄露国家秘密和严重违规的单位和责任人。一是针对国家保密局巡查组抽查发现的问题，对自治区政府办公厅、劳动和社会保障厅、拉萨市委办公厅提出书面整改建议，督促整改。二是对自治区检查组在检查中发现问题严重的11家区(中)直单位和3个地区下发了保密检查整改意见书，要求限期整改，责成处理严重违规的直接责任人和负有领导责任的人员。三是对严重违规的5台计算机进行了封机核查。作出密级鉴定5份，责成自治区党校、劳动和社会保障厅和日喀则亚东县严肃处理严重违规的责任人，有7名同志分别受到通报批评、行政警告、记过的处分。

【精心谋划，注重实效，保密承诺书签订工作成效显著】为切实提高涉密人员的保密意识，落实保密责任，我区将保密承诺书签订工作作为一项重要政治任务去抓紧、抓实、抓好。一是成立领导小组，结合实际，制定并印发了《西藏自治区保密承诺书签订工作实施方案》。二是将公保扎西同志在自治区党委办公厅保密承诺书签订仪式上的讲话印发至各地市、各单位，确保签订工作顺利开展。三是将承诺书签订工作的开展与保密宣传教育、保密检查、完善保密规章制度相结合。拉萨市、日喀则、那曲地区制作印发宣传资料10836份，制定保密承诺制度858条，领导动员209次，集中教育858次，参加教育人数13981人。四是承诺书签订工作效果明显。全区签订总人数40286名，其中在岗人数39297名，离岗人数989名。

【积极协调，加强沟通，大力推进涉密载体销毁中心建设】在自治区党委、政府领导同志和自治区党委办公厅领导及有关单位的大力支持和关心下，自治区涉密载体销毁中心项目进展顺利。一是多方协调。先后协调自治区发改委、设计院、市国土资源局、市规划局等有关单位。二是同意建设。4月7日，发改委批复同意建设自治区涉密载体销毁中心，批准建设用地20亩，建筑面积4200㎡，涉密载体销毁车间2100㎡，综合业务用房1600㎡，附属用房500㎡，总投资1800万元。三是开工建设。10月29日，召开了筹建工作领导小组第三次会议，确定了施工方，提出要在确保工程质量的基础上抓进度，特别是要做好土建、设备和人员等方面工作。

西藏自治区人民代表大会常务委员会

【立法工作】2009年，常委会共审议10件法规案，通过9件，批准1件，对全国人大常委会交办的16件法律草案提出了修改意见。一是高度重视促进就业方面的立法，审议通过就业促进法实施办法。二是高度重视关系人民群众切身利益的安全生产方面的立法，审议通过安全生产条例、道路交通安全条例。三是高度重视保障妇女儿童和职工权益立法工作，修订妇女权益保障法实施办法、未成年人保护法实施办法，制定职工代表大会条例。四是高度重视文化事业发展方面的立法，修订文化市场管理条例，审查批准拉萨市地名管理条例。五是高度重视实施西藏高原生态安全屏障保护与建设规划的立法调研，对自治区野生植物保护条例、林地管理办法等涉及环境保护的政府规章进行审查。六是高度重视常委会制度建设立法工作，制定监督法实施办法，制定规范性文件备案审查条例，启动规范性文件备案审查工作，对7件政府规章进行备案审查。

【监督工作】2009年，常委会紧紧围绕推动我区经济社会发展这个重点，依法行使监督职能，共听取工作报告和专项报告10个，开展执法检查1次，开展专项调研4次，并针对监督中发现的问题，及时与政府沟通，提出改进建议，有力支持和保障了全区经济社会实现更好发展、更快发展、更大发展。一是促进"十一五"规划纲要的实施。听取审议自治区人民政府关于"十一五"时期国民经济和社会发展规划纲要实施中期评估报告，作出《关于批准西藏自治区"十一五"时期国民经济和社会发展规划纲要新增指标的决定》。二是积极促进保增长措施的落实。听取审议自治区人民政府关于2009年上半年国民经济和社会发展计划执行情况与下半年国民经济和社会发展计划安排的报告，关于2008年财政决算和2009年上半年财政预算执行情况的报告，批准2008年自治区财政决算。审议批准自治区人民政府关于2009年财政预算收支变化情况的报告。听取审议全区税收工作情况的报告、金融工作情况的报告。与此同时，召开经济形势分析会，对拉萨"3·14"事件对我区经济运行的后续影响进行深入分析研究，提出具有参考价值的意见和建议。三是积极促进经济社会健康运行。听取审议自治区人民政府关于2008年度自治区本级预算执行和其他财政收支审计工作报告、自治区人大常委会执法检查组关于检查审计法实施情况的报告。四是积极促进农村改革发展。督促各级政府妥善处理结构调整与粮食安全的关系，科学制定粮食安全目标，保护和提高粮食综合生产能力。组织部分全国人大代表，开展特色种植业、养殖业和牲畜改良、良种推广、农畜产品深加工等专题调研。针对农牧民安居工程建设调研中发现的工程进度不平衡、缺乏质量标准、选址考虑不周、尊重群众意愿不够、建筑材料涨价等问题，及时向自治区人民政府提出要求改进的意见和建议。五是积极促进民生的改善。常委会认真听取自治区劳动和社会保障部门关于全区就业情况的汇报，对食品安全法及食品卫生地方性法规实施情况进行执法检查，对盐务、盐业特别是碘盐使用情况进行专题调研，实地了解盐业法的贯彻实施情况。六是积极促进社会事业发展。常委会通过专题调研，认真研究和分析基层医疗卫生队伍建设情况，听取审议自治区人民政府关于全区基层卫生队伍建设情况专项工作报告。开展少数民族非物质文化遗产保护情况专项调研。组织部分自治区人大代表对高校招生录取工作进行视察，提出有关建议意见。七是积极促进生态西藏建设。以"消除白色污染、呵护美好家园"为主题，深入4地市及部分县（市、区）60多个项目点，实地检查交通干线、旅游景区（点）、城乡社区消除"白色污染"、垃圾处理和环境卫生基础设施建设情况。3月召开的常委会会议，提出了不断加强生态建设和环境保护工作、提高可持续发展能力，特别是要认真组织实施国务院批准的西藏高原生态安全屏障保护与建设规划的建议。7月召开的常委会会议，提出要把狠抓生态环境保护、推动生态西藏建设进程作为下半年国民经济和社会发展计划安排的一项重要内容，要求加强生态建设和环境保护，扎实搞好重点生态功能区建设，建立健全生态保护机制，严格执行环境影响评价制度，加快生态西藏建设进程。

【代表工作】2009年，常委会坚持把做好代表工作作为坚持和完善人民代表大会制度的重要工作来抓，努力为代表知情知政创造条件，充分发挥代表在闭会期间的作用。一是注重抓好学习培训，努力提高代表履职能力。争取全国人大和有关专门委员会的支持，在内地举办2期共117人参加的各级人大常委会规范性文件备案审查培训班和财经干部培训班。依托自治区行政学院，举办自治区人大代表和基层人大干部履职培训班，120名代表和基层人大干部接受培训。指导各级人大常委会开展代表培训工作，共培训市、县、乡三级人大代表5840人次。二是积极开展闭会期间活动，充分发挥代表作用。共组织5次代表视察、专题调研和检查活动。组织在藏全国人大代表就2008年全区抗击仲巴、当雄地震灾害以及山南等地严重雪灾、开展灾后重建、恢复生产和保障农牧民生活等情况开展集中视察。组织部分全国人大代表和自治区人大代表对青藏铁路运营情况进行视察。各地（市）组织各级人大代表视察调研194批次、3822人次。三是认真办理议案建议，提高代表依法履职水平。会议期间提出的297件建议、批评和意见，在规定时间内办理完毕并向代表答复。代表在重点检查中，对建议办理情况满意或基本满意率达90%以上。

【维护稳定工作】2009年，常委会面对严峻复杂的反分裂斗争形势，着眼全区工作大局，认真贯彻中央和自治区党委决策部署，把保稳定置于人大工作的重中之重，扎实做好维护社会稳定各项工作。一是扎实开展反对分裂和民族团结教育活动。常委会以国务院新闻办公室发表《西藏民主改革50年》白皮书、纪念西藏民主改革50周年、庆祝“西藏百万农奴解放纪念日”和自治区人大常委会设立30周年以及庆祝新中国成立60周年为契机，通过召开座谈会、发表理论文章等形式，回顾恢宏历程，展示辉煌成就，总结宝贵经验，深入揭批达赖，大力宣传人民代表大会制度、民族区域自治制度在西藏的伟大实践，集中展现西藏各族人民在党的领导下当家作主的生动风采，充分展示社会主义制度的无比优越、民族团结的强大力量，有力地配合反分裂斗争舆论宣传，发挥统一思想、凝聚人心、鼓舞斗志的作用。二是扎实做好维护社会稳定各项工作。常委会坚决贯彻中央和区党委关于反对分裂、维护稳定的重大决策部署，有5位常委会领导和部分常委会委员一直奋战在重点地区、重点寺庙，组织开展法制宣传教育和组织指挥工作，为确保全区大局稳定做出了重要贡献。常委会其他领导充分发挥模范带头作用，通过深入基层调研、认真排查调处矛盾纠纷等形式，在各自岗位扎实做好维护社会稳定工作。常委会还听取法院工作汇报，组织部分人大代表旁听重特大案件庭审、视察法院工作，受理人民群众来信来访160批（件）406人次，有力地促进了全区的和谐稳定。三是扎实推进涉藏议会外事工作。组团7批46人出访美国、英国、法国、日本、加拿大等国家，通过摆事实、话发展、讲成就、揭老底、批谎言，以客观真实、强而有力的声音打破了达赖集团在某些国家的舆论垄断。接待挪威、澳大利亚、韩国等国家议会10批80余人来华访藏。常委会紧紧围绕正面宣传西藏和揭批达赖集团两项主要任务，旗帜鲜明地宣传西藏自古以来就是中国领土不可分割的一部分和我在主权、人权、民族、宗教、环保等重大问题上的原则立场，大力宣传西藏实行人民代表大会制度、民族区域自治制度取得的丰硕成果，深刻揭露达赖政治上的反动性、宗教上的虚伪性和手法上的欺骗性，有力回击西方敌对势力和达赖集团的污蔑和攻击，扩大了西藏的国际影响，为建设团结、民主、富强、和谐的社会主义新西藏创造了有利的外部环境。

【自身建设】2009年，常委会高度重视、切实加强自身建设和机关建设，着力提高领导班子的执政能力和人大机关干部的综合素质，为依法履职提供坚强的政治保证和组织保证。一是切实加强思想政治建设。组织班子成员认真学习党的创新理论和中央关于新时期西藏工作的指导思想，不断巩固和深化学习实践科学发展观活动成果，自觉用中国特色社会主义理论体系武装头脑、指导实践、推动工作。狠抓党的十七届三中、四中全会和区党委七届四次、六次全委会精神的学习贯彻。认真组织学习《为什么要坚持人民代表大会制度而不能搞“三权分立”》等重要理论文章，充分认识我国人民代表大会制度与西方资本主义国家政体的本质区别，进一步增强坚持党的领导、坚持走中国特色社会主义政治发展道路、坚持和完善人民代表大会制度及民族区域自治制度的自觉性和坚定性。二是切实加强工作作风建设。常委会结合领导干部作风建设年活动，把建设学习型领导班子、进一步加强对干部的从严管理、党风廉政建设责任制等落到实处。常委会领导有27人次带领机关近200人次深入实际、深入基层、深入群众，加强调查研究，摸清基层底数，共撰写调研报告30多份，为常委会工作的有效开展提供了决策依据。三是切实加强制度建设和机关建设。常委会在制定并认真执行监督法实施办法的基础上，进一步健全信访工作程序、信访工作处置突发事件和群体性事件工作预案，形成了一批规范管理的制度。人大机关积极开展学习实践科学发展观“回头看”活动，认真解决学习实践科学发展观活动中查摆出的突出问题。针对队伍建设、干部管理方面存在的问题，以提高队伍整体素质为目标，强化培训，坚持德才兼备、以德为先的原则，调整任用干部，对干部严格要求和严格管理，为常委会依法履职提供了人才保障。

西藏自治区人民政府

自治区外事工作

【年度综述】2009年，自治区外事部门在自治区党委、政府和外交部的领导下，深入贯彻落实科学发展观，继续解放思想，坚持改革开放，推动科学发展，面对“3·14”事件以来涉藏外事工作面临的新形势，调整思路，妥善应对，努力为国家总体外交、自治区经济社会发展和局势稳定服务，各项工作取得新进展。

【贯彻落实中央和自治区重要部署】贯彻落实自治区党委书记张庆黎与外交部部长杨洁篪就进一步做好西藏外事工作所交换的意见。扎实做好中央第五次西藏工作座谈会筹备领导小组涉藏外事组的基础调研工作。成功接待外交部驻外使节团赴藏考察。召开全区涉外管理工作会议、全区外事系统工作总结暨表彰大会，总结近年来全区外事工作取得的成绩，进一步明确外事工作主要任务，表彰为全区外事工作做出突出贡献的集体和个人。

【开展“请进来”工作】全年共接待来访外国党宾、国宾、议会、政府官员、外交官和友好人士52批213人次，7批

45 人次外国记者来藏采访。重点团组有尼泊尔总理尼帕尔、英国外交国务大臣刘易斯、新加坡外长杨荣文、尼共（联）主席、意大利议会“中国之友”协会代表团、德国联邦议院人权委员会代表团、英国议会代表团、欧盟经社委员会代表团、美国议会助手团等。其中，尼泊尔总理尼帕尔应国务院总理温家宝邀请于访华途中顺访西藏，此为尼泊尔联邦民主共和国成立以来尼政府首脑首次正式访问西藏，自治区党委书记张庆黎、自治区主席向巴平措分别会见代表团一行，郝鹏常务副主席赴机场迎送并全程陪同。此访对进一步密切中（藏）尼双方务实合作、夯实双方友好基础意义重大。

主动邀请尼泊尔、印度记者采访自治区“两会”，开创了外国记者采访我区“两会”的先河。认真接待西方主流媒体记者团和西欧共产党报记者团来藏采访，全面介绍我区经济社会发展情况，境外媒体对自治区真实、客观的报道有所增多。

【推动“走出去”工作】全区全年因公出国（境）总人数为 279 批 858 人次。其中，自治区党委书记张庆黎率中国共产党代表团访问巴西和乌拉圭，向往访国领导人详细介绍了西藏民主改革 50 年来取得的巨大成就，用雄辩的事实揭穿了达赖集团的谎言，揭露了西方反华势力利用涉藏问题遏制中国发展的险恶图谋，并就共同关心的国际、地区和双边关系等问题交换了看法，达到了“广泛接触、深入交流、扩大共识、增进友谊”的目的。自治区党委副书记、人大主任列确率团访问英国和法国，分别与两国议会、外交部等部门进行交流。代表团摆事实、举数字，通过对比新旧西藏两种截然不同的社会制度，阐述了西藏民主改革 50 年来翻天覆地的变化。自治区党委副书记、自治区常务副主席郝鹏率自治区代表团访问尼泊尔，加深了相互了解和信任，推进了自治区与尼泊尔各领域务实合作。

积极配合自治区纪律检查委员会做好制止党政干部公款出国（境）旅游专项工作，完善因公出国（境）违纪监督检查机制，促进机制保廉。建立了境外中国公民和机构安全保护工作联席会议机制，确保我公民权益。

【促进中尼全面交流与合作】积极探索中尼边界管理新模式，妥善处理涉尼事务，做好尼交通、高级警务等代表团访藏接待工作，举办中尼贸易洽谈会，协助尼领馆及尼旅游局在藏举办旅游推介会。

【做好外国专家、留学生工作】本着“生活上关心、安全上保障”的原则，做好在藏外国专家和留学生工作，组织安排其参加国庆招待会，积极推荐国家“友谊奖”和自治区“珠峰友谊奖”候选人员，表彰在自治区国际合作项目工作中做出贡献的外国专家。

【妥善处理涉外案（事）件】2009 年，自治区外事部门配合相关部门处理尼籍犯人走私珍贵动物制品案，安排菲律宾驻华使馆官员旁听涉菲公民案件审理，协助救助失踪的俄罗斯籍旅客及香港游客，妥善运送美国众议员马洛尼丈夫登山遇难遗体出境。根据自治区统一部署，与区内有关部门通力配合，共同抵御甲型 H1N1 流感通过外国人传入西藏。积极稳妥处理境外非政府组织在藏项目拖欠承包方工程款事宜，切实维护中国公民合法权益。

【拓展民间对外交往】2009 年，自治区外事部门充分发挥民间对外交往优势，全年共接待来自德国、冰岛、日本、瑞士、比利时、澳大利亚、韩国等国友好团组 7 批 65 人次。本着“态度积极、步骤稳妥、友好当先、注重实效”的方针，积极物色友好城市对象，利用友城渠道开展多层次、多领域的交流合作。恢复与已建友城交往，组织友好代表团出访以色列，并与贝特谢梅什市签订友城关系备忘录。组团出访俄罗斯卡尔梅克共和国埃利斯塔市，举办主题图片展，与各界人士广泛交流。接待美国博尔德市代表团访藏，激活拉萨市与博尔德市的友城关系。组团赴日本参加第 12 次日中友好交流会议。应日方邀请，派遣 2 名僧人赴日本名古屋强巴林寺从事宗教交流活动。那曲和山南地区人民对外友好协会相继成立。积极完善印度香客接待条件，全年共接待印度官方香客 16 批 601 人次，民间香客 314 批 10020 人次。通过各类民间对外交往，广交深交了朋友，争取到更多国际友人对西藏的关心、理解和支持。

自治区民族宗教工作

【年度综述】2009 年，全区民族宗教工作部门在自治区党委、政府的坚强领导下，在国家民委、国家宗教局的有力指导下，深入贯彻落实科学发展观，紧紧围绕民族工作主题和贯彻党的宗教工作基本方针，坚持一手抓稳定不放松、一手抓发展不动摇，认真贯彻落实中央和区党委、政府的各项决策部署，认真抓实抓好年初工作安排的落实，民族宗教工作扎实有序开展。

民族工作

【大力开展民族团结宣传教育活动】在“西藏百万农奴翻身解放纪念日”、西藏民主改革 50 周年、新中国成立 60 周年、自治区第 19 个民族团结月活动和国务院第五次全国民族团结进步表彰大会等活动中，大力开展了形式多样、内容丰富的民族团结宣传教育活动。1. 表彰先进，树立典型。经过自下而上认真筛选，严格审核，评选推荐并经国务院批准，我区全国民族团结进步模范集体 24 个、模范个人 28 名，选派代表参加了表彰大会并出席国庆典礼。为贯彻落实好全国民族团结进步表彰大会精神，筹备召开了西藏自治区表彰荣获“全国民族团结进步模范集体和模范个人”颁奖大会、全国民族团结进步模范事迹报告会。与团区委、青联会筹备召开了自治区第四届各族青年民族团结进步表彰大会。拉萨市召开了第四次民族团结进步表彰大会。2. 大力宣传，弘扬正气。各地（市）、各部门通过悬挂横幅、召开座谈会、先进事迹报告、发放宣传资料、政策咨询等形式，广泛开展马克思主义“四观”、“两论”，“三个离不开”思想教育，广泛宣传党的民族理论、民族政策。3. 认真研究，制订方案。在深入调研的基础上，起草《自治区民宗委在全区开展创建民族团结示范活动（试点）实施方案》，并由区政府办公厅转发各地（市）、各部门贯彻执行。目前创建示范点成员单位职责已基本明确，首批示范点已基本确定。为全面深入贯彻胡锦涛总书记在国务院第五次全国民族团结进步表彰大会、张庆黎书记在自治区表彰荣获“全国民族团结进步模范集体和模范个人”颁奖大会上的重要讲话精神，全面开创民族团结进步事业新局面，正在研究提出《西藏自治区开展民族团结进步创建活动实施意见》及具体实施办法。

【认真开展影响民族团结矛盾纠纷的排查调处工作】制定了《在全区开展检查国办发[2008]33 号文件贯彻落实情况工作方案》，并报请自治区政府批转七地（市）、自治区各部门予以落实。扎实组织开展了党和国家民族政策贯彻落实情况的督促检查工作。全区各级党委、政府结合实际，在本地区、本部门对民族政策贯彻落实情况进行了全面深入督查。各级民宗部门会同工商、税务、公安等部门对窗口服务行业进行了重点检查，严防和杜绝违反党的民族政策情况的出现。乌鲁木齐“7·5”事件发生以后，组织民宗干部和民族宗教界人士学习中央的一系列指示和文件精神，认清“7·5”事件的性质和真相，有针对性地对新疆籍及其他来我区务工经商的维吾尔族群众进行调研，掌握他们的生产生活情况。安排拉萨市、日喀则地区清真寺在穆斯林群众中宣讲中国伊协会长陈广元撰写的两篇“卧尔兹”—《绝不轻信恶言 维护民族团结》、《穆斯林坚决反对暴力 维护和平》，及时清除“7·5”事件对我区维吾尔族等穆斯林群众带来的消极影响，最大限度地增加和谐因素。中办发[2009]37 号文件下发以后，民宗委高度重视文件精神贯彻落实，报请区党委办公厅、区政府办公厅转发《关于进一步做好新疆等地少数民族群众来我区务工经商服务管理工作的通知》，目前正在贯彻落实当中。

【继续抓好兴边富民行动和人口较少民族扶持工作，促进民族地区经济发展】2009 年，自治区民族宗教部门组织多批工作组先后深入到阿里、山南、林芝、日喀则等地部分边境县进行调研，了解掌握边境地区和人口较少民族经济社会发展有关情况，落实了项目资金，共计 9196.8 万元。一是安排边境地区农牧民安居工程资金 5098.8 万元（其中自治区财政垫支 1046.8 万元），用于 4249 户农牧民住房建设。二是安排人口较少民族地区、边境和腹心地区基础设施建设、改善贫困人口生产生活条件资金 4098 万元，涉及项目 114 个。三是争取国家贫困地区民族特色村寨建设试点补助资金，启动我区民族特色村寨建设工程。四是向国家民委申报了我区边境地区茅草房改造项目并批准立项，共申请资金 3.75 亿元，逐年用于边境地区 1.5 万户农牧民茅草房改造。五是积极支持少数民族特需商品定点企业发展，向国家民委、财政部、中国人民银行申报了我区 5 家技术改造贴息企业和 4 家民族特需用品定点生产企业补助资金，提出了定点企业调整意见。

宗教工作

【深入开展寺庙法制宣传教育，引导寺庙僧尼加强自我管理】2009 年，自治区各级民宗部门始终把寺庙法制宣传教育作为 2009 年工作重心，主要领导、分管领导进驻重点寺庙组织开展法制宣传教育，采取大会宣讲、小会座谈、个别走访、直观教育等多种办法，继续深化以《宪法》为主要内容的法律法规教育，继续深入开展拉萨“3·14”事件、乌鲁木齐“7·5”事件真相和达赖祸藏乱教本质教育，继续深入开展党的民族宗教政策及新西藏、新发展、新变化、新生活教育，从而进一步增强僧尼的祖国观念、法制观念、政府观念和公民意识。实现了“进得去、站得住、见成效”的目标任务，为全面深入开展寺庙法制宣传教育奠定了良好基础。

【完善政府规章，推进宗教法规体系建设】一是结合西藏实际，对国家宗教局已经或即将出台的《藏传佛教寺庙管理办法》、《藏传佛教教职人员资格认定办法》和《藏传佛教寺庙主要教职任职退职办法》提出修改意见。二是在深入调研的基础上，认真修订《西藏自治区实施〈宗教事务条例〉办法（试行）》，并申报 2010 年度政府规章制定计划。研究出台了《西藏自治区藏传佛教活动场所学经班管理办法（试行）》、《西藏自治区藏传佛教活动场所经师资格评定和聘任办法（试行）》。三是与区党委统战部、自治区综治委联合研究提出《关于创建平安寺庙意见（试行）》（藏党办发[2009]36 号），并报请区党委办公厅、区政府办公厅批转执行。与自治区公安厅、民政厅联合下发《西藏自治区关于加强社会流动从事宗教活动人员管理的意见》（藏民宗字[2009]125 号）。正在研究制定《关于全区创建平安和谐寺庙目标管理责任制办法》。四是对中国佛教协会西藏分会名义出台的《西藏自治区藏传佛教活动场所管理组织章程》、《藏传佛教宗教教职人员行为规范》进行了审定。这些规范性文件的出台和实施，将为依法管理宗教事务、维护宗教领域的稳定、促进社会局势长治久安发挥重要作用。

【落实属地管理原则，依法管理宗教事务】一是认真开展宗教活动场所、僧尼、经师、活佛登记备案工作。根据中央统战部的要求，开展全区寺庙僧尼数据采集录入工作，全面掌握藏传佛教的基本情况。努力做到底数清、情况明、为依法管理宗教事务、建立正常宗教秩序奠定基础。二是进一步落实目标管理责任制。地（市）、县、乡（镇）、寺庙层层签订责任书，把责任落实到每一个环节、每一个岗位、每一个人，努力形成齐抓共管的工作机制和工作格局。三是牢牢把握“两条底线”，依法整治违规乱建乱修、扩建宗教活动场所和乱吸收僧尼问题。加强了对境外回流僧尼、刑满释放僧尼等重点人员的管理和监控，积极防堵被清退、劝退僧尼重返寺庙。四是各级民宗部门与相关部门密切配合，认真做好拉萨传昭大法会、萨嘎达瓦节、雪顿节、甘丹寺建寺 600 周年庆典、穆斯林开斋节等大型宗教活动、宗教节日期间的安全防范工作。五是对区内寺庙跨地（市）、跨县举办宗教活动和青海、四川等地藏区宗教团体、宗教教职人员来我区从事的宗教活动，严格审批手续，实行跟踪管理。

【扎实开展创建平安寺庙活动】区、地（市）、县三级民宗部门认真贯彻藏党发[2009]36 号文件精神，坚持把开展平安寺庙创建活动作为建立正常宗教秩序的重要举措，努力推进平安寺庙创建。地（市）民宗部门结合实际，制定了本地区创建平安寺庙活动实施方案，细化量化了平安寺庙创建活动的基本内容、标准条件、责任目标、原则要求，加强了对创建活动的组织领导。落实责任制，把责任层层分解到乡（镇）、村管理人员和寺庙民管会（管委会）成员、宗教教职人员，初步形成了县、乡（镇）、村、寺庙各负其责、各司其职的目标责任体系和一级抓一级、层层抓落实的工作格局。目前，平安寺庙创建活动在全区扎实有序开展，山南地区已有 86 座寺庙挂牌为“和谐寺庙”。

【认真做好格西拉让巴学位晋升工作】在总结历次格西拉让巴学位晋升工作经验、广泛征求宗教界人士意见的基础上，适度扩大学位晋升范围，细化考试、答辩方式，完善立宗活动方案。2009 年度格西拉让巴学位立宗暨颁证仪式在大昭寺成功举行，来自格鲁派有影响的 7 座寺庙（拉萨三大寺，日喀则扎什伦布寺，昌都强巴林寺、玛贡寺，那曲荣布热旦寺）的 9 名考僧参加立宗活动。通过考评委员会的严格评选，确定了考僧名次，举行了颁证仪式。

指导佛协开展了 2010 年度夏季预考，在色拉寺举行。来自色拉寺、哲蚌寺、甘丹寺、扎什伦布寺、强巴林寺、玛贡寺、向堆寺、孝登寺、荣布热旦寺的 9 名僧人参加了格西拉让巴学位夏季预考。

【继续抓好重点寺庙民管会班子建设】一是积极做好两期重点寺庙民管会主任（副主任）培训班的各项工作。2009 年分别在昌都、拉萨举办培训班，重点培训曾参与“3·14”事件、情况复杂、问题较多的寺庙民管会主要成员。昌都培训班主要培训昌都四县一镇、那曲东三县重点寺庙民管会主任（副主任），拉萨培训班主要培训拉萨、日喀则、山南、林芝、阿里地区重点寺庙民管会主任（副主任）。两期培训班参训人员达 230 人。区民宗委主要领导、长期从事宗教工作的专家在培训班上授课，培训主题突出，针对性强，成效明显，得到区党委主要领导的充分肯定。二是指导各地（市）实行寺庙民管会主任任期责任制，对寺庙民管会执行党的宗教政策法规、依法管理寺庙、重大原则问题的立场和行为等方面进行全面考察，先后把一批政治立场坚定、有宗教学识、品德能服众僧人及时充实到民管会班子。三是落实重点寺庙维修补助资金 397.4 万元。及时发放 2009 年度寺庙民管会成员岗位补贴，充分体现党和政府对宗教界人士的关爱，调动他们的积极性。

【隆重召开全区藏传佛教爱国守法先进寺庙和先进僧尼表彰大会】按照自治区的统一要求，由地（市）认真推荐，由区党委统战部严格审核，征求佛协西藏分会意见，报自治区党委批准同意，隆重召开了全区藏传佛教爱国守法先进寺庙和先进僧尼表彰大会。对一贯表现良好、爱国守法的 10 座寺庙和 36 名僧尼进行了表彰。树立了一批能够弘扬藏传佛教爱国爱教优良传统、守法持戒的先进寺庙和僧尼典型，促进了寺庙爱国主义教育和法制宣传教育工作的开展。

【加强协调，发挥优势，重视涉外宣传】认真接待国内外赴藏团体和个人，2009 年先后接待来自美国、英国、日本、俄罗斯等国家和地区访藏团十数批（次）130 余人，翔实介绍我区民族宗教基本情况。指导佛协组织充分发挥桥梁纽带作用，调动宗教界代表人士的积极性，协助宣传贯彻党的宗教政策。积极配合，成功召开中国佛协西藏分会第九届二次常务理事会议。协助做好第十一世班禅进藏佛事活动的相关工作，认真组织藏传佛教五个教派 39 座重点寺庙僧人代表参加第十一世班禅受比丘戒庆典活动。开展涉藏对外宣传和宗教界对外友好交往，组织日喀则扎什伦布寺僧人前往日本名古屋强巴林寺进行为期 2 个月的佛事交流活动。有序组织区内 20 名穆斯林群众参加 2009 年度赴沙特朝觐。完成了《宗教志》的终审。

自治区扶贫（农业综合）开发工作

【年度综述】2009 年，全区扶贫农发系统积极争取国家支持，投资大幅增加。扶贫农发共执行中央、自治区投资 80282 万元，其中扶贫 58534 万元，较上年增加 9589 万元，增加 33%；农发完成 21748 万元，较上年增加 2393 万元，增 12.36%。

【扶贫开发进入新阶段】全区扶贫开发贯彻区党委七届四次全委会议精神，安排实施安居工程、整乡推进、面上扶贫、产业扶贫、连片开发、“两个确保”、互助金试点、转移培训及定点扶贫等，使重点扶持人口大幅减少，人均纯收入低于 1700 元的人口由去年的 68.3 万人减少到 59.6 万人，下降了 12.7%；人均纯收入低于 1300 元的重点扶持对象已减少到 20 万人以下，与农村低保人口实现重合，西藏扶贫开发与全国一样进入了两轮驱动的新阶段。

主要做法：一是瞄准对象，实施到户帮扶。以建档立卡人口为对象，积极帮扶困难贫困户，始终坚持到户帮扶要求，按照缺什么补什么的原则，实施户为单位的生产发展、劳动转移及技能培训等项目，落实扶贫项目 541 个，受益群众 16.3 万人，分别比上年增加了 49.8 %、0.67%，人均增收 450 元。二是加大力度，改善生产生活条件。全年配合安居办安排贫困户安居建设 12543 户，（其中绝对贫困户 3059 户、其他贫困户 9484 户），比上年增加了 50.8%，地方病群众搬迁 974 户，为实现百万农牧民住上安全适用住房贡献了力量；新修维修乡村道路 22 条、333 公里，新建桥梁 47 座、1710 米；新修维修水渠 55 条、154 公里，改善扩大农田草场灌溉面积 4.4 万亩，改造中低产田 1.4 万亩；在牧区实施“四配套”项目，添置牲畜 0.5 万头（只），建成牲畜暖圈 945 套、5.2 万平方米。三是依托资源，大力实施产业扶贫。2009 年完成了南木林县“县为单位、整合资源、连片开发”试点工作。投资 3000 万元，在安多、扎囊、日土三县实施连片开发工作，重点发展多玛绵羊、氆氇编织、绒山羊养殖产业。继续安排 5000 万元，实施以建材开发为主的劳动力转移项目 74 个，组建合作经济组织 74 个，吸纳农村劳动力 0.1 万人。四是扩大试点，以互助金支持村级经济发展。在去年墨竹工卡、工布江达 10 个村、投资 150 元实施互助金试点的基础上，2009 年又安排全区 26 个县的 30 个村，投资 450 万元开展互助金试点工作，补充农村金融服务工作。五是溜索改造，开启结束“溜索时代”的进程。2009 年争取国家投资 2320 万元，在昌都、那曲、林芝、日喀则实施 18 处溜索改吊桥项目，占 84 处总目标的 21.4%。六是整合资源，全面完成“两个确保”。在 50 个边境村和 10 个人口较小民族村落实“两个确保”项目 60 个，投资 1837.5 万元，协调民宗部门向 20 个村实施“两个确保”项目，全面完成了“两个确保”任务。七是定点扶贫、培训转移，“大扶贫”格局显现。定点扶贫单位共向定点乡镇下派干部 230 名，落实各类项目 400 多个，投资 1 亿元，捐助款物 800 多万元。开展“千名干部下基层”活动中，定点扶贫单位真帮助、真扶贫，再掀工作高潮。2009 年扶贫培训项目 68 个，投资 431.55 万元，完成培训转移就业 1.1 万人。

【农发抗灾做贡献】农业综合开发多年以农田水利基本建设和改造中低产田为主的高标准农田建设，全区累计投资 20.9 亿元，完成改造中低产田 176.24 万亩，建成农田灌排渠系 4195 公里，新增粮食生产能力 1.63 亿公斤；天然草场建设 204.45 万亩，种植饲料 4.7 万亩，年生产饲草料 1500 吨。在 2009 年遭遇 30 年不遇的大旱灾时，农发区粮食实现增产，为全区保持 96 万吨产量做出了贡献。

一年来，农业综合开发主要开展以下工作：一是加大土地治理，提高农牧业综合生产能力。全年共实施农业综合开发区 21 个，建设总规模 36.13 万亩，其中低产田改造 12.45 万亩，草场治理 23.68 万亩，人工种草 3.3 万亩。新增粮食生产能力 1236.61 万公斤，油料 65.46 万公斤，牧草(干草)2954.5 万公斤。新修农田水渠 3568.6 公里，新增农田灌溉面积 3.66 万亩，改善灌溉面积 7.57 万亩。二是搞好产业开发，延伸农业产业链。2009 年实施农发产业化经营项目 17 个，其中种养基地 13 个，农畜产品加工 4 个，在拉萨、日喀则、山南完成黄牛改良 6.4 万头，建立了玉米种植基地 1.5 万亩，核桃基地 0.49 万亩，日光温室 480 座、190 亩。新增蔬菜生产能力 198 万公斤，奶源基地 3 个、年产奶 658 万公斤，粮食加工转化能力 3500 万公斤。培育农业产业化龙头企业和专业经济合作组织 16 家，充分发挥村班子在经济合作组织中的作用，培育起公司型的村委会、经理型的村干部、员工型的村民。三是加大科技推广，引领“一产上水平”。在农发区建立了牦牛全饲育肥、牦牛野血改良、黄牛同期发情改良、高产玉米、饲草引种等一批科技推广示范点，推广良种示范田 11.07 万亩，良种畜 4000 多头。举办农牧业实用技术培训 45 期，培训 4.78 万人次，农牧民群众进一步掌握了科学养畜、蔬菜种植等实用技术。

【服务增收措施实】按照“夯实一个基础，转好两个轮子，打造一个平台”的工作要求，确定了九项增收举措，通过增收措施的实施，使扶贫农发区 33.92 万农牧民实现增收 1.83 亿元，人均增收 540 元，为确保农牧民 13%的增收目标贡献了力量。

具体情况是：一是加强组织引导，让群众在参与项目建设中增收。把农牧民能够承担的工程项目交由项目区群众实施，对于不能承担的积极引导农牧民加入到项目建设中，通过参与项目建设实现经济增收。据不完全统计，农牧民群众从项目建设中受益达 3000 多万元，受益人口将达 10 万人，人均增收 300 元。二是落实好劳动力转移项目，以长效机制促进农牧民增收。自 2006 年起实施的以特色建材为主的劳动力转移项目，年转移劳动力 5291 人，年受益人口 2.6 万人，参加项目建设者年最低收入 5000 元，最高收入 15000 元。2009 年再次安排的 74 个劳动力转移特色产业项目，直接参与群众人均年收入达 2000 元以上。全年特色产业产值将超过 4000 万元，受益群众达 3 万人，人均增收 1300 元以上。三是实施“县为单位、连片开发”及互助资金试点，以产业开发促进农牧民增收。在南木林、扎囊、日土、安多四县实施的连片开发及在多个县实施的互助金试点工作，将覆盖 5000 户、2.5 万农牧民群众，实现增收 500 万元以上，人均增收 200 元。四是开展转移就业培训，以劳动力转移促进农牧民增收。2009 年共培训农牧民 1.1 万人次，转移就业 0.7 万人，增收 2100 万元，人均 3000 元。五是提供建材和劳务服务，促进农牧民增收。贫困户安居工程建设受益群众 6.2 万人，带动采石、采砂等建材收入 5000 万元，农牧民劳务收入达 1000 万元，人均增收 160 元以上。六是积极推进农发产业化经营，以产业化龙头企业带动农牧民增收。农业产业化通过“扶龙头、育组织、建基地”的带动辐射，受益群众 1.8 万人，人均增收 200 元，总收入达 360 万元。七是调整农发区畜种结构，以黄改促进农牧民增收。按照区扶贫农发办《关于进一步加快农业综合开发区黄牛改良工作的意见》，2008 年完成农发区黄改冻配 6 万头，2009 年接犊 3.8 万头，每头 1000 元，增收 3800 万元，受益群众 2.5 万户、8 万人；2009 年黄改 6.12 万头，群众增收 3000 万元。八是发展设施农业，以温室种植促进农牧民增收。近年已建成高效日光温室 4000 栋，年产蔬菜 1400 万斤，产值 2500 万元，受益农户 3400 户、1.3 万人；2009 年再建高效日光温室 480 栋，覆盖农户 400 户，增收 120 万元。九是以溜索改吊桥建设，促进群众增收。目前工作正在进行。

【谋划发展有实效】全区扶贫开发进入新阶段，农业综合开发实施 20 年。在这样的历史背景下，区扶贫（农发）办审时度势，深入调研，全面分析，精心谋划，创新机制，取得了良好成效。

一是深入调查研究。在国务院扶贫办和区人民政府的领导下，联合农科院、财政厅等开展了青藏高原避灾、减灾产业研究，提出了发展设施农牧业、家庭养殖业、旅游业、服务业、小型建材业等受自然灾害影响小的产业，建立起是否风调雨顺一样增收，有无天灾一样增收的稳定增收产业。与民政部门协调，进一步完善建档立卡管理系统，找准农村低保与扶贫开发两制度的有效衔接的接口，建立起低保管“吃饭”、扶贫管“发展”的两轮驱动新格局。二是谋划“十二五”规划。配合国家赴藏“十一五”规划执行情况及“十二五”发展思路调研工作，全面总结了“十一五”规划执行情况，分析梳理“十二五”规划思路、重点项目及具体措施，加强了与国务院

扶贫办、国家农发办的沟通协调，初步与两部门达成了一致。三是召开了全区农发工作暨现场会议。8月31日—9月2日与财政厅联合在林芝地区举办了全区农发工作暨现场会议，会议全面总结了二十年来农业综合开发工作，分析了农发工作形势，部署了下一步农发工作。

自治区人民政府驻成都办事处

【基本情况】西藏自治区人民政府驻成都办事处。办事处机关内设办公室（政工人事处）、接待处、退（离）休人员服务处、经济信息联络处、干部保健处5个职能处室，单设区纪委驻成办纪检组（监察室）。下属西藏成办医院（四川大学华西医院西藏成办分院）、成都天湖宾馆、成都圣地阳光宾馆、顺江苑接待站、西藏成都干休所、西藏驻双流干休所、西藏成办社会保险事业管理局、西藏成办省级退（离）休干部服务中心等8个事业单位。共有职工644人，其中在职职工316人，离退休人员328人。同时还协调代管西藏驻蓉部分企事业单位。

【接待工作】2009年，办事处紧紧围绕“以经济建设为中心，接待服务为重点”的工作方针，充分发挥办事处工作职能，狠抓软硬件设施和综合配套服务系统建设，强化职工服务意识教育和职业技能培训工作，狠抓服务质量和管理水平的提高。全年共接待进出藏客人24.8万人次，其中省级干部1543人次，团队466个，内地西藏班师生2200人次，代售机票1.8余万张，车辆安全行驶23.6余万公里。

天驰接待服务中心以“热情高效，服务西藏，团结拼搏，和谐发展”为宗旨，求真务实，奋发进取，积极拓宽经营思路，认真做好经营工作。完成了宾馆部分设施的改造和维修，保证了宾馆的高效运转和正常经营，同时加大对员工的培训力度，进一步提高了服务质量。全年实现营业收入653万元，上缴税金42.6万元，接待客人5.6万人次。

天湖宾馆坚持以市场为导向，认真分析和把握饭店业的发展趋势，以“藏文化特色”、“绿色饭店”为亮点做好营销宣传和特色服务，不断扩大对外合作。在稳定和满足区内客源的同时，积极有效地开发区外客源市场，加大网络营销力度，网络订房数量较往年增加数倍。一年中，宾馆先后荣获“优秀诚信星级饭店”、“最佳旅游联盟单位”、“综治先进单位”、“纳税先进企业”等称号，同时被成都市旅游局和金牛区旅游局推荐为行业“亮点酒店”。宾馆全年实现营业收入1240万元，上缴税金107万元，接待宾客10多万人次，其中内地办学师生900多人次，西藏团队66个4000多人次。

圣地阳光宾馆在经济运行和结构调整中始终把“以客房创收为重点，加大盘活固定资产，严格控制非经营性支出，开源节流，控制成本”作为宾馆经营工作的方针，根据市场变化，及时调整经营思路，勇于开拓，开源节流，控制成本，确保了经济平稳发展。宾馆自筹资金180余万元，完成了部分设施的改造和完善，整体接待能力进一步提高，2009年5月被评定为二星级旅游饭店。宾馆全年接待客人10万人次，实现营业收入660万元，上缴税金29万元。

成办医院紧紧围绕“依靠西藏各级领导关心和支持、依托华西医疗技术和管理、走自己的特色专科道路，为西藏干部和群众提供优质的医疗服务，努力建设成为西藏自治区一流的后方医疗中心”的目标开展工作，增设了内分泌代谢病专科病区和骨科第三病区（手术显微外科病区）。2009年1月医院被四川省卫生厅评定为国家二级甲等医院。医院全年总收入6819.58万元，新增固定资产投资631.69万元，门诊37998人次，门急诊38732人次，入院病人5782人次，出院5583人次，治愈好转率93.1%，危重病人抢救成功率90.3%，手术1371台次。

顺江苑按照规范化、高质量、个性化的服务要求，加强管理和服务，圆满地完成了各项重大接待服务工作。

【管理服务工作】退（离）休人员服务处、西藏成都干休所、西藏双流干休所、机关老干科等离退休人员管理部门共管理离退休老同志5940人，其中西藏跨省安置在西南、中南九个省区的老同志5419人，涉及代管单位500多个。为切实做好老干部管理和服务工作，离退休人员管理部门紧紧围绕“让上级组织放心，让老同志满意”的工作思路，全面贯彻执行中央、自治区有关老干部工作的各项方针政策。一是认真落实老干部的政治、生活待遇，坚持离退休老同志阅文制度、情况通报制度和定期走访制度，坚持组织离退休老同志年度体检和上门巡诊制度，切实解决老同志生活中的实际问题和困难，全年共上门走访慰问老同志860余人次，看望慰问住院老同志250余人次，上门巡诊1865余人次，护送老干部住院80余人次。二是确保两费的及时足额发放。全年共完成了代管干部企业调资、2005至2009年体检费的差额补差、机关事业单位取暖费、高原津贴和发放企业一次性慰问金发放工作。

认真开展信息收集、整理、上报工作。遵循及时、准确、全面的原则，不断拓展信息工作的广度和深度，努力提高上报信息的质量和采用率。全年共收集、传递、处理和上报信息906期4972条，得到自治区党办、政办的充分肯定，为领导及时掌握情况，制定方针政策提供了信息基础。

社会保险事业局全年共征收养老保险金378.7万元、失业保险金55.7万元，发放养老金591.3万元、失业保险金5万元、离休人员生活补助32.3万元。同时，为使离退休人员基本养老金、一次性抚慰金得到落实，先后向自治区劳动保障部门上报了《关于2009年增加企业退休人员基础养老金的请示》、《关于调整企业离休人员一次性抚慰金标准的请示》，得到自治区有关部门的及时批复和资金落实，共补发企事业单位离退休人员调资拨款102378.00元，补发离休人员一次性抚慰金16934.70元。

按照干部保健工作职责，精心开展医疗保健服务，努力提高保健工作质量，为西藏在蓉各级领导提供了较好的医疗服务。全年共安排西藏干部保健体检920人次，联系住院转院办理出入院手续92人次，探视各级领导58人次，协调急诊治疗102人次，完成了自治区在成都召开的两次大型会议的医疗保健任务。

【定点扶贫工作】2009 年办事处党委认真落实自治区对口扶贫规划，继续向洛隆县新荣乡派遣扶贫工作组开展工作。为解决通那村 42 户 312 人及 670 余亩耕地的生活、生产用水，改善农牧民生产、生活条件，增加粮食产量，办事处投资 10 万元，完成了新荣乡通那村水渠工程项目，并在 9 月投入使用。为改善新荣乡政府的办公条件，办事处从现有办公设备中调剂电脑 2 套、打印机 1 台，支援给乡政府。

【领导名录】
党委副书记、主任：葛裕涛
党委委员、副主任：王国荣 张裕庭 邱 川
党委委员、区纪委驻成办纪检组组长：群 决

自治区人民政府驻北京办事处

【年度综述】2009 年，办事处坚持以科学发展观为统领，深入落实“一切服从于西藏、一切服务于西藏”的工作宗旨，完善措施，强化管理，开拓创新，竭诚服务，为自治区经济发展和社会稳定作出了一定贡献。

【加强协调，严格管理，圆满完成各项接待服务工作】主动加强与中央和北京市有关接待部门以及首都机场、铁路等相关单位的联络沟通，制定详细接待服务方案，加强接待服务队伍的管理和培养，圆满完成了全国“两会”、党的十七届四中全会、中央经济工作会议、第五次全国民族团结进步表彰大会、纪念西藏民主改革 50 周年赴京演出团、国庆 60 周年庆典西藏观礼代表团及演出团、国家有关部委赴藏考察组、区党委赴内地考察团、日喀则退休党员干部赴京学习考察团、内地西藏班学生在京中转等接待服务工作。

【经济文化交流得到进一步推进】牢牢把握自治区经济社会发展的趋势和特点，充分利用首都的资源优势，想方设法拓宽信息来源渠道，挖掘有价值的信息，深化信息加工，特别注重采集、编报对自治区经济社会发展有重要借鉴意义的专题调研信息，取得向自治区党办报送信息得分居自治区驻外机构前列、向自治区政办报送信息得分居自治区驻外机构总分第一的好成绩；密切关注北京及周边的经济发展态势，加强与自治区有关部门的沟通与协调，促成山东省昌邑市龙源旗业有限公司等企业向西藏民主改革 50 周年庆典活动捐赠 1 万面国旗项目、日本利民工程援助扎囊县医院项目、自治区维稳监控管理系统项目、中国医药卫生事业发展基金会向自治区捐赠“健康中国流动医院”项目、博宥投资管理集团有限公司向自治区妇联捐赠 50 台车辆并向自治区直属机关工委捐赠价值 1000 万元的办公设备等事宜；充分发挥西藏日报社、西藏电视台和西藏人民广播电台联合驻京记者站作用，积极承担自治区领导和有关部门在京召开的重要会议、举行重要公务活动的新闻报道工作，编报 19 则，采用 17 则；认真履行自治区发展咨询委员会的联络职责，建立咨询专家、学者数据库，协助召开“放大青藏铁路对西藏社会经济带动能力研究”、“西藏矿业发展及政策研究”等课题研讨会，向自治区呈送国务院领导同志对《青藏高原冰川冻土变化影响分析与应对措施的报告》的重要批示件；做好西藏文化交流中心网站的维护和开发工作，及时更新和丰富旅游版块等方面的内容，建立西藏统计信息数据库，积极树西藏窗口的形象。

【周到细致，体贴入微，离退休人员服务水平再上新台阶】坚持以人为本，创新工作思路，改进工作方法，切实把自治区党委、政府的关怀送到老同志的心坎上，共安置退休人员 19 人；对安置在河北省廊坊、石家庄等地区的 37 名离退休人员进行走访慰问，对在京住院的 14 名老同志帮助办理手续和看望慰问，对 39 名特困老同志发放了慰问金；向 1959 年 3 月 28 日前参加工作的老同志，发放西藏民主改革 50 周年纪念章、荣誉证书 291 封；寄发各类财务、安置等各类信件 1500 余件，汇出所辖七省市离退休人员有关经费 2480 万元；举办了《老年心态与健康》讲座，编写了《老年健康千字文》。

【应对挑战，抢抓机遇，企业改革发展取得新成绩】积极应对国际金融危机和甲型 H1N1 流感造成的诸多不利影响，以深化改革为动力，对三家企业的领导班子进行了调整，分设党政主要领导，新聘任了 3 名总经理。三家企业狠抓管理、苦练内功，抢抓机遇、拓展市场，努力实现又好又快发展。珠穆朗玛宾馆坚持“稳住收入、开源节流、降低成本、争取最大效益”的方针，开展“优质服务月”活动，强化服务技能，提高服务水平，全力以赴做好星级饭店复核和迎接住宿场所卫生 A 级评定检查，完成预算指标的 127.47%，同比增长 6%。喜马拉雅宾馆结合整体营销环境，进行市场调研，合理定位，在原有网络订房、上门散客、旅行团队等销售渠道基础上，拓展中小型会议的会务接待，注重节流节支，完成预算指标的 109%，同比增长 0.5%。西藏大厦狠抓市场营销，适时出台了适应市场需求的 10 条促销办法，围绕“管理年”提升服务能力，强化员工培训，抓好星级饭店复核工作，并对 A 座进行全面改造，做好晋升四星级酒店的准备工作，完成预算指标的 102%。

【获奖情况】连续第五年被中央国家机关文明建设协调领导小组授予“中央国家机关文明单位”；

连续第三年被首都精神文明建设委员会授予“首都文明单位”；

下属企业北京西藏大厦连续第五年被中央国家机关文明建设协调领导小组授予“中央国家机关文明单位”；

办事处副主任、纪检组组长赵国庆同志被中央国家机关文明建设协调领导小组评为“2009 年度中央国家机关精神文明建设先进工作者”，被首都精神文明建设委员会评为首都“迎国庆、讲文明、树新风”活动先进个人。

北京西藏大厦保安部经理赵捷被首都精神文明建设委员会授予首都“服务奥运好先锋”荣誉称号，被北京市国家安全工作领导小组评为 2009 年度国家安全工作先进个人。

【领导名录】
党委书记、副主任：马升昌

党委委员、副主任：苏温明
党委委员、副主任，纪检组组长：赵国庆
党委委员、副主任：刘茂林

自治区人民政府驻上海办事处

【承办主任联席会议工作】2009 年，西藏驻上海办事处成功承办了西藏自治区人民政府驻内地办事处主任联席会议，这次承办会议很成功，主要体现在“三个好”：一是策划得好；二是组织得好；三是协调得好。

【接待服务工作】随着沪萨列车开通、西藏新一轮干部大培训的启动及内地西藏班（校）增加招生等，西藏同上海的交流日趋频繁，接待量每年成倍增长。2009 年，接待来沪开会、学习、参观、治病、途经的、特别是来到江浙沪看望学生的家长们 850 余人次：其中省级干部 46 次，93 人次（含随行人员）；地（厅）级干部 51 次，计 198 人次（含随行人员）；县（处）级干部及其他人员计 266 人次；接待团队 53 次,计 312 人次；

为了保西藏来沪人员不同层次的住宿需求，2009 年西藏驻上海办事处先后与上海 10 余家宾馆酒店签订了价格优惠入住合同。

【老干部工作】西藏驻上海办事处党委历来高度重视老干部的工作，始终把做好老干部工作放在办事处工作的重要位置，把老干部工作看成是社会稳定、经济发展的大事。从老同志“两项待遇”的落实到老同志的生活、学习情况，都非常关心。在具体工作中，办事处党委不但为老干处工作出谋划策，指导把关，更为老干处的工作明确了方向。

【信息工作】办事处党委一直把信息工作作为重要工作来抓，明确分工，落实责任，安排专职人员从事信息收集、采编、上报工作。2009 年，报送政务信息 8670 条，政府采用 120 条，党委报送信息 6700 条采用 40 条,信息协会报送 3766 条，信息协会采用 169 条。

此外，西藏驻上海办事处积极参与西藏自治区参加 2010 年上海世博会的各项筹备工作。

【智力援藏工作】西藏驻上海办事处一直重视智力援藏工作，建立起华东地区西藏班（校）德育论坛，把“反对分裂、增强民族团结”作为学校德育工作的主旋律，坚持年年讲、月月讲、天天讲。平时主动和学校保持经常性的关系，除在春节、藏历年派人到学校慰问、参加联欢活动及新生入学、毕业生离校之际，送上纪念品和慰问品外，为藏族师生联系进出藏火车票 900 余张（不包括零散买票），并主动协调上海火车站，为藏族师生出入进火车站提供方便，解决了学校的后顾之忧。

【扶贫工作】自 2007 年开展定点扶贫工作以来，办事处对昂仁县宁果乡定点帮扶工作，使广大农牧民贫困群众的生产生活水平得到了很大的改善，2009 年为宁果乡实施了两个项目，这两个帮扶项目分别是：宁果乡短期育肥项目，总投资 20 万元；宁果乡借畜还畜项目，总投资 20.46 万元，其中争取区扶贫办投资 20 万元，群众自筹 0.46 万元。另外，办事处向宁果乡捐赠了棉被 115 床、鞋子 200 双、袜子 400 双、书包 200 个、文具盒 140 个以及写字纸一箱、铅笔一箱、橡皮擦一箱，捐款捐物折合现金约 7 万元，合计人民币 47 万余元。

自治区人民政府驻格尔木办事处

【认真做好日常接待服务工作】2009 年，办事处共接待自治区党委、政府和自治区各部门领导及赴格工作组共 245 人。热情周到的接待服务工作，受到了来格各级领导和干部职工的好评。

【加大与当地政府的交流与联系，积极做好基地职能转换的前期调研工作】围绕格尔木西藏基地的下一步发展趋势，在多次与格尔木市相关部门进行商讨、交流的基础上，详细了解当地的能源、矿产资源、工业基础、产业政策以及为促进当地经济发展所出台的各项优惠政策。先后起草上报了《关于在格尔木建立西藏工业园区有关情况的报告》、《关于格尔木西藏基地定位问题的调研报告》、《关于西格办铁路专用线情况的说明》、《关于格尔木西藏基地企业缴纳土地使用税情况的报告》等，为下一步充分发挥青藏铁路的巨大作用，开发利用基地的现有资产和基地职能转变，提供了较为翔实的资料。

【加大协调服务力度，为困难群体办实事，为基地单位排忧解难】2009 年，经与青藏铁路公司总工办协调，为基地 8 条铁路专用线企业减免铁路技术服务费 80 余万元；针对基地企业困难较多的现状，积极与当地相关部门协调，使基地 107 户失业人员、遗属和部分退休后无经济能力回内地购房的困难户顺利搬进了廉租房，间接为我区节约资金 2000 余万元（含入住后的物业管理费用）；及时反映和化解了藏格运输总公司因破产拖欠遗属生活费的群体性事件；协调解决了原青藏联营硫酸厂、铁合金厂部分职工的城镇低保、廉租房和缴纳“三金”等问题；针对基地企业因无力缴纳而拖欠土地使用税达 1000 余万元，当地相关部门又多次催缴的现状，在及时向自治区政府反映的同时，积极与青海省地税局等部门多次协调缓缴土地使用税，为稳定职工队伍和企业的生产经营起到了积极作用；先后协调为藏格石油公司减免安全评估费 15 万元、营业执照过期处罚金 6 万元，向格尔木市城建局争取到格办临街房屋拆迁补偿资金 14 万元，为藏格地质五队减免办理土地使用证费用 5 万元，为藏格运输公司三分公司协调节约建自来水管网资金 30 余万元等，累计为基地企事业单位减免和争取资金 70 余万元。

【全力做好协调服务工作，确保青藏公路安全畅通，努力优化青藏公路运输环境】办事处多年来始终高度重视和大力支持青藏公路的养护、保通工作，积极协调解决在公路管养工作中出现的各类问题，帮助常年坚守在公路沿线上的养护工人解决实际困难。在治理超载超限和预防道路交通事故中，做了大量的协调服务工作，为优化青藏公路的运输环境起到了积极作用。特别是在敏感时段和节假日期间办事处领导多次对青藏公路的安全和保通工作进行检查，提出相关要求，并全力协调支持服务于护路工作。据统计，截止10月底，经青藏公路发运进藏物资 87.51 万吨，进藏旅客4788人次。

【兰办工作进展有序，接待服务呈现新突破】2009 年，共接待区内过往人员和到兰州工作的各级领导干部及工作人员共1187人次。其中：省级领导5人次，地厅级领导40人次，县级及一般干部和工作人员 865 人次，学生 132 人次，团队 7 个 145 人次。坚持“耐心细致、体贴入微”的原则，切实做好安置在干休所和兰州市71名离退休老同志的经费管理、医疗保障等工作。积极开展老年教育和文化娱乐活动，陶冶了老同志的情操,丰富了晚年生活。干休所医务室全年为老同志进行身体健康咨询检查 600 余人次，治疗380余人次，上门服务60多次，陪同外出看病50余次。传统节日组织老同志外出活动40余次850人次。狠抓管理，圆满完成了全年的租金收缴工作。积极探索建立符合兰办实际的物业管理制度。认真做好现有土地整体规划和土地资源整合等工作。

自治区人民政府驻西安办事处

【年度综述】2009 年，西藏驻西安办事处按照自治区党委、政府的安排部署以及办事处年初的工作安排，团结务实、锐意进取、开拓创新，较好地完成了全年的工作任务，取得了一定的成绩。

【创新工作思路，扎实做好经济信息联络工作】2009 年，西藏驻西安办事处紧紧围绕服务区内经济社会发展这个中心，全年共上报信息 193 期，累计采用196条（其中政办采用175条，党办采用21条），得分684分（政办587分，党办97分），比去年同期增长93%，政办的信息已经达标，党办信息与去年同期相比翻了一番。经济联络工作方面、一是积极发挥办事处对外宣传西藏的“窗口”作用，充分利用当地各种会议等机会介绍西藏、宣传西藏。二是积极配合自治区招商局筹备参加了第13届东西部经贸洽谈会，并首次成功举办了“西藏特色资源与旅游项目推介会”，共达成了 3 项意向合作协议，同时较好地完成了自治区代表团的协调、联络、服务工作。三是积极与西安建筑科技大学规划设计院及西北农林科技大学联系，对林芝地区尼洋河流域开发规划相关事宜进行协调。四是加强与驻地党政机关和有关部门的沟通联络，增强了两省区的政务交流联络。

【认真做好老干部、老工人的安置和服务管理工作】2009 年，西藏驻西安办事处切实为离退休人员服好务。2009 年加大了对分散安置人员的慰问工作，“三节”期间，赴甘肃、陕西、河南等地，通过开茶话会、走访慰问等形式慰问老干部工人和遗属共计 300 余人；按照上级安排，组织开展了民主改革50周年慰问活动，累计发放慰问金87.5万元。按照自治区2009年下达的安置任务，组织2 个工作组分 6 批次赴 5 个省（区）19个地市认真开展安置工作。为进一步做好新时期的安置服务工作，2009 年 9 月份专门召开了分散安置服务和管理工作暨经验交流座谈会，认真总结和交流了分散安置服务和管理方面的工作经验和好的做法，研究和探讨了新时期异地安置工作的新问题新情况，对于今后安置和服务管理工作的开展具有重要意义。四个干休所以落实离退休老同志的“两项待遇”为重点，不断提升服务和管理水平，努力在上水平、求质量、讲效率上下功夫，切实在办好事、办实事、送健康、送温暖上见成效。充分发挥基层党组织的战斗堡垒作用，认真组织开展了庆祝西藏民主改革50周年、西藏百万农奴解放纪念日和国庆60周年等庆祝活动，并通过办板报、开座谈会、演讲比赛、唱红歌等丰富多样的活动形式，开展爱国主义教育和民族团结教育，歌颂新中国成立 60 周年和西藏民主改革 50周年来取得的辉煌成就和发生的翻天覆地变化。

【搞好接待服务工作】2009 年，西藏驻西安办事处以强化服务意识，提升服务水平、细化服务内容为重点，按照安全、周到、细致的接待工作要求，大力加强接待服务工作。根据实际需要建立健全了一系列接待方面的制度规范，优化接待程序，实现了公务接待工作的制度化、规范化和科学化；不断拓宽接待服务领域，增加服务设施和项目，改善了接待条件；加强与驻地省委、省政府接待部门和机场铁路等相关部门以及周边酒店、宾馆的沟通联系，确保接待工作的顺利有序进行；坚持抓思想认识，使接待人员牢固树立为区内服务的思想，增强事业心、责任感，强化服务意识，端正服务态度，实现接待工作的人性化、热情化、周到化。2009 年以来，办事处圆满完成了来西安学习考察、参加西洽会等全国性会议的领导、团队以及区内进出藏人员的接待服务工作。在接待工作中，做到态度热情、工作细致、服务周到，圆满完成了全年的接待任务。

【做好北院开发建设和职工安置工作】北院开发建设方面，在西安办事处北院开发建设领导小组的直接领导下，通过扎实工作，基本完成了前期准备各项工作。一是在自治区有关领导的大力支持下，经多次与西安市政府和有关部门沟通协调，落实了土地出让金和城市建设配套费返还和减免2500万元的优惠政策，并申请减免了由于政策调整增加的土地出让金800万元。二是通过与西安市政府办公厅及土地等部门的多次沟通，经过公示和“招、拍、挂”等竞拍程序，完成了土地变性摘牌工作。三是通过组织专人进行市场调查和论证，拟定了项目建筑设计方案，并已报经领导小组审批。四是根据项目建设需要，完成了原珠穆朗玛宾馆主体的拆除工作，为建设项目开工创造了条件。

职工安置方面，认真做好招待所职工安置和珠宾职工安置的收尾工作。办事处珠宾、招待所职工安置工作领导小组通过大量的艰苦工作，顶住压力，克服重重困难，使此项工作有了新的进展。招待所关闭基准日之前未到法定退休年龄的21名在岗职工已经全部签订了安置协议并领取了安置费，珠宾关闭基准日之前未到法定退休年龄的 129 名在岗职工中已有 127 人签订了安置协议并领取了安置费；档案在珠宾的52名职工，已有12人领取了一次性经济补偿；基准日之前退休的职工关于一次性生活补助的诉求正在妥善处理之中；珠宾职工安置中的债权债务纠纷、劳资纠纷问题，部分已通过仲裁、诉讼等司法途径得以解决，其余正在妥善处理之中。

【圆满完成定点扶贫工作】2009年，西藏驻西安办事处派出由2名干部组成的西办第三批扶贫工作组前往昌都地区边坝县边坝镇开展扶贫工作。扶贫组积极与自治区和地区有关部门沟通，协调落实帮扶项目资金，经过努力工作和多方协调，争取到了重点区域造林项目和糌粑加工厂项目资金共计59万元。另外，在深入调研走访的基础上，立足当地实际，研究制定了2010年扶贫项目，圆满完成了第三批定点扶贫工作任务。

【领导名录】
党委副书记、主任：韩留营
党委委员、副主任：刘继才、丁哲峰

中国人民政治协商会议西藏自治区委员会

【全体委员会议】九届二次会议　2009年1月12日至16日在拉萨召开。政协第九届西藏自治区委员会共有委员482人，出席会议委员441人。全国政协副主席、自治区政协主席帕巴拉·格列朗杰主持开幕、闭幕会。会议听取和审议政协第九届西藏自治区委员会常务委员会工作报告；听取和审议政协第九届西藏自治区委员会常务委员会关于政协九届一次会议以来提案工作情况的报告；列席自治区第九届人民代表大会第二次会议，听取并讨论政府工作报告和其他有关报告；审议通过政协第九届西藏自治区委员会第二次会议政治决议及其它决议；学习贯彻中共十七届三中全会、区党委七届四次全委会议和全区经济工作会议精神。区党委常委、区政协副主席、区党委统战部部长洛桑江村作闭幕讲话。

【常务委员会会议】第4次会议　2009年1月9日在拉萨召开。会议审议通过政协第九届西藏自治区委员会常务委员会第四次会议议程；审议通过关于召开政协第九届西藏自治区委员会第二次会议的决定；审议通过政协第九届西藏自治区委员会第二次会议议程（草案）；审议通过政协第九届西藏自治区委员会常务委员会工作报告及报告人；审议通过政协第九届西藏自治区委员会常务委员会关于政协九届一次会议以来提案工作情况的报告及报告人；审议通过政协第九届西藏自治区委员会第二次会议秘书长、副秘书长名单；听取区政协各专门委员会工作情况报告。

第5次会议　2009年1月15日召开。会议审议通过政协第九届西藏自治区委员会第二次会议政治决议（草案）；审议通过政协第九届西藏自治区委员会第二次会议关于常务委员会工作报告的决议（草案）；审议通过政协第九届西藏自治区委员会第二次会议关于政协九届一次会议以来提案 工作情况报告的决议（草案）；审议通过政协第九届西藏自治区委员会提案委员会关于政协九届二次会议提案审查情况的报告（草案）。

第6次会议　2009年4月6日至7日在拉萨召开。会议审议通过区政协九届六次常委会议议程；传达学习全国政协十一届二次会议精神；传达学习胡锦涛同志参加十一届全国人大二次会议西藏代表团审议时的讲话；传达学习张庆黎同志在西藏百万农奴解放纪念日庆祝大会上的讲话；传达学习《西藏民主改革50年》白皮书。

第7次会议　2009年7月20日至21日在拉萨召开。全国政协副主席、区政协主席帕巴拉·格列朗杰主持开幕、闭幕会。会议审议通过政协第九届西藏自治区委员会常务委员会第七次会议议程；听取自治区政府关于2009年上半年我区经济社会发展和“十二五”时期以及到2020年经济社会发展初步设想情况的通报；听取自治区党委关于2009年上半年全区维护稳定工作情况的通报；听取人事事项的说明并审议通过人事事项。

【专门委员会工作】提案委员会　一、九届二次全委会提案工作。（一）经审查立案339件，其中34件移交自治区党委办公厅办理，302件移交自治区政府办公厅办理。经主席会议审定，《关于加快我区非公有制经济发展》等16件提案被列为自治区政协九届三次会议重点提案。（二）所提问题已经解决或基本解决的98件，占提案总数的29%。关于西藏民主改革史和“西藏百万农奴解放纪念日”编入中小学德育教材的提案，西藏民主改革，让百万农奴翻身作了主人，这在西藏历史上是一件具有里程碑意义的大事。（三）所提问题正在解决或已列入规划解决的166件，占提案总数的49%。这部分提案，主要涉及旅游发展、环境保护等方面。羊卓雍错周围湿地，目前已被列入雅鲁藏布江中游河谷黑颈鹤国家级自然保护区范围及功能区调整方案。（四）基于政策规定和条件所限暂时不能解决的有75件，占提案总数的22%。关于申请古格遗址为世界文化遗产的提案，待条件成熟后，自治区文物局将会同有关部门抓紧做好申报工作。二、考察学习。5月份赴浙江、福建两省考察学习提案工作，形成了《关于赴福建、浙江两省学习考察提案工作情况的报告》。认真总结九届政协提案工作经验，形成了《从西藏实际出发 努力提高提案质量》的经验材料，在云南省举办的西部十二省区市政协提案工作第二十次联席会议上，进行了交流发言。

民族和宗教委员会　一、开展调研、视察工作。（一）　深入林芝地区以及山南地区4个门巴民族乡，就人口较少民族的生产、生活、教育、医疗卫生状况和人口较少民族干部的培养问题、民族之间的和谐问题、寺庙维稳情况、边境地区收看收听电视广播问题以及反渗透、反蚕食等问题进行实地调研，形成了《关于我区人口较少民族工作情况的调研报告》，已上报自治区党委。（二）深入山南地区、日喀则地区、阿里地区，就十二县的藏传佛教寺庙管理、小学义务教育阶段藏语文基础教育的现状、乡村藏医药使用情况等进行了综合调研。在调研的基础上，形成了《关于山南两县、日喀则三县、阿里七县宗教工作情况的调研报告》，已上报自治区党委。二、完成《西藏文史资料选集》藏文版合订本的编辑、校对、出版工作。

社会法制外事委员会　一、开展调研。1.关注民生、履职尽责。6月份，由分管副主席带队就拉萨市城关区社区建设和民生问题进行了调研，形成了《拉萨市城关区社区建设和民生问题》的调研报告和《当前社区群众迫切希望政府解决的几个问题》的建议对策，上报办公厅。2.边贸兴边、强国富民。由社会法制外事委员会同人口经济资源环境委员会邀请区商务厅、水利厅以及日喀则、阿里两地区边境口岸主管部门负责人，就我区边境贸易发展和口岸建设情况视察调研，形成了《关于阿里地区发展边境贸易的调研报告》和《关于加强吉隆口岸建设的调研报告》。二、加强联系，促进交流。1.积极参加全国政协召开的业务会议。2.做好兄弟省（市、区）政协的接待工作。三、加强外宣，推进外事。1.2009年元月份，邀请了尼泊尔驻拉萨总领事馆主要官员旁听了政协九届二次全体会议（开、闭幕式）。2.9月，应中国经济社会理事会的邀请，欧盟经济社会委员会主席马里奥·塞彼一行11人访问我区，圆满完成了接待任务，达到了对外正确介绍西藏，让外界了解西藏的目的。

文史资料学习委员会　一、举办第二期新任委员培训班，对全区80名新任委员进行了为期一周的培训。二、开展调研。于10月19至11月8日，赴日喀则、山南、那曲三个地区政协十余个单位，就各地区政协开展文史资料工作情况进行了调研，形成了《关于赴日喀则、山南、那曲三地区政协了解文史资料工作情况的报告》，上报办公厅。三、文史资料的征集、编辑工作。征集文史稿件16篇，约4万余字；编审工作也在抓紧进行，汉文版《格龙·罗桑丹增自传》、《昌都强巴林寺及其世系活佛志》交付印刷，《平息1959年西藏武装叛乱纪实》通过了复审；藏文文史资料《德格地方简史》现已送交出版社。完成了《西藏文史资料选辑》1-26辑藏文合订本的部分发行工作。四、配合全国政协文史委做了如下三项工作。（1）征集选送了6篇约7万字的文史稿件和相关图片。（2）向全国政协上报了我区政协系统文史工作摸底调查统计报表。（3）参加了全国政协举办的文史成果展，准备了文史图书、展板、图片及相关文字说明。五、完成了《政协西藏自治区委员会成立50周年庆祝活动文集》的编纂、出版及发行工作。

科教文卫体委员会　一、对拉萨市食品药品安全情况进行视察。为确保拉萨百姓吃上放心的食品药品，过上安全、健康、安定祥和的生活，由分管副主席带队对拉萨市堆龙德庆县、医药有限公司、农贸市场、超市及药房、拉萨市区食品药品等监管情况进行了视察。二、继续为我区六大支柱产业之一的藏医藏药发展情况进行专题调研。组织部分委员和自治区卫生厅、藏医学院、藏药厂有关专家组成联合考察组，到自治区藏医药发展协会、自治区食品药品监督管理局、藏医学院、藏医院、自治区藏药厂、墨竹工卡县以及林芝、日喀则等地的藏医院和藏药厂、药材种植基地进行实地调研。三、对我区高等教育发展情况进行视察调研。组织部分教育界的政协委员和自治区教育厅、藏医学院、西藏大学等有关专家组成调研组，先后到西藏大学、西藏大学农牧学院、藏医学院、西藏民族学院等高校进行实地调研，并到西南民族大学进行考察学习。四、对在“3·14”事件中受损的拉萨市第二中学的改、扩、建情况和相关项目建设以及资金落实情况等进行了跟踪视察工作等。分别形成了《关于对拉萨市食品药品市场的视察报告》、《关于西藏藏医药事业发展调研报告》、《关于我区高等教育调研报告》，很多意见被有关部门采纳。

人口经济资源环境委员会　一、深入基层开展调研。1.针对因国际金融危机和“3·14”事件的影响，我区房地产企业出现不景气和中小企业融资难的问题，深入林芝、山南、日喀则地区调研，形成了《关于房地产发展的调研报告》、《关于促进我区房地产市场健康发展的建议》、《关于中小企业发展的调研报告》、《关于做好中小企业融资工作的建议》。2.同社会法制外事委员会组成调研组，邀请自治区林业局、水利局、商务厅和日喀则地区政协的同志，深入阿里地区西四县和日喀则地区吉隆口岸，对阿里地区的经济社会发展情况和边贸市场等进行调研，形成了《关于推动阿里地区经济跨越式发展的调研报告》。3.联合社会法制外事委员会和自治区水利、农牧、林业等部门的同志组成调研组，深入日喀则、林芝、山南等地了解农牧林水基础设施、环保、生态建设和今后开发建设的情况；分别与全国政协经济、人资环两个委员会一起深入到日喀则、山南、拉萨、林芝、那曲和昌都等地区的十几个县、口岸，开展农田水利综合开发项目、生态建设和环保、能源交通等方面的调研，形成了《关于进一步加强青藏高原气候变化监测服务工作的建议》，以全国政协办公厅名义上报中共中央办公厅、国务院办公厅。二、加强横向联系，不断提升质量。参加了在云南省昆明市召开的全国政协经济工作联席会议，十一届全国政协暨地方政协经济（农业）委员会工作会议和全国暨地方政协人资环委理论研讨会。赴京向全国政协经济、人资环两个专委会汇报工作，并协商了2010年“论坛”会和调研的有关事宜。

【重要活动】自治区政协举行《西藏民主改革50年》白皮书座谈会　3月5日下午，自治区政协举行《西藏民主改革50年》白皮书座谈会。9位党外知名人士先后作了发言，大家对《西藏民主改革50年》白皮书的发表坚决支持、衷心拥护，并回顾历史、总结经验，揭露谎言，纷纷表示，西藏实行民主改革，是符合西藏社会发展、人权进步和历史潮流的划时代重大历史事件；西藏50年来沧桑巨变的事实，更加证明民主改革是西藏发展史上最广泛、最深刻、最伟大的社会变革，是人类文明发展史和世界人权史上具有重大意义的巨大进步。大家普遍认为，《西藏民主改革50年》白皮书用大量事实进行有力论证，是真理的表达，是正义的宣示，是对达赖分裂集团和国际反华势力伪造历史、歪曲事实的有力回击。并表示坚定信心、扎实工作，更好地履职尽责，在推进小康西藏、平安西藏、和谐西藏建设的伟大征程中做出新的更大的贡献。

自治区政协举行庆祝“西藏百万农奴解放纪念日”座谈会　3月25日下午，自治区政协举行庆祝“西藏百万农奴解放纪念日”座谈会，隆重庆祝和纪念西藏百万农奴翻身得解放。座谈会上，7位同志作了实事求是、感人肺腑的发言。大家根据自己的亲历亲闻亲见，摆事实、讲道理，列数据、作对比，反倒退、谈发展，忆苦思甜、饮水思源，明辨是非，用铁的事实揭露达赖的真面目，歌颂西藏民主改革50年来在中国共产党的领导下，西藏各项事业所取得的伟大成就，展望社会主义新西藏更加美好的未来。一致认为，将每年的3月28日设为“西藏百万农奴解放纪念日”，体现了西藏各族各界群众的强烈愿望、要求和呼声，并表示要牢记历史，不忘那段悲惨的历史，更加珍惜西藏来之不易的新发展、新变化、新生活。

自治区政协机关举行深入开展爱国主义教育活动动员大会　5月18日，自治区政协机关举行深入开展爱国主义教育活动动员大会，政协各位副主席、各位副秘书长、各专委会主任、副主任，老干部党支部代表、驻会常委及机关全体干部职工参加了会议。自治区政协机关广泛深入开展群众性爱国主义教育活动，继承和发扬爱国主义传统，对于进一步激发广大政协委员和政协机关干部职工的爱国热情，振奋精神，增强信心，凝聚各族各界人士的爱国力量，不断打牢团结奋斗的思想基础，共同应对反分裂斗争的严峻形势，增强维护祖国统一、维护民族团结、维护西藏稳定的自觉性和坚定性，促进我区经济社会又好又快发展具有十分重要的意义。

自治区政协机关召开领导干部作风建设年活动动员大会　5月22日，自治区政协机关召开领导干部职工大会，对领导干部作风建设年活动进行动员和部署。加强领导干部作风建设，是执政党建设的重要内容，是保持执政党的先进性，提高执政党的公信力、凝聚力和号召力的迫切需要，是我区改革发展稳定各项事业的迫切需要，是各族干部群众的殷切期望，使命光荣，任务艰巨。每一位党员干部职工特别是党员领导干部要充分发挥模范带头作用，积极投身于领导干部作风建设年活动，以优良的机关作风，优异的工作成绩，向新中国成立60周年、西藏民主改革50周年和自治区政协成立50周年献礼！

政协第九届西藏自治区委员会举办第二期新任委员培训班　政协第九届西藏自治区委员会第二期新任委员培训班于6月15日至19日在拉萨举办。区党委常委，区政协党组书记、副主席巴桑顿珠在开班式上作了《认真学习贯彻中发〔2006〕5号文件精神，努力开创我区人民政协事业的新局面》的讲话；自治区政协领导和自治区社科院的专家，分别以“关于搞好政协调查研究的若干问题”、“政协委员如何履行职能”、“以提案为抓手，切实履行政协委员职责”、“注重加强文史工作，开创文史工作新局面”、“西藏50年沧桑巨变”为题，给委员授课。组织委员参观了《西藏今昔》图片展。部分委员结合自己的学习体会，作了交流发言。参加此次培训的80余名委员认真听讲，专心学习，积极参加讨论。

庆祝政协西藏自治区委员会成立50周年离退休老同志座谈会在拉萨召开　8月24日，政协西藏自治区委员会成立50周年离退休老同志座谈会在拉萨召开，自治区党委常委，区政协党组书记、副主席巴桑顿珠出席会议并作重要讲话。区政协副主席和在拉萨的部分省级老领导出席座谈会。4位离退休老同志从不同角度、不同侧面回顾了西藏政协50年的光辉历程，抒发了对人民政协事业的热爱之情，讴歌了西藏政协五十年取得的巨大成就，展望了西藏政协兴旺繁荣的美好未来。

庆祝政协西藏自治区委员会成立50周年各界别委员代表座谈会在拉萨举行　8月26日，庆祝政协西藏自治区委员会成立50周年各界别委员代表座谈会在拉萨举行。全国政协副主席、自治区政协主席帕巴拉·格列朗杰出席并作重要讲话。自治区党委、政府、政协领导出席会议，自治区党委常委，区政协党组书记、副主席巴桑顿珠主持。会上7位各界别委员代表，从不同侧面高度赞扬了自治区政协50年来的光辉历程和取得的巨大成就。

全国政协领导向西藏自治区各级政协赠送物资并看望慰问自治区政协机关干部职工　8月31日下午，中共中央政治局委员、全国政协副主席王刚代表全国政协向西藏自治区各级政协赠送物资，看望慰问自治区政协机关干部职工并与大家进行座谈。王刚和全国政协副主席、自治区政协主席帕巴拉·格列朗杰共同为“团结民主纪念鼎”揭幕。全国政协向西藏自治区各级政协赠送了车辆、办公设备等用于西藏政协事业建设。自治区党委书记张庆黎、自治区主席向巴平措以及区政协领导出席赠送仪式和座谈会。自治区党委常委，自治区政协党组书记、副主席巴桑顿珠代表自治区政协汇报了有关工作情况。自治区有关部门和各地市政协负责同志参加赠送仪式和座谈会。

庆祝政协西藏自治区委员会成立50周年文艺晚会在西藏人民会堂隆重举行　8月31日晚，庆祝政协西藏自治区委员会成立50周年专题文艺晚会——“我们携手走过”在西藏人民会堂隆重举行。中共中央政治局委员、全国政协副主席、全国政协代表团团长王刚，全国政协副主席、自治区政协主席帕巴拉·格列朗杰，全国政协副主席、民进中央常务副主席、全国政协代表团副团长罗富和，全国政协委员、全国政协副秘书长卢昌华，自治区党委书记张庆黎、自治区主席向巴平措等自治区党政军领导，自治区政协老领导热地、阴法唐、杨岭多吉，云南、四川、甘肃、青海省政协代表团领导一同观看了演出。这台晚会是以喜迎中华人民共和国成立60周年华诞和庆祝西藏民主改革50周年为大背景，以西藏政协50年走过的辉煌历程为主线，以大型歌舞表演为形式，热情讴歌主旋律、讴歌各族人民大团结大繁荣的美好景象，体现西藏政协在全国政协的指导和支持下，在自治区党委的坚强领导下，与全区各族人民携手奔向美好明天的坚定信念。晚会在吉祥欢快的歌舞中开始，在祥和美好的祝福声中落幕。

庆祝政协西藏自治区委员会成立50周年大会在拉萨隆重举行　9月1日下午，庆祝政协西藏自治区委员会成立50周年大会在庄严的国歌声中开始。全国政协副主席、自治区政协主席帕巴拉·格列朗杰主持。出席庆祝大会的领导和来宾有：中共中央政治局委员、全国政协副主席王刚，全国政协副主席、民进中央常务副主席罗富和及全国政协代表团全体同志，十届全国人大常委会副委员长，第四、五届自治区政协主席热地同志，原自治区党委第一书记、第三届自治区政协主席阴法唐同志，原自治区党委常务副书记、第四届自治区政协主席杨岭多吉同志，自治区政协部分原副主席，四川、云南、甘肃、青海省政协代表团全体同志。

出席庆祝大会的自治区领导同志有：区党委书记张庆黎同志为首的自治区党委、人大、政府、政协和西藏军区、自治区高级人民法院、自治区人民检察院、武警西藏总队的省军级领导同志，区直、中直部门和空军拉萨指挥所、武警西藏边防总队、武警西藏消防总队、武警西藏森林总队的主要负责同志，在拉萨的全国政协委员、自治区政协委员，各地（市）政协主席和秘书长。原自治区党委第一书记、第三届自治区政协主席任荣同志派亲属和工作人员到会祝贺。中共中央政治局委员、全国政协副主席王刚，自治区党委书记张庆黎在会上作了重要讲话。全国政协副主席、民进中央常务副主席罗富和宣读了《政协全国委员会关于庆祝政协西藏自治区委员会成立 50 周年的贺电》。会上，自治区政协委员代表发了言，从不同侧面歌颂了我区政协50年来取得的成就，表达了各界政协委员全面建设新西藏，努力推动我区政协事业繁荣发展的坚强决心和信心。

【重要文件】《坚持以科学发展观为统领为开创政协工作新局面而努力奋斗》——自治区政协九届二次会议常委会工作报告（摘要）一、2008 年工作回顾。2008年，是我区历史上极不平凡的一年。面对达赖集团在支持他们的国际敌对势力怂恿下制造的拉萨“3·14”打砸抢烧严重暴力犯罪事件，面对突如其来的仲巴、当雄地震和山南等地雪灾的重大自然灾害，自治区党委坚决贯彻中央关于西藏发展稳定的一系列重要指示精神，团结带领全区各族人民，紧紧围绕“一个中心、两件大事、三个确保”，坚持一手抓稳定不放松，一手抓发展不动摇，迅速平息拉萨“3·14”事件，全面恢复社会正常秩序，全力组织抗灾救灾，保障人民群众生命财产安全，使各项工作在克服困难中取得了新成就。（一）抓好理论学习，夯实履行职能的思想基础。（二）围绕“第一责任”，发挥特殊作用。（三）紧扣“第一要务”，积极建言献策。1. 专题调研成果丰富。2. 提案工作成效明显。3. 反映社情民意工作不断加强。4. 文史资料编辑工作取得新进展。（四）加强民族团结，促进社会和谐。（五）注重自身建设，提高能力素质。二、2009年的主要工作。（一）善始善终抓好深入学习实践科学发展观活动，努力在理论水平和思想认识上取得新提高。（二）认清形势，主动治理，努力在维护稳定上取得新成果。（三）统筹兼顾，把握重点，努力在服务中心上取得新成绩。（四）以重大政治纪念活动为契机，努力推动政协工作取得新发展。（五）加强自身建设，努力在改进服务和提高保障能力上取得新进步。

（建军 编写　王德军 审稿）

【领导名录】

主　席：帕巴拉·格列朗杰

副主席：巴桑顿珠　洛桑江村　德吉措姆（女）　珠康·土登克珠　金毅明（汉族）　乔元忠（汉族）　策墨林·单增赤列　刘庆慧（汉族）罗松多吉　白玛朗杰　索朗卓玛（女）　央金（女）　洛桑久美　宗洛·向巴克珠　萨龙·平拉

秘书长：罗松多吉（兼）

群众团体、工商联

自治区总工会

【年度综述】2009 年，自治区各级工会深入贯彻落实科学发展观，牢牢把握推动科学发展、促进社会和谐稳定这个主题，坚定不移促发展，旗帜鲜明反分裂，努力适应经济关系、劳动关系和职工队伍的发展变化，坚持“组织起来，切实维权”的工作方针，紧紧围绕自治区工作大局，全面履行各项社会职能，团结动员各族职工奋发进取、开拓创新，为自治区的改革、发展、稳定作出了积极贡献。

【围绕自治区工作大局，全面提升职工群众建功立业的能力】根据区党委“保增长、保民生、保稳定”的目标要求，向全区企业和职工发出《关于在全区企业开展“促进发展、维护稳定、共度难关”共同约定行动的通知》和“促进发展、维护稳定、共度难关”共同约定行动倡议书，号召全区广大职工和企业积极响应，广泛深入地开展“共同约定行动”。紧密结合西藏实际，按照《关于在全国职工中广泛开展“同舟共济保增长，建功立业促发展”竞赛活动的决议》的要求，先后充实完善了《关于开展群众性建功立业劳动竞赛和经济技术创新活动的意见》，全区各级基层工会开展各类技能培训班21 期，培训职工600 人，开展技术比赛、交流15次，470 名职工参与。

【维权机制建设进一步增强】加强了对企事业单位职工代表大会制度、平等协商集体合同制度、厂务公开制度和三方协商等机制建设的监督检查力度，促进了维权机制建设。2009 年底，全区国有企业基本都已建立了职工代表大会制度，427 家企业签定了集体合同，职工代表能较好行使权利。特别是在自治区人大的高度重视和支持下出台了《西藏自治区职工代表大会条例》，自 2009 年 10 月 1 日起执行，有力推动了企业民主管理进程。

【协助党政解决民生问题】2009 年，自治区总工会举办各类就业技能培训班 5 期，培训失业人员 266 人次，开展职业介绍 250 人次，247 名失业人员实现了就业和灵活就业，为 169 名企业困难职工子女送了岗位，投入培训资金 31 万元；开展“三大节日”送温暖活动，走访慰问职工 2.18 万人，投入资金 1397.31 万元；国庆 60 周年、西藏民主改革 50 周年前夕，与卫生厅联合开展了以“温暖进万家、真情促和谐”为主题的送医送药进企业暨走访慰问患大（重）病特困职工活动，为 13000 多名企业职工进行义诊，送去价值 21 万余元的药品；走访慰问 100 余名患病特困职工，投入 20 余万元慰问金；精心部署了 2009 年“金秋助学”活动，对符合资助条件的各类企业 358 名困难职工子女进行了就学资助，投入资金 97.14 万元。

【“千万农民工援助行动”发挥工会优势】整合社会资源，以就业援助为重点，通过开展就业培训、岗位援助、创业指导、维权服务、生活帮扶等措施，对 2 万余名农民工实施援助，投入资金 500 万余元。发挥区总工会困难职工帮扶中心的作用，共帮扶困难职工 172 人，发放资金 51.1 万元；医疗救助 1203 人，发放救助金 115.3 万元。安排了 2 批共 40 名全区党政机关在职干部、职工和 1 批 20 名劳动模范赴广西、云南、海南、广东疗休养，发放疗养补贴共计 27.6 万元。

【基层工会组织建设】2009 年，全区新建基层工会组织 218 个，发展工会会员 11773 人，其中，发展农民工会员 3218 人、非公企业会员 1868 人。

【西藏自治区隆重召开第三届劳动模范和先进工作者表彰大会】2009 年 10 月 28 日，西藏自治区第三届劳动模范和先进工作者表彰大会在西藏人民会堂隆重召开。出席表彰大会的有自治区党委、政府、西藏军区、武警西藏总队领导同志张庆黎、向巴平措、吴英杰、金书波、尹德明、公保扎西、宋善礼、德吉措姆、央金、杨双举、苟春燕等。自治区劳模评选委员会委员、区直各单位负责同志以及全区各条战线的代表近 900 余人参加了表彰大会。

自治区党委书记张庆黎出席会议并为受表彰的劳动模范和先进工作者颁奖。自治区党委副书记、自治区主席向巴平措出席会议并讲话。

自治区党委常委、自治区常务副主席吴英杰主持大会。

自治区党委常委、组织部部长、劳模评选委员会主任尹德明宣读了《中共西藏自治区委员会、西藏自治区人民政府关于表彰第三届劳动模范和先进工作者的决定》。

表彰大会上，劳动模范代表、拉萨饭店营销部职工白玛央珍宣读了《倡议书》。自治区领导张庆黎、向巴平措、吴英杰、金书波、尹德明、公保扎西等和劳动模范、先进工作者合影留念。

【自治区总工会开展“送文化进企业”、“送医送药进企业”系列活动】为纪念西藏民主改革 50 周年，3 月 17 日、18 日，自治区总工会开展了“送文化进企业”、“送医送药进企业”活动，向基层企业和农民工送去党和政府的关心。

活动期间，拉萨远大建材职工艺术团和交通公路局待业青年艺术团的演员们共同为辛勤工作在第一线的农民工，送去了一台精彩的文艺节目。职工们自编自导的文艺节目，走进了企业、走进了工地，进一步活跃了基层企业和农民工的业余文化生活，营造了浓厚的文化氛围，提升了企业文化品位。

在送医送药进企业活动现场，自治区藏医院和区第一人民医院的专家及医生，为企业职工进行义诊，发放藏药、西药价值达 3 万多元。同时，自治区总工会还向职工们发放了《工会法》、《劳动法》、《西藏实施工会法办法》合订本、《进城务工人员明白手册》、《劳动争议仲裁法》、《西藏民主改革 50 周年》白皮书藏、汉文宣传材料 6000 册。

【西藏举行全国“五一”劳动奖状、奖章颁奖暨庆“五一”职工文艺晚会】为隆重纪念西藏民主改革 50 周年，庆祝“五一”国际劳动节，迎接国庆 60 周年的到来，4 月 28 日，自治区总工会主办的一场别开生面、华光溢彩的“五月放歌”2009 年全国“五一”劳动奖状、奖章颁奖暨庆“五一”职工文艺晚会在西藏人民会堂隆重举行。来自全区各条战线上的干部、职工、知识分子及武警指战员 1000 余名代表欢聚一堂，以欢快的歌舞，迎接属于劳动者自己的节日。

自治区党委常委、组织部部长尹德明，自治区人大常委会副主任新杂·单增曲扎，自治区副主席孟德利，自治区政协副主席、总工会主席央金，西藏军区副政委王克林，武警西藏总队副政委刘成俊分别向荣获 2009 年全国“五一”劳动奖状的 4 个单位、13 名“五一”劳动奖章获得者及 10 名全国“工人先锋号”先进个人颁发奖牌、证书和奖章，并观看了演出。

自治区总工会党组书记、常务副主席董春德宣读了中华全国总工会《关于授予 2009 年度全国五一劳动奖状、奖章和命名全国“工人先锋号”的决定》。

整台晚会现场掌声不断，气氛热烈，高潮迭起，突出了“奉献、创新、和谐、发展”的主题，通过精彩纷呈的表演，使全场观众不时报以热烈掌声。晚会最后在大型歌舞《春天的旋律》中落下帷幕。

【西藏自治区举行帮扶困难国有企业稳定就业岗位补贴兑现仪式】5 月 9 日，西藏自治区帮扶困难国有企业稳定就业岗位补贴兑现仪式在拉萨举行，向拉萨饭店等 20 家国有企业兑现 624.68 万元的补贴资金，补贴人数达 1585 人，补贴期为 6 个月。自治区党委副书记、自治区常务副主席郝鹏出席兑现仪式并讲话。

【西藏启动“共同约定行动”电视电话会议在拉萨召开】2009 年 6 月 5 日自治区总工会、自治区劳动和社会保障厅、自治区国资委、自治区工商联 4 家单位联合下发《关于在全区企业开展促进发展、维护稳定、共度难关“共同约定行动”的通知》和《促进发展维护稳定共度难关》“共同约定行动”倡议书，号召全区广大职工和企业积极响应，广泛开展“共同约定行动”。

为推动“共同约定行动”深入扎实开展，6月12日上午，“共同约定行动”启动仪式电视电话会议在西藏拉萨召开，各地区设立分会场。自治区政协副主席、总工会主席央金出席启动仪式并作重要讲话，自治区劳动和社会保障厅、自治区国资委、自治区工商联等相关单位的领导，区中直、拉萨市31家部分国有企业、非公企业的行政、工会和职工代表130余人参加了拉萨地区主会场的电视电话会议。

自治区政协副主席、总工会主席央金在启动仪式上作重要讲话。

启动仪式上，自治区劳动和社会保障厅党组成员、副厅长黄卫来，统战部副部长、工商联党组书记徐飞分别宣读了《关于在全区企业开展促进发展、维护稳定、共度难关“共同约定行动”的通知》和《促进发展 维护稳定 共度难关》“共同约定行动”倡议书。

西藏汽车工业贸易总公司行政领导和阜康医院职工分别代表国有企业和非公企业在会上作了表态发言。

【“我爱我的祖国”职工演讲比赛圆满结束】2009年10月16日，自治区总工会组织举办了“我爱我的祖国”全区职工演讲比赛决赛，来自区邮政公司等7家单位的10名选手在拉萨参加了比赛。

演讲比赛紧扣新中国成立60周年、西藏民主改革50周年来的光辉历程，以抒发对党、对国家、对人民的热爱之情为主题，唱响了共产党好、社会主义好、伟大祖国好、各族人民好的时代主旋律。经过预赛、初赛、决赛的激烈角逐，来自全区各地市、区中直单位工会、各产业（系统）工会的优秀选手脱颖而出，25名选手获得优秀奖，6名选手获得三等奖，3名选手获得二等奖，1名选手获得一等奖，另有6家单位因组织工作出色而获得优秀组织奖。

自治区妇女联合会

【年度综述】2009年，全区各级妇联组织紧紧围绕党委、政府工作大局，抓好发展、稳定两件大事，扎实做好组织妇女、引导妇女、服务妇女和维护妇女儿童合法权益的各项工作，带领广大妇女在经济社会稳定发展中争先创优、建功立业，推动全区妇女儿童事业实现了新跨越，妇联工作取得了新成绩。

【组织动员妇女参与经济建设，促进农牧区妇女增收致富工作成效突出】统筹推动城乡妇女参与经济发展和新农村建设。一是依托“双学双比”、“巾帼建功”活动大力推进城乡妇女的发展。实施“妇女成才支持行动”、“妇女就业创业促进行动”、“巾帼科技致富工程”，开展“巾帼示范村”创建工作。召开领导小组第一次会议，加强对活动的组织领导。实施城乡妇女培训计划。依托地县妇联广泛开展种植养殖、多种经营、手工编织、餐饮和客房服务、驾驶技术、劳务输出等培训，累计培训30期，培训妇女1793名，促进了农牧区妇女增收和城乡妇女就业。争取全国妇联“巾帼示范村”项目资金，在那曲地区班戈县普保镇三村等三个村开展示范创建工作。开展“春风送岗位”活动，制定了《2009年就业服务系列活动方案》，配合有关部门开展妇女就业服务。二是实施“母亲水窖”、“民族手工艺扶贫开发”等项目。向全国妇联、区水利厅协调落实水窖项目资金510万元，目前已完成07年5个项目的施工，08年9个项目的立项、评审和09年项目的初报工作。积极参与我区生态环境保护，协调全国妇联落实“三八绿色工程”生态林项目资金15万元。深入基层开展民族手工艺扶贫项目调研，落实项目资金131万元，开展染色、皮革等民族手工艺技能培训，组织群众制作并帮助出售8万多元的手工艺产品。三是积极开展扶贫慰问活动。自治区妇联在扶贫点达孜县塔杰乡、工布江达县江达乡开展扶贫活动，实施扶贫项目13项（次），投入扶贫资金103.9万元，先后安排两名县级干部蹲点挂职，同时积极参与基层维护稳定工作。在扶贫点建立农牧区妇女培训示范基地两个。协调区文明办为扶贫点解决212台电视机。创办扶贫点“农家书屋”，各类书籍800多种3000多册。三大节日期间走访慰问扶贫点基层妇联干部和部分贫困户，全区各级妇联组织慰问贫困妇女和儿童，累计发放慰问金（品）40余万元。四是开展“双学双比”、“巾帼建功”活动先进表彰。广泛树立和大力宣传妇女先进典型。在刚刚召开的自治区“双学双比”、“巾帼建功”活动领导小组第一次会议上，对全区300个先进集体和先进个人进行了表彰。同时，我区获得全国“争创巾帼文明岗，优质服务迎奥运”活动优秀组织奖1个，十佳全国“巾帼建功”标兵1名，十佳全国“巾帼文明岗”1个，全国“巾帼文明岗”36个，全国“巾帼建功标兵”11名，全国“巾帼建功”活动先进工作者2名。

【立足源头参与，维护妇女儿童合法权益工作稳步推进】实施“维权行动计划”。一是加大法制宣传力度。在全区各地开展“三八”妇女维权周活动、“12.1”世界艾滋病日和“12.4”全国法制宣传日宣传活动。举办妇女法制教育讲座。向群众发放法制宣传材料10万余份。二是积极参与维权地方性立法和相关法律法规的完善。参加了自治区人大牵头组织的自治区贯彻实施《婚姻法》、《未成年人保护法》执法检查工作，形成了详实有力的调研报告。向自治区人大法制委员会上报了关于制定实施《西藏自治区预防和制止家庭暴力条例》的立项建议。将《西藏自治区实施〈中华人民共和国妇女权益保障法〉办法》的修改工作确定为2009年区人大立法项目，并及时提交了修改办法初稿和修改说明，积极参加立法调研和广泛征求意见，维权地方性立法工作取得了重要的进展。三是加强信访工作。建立了领导信访接待日制度。进一步完善了信访工作网络，逐步形成了信访快速反应、及时介入、协调推动、表彰激励的信访工作机制。区地两级妇联共接待来信来访87件，处理率达100%。自2006年以来，全区妇联已有17人担任了法庭人民陪审员，参与涉及妇女儿童案件审理百余件，满意率达到95%以上。四是关注流动妇女儿童教育管理。自治区妇联下发了《关于加强流动妇女儿童服务工作的意见》。由自治区妇联牵头，在有关部门和单位的支持配合下，在拉萨市城关区

嘎玛贡桑社区建立了自治区首家“流动妇女儿童之家”，将图书室、游乐室、电脑室融于一体，为流动妇女儿童提供了一个学习培训、信息咨询、卫生保健、家庭教育等的综合性活动场所，并将逐步在流动人口聚集的城镇社区进行推广。

【大力实施两纲，推动两纲如期达标】为进一步推动我区妇女儿童发展纲要顺利实施，下发了《自治区政府妇女儿童工作委员会关于开展实施妇女儿童发展纲要自查工作的通知》，要求各地和各成员单位结合实际，对两纲实施进展情况及各项指标达标情况以及存在的困难和问题等进行全面的自查。专门组织工作组，深入到那曲、昌都、林芝对两纲终期达标情况进行了督导。积极协调各成员单位为昌都、那曲、林芝部分县解决了60万元项目资金及物资。完成了《2008年社会进步—西藏篇》一书的编写。与自治区统计局共同举办了妇女儿童数据库培训，为进一步做好有关数据的收集工作，建立妇女儿童数据库打下了基础。

【以妇女和未成年人思想宣传教育为切入点，维护稳定工作举措有力】妇女和未成年人思想宣传教育是妇联组织参与维护稳定工作的重要抓手。一是广泛开展各种庆祝纪念活动。全区各级妇联分别举办了纪念西藏民主改革50周年妇女座谈会、庆祝“三八”节座谈会、庆祝西藏百万农奴解放纪念日座谈会，回顾西藏社会历史变迁及取得的辉煌成就，对妇女进行“三个坚持”、“三个离不开”教育，通过新旧西藏对比，使妇女认清“团结稳定是福，分裂动乱是祸”的道理，认清达赖集团的反动本质，珍惜今天的幸福生活。结合庆祝建国60周年，在妇女中广泛开展爱国主义教育活动、“迎国庆，讲文明，树新风”活动、“我和我的祖国”征文活动，以及“红歌唱”活动，组织参与了百位英雄模范人物、百位感动中国人物评选。二是开展“双合格”活动。为加强家庭教育，调整了家庭教育协会成员。开办家长学校14期，6128名家长参加。在拉萨市城关区雪小学建立我区首家中国家庭教育学会实验研究基地。成功举办了全区首次藏汉语“家庭教育电视论谈”，普及家教知识和科学方法，取得了良好社会反响。实施“春蕾计划”，落实了我区47个春蕾女童班的经费。我区4名女童荣获“全国百名优秀春蕾女童”称号。开展阳光行动，资助贫困女童20人。开展“六一”国际儿童节庆祝活动，举办“知荣辱、树新风、迎奥运”知识竞赛，慰问孤残贫困儿童，送去学习物品和慰问金。做好尼姑培训工作。在认真总结前两期尼姑培训班经验的基础上，2009年又举办了全区第三期尼姑培训班，同时组织尼姑到各地参观学习，开阔眼界，增强尼姑们对我区经济社会巨大发展成就的直观认识和了解。各地市妇联也相继开展了尼姑培训工作，成效明显。四是加强新闻媒体宣传。编辑出版了《西藏妇女》藏、汉文版5期1.2万册。编印发放了《西藏妇女工作简明读本》、《妇工通讯》（试刊）4000册。向西藏妇女网提供和登载妇女工作信息和工作情况介绍120多条。协调中国妇女报开展《半个世纪的西藏妇女》大型宣传报道。加强对外宣传，与英国苏格兰中国友好代表团、澳大利亚妇女代表团座谈，在尼泊尔首都加德满都成功举办了“中国西藏妇女摄影展”，展出作品100多幅，有力地宣传了西藏社会进步与妇女的发展。

【努力开拓创新，各地市妇联工作富有特色】全区各级妇联组织结合本地实际，拓宽思路，因地制宜，创造性地开展工作，各具特色，成绩突出。拉萨市妇联建立作风建设长效机制，建立了14项制度和考核量化标准，组织家教讲师团，开展“向国旗敬礼、做一个有道德的人”网上签名活动，组建巾帼志愿者服务队。日喀则地区妇联深入基层调查研究，形成调研报告5篇，与红十字会合作，大力实施太阳灶、温室、改水等扶贫项目。昌都地区妇联积极举办农牧民妇女驾驶技术培训，认真开展主题实践活动，想方设法为妇女群众办实事。山南地区妇联大力开展农牧民妇女实用技术培训，组织妇女劳务输出，创收达2200万元。那曲地区妇联“三八”、“六一”庆祝活动内容丰富多彩，积极开展“政策下乡入户”活动，开展妇科疾病免费普查普治活动。阿里地区妇联组织机关干部职工种植“巾帼林”，建立了1053名贫困特困母亲档案。林芝地区妇联大力开展扶贫慰问活动，积极推动两纲达标，村妇代会主任进“两委”比例达99.5%，成效显著。

【以作风建设为重点，妇联组织自身建设深入扎实】各级妇联认真开展领导干部作风建设年活动。坚持和完善党组理论学习中心组制度和机关党委学习制度，坚持用中国特色社会主义理论的最新成果武装头脑，切实按照张庆黎书记讲话要求，强化“七种意识”，进一步转变工作作风，始终保持党员先进性，充分发挥党员先锋模范作用，发挥机关党组织的战斗堡垒作用。坚决贯彻执行党风廉政建设责任制，坚持廉洁自律。坚持继承和发扬“老西藏”精神，切实保持艰苦奋斗、无私奉献的优良传统和作风，求真务实，加强调查研究，全心全意、踏踏实实为妇女群众办实事办好事解难事。加强妇联干部教育培训和管理，坚持正确的用人导向，大胆使用和锻炼干部，全力配合党委组织部门做好后备干部集中考察推荐工作。倍加关心和信任援藏干部，充分发挥援藏干部作用。

积极争取全国妇联的支持和帮助。全国妇联党组书记、副主席、书记处第一书记黄晴宜率团来藏考察指导西藏妇女工作，期间，举行了“母亲健康快车”和援助妇女儿童资金物资捐赠仪式。共捐赠总价值1240万元的项目和资金。其中“母亲健康快车”50辆、一部工作车和女童教育资金122万元、物资100万元，全国妇联副主席、书记处书记甄砚向西藏自治区政府妇儿工委办公室捐赠资金20万元。并在西藏自治区妇联培训中心举行了“全国妇女培训基地”授揭牌仪式。全国妇联领导与西藏妇女座谈，希望全区各级妇联组织要以更加强烈的使命感和责任感，服从服务于党和政府的中心工作，要进一步加强妇联组织自身建设，切实把思想和行动统一到中央“保增长、保民生、保稳定”的重大决策部署上来，认真推动解决妇女儿童最关心、最直接、最现实的切身利益问题，使妇女儿童真正得实惠、普受惠、长受惠。

加强妇联基层组织建设，抓好强基固本工作。配合村（居）换届工作，同区党委组织部、区民政厅、团区委联合下发了《关于做好村（居）妇代会主任进村（居）“两委”的通知》，对村（居）妇代会主任进“两委”提出了具体要求。据不完全统计，妇代会主任进“两委”班子的占 83.57%，比换届前提高了 52.2 个百分点。做好全国妇联基层组织建设示范县（市、区）申报工作。加强基层妇联干部培训工作，拟定了《全区妇联干部 2009—2013 年培训规划》。非公有制经济中建立妇女组织的工作得到进一步拓展。区工商联开展了创建“学习型企业”活动，在非公有制经济组织中成立了“农民工艺术团”，有力地促进了全区非公有制经济组织妇女工作的发展。

共青团西藏自治区委员会

【年度综述】2009 年，团西藏区委着力推进全团重点工作，力求在加强共青团基层基础、服务青年就业创业方面有所突破；又坚持从西藏区情和西藏共青团实际出发，紧紧扭住青少年思想政治工作主线，把教育引导青少年为维护祖国统一、加强民族团结、促进西藏稳定发展做贡献作为首要政治任务来落实，各项工作有机结合、有序推进，取得了一定成绩。

【抓教育重引导，带领青年切实维护稳定】2009 年，团西藏区委把引导青少年深入揭批达赖集团，深入开展反分裂斗争，坚决维护祖国统一和民族团结作为西藏共青团首要政治任务。深入贯彻落实团中央《关于在青少年中深入开展群众性爱国主义教育活动的通知》精神，坚持用马克思主义中国化最新成果武装青年头脑，坚持抓好工作安排、活动指导和引导，切实增强青少年爱国主义教育、民族团结教育的针对性和实效性。

强化宣传引导与指导示范。扎实开展分类引导青年试点。面向大学生、企业青年、农村青年，选择 6 个单位，开展调查研究，指导撰写思想引导提纲，基本摸清了不同青年群体思想意识的关键点，找到了各类青年思想引导切实可行的途径和方法。先后向全区各级团组织印发了《关于切实做好维护稳定各项工作的通知》和《关于在全区青少年中深入开展“民族团结代代传”主题宣传教育活动的通知》。扎实开展“反对分裂、维护稳定、促进发展”主题教育活动。继续深化青年马克思主义者培养工程。深刻总结爱民固边共和谐活动成功经验，进一步研究探索了加强边境地区青少年爱国主义教育的有效方式和服务载体。认真组织开展了第四届“全区各族青年团结进步奖”表彰活动，既以表彰大会方式隆重表彰了我区各行业各战线涌现出的民族团结杰出（优秀）个人和先进集体，又同时组织各族青年团结进步奖获得者学习交流座谈会以及进高校宣讲活动。自治区党政军主要领导莅临表彰大会，对活动给予了高度评价。进一步完善并落实西藏高校维护稳定联席会议制度，定期交流高校维护稳定工作，掌握高校学生思想动态。

上下联动形成浓厚教育引导氛围。全区共青团组织紧紧抓住新中国成立 60 周年、五四运动 90 周年、西藏民主改革 50 年等重大契机，广泛开展青少年群众性爱国主义教育活动。举办“西藏记忆·青春首创—纪念改革开放 30 周年暨发生在西藏青年群体中的第一”征集评选活动、“青春见证—纪念改革开放 30 周年历届西藏十大优秀青年论坛暨第八届颁奖典礼”、“大时代的物证—西藏社会生活 50 年物品征集”等活动，发行纪念改革开放 30 周年《雪莲花开别样红》首张全区少儿合唱专辑。围绕“批达赖、反倒退、我行动”、“我和我的祖国”、“我与祖国共奋进、我与西藏同发展”、“青春与法同行”、“迈入青春门、走好成人路”等主题，广泛开展了“歌唱祖国庆六一”全区少年儿童唱爱国主义歌曲系列活动、“爱国主义歌曲大家唱”群众性歌咏活动、“不忘历史，感受跨越”访谈等活动，举行了“全区各族各界青年纪念西藏百万农奴解放纪念日”座谈会，开展了“纪念西藏百万农奴解放纪念日”演讲比赛，以及表彰先进、专题报告会、演讲（辩论）比赛、文艺演出、“红歌会”、“成人礼”、主题征文等各类活动 170 多场次，参加青少年 35 万余人次。特别组织开展了我区青少年代表赴港参加第三届中华民族文化周活动，协调落实香港青少年代表团在藏参观交流，通过互访交流，开阔了藏港青少年视野，加深了友谊，展示了我区当代青少年的风采。依托全区各级青年文明号集体，在各族职业青年中广泛开展“推动科学发展、促进和谐稳定——青年文明号在行动”主题教育活动。联合环保部门，以“绿色中国、青年当先”为主题，采取公益短信、宣传展板、义务植树、选树典型等形式，开展了 2009 年保护母亲河行动——高原绿色希望工程春季活动，增强了全社会的生态文明意识。所有这些活动，都体现了“突出重点、体现特色、面向社会、全面覆盖、形式多样、重在实效”的要求，唱响了共产党好、社会主义好、改革开放好、伟大祖国好、各族人民好的时代主旋律，激发了广大青少年的爱国热情，振奋了民族精神。

【抓基层打基础，着眼“两个全体青年”】2009 年，团西藏区委坚持眼睛向下、重心下移，将工作力量、项目资源等向基层倾斜，帮助基层优化环境。各基层团组织积极探索、创新试点，积累经验，不断增强基层组织活力。

积极开展试点工作。继续抓好以学校、农牧区为重点的团组织建设。巩固团支部书记进村居“两委”班子或村居“两委”班子成员兼任团支部书记工作成果。成立自治区试点工作领导机构，加强对基层团队组织试点、组织格局创新试点、分类引导青年试点等工作的统一领导和协调。在我区农牧区、城市、企业、学校等确定了 13 个团队组织，开展了为期一年的基层团队组织建设和基层工作试点。抓住全区第三批学习实践活动契机，选择 10 个单位开展了乡镇、街道组织格局创新试点工作。建立了区、地、县级团委和试点单位分工负责、密切协作、整体推进的工作机制，指导各试点单位细化工作方案，总结提炼了近年来基层团建和基层工作的一些好经验，探索了新时期共青团、少先队增强组织活力的新途径。自治区、各地市、县团委还积极争取筹措资金，利用各种机会，开展了大规模基层团干部和少先队辅导员培训活动，提高了基层团干和少先队辅导员的素质能力。

扎实推进驻点工作。从全区地（市）以上团委抽调团干部两批 25 人，赴 25 个县级团委开展为期半年的驻点工作。进一步完善和落实委党组成员联系 2—3 个驻点县开展调研、指导工作等相关制度，切实加强对驻点工作的指导、督促和检查。加强对驻点干部的培训，团区委党组主要领导专门辅导讲座，并结合西藏实际，编制了地市以上团委干部驻县级团委指导工作参考资料。及时掌握驻点工作动态，总结经验成果和不足。全体驻点干部端正态度、认真履职，积极开展调查研究，争取党政支持，协调各类资源，帮助团县委梳理工作思路、改进工作方法、建立健全制度，作了大量深入细致、富有成效的工作。驻点干部普遍反映，通过驻点工作，了解了基层情况，查找了不足，转变了作风，提高了素质，掌握了基层现实困难和基层工作机制，为下一步扎实推进基层工作探索积累了一定经验。

深化青年志愿服务。加强青年志愿者组织网络建设。结合试点驻点工作，成立 20 个县级青年志愿者协会，其余各驻点县志愿者组织正抓紧筹建中。加强青年专业志愿服务队伍建设。积极与武警西藏消防总队等部门协调，加大消防志愿者招募、培训、注册力度，共招募消防志愿者 700 余人，并扎实开展了一系列消防安全和防灾减灾宣传教育和实践活动。圆满完成 2009 年度西部计划志愿者招募、注册、培训和派遣工作，共招募西部计划志愿者 176 名，安排到 19 家区直单位、5 地市 32 个县开展为期 1 年志愿服务。协调区党委组织部落实志愿者参加公务员考试相关待遇。进一步加强对各地市项目办的指导，建立完善西部计划志愿者自我管理团队。顺利完成第 11 届研究生支教团的 29 名志愿者与上一届志愿者的工作交接。利用重大节庆日和假日，开展了“弘扬志愿精神、共创和谐家园”、“参与志愿服务、共享平安生活”、“关爱残疾孩子、发展特殊教育”以及“创建文明青藏铁路线”等一系列主题志愿服务活动，进一步提升了青年志愿服务社会影响力。

加强共青团阵地建设。团西藏区委积极争取相关部门支持，自治区以及林芝、昌都地区青少年活动中心项目正抓紧实施；拉萨市、阿里地区青少年活动中心获准立项。充分利用乡镇、村党员活动室资源，推动实现农村党团活动室一体化。整合希望工程、青年文明号等资源，着力加强农村中小学校团队活动室、红领巾书屋建设。克服种种困难，扎实推进共青团县县上网工程，全区 64 个团县委开通上网。进一步加强《西藏青年报》、《西藏青年》杂志、西藏共青团网站等团属舆论宣传阵地建设，搭建了指导推动基层共青团工作、服务基层团员青年的有效平台。

圆满召开团西藏八大。在区党委和团中央的坚强领导与高度重视下，6 月 9 日至 11 日在拉萨胜利召开了共青团西藏自治区第八次代表大会，回顾总结了西藏实行民主改革 50 年特别是改革开放 30 年来，全区共青团工作和青年事业所取得的成绩，规划部署了今后一个时期全区共青团的目标任务和工作要求，选举产生了新一届西藏共青团领导班子，为继续推进全区共青团事业实现又好又快发展提供了思想、组织和领导保障。

【抓服务促民生，促进青年就业创业】 2009 年，团西藏区委把促进青年就业创业作为服务青年的重中之重，成立专门工作机构加强指导和监督。坚持以转变青年就业创业观念为先导，以提高青年就业创业能力为基础，着力抓好青年就业创业技能培训、青年就业创业见习基地建设、青年创业小额贷款试点和青年就业创业基金扶持四大工作支撑。

着力抓好青年就业创业技能培训。以政策法规、实用技术、职业技能为主要内容，整合劳动、农牧、科技、教育、扶贫等部门政策、项目、资金资源，充分发挥农牧区青年中心、苗圃职训基地、基层党（团）活动室的作用，实施共青团农牧区青年春季培训行动，落实培训资金 74 万元，建立基地 46 个，培训 5628 名农牧区青年能人；积极协调劳动和社会保障部门政策、资金和项目支持，实施青春建功新农村就业创业培训和进城青年农牧民工“订单式”技能培训项目，协调落实培训资金 101.23 万元，培训 2616 名农牧区初高中毕业“两后生”和进城青年农牧民工；实施全区共青团青年农牧民技能培训项目，争取自治区农牧民技能培训专项补助资金 43.36 万元，地方政府配套和自筹等渠道资金 39.2055 万元，举办 33 期培训班，培训青年农牧民 982 人，其中劳动力转移培训 409 人，培训合格率为 95.3%，实现转移就业 300 人，转移就业率为 73.3%；深化西藏希望工程苗圃职业教育培训计划，按照“基地建设+人员培训+能人选树”的模式，投入公益奖励资金 74.5 万元，吸纳地方匹配资金 73.775 万元，在全区 8 个县建设第二批西藏希望工程苗圃职业教育培训基地，举办培训班 11 期，培训 400 余人。以全国青工技能振兴计划试点单位为重点，采取选送区外学习培训、岗位技能竞赛、导师带徒、创建青年安全生产示范岗等形式培训企业青工 1600 余名。组织开展了第二届“成才杯”西藏大学生创业计划大赛，组织高校参加第十一届“挑战杯”全国大学生课外学术科技作品竞赛。

着力抓好青年就业创业见习基地建设。为帮助应往届高校毕业生、城镇失业青年、青年农牧民工等重点就业群体转变就业观念、积累就业经验、提升就业技能，各级团组织广泛联系企事业单位建立共青团“青年就业创业见习基地”，全年建设见习基地 36 个，提供见习岗位 249 个，实际上岗 194 人，结束见习 194 人，正式（意向）聘用 12 人。

着力抓好青年创业小额贷款试点。协调银行业金融机构，通过网络在线视频和以会代训等形式，组织全区 7 地（市）74 个县（区、市）和部分乡镇 670 名专兼职团干部和部分农牧区青年创业带头人代表，进行了农牧区小额信贷基本知识和政策法规培训，进一步增强了各级团干部和农牧区青年获取金融服务和运用金融工具就业创业的意识。

着力抓好青年就业创业基金扶持。按照全团统一要求，立足西藏区情，以开展青年农牧民技能培训，奖励扶持高校毕业生小型创业项目为重点，在积极争取财政等部门支持的同时，动员社会慈善资源，募集社会爱心资金 240.859

万元设立了“西藏青年创业就业专项基金”。

【抓机制净环境，维护青少年合法权益】完善维权工作法律和制度保障。承担2009年全区立法工作重点任务之一，修订了《西藏自治区实施〈中华人民共和国未成年人保护法〉办法》，并经自治区九届人大第十二次会议审议通过，进一步完善了青少年维权的法律保障。建立与人大、政府有关部门沟通机制，积极参与自治区人大联合执法检查等活动。继续开展“人大代表、政协委员与青少年面对面”活动，延伸共青团权益工作手臂。修订了《西藏自治区预防青少年违法犯罪工作考核办法》，充实了考核内容，完善了考核流程，确保各地市的工作能够得到全面、客观、公正的评价和反映。

深化青少年法制宣传教育。以“青春与法同行—青少年法律大课堂”为统揽，整合、梳理各项青少年法制宣传教育工作，进一步丰富宣教内容，创新活动形式，加大工作力度，青少年法制宣传教育工作呈现出新局面。活动开展以来，全区共组建志愿者讲师团4个，举办各类法制讲座47场次，模拟法庭3场次，热线咨询2次，参与青少年2万余人次。

继续推进预防青少年违法犯罪工作。深入实施“为了明天—预防青少年违法犯罪工程”，强化与各成员单位的沟通协调，积极整合资源，帮扶困难群体青少年，参与在押未成年犯的矫治和感化工作，开展多种形式的未成年人自我保护教育活动，开展禁毒和防治艾滋病宣传教育，创建优秀“青少年维权岗”，联合相关部门举办了“预防青少年违法犯罪法制论坛”，强化理论研究，指导全区各县健全预防工作机构，全区预防青少年违法犯罪工作不断迈出新步伐。

积极参与净化社会环境工作。组织开展形式多样、丰富多彩的文体活动，以积极向上的文化和思想充实青少年的精神家园。开展了创建“安全校园”、“禁止未成年人进入网吧、娱乐场所专项整治行动”等活动，整治违规经营网吧，净化青少年健康成长的社会环境。深化优秀“青少年维权岗”创建活动和“青少年维权岗在行动”，使维权工作向基层延伸。不断建立健全机构，指导全区各县成立预防青少年违法犯罪领导小组及办公室，70%的县成立未成年人保护委员会及其办公室。积极发挥已建12355青少年服务台的作用，服务青少年健康成长。

【深入推进希望工程】2009年，团西藏区委通过开展各项公益活动筹措社会资金581.2万元。新建6所希望小学。深化希望工程“圆梦行动”，资助优秀贫困大中小学生495名。调整充实了基金会管理机构，理顺了管理运行机制。积极探索希望工程红领巾空间新型公益项目以及高原绿色希望工程、青年就业创业服务项目新途径。

【继续深化青少年交流和外事工作】2009年，团西藏区委发挥青联组织的积极作用，选派3名团干部到北京、上海挂职锻炼，6名乡镇团干部到北京进行学习考察，1名青年宗教界委员参加全国青年宗教界代表人士考察团。先后接待10余个内地团组织、青联组织赴藏考察交流团，加强了我区和内地青年组织之间的信息沟通、项目合作与工作交流。成功接待德国联邦议员、主席菲利普·米斯菲尔德为团长的德国青年联盟代表团。先后选派34人次随团出访韩国、日本、英国、印度和朝鲜，参加青年双边交流，积极对外宣传社会主义新西藏的经济社会发展成就，展示了西藏青年的精神面貌，考察学习了出访国经济社会、科技管理和青少年工作经验。

自治区工商业联合会

【年度综述】2009年，自治区工商联深入学习实践科学发展观，认真贯彻落实张庆黎书记重要批示精神，围绕中心，服务大局，坚持“三性”有机统一，充分发挥“五个作用”，全力促进“两个健康”，各项事业稳步推进。

【坚决反对分裂，全力维护社会稳定】“3·14”事件以来，区工商联积极响应区党委的号召，全身心投入到反对分裂、维护稳定的各项工作中。一是及时充实了区工商联维护社会稳定工作领导小组，加强对维稳工作的组织领导，切实做到工作不到位不放过、任务不落实不放过、措施不过硬不放过、责任不明确不放过，确保各项维护稳定工作落到实处。二是积极组织机关全体干部职工和离退休干部及广大非公有制经济人士深入揭批达赖、反对分裂、维护祖国统一和民族团结教育，牢固树立“团结稳定是福，分裂动乱是祸”的思想，进一步奠定了“一心一意谋发展，坚定不移反分裂”的思想基础。三是坚决服从区党委和自治区维护稳定工作指挥部的安排部署，切实做好敏感时期、敏感节日的社会治安综合治理和维护社会稳定工作。四是与区总工会一起组织“共同约定行动”，号召广大非公有制企业在经济不景气的情况下做到不减薪、不裁员，积极应对国际金融危机，全力维护社会稳定。

【充分发挥职能作用，狠抓各项工作落实】一是发展壮大会员队伍。2009年完成了10多家直属会员的发展工作，全区工商联企业会员已超过500家，会员队伍的广泛性进一步增强。二是加强“三库”建设。进一步完善了《会员数据库》、《项目库》和《人才库》，编撰完成了《西藏自治区非公有制经济建设项目推介书》，完成了区工商联常委以上人员的资料录入工作。三是成功举办西藏非公有制企业纪念西藏民主改革50周年文艺晚会——《腾飞·西藏非公有制经济》，展现了全区非公有制企业民主改革50年来取得的辉煌成就，受到了自治区领导的肯定和群众的好评。四是在全区非公有制经济组织中深入开展群众性爱国主义教育活动。按照“突出重点、体现特色、面向社会、全面覆盖、形式多样、重在实效”的要求，围绕庆祝新中国成立60周年和西藏民主改革50周年，举办了非公有制企业文艺演出，组织非公有制经济界部分人大代表、政协委员及区工商联执常委参观了西藏博物馆、展览馆、雪城等爱国主义教育基地，组织直属会员举行了国情区情和形势政策报告会、应对金融危机专题讲座、观看爱国主义教育影片等活动，唱响了共产党好、社会主义好、改革开放好、人民军队好、各族群众好、伟大祖国好的时代主旋律。五是筹划编撰《西藏非公有制经济》大型画册。为大力宣传新中国成立60周年、西藏民主改革50周年、改革开放30周年来西藏非公有制经济的发展成就，增进区内外、国内外对西藏非公有制经济发展的了解，年初开始筹划编撰工作，目前已完成画册的方案设计、文字资料及相关材料的收集整理工作。六是成功召开了全区非公有制经济人士思想政治工作会议，讨论通过了《西藏自治区党委统战部 西藏自治区工商联关于贯彻〈中央统战部 全国工商联关于加强和改进非公有制经济人士思想政治工作的若干意见〉的实施意见》。这次会议与会范围广，参会人员多，会议效果好。七是认真开展非公有制经济代表人士政治推荐工作。推荐达娃顿珠为“第三届中国优秀特色社会主义建设者”；推荐西藏阜康医院为“全国三八红旗手”先进集体，西藏远大公司为自治区“巾帼建功”先进集体，西藏阜康医院为自治区“流动党员工作成效明显的党组织”；推荐达娃旺堆、班觉、刘建军、龚继飞、严生礼为自治区“五一劳动奖章”获得者。八是积极开展维权服务。对企业劳资纠纷等矛盾，进行深入调查了解，耐心细致进行思想教育，解决纠纷、化解矛盾。九是认真筹备成立工商联民商事仲裁调解委员会。根据国务院法制办和全国工商联有关精神，结合我区非公有制经济发展实际，为避免企业在经营中因为纠纷产生的诉讼，正积极与自治区法制办、高级人民法院、拉萨市仲裁委等单位协商成立工商联民商事仲裁调解委员会，各项筹备工作顺利。

【对口援藏工作取得新突破】2009年，全国工商联研究室主任陈永杰带队的赴藏调研组在藏进行了为期7天的调研，形成了较有分量的西藏民营经济发展调研报告——《发展民营经济，促进繁荣发展》，上报国务院，得到了国务院领导的高度重视。

中央统战部副部长、全国工商联党组书记、第一副主席全哲洙率领全国工商联和北京、上海、江苏、山东等11个省市工商联及近30家著名民营企业的负责人赴藏考察调研，实地了解西藏经济社会和民营企业发展情况，并向自治区工商联捐赠了1000万元援助资金。

考察团在藏期间，举行了西藏自治区招商引资项目推介会，与自治区政府各部门及拉萨市、山南、昌都、那曲、阿里、日喀则、林芝等地区的相关部门负责人和民营企业家代表进行项目接洽，集中举行了4场项目对接洽谈和招商引资项目推介会，企业家对外项目对接洽谈60多人次，在15个项目上达成初步投资或合作意向。

自治区政府与全国工商联赴藏考察团举行了座谈，就全国工商联系统对口支援工作进行了交流和探讨，在充分发挥工商联职能作用等方面形成了共识。

2009年全国工商联支持援助区工商联近1000万元，部分省市也按照工商联对口援藏工作精神，向各地市工商联提供了一些资金和物资援助。为确保援藏资金、设备发挥应有的作用，区工商联制定下发了《援藏资金设备的管理办法》。在资金的使用中，充分体现了区工商联对地（市）县工商联的照顾。目前，已安排100余万元资金用于解决地（市）县工商联经费不足的问题。同时，要求在今后的协调争取工作中，要更加注重合理安排使用援藏资金，更加注重及时与援助单位的交流沟通，确保对口支援工作良性发展。（胡 克）

【领导名录】

党组书记、副主席：徐 飞

党组副书记、主席：阿沛·晋源

党组成员、副主席：刘 薇

桑吉格桑

伊西加措

廖贻东

庄怀忠

兼职副主席：雷菊芳、才旺扎西、群培、林春福、达娃顿珠、群培次仁、索朗、尼玛扎西、尼玛.

自治区文艺界联合会

【年度综述】2009年，西藏文联深入贯彻落实科学发展观，紧紧抓住推动社会主义文化大发展大繁荣这一根本任务，围绕中心、服务大局，积极发挥联络、协调、服务职能，充分调动广大文学艺术工作者的创作热情，团结奋斗、开拓进取，各项工作取得了新的成绩。

【积极开展以“送文化进千家万户”为主要内容的志愿服务活动】2月，西藏文联组织摄影艺术工作者和期刊工作志愿者前往拉萨市加措居委会、蔡公堂乡和日喀则江孜县，开展以“送先进文化进千家万户”为主要内容的志愿服务活动。活动中，文艺志愿者向居民群众赠送了《幸福不忘共产党》宣传画和一批西藏文艺期刊及体育用品，摄影家们还深入到居民家中，为他们拍合家欢照，并将冲扩好的照片亲手送到他们手中。志愿服务活动得到了当地居民的赞扬。

【组织文艺家积极参加自治区“三下乡”活动】3月，按照中国文联关于开展“送欢乐、下基层”活动部署和自治区送文化科技卫生“三下乡”活动安排，西藏文联组织8人小分队，参加由自治区文明委组织的工作团，前往2008年拉萨市当雄县地震和山南地区错那县雪灾受灾地区，开展为期一周的“送欢乐、下基层”文化活动。小分队将文联制作的《幸福不忘共产党》宣传画、美术作品、藏文书法作品和教材以及藏汉文文艺期刊等，向所到县乡村农牧民群众赠送发放，受到欢迎。

【西藏文艺界纪念西藏百万农奴解放50周年座谈会】3月24日，为纪念西藏百万农奴解放50周年，迎接首个“西藏百万农奴解放纪念日”到来，西藏文联召开文艺界纪念西藏百万农奴解放50周年座谈会。40余名文艺家怀着对党的真情挚爱和深厚情感，分别从自身的经历和感受出发，结合自己从事的文艺门类，畅谈西藏民主改革的伟大意义，回顾西藏民主改革50年来取得的辉煌成绩和翻天覆地的变化，展示西藏民主改革50年文艺事业呈现出的蓬勃生机，表达对设立“西藏百万农奴解放纪念日”的期盼和喜悦心情，表示将以更好更多的优秀作品，奉献给西藏各族人民，以推动文艺事业的大发展大繁荣的坚定信心。

【情系西藏 爱心捐赠——中国书法家协会捐资50万元在西藏当雄建兰亭小学教学楼】8月14日，情系西藏 爱心捐赠——中国书法家协会捐资建兰亭小学教学楼仪式在拉萨生态园酒店举行。中国书法家协会捐赠50万元人民币，为在2008年遭受地震重损的当雄县宁中乡第二小学捐建西藏兰亭小学教学楼，自治区党委常委、拉萨市委书记秦宜智和中国书法家协会分党组书记、驻会副主席兼秘书长赵长青等出席捐赠仪式。

【“西藏书画摄影展”亮相第八届珠峰文化旅游节】8月26日，作为自治区庆祝新中国成立60周年爱国主义教育活动之一的“西藏书画摄影展”在西藏日喀则地区第八届珠峰文化旅游节上亮相，展出了由来自西藏书法家协会、西藏美术家协会、西藏摄影家协会和日喀则地区文联组织创作的100多幅艺术作品。来自不同岗位的各族艺术工作者以饱满的激情、生动的笔触，表达了一个共同心愿——祝福祖国繁荣昌盛、祝福西藏明天更美好。

【西藏文艺界庆祝新中国成立60周年座谈会召开】9月25日，西藏文艺界召开座谈会庆祝新中国成立60周年，文艺界人士欢聚一堂，回顾光辉历程，展望美好未来，共同庆祝祖国母亲六十岁生日。会上，西藏文联副主席、西藏作家协会主席扎西达娃，知名藏族作家班觉，原舞蹈家协会主席仁金才金，西藏军区副政委、西藏文联副主席杨双举，《拉萨河》编辑部副主编罗布次仁分别从政治、经济、历史和个人回忆的角度各抒己见，表达对新中国成立六十年翻天覆地变化的深切感受和维护祖国统一、加强民族团结的决心。

【心系雪域 情寄书法—沈安良艺术创作及捐赠仪式在拉萨举行】11月8日，由西藏文联主办的世界艺术家协会副主席、竹笔书法协会主席、中国书法艺术研究院教授沈安良“心系雪域、情寄书法”艺术创作及捐赠仪式在西藏博物馆举行，自治区副主席多托出席捐赠仪式。捐赠仪式上，沈安良挥动刻有“天下第一竹笔”的竹笔，即兴写下了“中华龙腾 西藏昌盛”八个大字，并捐赠给西藏博物馆收藏。

【《天上的祝愿》等三首歌曲在“全国优秀流行歌曲创作大赛西南赛区总决赛”中分获优秀奖、提名奖】1月17日，杨年华词、多吉欧珠曲的《天上的祝愿》，旺堆词、美朗多吉曲的《神奇的西藏》，阿旺旦增词、欧珠曲的《藏家美酒》，在“全国优秀流行歌曲创作大赛西南赛区总决赛”中获优秀奖，并在“全国优秀流行歌曲创作大赛总决赛”中获提名奖。

【西藏民主改革50周年美术、书法、摄影展开展】6月18日，由自治区党委宣传部、西藏文联共同主办的“西藏民主改革五十周年美术、书法、摄影展”在西藏博物馆开展。本次展览共展出200多名艺术家和艺术爱好者的作品322幅，其中美术作品35幅、藏文书法作品52幅、汉文书法作品78幅、摄影作品157幅，作品主题鲜明，内容丰富，形式多样，品味高雅，其中藏文书法成为展览亮点。

【“吉祥”系列木雕工艺品在“自治区首届旅游纪念品大赛（展）”上获银奖】6月中旬，西藏民间文艺家协会组织设计制作的“吉祥”系列木雕工艺品在自治区首届旅游纪念品大赛（展）上获银奖。

【平措扎西、米玛分获新中国曲艺60年“优秀中青年曲艺家”和“突出贡献曲艺家”称号】7月7日，在纪念中国曲艺家协会成立60周年暨全国中青年曲艺家创作会议上，西藏文联副主席、西藏曲艺家协会主席平措扎西获新中国曲艺60年“优秀中青年曲艺家”称号；拉萨市曲艺队曲艺演员米玛获“突出贡献曲艺家”称号。

【西藏影视家协会理事吴兴元、伦珠巴桑获第六届全国“德艺双馨”电视艺术工作者荣誉称号】7月10日，第六届全国“德艺双馨电视艺术工作者”表彰活动在浙江省嘉兴市隆重举行，全国80位电视艺术工作者榜上有名，西藏影视家协会理事吴兴元、伦珠巴桑获此殊荣。

【纪录片《索桥上的村落》在“全国民俗影像作品评奖”中获铜奖，并获“第九届中国民间文艺山花奖”入选奖】7月12日，在浙江宁波召开的由中国文联、全国民俗摄影作品奖评委员会、中国民协、河北省文联主办的“全国民俗影像作品大奖赛”上，纪录片《索桥上的村落》获铜奖；10月31日，该作品在由中宣部、中国文联、中国民间文艺家协会主办的“第九届中国民间文艺山花奖”中获入选奖。

【刘成俊诗词书法作品展开展】8月2日，刘成俊诗词书法作品展在西藏博物馆开展。此次展出的120余幅作品吸引了众多书法爱好者前往观摩。刘成俊几十年勤学不辍，有着坚实的楷书功底，尤以颜体楷书见长。在西藏高原近40年的生活工作中，深受雪域文化的熏陶，潜心研究，大胆创新，逐步形成了独具高原特色的一种新书体“雪域书体”，传统书法艺术得以实现新的突破。

【中国书法家协会第五届理事精品展在西藏博物馆开幕】8月14日，由中国书法家协会和西藏文联共同主办的“中国书法家协会第五届理事精品展”在西藏博物馆开幕，来自中国书法家协会第五届理事的140余幅书法作品展出。这是继2006年中国书法家协会第二届理事精品展在拉萨展出之后，中国书法界的精英们带着书法精品再次进藏举办展览，作品全方位反映了当代中国书坛的精神风貌和创作水平，不仅为西藏的书法爱好者提供了一次绝佳的学习机会和交流平台，而且将进一步拓展书法艺术对社会的影响，提升书法艺术的对外形象。

【“2009·中国西藏珠穆朗玛摄影大展”布达拉宫广场开展】2009年8月16日，由自治区党委宣传部、中国摄影家协会、西藏文联和拉萨市人民政府主办的“2009·中国西藏珠穆朗玛摄影大展”在拉萨布达拉宫广场隆重举行，“2009·中国西藏珠穆朗玛摄影大展”是庆祝新中国成立60周年和西藏民主改革50周年系列活动之一，大展以“和谐、繁荣、进步”为主题，从来自全国32个省市区以及港、澳、台地区的300多名知名摄影家选送的6500余幅摄影作品中选出400幅作品进行展览，在为期八天的展览中，先后有8万余名国内外游客、区内外干部群众参观了展览。

【庆祝建国60周年魏富绪书法篆刻艺术展拉萨开展】9月12日，庆祝建国60周年魏富绪书法篆刻艺术展拉萨开展在西藏博物馆开幕。这是西藏文艺界隆重庆祝新中国成立60周年的一项重要活动。魏富绪是长期坚持在西藏工作和艺术创作并取得突出艺术成就的书法篆刻艺术工作者。数十年来，魏富绪用自己的艺术作品生动地讴歌了社会主义新西藏取得的辉煌成就，讴歌了勤劳智慧勇敢和富于创造精神的西藏各族人民。

【西藏美术书法摄影展在林芝举行】10月13日，为配合林芝第五届雅鲁藏布大峡谷文化旅游节宣传活动，西藏文联组织美术、书法、摄影作品在林芝地区举行“西藏美术书法摄影展”，展出的200件作品大都是反映林芝地区自然风光、人文景观和民俗风情的精品力作，展览成为第五届雅鲁藏布江大峡谷文化旅游节的一道亮丽风景，为观众提供了一场视觉盛宴。

【西藏摄影家协会副主席车刚摄影作品《天路》获尼康摄影大赛金牌奖】10月15日，“尼康在中国”2009中华56个民族摄影活动作品评选在上海美术馆揭晓，著名摄影家、西藏摄影家协会副主席车刚参赛的作品《天路》获得金牌奖。在全国参赛的接近27000余幅摄影作品中，能够获得摄影活动设置的唯一一名金牌奖，不光是其本人的荣誉，也是整个西藏艺术的荣誉。

【西藏唐卡艺人次旦朗杰获“最受欢迎民间艺术家”称号】10月16日，西藏唐卡艺人次旦朗杰在浙江杭州西湖博览会·第三届中国民间艺人节上获“最受欢迎民间艺术家”称号。

【西藏民协副主席普布多吉荣获“第九届中国民间文艺山花奖——德艺双馨民间文艺家”荣誉称号】10月31日，在浙江宁波召开的第九届中国民间文艺山花奖颁奖典礼上，西藏民间文艺家协会副主席普布多吉荣获“第九届中国民间文艺山花奖——德艺双馨民间文艺家”荣誉称号。

【西藏剧协参加张家港“长江流域文化艺术节”并获奖】11月3日，西藏戏剧家协会带去的民间艺人表演的节目在第三届长江流域民族民间艺术节上获优秀奖，西藏戏剧家协会获优秀组织奖。

【“第五届珠穆朗玛文学艺术奖”和“第三届才旦卓玛艺术基金奖”评选工作圆满完成】12月，本着公开、公平、公正的原则，西藏文联组织“第五届珠穆朗玛文学艺术奖”和“第三届才旦卓玛艺术基金奖”双奖评选领导小组，层层筛选出新世纪以来，西藏广大文艺工作者在不同的艺术领域创作出的优秀文学艺术作品，各项评比工作圆满完成。共评选出文学、美术、书法、摄影、音乐、舞蹈、戏剧、曲艺、民间文艺、影视等十个文学艺术门类的优秀作品79件（含特别奖16件，金奖13件，银奖18件，铜奖24件，优秀奖8件），这些获奖作品从总体上反映了八年来西藏文艺创作的优秀成果，是对西藏文艺界在推动文艺事业大发展、大繁荣工作的一次全面检阅。

【文学创作】1月，协助《芳草》杂志社组稿，出版“吉祥青藏专号”，刊发白玛娜珍的散文《生活的拉萨》，冉启培的小说《下午八点》，《雨季心情》，班丹的小说《温暖的路》、郭阿利的中篇小说《雪山之上》，朗顿·班觉创作、次多和朗顿·罗布次仁翻译的长篇小说《绿松石》等六篇作品；

3月，向中国作家协会推荐肖干田的长篇小说《魂系边疆》、张祖文的长篇小说《青藏》等3篇重点作品扶持项目。

4月，向《文艺报》推荐改革开放30周年西藏文学事业成就10余篇文章，包括西藏作家协会的评论《藏文文学的新天地》、克珠群佩《在坎坷中前进 在变化中发展》、尼玛潘多的获奖感言《有种感动叫温暖》、次仁央吉的散文《心雨》；诗歌《渴望新生》入选全国新诗大赛作品精选《我心中的桃花源》；

6月，向中国作家协会推荐21篇文章，入编《新中国成立60周年少数民族文学作品选》，包括拉巴群培的评论《再论西藏文学史分期》，扎西达娃的小说《西藏隐秘的岁月》、《系在皮绳上的魂》，益希单增的小说《汪甲鱼》、恰白·次旦平措的诗歌《牧民心里全明白》等；

9月，在由郭小川研究会、河北承德市老作家协会、河北承德市作家协会、河北承德市电视台、《国风》诗刊、北京鸿鹄志业文化传播有限公司联合举办的“建国60周年‘中国放歌’文学大奖赛”中，杨年华的报告文学《情系雪域》荣获优秀奖，并入选《中国放歌——建国60周年中国作家精品大典》（由中国作家出版社出版）一书。

12月，西藏文联副主席、西藏作家协会主席扎西达娃创作的电影剧本《西藏往事》已由中影公司拍摄完成，预计明年将在国内上映。

【美术创作】9月15日，根据自治区党委办公厅的要求，西藏美术家协会确定九名美术家，为自治区党委创作一批以西藏特色景观为主题的油画作品，并作为自治区党委的文化礼品。

10月1日，西藏文联原主席、西藏美术家协会主席、书画院院长韩书力经过两年多的潜心创作，数易其稿，完成大型国画作品《东方祥云——和平解放西藏》（280cm×400cm），国庆期间作品在北京展出，成为西藏人民向国庆60周年献礼的美术巨作。

【书法创作】8月，西藏书法家协会和“中国书法进万家——走进西藏”全体书法家欢聚在西藏拉萨市娘热乡民俗文化度假村藏文书法苑，共同开展书法笔会交流活动。交流活动中，书画家互展技艺，互赠作品，就书法艺术进行广泛交流和探讨；西藏书法家协会组织20余幅书法作品参加第三届中国书法兰亭奖，西藏书法家协会副主席、秘书长李运熙的一幅行草入选。

【摄影创作】7月，由中国新闻摄影学会、辽宁省新闻摄影学会、澳门综艺摄影会、西藏摄影家协会主办的“澳门、西藏、沈阳摄影作品联展”在辽宁省沈阳市举行，西藏摄影家协会选送的近100幅摄影作品入选；由广西文联、广西摄影家协会共同主办，贵州、四川、云南、西藏、重庆摄影家协会协办的“第二届西南六省区市摄影联展”在广西南宁举行，西藏摄影家协会选送的40幅摄影作品入选。

9月，由重庆市文联、重庆市新闻工作者协会、重庆市摄影家协会承办的首届中国西部当代摄影艺术邀请展在重庆开展，西藏摄影家协会选送的5幅作品入选。西藏摄影家协会参加在广西南宁举办的“第二届中国西南六省区市摄影作品联展”，其中6幅作品获奖。

10月，应自治区政协办公厅的要求，西藏摄影家协会主席旺久多吉受西藏文联党组委派到自治区政协主持完成大型摄影画册《西藏政协五十年（1959—2009）》的编撰工作。

【音乐创作】2009年9月18至20日，山南地区群艺馆达瓦卓玛、格桑帕珠和拉萨歌手强巴玉珍获“中国西部原生态山歌柳州赛歌会”风采奖，达瓦卓玛、格桑帕珠、强巴玉珍、尼琼、格桑朗杰获金嗓子奖。

9月21日，西藏歌曲《故乡情怀》获中共中央宣传部第十一届精神文明建设“五个一工程”奖。

10月25日，拉萨市尼木县格桑梅朵合唱团获“全国首届童声合唱电视公开赛”优秀奖和特别奖。

【舞蹈创作】8月13日，拉萨市老年文体队舞蹈《在阳光下的舞步》获中央电视台《我爱祖国》大型电视文艺晚会一等奖。

10月19日，西藏重点献礼晚会大型民族乐舞《魅力西藏》在京参加“向祖国汇报——庆祝中华人民共和国成立60周年”展演活动。日喀则地区男女六弦琴弹唱《查琼啦》和女子舞《同甲啦》参加第十一届上海艺术节并获演出交易会特别奖。

10月23日至24日，日喀则地区大型特色民族歌舞《珠峰彩虹》在上海第十一届国际艺术节演出。

10月，拉萨市远大农民工艺术团舞蹈《香甜的糌粑》获“向祖国汇报—庆祝新中国成立60周年”全国产业（行业）系统舞蹈展演活动金奖，舞蹈《盛世踏歌》、《牧民的天堂》获优秀奖及优秀编导奖。

11月7日，山南地区琼结县卓舞《雅砻春潮》应邀参加在台湾举办的“守望精神家园——首届中华非物质文化遗产月”活动中“国风——中华非物质文化遗产专场演出”。在台湾演出期间，《雅砻春潮》作为压轴节目在台北市、台北县、台中市、台中县演出5场，场场爆满，受到了文化部领导和台湾观众的高度评价和广泛欢迎。

11月8日，山南地区卓舞《雅砻春潮》获第五届CCTV电视舞蹈大赛银奖。

11月12日，西藏歌舞团女子集体舞《热萨玛》获第八届全国舞蹈大赛优秀表演奖，男子集体舞《飞快的舞步》获组委会特别奖，拉萨市民族艺术团舞蹈《吉祥颂》、日喀则地区民族艺术团独舞《琴缘》获优秀表演奖。

【戏剧创作】3月，制作播出广播剧《吉祥红云——讲述国旗阿妈的故事》、《门巴将军》，广播文艺专题片《翻身农奴把歌唱》。

5月25日，藏戏《朵雄的春天》获全国地方戏（南方片区）优秀剧目展演荣誉奖。

7月1日，藏语广播剧《热普村的春天》在藏语和康巴语频道播出。

12月15日，话剧《扎西岗》入选2008—2009年度国家舞台艺术精品工程年度资助剧目。

【曲艺创作】2009年2月，西藏文联副主席、曲艺家协会主席平措扎西为西藏电视台藏历新年晚会创作相声《姜昆开店》、《三十年邻居》，小品《家乡的宴请》，其中由中国曲艺家协会分党组书记姜昆和西藏曲艺家协会名誉主席土登合作演出的相声《姜昆开店》，深受西藏观众的喜爱。

8月，曲艺家协会组织拉萨曲艺队创作了反映阿里地区在改革开放三十多年来所发生巨大变化的《时代歌曲的另一种唱法》、《农村新变化》等曲艺节目，到阿里地区象雄艺术节演出，受到当地群众的热烈欢迎。

【民间文艺创作】6月13日，西藏唐卡绿度母获庆祝中华人民共和国建国60周年和第四个文化遗产日——“锦绣中华”中国织绣精品大展创作金奖，刺绣喀卡苏前装获银奖，氆氇男士加罗藏装获铜奖，氆氇后藏女式藏装获优秀奖。

9月23日，由西藏民间文艺家协会副主席、国家一级美术师张鹰同志，经过近4年的艰辛劳动和30多年间踏遍雪域大地的发现、记录和研究、积累所创作完成的《人文西藏》丛书（共有6卷：《西藏服饰》、《节庆礼仪》、《传统建筑》、《藏戏歌舞》、《宗教艺术》）在拉萨举行首发式，首发式向读者生动形象地展示了雪域高原独特的民俗风情和民族文化，展示了半个世纪以来西藏的发展和变迁，展示党和国家对西藏优秀传统民族文化的保护、继承与发展方面的丰硕成果。

12月底，西藏文联组织原西藏民间文艺家协会主席、原中国藏学研究中心副总干事大丹增编纂的藏文稿《西藏民间故事集成》完成初审，由西藏民间文艺家协会主席才旦多吉编纂的藏文稿《西藏民间谚语集成》完成选稿、定稿工作，由原西藏民间文艺家协会副主席德庆卓嘎编纂的藏文稿《西藏民间歌谣集成》已完成定稿工作。《中国民间文学集成·西藏卷》藏文卷具有较高的文学价值和科学价值，全面性、代表性和学术性较强。

【影视创作】3月21日，由西藏文联副主席王能生参与撰稿、为隆重纪念西藏民主改革50周年和“西藏百万农奴解放纪念日”而创作的大型电视政论片《跨越》在中央电视台一套首播，政论片对西藏民主改革50年来的伟大历程作了系统回顾，深刻阐述了民主改革是西藏历史上最广泛、最深刻、最伟大的社会变革，是西藏社会发展和人权进步的划时代的重大历史事件。

8月，由西藏影视家协会副秘书长杨年华创作完成的电视剧本《雪域丹青》入围“首届全球写作大展”剧本类征文50强。

【西藏文艺界与尼泊尔民间友好代表团召开交流会】6月17日，西藏文艺界代表与尼泊尔民间友好代表团一行57人在西藏宾馆进行友好交流，西藏文艺界向代表团成员介绍了自治区概况、设立“西藏百万农奴解放纪念日”的伟大意义和西藏民主改革50年政治、经济、社会、文化发展等方面的情况，希望通过代表团的交流，为两国艺术家之间架起友谊的桥梁。尼泊尔民间友好代表团对提供交流机会表示感谢，通过交流，切身感受到西藏所发生的巨大变化，并表示愿在文化方面开展进一步的交流合作。

【与自治区妇联共同在尼泊尔举办“中国西藏妇女摄影展”】9月9日，由自治区妇联和西藏摄影家协会共同主办的“中国西藏妇女摄影展”在尼泊尔加德满都举办，摄影家们以他们的敏锐眼光和独特视角，以111幅照片展现中国西藏妇女的劳动场景、生活状态及民俗民风，从不同侧面表现了西藏妇女自强不息、艰苦奋斗、开拓创新的时代风貌，描绘了西藏妇女的新发展、新变化、新生活。同时，展览还突出反映了西藏各级妇联组织在维护妇女儿童权益、促进妇女发展方面所取得的成绩。全国妇联党组书记、副主席、书记处第一书记黄晴宜，自治区党委书记张庆黎，自治区党委常委、组织部部长尹德明给予了充分肯定和高席评价。

【“雪域高原——中国绘画作品展” 亮相罗马城】10月26日，为纪念中华人民共和国成立60周年和西藏实行民主改革50周年，“雪域高原——中国绘画作品展”在意大利首都罗马开展，西藏美术家协会选送的17幅布面重彩画参加展览，此次展览对于展示中国各民族美术画家西藏题材的优秀绘画作品，探讨西藏题材绘画的精神特质和人文价值，对于推动中意两国之间的美术交流与研究具有重要意义。

【“第三届中国西藏摄影艺术展”在尼泊尔加德满都市成功举行】12月28日至31日，由西藏文联和中国驻尼泊尔大使馆文化处共同举办的“第三届中国西藏摄影艺术展”在尼泊尔首都加德满都开展，展出的100幅图片通过摄影艺术形式，真实反映了西藏社会发展所取得的成就，“把一个美丽、迷人、富裕、文明的大美西藏展示给尼泊尔朋友”。中国驻尼泊尔大使馆临时代办郗慧在开幕式上致词说，展览对帮助尼泊尔朋友了解西藏、增进中尼两国人民传统友谊和相互了解具有重要意义。尼泊尔信息和通信部部长波克雷尔在参观完展览后题词说，他深深被西藏的美丽和发展所打动，深切了解了西藏取得的重大成就。

【文艺期刊】《西藏文学》、《西藏文艺》（藏文）、《邦锦梅朵》（藏文）、《西藏人文地理》等刊物在推出精品力作和新人新作方面成效显著。《西藏文学》推出抗震救灾特稿，亚依、凌仕江、王寿民散文作品等专辑，发表文学评论15篇；《西藏文艺》（藏文）推出小说31篇、散文18篇、诗歌58篇、评论18篇、综合栏目1篇、专栏3篇；《邦锦梅朵》（藏文）继续推出“故事大观”、“歌舞的海洋”、“民风民俗”、“传说”、“名胜古迹”、“论谈”等栏目；《西藏文联通讯》突出内部刊物特点，重点刊发了一批工作交流文章。各刊物坚持正确的办刊宗旨，策划周密，内容突出，办刊质量有了明显提高。（何见远）

中国佛教协会西藏分会

【年度综述】2009年，西藏分会紧紧围绕“爱国爱教、团结进步、护国利民”这个主题，协助党和政府宣传贯彻党的宗教政策和国家法律法规，坚持揭批达赖集团分裂祖国的反动本质，配合开展寺庙爱国主义教育和法制宣传教育工作，组织推动正常宗教活动的有序开展，加强宗教界爱国进步后备人才的培养，重视开展对外友好交往，积极开展社会公益事业，较好地发挥了佛协作为党和政府联系宗教界和信教群众的桥梁作用，为我区发展稳定做出了应有的贡献。

【全力维护稳定】“3·14”以来，三位会长和两名工作人员参加哲蚌寺、甘丹寺法制宣传教育工作组，始终战斗在反分裂斗争的第一线。深入僧舍，从一名宗教界人士的角度讲历史，讲现实，讲政策，讲法律，受到了广大僧人的好评。并出谋划策，提出了许多建设性的意见。会领导深入基层调研，教育和引导僧尼首先要做好自己寺庙的工作，管好自己寺庙的人，积极参加法制宣传教育，为工作组开展工作减少阻力，增加动力。

根据自治区维稳指挥部寺庙组的统一安排，抽调副会长洛桑巴·赤列曲桑、直孔穷仓·洛桑强巴，副秘书长吴云岑、达娃，综合处处长朗杰组成寺庙维稳督导工作组，分赴拉萨市、日喀则地区、山南、昌都地区进行寺庙维稳督导工作。宗教界爱国人士参加寺庙维稳督导工作是一个好的举措，既能充分发挥宗教界人士优势，又加强了与寺庙僧尼的联系，宣传党的宗教政策，发挥桥梁和纽带作用。

【加强培养教育,造就宗教人才】2009年格西拉让巴考核晋升工作取得了重大突破，扩大了范围，增加了人数，参加考核的学经僧人从三大寺扩大到全区九座寺庙。充分体现党的宗教信仰自由政策在西藏得到了全面贯彻落实，保障了广大宗教界人士学经和学位晋升制度的合法权益，有力地回击了达赖分裂集团对我区宗教领域的干扰和破坏。积极协助政府及有关部门做好活佛转世管理和培养教育工作，培养一批政治上靠得住、宗教上有造诣、品德上能服众的新一代宗教界代表人士。协助高级佛学院来藏对各教派寺院进行了摸底调研，作好第六、七届高级学衔班和第三届中级学衔班的招生工作。参加了中国藏语系高级佛学院学衔会议及藏传佛教高级学衔证书授予仪式。会长在区党委统战部、区民宗委举办的民管会主任培训班等班次上授课四次，得到了办班单位及学员的赞誉。

【提高印制质量,传承佛教文化】传承藏传佛教文化，继续办好《西藏佛教》藏汉文版刊物，按期保质完成了出版发行任务。佛协印经院工作不断推进，继续印制和发行《甘珠尔》大藏经，积极开展抢救《丹珠尔》大藏经的木刻版制作工作，加强和提高了《甘珠尔》印经质量，保证了信众的需求。接待了记者采访团，通过参观木刻版制作和经书印刷过程，使他们亲眼看到了民族文化的抢救和保护。印经院不仅为群众提供了100余个就业岗位，而且帮助社会化解了矛盾，为社会稳定做出了贡献。

【开展友好往来，扩大对外影响】接待了由中央纪委委员、人民日报社纪检组组长徐天亮同志一行6人、英国外交大臣刘易斯一行7人访藏团、广州市政协副主席平欣光一行10人、奈斯比特夫妇等多个国内外代表团，通过实地考察及座谈等形式，实事求是地介绍了在中国共产党领导下，在社会主义祖国大家庭中西藏所发生的翻天覆地的变化，全面贯彻执行党的宗教信仰自由政策的真实情况，加深了了解，增进了友谊。在涉藏外宣工作中发挥了积极作用。

根据国务院宗教局和中国佛协的通知精神，以会长珠康·土登克珠和原副会长多吉扎·江白洛桑、桑顶·多吉帕姆组成的我区中国佛协理事参加了在无锡召开的第二届世界佛教论坛会，代表藏传佛教在会上发了言，部分人员前往台湾参加闭幕式。与会人员亲眼目睹了第十一世班禅额尔德尼·确吉杰布使用英语发言，这是党和国家对他关怀的结果，是老师精心栽培和他学习刻苦努力的结果。

【领导名录】

名誉会长：帕巴拉·格列朗杰
会　　长：珠康·土登克珠
副会长：达扎·单增格列　拉达·阿旺单增
　　聂达次旺　嘎玛·洛珠桑布
　　甲那·江央克珠　新色旺杰
　　班丹顿玉　直孔穷仓·洛桑强巴
　　加色·贡桑旦增
　　洛桑巴·赤列曲桑
　　洛桑群培　加孜·年扎
　　土旦宁布
秘书长：平措次仁
副秘书长：吴云岑　次多　达娃
　　木雅·曲吉建才
　　仲贡·土登达杰

援助西藏发展基金会

【年度综述】2009年，基金会紧紧围绕区党委、政府的工作重点，积极服务稳定大局，以科学发展观统领各项工作，坚持以人为本，求真务实，不断解放思想，认真找准工作的切入点和着力点，以“四大工程”为公益慈善品牌项目，为贫困农牧民群众办实事、谋利益，用爱心和慈善行动使困难群众切实体会到了中国共产党的关怀和社会主义祖国大家庭的无比温暖，取得了实实在在的成效，以实际行动庆祝中华人民共和国成立60周年和西藏百万农奴翻身解放50周年。

全年共筹措落实资金656万多元，“四大工程”共实施项目42个，其中免费为1064名白内障患者进行了复明手术，使他们重见光明；多方筹措资金共资助134名贫困生；向边远贫困农牧民群众捐赠太阳能设备1130台（套），修建了三座3.6千瓦的光伏电站。

【认真落实本会“三届三次”会议精神，扎实推进援藏扶贫工作】援藏基金会第三届理事会第三次全体会议之后，在拉萨总部召开了学习实践科学发展观研讨会。会议以科学发展观为指导，乘三届理事会第三次会议的有利之机，结合会议精神，联系工作实际，查找分析影响和制约援藏基金会工作科学发展的问题，探讨本会各项工作的机遇和思路。与会的拉萨总部及北京办公室、四川办事处、广东办事处的同志们踊跃发言，积极献言献策。提出了在募集资金方面如何加强与企业、行业协会联合、沟通，如何充分利用好公益性税前扣除资格的优惠政策，为募集资金创建新的平台等很多很好的思路，为做好全年的工作奠定了良好的基础。

【2009年12月24日，援藏基金会第三届理事会第五次全体会议工作研讨会在拉萨总部召开】与会全体同志怀着无比沉痛的心情，为敬爱的阿沛·阿旺晋美理事长不幸逝世默哀悼念。理事长的逝世，是我国民族工作的一大损失，也是基金会的巨大损失。大家纷纷表示，牢记理事长的教导，把各项工作做好，开好这次工作研讨会。把开好研讨会作为己任，集中精力参加会议，认真总结一年来的工作，深入探讨影响和制约援藏基金会工作科学发展的问题，与会的拉萨总部及北京办公室、活动办、四川办事处、广东办事处的同志们踊跃发言，积极献言献策。

【“爱我西藏　支援西藏”活动】2009年通过“爱我西藏　支援西藏”活动办争取到了国家烟草专卖局、中国烟草总公司为本会“阳光工程”捐赠96万元，在区党委统战部的大力支持下，与北方远洋运输集团达成了向本会“育人工程”每年（2010年开始）捐赠100万元的协议，为援藏基金会开展扶贫慈善事业起到了有力的支撑作用。

【“四大工程”稳步推进】在“光明工程”方面：共筹措落实资金437万多元，1064名贫困白内障患者重见光明。

基金会结合深入学习实践科学发展观活动，与拉萨市卫生局携手在援藏基金会康复院开展了以“突出实践　重在实效　为民造福”为主题的大型白内障免费复明手术活动。期间共为区内低收入、低保户家庭的城镇居民和周边的农牧民群众眼疾患者1273人次提供了免费检查和咨询，为筛选出的具备手术条件的211名白内障患者施行了免费复明手术治疗。此次活动在有关领导的关心重视下，在全体医职员工的共同努力下，取得了圆满的成功，在社会上引起了较大的反响。西藏电视台、拉萨电视台等多家媒体和国内各大网页在第一时间对活动进行了大篇幅的报道。5月25日至28日，援藏基金会筹措10万多元，组织精干的医疗队到山南地区措美县经过4昼夜的艰辛忙碌，共筛选出60名眼疾患者，为他们提供各种治疗、咨询服务，其中为25名白内障患者进行复明手术，均植入了（进口）人工晶体。经区外办批准，8月5日至7日，本会专门邀请了由国际知名眼科教授桑珠克瑞特带队的尼泊尔加底立刚噶眼科中心医疗队在援藏基金会康复院开展了以白内障超声乳化为主的眼科复明手术活动。在为期4天的手术活动中，共有70名白内障患者接受了当代最先进的超声乳化手术，其中年龄最大的86岁，并发放了药品，验光配镜。白内障患者全部植入了（进口）折叠人工晶体。这次手术活动的各项费用，包括眼科器械、药品、耗材、人工晶体等共计价值达732000元。10月27日至29日，援藏基金会拉萨光明眼科康复诊疗院在拉萨市林周县组织实施了晋唐（北京）书画院白内障复明手术活动，为100名患者进行了复明手术，此次免费复明手术治疗费用得到了北京晋唐书画院院长马三喜先生的热情慷慨支持。

为进一步拓展援藏基金会拉萨光明眼科康复诊疗院与尼泊尔（NEP）眼病基金会项目合作，提升合作成果，为更多的西藏白内障患者带来光明，经自治区外办批准，双方友好协商，将合作时间继续延长两年。河北远洋运输集团董事局主席高彦明先生和夫人梁晶女士以个人名誉拟向本会“光明工程”捐资10万元，为西藏200名女性白内障患者进行复明手术；在广东办事处的努力下，北京晋唐书画院负责人、山西金马集团董事长马三喜先生向“光明工程”捐款6万元，解决100名患者的治疗费用，并表示今后继续支持基金会的工作。他们以自己的慈善义举和爱心点亮患者眼前的黑暗，鼓起患者创建美好生活的勇气。

在“育人工程”方面：资助贫困生134名，资助资金达32万余元。

基金会实施的“育人工程——助学行动”，2009年经多方筹措资金共资助132名贫困学生，资助资金32万余元。本会资助的18名学生2009年完成学业，顺利毕业，他们中的有些学生已走上了工作岗位，有些正等待分配工作。为了确保有限的资金落实到真正需要帮助的品学兼优的贫困生中，按照“实施细则”对受助生的基本情况和学习成绩逐一调查了解，筛选出符合资助条件者纳入资助范围，充分发挥了每一笔善款的作用。育人工程收到社会各界组织和个人的慷慨捐赠。10月6日下午，河北远洋运输集团、香港北方船务有限公司向援藏基金会“育人工程”项目捐款仪式在拉萨举行。河北远洋运输集团董事局主席高彦明先生代表集团向本会捐赠100万元，这些善款将资助近200名品学兼优的贫困家庭子女完成大学和高中阶段的学习。高彦明主席在仪式上表示，每年将续捐100万元人民币，希望为西藏教育事业的发展和民族地区团结稳定做出贡献。

“阳光工程”方面：捐赠太阳能设备1160套（台），修建了三座3.6千瓦的光伏电站，落实资金128万多元。

援藏基金会继续实施“阳光工程”捐赠太阳能设备活动，切实解决边远贫困地区学校没有电的困难。先后向日喀则地区岗巴县龙中乡，江孜县恰采懂西加藏医院，萨迦县雄玛乡，拉孜县扎西岗乡中心小学、赛乡中心小学，拉萨市尼木县吞巴乡拥村，墨竹工卡县工卡村，山南地区措美县古堆乡，那曲地区申扎镇，阿里地区普兰县霍尔乡等捐赠了价值68万多元的太阳能灶739台，太阳能照明系统421套，受益户数达1114多户。9月，在中国烟草总公司的大力支持下，投资60万元，为日喀则地区萨迦县雄玛乡中心小学、查荣乡中心小学，山南地区加查县坝乡中心小学等三所学校修建了三座3.6千瓦的光伏电站，解决了三所学校师生照明难的问题。

在“公益工程”方面：共实施项目10个，援助资金59万多元。

继续加大对曲水县南木保育院和堆龙杰素旦珍保育院的管理力度。2009年投资20多万元，在曲水县南木保育院修建了一座综合楼，彻底解决了孤儿住宿条件拥挤，洗浴卫生状况较差的问题。特别是以扶贫救灾济困为内容的“公益工程”、得到了社会各界人士的关心和支持。2009年，本会业务处项目人员联系内地企业和爱心人士筹资工作取得实效。浙江三和控股集团有限公司负责人了解到曲水南木保育院实际困难，特别是了解到正在上高中和高中以上同学们的生活困难的情况后，经过与本会协商，该公司同意为曲水南木保育院的12位上高中或高中以上学习的学生每月生活补助150元，签订了资助协议书。该公司同意资助这12名学生五年的生活补助费，从2009年7月1日至2013年7月1日，第一年的项目资金已经全部到账，总投资21600元。

西藏残疾人联合会

【年度综述】2009年，自治区残疾人工作者深入贯彻落实科学发展观，全面推进残疾人社会保障体系和服务体系建设，积极进取，真抓实干，使残疾人参与社会生活的能力得到提高，为全面建设小康西藏、和谐西藏、平安西藏、生态西藏做出了积极贡献。

【围绕“人人享有康复服务”的目标，以残疾人实际康复需求为出发点，积极开展各种康复服务】聋儿康复。积极配合国际助残进行听力患者筛查，利用“爱耳日”免费为听力患者进行义诊，共筛查患者46人，测听200余名患者；全年共为聋儿授课870节，开展单训课600节；举办“聋儿语训业务培训班”，使更多语训教师深入了解聋儿康复的有关知识。

视力康复。根据中国残联和卫生部“百万贫困白内障患者复明行动”安排，我区需完成2000例白内障复明手术任务，目前已安排给各地（市）残联，并定于年底前完成；同自治区藏医院和拉萨市人民医院眼科合作开展低视力残疾患者筛查，共筛选出126名患者，并为26名患者配备低视力眼镜；邀请美国眼病援助项目眼科专家对42名眼病患者进行筛查，为28名盲童实施无创安装义眼，为5名白内障患儿实施IOL晶体植入手术；协调完成“爱心永恒·启明行动”的后期工作，促成上海宝钢捐助40万元用于仲巴县白内障复明手术。

用品用具供应。为我区残疾人提供各种用品用具160余件（其中轮椅20辆，拐杖75支，手摇三轮车10辆，其它辅助用具56件），价值36727元；为贫困残疾人捐赠各类残疾人辅助用具884件，价值298098元；与公德基金会合作，免费为全区残疾人发放轮椅490辆。

假肢矫形。全年共为353名残疾人装配假肢矫形等器具，其中，为70名残疾患者装配假肢，为120名残疾患者装配矫形器，为230名残疾患者提供鞋底加高服务或装配其它辅助器具。

康复训练与服务。全年共为20名患者提供康复训练3695人次，其中脑瘫患者15人，偏瘫患者2人，截瘫和四肢瘫患者3人，开展心理及智力测试3人，为其他类型患者10人提供康复服务。

举办公益性岗位残疾人康复知识培训班、母子保健预防和早发现残疾知识培训班、乡镇妇女主任残疾人社区康复知识理论及实际操作培训班和残疾人社区康复师资培训班，培训公益性岗位人员 13 名、市级医务和社区康复人员 20 名、试点乡镇村妇女主任 12 名，师资人员 25 名。

认真开展 2009 年度我区 6 个县（区）、12 个监测点的全国残疾人状况监测工作，给国家制定残疾人政策、评估政策效果打下良好基础。

【积极开展残疾人教育、就业工作】就业工作。为 84 名残疾人进行职业技能培训，为 28 名残疾人进行职业介绍，共有 11 名残疾人通过招聘应试实现就业；为 7 名失业残疾人员免费办理失业证；协助雇佣残疾人的单位、企业建立残疾职工个人档案、职业指导、办理减免税收等服务工作；推选 8 名盲人到北京市盲人学校学习盲人按摩技术，目前已有 6 名盲人开办按摩诊所，实现就业；拨付 4 万元经费，成立西藏自治区盲人按摩学会，促使我区盲人按摩事业健康发展。

教育工作。把藏语手语列入特校教学课程，促进残疾人与残疾人、残疾人与健全人更好地交流；协调拉萨市电视台和《拉萨晚报》开展《联合国残疾人权利公约》、《残疾人就业条例》、《残疾人教育条例》等法律法规的宣传工作；举办以“携手残疾孩子·共同快乐成长”为主题的群众性爱国主义联谊活动，大力倡导团结互助、平等友爱和助残扶残的良好社会风尚；以国际助残合作项目为契机，在市教育部门的配合下，在城关区海城小学、曲水县曲水镇中心小学、墨竹工卡县扎西岗乡恰日多小学开展残疾人全纳教育和无障碍设施改造工作；组织 3 名公益性岗位人员参加藏文电脑操作系统培训。

【大力做好维权工作，全力维护残疾人的合法权益】积极做好残疾人信访工作，共处理上访案件 9 起，结案及答复率 100%，切实做到矛盾不上交、不激化、不聚集，把问题解决在基层、把矛盾化解在内部，把隐患消除在萌芽状态，全年没有出现一起残疾人进京上访、聚集上访和群体性事件。

积极配合自治区、拉萨市人大法制委，完成全国人大内务司法委员会关于修订后的《中华人民共和国残疾人保障法》贯彻实施情况的调研工作。

【持续开展对口受援工作】一是协调江苏省残联援助 100—150 万元，用于发展拉萨市残疾人事业，2009 年至 2010 年内解决。二是协调江苏省残联援助解决拉萨市残疾人综合培训大楼康复、教育、就业工作设备。三是协调江苏省 13 个省辖市残联帮助拉萨市、县（区）残联开展业务培训和人员交流工作。四是协调山东、黑龙江、吉林、上海等省市残联，解决日喀则地区残疾人康复综合楼工程建设资金 135 万元，协调安徽、湖南、湖北等残联，解决山南地区残疾人康复综合楼工程建设资金 600 多万元，目前两项工程正在建设中。五是积极开展我区精神残疾人防治康复调研工作，并与广东省残联一起做好我区精神残疾人防治康复工作的各项前期准备工作，为工作的顺利开展打下良好基础。

【不断拓宽国际合作项目领域】一是完成与国际助残组织合作开展的第二期残疾人康复领域项目，并就第三期合作项目达成协议，合作内容主要包括：残疾人教育、职业培训、康复人员培训、残疾预防、聋哑手语开发、社区康复服务等工作。二是与无国界组织合作开展“西藏助盲项目”，与区、市教育局合作实施藏文盲文教学试点工作，目前已在盲人生活技能、盲人按摩、盲文开发与教学等领域取得良好成绩。

【认真开展第二代残疾人证换证工作】与自治区财政厅、民政厅联合行文，对我区第二代残疾人证换发工作作出全面安排部署。同时，认真组织召开换发“二代证”工作业务培训会议，对全区 7 地（市）残疾评定医生和换证工作人员进行集中培训。各地（市）委、行署（政府）高度重视此项工作，按期落实换证工作经费，购置相关设备，各地（市）残联均组成工作组，深入街道、社区，为残疾人开展换证残疾评定工作。目前，全区各地（市）都已基本完成残疾人评残和二代残疾人证初审工作，为今后的换证工作打下了坚实基础。

法 制

自治区检察工作

【年度综述】2009 年，全区检察机关深入贯彻落实科学发展观，全面贯彻党的十七大和十七届三中、四中全会精神，按照自治区党委七届四次、六次全委会的部署，忠实履行宪法和法律赋予的职责，全面加强和改进检察工作，为保增长、保民生、保稳定作出了积极贡献。

【依法打击各类刑事犯罪活动，全力维护国家安全和社会和谐稳定】2009 年，全区检察机关严厉打击各种危害国家安全犯罪活动，严密防范达赖集团的分裂破坏活动。与公安、法院等部门密切配合、通力协作，在全社会范围内深入开展打黑除恶专项斗争，全年共批准逮捕各类刑事犯罪嫌疑人 1691 人，提起公诉 1440 人，沉重打击了黑恶势力犯罪、严重暴力犯罪、多发性侵财犯罪和毒品犯罪，增强了广大人民群众的安全感。按照自治区党委的决策部署，积极协助民宗统战等部门深入寺庙开展法制宣传教育工作；对边境通道实施严密防控、对铁路线进行安全守护；圆满完成“3·10”、“3·14”和新中国成立 60 周年、西藏民主改革 50 周年等敏感节点和重大活动的维稳任务。

【依法查办职务犯罪案件，全力维护党的良好形象和国家的经济利益】2009 年，全区检察机关把反腐败的重点放在对党的形象、对改革发展稳定、对人民群众利益影响大、损害大的案件上，做到了发现一起、查处一起、决不手软。全年共立案侦查职务犯罪案件 40 件 43 人，其中大案 28 件，要案 8 人。侦查终结 30 件 31 人，移送起诉 25 件 25 人，为国家挽回直接经济损失 1131 万元。在查办案件时，始终坚持慎重选择办案时机，慎重使用拘留、逮捕等强制措施的原则，不轻易查封企业账目，不轻易扣押企业款物，不轻易冻结企业银行账户，尽量不影响企业生产经营，尽量不损害企业市场声誉，严格区分执行政策偏差与违法犯罪、工作过失与渎职犯罪、经济往来与经济犯罪的界限，既严格执法，又热情服务，维护了党政干部在人民群众中的良好形象和国家经济利益。

【依法监督诉讼活动，全力维护司法公正和社会公平正义】2009 年，全区检察机关切实履行法律监督职能，有力维护了法律的统一和正确实施。立案监督方面，办理立案监督案件 15 件，向侦查机关发出《要求说明不立案理由通知书》15 份，通知侦查机关立案 7 件 13 人。侦查活动监督方面，对侦查机关提请逮捕的案件，不符合逮捕条件的不捕，共 97 件 205 人；对侦查机关移送审查起诉案件，不符合起诉条件的不起诉，共 61 件 110 人；提前介入侦查 94 件次，参与重大案件讨论 34 件次，参与现场勘验 10 件次；向侦查机关提出纠正意见 150 件次。刑事审判监督方面，对确有错误的刑事判决、裁定提出抗诉 5 件，对刑事审判活动中的违法情况提出纠正意见 17 件次。民事行政审判监督方面，认真审查办理群众申诉的民事行政案件 44 件，对确有错误的民事行政判决、裁定提出抗诉 8 件。刑罚执行和监管活动监督方面，审查减刑 1777 人、假释 9 人、保外就医 54 人。认真落实羁押期限届满提示、超期羁押责任追究等制度，通过对 5 个地市看守所和 21 个重点县看守所的检查，依法纠正超期羁押 22 人。

【全心全意践行“执法为民”宗旨，努力维护人民群众的合法权益】集中开展群众申诉案件专项清理工作，对排查出来的 9 件案件逐一进行研究、提出处理办法，纠正原处理决定 5 件，办理刑事赔偿案件 3 件，支付当事人赔偿金和返还涉案款 147.39 万元，为 3 名受到不公正对待和含冤受屈的群众伸张正义、讨回公道。深入推行信访接待首办责任制，变上访为下访，变等访为巡访，共巡访、下访、回访 531 次，向群众提供法律咨询 4560 次，向国家工作人员进行法制宣传教育 145 次，受教育干部群众达 22582 人。认真落实检察长接待、预约接访制度，全区各级检察长共接待群众 164 次，纠正处理社会影响大、关系人民群众切身利益的案件 5 件。积极完善便民利民措施，适应形势需要，在全区检察机关开通了 12309 职务犯罪举报电话和网上举报、申诉、信息查询服务，通过电话和网络共接访 163 件 182 人次，做到了有问必答，有难必帮。

【千方百计关注民生，努力维护人民群众最关心、最直接、最现实的利益问题】认真制定并实施了服务“保增长、保民生、保稳定”的指导意见，在全区各级检察机关形成了执法保大局、同心克时艰的强大合力，为“三保”提供了有效的法律支持。围绕保障人民群众生命健康安全，依法办理制假售假案件 4 件 7 人；围绕农牧民群众普遍关注的土地草场承包、财务管理、惠农资金落实等问题，查办涉农职务犯罪案件 10 件 11 人；围绕以安居乐业为突破口的社会主义新农村建设，立案侦查职务犯罪案件 3 件 4 人；围绕维护职工利益，严肃查办国有企业工作人员贪污、挪用、私分国有资产的职务犯罪 9 人；围绕危害能源资源、生态环境，查办渎职案件 2 件 3 人；围绕重大安全生产事故责任追究，直接介入 5 起重特大安全事故调查，并对存在的突出问题依法提出检察建议。此外，还协助发案单位落实预防职务犯罪措施 7 项；配合金融、交通、水电等重要部门建立了预防职务犯罪的工作机制；与企业联手对 7 个重大项目的建设进行了全程监督。

【真心实意接受监督，努力改进检察工作】全区各级检察机关坚持主动向党委请示汇报工作，争取各级党委的重视和支持；全面落实人大及其常委会的决议、决定，及时向人大及其常委会报告重大工作开展情况，认真办理人大常委会交办的事项；积极加强与人大代表和政协委员的联系，认真研究落实人大代表和政协委员提出的意见、批评和建议；大力推行阳光检务，积极深化人民监督员制度改革，选任人民监督员 291 名，建立健全了检务公开和刑事申诉案件公开审查制度，加强信息发布，有效改进检察工作，把检察权的行使置于党的绝对领导和人大监督、政协民主监督、新闻媒体和社会舆论监督之下，保证了检察权的正确行使。在自觉接受人大监督方面，全区三级检察机关向人大代表寄送材料 2800 份，汇报工作 270 次，走访 680 人次，邀请人大代表视察检察工作 390 人次，有效保障了人大代表的监督权。

【切实加强自身监督机制建设】全区各级检察机关高度重视加强自身执法监督制约机制建设，不断完善执法规范，健全管理机制，推行了讯问职务犯罪嫌疑人全程同步录音录像和查办职务犯罪案件立案、撤案、逮捕、不起诉报上一级检察院备案批准等制度，建立重大案件挂牌督办、“一案三卡”、纪检监察部门跟踪监督等制度，实现了对办案各个环节的动态监督，规范了自身执法行为。

【切实加强检察作风建设】按照自治区党委的统一部署，在各级检察机关深入开展了“领导干部作风建设年”活动，并结合检察工作实际，组织开展了“创建学习型检察院、培养学习型检察官”活动，切实提高了检察机关的执法能力、执法水平和执法公信力。深入开展了直接立案侦查案件扣押冻结款物专项检查活动，共检查案件 186 起，涉案金额达 4300 万元。自治区检察院党组成员以身作则，率先垂范，按照分片负责的原则，深入基层、深入实际、深入群众开展调查研究，为基层和群众协调解决了一系列的实际困难和问题，得到了自治区党委和最高人民检察院的肯定，受到了广大群众的欢迎。

【切实加强能力素质建设】按照中央和自治区党委、最高人民检察院关于提高队伍素质、推进大规模教育培训的要求，积极推进了检察教育培训工作，适时出台了《西藏自治区人民检察院关于 2009—2012 年大规模推进检察教育培训工作的实施意见》，努力培养复合型、专门型人才，培训检察人员 2300 人次。采取走出去与请进来、短期培训与长期培训、专业培训与学历教育相结合的方式，不断加大检察队伍的培训力度，去年有 114 人通过了司法考试，是司法考试实施 8 年以来我区检察系统通过人数最多的一年。出台了《关于开展学习藏汉双语活动的方案》，要求检察系统 45 岁以下藏汉族干部加强“双语”学习，将“双语”学习情况纳入年度考核内容，在西藏大学开设了每期一年的 2 期检察系统藏语培训班。同时与北京师范大学签订了以业务培训、人才培养、专家咨询为主要内容的长期全面合作协议，为全面加强检察队伍的能力素质建设奠定了坚实基础。

【切实加强基层基础建设】针对基层检察院基础建设滞后的问题，在各级政府的支持下，2009 年共投入资金 5698.42 万元。其中，投入资金 1594.42 万元，解决了 21 个县院、6 个分市院交通工具，实施了全区检察干警“人手一机”工程；投入资金 1071.8 万元，解决了警械装备和检察服装；下拨办公、办案及维稳经费 3032.2 万元；争取援藏资金 645 万元，进一步缓解了基层检察院在办公、办案和经费装备等方面的突出问题。

【领导名录】

党组书记、检察长：张培中
党组副书记、常务副检察长：索 达
党组成员、区纪委驻区检院纪检组组长：仁青群措
党组成员、副检察长：侯亚辉 多 吉 李九西 布尼玛 王 平
党组成员、政治部主任：贾明杰
党组成员、副检察长：赤列晋美
检委会专职委员：次旦巴珠
副巡视员：阳正本

自治区审判工作

【年度综述】2009 年，全区各级法院在区党委的坚强领导、人大有力监督和社会各界大力支持下，深入贯彻落实科学发展观，牢固树立“三个至上”指导思想，全面践行“为大局服务、为人民司法”工作主题，紧密围绕区党委“把方向、抓班子、带队伍、促工作”具体要求，全面实施“公信立院、人才兴院、科技强院”工作方略，以维护人民群众根本权益为根本，以维护国家安全和社会和谐为目标，以维护社会公平正义为核心，从谋长久之策上着眼，在行固本之举上着力，狠抓审判质效、转变队伍作风、夯实基层基础，各项工作沿着正确的方向取得了新的进展，为自治区的改革、发展、稳定提供了强有力的司法保障。

【开展审判执行工作】全年共受理各类案件 18518 件，审执结 17353 件，综合结案率为 93.7%。其中由各级法院直接受理的民商事、行政、国家赔偿、执行、减刑假释等案件 17042 件，占案件总数的 92%。

准确把握对敌斗争形势的新规律，全力维护国家安全。认真贯彻落实胡锦涛总书记“谋长久之策，行固本之举”重要指示精神，紧紧围绕为我区社会局势从采取特殊措施下的稳定向常态化下的稳定，从基本稳定向长治久安转变提供有效服务，坚持从国内国际斗争两个大局出发，认真落实中央、区党委的指示和要求，扎实开展“3·14”专案审判工作，保质保量地完成了各项审判任务，实现了社会效果和法律效果的有机统一，确保了国家安全。适时调整审判重点，讲究审判策略，依法审理煽动分裂国家、间谍等危害国家安全犯罪案件，坚决打击境内外分裂主义分子的嚣张气焰。主动加强与公安机关、武警部队的协调配合，全力参与敏感时段的执勤备勤、应急处突、维稳防控和内部安全等各项工作。为维护社会政治稳定作出了积极贡献。

准确把握全区治安形势的新特点，全力维护社会稳定。针对治安形势的新情况，坚持“严打”方针，突出打击重点，保持高压态势，依法严惩危害公共安全、危害人民群众生命财产安全的严重刑事犯罪，促进社会治安形势不断好转；依法严惩严重破坏社会主义市场经济秩序的犯罪，充分维护良好的发展和投资环境；依法严惩贪污贿赂、渎职犯罪和商业贿赂犯罪，推动反腐败工作深入开展。认真落实宽严相济的刑事政策，坚持惩治、预防、挽救并重，做到该宽

则宽、当严则严、罚当其罪。

准确把握经济社会形势的新变化，及时化解民事纠纷。密切关注国际金融危机影响下经济社会环境的新特点、新变化，主动把握我区经济运行、产业发展、市场建设和企业经营中出现的新情况、新问题，及时出台司法指导性文件，全力服务“一产上水平、二产抓重点、三产大发展”经济发展战略的深入实施。转变工作思路，科学处理主动工作和有告便理的关系，高度重视排解纠纷、处理人民内部矛盾的功能和作用，认真审理涉及农村土地承包、土地征用补偿纠纷、虫草采挖纠纷、矿产开采纠纷，保护农牧民的合法权益；高度重视产业结构调整、国有企业改制转轨、处置不良贷款以及破产、转让、兼并、出售合同纠纷等民事案件的审理，为促进经济平稳较快发展创造了优良有序的发展环境；妥善审理婚姻家庭、抚养赡养、邻里纠纷案件，促进家庭和睦和社区环境的和谐。在注重调解、协调化解矛盾纠纷的同时，尽可能实现纠纷各方互利共赢，共受理民事案件10986件，标的金额10.7亿元，同比分别上升12%和12.6%。

准确把握民主法治建设的新进展，及时调和官民关系。紧密围绕社会各界关注的热点、难点问题，既突出保护公民、法人和其他组织的合法权益，减少社会不安定因素，维护公平正义，又高度重视维护行政机关权威，依法支持行政机关依法行政。坚持合法性审查与化解矛盾相统一，在对被诉具体行政行为进行全面审查的同时，注重从根本上解决行政争议，共受理行政案件和国家赔偿案件80件。

准确把握强化执行工作的新方法，及时兑现合法权益。以开展集中清理执行积案活动为契机，努力推动构建党委领导、党委政法委组织协调、政府支持、人民法院主办、有关部门联动、社会各界参与的执行工作格局，进一步规范理顺了统一管理、统一协调、统一指挥的执行工作机制，建立“执行救助基金”制度，将执行工作纳入社会治安综合治理考评体系，形成破解执行难的整体合力。对于关系大局、影响民生、涉及群体性纠纷的案件，充分考虑执行的时机、地点、对象和条件，采用委托执行、交叉执行、提级执行、指定执行、区内外异地执行等多种方式，强化执行风险告知、执行周例会制、执行员公示制等“阳光执行”措施。共清理执行积案575件，其中182件有财产案件全部得到有效执行，383件无财产案件也依照法律政策作了妥善处理，一批执行积案的陈年老账终于画上了圆满句号。全年共受理执行案件2085件，执结1847件，执结率达到88.6%，标的金额3.5亿元。

准确把握人民群众对司法的新需求，畅通渠道体恤民生。以派出人民法庭和车载流动法庭为重点，以建设立案大厅、执行大厅为辅助，畅通“绿色通道”，采取预约立案、上门立案、口述立案、诉讼引导、风险提示等措施，积极创新并认真落实为民、便民、利民措施。对赡养、抚养、扶养纠纷，实行立案、审理、执行“三优先”，快捷有力地保护弱势群体的合法权益。大力加强司法救助工作，依法缓、减、免交诉讼费487万元。坚持把综治工作贯穿于审判工作始终，延伸人民法院审判职能作用，深入开展“百名法官下基层、解难题”和“法律七进”活动，深入人民群众生产生活和经济社会发展一线，现场调处矛盾纠纷，进行法制宣传活动。特别是在信访疏导、征地拆迁、企业改制、虫草纠纷等案件的处理上，及时妥善化解，提出司法建议，有效控制了群体性上访事件的发生。加强中小学生法制教育，对未成年犯进行回访，开展多种形式的帮教活动。

准确把握人民群众对司法的新期盼，调解优先体现民意。牢固树立“和为贵”的理念，坚持把调解作为化解社会矛盾、实现案结事了的重要司法手段，构建“全程、全员、全面”调解工作新机制，积极探索和谐司法方式。在执法办案中，因人因案制宜、因时因势利导，握好民事案件争议焦点、当事人之间的利益平衡点、司法三个效果的融合点，适用不同的调解方法，以诚心赢信任、以耐心促调解、以细心化纠纷，做细庭前调解，做足庭中调解，做好庭后调解，做实判后调解，实现了“既案结又事了”的最佳效果。全区法院诉前调解各类纠纷6484件，民事调解率、执行和解率分别达到69%、36%，各基层法院共指导调处民间纠纷12100余件。进一步完善民意沟通表达机制，高级法院党组成员带着问题深入基层、深入一线进行调查研究，通过各种形式广泛征求基层组织、人民群众、社会各界对法院工作的意见建议，及时了解民情、听取民意、汲取民智，有效杜绝了“门难进、脸难看、话难听、事难办”的不良作风和“吃、拿、卡、要”等不正之风，有效防止了久拖不立、久立不审、久审不判、久执不结、久督不办的现象。

准确把握人民群众对司法的新要求，化解矛盾体谅民心。全面开展矛盾纠纷大摸底、大排查、强化解工作，对于矛盾尖锐、影响稳定的案件，充分发挥社会主义政治优势，整合多方资源，竭力做好疏导工作。加强立案、信访窗口建设，强化“四定一包”工作方式，做到“有访必接解民忧、有诉必理平民怨、有信必复顺民心”，耐心倾听、答疑析理、真情沟通，努力为信访当事人解决实际困难，有效解决重大信访案件。同时狠抓案件质量，强化源头治理，努力使当事人口服心服，共处理群众来信来访1932件次，涉诉信访总量同比下降34%。

【队伍建设情况】坚定信念带作风。深入扎实开展学习实践科学发展观活动和“人民法官为人民”主题实践活动，各级领导干部坚持“任一职，负双责、举双措、出双效”，对“三个至上”指导思想在政治上、理论上和感情上更加认同。

提高素质强作风。完善机制、强化力度、创新方式，注重业务知识教育和方针政策教育相结合，不断提高法官认识和把握全局的能力；注重岗位练兵和跨行业、跨地区交流挂职相结合，不断提高法官认识和把握社会矛盾的能力；注重提升业务能力和党的优良传统作风教育相结合，不断提高法官认识和把握社情民意的能力。共开设司法考试强化培训等9个班次，全区法院654人（次）参加培训，选派213名法官前往国家法官学院等院校学习培训，23名法官到内地法院跟案学习，35名法官下基层锻炼。

集中教育促作风。在全区法院部署

开展为期 1 个月的纪律作风集中教育整顿活动，精心部署、认真落实、不走过场、注重实效，重点解决少数法院干警理想信念、宗旨意识、艰苦奋斗意识、责任意识、纪律意识淡化的问题。并将这两项活动与最高法院部署开展的“人民法官为人民”主题实践活动紧密结合起来，与严格执行最高法院“五个严禁”和高院党组“六条禁令”结合起来，确保了法院干警党性不退化、信念不动摇、宗旨不淡化、组织观念不淡薄，一心一意跟党走，全心全意为人民服务。除一起交通肇事，全区法院未发生其他违纪违法违规现象。

确保廉洁正作风。坚持关口前移，着重加强源头预防和治理，着手开展巡视工作，推行业务庭室廉政监督员制度，不断完善以法官、合议庭、审判庭自律为基础，以立案、审监、纪检、政工等职能部门他律为保障的内部监督体系，强化了对法官的严格管理和监督，特别是加大了对各级法院领导干部和审判执行权行使、委托评估拍卖等重点工作环节的监督力度。积极探索建立案例指导制度，统一司法标准和裁判尺度。加强案件流程管理，健全审批权限规定，在保证审判权依法独立行使的同时，强化审判委员会、院长、庭长对司法活动的管理监督。强化案件质量评查，对改判、发回重审案件以及投诉有质量问题的案件，逐案自查、核查，确实存在质量问题的，严肃追究。强化审判监督，畅通申诉渠道，办结各类申诉、申请再审案件 167 件。坚持经常性教育和集中教育整顿有机结合，进一步端正司法思想、更新司法理念，加大警示教育力度。扎实推进法院廉政文化建设，树立法院新风正气，促使法院干警自觉抵制各种腐朽思想和不正之风的侵蚀，增强拒腐防变和抗干扰能力。

【实施天基工程】加强基层法院党组织建设。按照区党委组织部《关于在县（市、区）人民法院、人民检察院设立党组有关问题的通知》精神及“天基工程”实施方案的目标要求，全区 73 个基层法院已全部设立党组，第一次举办了“基层法院党组书记培训班”，努力提高基层法院党组书记开展党务工作、加强自身建设、坚持民主科学决策、正确把握审判工作方向的能力。制定和落实党组抓党建工作责任制，建立健全党组议事规则、决策程序、学习制度等长效工作机制，建立向当地党委定期请示报告和重大案件、重要事项报告制度等规章制度，确保了基层法院党组领导有力、运转有序，确保党组织的领导核心和党员干部的先锋模范作用充分发挥。

加强法院组织体系建设。按照《人民法院组织法》的要求，在 70 个基层法院设立了审判委员会，占基层法院总数的 95.9%，在部分中基层法院设立专职审判委员会委员。根据《中共中央关于进一步加强人民法院、人民检察院工作的决定》相关规定，适应各地经济发展状况，结合人口数量和受案情况，把“三线一部六特”和治安情况复杂的乡镇作为重点，科学调整派出人民法庭布局，筹措资金配备了 73 个基层法院“车载流动法庭”，进一步规范中基层法院内设机构，理顺职责分工，使全区法院组织体系更加符合维护国家安全、经济社会发展和人民群众的司法需要。

加强审务管理制度建设。针对审判实践中的热点和难点，通过召开专题工作会议、典型案例示范、制定规范意见等方式，积极总结推广基层法院少年审判、诉调对接、速裁、速执等经验和做法，形成了分工明确、相互协调、高效运转、责任明确的审务管理制度体系，指导基层法院准确适用法律，提高基层法院办案质量和效率。规范“车载流动法庭”和人民法庭工作程序和规章制度。2009 年以来，全区 73 个基层法院车载流动法庭的总行程为 54 万余公里，巡回办案 2782 次，审结各类案件 4021 件，开展法制教育 3426 场次，实现了“车子开到哪里，案子就审到哪里，法律服务就送到哪里”的目标要求，进一步密切了与基层组织和干部群众的联系，深受各族人民群众的欢迎。

加强基层司法保障建设。把改善基层司法条件，作为夯实基础、服务基层、巩固党的执政之基、实现“人民性”的工作保障。坚持工作重心下移、精力下移、投入下移，把中央政法专项经费的重头投入到基层，做到不挤占、不截流、不挪用、不拖延，把中央和自治区党委、政府对司法审判战线的关怀、支持直接及时送到基层，体现到一线干警身上，落实到最困难、最需要的地方。努力改善基层法院审判条件，基层法院经费、装备保障机制进一步完善，标准进一步提高。在深入调研的基础上，与相关部门紧密配合，及时出台我区法院经费装备保障规划，制定实施经费装备管理办法，保障标准进一步统一，管理使用进一步规范。高院刑事审判综合法庭、拉萨中院审判综合楼、各中院刑场等国家重点项目已经投入使用，司法条件得到改善。

【坚持党的领导，主动接受监督】制定实施《重大工作事项向党委请示汇报制度》，切实做到重大司法决策、重大工作部署、大案要案审理等重大问题向自治区党委请示汇报，将坚持党的领导制度化、规范化，确保法院工作的正确政治方向，确保党的路线方针政策和区党委的重大决策部署在司法领域全面贯彻执行。

认真贯彻落实《监督法》和实施办法，研究制定《关于全区各级人民法院接受人大及其常委会监督工作的意见》，切实增强接受监督的自觉性和主动性。积极配合各级人大常委会开展执法检查、视察和专项调研。主动接受政协民主监督。完善人大代表、政协委员联络机制，共办复人大代表、政协委员批评、意见、建议 5 件；邀请人大代表、政协委员旁听案件庭审 112 件 642 人次，视察法院工作 548 人次。

建立健全接受社会各界监督机制。完善廉政监督员制度，共聘请 249 名社会知名人士担任三级法院廉政监督员。加强人民陪审员参与案件审理工作，共有 94 名人民陪审员参与办案 145 件，充分发挥联系群众的桥梁和纽带作用。高度重视检察监督，认真听取检察建议，依法审结抗诉案件 7 件，其中改判和发回重审 2 件，维持原判 2 件，调解、撤诉 3 件。

【存在的问题】一是法院队伍的整体素质和司法能力与维护社会公平正义的要求不相适应；二是司法工作机制与人民群众日益增长的司法需求不相适应，审判作风不够深入，工作效率有待提高；三是司法环境、基层基础工作与面临的繁重任务不相适应。

【领导名录】
党组书记、院长、审判委员会委员、二级大法官：罗布顿珠
党组副书记、常务副院长、审判委员会委员、一级高级法官：汪留国，
党组副书记、副院长、审判委员会委员、一级高级法官：宋康宁
党组成员、副院长、审判委员会委员、三级高级法官：续文钢（援藏干部）
马　方　革　生　刘虎山　边巴拉姆

自治区公安工作

【年度综述】2009 年，全区公安机关坚决贯彻中央的决策部署，树立和落实科学发展观，高举维护社会稳定、维护社会主义法制、维护人民群众的根本利益的旗帜，积极应对各种严峻挑战，以反分裂斗争为龙头，以维护全区社会局势稳定为中心，以“三项建设”为载体，以建立维稳长效机制为重点，以加强队伍建设为抓手，确保了全年全区社会局势的稳定，为建设小康、平安、和谐、生态西藏做出了积极贡献。

【以敏感月和国庆 60 周年为重点，有效维护全区社会持续稳定】1、加强组织领导，强化工作责任。及时制定、完善各项维稳工作方案，加强组织领导和统一指挥，确保工作部署到位。对任务进行分解，层层落实工作责任。2、严管严控社会面。专项行动取得了明显效果。3、推进情报信息机制建设，强化情报侦察工作。4、加强边境管控和出入境检查，深化国际警务合作。西藏警务代表团和尼泊尔警务代表团进行了成功互访，李昭副主席和杨光明常务副厅长就加强警务合作与尼警方分别进行了多次广泛接触和磋商，取得了积极成效。5.加强重大节庆、大型活动的安全保卫工作。全区各级公安机关共投入执勤警力 38000 余人次，完成了雪顿节、自治区政协成立 50 周年庆典、全运会火炬拉萨传递活动、第十二届中国西藏—尼泊尔经贸洽谈会、“西藏百万农奴解放纪念日庆祝大会”、庆祝中华人民共和国成立 60 周年大会等大型活动的安全保卫任务，确保了万无一失。公安警卫部门完善了各项安全警卫措施，先后完成了“3·28”、“5·11”、“5·20”等一批重要警卫任务，确保了李源潮、王刚、刘延东、回良玉等中央领导同志在藏调研期间的绝对安全。2009 年，共完成警卫勤务 835 起，共出动警力 4684 人次。

【严厉打击各种刑事犯罪活动，确保全区社会治安秩序持续稳定】2009 年，全区公安机关共接警 52692 起，处置报警 52574 起，处警率 99.78%。共立刑事案件 3600 起，破 2577 起，破案率 71.6%，共抓获刑事案件作案成员 2182 人，立案数、破案数同比上升 4.62%和 5.27%。一是开展侦破命案、打黑除恶、严打严防拐卖妇女儿童犯罪、治理涉枪涉爆违法犯罪、打击“两抢一盗”犯罪、打击防范电信诈骗犯罪等一系列专项斗争，全区命案破案率达到了 84.8%，其中日喀则、林芝、山南、阿里四地命案全破，全区 32 个县级立案单位命案全破，35 个县未发生命案。在此基础上，全区公安机关继续强化对大要案的侦查工作，破获公安部督办案件 3 起，厅督办案件 5 起，成功破获了昌都“3·02”、拉萨“7·28”“11·27”等一批影响恶劣的大要案件。成功打掉了以杨洋、刘涛为首的黑社会性质犯罪组织，抓获涉黑成员 18 名。全年共打掉涉黑犯罪团伙 2 个，侵财性犯罪团伙 10 个，抓获网上逃犯 167 名。二是严厉打击经济犯罪，维护全区良好的社会经济秩序。全年共立各类经济犯罪案件 162 起，破获 128 起，破案率 79%，挽回经济损失 313.8 万元。三是严厉打击毒品犯罪。2009 年，全区共破获毒品案件 64 起，同比上升 30%；抓获犯罪嫌疑人 82 人，同比上升 17.14%，抓获吸毒人员 263 人，同比上升 80.14%；缴获毒品海洛因 883.04 克、冰毒 486.16 克、冰毒片剂 689 片、氯胺酮 5 克、罂粟壳 3000 克、其他毒品 38.7 克、罂粟 870 株。

【强化社会治安管理，营造和谐有序的社会治安环境】2009 年，全区公安机关共受理违反治安管理案件 4988 起，查处 4869 起，同比上升 18.1%；查处违法人员 7441 人，同比上升 22.3%。一是强化基层基础工作。协调解决了 60 个派出所的批建任务，组建了昌都、日喀则、那曲、山南四地特警支队和芒康县等 6 个特警大队；建立了 118 个社区警务室和农村警务站，54 个流动人口服务和管理站；加强了对保安公司的业务指导。二是积极开展“三项行动”、“三电专项整治”和缉枪缉爆等各类专项行动。全年共清查各类人员 137.8 万人次，出租房屋 4.5 万间，整治社会治安重点场所 194 处，收缴枪支 865 支、子弹 3888 发、炸药 9810.3 公斤、雷管 19973 枚、导火索 27539.27 米。三是积极化解社会矛盾，依法妥善处理各类群体性事件 7 起，与上年同期相比事件下降了 65%。四是加强火灾隐患排查和交通专项整治。全区各级公安消防部门以加强城市公共消防基础设施建设为重点，以遏制特大火灾特别是群死群伤恶性火灾事故为目标，积极推动消防工作法治化和社会化进程，使防火灭火、消防应急救援和维稳处突的能力得到了进一步提高。2009 年，全区公安消防部门共开展各类消防宣传活动 400 余次，整改火灾隐患 6823 处，抢救财产价值 295.25 万元。公安交通管理部门紧紧围绕“保安全、促和谐”的工作目标，全面落实“五整顿、三加强”工作措施，加大了道路交通事故预防的工作力度，开展了集中整治严重交通违法行为、严厉打击酒后驾驶等 10 余项系列专项整治行动，共查处各类交通违法行为 74299 起。2009 年，全区共发生各类交通事故 636 起，其中死亡事故 244 起，死亡 348 人，伤 714 人，直接经济损失 542 万元，死亡事故起数、死亡人数同比下降 3.55%、0.28%，死亡人数占国务院下达全区全年交通事故死亡控制指标的 85.92%。五是加强了专业公安工作。2009 年，全区森林公安机关共立刑事案件 10 起，破 10 起；受理森林行政案件 32 起，查处 31 起；受理野生动物行政案件 2 起，查处 2 起。为国家挽回经济损失 431 余万元。民航公安局共立刑事案件 1 起，破 1 起；查处治安案件 147 起；收缴各种管制刀具 437 把、易燃易爆物品 3756 件。铁路公安局共立刑事

案件13起，破12起； 抓获网上在逃犯44名。海关缉私局共立刑事案件1起，受理行政案件20起，案值73.04万元，偷逃税款19.98万元。六是加大居民身份证制作管理工作力度，全年共制发二代身份证28.4595万张。

【强化网络监管】全年共侦办各类案件980起，抓获涉案犯罪嫌疑人503名，打掉犯罪团伙21个，挽回经济损失折合人民币达1000余万元，受到了自治区领导的高度赞扬。同时深入开展网上斗争行动。全区网安部门先后开展了“09亮剑”等10余项专项行动，共侦破涉网案件85起，抓获犯罪分子32名，发现并清除各类有害信息4818条。

【强化出入境和边防管理，维护边境稳定】全区公安出入境管理部门以落实外国人动态综合管控工作为抓手，切实加强我国公民出入境和外国人在藏管理工作，全年共办理《中华人民共和国外国人旅行证》4486份24959人，签发签证332件334人；核验临时来藏境外旅游团队备案团队10777件54913人；办理公民出国（境）证件904人；办理涉外案（事）件138起188人。2009年，全区公安机关共抓获非法出入境人员203人，与上年同期相比，抓获非法出入境的人数上升了62.4%。遣送站完成了2批170名非法出入境人员的遣送任务。公安边防部门共查获偷渡案件49起，抓获涉案人员91人。

【积极推进“三项建设”，进一步夯实公安基层基础工作】1.在基层基础工作方面：全区县级公安机关公用经费保障标准达标率为100%，编制上报了《西藏公安系统“十二五”经费需求和基础设施建设规划项目方案》。在提高政治待遇方面：认真落实《中共中央关于进一步加强和改进公安工作的决定》，使全区7地市公安处、局主要领导均进入了同级党委领导班子，目前全区73个县级公安机关中已有45人进入了同级党委领导班子或由政府副职兼任，并有8人实现高配。在规范机构设置方面：上报自治区编委制定下发了《西藏自治区公安厅主要职责、内设机构和人员编制的规定》。2.信息化建设和应用得到了进一步加强。一是制定了《西藏公安机关2009至2011年信息化建设总体方案》，明确了当前和今后一个时期公安信息化建设的指导思想、总体目标、基本原则、实施计划和主要建设任务。二是全区公安二、三级网改造扩容、三台合一调度系统、移动通信指挥系统、信息安全及数据存储管理平台等项目已全面投入建设。三是在公安四级网接入方式上取得重大突破。3.进一步完善了教育、预防、监督和奖惩并重的执法工作机制。一是加强执法制度建设，制定了《西藏自治区公安机关执法规范化建设实施细则》、《西藏公安机关人民警察执法过错责任追究规定》，修订了《西藏自治区公安机关执法质量考核评议实施办法》，组织考评组对全区各地、市24个县局、150个执法单位进行了执法质量考评。二是进一步加强了对案件法律的审核工作。2009年共审核刑事、行政案件5579起；审批劳动教养案件127起253人。三是制定上报了《西藏自治区流动人口治安管理办法》。四是认真受理承办人民群众提请的行政复议案件。对受理的25起复议案件，依法进行了处理，其中，维持4起、自动撤回17起、变更3起、待处理1起。五是定期或不定期地组织专人深入繁华街道、居民社区、学校等地开展法制宣传教育。4.警民关系进一步密切。一是研究制定了《公安厅关于进一步做好构建和谐警民关系的工作方案》，明确了构建和谐警民关系活动的总体目标、组织领导、主要任务、时间步骤和工作要求，指导和规范全区公安机关构建和谐警民关系。二是向社会推出《西藏公安机关二十条便民利民措施》。三是积极加强与新闻媒体的沟通，进一步树立人民警察的良好形象。四是积极开展“公安民警大走访”活动，先后走访了企业、商户1850家，群众11.47万户42.99万人，解决群众困难987件，化解各种矛盾纠纷430起。边防总队还开展了“千名警官认亲”活动，与边防辖区的241名孤儿、困难儿童建立了帮扶关系。五是加强对人民内部矛盾纠纷、加大调处工作力度，全年共受理信访案件151起，办结案件73起，排查和化解各类纠纷280余起。六是认真办理人大代表建议和政协委员提案。共办理全国政协委员提案2件，自治区人大代表建议6件，自治区政协委员提案6件，得到人大代表和政协委员的一致好评。

【存在的主要问题】1.警力不足。民警数量与所承担的任务存在较大差距，还不能完全适应当前公安工作需要。2.民警的基本素质和执法能力有待进一步提高。3.信息化建设应用水平不高。

【领导名录】

自治区副主席、政法委副书记、公安厅党委书记、厅长：李 昭

厅党委副书记、常务副厅长：杨光明

厅党委副书记、副厅长：尼玛次仁 益西多杰

厅党委委员、副厅长：张文生 彭秀江 洛桑旦达 刘振伟

厅党委委员：洛 珠 林清海 孙立军 琼 色 贾利国 邓泽波 刘 江

自治区公安交通管理工作

【年度综述】2009年，全区各级公安交通管理部门以科学发展观为统领，进一步规范执法行为、预防交通事故、推进信息化应用为重点，全力以赴保稳定、保安全、保畅通，为构建和谐警民关系创造良好的道路交通环境。

【加强信息化建设，提高科学管理效能】全区各级公安交通管理部门进一步加大交通管理信息化建设步伐，特别是在深化信息化应用、创新交管工作机制、提高科学管理水平上下功夫，向科技要警力、要战斗力。2009年6月1日至9月20日，总队在林芝、日喀则、昌都、那曲交警支队和西藏驻格尔木交警支队、拉贡交巡警大队以及拉孜、江孜、波密交警大队安装并启用了全区道路交通事故信息管理系统，道路交通事故信息管理系统的应用率达77%，交通事故录入率达80%以上。拉萨市交警支队为加快推进城市道路交通管理科技化水平，提高城市道路交通管理科技含量，在市区现有5处“电子警察”抓拍系统基础上增加30个路口的“电子警察”抓拍系统及治安卡口系

统建设。林芝公安交警支队在林芝地区城市路口安装了电子抓拍系统，并加强各县交警大队公安三级网及交通违法信息系统建设。

【构建和谐警民关系，提高执法公信力】一是深化执法教育。深入开展社会主义法治理念教育和社会经济发展形势教育，使广大民警进一步增强政治意识、大局意识、忧患意识和责任意识，更加自觉地规范执法行为，积极投入和谐警民关系建设。二是进一步扩大交通违法的教育面。对 9 类情节轻微、未影响道路安全通行的交通违法行为，经执勤民警指出后、违法行为人及时纠正的，对违法行为人不罚款、不记分，进一步体现人文关怀，构建和谐警民关系，提高执法公信力。

【整治路面行车秩序，构建和谐交通环境】据不完全统计，全区各级公安交通管理部门出动警力 147194 人次，出动车辆 21797 次，查处各类交通违法行为 215718 起，其中：超速 6147 起，酒后驾车 260 起，无证驾驶 870 起，客车超员 756 起，货车违法载人 741 起，查获假驾驶证 81 本。依法拘留 231 人次，吊销机动车驾驶证 34 本，暂扣机动车驾驶证 105 本，记分 47553 分，罚款 119272 人次，批评教育 96076 人次。

【积极开展“迎国庆、保安全、促和谐”活动】为加强国庆 60 周年道路交通安全保卫和维护社会稳定工作，2009 年 9 月 15 日总队向各地、市公安交通警察支队下发了《关于进一步加强国庆 60 周年道路交通安全保卫工作的通知》，要求全区公安交通管理部门突出重点，狠抓工作落实，确保不发生长时间交通拥堵，不发生一次死亡 10 人以上特大道路交通事故。总队在国庆 60 周年期间，制定了《交警总队国庆 60 周年期间处置道路交通突发事件应急预案》，设立了处置突发事件应急指挥部，分设后勤安全保障组、应急处突组、特大交通事故现场处理指导组，明确了职责任务和工作要求，并抽派民警 15 人参加拉萨社会秩序维护和应急处突。并且，总队督导组多次赴各地、市检查指导“迎国庆、保安全、促和谐”活动贯彻落实情况及工作进展情况，发现问题，及时予以纠正和解决。

【全区道路交通事故情况】2009 年全区共发生各类道路交通事故 678 起，死亡 369 人，伤 748 人，直接经济损失 5850773 元。与去年同期相比，事故起数增加 78 起，上升 13%；死亡人数减少 15 人，下降 3.91%；受伤人数增加 88 人，上升 13.34%；直接经济损失减少 352982 元，下降 5.69%。其中：发生一次死亡 3 人以上道路交通事故 17 起，死亡 80 人，与去年同期相比，事故起数减少 2 起，死亡人数减少 11 人，分别下降 10.53%、12.09%。

【全区机动车、驾驶人注册登记情况】截止 2009 年底，全区注册登记各类机动车共计 198653 辆，注册登记机动车驾驶人共计 218124 人。

自治区司法行政工作

【年度综述】2009 年，西藏自治区司法行政工作紧紧围绕全区改革发展稳定工作大局和全年目标任务，以维护社会稳定为首任，以优化法律服务为重点，以夯实基层基础建设为关键，充分发挥职能作用，扎实有效地开展工作，努力为司法行政工作良性循环发展筑牢基础，为全区经济社会科学发展提供了更加有力的法律保障和法律服务，为实现跨越式发展创造了和谐稳定的社会环境和公正高效的法治环境。

【监狱体制改革工作稳步推进】2009 年，监狱体制改革工作紧紧围绕清产核资、产权界定、协调解决历史遗留问题和推进试点工作四个环节，认真组织、周密部署、狠抓落实，整个监狱体制改革呈现稳步推进的良好势头。一是试点工作取得初步成效。聘请中介机构对拉萨监狱企业进行了彻底的清产核资、资产审计和评估，并进行资产划分。同时各监狱进一步做好清产核资自查工作和资产的产权界定，并对资产进行了初步划分，为集团公司和子公司的组建奠定了良好基础。二是区司法厅监狱体制改革办公室组织专门人员深入到各监狱，就监狱体制改革工作开展情况进行了督促检查，对监狱体制改革的有关政策和资产划分的要求作了进一步说明。三是以协调解决历史遗留问题为主，大力推进监狱体制改革。四是草拟了监狱集团公司的组建方案，并在厅政治部、监狱局、法规处和各监狱广泛征求意见。五是结合监狱体制改革工作实际，编制了《西藏监狱体制改革宣传手册》，就监狱体制改革的意义、内容和流程等进行了广泛的宣传，收到了较好效果。

【普法依法治理工作成效明显】普法依法治理工作紧紧围绕党和国家工作大局和自治区党委、政府中心工作，按照“五五”普法规划的总体要求，推动“法律七进”活动深入开展，重点加强对寺庙的法制宣传教育和管理，坚决防止“藏独”势力伺机渗透破坏。坚持以法制宣传进机关、进寺庙、进乡村、进社区、进学校、进企业、进单位为载体，加大对重点对象的普法教育力度。2009 年初，区司法厅拟定了《西藏自治区关于开展“法律七进”活动的实施意见》，同时针对不同对象确定学法重点，制定“法律七进”活动工作方案、相关制度及标准，确保“法律七进”稳步实施，不断提高全体公民的法律意识和法律素质，全面推进依法治理工作，不断提高各级政府和社会组织依法管理水平。建立健全县、乡、村三级普法网络，夯实基层普法力量。充分利用“三八”妇女节、“3·15”消费者权益保护日、“4·26”世界知识产权日、“六一”儿童节、“6·26”国际禁毒日、“9·16”平安西藏建设宣传日、综合治理宣传月以及重要法律法规颁布实施纪念日、节日等，开展了维护祖国统一、促进社会稳定、知识产权保护、道路安全、妇女儿童保护、预防青少年违法犯罪等专项法制宣传教育，专项法制宣传活动开展有声有色。大力宣传法制宣传工作中涌现出来的先进集体和先进人物，在 2008 年“五五”普法中期检查的基础上，2009 年 3 月份，我区推荐的 14 个先进集体、17 名先进个人、8 名先进工作者在北京受到中央宣传部、司法部、全国普法办的表彰。

【法制工作进一步加强】法制工作进一步加强，区司法厅起草了《西藏自治区司法厅行政执法评议考核办法（试行）》，对下一步司法厅进行行政执法考评提供了依据。为推动司法鉴定机构建设，完善司法鉴定程序，提高司法鉴定行业素质，加强司法鉴定队伍建设，区司法厅制定并下发了《西藏自治区司法鉴定机构公示制度》、《西藏自治区司法鉴定执业行为规范承诺制度》、《西藏自治区司法鉴定人职业道德规范》等7项制度规范。同时修改完善了《西藏自治区司法厅规范性文件制定程序规定》，对今后制定规范性文件起到了很好的指导作用。积极参与上级机关组织的法律、法规、规章的起草工作，先后对自治区人大、政府、司法部以及自治区有关部门送交的法律、法规、规章（草案）18件，认真、及时提出修改、补充意见，及时交送各有关单位。为拓展“三类”以外的其他司法鉴定业务，成立了西藏泽正司法鉴定所、西藏长夏司法鉴定所以及西藏中兴华会计师事务所有限公司司法鉴定所等三家司法鉴定机构，共25名司法鉴定人员。同时按照有关规定，对全区司法鉴定机构和110名司法鉴定人员进行备案登记。截止2009年9月，全区各类鉴定机构共办理司法鉴定案件141件，其中：西藏阜康医院法医临床司法鉴定中心办理司法鉴定案件110件；西藏警官高等专科学校司法鉴定所办理鉴定案件14件；西藏泽正司法鉴定所办理司法鉴定类案件11件；西藏长夏司法鉴定所办理司法鉴定类案件4件；西藏中兴华会计师事务所有限公司司法鉴定所办理司法鉴定案件2件。2009年是全面落实全区司法行政执法责任制工作的一年，按照《西藏司法行政系统推进行政执法责任制的实施方案》要求，区司法厅向自治区法制办上报了具有行政执法监督岗位和行政执法岗位人员名单和相关材料。共有37人获得资格，其中15人取得《西藏自治区行政执法监督证》；22人取得《西藏自治区行政执法证》。

【人民调解工作和基层司法行政工作得到加强】在人民调解工作中坚持“调防结合，以防为主”的工作方针，坚持“谁主管、谁负责”、“一把手负责”和“属地管理”原则，建立和完善矛盾纠纷排查调处机制，完善人民调解网络。全区各级司法行政机关大力加强人民调解工作，认真组织开展矛盾纠纷排查调处活动，及时掌握矛盾纠纷信息和影响社会和谐稳定的各种因素，做到早发现、早调处，努力把矛盾纠纷解决在萌芽状态，解决在始发阶段。人民调解工作围绕基层司法行政工作大局，不断提高人民调解员和司法助理员的业务水平和调解技能，进一步强化人民调解工作职能作用。目前，全区73个县司法局建设工作基本完成，全区实际建立各级人民调解组织6249个，调解员实有20696人，司法助理员692人。2009年调解各类矛盾纠纷4989件，调解成功率94%，防止矛盾激化、民转刑101件。积极做好刑释解教人员安置帮教工作，帮助刑释解教人员顺利回归社会，最大限度地减少重新违法犯罪现象。加强对“3·14”涉案劳教人员解教后的帮教和管控，从2009年3月份开始，“3·14”涉案劳教人员陆续解教。为加强对解教人员的管控，确保劳教人员解教后思想“不反弹”，各地相继成立“3·14”涉案劳教人员解教衔接工作领导小组，建立起严格的交接制度，采取了行之有效的衔接管控措施。积极开展《人民调解委员会组织条例》施行二十周年宣传活动，向群众发放宣传资料26100余份，悬挂横幅张贴标语174条，出动宣传车36辆次，解答法律咨询381人次，受宣传群众达14300余人。

【深入开展“信访积案化解年”活动】制定了西藏自治区司法厅《信访工作制度》和《厅领导接待日制度》，成立由厅党委委员、副厅长李英同志任组长的厅信访积案化解年活动领导小组，制定“信访积案化解年”活动实施方案，深入开展“信访积案化解年”活动，通过梳理排查和集中交办、复查分析案情和研究解决方案、明确责任和集中办理、督导检查和总结提高等阶段，解决所有历史遗留信访问题，力争新发生信访问题的结案率达到100%。对于少数久拖未决的陈年积案，各地（市）司法处（局）、厅直各单位、厅机关各部门主要领导亲自过问，分管领导包案到人，逐件研究解决，确保案结事了。认真做好初信初访工作，及时就地解决好群众的合理诉求，坚决防止老访未结、新的重复访又生。

【法律服务工作取得新进展】律师、公证队伍不断加强，截至2009年9月底，全区共有律师事务所17家，律师101人（含兼职、法律援助律师和公职律师、公司律师），其中藏族等少数民族21名，占律师总数的20.79%；社会律师90人，公职律师3人，公司律师1人，法律援助律师7人，律师人数比上年新增7人，实习律师29人，初步形成社会律师、公职律师、法律援助律师相互并存、共同发展的良好局面。全区现有7家公证处，有公证员16名（汉族6名，藏族10名）。全区现有各级法律援助机构67个，人员118人。2009年办理各类法律援助案件648件，其中刑事诉讼案件300件，民事诉讼案件348件。截至9月底，全区律师共办理各类案件1530件。其中，刑事诉讼辩护及代理208件、民事诉讼代理903件、行政诉讼代理25件、非诉讼法律事务356件、仲裁业务38件。调解成功126件，办理法律援助案件68件，解答咨询和代写法律文书2629件，担任机关和企事业单位法律顾问469家。全区公证机构共办理各类公证7935件，其中国内民事公证4843件，经济公证2948件，涉外公证132件，涉港澳台12件，公证书发往10多个国家和地区使用。公证涉及财产标的额达9.5亿元。区司法厅制定了《律师、法律援助人员岗位责任制》、《法律援助中心服务承诺制度》、《法律援助中心主任职责》、《法律援助受案标准》等数十件规章制度，进一步规范法律援助工作。（祁 龙）

【领导名录】

党委书记：王槐生

厅　长：荣　生

副厅长：涂汉平　加永仁青　姬亚军　李　英　何　平

纪委书记：钟巴桑

政治部主任：卓　嘎（女）

监狱管理局局长：洛桑格列

劳教管理局局长：侯顺卿

第三篇 军　事

西藏军区

【西藏军区领导班子调整】2009年12月20日，西藏军区召开领导班子调整大会。经中央军委研究，胡锦涛主席签署命令，任命西藏军区司令员舒玉泰(按副大军区职待遇)为成都军区副司令员、成都军区装备部部长杨金山为西藏军区司令员(按副大军区职待遇)。

【加强西藏军事设施保护】6月，西藏军区召开军事设施保护专题会，深入分析西部大开发和地方经济建设发展、边境地区口岸开放增多、地方建设与战场建设矛盾凸显等军事设施保护面临的新情况新问题，研究制定进一步加强军事设施保护工作措施，总结推广曲水、达孜县试点经验，协调各地(市)对军事用地展开划定工作，现大部分已划定，剩余200余宗军事用地正在申报和协调中。

【外事工作】9月2日，印度陆军东部军区司令VK·辛格率印东部军区代表团一行7人到拉萨参观访问。代表团参观了布达拉宫、八廓街、拉萨火车站。12月1日～14日，西藏军区司令员舒玉泰率代表团一行8人，先后对尼泊尔、印度进行了友好访问。

【组织开展双拥共建共保活动】2009年，西藏军区广泛开展以“促团结、促发展、促和谐、保平安”为主题的拥政爱民活动。共出动官兵万余人次，车辆500余台次，采取政策宣传、设点服务、助民劳动等方式，发放各类宣传资料30余万份，清理垃圾520多吨，整治主要街道210多公里，为80多万农牧民群众提供便民服务，诊治僧俗群众10余万人次、免费发放药品价值500余万元，修理各类电器、车辆3600台(件)，种植各种树苗22万余株;走访慰问共建单位213个、贫困户3210余户，发放慰问品(金)160余万元，为维护西藏社会和谐稳定大局发挥了积极作用。

【西藏军区军史馆被命名为首批国家国防教育基地】11月，西藏军区军史馆被国家国防教育办公室命名为“国家国防教育示范基地”。西藏军区军史馆1998年6月开始筹建,1999年10月建成。2004年扩建为两个展区，总面积910平方米。军史馆以图文并茂的形式，用大量翔实、珍贵、新旧对比的照片，系统生动地再现了50多年来驻藏部队发扬“特别能吃苦、特别能战斗、特别能忍耐、特别能创业、特别能奉献”的老西藏精神，胜利完成进军西藏、解放西藏，捍卫国家主权和民族尊严，大力支援西藏各项建设事业，维护西藏地区安全稳定的丰功伟绩，反映了部队官兵听党指挥、服务人民，艰苦创业、建设西藏的崇高精神。

【参加全国民族团结进步表彰大会】9月29日，国务院第五次全国民族团结进步表彰大会在北京召开。西藏昌都军分区、77625部队被评为“全国民族团结进步模范单位”，西藏那曲军分区门诊所护师彭燕被评为“民族团结进步模范个人”。西藏军区参加表彰大会代表在京期间参加了国庆60周年庆祝活动。

【协调西藏自治区高级人民法院专门制发文件保障国防利益和军人军属合法权益】西藏军区为保障国防利益和军人军属合法权益，协调西藏自治区高级人民法院9月5日向自治区所属人民法院下发《关于认真落实西南五省(市、区)涉军维权工作座谈会精神的意见》，就如何加强和改进西藏涉军维权工作提出要求。一是依法严厉打击窃取出卖国家军事秘密、破坏军事设施、盗窃军用物资等严重刑事犯罪活动。二是对涉及军人军属的婚姻家庭、债权债务、人身损害、邻里纠纷、土地承包等纠纷和案件，充分尊重军人军属的合法诉求。三是建立军人陪审员制度，开辟涉军案件“绿色通道”。四是对军人军属符合条件的实行减、免、缓交诉讼费。五是开展送法到军营活动，维权进军人军属家庭。六是把开展涉军维权工作的情况和实效列入工作目标管理绩效考核评价内容。

【自治区国家职业技能鉴定十所在西藏军区挂牌成立】为充分发挥西藏军区屯垦技术推广物资供应站屯垦技术培训和服务功能，提高军区部队对军地“两用人才”的培训水平。军地屯垦工作领导小组联合办公室报请区劳动和社会保障厅批准，自治区国家职业技能鉴定十所于1月20日在军区屯垦技术推广物资供应站正式挂牌成立。该所主要开展对农牧业生产、工程建筑、道路工程类、畜禽饲养工、混凝土工、机械操作工等13

个工种进行培训鉴定，鉴定等级分为初级（国家职业资格五级）、中级（国家职业资格四级）、高级（国家职业资格三级），鉴定主要对象为军区现役屯垦部队技术人员。同时，也能为军区其他部队培训鉴定技术人才。该所的成立极大地推动了屯垦部队技术人才队伍建设，对于提高屯垦专业技术培训层次、缓解屯垦专业技术力量不足、提高屯垦技术人员适应社会的能力发挥了重要作用。

【举行"军民共建小康村"揭牌仪式】3月23日，结合庆祝"西藏百万农奴翻身解放纪念日"活动，山南地委、行署与军分区共同举行了"山南地区爱国主义教育基地"挂牌仪式，山南地委书记、人大工委主任洛松次仁、山南军分区政治委员宋文良等军地有关领导和群众200多人参加了仪式。在克松村居委会门前悬挂了一块铜制牌匾，牌匾用藏汉两种文字书写"军民共建小康示范村"。军地领导共同为"军民共建小康示范村"牌匾揭牌。仪式上，组织了文艺演出，参观了"西藏自治区第一个农村党支部"陈列室，开展西藏民主改革50年巨变教育；军地领导现场为克松居委会15名贫困户和五保户发放了免费医疗卡，为300名群众发放了优惠医疗卡。中央电视台等11家媒体先后对此项活动进行了跟踪报道。

【为驻地老百姓传授农技知识】山南军分区屯垦部队积极参与和支持驻地社会主义新农村建设，把改善驻地农牧民生产生活条件、增加农牧民收入、带动驻地农牧民脱贫致富、促进驻地生产力发展作为落实科学发展观的具体实践活动，根据部队自身条件和驻地农牧民实际需求，军分区从7月27日开始，集中利用5天时间，组织驻地70名农牧民群众进行了8个方面种养实用技术培训，并为培训群众发放科普书籍300余册、种养技术光碟70余盘、优良蔬菜种子20个品种800余袋。通过培训，进一步提高了屯垦部队组织生产培训的教学水平，使驻地农牧民进一步掌握了农业生产实用技术，军政军民关系得到了进一步深化。此次培训活动受到农牧民群众的欢迎，受到了军地媒体的高度关注，中央电视台军事频道、战旗报、山南地区电视台等媒体作了相关报道。

【扑灭森林火灾】5月4日17时30分，林芝地区林芝县八一镇塘地村北侧山脊一线发生森林火灾，应林芝地委、行署请求，经请示西藏军区批准，林芝军分区紧急出动官兵，参加林芝地区扑救森林大火行动。行动中，参战部队官兵传承了"听党指挥、服务人民、英勇善战"的优良传统，发扬了一不怕苦、二不怕死的革命精神，组织缜密，指挥有力，行动果敢，高标准完成了军区党委和林芝地委赋予的灭火任务，做到了安全、顺利、圆满，充分展示了军分区部队文明之师、威武之师的良好形象，受到了当地政府和人民群众的高度赞誉。

【开展"1+1"助学活动】尼西"鱼水小学"创办于1991年3月。19年来，77678部队遵循"同呼吸、共命运、心连心"，认真贯彻中央军委关于加强军政民团结的重要指示，以智力助民为手段，始终围绕培育合格人才这个根本，狠抓了"鱼水小学"教学和管理。3月，该部出资1万余元，给学校购买了新的桌椅和文体器材，改善了学校的教学和娱乐实施。积极开展捐资助学活动，部队党委与驻地8名贫困学生结成"1+1"助学帮扶对子，为帮扶学生捐助价值2400余元学习用品，并将每年6月份定为"助学月"。全年"鱼水小学"招收学生17名，开办一、二年级各一个班，驻地适龄儿童入学率达到100%。在开办的19年间，共招收253名驻地适龄儿童，解决了上学难问题，得到了群众的一致好评。

【西藏军区副司令员兼西藏军区总医院院长李素芝被评为全国双百人物】李素芝在西藏工作34年来，潜心于高原病学研究，先后攻克高原先心病手术和急性高原病两大世界医学难题，为发展民族医疗事业，维护民族团结和社会稳定，巩固部队战斗力的提高作出了突出贡献，深得西藏军民的爱戴和崇敬，被誉为"门巴将军"、"治病救人的'活菩萨'"、"高原一把刀"。先后荣立一等功一次、二等功两次、三等功四次。先后荣获全军优秀共产党员、全国民族团结进步模范个人、全国道德模范、全军医院建设工作先进个人、第二届军队杰出专业技术人才奖。9月，李素芝被评为"100位新中国成立以来感动中国人物"，受到胡锦涛总书记及党和国家领导的亲切接见。

【组织"流动医院"下基层服务】组织成立了全军第一支"为兵便民流动医院"，5月1日～18日，西藏军区总医院院长李素芝率领作风强、技术精的31名医务人员赴那曲地区开展"手拉手"挂钩帮带活动，辗转1万余公里，每天高效工作15个小时以上，为那曲军分区官兵开展"手拉手"挂钩帮带活动，依托野战手术车开展胆囊切除术、阑尾切除术、疝气修补术、白内障摘除术等手术示范112台，检修医疗卫生设备130余台（件）。开展高原环境与心理健康、高原训练伤的预防与护理、高原常见病的防治等专题讲座10余次，受益官兵达1500余人次。注重把"手拉手"挂钩帮带工作延伸到农牧区县、乡各基层医疗卫生机构，先后为1.2万余名农牧民群众送医送药、体检身体，开展各类手术237台，为那曲地区5441名中小学生进行了先天性心脏病普查，为农牧区医疗卫生机构捐赠价值20.3万元的医疗设备和180套白内障人工晶体。切实掌握了基层医疗卫生机构建设所需，锻炼了医务人员好的作风，进一步端正了为部队服务的态度，加深了与农牧区藏族同胞的感情，赢得了广大军民的高度赞扬。

武警部队西藏自治区总队

【张庆黎看望慰问部队】2009年1月25日，自治区党委书记张庆黎在自治区党委常委、政法委书记王宾宜，党委常委、党委秘书长公保扎西，西藏总队总队长郭毅力等领导的陪同下，看望慰问西藏总队第一支队官兵，要求广大官兵发扬我军听党指挥、服务人民、英勇善战的优良传统，始终高举"三面旗帜"、坚决粉碎达赖集团的分裂图谋、有效维护西藏社会稳定。

10月6日，自治区党委书记张庆黎率王宾宜、公保扎西和拉萨市市长多吉次珠等领导亲切看望慰问驻守在海拔4300多米的羊八井铁路隧道守护中队官兵。张书记一行在西藏总队政委汪象华的陪同下，深入班排、哨位、供氧站、厨房一一检查，并代表自治区党委、政府和全区各族人民向官兵表示节日祝贺和慰问。

【拥政爱民】3月5日，西藏总队出动兵力近1000人、车辆85台次，在拉萨市主要街道开展宣传、服务、展示活动。拥政爱民活动制作藏汉双语横幅标语42条、宣传展板36块，发放宣传单3000余张（册）；为群众理发231人，义诊320人，维修自行车22辆，服务群众8300余人，发放药品价值2.7万余元；国旗护卫队向各界群众展示威武军姿和整齐的队列动作，文工团、威风锣鼓队为群众慰问演出，将拥政爱民活动推上一个新台阶。

9月27日，西藏总队组织官兵在拉萨市宇拓路开展“服务一条街”活动。活动期间，义诊215人，赠送药品价值1.5万元，修理自行车30余辆，维修电视机2台、DVD1台，理发73人，向群众发放法律书本、常识宣传资料1000余份，特别是书画组向群众献上体现爱国、励志等人生格言的字画，受到党、政、军、警领导和群众的一致赞誉。

【参加创建“文明卫生城市”活动】3月7日，西藏总队出动2000余名兵力，与拉萨市各界群众一道打扫卫生、清理垃圾、整治市容市貌。先后清扫街道10000余米，清理垃圾30余吨，擦洗各类“牛皮癣”5000余处，使街道焕然一新，为拉萨市创建“文明卫生城市”做出了积极贡献。

【绿化药王山】3月12日，根据自治区和拉萨市绿化药王山的统一安排部署，西藏总队出动兵力2000余人次、车辆95台，在陡峭的山坡上打眼挖坑、搬运泥土3000余袋、植树2300余棵，为岩石裸露的药王山披上了“绿妆”。

【“3·28”安保】3月28日，自治区在布达拉宫广场举行盛大集会，庆祝首个“西藏百万农奴解放纪念日”。西藏总队根据自治区的安排部署，担负庆祝大会核心区隔离警戒、要点区观察控制、外围区设卡封控等任务，确保了庆祝大会安全顺利。

【李继耐视察】5月24日，中央军委委员、总政治部主任李继耐上将视察西藏总队机关，听取西藏总队党委工作汇报，接见武警驻拉萨部队团以上干部，与通信站官兵亲切交谈。李继耐指出，近年来，驻藏武警部队坚决贯彻落实党中央、国务院、中央军委和胡主席的决策指示，大力弘扬“老西藏精神”，部队思想政治建设扎实有效、完成任务非常出色、建设基础非常牢固、党委班子坚强有力。要求驻藏部队深入学习实践科学发展观，大力培育当代革命军人核心价值观，牢记职责、不负重托、不辱使命，以更大的决心、更高的标准，抓好部队全面建设和各项工作，为西藏建设做出新的更大贡献。

【中国武警十大忠诚卫士——刘定伟】男，汉族，重庆人，1989年3月出生，2007年12月入伍，高中文化程度，中共党员，西藏总队第二支队一中队上等兵。7月，当选第十二届“中国武警十大忠诚卫士”。刘定伟在处置拉萨“3·14”打砸抢烧严重暴力犯罪事件中，服从命令、听从指挥、勇猛顽强。3月14日，该同志奉命前往小昭寺解救被闹事分子围攻的地方工作组人员，遭遇上千名不法分子的围堵和疯狂袭击。在全力掩护地方工作组人员突围时，被暴徒用50厘米长的藏刀刺进臀部，剜去一块20厘米长、2厘米深的臀肉。10月6日，当雄县发生6.6级强烈地震，他主动请缨，跟随部队赶赴灾区救灾，冒着余震不断的危险，先后步行300多公里、走遍6个村庄，从危房中背出16名受伤群众，救出127头牲畜，并将平时节省下来的1500多元津贴全部捐给灾区。荣立一等功1次，先后被西藏自治区授予“道德模范奖”，表彰为“民族团结进步先进个人”和“西藏十大优秀青年”。

【警卫勤务】7月14日至8月8日，第十一世班禅额尔德尼·确吉杰布在藏举行佛事活动。根据自治区统一部署，西藏总队担负班禅专机警卫、佛事活动外围警戒、武装随卫和机动处突等任务，确保了班禅在藏期间的绝对安全。

8月22日，西藏总队出动兵力，圆满完成中共中央政治局委员、国务委员刘延东一行14人进藏专机警卫、外围警戒和机动处突等任务。12月26日至27日，尼泊尔总理一行22人在拉萨参观访问。西藏总队根据安排部署，担负尼泊尔总理一行在藏期间的住地、现场、路线、专机警卫和机动备勤等任务，任务完成圆满。

【“八·一”军事会操】8月1日，西藏总队在拉萨举行军事会操，庆祝中国人民解放军建军82周年。自治区、西藏军区、西藏森林总队、西藏边防总队、西藏消防总队等单位的领导和社会各界群众观看军事会操表演，自治区党委书记张庆黎检阅部队，并代表自治区党委、政府向为维护西藏社会稳定、促进西藏经济社会发展做出突出贡献的西藏总队官兵表示节日的祝贺。

【抢险救灾】8月17日，拉萨市尼木县遭受百年不遇特大暴雨袭击，导致卡入乡发生特大泥石流自然灾害。西藏总队立即出动兵力跋涉20余公里，第一时间赶赴灾区，为受灾群众转移物资、搭建帐篷，受到地方党委政府和当地群众的高度赞扬。

【陈炳德视察】8月26日，中央军委委员、中国人民解放军总参谋长陈炳德上将视察西藏总队机关，接见武警驻拉萨部队团以上干部，总参谋长助理戚建国代表陈总参谋长作重要讲话。

【反恐维稳演练】9月24日，根据自治区国庆60周年反恐维稳总体部署，西藏总队出动1800名兵力，参加自治区处置爆炸恐怖袭击事件联合实兵演练。通过演练，进一步提高了部队协同配合、快速封控、搜爆排爆和灵活处置等能力。

【国庆60周年安保】9月底至10月上旬，根据自治区国庆安全保卫工作部署，西藏总队及驻藏维稳部队出动兵力数万人次，圆满完成国庆期间西藏社会面控制、武装巡逻、设卡检查、机动处突等任务，确保了西藏社会稳定。

【事故救援】11月9日，拉萨市金珠西路柳梧立交桥发生油罐车坠桥爆燃事故，造成2人死亡，致使2间商铺和1台挖掘机及拉萨市工商局办公楼发生火灾。事故发生后，西藏总队立即组织32名官兵紧急赶赴事发现场，实施封控警戒、疏散围观人群、清理事故现场等救灾行动，圆满完成救援任务。

西藏公安消防总队

【年度综述】2009年，西藏消防总队在自治区党委、政府和公安部、部消防局、自治区公安厅的领导下，以科学发展观为统领，以贯彻落实《消防法》为主线，以“三项建设”为载体，以“三抓三树”实践活动为重点，求真务实，改革创新，圆满完成了各项工作任务，确保了火灾形势持续平稳和部队高度安全稳定。2009年，全区共发生火灾205起，死亡9人，受伤14人，直接财产损失406.7925万元，与上年相比，火灾起数、亡人、伤人分别上升21.18%、66.67%、55.56%，直接财产损失下降91.43%。

【全力维护社会政治局势稳定，消防现实斗争取得新战果】一是重大活动和敏感节点期间的消防安全万无一失。西藏宗教佛事活动和重大节庆活动多，消防安全保卫任务重，为做好2009年消防安全保卫工作，总队提早谋划，精心组织，根据形势任务变化，先后下发各类战备通知20余份、召开各类会议30余次，切实健全指挥体系，提升战备等级，强化预案演练，落实战勤保障，严密现场勤务，加大实地督导，全力确保重点要害部位、重要活动场所的消防安全。期间，总队先后派出30余个工作组实地督导消防安保措施落实；全区消防部队先后执行二级战备52天，一级战备45天，设立固定执勤点53处，参与公务执勤1867次，出动车辆3143辆次，出动警力16857人次，确保了重大活动和敏感节点消防安全万无一失。二是社会面火灾隐患排查整治成效明显。先后开展了7个火灾隐患专项整治排查活动，全面加强22个重点文物维修工程的消防审核、验收及施工期间的消防监督检查，为维护社会局势稳定创造了良好的消防安全环境。2009年，全区部队共组成检查组3947个，检查单位16847家，下发法律文书2618份，督促整改火灾隐患13352处，责令“三停”28家，罚款40余万元，有效遏制了火灾事故的发生，全年没有发生较大以上火灾事故。三是部队灭火救援实战能力大力提升。狠抓勤务实战化建设，完善预案体系，规范作战程序，强化实战演练，修订完善各类灭火预案574份，开展“六熟悉”1190次，开展总队级演练4次，支队级演练326次，开展总队、支队级战例研讨会101次，开展各类战评总结166次，部队灭火救援实战能力得到显著提升。2009年，全区消防部队参加灭火和抢险救援战斗476起，其中扑救火灾138起，抢险救援和社会救助338次，抢救遇险被困人员139人，保护财产价值287.55万元。四是警政警民关系更加和谐。全区消防部队积极投身社会救助、便民服务、扶贫帮困、捐资助学、创优争先等拥政爱民实践中，推出了一系列便民利民措施，推动了驻地经济建设与和谐社会发展，进一步增强了消防部队的执法公信力。2009年以来，全区消防部队推出便民利民措施400余条，走访社会单位1111家，提供业务咨询意见、建议1280余条，并先后出动警力3268人次、车辆576辆次，帮助驻地群众修建公路360米、水渠1650米，开挖水塘2个，灌溉农田1120亩；扶贫帮困、捐资助学、赈灾款物累计24.65万元，增进了警政警民鱼水深情，树立了消防部队良好形象。

【全力推动贯彻落实《消防法》，公共消防安全水平有了新提升】一是地方性消防法规体系建设稳步推进。积极做好新《消防法》施行的衔接工作，对过渡时期的消防行政许可、消防监督检查、火灾事故调查、消防强制措施等工作，提出明确要求，严防失控漏管，确保执法规范。专门成立工作小组修订《西藏自治区消防条例》，与自治区人大内司委、政府法制办、公安厅法制处组成立法调研组，赴内蒙、山西、湖北、四川等4省、区开展消防立法调研，先后4次组织召开座谈会、研讨会，对《西藏自治区消防条例》进行了13次修改，形成了《西藏自治区消防条例》（修订草案）。二是城乡防控火灾能力不断加强。以落实《西藏自治区“十一五”消防规划》、《西藏自治区2009年度消防安全目标管理责任书》为抓手，推动各级政府落实消防工作责任制，召开年度消防工作会议，加强公共消防投入和消防设施建设，推行消防安全工作评价和单位消防安全标准化管理，积极开展县级以上城市重大危险源火灾风险调查和危害评估工作。一年来，各地（市）政府就消防工作先后召开会议77次，党政领导做出专门批示104次，率队开展检查212次；各地新增公共消火栓310个、消防车36辆、各类灭火救援器材14198件（套），城乡抗御火灾能力明显提升。三是消防力量不断发展壮大。在努力争取增加现役消防警力编制的基础上，积极推动年财政收入在1000万元以上的县组建合同制消防队伍，逐步推动以公安消防队为主体，政府单位专职消防队为补充，志愿、保安消防队等多种形式消防队伍为基础的消防力量不断发展。一年来，新增现役编制200名；已建县级以上政府合同制消防队伍9个，队员38人、文职人员7人；单位专职消防队10个，队员129人；城乡志愿和义务消防队383个，队员1809人，成为现役消防力量的重要补充。四是公民消防安全素质明显提高。全区消防部队依托“六进”载体，开展各类宣传教育活动，大力营造全社会“了解消防、参与消防”的浓厚氛围。2009年，全区组织开展各类消防宣传活动721次，举办社会培训238次，开展专题讲座138次，开放消防站59次，受教育群众18万余人次。各级各类媒体开办《消防法》宣传专版、专题、专栏54个，发表消防安全专题文章372篇，举办各类有奖征文、知识竞赛47次，逐步实现了“覆盖社会、内外互动、共同参与、整体推进”的消防宣传格局。

【全力深化“三基”工程建设成果，部队正规化建设迈上新台阶】一是加强班子和队伍建设。开展“争创一个好班子，一对好主官”活动，全面施行正团职、副团职干部公开选拔、竞争上岗制度，举办各类业务培训班47期，培训1743人次，选拔任用6名正团职干部，20名副团职干部，调整支队级党委班子11个，调整党总支4个，各级领导班子、基层党组织和干部队伍建设得到进一步加强。二是加强党风廉政建设。认真贯彻落实全国公安消防部队廉政建设会议精神，扎实推进班子建设"达标争创"活动，开展了为期一个月的打击发票违法犯罪活动、治理"小金库"和专项资金使用、资产管理、地方资助经费使用情况专项审计检查工作。三是加强思想政治教育。大力开展培育当代革命军人核心价值观，学习实践科学发展观、学习贯彻胡锦涛总书记"三句话"总要求等主题教育活动，将2009年定为"警营文化建设年"，组建成立了西藏消防总队军乐队，召开了西藏消防部队警营文化建设现场会，成功举办了第二届"雪域消防杯"篮球联赛暨首届"消防卫士杯"乒乓球比赛，提高了官兵思想政治素质，丰富了警营文化生活，树立了官兵坚定的政治方向。四是加强基层基础建设。完成了35个大队的基础设施建设和总队机关、那曲、阿里支队高压氧舱机房工程及室内训练馆建设。启动了樟木口岸大队、昌都支队战勤保障中队、拉萨"三大寺庙"消防大队营房建设工程。购置了价值2493万元的地震救援装备及8辆装备器材运输车。2009年，全区消防部队共争取消防事业费7266.92万元。其中，总队争取投入3145.92万元为基层办实事，完成基层营房改造等项目63个，进一步改善了基层基础设施。五是强化部队内部安全。从"人、车、枪、酒、密"入手，严格落实各项部队管理规定和"五条禁令"，积极开展"条令条例学习月"和"安全双百日竞赛"活动，严格卫生防疫工作，全面掌握官兵身体健康状况，保持了部队的安全稳定。六是加快科技强警步伐。挂牌成立了西藏自治区高原火灾安全实验室暨中国科学技术大学火灾科学国家重点实验室西藏实验基地，为尽快建立起高原火灾科学基础理论体系，创新高原火灾科学防控措施提供强有力的技术支撑。七是加强部队信息化建设。以公安部消防局制订的信息化建设实施方案为契机，依托"金盾工程"，初步建成了覆盖总队、支队、大队的三级网络，为业务信息系统应用提供了良好的硬件和网络环境。组建了以卫星通信车、无线终端设备为主的无线通信指挥系统，有效提高了消防监督执法规范化水平和火灾防控能力，提升了工作效率和部队管理水平。

【领导名录】

党委书记、政治委员：琼 色（副军职）
党委副书记、总队长：吴根群（正师职）
党委常委、副政委：扎 西（副师职）
党委常委、副总队长：李凤泉（副师职）
曲登洛松（副师职）

西藏公安边防总队

【深入实施爱民固边战略，强力打造和谐稳定的边境环境】一是走访工作不断深化。以构建和谐辖区为重点，将走访活动与纠纷调处、执法执勤、信息收集、治安防范、揭批达赖等工作紧密结合起来，着力打牢群众根基，全年共走访群众107776户410311人，其中贫困户5049户、孤寡老人3667人、残疾人1886人、重点人口3323人、外来人口16301人，走访寺庙和宗教场所1769处、僧尼3486人，解决群众困难125件。二是不断创新关爱困难儿童工作措施。与边防辖区197名困难儿童建立帮扶关系，担负起困难儿童日常学习、生活、教育管理工作，得到各级领导的高度评价。积极争取支持，努力解决贫困儿童生活困难，资助适龄儿童完成学业。总队机关与拉鲁小学、拉萨中学44名困难儿童签订帮扶协议，协调区防疫站为困难儿童注射乙肝疫苗，并将边境地区20名困难儿童送往云南丽江孤儿学校接受更加良好的教育。三是模范村建设进一步推进。通过扎扎实实地工作，创建了36个爱民固边模范村，给辖区老百姓带来实实在在的利益。日喀则萨嘎县昌果一村、阿里普兰县公珠村、山南错那县勒乡一村、林芝米林县鲁霞村4个单位分别被地委、行署授予"地区级爱民固边模范村"，被共青团西藏自治区委员会和总队联合授予"西藏青年爱民固边模范村"称号。四是积极推进警官兼任村官工作。94名兼任村支部副书记、治保主任等职的边防警官立足一线岗位，积极为基层建设出谋划策，帮助建设一个好的村党支部、好的村委会，在巩固基层政权方面发挥了重要作用。同时，积极参与并协助村"两委"班子研究部署治安管控工作，加强法律法规宣传教育，深入开展治安集中整治，认真排查和处理影响辖区稳定的突出矛盾和问题，消除和化解了不稳定因素。

【严厉打击边境违法犯罪，全力维护边境地区和谐稳定】大力整治边境辖区治安热点问题。集中开展社会治安问题专项治理工作，狠抓民事纠纷及人民内部矛盾调处，严厉查处各类治安案件，有效消除了辖区不稳定因素，共破获刑事案件13起，查处治安案件19起，打击处理各类违法犯罪人员38人，缴获非军用枪支1支、子弹23发、炸药137公斤、雷管376枚、导火索187米。同时，通过多种活动教育引导广大僧尼爱国、爱教，确保了边境寺庙僧尼无一例闹事行为发生。在边境地区开展了声势浩大的大排查活动，加大设卡堵截力度，加强对邮车、货车等易藏匿人员的车辆检查，共检查出入边境地区车辆167694台次，人员584603人次，共查获偷渡案件49起，抓获涉案人员91人，组织运送者1人。同时，严格落实外国人管理制度，加大对入境外国旅客、藏胞的检查和查控力度，对辖区境外人员情况进行彻底清查，有效防止了境外人员在我境内开展支持"藏独"的反华活动。特别加大对涉及"三股势力"人员的检查力度，不断完善与有关部门的快速联动执勤模式，形成管控合力。

【狠抓边防业务建设，边防基础工作进一步牢固】一是扎实开展了苦练基本功活动。按照"一种情况、多种预案"和"多种情况、多套预案"的处突要求，组织实战演练300余次。各级积极开展应急棍术、新式擒敌技术等训练，官兵参训率达到90%以上，举办各类军事培训40余期，官兵军事业务素质明显提升。二是扎实开展"定式养成年"活动，边检服务水平不断提高。制定了符合西藏实际的定式养成规范，功召开了提高边检服务水平现场会，先后推出了入出境分段集中验放、通关信息预报、搭建旅客简易休息室、“六项提醒”、条形码查验、外籍旅客进藏帮助预案等一系列便民措施，旅客满意率达98%以上。全年共检查出入境旅客 103257 人次，员工 21418 人次，边民 1313483 人次，检查出入境交通运输工具 19827 辆（架）次。查获口岸非法出入境案件 10 起 15 人，在控人员 4 人，网上追逃人员 2 人，违法违规人员 19 人，收缴“藏独”反动宣传品 40 余件。三是积极推进了部队执法规范化建设。成功召开全区公安边防派出所工作会议，形成了《关于进一步改进和加强公安边防派出所建设的意见》，对部局《公安边防派出所建设 50 条》进行贯彻落实，有力推动了边防派出所全面建设步伐。根据国家政策法规，结合西藏边境防控工作实际，制定《西藏公安边防总队边防执勤手册》，进一步规范部队执法执勤工作。并派出执法检查（服务）组对 9 个支队级单位、11 个边防大队、18 个边防派出所开展了为期 30 天的执法检查和服务，为每个单位安装行政、刑事案件讯问笔录软件。全年，总队机关共组织开展执法资格认证模拟考试 8 次，机关参考人员 470 余人次，参考率达 98%，考试成绩均为良好以上，优秀率 30%。同时，完成对 412 名基层执法岗位警官的执法资格认证考试，合格率 100%。全年共进行执法为民教育 326 次，受教育人数 3668 人次，组织各类执法培训班 485 期，培训 3425 人次，参加地方公安机关执法培训 37 人次，派员到地方公安机关跟班学习 59 人次。四是狠抓边防派出所教育排查整顿。根据部局杭州全国公安边防派出所工作会议精神，及时召开边防派出所教育排查整顿工作会议，部署全区边防派出所集中开展为期 3 个月的教育排查整顿活动，各边防派出所广泛开展“立警为公、执法为民”教育，进一步规范执法行为，促进执法公正。五是机要保密工作取得显著成效。贯彻落实公安边防部队 2009 年机要工作会议精神，召开了总队机要工作会议。及时补（改）选密码工作领导小组，与支队级单位签订《密码安全保密责任书》。配齐了专兼职保密干部，签订保密责任书，有效消除了失泄密安全隐患。

【紧紧围绕边境防控任务加强后勤保障，综合保障能力进一步提升】一是圆满完成了边境防控期间的后勤保障任务。紧紧围绕“3·10”、“3·28”等重大敏感时期边境防控工作，6 次派出工作组前往一线调研，及时向部局申领各类装备物资和经费，全面实施各类保障计划，圆满完成了各项保障任务。二是重点项目规划建设顺利推进。年初，根据总队实际，共安排建设项目 125 个，建设资金近 3 亿元。两次召开全区基建营房工作会议，并组织进行全区部队在建工程交叉检查，稳步推进了“十一五”建设项目，总投资 2 亿余元的 33 个新增编项目已开工建设 22 个，未开工项目也已完成工程招标。筹措资金 3800 余万元完成了 2 个单位危房重建、24 个单位屋面漏水处理、22 个单位取暖工程维修和 56 个单位车库扩建任务。同时，精心规划总队“十二五”期间基本建设，向自治区上报 5 个方面 135 个建设项目，申请投资 10 亿元。通过积极汇报争取，现已通过自治区审核。三是努力提升基层保障水平，着力解决官兵难题。按照“先急后缓、先基层后机关”的原则，集中投入，坚持优先保障基层，预算下达基层经费指标比去年同比增长 3.4%。安排资金 175 万元，完成总队和仲巴制氧站建设，协调总队门诊部开展全区巡诊，解决了执勤官兵就医难问题。联合捷龙猎豹公司对全区部队车辆进行了巡回检修，缓解了基层修车难修车贵问题，为部队节约了经费。因地制宜开展农副业生产工作，部队自我保障能力进一步增强。积极应对甲型 H1N1 流感对部队造成的现实威胁，狠抓防、控、治工作，确保了官兵安全。四是后勤规范化建设取得了新进展。成功召开军需卫生工作现场会，对全区部队军需卫生工作进行规范部署，严格落实了经费保障、军需卫生、营房建设等规章制度，坚持每月一次基建工作情况通报、每季度一次后勤信息讲评制度，年内审计金额近 1 亿元，后勤自查排除安全隐患 160 余起，确保了各项工作在后勤财经法规制度规定的范围内运作，后勤规范化水平进一步提高。后勤队伍建设取得较大成绩，举办 5 期各类后勤业务培训班，后勤队伍整体素质进一步加强。

自治区人民防空工作

【年度综述】2009 年，西藏自治区人民防空办公室按照科学发展观要求，解放思想，实事求是，改革创新，围绕中心，服务大局。根据中央关于新时期西藏工作的指导思想、方针政策和区党委、政府的一系列重大决策部署，着眼于新时期、新阶段我区人防面临的新形势、新任务，立足于我区经济社会跨越式发展的新实际和新实践，突出我区人防应急准备建设这个核心。

【针对新形势、新任务的时代要求，进一步加强人防组织指挥和信息化全面建设】加快实施人民防空指挥通信建设，统筹兼顾、突出重点，狠抓指挥通信建设，是全区人防应急建设的重中之重。

拉萨市政府财政投资 42 万元，自治人防办区利用国家下达的指挥通信专项经费 68 万元，共计 110 万元，连续两年在重点人防城市新增了固定警报器和中央控制台，使其音响覆盖率基本达到了规定的要求；

对重点人防城市主城区的防空警报器进行了设备的更新和安装；对自治区、拉萨市、日喀则市的短波电台进行了检查维修；对短波电台野外通信保障进行了针对性业务训练。并于 7 月 7 日， 9 月 18、19 日分别组织实施了拉萨市、日喀则市、林芝地区八一镇人防重点城市的通信警报试鸣工作。

【结合自治区国防动员新态势、新手段，进一步加强全民防空宣传教育力度】认真总结人民防空宣传教育经验，不断提高宣传教育质量，2009 年我区在拉萨市、日喀则市、林芝地区 14 所中学 102 个班开展“三防”知识教育，受教育学生 5034 人，经测试平均合格率达到 90%以上，通过学习，使受教育学生掌握了必要的防护技能和知识，提高了国防观念和人防意识。

结合 2009 年 9 月 19 日国防教育日，在拉萨市主城区设立宣传点开展了人防宣传教育活动，发放人防知识宣传单近两千余份，与此同时在规定的时间段进行了防空警报试鸣检验。

【依据成都军区人防办 2009 年工作要点，积极协助成都军区人防办成功举办西南片区人防政策法规座谈会】根据军区人防[2009]9 号文件精神，西南五省区人防系统于 6 月下旬在拉萨召开了“全区人防政策法规建设座谈会”，自治区人民防空办承担会务保障工作，及时上报了会议保障方案。

会议主要内容是进一步学习理解《人民防空法》和国发[2008]4 号文件等人防法律法规精神；总结全区“十五”以来人防政策法规建设情况，研究加强人防政策法规建设的对策措施，部署今后一个时期人防政策法规建设任务；组织人防政策法规建设经验交流。

参加会议的人员由西南五省（市、区）人防办领导、法规处处长和成都军区国家人防重点城市人防办领导共 85 人组成。

与会的重庆市民防办，四川、云南、贵州省人防办和西藏自治区人防办及重点市人防办九家单位‰在大会上作了交流发言，共有 39 家单位进行了经验交流。

此次会议还邀请到了国家人防办李扬副主任、成都军区司令部副参谋长刘永新少将和自治区分管人防工作的常务副主席白玛赤林以及西藏军区副司令员李福林等领导的出席。在会期时间紧、任务重、规格高的情况下，自治区人民防空办公室本着节约办会、务实筹备的原则，成功、圆满地完成了会务保障工作任务，为促进我区人防机构建设发挥了积极的推动作用。

【继续贯彻落实人防“准军事化”建设，积极探索“两防一体化”发展道路】自治区人防办遵照区党委和区直工委关于加强党建工作的指示精神和具体要求及按照人防机关“准军事化”建设第二阶段的目标要求，坚持以强化教育，提高能力为重点，“内强素质、外树形象”地推进干部人事制度改革，全面加强队伍建设。坚持党要管党、从严治党的方针，围绕全区工作大局，坚持对全办党员进行经常性教育与管理，全面提高党员素质，特别是通过开展保持共产党员先进性教育活动和主题活动，采取措施，制定整改方案，建立了长效机制，党员干部特别是领导干部的认识普遍提高，进一步坚定了理想信念，激发了工作热情，党员的先锋模范作用，党组织的战斗堡垒作用得到充分发挥，党风廉政建设的力度进一步加强，为改革与发展、促进构建和谐社会提供了不竭的动力。

第四篇 经 济

发展和改革、商务

自治区发展和改革工作

【年度综述】2009年，自治区发展改革委紧紧围绕“科学发展引领，强化四种意识（大局意识、责任意识、服务意识、创新意识），增强四个能力（政策研究能力、发展谋划能力、项目推进能力和工作统筹能力），发挥三部作用（参谋部、规划部、协调部），促进跨越发展”的学习实践科学发展观活动载体，全面落实全区经济工作会议部署，按照保增长、保民生、保稳定的总体要求，团结协作，攻坚克难，狠抓落实，确保经济平稳较快发展，民生全面持续改善，有力地推动了全区经济社会的又好又快发展。

【围绕区党委、政府的各项决策部署，加强和改善宏观调控，参谋助手作用得到进一步体现】2009年，自治区发展改革委紧紧围绕中央和自治区关于“把保持经济平稳较快发展作为首要任务”的总要求，认真履行综合经济部门职能，切实加强和改善宏观调控，有效促进了全区经济平稳较快发展。一是深入贯彻落实宏观调控政策。积极跟踪把握国家政策走势，着力加强经济运行监测预警。及时做好经济运行分析，先后作出季度、半年度和全年度经济运行分析及下一步经济工作建议的报告，为区党委、政府提供了有价值的政策建议。进一步加强价格监管工作，整顿规范市场价格秩序。加强市场价格调控，制定和调整了管理权限范围内的价格水平和收费标准，开展重点行业收费等清费减负治乱工作；完善重要商品价格监测和预警制度，相继开展了涉农、涉企、教育、医药、电力等一系列价格和收费专项检查和重大节日的市场巡查、重点检查。注重市场平衡，统筹协调全区重要物资储备、调运，以及重点领域和行业的平稳运行工作。全力配合铁路运营管理工作，建立健全联席沟通渠道，确保了青藏铁路设施和列车运营安全。二是积极推动区域经济协调发展。深入贯彻落实国家实施西部大开发战略10周年系列工作会议精神，按照国家和自治区的统一部署，进一步加大了西部大开发项目的衔接汇报力度。认真开展调查研究，编写《西藏区域经济发展调研报告》，提出了进一步加强区域经济协调发展的政策建议。积极开展我区主体功能区建设前期研究工作，统筹部署，协调衔接，积极推进区域经济协调健康发展。三是着力抓好重大问题研究。积极参与国家“十二五”规划前期研究工作，配合做好国家赴藏调研组的相关工作，牵头完成自治区向国家调研组的综合汇报材料，研究提出我区“十二五”时期以及到2020年经济社会发展的初步思路和重点任务，为配合国家调研组起草调研报告和提出“十一五”末和“十二五”期间西藏经济社会发展的若干政策和重大项目意见奠定了基础。强化经济研究职能，申报并组织开展了我区有关重要课题研究工作，上报的《青藏铁路经济带问题研究》一书荣获国家发展改革委学术委2008年度学术成果二等奖。四是加快推进“十二五”规划编制。按照全国发展改革工作会议关于“十二五”规划工作的有关意见和自治区“十二五”规划编制工作会议精神，代政府草拟了《关于做好全区“十二五”规划编制工作的意见》，全面部署规划编制工作。深入研究提出我区《“十二五”规划重大问题研究指南》，并依托区内研究机构和力量组织开展了21个重大问题的前期研究。组织人员认真梳理和吸纳国家调研组的成果以及意见和建议，形成了“十二五”时期我区经济社会发展的基本思路草案和《西藏自治区“十二五”规划项目方案》草案。积极开展我区主体功能区规划编制工作，并主动与国家主体功能区规划进行衔接。五是加大经济和社会发展对外宣传力度。拉萨“3·14”事件后，来西藏参观访问的境外代表团不断增加，2009年接待来访的英国国务大臣、新加坡驻华大使等外国政要、重要商界人士共28批约300多人次。通过介绍我区经济社会发展情况、答记者问等方式，有效宣传和展示了新西藏的新发展、新变化、新生活。

【围绕首要任务，协调落实各项强农惠农政策，社会主义新农村建设取得显著成效】2009 年，坚持把“三农”工作作为最大的民生工程来抓，突出“改善农牧民生产生活条件、增加农牧民收入”这个首要任务，坚定不移地推进以安居乐业为突破口的社会主义新农村建设，不断拓宽农牧民增收致富的渠道。一是切实改善农牧民生产生活条件。与自治区有关部门密切配合，围绕“八个基本解决”，积极争取国家投资，加大农牧民安居工程及其配套设施建设力度，提前一年实现让 80%住房条件较差的农牧民住上安全适用房屋的目标，使我区尚未定居的游牧民基本实现定居，超额完成了“十一五”规划目标任务。又解决了 41.43 万人饮水安全问题，完成 7.1 万户农村沼气池建设，新增 19 个乡镇、213 个行政村通公路，新增和改善了 11 万人的用电，解决了 404 个行政村通电话，乡镇通邮率达到 80.2%。截至 2009 年底，已累计解决了 122.2 万人饮水安全问题，完成 11.5 万户农村沼气池建设，解决了 668 个乡镇、4222 个行政村通公路问题，全区行政村通电话率达到 85%，农牧区碘盐推广覆盖率达到 80%以上。二是加大农牧业特色产业扶持力度。整合 8.3 亿元实施农牧业特色产业项目 65 项。按照“区域集中、规模做大、质量提升、效益提高”的原则，重点安排种草养畜、白绒山羊产业基地、无公害蔬菜基地等建设项目，进一步加大牲畜短期育肥工作力度，初步形成了一批特色鲜明、增收作用明显的农牧业特色产业生产基地。在项目的推动下，农牧业特色产业已经成为农牧业经济的一大亮点，也成为农牧民增收的重要来源。三是千方百计增加农牧民收入。充分挖掘农牧业内部增收潜力，进一步优化农牧业内部结构，加快牲畜出栏，进一步巩固和发挥了农牧业的基础增收作用。结合项目建设，加大农牧民技能培训和劳务输出力度，使农牧民群众从工程建设中直接受益。巩固提高特色农牧业的增收作用，积极落实国家农牧业特色产业专项投资，提前一年完成了“十一五”规划目标任务。密切配合自治区有关部门，加大粮食直补、农资综合直补、农机具购置补贴等国家强农惠农政策落实力度。切实加强农牧区防抗灾工作，加大饲草料基地和牲畜棚圈建设力度。通过强化增收手段，细化增收措施，我区农牧民人均纯收入 2009 年达到 3532 元，比上年增长 11.2%。

【围绕扩内需保增长，不断加大投资落实力度，发展基础更加坚实】2009 年，坚持“把项目建设作为保增长的关键环节来抓”，加大同国家有关部委的汇报衔接力度，科学选择项目，积极争取投资，及时下达计划，大力推进项目建设。一是加大投资争取力度。着力加强向国家发展改革委等有关部委的汇报沟通力度，认真总结汇报我区“十一五”规划项目方案执行情况，并提出了“十一五”规划项目和投资调整方案，使中央关心西藏的各项政策得到有效贯彻落实。全年落实中央投资突破 200 亿元，达到 210 亿元，同比增长 30%。统筹准备财政基本建设周转金 25 亿元。同时，加强招商引资工作，全年全区落实招商引资项目 316 个，协议资金 150 亿元，到位资金 59 亿元，同比增长 23%。积极协调落实援藏资金 20 亿元，同比增长 21.4%。二是加快推进重点项目建设。积极协调各地（市）、各有关部门，抓紧项目前期工作，狠抓项目落实，两次集中开工了 42 个重点项目。新藏、青藏、川藏、滇藏、中尼等干线公路、通县油路和农村公路建设进展顺利，新增沥青（水泥）路面 394 公里；阿里昆莎机场校飞成功，昌都邦达机场改扩建工程顺利完工，日喀则和平机场开工建设。巴河雪卡水电站 4 月底完工投产；加查 110 千伏输变电工程带电运行；拉萨至林芝 220 千伏输变电工程投入运营，藏中电网与林芝电网联网成功；老虎嘴水电站、阿里并网光伏电站、无电地区电力建设进展顺利。旁多水利枢纽工程开工建设；满拉、墨达两大灌区完成主体工程。青藏铁路那曲物流中心建成并投入运营。“三大重点”文物保护维修工程正式竣工，灾区基础设施以及公益性社会事业恢复重建工作进展顺利。三是不断加强项目管理。积极开展工程建设领域突出问题专项治理工作，加大项目监督检查力度，强化重点项目审计、监察和稽察。及时召开全区重点项目建设会议。继续加强我区中央投资项目的招标代理机构管理工作，积极开展项目后评价试点工作。

【围绕提高发展能力，着力推进产业建设，产业结构不断优化】2009 年，坚持“注重特色与规模、注重引导扶持、注重生态环境保护、注重带动农牧民增收”的产业发展指导原则，在“高、大、长”上下功夫，产业结构进一步优化。一是进一步加大对特色优势产业的扶持和培育。积极争取国家产业振兴贷款贴息和投资补助资金 1.1 亿元，继续加大对特色优势产业发展和中小企业技术改造项目的支持。青稞啤酒、水泥、矿泉水和矿产等工业项目顺利建成，经济效益开始显现。积极实施青藏地质专项，甲玛铜多金属矿、邦布岩金矿、普松岩金矿等一批矿业项目建设取得重大成果。发电量、水泥、啤酒、瓶（罐）装饮用水等产品产量快速增加。继续加强旅游业、藏医药业等产业基础设施建设。二是严格落实产业政策。根据国家十大产业调整和振兴规划的指导意见，牵头组织自治区有关部门，起草有色金属、轻纺、电子信息、物流业等我区相关产业的规划实施方案。按照国家和自治区的产业政策和准入条件审核企业投资项目，进一步规范企业投资项目核准、备案的工作程序。会同有关部门共同研究核准了山南地区加查县邦布岩金矿采选工程、墨竹工卡县那茶淌北矿区锌矿采选工程、工布江达县亚桂拉铅锌矿开采工程等 11 个工业项目。

【大力发展社会事业】一是坚持优先发展教育事业。积极争取和落实投资，安排建设 147 所规范化小学、10 所幼儿园、7 所初级中学、9 所普通高级中学、4 所中等职业技术学校和西藏警官高等专科学校、拉萨师范高等专科学校 2 所高校建设。高中阶段办学规模进一步扩大，高等教育办学条件进一步改善。两基攻坚成果进一步巩固，全区 73 个县全面完成普九任务。二是继续加强卫生基础设施建设。启动了 31 个县卫生服务中心、53 个乡镇卫生院、4 个社区卫生服务中心的标准化建设，完成新建 4 个县疾病预防控制中心，改扩建自治区藏医院和昌都、那曲地区藏医院及昌都地区人民医院、拉萨市妇幼保健院等工程任务，农牧区卫生基础设施逐步改善，地市级医疗卫生设施条件逐步提高，食品药品监督管理系统基础设施逐步健全。三是加快发展文化体育事业。安排建设13个县综合文化活动中心、81个乡镇文化站、文化信息资源共享工程和昌都地区青少年活动中心。扎什伦布寺等一批重点文物维修保护工程进展顺利。新建680家农家书屋和290个村级农民体育健身场地,人民群众文化生活水平进一步提高。安排建设34座中波转播台，到2009年底，全区广播电视综合人口覆盖率达到89.2%和93.6%。四是大力发展社会保障事业。积极推进就业及社保工作。协调解决就业问题，动态消除零就业家庭，城镇登记失业率控制在4.0%以内。协助做好“3·14”事件中受损商户、员工及受影响行业发放失业救助、医疗救助、房屋修复补助、租金补贴、贷款贴息等工作。统筹推进社保事业的扩面、提标工作。全区参加社保总人数达到72.1万人。五是切实加强环保节能惠民措施。积极实施《西藏生态安全屏障保护与建设规划》，累计落实国家投资17.5亿元，农村沼气、退牧还草、小水电代燃料、防护林体系建设等工程进展顺利。协调启动西藏自治区草原生态保护奖励机制试点。稳步推进节能减排工作，严格控制高耗能、高排放行业盲目扩张，狠抓重点领域节能减排，实施节能产品惠民政策，推动完成110万只财政补贴高效照明产品推广指标任务；落实1.4亿元垃圾和污水处理设施建设项目；大力推广大型太阳能光伏并网发电示范项目、太阳能集热采暖等建筑节能示范项目。

【围绕体制机制创新，加快推进经济体制改革，发展环境日益优化】一是协调部署经济体制改革工作。根据国务院转发国家发展改革委《关于2009年经济体制改革的意见》，起草并征求自治区各相关部门意见后，报由政府批转了全区年度经济体制改革工作实施方案，对全区经济体制改革各项工作作了进一步的统筹部署。二是继续深化国有企业改革。协调强化产业指导目录的导向作用，优化国有经济结构的合理布局，进一步增强我区国有经济的主导地位；协助完成了建工集团、建材集团、矿业集团的组建，做好旅游、藏药企业集团组建的前期工作。三是着力推进医药卫生体制改革。切实发挥自治区医改办职能，及时召开全区深化医药卫生体制改革工作会议，研究制定并报由自治区党委、政府批转出台了《中共西藏自治区委员会、西藏自治区人民政府关于深化医药卫生体制改革的意见》，制定了《西藏自治区深化医药卫生体制改革2009年重点工作方案》和《西藏自治区2009年实施国家基本药物制度工作方案》，落实和公布国家确定的基本药物零售指导价格，开展医疗服务项目价格的审核工作，推动了全区医药卫生体制改革工作顺利开展。四是加强价格改革和行政收费管理。积极稳妥地推进资源环境价格改革，落实国家8次调整成品油价格，建立和完善油价与出租汽车、道路客运运价联动机制；规范电价分类，调整中部电网电价；全面开征水资源费、水土保持设施补偿费、水土流失防止费。五是切实推进盐业体制改革。对我区的盐业流通体制存在的现状、问题进行了全面的调研，呈报了《西藏自治区食盐流通情况调研报告》。督促相关单位开工建设碘盐营销网络体系，推进碘盐配送中心建设。

【领导名录】

党组书记、副主任：泽　西
党组副书记、主任：金世洵
党组成员、副主任：徐建昌
党组成员、巡视员：何本云
党组成员、副主任：冉仕平　胡新生
党组成员、纪检组组长：罗　杰
党组成员、区铁路办主任：巴　桑
党组成员、区能源办主任：陈新民
副巡视员：马菁林　王念东

自治区商务工作

【年度综述】2009年是新世纪以来我区经济发展最为困难的一年。面对国际金融危机的持续冲击和拉萨“3·14”事件的后续影响，全区商务系统按照自治区党委、政府的决策部署，坚持一手抓稳定不放松、一手抓发展不动摇，各项商务工作全面推进，巩固了投资消费双拉动经济增长的格局，重点、难点工作实现新突破，惠及民生工作取得新进展，为我区经济保持12%以上的增长做出了重要贡献。

【消费快速增长，成为拉动经济增长的重要力量】2009年，自治区商务部门认真贯彻落实中央和自治区关于扩大内需、刺激消费的一系列决策部署，结合西藏商务发展的实际情况，出台了《西藏自治区人民政府办公厅关于搞活流通扩大消费的意见》。同时，会同自治区相关部门，向农村低保对象、“五保户”、“三老人员”、优抚对象及城市低保人员和国有企业退休人员发放了购物券或购物现金9400多万元。全区进藏游客达到550多万人次，为拉动消费做出了积极贡献。住房消费逐步回暖，汽车消费日趋旺盛。以安居乐业为突破口的社会主义新农村建设加快推进。2009年全区实现社会消费品零售总额156.58亿元，增长21.3%，城乡消费持续活跃，农牧区消费零售总额首次实现了20%以上的增长，呈现出城乡齐头并进的良好态势，巩固了投资消费双拉动经济增长的格局。

【大力调整外贸发展方式和思路，我区边境贸易和自产产品出口发展态势良好】2009年我区对外贸易实现进出口总额4.01亿美元。其中，边境贸易进出口额2.49亿美元，同比增长3.87%；边民互市贸易达到3.37亿元人民币，同比增长68.5%；自产产品出口有较大增幅，仅活畜出口达46万只。特别是亚东仁青岗边贸市场交易情况良好，交易额达1629万元人民币，同比增长132%。边境贸易的快速增长，有力地促进了农牧民增收。2009年，自治区积极采取对策，贯彻落实国家稳定外需的一系列政策，发布了《西藏自治区人民政府办公厅关于保持全区对外贸易稳定增长的意见》，出台了20项针对性很强的政策措施；商务部门及时调整自治区贸易促进政策，进一步加大了对自产产品、边境贸易、边民互市和大型外贸企业的支持力度；坚定不移地按照自治区确定的“重点建设吉隆口岸，稳步提升樟木口岸，积极恢复亚东口岸，逐步发展普兰、日屋口岸”的思路，认真编制口岸总体规划和各口岸分项规划；积极开展建设中尼吉隆跨境经贸合作区可行性研究，安排专项资金建设吉隆口岸“两纵两横”道路、樟木停车场、亚东滨河路等项目，口岸各项基础性工作更为扎实，为实质性推动南亚陆路贸易大通道建设拉开了序幕。

【民生工作取得积极成效，为改善城乡居民生产生活条件和促进社会和谐稳定做出了贡献】一是碘盐覆盖率继续大幅提高。在自治区新的碘盐补贴政策有力支持和推动下，2009 年农牧区碘盐覆盖率超过 80%，比上年提高 14 个百分点，为实现全区碘盐市场覆盖率达到 90%以上的目标奠定坚实基础。二是家电家具下乡全力推进。根据国家家电下乡政策，在试点基础上，制定出台了符合西藏实际和特点的家电家具下乡政策和实施方案，扩大了下乡产品范围、提高了补贴标准，家电家具下乡、汽车摩托车下乡在全区七地市得到全面顺利推开，取得了明显进展。三是消费结构进一步优化。2009 年，商务部门始终将“保障供应，稳定市场，平抑物价，方便消费”作为重要任务，我区农牧区消费增长首次超过城市，农牧民消费结构进一步优化；与此同时，有效保障了 550 万人次进藏游客的商品购买和生活需求。重要生活必需品价格运行平稳，居民消费价格总水平涨幅为 1.1%。四是市场体系建设取得新进展。全年完成了 400 家农家店的新建和改造。碘盐营销网络体系建设顺利启动，拉萨配送中心主体建成。城市商业网点建设不断向社区延伸，专业市场、综合市场和县级农贸市场等重点建设稳步推进，再生资源回收及利用行业进一步规范。五是“双进工程”和“早餐示范工程”开始启动。全区 40 个标准化菜市场试点改造项目已经获得商务部核准，1200 万元的专项资金已下达我区；两个早餐示范工程试点建设项目顺利获得商务部核准，600 万元的支持资金也全部到位。六是藏毯产业发展得到进一步扶持。在巩固盘活 38 个已建藏毯编制车间成果的基础上，去年又安排 1072 万元资金支持藏毯企业进行人员培训、技术改造，帮助企业提高了产品竞争力，扩大了生产规模，对促进特色产业发展、增加农牧民就业和增收发挥了较好作用。七是边销茶市场管理不断加强。通过组织对四川、云南和区内边销茶生产、销售、储备、产品价格等情况的系统调研，对边销茶市场的监管提出了意见与建议，为政府宏观决策提供了科学依据。

【关键领域与薄弱环节取得实质性突破，为推动我区商务科学发展发挥了积极作用】一是成功召开了首次全国商务系统援藏工作会议。在商务部和自治区党委、政府的高度重视下，2009 年 8 月成功举办了首次全国商务系统援藏工作会议。通过这次会议，全国商务系统进一步明确了商务援藏的重要性、必要性，理清了商务援藏的基本思路，初步构建了全国商务系统对口援藏长效机制。二是成功举办了第十二届中国西藏-尼泊尔经贸洽谈会。与往届相比，本届洽谈会取得了规模最大、参展企业最多、档次最高、综合性最强、商品成交最多的良好成绩。短短 5 天时间里，双方共实现销售总额约 250 万元人民币；签订进出口贸易合同或协议 26 份，总金额达 1591 万美元；签订合资合作项目 5 个，投资金额 681 万美元。三是顺利实施了盐业体制改革。在全区推行盐业专营，基本完成了盐业公司上划工作，对盐业生产经营与监督管理职能进行了分离，解决了十几年来盐业体制不顺的问题。四是进一步健全和完善了副食品储备体系。经自治区政府批准，对 1995 年建立的副食品储备体系进行了改革。设立了 2000 万元的“西藏市场风险应急资金”，结束了多年来我区没有居民生活必需品市场应急手段的历史，全面提升了我区应对突发事件和重特大自然灾害的能力。

【商务工作整体水平有了新的提高】一是政策及资金、项目的争取工作取得突破。建立了商务发展项目库，全年争取扩大内需、保持外贸增长等中央各类专项资金 2.5 亿多元。二是利用外资水平有新进展。随着我区经济形势回升向好，境外投资者信心不断增强，我区全年实际利用外资达 5800 多万美元，同比增长 150%，招商引资正呈现向大项目、高新技术产业、环保产业、资源利用型产业方向发展的良好趋势。拉萨经济技术开发区招商引资取得新进展，实现税收 3.3 亿元，同比增长 69%。西藏天地绿色饮品发展有限公司年产 20 万吨青稞啤酒项目开工建设，娃哈哈绿色饮品等一批特色产业企业落户开发区。三是对外经济合作有序推进。全年争取国际多双边无偿援助项目 8 个，援助金额 390.27 万美元。由西藏宏绩建设实业有限公司承建的中国政府援助尼泊尔沙拉公路项目进展顺利。中国政府援助尼泊尔的热索桥建设项目正积极推进。四是贸易投资促进和交流作用增强。商务部门组织企业参加了广交会、投洽会、西博会、藏毯博览会等展会，共签订各类贸易合同 5340.87 万美元，企业参展质量和效果明显提高。五是企业工作进一步加强。有效地保障了职工收入的增长和生活水平的改善，基本完成了企业的房改工作。六是行业监测监管作用加强。进一步加强了对居民重要生活必需品价格和供求状况的监测，强化了对生猪屠宰、成品油、直销、典当、拍卖等特种行业的监管，规范了企业经营行为，保障了消费者的合法权益和消费安全。

【领导名录】

党组书记：索朗多吉

厅　长：马相村

副厅长：帕巴群增、吉桑顿珠、邓立（商务部援藏干部）、王西平（纪检组长）

巡视员：朱立福

助理巡视员：尚进林

自治区粮食工作

【年度综述】2009 年，全区各级粮食部门深入贯彻落实科学发展观，全面落实国家和自治区粮食流通政策，紧紧抓住确保我区粮食安全这个中心任务，准确判断，沉着应对，统筹安排，围绕保证市场粮食供应和价格稳定，进一步提高和改善粮食宏观调控，深化国有粮食企业改革，切实做好粮食清仓查库，着力强化自治区储备粮管理，大力推进依法行政和依法管粮，深入开展反分裂斗争，各项工作取得了较好的成绩，为我区经济社会的更好更快更大发展作出了积极贡献。

【粮食宏观调控得到进一步加强，粮食市场基本稳定】认真抓好粮食收购，2009年旺季我区三个粮食主产地（市）国有粮食企业青稞收购价格达到2.40元/公斤，达到历史最高水平。2009年是我区种粮农民实现售粮增收最多的一年，也是放开粮食购销市场以来国有粮食企业旺季粮食收购量最多的一年，充分发挥了国有粮食企业市场主渠道作用。

认真做好粮源组织采购和市场投放工作做好保供稳市工作，及时充实边远易灾县（乡）的粮食库存，确保了全区粮食市场供应和价格基本稳定。

加强粮食供求形势分析，做好粮情预测工作。2009年，为增强粮食宏观调控工作的预见性、及时性和有效性，各级粮食行政管理部门继续坚持粮食市场价格动态监测和粮油供求信息的采集制度，进一步加强对粮食市场的监测，加大监测密度和频率，认真分析预测粮食生产、消费、库存、价格变化形势和趋势，为政府决策和做好粮食宏观调控工作提供决策依据。认真开展社会粮食流通统计和社会粮油供需平衡调查工作，切实为粮食宏观调控服务。

进一步充实应急粮源，增强调控基础。按照《自治区粮食应急预案》的要求，继续抓好应急粮源的落实，昌都、那曲两地区在落实0.3万吨地区级应急储备粮的基础上，2009年又落实了0.1万吨的县级应急储备粮，进一步增强了政府调控市场的物质基础。

【完善管理机制，自治区储备粮管理水平进一步提高】全力抓好自治区储备粮油轮换工作。2009年是我区全面放开粮食购销市场以来规模最大的一次自治区储备粮油集中轮换。按照《自治区储备粮轮换管理试行办法》的有关规定，在各级政府的高度重视和有关部门的大力支持下，各级粮食部门克服数量大、时间紧、任务重等困难，精心组织、统一部署，采取一系列行之有效的措施，千方百计抓好自治区储备粮轮出销售和轮入采购的各项工作，确保了自治区储备粮油轮出销售与轮入采购工作的顺利完成。

自治区储备粮规模增加，保管费用标准得到提高。经自治区政府批准，2009年，新增自治区储备青稞275万公斤，夯实了调控的物质基础。针对自治区储备粮保管费用偏低的实际，在自治区财政厅的大力支持下，自治区储备粮保管费用得到提高，为切实管好自治区储备粮奠定了基础。

建立健全管理制度。2009年，在不断探索和建立健全自治区储备粮管理长效机制的基础上，加大了制度措施的修订和完善工作，分别制定出台了《自治区储备粮仓储管理办法（试行）》、《自治区储备粮代储库主任职责》、《自治区储备粮代储库保管员岗位责任制》等制度。与自治区有关部门联合制定出台了《自治区储备粮轮换管理试行办法》。进一步健全了管理制度，规范了管理工作。同时，建立了自治区储备粮代储库仓储设施维修机制。

【全力做好粮食清仓查库工作】我区成立了由自治区政府牵头，有关部门负责人组成的粮食清仓查库工作领导小组，召开了动员大会，制定了粮食清仓查库工作实施方案和检查方法。自上而下开展了大规模、多层次的业务培训，共培训检查人员485人。从3月底到4月底，顺利完成了企业自查、地市普查、自治区复查各阶段、各环节工作任务，普查率达100%，复查率达88%。全区共组织工作组99个，参加库存检查的检查人员达1590多人。通过清查，全区各地市被查企业粮食库存实物与保管账、统计账、会计账、报表等账实相符，账账相符，账表相符，基本做到了账务处理及时合规，不同性质、品种的粮食按照规定进行了分账管理、分仓（垛）储存，总体质量符合国家标准。在全国粮食清仓查库先进单位和先进个人的评选活动中，我局获得优秀组织奖。

【领导名录】

党委书记　副局长：吴国汉
党委副书记　局　长：次旺诺布
党委委员　副局长：达　拥
　　　　　　　　　何长春

财税、金融、保险、证监

自治区财政工作

【年度综述】2009年，全区各级财政部门坚持以邓小平理论和“三个代表”重要思想为指导，深入贯彻落实科学发展观，按照全区经济工作会议和全区财政工作会议，自治区九届人大二次会议确定的财政预算案，以“保增长、保民生、保稳定”为主线，狠抓自治区政府确定的各项政策措施的落实，积极应对国际金融危机的持续冲击、“3·14”事件的后续影响和多种自然灾害等各种不利因素，大力增收节支，深化各项改革，完善财政监管，全区财政收入保持较快增长，重点支出得到有效保障，为全区的稳定与发展提供了强有力的财力支撑，实现了全年财政工作目标。

2009年，全区财政一般预算收入预计完成27.4亿元，为预算的162.13%，比上年同期增加2.6亿元，增长10.48%；财政一般预算支出预计完成420亿元，比上年增加40亿元，增长10.53%。

【财政投资进一步扩大】一是积极落实中央和自治区关于扩大投资的各项措施，切实加强中央新增投资资金管理，确保国家扩大内需政策落到实处。截至目前，自治区本级财政已到位。2009年中央新增投资 71.1 亿元，目前已下达 2009 年新增投资预算指标 57.6 亿元。自治区已落实 2009 年中央新增投资配套资金 5.48 亿元。为进一步扩大内需，改善农牧区消费环境和农牧民生活条件，积极推动家电、家具等耐用消费品下乡，全年共落实财政补贴资金 5.5 亿元。

自治区财政安排落实财政基建调度资金 25 亿元，用于旁多水利枢纽工程、通县油路、日喀则和平机场等 33 个重点项目建设；安排农村小型农田水利设施建设、乡村防洪和边境地区运行困难的农村小水电站运行维护资金 9000 万元；落实全区 985 个村级组织活动场所建设资金 1.97 亿元。落实各地(市）农牧民安居工程建设补助资金 7.52 亿元，民房抗震设防补助资金 2.981 亿元，占年度资金计划的 100%。

落实特色产业项目发展资金 5 亿元、重点区域造林补助资金 2 亿元。落实实施草原生态效益补偿资金 1 亿元。落实农村沼气等薪柴替代能源项目建设资金 4028.2 万元。

落实资金 1670 万元，支持全区第二次土地调查。安排落实 2672.9 万元，专项用于乃东县国家级基本农田保护示范区、芒康县嘎托镇土地开发整理项目等项目建设。

二是继续贯彻落实“3.14”受损商户和受影响行业救助政策。2009 年，继续落实资金 659.85 万元，用于解决受损商户失业救助和“3·14”受影响行业人员失业救助。落实资金 1276.6 万元，兑现了受损商户生活救助金。自 2008 年“3·14”事件以来，财政累计投入补助、救助资金 2.1 亿元，用于帮助受损商户恢复经营和保障受害群众基本生活；投入旅游等专项资金亿元，扶持受损行业、企业恢复生产经营活动。2009 年，全区旅游业迅速恢复，产生了良好的经济和社会效益。

三是切实加强应急管理，确保应急支出需求。安排落实资金 1 亿元，建设了 32 个乡和 51 个县救灾物资储备仓库，抢险救灾保障能力进一步增强。落实甲型 H1N1 流感防控经费 1627.3 万元，做好防控物资储备。自治区下达自然灾害救助资金 6182 万元。

【财政支农投入进一步增加】财政支农投入继续大幅增加。1-9 月份，全区财政支农资金累计支出 569233 万元（含农牧民安居工程支出，基本建设农田水利、林业等支出)，占年初预算的 137.5%，较上年同期增加 240616 万元，同比增长 75.5%。已安排落实农业开发扶贫资金 1 亿元；安排落实“兴边富民”资金 1 亿元。安排落实农机补贴 5000 万元；拨付粮油良种补贴资金 714.05 万元；牲畜良种补贴进入实施阶段，2009 年全区计划兑付补贴资金 1000 万元。安排落实全区小型农田水利项目建设补助资金 3500 万元，实施水渠、水塘等小型农田水利项目 127 个；安排落实小水电维修补助资金 666.9 万元,用于 15 座农村小水电维修补助；安排落实乡村防洪补助资金 751.5 万元，专项用于 15 个乡镇堤防新建及维修加固。安排落实牲畜出栏补助资金 2356.2 万元。

安排落实春耕备耕生产支持资金 42000 万元，同比增加 7800 万元，增长 22.8%。安排落实全区农牧业特色产业扶持资金 2385 万元，支持农牧业特色产业劳动力转移项目 34 个；安排 21 个农业综合开发项目区建设资金 19769 万元，促进提升农牧业综合生产能力；拨付各地（市）财政扶贫资金 9718.7 万元(不含农牧民安居中扶贫搬迁、边民和人口较少民族民房改造等扶贫资金渠道补助资金 25800 万元)，支持 209 个扶贫开发项目建设。安排落实 16 个区直部门及七地（市）农牧民培训经费 4048.24 万元，培训农牧民 9.2 人。安排特大抗旱补助资金 1362 万元,用于抗旱应急水源建设、抗旱设备购置、人工增雨作业；安排落实农业抗旱采购农药、药械及农作物种子补助资金 596.3 万元；安排落实林业抗旱病虫害防治药械购置及保灌、补植、抚育补助资金 950 万元。安排落实农牧民合作组织资金 1804 万元，支持各类农牧民合作组织 83 个。

【保障和改善民生力度进一步加大】进一步完善城镇居民医疗保险制度，提高城镇居民医疗保险标准，住院医疗报销最高限额由 2 万元提高到 5 万元，门诊统筹支付比例提高到 70%；从 2009 年起每年安排资金 1000 万元，在农牧区孕产妇住院分娩全部免费的基础上，实施城镇居民孕产妇住院分娩补助政策；增加了城镇居民医疗特殊门诊病种；实施了非公务员身份的参保职工大额商业补充医疗保险。

安排落实资金 5457.6 万元，为全区 36927 名城市低保对象和 31293 名国有企业退休人员，发放了每人 800 元的购物券（卡）或现金；安排落实资金 4072.7 万元，给农村最低生活保障对象和五保户按每人 150 元、“三老人员”每人 200 元、“59328”前的老党员每人 230 元、优抚对象每人 230 元的标准发放了一次性生活补助；在中央有关部门的支持下，为纪念“西藏百万农奴解放纪念日”，按每户 1000 元的标准给城乡低保对象、“59328”前的“三老人员”发放了一次性生活补助。进一步完善和落实就业再就业优惠政策。安排落实公益性岗位补助资金 6322.1 万元；安排高校毕业生就业奖励资金 394.8 万元。安排落实资金 91.7 万元，为我区 1318 名“三支一扶”人员投保了团体人身意外伤害保险、附加意外伤害医疗费用保险和附加疾病住院医疗保险。完善城乡最低生活保障制度，提高保障标准。2009 年，将农村低保标准由现行的年人均 850 元调整为 1100 元。具体人均产值为：重点保障对象补助标准由 470 元调整为 720 元，特殊保障对象补助标准由 290 元调整为 500 元，一般保障对象补助标准由 194 元调整为 368 元。城市居民最低生活保障标准从 260 元提高到 310 元。

积极促进教育公平，完善农村义务教育经费保障机制。2009 年安排落实教育事业费 324144.8 万元，比 2008 年年初预算增加 70520.7 万元，增长 27.8%。再次提高了农牧区中小学“三包”经费标准，从 2009 年 1 月 1 日起“三包”经费标准在原有的基础上提高 100 元，达到小学生年人均 1300 元，初中生年人均 1450 元；边境县乡小学年人均 1400 元，初中生年人均 1550 元，落实提标资金 3465 万元，全区农牧区 27 万多学生受惠；安排落实中等职业教育农牧民子女免除学费和住宿费资金 2573 万元；安排落实高校师范及农、牧、林、水、地矿等相关专业新入校学生免费教育资金 625.3 万元；从 2009 年 1 月 1 日开始，教职工公用经费标准由原来的年人均3000元提高到3400元，落实提标资金14446万元；大幅度提高中小学生均公用经费标准，小学生由原来的年生均150元提高到300元，初中生由原来的年生均250元提高到500元，落实提标资金8180万元；安排落实民办学校义务教育经费72.2万元；安排落实城市小学建设资金1800万元、寄宿制学校建设经费8200万元；安排落实地震灾区及大骨节病区学校搬迁等经费6400万元；安排落实未普九县寄宿制初中建设资金13800万元，安排落实中小学免费教材印刷经费3501万元；安排落实高校在校学生和家庭经济困难学生临时生活补贴153.3万元；安排落实国家助学金和特别资助资金1826万元；安排落实职业教育实训基地建设资金940万元。

继续加大文化、体育、传媒、文物等经费投入力度，安排落实文化信息资源共享建设资金、宣传资金、广播电视数字推广普及等经费2787.6万元；为丰富农牧区基层群众文化生活，安排落实资金510万元，用于改善基层文化内部设施条件。安排落实西藏电视台专项资金2939万元。安排落实非物质文化遗产保护资金300万元。对现有19支民间艺术团补助经费在原有的基础上增加到20万元，已落实增加经费285万元。补助区直三团在拉萨市区下乡演出经费60万元，安排落实图书购买资金和文化创作资金200万元。

【支持特色优势产业发展能力进一步增强】自2009年，拉萨青稞啤酒二期生产线建成投产，5100矿泉水改制顺利推进，西藏矿业集团、西藏建材集团完成组建，第二产业发展呈现良好态势。

落实政策性亏损补贴和税收返还政策，扶持企业发展。安排落实化肥补贴7000万元；安排落实西藏日报社等文教企业亏损补贴2023万元；安排落实第一、二季度自治区储备粮利息、费用550万元；及时安排拨付各类专项资金，积极支持重点企业技术改造、技术进步和科技创新。安排落实对种粮农民直接补贴资金3765.60万元；安排落实农资综合补贴3765.60万元，大中型水库移民后期扶持资金114.06万元；安排落实碘盐补贴1600万元；安排落实科技三项费用7202万元，支持重点科技项目15个；安排落实外贸发展促进资金2106万元，重点支持11个项目；安排落实中小企业国际市场开拓资金78.2万元，支持项目36个；完成245家实施“万村千乡市场工程”农家店建设；对实施2008年“双百市场工程”项目进行验收后，落实资金160万元；安排落实资金138万元落实新网工程项目3个；安排落实资金200万元落实新农村物流体系建设项目2个；落实“村村通电话”工程资金500万元；安排落实能繁母猪保险保费补贴资金622万元。

【维稳保障能力进一步强化】2009年继续加大维稳投入，保障维稳工作顺利开展。针对当前的特殊形势，为了做好我区的维护稳定工作，截至目前，我们共下达维稳经费27095万元，其中：中央政法专款18581.4万元。维稳资金的落实到位，为维护稳定工作的开展，确保我区稳定的社会局势提供了有力的经济保障。同时，为了进一步完善政法应急指挥系统的功能，进一步拓展系统应用范围，我们经测算后向财政部申请应急平台建设缺口资金7610万元。

自治区税务工作

【年度综述】2009年，全区税务系统深入贯彻落实科学发展观，较好地完成了各项税收工作任务，并取得了可喜的成绩。由于受国际金融危机和税收政策调整等因素的影响，税收收入工作遇到了较大的困难和压力。第一季度税收收入出现大幅下滑态势，全区税务系统认真贯彻落实自治区党委、政府和总局的要求，坚持“依法征收、应收尽收”的组织收入原则，以组织收入为第一要务，全面分析形势，及时采取有效措施，挖潜增收，随着全区整体经济逐步恢复发展，在较短时间内遏制了税收收入下滑态势，并从第二季度开始，逐步走出了下滑的局面，三、四季度逐月保持稳定增长，最终实现了税收收入与全区经济同步平稳增长，顺利完成了全年预期收入目标，全年税务部门共组织各项收入34.66亿元，增长15%，增收4.53亿元，收入规模再创历史新高，继续保持了平稳较快增长的局面。

【征管水平稳步提高】税收科学化、精细化管理稳步推进，税收管理水平和信息化水平稳步提高，税收征管基础工作进一步巩固。纳税评估工作稳步推进，初步建立了我区水泥生产等行业增值税评估管理办法。初步构建起了职能清晰、责任明确、流程较为科学的税收分析工作机制，有效地指导税收征管和税务稽查工作。个体私营税收管理得以加强，实现了对停歇业户和起征点以下纳税户的动态跟踪管理。推行个体定税系统试点工作，个体工商户税收管理逐步向管理规范、定额合理、税负公平、监督及时的目标推进。制定欠税管理办法，规范欠税管理工作。制定加强征管数据管理意见，进一步提高征管数据质量。继续完善电话申报纳税服务平台，电话申报规模进一步扩大。拓宽重点税源监控范围，总局监控的纳税户达到122户，自治区局重点监控达到367户。出台探矿权、采矿权转让企业所得税管理暂行办法，进一步规范矿业权税收管理。提高办税服务信息化水平，在拉萨市区顺利推广财税库银横向联网电子缴库业务，电子扣税户达到367户。加大非居民企业税收管理，出台非居民企业税收管理办法。推行大型企业定点联系制度，积极探索重点税源企业专业化纳税服务与风险管理。

【依法治税稳步推进】继续贯彻落实全面推进依法行政实施纲要，进一步完善税务部门规范性文件制定程序，及时清理废止及失效文件，认真做好政策性文件发布前的审查和发布后备案工作；建立健全重大税务案件审理制度，规范重大案件审理和税务行政处罚听证与复议，切实维护纳税人合法权益。建立起了发票管理长效机制，开展了以建筑安装、交通运输、餐饮服务、商业零售等行业为重点的发票专项检查活动，大力查处购买使用假发票和非法代开发票等违法行为。加大稽查工作力度，开展了对电力、金融、大小非、建筑安装、营利性医疗机构、中介机构、餐饮业及汽车修理业等行业税收专项检查，全区税务稽查部门共查补税款8522万元。成功破获了“2·14”虚开增值税专用发票案和“9·05”出售假运输发票案，收缴客运假发票1455份，查处涉案增值税专用发票 146 份，查补税款、滞纳金及罚款共计217万元，抓获犯罪嫌疑人10人，检察机关起诉 3 人。积极推行税收执法责任制，深入开展税收执法检查，进一步规范税收执法行为。

【税收制度更加完善】经自治区人民政府批准，与全国同步实施增值税抵扣办法的结构性调整。进一步完善财产行为税政策，开征烟草批发环节消费税，完善企业所得税减免税审批制度和流程，规范企业所得税免税审批程序，明确驻区外企业回藏缴纳企业所得税政策，企业所得税管理更加科学规范。深入开展农林牧产品采购环节营业税政策调研。及时调整城市维护建设税征收政策，拓展征收范围，实现税收6944万元。

【服务经济职能有效发挥】用好、用足、用活国家赋予我区的各税收优惠政策，积极发挥税收服务经济的职能作用。从西藏实际出发认真贯彻落实国家结构性减税政策，发挥结构性减税对经济增长的拉动效应，2009年全区共为73户增值税一般纳税人实际抵扣固定资产进项税额9415万元；落实增值税小规模纳税人征收率调整政策，减收增值税3023万元。积极落实车辆购置税减税政策，为 6624 辆 1.6 升及以下小排量汽车办理了车辆购置税减征手续，减征税额2082万元。继续贯彻落实好“3·14”受损受影响商户的优惠政策以及减免利息所得税、促进就业再就业等优惠政策，减免税款5438万元。在全区进出口总额下降41.7%的情况下，及时落实出口退税调控政策，全年完成出口退（免）税1734万元，增长 11.58%。这些优惠政策的贯彻落实，在克服金融危机带来的负面影响，拉动消费、推动企业发展、促进弱势群体增收等方面发挥了积极作用。

【税收征纳关系进一步和谐】坚持以纳税人合理需求为导向，进一步推进和优化纳税服务工作。认真贯彻落实全国纳税服务工作会议精神，以提高纳税人税法遵从度为目标，深化机构改革，理顺纳税服务职责；突出重点，加强纳税咨询、办税服务、权益保护、信用管理、社会协作等工作；严格落实税收宣传制度，大力开展税收宣传工作；按照规范化的标准，完善办税服务厅的软、硬件设施；推行“一站式”服务，全面实施延时服务、限时办税等服务，不断完善办税服务厅的服务功能；在上门申报的基础上，扩大电话申报的规模；以财税库银横向联网系统为依托开展电子缴税试点工作，积极探索网上申报，不断拓展多元化办税方式；进一步规范纳税服务岗位的设置，使纳税服务工作融入到了税收征管的全过程；精简报表资料的报送，简化办税流程和手续，减轻纳税人办税负担；依照方便纳税人办税的原则，加强办税服务厅建设，合理设置办税窗口。优化内部运行机制，全面提高办税效率。

【领导名录】

局　　长：袁庆杰
纪检组长：群　培
副 局 长：陈文通　格桑次仁　旺　堆
　　　　　杨承碧
总经济师：谢学忠
总会计师：穷　达

中国银行业监督管理委员会西藏监管工作

【年度综述】2009 年，西藏银监局全面把握银行业及其监管工作的指导思想，根据银监会年初工作会议部署，把握“扩内需、保增长、调结构、上水平、抓改革、重民生、促和谐”的原则，把不断加强监管能力建设、提高监管有效性作为一项长期目标，完善监管手段和方法，对西藏银行业实施有效监管，推进西藏银行业科学发展。

【贯彻执行国家宏观调控政策】一是督促指导辖区银行业金融机构坚持“区别对待、有保有压”政策，缓解小企业融资难的问题，着力解决瓶颈制约因素。通过组织召开银企座谈会、西藏银行业支持中小企业发展信贷产品推介会；协助修订西藏中小企业发展相关政策；向自治区人民政府上报了《加强银行业金融机构与担保公司开展合作的意见和建议》；下发《西藏农村青年创业小额贷款工作方案》、《改善中小企业金融服务试点工作意见》，牵头组织《西藏自治区银行业银团贷款合作公约》的签订；考察内地小额贷款担保公司有关情况；调研中小企业贷款情况等，有力传达国家政策，促进中小企业发展。二是继续督促各银行业金融机构贯彻落实特殊优惠金融政策，积极支持西藏经济发展。督促辖区各银行业金融机构继续加大对农牧业、支柱产业和特色经济发展的信贷支持力度，增强工作的主动性、自觉性，改进工作作风，提高金融服务质量；支持以市场为导向、以科技进步为动力、以比较优势为依托、以企业为主体的原则，大力支持特殊资源的开发利用；积极支持国有企业改革和发展，根据企业的信用等级和经营发展形势，在贷款发放形式上区别对待；积极支持下岗失业人员再就业，合理设置贷款审批条件，提供开户和结算便利，提高服务意识和质量，切实把下岗失业人员小额担保贷款政策落到实处。

【提高准入监管的效率和质量】在综合评估、统一规划的基础上，坚持按照审慎监管原则，严格按照法律规定的实施程序、审批权限和时限要求，规范办理各类行政许可事项，完善准入管理制度，确保高质量的金融机构、合格的高管人员和市场急需的金融产品进入市场。

【加强和改进非现场监管】一是高度重视监管信息收集基础性工作，督促银行业金融机构加强非现场监管信息报送工作，及时对日常监管数据、信息和资料进行分析积累，确保数据的及时性、完整性和准确性，建立健全了各类机构监管信息档案。二是加强对银行业运行和风险状况的动态监测分析，每季度坚持召开局内非现场监管分析会议，准确把握辖区银行业风险状况。三是全面落实《非现场监管指引》，就日常监管中发现的问题和风险点，采取走访、约见高管人员谈话、下发风险预警提示等，提醒商业银行密切关注，并采取有效措施防范化解。四是按照《信托公司监管评级与分类监管指引》要求，对西藏信托公司2008年度经营及整体情况进行了监管评级。

【提高现场检查针对性和有效性】所有检查项目均由局党委统筹规划，由局长办公会确定，以切实加强检查项目管理和提高现场检查质量，突出现场检查的针对性和有效性。2009年，共组织43个检查工作小组，投入1868个工作日，对122家机构进行了检查，通过检查提出整改意见91条，对1家机构在全辖区进行了通报，对1家机构违规行为实施了经济处罚。

【加强监管服务】一是发挥“窗口指导”作用，对政策调整及时通报。定期对银行业运行情况和风险状况进行深入分析，积极鼓励各行增加对有市场、有效益、有利于增加就业企业的贷款，加大对社会主义新农村建设、中小企业等信贷支持力度，促进辖区经济金融协调健康发展。二是发挥“窗口规劝”作用，促进被监管机构更新理念。对日常监管中发现的商业银行不审慎经营行为实施监管谴责和诫免警示；通过审阅银行业机构年度工作计划、业务经营指标计划，听取其重要事项报告等形式，提出监管意见；通过召开季度风险分析例会、银行业机构负责人座谈会等方式引导辖内银行业金融机构创新经营理念；通过约见谈话等形式，对落后经营理念提出告诫，督促树立风险意识，保持合理、有序竞争。三是按照宽进严出的原则，适当调整西藏银行业金融机构市场准入条件，同时加大监管力度，对高管人员从业经验要求上要适度从严，对不良贷款比例高的机构要适时采取监管措施。四是引导和督促银行业金融机构继续改善“三农”金融和中小企业融资服务，执行小企业金融服务的六项机制，提高对小企业的金融服务水平。五是积极传导财税政策和货币政策，共同营造银行业改善金融服务、支持经济社会发展的良好外部环境。

【主要特点】一是科学界定监管有效性。西藏银监局以“管风险”为旗帜，“促发展”为目标，“强服务”为要求，“求协调”为责任。经过长期工作实践，整合监管资源，坚持“管法人、管风险、管内控、提高透明度”的监管理念，充分实施持续监管，积极做好小企业金融服务、案件专项治理、处置非法集资和融资担保机构监管协调等。

二是保持了不良贷款的“双控”和案件治理高压态势。西藏银监局要求各银行业金融机构严防不良贷款的反弹，将案件专项治理工作转入常态化，常抓不懈。2009年，西藏银行业金融机构的不良贷款率低于全国平均水平，在内控机制建设方面卓有成效，未发生一起案件。

三是非现场监管能力和现场检查水平有明显提高。依托银监会监管信息系统，监管手段有了质的改善，并以此为契机，加大了监管流程改造和监管资源整合力度，提升非现场监管信息的分析和综合应用能力。现场检查坚持风险持续监管理念，结合地方经济中风险隐患较为突出的重点领域、重点业务和重点机构，着重检查房地产贷款、科技信息风险和持续跟踪检查整改情况。

四是是确立风险免责与监管容忍底线。根据银监会监管政策的调整，即：尽职、免责、容忍，明确免责和容忍的是市场性风险、政策性风险、自然灾害风险、尽职后出现的不可意料的风险；不能免责和容忍的是操作风险和道德风险。同时，结合西藏地区实际情况，对部分准入事项宽进严管，着力解决“三农”金融服务薄弱、中小企业贷款难和支持地方经济发展力度不足等方面存在的问题。

五是监管合力得到持续增强。2009年，监管与被监管的联动互动良好，节省了监管资源，减轻了监管负担，提升了监管合力，表现出银行业发展的良好局面。西藏银监局依据属地监管原则，充分发挥上下左右联动监管，加强监督检查、核查信访案件，与银监会监管部门及兄弟监管局相互沟通和配合，加强了监管协作，为增强监管效能发挥了重要作用。

六是体现了高度的社会责任感。在“三农”金融服务、中小企业贷款、消费贷款、农牧特色产业支持、政策性贷款等方面，金融服务惠及弱势群体和弱势产业。自治区党委、政府曾多次表扬银行业“三农”金融服务，特别是农行西藏分行开展的“金、银、铜、钻”四卡业务。支持农牧民安居工程建设方面，做了大量工作并得到了多方面的肯定；优质化柜面服务，特别是处理客户反映强烈问题，及时对理财业务风险进行提示，及时上报和妥善处理涉及银行业金融机构的经济纠纷，做好敏感日期间的应急方案和应急准备；继续把推进中小企业贷款作为工作重点，按照“六项机制”和“突出重点、整体联动、积极作为、做好做旺”的工作思路，大力引导和督促银行业金融机构建立小企业金融服务专营机构，农行西藏分行营业部试点成立了小企业金融服务中心。

七是拓展了银行业协会的职能作用。在西藏银监局的指导下，银行业协会在同业维权、自律、协作、竞争、教育培训方面做了很多工作，各会员单位全力支持配合银行业协会工作，表现出团队精神，形成整体效应，特别是在银团贷款、优质服务方面取得了一定成果。

【重大事项】6月26日，组织签署《西藏自治区银行业银团贷款合作公约》；

7月3日，成功举办西藏银行业支持中小企业发展信贷产品推介会；

9月30日，西藏金融机构各项存款突破1000亿元大关；

11月7日，合作开办武汉大学EMBA2009级拉萨班；

11月27日，农行西藏分行正式挂牌成立小企业金融服务中心；

12月31日，廖平之局长陪同自治区政府白玛才旺副主席慰问银行系统年终决算一线工作人员。

【获奖情况】女工委荣获全国“三八红旗”集体；

办公室荣获银监会 “学习型组织先进单位”称号；

监管一处荣获自治区政府“全区金融服务三农先进集体”称号；

付跃东、达珍荣获“全区金融服务三农先进个人”称号；

孔曙东、巴桑荣获银监会系统“监

管标兵”称号；

曹昌伦荣获自治区信息报送先进个人；

尼尼卓玛荣获银监会和自治区信息报送先进个人；

顿珠多吉荣获银监会知识性职工先进个人；

胡盛英荣获自治区“先进工作者”称号。

【领导名录】

局　　长：廖平之

副 局 长：尕玛次旺 杨宝林

纪委书记：宋丽霞

副 局 长：曹昌伦

副巡视员：陈新民

中国人民银行拉萨中心支行

【年度综述】2009 年，辖区人民银行系统积极引导银行业机构全面贯彻落实适度宽松的货币政策和中央赋予我区的特殊优惠金融政策，不断加大对“三农”、中小企业、消费和民生工程等的信贷投入，努力改进和完善金融服务，切实维护金融稳定，较好地促进了西藏经济平稳较快发展。

全年辖区金融运行平稳，存款余额首次突破千亿大关，新增存、贷款同创历史最高水平。截至 2009 年末，全区金融机构本外币各项存款余额 1028.40 亿元，较年初增加 199.38 亿元，增长 24.05%，增量是历史上最多的一年。其中，人民币各项存款余额 1027.24 亿元，较年初增加 199.39 亿元，增长 24.09%。全区金融机构本外币各项贷款余额 248.35 亿元，较年初增加 31.44 亿元，增长 14.49%，增量创历史最高水平。其中，人民币各项贷款余额 248.01 亿元，较年初增加 31.44 亿元，增长 14.52%。1—12 月累计发放人民币贷款 180.28 亿元，同比增加 31.05 亿元，增长 20.81%；累计收回人民币贷款 147.51 亿元，同比增加 21.48 亿元，增长 17.04%。

【继续抓好特殊优惠货币政策的贯彻落实，大力支持西藏经济社会跨越式发展】认真制定区域货币信贷政策措施，切实抓好特殊优惠货币政策的贯彻落实。一是适时制定区域货币信贷政策和措施，先后制定了《2009 年西藏自治区信贷指导意见》、《关于改善农牧金融服务，增加“三农”信贷投入的通知》、《关于支持我区中小企业发展的信贷指导意见》、《关于认真贯彻落实适度宽松的货币政策，进一步扩大内需，促进经济平稳较快发展的指导意见》等。二是认真贯彻落实《关于转发〈关于全面改革扶贫贴息贷款管理体制的通知〉的通知》（藏扶办〔2008〕118 号）精神，将贷款发放由 1 家扩大到在藏所有银行机构，扩大了政策享受范围。三是按季召开全区经济金融运行情况分析会，与银监局、商业银行机构以及政府部分经济职能部门一道分析辖区经济金融运行中存在的热点、难点、重点问题和出现的新情况、新问题，共商金融支持地方经济发展对策，为政策调控提供有力支持。四是积极引导在藏各银行机构按照国家宏观调控政策和自治区产业政策的要求，加大信贷投放力度，调整信贷结构，突出信贷支持重点。从贷款投向看，重点支持了“三农”、中小企业、个人消费和民生工程等，信贷结构进一步优化。

【加大“三农”信贷支持力度，促进农牧区经济发展】截至 2009 年末，全区涉农贷款余额 50.63 亿元，较年初增加 8.59 亿元，增长 20.43%，高于同期全区人民币各项贷款增速 5.91 个百分点。1—12 月累计发放涉农贷款 38.69 亿元，较上年同期多发放 7.63 亿元。一是农牧户小额信用贷款继续保持稳步增长。截至 2009 年末，农牧户小额信用贷款余额 35.06 亿元，较年初增加 5.74 亿元，增长 19.58%，增幅高于同期全区人民币各项贷款平均增幅 5.06 个百分点。全区农牧户贷款证发放数已达 379183 张，占农牧户总数的 93%，实际使用率达 95%。过去几年实践证明，农牧户小额信贷切合西藏农牧区实际，在支持社会主义新农村建设中发挥了重要作用。二是农牧民安居工程贷款投放稳中有降。截至 2009 年末，全区安居工程贷款余额 10.44 亿元，较年初减少 0.62 亿元，下降 5.59%。据统计，2005 年以来累计发放安居工程贷款 19.38 亿元，全区有 90566 户农牧户从中受益，支持安居工程建设面积达 359594 万平方米。三是扶贫贴息贷款实现快速增长。截至 2009 年末，全区扶贫贴息贷款余额 14.39 亿元，较年初增加 4.08 亿元，增长 39.62%，增幅高于全区各项贷款平均增幅 25.10 个百分点，是 2004 年以来增速最快的一年，有力支持了农牧民脱贫致富。四是信用乡镇村评定工作稳步推进。截至 2009 年末，全区信用乡（镇）159 个、信用村 1321 个，分别较年初增加 80 个和 444 个，增长 101.27%和 50.63%。

【深化中小企业金融服务，促进其可持续发展】辖区银行业金融机构深入贯彻落实中央、国务院以及自治区政府出台的支持中小企业发展的各项政策措施，大力支持中小企业发展，部分商业银行机构设立了中小企业金融服务专营机构，修订了中小企业信贷管理办法，优化了中小企业贷款审批程序和流程，进一步提高了审贷效率。截至 2009 年末，全区中小企业贷款余额 83.15 亿元，占全区金融机构贷款余额的 33.53%。中小企业贷款重点投向了采矿业、制造业、建筑业、批发和零售业等领域。其中，藏医藏药业、旅游业、民族手工业、矿产业、建筑建材业等特色产业贷款余额 26.23 亿元，较年初增加 7.36 亿元，增长 39%。

【落实扩大内需政策，刺激消费需求】2009 年初，根据国务院有关宏观调控政策，人行拉萨中心支行出台了《关于认真贯彻落实适度宽松的货币政策，进一步扩大内需，促进经济平稳较快发展的指导意见》，引导、督促辖区各商业银行机构扩大消费信贷市场，继续支持城乡居民住房、家庭耐用消费品、汽车等方面的信贷需求。截至 2009 年末，全区个人消费贷款余额 51.61 亿元，较年初增加 7.93 亿元，增长 18.15%，占全区新增贷款的 25.22%。

【积极推进国家助学贷款工作】认真引导、督促辖区商业银行机构抓紧受理高校学生助学贷款申请，及时签订贷款合同和发放贷款。截至 2009 年末，全区国家助学贷款余额5286万元，全年累计发放国家助学贷款 790 万元。自开办助学贷款以来，已累计发放 12899 万元，共支持9412人顺利完成学业。

【加强风险监测、分析和评估，提高预警能力】进一步完善金融稳定风险监测指标体系、地方法人金融机构风险监测指标体系和金融稳定评估指标体系，利用已经建立的指标体系，对西藏金融稳定状况进行评估。积极探索开展对地方企业的定期监测和分析工作，初步建立了西藏规模以上工业企业、房地产企业、进出口企业、上市公司等实体经济的风险监测指标体系，加强对实体经济的风险监测。认真做好西藏担保公司和典当行的风险监测和分析工作，配合有关部门依法严厉打击非法集资和非法证券活动，切实维护区域金融稳定。采用定量和定性相结合的评估方法，深入分析国际金融危机、“3·14”事件对辖区经济金融的影响，有效揭示经济波动环境对区域金融稳定产生的影响和风险因素，按时完成《西藏自治区金融稳定报告（2009）》。首次将《西藏自治区金融稳定报告（2009）》印刷成册分送自治区和各地（市）相关经济职能部门及各金融监管局等机构。进一步加强金融稳定再贷款管理。督促农业银行西藏分行及时将收回的西藏原汇达、聚源城市信用社资金划转人民银行归还再贷款。密切关注金融稳定热点问题，加强调查研究。先后完成了《西藏金融机构理财产品风险状况分析研究》、《西藏保险业发展现状及对策研究》、《西藏中小企业发展与区域金融稳定》、《关于西藏发展新型农村金融机构和小额贷款公司的思考》、《关于对西藏担保机构运行情况及风险状况的调查报告》和《关于西藏典当行运行情况及风险状况的调查报告》。

【多措并举，助推西藏涉外经济又好又快发展】紧紧围绕国家外汇管理局“保增长、防风险、促平衡”的总体工作要求，全面落实各项外汇管理改革政策，以支持地方经济发展作为西藏分局外汇管理的重要工作任务，推出多项服务举措，营造便捷、高效的外汇服务环境，帮助企业克服国际金融危机带来的不利影响。深入涉外企业、银行广泛征求意见，对中央赋予西藏“十一五”期间优惠外汇管理政策效应进行科学评价及认真分析，力争在“十二五”期间为地方涉外经济发展争取更加特殊优惠的外汇管理政策。密切关注我区国际收支运行状况，做好国际收支统计监测预警工作。严格资金流动监管和外汇资金结汇管理。加强外汇检查力度，打击外汇违法行为。为促进国际收支基本平衡和地方涉外经济又好又快发展发挥积极作用。2009 年，西藏跨境外汇收支和银行结售汇同比均呈下降态势，国际收支保持顺收格局。西藏涉外收支总额为 15388 万美元，同比下降 34.07%，其中：涉外收入为 14677 万美元，同比下降 34.13%；涉外支出为 711 万美元，同比下降 32.73%，累计实际顺差13966万美元，同比下降34.2%。银行结售汇总额达23449万美元，同比减少 4374 万美元，下降 15.72%。其中：结汇总额22421万美元，同比减少4418万美元，下降16.46%；售汇总额为 1028 万美元，同比增加 44 万美元，增长4.47%，结售汇顺差21393万美元，同比减少4462万美元，下降17.26%，其中，经常项目顺差 17234 万美元，占总顺差的80.56%。

【认真做好金融服务，稳步提高服务水平】金融统计和调查研究工作得到加强。扎实做好金融统计基础性工作，及时编制辖区各类旬、月度金融统计报表，组织编印《金融统计月报解读手册》、《金融统计监测数据集中系统专项统计制度汇编（2001—2009）》和《西藏金融统计1989—2008》，努力为相关部门提供信息服务。认真做好新、旧金融统计监测管理信息系统的交替工作，顺利实现了数据集中与全国同步单轨运行。积极开展课题研究，承担并完成人总行重点研究课题《特殊优惠货币政策对西藏产业结构的影响》。认真做好西藏金融学会秘书处工作。编辑学会会刊《西藏金融调研》，全年共出版两期，有力促进了学会金融研究成果信息的共享；组织学会各会员单位按年度开展重点课题研究工作，切实抓好课题管理，全年完成各类研究课题合计18项；组织召开西藏自治区金融学会第五届会员代表大会，顺利完成了学会换届工作；建立工作激励机制，组织开展西藏金融学会2005—2008年度优秀论文、调研报告评选活动，评出了优秀论文及调研报告32篇，评选活动的开展活跃了学会工作氛围，促进了金融研究工作可持续发展。

支付体系建设不断推进。积极推动支付网络体系建设和业务系统的维护和管理，确保资金清算渠道的安全畅通，为各银行机构和个人提供优质、高效、快捷的账户服务及安全的资金汇划服务。加强系统建设，协调区农行将大小额支付系统推广到除墨脱县支行外的其他所有县支行，结束了西藏辖区县级支行手工操作的历史；组织开展电子商业汇票系统和中央银行会计核算电子对账系统上线的前期准备工作，确保中央银行会计核算电子对账系统顺利上线运行。做好辖内非现金支付工具推广工作，会同各市场参与方探讨我区银行卡受理市场“一柜多机”问题解决方案，组织开展我区商户服务类别码（MCC）专项整改工作，并组织各市场参与主体签订《西藏自治区银行卡受理市场建设公约》。为建立打击银行卡犯罪的联合机制，有效防范银行卡犯罪现象的发生，牵头成立由当地公安部门参与的西藏辖区银行卡违法犯罪整治办公室，实施了辖内打击银行卡犯罪活动，营造西藏辖区安全、良好的用卡环境。

货币发行与管理进一步加强。以发行库管理为中心，以规范操作为核心，狠抓各项制度的落实，确保了发行基金和发行库安全无事故。构建人民币流通状况监测网，继续开展了人民币流通状况监测预警工作，加强了人民币收付业务的检查工作，维护人民币正常流通秩序。按照“适当集中、合理摆布、灵活调度”的原则，合理安排券别结构，确保全区合理的现金供应，已完成全年残损人民币销毁计划，确保了流通中人民币整洁度。深入农牧区开展反假货币宣传工作，提高了人民群众的反假货币意识和识假辨假能力，切实维护了广大人民群众的切身利益。全区共开展反假货币宣传 24 次，共散发藏汉文宣传资料 25.7 万余份，全区共收缴假人民币 131.62万元。

国库公共服务能力得到增强。认真

履行人民银行经理国库职能，夯实国库基础工作，加大监督检查和指导力度，加强国债管理工作，建立健全国库风险控制体系，保证了地方预算收支的顺利执行，有效防范和化解了国库资金风险。同时，大力推进国库信息化建设，做好财税库银横向联网系统在拉萨市区的推广工作，完成了与邮政储蓄银行西藏自治区分行和工商银行西藏自治区分行横向联网工作。在全力保障国库资金安全的前提下，结合西藏实际认真贯彻落实《国务院办公厅关于当前金融促进经济发展的若干意见》，积极探索国库业务发展的新思路、新方法，配合实施积极的财政政策，充分发挥中央银行支持地方经济社会发展的公共服务作用。

征信系统建设稳步推进。进一步完善企业和个人征信系统建设。截至12月末，企业信用信息基础数据库已录入西藏全区借款企业5929户，入库本外币贷款余额141.9亿元；个人信用信息基础数据库已录入西藏全区自然人约53万人，入库信贷余额78亿元。全区企业征信系统累计查询1.5万次，个人征信系统累计查询7.8万次。进一步推动非银行信息采集工作，公积金缴存信息成功向个人征信系统报送数据，提高了企业环保违法信息的采集效率。稳步推进中小企业信用体系和农牧区信用体系建设工作。截至12月底，已为全区2332家未与银行建立信贷关系的中小企业建立了信用档案。目前，已有54家企业取得银行授信意向，12家企业已取得银行融资。面向社会开展大量征信知识宣传活动，有效提高了公众信用意识。

反洗钱工作力度不断加大。按照总行2009年反洗钱现场检查要求，坚持“少而精”的原则，结合反洗钱非现场监管评估的结果，有针对性选择中国工商银行西藏分行、中国农业银行拉萨市八廓街支行、中国人寿保险公司西藏分公司三家金融机构开展反洗钱现场检查工作。2009年，共接收银行业金融机构特别可疑交易线索19笔。截至12月，在对特别可疑交易信息进行认真分析和甄别的基础上，共开展反洗钱调查28次，配合公安机关进行案件协查7次，申请跨省协助调查1次。根据反洗钱局的指示，积极协助自治区公安厅破获“10·29”非法买卖外汇案件。

【获奖情况】中心支行科技处被中国人民银行、中国人民银行工会工作委员评为2009年度金融统计数据集中工作先进集体。

中心支行国库处被中国人民银行国库局评为2009年度国库会计核算考核评比一等奖。

中心支行国库处被中国人民银行国库局评为国库业务报表考核评比一等奖。

中心支行国库处被中国人民银行国库局评为国库管理信息二等奖。

中心支行营业部被成都分行评为女职工文明示范岗。

中心支行党委委员、副行长单曲同志被国务院评为民族团结先进个人。

中心支行苏一平同志被西藏自治区“双学双比”“巾帼建功”活动领导小组授予“巾帼建功标兵”称号。

中心支行仁青卓玛同志被西藏自治区“双学双比”“巾帼建功”活动领导小组授予“巾帼建功标兵”称号。

【领导名录】

党委书记、行长：旺堆

党委副书记、副行长：李波

党委委员、副行长：张伟　单曲　李隆仕

党委委员、纪委书记：虎新菊

党委委员、工会主任：王学军

中国农业银行西藏自治区分行

【年度综述】中国农业银行股份有限公司西藏自治区分行成立于1995年7月1日，是西藏区内网点遍布城乡、资金实力雄厚、服务功能齐全，承担着支持地方经济建设和服务“三农”历史重任的一家国有大型股份制商业银行。截止2009年底，全辖机构网点504个，员工4000多人。各项存款余额突破400亿元大关、达452亿元，各项贷款余额达104亿元，其中涉农贷款余额50余亿元。目前，业务产品涉及存贷款业务、结算业务、银行卡、自助银行、网上银行、电话银行、现金管理、国际业务、第三方存管、消费信贷、开放式基金买卖、代发工资、代收电费（电话费），代理保险、国债、养老金、医疗保险等业务。通过多年来的不懈努力，服务范围从传统单一的存贷款、结算业务向种类齐全、功能完备的现代金融业务过渡，通过物理网点、自助设备、网上银行等多元化的服务渠道，共同构成了全区最大的金融服务骨干网络。

【业务开展情况】农行西藏分行始终坚持以科学发展观为指导，紧紧围绕自治区经济社会发展战略部署，实施农牧区业务和城区业务两轮驱动发展、商业性业务和政策性业务协调并进的发展方略，不断深化内部改革，强化内控管理，完善服务功能，凭借自身网点、网络、资金、产品优势，致力于服务西藏经济社会的跨越式发展。仅2009年，全行累计发放贷款78亿元，信贷增量占全区金融机构的72%，信贷增速高于全区金融机构12个百分点，积极支持了我区基础设施建设和优势骨干企业的发展壮大，努力满足城乡居民的金融消费需求。特别是坚持面向“三农”，认真贯彻落实中央赋予我区优惠金融政策，创新推出了以“金、银、铜、钻”四卡为载体的农牧区小额信用贷款、安居工程贷款、惠农卡等业务，开展了信用乡（镇）、村创建工作，先后同我区34万户农牧民建立了借贷关系，通过信贷助推功能，促进了农牧民发展生产和脱贫致富，有力地助推了我区社会主义新农村建设。得到了自治区及地方各级党政领导、国内有关权威研究部门及专家的高度肯定和广大农牧民的广泛赞誉。

伴随着西部大开发战略的深入实施和西藏经济社会的跨越式发展步伐，农行西藏分行将乘着中央第五次西藏工作座谈会和农业银行成功股改上市的东风，按照打造优秀上市银行目标要求，牢固树立“大行德广　伴您成长”的品牌意识，秉承“客户至上，始终如一”的服务理念，锐意改革，开拓创新，诚信立业，稳健行远，面向区内外广大客户，一如继往地提供优质、高效、便捷的金融服务，与广大客户共建美好未来，为建设小康西藏、平安西藏、和谐西藏、生态西藏作出新的更大的贡献。

中国工商银行西藏自治区分行

【年度综述】2009 年，全行围绕中心工作，进一步完善和丰富"三精"目标的内涵。在精确的模式方面，以科学发展观为统领，紧密地结合区域和分行实际，立足做优做强，紧抓市场脉搏，扎实开展各项业务。在精细的管理方面，始终坚持"内控优先、制度先行"的指导思想，针对人员少，岗位多，不断探索、逐步完善内部管理机制，走依法合规稳健经营之路，向管理和服务要效益。在精干的团队方面，政治立场坚定、素质过硬，不断摸索新的市场、特殊政策下的发展模式，以筹建期间表现出的"舍身忘我、坚韧不拔"的精神为底蕴，初步形成西藏分行"思想上讲政治、工作上讲奉献、业务上讲进取、生活上讲互助"为内涵的企业文化，努力造就一支特别能在艰苦条件下打硬仗的班子和队伍。经过清晰发展思路，全行按照"三精"目标要求，较好地完成了全年工作。

【四个定位谋发展】定位存款夯实经营基础。在对公业务方面，以专户为切入点，积极跟进自治区财政厅、军区、西藏武警总队等重点客户；在个人业务方面，以援藏干部、公务员为切入点，发挥网点的阵地作用积极营销。至年末，全行对公存款余额较年初增长 56.62%，储蓄存款余额较年初增长 378%。定位贷款增强创利能力。积极跟进国家重点项目，在总行的大力指导和兄弟行的帮助下，开展行内银团贷款业务，建立"内保藏贷"的贷款业务开展模式。为青藏铁路公司发放 1.23 亿元营运资金贷款、中国华能集团公司发放 1.86 亿元项目贷款。定位渠道拓展卡及网银业务。充分借鉴以往在内地与中直单位合作的成熟经验，通过挖掘客户潜力，与自治区烟草公司签订了区内首单企业年金协议；与中国人寿西藏分公司达成保险代理意向；与中石油西藏销售分公司加强业务合作，办理了首笔网银代发工资业务；成功营销西藏联通公司企业网银业务，使得交易笔数和交易金额快速增长，不断丰富自治区分行的产品线。定位理念导入树形象。一是针对自治区分行新成立，客户认知度不高的实际，拓宽工作思路，研究走"高端路线"。通过"走出去、请进来"，积极向自治区领导、援藏干部及中高端客户宣传理念，推介产品，进行体验式营销。一年来，先后多次向自治区党委、政府等领导汇报自治区分行的经营理念、发展思路和管理举措。自治区领导在听取汇报后，对自治区分行的各项工作给予了充分肯定，并先后到自治区分行进行工作指导。二是结合 2009 年是建国 60 周年、西藏民主改革 50 周年，从讲政治、拓展优质客户市场的角度出发，及时请示总行、积极与自治区政府沟通，并最终促成了向厅局级以上领导定向发行"中华人民共和国成立 60 周年暨西藏民主改革 50 周年"首张牡丹联名卡工作。三是针对拉萨市供电紧张的局面，及时搜集信息，了解到拉萨市过渡电源项目资金缺口，及时上报总行并在相关部门的大力指导帮助下，及时为中国华能集团公司发放 1.86 亿元项目贷款，在缓解拉萨市电力供应不足方面发挥了积极作用，同时实现了自治区分行贷款业务零的突破。四是积极参与支持社会公益事业，从讲政治、促和谐的角度出发，在"三大节日送温暖"活动期间，慰问那曲地区儿童福利院和地区敬老院并送去了 3 万元慰问金；从关心高原检察官生活出发，向自治区检察官协会定向捐助 10 万元伤残抚恤金；为解决部分无电村用电问题，按照董事长指示精神，启动向日喀则扎西宗乡赞普村太阳能光伏电站捐建项目，不断树立自治区分行履行社会责任的大行形象。五是针对自治区中小企业融资难的实际，创新工作方式，利用全行的资源平台，先后多次到四川向担保公司宣传西藏，最终成功为西藏引进首家商业担保公司并发放 300 万元中小企业贷款，为破解中小企业融资难探索出一条新路。

【五个要素强管理】构建全面风险管理体系，营造内控合规文化。一是成立全面风险管理委员会以加强对操作风险的控制与管理，坚持按期召开会议研究部署工作；二是根据自治区分行"一部多能"、"一岗多责"的实际，修订完善各项规章制度 154 个，建立完善各种应急预案 14 个；每开办新品种、投产新系统都进行严格测试和验证，同时梳理岗位职责、细化流程，实现了业务与岗位的无缝对接；三是坚持以科学发展观为统领，紧密结合自身实际，将主题教育活动延长至年底，组织开展了"学规定、促发展"主题教育和创建平安银行活动，开展了"领导干部作风建设年"活动等，着力提高员工的执行力。全行风险防控意识显著增强，内控合规文化深入人心。

健全各种风险控制系统，将风险控制放在首位。一是认真落实总行指示精神，开办新业务、投产新系统先进行量本利分析，坚持内控先行、制度先行、风险可控的原则，规避各种风险；二是紧密结合区域维稳工作实际，坚持领导带班常态化，加强思想动态排查，做好有针对性的思想教育。成立护行队，加强日常巡查和值班值宿，实行半军事化管理，应急人员、设施、机制齐全到位；三是在总行的关怀支持下，多次顺利投产了 NOVA+系统，安装使用 10 个风险监控系统，构筑了人防、机防、物防安全防控系统。

强化操作风险控制，严格执行各项内控制度和流程。为此，一是加强员工规章制度和《业务操作指南》学习应用，通过网络平台及时查找业务操作流程、风险控制环节和风险点，提高了员工学习执行制度的自觉性；二是加强对计算机网络系统的安全管理，自治区分行实施了拉萨—成都 ATM 骨干网络的带宽升级，对投产 17 个系统进行严格的测试和验证，做到每日对机房、营业区、自助区巡查巡检；三是在总行和兄弟分行的支持和帮助下，新投产国际业务、牡丹卡审核作业、核算要素、信贷业务无纸化办公等系统；四是借助总行、兄弟分行和银行同业合作，加强对信贷风险的控制；五是启动了运营风险管理改革，初步形成了业务运营风险监控系统实施方案、投产时间计划、系统岗位分配和监控重点；六是开展了统计报表的梳理，累计清理各类统计报表 265 张，其中：系统内报表 123 张，系统外报表 142 张，为下一步全行报表集中管理奠定了坚实基础；七是严格执行违规积分管理办法，对各级各类检查发现的违规责任人一律积分处理，并将积分情况作为员工、基层机构、专业部门绩效和目标考核的依据之一，充分发挥了违规积分的威慑作用，有效解决了有章难循、违章难纠、屡查屡犯的问题，切实提高了制度执行力。

健全信息平台建设，畅通信息交流机制。一是完善议事机制，通过各专门委员会、每周一行务会，重大事项集体讨论决策；二是运用统计信息系统（SIS）、CS2002、数据仓库等信息平台，及时、准确编制、报送各类报表，开通公司业务、个人金融业务等近50余个系统，定期开展经营分析，为决策提供依据；三是坚持每周四晚全员集中学习制度，传达区党委、政府、总行文件，摘要学习总行及监管部门对风险事件的分析与提示，提出自治区分行风险防范措施，并形成9期《全面风险管理工作简报》发至各部门；四是加强网讯信息的交流。

强化监督制约机制建设，开展业务监督检查。一是分行组织开展定期业务检查、专项检查、重要业务事项检查等共20余项，规范业务操作行为，防堵漏洞，防范业务风险，促进业务依法合规；二是接受西藏银监局、人民银行各类检查9项，完成了安永审计2008年度、2009年预审报表报送和非现场审计，未发现重大违规问题；三是针对自治区分行业务未进行事后监督的问题，5月份自治区分行组织9名同志用时14天对开业以来所有办理的业务进行了审核检查，对存在操作不规范的问题进行了大讨论，开展了警示教育，并进行了积分处罚，同时建立起每日业务次日进行事后审核监督制度，有效防止差错事故的发生。

【获奖情况】2009年，中国金融工会全国委员会授予中国工商银行西藏自治区分行市场营销部郭枫“全国金融五一劳动奖章”荣誉称号。

2009年，西藏自治区党委、政府授予中国工商银行西藏自治区分行黄庆惠“西藏自治区劳动模范”荣誉称号。

2009年，中国工商银行委员会授予中国工商银行西藏自治区分行第一党支部“先进基层党组织”荣誉称号。

【领导名录】

行　　长：黄庆惠

副 行 长：吴永强

行长助理：李海臣

行长助理：格桑曲珍

中国建设银行西藏自治区分行

【年度综述】2009年末，全行一般性存款余额272.74亿元，比年初新增50.95亿元。其中，企业存款余额217.62亿元，比年初增加39.58亿元，个人存款余额55.12亿元。各项贷款余额87.52亿元，比年初增加1.12亿元，其中，对公贷款余额73.17亿元，比年初增加1.5亿元，个人贷款余额14.35亿元，比年初减少0.38亿元。不良贷款余额2.56亿元，比年初减少6458万元。五级分类不良贷款率2.92%，比年初下降0.79个百分点。实现中间业务净收入2786万元，比去年增长341万元，增幅13.92%。实现拨备前利润3.47亿元，比去年同期增长3996万元，完成全年计划94.47%。

【工作务实创新，业务拓展扎实有序】

公司业务条线　居于业务主导地位的公司业务条线加快转型，适应市场和客户需要，率先推进内部组织机构改革，优化业务流程，加大信贷结构调整，资产质量稳步提升，经营效益和价值创造能力持续增强。根据总行对公条线战略转型的总体要求，对公司业务部内设机构、制度体系、业务流程等进行了再造。结合西藏经济发展特点，设置了水电、交通、矿产、能源、政府机构等五大业务经营部门，负责相关行业的营销组织和重点客户直接经营。联动营销，完成对西藏电力有限公司、联通西藏分公司、西藏烟草等重要客户营销服务方案的制定，与分支行协同作战，不断提升营销效果。与西藏大学签订了银校全面合作协议，与西藏电力有限公司完成了“银电联网项目”启动，并争取到该公司企业年金业务，实现了分行企业年金业务零的突破，与华能澜沧江上游水电有限公司、葛洲坝股份公司、旁多水利枢纽管理局、西藏航空公司等客户新建了合作关系，巩固了区市两级财政、自治区社保厅、联通西藏分公司、武警边防西藏总队等重点客户。按照“进、保、控、压、退”的信贷结构调整方案，坚持“区别对待，有保有压”，优先满足有质量的、真实的信贷需求，确保重点客户和项目投放。

个人业务条线　合理配置资源，充分调动员工积极性和创造性，加大营销力度，紧紧依靠网点二代转型提升销售能力和个人业务贡献度，取得了较好的经营成果。深入开展了旺季营销、夏季营销、产品销售扫零、达标越级、“两金一汇”、客户推荐客户、秋季增存等主题活动，做到了“时时有主题，月月无淡季”；落实经营客户战略，从围绕经营客户的基础性工作入手，持续巩固网点转型成果，梳理整合中高端客户服务标准，深入开展了VIP客户服务集中整治活动；强化了联动营销、交叉营销，公务卡等产品强势推出；加强了发卡主渠道网点建设，努力提高网点发卡营销能力；大力开展信用卡分期付款业务，汽车、家装、邮购、商场等信用卡分期业务快速增长，保持并扩大区内同业优势。个人金融业务快速推进，多项业务指标创历史新高，竞争力显著增强。

【完善激励考核政策，优化财务资源配置】全行以强化基础管理和全面成本管理为重心，充分发挥综合经营计划政策工具的导向作用，组织完善和落实激励考核政策，统筹安排各项财务资源，全面落实财务规范性管理，为全行业务发展提供了有力支持。一是按照“统一管理、确定基数、增量挂钩、突出重点、有效激励”的财务资源分配原则，对全行战略性业务和具有长期效益性业务给予重点支持，充分发挥财务资源的政策导向和激励约束作用。二是高度重视全面成本管理工作，改进了全面成本管理的观念和管理行为。三是在全行开展了中间业务标杆管理活动，加大对中间业务产品的考核激励力度，扩大中间业务买单产品范围，逐步实现全额买单。四是按照总行的要求实施新的集中采购制度，规范集中采购流程管理，建立以专业、高效、自律、服务为主题的采购文化，充分发挥采购工作节约成本、支持服务和价值创造功能。

【强化风险管理，提高信贷资产质量】全行风险条线审慎应对经济波动带来的严峻挑战，实施积极主动的风险管理。按照“先评级、后授信、再使用”的要求对公司类客户严格授信审批，并全面推行了授信业务电子化申报和审批，进一步规范了信贷审批操作流程，加强了对客户的统一授信管理，受理审批全流程平均用时明显缩短，提高了审批质量。在全行组织实施了个人类贷款大检查和信贷资产质量大检查。掌握了全行信贷资产质量和授信业务风险管理情况，了解了存量贷款的风险状况、信贷结构调整政策的执行情况和相关政策的实施效果，提出了加强风险管理的针对性措施，对防范系统性风险，促进信贷结构调整和业务转型战略目标的顺利实现奠定了基础。并通过及时整改和完善制度，信贷业务特别是个贷业务合规经营意识显著增强，为健康有序发展奠定了基础。继续推进资产保全业务单元制改革，加大集中经营力度，加快清收处置不良资产。各种处置手段并举，年内成功处置了困扰全行多年的中安达紫岳文涛不良贷款6000余万元。

【做好后台服务保障，促进业务发展】努力提升科技保障服务能力，圆满完成惠民卡系统、银电联网系统等27个总行推广项目和分行特色项目的开发和推广，确保了重要网络和信息系统的安全、持续、稳定运行，为业务发展提供了强有力的技术支持。按照《西藏分行业务处理前后台分离未集中事项实施方案》，制定相应的管理办法。完成损益类账务核算、减值准备计提核算和拉萨辖区附行式ATM等58项业务的后台集中，基本完成总行确定的前后台业务分离，后台集中处理业务工作。同时对分散于营运、会计、个金等条线的柜面业务监控检查资源进行了集中整合，开展会计检查、深度稽核等工作，新的柜面业务操作风险管理机制基本达到了检查与辅导相结合，初步实现了柜面业务检查独立化，考核的综合化和沟通的制度化，统一了检查标准，提高了检查效率，有效遏制了操作风险事件和案件的发生。

【开展“基础管理年”活动，合规经营深入人心】区分行把2009年确定为“基础管理年”，在全辖各级机构开展了以“讲合规、严管理、防风险、促发展”为主题的系列活动。按照分行新一届党委提出的“走正道、守规矩”的要求，各部门、各行以基础管理和风险防范为重点，以思想教育、问题整改为手段，从基础建设、合规经营、按章操作入手，建立健全风险防范长效机制。全行共梳理各项规章制度1100多个，修改补充制度230多个，新建制度760个。加大责任认定和追究，对违规贷款相关责任人给予了撤职、记过、警告、通报批评、积分处罚及其他处理等达93人次。通过“基础管理年”活动的有效开展，全员的合规经营，遵章守纪意识得到明显增强；各行内控管理制度得到进一步完善；有章不循、违章操作现象大多得到切实纠正；案件防控工作措施得以落实，全行的基础管理水平有了明显提高，保障和促进了各项业务又好又快的发展。

【领导名录】

行　　长：颜克忠

副 行 长：韩文贞(主持工作)　罗文章　严仕成　卢　生　李振宇

纪委书记：次仁顿珠

工会主任：杨培源

风险总监：查克健

巡 视 员：罗布桑珠

中国银行西藏自治区分行

【年度综述】2009年，中行西藏分行认真贯彻中国银行总行、分行年度工作会议精神，坚持“安定团结、合规经营、稳健发展、培养人才、提升形象”的工作方针，紧紧围绕“科学发展”和“安全运营”两大主题，迎难而上，扎实工作，取得了良好的经营业绩。

一是盈利水平持续提高。2009年，全行实现账面净利润11752万元，连续两年突破亿元大关；ROA（资产收益率）达0.82%，超出年初预期目标；EVA（经济价值增加值）达12081万元，RAROC（风险资产回报率）达54.75%，保持高水平。

二是存贷规模稳步扩大。年末全行本外币存款余额折合人民币为152.61亿元，较上年末新增17.48亿元。其中公司存款余额119.64亿元，新增12.21亿元；储蓄存款余额32.33亿元，新增5.24亿元；金融机构存款余额6308万元，新增217万元。本外币贷款余额48.92亿元，新增7.39亿元。其中公司贷款余额35.76亿元，新增7.32亿元；零售贷款余额13.16亿元，新增2.13亿元。

三是中间业务发展提速。全行实现中间业务净收入2468.13万元，同比增长12.04%。其中个人金融板块实现中间业务净收入1868.85万元；公司业务条线实现中间业务净收入162.25万元。国际结算量9500万美元，基本垄断当地对外贸易结算市场（外管统计口径）；银行卡收益、外卡收单、银行卡直消、贷记卡新增、借记卡增发全面超额完成年度计划。

四是贷款市场份额全面上升。2009年末，全行人民币各项贷款在当地全部金融机构的余额市场份额为19.59%，较上年末提高0.78个百分点。其中公司贷款余额市场占比18.06%，提高0.84个百分点，新增市场份额达25.05%；零售贷款余额市场占比25.41%，提高0.19个百分点，新增市场份额达26.50%。外汇贷款余额市场占比仍保持100%。

【积极推动科学发展】2009年，中行西藏区分行加强了对政府职能部门、重点客户及其关联客户的营销并取得一定成效，烟草行业存款实现零的突破。成功营销了华泰龙矿业、华能电力、华新水泥等重点项目并实现较大投放，有力促进了西藏经济发展。新增一批西藏特色优势的授信客户，客户和产品结构得到改善，BB级以上客户授信占比达到96.34%。产品结构不断优化，第三方存管、无折单卡、公务卡、网上银行等新兴业务稳步推进。

【全力确保安全运营】2009年，中行西藏分行进一步加强了反对分裂、维护稳定工作的组织领导，严格落实“一把手”责任制，开展了主旋律教育，重申了政治纪律，狠抓敏感日子及重大节假日安保维稳工作，全力维护安定团结的大好局面。坚持“预防为主、防查并举”方针，加强了对重要部位、重点环节的隐患排查和安全防范，加大技防投入，完善应急预案，确保了安全生产和全年无“四类案件”。

【不断夯实基础建设】2009年，中行西藏分行围绕支持西藏经济社会发展这一中心工作，积极推进服务架构改革，改进了绩效考核办法，完善了业务费用配置和管理机制，突出对中间业务的专项激励，启动了拉萨城区重点发展战略，城区支行业务贡献度明显提升。IT蓝图工作扎实推进，有力提升了中行西藏区分行的金融服务水平。进一步加强了对领导干部的廉政管理及合规管理，员工培训力度空前加大，受训面大幅提高。全辖办公大楼、营业网点的硬件环境得到改善，对外服务设施投入进一步加大，服务的流程化、标准化得到一定提高。品牌管理工作得到加强，自治区分行积极支持地方特色经济、大力加强金融创新、热心当地公益事业的形象得到了较好提升。　（赵泽攀）

【领导名录】

党委书记、行长：李瑞强

党委委员、副行长兼信贷风险总监：彭措多吉

党委委员、副行长：聂勋庆　贝　西

党委委员、纪委书记：李俊武

党委委员、行长助理兼财务总监：惠桂欣

党委委员、行长助理：车献峰

中国人民财产保险股份有限公司西藏分公司

【年度综述】2009年，人保财险西藏分公司进一步解放思想、更新观念、锐意进取，系统上下充分发扬老西藏精神和西藏人保“团结、奋进、忠诚、奉献”精神，结合“PICC旗帜在世界屋脊高高飘扬”的共同愿景，克服人少事多、一人多岗等实际困难，全面推动“抓重点、破难点、出亮点”各项工作。截止2009年底，共实现保费收入31324万元，同比增长16.44%，完成年初计划(28800万元)的108.76%，实收保费31724万元，完成实收保费计划(27700万元)的114.53%，提前52天全面完成保费任务。

【为社会提供保险保障能力不断增强】截止2009年，公司累计承担风险金额1156.6亿元，同比增长6.09%；共受理理赔案件22493件，同比增加4763件，支付直接赔款16850万元，同比增长6324万元，增长率为60.73%；赔付率为70.86%，同比增加15.04%；已决赔案17509件，同比增加2686件，同比增长18.12%。2009年，我区农业保险试点涉及6地1市30个县100个乡镇的种植业、养殖业和农牧民住房保险，承保金额79.8亿元，为19万户92.7万农牧民群众提供了保险保障。2009年为地方性政策性农业保险赔款3737.6万元。人保财险西藏分公司坚持“理赔出效益、理赔出诚信、理赔出市场、理赔出客户”，坚持“平时是朋友，患难之时更是朋友”的理赔服务理念，在理赔案件不断增多的情况下，提高了结案率。

【强化财务管理，努力打造开放、高效、透明、高度智能化的运营管理系统】2009年，人保财险西藏分公司财务以《会计基础工作规范》为基础，加强以资金、资产、自查自纠、再保险和精算为手段，提高会计基础工作，防控财务、经营管理等风险为依托；增强依法合规意识，转变工作作风，提高专业技能，加强财会队伍建设，大力提升服务意识。扎实地推进了各项工作，完成了预定的工作任务。资金管理工作一直是人保财险西藏分公司财务管理工作的重中之重，在加强资金管理，确保资金安全上，一是清理银行账户；二是实行资金“收支两条线”管理；三是推行“无现金”收付模式，在区分公司本部和全辖推行无现金收付工作，区分公司本部完成了自治区农行和建行就刷卡交易手续费、POS机安装与维护等工作。同时本部和阿里还开通了企业网上银行服务业务，降低了现金收付业务数量和资金流动风险，确保了公司无现金收付工作的顺利进行。2009年，人保财险西藏分公司积极配合外部监管部门的审计、检查工作，强化依法合规经营意识。一是极积配合总公司开展财务业务数据真实性检查工作和会计基础工作规范达标升级考核评比工作。二是积极开展税收自查工作。三是积极开展财务巡查工作。根据总公司《财务巡查制度》和区分公司《2009年财务巡查工作计划》的安排，人保财险西藏分公司分别对各地分支公司进行了财务巡查工作，认真撰写财务巡查报告。四是配合成都监察稽核中心的检查工作。在成都监察稽核中心对人保财险西藏分公司2008年度财务工作进行全面检查中，人保财险西藏分公司全力配合，及时提供各类财务检查资料，及时完成了检查和整改工作。五是配合完成公司监察审计工作。加强专业基础和技能的培训，2009年先后对《会计基础工作规范》、《再保险知识》、《精算未决赔款准备金分摊》、《统计2008》、《会计制度》、《全面预算管理的构建》、《考核办法》等内容开展了专题培训。通过培训内容的宣导，使员工了解财务、会计、统计、精算和再保险的作用，提高了财会人员的专业技能。

【创新出彩，打造保险亮点】2009年，张庆黎书记对公司作出了重要指示：目前特别是我区农牧区发展对保险需求越来越大，保险行业必须要大发展。保险要大发展，需要党委、政府大力支持，提供广阔的发展平台。要求西藏人保要切实搞好农牧区乡村保险样板示范工作，以生活事例宣传保险对农牧民群众的好处，在获得成功后积极做好推广工作。张书记所作重要指示，为今后保险工作特别是农牧业保险工作指明了方向，这也是今后与各级政府和政府各部门有效加强沟通和联系的基础。2009年，是新中国成立60周年，也是中国人保建司60周年，利用这一难得机会，人保财险西藏分公司进行了全方位的自我宣传和自我推广。同时，还利用上海世博门票抽奖活动，加大信息宣传力度，反映公司工作，展示公司形象，积极打造保险鲜明的社会形象。一年来完成了在机场和主要交通干道等公共场所树立醒目

的西藏人保60年倾情守护大型广告牌，充分利用黑板报、宣传栏等形式，进行法律法规、安全、理赔等宣传，为了使各项主题宣传更深入，在主要街道和人保财险西藏分公司各营业网点悬挂宣传标语1000多条，散发藏汉文字《保险条款》宣传单5000份。此外，在区党委、政府信息，总公司信息，各报社、电台、电视台上报道、发表、发布信息和新闻报道共171篇（次），宣传做到了“报纸上有文字、电台有声音、电视有图像、街道有广告”；2009年，通过对日喀则、山南、昌都、那曲、林周一系列重大“农险”理赔案件的及时理赔和现场赔付宣传报道，充分展示了西藏人保公司维护社会稳定的优势和良好发展环境，在社会上产生了良好效应，品位得到进一步提升，大大提升了西藏人保公司的市场影响力和竞争力。2009年，人保财险西藏分公司党委书记、总经理孙国新同志参加西藏大学“名家论坛”，用藏汉两种语言作了题为《保险与社会发展》讲座，讲解了西藏人保21年来发展史及保险在西藏政治、经济、文化发展中所起的作用，很好地宣传了西藏人保。

【加强信息技术建设，改造旧系统，上线新系统】一是顺利完成了95518系统的改造，缩短了客户打入电话接通时间，大大提升了公司的服务质量；二是顺利完成了新车险理赔处理系统，实现了新理赔系统在全辖的推广应用；三是顺利实施了生产控制中心建设，及时处理了主机及核心信息处理系统权限上收工作；四是推广应用了红星软件，使公司各级领导可实时跟踪掌握公司的业务动态；五是部署CRM系统。客户关系管理系统是公司对客户信息进行分析，为客户差异化服务提供依据；六是完成了销售管理系统建设，规范了销售管理，提升了公司的盈利能力；七是强化数据质量管理。人保财险西藏分公司对数据实行日清日结制度，做到经常性监控，时时监控，事事监控。

【重大承保】2009年2月9日，公司承保西藏自治区旁多水利枢纽管理局工程险，保险金额1057万元。

2009年6月20日，公司承保拉萨市公安局意外险，保险金额67.5万元。

2009年9月17日，公司承保民航西藏自治区管理局财险，保险金额199.4万元。

2009年8月23日，公司承保中国烟草总公司西藏分公司财险，保险金额132.3万元。

2009年8月23日，公司承保中国电信集团西藏分公司财险，保险金额141.49万元。

2009年9月15日，公司承保西藏高争建材股份有限公司财险，保险金额139万元。

2009年12月28日，公司承保石油公司统保车险，保险金额80万元。

【重大理赔】2009年1月10日，某私家车在青海沱沱河发生倾覆，赔付金额33.3万元。

2009年6月25日，中国民用航空林芝站车辆在林芝地区林芝县排龙发生碰撞，赔付金额32万元。

2009年8月2日，某私家车在工布江达发生碰撞，赔付金额34.4万元。

2009年8月27日，区民宗委车辆在林芝波密县发生碰撞，赔付金额38万元。

2009年8月30日，西藏金泰地质矿业开发有限公司车辆在机场检查站附近发生碰撞，赔付金额52.7万元。

2009年5月27日，西藏自治区拉萨市林周县发生干旱灾害，赔付金额352.6万元。

2009年6月10日，那曲地区安多县发生暴雨灾害，赔付金额360万元。

2009年6月10日，那曲地区申扎县发生暴雨灾害，赔付金额310万元。

2009年6月10日，那曲地区班戈县发生洪雨灾害，赔付金额270万元。

2009年11月8日，日喀则地区昂仁县阿木雄乡、桑桑镇等发生地震灾害，赔付金额245.1万元。

中国证券监督管理委员会西藏监管工作

【年度综述】2009年，西藏证监局深入贯彻落实科学发展观，按照会党委年初、年中召开的全国证券期货监管工作会议精神和自治区党委、政府的部署，进一步夯实基础、强化监管、促进发展，圆满完成了各项监管工作，确保了辖区证券市场持续健康稳定发展。

【以提高上市公司质量为主线，认真开展“上市公司治理整改年”专项活动】一是结合辖区实际，认真研究，制定切实可行的“上市公司治理整改年”活动计划，将专项活动分为五个阶段，每个阶段制定了详尽的时间、责任人、检查和培训内容安排。二是通过整改年活动，对在治理活动中发现的问题，促使辖区上市公司进行整改。为确保公司治理实效，对公司治理状况逐家进行现场检查，对相关问题约见公司董事、监事、高管人员及公司控股股东进行谈话提醒，并及时向自治区政府汇报情况，督促公司切实完成整改，保证上市公司治理整改年专项活动取得实效。三是根据相关规定，开展了对新上市公司治理专项活动中公司自查、现场检查阶段的工作。四是为推动西藏辖区上市公司进一步完善公司治理，加强与广大投资者的沟通联系，切实提高上市公司透明度和治理水平，同西藏证券业协会共同举办西藏上市公司治理网上说明会活动。通过此次活动，投资者对辖区上市公司有了更进一步的了解，也对公司的规范发展提出许多建议，对提高上市公司信息透明度和规范治理水平起到很好的促进作用。

【认真做好上市公司日常监管工作排查风险隐患，稳步推进辖区市场健康稳定发展】一是大力开展辖区上市公司风险摸排工作。在全球金融危机的大背景下，为进一步将金融危机的影响降到最低，在年初，西藏证监局就将风险摸排、防危降害作为一项重点工作，同自治区政府、国资委、发改委、财政、税务、工商等单位深入公司调研，对公司存在的问题进行梳理分析，将风险隐患公司归纳为历史遗留问题尚未完全消除公司、经营困难和并购重组公司、股改后续安排尚未完成的公司，在涉及信息网络安全、信访反映和媒体报道等方面，建立《西藏证监局上市处排查稳定隐患工作台帐》，明确工作负责人和责任人，确保工作落在实处。二是督促公司采取有效措施化解公司风险隐患。结合目前正在开展的上市公司治理整改年活动，从完善辖区上市公司治理结构、建立健全内控制度和投资者沟通机制、强化公司信息披露入手，通过公司自查、现场检查和教育培训等措施，增强公司及控股股东或实际控制人的法律意识、自律意识、规范运作意识，促进公司规范运作，切实提高辖区上市公司质量。三是及时向辖区上市公司下发《关于进一步加强投资者关系管理的通知》、《关于加强金融危机对上市公司影响情况排查化解和维稳工作的通知》、《关于做好梳理化解风险隐患和维稳工作的通知》等文件，传达中国证监会及自治区党委有关会议精神，要求公司进一步强化信息披露，提高公司透明度，保证投资者的知情权，加强投资者关系管理，要求公司对目前和今后一段时期影响公司和市场稳定的风险隐患、金融危机的影响情况进行自查，采取有效措施应对金融危机带来的不利影响。四是督促公司认真开展投资者接待工作，做好说明、解释工作，避免激化矛盾，防范群体性上访、投资者过激行为等情况的发生。

加强公司日常监管力度。一是持续关注上市公司信息披露情况，审核公司重大临时公告并保持合理质疑，督促公司对相关事项及时进行信息披露和说明。西藏证监局就西藏矿业、珠峰摩托、五洲明珠、西藏发展等公司股票出现股价异动，及时与公司联系，询问是否存在应披未披事项或漏披事项，要求公司及时进行披露说明。二是对股价连续异动的公司，为确保风险可知可控，西藏证监局及时与深沪交易所联系，加强监管协作，进行专项检查。并在此基础上，进一步督促各公司完善内幕信息知情人报备制度。关注上市公司重大资产重组进展情况，要求公司严格按照资产重组规程规范运作。三是关注公司债务重组和重大诉讼事宜，及时汇报，化解风险。就西藏矿业2000年对重庆华鼎现代生物制药有限责任公司提供3000万元贷款担保未履行信息披露义务相关诉讼事宜、ST 珠峰债务重组事宜、西藏药业股改后续事项安排等问题进行专项检查，要求公司准确披露信息、督促公司履行股改承诺，完成股改后续安排。

进一步推动上市公司并购重组。一是鼓励辖区上市公司利用资本市场资源配置功能和融资功能，整合收购优质资产，推动产业结构调整升级。五洲明珠的重大资产重组取得明显进展。二是针对*ST 雅砻藏药质量不高、发展乏力的现状，西藏证监局积极协调有关部门，大力支持公司通过资产重组、收购兼并以及非公开发行等方式将优质资产和核心业务注入上市公司，增强上市公司可持续发展能力，彻底摆脱经营困境。目前*ST 雅砻藏药公司的资产重组方案已获得中国证监会审核通过并有望于近期完成。

加强培训，不断提高公司高管规范意识。上市公司质量的提高，关键在于公司董、监事及高管人员的诚实守信、勤勉尽责。一年来，西藏证监局采取以会代训、专题培训相结合的方式进一步强化了对上市公司高管人员的证券法律法规培训。通过与西藏证券业协会联合举办的集中培训、经验交流和实地考察等形式对辖区上市公司，证券公司董事、监事及高管人员进行了两次培训，辖区上市公司董事、监事、高管及控股股东或代表约40余人参加了培训。促使上市公司董事、监事及董事会秘书懂得信息披露是上市公司的法定义务，是《证券法》公开原则的具体要求和反映，是投资者了解上市公司、维护证券市场秩序的必要前提。同时，对新任董监事进行任职谈话，进一强化辖区上市公司董事、监事、高级管理人员的法律意识、自律意识和规范运作意识。

认真做好年报和中报审核工作。根据证监会上市公司相关规定，认真完成了辖区8家上市公司、1家证券公司2008年年报、2009 年中报披露工作。按照重点审核年报，密切关注月报的原则，进一步完善定期报告审核格式、内容、程序，及时完成定期报告的审核工作；督促公司按期实施信息公开披露制度，提高财务信息的透明度；鼓励公司采取各种形式披露财务报告和重大信息。并按照相关要求，由监管责任人对公司年报、中报进行审核，并形成审核意见报上市部、机构部和自治区政府。

【抓住重点，强化措施，督促指导辖区证券公司持续健康规范发展】继续抓住基础性制度建设这一重点，切实解决影响证券公司质量的突出和难点问题。一是督促、指导西藏证券建立健全账户管理长效机制。按照机构部要求，督促西藏证券完善第三方存管系统，进一步规范开户行为，建立客户身份识别系统，防止虚假账户产生；要求对资金账户、证券账户进行定期比对，确保账户身份对应；对账户资料实行电子化管理，提高账户管理效率，严禁使用不合格账户。二是指导、督促西藏证券建立健全合规管理机制。及时分析掌握公司合规管理制度建设中存在的问题，督促公司尽快建立合规管理制度并有效实施，通过有效监管，公司目前已按照要求基本完成合规体系建设。三是进一步强化净资本等风险监控指标的监管。充分运用以净资本为核心的风险监控指标，加强风险监控，促进监管手段向指标监管、定量监控转变，形成动态的监控机制，增强监管的科学性、及时性，提高监管效率。督促公司在现已建立的风险控制指标动态风险监控体系基础上，按照《证券公司风险控制指标动态监控指引》要求，进一步完善动态监控工作流程，增强动态监控系统的监测和预警功能。同时积极协调公司主管部门和股东单位，督促西藏证券建立动态的净资本补充机制，持续符合净资本指标要求，目前各方已基本形成由股东进行补充的意见，并已签订承诺书。四是督促公司进一步完善法人治理及其运作的有效性。督促公司进一步完善三会运作制度，规范各项业务流程，完善内部管理制度，发挥独立董事的监督制约作用，鼓励公司探索股权激励等多形式的高管人员激励机制。五是认真做好2009年证券公司分类评审工作。在往年分类评审工作基础上，本着“客观公正、实事求是”的原则，通过严格的公司自评、派出机构初审、机构部终审三级审核机制，圆满完成了本年度分类评审工作。西藏证券2009年分类评审结果为A类A级，连续两年被评为A类公司。六是督促西藏证券落实《证券公司分公司监管规定（试行）》，按期完成异地办公规范工作。针对公司存在“住所地与主要办事机构所在地不一致”的问题，加大督促检查和协调沟通力度，认真落实整改要求，目前已按期完成规范工作。

强化日常监管，确保西藏证券安全运行。一是进一步加强证券公司董事、监事和高管人员的监管。严格按照《证券公司董事、监事和高级管理人员任职资格监管办法》和证监会机构部的监管要求，进一步做好董事、监事和高管人员的资格核定和年审工作。同时充分利用证券公司高管人员数据库系统，做好董事、监事和高管人员的持续监管工作。二是加大现场检查的力度和密度。针对证券公司实际和风险易发点，强化现场检查力度，重点加强对高风险点的检查，促进西藏证券风险监控水平和合规程度的提高。对公司合规管理、内控制度、自有资金使用、经纪业务管理、证券营销行为、业务开展、财务状况、信息安全状况、风险应急处置等重点进行了现场检查；对辖区基金代销机构进行了专项检查。通过检查，达到了发现问题、核实问题、督促整改的目的，并针对检查发现的问题，及时采取发函、谈话、交流等监管措施，防范和化解风险隐患，做到及时发现、及时制止、及时处置。三是加强证券服务机构监管，确保中介机构服务质量和公司财务会计信息质量。按照会计师事务所和资产评估机构证券期货相关业务监管责任制的要求，进一步加强了对会计师事务所和资产评估机构在西藏辖区开展证券期货相关业务的持续动态监管。采取发文、谈话等方式，在年报审计前适时介入，提供监管意见，明确关注事项和审计责任；年报审计中加强监管，确保审计质量；年报审计后监督落实相关事项，审阅审计工作总结，并形成年报审计汇总报告和持续监管记录。并强化责任追究，对审计过程中出现的违法、违规及未能尽责等问题，依照有关规定严肃处理。同时建立和完善了辖区证券服务机构监管电子档案。四是按照相关法律、法规，认真完成西藏证券部分高管任职资格审批、营业部迁址等行政许可事项。

加强西藏证券经纪业务营销活动监管，督导公司提升客户服务和客户管理水平。一是督促西藏证券按照法律法规规定和监管要求，规范执业行为，加强营销管理，健全内部管理制度、信息技术支持系统和日常检查维护机制；规范签约、开户等业务流程，严格落实机构部关于客户转、销户的相关规定；建立健全客户分类管理和适当性服务制度，对客户风险承受能力进行评估和分类；健全交易监测和客户回访制度，及时发现、及时处理、及时报告异常交易或其他涉嫌违法违规行为；完善营销人员管理制度，规范营销人员执业行为；完善客户投诉和纠纷处理机制，有效、及时化解客户纠纷。二是采取有效措施，突出重点和效果，督促西藏证券进一步加强投资者教育工作，持续深入开展投资者教育工作，切实将投资者教育和风险揭示工作融入公司各项业务流程，体现在客户服务体系的各个环节，逐步形成以风险揭示为核心的投资者教育长效机制。三是认真落实《经纪人管理暂行规定》，督促公司提前做好准备工作，按照规定要求建立相应的管理制度和内控机制，履行相应程序后方可实施。四是加强西藏证券信息技术监管。推动公司加强 IT 治理，提升信息系统对业务管理和风险控制的支持能力。督促公司加强信息系统的安全保障，确保交易安全，维护交易稳定。

增强服务意识，遵循市场规律，促进西藏证券做优做强。督促指导西藏证券加强基础性制度建设的基础上，积极引导、推动公司利用增资扩股和行业资源重组整合的机遇做大、做强，积极协调解决公司在发展过程中遇到的困难和问题，从西藏的特殊性出发，积极支持公司申请在全国和区域内增设营业网点，支持公司在规范的基础上通过并购等方式扩大业务规模，提高盈利能力和竞争能力。在证监会的大力支持下，2009年公司获准在深圳增设一家证券营业部，获得证券自营及与证券交易、证券投资活动有关的财务顾问业务资格。为公司进行产品创新、服务创新和组织创新，拓展业务空间，增强盈利能力，转变发展模式，实现可持续发展奠定了良好基础。

加大培育上市后备资源力度，取得显著成效。一是积极发挥西藏自治区推进资本市场改革与发展领导小组在培育上市后备资源中的作用。在自治区党委、政府的大力支持下，2009 年上半年，西藏证监局牵头会同自治区国资委、工商局、税务局、财政厅等部门成立西藏辖区上市后备资源调研工作组，对西藏区内现有企业公司基本情况、经营管理情况、财税金融情况及公司存在的困难问题等方面进行了全面摸底，形成了西藏上市后备资源调研报告，建立了西藏上市企业后备资源库，为自治区党委、政府决策提供了依据。二是在调研的基础上，决定将6家公司列入上市后备资源，多次深入企业进一步调研，就企业改制、上市发行的规则进行宣讲，帮助企业对治理结构、财务状况及发展思路进行分析和政策指导。三是积极推动具备条件的公司上市。2009 年 8 月，西藏奇正藏药股份有限公司在深圳证券交易所挂牌上市，公发募集资金 4.84 亿元，打破了我区 8 年没有公司上市的记录，使西藏辖区的上市公司增加到 9 家。

加强组织领导和协同配合，进一步完善综合监管协作体系。按照辖区监管责任制的要求，进一步加强了与自治区政府及其综合经济管理、行政、执法、司法、金融等有关单位的沟通协作，健全了综合监管体系。一是按照推进西藏资本改革发展领导小组的工作部署，定期召开领导小组联席会议，通报辖区资本市场发展与规范的有关情况，统筹研究解决工作中遇到的重大问题。二是进一步做好资本市场信息安全、舆论引导工作。西藏证监局成立西藏证监局网络监督评论员队伍，对网络信息监控评论工作进行分工负责，完善相应表格，建立监控登记台账，对辖区所有交互式网站的信息发布情况进行监控，网络监督评论员负责监测、跟踪和报告相关业务领域内的重要舆情。三是协调自治区通信管理局、拉萨市公安局网监支队、自治区安全厅公共信息网络安全监察处等相关部门，对辖区互联网情况进行了全面摸底调查，收集了辖区所有交互式网站的名称及网址。四是进一步加强同自治区公安厅的合作，与西藏自治区公安厅公共信息网络安全监察处签订《合作备忘录》，就协同做好西藏辖区资本市场信息安全、舆论引导、网络监控、打击非法证券活动等维稳工作建立了有效的沟通协作机制，确保对辖区资本市场网上有害信息及时进行删除、封堵、查处等处置，对网络信息进行舆论引导。

把握重点，注重实效，推动投资者教育工作深入开展。根据中国证监会对投资者教育工作的有关要求，立足辖区实际，结合辖区经济社会现状和投资者结构的特点，有针对性地开展一系列投资者教育活动，取得了较好效果。一是加强指导，明确任务，促进投资者教育活动有序开展。根据证监会有关要求，及时向辖区证券经营机构下发通知，对投资者教育工作进行安排布置，对机构保障、教育内容、长效机制等提出了明确的工作要求。二是为提高投资者教育效果，从辖区投资者以中小散户为主的实际出发，督促证券经营机构认真开展日常性的投资者教育工作。包括完善营业场所投资者教育专栏、广泛张贴打击非法证券活动宣传画、定期开办股民学校，综合运用公司网站、交易系统、培训讲座、手机短信、宣传材料等多种渠道对投资者进行风险警示教育等。三是督促公司进一步完善投资者关系管理工作的各项制度，构建多种形式的信息沟通渠道及平台，充分发挥投资者关系管理网络平台作用，实现公司与投资者之间及时便捷的双向沟通与联系，形成良性互动的机制，提高投资者关系管理工作质量。四是向西藏证券提供有关创业板等宣传学习手册，以供开展投资者教育活动。五是为保证投资者教育工作的贯彻落实，认真开展经常性的督促检查工作，促进了辖区投资者教育工作的开展和效果的固化。

【现状与问题】我区自1995年发行上市第一支股票五洲明珠（原西藏明珠）以来，目前共有 9 家企业分别在深沪交易所上市，这其中不仅包含国有控股公司，更不乏民营控股企业，其行业分布遍及藏医药业、旅游业、矿产业、建筑建材业等。2009年8月28日奇正藏药上市，成功融资4.84亿元，实现西藏资本市场新的突破。截至2009年12月31日，全区 9 家上市公司募集资金共计 28.97 亿元，总市值达 374.02 亿元，占 2009 年全区生产总值441.36亿元的84.75%。西藏证券有限责任公司作为区内唯一一家证券经营机构，目前在拉萨、北京、上海、成都、杭州、深圳设立有 6 家证券营业部。截止2009年12月31日，公司资产总额26.64亿元，净资产6.13亿元，净资本3.9亿元，营业收入2.94亿元，实现利润 1.42 亿元，开户数共计 9.19 万户，指定和托管的证券市值101.15亿元。2009 年，公司获得证券自营及与证券交易、证券投资活动有关的财务顾问业务资格，为公司进行产品创新、服务创新，拓展业务空间，增强盈利能力，转变发展模式，实现可持续发展奠定了良好基础。

西藏资本市场经过十多年的发展，已成为全区国民经济的重要组成部分，9 家上市公司和证券公司已成为西藏企业改革和带动行业发展的中坚力量。一方面，公司通过上市，从增量上对全区经济结构的调整、优化配置资源起到了积极的推动作用，同时，又能够以增量带存量，最大限度地盘活存量资产，既解决了因相对封闭带来的企业自身经营和扩张所面临的资金瓶颈问题，也在很大程度上增强了企业抵御经营风险的能力。另一方面，公司上市之后，证券市场通过资产重组，引导各种生产要素和经济资源向企业聚集，逐步通过制度优势、人才优势、政策优势、资源优势等在上市公司的全面有机结合，吸引市场上的资金自发地向优质企业和符合西藏实际的特色产业的聚集，实现了各类资源最大程度的优化配置。资本市场的发展为深化企业改革、推进现代企业制度建设、优化资源配置、促进经济结构调整、培育特色产业发展、推动社会进步发挥了重要作用。

同全国其他省区相比，西藏资本市场的差距还较大。主要表现在：一是资本市场存量还很小，资本市场整体发展跟不上全区经济发展速度。西藏目前只有 9 家上市公司，在全国资本市场中的份额还相当小，直接融资比重不高，我区经济连续多年保持两位数的增长速度，但资本市场发展相对较慢，上市公司、证券公司对区域经济社会发展的贡献度还不高。二是上市公司质量还有待进一步提高。尽管经过各方努力，近年来西藏上市公司质量明显提高，但是和兄弟省区市的上市公司比较，公司质量还存在明显差距，公司治理还有待进一步规范、业务范围还比较窄、公司规模还不大、产品或服务市场竞争力还不强。一些公司多年来没有在资本市场融资，利用资本市场优化资源配置的功能发挥不够。三是后备上市资源不足，新股发行上市进展缓慢，推出创业板以来，全区到目前还没有企业申报。四是资本市场要素体系还不健全。目前区内只有 1 家证券公司，还没有期货公司、证券投资咨询公司、基金公司以及具有证券从业资格的会计师事务所。

管理与监督

自治区国有资产管理工作

【年度综述】2009 年，全区国资监管机构和广大国有企业深入学习实践科学发展观，认真贯彻落实中央、自治区关于应对国际金融危机、促进经济平稳较快发展的一系列决策部署，继续大力实施自治区“一产上水平、二产抓重点、三产大发展”的经济发展战略，按照“保增长、扩内需、调结构、促改革、惠民生”的要求，迎难而上，开拓进取，着力抓好各项工作任务的落实。国资监管进一步加强，国企改革和国有经济布局结构调整继续推进，企业集团组建取得重大突破，企业效益稳步提高，职工收入水平有所增加，全区国资系统保持稳定，各项工作取得新成绩。

2009年，自治区国资委所属15户企业（不包括已进入破产程序的西藏工业物资运销公司、西藏火柴厂）资产总额62.87亿元；负债总额30.95亿元；所有者权益总额31.92亿元；营业收入19.33亿元，同比增长26.34%；盈利2.4亿元，实现整体扭亏为盈；职工年均收入较2008年增长13.88%。

2009年，全区七地（市）国资委监管企业实现营业收入14.62亿元，同比增长16.28%；实现利润2.04亿元，与2008年基本持平；资产总额26.14亿元，同比增长16.28%。

【国有经济取得较快发展】一是企业管理不断加强。自治区国资委监管企业进一步加强管理，采取有力措施，努力开拓市场，降低成本，提高效益。西藏江南矿业公司针对矿产品价格持续低迷的状况，狠抓内部管理，管理和营业费用同比大幅度降低。西藏矿业发展股份公司建立资金目标管理，推行资金周报制度，提高了资金运作能力。高争（集团）强化绩效管理，加强对子公司经营目标考核，认真落实经营责任制，有效调动了子公司的积极性。

二是项目建设进展顺利。自治区国资委监管企业把项目建设作为提高效益、实现长远发展的有效载体，进一步加强管理。高争建材股份有限公司“二线”建成投产，实现营业收入4.74亿元，利润总额1.1亿元，上缴税金0.74亿元，同比分别增长74.1%、507.1%、73.8%。高争民爆公司年产1.2万吨乳化炸药生产线项目即将投入试生产。西藏矿业股份公司5000吨电解铜和成都西藏饭店、拉萨饭店改扩建项目前期工作顺利开展。

三是市场开拓力度加大。自治区国资委监管企业坚持以市场为导向，不断加大营销力度，市场开拓能力明显增强。天路建工集团突出主业，多承揽项目，2009年工程总量达到10.05亿元、营业收入10.6亿元、利润1.64亿元(税前利润，含公允价值变动)，同比分别增长133.72%、60.3%、203.8%，被中宣部和国务院国资委评为2009年全国国有企业10家典型，有关媒体进行了集中宣传报道。西藏汽车工业贸易总公司紧紧抓住国家实施扩大内需等利好政策的有利时机，制定营销策略，努力开拓市场，销售额突破2亿元大关，取得历年来最好的销售业绩，销售汽车4130台，同比增长155.88%。各旅游宾馆饭店企业加大市场公关和营销力度，客房出租率较2008年大幅度提高。

【国有资产监管工作扎实开展】一是制度体系不断完善。为进一步规范国资监管工作，自治区国资委起草了《西藏自治区国资委所属企业国有股东代表管理办法》、《西藏自治区国资委所属企业资产损失责任追究暂行办法》、《西藏自治区企业分类划级管理办法（试行）》。在全区国资系统举办了以《企业国有资产法》、《公司法》为主的法律法规巡回宣讲活动，日喀则、山南、林芝、那曲地区共560余人次参加，活动取得明显效果。阿里地区成功举办了“加强企业法制宣传教育，积极应对国际金融危机”主题宣传活动。

二是产权管理进一步加强。自治区国资委认真做好企业国有资产评估的备案核准工作，严格备案程序。规范产权流转制度，强化进场交易，重新选定了我区企业国有产权交易机构。印发了《企业国有产权管理文件汇编》，供区直企业主管部门、各地（市）国资委学习使用。为进一步理顺监管改制企业股权归属关系，日喀则研究制定了《关于监管改制企业股权管理暂行办法》。全区国资监管机构认真做好产权登记和规范国有产权转让等产权管理基础工作，截至2009年12月31日，累计为296户企业办理产权登记，注销17户。

三是财务监督继续强化。自治区国资委加强财务动态监测，实施财务动态问讯制度，每月编制《财务动态分析》。向监管企业印发了《关于进一步加强对非主业投资、抵押担保、重大投融资、非公益性捐赠、利润分配等重大财务事项管控的通知》、《关于进一步加强企业财务信息质量管理的通知》。委托自治区审计部门对矿业发展总公司、天路公司主要负责人进行离任审计。认真开展2009年度全区企业国有资产统计工作，及时掌握国有资产分布和营运状况，为更好地履行出资人职责、加强国资监管提供了决策依据。

四是业绩考核和薪酬管理有序开展。为建立健全对企业及负责人的激励机制，自治区人民政府印发了《西藏自治区企业发展激励办法（暂行）》、《西藏自治区企业高级管理人员（负责人）激励办法（试行）》。按照“业绩上薪酬上、业绩下薪酬下”的原则，自治区国资委认真做好监管企业经营业绩考核和薪酬分配工作，严格落实国有资产保值增值责任。对所属13家企业进行考核，兑现企业负责人薪酬，及时签订了2009年度经营目标责任书。为进一步加强企业经济运行监测分析，及时掌握企业生产经营态势，研究并调度解决企业生产经营中的重要问题，自治区国资委分别制定了《区国资委委属企业经济运行分析报告制度》、《区国资委委属企业经济运行分析调度例会制度》。山南地区国资委继续完善业绩考核奖惩办法，建立了短期激励和中长期激励相结合的工作机制。拉萨市国资委加强分类考核和指导，针对拉萨市八一农场经营模式，制定了相应的考核办法。

五是国有资本经营预算工作起步良好。全区国资监管机构和财政部门加大对企业国有资本经营预算编报的指导，积极开展企业国有资本经营预算试点工作，自治区国资委五家试点企业上缴2008年收益22.9万元。

【国企改革和国有经济布局结构调整稳步推进】一是全区国企改革年度目标基本完成。2009年是我区新一轮国有企业改革的第二个年度，自治区国资委以维护社会稳定大局为出发点和落脚点，充分发挥全区国企改革领导小组办公室的职能作用，督促指导各地(市)、企业主管部门积极稳妥地推进国企改革。截至2009年底，全区国有企业改制面达到60.5%，基本完成了年度改革任务。其中，拉萨市、日喀则地区已基本完成了国有企业改革任务。

二是公司法人治理结构更加完善。全区国资监管机构把建立健全公司法人治理结构作为建立现代企业制度的关键环节来抓。自治区国资委从机关选派2名人员分别担任天路建工集团、高争建材股份公司董事会外部董事，在外派董事试点、加强企业董事会建设方面进行了积极探索。在机构改革中，监事会工作得到进一步加强。林芝地区结合自来水有限责任公司等3家改制企业实际情况，依据《公司法》制定章程，对股东会、董事会和经理层、监事会的职责进行合理界定，形成协调运转和有效制衡的机制。

三是产业集团组建取得重大突破。在自治区党委、政府的部署和指导下，自治区国资委把集团组建作为各项工作的重中之重，强力推进。在深入调研、充分论证的基础上，自治区国资委加强与各方面的沟通协商，研究制定了建工、建材、矿业集团组建方案。经自治区人民政府批准，西藏天路建筑工业集团、西藏盛源矿业集团、西藏高新建材集团已先后挂牌成立。同时，还认真配合协助自治区交通厅做好企业集团组建工作，西藏天海集团、西藏惠通集团顺利挂牌成立。五大集团的成立，标志着我区国有企业在走集团化、规模化发展路子上迈出了实质性步伐。

四是债务重组继续推进。根据企业经营情况，自治区国资委及时调整工作思路，向国务院国资委上报了《关于请求同意我区拉萨饭店等11户企业不实施债转股的请示》，目前国务院国资委已下达批复。自治区国资经营公司从长城资产管理公司打包回购我区企业不良金融债权1.85亿元。为解决我区517户企业29.49亿元不良贷款问题，自治区国资委研究提出了不良债务处置的工作思路，及时向自治区人民政府上报了意见。

五是企业破产工作步伐加快。自治区国资委印发了《关于进一步做好政策性破产项目工作的通知》，积极督促指导有关企业和主管部门加大工作力度，扎实推进企业政策性破产。联合自治区有关部门，对西藏驻格尔木运输总公司破产开展了专题调研，妥善解决了存在的一些问题，确保了企业和职工队伍的稳定。自治区国资委积极配合自治区人社、财政等部门，向国家相关部委上报了我区需纳入城镇基本医疗保险范围的破产企业退休人员有关数据，落实医疗保障补助资金117万元。截至目前，我区共有关闭破产企业81家（其中政策性破产企业41家、依法破产企业40家），退休职工4098人，已参加城镇职工医疗保险3876人，未参保222人。

【获奖情况】被自治区人民政府授予“2009年度自治区安全生产工作先进单位一等奖”。

【领导名录】

自治区机构改革前（2009年1月至11月）：

党委副书记、主任：李震

党委副书记：帕巴次诚（正厅级）

党委委员、巡视员：严仕金

党委委员、副主任：刘来虎　张涛(援藏　侯长军　江　村

党委委员、纪检组长：黄永清

副巡视员：王国新　唐世珍

自治区机构改革后(2009年11月至12月)：

党委书记、副主任：次成甲措

党委副书记、主任：余和平

党委副书记：帕巴次诚（正厅级）

党委委员、巡视员：严仕金

党委委员、副主任：刘来虎、张涛(援藏)、侯长军、江村

党委委员、纪检组长：黄永清

党委委员、副主任：田福利、王国新

副巡视员：唐世珍

自治区审计工作

【审计成果】2009年，自治区各级审计机关共审计和审计调查38个项目（单位），查出违纪违规等各类问题金额19.93亿元，提出审计建议68条，出具审计报告（决定）33篇，移送相关单位（部门）处理事项9件，向自治区党委、政府上报《审计信息快报》30期，自治区党委、人大、政府主要领导批示的8期重要信息，已得到有关方面的高度重视和认真整改。

【财政预算执行审计】对2008年度自治区本级预算执行和其他财政收支进行审计，查出虚减财政支出、滞留应缴财政收入、重复拨付粮食风险基金、未按规定程序拨付基建项目资金、未按预算规定支出财政资金、基建结余资金未纳入预算、应缴未缴预算外收入、未按规定设置“财政社会保障补助资金专户”等违纪违规问题金额38288万元，提出审计建议8条；对2008年税收征管和其他财政收支审计，查出税务机关自身应缴未缴相关税费的问题，提出审计整改建议2条。向自治区政府上报了《关于2007年度自治区本级预算执行的审计结果报告》，并受自治区政府委托向人大常委会作了《关于2008年度西藏自治区本级预算执行的审计工作报告》，人大常委会对审计工作，在查处财经领域中的问题，推进依法理财，提高财政资金使用效益，规范预算管理等方面发挥的作用给予了充分肯定。

【固定资产投资审计】重点对5个建设项目进行了审计，审计资金总额31.32亿元，查出建设程序未批先建、以虚假征地拆迁合同骗取国家建设资金、建设用地未按照规定报批、未进行公开招标、多计工程结算价款、概算外新增投资、虚列待摊投资、挪用征地拆迁资金等违纪违规资金3.84亿元。根据自治区的安排，调整力量、抽派人员参加对拉动经济增长投资项目的跟踪检查，促进中央宏观调控政策措施的到位和落实。

【企业审计】始终坚持审计监督与为企业发展服务相结合、财务收支审计与效益审计相结合，重点关注企业的经济效益、社会效益和环境效益，促进企业深化改革和可持续发展，提高管理水平和市场竞争能力。重点对6个单位（部门）进行了审计（审计调查），查出违规套取现金、拖欠职工一次性住房补贴、会计失真、虚增收入、多计成本等违纪违规金额3470.15万元。

【经济责任审计】受区党委组织部和区国资委的委托，并经自治区经济责任审计工作领导小组会议批准，对8名领导干部进行经济责任审计，查出挤占挪用项目（专项）资金和事业费、坐收坐支预算外收入、虚列支出、私设“小金库”、隐瞒收入等违纪违规金额98492万元，提出审计建议24条，移送相关单位处理事项9件，向自治区政府专题报告2篇。召开了自治区经济责任审计工作领导小组联席会议，讨论通过了《西藏自治区经济责任审计工作立项制度》、《西藏自治区经济责任审计工作领导小组联席会议制度》、《西藏自治区领导干部和国有及国有控股企业领导人员任期

经济责任审计结果运用办法》；编印了《党政领导干部和企业领导人员履行经济责任涉及的违反财经法律法规事项汇编》。

【农业与资源环境保护审计】通过对4个单位（部门）进行审计（审计调查），发现会计信息失真等违纪违规资金8719.58万元，针对查出的违反财经法规问题，依据有关法律法规做出了处理和处罚，提出10条审计建议。

【行政事业和社会保障审计】为促进部门预算管理、深化部门预算改革，认真履行部门预算执行和社会保障资金审计监督职能，进一步加大了对重点领域、重点资金、重点违规问题的查处力度。通过对6个单位（部门）的财务财政收支审计，查出挪用专项资金、滞留专项经费、虚列支出、账外资产等违纪违规金额12491.79万元。

【“人、法、技”建设】一是旗帜鲜明地反对分裂、维护稳定。各级审计机关坚决贯彻执行中央关于西藏反分裂斗争的一系列重要指示精神和自治区党委、政府的决策部署，以开展“反对分裂、维护稳定、促进发展”主题教育活动为契机，扎实做好反对分裂、维护稳定各项工作。二是领导干部作风建设年活动深入开展、扎实有效。根据自治区党委的统一部署，审计厅党组把领导干部作风建设年活动，作为推动审计事业科学发展、提高依法审计能力、加强党组班子和队伍建设的难得机遇，精心组织，周密安排，狠抓落实。三是为进一步加强审计法制建设，制定了《审计项目质量检查暂行办法》、《西藏自治区审计厅审计项目计划管理办法（试行）》、《西藏自治区审计厅审计项目进度管理办法（试行）》，修订了《西藏自治区审计厅贯彻〈审计署关于加强审计纪律的规定〉的办法》和《西藏自治区审计厅审计外勤经费管理试行办法》。四是认真落实整改措施，切实做好科学发展观“回头看”后续工作。五是着力加强基础性工作。第一加强纪检监察，促进廉政建设。驻厅纪检组在厅党组的领导下，要求审计人员坚持原则、顶歪风、挡诱惑，做到公正履职，廉洁从审；将反腐败工作与执行审计纪律“八不准”相结合，做到审计项目到组、廉政责任到人。第二强化服务意识，抓好常规工作。狠抓各项规章制度的建立健全，用制度管人、用制度管权、用制度管事，促进审计工作制度化、规范化。第三注重审计工作信息化建设。完成了厅机关与审计署、厅机关与七地市审计局的审计专网的联网工作；开通了审计内网（涉密网）；对七地（市）审计局“金审工程”管理系统进行了部署，安装了审计管理系统等一系列软件。第四突出审计人才培训工作。8月至9月在拉萨成功举办了计算机审计培训班和固定资产投资审计培训班，组织了2009年计算机培训及AO认证考试，为今后开展计算机审计和固定资产投资审计提供了人才保障。

【领导名录】
党组书记：马国超
厅　　长：贵　桑
副 厅 长：李瑞富　孙玉英
　　　　　宋　民（审计署兰州特派办援藏）
纪检组长：张福山
总审计师：周忠祥

自治区统计工作

【年度综述】2009年，自治区统计局、国家统计局西藏调查总队以“服务经济社会科学发展、推动统计事业科学发展”为目标，以提高统计数据质量为中心，以加快统计信息化建设为支撑，扎实开展“统计业务建设基础年和统计基础建设年”活动，为自治区党委、政府提供决策依据，为全区经济社会又好又快发展提供优质高效的统计服务。

【重大国情国力调查和各项常规及专项统计调查取得显著成绩】第二次经济普查取得重要阶段性成果。在自治区党委、政府的高度重视和正确领导下，全区各级相关部门以及广大普查工作人员认真按照《西藏自治区第二次全国经济普查方案》和《第二次西藏经济普查数据处理工作方案》规定的步骤、程序和要求，紧密结合我区实际，在时间紧、任务重的情况下，广泛动员社会力量，精心组织，统筹安排，求真务实，扎实工作，完成了普查方案设计、业务培训、清查摸底、普查表填报登记、普查表审核和数据录入处理上报等一系列工作。在单位清查阶段，自治区经普办（办公室设在自治区统计局和国家统计局西藏调查总队）先后派出工作组深入到拉萨市、日喀则、山南和林芝地区的10余个县，对单位清查、个体户普查登记、普查宣传和经费落实等情况进行了督导检查。普查登记阶段，派出3个工作组，分别对各地（市）的普查登记工作进行了全面督查，对所在地普查登记阶段遇到的问题和困难进行了指导帮助。普查数据录入审核汇总阶段，按照自治区经济普查领导小组的要求，组成3个工作组，对全区七地（市）的七个普查小区进行了全面的数据质量抽查，其中个体户抽查总量达到1300余户，法人单位、产业活动单位达到500余家。目前，普查数据资料开发工作已在积极进行中。第二次经济普查工作获得了自治区经济普查领导小组的高度评价。

积极推进了第六次全区人口普查各项前期准备工作。根据国务院第六次人口普查领导小组的部署，决定于2010年开展第六次全国人口普查。2009年6月25日，自治区人民政府下发了《西藏自治区人民政府关于开展我区第六次全国人口普查工作的通知》，并成立了由自治区党委副书记、常务副主席郝鹏任组长的人口普查领导小组。根据国家和自治区的统一安排，我局、总队积极开展了第六次人口普查各项准备工作：建立健全普查机构、申请落实普查经费、开展普查宣传动员，扎实做好了人口普查的思想准备、组织准备和技术准备。截止9月底，自治区以及各地（市）人口普查领导机构已经全部组建完毕，74个县（市、区）的人口普查领导机构正在抓紧组建中，为2010年正式开展普查奠定了坚实的组织基础。

圆满完成了第二次全区组织工作满意度民意调查工作。为深入了解和把握干部群众对组织工作和组工干部形象的真实看法和意见，按照中央组织部和国家统计局的统一部署，决定从2008年开始在全国每年开展一次组织工作满意度民意调查。按照2009年全国组织工作满意度民意调查工作会议精神要求，局、总队专门成立领导小组，精心组织，周密部署，严格选调和培训调查人员和督导员，严肃工作纪律，狠抓调查数据质量，确保了全区组织工作满意度民意调查工作的顺利完成。

认真做好我区第二次全国 R&D 资源清查的准备工作。根据国家统计局、科技部、国家发展改革委、教育部、财政部、国防科工局六部委《关于开展第二次全国 R&D 资源清查工作的通知》文件精神，经自治区人民政府批准，我区及时组建了西藏第二次全国 R&D 资源清查领导小组及其办公室，自治区人民政府副秘书长孟扬兼任领导小组组长。办公室设在自治区统计局。成员单位由区统计局、科技厅、发展改革委、教育厅、财政厅、卫生厅、农牧厅七家单位组成。8 月 31 日，自治区七家成员单位联合下发《关于开展西藏第二次全国 R&D 资源清查的通知》文件，标志西藏第二次全国 R&D 资源清查工作正式启动。

各项常规统计调查和专项统计调查稳步推进。全区各级统计部门严格执行国家和自治区统计调查制度，努力提高统计调查数据质量，切实加大了 2008 年年报、2009 年年报组织协调和督促检查力度，认真审核各地区主要统计指标数据，保证了自治区与地市之间、国民经济核算与专业统计之间数据的衔接与协调。农业、工业、建筑业、投资、消费、人口、就业、社会、科技、能源和国民经济核算等各项常规统计顺利开展，并取得明显成效。按照国家和自治区的要求，局、总队还认真组织开展了 2009 年城镇居民国内旅游调查、公众气象服务评估调查、全区邮政快递企业专项调查、规模以上工业企业成本费用调查、农民工监测调查、城镇私营企业劳动工资抽样调查、妇女儿童监测、主要商品价格监测等专项统计调查任务，满足了党政领导决策需要和社会大众对统计信息的需求，为自治区相关部门科学决策提供了重要依据。另外，2009 年 6 月以来，我区持续出现高温天气，使各地农牧林业不同程度受灾，部分地区出现洪、雪灾等自然灾害。按照自治区党委、政府要求，为及时掌握灾害对我区农村经济发展的影响状况，准确把握灾后农村经济动向，局、总队及时组织工作组到灾情较严重的拉萨市、山南地区和日喀则地区了解灾情，为自治区党委、政府制定有关政策提供依据，为全面夺取我区夏粮丰收做出了积极贡献。

【强化服务意识，不断提升统计服务水平】一年来，全区各级统计部门不断强化服务意识，建立和完善了统计服务工作机制，服务产品不断丰富、服务方式不断创新、服务领域不断拓展、服务水平不断提升，有效发挥了统计调查工作的职能作用。

加强统计分析研究，提高统计服务水平。2009 年以来，国际金融危机继续蔓延，全区经济形势依然严峻复杂。在服务好全区“两会”、全区经济工作会议等重大会议的同时，全区各级统计部门为自治区党委、政府提出的“保增长、保民生、保稳定”的决策提供了优质的统计服务。为了及时反映我区经济发展环境的新变化、新问题，局、总队相继开展了《全球金融危机对我区经济的影响程度及对策》、《西藏全面建设小康社会进程监测与分析》、《我区劳动力就业形势及对策分析》、《西藏城镇居民消费需求分析》、《农业投入与农牧民收入增长相关性分析》等一批重大课题研究，上报给自治区党委、政府及相关部门作决策参考，获得了广泛赞誉。为反映和宣传新中国成立 60 周年、西藏民主改革 50 年来，我区经济社会发展取得的辉煌成就，组织有关人员撰写了《铁的数据，印证新西藏巨变》、《中央关心，全国支援，任何势力都阻挡不了西藏发展进步的步伐》等专题分析报告，在自治区有关媒体上连续刊登，引起了较大的社会影响，进一步提高了统计调查工作的知名度。另外，根据自治区有关部门的要求，为《西藏民主改革 50 年白皮书》、电视政论片《跨越》、《关怀》和《西藏经济社会发展报告》、《中华通鉴》（西藏卷）和 2009 年版的《西藏蓝皮书—中国西藏发展报告》等整理和提供了大量统计资料，有效发挥了统计部门的职能作用。

加强统计资料开发利用，拓宽统计服务领域。一是不断提高统计资料编印水平。2009 年以来，在继续编印《西藏统计月报》、《西藏统计》、《西部地区主要经济指标》、《西藏统计年鉴—2009》的同时，还在部分统计资料中进一步扩大了统计信息容量，提高了数据质量水平，极大地满足国党政领导和社会各界的需要。此外，按照国家统计局的要求，完成了《中国区域经济统计年鉴》和《新中国六十年》西藏部分资料的收集、整理工作。二是不断加大了统计宣传力度。统计宣传是统计部门发挥咨询、舆论、监督功能的主要途径。局、总队通过召开新闻发布会以及在各种新闻媒体上公开发布各类信息资料等形式，及时向社会各界通报了年度、季度经济社会运行情况。此外，根据自治区有关部门的要求，及时整理提供了各类统计资料和信息，较好地满足了各级党政领导和社会各界对统计信息的需求。

加强重大统计调查监测，丰富统计服务内容。按照自治区政府和有关部门要求，认真开展了对西藏重点监测商品的每周监测；进一步加大了对全区重点贫困县、乡（镇）、村、户的监测力度；在相关部门的大力支持下，对全区 7 家企业集团进行了跟踪统计监测调查，开展了企业集团多元化经营战略研究；顺利完成了区内 32 家企业的景气调查工作，向全社会定期发布西藏企业景气统计调查报告；加强了能源统计监测工作，不断完善能源统计制度，从 2009 年开始，开展了对全社会用电量定期统计调查，为自治区制定节能减排有关政策、推进科学发展提供了重要依据。

【狠抓统计调查系统基本建设，增强统计事业发展动力】在自治区党委、政府和国家统计局的高度重视和亲切关怀下，在对口援藏省（市）统计部门的无私援助下，全区统计调查系统基本建设工作取得明显成效。“自治区统计局、国家统计局西藏调查总队统计调查业务用房”项目于去年 6 月 27 日正式动工，历经一年多时间，已经全面完成了大楼的工程建设及装修工作，正在抓紧进行附属及配套设施建设，预计在 2009 年 12 月份以前投入使用。

狠抓统计基层基础建设，提高基层统计工作水平。为进一步提高统计服务科学发展的能力，切实加强统计基层基础工作，更好地发挥基层统计的职能作用，全面提升统计调查工作整体水平，2009年9月15日，自治区统计局、国家统计局西藏调查总队在山南地区隆子县召开了全区统计基层基础建设经验推广现场会，对近年来统计基层基础建设工作进行总结，对全区统计基层基础建设中涌现出来的先进集体和先进个人进行了表彰，并就隆子县、加查县在统计基层基础建设方面的一些好经验、好做法进行了大会交流。

狠抓统计业务基础建设，严格落实工作目标责任制。为进一步建立健全抓落实的领导和工作机制，不断完善和严格执行责任制度、督查制度、考核制度。2009年3月，局、总队下发了《全区地（市）级统计调查工作年度目标考核办法》，对全年3大方面11项工作任务明确了责任目标实施单位，建立了月度工作通报制度，以自查、汇报、点评、通报相结合的方式，认真检查各方面工作进展情况，督促责任处室和各地（市）统计部门按进度要求抓好落实。各业务处室结合自身实际，制订了一系列可行的措施，切实做到责任到部门，落实到领导，形成了一级抓一级，层层抓落实的良好局面，为确保全区统计调查工作任务的全面完成奠定了坚实的基础。

【加快统计信息化建设步伐，为统计调查工作提供技术支撑】加强统计内、外网站基础建设，进一步明确了统计信息化发展定位和方向，以统计数据资源和分析研究成果为依托，以现代信息技术为平台，对统计信息内、外网进行改版和扩充，丰富了信息内容，切实增强了网络的实用性。一年来，统计内、外网共编发信息500余条，为服务党委、政府、部门和社会公众提供了坚实的平台。

积极推进统计信息网络扩容改造工程。在自治区财政厅和国家统计局数据管理中心的大力支持下，顺利完成了全区统计网络系统改造项目。全区统计网络系统形成了由64KB升级至2M+10M（自治区至七地市网络带宽提升到2M，自治区级互联网出口10M）的网络结构，进一步提高了统计数据处理和信息传输效率，有力地推动了西藏统计信息化建设。

切实做好计算机网络与信息安全保障工作。2009年以来，局、总队始终坚持“积极防范、突出重点、技管并重、保障发展”的原则，多次组织有关人员对机关各部门进行计算机网络安全保密工作检查。邀请了自治区保密局有关专家举办了计算机安全保密知识培训，进一步增强了广大干部职工的信息安全意识。针对计算机网络信息系统存在安全隐患问题，将统计信息内部网与互联网进行了逻辑隔离，防止信息泄密事故的发生。在2009年计算机网络安全考核工作中，得到了国家统计局的充分肯定。

建立了以区局、总队为中心节点，覆盖各地（市）统计局、调查队的IP电话系统，加强了各级统计调查部门的联系，节约了统计经费。部分地（市）统计部门也建立了相应的内网网站系统，使得文件通知和软件、数据及时上传下达，极大地提高了统计系统的办公效率。

自治区工商行政管理工作

【年度综述】2009年，全区各级工商机关全面落实科学发展观，把保增长、保民生、保稳定贯彻始终，服务拓宽了领域，监管提高了水平，队伍经受了历练，各项工作取得新的成绩。服务市场主体更好更快更大发展是工商行政管理工作的根本目的。截止12月底，全区各类市场主体发展到9.87万户，比上年底净增6129户，增长6.7%；注册资本（金）达到490亿元，比上年同期增加17.71亿元；个体私营经济从业人员达到32.1万人，同比增长14%。

【竞争执法】各级工商机关以查办“傍名牌”、限制竞争、商业贿赂等违法行为为重点，进一步加大反不正当竞争执法力度。全年共查处不正当竞争案件122件，案值190万元。拉萨局查处一起“圣缘藏宝堂”贿赂旅行社并通过其向游客兜售以次充好、以假充真藏药的大案，当场查封藏药40万元，向导游行贿达128万余元，并将当事人移送司法机关，得到了自治区主要领导的批示肯定。

【打击传销与规范直销】各级工商机关开展打击传销百日联合执法行动，在公安等部门的配合下，严厉打击传销活动，规范直销经营行为。针对农牧民参与内地传销活动情况，积极联系有关省市工商局，展开摸底调查，协助遣返原籍，提出工作建议，对230名参与安徽、陕西、广东、广西等地传销活动的农牧民，集中组织学习教育，增强自我防范意识，自觉抵制传销。代自治区政府拟定了《关于禁止参与传销活动的紧急通知》，下发执行以来效果明显。开展直销市场专项检查，查处2起直销违法案件。

【消费者权益保护】12315“四个平台”建设有力推进。各级工商机关以“一会两站”建设和12315“五进”为重点，加大12315行政执法体系“四个平台”建设，着重在扩大网络覆盖面、完善功能、规范运行、提高能力上下功夫，全面提升消费维权的工作水平。全区共设12315维权站（点）629个，初步形成了覆盖全区大商场（超市）、市场、乡镇、景点的消费维权网络。进一步提高12315监管执法水平，优化12315工作流程，全年共受理消费者申诉举报案件1442起，为消费者挽回经济损失218万元。查处制售假冒伪劣商品案件1219件，案值135万元。查处侵害消费者权益案件1645起，案值360万元。

【市场规范监管】全区各级工商机关立足工商职能，依法加强市场监管，落实监管措施，提高执法效能，维护公平公正的市场秩序。全年共查处各类违法违章案件7296件，案值6902万元，罚没款315.67万元。

开展打假护农行动，维护农牧民群众的合法权益。各级工商机关将打假维权的重心向农牧区倾斜，树立了爱农、护农、帮农的新形象。加强“家电、家具、汽车和摩托车下乡”市场监管，严厉打击“以旧翻新”、“以旧充新”等制假售假行为，共查扣不合格和假冒伪劣家电71台，案值20余万元，确保国家支农、惠农政策的落实到位。加强对种子、化肥、农药、农机及零配件等四大类农资商品的监管，查获过期失效变质农资29个品种，查缴无合格证农机配件34件（个）。

加强各类市场监管，切实维护市场经济秩序。各级工商机关积极参与扫黄打非、禁毒、反假币、校园周边环境整治等专项治理工作，加大查处取缔黑网吧力度，推进社会治安综合治理工作。全年共查处取缔无照经营1046户，查缴各种盗版和淫秽光盘10263张（盘），各类非法政治性出版物1297册（盒），查扣“六四”文化衫347件，取缔黑网吧2户，查缴非法卫星电视广播地面接收设施50套，有力维护了市场经济秩序。配合有关部门开展对矿山、危险化学品、交通运输等重点行业的安全生产大检查，消除安全隐患。

狠抓综合治理工作，促进社会和谐稳定。各级工商机关坚决贯彻落实中央和区党委维稳工作的决策部署，围绕“3·10”、“3·14”、西藏百万农奴解放纪念日和西藏民主改革50周年、国庆60周年等敏感时段，全员动员，严防死守，层层明确维稳责任，落实社会管控措施。围绕市场安全稳定隐患，开展专项整治，健全应急处突机制，严密防范和依法打击各类经济违法违章行为，确保了市场繁荣稳定。围绕队伍和机关管理，开展主题教育，严格政治纪律，确保了队伍政治坚定、思想纯洁，保证了机关安全运行。

【食品监督管理】一是深入宣传和贯彻《食品安全法》，提高广大经营者和消费者的食品安全意识。依照法定职责，核发食品流通许可证536户。二是重点围绕节日市场，开展流通环节食品安全专项执法检查，确保了食品消费安全。全年共检查食品经营户13万户次，查处流通环节食品案件1278件，案值323.7万元，捣毁食品制假窝点10个，没收各类假冒伪劣、过期变质、“三无”等不合格食品总值126.9万元。三是开展砖茶和碘盐市场专项整治，共下架退市问题砖茶2746公斤，查缴不合格碘盐2601公斤。

【企业注册管理】各级工商机关把战危机、保增长作为服务经济社会发展大局的着眼点，支持特色支柱产业加快发展。西藏天路建工、盛源矿业、高新建材等一大批企业集团注册挂牌成立，雅砻藏药完成重组，奇正藏药顺利上市，带动了我区工业经济规模化发展，积蓄了发展后劲。杭州娃哈哈、大唐国际发电等企业来藏投资落户，西藏第一家商业性担保公司世丰担保有限公司、第一家小额贷款公司裕融小额贷款股份公司核准设立，拉萨经济技术开发区全年入驻企业59家，注册资金5.5亿元。到12月底，全区公有制企业发展到5203户，注册资金262亿元；外商投资企业发展到243户（含分支机构），投资总额6.36亿美元，保持了稳定发展态势。拉萨局建立了17个政务服务窗口，实行“五办”服务，提高登记注册效率。林芝局为改制重组企业特设“绿色通道”，跟踪服务。日喀则局建立企业与工商联络员制度，提高了服务针对性。昌都局提供延时、预约、延伸服务，推行一审一核制，提高了服务效能。

【广告监督管理】各级工商机关以保护驰名商标和著名商标为重点，加大商标行政执法力度，严厉打击商标侵权行为。全年共查处各类商标违法案件49起，案值92.8万余元，其中商标侵权案件45件。开展“打虚假、树诚信”广告专项整治行动，加强广告监测，加大案件查办，虚假违法广告蔓延的势头得到有效控制。全年共监测各类广告2396条，查处各类广告违法案件60件。

【商标管理】各级工商机关将实施商标战略摆在更加突出位置，加大帮扶力度，推进品牌战略实施。全年新注册商标212件，全区累计有效注册商标达到1562件，同比增长15.7%。仅用三个月时间，“5100”矿泉水、“藏缘”青稞酒2件商标争创中国驰名商标获得成功，全区中国驰名商标达到6件。续展认定第一批著名商标10件，自治区著名商标达到45件。拉萨局按照“培育一批、储备一批、申报一批”的原则，构建商标发展递进机制。山南局推广“政府+企业+商标”工作模式。日喀则、林芝、那曲局支持“一县一品、一乡一品、一村一品”农畜特色产业发展。

【个体私营经济管理】各级工商机关进一步优化政务环境，个体私营经济呈现良好发展态势。到12月底，全区个体工商户发展到8.7万户，从业人员20.24万人，注册资金24.66亿元，同比分别增长6.27%、11.3%和17.46%；私营企业发展到6286户，雇工人数11.84万人，注册资金176.97亿元，同比分别增长19.85%、18.97%和11.35%。个体私营经济全年上缴各项税收达25亿元，占税收总额的73%。同时对连续三年以上未参加年检的457户企业依法吊销营业执照，注册资本近25亿元。山南局宣传非公经济人士创业事迹，表彰“诚信私营企业”和“优秀个体工商户”，阿里局设立“流动窗口”，送照下乡、上门服务，激发了非公经济人士投资创业的热情。

【服务新农村建设】各级工商机关紧紧围绕农牧区发展、农牧业增效、农牧民增收这一首要任务，继续深入开展实业富农、商标兴农、经纪活农、合同帮农、经济组织强农工作，全力服务新农村建设。到12月底，全区农牧区个体工商户发展到18911户；新注册涉农商标93件；农牧区经纪人3806人，经纪业务量达6.69亿元，同比分别增长11.06%、19.25%；登记注册农牧民专业合作社185户，同比增长1.6倍，出资总额1.66亿元，同比增长1.45倍，有力促进了农牧区经济发展。昌都局注重培育发展小而特、小而专、小而精、小而强的农牧区个体私营实体经济。那曲局在加强服务指导中，只说怎么办，不说不能办，大力发展农牧民专业合作组织。拉萨局注重规范合作社经营管理，重点培育“公司+农户”模式，实现了投资商和农牧民的双赢。

【援藏工作】各对口省市工商局确定的2130万元援助意向，已到位1005万元；安排63名干部赴对口援藏省市工商局跟班学习、挂职锻炼，初步协调第六批13名援藏干部到我区工商系统工作。援藏会议的成功召开，进一步加深了我们与内地省市工商局的友谊，增进了感情，赢得了理解，为建立对口支援长效机制打造了崭新的平台。（蔡　军）

【领导名录】

局　　长：段襄征

巡视员：晁兆峰
副局长：王树军　晋美次仁
纪检组长：周慧清
助理巡视员：李增功

自治区质量技术监督工作

【年度综述】2009年，西藏自治区质量技术监督局凝聚力量、鼓舞斗志、锐意进取，扎实开展“质量和安全年”活动，加快质量振兴战略步伐，强化产品质量安全监管、食品安全和特种设备安全监管，不断提升质监工作水平，为西藏保增长、保民生、保稳定目标做出了积极贡献。

【“质量和安全年”活动扎实有效】以“质量和安全年”活动为契机，围绕质量宣传年、质量提升年、质量服务年、质量整治年、质量建设年“五个年”目标，周密安排，精心组织，分解任务，确保活动取得实效。

认真制定活动方案。在深入分析西藏质监工作现状的基础上，研究制定了西藏“质量和安全年”活动方案。

加强组织领导。成立西藏自治区、西藏各地市“质量和安全年活动”领导小组，自治区质监局、各地（市）质监局成立了由主要领导任组长、分管领导任副组长、部门负责人为成员的领导机构。

扎实做好动员部署。把“质量和安全年”活动置于重要位置，自治区政府、各地（市）行署（政府）先后召开动员大会，协调各相关部门，动员社会各界力量，形成了政府主抓、部门联动、企业参与、群众支持的工作局面，保证了活动的顺利开展。

大力营造良好氛围。研究制定“质量和安全年”活动宣传工作要点，与西藏电视台、西藏人民广播电台、西藏日报、西藏商报等多家媒体签订宣传协议，对“质量和安全年”活动的意义、目的、任务、措施及活动开展情况进行全方位、深层次、多角度的系列宣传报道，努力提高全民质量安全意识。活动期间，在《西藏日报》、《西藏商报》、西藏电视台推出质量安全宣传专题报道40多期，协调西藏人民广播电台录制直播访谈节目6期，制作质量安全电视专题片1部，在各类媒体播发宣传稿件600多篇；协调移动公司，群发质量安全手机公益短信9条；围绕新颁布的《食品安全法》和新修订的《特种设备安全监察条例》，开展宣传咨询活动96次，发放宣传资料6万份；积极开展质量安全进企业、进社区、进乡村、进校园活动，其中进企业活动385家（次），企业受教育培训的人数达9932人，培训企业管理人员837人次，帮扶企业874家（次），宣传取得了较好的社会效果。

“质量和安全年”各项任务全面落实。为保证活动取得实效，全面提升西藏质量总体水平，确保质量安全，结合实际抓好四个重点。一是进一步落实企业主体责任，在全区开展查质量责任制度、查质量安全水平、查质量保证体系、查现场管理、查质量损失和访问用户的“五查一访问”活动，督促、帮助企业建立健全质量保证体系，强化企业法人第一责任，强化企业对产品质量监控、检验、把关的责任。二是加大产品质量监督抽查和检测力度，合理确定抽检产品、抽查企业目录，加大对重点产品、重点企业、重点区域的抽查力度，增强抽查频次，发现问题妥善处置。按照监督抽查计划，对13类食品、5类工业产品、1种日用品（洗涤剂）进行监督抽查，检验样品525个，抽检样品合格率为83%。三是深入开展产品质量专项整治，重点对食品、农资、家电家具、建材、成品油、民生计量、特种设备进行集中整治，查处质量违法行为，消除质量安全隐患。活动期间，现场处罚530起，立案查处62起，责令改正86起，查获假冒伪劣产品货值49.27万元，行政处罚41.8万元。四是畅通公众维权渠道，“12365”投诉举报热线昼夜运行，门户网站工作时间安排专人查询，食品、质量、特设、标计、执法部门设立举报投诉电话。活动期间，受理手机、电机、服装、食品、出租车计价器、汽车配件等10余类产品150余起质量投诉，处理率达95%以上，为消费者挽回直接经济损失50余万元。

【质量兴藏】2009年，西藏质监局进一步提出了实施质量兴藏战略的构想，制定质量兴市（县）指导性意见，启动拉萨市和山南地区桑日县质量兴市（县）试点工作，3次邀请内地专家赴藏就质量兴市（县）工作进行指导，推动了质量兴市（县）工作的顺利开展。切实加强培训工作，先后举办质量兴市（县）、质量分析、制造业竞争力指数测评等培训班11期，培训质监工作人员、企业管理人员600多人次。在拉萨、日喀则等地的42家企业（小作坊）中开展质量管理与安全控制水平调研，起草《西藏自治区质量发展纲要（2011—2015年）》，为推动质量兴藏战略实施提供政策指导。推动质量诚信体系建设，成功举办以“铸造质量诚信、推动跨越发展”为主题的质量诚信论坛，全区68家企业代表在质量诚信承诺书上签字，企业诚信意识进一步提高。

落实产品质量全过程监管办法。结合西藏实际，积极探索建立从产品设计、原料进厂、生产加工、出厂销售到售后服务的企业产品全过程监管链条，制定了《西藏自治区质量技术监督局企业产品质量全过程监督管理办法》，从生产条件审核、产品设计论证、原材料管理、生产过程控制、产品标识管理、出厂检验等17个方面规定了生产企业需要建立的记录、制度和履行的义务。在全区食品生产企业和列入工业生产许可目录范围内的企业中推行全过程监管，对企业实施全过程管理情况加强监督检查，督促引导企业不断提升质量管理水平。坚持从源头抓质量，切实加强生产许可工作，严把市场准入关，完成12家验配眼镜店和10家建材企业的发证工作，全区48家工业产品生产企业获得生产许可证。

进一步完善质量安全状况分析报告制度。向企业下发《关于在全区制造业企业中建立企业质量报告制度的通知》，要求企业每半年填报一次涵盖企业基本情况、资产及利税情况、生产设备及计量设备、认证及生产许可情况、质量管理方法、产品质量等级、出厂检验方式等41项动态指标的《质量报告书》，为加强动态监管和开展质量状况分析提供了第一手基础资料。探索建立统一的质量状况分析指标、数据，规范报告的基本格式和内容，明确报告数据统计周期和日期，进一步规范了质量状况分析工作。区、地（市）两级质监部门坚持每半年向本级政府提交质量安全状况分析报告，为当地党委、政府宏观决策提供科学依据。

【食品监管】加强食品安全监管，集中力量抓源头、抓重点、抓薄弱环节，不断健全长效监管机制，在认真总结处置“三鹿”婴幼儿奶粉事件经验的基础上，针对全区食品安全中的薄弱环节，精心制定2009年全区食品安全专项整治方案和监督抽查计划，严查城乡结合部、严查重点食品、严查添加剂、严查小作坊，确保企业产品必须抽检、群众投诉必须受理、发现问题必须整改、整改必须到位，全年安排米、面、油、糌粑、酥油、砖茶、粉条、乳制品、肉制品、豆制品、调味品、酒类等12大类食品专项检查。扎实开展食品添加剂专项整治，督促企业落实食品添加剂使用备案制度，对38家食品生产企业的27种重点食品进行集中整治。加大食品质量监督抽查力度，增加抽检频次，对涉及民生的乳制品、肉制品、饮料、酒类、粮油等食品进行重点监督抽查，全年共抽检样品593个，抽检合格率从上半年的72%，逐步提高到9月份的82.9%，10月份的88.9%，到年底达到92.86%，全区产品质量整体水平呈现稳步上升趋势。狠抓拉萨市食品安全监管，通过召开食品质量情况通报会、增加抽查频次、强化跟踪督查、加大处理力度等有效措施，促进了拉萨市食品生产加工领域质量状况明显好转，质量整体水平得到明显提高，较好地保证了重点区域的食品质量安全。严格食品安全拉萨市场准入制度，引导具备条件的企业申办食品生产许可证，完成10家食品企业的发证、6家企业换证工作。截至12月底，全区62家企业的71个产品获得食品生产许可证。深入贯彻《食品安全法》，举办全区食品加工企业《食品安全法》培训班2期，培训企业（小作坊）管理人员300人次。配合法院部门举办全区《食品安全法》法官培训班1期，受训法官220人。

【特种设备安全监管】2009年，西藏自治区质量技术监督局积极探索特种设备安全监察新思路，研究制订了《西藏自治区质量技术监督局特种设备安全监察员管理办法》，修订完善了《西藏自治区小型和常压热水锅炉管理办法》，进一步提高了监管工作的有效性。大力开展特种设备“三项行动”，把石油液化气充装站、起重机械、锅炉、电梯、压力容器作为重点，实行拉网式检查，累计检查特种设备使用单位304家，检查各类特种设备451台，下发《特种设备安全监察指令书》400余份，排查治理安全隐患176处。积极开展特种设备周期检验，完成1256台设备的监督检验工作。部署开展特种设备重大危险源调查摸底工作，制定重大危险源标准和重点监控措施，将一批重大危险源纳入了重点监控范围。开展以锅炉为重点的高耗能特种设备节能试点工作，对4吨以上工业锅炉进行普查登记和水处理达标检查，清理出有节能改造潜力的4吨以上工业锅炉61台。加强省际间合作，与成都市质监局签订区域共同发展合作备忘录，在特种设备监察、检验领域建立互助合作关系。

【标准化工作】围绕全区经济发展战略，充分发挥标准化的支撑作用。积极引导企业采用先进标准，监督检查企业贯彻实施标准情况，依法查处企业无标、违标生产情况，全年免费向各类企业提供标准13个，完成22家企业61个产品的标准备案和7家企业11个产品的标签认可。加快标准制修订工作，颁布糌粑地方标准的修订和牦牛骨粉、藏式家具地方标准及韭菜生产技术规程等11项地方标准，糌粑、酥油加工技术规程、青稞酒质量标准，藏油5号生产技术规程的制订工作扎实推进。截止12月底，全区已制定颁布31项地方标准。大力开展农业标准化工作，积极实施农牧业标准化示范区建设，启动隆子县奶牛养殖、米林县藏猪养殖、江孜县大蒜生产、加查县核桃生产等7个第六批国家级农业标准化示范区项目，扎实开展藏红花种植、类乌齐牦牛育肥、朗德鹅养殖、南木林土豆栽培等首批4个自治区级农业标准化示范区项目建设。探索开展服务业标准化工作，确定西藏广宇站务有限公司、布达拉宫管理处、拉萨饭店3家单位为首批国家级服务业标准化试点单位。加强地理标志保护，完成西藏藏毯质量技术要求和山南阳光氆氇保护申报材料的编制上报，全面开展全区地理标志资源普查，筛选149个产品作为申报地理标志产品保护资源，为下一步开展地理标志产品保护工作奠定了基础。

【计量工作】实施“关注民生、计量惠民”工程，扎实开展计量监督检查和服务工作。积极开展量值溯源工作，将31件计量标准器送往中国测试技术研究院进行量值溯源检定，保障了我区量值传递的准确性和公正性。广泛开展诚信计量进市场、光明计量进镜店、服务计量进社区活动，进一步规范计量行为。检查集贸市场63个，检定在用计量器具2588台（件），受检率达98%；检查眼镜制配企业34家，检定焦度计、验光仪等计量器具101台（件），受检率达100%。深入57个社区、乡（镇）开展计量器具免费检测服务170余次，发放计量法律法规知识宣传册3000余份。全年累计对4243台各类计量器具进行了检定调试，查处各类计量违法案件107起。对拉萨、昌都、阿里三地（市）4条机动车检测线、28台设备进行了周期检定。联合相关部门两次对各口岸、医院的15台体温检测仪器进行计量校准，为防控甲型H1N1流感发挥了积极作用。充分发挥计量对节能减排的技术支持作用，积极推进节能减排工作。对重点耗能企业的计量器具配备和管理情况进行摸底调查，主动帮助企业建立能源计量数据库，为高耗能企业提供在用能源计量器具检定服务，共对14家耗能企业的37台（件）能源计量器具进行了检定。

【认证认可】深入推进认证认可工作，制定《关于加强全区认证认可工作的意见》和《西藏自治区质量技术监督局质量认证监督管理办法》，进一步健全认证认可工作管理体系和运行机制。建立和完善获证企业巡查、认证活动监管、实验室资质认定专家库等制度，完成2家认证机构和1家咨询机构的监督检查，对26家管理体系认证企业和17家食品、农产品认证企业进行了监督检查。深入推进实验室计量认证工作，全区通过计量认证的实验室已达46家，其中国家级计量认证4家、省级计量认证42家。制定《工业产品生产许可证企业证后监督管理办法》，切实加强对获证企业的证后监管。开展强制性产品认证企业摸底调查工作，督促4家企业获得强制性产品认证。加强机动车安检机构日常监管，完成日喀则、山南、那曲、阿里4个地区机动车安检机构的资质许可实地核查，全区5家机动车安检机构获得资格许可。

【基础设施建设】继续抓好日喀则、山南、林芝、昌都、那曲五个地区局的基本建设任务，加强工程建设质量、进度、投资各个环节管理，确保建设项目顺利推进。到12月底，林芝、那曲、山南、日喀则、昌都五地区局基建项目全部完工并交付使用，使各地（市）局的基本建设任务全部完成，为西藏质监部门更好地履行职责，推进全区质监事业的快速发展，打下了坚实的基础。完成“金质工程”（一期）基础设备的采购安装，“12365”投诉举报系统和“西藏自治区质量技术监督局公众信息网”成功开通运行，信息化建设取得了新进展。

【技术机构建设】继续坚持“人才强监”、“科技兴监”的方针，加快技术机构建设步伐，结合西藏实际，加强薄弱环节，重点提高食品、成品油、建材、特种设备等检测能力，投资1750万元用于实验室建设，配置食品、成品油、建材、特种设备等检测设备。12月，自治区政府将“十一五”规划确定的区、地市两级质监局技术机构建设项目投资2800万元，列入2010年度计划，用于区、地市质监局技术机构检验检测设备采购。目前，自治区产品质量检验项目达到80类820项，特种设备监督检验项目达到14类26大项，计量检定项目涉及天平、砝码、分光光度计、燃油加油机等10余种力学计量器具和部分光学计量器具。提前谋划，启动全区质监事业发展“十二五”规划编制前期工作，研究制定“十二五”规划编制工作方案，初步提出了“十二五”时期质监事业发展的指导思想、总体目标和重点项目。立足服务产业建设和保障民生，围绕服务特色食品加工业、建材工业、交通运输业、能源工业、民族手工业等八个方面，积极筹备“国家高原食品质量监督检验中心”、“西藏自治区特色食品质量监督检验中心”和西藏“十二五”实验室建设规划，为更好地服务于全区发展稳定大局创造有利条件。

【机构改革】紧扣全区机构改革步伐，深入调查研究，广泛征求意见，结合西藏质监工作面临的新形势、新任务和阶段性特点，对质监部门的主要职责、内设机构和人员编制进行深入论证，代拟全区质监部门机构改革方案，上报自治区机构编制委员会审核，经自治区党委、政府批准，11月区质监局由副厅级升格为正厅级，内设处室和各地（市）局由副处级升格为正处级，内设机构和人员编制都有所增加，质监工作职能得到进一步强化。

【对口支援】认真贯彻落实对口援藏工作政策，推动援藏工作向纵深发展，积极争取援藏单位在资金、技术、人才培训等方面的支持，选派23名干部赴对口支援省市学习，落实援藏项目资金293万元。协调落实第六批援藏干部26人，其中国家质检总局选派5人（援助自治区质监局），对口支援省（市）局选派21人（对口援助七地市质监局）。研究制定“十二五”全国质监部门对口援藏工作建议方案。加大扶贫工作力度，对口援助日喀则地区萨嘎县加加镇资金、物资24万元，协调落实扶贫项目4个，投资规模200万元。

自治区食品药品监管工作

【年度综述】2009年，西藏自治区食品药品监管系统深入学习科学发展观，大力实践科学监管理念，认真贯彻落实区党委、政府“保增长、保民生、保稳定”的重大部署，变压力为动力，化挑战为机遇，不畏艰难，锐意进取，各方面工作取得了显著成效。

【参与医药卫生体制改革工作】2009年，西藏自治区食品药品监督管理局协助有关部门，参与起草了《关于深化西藏自治区医药卫生体制改革的意见》，并根据《西藏自治区食品药品监督管理局医药卫生体制改革2009～2011年重点工作任务分解表》，对相关工作进行了分解、细化，将职责落实到各处（室）。同时，加强了基本药物的质量监管，初步建立了基本药物安全监管长效机制，促进了医药卫生体制改革的顺利实施。

【食品药品监管机构改革】2009年，西藏自治区食品药品监督管理局成立了机构改革领导小组，并派出人员赴区外调研，借鉴在机构改革中好的做法和经验。通过调研，结合西藏食品药品监管机构现状和监管工作实际，提出了《全区食品药品监管机构改革意见》，并草拟上报了《西藏自治区食品药品监督管理局主要职责内设机构和人员编制方案》，经自治区批准下发了“三定规定”。食品药品监管机构改革工作正在组织实施。

【食品安全综合监督】2009年，按照食品安全职责，西藏自治区食品药品监督管理局草拟了《食品安全工作责任书》，进一步明确了工作职责，强化了工作措施。西藏自治区人民政府与各地（市）行署（政府）和自治区食品药品安全委员会各成员单位签订了责任书，各地（市）、自治区各相关部门也层层签订了责任书。按照西藏自治区人民政府的安排，草拟了《2009年全区食品安全工作方案暨目标任务分解表》、《西藏自治区食品安全整顿工作实施方案》，经自治区食品药品安全委员会批准下发全区执行。同时，组织有关部门认真开展食品安全专项整治，积极配合相关部门严厉打击餐饮服务环节添加非食用物质和滥用食品添加剂等行为；对拉萨市区私屠滥宰、非法销售死猪肉问题和“降压心脑通沙棘胶囊”进行了联合检查；发布了食品安全预警公告，提醒消费者提高自我保护意识，防范食品安全事件的发生；组织开展了各大节日期间食品安全监督检查活动，加强了应急值班和报告管理，确保了节日期间食品安全；积极开展了国家级食品安全示范县综合评价，推动了农牧区食品全拉萨市场流通网、监管责任网、群众监督网“三网”

建设；加大了全区食品安全“三进”（进农牧区、进学校、进社区）宣传工作力度。西藏自治区各级食品药品监管部门认真贯彻《食品安全法》及其实施条例，广泛开展学习宣传活动，在借鉴兄弟省市工作经验的基础上，积极探索餐饮服务环节、保健食品和化妆品监管新路子。在职能交接过渡期，各级食品药品监管部门认真履行食品安全综合监督职责，做到了食品安全监管工作不断、队伍不散、思想不乱，为确保公众饮食安全作出了贡献。

【甲型 H1N1 流感防控】2009 年，按照国家食品药品监督管理局的安排部署，西藏自治区食品药品监督管理局下发了《加强甲型 H1N1 流感防控药品、医疗器械质量监管的紧急通知》，对 11 种防控药品和医用防护口罩等多种医疗器械质量安全进行了严格监督。全区各级食品药品监督管理部门按照要求，针对重点地区、重点单位、重点品种，加大了防控药品、医疗器械购进、验收、销售和使用环节的监督检查力度，确保了产品质量安全。为充分发挥藏药在防病治病中的重要作用，西藏自治区食品药品监督管理局开通了藏医医疗机构制剂注册、防控用医疗器械注册绿色通道，受理了 5 家藏医医疗机构申请的 14 个抗流感制剂品种。西藏自治区出现 1 例甲型 H1N1 流感死亡病例后，及时安排部署了甲型 H1N1 流感疫苗的安全监管工作，对调往西藏的 20 万剂疫苗质量进行了监督检查，掌握了疫苗储存、使用等情况，加强了对疫苗的不良反应监测。

【药品安全专项整治】2009 年，按照相关要求，结合西藏实际，西藏自治区食品药品监督管理局草拟了《西藏自治区药品安全专项整治工作方案》，经西藏自治区人民政府同意，与卫生等 4 部门联合下发全区执行。根据专项整治工作的总体要求，西藏自治区食品药品监督管理局细化了工作任务，制订了《西藏自治区食品药品监督管理局药品安全专项整治实施方案》。全区各级食品药品监管部门按照要求，在广泛宣传的基础上，深入开展药品安全专项整治工作。

非药品冒充药品专项治理。全区各级食品药品监督管理部门按照工作任务和要求，开展了整治非药品冒充药品专项行动。截至 2009 年底，全区 7 地（市）已全部完成第一阶段工作任务。共调查登记 1080 个品种，其中，国产食品 113 个、进口食品 5 个、消毒产品 123 个、保健食品 542 个、保健用品 210 个、化妆品 47 个、“无文号”产品 40 个。查出非药品冒充药品 73 种，其中，保健食品冒充药品占了多数。针对这一现象，食品药品监管部门加强了与工商、卫生、质监等部门的沟通和联系，已将违法行为移交有关部门查处。

虚假违法药品广告治理。2009 年，西藏自治区食品药品监督管理局共受理药品广告申请 104 份，审批 94 份，移交工商部门查处违法药品广告 3 份。全区 7 地（市）食品药品监督管理局广告监测设备已全部到位，并陆续安装投入使用，提高了违法药品广告监测水平。同时，配合自治区工商管理局制定并联合下发了《2010 年虚假违法广告专项整治工作实施意见》。

加强药品源头管理。依照《药品管理法》及其实施条例的有关规定，西藏自治区食品药品监督管理局从源头上加强了药品安全监管。2009 年，共受理药品注册申请事项 25 项，已办结 23 项。完成 9 家药品生产企业的国家 GMP 再认证检查组现场检查验收。受理新开办药品批发企业申请 3 家，核发 1 家。受理新开办医疗器械批发企业申请 9 家，核发 6 家。受理药品经营企业 GSP 认证申请 87 家，对符合条件的 66 家核发了《GSP 认证证书》。同时，根据《西藏〈医疗机构制剂注册管理办法（试行）〉实施细则》有关规定，认真开展了藏医医疗机构制剂审批工作，对符合要求的 188 个藏医医疗机构制剂品种核发了 706 个制剂批准文号和注册批件。针对含毒性藏医医疗机构制剂的管理问题，提出了藏医医疗机构制剂审批意见，已上报国家食品药品监督管理局，待批准后，将及时开展审批工作。

打击制售假劣药品行为。为维护公众用药安全，净化药品市场环境，2009 年，全区共销毁过期失效药品货值 60 余万元，销毁企业自查上交的过期失效药品货值 1195.5 万元，及时组织查处了“双黄连注射液”、“人用狂犬疫苗”等十几起销售假劣药品案件，处理了“石榴健胃散”等 27 起举报案件，协助区外食品药品监管部门核查了“奇正消痛贴膏”等 130 余个品种。同时，通过形式多样的宣传活动和向社会公布举报电话等形式，努力营造全民动员，共同参与的氛围，有效打击了违法活动的嚣张气焰。

【药品不良反应、医疗器械不良事件、药物滥用监测】2009 年，在加强培训和开展宣传的基础上，西藏自治区食品药品监督管理局 ADR 中心认真做好药品不良反应、医疗器械不良事件、药物滥用监测报告收集、上报和分析工作。截止到 2009 年底，共收集上报药品不良反应报告表 120 份，其中严重病例报告数占总数的 19.2%；医疗器械不良反应事件报告表 28 份；药物滥用监测调查表 24 份。同时，编写印发了第一期《西藏 ADR 监测通讯》。

【食品药品检验检测】2009 年，西藏自治区食品药品检验所共完成食品、药品、医疗器械检品 1672 批。完成了 2 个品种的药品评价性抽样 497 批，受理了甲型 H1N1 流感防控用药品 4 批。西藏自治区食品药品检验所还承担了多项国家和西藏自治区科研工作，并通过了中国合格评定国家实验室认可委员会第二次监督评审。

【食品药品安全宣传】2009 年，西藏自治区食品药品监督管理局大力开展食品药品安全宣传工作。一是按照《国务院办公厅关于认真贯彻实施食品安全法的通知》和西藏自治区人民政府下发的《关于认真贯彻实施食品安全法的通知》精神，西藏自治区食品药品监督管理局于 2009 年 6 月 1 日组织自治区发改委、商务、卫生、工商、质监等自治区食品药品安全委员会各成员单位及 16 家食品生产经营企业，在拉萨市开展了大型宣传活动，通过设立咨询点及宣传展板，向广大公众宣传《食品安全法》的意义及食品安全常识，共发放《食品安全法》单行本及食品安全知识读本 5200 份。二是针对不同季节西藏部分地区发生食物中毒事件的情况，根据《西藏自治区重大食品安全事故应急预案》，在西藏各新闻媒体及食品安全网上发布食品安全预警公告 2 期，提醒消费者提高自我保护意识，防范食品安全事件的发生。三是在“3·15 消费者权益日”、“9 月用药安全周”、“12·4 全国法制宣传日”等重要时段走上街头向公众宣传药品管理法及合理用药、食品安全等知识。据统计，2009 年西藏自治区食品药品监督管理系统共开展各种食品药品安全宣传活动 40 余次，发放各类宣传材料 8 多万份，提供咨询 200 余次，全区食品安全宣传教育“三进”示范点已发展到 24 个。

【促藏药产业发展】2009 年，国家食品药品监督管理局有关领导带队的工作组赴藏考察调研，与西藏自治区人民政府座谈时提出了帮助解决制约藏药产业发展瓶颈问题的意见。随后，西藏自治区食品药品监督管理局立即着手开展了相关工作。一是成立了西藏藏药专家委员会，首批聘请了 28 名区内外藏医药专家，负责对藏药注册审评、藏药标准制定和修订、已上市藏成药再评价、藏药研发与生产质量控制等问题的技术咨询和食品药品监管部门委托的技术审评工作；二是着手将已经自治区食品药品检验所标准复核、符合规定的药材标准纳入地方药材标准，争取尽早颁布《西藏地方藏药材标准》；三是组织有关藏药专家研究提出了藏药临床研究技术指导原则意见，待报国家食品药品监督管理局同意后，将依托区内藏医药院校、科研单位和医疗机构，草拟藏药临床研究技术指导原则，其中包括藏药治疗七大类 15 个病种的藏药临床研究技术指导原则；四是多次组织有关藏医药专家研究提出了 95 种藏药载入部颁标准修改意见；五是组织人员编制了《藏药材炮制规范》（2008 年藏文版），正在翻译汉文版。

【获奖情况】2009 年，阿里地区食品药品监督管理局获得了全国医药卫生系统先进集体称号；西藏自治区食品药品监督管理局 1 名工作人员获得全国医药卫生系统先进个人称号。（雷有军）

西藏出入境检验检疫工作

【检验检疫业务】2009 年 1—12 月，西藏出入境检验检疫局检验检疫出入境货物 2855 批，货值 1.63 亿美元，同比分别增长 46.71 和 4.68%。其中，出境 2648 批、货值 1.5 亿美元，入境 207 批、货值 1308 万美元，检验检疫不合格 7 批，货值 8.0 万美元，检疫消毒交通工具 23023 辆（架）次，查验出入境人员 8.98 万人次；完成出入境人员健康体检 561 人次，发现病例 19 人次；预防接种 24 人次，艾滋病监测 561 人次；口岸从业人员健康体检 352 人次，发现病例 16 例；签发口岸服务行业卫生许可证 157 份，签发健康证 335 份；检疫行李 17.6 万件，检疫国际邮包 1654 件；布设实蝇监测点 120 个。

【全力以赴防控甲型 H1N1 流感效果显现】年初，为防控甲型 H1N1 流感从口岸传入传出，全局上下进入应急状态，迅速启动了突发公共卫生事件应急预案，出台了动员全局、加强一线、强化指挥、调配资源、加强督查等五项措施，取得了实实在在的成效。并得到了社会的赞许，得到了自治区党委政府的肯定。自治区党委副书记张裔炯，政府常务副主席吴英杰，副主席邓小刚、甲热·洛桑丹增、德吉等同志对甲型流感防控工作提出了表扬。

自 4 月 26 日实施入境体温监测以来，截止 12 月 31 日，检验检疫查验出入境人员 51 万余人次（包括边民），分别来自 20 多个国家和地区。共发现入境发热/有症状病人 62 人次，检疫入境交通工具 9700 余辆（架）/次，检疫旅客携带物 8 万余件。

【质量安全年活动和食品安全专项整治有效推进】一是根据《进出口商品抽查检验管理办法》和总局令第 39 号，结合西藏地区实际，制定了抽查方案，对选定的出口商品 6 大类、24 种产品涉及安全、卫生、健康、环保的进出口商品实施执法监督抽查。

二是以全面提高产品质量为目标，集中对 19 类边贸进出口商品实施抽查检测，合格率为 81%。此次抽查检测表明，西藏口岸 19 类产品质量总体趋好，特别是出口服装面料、做工质量提高明显，对提升西藏地区对尼出口产品档次，维护国家长远利益有利。

三是西藏出入境检验检疫局按照行动基础在基层，成果体现在基层，整治任务完成靠基层的基本方向，把樟木口岸作为整顿的重点地区，把边贸进出口食品安全作为重点领域，以提高边境口岸进出口产品质量和食品安全、防止疫病疫情传入传出、确保国门安全为工作目标，对口岸食品安全卫生进行“拉网式”监督检查，涉及 177 家食品经营商户，依法查处存在严重质量问题的食品和其他类商品及经营商户，集中销毁了价值 48 万元的伪劣出口产品。经过整治，出口食品检验检疫标志加贴率、食品质量安全承诺书签约率达到 100%。

四是西藏出入境检验检疫局始终坚持“查、治、管、扶、建”原则的同时，扶持长效机制建设，充分考虑西藏实际，采取召开座谈会、举办出口食品安全宣传展示会、专项整治成果展示会等形式宣传专项整治、“质量和安全年”活动的重要意义，引导口岸企业（商户）建立诚实守信、守法经营的意识。始终坚持预约报检、产地检疫、口岸放行、“绿色通道”、减免收费等检验检疫便利措施扶持进出口企业。出台《西藏边贸管理办法》、建立口岸食品经销商实名登记制度和企业诚信档案等有效措施，为巩固西藏进出口产品质量和食品安全建立了行之有效的监管制度。为了开展好此项活动，西藏出入境检验检疫局党组高度重视，靠前指挥，先后召开 3 次专题会议研究部署工作，多次召开处长会、全体职工大会进行宣传动员部署，处长会、职工会次数前所未有；先后有 4 名局领导行程数万公里，7 次分赴樟木、普兰、亚东、机场口岸一线指导工作、解决问题，先后抽调 23 名处及处以下干部组成 4 个工作组奔赴 4 个口岸机构，进行督查落实，动用人数之多前所未有；落实工作重心的下移，人、财、物为专项整治工作开绿灯。机关干部奔赴一线召之即来，政令之统一前所未有；各口岸分支机构按照全局统一部署，结合口岸实际，迅速实施，全局系统行动协调一致，覆盖范围之广前所未有；向国家质检总局、自治区党委政府及时上报各种信息、工作简报，为上级部门及时、准确、全面地了解西藏地区进出口产品质量和食品安全专项整治进展情况起到了很好的作用。通过开展质量安全年活动，西藏边贸进出口商品质量明显提升，经营秩序明显改善，进出口食品安全水平明显提高。

【服务地方经济成效显著】一是大力扶持西藏特色产品实现出口，拉萨啤酒、5100矿泉水2009年首次出口美国和香港地区，西藏青稞酒样品首次进入澳门市场。二是积极落实西藏出入境检验检疫局与检科院、西藏冰川矿泉水公司签署的《支持发展协议书》，加强监管，实施检测537批，使企业产品质量始终保持稳定，产销两旺，与去年同比增长2倍以上。积极落实西藏出入境检验检疫局与山南地区行署签署的《合作备忘录》，取得实效。还与出口苹果产地检验检疫局签署了《确保水果质量安全备忘录》，为出口水果安全监管探索出了新的方式。积极利用技术、信息等优势，积极落实已经出台的一系列扶持措施，开展了一系列服务行动，真心实意为我区特色优质产品提升质量、扩大出口做实事、见实效，得到了各方的称赞，成为服务地方经济的新亮点。三是以5100矿泉水厂所在地曲玛弄命名的“曲玛弄矿泉水”受到国家地理标志产品保护，标志着西藏继“那曲冬虫夏草”、“西藏藏药”之后，“曲玛弄冰川矿泉水”又成为我区新的受保护产品。四是主动参与西藏自治区口岸规划制订，及时跟进西藏亚东、吉隆口岸和那曲物流中心建设进程，适时阐述检验检疫需求。五是中尼检验检疫合作有效推进。尼泊尔输华柑橘风险分析工作进展顺利，已经完成了年度工作计划；积极落实与尼泊尔相关部门签署的《会议纪要》并努力探索新的合作领域。六是认证认可工作有新进展。山南大蒜、安多牛羊肉的良好农业规范（GAP）和有机农产品认证通过并获证，实现了我区在该领域零的突破。年内完成10家初审企业，17家再认证企业，28家监督审核企业。七是积极落实进口旧机电政策，完成214台旧挖掘机的初审登记备案，成功完成3.8万美元进口食品加工成套设备索赔。

【科技能力建设成效明显】一是检测能力进一步拓展。“国家级小反刍兽疫检测重点实验室”建设进展顺利，国家质检总局验收的各项准备工作基本完成，“国家级矿泉水检测重点实验室”已经批准立项，检验检疫实验室仪器设备总值已超过3000万元，技术能力进一步扩大；2009年，检验检疫技术中心、国际旅行保健中心在三聚氰胺、农（兽）药残留、动物疫病、健康体检等项目的检测能力大幅拓展，疫病防控、质量监管、服务社会能力显著增强。二是科研工作继续进步。《西藏边境口岸入境驮畜检疫技术研究》课题完成成果鉴定并达到了该领域国际先进水平，为我国应对重大外来动物疫情的快速诊断和边远口岸检验检疫提供了新的检测技术。由国家质检总局、自治区科技厅批准立项的“西藏边境地区小反刍兽疫检疫技术研究”通过验收和成果鉴定，该项目首次建立小反刍兽疫快速检测试纸卡、酶联免疫吸附试验、荧光RT-PCR、LAMP等检疫方法，填补了我国边境地区该疫情检疫技术空白，达到了国际领先水平；“西藏口岸生态屏障建设”项目批准立项，《进出口藏香检验规程》修订项目通过专家审定，西藏自治区有关部门立项的《西藏糌粑加工技术规程》、《西藏酥油加工技术规程》两个地方标准及总局批准的《西藏航空口岸、樟木、亚东陆路口岸鼠传疾病研究》、《西藏过境口岸艾滋病预防干预》等项目进展顺利，检验检疫科研能力创局成立以来新高。三是应急能力进一步增强。针对甲型H1N1流感防控工作，我们在樟木、普兰等口岸紧急购置并配备了“远红外线体温监测热温成像仪”，在樟木配备了X光机，从而大大提高了入境体温监测、行李查验效率。同时，西藏出入境检验检疫局开展了口岸突发公共卫生事件、进出境重大动物疫情应急预案的演练，进一步加强了重点区域和高危人群的监测，有力维护了国门安全。四是信息化工作取得新的进展。“金质工程”（一期）软硬件平台建设顺利完成，西藏检验检疫局电子监控视频指挥中心通过验收并投入使用，检验检疫办公自动化完成升级、CIQ2000综合业务统计日报送系统已经启用，西藏出入境检验检疫局信息化建设又上了一个新台阶。

【大事记】1月19日至20日，西藏检验检疫局工作会议在拉萨召开，房成利局长主持会议，西藏自治区副主席邓小刚到会并做重要讲话。

2月16日，西藏检验检疫局召开学习实践科学发展观活动群众满意度测评大会，群众满意度达 。

3月6日，西藏检验检疫局召开学习实践科学发展观总结大会。

3月25日，丹增卓玛副局长主持召开进出口食品安全整顿工作专题会议，研究部署进出口食品安全整顿工作。

4月30日，房成利局长（在樟木）、丹增卓玛副局长（在拉萨）参加总局召开防控甲型H1N1流感紧急视频会议并连夜部署全局防控工作。

5月1日，西藏出入境检验检疫局下发《贯彻总局紧急会议意见》，西藏口岸全面启动防控甲型H1N1流感应急预案。

5月8日，.西藏自治区副主席甲热·洛桑丹增率领自治区卫生、农牧、财政、食品药品等西藏自治区应对甲型H1N1流感联防联控领导小组部分成员单位领导莅临西藏出入境检验检疫局检查指导工作。

5月11日至14日，西藏局纪检组组长乔柏随自治区甲热·洛桑丹增副主席赴樟木口岸、亚东边贸通道检查指导甲型H1N1流感防控工作。

5月19日，何体森副局长陪同自治区副主席甲热·洛桑丹增一行赴拉萨航空口岸检查防控工作。

5月26日，西藏自治区政府副主席德吉在拉萨航空口岸检查甲型H1N1流感防控工作，西藏检验检疫局局长房成利陪同视察。

6月1日，国家质检总局王勇局长、支树平副局长在京会见了自治区邓小刚副主席一行，房成利局长、丹增卓玛副局长参加会见。

6月14日至16日，总局党组成员、认监委主任孙大伟一行来藏调研并慰问检验检疫一线防控人员。

6月16日，孙大伟一行检查拉萨航空口岸防控工作情况，并看望慰问一线职工，自治区邓小刚副主席参加视察，西藏出入境检验检疫局房成利局长陪同。

7月7日，西藏出入境检验检疫局副局长何体森、纪检组长乔柏参加了区地（市）、县党政主要领导干部应急处变能力培训班第一期开班仪式。

7月13日，珠海局潘朝思副局长一行抵达拉萨，与西藏出入境检验检疫局共同商讨对口支援工作。

7月17日，西藏检验检疫局局长房成利，副局长丹增卓玛、徐自忠，巡视员普次仁参加了党政主要领导干部应急处变能力培训班第二期开班仪式。

7月31日，江苏检验检疫局随苏州经济开发区赴藏考察团一行来藏考察。在藏期间，江苏检验检疫局局长王伟一行专程来到西藏出入境检验检疫局就检验检疫业务发展进行了沟通和交流。

8月17日，房成利局长参加那曲地区物流中心竣工典礼暨企业入驻签字仪式。

8月22日，湖北检验检疫局局长陈建东一行莅临西藏局就对口支援工作进行了商谈。

9月4日至5日，徐自忠副局长主持召开了《西藏边境地区小反刍兽疫检疫技术研究》项目验收、鉴定会。

9月16日，西藏出入境检验检疫局开展了“9·16”平安西藏宣传日活动，自治区党委常委、自治区政法委书记王宾宜，自治区常务副主席白玛赤林等领导慰问了西藏出入境检验检疫局工作人员。

11月3日， 自治区隆重举行“全国民族团结进步模范集体和个人”表彰大会，西藏出入境检验检疫局荣膺“全国民族团结模范集体”。

11月12日至17日，房成利局长带队赴江孜县加克西乡开展“两帮助”活动。

11月24日至30日，房成利局长一行4人赴尼泊尔开展输华柑橘风险分析及产地考察。

自治区烟草工作

【年度综述】2009年，完成国家局与自治区局（公司）层面的母子公司体制改革，西藏自治区烟草公司正式更名为中国烟草总公司西藏自治区公司。下辖山南、日喀则、林芝、昌都、那曲、阿里等6个地区烟草专卖局（公司）及西藏金叶实业发展有限责任公司，其中，那曲地区烟草专卖局（公司）体制未上划。公司拥有总资产10.9亿元，其中，固定资产2.33亿元、流动资产6.2亿元，资产负债率为17.27%。共有从业人员1020人，其中聘用员工409人。

【机构设置】2009年，自治区局（公司）机关进行机构调整，增设机关服务中心，并将原销售管理处更名为营销中心，原配送中心和储运中心合并为卷烟物流配送中心。下设办公室（外事办公室）、综合计划处（经济运行处、科技处）、专卖监督管理处（专卖稽查总队、内部专卖监督管理处）、政策法规与体制改革处、财务管理处、审计处、人事劳资处、思想政治工作处（与机关党委、工会合署办公）、纪检监察处（与纪委合署办公）、安全保卫处等10个处室，营销中心、经济信息中心、卷烟物流配送中心、机关服务中心等4个专业部门和西藏金叶实业发展有限责任公司1个专业公司。

【专卖管理】卷烟打假。2009年，西藏制售假烟违法活动日益猖獗，西藏烟草及时调整工作思路，树立全国卷烟打假“一盘棋”的责任意识，继续加强联合执法长效机制建设，加大市场监管与涉网案件查处力度。制定集中整治工作方案，各地市级局专卖管理部门有针对性地开展了专项治理整顿行动。加强日常监管，对重点区域、重点市场、重点零售户进行重点监控。利用“3·15”消费者权益保护日及“12·4”法制宣传日，向社会群众开展烟草专卖法律法规宣传，通过实物真假烟对比、公布突出案例等方式，起到较好的社会警示效果。全年共查处卷烟违法案件545起，查获非法卷烟1047万支，涉案金额503万元，其中，查获假冒卷烟500万支，涉案金额399万元；查获非渠道卷烟547万支，涉案金额104万元。上缴罚没款27.6万元。公安、司法机关依法刑事拘留12人，判刑4人。内部专卖管理监督。结合2007年国家局重点抽查、2008年专项检查和2009年甘肃、上海查获涉藏卷烟事件中存在的问题，先后开展专项调查、定期检查、信息化建设等重点工作，在提高思想认识、完善长效监管机制、加强日常监督管理、及时发现处理问题等方面取得一定实效。制定《2009年内部专卖管理监督检查实施方案》，明确检查步骤，并成立内管检查工作领导小组，在各部门抽调业务骨干组成两个检查工作组，就上年查出问题整改、长效机制建设、内管工作开展、信息化监管等内容，先后对自治区局本级和日喀则、山南、昌都、林芝、那曲及阿里地区进行全面检查，并对检查中发现的问题及时整改。换发2008年版烟草专卖许可证。自治区局和各地市级局先后成立许可证换发工作领导小组，严格按照国家局要求开展换证工作。截至2009年底，自治区烟草专卖许可证换发工作全面完成，全自治区共有持证卷烟零售户10748户。

【生产经营】2009年，自治区烟草商业系统共销售卷烟42.22亿支(8.44万箱)，同比增长13.70%，其中，一类烟6.04亿支（1.21万箱），同比增长24.02%；二类烟2.84亿支（0.57万箱），同比下降64.85%；三类烟11.59亿支(2.32万箱)，同比增长106.22%；四类烟15.15亿支（3.03万箱），同比增长23.87%；五类烟6.6亿支（1.32箱），同比增长4.1%。本地区销量居前三位的品牌分别为“芙蓉”、“云烟”和“天下秀”，销量分别为6.23亿支（1.25万箱）、6.15亿支（1.23万箱）、4.55亿支（0.91万箱）。

全年自治区烟草行业实现销售收入15.38亿元，同比增长17.9%。根据国务院有关精神，调整卷烟消费税，部分利润转为税赋，全年新增消费税7387万元。实现卷烟税利3.14亿元，同比增长13.76%，其中卷烟利润1.50亿元，同比下降24.97%。公司三项费用率为12.6%。

【体制改革】2009年，按照“理顺产权、调整职能、规范运作、高效运行”的总体要求，西藏烟草进行母子公司体制改革。完成自治区公司机构设置、企业名称变更、税务登记证变更和机构代码证变更等工作；实现了中国烟草总公司与西藏自治区烟草公司的母子公司体制改革，西藏自治区烟草公司正式更名为中国烟草总公司西藏自治区公司，形成归属清晰、权责明确、保护严格、流转顺畅的现代产权制度。

【卷烟销售网络与现代物流建设】县乡网点拓展。2009 年，自治区公司进行县乡网点拓展，对拉萨市七县的乡镇卷烟销售网络开展机构、市场、客户等方面的全方位拓展活动，逐步解决拉萨市七县的乡镇卷烟销售配送和网络建设问题，实现机构齐全、服务前移、机制完善，整体提升网建工作水平。8 月 3 日～4 日，自治区公司在山南地区召开打破行政区划进行卷烟配送研讨会。

现代物流建设。整合现代物流资源，加强现代物流管理，建立健全工作机制，对物流规范化、信息化及现代物流培训等工作进行详细规划和安排。完成拉萨卷烟物流配送中心主体工程及大部分附属工程的建设任务，并会同有关单位和部门对其进行竣工验收，卷烟分拣设备、仓储设备基本安装到位，信息网络系统建设及设备安装有序进行。

【信息化建设】2009 年，完成西藏烟草门户网站的建设，开发实施了西藏烟草数字仓储管理系统。

【领导名录】
局长、总经理、党委副书记：平措旺扎
党委书记、副局长、副总经理：杨桂选
副局长、副总经理、党委委员：蔡建文
副局长、纪检书记、党委委员：旺　啦
副总经理、党委委员、工会主席：乔建民
副巡视员：冯建立　多布啦

拉萨海关

【年度综述】2009 年，拉萨海关认真贯彻党中央、海关总署以及自治区党委、政府的各项工作部署和要求，深入学习实践科学发展观，扎实推进自身建设，不断优化监管与服务，较好地完成了各项工作任务。

【服务经济取得新进展】2009 年，针对西藏外贸不断下滑的形势，拉萨海关积极采取措施，支持和帮助企业应对危机，共克时艰，全力服务我区外向型经济。一是紧紧围绕自治区党委、政府的发展战略，积极出谋划策。对青藏铁路那曲物流中心的发展前景、中尼吉隆跨境经贸合作区的功能定位、西藏边贸的发展现状、樟木口岸关口前移后的通关效率、部分宗教用品的监管问题、边民互市贸易优惠政策的落实情况等开展了专题调研，提出了工作建议，得到了自治区领导和有关部门的充分肯定。二是深化通关改革，确保通关顺畅。努力推动西藏电子口岸高效运作，第一个本地应用项目在樟木口岸试点运行。稳步推进“属地申报、口岸验放”、关区内“选择申报、口岸验放”等通关便利措施的落实。三是帮助指导企业用足用好国家税收优惠政策。2009 年，拉萨海关审批减免税货物总值 1625.97 万美元，减免税款 1428.18 万元；同时做好出口退税相关工作。四是坚持“守法便利”原则，大力支持我区企业健康发展。主动服务，贴近企业，通过开展现场调研、召开座谈会和举办培训班等，进一步加大政策、法规宣传力度，帮助企业提高发展水平。五是服务我区对外经济交流，为中尼经贸洽谈会等交流合作项目提供了优质、快捷的通关服务，第 22 轮中尼边境海关会晤工作圆满完成。六是监测预警和辅助决策作用得到充分发挥。主动研究金融危机冲击下西藏外贸进出口格局的变化，有针对性地加大对进出口重点商品的专题分析，同时注意编报情报性、预警性信息和突发事件信息，全年向自治区党委、政府报送《统计专报》14 篇、各类动态信息 200 余条，为地方党政决策提供辅助参考，多篇信息得到自治区领导批示肯定，拉萨海关被评为自治区政府信息报送工作先进集体，3 人次被评为自治区党委、政府信息报送工作先进个人。此外，认真落实海关总署与中国红十字会的合作备忘录有关事项，主动联系内地 5 个直属海关，积极争取了价值 400 多万元的侵权物资用于西藏赈灾扶贫工作；海关金钥匙希望小学投入使用；对昌都岩比乡的扶贫工作取得新的进展。

【业务工作取得新成绩】一是综合治税成效明显，全年征收税款 1825.96 万元，同比（下同）增长 83.86%，其中征收关税 661.09 万元，增长 87.34%；征收进口环节税 1164.87 万元，增长 81.93%，超额完成税收计划。二是通关监管不断优化，监管进出口货物 7.85 万吨（其中进口 0.19 万吨，出口 7.66 万吨），增长 2.93%；监管进出境人员 9.8 万人次，增长 98.59%；监管进出境运输工具 1.39 万辆（架）次，减少 2.58%；验放行邮物品 1.43 万件，减少 20.18%。三是打击走私重点突出，侦办刑事案件 2 起、查办行政案件 34 起，案值 141.97 万元，补征税款 12.69 万元，上缴罚没收入 36.95 万元；缴获海洛因 1.16 千克、豹皮 1 张、反动宣传品 1000 余件，查获冬虫夏草、石斛草等珍贵中草药 2.2 吨；缉私局荣获“中国边境野生生物卫士”优秀卫士奖。四是统计水平不断提高，全年上报总署统计分析 9 篇，发布《拉萨海关执法评估报告》和《拉萨海关执法评估工作简报》共 15 篇，对优化海关管理起到了监督促进作用；征统处被评为全区部门统计工作先进集体。五是稽查工作有的放矢，对 12 家企业进行了常规稽查，对 6 家企业进行了专项稽查，对 2 家企业进行减免税稽查，稽查补税 3.16 万元，稽查有效率达 25%。六是风险管理由虚转实，赴各口岸开展风险布控调研，明确了布控重点，对商品归类、完税价格、税款入库等业务指标的跟踪监控得到加强，完成首批风险管理参数提炼工作。此外，行政复议和申诉案件得到妥善办理；知识产权海关保护工作力度得到巩固加强，全年查办侵权案件 42 件。

【经验体会】第一，必须坚持理念先行。只有用先进的理念指导海关实践，在工作中创新发展思路，才能不断适应关区发展的内在需要。第二，必须坚持强化自身。只有筑牢根基，敢于破解发展中的难题，善于防控风险，才能推动关区改革和现代化建设事业的全面、协调和持续发展。第三，必须坚持优化服务。只有突出业务重点，把握工作主动，全力支持地方经济发展，才能提升海关在服务西藏跨越式发展大局中的社会地位。第四，必须坚持为国把关。只有切实加强实际监管，始终保持打击走私高压态势，积极应对反分裂斗争严峻形势，努力维护民族团结，才能发挥海关在维护社会稳定中的应有作用。第五，必须坚持以人为本。只有千方百计解决群众实际困难，努力维护群众切身利益，才能培育有凝聚力和战斗力的边关队伍。这些经验，是关区共同实践的经验总结，对拉萨海关继续做好2010年各项工作具有非常重要的现实意义。

【领导名录】
党组书记、关长：王文喜
党组副书记、副关长兼缉私局局长：刘 江
党组成员、副关长：扎 顿
党组成员、纪检组长：薛文斌
党组成员、副关长：旺 加

农牧业、林业、水利

自治区农牧工作

【年度综述】 2009 年，区各级农牧部门以科学发展观统领农牧业全局，按照“中国特色、西藏特点”的发展路子和“一产上水平”的发展战略要求，抓住中央扩大内需的机遇，努力克服国际金融危机和多年不遇干旱等多种灾害的影响，深化农牧区改革发展，狠抓农牧业增产增效综合措施落实，加快现代农牧业进程，使全区农牧业经济保持了较好发展势头，取得了良好的工作成绩。

【农牧民收入在多措并举中保持较快增速】 2009 年，为确保农牧民收入增长 13%以上的目标，全区各级农牧部门按照自治区提出的“打牢一个基础，转好两个轮子，搭建一个平台”的要求，千方百计拓宽农牧民增收渠道。通过狠抓强农惠农补贴政策落实，挖掘农牧业内部增收潜力，加大劳动力转移和加快发展农牧民专业合作经济组织等多项措施，农牧民增收渠道进一步拓展。2009 年，全区劳务输出总人数达 70 万人次，实现劳务收入 12.7 亿元，同比增长 15.5%。农牧民人均纯收入达 3532 元，比上年增长 11.2%，连续七年保持两位数增长。

【种植业在多发灾害中保持稳产增产】 面对多年不遇严重干旱等自然灾害的影响，围绕保障农产品有效供给和粮食安全这一重要任务，狠抓农用生产资料调运供应和农田水利基本建设工作，继续实施提高粮油单产行动计划，突出主推品种、重点地区和关键环节，扎实开展高产创建、测土配方施肥、农机化示范等活动，确保了全区粮食生产在灾年保持平产的水平。全区粮食产量达 90.53 万吨左右，油菜产量达 6 万吨，蔬菜产量达 48 万吨。

【畜牧业在“提质增效”中稳步发展】 按照自治区提出的农区畜牧业在增量提质上下功夫，草地畜牧业在控存增出上做文章的要求，扎实推进动物疫病防控工作，确保了全区没有发生大范围的重大动物疫病和动物产品安全事件。按照“用政策促出栏、用制度促出栏、用市场促出栏”的要求，切实加大牲畜出栏工作力度，促进了畜产品商品率的提高。全区牲畜出栏总数达 728 万头只，比上年增长 10.5%，新增上市出栏牲畜总数达 69 万头只，牲畜出栏率达到 30%。狠抓草原保护与建设，在 12 个县实施了天然草原退牧还草工程，在 15 个县实施了草原鼠虫害防治工作。资金规模达 2 亿余元的全国草原生态保护奖励机制试点工作率先在我区有效启动。2009 年，全区肉类产量达 25.52 万吨，比上年增长 4.3%；奶类产量 29.43 万吨，与上年持平；水产品 560 吨，同比增长 12%。

【特色农牧业在完善提高中逐步做大做强】 年内，自治区进一步加大对特色农牧业项目的支持和重视力度，落实总投资计划 12.8 亿元，其中国家投资 8.3 亿元，实施了绒山羊、优质青稞和蔬菜、优质林果产业开发等特色农牧业项目 65 个。按照“优势产业优先发展，优势区域优先突破”的方针和“区域集中、规模做大、质量提升、效益提高”的工作要求，坚持把资源和市场作为安排产业发展项目的重要依据，把项目建设的重点放在增加基地产出能力、提高产品科技水平、强化基地规模效应、扩大基地辐射范围上来，促进了产业发展水平有新提高。特色农牧业项目区农牧民收入增长幅度达到 20%以上。

【乡镇企业、多种经营在应对危机中展现良好态势】 坚持把推进农业产业化经营作为促进传统农牧业向现代农牧业转变的重要突破口，引导乡镇企业重心向农畜产品加工、特色产业发展转移，大力扶持和培育农业产业化龙头企业，帮助企业搞好基地建设、实施技术改造、推进产品创新、拓展销售渠道，取得了良好成效。组织我区农业产业化龙头企业参加中国国际农产品交易会，取得圆满成果。预计全区乡镇企业实现总产值达 31.5 亿元，同比增长 16.2%；多种经营总收入 40 亿元，同比增长 17.6%；自治区级龙头企业实现工业总产值 14.4 亿元，比上年增长 20%。农垦企业机制创新和市场开拓工作取得新进展，各具特色的产业发展格局初步形成。

【农牧业项目在扩大内需中进一步加大力度】 2009 年，在国家扩内需、保增长、保民生政策的引导和中央有关部委的大力支持下，全区农牧业基本建设项目到位投资超过 13 亿元，比上年增长 30%，其中中央投资 11 亿元以上，再创历史新高。重点实施了游牧民定居、退牧还草、特色农牧业开发、农村沼气、农作物种子、畜禽良种等工程建设和动物防疫体系、农牧业科技推广服务体系等重大项目。"180"农牧业重大项目投资已到位31亿元，占计划的134.8%。通过各建设项目的实施，农牧业基础设施条件得到进一步改善，对农牧民的服务水平得到进一步提高，可持续发展能力得到进一步增强。

【农牧业科技在改革创新中取得新的进展】为加快构建适应新形势发展要求的农牧业科技推广服务新机制，自治区人民政府专门制定出台了《关于深化改革加强基层农牧业技术推广服务体系建设的意见》，开展了农牧区综合服务站试点工作。各级农牧科技部门注重农牧业实用技术的组装配套和综合应用，以标准化生产、高产创建、畜禽品种改良、测土配方施肥示范、无公害农产品生产示范等技术的推广应用为载体，广泛开展科技示范、科技承包、科技入户活动，推行科技特派员制度，有效提高了农牧业科技应用水平。农村沼气项目建设进展良好，年内完成7.1万户、累计完成11.4万户沼气建设任务，近57万农牧民用上了方便、清洁的新能源。检测和查处了多起蔬菜农药残留超标商户和禁用农业投入品。

【农牧区改革在积极稳妥中扎实推进】坚持"草场公有、承包到户，自主经营、长期不变"的方针，累计在全区52个县、279个乡镇、2109个村，落实草场承包总面积达5.5亿亩，其中冬春草场3.5亿亩，夏秋草场2亿亩，冬春草场承包到户率达87%，至此全区落实和完善草场承包经营责任制工作基本完成。为适应市场经济发展要求，提高农牧民组织化程度，自治区人民政府办公厅出台了《关于加快发展农牧民专业合作经济组织的意见》，安排了农牧民专业合作组织扶持资金3000万元。全区农牧民专业合作组织总数达375家，比上年增加85家，入社农户达31593户，比上年增长21.1%。

【经验体会】领导重视是关键。2009年自治区进一步加大了对"三农"工作的重视力度，各有关部门大力支持"三农"工作，有力地促进了农牧业和农牧区经济的加快发展。实践证明，推进农牧业发展，促进农牧民增收，实现农牧区小康建设任务，必须从全局和战略的高度充分重视"三农"工作，进一步巩固农牧业的基础地位，全面加强对"三农"工作的组织领导、协调指导和管理服务，形成全方位关心农牧业、支持农牧区、重视农牧民的良好氛围。

政策和投入是保障。2009年国家对"三农"的政策更加优越，投入力度创历史新高，成为引领农牧业发展的一大亮点。在当前我区农牧业正处在从传统向现代转型的关键时期，农牧业基础差、底子薄和农牧民自我发展能力弱的情况下，必须以优惠的政策引导农牧业生产经营，以宽松的环境激发农牧民创业热情，以持续的投入夯实经济发展基础，以超常规的举措加快实现社会主义新农村建设目标。

思路创新是根本。思路决定出路。在当前我区农牧业面临提质增效艰巨任务和市场竞争严峻考验的情况下，必须坚定不移地按照市场经济规律要求，实施一产上水平发展战略，紧紧围绕农牧民增收的任务目标，大力推进特色农牧业发展，着力培植特色品牌和特色竞争力，全力引导农牧业产加销一体化经营。

科技进步是动力。与全国比较，我区农牧业主要差在科技上，农牧民主要差在素质上。要加快推进我区农牧业发展，必须把科技作为提升农牧业层次和效益的关键，把素质作为实现农牧民致富就业的根本，靠深入扎实的科技推广应用和持续规范的农牧民科技技能培训，为建设现代农牧业奠定坚实基础。

【领导名录】

厅党组书记、副厅长：朱春生
厅党组副书记、厅长：坚　参
厅党组成员、副厅长：彭毅龄　兰志
　　　　　　　　　　杜　杰　辛盛鹏
厅党组成员、纪检组长：周惠云
厅党组成员、总兽医师：次　真
厅党组成员、总农艺师：高　玲

自治区林业工作

【年度综述】2009年林业经济运行良好，全年完成造林74.28万亩，同比增长62.9%；完成安居工程木材供应40.22万立方米，天然林保护、退耕还林、森林生态效益补偿等林业工程项目稳步推进，并带动农牧民增收6.5亿元，同比增长62%，实现林业产值9.6亿元，同比增长12%，以野生动植物保护、自然保护区与湿地建设、森林防火、森林病虫鼠害防治为主的森林资源保护工作成效明显，集体林权制度改革试点工作稳步推进并取得阶段性成果，林业基础工作得到加强，基本完成了年初拟定的计划任务，达到了预期目的。

【植树造林力度加大，成效较明显】2009年计划造林总面积为71.90万亩，比2008年增加58.20%。据统计，全区共完成植树造林74.28万亩，完成全年造林计划任务的103.17%。完成育苗面积0.42万亩；新封育面积42.25万亩。同时，针对2009年造林任务重、面积大，上半年又遇高温干旱天气，新造林地受灾严重，水利等配套设施跟不上等特殊情况，一是做到了"三早、三到位"。即造林任务分解早、造林地块落实早、植树造林时间早，组织领导到位、树苗准备到位、技术服务到位。二是采取工程造林与义务植树相结合。在安排义务植树时结合工程造林，将义务植树尽量安排在工程区和乡镇、村镇周围进行成片造林，使义务植树逐渐基地化和规模化。三是将植树造林与农牧民增收相结合。在造林和苗圃建设中，尽量雇佣当地群众参与林业生态建设，增加群众现金收入；在有条件的地方组织农民营林队，既增加了群众经济收入，也进一步提高了群众参与林业生态建设与保护生态环境的意识。四是认真做好已造林地的补植补造工作。由于上半年，除林芝地区外，其它地（市）几乎没有降雨，已造林地受灾十分严重。积极争取抗旱资金，认真做好抗旱护苗工作，并狠抓雨季造林，最大限度地提高造林成活率。

【资源林政管理工作进一步规范，依法行政和管理能力得到新的提高】提前下达了2009年度木材限额供应计划，采伐量控制在170.82万立方米（占国家下达的年森林采伐限额的77.29%）。其中，全区农牧民安居工程近6万户的木材供应总量为46.88万立方米。

开展调研工作。对林芝、日喀则和山南地区的资源林政管理情况进行了调研，重点是林芝地区木材经营加工场点管理情况，及时纠正了发现的问题。

强化专项治理工作。对318国道沿线的木材检查站进行了专项治理，重点就工布江达130、松多和日多三个木材检查站执法力量进行了整合，已将工布江达130和日多两个木材检查站整合成了林业、公安和交通三部门联合执法的综合检查站，松多站也单独配备了两名交通警察配合林业部门执法，同时派驻了纪检人员监督执法；完成了2009年新版木材运输证件的监制和配发工作。

切实抓好安居木材调运工作。加强对安居木材供应的监督和管理，采取有效措施，切实加快调运进度。全区共完成安居木材调运40.22万立方米，占调运总数（不含山南自供的1万立方米）的84.59%。

加强征占用林地管理工作。完成了西藏德中矿业有限公司、自治区农牧厅和日喀则地区交通局三个征占用林地审核工作，批准占用林地面积6347.55亩，收缴森林植被恢复费3690.26万元，同比增长11倍。

加强了公益林区划界定工作。完成了对我区585.45万公顷地方公益林区划成果的审核，组织专业技术单位开展了地方公益林管护责任区的落实和管护合同的签订工作，并协调财政部和国家林业局下拨了2009年中央财政森林生态效益补偿基金7.58亿元，兑现了2009年重点公益林的管护费和部分地方公益林管护经费。

强化了林业执法行为。进一步健全和完善林业法律法规。完成了西藏自治区《林地管理办法》呈报和修订工作，2009年10月1日起施行；完成了《西藏自治区森林植被恢复费征收使用管理实施办法》的起草工作。加大了林业行政案件的查处力度。全区共发生林业行政案件220起，查处了217起，查处率达98.64%，同比提高11.83个百分点，为国家挽回直接经济损失117.87万元。

【积极开展试点工作，集体林权改革稳步推进】起草了林改工作相关文件。起草制定了《西藏自治区集体林权制度改革工作试点方案》、《西藏自治区集体林权制度改革试点工作流程》、《西藏自治区集体林权制度改革试点工作操作技术规程》及林改配套政策等相关文件。

健全了工作机构。昌都地区、林芝地区、拉萨市、日喀则地区、山南地区都成立了集体林权制度改革工作领导小组和专门的办事机构。

启动了试点工作。4月份正式启动了拉萨市、山南地区、日喀则地区、昌都地区、林芝地区5个地（市）6个乡（镇）的集体林权制度改革试点工作，9月对昌都、山南、日喀则三个试点地区进行了林改工作的督促检查及面积复查工作；于11月，完成了对5个试点地区的林改外业勘界确权工作。

认真贯彻中央林业工作会议精神。为了全面掌握中央林业工作会议相关林改政策，吃透勘界确权的有关林改精神，于8月上旬和9月初分别在拉萨召开了全区林改工作座谈会、在林芝地区召开了全区林改试点工作会议。同时在昌都地区八宿县和林芝地区八一镇分别举办了林改工作培训班。

开展试点宣传工作。积极向西藏电视台等宣传媒体部门提供有关林改宣传资料，西藏电视台、西藏人民广播电台和西藏日报等主要媒体对我区的集体林权制度改革工作用藏汉两种语言文字进行了宣传报道。并推荐拉萨市曲水县为“国家林业局百个林改典型”，制定了《西藏自治区集体林权制度改革宣传报道方案》。

研究起草相关配套政策。10月下旬，组织财政、国税等相关部门对集体林采伐制度、公共财政支持林政、信贷等相关林政配套政策的制定进行了调研，并起草文件提交全区林业工作会议讨论出台。

【林业项目顺利实施，项目前期工作质量有很大提高】继续实施了一批重点工程项目。2009年共到位林业建设资金106099.40万元，同比增长了67.15%。确保了森林生态效益补偿、重点生态公益林建设、天然林保护、退耕还林、藏东南防沙治沙、湿地和自然保护区、林木良种采种基地等林业工程项目建设顺利实施。

强化了项目前期工作。向国家林业局申报了2009年林业固定资产中央政府投资项目25个，总投资约85846万元。经与国家林业局衔接，现已批复8个。同时上报了供排水和用电规划项目，投资约11亿元；向区发改委上报了防减灾规划1个，投资14.99亿元；编制了西藏高原生态安全屏障规划林业工程项目实施方案，编制完成了四个农业综合开发可行性研究报告和项目建议书，编制并核查了林芝火险区综合治理初步设计7个，编制了西藏林业2010年基本建设投资计划草案；初步提出了西藏林业“十二五”发展规划的基本思路和项目清单，初步编写西藏林业“十二五”发展规划编制提纲。

加强了项目验收工作。完成了羌塘国家级自然保护区一期工程、雅鲁藏布大峡谷等5个项目的竣工验收工作，并报国家林业局备案。

【森林防火工作得到有效加强，防火灭火能力有所提高】据统计，从2008年11月15日进入防火期以来，全区共发生林火11起，其中：一般森林火灾10起，较大森林火灾1起。过火面积52.59公顷，受灾面积5.93公顷；无人员伤亡；人为火3起，境外火2起。与去年同期相比，森林火灾次数上升了10%、过火面积下降了85%、受害面积下降了96%，取得了过火面积和受害面积“双下降”的好成绩。

各级党委、政府和林业主管部门高度重视森林防火工作。区党委、政府及时下发了《关于切实加强森林防火工作的紧急通知》，要求各级党委、政府和林业主管部门要高度重视，认真抓好森林防火工作。在2009年2月份召开的全区林业局长会议和10月30日召开的全区森林防火会议上，专门对我区森林防火工作进行了重点强调和具体部署；区森防指挥部和区林业局印发有关森林防火文件25份、森林防火要报38期；在防火紧要期，各地（市）、县特别是林芝、昌都地区多次召开森林防火专题会议，专题研究部署森林防火工作。

认真开展森林防火宣传月活动。通过报纸、广播电视、张贴标语、印发宣传单等大力宣传森林防火工作的重要性。林芝和昌都地区把每年1月和12月定为森林防火宣传月，走乡串户，进行宣传教育。全区共出动宣传车600台次，散发印有藏汉文宣传册约175000份。

武警西藏森林部队起到了防火灭火主力军作用。充分发挥武警西藏森林部队防灭火主力军及乡（镇）防火突击队的作用，特别是在林芝发生的几起火灾中，武警森林部队起到了主力军作用，很快将火灾扑灭，没有造成大的损失，我区森林防火灭火能力及手段有明显提高。

【森林和野生动植物保护工作进一步强化，依法打击力度加大】开展保护藏羚羊打击盗猎专项行动。出警350人次，行程5680公里，巡护25天，检查车辆62台次，发放宣传资料200余份、宣传图片300余份，受教育人数达200余人。并严厉打击各类犯罪活动，惩治了一批破坏森林和野生动植物资源的违法犯罪分子。据统计，全区森林公安机关受理各类案件44起，其中：刑事案件立案10起，破10起，破案率100%，与去年同期相比发案率下降33%；森林行政案件32起，查处31起，与去年同期相比发案率下降48%；野生动物行政案件2起，查处2起，与去年同期相比发案率下降50%，为国家挽回经济损失431余万元。特别是在2009年5月23日，通过举报，查获一起非法收购、运输、出售国家一级重点保护野生动物藏羚羊羊绒案件，查获藏羚羊羊绒23包，共计1500多斤。

加大了对野生动植物的保护力度。完成了《西藏自治区重点保护野生植物保护办法》的起草修订、西藏自治区《重点保护陆生野生动物造成公民人身财产损失补偿办法》及《湿地保护条例》的起草和呈报工作，正待进行立法调研和修订；大力宣传野生动植物进出口管理方面的法律法规和《公约》相关知识，共发放宣传材料、手册500余份（册），收到了较好的宣传效果。认真开展调研工作，及时掌握了野生动植物贸易动态，做好了对重点野生动植物进出口企业调研和检查工作。加强了对濒危野生动植物物种管理，全年共办理野生动植物允许进出口证明书544份，进出口贸易额680万元，收取野生动植物进出口管理费12.32万元。与去年同期相比，办理野生动植物进出口允许证明书数量增加32%，进出口贸易额增加14%，收取野生动植物进出口管理费与去年基本持平。

积极推进我区野生动物肇事损失补偿机制全面落实。按照自治区颁布的《补偿办法》的补偿标准计算，全区2008年野生动物造成人身财产损失3634万元，已兑现补偿809.27万元，占应补偿的22%。全区除那曲、阿里和纳入2008年试点的10个县外，均没有开展地县级补偿工作。同时认真落实国家林业局2008年野生动物肇事损失补偿试点经费370万元。

【森林病虫害防治工作进展顺利，林业有害生物检疫执法工作得到加强】注重人才培养。针对我区检疫执法人员短缺的实际，2009年年初在拉萨举办了首届全区林业有害生物检疫专职检疫员培训班，全区7地市65个有（宜）林县共82人接受培训，初步组建了我区第一支森林植物检疫专职检疫员队伍。

进一步规范行政许可程序。年初制定了《西藏自治区森防站行政许可事项审批单》，明确了行政许可报批程序。同时，为掌控全区涉检物品调运情况，制定并实行了涉木单位行政许可备案制度。全区共办理《检疫要求书》105份，签发《出省植物检疫证书》15份。

强化重大危险性外来林业有害生物防控工作。加强检疫执法，组织开展了“利剑2009”森林植物检疫专项行动。在拉萨、日喀则、山南和林芝4地市共发现各类违规调运事件60余起，依法查处20多起；开展了拉萨市区杨干透翅蛾疫情普查。首次引进掌上电脑（PDA）开展了拉萨市区杨干透翅蛾疫情普查工作，研发了西藏自治区林业有害生物调查统计软件，实现了疫情发生情况的可视化；查清了在山南加查县危害的蛀干害虫为西藏自治区新记录种——麻点豹天牛，依法向山南林业局下发了《林业有害生物限期除治通知书》，并督查除治工作。

积极开展林业生物灾害防治工作。拉萨、山南、日喀则等人工林区林木病虫害较为严重，以春尺蠖为主的食叶害虫在雅鲁藏布江山南段防护林和年楚河流域大面积发生。灾情发生后，加强虫情监测，掌握虫情发生发展动态，积极申请专项救灾经费，及时采购了总额为398万元的药剂药械，并迅速分发各地进行防治。2009年全区共发生林业有害生物灾害成灾面积200多万亩，防治率达到90%以上。

【林业基础工作得到加强，林业规划及科学研究有新起色】加强了林业规划工作。为了进一步提高项目规划编制工作的能力，先后安排10技术人员前往内地参加各种林业技术培训，并选派4名技术骨干到国家林业局中南和北京规划院挂职培训；积极申报有关营林、环境保护与生态建设方面的工程咨询和设计资质。其中，注册工程（投资）咨询单位资质经国家发改委终审通过，获得国家发改委颁发的工程咨询单位资质证书。工程设计资质经建设部审核通过，获自治区建设厅颁发的工程设计资质证书。同时完成了资源林政、营造林、野生动植物及湿地保护、森林防火等方面共计各类项目规划56项。

开展林业科学研究。启动了“藏川杨、大花黄牡丹等西藏特色资源快速繁育中试与示范”、“西藏主要乡土树种组培配方研究”等科研项目，完成了60多个林木品种的引进和繁育工作。同时以“生产（示范、推广）促科研，科研促发展，生产一体化”为发展宗旨，通过引进和推广国内外先进技术、优良林木品种，抓好种苗生产和研究工作。

【兴林富民工作成效明显，农牧民增收再创新高】农牧民现金收入增多。在林业工程建设中，始终坚持让当地农牧民群众参与林业建设，通过天然林保护、退耕还林、森林生态效益补偿、重点区域造林、自然保护区及苗圃建设等林业建设工程，2009年带动农牧民增收6.5亿元左右，同比增长62%。林业产值达9.6亿元，同比增长12%。

林业产值增加。按照自治区“一产上水平，二产抓重点，三产大发展”的经济发展战略要求，加大林业产业发展力度，通过种苗建设，造林绿化，木材采伐、加工、运输，林下资源开发，林产品加工等，全年实现林业产值29亿元，同比增长 12%。

【认真总结援藏工作经验，林业对口援藏工作得到切实加强】2009 年 9 月 11 日，国家林业局在拉萨召开了全国林业援藏工作会议。会议全面总结了中央第四次西藏工作座谈会以来林业援藏工作，研究部署“十二五”及今后一个时期林业援藏工作。并落实了一批新的援藏项目，进一步加大了全国林业系统对口援藏工作力度。同时全国 22 个省、自治区、直辖市及计划单位列市林业主管部门，以及四大林业森工集团向西藏林业部门捐赠资金，用于购基层林业单位急需的林业交通车辆 30 台，全部车辆已落实到基层重点林业部门。

【林业信息】全年共编发西藏林业信息 180 条，分别报送自治区党委、人民政府和国家林业局。

【大事记】2009 年 2 月 11 日至 12 日，西藏召开了全区林业局长会议，自治区林业局在认真总结 2008 年工作的基础上，提出了 2009 年西藏林业工作的总体要求和预期目标，具体安排部署了 2009 年林业工作任务。

2009 年 2 月 16 日至 17 日，山南地区召开林业工作会议。会议的主要任务是：学习贯彻全区林业局长会议以及地区经济工作会议精神，总结 2008 年昌都地区林业工作，表彰 2008 年林业工作中成绩突出的先进集体和先进个人，安排部署 2009 年林业工作。

2009 年 2 月 24 日至 3 月 2 日，林芝森警支队、地区森防办联合开展了“千里防火大宣传”活动。

2009 年 3 月 5 日，日喀则地区召开林业工作会议，行署副专员索朗罗布出席会议并作讲话。

2009 年 3 月 12 日，拉萨市林业局在堆龙德庆县乃琼镇组织了一场大型义务植树活动。参加这次活动的有区、市两级四大班子领导、区直机关、市直机关、武警官兵 3000 多人，这次义务植树活动的主题是“和谐拉萨、你我共建”。自治区党委书记张庆黎参加了此次植树活动。

2009 年 4 月 10 日，色林错国家级自然保护区班戈县疫源疫病监测站前往班戈县候鸟集中分布区新吉乡的日错湖空玛和额玛开展了巡湖检查，发现了 115 只死亡的赤颈鸭，专业人员对已死亡的赤颈鸭进行了初步检查，未发现异常病例，并对其进行了无害化处理。

2009 年 4 月 29 日至 5 月 23 日，西藏自治区森林公安局组织开展“藏羚羊一号行动”。

2009 年 5 月 5 日至 7 日，云南省林业厅副厅长王德祥率省林改办、政策法规处、资源林政处等相关部门领导一行 8 人到西藏自治区林业局考察交流工作。本次考察以藏区集体林权制度改革、资源林政管理和林业行政执法工作为主要内容。

2009 年 5 月 8 日，自治区林业局与武警西藏总队第一支队举行警民共建活动签字仪式。区林业局党组班子领导及相关处室干部职工近 40 人与武警西藏总队第一支队全体官兵参加了签字仪式。

2009 年 5 月 10 日，自治区安居办和林业局联合在林芝地区召开了安居工程木材供应协调会议。

2009 年 5 月 25 日，昌都地区林业局在八宿县举办了昌都地区集体林权制度改革试点工作培训班，参加本次培训班的有来自地区各相关部门和各县相关部门代表 30 多人，自治区林业局林改办派出了专业人员进行授课和指导。

2009 年 6 月 12 日，自治区人民政府召开第 10 次常务会议，研究通过了《西藏自治区林地管理办法》和《西藏自治区野生植物保护办法》，并于 2009 年 10 月 1 日起施行。

2009 年 7 月 3 日，区林业局党组书记杰巴同志主持局党组扩大会议，传达学习中央林业工作会议精神，重点学习了温家宝总理、回良玉副总理重要讲话精神，以及区党委扩大会议精神和张庆黎书记的指示精神。局机关副处级以上党员干部列席会议。

2009 年 8 月 5 日，自治区林业局组织召开全区集体林权制度改革试点工作座谈会，自治区有关部门负责人，5 个试点地（市）、县林业局主要领导和 6 个试点乡（镇）领导参加了会议。

2009 年 9 月 3 日，西藏自治区人民政府在林芝地区组织召开全区集体林权制度改革试点工作会议。

2009 年 9 月 11 日，国家林业局在拉萨召开全国林业援藏工作会议。

2009 年 12 月 4 日，自治区林业局召开全体干部职工大会，自治区次仁副主席亲临指导，并就下步林业工作作出重要指示。

【获奖情况】被自治区党委办公厅评为 2009 年度全区先进集体；

被自治区人民政府办公厅评为 2009 年度全区政务信息工作先进集体；

被国家林业局评为全国林业年鉴工作先进集体；

林规院刘务林同志荣获 2009 年度全国杰出科学奖、张翠叶同志荣获 2009 年度自治区“巾帼建功”标兵；

办公室范梓云同志荣获 2009 年度自治区“三八红旗手”；

办公室陈平同志被自治区人民政府办公厅评为 2009 年度全区政务信息工作先进个人、被自治区政协评为全区政协提案办理工作先进个人、被国家林业局评为全国林业年鉴工作先进个人。

【领导名录】

党组书记：杰　巴
局　　长：雷桂龙
巡 视 员：布阿牛
副 局 长：布　穷　郭　杰　黄采艺

自治区水利工作

【年度综述】2009 年，自治区“180”项目全部开工建设，落实投资 36.74 亿元，占“十一五”规划总投资的 87.48%。其中，2009 年落实投资 17.21 亿元，是西藏自治区历年来落实水利项目建设投资最多的一年，也是投资到位最快的一年。全年共新建续建项目 153 项。其中，西藏自治区最大的水利枢纽工程旁多水利枢纽工程顺利开工；拉萨河拉萨市东郊水厂上游段、年楚河白朗段、昌都镇二期、八一镇河西区等一批防洪堤相继开工，共建设三级以上标准堤防 27.31 公里；山南江北灌区进展顺利，雅砻灌区加快实施，墨达灌区完成主体工程，满拉灌区进入收尾及验收阶段，中小灌区建设加快步伐，全年新增和改善灌溉面积 12.75 万亩；尼玛、改则、贡觉、墨脱等县级电站有序推进；小流域综合治理及生态修复稳步推进，治理和生态修复面积 194.27 平方千米。

【水政水资源】西藏自治区批准实施《西藏自治区水土保持设施补偿费水土流失防治费征收使用管理办法》、《西藏自治区水文管理办法》。起草完成《水能资源管理办法》。全面实施《取水许可和水资源费征收管理办法》，全年颁发取水许可证 80 余套。努力推动规划同意书、水资源论证、工程建设防洪影响评价制度实施。首次颁布西藏自治区水土保持公告。通过对全区开发建设项目进行水土保持监督执法检查，带动了开发建设项目水土保持方案编制、动态监测等技术服务体系建设。完成 35 个重点开发建设项目水土保持评审，对 9 个自治区重点建设项目实行水土保持动态监测。

【水利规划和前期工作】西藏自治区政府常务会议通过全区水资源综合规划、城市饮用水水源地安全保障规划和重点地区中小河流治理规划。积极修编长江流域规划（西藏境内），相继完成雅鲁藏布江、澜沧江、怒江综合流域规划、冰湖防治规划。有序推进湘河、帕隆藏布、尼洋河等流域规划。拉洛水利枢纽及配套灌区工程项目建议书通过水利部水规总院审查。全年通过自治区审查的项目达 132 项，前期工作质量明显提高。同时，水文站网建设稳步开展，水文现代化进程不断加快，水文预测预报准确性和可靠性明显增强。水利科研工作稳步开展，藏东横断山区水土流失现状及防治技术等多项科研课题有序推进。

【基本建设】2009 年完成投资 17.2198 亿元，其中农村安全饮水工程完成投资 4.5575 亿元，四大灌区及灌区与节水工程完成投资 3.3364 亿元，城市防洪工程完成投资 1.5736 亿元，县水电站建设完成投资 1.4989 亿元， 乡村电站及局域网完成投资 1.5065 亿元，“一江两河”流域综合开发项目完成投资 0.8691 亿元，水土保持完成 0.1036 亿元，病险水库除险加固工程完成投资 0.2742 亿元，旁多水利枢纽工程 3.5 亿元。解决了 41.43 万人的饮水安全问题，不但超额完成了自治区政府下达解决 35 万人的饮水安全任务，而且还提前一年完成了《西藏农村饮水安全工作规划》中所提出的 122.2 万人的饮水安全建设任务；建设三级以上标准堤防 27.31 公里，新增和改善灌溉面积 12.75 万亩，新增解决 4.16 万人和改善解决 4852 人的生产生活用电问题，水土保持治理面积及生态修复面积 194.27 平方千米，病险水库除险加固工程完工 21 座。同时，利用财政专项资金开展了乡村防洪工程和牧区水利工程建设，恢复完成了仲巴、当雄地震水毁工程。

【防汛抗旱】面对墨脱滑坡灾害，积极启动防汛应急预案，深入墨脱堰塞湖查勘现场，收集第一手资料，编制《墨脱山体滑坡应急处置方案》，建立监测、预警、警报系统，协助群众安全转移。水文部门深入勘查洪水过程，准确预测水情，防汛抢险部门积极投入应急抢险工作，顺利处置了墨脱堰塞湖险情。针对亚东、洛扎等县突发性山洪泥石流，以及边坝县、错那县冰湖溃决灾害，各地果断决策，积极行动，最大限度地减轻了灾害损失。面对六月严重旱情，西藏自治区启动《西藏自治区防抗干旱灾害应急预案》III级响应，科学指挥、深入指导。各地精心组织、合理调度，加大抗旱应急水源建设，科学调配水源。满拉水利枢纽始终坚持把保灌溉、保生产作为首要任务，加大冲巴、满拉水库放水力度。通过自治区各级水利部门上下共同努力，为自治区粮食产量达到 92 万吨发挥了积极的水利保障作用，做到了大旱之年粮食不减产，农牧民收入不减少。

【民生水利】全年解决农村 41.43 万人饮水安全问题，农牧民安居工程基本实现通水，提前一年完成“十一五”规划任务。包括满拉水利枢纽工程在内，全年农村小水电发电量超过 2.8 亿千瓦时。启动乡村堤防建设，在 4 个地区安排 15 个乡村堤防建设项目，建设乡村堤防 25.59 公里。通过兴建小型农田水利工程，启动小型农田水利基本建设重点县建设，新增和改善灌溉面积 16.83 万亩。积极推进牧区水利试点。实施工布学、林西等病险水库除险加固工程。通过吸纳群众参与水利工程建设、以及河道采砂惠泽民生，为农牧民增加现金收入 1.2 亿元。

【水土保持】2009 年，开展了全区水土保持监督执法专项行动“回头看”活动，对林芝巴河老虎嘴水电站、省道 306 县米林至朗县公路改建整治、省道 307 线浪卡子至江孜段公路改建整治、甲玛铜多金属矿采选技术改造和雅砻灌区工程等项目开展水土保持监督执法“回头看”检查。组织开展了西藏自治区水土保持监督管理能力建设活动，制定了工作方案，确定曲水县为全国第一批水土保持监督管理能力建设县。认真行使开发建设项目水土保持方案审批行政许可权，全年审批了加查县邦布岩金属矿采选工程等二十多个开发建设项目水土保持方案。起草了《西藏自治区水利建设项目水土保持方案管理暂行规定》，在水利行业内部率先规范了开发建设项目水土保持方案管理。并与相关单位积极协调各行业的开发建设项目水土保持方案管理机制，与区发改委规范了采矿业开发建设项目的水土保持方案管理程序，将水土保持方案审批作为矿业项目核准的前置审批环节，大大推进了采矿业项目的水土保持预防监督工作。组织开展了《西藏自治区 2009-2011 年水土保持重点工程建设规划》的编制工作，通过了水利部长江水利委员会审核并上报了水利部。

【城乡供水】2009 年农村饮水安全投资达到 4.557 亿元。建设 2329 处农村饮水工程，其中管道引水 1506 处、保暖井 627 眼、家庭手压井 10 处（605 眼）、机电井 185 眼、光伏井 1 眼，共解决了 41.43 万人饮水安全问题，不但超额完成了自治区政府下达解决 35 万人的饮水安全任务，而且还提前一年完成了《西藏农村饮水安全工作规划》中所提出的 122.2 万人的饮水安全建设任务。

【工程管理】加大水利建筑市场规范和整顿，严把参建队伍准入关，完成 38 个水利水电施工企业，以及12个招标代理机构登记备案，91家施工企业资质年检；强化招投标行政监督，重点项目全程跟踪监督，严格招标施工合同管理，坚决整改质量不合格工程。积极开展安全生产大检查。继续推进大中型水利工程管理体制改革。加快农田水利基本建设新机制建设，全区用水户协会和各类用水群管组织累计达到386个。稳妥推进农村水电管理体制改革，农村水电站完好率进一步提高，发电量稳步增长。

【水利援藏】水利部派出大规模工作组深入我区7个地（市）进行调研。其中，陈雷部长、矫勇副部长也不辞辛劳，亲临拉萨市和山南、林芝、昌都、那曲地区考察指导我区水利工作。2009年7月份，水利部在林芝地区召开了第四次水利援藏工作会议，两位部长根据考察调研成果，分别在会议上发表重要讲话，对我区水利今后一段时间发展思路和目标任务，提出了明确的指导意见。会后两位部长又出席旁多水利枢纽工程开工典礼。援藏会议结束后，水利部有关司局、各对口援藏单位和有关省市纷纷组织人员赴藏考察，各受援单位也积极回访，强化沟通与联系，达成了一批意向性的援助项目。

【领导名录】
党组书记、副厅长：李文汉
党组副书记、厅长：白玛旺堆
党组成员、巡视员：扎　西
党组成员、副厅长：骆　涛　张承红
党组成员、驻厅纪检组组长：丁积成
党组成员、总工：李克恭

交通、邮政、通信、民航

自治区交通工作

【年度综述】2009年，自治区交通运输行业努力克服国际金融危机和拉萨“3·14”事件的后续影响，有效应对强降雨雪多、施工季节短等不利因素，紧紧围绕“保增长、保民生、保稳定”的目标，精心组织，周密安排，扎实工作，交通运输事业发展取得了喜人的成绩。

【公路建设投资再创历史新高】2009年，紧紧抓住国家扩大内需的有利机遇，积极争取公路建设项目和投资，开工建设了拉萨至贡嘎机场专用公路新建工程，国道214线昌都至年拉山、年拉山至邦达机场段，国道317线巴青至夏曲卡、夏曲卡至那曲段，国道219线巴嘎至22道班段，国道318线海通沟兵站至东达山段等19个重点公路建设项目，建成了国道317线江达至妥坝，国道219线门士至巴嘎、巴嘎至普兰（斜尔瓦），省道204线亚东至乃堆拉和国道214线芒康至隔界河等11个项目。安排农村公路通达工程续建、新建项目158个，解决了19个乡镇、213个建制村的通公路问题。同时强化了项目管理和工程质量管理，全年落实公路建设投资56.74亿元，完成投资60.62亿元，分别比2008年增长了20.36%和34.65%。到2009年底，全区公路通车里程达到53634公里，次高级以上路面5203公里，49个县通了油路，668个乡镇和4222个建制村通了公路，乡村公路通达率分别达到97.95%和80.25%，提前一年实现了中央12号文件提出的80%以上建制村通公路的目标。

【公路管理养护水平进一步提高】打冰除雪235万立方米，修补路面3466万平方米，清理塌方36万立方米，维护桥梁14144延米/345座，安排大中修工程19个，危桥改造620延米/24座，实施标规路200公里，清理公路两侧白色垃圾，有效改善了路容路貌。国省干线公路平均优良路率61.4%，MQI值72.6；其中油路优良路率66.8%，MQI值78.9；砂土路优良路率56%，MQI值67.7。列养农村公路超过4万公里，好路率不断提高。进一步完善公路应急保通预案，加大抢险保通投入，筹资配置了保通机械、通讯设备，储备应急钢架桥，合理调整人员、机械和油材料布局，圆满完成了强降雨雪等气候条件下的公路应急保通任务，公路断通时间明显缩短。协调公安、林业等部门联合治超，有效遏制了超载超限现象。农村公路路政管理试点有序推进，覆盖了除阿里以外的六个地市。

【道路运输量平稳增长】全年完成公路客运量7748万人次，同比增长14.64%，客运周转量21.75亿人公里；完成货运量924万吨，同比增长29.96%，货运周转量25.67亿吨公里。加强市场监督检查，认真整治违法违规经营行为，出动执法人员2200多人次，查处违规车辆640多台次。落实了1个地市二级客运站、14个县的三级客运站、5个乡镇五级站和38个客运停靠点建设项目，绝大多数项目已经完工。

【企业经济效益增幅较大】厅属企业经济效益得到有效提升，全年完成总产值8.95亿元，同比增长29.69%；上缴税金5727万元，同比增长17.76%；实现利润1.2亿元，同比增长6.74倍；职工人均年收入38866元，同比增长1.5%。对厅属企业进行联合重组，成立了西藏天海集团公司和西藏惠通路桥集团公司，厅属监管企业改制工作基本完成。

【安全生产管理成效明显】积极开展安全生产“三项行动”和安全生产月活动，组织举办了2期施工安全管理人员培训班，培训管理人员267人。由厅领导带队多次深入全区各地公路施工现场、客运站、客运企业、水运码头等重点部位检查督促安全工作，强化了安全生产监督检查，全年未发生重特大安全事故。交通厅再次被评为“全国安全生产月先进单位”。

【主要经验】一是始终坚持“第一要

务”，服从服务于全区经济社会发展的大局，努力争取投资改善公路基础条件。二是始终坚持关注民生，适应人民群众生活水平的不断提高，努力帮助群众在交通运输事业发展中得到实惠。三是始终坚持改革创新，着眼于解决交通运输工作的热点难点问题，努力推动交通运输事业加快发展。四是始终坚持提升服务管理，把行政管理与服务保障结合起来，努力提高交通运输发展的质量。五是始终坚持超前谋划，提前安排“十二五”规划编制，努力增强把握交通运输发展全局的能力。六是始终坚持加强党建，扎实推进廉政建设和精神文明建设，努力推动交通运输事业和谐发展。

【存在问题】一是国道个别路段和近80%的省道路面尚未黑色化，仍有24个县不通油路，14个乡镇和1039建制村不通公路。二是公路建设相关制度执行力度不够，项目管理工作存在着不同程度的问题，建设环境仍需进一步改善。三是管理和技术人才不足制约着交通运输事业的加快发展。四是应急保通投入不足，抢险保通能力和公路管理养护仍需进一步加强。五是道路运输市场矛盾突出，农牧区客运发展滞后。

【获奖情况】先后获“全国安全生产月活动先进单位”、和“全国社会治安综合治理先进单位”。

【领导名录】

党委书记、副厅长：其美仁增
党委副书记、厅长：赵 世 军
党委委员、巡视员：丹增曲扎
党委委员、驻厅纪检组长：隋 云 福
党委委员、副厅长：索朗群佩 扎西江措
李留丰 赵之忠
副巡视员：汪 玉 芹

青藏铁路公司拉萨办事处（拉萨站）

【基本情况】拉萨站是青藏铁路的终点站，属一等站。位于拉萨市西南端，拉萨河南岸的柳梧新区，与拉萨市区及布达拉宫隔河相望。既是进入西藏自治区的重要门户和窗口，也是青藏铁路格拉段规模最大的客运站。

拉萨办事处于2005年12月底成立，拉萨站于2006年2月筹备成立，拉萨站隶属关系于2006年4月1日由格尔木车务段整建制并入拉萨办事处，实行合署办公，一套机构，两块牌子；拉萨站机关下设综合办公室、安全技术信息统计科、计统财务室3个部门；下辖拉萨西站（属车间性质，主管货运、行车）；1个客运班组（分别为甲、乙、丙、售票四个自然班）、1个运转班组（分别为甲、乙、丙、丁四个自然班）和1个货运班组（分别为甲、乙、丙三个自然班）。自2009年7月31日起，接管了原格尔木车务段管理的古荣、马乡、昂嘎、羊八井、羊八林、达琼果、乌玛塘7个无人站和当雄1个有人站，管辖里程195公里。截至2009年12月31日，车站共有职工177名（含派遣职工和分配到拉萨站锻炼的大学生），平均年龄34岁。全体职工工作、生活在高寒缺氧，含氧量仅为内地40%的拉萨地区。

【任务完成】截至2009年12月31日，实现安全生产618天，实现无一切路外、人身和汽车交通事故1279天。车站全年共发送旅客71.8万人次，为年计划70万人的102.6%，同比增幅22.1%；旅客到达81.3万人次，同比增幅40.7%；货物发送22.8万吨，完成年计划18万吨的126.7%；货物到达165.7万吨，同比增幅67.2%；运输总收入37942.52万元，完成年计划36780万元的103.2%。

【安全工作】以深入开展“安全大反思、大检查活动”为契机，开展了“让标准成为习惯”主题教育活动，重点整治工作低标准，违章老毛病，服务低层次等问题。先后开展了施工、调车作业、铁路货物装载加固和危险品货物运输安全专项整治活动，在春运安全大检查，“安全大反思、大检查回头看”暨调车百日专项整治，安全生产月，设备大检查、大整治，施工安全隐患排查，“保安全、保稳定、迎国庆”及设备“春、秋检”等安全检查活动中，各级干部先后下现场检查397人次，现场办公6次，检查发现问题129件，解决整改问题121件。针对4月、7月、11月3次调图工作以及春暑运、防洪抗汛、重点列车开行、以及因区域性大雪造成列车长时间晚点等阶段性重点任务，坚持召开专题会议，研究方案，细化措施，加强现场作业和关键环节检查盯控，圆满完成了阶段性重点任务。

【“四比四争当”和“五转变五做到”】2009年，车站党政工团组织在车站客运岗位深入开展“四比四争当”活动；在行车和货运岗位组织开展“五转变五做到”活动。一是整章建制、清规对标。对照《铁路旅客服务质量标准》、《客规》、《货细》等规章，建立健全了各岗位台账、制度、标准和预案；认真修订了各岗位工作制度、岗位职责、作业流程、应急处理预案等，为车站规范管理奠定了基础。二是规范礼仪、提升技能。聘请部队教官利用休班时间开展了军训；组织职工观看金教授《服务礼仪》讲座；聘请西藏红十字协会教师讲解客运工作应急救护常识。三是转变作风、强化管理。各级干部合理安排现场盯控时间，加强日常作业中的检查监督和考核力度，落实逐级负责制，强力扭转职工作业不标准、两纪执行不到位的现象。四是合理组织，标准作业。及时对各岗位及作业流程进行优化，合理安排岗位，坚决杜绝无票人员和闲杂人员随意进站。在客流较大时，采取提前预剪、专人带队、分批进站的组织方法，严格执行接、送车制度，保证了旅客的乘降安全。五是配合公安，严查“三品”。全年没有发生“三品”进站上车。六是提炼特色、优质服务。以“五彩哈达温馨服务台”为客运服务网络中心，以服务老、弱、病、残、孕、外籍旅客为重点，以“重点旅客绿色通道服务卡”为载体，解决特殊旅客困难。七是强化演练，应急有力。通过应急演练、培训，进一步提高了关键岗位和关键作业人员应急处理能力。八是综合考评，班务公开。根据日常工作表现，对职工进行综合测评，每月汇总后在学习园地内进行公示。

【货运组织】拉萨西站面对全年货物到达量较大、货场积压货物较多的实际，克服货运人员少、货物交付工作任务繁重等困难，积极与自治区发改委沟通，联系货主尽快组织提货，西站党员、团员主动加班加点，为货主提供相关服务，确保站台、仓库的正常使用。

【客运组织】针对客流高峰期间出现“一票难求”的现象，车站多次召开专题会议，重点研究部署售票工作，为旅客公开售票信息，增设售票窗口，开通24小时电话订票绿色通道，严格按售票、购票程序及特殊用票审批制度办理，杜绝违规切票、抢票、囤票和违规加价、收费行为。在旅客组织中做到“一听、四看、两卡死”制度，杜绝旅客错乘、漏乘情况的发生。

【特色服务】2009年，“五彩哈达温馨服务台”特色服务不断创新理念，完善服务项目。一是丰富服务项目。为旅客增配氧气、常用急救药品、高原药、白糖、红糖、奶粉、奶嘴等设施及药品。二是印制“绿色通道服务卡”。“五彩哈达温馨服务台”工作人员对出藏的老、弱、病、残、孕等重点旅客主动服务，知到站、知席别、知困难，通过“绿色通道服务卡”建立站车交接制度，做到优先检票、优先进站、优先上车的“三优先”服务。三是对车站军人、母婴候车室进行了特色布置，体现特色。四是制作旅客健康登记卡填写样板卡，并在每个候车室设置4张填写台，给旅客提供方便。五是设立服务质量监督栏，与旅客建立和谐的服务关系。

【重点任务】在春运、暑运、新老兵运输工作中，召开专题会议布署相关工作，精心组织、周密安排，定职定责，落实到人；对春运、暑运，新老兵运输客流进行详细调查、摸底，制定切实可行的运输组织方案；准确掌握学生流，及时向公司营运部、票务中心联系，提前计划票额。开设学生、军人售票窗口和进出站绿色通道并派专人进行带队；春运期间，共发送旅客74859人，与去年同比增长15%；到达旅客77546人，与去年同比增长3%；暑运期间共发送学生8606人次。

【路风路誉】始终把路风工作放在重中之重的位置，认真落实路风各项卡控措施，强化路风问题自查自纠工作，大力提升客货运服务质量，杜绝路风不良反应。2009年共发放绿色服务卡1525张，帮扶1750名旅客；收到锦旗13面，表扬信10封。拉萨西站运输货物188.5万吨；涌现出了一批先进个人和集体，客运、运转乙班获得“全国安康杯竞赛优胜班组”称号，拉萨西站货运值班员杜永伟获得公司路风工作先进个人称号。

【应急演练】加强应急预案管理，初步形成了车站预案——（车间）班组各专业预案二级应急预案体系；开展应急演练。先后举办了消防安全演练，施工作业、信号设备故障及信联闭停用时的接发列车模拟演练，售票员手工制票演练，调车观速、观距和标准作业的技术比武，调车作业技术比武，客流猛增和旅客列车晚点情况下旅客组织应急处置演练，提高了全站人员在非正常情况下，对各种突发应急事件的处置能力。

【技能培训】组织客货职工系统学习客货运规章、《客细》、《货细》；运转职工重点强化对《技规》、《行规》、《站细》和非正常情况下接发列车作业标准培训；认真学习《铁路交通事故应急救援和调查处理条例》、新版《事规》；建立职工技术档案，落实《外出培训人员管理考核制度》，将培训内容运用到安全生产中。2009年，车站共举办培训班16期1254人次，办小班8期245人次，委外培训班19期44人次，购买图书2410册，其中规章业务类910册，学习类1500册。

【荣誉记载】2009年，车站先后被公司党委评为先进性示范党支部；被中华全国总工会、国家安全生产监督管理局评为2008年度全国“安康杯”竞赛活动优胜企业；被青藏铁路公司评为2008年度路风建设先进集体；被青藏铁路公司党委、公司评为2008年度四好班子；被西藏自治区安监局、总工会评为“安全伴我行”全区演讲比赛组织奖；被青藏铁路公司评为安全生产1000天先进单位（2006.08.30～2009.05.25）；被铁道部评为2008年度文明车站；被西藏自治区安监局、卫生厅、总工会评为西藏自治区职业安全健康知识竞赛组织奖；被中华人民共和国国务院评为全国民族团结进步模范集体；被中华人民共和国人力资源和社会保障部、中华人民共和国铁道部评为全国铁路先进集体；被中共铁道部纪委、监察部驻铁道部监察局评为全国铁路先进纪检监察集体；客运车间荣获中华全国铁路总工会女职工委员会颁发十佳女职工标兵岗；客运班组荣获中华全国铁路总工会颁发的火车头奖杯等多项荣誉。

【领导名录】

办事处主任、党工委书记，拉萨站站长、党委书记：王建华

办事处专职党工委副书记，拉萨站党委副书记、纪委书记：李涵明（2009年12月27日调出） 王多吉（2009年12月30日调入）

办事处副主任，拉萨站副站长：

赵　屹（2009年2月9日调出）

李多红（2009年2月6日调入，7月22日调出）

陈占军（2009年7月22日调入） 贾乃林、徐海平（2009年5月22日调出）

兼工会主席：刘向东（2009年6月1日调入）

自治区公路管理工作

【年度综述】2009年，全系统认真贯彻交通运输部提出的“建设是发展，养护管理也是发展”的指导思想，围绕西藏发展中心任务，着力提高公路交通“三个服务”的能力和水平，服务内涵继续拓展，公路养护质量稳步提升，依法治路能力不断提高，安全生产、综合治理和维稳工作扎实有效，职工队伍建设和党风廉政建设稳步推进，公路养护管理事业取得了显著成绩，有力支撑和服务了西藏经济社会跨越式发展。

【突出抓好养护保通工作，着力增强服务保障能力】全面提高公路养护水平。坚持继续以提高养护质量、保证公路完好畅通为中心，强化公路预防性养护和全面养护，不断提高干线公路养护质量、总体服务水平和安全保障、应急响应能

力。重视抓好日常养护工作，树立了全员、全过程预防性养护观念，积极推广预防性养护施工技术，使公路寿命周期内的效益最大化。通过加强日常养护和预防性养护工作，干线公路基本达到了路况良好，路容整洁，路肩平整密实，边坡稳定，排水畅通，构造物完好，沿线设施完善，路网整体服务水平稳步提高。截至2009年底，我区公路通车总里程达53634公里，其中：国道6210.901（含青海境内592.7公里）公里；省道6191.663公里；养护情况：国道养护里程6210.901公里，养护里程100%；省道养护里程5119公里（含2009年延长养护里程396.291公里），养护里程占83%。截至2009年底，全区国省公路共计完成备砂石料685万立方米，修补及铺筑砂石路面料346万平方米，修补油路30万平方米，整修路肩893万平方米，整修边坡389万平方米，清雪打冰235万立方米，清理边沟3295万米，清理塌方36万立方米，疏通涵洞4095次/2390道，维修涵洞208道，桥梁维护14144.5延米/345座。

根据路检情况看，截至2009年底，全区国省干线公路平均优良路率为61.4%，比2009年下达计划指标提高0.7%。MQI值为72.6；其中油路优良路率为66.8%，比2009年下达计划指标提高0.1%，MQI值为78.9，比2009年下达计划指标提高0.2。砂土路优良路率为56%，比2009年下达计划指标提高0.5%，MQI值为67.7，比2009年下达计划指标提高0.4。达到了“十一五”规划目标及年初计划任务要求。

全力提高公路保通应急能力。各单位高度重视保通应急能力建设，筹资购置应急保通机械设备、通讯设备、储备应急钢架桥、组建培训应急队伍、健全应急机制等措施逐步提高公路应急保障能力，保证了干线路网安全畅通。特别是2009年“5·26”藏东南亚东、洛扎等县强降雨后引发地质灾害造成公路阻断，公路部门第一时间启动应急预案投入抗灾抢险，相关单位联动配合，迅速抢通生命通道，为全面救灾赢得了时间，公路应急抢险保通能力得到充分发挥。

研究推广应用养护新型材料情况。根据西藏高寒地区沥青路面情况，与长安大学共同启动了《高寒地区沥青路面养护冷施工技术研究》课题。通过本项目的研究实施，将大大减轻道班工人的劳动强度，确保修补过程简单、便捷、有效，并有利于环境保护。该项目的初步成果将不断应用于全区公路沥青路面的养护工作之中。

在交通运输部西部科技项目管理中心的支持下，与长安大学共同申报的《西藏高海拔低温条件下路基路面养护技术研究》，通过了由交通运输部于2009年8月组织的技术评审，已正式作为2009年度的项目组织实施，其研究成果将指导我区公路路基路面的养护技术工作。

公路养护信息化工作。根据交通运输部、交通运输厅对统计工作的总体安排，根据桥梁安全隐患排查工作要求，公路管理局及时编写了《数据填写规范及标准》，并督促各单位对国、省干线公路和交通量较大公路桥梁进行重点排查。在桥梁安全隐患排查工作中明确任务要求，统一数据口径，做到标准有据可查。通过桥梁排查不仅更新完善了我区公路桥梁数据，而且进一步摸清了我区桥梁整体技术状况，建立了桥梁卡片，更新了数据库，实行动态管理，基本确保了桥梁资料准确无误。

近年来公路管理局重点开发了公路数据库，2009年又开发了“西藏自治区公路管理局养护综合管理信息化系统”，利用先进技术实现了数据共享、信息共享和资源共享，提高了养护管理工作的时效性和办事效率。

根据交通运输部关于连续式公路交通情况调查站点建设规定及西藏自治区连续式站点建设规划，截至2009年底，全区共有各类公路交通情况调查站点81个（其中：连续式交通量调查站点33个，间隙式交通量调查站点48个。）。

【抓好公路养护工程项目，逐步改善公路通行条件】公路管理局高度重视公路养护工程建设项目。一是各养管单位认真开展养护工程项目的前期工作，严把养护工程设计质量关，各单位养护工程项目前期工作质量比往年有了较大提高；二是公路管理局及时组织工程技术人员，对养护工程设计文件进行现场审查，对于具备立项条件的项目提交公路管理局养护工程立项审查领导小组，根据会议研究结果，下达批复文件；三是在项目实施过程中进一步完善质量保证体系，积极落实监督管理措施和质量责任追究，实行工程质量动态跟踪，加大检查监督频率，严把工程质量鉴定关。制定出台了《西藏自治区公路管理局公路养护工程建设项目管理办法》，进一步规范了公路养护工程建设程序，加强了项目管理、工程质量、安全生产、环境保护、道路保通、劳务用工、资金使用等各环节的监管力度，公路养护工程建设质量有了明显提高。建成完工项目经交工验收，工程质量合格率达100%。

公路养护大中修工程。2009年安排公路养护大中修工程2700万元，安排大中修工程共计13个，完成计划投资的100%。

危桥改造工程。2009年安排危桥改造工程3500万元，改造桥梁620延米/24座，实际安排投资3075万元。截至2009年底，除山南地区交通局松多桥和藏桑桥、那曲地区交通局波曲桥外，其他桥梁全部建设完工，完成计划投资的75%。尚余资金425万元，计划用于不可预见因素引起的工程变更和桥梁交工前的动静载检测费用。

安全保障工程。2009年安排安全保障工程2500万元，处置隐患538.2公里/23159处，实际安排投资2105万元，完成计划投资的84.2%。尚余资金395万元，计划2010年6月底前安排实施完毕。

段道班改建维修工程。2009年安排段道班改建维修工程1350万元，安排工程项目12个，完成计划投资的100%。

高山道班光伏电建设工程。2009年安排高山道班光伏电建设工程150万元，均已安装调试完毕，完成计划投资的100%。

水毁恢复工程。2009年安排水毁恢复工程1793.7万元，使全区重点水毁灾害路段基本得到了有效治理，较好地改善了公路通行能力。

专项工程。2009年安排国道318线鲁朗至拉萨段绿化工程，武警交通第四、八支队“十一五”营房建设维修工程青藏公路管理分局等专项工程7228万元，安排工程项目14个，完成计划投资的86.4%。

"标规路"建设工程。2009年安排了"标规路"建设任务200公里，共安排补助资金400万元，完成计划投资的100%。

通过公路养护工程建设项目的实施，逐步改善了局部路段技术状况和道班工人的生产居住条件，提高了公路抗灾能力和安全保障能力。

【重视农村公路养护，认真履行农村公路管理职责】为把区党委关于"一手抓稳定，一手抓发展"的基本方针落实好，以科学发展观为指导，坚持走"中国特色、西藏特点"的发展路子，结合我区农村公路养护实际，以推广"乡镇+农户"、"工区+农户"的方式对农村公路进行养护。2009年加强了农村公路行业管理和技术指导力度，强化和规范了农村公路的管理与养护工作，全区养护水平、养护质量较往年有显著提升，有力支持了农牧区经济社会发展和社会主义新农村建设。

通过全面推行和实施农村公路管理养护体制改革试点工作，农村公路管理养护工作的责任主体为县级人民政府，呈现出了专业养护、乡镇承包养护和农户承包养护的不同养护运行模式。农村公路失养的现状得以改变，但重建轻养现象仍普遍存在。2009年对全区47个县进行了农村公路养护补助资金使用情况审计，发现部分县存在挤占挪用养护补助资金、未设专户储存专账管理的问题。

【抓好公路路政管理工作，着力推进依法治路进程】2009年，进一步加强了《西藏自治区公路条例》等法律法规的宣传，完成了《西藏自治区公路路产占用、损坏赔（补）偿收费项目及收费标准》修订和出台工作，规范了路政许可审批程序，实现了业务管理规范化，加强了队伍建设，塑造了一支爱岗敬业、文明执法的路政队伍。

路面治超坚持固定与流动相结合的原则，在公安、林业等部门的大力配合下，联合治超取得成效，遏制了违章超限超载的反弹。全年共查处单、双超车辆1613台次，卸载货物1268吨，放行绿色通道车辆1863台次，对不可解体的大件货物办理超限运输手续1299台次。2009年加大了查处损坏公路路产和各类路政侵权案件的力度，共收取公路损坏赔（补）偿费1216万元，有效保护了路产、维护了路权。全年共发生路政案件387起，破案376起，结案373起，破案率为97%，结案率为99%，与去年同期相比，发案率降低15%。

在全区六个地市开展了农村公路路政管理试点工作，初步探索出"统一领导、分级管理、县乡为主、专兼结合"的农村公路路政管理模式。

【在竞争中求发展，公路企业经济效益稳步提升】2009年局属企业转变发展观念，把握市场机遇，应对竞争挑战，不断规范企业管理，企业生产经营能力不断提高，经营效益明显，圆满完成了公路管理局年初下达的利润指标，实现利润总额850万元。

【存在的问题和困难】养护生产严重缺员。按部颁养护定员标准，我区设养的国省干线公路应有养护定员12200人，目前全区在职公路养护职工仅4318人，离退休职工4783人，而公路管理养护任务逐年加重，公路养护缺员已成为突出问题。

养护机械设备不足。全区大部分路段养护机械设备严重老化，特别是省道、县乡公路砂土路的养护机械设备更是缺乏。

养护资金投入不够。我区国省干线公路养护里程逐年延伸，公路技术等级不断提高，需加大养护资金投入力度，以确保公路养护质量和通行安全。

养路职工生产生活用房问题。目前我区国省干线上仍有部分公路段房、工区房和道班房属危房，亟待投资改建；新设养省道的养路工人也无生产生活用房，因受资金限制无法解决。一线养路工人要求解决安居住房的呼声很高，解决安居住房更是困难重重。

农村公路养护管理亟待加强。农村公路重建轻养现象依然严重，而且公路管理和专业技术人才匮乏；存在养护补助资金不足且到位滞后、养护机械不足、缺乏公路抢险保通资金、缺少安全保障设施，存在安全隐患。

我区现行的公路养护管理体制、机制已不适应公路养护管理事业快速发展的需要。体制不顺，机制不活，经费不足，分配不合理，同工不同酬，不能调动积极性。不改革就会失去发展机遇，上不了新台阶。

自治区交通运输海事管理工作

【年度综述】2009年，全区完成客运量7759万人次，同比增长14.43%，客运周转量217316万人公里，同期相比减少9.99%；完成货运量920万吨，同期相比增长29.4%，货运周转量254041万吨公里，同期相比减少11.78%（根据交通运输部新的统计口径统计）。

【加强运力组织调配，及时完成重点时段运输任务】认真做好春运、雪顿节、"十一"等重点时段旅客运输工作，及时部署安全生产和运输组织工作，加强场站监督，合理调配运力，化解部分线路运力紧张的矛盾，及时安排加班车、包车的方式解决群众出行问题，在全区各地均未发生旅客长时间滞留现象。

【积极开展中尼国际道路运输】根据中尼两国交通运输代表团2004年座谈时建立的联席会议制度，2009年中尼双方交通代表团在拉萨又一次召开了联席会议，双方互换了国际道路旅客运输经营许可证。按照中尼两国借道运输协议，分4批顺利完成了790吨借道货物运输的监管任务。

【加大培育和发展乡村客运市场的力度】全区运管部门加大宣传和政策引导，积极开辟农村客运线路，扩大农村班线覆盖面。2009年新开通了隆子县至斗玉乡等21条农村客运班线，切实方便了农牧民出行的问题。进一步加大乡村客运基础设施的建设力度，2009年完成了1个地市二级客运站的初步设计、12个县的三级客运站、6个乡镇五级站和30个客运停靠点的建设任务。同时，积极与地方交通主管部门、各地方政府进行协调，推动已建县级客运站运营管理，发挥客运站点的作用和投资效益，山南、昌都、那曲运管处积极协调，主动争取各地政府及交通主管部门的支持，部分县新建的客运站已投入运营。

【认真落实燃油补贴政策，切实减轻经营者负担】2009 年，全区运管部门严格按照交通运输部关于《城市道路客运成品油价格补助专项资金暂行管理办法》规定的要求，认真开展了全区 101 辆城市公交、823 辆农村道路客运车辆、1968 辆城市出租车、753 辆城市中巴车辆燃油补贴的统计、申报、核发工作，全年共发放燃油补贴款 380.37 万元，做到及时、足额、准确。

【客、货运输管理工作不断加强】一是进一步加强对客运站的监管，规范客运站的运营管理，不断探索总结滚动排班的经验，目前在全区主干线上的客运班车基本实现了循环滚动发班制度。二是为规范轿车快班车的管理，便于乘客识别，更好地维护轿车快班车经营者合法权益，统一了 10 座以下的小型班线客车标识。三是提高旅游客运车辆的管理效能，按照与自治区公安交通警察总队共同制定的《旅游汽车换发专段号牌具体实施办法》，实施旅游客车专段号牌管理制度，目前基本完成了全区旅游车专用号牌、营运证的换发和档案整理工作。四是制定了符合我区实际且操作性强的《应急储备运力调配方案》。五是以推进客运行业文明创建为抓手，提高客运服务质量，表彰了一批提供优质旅客运输服务的客运企业和文明车船。六是进一步加强货运市场监管，严把危货运输市场准入关，严格危货运输车辆检验制度，逐步实施了危货运输分类管理。

【强化道路运输从业人员资格管理，规范驾培市场秩序】定期不定期深入驾培学校，对教练员理论和实操课的授课情况进行检查，督促其自觉做好机动车驾驶员培训工作。加大从业人员培训力度，严格考核。全年完成培训从业人员 6552 人次，考试发证 6197 人次。强化了机动车驾驶员培训机构资质管理，大力开展驾培市场清理整顿。首次开展了我区教练员的培训与考核工作，加强了教练员资格管理。2009 年共 102 人参加了教练员培训与考核，95 人取得了教练员证。

【狠抓“三项行动”，确保源头安全】严格按照交通运输部“三项行动”的要求，扎实开展道路运输安全生产监管工作，隐患排查治理共计 36 起，对少数企业安全监管不到位，措施落实重视不够的停办相关业务并限期进行整改。指导企业建立健全各项安全生产规章制度；督促运输企业全面开展隐患排查治理工作；以开展“安全生产月”集中宣传教育活动为契机，面向企业和运输从业人员大力宣传安全生产法律法规、规章制度，增强安全生产法制意识，发放各类宣传材料万余份。

【认真履行“三关一监督”职责】切实提高安全监管和应急处置能力，关键是落实好“安全第一、预防为主、综合治理”的方针，做到思想认识上警钟长鸣，在重要时段及时组织运输企业召开安全生产动员大会，安排部署安全生产相关工作。为学习、推广好的安全生产管理经验，组织拉萨 42 家运输企业到中石油拉萨分公司进行安全生产观摩活动，通过学习、观摩丰富了广大运输企业的安全生产管理经验，提高了安全生产管理水平；制度保证上严密有效，督促各运输企业建立健全规章制度，以制度规范安全生产，落实责任；技术支撑上坚强有力，积极推广 GPS 技术，为进一步加强客运站源头管理，积极向财政申请专项资金 207 万元，并通过政府采购了 9 台安检仪，分别配发给拉萨西郊等七地市客运站。切实加强了我区客运站重要时段三品检查的技术支撑力度；监督检查上严格细致，定期不定期深入各客运企业进行安全检查，监督运输企业落实安全生产责任；事故处理上严肃认真，对事故车辆，吊销经营许可，对事故车辆所属企业责令整改。多数运输企业安全生产各项制度得到进一步健全，安全生产主体责任进一步明确，安全生产意识明显增强，安全生产管理措施落实到位。通过全行业的共同努力，2009 年道路运输行业安全生产形势趋于良好，全年事故起数较往年有明显下降，事故死亡率同比降低 44.4%。

【扎实开展打击“黑车”专项行动】制订了操作性强的《打击“黑车” 等非法从事出租汽车经营专项治理活动实施方案》，从 2009 年 4 月份开展了全区为期半年之久的集中“打黑”专项行动。为了确保专项治理活动取得实效，运管部门不等不靠，会同公安等相关部门迅速行动，对“黑车”非法营运行为的基本情况进行调查摸底，确定打击的重点对象和重点区域。整合稽查力量，采取在重点路段定点稽查与全区各地（市）运管处普遍巡查、定时稽查与随机稽查，明查、暗访等多种方式相结合，对我区主要干线公路入口处等“黑车”活动的重点区域和重点线路进行重点整治。

专项行动中，全区运管部门共计出动执法人员 1086 余人次，出动执法车辆 226 台次，共检查车辆 7256 余辆，查处违章车辆 170 台，其中“黑车”109 辆，黑窝点 2 处，依法暂扣车辆累计达 117 台。整治工作始终处于高压态势，沉重打击了非法经营的嚣张气焰，维护了广大经营者和乘客的合法权益，市场秩序进一步好转。运管部门还以此次专项治理活动为契机，开展客运市场整顿，对客运车辆不进站、乱停靠等违法经营行为进行集中整治。针对拉萨至那曲班线经营者反映一段时间内经营线路上“黑车”频现，影响其正常经营，欲联合罢运。得知消息后运管局和那曲运管处立即联合公安交管、国保等部门重拳出击，通过为期一个多月的整治，拉萨至那曲客运班线上的“黑车”非法经营行为得到有效遏制。还配合自治区公安经侦部门破获非法经营者倒卖客运假发票案件，有力维护了运输市场的秩序，得到了广大道路客运经营者的肯定。

【稳步推进水运管理各项工作，促进海事业发展】针对我区水运基础设施非常薄弱的实际情况，按照《西藏地方海事“十一五”发展规划》，认真做好协调、衔接工作。积极向交通运输部水运局、海事局汇报我区水运基础设施建设情况，加强沟通衔接工作，创造条件，争取上级部门的支持。同时，根据交通运输部海事局新的船检机构片区调整要求，协调广东海事局、四川海事局商定我区船舶检验工作。加大监管设施硬件投入，完成林芝娘欧码头和巴松错水上安全电子监控平台建设，改善监管手段。

进一步加大水上交通安全监管力度，各地方海事局督促各渡口所在的县、乡层层签订安全责任书，山南、林芝地方海事局联合地区安监部门，深入基层，集中开办船员、渡工安全生产培训，定期不定期派员对渡口进行安全检查，严格检查船舶核载、出航登记、救生设备使用等情况，发现问题及时向县乡政府通报情况，下发整改通知。通过努力，全区水上安全生产形势平稳，全年未发生一起水上运输安全事故。

【获奖情况】2009 年运管局机关被国家精神文明办评为“全国文明单位”，阿里运管处赤来次旦同志被评为“全国交通系统先进个人”。

自治区邮政工作

【年度综述】2009 年，西藏邮政以发展为主题，以效益为中心，狠抓各项措施落实，全区邮政干部职工不畏艰险，发扬特别能战斗、特别能吃苦的精神，始终同心协力，顽强拼搏，扎实工作，不仅保障了绿色通道在西藏的安全畅通，而且保持了全区邮政发展的良好态势。

【业务发展成效显著，经营规模不断扩大】2009 年全区邮政生产经营态势良好，业务收入进一步夯实，经营效益显著提高。全区完成业务收入 17592 万元，同比增长 17.14%，完成集团公司预算的 109.27%，完成区公司预算的 104.65%。其中，邮务类业务完成收入 5790 万元，同比增长 5.43%，完成预算 97.87%，占收入比重 32.91%；速递物流类业务完成 6276 万元，同比增长 20.88%，完成预算 100.43%，占收入比重 35.68%；代理金融类业务完成 5170 万元，占收入比重 29.39%，其中与储蓄银行关联交易收入 381 万元。全区各地市局之间的收入差距进一步缩小。函件、包裹、报刊发行、速递等邮递类业务发展势头良好，各类代办业务、物流配送、商函广告、金融中间业务等新业务崭露头角，联合发展走出新路，合作范围不断扩大。

【加大支撑能力建设，确保各项业务稳步发展】2009 年，西藏邮政相继完成了邮政 OA 系统、投递系统、储蓄对公互通、远程教育系统二期、地市局网络改造、11185 客户服务中心系统等 18 项信息网工程建设任务。截止 2009 年底，西藏邮政在线运行的应用系统共 57 个，各信息系统的建设及投入使用，提高了内部生产效率，加快了业务品种开发，丰富了服务用户的渠道，并有效推动了全区邮政企业的业务创新、服务创新和管理创新。

【加快建设步伐、加大管理创新力度】2009 年，西藏邮政更加重视名址数据库维护和建设工作，全年进行大规模专项维护 5 次，基础地址数据得到梳理、更新和规范，数据库质量明显得到提高。借助数据库资源，积极推进应用工作，制作商函达 8 万余封，名址数据库维护、建设和应用工作健康推进。围绕优化流程，降低网路运行成本，西藏邮政大力推行全区邮车管理降本增效工作。对拉萨邮区中心局生产车辆进行定量、定数、定性分析，减少车辆 13 台，降低人工及车辆运行成本 150 余万元。调整邮件发运计划，纳入计划的总包邮件达 1 万余袋，降低成本 5 万元，为网运流程优化积累了经验。在确保时限、信息传输质量的前提下，推行无纸化交接，进一步降低了邮件封发成本。与此同时，对 4 个地区进出口邮件封发，实行散件外走模式常态化，缓解了以往的容器周转压力，减少了开袋流程、降低了转运劳动强度。努力拓展业务渠道，丰富营销项目，创新营销手段，使营销作用日益明显。11185 客服中心顺利上线，邮政服务支撑能力得到进一步加强。2009 年，全区第一批 95 个投递点，实现了与营业系统、网运信息系统、名址库系统的互联互通、共享信息，为商函系统上线提供了有力支撑。截止年底，已完成山南、那曲、昌都和阿里的投递网建设，进一步满足了普遍服务需求，保障了竞争性业务的发展。

【人力资源管理】认真推进速递物流专业改革。不断深化人事制度改革。一批年纪轻、能力强的员工充实到管理队伍中，干部队伍知识结构、年龄结构得到逐步改善。改革劳动用工制度，对全区邮政企业劳务人员实行规范劳务派遣，降低了企业用工风险。继续坚持“总量控制、结构调整”的原则，在吸纳部分企业急需人才的同时，严控人工成本预算管理，加大了对人力资源盘活和结构调整力度。加强基层队伍建设，充分利用远程教育网、对口援藏、内训师培训、外请师资培训等方式，开展县（支）局长、网点负责人的培训和新员工岗前培训，选派管理和业务骨干到区外培训，突出抓好基层骨干队伍建设、后备人才队伍建设，加快重点业务和急需专业人才的培养，提高基层管理、营销和专业技术人员队伍的素质和能力。完善功效挂钩管理办法。在功效挂钩办法中增加了效益指标，加大对劳动生产率的考核力度，确立自我约束的用人导向。在企业内部配置上林芝局对投递人员实行了计件分配考核管理办法，进一步调动了投递人员的工作积极性。认真落实“降本增效”战略，推进工时精细化管理工作。在流程优化的基础上，加快建立工时管理配套制度、工时管理评价的考核机制。拉萨邮区中心局合并函件班和包刷班，推行大班组作业、跨班组交叉作业；日喀则局、那曲局对营业大厅实行梯形排班，利用营业员加强工时管理后节约的时间解决值班人员问题，阿里局对储汇台席实行合并，提高了人员使用效率和工时利用率。

【乡邮通信】全区乡邮工作围绕“以点带线、一线带面”的工作思路，通过积极规划，进一步改善乡邮工作硬件设施，加大乡邮网点工程建设力度，强化监督检查，认真落实普遍服务义务。并根据邮政普遍服务的要求，确立了第二批乡邮网点建设方案。全区邮政普遍服务水平不断提升，各项工作得到区党委、政府的充分肯定。

【莎啦啦鲜花业务成功上线】2009 年 9 月 17 日至 18 日，西藏邮政电子商务信息平台成功上线，9 月 18 日晚，莎啦啦鲜花业务成功上线并完成测试。至此，西藏邮政电子商务信息平台及自主开发业务北京莎啦啦鲜花业务成功上线运行。系统运行平稳，业务开办正常。

【西藏邮政 11185 客服中心成功上线运行】2009 年 10 月 28 日，作为第二期推广上线单位西藏邮政 11185 客户服务中心成功上线运行。该系统采用先进的 CTI、IVR 技术和 CRM 管理理念。目前，西藏邮政 11185 客服中心话务人员共 18 人，其中管理人员 2 人，设置速递专台 3 个，藏语服务台 1 个，邮务类综合台 3 个，实行三班制作业，日处理来电能力达 5000 次左右。

【大事记】1 月 7 日　在西藏自治区拉萨市委、市政府召开的拉萨市社会治安综合治理工作总结表彰大会上，西藏自治区邮政公司党组书记、总经理扎西平措荣获“2009 年度社会治安综合治理工作先进个人”称号。

3 月初　运行在全国平台的航空机票业务在西藏顺利开办。

6 月 4 日　西藏自治区常务副主席白玛赤林听取了区邮政公司关于全国推广山东邮政发展农村物流经验现场情况、国务院副总理张德江讲话精神，以及西藏邮政下一步加快农村邮政物流发展思路和建议的专题汇报。白玛赤林副主席对自治区邮政公司近年来的改革发展所取得的成绩给予了充分肯定，并对邮政下一步的发展做出了具体指示。

7 月 2 日　区党委常委、常务副主席白玛赤林在西藏自治区邮政公司总经理扎西平措的陪同下，由交通运输部副部长翁孟勇带领的国家各部委赴藏调研组交通一组一行，莅临西藏邮政调研。陪同调研的还有国家发改委、民航总局、铁道部、总后勤部军交运输部、中国邮政集团公司、国家邮政局等相关部委以及自治区发改委、自治区交通厅、青藏铁路公司、民航西藏区局、区邮政管理局等单位负责人。调研组两度深入邮政生产一线，了解西藏邮政生产经营及服务情况。

7 月 16—17 日　西藏邮政公司召开了全区邮政半年工作会议。此次会议邀请了西藏自治区常务副主席白玛赤林出席会议。

9 月 16 日　西藏自治区邮政公司被拉萨市委市政府授予 2009 年度“平安单位”荣誉称号。

9 月 17 日　西藏自治区邮政公司召开了机关作风整顿大会。

【获奖情况】西藏邮政公司报送的以“农牧区邮政通信网络体系建设”为主题的创新成果在 2008 年度（第五届）全国邮政企业现代化管理创新成果评选活动中荣获二等奖；

第六届全国通信行业企业管理现代化创新成果三等奖；

拉萨邮区中心局邮件处理中心、日喀则定日县邮政局分别被中国邮政集团公司评为“全国邮政服务奥运先进集体”；

拉萨邮区中心局包刷班被全国总工会评为“全国工人先锋号”；

拉萨邮区中心局被评为“全国安康杯”优胜企业；

西藏自治区邮政速递物流公司被中国邮政集团公司、国家邮政公司评为邮政速递物流“质量达标，管理创新”劳动竞赛运行质量管理一星奖；

拉萨市邮政局营业科被全国总工会评为“全国女职工建功立业标兵岗”；

拉萨市邮政局闫小妮、日喀则邮政局巴桑卓玛分别被评为“全国女职工建功立业标兵”；

拉萨市邮政局刘众清被评为全国邮政系统“营销创百优”先进个人；

拉萨市邮政局退休职工达瓦国际荣获“全国退休职工干部先进个人”荣誉称号。

自治区通信业管理工作

【年度综述】2009 年，西藏电信行业紧紧围绕构建和谐行业，建立和谐用户关系，加强网络和信息安全，整治网络和手机淫秽色情，推动农牧区通信发展，推进电信基础设施共建共享，加大无线电管理工作力度，加强领导干部作风建设的目标，团结一心，全力以赴，迎难而上，保增长、促发展、维稳定，实现全区电信业平稳较快发展，为全区经济社会发展做出了积极贡献。

【全区电信行业量收保持两位数增长，对国民经济贡献显著提升】2009 年，全区完成电信业务总量 50.43 亿元，同比增长 25.30%；实现电信业务收入 22.42 亿元，同比增长 21.23%，量收增长率均超全国平均水平，收入增长率列全国第一。业务收入增长速度高于同期西藏 GDP 增长率 9 个百分点。作为国民经济的基础性、先导性和战略性产业，全区电信业累计吸纳行业增加值 9.22 亿元，对全区国民经济的直接贡献率达到 2.11%，在为国民经济发展提供重要保障的同时，为促进经济社会和信息化发展做出了巨大贡献。

【电信业服务经济社会发展能力日益增强，电话普及率稳步提高】全区电话用户数达到 179 万户，同比增长 13.70%；全区电话普及率达到 62 部/百人，比上年提高 7 个百分点，其中固定电话普及率为 19 部/百人，移动电话普及率为 43 部/百人；互联网用户数达到 9.19 万户，同比增长 15.43%，其中互联网宽带用户为 8.8 万户。电信业服务地方经济社会发展的能力不断增强，互联网业务稳步增长，接入进一步宽带化。

【农牧区通信和信息化建设取得积极成效，“数字鸿沟”进一步缩小】2009 年新开通 404 个行政村的电话，全区通电话行政村累计达到 4454 个，村通率为 85 %，提前一年完成“十一五”“村通”任务目标；超额完成年初确定的 260 个乡通光缆目标，通光缆的乡镇累计达到 578 个，乡通率为 84%。特别是墨脱县通光缆标志着我国正式实现“县县通光缆”目标。自治区“180 项目”中，涉及电信行业的村村通电话工程、宽带通信推进工程和移动网广覆盖工程 3 项工程进展顺利，全年累计完成投资 12.2 亿元。积极为农牧区信息化建设提供技术支撑，推广符合农牧民需求特点的信息终端，促进信息“进村入户”。随着“村村通电话”、“乡乡通光缆”和农村党员现代远程教育系统的深入推进，以及手机藏文资讯等信息化应用网络平台建设，农牧区的通信和信息化状况得到有效改善，城乡“数字鸿沟”进一步缩小。

【3G 网络建设和业务推广全面展开，相

关政策措施落实到位】伴随着3G牌照的发放，区内三大电信运营企业加快了3G网络建设和业务推广的力度，完成投资3.55亿元，有效地拉动了上下游产业发展，3G商用取得实质进展，产业链加快完善。各电信运营企业相继在拉萨推出了3G业务，随后又在其它地区推广。我局积极向自治区政府建议，制定落实支持3G发展的政策措施，目前已审批1369个3G基站。三大电信运营企业集团公司先后与自治区人民政府签订了战略合作框架协议，协议资金93.5亿元，这将对西藏国民经济和社会发展以及信息化建设起到重要的推动作用。

【电信市场秩序进一步规范】以“加强市场监管，防止恶性竞争，维护市场稳定”为原则，召开全区电信行业市场工作座谈会和市场联系协调会，交流情况，增进互信，化解矛盾；加强市场检查和监督，狠抓电信违规行为的整改，使我区电信市场经营和竞争基本有序。开展电信企业增值业务收费情况、SP检查清理、整治垃圾短信等专项行动；完成了电信业务经营许可证年检，互联网站、跨地区经营SP和资费的备案。制定了《关于规范当前电信市场秩序的实施意见》，对违规经营行为进行了规范。

【电信服务质量进一步提高】坚持“政府监管、企业自律、社会监督”的原则，不断强化以人为本理念，电信服务质量和社会满意度不断提高，服务质量投诉同比下降44%。制订了切合我区实际的行风工作实施方案，成立了电信用户申诉受理中心并投入使用，开展了2009年世界电信和信息社会日纪念庆祝活动以及“竭诚服务，放心消费”活动，大力倡导诚信服务，规范营业厅窗口服务，解决社会关注的热点和难点问题，纠正行业不正之风，取得了良好的效果。

【通信建设市场进一步规范】严格资质审批程序，对入藏建设、监理、施工等公司的资质进行审核，对符合要求的建设公司发放了准入证。规范工程建设招投标，对各电信运营企业招投标工作进行了检查，建立了良好的通信建设市场秩序。

从应对公共突发事件处置的实际出发，成立了西藏电信应急通信局，修订和完善通信保障应急预案，建立形成高效的通信保障应急工作协调机制，从机构、队伍、制度等多方面提高对重大危机、灾害或事故等突发事件的通信保护和恢复的快速反应能力。两次组织开展突发性反恐怖袭击事件应急通信演练，圆满完成自治区组织的反恐演练，西藏电信业快速、高效的应急通信保障手段得到了区反恐办的赞扬。圆满完成新中国成立60周年、西藏民主改革50周年和“西藏百万农奴解放纪念日”等重要活动以及水灾、旱灾、雪灾等自然灾害期间的应急通信保障工作，确保了重要机关、重要时期的通信畅通，保证了全区党政专用通信网的安全畅通。

【网络与信息安全管理不断加强，网络环境得到有效净化】一是落实网络安全管理责任，强化网络安全管理意识，规范网络规划建设，完善安全管理应急预案，建立电信网络安全防护标准体系，加强安全风险分析、检测和评估。二是强化互联网管理职能，进一步加大对互联网信息服务和接入服务单位的监管力度，对非法网站进行了清理，严厉打击网络违法犯罪活动和手机淫秽色情及有害信息，确保全区网络信息安全。三是完成了自治区组织的互联网和手机有害信息处置演练工作，进一步提升了互联网和手机有害信息处置能力和实战水平。四是适应网络与信息安全管理形势需要，通信管理局设立网络与信息安全处，加强了网络与信息安全管理工作。

【无线电管理能力和水平不断增强，发挥了保驾护航的作用】无线电管理工作围绕“规范管理、加快发展、搞好保障、维护稳定”的目标，大力推进基础设施和技术设施建设，无线电管理技术支撑能力和应对无线电突发事件的能力进一步增强。狠抓频率台站管理，严把频率台站审批程序，开展专项行政执法活动，完成了全区无线电台站数据录入工作，促进了全区无线电频率台站管理健康发展。大力加强无线电监测工作，不断加强对重要频段的跟踪监测，积极开展无线电干扰排查，有效维护了空中电波秩序。全力做好敏感时期、重大活动、重要部门、重点区域的无线电安全保障工作，协助做好电磁环境测试工作，发挥了无线电管理在维护稳定、促进发展和服务国防建设中的积极作用。

【电信基础设施共建共享工作进展顺利，阶段性成果明显】经过一年的努力，共建共享工作的体制机制基本建立，各电信运营企业间签订了《西藏自治区电信基础设施共建共享实施协议》，建立了建设、维护、管理等相应的共建共享合作及协调机制，共建共享配套措施逐步完善。短短一年时间，全区共建基站9个，共享基站140个；共建铁塔9座，共享铁塔66座；共建传输线路389线路公里，共享传输1303线路公里；共建杆路368线路公里，共享杆路1026线路公里。累计节约投资4239万元，为推进资源节约型、环境友好型社会建设做出了积极贡献。

【获得的荣誉】2009年11月3日西藏自治区党委、政府召开自治区代国务院向全国民族团结进步模范集体和模范个人颁奖大会，西藏自治区通信管理局局长青其同志荣获“全国民族团结进步模范个人”称号。

【存在问题】一是各企业对《关于规范当前电信市场秩序的实施意见》重视不够，贯彻不力，市场经营中仍存在不规范行为；二是电信基础设施共建共享工作还不够深入，还需进一步加强；三是村通、乡通建设任务更加艰巨；四是监管干部的能力水平与所肩负的职责要求还有差距。

【领导名录】

党组书记、局长：青其

副局长： 余官玉 李学林

中国电信西藏公司

【年度综述】2009年，中国电信西藏公司各级企业深入学习实践科学发展观，认真贯彻王晓初总经理赴藏考察调研重要指示精神，牢牢把握“保稳定、促发展、聚人心”这个中心，落实稳定第一责任，坚持发展第一要务，一手抓维护社会和谐稳定，一手抓促进企业科学发展，积极应对各种考验和挑战，实现了全业务发展的良好开局。

【固移协同，量质并重，全业务经营初见成效】有效实施聚焦客户的信息化创新战略和“固定业务稳步发展、移动业务快速发展、转增业务有效发展、宽带业务规模发展、全业务协调发展”的经营策略，精心组织了“添翼迎春”、“天翼带你畅游3G”主题营销活动，着力实施“十大重点项目”，全员信息化应用推广，积极开展团购直销、“天翼之星”营销竞赛。移动用户市场份额在各省级公司中名列第一，移动业务呈现快速、健康发展良好势头。以行业信息化应用为切入，有效接应 “百千万信息化应用拓展工程”，开展113家直管政企客户“一户一案”的针对性营销工作。成功签约了“平安西藏”、“文化共享”、“兰巴拉综合信息工程”、“战旗网”等一大批具有代表性的行业信息化项目。

【快速推进网络建设和优化，发挥服务信息化主力军作用】全力推进《西藏自治区人民政府与中国电信集团公司推进西藏信息化建设战略合作协议》的有效落地，7个地市分公司、73个县局与地市、县政府全面签订了推进信息化建设合作协议。各级企业以信息“下乡”、“进村”、“入户”为切入，通过光接入、卫星通信、450D、800M天翼网络等多种手段，持续推进网络建设和优化，倾力打造精品移动网络。5月15日，中国电信天翼3G网络实现对全区除墨脱以外的县以上城镇的全面覆盖，“天翼3G上珠峰”取得圆满成功，西藏与全国同步进入天翼3G时代。9月25日，墨脱光缆通信工程建成开通，天翼网络成功覆盖“高原孤岛”，结束了全国最后一个县不通光缆的历史。天翼3G网络顺利实现了青藏铁路西藏段的全覆盖。乡镇光缆通达率、宽带通达率双超85%，基本实现了“乡乡通光缆（宽带）”目标。拉萨分公司率先实现了天翼3G网络对所辖7县1区、57个乡（镇）的全覆盖。继续领跑“村村通电话”工程，提前三个月完成年度120个行政村通电话的目标任务，已累计为3176个行政村开通电话，占全区行政村总数的60.37%。通信和综合信息服务能力的不断增强，信息化建设主力军作用得到进一步发挥。

【强力推进服务能力提升攻坚，服务质量和客户感知持续改善】一是全面实施网络赶超工程、服务提升工程、3G发展工程、终端保障工程、基础服务能力攻坚工程，有效接应集团“春风行动”、“服务满意冲刺行动”，梳理解决影响服务工作的各项突出问题。二是扎实推进“服务四力”提升工作，全面推广拉萨分公司营业厅“服务四力”提升经验。三是有效开展资费套餐清理归并工作，完善营销脚本，建立客户维系体系，提高客户满意度和在网黏性。启动“e家俱乐部”和客户积分体系建设，初步实现了客户的分级管理和差异化服务。四是持续强化以提升客户经理素质能力为主的直销渠道、以规范营业厅服务标准为主的实体渠道、以扩大社会合作为主的社会渠道、以提升功能和完善流程为主的电子渠道等“四个渠道”建设，满足用户对业务、产品和服务的需求。完成了全区60多个自有营业厅全业务规范改造，实现了硬件条件和服务规范的达标。网厅、掌厅建设取得实质性突破，功能逐步完善。

【资源配置持续优化，企业运营能力不断提升】深化投资效益理念，优化调整投资结构，确保资源高度集中、高效配置、快速响应市场需求。以超常规速度部署移动网络建设，快速形成业务能力。启动“光进铜退”，提升宽带网络能力；加快WLAN 热点覆盖，构建差异化的网络竞争优势；持续开展网络专项整治，确保了网络安全平稳运行。成立了应急通信局，形成了《应急通信平战结合方案》，并报请自治区人民政府办公厅批转各地市、各部门执行。加强全业务IT支撑能力建设，平台整合取得阶段性成效。加强企业法律工作和风险管理，启动内控体系建设，完成《内控实施细则》编制和内控项目宣贯培训，内控建设从设计转入实施阶段。财务信息化建设稳步实施，审计工作转型顺利推进，配合集团公司和自治区有关部门开展了专项审计工作。规范物资采购管理，推进“阳光采购”。坚持依法经营，诚信服务，推进基础设施共建共享，与西藏移动、西藏联通共同签订了《电信基础设施共建共享实施协议》。集中开展打击网络淫秽色情、净化网络低俗内容专项活动，积极营造绿色网络环境。

【领导名录】
党组书记、总经理：李晓华
党组成员、副总经理：徐永平　卜继周
党组成员、副总经理、纪检组长、工会主席：白 勇

民航西藏自治区管理工作

【年度情况与特点】2009 年 1 月 11 日，民航西藏区局正式启动春运工作。

2009 年 3 月 18 日，中国南方航空股份有限公司空客 A330 飞机在拉萨贡嘎机场成功实施 RNP 精密导航技术验证飞行。

2009 年 3 月 28 日，拉萨贡嘎机场 800M 集群通信系统正式投入运行，拉萨贡嘎机场地面通信手段迈入数字化时代，保障飞行安全的地面通信能力和信息传递的可靠性、保密性得到了质的提升。

2009 年 3 月 20 日区局正式启动学习实践科学发展观活动，至 8 月 4 日活动结束，

2009 年 4 月 15 日，区局荣获“全国文明单位”称号，民航局纪检组组长严智泽、自治区副主席德吉出席揭牌仪式并作重要讲话。

2009 年 4 月 29 日，日喀则机场改扩建工程正式开工，自治区党委书记张庆黎出席开工仪式并为工程开工奠基。自治区党委副书记、自治区常务副主席郝鹏在奠基仪式上作重要讲话。国家民航局发来贺电。

2009 年 5 月 11 日，拉萨贡嘎机场、昌都邦达机场、林芝米林机场紧急启动甲型 H1N1 流感防控预案，严把航空口岸关口，坚决杜绝甲型 H1N1 流感病毒传入区内。

2009 年 6 月 26 日，中国国际航空股份有限公司空客 A330-243 飞机在拉萨贡

嘎机场顺利完成 RNP 精密导航技术验证飞行。

2009 年 7 月 1 日，拉萨贡嘎机场改扩建工程国际航站楼流程改造工程顺利开工。此次工程将对拉萨贡嘎机场候机楼、航站楼和飞行区进行较大规模改扩建，改造完成后将大幅提升拉萨贡嘎机场客货承载量，进一步缓解运行压力，全面提升西藏区内航空运输能力。

2009 年 8 月 27 日，拉萨至成都 VHF（甚高频）通信覆盖工程开工建设。甚高频建设将为提高西藏航线安全飞行保障能力，改善航空公司运营管理手段提供有力保障。

2009 年 8 月 31 日，民航局党组书记、局长李家祥赴藏调研，并就西藏民航的安全、发展、改革和稳定工作作出重要指示。

2009 年 9 月 2 日，民航局局长、党组书记李家祥在自治区副主席多吉泽仁的陪同下，对日喀则改扩建工程进行调研并题词“民航服务西藏”。

2009 年 9 月 4 日，民航局局长、党组书记李家祥在自治区副主席多吉泽仁的陪同下，对阿里昆莎机场建设工程进行调研。

2009 年 9 月 5 日，阿里昆莎机场校验飞行成功。

2009 年 9 月 21 日，昌都邦达机场改扩建工程通过竣工验收。

2009 年 9 月 25 日，昌都邦达机场改扩建工程通过行业验收。

2009 年 9 月 28 日，昌都邦达机场改扩建工程投入使用。自治区副主席白玛才旺出席启用仪式并作重要讲话。

2009 年 10 月 19 日，“小金库”专项治理工作会议暨承诺书签订仪式举行，就区局“小金库”专项治理和自查自纠工作进行安排部署。西南地区管理局副局长蒋文学率领工作组一行三人莅临会议指导。

2009 年 10 月 20 日，中国人民解放军驻拉萨航空军事代表处成立，自治区白玛赤林常务副主席出席揭牌仪式。

2009 年 10 月 30 日，区局派出职工舞蹈队参加在北京举行的“新中国民航成立 60 周年全国民航职工大型文艺晚会”，演出的《吉祥谣》受到了广泛好评。

2009 年 11 月 26 日，区局首届藏语培训班顺利开班。此次藏语培训班是应李家祥局长赴藏调研时提出的“西藏民航干部职工要学习和使用藏语言，做好服务西藏工作，为西藏民航的持续安全发展提供支撑”的要求开办的，包括局领导在内的 60 人参加了培训。

2009 年 11 月 28 日，拉萨贡嘎机场正式启动军运工作。

【获奖情况】4 月，区局荣获“全国文明单位”称号。

【领导名录】

党委书记、副局长：胡 勤

局长、党委副书记：徐 波

副局长：贡秋次旺 胡金法 李汉成
袁灼琼 白珍 袁斌 四郎泽培

党委副书记兼纪委书记、工会主席：
文 斌

国土资源、城乡建设、旅游

自治区国土资源管理工作

【年度综述】2009 年，西藏国土资源系统深入学习实践科学发展观，全面贯彻落实中央和自治区的一系列决策部署，积极主动服务，严格规范管理，稳妥推进改革。以节约集约用地为抓手，实行最严格的土地管理制度，按照进一步扩大内需促进经济增长和保发展、保稳定、保民生的要求，及时启动了保增长保红线行动，全面实施青藏高原地质矿产调查与评价专项，地勘工作迈上新台阶，矿产资源勘查开发秩序明显好转。地质灾害调查与区划工作全面展开，地质环境服务领域进一步拓展。测绘保障服务能力不断提升。国土资源管理改革发展取得了新成绩，为促进我区经济社会发展做出了积极努力。

土地资源管理

【土地资源概况】截止 2009 年底，全区土地总面积 12022.32 万公顷。其中农用地 7762.26 万公顷，占全区土地总面积的 64.40%，耕地 36.21 万公顷，占农用地面积的 0.30%，园地 0.23 万公顷，林地 1268.46 万公顷，草地 6445.64 万公顷，其它农用地 11.49 万公顷；建设用地 6.83 万公顷，占全区土地总面积的 0.06%，其中居民点工矿用地 4.23 万公顷，交通运输用地 2.4 万公顷，水利设施用地 0.20 万公顷；未利用地 4253.19 万公顷，占全区土地总面积的 35.24%。

【地籍管理】制定了《西藏自治区农村宅基地登记发证实施方案》，并在年内启动了试点工作。积极协助完成了中国邮政速递公司股份制改革在拉萨市、山南地区范围内所使用土地确权登记的审查等相关工作。充分发挥地籍管理的基础依据和跟踪监测作用。农村集体土地确权登记发证工作稳步推进，土地变更步入正轨。土地登记制度不断完善，登记覆盖面不断扩大，2009 年国有土地使用权证 8450 本。通过土地利用变更调查，保证了全区各类土地数据的真实性和现势性，为各级政府宏观决策提供了依据。

【第二次土地调查工作和全国同步顺利实施】按照“决战年”的要求，采取有力措施开展二调工作，圆满完成各项任务。全区农村土地现状调查外业工作和数据修改整理入库全部完成，已提交全国土地调查办进行核查；城镇土地调查完成了检查验收，并进行了成果的汇交和入库；完成了农村土地权属调查和基本农田调查的全部外业工作，依据相关规定进行了自检、预检和检查验收；在自治区政府关心支持下，争取资金 1600 万元，完成了区、地、县第二次土地调查数据库及管理系统建设，为下一步各级政府的土地利用决策、各部门的专业规划等提供了重要依据。

【加强建设用地审查报批工作】共收到建设用地报件81件，面积48006.09亩，经国务院批准3件，面积7788.54亩，经自治区人民政府批准58件，面积11144.11亩，与往年相比，用地报批量大幅增加。指导完成了向国务院申报的拉萨市2009年度城市建设用地、林芝巴河雪卡水电站建设项目和省道306线米林至朗县公路改建整治建设项目用地，《拉萨市2009年度农用地转用和土地征收方案》已经国务院批准。指导拉萨市开展了城市地价动态监测工作。

【基本农田保护及耕地占补】平衡检查工作。会同农牧厅、监察厅、审计厅、统计局等单位组成联合工作组，对七地（市）2008年度耕地保护目标责任制落实情况进行了考核，并报请自治区人民政府批准给予考核兑现，对山南地区等三个先进集体进行了表彰。对非农建设占用耕地“占一补一”进行了检查，实现了耕地总量占补平衡。同时，严格落实耕地保护责任制度，逐级签订2009年度耕地目标保护责任书。

积极推行经营性用地和工业用地招拍挂出让制度。全区共出让土地15宗、面积112.857亩、总成交价1293.73万元。其中协议出让13宗、面积102.357亩、总成交价1163.73万元；挂牌出让2宗、面积10.5亩、总成交价130万元。

【土地整理复垦开发】完成了2008年度耕地开垦费的返还工作，将244万余元耕地开垦费返还各地、市，调动了各地（市）、县（市、区）继续做好耕地开垦工作的积极性。同时，实施了9个土地整理复垦开发项目，总投资达4317.14万元，开发规模1330.9公顷，净增耕地364.76公顷。

【土地市场动态监测监管和备案】协助拉萨市和昌都地区完成了土地市场动态监测与监管系统的运行和土地整理复垦开发项目信息备案，填补了我区该项工作的空白。完成了2008年及2009年的省级政府建设用地情况备案和国家土地督察成都局的农用地转用备案工作。

矿产资源管理

【概 况】由于独特的地理环境，西藏具有优越的成矿条件，矿产资源丰富，西藏境内发现的矿种有101种，有查明资源储量的矿种41种（含矿泉水、地热），上表矿区135个。其中大型27个、中型18个、小型90个。勘查成果表明，位于全国前十位的优势矿产有铬、铜、硼、锂、地热等17种，此外，金、铅锌、钼、铁、铂族金属以及矿泉水、油气等非金属矿产也都具有广阔的勘查前景。

【加强地质专项管理，积极推动地质找矿】认真安排部署，着力实现青藏专项项目整装勘查、整体开发。9月13日—14日，组织召开了青藏高原地质矿产调查与评价专项（西藏片区）工作会议，听取了青藏专项（西藏片区）工作进展情况，通过了《青藏高原地质矿产调查评价专项西藏自治区总体部署方案（2008—2015年）》，形成了《关于进一步加强青藏高原地质矿产调查与评价专项（西藏片区）工作的意见》，为科学合理设置青藏专项项目，实现整装勘查、整体开发，推动青藏专项工作迈上新台阶，实现地质调查评估工作大投入、大产出、大收益提供了重要依据。积极争取青藏专项（西藏片区）地质调查项目81项、经费23403万元，绝大部分项目得以顺利开展，并取得了显著的地质成果，为自治区“二产抓重点”提供了资源依据，为加快推进我区资源优势向经济优势转变和促进经济社会又好又快发展提供了重要保障。

【认真履职，确保青藏专项顺利实施】按照《青藏高原地质矿产调查与评价专项规划纲要》的要求，对青藏专项项目建立了相应的登记备案制度，及时为项目承担单位出具介绍信，办理地质调查证等，积极提供服务。针对部分地方出现的干扰和阻挠青藏专项工作问题，及时协调各方进行妥善解决，为确保青藏专项等地勘工作顺利实施提供了帮助和服务。

积极组织区地勘局所属地质勘查单位开展自治区地质勘查专项资金项目的立项申报工作，其中4个项目获准立项，并组织专家对项目设计书进行了审查，项目年度总投资约2005万元。

【认真实施矿产资源潜力评价项目】组织召开专题会议，研究解决我区矿产资源潜力评价存在的困难和问题，进一步明确项目工作的管理方式，确保项目的顺利开展。按要求完成了铁矿成矿预测报告，得到了全国项目办的高度评价。

【切实加强对危机矿山找矿项目的监督管理】多次前往矿山检查指导工作，听取项目组工作情况汇报，对项目工作质量进行监督检查。组织召开了山南地区曲松县罗布莎、香卡山铬铁矿找矿工作研讨会，邀请有关专家参会，共同研讨罗布莎和香卡山铬铁矿矿山深部和外围找矿的理论、方法和技术，“会诊”找矿工作中存在的技术难题，明晰矿山下一步的找矿方向。通过近三年项目的实施，国家和企业共投资4641万元，初步估算新增铬铁矿(333)矿石资源量51万吨，可延长矿山服务年限8年，稳定职工2600人，为地方经济发展做出了重大贡献。

【认真开展地质找矿改革发展大讨论活动】按照国土资源部的统一部署，及时制定我区地质找矿改革发展大讨论工作方案，组织区国土资源系统、地勘系统及重点矿山企业深入开展大讨论活动。围绕体制、机制、队伍建设、营造和改善地质矿产勘查开发环境、解决人才不足、矿权管理、实现找矿新突破、调动地质队伍和地质人员工作积极性等全方位、多层次、深入地进行探讨，形成了7个方面的专题报告。初步形成了一些共识，增强了地质找矿改革发展的责任心和使命感，坚定了实现地质找矿新突破的信心。

【矿政管理】全面开展我区矿业权实地核查工作。根据《国土资源部办公厅关于进一步加强全国矿产资源潜力评价与储量利用管理工作的通知》（国土资厅发〔2009〕40号）要求，调整充实了我区矿业权实地核查工作领导小组及项目办公室，加强了对矿业权实地核查工作的组织领导。编制完成了《西藏自治区矿业权实地核查工作方案》，组织召开了全区矿业权实地核查工作大会，全面启动并顺利完成了我区矿业权实地核查工作，达到了国土资源部的要求。

加强地质勘查资质管理，规范矿产资源勘查市场。认真贯彻落实《地质勘查资质管理条例》，在对以往地质勘查资质进行清理的基础上，给14家符合标准的单位颁发了新的乙级丙级地质勘查资质证书。办理了3家地质勘查单位的新立或变更申请，并上报国土资源部对相关材料进行审查，防止重复使用。对在我区从事矿产资源勘查的甲级地质勘查单位进行重新登记备案，核定勘查项目数量，有效防止了无证勘查、承担勘查项目后不从事具体勘查工作等违规行为。

加强对探矿权采矿权管理信息系统的维护，确保矿业权管理工作正常进行。进一步完善探矿权审批程序，对提高勘查阶段的探矿权、普查升级为详查的勘查项目，进行了审查，依法注销探矿权13件。按照自治区人民政府的要求，对区地勘局拟申办的81个探矿权进行了严格审查，并明确新申办的探矿权必须是国家投资，矿权属国家所有。

认真清理采矿权数据库，为开展矿业权实地核查工作及实现采矿权全国统一配号管理创造条件。对我区颁发的采矿权进行了全面清理，对发现的问题进行了及时整改，完成了我区省级采矿权全国统一配号管理工作。

地质环境

【加强地质灾害防治工作】一是地质灾害监测预防成效明显。编制下发了《西藏自治区2009年度地质灾害防治方案》，建立了地质灾害预报预警、群测群防、巡查排查制度和应急处理机制，开展了地质灾害危险性评估，加强了汛期和重点地区的地质灾害巡查工作。自5月份开始，在西藏电视台天气预报节目中播出汛期地质灾害气象预报预警，对可能出现地质灾害的区域，及时通报预警信息，以减少地质灾害带来的损失。对墨脱县甘德乡、樟木口岸、亚东县、洛扎县开展了地质灾害应急调查工作，对山南地区受地质灾害威胁的村庄开展了地质灾害调查评估工作，根据地质灾害危害程度，提出了是否搬迁的意见和建议。特别是组织工作组，对墨脱县山体崩塌开展了为期半个多月的实地调查，形成了《西藏墨脱县雅鲁藏布江山体崩塌堵江应急处置调查报告—地质部分》。组织开展了昌都县和聂拉木县地质灾害群测群防“十有县”建设试点工作。

据统计，2009年全区共发生地质灾害652起，造成6人死亡，1人失踪，直接经济损失约13055.7513万元。其中，受孟加拉湾热带风暴“爱拉”的影响，5月25日至27日，亚东县、洛扎县等地因暴雨引发群发性山洪和泥石流等地质灾害，造成直接经济损失11906.9万元。由于预报及时，采取了应对措施，避免了较大的人员伤亡。

二是基础调查勘查取得较大进展。开展了15个县（市、区）的地质灾害调查与区划以及成果汇总工作；提交了亚东口岸地质灾害综合勘查评价工作成果；吉隆口岸的水文地质工程、地质环境、地质综合勘查评价工作正在进行中；喜马拉雅山地区重大地质灾害调查与减灾措施研究项目野外工作已经结束；林芝地区冰川泥石流灾害监测预警调查评价工作正在实施中。此外，编制完成了林芝地区、昌都地区地质灾害防治规划，编制了全区地质灾害监测预警防治规划。

三是积极开展重点地质灾害的治理工作。积极争取地质灾害防治专项资金，自治区财政每年安排3000万资金专项用于地质灾害防治。实施了樟木口岸重点地质灾害应急治理工程；完成了昌都县昌都镇鲁然滑坡灾害治理工程的施工图设计；完成了昌都县农牧中学等7处重点地质灾害勘查及施工图初步设计工作；开展了萨嘎县城泥石流等3处地质灾害施工图设计工作。

四是认真开展地质灾害危险性评估工作。对地质灾害易发区内的工程建设项目和铁路、重大基础设施建设等项目开展了地质灾害危险性评估，为建设工程避免遭受地质灾害危害奠定了基础。选派7名地质灾害防治专家赴各地、市开展中小学校舍安全排查工作，为防范地质灾害提供了科学依据。

五是积极实施矿山地质环境治理工作。严格执行矿山地质环境恢复保证金制度，累计收取保证金10044.474万元，其中年内收取保证金1244.97万元。完成了那曲县那木切砂金矿等11个矿山迹地生态恢复工程，治理面积达到20.54平方千米；组织完成了尼玛县玛尔夏砂金矿等10个矿山地质环境治理施工图设计工作，项目总投资3140万元，预计完成治理面积6.03平方千米，将于2010年实施；组织申报了6个矿山环境治理项目。

六是地质遗迹保护工作和地质公园建设取得成效。认真实施《西藏生态安全屏障保护与建设规划》，编制了札达土林、昂仁搭格架地热间歇喷泉群、日喀则群让枕状熔岩三个地质遗迹类自治区级自然保护区规范化建设方案。编制完成了札达土林国家地质公园第三期地质遗迹保护项目实施方案，对易贡国家地质公园波密景区地质遗迹保护项目进行了验收，羊八井被授予国家地质公园资格。

七是组织编制了《西藏自治区浅层地热能调查评价工作方案》。开展了矿泉水注册登记及年检和换证工作，对昌都、林芝和那曲地区的矿泉水水源地进行了实地检查；继续组织开展拉萨市、日喀则市地下水动态监测工作。

国土资源执法监察

【加强土地执法监察】认真宣传和严格执行《违反土地管理规定行为处分办法》（15号令），各级政府和领导保护土地的责任意识明显增强。在积极主动服务的同时，前移执法关口，全面落实土地执法动态巡查制度，共发现土地违法违规行为30起，拆除违法构筑物1520平方米，收回土地4922平方米。完成了拉萨市重点地区土地利用动态遥感监测及信息化建设，开展了拉萨市2008年度土地卫片执法检查工作，对存在的问题进行了分析，并提出了解决方案。配合国家土地督察成都局与山南地区行署签订了共建土地管理新机制试点工作；确定山南、林芝地区国土资源局为国家土地督察成都局西南四省（区、市）土地利用与管理形势观测点；协助国家土地督察成都局对拉萨、山南、林芝和日喀则的情况进行了实地抽查，总体评价良好。

【加强矿政管理，矿产资源开发秩序进一步好转】坚决查处违法采矿。按照自治区领导的指示精神，多次组织工作组深入矿区，调解各种矿权纠纷，查处多起违法违规行为，特别是盗采砂金行为。建议政府及时下发了《关于进一步加强禁采砂金工作的通知》，违法违规行为得到有效控制。自治区领导亲自带队，组成由自治区人民政府办公厅、国土、财政、监察、地勘等 10 个部门 51 人参加的四个工作组，历时 26 天，深入七个地（市）26 个县的 30 个开采矿山和 7 个重点勘查区，开展了大规模检查调研工作，摸清了全区重点矿区、重点勘查区矿产资源勘查、开发利用情况，并形成了《关于对全区重点矿山、勘查区联合检查调研的工作报告》，对我区矿产资源勘查开发中存在的问题进行了分析，得到了自治区主要领导的充分肯定。

国土资源基础工作

【规划编制工作稳步推进】《西藏自治区土地利用总体规划大纲（2006—2020年)》通过自治区人民政府审查，已报国土资源部审批；积极指导推进我区地（市）、县（市、区）土地利用总体规划编制工作；编制完成了《西藏自治区矿产资源总体规划（2008—2015 年)》，已上报自治区人民政府，待审批。

加强测绘工作，测绘保障服务能力不断提升。向社会各界提供各种资料 345 次、地形图 1044 幅、公开版地图 20542 幅、内部版地图 1259 幅、控制成果 78 点、数据 2 幅，为促进我区经济发展和社会稳定作出了积极贡献。继续协助国家测绘局在我区开展 1∶5 万无图区地形图测绘工作，保证了各项工作的顺利进行。开始组织编制《西藏自治区地图集》。编制出版了 2009 年版《西藏自治区交通旅游图》和《拉萨市城区旅游图》，增印了 7000 册《西藏自治区地图册》，较好地满足了我区旅游市场对测绘产品的需求。开展了地图市场检查和地理信息市场专项整治工作，顺利完成 2009 年度测绘资质注册工作。建设了西藏自治区基础地理信息中心工程，实施了《西藏自治区突发事件应急处置地理信息平台》建设项目，并组织人员培训，收集信息资料，进行有关数据的录入工作。

【信息化建设取得新进展】加快国土资源信息化和电子政务建设，积极推进土地登记资料、土地市场信息、地质资料和矿业权信息公开查询制度建设。大力推进政务信息公开，增加工作透明度，提高群众知情权，同时，加强信息报送，为领导科学决策提供重要参考依据。开展了涉密地质资料清理工作，完成成果资料 1450 套、参考资料 220 套。积极申请“青藏高原地质资料开发利用与服务项目”，并成功立项。

西藏国土资源系统进一步解放思想，提高认识，树立新闻宣传工作和业务工作同等重要的观念，加强宣传教育工作，提高舆论引导能力。2009 年，围绕国家和自治区的重大活动、重要节日，以及“地球日”、“环境日”、“土地日”和“法制宣传日”等，开展了丰富多彩、形式多样的法制宣传教育活动。特别是“3·14”事件以来，加大了对维护社会稳定的宣传力度，深入开展反分裂斗争，进一步打牢了反分裂斗争的群众基础和思想基础。全区国土资源系统牢牢把握共同团结奋斗、共同繁荣发展的民族工作主题，始终加强干部职工的思想政治教育，同时，在提高干部职工业务水平、依法行政、沟通协调、推进工作、廉洁自律等方面做了大量工作，干部队伍的思想政治素质、服务社会的能力以及行政执行力得到明显提高。

【积极开展国土资源系统援藏工作】2009 年国家测绘局在我区召开了测绘援藏工作会议，落实了 350 万元援藏资金、1 架遥感测量飞机和各项测绘优惠政策。加快区国土资源业务网与视频会议系统建设，该项目是国土资源部信息中心援藏建设项目，总金额 200 余万元。各受援单位加强与援藏单位的联系，定期反映问题，提供需求信息，确保了援藏项目的顺利实施。2009 年，共有 14 个援藏省、市来我区调研工作，投入援藏资金 906 万元，解决实际困难 10 项，并帮助日喀则、山南、那曲等地国土资源局开展国土资源信息化建设，切实加强了我区国土资源系统业务建设、能力建设和队伍建设。

自治区城乡建设工作

【年度综述】2009 年，西藏各级住房城乡建设系统深入贯彻落实科学发展观，紧紧围绕新时期西藏工作的指导思想，坚持走有中国特色、西藏特点的发展路子，紧紧围绕“保增长、保稳定、保民生”工作大局，认真做好住房城乡建设领域的各项工作，为全区经济社会又好又快发展作出了积极的贡献。

【切实加强住房保障工作，住有所居目标取得新进展】大力推进廉租住房和周转房建设。2009 年，根据国家和西藏自治区扩大内需、促进经济平稳较快增长的有关精神，西藏各级住房和城乡建设部门抢时间、抓工期、赶进度、保质量，进一步加大保障性住房建设，各项建设项目进展顺利。编制完成全区廉租房和基层周转房 3 年建设规划；按照国家补助、自治区统筹、地市县配套的方式，在全区 71 个县建设廉租住房 4236 套，建筑面积 31.45 万平方米，完成投资 3.2 亿元；全区七地（市）共建周转房 7045 套，建筑面积 43.63 万平方米，投资 6.9 亿元；会同有关部门下达租赁住房补贴专项资金 4940 万元，解决城镇一人户和二人户低收入家庭 11902 户、18297 人的住房困难问题。根据自治区政府在拉萨市开展经济适用房建设试点的有关部署，住房和城乡建设厅积极协调拉萨市开展经济适用住房前期调研和政策研究工作。

【住房公积金管理不断加强】会同监察、审计、财政、人民银行等有关部门深入开展住房公积金专项治理，使住房公积金管理制度更加健全，管理行为更加规范。积极筹建并开通了全区住房公积金网络管理系统，强化了住房公积金的监管力度，增强了住房公积金使用的安全性，努力保障缴存人的合法权益。2009 年5月1日，根据国家和自治区保增长、保民生、促消费的总体要求，西藏适时提高了住房公积金的贷款额度，延长了贷款年限，增强了干部职工购买住房的支付能力。截止2009年底，西藏共有15.3

万人建立住房公积金账户，累计归集住房公积金64.5亿元，较2008年同期增长22.39%；累计发放住房公积金贷款2.04万笔，发放贷款金额22.6亿元，较2008年同期增长37.8%。全区住房公积金使用率达58.59%。

【房地产业平稳发展】认真贯彻落实国务院、自治区人民政府关于促进房地产市场健康发展的意见，促进了房地产市场的企稳回升，保持了市场总体稳定发展，为扩内需、保增长发挥了重要作用。全年房地产开发投资15.75亿元，比上年增长14.2%。房地产开发施工房屋面积145.92万平方米，比上年增长1.0%；竣工房屋面积45.98万平方米，下降16.2%；商品房销售面积63.26万平方米，下降5.1%。

2009年末全区城镇居民人均居住面积达到33.83平方米，比2008年增加了0.83平方米。居住类住房价格与上年持平。

【统筹城乡发展,因地制宜地推进城镇化进程】2009年，西藏自治区住房城乡建设系统积极探索具有中国特色西藏特点的城镇化道路，因地制宜推进城镇化进程。城镇规模、结构和布局有所改善，辐射力和带动力逐步增强。城市经济保持良好的发展势头。城镇基础设施和环境进一步完善。城镇居民生活明显改善，各项社会事业蓬勃发展。

城镇基础设施建设加快。2009年，全区住房城乡建设系统紧紧抓住中央扩大内需的良好机遇，积极开展项目申报和建设工作，一大批城镇道路、供水、排水、垃圾处理、污水处理等市政建设项目付诸实施。拉萨市完成了25个重点市政基础设施建设项目。日喀则市环城路改造工程，泽当镇9条路段改扩建工程，八一镇“贡布印象”建设工程，那曲镇迎宾路、环城路等建设项目相继完工。那曲镇集中供暖项目、给水系统改扩建项目、排水及污水处理项目前期工作进展顺利。昌都污水处理厂已投入使用、拉萨污水处理厂开工建设、其他地（市）污水处理厂项目可研报告全部编制完成。各城镇道路、供水管网已初具规模，各城镇基本完成供水设施建设，供水普及率达到了72%，燃气普及率达到了60%，城镇绿化率达到了23%，医疗、教育、游乐等公共服务设施逐步配套，综合服务能力有较大幅度的增强。

城镇管理水平逐步提高。西藏各级住房和城乡建设部门以园林城镇、卫生城镇、文明城镇创建为载体，较好地对城镇“脏、乱、差”等影响城镇形象的问题进行了综合治理，使城镇环境、市容市貌、居住与生活条件得到较大改善，城市品质得到不断提高，城镇管理逐步规范。2009年4月，拉萨市被西藏授予首个自治区级园林城市。

历史文化名城保护和风景名胜区工作取得突破性进展。2009年，格拉丹东、纳木错、土林—古格三个国家级风景名胜区申报工作取得实质性突破，三处风景名胜区已被列入国家自然遗产名录库。格拉丹东、纳木错被国务院列入国家级风景名胜区。萨迦镇被住房城乡建设部和国家文物局命名为国家级历史文化名镇。

城镇化水平逐步提高。截止2009年底，西藏共有2个设市城市、71个县城、140个建制镇，城镇建成区面积约190平方千米。全区城镇居住人口69.03万人，城镇化率从2008年的22.6%增长到23.8%，提高了1.2个百分点。城镇登记失业率为3.95%。

【城乡规划对城乡建设发展的指导和调控作用显著增强】城乡规划的编制进度不断加快。2009年，西藏各级政府和城乡规划管理部门高度重视城乡规划编制工作，多渠道筹措编制经费，规划编制工作取得较好成绩。《西藏自治区城镇体系规划》已经西藏自治区人大审议通过，修改后上报国务院审批。《拉萨市总体规划》已经国务院批准实施，拉萨市各片区控制性详细规划及各专项规划已经编制完成。阿里地区、那曲地区城市总体规划和部分县城、重点城镇总体规划，八一镇控制性详细规划、泽当镇控制性详细规划、那曲中心城区控制性详细规划已经编制完成。部分城镇的交通、供水、消防等专项规划编制工作也在有序推进。康马、江孜、安多、墨脱、申扎县已完成或正在进行第二轮县城总体规划的修编。

城乡规划监管不断加强。西藏各级城乡规划管理部门克服人员少、任务重等困难，加大对规划实施的执法巡查力度，对房地产开发中违规变更规划、调整容积率等问题开展了专项治理，促进西藏房地产业的健康发展。对各类违规行为做到早发现、早制止、早纠正、早处理，使违反城乡规划法的行为得到及时纠正，城乡规划实施的监督管理进一步得到加强。

【建筑业蓬勃发展，建筑市场秩序逐步规范】建筑业在国民经济中的支柱产业地位更加巩固。2009年，西藏建筑业实现增加值103.52亿元，比上年增长24.9%。建筑业增加值占西藏生产总值（GDP）的23.5%、占第二产业增加值的76.1%。

建筑市场秩序进一步好转。针对建筑市场存在的突出问题，西藏自治区各级住房和城乡建设部门积极组织开展了一系列专项治理活动，以企业资质就位为抓手和突破口，清出了一批建设行业不达标企业，注销工程设计企业9家、施工企业89家、工程监理企业6家、造价咨询企业6家，截止2009年底全区共有建筑施工企业561家。为切实从招投标源头加强整顿和规范建筑市场秩序，组织对全区建设工程招标代理机构所代理的建设项目从招标程序、内业资料等方面进行检查，抽查工程建设项目144项、招标代理机构22家，针对发现的问题，及时制定下发政策文件，规范房屋建筑和市政工程招投标行为，有效地遏制了违法违规行为，市场秩序进一步规范。

建筑工程质量不断提高，安全生产形势总体稳定。2009年，西藏进一步加强施工图审查工作，不断扩大审查覆盖面，从工程设计源头上减少工程质量安全隐患；开展了工程质量专项大检查活动，加强对工程建设见证取样和施工现场建材的检验检测，严把工程材料进场关，保证工程质量，工程竣工验收一次性合格率达98%。西藏各级住房和城乡建设部门组织开展了“安全生产月”、建筑安全生产“三项行动”和安全生产专项治理活动，落实各方主体安全生产责任，及时发现和排除安全隐患，有效遏制了安全生产事故的发生，使全年建筑安全生产伤亡事故和伤亡人数均控制在规定指标范围。

【节能减排工作有力推进，可持续发展能力明显增强】为推进《西藏自治区民用建筑采暖设计标准》和《西藏自治区居住建筑节能设计标准》的贯彻执行，2009年西藏自治区住房和城乡建设厅会同相关部门制定出台了《关于贯彻落实财政部、住房和城乡建设部〈关于推进太阳能光电建筑应用的实施意见〉的意见》和《关于进一步推进我区墙体材料革新和推广建筑节能的通知》。组织申报那曲地区尼玛县牧民户用太阳能发电项目、拉萨市政府办公楼、政府会议中心屋顶光伏并网示范应用项目，落实国家补贴资金455万元。邀请国内外专家组织召开“建筑节能与再生能源建筑应用交流会”，对指导西藏建筑节能工作产生积极的指导意义。开展民用建筑节能材料和产品备案工作，完成西藏自治区建设科技委员会的前期筹备工作。在西藏“两房”建设中单列建筑节能资金，推进建筑节能工作。

【保障民生工作成效显著】在“10·6”西藏当雄抗震救灾中发挥了突出作用。为完成当雄地震灾后重建任务，西藏住房城乡建设厅组织编制了《当雄地震灾后农牧民居住建筑恢复重建技术导则》、《当雄地震灾后农牧民居住建筑加固技术导则》等图集和技术标准，为灾后重建和民房抗震加固工作奠定了坚实基础。

开展了农牧民安居工程抗震加固工作，积极配合教育部门认真抓好中小学校舍安全排查与鉴定工作。西藏住房和城乡建设厅组织有关专家编制了《西藏农牧民住房设计通用图集》、《砌筑工施工技术基础知识》等图集和技术标准，切实做好农牧民安居工程抗震加固工作。组织专业人员深入全区各乡村开展中小学校舍安全排查与鉴定工作，完成560万平方米的排查与鉴定任务，为西藏中小学校舍开展抗震加固和重建工作提供了第一手资料。

积极开展农牧民工建筑技能培训和技能鉴定工作。西藏自治区住房城乡建设厅积极开展农牧民工建筑劳动技能培训工作，对1700名农牧民工进行了建筑实用技能培训，并对300名农牧民工进行了建设职业技能鉴定，为鉴定合格的154名农牧民工颁发了《国家职业技能等级证书》，实现了西藏农牧民工职业技能鉴定零的突破，为促进农牧区富余劳动力向建筑业转移积累了经验。

清理拖欠民工工资工作成效显著。2009年，经过西藏各级住房和城乡建设部门共同努力，共协调解决民工工资1877.72万元，拖欠民工工资易发多发的势头得到有效遏制。为从源头杜绝和减少拖欠纠纷发生，拟草并经西藏自治区人民政府批转全区执行了《关于进一步预防和解决拖欠工程款和拖欠民工工资纠纷工作的意见》，联合有关部门制定下发了《关于建立农牧民工工资保证金制度的通知》，建立了从源头预防拖欠民工工资发生的长效机制，对切实维护广大民工的合法权益，促进住房和城乡建设行业的稳定发展具有重要而积极的作用。

开展工程建设领域突出问题专项治理工作。根据国家和西藏自治区的部署要求，为有效治理城乡规划、建筑和市政工程建设领域中存在的突出问题，确保工程建设领域市场交易行为和行政权力的规范运行，结合实际，制定出台了《工程建设领域突出问题专项治理工作实施方案》等文件，西藏各级住房和城乡建设部门正按照有关要求，深入开展专项治理工作。

【大事记】2009年1月8日至9日 全区建设工作会议在拉萨召开。自治区副主席孟德利出席并讲话。

2009年1月11日至13日，自治区建设厅组织举办拉萨市地震灾后恢复重建培训工作会议，对拉萨市7县（市）相关负责人共120人进行技术培训。

2009年1月20日，区建设厅召开厅系统2008年度工作总结表彰大会，全面总结厅系统2008年度工作，表彰2008年度先进集体、优秀公务员和先进工作者。

2009年1月30日，全区建设系统广泛开展慰问送温暖活动。区建设厅党组书记、副厅长王亚蔺和区建设厅厅长陈锦分别带队，深入厅系统离退休老干部家中走访慰问，了解老同志、困难群众生活情况，并送去慰问金和慰问品。

2009年2月12日，《拉萨市城市总体规划（2009—2020）》经住房城乡建设部组织的部际联席会议第三十五次会议审查通过。

2009年2月18日，全区周转房和廉租住房建设工作会议在拉萨召开，确定2009年将投资3.48亿元在全区建设4236套廉租房，重点向基层倾斜。区建设厅党组书记、副厅长王亚蔺同志代表自治区“两房办”与各地市行署（政府）分管专员（市长）签订了目标责任书。

2009年3月5日，区建设厅、区发改委、区财政厅联合审查批复实施2009年度日喀则地区、山南地区、林芝地区、昌都地区、那曲地区和阿里地区县级廉租房建设项目。六地区2009年度将建设廉租房4018套，总投资35350.8万元，总建筑面积241080平方米。

2009年3月25日，区建设厅组织召开隆重纪念西藏民主改革50周年座谈会，并隆重庆祝第一个西藏百万农奴解放纪念日。

2009年4月15日，经自治区人民政府常务会议研究同意，区建设厅、区财政厅联合下发文件，明确从2009年5月1日起，全区住房公积金最高贷款额度双职工从20万元提高到30万元（单职工从15万元提高到20万元），贷款最长年限从5年延长至8年。

2009年4月20日，西藏自治区房地产业协会正式成立

2009年5月13日，自治区副主席孟德利赴当雄县视察地震灾后重建工作进展情况。自治区建设厅厅长陈锦同志陪同视察。

2009年5月20日，由安徽省援助的山南地区建设局工程质量监督检测中心实验楼动工建设。

2009年5月20日，自治区副主席孟德利赴山南地区浪卡子县视察地震房屋受损情况。自治区建设厅厅长陈锦同志陪同视察。

2009年6月18日，自治区建设厅组织召开全区建设领域安全生产电视电话会议。会上，区建设厅厅长陈锦同志通报了上半年全区建设领域安全生产事故

情况，安排部署下半年工作。区建设厅副厅长石振明同志主持会议。

2009年6月28日，北京市住房城乡建设委投资70余万元援建的西藏自治区建设工程交易招投标网络系统开通运行。该系统包括评标专家管理、专家抽取、语言通知、语言留言、短信通知、评标专家指纹门禁、评标监控、录像控制和监控室监控显示控制以及电视屏幕信息显示等功能，搭建了数字化、信息化和现代化的工程建设交易平台。

2009年7月1日，住房城乡建设部党组成员、纪检组长龙新南带领国务院西藏社会经济发展情况调研组第九组（城乡建设组）赴我区开展为期一周的调研，全面考察调研我区城乡建设情况。自治区副主席李昭、自治区副主席多托陪同调研。

2009年7月21日，自治区建设厅、自治区发展改革委、自治区财政厅、自治区国资委、自治区环保局、自治区质监局组织召开座谈会，深入贯彻执行节约能源法和民用建筑节能条例座谈会，部署做好我区建筑节能工作。自治区建设厅副厅长主持会议并作工作部署。

2009年7月28日，全区住房公积金网络管理系统培训班在拉萨开班。自治区建设厅党组书记、副厅长王亚蔺出席开班仪式并讲话。

2009年8月11日，自治区副主席孟德利视察拉萨市、达孜县周转房和廉租房建设工地，对拉萨市进一步做好“两房”建设工作提出要求。区建设厅党组书记、副厅长王亚蔺同志陪同视察。

2009年10月20日，纳木错、格拉丹东—长江源、土林—古格三个项目被住房和城乡建设部正式列入第二批《中国国家自然遗产、国家自然与文化双遗产预备名录》。

2009年11月6日，农牧民工建设技能培训暨鉴定经验交流大会在拉萨召开，全面总结回顾近年来我区建筑实用技能培训和职业技能鉴定工作开展情况，交流工作经验，对做好下一步工作进行部署安排。区党委副书记张裔炯、自治区副主席孟德利出席会议并进行指导。

2009年11月11日，《西藏自治区城镇体系规划（2008-2020）》经自治区政府常务会议审议原则通过，要求在公开征求意见建议和修改完善基础上，提交自治区人大审议。

2009年11月13日，区党委常委、区纪委书记金书波视察自治区建设工程交易中心，并对业务开展情况进行指导。自治区建设厅厅长陈锦、副厅长梅高原、副厅长卢英方陪同视察。

2009年11月23日，自治区住房和城乡建设厅挂牌成立。自治区党委常委、常务副主席白玛赤林出席揭牌仪式并揭牌。自治区人大常委会副主任周春来、自治区副主席孟德利、自治区政协副主席刘庆慧出席揭牌仪式。

2009年12月8日，《西藏自治区城镇体系规划（2008-2020）》通过网络、设立展示厅等形式，向社会公众公示并征求社会公众意见。

2009年12月10日，住房和城乡建设部、中华全国总工会授予自治区住房和城乡建设厅“全国建筑施工安全质量标准化工作先进单位”荣誉称号。

自治区旅游工作

【年度综述】2009年，自治区旅游部门按照“保增长、保民生、保稳定”的工作部署和要求，齐心协力、攻坚克难、真抓实干，确保了旅游产业规模不断扩大，超额完成了年度发展目标任务，使旅游业重新迈上了跨越式发展的轨道。

全区全年累计接待国内外游客561万人次，比2008年增长149.7%；其中：接待入境游客17.5万人次，比2008年增长157.2%；接待国内游客543.5万人次，比2008年增长149.5%。实现旅游总收入56亿元，比2008年增长147.9%。

【旅游行业规摸】截至2009年底，西藏自治区已有各类旅游企业1351家，比上年增加134家。其中，旅行社80家；星级饭店146家，拥有客房10880间，床位21374张；非星级饭店（含社会旅馆、家庭旅馆）837家，拥有客房13378间，床位30310张；旅游商贸服务公司4家；旅游汽车公司11家，拥有各类旅游车辆2800台；旅游度假村30家；导游公司1家。全行业拥有固定资产50.12亿元，比上年增加3.31亿元。

全区拥有各类语种导游员共计1646人，其中有1538人持全国导游资格证，108人持地方导游证。截至2009年底，全区旅游从业人员达到了17.21万人，比上年增加0.21万人，其中藏族占62%，初步建立起了一支以藏族为主体，具备一定专业素质的旅游从业队伍。

【重大旅游决策】为尽快重塑西藏良好旅游目的地形象，提升游客赴藏旅游的出游信心，自治区党委、政府高度重视旅游，张庆黎书记、白玛赤林副主席逢会必提旅游，张庆黎书记还身体力行，亲自检查旅游设施，并多次作出具体指示。

全区各级、各部门、各行业坚决贯彻落实自治区党委、政府提出的“抓旅游就是抓发展，抓旅游就是抓开放，抓旅游就是抓和谐”的指示精神，坚持走有中国特色、西藏特点的发展路子。全区党政军警民及各行业都按照各自职责，为旅游产业加快发展尽职尽责，营造了宽松的旅游产业发展大环境，游客赴藏旅游的热情得到激发。全区上下从自治区党委、政府主要领导到各级、各部门、社会各界都纷纷充当旅游形象大使，游客赴藏旅游的信心得以全面提升，来藏游客普遍反映“在西藏旅游很安全、西藏人民很友好”，西藏良好旅游目的地的形象得以重塑，呈现出蓬勃发展的大好局面。

【邵琪伟赴藏调研】9月1日—3日，国家旅游局局长邵琪伟带领工作组赴藏考察调研。自治区党委书记张庆黎在拉萨会见邵琪伟一行，并感谢国家旅游局多年来在项目资金、导游援藏、宣传促销和市场建设等方面给予西藏的关心和支持，介绍了“3·14”事件对西藏旅游发展造成的严重影响。

邵琪伟局长对西藏自治区党委、政府高度重视旅游业表示感谢，表示国家旅游局将按照党中央、国务院的统一部署和安排，在旅游规划、宣传、培训等方面加大对西藏旅游业发展的支持力度，为构建和谐西藏作出贡献。区党委常委、常务副主席吴英杰全程陪同考察、调研。

【重大旅游活动】2009年，面对2008年"3·14"事件的严重干扰破坏，以及金融危机、甲型H1N1流感等不利因素的影响，旅游部门想方设法、多措并举全面实施了价格优惠战略，采取了"请进来、走出去"等多种促销手段，大力推介西藏旅游，启动了西藏旅游发展史上规模空前的救市行动，旅游市场在短短的一年时间内实现了止跌回升，得到了迅速恢复，呈现出了快速发展的态势，创下了西藏旅游发展史上又一个新的高潮。重大旅游活动如下：

以推介"冬游西藏"为支撑，确保旅游恢复发展。2009年西藏自治区旅游局以"中国生态旅游年——大美西藏净土游"为主题，以宣传促销为突破口，不断强化"冬游西藏"宣传攻势，彻底改变了西藏旅游淡季过淡的现状。

以节庆游激活旅游市场，确保旅游业尽快走出低谷。为使旅游市场尽快回升，2009年西藏自治区旅游部门紧紧抓住各地区开展节庆游活动的有利商机，努力打造"高山、雪域、阳光、藏文化"品牌，充分挖掘藏民族悠久的历史文化，将自然景观与人文景观有机地结合起来。

以"请进来、走出去"的方式加大宣传促销力度，确保旅游业快速发展。"3·14"事件后一年多，西藏自治区旅游部门有计划、有重点、有针对性地组织实施了"请进来、走出去"系列宣传促销活动，邀请国内外重要旅行商进藏踩线考察；积极组织各地（市）和区内旅游企业参加国际国内旅游展览促销活动。同时，举办了第二届西藏旅游形象大使大赛，引起了社会普遍关注，影响广泛。此外，为加强中国同尼泊尔旅游合作，去年6月份旅游部门积极配合尼泊尔旅游赴藏推介团在藏开展尼泊尔旅游推介活动，进一步加强了中国西藏同尼泊尔的旅游合作，为丰富西藏自治区旅游产品，延伸我区旅游产业链打下了良好的基础。

以优惠政策，鼓励旅游企业招徕游客。西藏自治区旅游局和各地（市）旅游局为了能更多地吸引游客，制定了详细的奖励和优惠政策，极大地调动了各旅行社的组织招徕积极性。如自治区旅游局拿出专项资金奖励各优秀招徕单位；山南地区推出了一系列优惠促游措施，设立了100万元专项资金，奖励为山南地区旅游发展作出贡献的单位和个人。林芝地区则向杭州发放总价值1080万元的旅游消费券，推出了"西藏人游林芝"的优惠措施。这些优惠政策的出台极大地刺激了我区旅游市场，为扩大市场份额，招徕更多游客起到了积极的作用。

以提升西藏旅游产品品质为重点，推进旅游产业快速发展。推出了"神秘西藏游"、"极地探险游"、"情系西藏游"、"圆梦西藏游"、"茶马古道游"、"梦之游"等品牌产品线路。举办了西藏首届旅游纪念品大赛，挖掘出了一批高品位、地方特色浓郁的旅游纪念品。

【十一五规划执行情况】2009年，中央安排给西藏的3.5亿元旅游基础设施建设项目资金已基本到位，各地（市）按照西藏"十一五"旅游基础设施建设规划的要求，严格遵守项目建设的"五项制度"，严格控制概算，加快了建设进度，确保如期、保质保量地完成建设任务，提高旅游产业的公共服务水平。

同时，在逐步完成"十一五"旅游基础设施建设的基础上，着手做好"十二五"旅游基础设施项目的建设规划编制。进一步加快了旅游配套设施建设，以四条环线、两心两轴等旅游线路为重点，加快沿线景区景点的标识标牌建设，推进停车场、观景台、旅游厕所等配套设施的规划建设。

【旅游合作】6月29日，尼泊尔赴藏旅游推介活动在拉萨举行，尼泊尔驻中国总领馆总领事、尼泊尔旅游局局长分别在会上致辞，进一步促进和加强了双方在旅游业方面的交流与合作。

8月17日—21日，中国驻悉尼旅游办事处联合国航悉尼办事处、中国旅行社澳洲分公司，邀请了澳新地区开展中国业务较多的旅行商到西藏考察，组织了"聚焦中国、感受川藏——澳新旅行代理商中国市场体验之旅"。

10月27日上午，印度尼西亚驻华大使苏德加先生一行6人前往西藏自治区旅游局，就印尼与中国西藏自治区旅游合作事宜进行交流座谈。

11月8日—9日，中（西藏）尼旅游联合协调委员会第三次会议在尼泊尔加德满都召开。双方在友好的气氛中就加强双边旅游合作事宜进行了广泛的讨论，并签订了谅解备忘录。

12月3日，韩国地方政府国际化协会北京代表处首席代表李钟成先生一行3人前往自治区旅游局，就韩国与中国西藏自治区旅游合作事宜进行座谈。

【国际旅游】入境旅游 2009年全区全年累计接待入境游客17.5万人次，比2008年增长157.2%；实现旅游外汇收入7873万美元，比2008年增长153%。

出境旅游 2009年，仅有西藏国际体育旅游公司组织48人出境旅游。

【国内旅游】2009年，全区全年累计接待国内游客543.5万人次，比2008年增长149.5%。实现国内旅游收入51亿元，比2008年增长147.8%。

红色旅游 目前散布在西藏各地，记录着西藏人民抗击外来侵略、和平解放进程和民主改革的红色旅游景点正在成为西藏旅游的新地标。

西藏第一批旅游景点包括江孜宗山抗英遗址、山南烈士陵园、波密县委红楼、波密县易贡乡将军楼和阿里"英雄先遣连"旧址等，近年来已成为西藏著名的红色旅游景点。

乡村旅游 旅游业发展可以富民强区，对于增强民族团结、促进社会和谐具有重要意义。一方面旅游业可以通过增加群众收入，增强群众营造和谐稳定社会环境的积极性和主动性；另一方面，旅游业可以增加民族交流、交汇和交融，增进各族群众之间的理解和信任，形成和谐的民族关系。对当地经济发展、民族团结和社会稳定带来巨大作用。

西藏旅游业的发展紧密结合自治区党委、政府相关工作部署，通过宣传政策引导、主动服务等各种手段，激发广大群众理解旅游发展、支持旅游发展、参与旅游发展的热情和动力。以各种激励措施和优惠政策，引导农牧民参与旅游服务中，促进就业，增加收入。

据统计，截至2009年，全区参加旅游接待服务的农牧民群众已经达到

10460户，41844人，同比增长15%和18%，总收入已达到2.56亿元。

假日旅游 春节、藏历年期间，全区累计接待国内外旅游者12.1万人次，比去年增长4.8%；其中接待入境旅游者5160人次，同比下降10%，接待国内旅游者11.6万人次，同比增长5.6%。旅游外汇收入280万美元，同比下降11.4%。国内旅游收入8006万元，同比增长5.5%。实现旅游总收入9924万元，同比增长0.6%。“3·14”事件后，全区旅游接待全面实现正增长。

“五一”小长假期间，全区共接待海内外旅游者5万余人次，其中国内游客48535人次，入境游客1563人次，为我区旅游接待进入旺季拉开了序幕。

“十一”旅游黄金周，全区旅游接待海内外旅游者29.54万人次，较2008年同比增长40.31%；实现假日旅游总收入11105万元，较2008年同比增长35.86%。

【旅游节庆活动】2009年西藏旅游部门以“中国生态旅游年 大美西藏净土游”为主题，紧紧抓住各地区开展节庆游活动的有利商机，努力打造“高山、雪域、阳光、藏文化”品牌，在节庆旅游的规划上充分挖掘藏民族悠久的历史文化，将自然景观与人文景观有机结合起来，让每一次节庆旅游成为一次内容充实、特色鲜明的文化大餐。

3月11日—15日，2009年“德国柏林国际旅游交易会”（ITB）在德国柏林举行，自治区旅游局和旅游企业派人赴德国参展，取得了良好的效果。

4月11日，区旅游局组织拉萨市旅游局、导游公司、旅行社、酒店、西藏旅游信息中心、西藏旅游杂志社等11家单位和企业近百人在拉萨市宇拓路开展“全国百城旅游宣传周”大型旅游宣传促销活动，本次活动的口号为“走进自然 拥抱世界”，活动主题为“2009中国生态旅游年 大美西藏净土游”。

8月20日至26日，2009年西藏拉萨雪顿节成功举办，期间拉萨市共接待国内外游客487872人次，同比增长179%；旅游收入1.74亿元，同比增长190%。

8月15日，“戈尔杯”第四届纳木措国际徒步大会出发仪式在拉萨市布达拉宫广场隆重举行。自治区党委常委、常务副主席吴英杰，自治区党委常委、拉萨市委书记秦宜智等出席出发仪式。近200名徒步爱好者参加此次徒步盛会并共同在布达拉宫广场参加起跑仪式。

9月16日，区旅游局、林芝行署、国航联手在北京举办了雅鲁藏布大峡谷首届墨脱徒步大会新闻发布会，推介“冬游西藏”。

9月19日，“藏族佳丽—2009年西藏旅游形象大使大赛”完美落幕，玉珍、穷达、珠措分获冠、亚、季军。自治区党委常委、常务副主席吴英杰观看比赛，并为获奖选手颁奖。

10月28日—11月4日，“第四届海峡两岸台北旅游展”在中国台北隆重举办。组织部分旅行社、旅游企业负责人及销售人员10人赴台参展。

11月22日，2009中国国际旅游交易会在昆明圆满结束，西藏展台荣获最佳展台奖，西藏自治区旅游局荣获最佳组织奖，实现了各项预期目标。

【旅游市场监督管理】一是按照国务院颁布实施的《旅行社条例》以及国家旅游局《旅行社条例实施细则》，结合西藏旅游发展实际，自治区旅游局联合自治区法制办成立了《西藏旅游管理条例》修订领导小组，对《条例》进行了修订；

二是在挖掘乡村旅游潜力、规范标准方面，制定了统一的家庭旅馆星级评定标准。截至目前，全区共有255家家庭旅馆通过评审，提高了家庭旅馆的接待能力和服务水平，实现了服务标准化、等级透明化；

三是全区各级旅游质量监督管理所进一步加大了旅游市场监管查处力度，按照《旅行社条例》依法查封2家黑社，清理整顿3家旅游黑店，查处8家违规运营旅行社，查处违规导游43名，受理游客投诉183起，并在我区旅行社中实行《国内旅游组团合同》，规范了我区旅游市场；

四是充分发挥行业协会的作用，倡导诚信合约经营，收到了良好的市场自律效果。去年全区旅游投诉较往年明显下降，市场秩序整体良好，有效促进了我区旅游业健康发展。

【旅游安全管理】狠抓各项安全生产措施的落实，以安全生产为保障，促进旅游业健康发展。在工作中，旅游部门积极主动地与相关部门协作，认真开展专项检查，重点检查了各类旅游服务接待设施设备的运行，及时排查和纠正了存在的安全隐患，确保设施设备安全运转。对旅游饭店（宾馆）、旅游景区（点）等人员密集场所的食品卫生、公共安全、消防设施等进行了定期或不定期的检查监督。对旅游车辆司助人员开展了安全生产教育培训，集中力量对违规违章行为进行整治，营造了安全、舒适的旅游环境。

【旅游投资】2009年，西藏旅游发展专项资金计划投资1500万元，从7个方面大力支持西藏农村旅游发展项目。

【导游援藏工作】导游援藏是国家旅游局实施人才援藏的一项重要举措，不仅极大地缓解了西藏旅游旺季导游紧缺的问题，而且对西藏政治社会的稳定、经济的发展都起到了积极的作用。4月15日，第七批35名小语种援藏导游员在国家旅游局领导带领下顺利抵达拉萨。

10月15日，国家旅游局和西藏自治区旅游局在拉萨联合召开了全国第七批导游援藏工作总结大会。国家旅游局人教司副司长刘桐茂主持会议。西藏自治区旅游局党组书记俞允贵代表西藏自治区旅游局就第七批导游援藏工作做了总结讲话。

气象、地震、电力、石油

自治区气象工作

【基本情况】西藏自治区气象局机构设置。全区共设 7 个地（市）气象局：拉萨市气象局、日喀则地区气象局、昌都地区气象局、林芝地区气象局、山南地区气象局、那曲地区气象局、阿里地区气象局；内设机构 8 个：办公室（行政管理处）、监测网络处、科技发展处（西藏自治区人工影响办公室）、计划财务处（基本建设办公室）、人事教育处（离退休干部办公室）、政策法规处、监察审计处（与党组纪检组合署办公）、机关党委办公室（精神文明建设办公室）；直属事业单位 10 个：西藏自治区气象台、西藏自治区气候中心（西藏自治区生态与农业气象中心）、西藏高原大气环境科学研究所、西藏自治区大气探测技术与装备保障中心、西藏自治区气象信息网络中心（西藏自治区气象档案馆）、西藏自治区气象局财务核算中心、西藏自治区气象培训中心、西藏自治区气象局后勤服务中心、西藏自治区防雷中心、西藏自治区人工影响天气中心；1 个社团组织：气象学会。

全区气象部门正式职工总数 1034 人。其中，汉族职工 319 人，藏族职工 691 人，其他少数民族 24 人。学历结构：在岗博士 2 人，硕士研究生 27 人，本科生 291 人，大专 215 人，中专 498 人。职称结构：高级职称 126 人（正研级 4 人），中级职称 394 人，初级职称 441 人。

【气候评价】2009 年度，全区年平均气温为 5.9℃，较常年同期偏高 1.5℃，是 1971 年以来历史第 1 高值。就四季而言，各季平均气温均偏高 1℃以上，其中冬季偏高最明显，达 2.3℃，为连续第 9 个（2001～2009）暖冬；夏、秋季平均气温创 1971 年以来历史同期最高。全区平均年降水量为 363 毫米，较常年偏少 20%，为 39 年来降水最少的年份。部分站点月平均气温、日最高气温和月降水总量超历史同期极值。全区日照时数多寡不一。年内出现了干旱、霜冻、雪灾、冰雹、雷电、大风、泥石流等灾害性天气，给当地群众生产生活造成了较大的影响。

【气象服务】2009 年西藏气温偏高，降水时空分布不均，不同区域出现了干旱、雪灾、洪涝、霜冻等多种气象灾害和异常天气气候事件。特别是干旱、雷灾、雪灾给农牧民群众的生产生活造成了较大影响。面对严峻挑战，全区各级气象部门切实加强监测预报预警服务工作，为各级党委、政府和有关部门有效组织防灾减灾工作提供了可靠的气象保障。编制了《极端气候事件专项应急预案》、《雪灾应急预案》、《旱涝应急预案》和《农作物重大病虫害应急预案》4 个专题预案，规范了突发气象灾害预警信号发布流程，翻译发布了藏汉文《西藏自治区突发气象灾害预警信号及防御指南》。做到了重大灾害性天气不漏报，高影响天气不错报，全年共发布预警信号 12 次，向自治区党委、政府发布《重要气象报告》21 期、《灾情公报》64 期。虽然全年气象灾害偏重，但是造成的损失较轻，气象防灾减灾成效显著。

5 月下旬和 10 月上旬，山南、日喀则、那曲、林芝、阿里等地出现了强雨（雪）天气，气象部门提前做出准确预报，适时启动突发气象灾害预警业务流程，第一时间向自治区领导、各有关部门和人民群众发布预警信号。西藏电视台每 30 分钟滚动播出一次藏汉文预警信息，灾害性天气发生期间手机用户短信发送总量突破了 180 万条，强雨雪灾区 90%以上的手机用户及时收到了预警信息。各级政府对气象部门发布的灾害性天气预警信号十分重视，提早落实防范措施，使灾害损失降到了最低程度。亚东县政府根据气象部门发布的强降雨预警信号，及时转移了可能受到地质灾害影响的 200 多农户，1000 多群众避免了泥石流灾害。

5 月 31 日，那曲地区索县亚拉镇发生了 4 死 7 伤的重大雷击伤人事故。郝鹏副主席在气象部门上报的服务信息上再次作出重要批示。加快了农村中小学校防雷示范工程项目建设，在 30 所小学建设了防雷系统。

2009 年，自治区气象局进一步完善了周年决策气象服务方案，升级了决策气象服务系统，加强了短临和延伸期预报服务，增加了观测实况分析服务，丰富了卫星遥感监测服务信息，提高了决策气象服务的敏感性、主动性、综合性和针对性。全年向自治区党委、政府提供各类专项决策气象服务产品 302 期，提供专题气象服务报告 7 次，自治区党政领导在决策气象服务产品上的批示达 20 余次，决策气象服务信息已经成为党政部门不可或缺的参谋助手。公众服务方面，针对性地开展了节假日、学生考期、民俗活动等天气预报服务，改进了电视气象服务，加强了网络气象服务，增建了气象电子显示屏，拓展了公众服务发布渠道和内容，公众满意度显著提高。

为力保大旱之年夺取粮食丰收，全方位服务三农，发布旱情监测情报预报 324 期；各类粮油产量预报、作物播种期、收获期及其他农业气象预报 52 期；发布“一江两河”主要农区农田生态和藏北草地生态质量气象评价报告等不定期农业气象服务产品 35 期。积极开展了干旱及农田病虫害调查，发布了多期气象服务产品。加强了农经网信息服务工作，全年采集发布信息 35742 条，科普类信息发布量提高了 70%，为农服务效果明显。

【应对气候变化能力建设】西藏是全球变暖的敏感区和受害区，积极应对气候变化具有重大意义。2009 年，西藏自治区气象局积极发挥应对气候变化的科技支撑和决策咨询作用，在西藏应对气候变化工作中做出了突出成绩。以气象部门为主编制的《西藏自治区应对气候变化方案》顺利出台，确定了农牧业、水资源、自然生态系统、工业等适应气候变化的重点领域以及大力开发可再生能源，优化能源结构；调整产业目录，大力发展现代服务业；大力推进节能型建筑建设；改善牲畜饲养与管理模式，减少温室气体排放；大力开展林业生态建设等促进二氧化碳的吸收和减缓温室气体排放等应对气候变化措施。

大力开展气候资源考察和高原气候变化检测评估服务工作。国家发改委“西藏自治区风能资源详查和评价”工作进展顺利。国家发改委“十一五”重点项目《西藏农牧业气候资源区划与开发利用》等在研项目取得了初步成果。完成了《西藏自治区气候图集》的编制。强化了气候变化影响评估工作，编制发布了首期《西藏气候变化影响评估报告(2008)》、《西藏气候变化事实研究》及5份针对水文、电力等重点行业的专项气候变化影响评估分析报告。积极开展气候可行性论证工作，编制了《模拟风电场建设气候可行性论证报告》，为西藏应对气候变化提供了决策咨询和保障服务。

加强了应对气候变化宣传动员和能力建设项目筹建工作。5月5日，郑国光局长向自治区党委、人大、政府、政协四大班子领导和各大厅局负责人及专家500多人作了《高度重视全球气候变化挑战，大力加强我国应对能力建设》的专题报告，影响很大、反响强烈，提高了西藏应对气候变化的紧迫感和责任意识。西藏自治区气象局向国家发改委呈报了《青藏高原气候变化监测服务系统》项目建议书。争取全国政协多位院士联名向中央领导致信呼吁加强青藏高原气候变化监测评估服务。

【气象业务与现代化建设】2009 年，加强日常业务管理，基础业务质量稳中有升。全年没有发生重大责任性事故，地面测报错情率 0.0‰；高空测报错情率 0.07‰，探空施放高度 30078 米，探空雷达综合测风高度 28806 米，球炸率 991‰，达到中国气象局要求的探空5项指标；小球测风错情率 0.0‰，测风高度 3436 米；辐射测报错情率 0.0‰。

2009 年，西藏自治区气象局一是坚持科学规划、统筹兼顾、合理布局、项目带动，落实基建项目投资 9449 万元。全面实施了国家“气象监测与灾害预警工程”项目及“西藏农牧业气象科技支撑体系”项目建设任务，现代气象业务体系特别是气象综合观测系统实现了新跨越。二是健全了公共气象服务中心的职能定位、体制机制、工作流程和专职队伍等工作。引进完善了公共气象服务平台，建立了区级公共气象服务产品库和“西藏天气”网站。改进了手机短信预警信息发布管理系统和气象灾害预警信息发布平台。建设了气象灾害预警电话发布系统、气象服务热线电话平台和农牧区电子显示屏、大喇叭发布示范系统，提高了公共气象服务能力，扩大了气象信息的受众覆盖面。三是坚持以提高预报预测准确率和精细化水平为核心，预报预测系统有了新的进展。改造升级了预报会商平台，建成了灾害性天气落区预报业务系统；研制了孟湾风暴监测系统；完善了各类气象灾害监测预警工作流程；开展了“西藏气象信息综合应用服务系统”、“西藏地区精细化客观预报方法”、“川藏公路（西藏段）交通气象条件分析及业务平台”等技术研发。灾害性天气监测预警能力和气象预报精细化水平不断提高，24 小时晴雨预报准确率达到92%，晴雨和温度预报质量跻身全国前列。四是西藏气象综合观测系统建设实现了较大跨越，完成了 73 个无人自动气象站，18 个闪电定位仪，2 个 L 波段雷达和 3 个风塔建设任务。陆态网当雄基准站建设和青藏铁路沿线 7 个地温监控站建设全部完成。西藏气象部门气象台站总数达到了 125 个，气象台站密度从 2007 年底平均每 3 万平方公里 1 个测站，提高到 1 万平方公里 1 个测站。通过《西藏自治区气象数据资源建设与共享服务》、《新一代天气雷达信息共享平台》等项目的开发，实现了全区气象数据的共享；对气象数据传输网络进行了改造与优化，数据传输效率和稳定性得到提高。对昌都、阿里 2 个技术装备保障分中心技术人员进行了全面培训，综合技术装备保障能力得到提高。

【科研教育】2009 年，坚持联合和合作创新，加强与区内外科研机构的合作，大力提升高原特色科研能力，大力加强科研成果的转化和应用。向国家自然基金委、科技部、中国气象局、区科技厅等部门申报项目 40 余项。其中，《青藏高原气候变化数值模拟及影响评价》、《西藏年楚河流域冰川及冰湖对气候变化的响应》、《孟加拉湾风暴对西藏地区强降水天气的影响及其预报方法研究》、《应用多源遥感数据反演藏北草原雪深的研究》、《西藏主粮区重大病虫害监测及预报系统》、《应用卫星遥感技术研究藏西北高寒牧区草地退化机理》等 20 多个项目立项。《西藏高原典型内陆湖湖面变化对气候变化的响应》、《基于 MODIS 的西藏东部林火与洪涝动态监测研究》、《西藏自治区生态环境监测与服务系统》、《西藏农牧业气候资源区划与开发利用》、《预警信息省级插播系统》、《西藏高原雪灾机理研究与监测预警预报评估应用技术开发》等在研在建项目进展顺利，全区气象部门 1 篇文章在 SCI(E) 上发表，10 余篇文章在全国核心刊物上发表。

【气象科技服务】全区 2009 年经营性国有资产总额为 3094.3 万元，同比有所下降。总收入为 1695.9 万元，纯利润为 1164.04 万元，比 2008 年有所提高。全区从事气象科技服务的企业 10 个、实体 7 个，此项保持稳定。除区局培训中心创办的金牛公司亏损外，全部为盈利；从业人员共 168 人；创收超百万的项目为：防雷检测与验收、防雷工程、房地产开发。

【精神文明建设】2009 年，西藏自治区气象局被国务院授予全国气象系统唯一的一个第五次“全国民族团结进步模范集体”称号；局机关党办强久卓玛被国家体育总局评为“全国群众体育先进个人”；科研所李林荣获国家科技部颁发的“野外科技工作先进个人”称号；区局正研级高工杜军荣获首届邹竞蒙气象科技人才奖；科研所杨秀海同志被自治区党委、自治区政府授予“西藏自治区第三届劳动模范先进工作者” 荣誉称号；林芝气象局卓玛在自治区“双学双比"、"巾帼建功"活动中获得"西藏自治区巾帼建功标兵荣誉"称号；区局退休干部次旦益西被中国气象局授予"全国气象部门离退休干部先进个人"荣誉称号；区局机关、阿里地区气象局被评为"全国文明单位"；改则县气象局、西藏高原大气环境科学研究所、米林县气象局被评为"全国精神文明建设工作先进单位"；琼结县气象局荣获地区级"文明单位"称号；另外，多人获得"全国知识型职工先进个人"、"全区建功立业岗位能手"、"西藏自治区第三届先进工作者"等荣誉。

【获省部级以上奖励科技人员传记】记首届邹竞蒙气象科技人才奖获得者杜军。

杜军，男，汉族，1969年1月出生，大学本科学历，1991年6月毕业于南京气象学院农业气象学专业，同年6月参加工作，现任西藏自治区气候中心副主任。2005年11月取得气候变化与农业和生态气象正研级高工任职资格。2006年5月聘为气候变化与农业和生态气象正研高工。

1991～1993年在业务现代化建设中被自治区气象局评为优秀工作者；1995年和1999年度分别被西藏自治区气象台评为先进工作者；1998年被授予第四届"全国优秀青年气象科技工作者"称号；1999年入选由中国人事出版社出版的《中国专家大辞典》；1999年被西藏气象学会授予"先进会员"称号；2003～2008年连续被中国气象局批准享受第1～3届西部优秀年轻人才津贴；2007年被中国气象局评为 "西部优秀青年"称号。

1991～1997年先后主持和参加了自治区科委、中国气象局重点项目5项。其中1993年主要完成的"农业气象情报预报服务系统的开发及应用"课题获1994年度自治区科技进步三等奖。1994年主要完成了"余热复种的农气试验及气候资源利用鉴定报告"课题，该成果为我区在海拔3800米以下地区利用生长季后期余热，复种早熟经济作物和饲料作物，仅此一项可为当地农业生产增加上百万元的收入，同时该课题获1995年度自治区科技进步四等奖。1995年作为"西藏气象实时业务系统建设"项目的主要完成人之一，主持和承担了项目中"农业气象情报预报系统报文自动接受处理"、"森林火险等级预报自动处理系统"、"农业气象情报编写子系统"、"农业气候影响评价子系统"和"西藏气象站点的气候背景分析"等分项目，该项目先后荣获1995年度自治区科技进步一等奖和1996年国家科技三等奖。1995年完成了"拉萨市蔬菜生产供应与气象服务技术应用"课题，该成果达到区内领先水平，为拉萨市发展"菜篮子"工程提供了气象依据，对改善人民生活具有较大的现实意义，该课题获1996年西藏气象科技进步三等奖。1998年～2004年主持承担了中国气象局、西藏自治区科技厅项目6项，即："西藏旱涝、低温灾害短期预测系统的研究"、"西藏主要农区夏季旱涝规律及预报"、"NOAA卫星资料在藏北牧草长势监测中的应用研究"、"印度季风与西藏高原夏季降水"、"西藏气候资源综合区划"、"西藏气象灾害区划及雅江中游沙尘暴形成机制的研究"，其中"西藏主要农区夏季旱涝规律及预报"课题获2004年自治区科技进步二等奖。2006～2008年间，负责完成了中国气象局研究型业务项目《西藏近百年气温、降水历史资料的重建及气候变化特征研究》、《气候变化对西藏主要经济区农业生产及生态质量的影响评估》的可研报告，并通过了西藏自治区气象局专家论证，前一项目已立项实施。承担了国家自然科学基金项目《西藏羊卓雍湖对全球气候变化的响应》和《西藏高原典型内陆湖湖面变化对气候变化的响应》项目。参加了国家自然科学基金项目《西藏羊卓雍湖对全球气候变化的响应》、区科技厅的重点项目《西藏蔬菜产业化研究》和中国气象局《西部五省区气候变化与生态环境评估业务系统》分项目《西藏区树木年轮资料网建设》和《藏东南地区气候观测系统》分项目《色齐拉山气候特征及生态质量气象评价》的研究工作。参加了中国气象局项目《西藏自治区太阳能资源业务评估系统》，主要承担项目的技术把关工作和日照时数、总辐射的时空特征分析及太阳能资源的区划，完成了基于GIS下的日照时数、总辐射空间分布图和太阳能资源区划图。

学术论文硕果累累。1996年、1997年合作编写了《农业气象历书》，向读者介绍了当年农业气候与生产概况及下一年气候预测、气象知识、西藏气候、气象灾害等，对科学指导农牧业生产具有重要意义，受到农业部门的好评。2001年合作编著出版了《西藏地区旱涝气候预报研究》；2005年独著出版了《西藏高原霜冻气候特征及预报方法研究》；2007年出版了《西藏农业气候资源区划》。1992～2008年共发表学术论文68篇，其中在《大气科学》、《地理学报》、《自然资源学报》、《应用气象学报》等国家一、二级期刊上发表28篇，其中多篇论文获自治区科协优秀论文。 （次 吉）

【领导名录】

党组书记：刘光轩

党组副书记、局长：宋善允

副局长、党组成员：尼玛丹增

旦增顿珠 赵一平

党组纪检组组长：拉卓（兼人事教育处处长）。

自治区地震工作

【地震活动情况】据西藏地震台网测定，2009年西藏及邻区（26°～37°N,78°～100°E）共发生大于1.0级地震1939次，其中：1.0～1.9级地震1290次，2.0～2.9级地震466次，3.0～3.9地震134次，4.0～4.9地震43次，5.0～5.9地震5次，6.0级以上地震1次，最大地震是2009年9月21日在中不交界6.3级地震。

【地震活动特点】与2008年相比，地震活动频次较少，强度相对较低。

藏东地区错那断裂带地震活动明显增强，2009年9月21日在中不交界6.3级地震，对我国西藏的洛扎县的古建筑物均造成较为严重破坏。

2009年西藏地区及邻区（26.5°～36.5°N，78.0°～99.0°E）发生5.0级地震5次，最大为7月24日那曲地区尼玛县和阿里地区错勤县交界5.6级和11月8日西藏日喀则地区昂仁县、萨嘎县交界5.6级地震。

【地震监测与震情会商】2009年西藏地震台网共记录到发生在西藏及邻区的地震1939次，其中5级以上地震5次，相对2008年，强震活动水平明显下降。

全年始终坚持周、月、年中、年度、震后趋势、短临跟踪临时紧急震情会商制度，编写了《2009年下半年西藏地区地震趋势会商报告》和《2010年西藏地区地震趋势会商报告》。积极开展破坏性地震震后趋势判定，为抗震救灾工作的开展发挥了参谋助手作用。

【台网运行管理】为进一步提高台网运行质量和服务水平，更好地发挥数字化观测台网效能。2009年西藏自治区地震局把规范台网运行管理作为监测预报工作的一项重点。先后制定了《西藏测震台网运行管理办法》、《西藏前兆台网运行管理办法》、《西藏信息台网运行管理办法》等规章制度，使台网运行达到制度化、规范化。台网地震速报水平和观测资料质量得到明显提高。在2009年的几次破坏性地震速报中，台网定位快速、准确。狮泉河地震台重力观测项目参加全国评比获得第二名的优异成绩。

西藏自治区地震局技术部门还克服台站分布广、路途遥远、气候恶劣等困难，及时解决台站出现的各类故障，全年共出动12次，行程近7000公里，基本保障了台网的运行率。

【"十一五"项目建设】1—4月，完成了“十一五”地震背景场探测项目台站勘选经费的测算；5月，赴湖北省地震局进行了形变台网建设调研；6月，完成了流体台网的勘选报告；7月，完成了形变台网的现场勘选及勘选报告；5—10月，完成了错那台的初勘和场地仪器测试、狮泉河台阵的勘选，仲巴、日土台的场地仪器测试以及珠峰地震台的基建；10月，珠峰地震台完成仪器安装，顺利开通。

GNSS陆态网络项目的土建工程全部完工，正组织实施设备采购和追加经费的落实。

那曲地震台、狮泉河地震台优化改造项目和子午工程观测房建设等工程的招投标工作已经完成并已开工建设。

藏东、藏北台网完成了专业设备的采购，完成江达台的二次勘选。

【快速反应，有效应对突发地震灾害】2009年7月24日那曲尼玛西南5.6级地震、9月21日不丹和中国交界处6.3级地震和11月8日日喀则昂仁、萨嘎交界5.6级地震发生后，西藏自治区地震局均立即启动破坏性地震应急预案，及时向自治区党委、政府和中国地震局报告震情、灾情，并在第一时间派出现场工作队赶赴震区开展灾情调查、损失评估和地震知识科普宣传，协助地方各级政府开展抗震救灾工作。自治区领导对西藏自治区地震局地震应急工作反应快速、措施得力给予充分肯定。

在地震应急过程中，西藏自治区地震局还十分重视西藏的特殊情况，坚决维护祖国的主权和领土完整。如9月21日不丹和中国交界6.3级地震发生后，国内众多媒体均引用外媒的报道，将此次地震报道为“不丹和印度交界处发生6.3级地震”。为此西藏自治区地震局高度重视，连夜与国内各大主流媒体联系，声明立场，强烈要求将报道更正为“不丹和中国交界处发生6.3级地震”。通过努力，各媒体陆续更正了错误报道。

【结合实际，不断加强应急救援队伍建设】根据西藏地震应急救援工作的需要，西藏自治区地震局与自治区公安消防总队提出了西藏地震灾害紧急救援队伍建设方案并上报自治区人民政府。2009年，自治区下达财政资金近3000万元，用于为地震救援队伍配备专业设备。

8月和9月，昌都、阿里地震灾害紧急救援支队分别成立，确保了两个地区能在破坏性地震发生后，第一时间派出专业救援队伍实施紧急救援，抢救被困人员和物资，最大限度地减轻人员伤亡和财产损失。

【因地制宜，适时开展地震应急演练】结合2008年当雄地震应急工作经验教训，9月21日，西藏自治区地震局举行了较大规模的内部地震应急演练。演练分为桌面和现场演练同时进行，通过演练对地震应急预案进行了一次检验，使各部门、各位干部职工明确了自身职责，理顺了地震应急工作程序，为有效应对地震灾害打下了良好的基础。

【精心组织，认真履行区域应急牵头单位职责】作为2009年度西南地区地震应急区域协作联动工作牵头单位，西藏自治区地震局认真履行工作职责。年初制定了《西南地震应急区域协作联动2009年度工作要点》，提出了工作思路和任务。10月，由西藏自治区地震局承办的2009年度西南地区地震应急区域协作联动工作会议在林芝地区圆满召开。

【大力学习贯彻新《防震减灾法》，广泛开展地震科普知识宣传】2009年是新修订的《中华人民共和国防震减灾法》颁布实施之年，为做好该法的宣传贯彻工作，西藏自治区地震局开展了形式多样的宣传活动。一是积极与广电部门合作，利用电视媒体开展法律和公众自救互救常识宣传；二是与自治区教育厅联系，在部分中小学开展了防震减灾宣传教育活动，通过举办讲座向广大师生宣传防震减灾法律法规和地震科普知识，发放《防震减灾法》、《地震应急避险要诀》等宣传资料。

2009年5月12日是国家设立的首个防灾减灾日，根据中国地震局《关于做好首个防灾减灾日科普宣传教育工作的通知》的要求，西藏自治区地震局在做好宣传工作的同时，还指导昌都、林芝地区地震局开展了展台宣传、散发宣传资料、组织中小学应急疏散演练等活动。活动期间，共发放宣传书籍1600册、挂图280套、光盘41张、宣传折页6500张。

【积极参与当雄地震灾区恢复重建和农牧民安居工程建设指导】一是西藏自治区地震局联合相关部门制定了当雄地震恢复重建指导政策。结合汶川地震恢复重建经验，自治区人民政府要求加强恢复重建工程抗震设防监督管理工作，这为灾区恢复重建的科学选址和确保重建工程安全提供了重要保证。重灾区当雄县羊易村恢复重建工程已顺利完成，灾区农牧民于10月之前喜迁新居。

二是当雄地震后，根据西藏自治区地震局的现场考察情况和西藏农牧民安居工程建设实际情况，自治区政府明确提出在新农村建设中，要实施农居抗震安居工程计划，采取以农牧民自筹为主，政府补助为辅，调动农牧民的积极性，改造和新建的住房使之达到设防标准的要求。自治区政府于2009年1月和10月两次组成由财政、地震等部门参加的联合验收组开展农牧民安居工程验收和指导工作，确保了抗震设防要求落到实处，有力地提高了农牧区整体防震减灾能力。

三是按照自治区政府统一安排，积极配合自治区教育厅开展了全区中小学校舍安全性排查与鉴定工作。西藏自治区地震局选派多名工程技术人员克服各种困难，深入林芝、日喀则等地区开展普查，为中小学校舍开展抗震加固和重建工作提供了第一手资料。

自治区电力工业工作

【企业概况】2009年，西藏电力有限公司（以下简称公司）仍与西藏自治区电力工业局（2009年4月撤消西藏自治区电力工业局）实行“一套机构、两块牌子”的管理模式。

2009年，公司经营管理范围为中部（包括拉萨市、日喀则市、山南地区、那曲地区、林芝地区）、昌都、阿里狮泉河三个地市电网。11月19日，林芝电网与藏中电网联网工程提前竣工投运，形成西藏中部电网。截止2009年12月30日，公司下辖基层单位21个。其中，分公司16个，子公司3个，代管事业单位2个。公司注册资本30亿元人民币。员工总人数4210人。公司本部共设置16个部门和1个行业工会：即办公室、发展策划部、人力资源部（技能鉴定中心）、财务资产部、安全生产部、生产技术部、基建部、营销部、农电工作部、科技信息部、物资部、审计部、监察部、思想政治工作部（机关党委）、经济法律部、电力调度通信中心、西藏电力工会。

公司经营管理的西藏中部、昌都、阿里3个地市级电网总装机容量57.80万千瓦，占全区装机容量的77%，较2008年增加3.3万千瓦。其中：水电44.08万千瓦，占76.26%；火电11.29万千瓦，占19.53%；其它装机：2.42万千瓦，占4.18%。公司管辖110千伏变电所25座，变电容量105.28万千伏安，110千伏输电线路回路总长度2072.58公里(含电缆)。35千伏变电所123座，容量7.74万千伏安，35千瓦输电线路回路总长度3191.63公里（含电缆）。2009年,公司担负着全区7个地市所在地及主电网覆盖范围内的32个县、220个乡、1813个行政村的供电任务，完成发电量16.87亿千瓦时，同比增长11.78%；售电量14.72亿千瓦时，同比增长10.79%；综合线损率12.85%，较上年降低了0.43个百分点；应收电费余额1723万元，完成国家电网公司考核指标；完成重点电力建设投资15.9亿元；年末全员劳动生产率12.93万元/人·年；全年电网安全形势保持平稳。

【电力概况】2009年末，西藏自治区地市电网总装机容量57.9万千瓦，较2008年增加3.375万千瓦。其中：水电44.08万千瓦，占总装机容量的70.1%；地热发电2.42万千瓦，占总装机容量的4.1%；火力发电11.29万千瓦，占总装机容量的19.4%；太阳能和其它新能源发电0.11万千瓦，占总装机容量的0.1%。

全区地市电网发电量17.70亿千瓦时，较2008年增加1.83亿千瓦时；全区用电人口已达到近210万人，占西藏总人口的73%以上;全区人均用电量704千瓦时;全区各县府所在地、乡（镇）政府所在地通电率达到100%，行政村通电率为60%。

西藏电网由3个独立的地市级主电网构成，形成以延伸覆盖到32个县农牧区的西藏中部电网（覆盖拉萨、山南、日喀则、那曲和林芝）、昌都电网和阿里狮泉河电网“一大两小”的电网格局。主电网以外的县级及以下的小水电和太阳能光伏电站分别由自治区水利部门和自治区科委负责规划与建设，建成后移交当地县级电管机构管理，均是独立的一县一网。

西藏中部电网、林芝电网和昌都电网最高电压等级为110千伏。其中，阿里电网最高电压等级为110千伏。全区地市以上电网共有110千伏变电站25座，较2008年增加4座，变电容量105.28万千伏安，较2008年增加36.78万千伏安，110千伏输电线路总长2072.58公里，较2008年增加234.46公里;35千伏变电站123座，较2008年增加39座，变电容量48.39万千伏安，较2008年增加1.75万千伏安，35千伏线路总长3791.63公里，较2008年增加625.88公里。

2009年，西藏中部电网仍存在冬春季节缺电矛盾，最大电力需求为37万千瓦，电量需求11亿千瓦时，电网能够组织的最大发电能力仅为29万千瓦，可发电量8亿千瓦时，电力缺口达30%，缺电仍是制约西藏经济社会发展的突出“瓶颈”。

【人力资源】截止2009年12月30日，公司在职职工人数4210人，藏族及其他少数民族2363人，占职工总数的56.13%，汉族1847人，占职工总数的43.87%。其中：管理人员1141人，技术人员411人，生产人员1855人，分别占职工总数的27.10%、9.76%和44.06%。具有专业技术资格1121人(高级39人，中级226人，初级856人)，占职工总数的26.63%，具有高级技能等级资格608人，中级技能登记资格261人，初级技能等级资格46人，分别占职工总数的14.44%、6.20%和1.09%，学历层次为：硕士研究生33人，占在职职工总数的0.78%,大学本科419人，占在职职工总数的9.95%；大、中专学历1777人，占在职职工总数的42.21%；高中及以下文化程度人员1981人，占在职职工总数的47.05%。全年新招聘员工149名。配合做好国家电网公司系统40名管理与专业技术人员进藏开展帮扶工作。

考核公司20家单位创建“四好”领导班子活动，进一步优化领导干部队伍结构。新组建领导班子8个、调整交流处级干部65人，提拔使用26人。加强后备干部的考察工作，调整充实了后备干部队伍。加大干部培训力度，举办了首届处级干部培训班，在国家电网公司高培中心对21人进行了为期一个月的培训。截止2009年12月31日，公司党组管理的处级领导干部177人，其中总经理助理1人，副总师4人，本部部门负责人44人，基层单位21家领导班子成员128人（含副调研员5人，调研员8人）；正处级66人，副处级111人；具有研究生学历23人，本科学历41人，大专学历67人；具有高级专业技术资格31人，中级专业技术资格80人。

按照构建“一个体系”、实施“四个统一”、深化“三个加强”的工作要求，不断加强人力资源集约化管理。加大人才引进力度，加强人员招聘和调动管理，完成了150人的招聘任务和岗前培训，新招聘学生的专业结构更加符合公司发展要求。配合做好国家电网公司系统40名管理与专业技术人员进藏开展帮扶工作。坚持学以致用，专业知识和技能培训统筹兼顾的原则，投入资金690万元，完成培训项目422项，培训6630人次。

规范劳动用工管理，完善劳动用工制度，全面梳理和规范各企业的劳动用工。认真开展主多分离工作，规范多经企业管理。建立了统一标准的营销体系，根据“一部三中心”要求，成立了公司电能计量中心。完成了阿里电力公司体制上划工作，积极争取政策，推动水电勘测设计院和电力试验研究所的改制。对原来25家（到2009年底调整后仅有21家）单位企业负责人年度业绩考核指标完成情况进行了考核，对5家新成立单位年度工作情况进行了考核，并与年度绩效奖金挂钩兑现。制定印发了《西藏电力有限公司企业年度绩效考核管理办法（试行）》，对考核指标和方式进行了完善和改进。

严格工资管控，反复核查工资执行中存在的问题，彻底进行规范和整顿，先后制定印发了《西藏电力有限公司工资总额管理暂行规定》、《西藏电力有限公司企业负责人薪酬管理暂行办法》、《关于规范西藏电力有限公司加班管理的通知》等多项管理制度，逐步完善管理制度体系。在国家电网公司的支持下，公司自2009年起建立企业年金制度，员工平均收入实现了较大幅度增长。

严格执行退休管理制度，切实落实离退休人员的政治待遇和生活待遇。截止2009年12月31日，公司共有离退休人员1619名，2009年退休员工131名，其中地厅级14人，处级277人，一般员工1328人。

【电力建设与发展】加强跨区联网建设，加快骨干电源点的勘测、设计、论证和建设工作，扩大电网覆盖范围，完善供电网络设施，保障电网安全稳定和经济运行。2009年，公司完成了西藏能源中长期规划、西藏电力2008－2012年滚动规划报告，修编了西藏六地市城网“十一五”滚动规划和西藏电力发展“十二五”规划；尼洋河巴河口以下河段水电规划报告和象泉河水电规划报告通过审查；上报了拉萨220千伏环网、拉萨至日喀则输变电工程可研报告，对雪卡水电站、老虎嘴水电站送出工程的可研估算投资进行了调整；积极开展阿里并网光伏电站可研工作。

同时，紧紧抓住国务院组织开展对西藏经济社会发展全面调研的难得机遇，完成了电力发展“十一五”规划项目调整，确定了“十二五”发展目标，特别是青藏直流联网和各级电网建设工程被确定为“十一五”末开工建设项目，为推动电网发展建设奠定了基础。

2009年，公司完成固定资产投资19.41亿元，其中电网投资13.80亿元，电源投资3.91亿元；完成拉动内需项目投资1.48亿元。狠抓基建管理，理顺和规范了建设管理体制，明确责任分工，优化工作流程。以110千伏经开区变电站为示范工程，着力推进基建标准化建设，安全文明施工水平有了很大提高，施工现场面貌有了较大改善。编制了《2009年基建安全管理工作策划方案》，督促建设单位落实责任，细化措施。积极推动“三通一标”工作，开展了110千伏、35千伏电网工程的通用设计，推广和采用新工艺、新设备、新材料。加强技经和定额管理。老虎嘴水电站工程建设按计划推进。倒排工期、调集力量、抢抓进度，提前完成了林芝至拉萨联网工程，林芝电网工程和加查输变电工程建成投运，一定程度上缓解中部电网缺电矛盾。开工建设“拉动内需”项目和藏中四地市电网完善工程。

【经营管理】积极开展增收节支，着力加强企业经营管理。以综合计划管理为龙头，强化预算管理，加大生产经营的组织协调。以营销、财务等核心业务为重点，做了大量卓有成效的工作，公司经营管理水平和风险防范能力有了明显提升。高度重视营销工作，着力推进营销标准化建设。狠抓电费回收，六个地区供电公司实现当年电费结零，取得了巨大成绩。全力推动电价调整工作，积极向政府汇报，加强与各地市沟通，2009年7月份西藏中部电网电价调整。努力争取固定资产投资进项税抵扣政策，累计抵扣税金约1亿元。大力开展“三节约”活动，加强财务管理，及时筹集资金归还银行贷款3.18亿元，企业资产负债率降低了2.5个百分点。适时减持西藏矿业股份，增加公司投资收益1.44亿元，有效缓解了公司的经营压力。

充分发挥审计和效能监察作用，以经济责任审计、预算执行情况审计、内控制度审计和工程审计为重点，分别纠正违规资金和审减工程建设资金各6000余万元，取得了突出成效，增强了规范经营管理意识，维护了企业利益。积极开展“五五”普法工作，加强法律纠纷管理。强化制度建设，出台了《合同管理办法》，规范合同与授权管理，有效防范了经营风险。严格工资管控，反复核查工资执行中存在的问题，解决了多年以来工资管理不规范和历史遗留问题。加强制度建设，各部门、各专业新编和修订规章与标准54项，进一步健全了制度体系。

按照国家电网公司“六统一、五集中”的要求，加强财务集约化管理。成立了公司预算管理委员会，建立了全面预算管理体系，规范了流程，强化了管控。加大资金集中管理和统一运作力度，资金归集率达到95.23%。严格执行“收支两条线”管理，开展了银行账户和资金的清理工作，银行账户从97个减少到了38个，提高了资金集约化管理水平和使用效率。清理规范多经企业和基层单位对外投资，全面开展公司资产清查工作，规范处置不良资产。与银行签订战略合作协议，为财务集约化管理提供了保障。

推进物资管理体系建设，成立了公司物资部和物流服务中心。开展了库存物资和仓库情况普查工作。规范招投标管理，强化招标计划，组织集中规模招标13次，累计中标金额10.8亿元，比概算节约资金约2.3亿元。

协同办公系统不断深化应用，极大提高了公司系统的办文办事效率。营销和财务的信息化应用实现了业务管理手段的重大跨越，进一步规范了管理，提高了工作质量和效率。

【安全生产】2009 年，公司安全生产形势明显好转，全年未发生人身死亡、重大及以上电网、设备事故和交通、火灾事故，一般事故和障碍同比下降 24%和 29%，110 千伏输电线路故障跳闸率同比下降 57%。公司党组高度重视安全生产工作，年初以公司 1 号文件印发了《西藏电力有限公司关于加强安全生产工作的决定》。全面落实各级安全生产责任制，加强安全生产的组织与协调，强化安全生产的日汇报、周协调、月分析制度，及时协调解决安全生产存在的问题。加大安全生产投入，重点整治了 110 千伏线路跳闸率高等突出问题和安全隐患，取得了明显成效。加强电网安全稳定分析，科学合理安排运行方式，狠抓继电保护和安全稳定控制装置管理。提前分析研究林芝与拉萨联网后电网结构发生的变化，落实有关措施，确保了电网安全稳定运行。狠抓反违章管理，认真开展“违章集中整治年”活动。深入开展隐患排查治理和“三查一整改”工作，完成了查龙电厂大坝病害整治。加强应急管理，建成了应急指挥中心，定期组织开展应急演练与培训，提高了应对突发事故的能力。

编制公司有关规程的实施细则或管理办法，完成新版《事故调规》、《安全奖惩规定》《防误管理规定》、《反违章管理规定》、配电《安规》、《国网安全工器具管理规定》、《安全工器具预试规程》等规程的宣传贯彻工作。

公司党组以高度的政治责任感，坚持“四个服务”宗旨，切实加强组织领导，采取有力措施，努力缓解电力供需矛盾。积极主动向国家电网公司和自治区汇报工作，精心组织电力生产与供应，加强设备管理，努力多发多供，确保电网安全稳定运行。抢抓林芝至拉萨联网工程建设，不惜成本增发火电，抢建拉萨过渡电源送出工程，积极配合拉萨过渡电源工程建设，提前开展生产准备工作，最大限度缓解缺电矛盾。为阿里购置 4 台 500 千瓦柴油发电机组，有效缓解了阿里地区严重的缺电矛盾。

【营销工作】公司系统全年累计完成售电量 14.72 亿千瓦时，增长 10.79%；综合线损率 12.85 %，较上年降低 0.43 个百分点；应收电费余额 1723 万元，完成国家电网公司考核指标。当年电费回收率 98.75%，同比下降 0.62 个百分点，陈欠电费下降率 64.94%。

强化营销职能建设，构建公司统一的营销组织体系，完成了拉萨等地供电单位 “一部三中心”（“一部一中心”） 营销组织体系建设，组织编制完成了符合国家电网公司营销标准化设计的《西藏电力公司营销岗位标准》、《西藏电力公司营销管理标准》，完成了营销业务应用系统的试点上线和推广应用。8 月 1 日拉萨电业局试点上线运行，8 月 29 日其他六地市顺利完成系统切割上线，为营销管理业务标准、规范化建立提供了保障，实现统一营销业务管理、统一营销数据管理、统一营销分析考核。

成立了西藏电能计量中心。加强内部管理，强化电费回收管理的责任落实和过程控制，对主要用户电费缴费责任的落实工作，建立电费回收保障机制。规范营业抄、核、收业务管理，积极做好抄核收风险防范工作，对用户缴费信用开展评估，促进电费回收。积极做好银电联网的协调，拓展收费方式，增加缴费渠道。加强了供用电合同的签订和管理工作，利用法律手段，防范电费风险。

认真落实需求侧管理措施，缓解冬春季节电力供需矛盾。完善《藏中电网超供电能力拉闸限电序位表》，按计划对水泥、矿产等工业企业实施了限电停产，积极配合自治区政府组织召开全区节能节电电视电话会议，加强宣传与服务工作，争取社会各界的广泛理解与支持。

【农电工作】2007 年 7 月 25 日，西藏自治区人民政府与国家电网公司签订了《关于共同推进西藏自治区农村“户户通电”工程建设会谈纪要》，明确了国家电网西藏电力有限公司地市电网农村“户户通电”目标；到 2010 年，通过采用电网合理延伸方式，努力解决好与国家电网西藏电力有限公司有供电和资产关系的 32 个县、市（区）的无电户通电问题。工程建设投资来源为国家定额补助 80%，国家电网公司配套承担 20%。

西藏地市电网农村“户户通电”工程 2008 年 4 月 18 日开工，截止 2009 年 12 月，国家电网西藏电力有限公司 32 县“户户通电”工程已全部开工建设，解决和改善了 2.17 万户 10.08 万人的用电问题。目前，西藏自治区 7 地区（市）通过主电网供电的有 32 个县（市）、220 个乡、1813 个村，网内用电人口 134.53 万人。

【科技与信息化】2009 年，公司着力推进信息化“SG186”工程建设，完成年度投资计划 3605 万元，建成项目 29 个。完成了一体化平台建设项目 25 个，业务应用系统建设项目 16 个，保障体系项目 5 个，其它项目 2 个，一批重要业务应用系统上线运行，协同办公系统不断深化应用，营销和财务的信息化应用实现了业务管理手段的重大跨越。开展了安全防护、标准规范、运维体系建设等工作，建立了信息运维双周报机制，及时反映信息化运维、应用和建设情况。完成三期专业培训计划和信息化普及培训计划。

2009 年 2 月 20 日，西藏高海拔试验基地建设作为国家电网公司重点科技创新任务，顺利通过国家电网公司组织的整体验收，公司圆满完成了土建工程等建设任务，积极配合中国电力科学研究院开展了有关高海拔输变电课题研究。

2009 年，公司安排科技项目 6 项，总投资 723 万元，开展了电力系统参数测试及建模、西藏中部电网安全稳定运行研究、西藏电网雷电定位监测系统二期建设、西藏高海拔地区电气设备绝缘运行状况分析与研究、西藏高海拔地区合成绝缘子运行特性分析与研究、藏中电网覆盖区域污秽等级研究。

【优质服务】按照国网公司的要求，认真组织开展“迎祖国 60 华诞，展供电服务风采”主题活动，邀请了党政机关、行风监督员等各行业客户代表，参观了电力建设、生产调度及服务窗口，亲身感受西藏电力的发展，感受电力发展对西藏社会经济发展的贡献，活动得到了电力客户的一致认可。

认真组织，周密部署，圆满完成了自治区特殊敏感时期和国庆60周年、西藏民主改革50周年等重大节日、重要活动、重点场所、重要用户的保电任务，全年累计完成保电工作 245 次，得到了自治区党委、政府的充分肯定。对今冬明春实施有序用电列入限电序位表中的重要用户进行统计梳理，对重要用户的供电保障工作进行了安排与协调。组织对各供电单位的“两率”（服务承诺兑现率、服务满意率）开展情况进行检查考评，并将考评情况及存在的问题在系统内进行通报，有力促进了各供电单位加强与改进优质服务工作，树立国网形象。

针对冬春季节电力供需矛盾，公司提早研究制定了《西藏中部电网今冬明春有序用电方案》，主动向自治区政府和相关部门汇报，积极做好落实需求侧管理各项措施的准备工作。配合自治区节能办，广泛开展各种节能活动，通过走访用户、召开座谈会等形式，充分利用报刊、电视、广播等新闻媒体加大电力供应形势的宣传力度，倡导节约用电，增强全社会的节能意识，积极争取广大电力用户的理解、支持和配合，动员广大用户与电力部门共同努力，共同维护电网供电秩序。今冬明春期间电力部门还将加大电力供应秩序整顿工作，加强对各类违章用电和窃电行为查处打击力度，维护正常的用电秩序。

【援藏工作】2009 年，国家电网公司认真贯彻落实中央第四次西藏工作座谈会精神，对公司的人才、资金、技术帮扶力度不断加大，到位帮扶资金10亿元。6 月，从国家电网系统选派了 40 名年轻优秀的帮扶干部赴藏，在公司本部及基层单位从事具体工作，充分发挥了“传、帮、带”作用。组织了西藏公司 1 批 10 名干部到内地进行为期半年的实践锻炼培训，其中包括所属单位班子成员 2 人和 8 名青年专业技术和管理骨干。组织了 149 名新进员工在江苏省进行岗前培训，有力缓解了西藏公司人才紧缺的矛盾。国家电网公司积极组织各业务部门开展“结对子、一帮一”等方式的帮扶，相继组织帮扶工作组进藏开展专项帮扶工作。

国家电网公司对公司信息化建设给予了大力支持。2009 年，湖北、福建、江苏、西北公司，中国电科院、国网电科院、国网信通公司、四川公司 8 家单位在国网信通公司的牵头组织下，积极参与公司信息网络扩建规划、局域网改造、广域网改造、内外网隔离、信息机房改扩建规划、营销系统建设等多方面工作，帮扶实施项目总计 57 项，业务需求调研任务共计 64 项，撰写实施方案共计 57 套，业务系统开发培训、操作培训、实施培训等多项培训共计完成 92 次，培训人次达到 1325 人次，全年先后到藏工作的帮扶专家达到 120 人/次，全面实现了 2009 年帮扶工作的预期目标。

【领导名录】

董事长、党组成员：王庆华

董事长、党组书记：刘克俭

董事、总经理、党组副书记：刘晓明

党组副书记、纪检组长：加央群培（藏族）

党组成员、副总经理：李 华 高应云 张 韧 姚格平

党组成员、工会主席：索朗江村（藏族）

党组成员、拉萨电业局局长：谭志红

总经济师：裴新民

总会计师：李永卓

西藏电力局巡视员：扎西央宗（女、藏族）

西藏电力局副巡视员：陈新民

中国石油天然气股份有限公司西藏销售分公司

【经营业绩较快增长】与三年前相比，成品油销量由 34.21 万吨提高到 37.61 万吨，年均增长 3.54%；成品油零售量由 24.95 万吨提高到 31.54 万吨，年均增长 8.72%；销售收入从 17.58 亿元提高到 24.17 亿元，年均增长 12.5%；非油业务收入实现零的突破；吨油考核利润从 78.82 元提高到 276.59 元；考核利润由 2680 万元提高到 10444 万元。

【市场开发稳中有升】克服青藏公路整治影响，开辟进藏铁路运油新渠道，市场保供及控制能力进一步增强。加大机构用户开发力度，实行社会加油站格尔木自运批发业务，促进拉萨公司月增销近 3000 吨；销售代表三年来累计销售油品 16.28 万吨，总销量贡献比达 14.38%。实施多品种经营策略，及时向市场推广 97#汽油，适时开展 93#汽油促销，高标号汽油比例达到 27.8%，增幅 69.7%。有针对性开展“点对点”竞争，区内涌现出 2 座万吨级加油站，有效提升了零售市场份额。创新新型营销模式，首次与移动开展合作，积累了联合开发客户的经验。强化加油站三级稽查，深入开展“达标创星”活动，单站日销量达 7.22 吨，增幅 28.5%。

【营销网络稳步扩张】加快推进网络开发，累计完成投资 4000 万元，在拉萨、山南等地区新增加油站 7 座，营销网络进一步优化。加紧重点项目建设，铁路接卸库完成土地征用等前期工作，取得了实质性进展。加大技术改造投入，累计完成投资 1.1 亿元，改造 5 座油库、33 座加油站，库站功能及形象发生了深刻变化。完善公用工程建设，累计完成投资 4000 万元，新建员工住房 49 套、改造员工住房 166 套以及修建机关活动中心等，员工办公生活条件进一步改善。加快信息化建设，ERP、人力资源、视频会议等系统陆续运行使用，为管理集约化、运作专业化提供了有力支撑。

【基础管理持续强化】实行加油站属地化管理，顺利完成 4 座加油站移交，资源持续得到优化配置。深度推进银企合作，加油站上门收款服务率达 95%，资金安全等级事故为零。加大固定资产清查力度，积极推行资产管理试点，资产基础工作进一步强化。强化成本费用控制，铁路运输节约运费约 200 万元，五项费用全部受控运行，2009 年较预算减少 150 万元。加强库存商品管理，建立定期盘点制度，油品数质量取得了较好效益。加强内部控制管理，梳理细化业务流程，规范合同授权审查，依法处理纠纷案件，逐步规范股权管理，实现股权收益 21 万元。组织内审项目 15 项，实施效能监察项目 10 项，进一步规范了经营管理行为。

【安全生产得到加强】层层落实安全环

保责任制，持续改进 HSE 体系，加大体系宣贯力度，定期组织体系评审，全员风险意识和安全技能不断增强。配齐 15 名安全总监、193 名库站安全员，安全监管力量得到加强。严格落实“反违章禁令”，强化安全大检查，查处“三违”行为 500 余起，进一步规范了安全操作行为。加强重点领域、关键环节安全监管，库站管理、施工现场基本受控运行。加强隐患排查与治理，库站安全系数大为增强。修订完善库站应急预案 126 个，组织开展应急演练 2840 人次，成功处理了林芝“4·19”火灾等重大险情。落实油库站重要时期防恐措施，严防不法分子蓄意破坏，实现了拉萨、国庆 60 周年等特殊时期安全平稳运行。

环境保护、地矿勘查

自治区环境保护工作

【年度综述】2009 年，自治区环保系统坚持以科学发展观为统领，按照“加强生态文明建设，实施科学发展促进战略和生态安全保障战略”的环保工作思路，围绕自治区“保增长、保民生、保稳定”工作大局，立足于构建西藏高原国家生态安全屏障和建设生态西藏，全面推进生态环境保护与建设、污染防治和辐射环境管理工作，严格环境执法监管，各项环保工作取得重大进展。

【西藏生态环境保护与建设进入新的发展阶段】《西藏生态安全屏障保护与建设规划》步入实施阶段。2009 年 2 月 18 日，国务院第 50 次常务会议审议通过了《西藏生态安全屏障保护与建设规划》（以下简称《规划》），将西藏生态安全屏障保护与建设工程确定为国家重点生态工程，提出用近 5 个五年规划期的时间，投入资金 155 亿元，实施 3 大类 10 项生态环境保护与建设工程，到 2030 年基本建成西藏生态安全屏障。为确保《规划》顺利实施，自治区成立了由郝鹏常务副主席任组长的规划实施领导小组，出台了《西藏生态安全屏障保护与建设规划实施意见》，召开了《西藏生态安全屏障保护与建设规划实施方案》编制工作会议。目前，已完成《规划》3 大类 10 项工程的实施方案和 7 项保障工作方案。组织编制了《西藏生态安全屏障保护与建设生态监测实施方案》，提出了《规划》专项资金的项目计划，《规划》总体实施方案待审查后上报国家发展改革委。随着《规划》的深入实施，西藏的生态环境保护与建设工作，形成了统一规划、整体推进、分部门实施的新格局。

生态环境保护考核制度逐步建立。加快了西藏生态安全屏障保护与建设生态监测工程实施进度，并逐步建立生态环境保护考核制度。林芝地区已将生态环境保护任务纳入各县、各部门行政首长目标责任制，实行党政一把手亲自抓、负总责，建立部门职责明确、分工协作的工作机制，做到责任、措施和投入“三到位”。那曲地区行署与那曲各县（区）人民政府签订了《2009－2010 年生态建设与环境保护目标责任书》，以此推进藏北高原生态安全屏障的建设。

自然保护区建设进一步加强。落实国家级自然保护区专项资金 180 万元，开展了珠峰、拉鲁湿地两个国家级自然保护区的规范化建设。对羌塘和雅江中游黑颈鹤国家级自然保护区的范围及功能区调整方案进行了审查论证，向自治区人民政府上报了相关意见和建议。对拟建的西藏昂孜错—马尔下错、然乌湖和桑桑湿地自然保护区进行了评审。

生态创建工作稳步推进。在全区启动了环境优美乡镇及生态村创建工作。指导林芝地区编制了《生态林芝建设规划大纲》。协调指导拉萨市扎实推进国家环境保护模范城市的创建工作。

【着力改善民生努力维护环境安全】确定了西藏自治区 2009 年重点监控企业 30 家、重点监督企业 76 家。对我区 2008 年和 2009 年前三季度主要污染物总量减排工作进行了总结并上报国家，对 2009 年上半年主要污染物总量减排进行核查，并接受了环境保护部西南环保督查中心的现场检查。实施了山南地区妇幼保健院污水处理工程和羊八井地热电厂尾水回灌工程等减排项目。配合相关部门开展了生活垃圾填埋场、污水处理厂等环境基础设施项目的前期工作。

饮水安全保障工作稳步推进。完成了全区 74 个县级城镇、5 个一类口岸所在地城镇和 13 所重点学校的 140 个集中式饮用水水源地的基础环境调查和水质监测工作，建立了饮用水水源地环境保护档案，编制了《西藏自治区城镇饮用水水源地环境保护规划》，提出了饮用水水源地环境保护工程。同时，对全区 70 个非县城所在地建制镇开展了饮用水水源地基础环境调查工作。以拉萨市西郊水厂和日喀则市东郊水厂污染整治为重点的饮用水源环境保护工作取得突破性进展。

环境综合整治力度不断加大。会同自治区建设厅、交通厅、旅游局在全区继续开展了重点交通干线、旅游景区及主要城镇环境综合整治工作，促进了城镇、乡村、旅游景区、交通道路沿线环境的明显好转。拉萨、林芝、阿里等地市开展了垃圾专项整治工作，清理垃圾上千吨。拉萨市加大机动车尾气检测力度，已检测的近万辆机动车合格率超过 98%。昌都地区针对餐饮、娱乐业开展了环境秩序专项整治。在全区范围内全面开展了禁止“白色污染”工作，检查农贸市场、超市、个体工商户近 3000 家，查处 7 家，收缴塑料袋 26 吨、塑料饭盒 4.5 万余个、一次性塑料杯 20 箱、一次性木筷 1400 余公斤，并发动环保企业免费发放环保布袋 15000 余个。中高考期间全区共检查噪声企业近 50 家，查处噪声污染企业 9 家，为广大考生营造了安静的考试环境。实施了14个村环境综合整治项目，落实2009年农村环保专项资金1540万元，对17个村开展环境综合整治。

辐射环境监管力度不断加大。对全区22家放射源使用单位进行了安全检查，消除了辐射事故隐患。为民航西藏区局等4家使用射线装置的单位核发了《辐射安全许可证》。开展了电磁辐射设备（设施）查漏补缺工作。

环境信访工作得到加强。制定了《西藏自治区环境保护局信访工作管理办法》。认真处理群众反映的环境问题，全区环保系统共接到环境信访举报481件，办结460件，结案率达95.6%。办理自治区人大代表建议、政协委员提案5件，办结率和满意率均达100%。

【严格环境执法监管】规划和建设项目环境管理不断加强。积极开展规划环境影响评价工作，对《西藏自治区玉曲河干流水电规划环境影响报告书》进行了审查。严格执行建设项目环境影响评价和“三同时”制度，组织相关部门对省道306线米林（南伊桥）至朗县公路整治改建工程等13个项目进行了竣工环境保护验收。

矿产资源勘查与开发环境监管力度不断加大。下发了《关于进一步加强矿产资源勘查与开发环境保护工作的通知》，对我区矿产资源勘查项目环境保护工作实行分类管理。对堆龙德庆县12家铁选矿厂进行了整顿规范，关闭了8家选矿厂。对拉萨市周边砂石采挖管理混乱、乱采滥挖等问题进行了集中整治，私挖乱采、遍地开花的局面基本得到扭转，得到了自治区人民政府主要领导的充分肯定。

环保专项行动深入开展。2009年环保专项行动突出“以人为本，环保为民，加快解决事关民生的突出环境问题”这一主题，全面开展了以饮用水源地保护、重点建设项目环境监察、矿产资源勘查与开发环境保护、重点区域环境综合整治和各级政府挂牌督办环境问题为重点的专项执法检查工作。全区共出动环境执法检查人员1812人次、车辆967台次，检查企业626家，查处存在突出环境问题的企业90家。紧盯挂牌督办环境问题不放松，对自治区挂牌督办的6个和各地（市）挂牌督办的9个环境问题进行跟踪督查，使一批久拖不决、群众反映强烈、影响科学发展和社会和谐稳定的环境问题基本得到解决。环保专项行动工作总结报告上报政府后，自治区主席向巴平措同志作了“我区的环境保护工作取得显著成绩，领导重视程度不断增强，干部群众的环保意识也在不断提高，同时，存在的一些问题也较突出，必须下功夫，各司其职，着力加以解决”的重要批示。

建立了环境信息报告制度，将重点污染源、重点矿山开采和选矿企业、重点建设项目、挂牌督办环境问题、环境限期治理项目以及群众来信来访举报的环境问题作为重点监督检查对象，开展经常性的执法检查，定期报送相关情况。配合自治区人大开展了以“消除白色污染，呵护美好家园”为主题的2009年“中华环保世纪行—西藏行”活动。

【全区第一次污染源普查和土壤污染状况调查工作全面完成】完成了全区第一次污染源普查档案的立档归卷工作，对全区7地（市）73个县（区、市）的污染源普查进行了全面验收考核。编制了《西藏自治区第一次污染源普查技术报告》，完成了西藏自治区第一次污染源普查工作总结。完成了土壤污染状况调查样品分析，获得数据141238万个。建立了西藏自治区土壤污染状况调查数据库和样品库，编写了《西藏自治区土壤污染状况调查报告》、《西藏自治区一江两河区耕地土壤质量状况》，制作了相关图集。此外，完成了跨界河流补充调查，开展了2009年全区持久性有机污染物更新调查和全区医疗机构医疗废物处置能力调查。会同相关部门对《国家环境保护“十一五”规划》和《西藏自治区“十一五”时期国民经济和社会发展规划纲要》执行情况进行了中期评估。

【生态补偿研究工作稳步推进】开展了西藏森林、草地、湿地、自然保护区、水资源保障和矿产资源开发等6个领域的生态补偿研究，形成了《西藏生态补偿研究》报告，提出了西藏生态补偿政策需求。配合自治区财政厅、农牧厅、林业局等相关部门编制了各领域的生态补偿实施方案。

【环境信息】全年共编发西藏环保信息12期605条，分别报送自治区党委、人民政府和环境保护部。被自治区党委采用81条，自治区人民政府采用86条，环境保护部采用33条。

【领导名录】

厅党组副书记、厅　长：张永泽
厅党组成员、纪检组长：肖珍
厅党组成员、副厅长：张天华　江　白
厅副巡视员：李维星
厅党组成员、厅长助理：刘玉平
厅长助理：李华友

自治区
地质矿产勘查开发工作

【年度综述】2009年，自治区地勘局全年共实施地质矿产勘查项目130项，勘查经费达1.5亿元以上。其中，青藏专项项目20项（经费6353万元）、大调查项目8项、危机矿山勘查项目2项、资源补偿费项目7项、自治区地质勘查专项资金项目3项、局筹资普查项目和找矿专项资金项目67项、科研项目9项、合作勘查项目14项。完成主要工作量：钻探80789m，平硐9742m，槽探59961m^3，浅井422m，1:20万水系沉积物测量86415km^2，1:5万水系沉积物测量6550km^2，1:5万地质填图4798km^2。此外，还充分发挥优势积极承担了市场地质项目及工勘项目11项，完成主要工作量：钻探45454m，平硐3968m，槽探6745m^3，总经费约5300万元。

新增铜金属量200万吨、铅锌金属量100万吨、铬铁矿50万吨；提交新发现金属矿产地10处，盐湖矿产地1处，同时还发现了一批可供进一步勘查的找矿线索，全面完成了地质工作目标任务。

【青藏专项取得重要进展】国土资源部徐绍史部长亲自带队来藏，就青藏专项地质工作召开专题会议，研究部署了青藏专项的组织实施工作，体现了国土资源部对青藏专项工作的高度重视。区党委、政府对青藏专项工作非常重视，极大关注，全力支持，相继出台了《关于营造良好环境、全力支持配合当前各类项目建设、企业生产和专项野外作业工作的通知》、《西藏自治区人民政府专题会议纪要》、《关于确保青藏高原地质矿产调查与评价专项工作顺利实施的紧急通知》、《关于西藏自治区青藏高原地质矿产调查与评价专项协调管理办法的通知》等文件。区党委的重视、政府的支持、领导的关心、地方各级的配合，为保质保量完成青藏专项工作任务创造了有利条件。所以，实施的地质矿产调查项目和区域地质调查项目，不但深化了藏东“三江”成矿带、冈底斯成矿带的成矿地质背景、成矿作用、成矿规律的认识，并且新发现 27 处矿点或找矿线索，圈定了一批有找矿潜力的靶区；区域化探项目在藏西北圈定近百处化探异常，通过部分异常查证发现 22 处为矿致异常，取得了明显的找矿效果，为班怒西段的找矿部署提供了新的重要依据；矿产资源评价项目在波龙、火箭山、木乃、朱诺等矿点（区）对矿体进行了进一步控制，找矿效果明显，其中波龙铜矿、朱诺铜矿有望达大型以上规模。同时，地勘局与有关部门共同完成了《青藏高原地质矿产调查与评价专项（西藏部分）实施方案》的编制，并通过审查，为青藏专项的有效实施提供了重要依据。

此外，为确保青藏专项工作顺利开展，区政府和国土资源厅特批和办理了 81 个新探矿权作为青藏专项的勘查工作点和储备点，为青藏专项健康实施提供了保障，而且很好地保护了多年来国家地质队伍不懈努力发现的找矿线索和国有资产不被流失。

【危机矿山勘查项目取得良好的找矿效果】在罗布莎、香卡山矿区深部发现了多个铬铁矿层，取得了突出的找矿效果，共新增铬铁矿资源量达 50 万吨以上，为进一步勘探提供了科学依据。

区财政专项资金项目起步良好。为加快我区优势矿产资源的勘查步伐，首次承担了自治区财政专项资金项目，在尼玛县色布塔多金属矿区深部发现了较好的钼矿化；初步查明了南木林县唐巴多金属矿区的矿化特征；在仲巴县休古嘎布矿区深部发现了数层铬铁矿体，为下步勘查工作提供了科学依据。

【局筹资地质项目成效明显】为进一步做强地质主业，地勘局多方努力筹措近 2000 万元安排重要矿区普查和预查工作，相继安排了对浦桑果铅锌矿、多不杂斑岩铜矿、纳多弄铅锌矿、洗贡金矿、布主金锑矿、拉果错盐湖锂矿等矿区的地质矿产普查工作，其中浦桑果、多不杂、纳多弄、拉果错矿点已达到或有望达到大型规模；同时，预查项目发现 34 处矿点或找矿线索，部分矿点有较大找矿潜力，为开展进一步找矿评价工作提供了重要依据。

【水工环地质项目取得良好社会效益】积极服务地方经济建设，用地质服务能力惠及民生。根据当地需求，开展了日喀则缺水地区找水项目，探获了丰富的地下水，有效解决了所在地人畜饮水困难，改善了当地居民生产、生活条件，得到了当地政府和群众的高度赞誉。同时，开展了拉萨地区多目标地球化学调查项目，为土壤质量评估、改良与种植结构调整等提供了科学依据。此外，积极响应区政府《西藏自治区中小学校舍安全工程实施方案》的统一部署，抽调专家配合教工委、区国土厅等部门开展了对全区中小学校舍地质灾害隐患的排查工作，并从专业角度提出了建议和为全区中小学校舍信息数据库提供了地质信息，得到主管部门的肯定与好评。

【研究水平能力不断提高】“西藏自治区矿产资源潜力评价”项目是国土资源部的一号工程项目。该项目对预测矿产资源家底、规划部署国家地质工作具有重大意义。地勘局克服人员少等诸多困难，积极组织并取得一系列研究成果，其中成矿背景、化探课题评为优秀，基础数据库专项经评比取得了西南片区第一的好成绩；“西藏雅鲁藏布江东段铜多金属矿勘查”项目，通过大量野外工作，系统总结了 2002 年至 2007 年勘查成果，在成矿作用与成矿阶段、成矿模式与找矿靶区研究方面取得重要进展，深化了冈底斯成矿带的认识，为地质科学研究及找矿部署提供了重要依据，其中，驱龙铜矿提交了 1036 万吨的铜金属资源量，成为中国第一大铜矿，该报告被中国地质调查局评为优秀勘查报告，并作为大调查工作以来国家重大地质调查成果之一；科技部科技支撑项目“冈底斯东段铜金多金属成矿特征与资源评价研究”和“班公湖－怒江成矿带西段铜多金属矿床调查研究”项目，深化了基础地质重大问题研究，提升了典型矿床的研究水平，提出了成矿规律新认识，顺利通过了国家科技部年度验收并得到高度评价；自治区科技厅重点科研项目“西藏马攸木金矿成因研究”，对马攸木地区金矿找矿工作具有重要指导意义，获自治区科技进步二等奖。

此外，为提高科学技术水平和普及地学科普知识的宣传，地质学会邀请区外地学专家召开了学术交流会，进行了“地球日”科普宣传和“防灾减灾”科普一条街宣传活动，制作了宣传展板。局实验室被命名为国家第一批国土资源科普基地，也是自治区唯一的国土资源科普基地。地质测试装备得到大幅度提高，服务领域不断扩大，测试水平、服务质量和技术水平不断提升，较好地发挥了“测试为眼的作用”，为地质找矿和自治区经济社会跨越式发展提供了可靠的科学数据和鉴定成果。

【合作地质项目取得较好成绩】面对金融危机，合作地质项目受到影响，地勘局采取积极应对措施，与合作方共同克服困难，加强协调，全力推动合作地质工作的开展，江达县玉龙铜矿补充勘探进展顺利，确认铜金属资源量 650 万吨；加查县邦布岩金矿经勘查有望达到大型矿床规模；墨竹工卡县洞中拉铅矿勘探为近期开发打下了基础；双湖鄂雅错盐湖资源勘查有新推进，已进入工业化选矿阶段；麻米错盐湖详查后确定了首采地段；尼木县冲江铜矿、申扎县查藏错东多金属矿等矿区勘探程度进一步提高，为矿山开发建设提供了重要依据。

【产业经济稳中有进】落实“二产抓重点”的经济发展战略，积极推进合作公司勘查步伐，为优势矿业发展奠定基础。通过引进社会资金，加快加大了合作矿

业权的勘查步伐，促进和带动了我区优势矿产资源的勘查与开发，一些合作矿山已完成地质勘查工作，进入开发建设阶段，即将为自治区经济发展发挥重要作用。其中玉龙铜矿2009年完成了“一期一步”工程，已生产电解铜1000吨，揭开了我区铜矿在西藏境内开发的新篇章。巨龙铜矿正在办理相关开发手续，有望建成为我国最大的铜业基地。加查邦布岩金矿的试生产，标志着我区第一座岩金矿山的诞生。同时，按照区政府的要求，区地勘局积极参加了自治区国有企业控股的西藏盛源矿业集团组建工作，为自治区做大做强矿产支柱产业付出了努力。

【发挥专业优势，服务人民群众】围绕我区重点工程建设和基础性工程建设，开展了地质勘查施工、工程勘查施工、地质灾害防治、民生工程以及其它建设工程的勘查与施工；积极开展全区饮用水检测、藏药材质标准化研究、建材质量鉴定、宝玉石鉴定等工作；区调队鑫达物流公司矿产品铁路专线建设项目，经多次协调，2009年完成了矿石及矿产品的铁路铺轨和货场建设，辅助工程也正抓紧施工，局地矿物资工作不但巩固和发展了地矿物资供应，而且积极发展和拓展关联产业，为全区地质勘查和矿业开发提供了物流保障；格尔木铁路转运站及时调整因进藏物资转运货量少的情况，积极申请煤的专运业务，收到了良好的社会和经济效益。同时，在全区旅游业回暖的环境下，两个山水宾馆和山水旅行社切实提高服务水平，争取四海宾客，共接待国内外游客近万人次。服务人数的回升和增加，不仅为全区旅游业恢复做出了努力，而且为增加就业，凝聚人气，增加财税收入做出了奉献。

【牢固树立为地方经济发展、社会进步和农牧民群众增收服务的观念】在地质勘查项目实施过程中，认真培养了项目所在地的部分农牧民工进入技术操作岗位，尽可能安置农牧民群众从事地质、工程施工，修路、物资设备运输等岗位，解决就业，增加他们的收入，并缓解了传统产业的就业压力，也拉动了其他产业的经济发展。一年来，聘用安置农牧民季节工2337人次，按时足额支付民工工资2701.97万元。同时，按照税法，各单位全年上缴非地质工作经营收入税收1297万元。

【存在问题】一是地质专业人才缺乏，人才引进难，留住难，极待出台相应办法加以解决；二是局属单位由于历史欠账过多，致使职工工作生活环境至今仍未得到较好改善。

【领导名录】

党委书记：李清波

局　　长：多　吉

副 局 长：李光荣　苑举斌　覃志安

纪委书记：索　加

局长助理：陈情来

第五篇 社会事业

科技、教育

自治区科技工作

【年度综述】 2009年，自治区科技系统紧紧围绕“一产上水平、二产抓重点、三产大发展”经济发展战略，锐意创新，开拓进取，圆满完成了各项任务。全年，争取国家科技项目资金5804万元，安排项目79项；自治区应用技术研究与开发经费首次突破亿元，达到10800万元，比2008年增加2000万元，安排项目67项；地（市）投入科技经费1426万元，安排项目79项。组织实施了“西藏国家生态安全屏障保护与建设关键技术研究与示范”、“藏医药现代化关键技术研究”等五个国家重点科技支撑计划项目。组织实施了“金牦牛科技工程”、“金太阳科技工程”、“藏药产业技术创新联盟工程”和“西藏高原绿色食（饮）品产业技术创新联盟工程”前期工作。圆满召开了第三次全国科技援藏工作座谈会，建立了自治区与科技部的部区会商机制并召开了部区会商第一次会议。签约科技援藏项目48项，协议资金4260万元。“西藏高原生态安全研究”成果获2009年度国家科技进步二等奖。米林县、工布江达县、堆龙德庆县、江孜县、波密县、林芝县、乃东县、桑日县、林周县等九县首次通过了2007年～2008年度全国县（市）科技进步考核，乃东县和江孜县被评为全国县（市）科技进步考核先进县，林芝地区被评为全国县（市）科技进步考核先进地（市）。科技队伍不断发展壮大，总量达到4.85万人。全区科技创新体系不断优化，科技创新环境明显改善，科技经费投入持续增长，应用基础研究实力不断增强，民生科技工作成效显著，科技对经济社会发展支撑引领作用日益提高。2009年科技对农牧业增长贡献率达38.5%，科技对经济增长贡献率达32%，科普率达75%。全区科技工作取得了令人鼓舞的新成就。

【加强农牧业科技创新，科技支撑社会主义新农村建设取得新进展】 全区科技部门围绕现代农牧业和新农村建设，组织实施了一批重大项目，为农牧业产业结构调整、增加农牧民收入发挥了较好作用。全年，安排落实农牧业科技经费占全区应用技术研究与开发经费的60%以上。重点实施了“山南地区农牧科技成果转化示范基地”、“日喀则地区种植业结构调整增效与农区高效养殖技术集成及产业发展”、“金牦牛科技工程”、“萨迦县新农村建设科技示范县”、“林芝地区尼洋河流域林下资源开发及产业化关键技术研究与示范”等24个重大、重点项目。开展了“农业科技成果转化资金”、“科技富民强县”、“星火计划”、“支撑计划”等6个国家科技专项行动计划。

【农牧业科技攻关和科技成果转化促进了产业结构调整】 实施“山南地区农牧科技成果转化示范基地”项目，发展示范户3525户，引进示范新技术34项，引进新品种15个，新增经济效益2253万元，户均增收6390元。实施“日喀则地区种植业结构调整增效与农区高效养殖技术集成及产业发展”项目，种植面积22134亩，马铃薯标准化垄作机播面积10000亩，高效养殖奶牛2000头，短期育肥绵羊4010只，取得直接经济效益1863万元，人均增收1401元。

实施“那曲地区牦牛高效育肥与快速出栏技术示范”项目，在聂荣县和那曲县建立两个牦牛高效育肥与快速出栏技术示范基地，饲养基础母牛3771头，围栏封育天然草场25000亩，人工种草3533亩，建立高效日光暖棚20座；培育牦牛育肥示范村20个、示范户1000户，育肥牦牛5259头，户均增收2380元。实施“阿里地区冬春季牦牛保膘育肥饲养管理技术示范”项目，成立养殖协会1个，建立育肥基地20亩，修建采暖温棚2座800平方米，种植牧草540亩，围栏天然草场20000亩，育肥牦牛800头，培育示范户98户，户均增收4860元。实施“西藏牦牛遗传资源保护与利用研究”项目，对牦牛品种进行分类，掌握了牦牛经济性状分子标记辅助选择有效途径和方法。

实施“农作物育种”项目，开展冬春青稞、冬春小麦、油菜、豆类作物、马铃薯、荞麦、饲料玉米育种研究，选

育出12个生产性状优良品种，累计示范面积15770亩，平均增产12%以上。实施“西藏绵羊胚胎移植技术引进研究”项目，冻胚移植受胎率达39.58%，鲜胚移植受胎与产羔率达42.86%。实施“山南藏红花人工栽培技术示范推广”项目，引进藏红花种球10200斤，建立生产基地100亩，发展示范户150户，户均增收1.2万元。实施“林芝地区天麻仿野生栽培技术研究”项目，培育天麻蜜环菌和萌发菌5个，野生天麻人工有性繁殖技术获得重大突破。实施“那曲地区藏北蕨麻产品研究与开发”项目，开发系列新产品5种。实施“阿里地区醉马草综合防治与利用技术研究”项目，完成醉马草毒素检测和疫苗合成生产，免疫试验牲畜14500头(只)，有效率达82%。

实施“优质油菜新品种山油4号示范推广”、“青稞酒液态发酵工艺应用”、“西藏蜜蜂养殖技术成果转化”等13个项目，国家下拨经费830万元。其中，实施“优质油菜新品种山油4号示范推广”项目，建设原种田和一级种子田200亩，示范推广面积4000亩。实施“西藏蜜蜂养殖技术成果转化”项目，建立养蜂生产基地，发展养蜂科技示范户30户，户均增收8万余元。

【科技富民强县项目进展顺利】实施“安多县多玛绵羊良种选育推广与产业化技术开发”和“察雅县优质水果示范基地建设”等11个项目。通过实施富民强县行动计划，培育壮大了一批特色支柱产业，有效带动农牧民增收。其中，实施“南木林艾玛岗特色马铃薯加工”项目，户均增收3500元，增加县级财政收入215万元。实施“当雄县牦牛育肥技术示范”项目，培育专业户100户，年出栏牦牛1000头，户均增收1.2万元。

【星火计划项目深入推进】重点实施“米林县藏药材人工种植技术示范”、“藏西北高寒优势牧草栽培技术示范推广”等12个项目。实施“米林县藏药材人工种植技术示范”项目，种植藏药材250亩，种植藏木香、藏丹参、板蓝根、黄芪、秦艽、西藏菱子芹6个品种，人均增收1700余元。成功举办了“2009年度西部星火科技培训协作网年会”。

【科技示范县建设进展顺利】按照“生产发展、生活宽裕、乡风文明、村容整洁、管理民主”的社会主义新农村建设总体要求，紧密结合科技扶贫工作，实施了“萨迦县新农村建设科技示范县”项目。重点开展了萨迦县吉定镇荒地种草、优质高产奶牛养殖、大棚温室蔬菜种植、藏鸡养殖应用技术和农牧民技能培训5个项目。建立人工草场2100亩。发展示范村3个，高产奶牛示范户298户；种植饲草2968亩，建立黄牛改良点2个，完成“冻配”260头，受胎率达70%以上，奶牛日产奶量从3斤提高到8斤，项目区人均增收292元。修建高效日光温室60栋，建立蔬菜种植示范村3个，培育示范户113户。在萨迦县城试种西瓜首获成功，项目区户均增收1.2万元。建立藏鸡养殖示范村3个，示范户131户，养殖藏鸡15000只，户均增收5000元。举办培训班6期，培训农牧民1736人（次），培养科技明白人2286名。通过新农村科技示范县建设，项目区农作物良种覆盖率由85%提高到98%，农牧民人均增收270元。

【科技特派员工作迈上新台阶】按照自治区“加强农牧业科技队伍建设，尤其抓好25个重点粮食主产县为主的1000名基层农牧民科技特派员队伍建设，确保在2009年春播和接羔育幼开始前全部到位”的要求，制定了全区农牧民科技特派员选聘工作方案和培训方案，新选聘农牧民科技特派员1000名。截止目前，全区共选派科技特派员2112名，其中农牧民科技特派员1163名。科技特派员创办各类专业经济协会43个，承担科技项目375个，进驻69个县（市、区），1800个乡（镇）、村，占全区县（市、区）总数的90%。全区912名科技特派员录入国家科技特派员人才库。林周县“科技特派员绵羊产业创业链”进入全国第一批科技特派员创业链行列，4个科技特派员管理部门和11个优秀科技特派员荣获国家科技部先进集体、先进个人称号。

【强化特色产业技术研发，科技支撑产业发展能力实现新提升】紧紧围绕自治区优势特色产业，加大科技投入，采用新技术、新装备，加快传统产业技术改造，研究制定特色优势产品标准，增加产品科技含量，提升产品质量。

实施“藏药产业技术创新联盟工程”。以科研项目为平台，整合了高等院校、科研院所、企业的资源，进行了藏药关键共性技术的联合攻关。实施了“藏医药现代化发展关键技术研究”、“藏药材及藏成药质量标准研究”、“西藏濒危藏药材种植示范研究”、“西藏冬虫夏草资源可持续利用关键技术研究与示范”等项目，建立了藏药材基础数据库，进行了112种藏药材地方标准的编制，建立了“白花秦艽”、“甘青青兰”、“藏木香”藏药材野生抚育基地，完成了胡黄连、绿绒蒿等珍稀濒危藏药材的资源考察，完成了低温湍流粉碎技术、过热蒸汽瞬时灭菌技术、自动制丸技术、自动制贴技术；申请了8项专利技术，已授权4项，其中发明专利一项。使我区的藏药产业技术创新水平得到了有效的提升。

针对藏毯产品标准化难以制定、产品质量不能有效提升、市场竞争力不强问题，2009年实施了“藏毯产业发展科技工程”，开展了洗毯工艺及设备研发，制定了人工洗毯与机器洗毯标准化工艺流程、洗毯工艺标准、藏毯成品地方质量标准；开展了植物和天然矿物染料在藏毯工艺中的应用研究、太阳能烘干技术在藏毯生产工艺中的研究与示范。

开展了绿色食（饮）品业共性关键技术攻关，为建立绿色食（饮）品产业技术创新联盟打好了基础。开展了林下资源开发及产业化关键技术研究与示范、蕨麻产品研究与开发。加强优势矿产资源研究开发，开展了西藏北喜马拉雅金锑多金属成矿规律与找矿方向研究，探索北喜马拉雅成矿地质背景与成矿模式。

【注重民生科技，科技在推动社会和谐可持续发展上取得新成效】坚持服务基层、关注民生，以节能减排、食品安全、人口健康、环境保护、防灾减灾为重点，加强关键技术研究与应用。在重大疾病防治、环保资源、清洁生产、公共安全等领域获得了一批科技创新成果并得到示范推广。

大力实施“金太阳科技工程”。积

极推进无电地区光伏发电建设工作，完成阿里4个县光伏发电前期准备，争取国家“金太阳示范工程”20个兆瓦。开展以风力为主的风光互补发电技术试验，完成20套1千瓦的户用型风力发电系统、20千瓦风光互补型集中供电系统和1座60米高测风塔建设，解决了64户近400人用电问题。实施“林芝地区科技局办公大楼太阳能供暖技术示范”项目，进行了方案设计、设备订购、设备安装调试等工作，供暖面积1000平方米，太阳能集热面积200多平方米，完成太阳能集中供暖控制系统优化研究，解决了大面积集热管室外管路冬季防冻的技术问题。

实施“西藏农牧区可替代能源技术与示范”项目，解决了当雄县9户农牧民住房和纳木措乡中心小学3栋教室、8栋宿舍被动式太阳房建设示范，受益人口300余人；完成达孜县34户1740平方米被动式太阳房建设示范，受益人口200余人。实施“生物质压缩成型燃料和改良示范炉在当雄的Ⅱ期示范”项目，为30户示范户配备改良示范炉及生物质压缩燃料，示范效益明显。实施“拉萨河流域高原湿地保护与修复技术研究与示范”项目，在拉萨拉鲁湿地和曲水县建立3个自动气象站。实施“高原鼠兔对藏北草原的危害及生物控制技术的研究”项目，采用生物控制技术手段，遏制高原鼠兔增长，对恢复高寒草原生态系统生态平衡起到了积极作用。实施“西藏国家生态安全屏障保护与建设关键技术研究与示范”项目，取得重要阶段性成果。启动了“藏医药对高原病防治的基础性研究”项目，地方病防治研究工作进一步推进。

【有效开发集成科技资源，科技创新能力不断提高】实施科技创新载体建设工程，投入600万元加强了科技基础条件平台建设。加强了2个省部区共建实验室培育基地、5个自治区重点实验室和9个工程技术中心建设；加强了科研基地科技条件建设；加强了科技信息化建设，以西藏科技信息服务节点和藏文农村实用技术信息系统为主体，成功建设农牧科技信息资源平台。不断改善基层科技工作条件，有力地提高了全区科技管理与科技服务水平。

加大中青年自然科学基金支持力度。安排29个项目，支持经费300万元，鼓励科研人员进行探索性研究，培育创新源，加强技术储备，推进优势学科建设和高层次人才培养。

科技人才队伍建设不断加强。推荐中国科学院和中国工程院院士候选人4名。开展自然科学研究系列、实验系列高中级专业职称评审，通过7名高级专业技术人员和4名中级专业技术人员。选派4名优秀少数民族特殊培养专业技术人员，作为首批自治区特培学员赴复旦大学等高校学习。实施区院科技合作项目《西藏项目管理工程硕士研究生班》，培养35名科技管理人员。引进硕士研究生到我区科研院所工作，充实加强了科研力量。承办科技部第三届“科教兴藏人才建设培训班”和广东省科技管理培训班，培训人员70名。

知识产权工作得到加强。召开“全国中医药、藏医药专利运用战略与知识产权优势培育研讨会”，举办“第十期知识产权培训班”，提高了知识产权管理人员业务能力。全年申请专利量达177件，其中发明专利、实用新型专利分别增加27.3个百分点和20.8个百分点，取得了突破性进展。

加强科技中介服务工作。完成国家级示范生产力促进中心绩效评价和高新技术企业、科技型中小企业认定管理。加强了国家火炬计划、创新基金、技术成果转化、科技人员服务企业、文化产业项目组织申报力度，为企业争取国家项目支持3284万元，并强化了监理验收管理。科技企业孵化器建设成效显著，发展入孵企业22家，企业研发投入7573.7万元，销售收入61124.61万元，上缴税收8903.67万元。其中，西藏藏药集团股份有限公司开发的“八味獐牙菜胶囊”获得GMP认证，并于2009年规模化生产。

地（市）科技工作特色纷呈，科技创新呈现新气象。科技工作得到地（市）委、行署高度重视，加大财政科技投入，采取切实措施，推动了科技进步。地（市）科技管理部门围绕地方中心工作，充分发挥职能作用，突出特色，突出亮点，以实用技术引进、示范推广和开发特色资源为重点，重视培育特色产品和特色产业，加强项目实施和沟通协调，发挥示范带动作用，在推动特色产业发展和群众增产增收方面发挥了重要作用。各地（市）加强了科学普及和科技宣传，开展科普培训120多期，发放各类科普宣传资料、科普读物7.2万余份（册），举办科技图片、模型展板1500余米，受益人数达12.3万余人。基层科技工作显示度不断提高。

扎实开展“十二五”科技规划编制。“十二五”科技发展规划编制工作于2009年9月启动，成立编制工作领导小组，制定工作方案，目前编制各项工作正在进行。

【科技应对金融危机行动迅速，努力支撑经济平稳较快发展】一是调整财政科技投入结构，集聚优势资源，重点支持与产业振兴和拉动内需紧密相关的研发项目。安排科技投入“三农”资金5000万元，企业自主创新资金2500多万元。二是由科技厅牵头会同财政厅、人事厅等七家单位出台《关于动员广大科技人员服务企业的意见》，制定科技人员服务企业考核管理办法，明确科技人员服务企业目标任务，申请国家安排科技人员服务企业项目36项，经费1864万元。三是注重引智育才，加快科技人力资源建设。引导科技人才向关键行业、重点企业和生产一线集聚。四是实施“科技型中小企业培育工程”，积极扶持企业技术创新，加快推广应用先进技术和产品。鼓励支持企业承担重大科技攻关任务，培养认定8家科技型中小企业。五是加强科技与金融结合。组织召开“科技金融服务企业座谈会”，研究探索科技与金融结合新机制。

【西藏自然科学博物馆筹建有序推进，科普宣传与创新文化建设再创佳绩】西藏自然科学博物馆筹建工作有序进行。国家发展改革委正式下达建设项目立项批复，确定自然科学博物馆占地面积446亩，一期占地200亩，总建筑面积33000平方米。在北京召开了西藏自然科学博物馆可行性研究报告高层专家论证会。完成了项目建设征地、征地资金拨付、土地勘查、环境评估、地质灾害评估等。

开展了建筑方案招标工作。

加强科普宣传，全民科学素质不断提高。全年编印下发实用科普书籍 7 种两万余份。按照科技部、中宣部、中国科协总体要求，深入当雄、隆子、措那等基层开展了一系列“三下乡”、“科技活动周”科普活动，发放科普图书资料 8000 份、各类实用技术科普书籍 4000 余册、各类科普挂图 2100 多张，编译出版了藏汉文对照《倡导科学文明健康的生活方式》科普丛书 1 万余册，刻录发放科普光盘 5000 余张，培训农牧民群众 1.6 万人（次）。在西藏人民广播电台开播了农村牧区健康专题栏目，创建了“农村牧区健康书架”，进一步提高了为农村牧区和农牧民的服务水平。开展了“卫生科技进社区”活动，组织专家面向公众开展健康科普讲座。组织开展了 2009 年“节能宣传周”活动，展示了节能新产品、新技术。开展了 2009 年“科普日”暨“北京—拉萨‘我和你’科普展”活动，展出了载人航天、航空科技和奥运方面的科技展板 130 张、展品 20 套，向参观者讲解科普知识 50 场（次），举办专题科技讲座 1 场，放映载人航天飞船发射影视片 80 场 / 次，区直、市直等 100 多个单位、1.1 万余人参观了科普展。

【加强科技交流与合作，科技援藏工作迈上新台阶】 正式启动“部区会商”全面合作机制。2009 年 3 月，自治区人民政府和科技部、中国科学院分别在北京签定了《部区会商议定书》和新一轮《区院合作协议书》，标志着科技合作进入新阶段。2009 年 8 月，在拉萨召开了“部区会商”第一次会议，会议就深入推进科技援藏工作，加强西藏科技创新体系建设，开展风力发电试验示范，建立藏药工程技术研究中心，加强农牧业科技攻关、特色生物资源研发、藏药产业化研究开发和太阳能资源开发、利用，西藏“十二五”科技发展规划编制等方面会商共建达成共识。

第三次全国科技援藏工作座谈会取得圆满成功。第三次全国科技援藏工作座谈会于 2009 年 8 月 6 日—7 日在拉萨召开，来自科技部、全国 17 个省（区、市）科技厅（委、局）的领导、高新技术企业负责人聚集拉萨，西藏自治区党委、政府高度重视这次会议，自治区党委、人大、政府、政协有关领导出席会议，参会代表 161 名。科技部副部长张来武、自治区常务副主席吴英杰作了重要讲话。开展了科技援藏经验交流，举行了科技援藏成就图片展和科技援藏项目签约仪式，签约科技援藏项目 48 项，协议资金 4260 万元。这次会议取得了显著成效，会议开得很成功，达到了预期目的。

加强国际科技交流与合作。紧紧围绕全区经济社会发展战略需求，精心组织西藏特色国际合作项目。全年接待外国科学考察团组 8 个 19 人。“建立西藏燃料敏化电池试产平台”项目批准立项。“慢性高原病和高海拔心血管系统风险的无创快速检测和数字化医疗系统”项目通过初审。国家科研交流合作项目经费大幅增加，达到 1294 万元。

自治区农牧科学院

【年度综述】 2009 年，自治区农牧科学院紧紧围绕“一产上水平”和改善农牧民生产生活条件、增加农牧民收入的首要任务，全面贯彻落实张庆黎书记来自治区农牧科学院检查指导工作时的重要讲话精神和围绕一个目标、做好三篇文章、办好两件实事、落实好五项措施的工作思路，凝聚力量，强化措施，狠抓落实，取得了农牧科技事业发展的新成就。

【科技创新取得新成效】 全年实施各级各类科技项目 112 项，项目总经费达 8349.1 万元，比 2008 年增长 38.32%，与 1995 年建院时相比增长 97 倍多，创历史新高。

在种植业产业技术创新上，一是加强农作物种质资源保护与利用，先后搜集和引进优异材料 670 多份。二是进一步加大农作物新品种选育攻关力度，重点加强了粮油、经济和饲草等作物新品种选育工作。田间鉴定各类农作物种质材料 7583 份，选育目标品系 25 份，生产展示新品种 41 个，参加区试品种 47 个，提交审定新品种 17 个。三是重点开展了西藏青稞农家品种特色品质鉴定、油菜杂种优势利用、青稞细菌性条斑病综合防治等 12 个基础研究项目。四是研究制定了藏青 148、喜玛拉 19 号、藏油 5 号等农作物主推良种生产技术规程。

在畜牧业产业技术创新上，一是加强了特色畜禽及牧草优良品种选育等研究，形成了优良种群，生产性能提高 15%以上，牦牛生产性能提高技术研究和牦牛半舍饲饲养模式及技术研究成果达到国内领先水平。二是加大了草业发展关键技术研究力度，开展了一批国家和自治区重点科研项目，筛选出了 10 多个优质饲草作物，在草产品加工技术研究上取得重要进展。三是在西藏疯草综合防治及利用、西藏畜禽重大疫病防控技术等方面进行深入研究，取得了可喜进展。

在园艺作物与藏药材产业技术创新上，一是强化特色园艺新品种选育，加强了大白菜、辣椒等新品种引进和育种科研。二是加大特色藏药材深度研发力度，重点开展了影响冬虫夏草品质的关键因子研究、独一味等濒危藏药材组培快繁与工厂化生产技术研发等科研项目。三是加强西藏设施蔬菜安全生产技术集成与产业化技术研究，编写完成了丝瓜、莴笋、结球甘蓝等生产技术规程，并进行了试验验证。

在农产品开发与标准制定和检测技术创新上，重点开展了青稞特色食品开发工艺技术研究、青稞母育酚提取技术研究、牦牛肉产品加工技术研究等科技创新项目。进一步加强无公害和绿色食品生产与加工技术研究，重点实施了西藏糌粑、酥油、青稞酒、风干牦牛肉 4 种传统农产品加工质量控制技术研究、西藏山羊绒标准制定等科技项目。

在农牧业信息技术创新上，加快农村科技远程教育示范点建设和本地化课件开发，开发藏汉文多媒体课件 40 个、藏文文本信息 865 条、汉文文本信息 1165 条。进一步创新农牧业科技语音信息服务技术，语音录入实用技术 100 多项。

【科技成果转化与服务“三农”呈现新亮点】 2009 年，自治区农牧科学院按照“突出转化，突出实用，突出服务”的工作要求，在全区七地（市）27 县（区）35 乡镇设立科研基点或示范基地 45 个，选派 100 名科技特派员进村入户，在全区范围内开展农牧业科技成果转化和技术服务。

在自治区科技厅的大力支持下，重点实施了“三大”科技成果转化项目，一是山南农牧科技成果转化示范基地项目，建立示范户2000多户，人工种草3184亩，高效饲养奶牛2000头，提高奶牛生产性能20%以上，引进种猪222头，养殖拉萨白鸡15万羽，实施麦类作物高产栽培技术示范7573亩，培训农牧民及乡村干部2627名，项目新增经济效益2759.02万元。二是日喀则地区种植业结构调整增效与农区高效养殖技术示范及产业发展项目，以提高青稞和马铃薯单产为突破口，以调整种植业结构和发展农区畜牧业为切入点，在江孜、白朗、南木林县开展农牧结合综合技术集成示范。建立示范户1420户，新增经济效益1187.55万元，户均增收8363万元。三是那曲地区牦牛高效育肥与快速出栏技术示范项目，在那曲地区聂荣县和那曲县建立了牦牛高效育肥与快速出栏技术示范基地，新建暖棚20座；采用“冬圈夏草”方式，种植优良牧草3536.3亩；实施草地围栏25000亩；育肥牦牛6509头，选育牦牛3771头；培训牧民1200余人，项目新增经济效益2000万元以上。同时，加大了国家科技部成果转化项目“西藏蜜蜂养殖技术示范”、“优良绒山羊繁育技术示范推广”、“西藏珍稀食用菌生产技术示范”等的实施力度，并取得了良好成效。

在全区范围内开展实用技术示范推广，实施粮经饲高产高效栽培技术示范15万亩，高效养殖畜禽8万头（只），设施蔬菜高产栽培技术示范2.5万亩，直接经济效益达到1亿元以上。完成了青稞、马铃薯、大宗蔬菜、食用菌、燕麦5个产业技术研发中心西藏综合试验站的示范基点建设任务，示范面积达到5.7万亩，建成马铃薯良种繁殖基地4.18万亩。农作物原种场全年生产、加工、销售新品种原种、原原种300多吨，有效缓解了我区农作物良种供给矛盾。

围绕种植业丰产增效、设施农业高效健康发展和提升畜牧业可持续发展水平，重点实施了绿色青稞栽培技术示范、西藏农区种草养畜综合技术示范、西藏无公害设施蔬菜生产技术示范等17个财政农业技术推广专项，粮油标准化实施面积6.5万亩，青稞平均增产20%以上，累计增产粮油195万公斤，项目区生产优质饲草2万吨，养殖增效11%，人均增收907元；增产蔬菜2.1万吨，生产独一味等5种濒危藏药材组培快繁种苗2.3万瓶。

加大农发区科技项目实施力度，指导群众温室瓜果蔬菜标准化栽培665栋，新增产值215.78万元，户均增收2万元以上。实施主要农发区黄牛改良科技项目，开展了全方位的技术服务，新增产值350万元。

【农牧民科技培训与定点对口扶贫迈出新步伐】争取资金312.7万元，实施了农牧民科技培训项目，重点开展拉孜、尼木、贡觉、左贡、聂荣、当雄等县农牧民培训。采取灵活多样的培训方式，累计培训农牧民12469人，使农户掌握了主导产业生产技术，促进了农牧业新技术的推广应用。

通过各种渠道争取项目资金1030.745万元，以聂荣县尼玛乡为重点，以促进畜牧业增效和牧民增收为落脚点，以增加畜产品科技含量为目标，扎实有效地开展扶贫工作。使尼玛乡国民生产总值增长74%，人均收入增长34.7%。

【科技创新平台和基础条件建设取得新进步】2009年，自治区农牧科学院落实各类基本建设和条件改善项目12项，通过各种渠道争取资金1269.95万元，进一步充实完善了综合实验楼、信息楼和网络中心等科研设施与设备，加强了交通、办公条件和“三个原种繁育基地”建设，进一步改善了科研环境。在现有“西藏青稞研发中心”、“西藏牦牛研发中心”的基础上，积极申报立项了省部共建国家青稞种质改良与牦牛繁育重点实验室培育基地建设项目。

【科技合作交流取得新进展】全年选派22人（次）赴国外进修、考察和培训，派遣50多人（次）赴兄弟省市农科院（校）参观学习和学术交流。开展奶牛饲养、家畜营养、牛羊胚胎移植、青稞与油菜生物技术育种、园艺作物新品种引进等合作项目12项。

【领导名录】

党委书记：洛桑旦达

副书记、副院长（正地级）：李宝海

副院长：王保海　尼玛扎西　孙日飞　张明兰　张继瑜

西藏社科院

【年度综述】2009年，西藏社科院社科、藏学研究工作亮点纷呈，主要体现在：自治区党委、政府的高度关心，区党委宣传部的具体指导，院党政班子成员靠前指挥、身体力行，六大课题和重点课题落实及时；基础设施建设和长期困扰西藏社科院软硬件不足问题得到极大改善，科研综合楼建设工程、科研楼维修、高职楼及老院长楼改造、道路及绿化设施建设等进一步激发了全院科研人员、干部职工的工作热情；开放办院、合作办院呈现不断增强的态势，课题合作进一步带动全院良性发展；管理机制进一步完善加强，管理工作更加体现以人为本和制度规范；学研致用更加增强社科、藏学研究为现实服务、强化基础研究的独特性。

【围绕自治区党委、政府中心工作，狠抓重大课题调查研究，“思想库、服务部”的作用得到较好发挥】2008年8月29日，区党委书记张庆黎同志莅临西藏社科院调研指导工作，提出了“坚持继承与发展相结合、坚持理论与实践相结合、坚持传统与现代相结合、坚持理论研究与宣传普及相结合、坚持专家与群众相结合、坚持成果与出人才相结合”六个结合下的六大课题内容。院党政班子成员高度重视，层层负责、层层落实，多次组织审题会、通报会，形成了以《以科学发展观为指导，走中国特色、西藏特点的发展路子》为“纲”，《如何实施“一产上水平、二产抓重点、三产大发展”的经济发展战略》、《如何实现我区由基本稳定走向长治久安》、《如何进一步巩固和发展民族团结》、《如何建立寺庙管理和宗教活动新秩序》、《如何增强宣传思想政治（意识形态）工作的针对性、实效性》、《如何使马克思主义“四观、两论”通俗化》为“目”的七项课题安排。

自治区政协副主席、社科院院长白玛朗杰同志亲自挂率，院班子成员全部参与，院党委书记孙勇，院党委副书记、常务副院长苟灵分别亲自带队，一是于4月7日至27日完成了在那曲地区东部那曲县、索县、巴青县，昌都地区丁青、类乌齐、昌都县、八宿县，林芝地区波密、林芝县、朗县和山南地区加查、曲松、乃东、扎囊等十五个县及四地区地直部门的调研，召开了十九次座谈会，个别专访一百余次，收集到各种相关资料近500份的东线调研。二是于6月19日至7月初完成了对日喀则地区的江孜县、日喀则市、日喀则地直机关、萨嘎县，阿里地区的普兰县、札达县、阿里地直机关以及那曲地区双湖等西部县（区）单位的调研，召开了七次大型座谈会、进行了三十余次个别访谈，收集材料一百余份的西线调研。

目前，六大课题在完成调研、整理、分析、撰稿等内容后，已形成初稿，呈送有关主要领导审阅，并将按照审阅意见进一步修订上报。

【重大课题有序推进】国家社科基金项目《中国特色西藏特点的发展路子研究》、国家社科基金特别委托项目“西南边疆历史与现状综合研究”、《和平解放以来党的民族政策在西藏的实践绩效研究》、国家社科基金西部项目《西藏经济社会发展中的制度供给研究》中标并启动；《西藏农村发展战略——建设社会主义新农村的目标、重点和政策》、国家社科基金项目《西藏地区非诉讼纠纷解决机制研究》等已进入尾声或顺利结项；《西藏百年史研究》按照口述、档案资料、研究三部分，开展了《口述西藏百年历程》（上、下）、《自古以来西藏就是中国领土无可争议的一部分》、《解放昌都》、《转世认定方法及活佛等级》、《热达事件》、《“四水六岗”叛匪在山南地区的暴行》、《江孜抗英战争之乃宁寺大血战》、《第一届全国工商联大会和西藏近代商业》、《关于西藏近代交通》、《西藏近代教育和电力事业》、《口述西藏第一》、《水牛年文书送来本》（汉藏对照）、《记忆中的百年沧桑》（编译）等相继完成了采访、整理和出版校审等工作；《恰白学术思想研究》课题完成了《恰白·次旦平措学术思想研究丛书》（1至9册）出版任务，内容囊括了《恰白·次旦平措学术论文集》（藏文上、下册）、《恰白·次旦平措学术论文汉译集》、《恰白·次旦平措学术思想研究评论集》（藏文）、《恰白·次旦平措文学集》（藏文）、《实践历史的现代人——恰白学术思想评论集》（汉文）、《批判神学的史学家——恰白学术思想评论集》（藏文）、《著名史学家——恰白·次旦平措访谈录》（藏文）、《史学研究大家——恰白·次旦平措先生言谈录》（汉文）。年底，还将出版《超越神话的探究者——试论恰白学术思想》（汉文）、《恰白·次旦平措年谱》（藏文及汉文本）、《西藏简明通史·松石宝串（节选本）》（汉文及汉泽藏、汉译英文本）、《恰白·次旦平措与根敦群培画谱》等七本书籍。

【交办及合作课题完成及时】《西藏自治区概况》（自治区政府交办）、《八个为什么——为什么只有坚持科学发展观才能实现西藏经济的更好更快发展》（自治区党委宣传部厅交办）、《日喀则地区“十二五”规划研究报告》（日喀则地区委托）、《我区高校爱国主义教育实效性研究》（自治区教育交办）等按期出版或及时交付委托方；《我区意识形态重大问题调研》（自治区党委宣传部交办）按计划年底完成；同时，我院专家还参与了西藏大学合作课题《西藏高校思想政治教育工作研究》和《西藏教育史》等工作并顺利结项。

【常规项目按期结项】皮书项目《西藏蓝皮书——中国西藏发展报告2008》、《中国西藏农村绿皮书——中国西藏农村特色产业版2008》（年度专题）按期完成出版和结项；《格萨尔艺人桑珠说唱本》年内将完成《朗日宝藏》、《丹玛青稞宗》和《竹古兵器宗》（上、下部）4部书的全部出版任务；《藏事汉文文献》选编工程，已完成6本书的选编，正在印刷出版过程中；《西藏民间文化若干问题研究》、《〈格萨尔〉学术会论文集》、《西藏婚俗概论》、《西藏婚姻与家庭》等专、编著正在编辑、出版之中。

【基础课题顺利完成】《西藏自治区经济十年发展报告·西部蓝皮书——中国西部经济发展报告2009》、《西藏“三农问题”》、《农牧民经济合作组织》、《西藏三大经济区差异与协调发展研究》等已完成或申报结项；专著《甲玛沟的变迁》、《可爱的大自然》（藏文）、《格萨尔唐卡画册》、《格萨尔艺人独家说唱本·阔岭之战》、《语言文字志》、《西藏阿里普兰婚俗》（藏文）等已完成出版和最后修订等工作；《吐蕃碑文注释》、《古藏文词典》、《格萨尔说唱本研究》、《恩久·达玛巴扎全集》（1至6册）、《菩提道次精华要义（上士道，上、下册）》、《全国少数民族古籍总目提要·藏族卷·西藏分卷》、《乃琼寺志》（藏汉文）等将于年内出版；《促进贫困地区又好又快发展》、《马克思、恩格斯、列宁、斯大林有关农村经济论述资料汇编》等开展或结项。调研报告《敏竹林寺、多杰扎寺历史及现状调查研究》（藏文）、《朗阔寺、康玛寺历史与现状调查研究》（藏文）、《拉萨乃琼寺调查研究》（藏文）等按期结项。

【跨年度课题进展顺利】《中国西藏农村发展绿皮书——中国西藏农村扶贫开发版2009》、《当代中国边疆民族地区典型百村调查——西藏十三村调查》等先后完成田野调查、资料收集，已进入整理阶段；《拉萨市回民的历史与现状研究》、《拉萨市区农牧民进城务工人员的生活状况调查》、《牧区教育研究》等完成了问卷设计和文献资料的收集；《西藏维护祖国统一反对分裂史》、《西藏民主改革研究》、《西藏牧区妇女研究》、《西藏畜牧业特色产业发展现状与趋势》、《羌塘地区畜牧业发展现状调研报告》、《苯教文化辞典》、《因明说理研究》等正在进行中。

【课题申报再创新绩】通过不断努力，以院党委书记孙勇为首席专家申报的2008年国家社科基金重大项目《维护西藏地区社会稳定对策研究》第一次填补了我区无重大国家社科基金项目的历史；以农村经济研究所所长倪邦贵研究员负责的《中国特色西藏特点的发展路子研究》再获2009年国家社科基金项目资助。

【研究论文成果颇丰】2009年，全院科研人员围绕研究主题，撰写了大量学术论文，分别在国内外、区内外多种学术报刊上发表，或在国际性、区内外学术会议宣读。内容涉及《试论如何“谋长久之策、行固本之举”》、《“清理火源”保稳定西藏》、《邓小平理论与西藏的民族工作》、《论民主改革以来西藏社会主义法制的建设》、《西藏民主改革对于人权事业的伟大意义》、《试析民主改革以来党的宗教信仰自由政策在西藏的成功实践》、《西藏民主改革对于西藏宗教发展的伟大意义》、《论西藏开展爱国主义教育特殊的背景、意义和任务》、《西藏环境保护和建设的真实成就》、《西藏之水》(英文)、《1959年西藏发生全局性叛乱的原因》、《九世班禅出走内地事件检讨》、《维护西藏社会稳定中的社会化问题》、《西藏社会分层研究》、《拉萨地名考》、《西藏羌塘地区草场管理模式与围栏建设对野生动物和自然保护区的影响》、《西藏羌塘地区人熊冲突研究》、《乃琼护法神的历史及其相关问题考述》系列论文等。

【科研辅助形式多样】2009年，组织召开了“全国《格萨（斯）尔》学术研讨会”、“社科院纪念改革开放30周年座谈会”、“社科院纪念西藏民主改革50周年座谈会”、“社科院纪念西藏和平解放58周年座谈会”、“社科院庆祝新中国60华诞座谈会”等多场学术研讨和理论座谈，并选派专家学者多次参与自治区人大、自治区政协、区党委宣传部等单位组织的理论座谈和研读活动；《要情》编印完成14期；完成了社科院建院以来科研成果（承担课题情况、发表论文情况）的汇总和电子版制作；社科院门户网站进入新的网页制作和改版工作；《西藏研究》本年度完成编辑出版汉文版六期、藏文版四期等工作，刊发140余篇、180万字的学术论文；《科研视窗》编印已近5期，修订编制了中英文对照的《接受国外媒体采访材料》；编印了《铭记历史共创辉煌——纪念民主改革五十周年论文集》。

【合作交流进一步深入】年初，自治区政协副主席、社科院院长白玛朗杰专程赴京向全国政协副主席、中国社科院党组书记、院长陈奎元汇报了西藏社科院的有关工作情况，并与中国社科院有关院、所领导同志进行了课题、援藏等方面的会谈，与全国《格萨（斯）尔》领导小组办公室负责同志商洽了相关工作事宜。与此同时，西藏社科院组织了8位专家学者参与在云南昆明举行的“第16届国际人类学与民族学大会”，并与中国藏学研究中心共同筹办“西藏社会变迁”专题论坛，参与了其他有关民族、文化等方面的专题论坛和交流；与上海社科院围绕《发达省市援藏工作经济社会效益分析》课题达成进一步的合作协议；与四川社科院、云南社科院进一步达成“大香格里拉环线旅游项目”研究、“边茶贸易”研究、“川藏、滇藏铁路的修建对地区经济社会发展的重大影响”研究、民族学、影视人类学研究、南亚项目研究以及三院建立访问学者机制，形成三院交流与联合攻关，服务三省区党委、政府中心工作的职能；同时，西藏社科院分别接待了中国社科院纪检组、中国社科院民族历史所、农村发展研究所、四川社科院、云南社科院、内蒙古社科院以及广西经济研究中心的内地多家单位的交流来访活动。西藏社科院外籍教师夏蓉·盖特荣获2009年度国家友谊奖，并受邀参加了国庆60周年观礼活动。

【加大“走出去”力度，强化与国外学术机构的交流合作】一是2009年8月26日至9月6日，以自治区政协副主席、社科院院长白玛朗杰同志为团长的中国西藏社会科学院代表团一行五人应邀前往奥地利科学院、英国剑桥大学、美国弗吉尼亚大学等学术机构，进行学术交流访问和合作协议的续签工作，在扩大西藏社科院与协议方学术交流合作的基础上，为改变“西强我弱”涉藏外宣局面做出应有的贡献。二是为扩大我区与尼泊尔知识界的学术交流和南亚地区的研究，2009年5月30日至6月9日，西藏社科院党委书记、副院长孙勇一行二人赴尼泊尔进行了为期11天的学术交流与访问，分别在尼泊尔特里布文大学经济发展管理中心作了关于《西藏百万农奴解放于世界文明进步的意义》和加德满都大学孔子学院作了关于《孔子与释迦牟尼》的学术讲座。

自治区教育工作

【年度综述】截至2009年底，全区共有小学884所，教学点819个，在校生达305409人，小学适龄儿童入学率达到98.8%;；初级中学94所，初中在校生143187人，初中入学率达到96.4%；高级中学24所（含完全中学9所），在校生38383人，中等职业学校6所，在校生达21003人，高中阶段入学率达到56.5%。全区本专科院校6所，在校学生总数达30000多人，其中研究生520人，高等教育毛入学率达到22.4%。全区教育系统在职正式教职工36740人，专任教师33637人。小学、初中、高中专任教师学历合格率分别达到98%、98.2%、94.6%，其中小学专任教师大专以上学历达到80.3%，初中专任教师本科以上学历达到73.2%。高等学校硕士以上学历教师比例上升到38%。副教授以上职称教师比例达28.3%。全面完成基本普及九年义务教育任务，“普九”人口覆盖率达到100%。实现基本扫除青壮年文盲目标，青壮年文盲率下降到1.8%，扫盲人口覆盖率达到100%。全区人均受教育年限达到6.8年。

【基础教育】“两基”攻坚任务如期完成，城乡全面实施免费义务教育。小学适龄儿童入学率达到98.8%，初中入学率达到96.4%，全区青壮年文盲率下降到1.8%，人均受教育年限达到6.8年。积极推进义务教育经费保障机制改革，全区45万多名义务教育阶段学生受惠。再次提高了“三包”经费标准，年生均达到1800元，2009年财政投入“三包”经费达到4.2亿元。中小学年生均公用经费分别提高到300元、500元，中小学教师人均年公用经费提高到3400元。

以农村寄宿制初中建设和乡镇小学规范化建设为重点，加大对农村中小学建设投入力度，义务教育工程项目建设扎实推进。加强农村中小学现代远程教育工程资源建设和应用，大力推进教育信息化建设，农村中小学办学条件得到进一步改善，区域内义务教育均衡发展取得新进展。以“两基”评估验收和“两基”巩固提高复查为重点，加大对“两基”攻坚工作的督导评估力度，教育督导工作在促进各级政府履行教育职责、确保各项政策落实等方面发挥了重要作用。拉萨市和山南地区义务教育均衡发展态势良好，受到教育部的表彰。

积极发展高中阶段教育。高中在校生3.8万人，中职在校生2.1万人，高中阶段入学率达到56.5%。学前教育、特殊教育得到进一步加强。

【高中新课程改革】高中新课程改革如期启动。自治区教工委、教育厅高度重视高中新课程改革工作，把高中新课改作为我区进一步深化基础教育改革，实现我区基础教育跨越式发展的重要契机和提高我区普通高中教育水平的一次重要机遇，决定我区将在2010年秋季起进入普通高中新课程改革。年初印发了《西藏自治区普通高中新课程改革工作方案》，成立了由教育厅厅长宋和平同志任组长，教育厅相关处室和部门主要负责人为成员的西藏自治区普通高中新课程改革领导小组。2009年3月，由厅领导带队，组织厅机关相关处室和部分高中校长到内地先期进入普通高中新课改的5个省（市）区进行学习考察，在此基础上，组织区内专家起草了11个西藏自治区普通高中新课改指导意见（试行）。2009年8月28日，西藏自治区高中新课改培训会议在拉萨召开，自治区教工委书记、教育厅副厅长拉巴同志作动员讲话，教育部基础教育二司巡视员、教育部基础教育课程教材发展中心主任朱慕菊莅临会议并作重要讲话。全区各地（市）教体局局长、副局长、相关业务部门负责人、高中校长、副校长、教务主任等100多人参加了普通高中新课改管理人员培训，600多名高中教师参加了学科教师培训。管理人员培训由区内外高中课改专家担任授课教师，学科教师培训由人民教育出版社和广东教育出版集团专家担任授课教师。培训达到了提高认识、统一思想、转变观念、振奋精神、增强信心的目标，为下一步在我区全面推行高中新课改打下了良好的基础。

【职业教育】职业教育基础能力建设明显增强，办学规模继续扩大，完成中职招生任务13200人，高中阶段教育结构趋于合理，中等职业技术教育呈现出良好的发展态势。

西藏职业技术学院在校生规模达到5000人，顺利通过高等职业院校人才培养工作评估，办学结构层次进一步拓展，办学能力进一步增强。

完善制度政策，加强宏观指导。坚持大力发展职业教育的方针，加强职业教育的宏观管理和政策措施的制定与落实。一是进一步完善中等职业教育家庭经济困难学生助学制度，扩大资助覆盖面，提高资助强度。逐步建立以国家助学金为主，以工学结合、顶岗实习为辅的中等职业教育资助政策体系。中职学生在校三年期间，国家支助两年，每生每年1500元，所有农牧区学生和城镇低收入家庭学生都能得到资助。二是实施中等职业学校免费教育制度，促进职业教育发展和教育公平。根据国家有关规定，从2009年9月1日起，西藏农牧民子女及城镇困难家庭子女考入中等职业学校的新生及在校生实行免费教育制度。所有农牧区学生和城镇低收入家庭学生都能享受到国家的这一惠民政策。三是做好中职学生实习管理及就业指导与服务工作。要求各级教育行政部门加强中等职业学校学生顶岗实习的管理工作，建立健全实习管理制度，加强监督检查，协调有关职能部门、实习单位和其他有关方面，共同做好实习管理工作，保证实习工作的健康、安全和有序开展。积极与劳动人事等部门协作，建立中等职业学校毕业生就业服务信息网络平台和工作机制，加强与企业和人才劳务市场的紧密联系，广泛收集市场需求信息，为毕业生提供准确、快捷的就业信息服务和就业指导。四是指导西藏职业技术学院顺利通过了高职高专人才培养工作水平评估。

深化教育教学改革。大力推进教学管理制度改革，强化实践能力和职业技能的培养，加快推进职业学校学生获取职业资格证书工作。各职业技术学校进一步更新观念，改革创新，坚持以服务为宗旨、以就业为导向，走灵活开放、特色鲜明、产教结合的办学路子。针对西藏经济和社会发展的实际，结合农牧业、旅游服务业等主导产业以及青藏铁路建设对技能型人才的需求，加快建设畜牧兽医、计算机、电工电子、铁路运输、建筑、旅游等重点专业，同时，深入进行教学内容、教学方法和评价体系的改革，加强内部管理，全面提高教学质量。为适应大力发展西藏职业教育的需要，下发了《关于改革职业高中管理办法的通知》（藏教职［2009］10号），将原来有关县级职教中心举办的职业高中纳入普通中职统一管理。制定了《西藏自治区中等职业学校学生管理暂行规定》，加强中职学生管理工作。启动新一轮中等职业学校德育课课程改革，将反对分裂、维护西藏稳定作为我区职业学校德育内容。组织3所职业学校参加了2009年全国职业院校技能大赛，3所学校均获得了优秀组织奖。其中西藏职业技术学院参赛选手江白同学获得汽车车身涂漆项目全国三等奖，山南地区职业技术学校参赛选手措姆吉巴同学获得烹饪面点项目全国三等奖，实现了西藏获奖项目零的突破。

加强“双师型”师资队伍建设。继续实施中等职业技术学校教师素质提高计划，2009年选派20名中职骨干教师参加了国家级培训，并推荐其中2名出国进修。选派2名自治区级重点中等职业技术学校校长参加骨干校长研修班。不断完善中等职业学校教师队伍建设的保障机制，争取国家中等职业学校特聘兼职教师资助专项经费10万元，落实中等职业学校特聘兼职教师资助项目。启动了职业学校教师素质提高计划专业骨干教师培训省（自治区）级培训项目，从6所中等职业技术学校及43所县级职教中心选派100名职教教师在区内外接受培训。

大力改善办学条件。继续做好职业教育基础能力建设工作，大力改善中等职业学校办学条件。一是落实西藏职业技术学院国家示范性职业院校实训基地建设项目投资1100万元，用于职教实训设备购置。二是落实中等职业技术学校实训基地职教设备购置项目投资940万元，用于4所中等职业技术学校的4个专业实训基地所需的实验实训仪器设备购置。三是新增中央预算内投资补助项目4个，项目投资资金4510万元，用于职业教育基础能力建设。四是加强县级职教中心建设。对发展前景好的县级职教中心作为示范性县级职教中心进行重点建设，共落实11个县级职教中心建设项目职教专款1240.36万元。

【高等教育】高等教育规模稳步扩大，毛入学率达到22.4%。高等学校“质量工程”全面推进，质量保障体系进一步健全，4个自治区教学团队、6门自治区特色专业、11门自治区精品课程得到重点建设。教学工作得到加强，实训、实习基地建设取得成效，创新能力进一步提高。又有一批教学名师、创新团队、特色专业、科研项目列入国家支持计划，一批教学、科研成果获得国家奖励。重点学科、重点实验室、人文社科基地建设有新的进展。高校与行业、企业联合，产学研合作和科技成果转化有新的突破，高等教育服务西藏经济社会发展的能力进一步提高。研究生招生规模进一步扩大，高层次人才队伍建设得到加强。高校内部管理体制改革不断深化，人才奖励机制和激励机制不断完善，人才强校战略深入推进。

支持西藏大学“211”工程建设。3月份，教育部、财政部和国家发改委为西藏大学“211工程”确定了专项建设资金4000万元，自治区党委、政府落实了2000万元配套资金，支持学校开展重点学科建设工作。6月份，西藏组织包括对口支援高校在内的有关专家对《西藏大学“211工程”三期建设方案》、《“211工程”三期重点学科建设项目可行性研究报告》、《“211工程”三期重点学科建设项目申报书》和《学校创新人才培养和队伍建设计划》等规划材料进行了审核论证，并顺利通过了教育部、国家发改委、财政部审批。

加强高等教育内涵建设。一是确定西藏大学“计算机及藏文信息技术教学团队”等4个教学团队为2008年度自治区级教学团队，西藏大学音乐学等6门专业为2008年度自治区级特色专业建设点。二是继续推进自治区级精品课程建设工作。2009年评出自治区级精品课程11门，其中本科8门，专科3门，我区共有自治区级精品课程52门。推荐国家级精品课程4门（本科3门，高职高专1门）。三是组织完成了国家级教学团队、第四批特色专业及实验教学示范中心等项目的推荐和申报工作。推荐西藏大学“计算机及藏文信息技术教学团队”为国家级教学团队；推荐西藏大学音乐学专业、西藏大学农牧学院动物科学专业为教育部第四批特色专业建设点。四是完成了西藏自治区2008～2015年新增博士学位授予单位立项建设规划工作，决定西藏大学为立项建设博士单位，推荐西藏藏医学院作为服务国家特殊需求的单位，以特殊类申报2008～2015年立项建设，由国家统筹考虑。五是完成了2009年度新增本科专业申报、审批工作，批准西藏大学农牧学院、西藏民族学院增设农村区域发展等6个专业；完成了2010年拟招生的72个高职高专专业的备案、审批工作。

稳步推进科研工作。高校科研工作稳步推进，服务经济社会发展的能力逐步提高。2009年获国家科技部“973”前期预研项目1项、科技部国际合作项目1项、国家社科基金项目9项、国家自然科学基金项目8项、国家民委科研项目9项、教育部科学技术研究重点项目3项。

【教师队伍建设】2009年，共招录师范毕业生1541人，公开招考录用非师范毕业生485人，其中90%以上分配到基层、边远学校，农村学校师资力量得到充实。教师继续教育得到进一步加强，组织开展新招录用教师培训、中小学骨干教师培训、中小学校长培训和职业学校“双师型”骨干教师培养，共培训教师1120人次，校长360人次。将思想政治理论纳入教师培训和教师职称资格确认的重要内容，逐步建立了教师职业道德考核制度。全面贯彻落实新修订的《中小学教师职业道德规范》，教师队伍师德修养水平和思想政治觉悟得到了进一步提高。农村学校师资队伍建设得到加强，整体素质不断提高，为进一步提高农村教育质量提供了根本保障。

【教育投入】2009年全区财政预算内教育投入57.6亿元，其中教育事业费48.24亿元，基本建设投入9.36亿元，与上年同口径相比增加10.1亿元，增幅为21.26%。

均衡配置教育资源。对教育项目统筹规划，确保资源均衡配置。一是做好学校灾后重建和大骨节病区学生异地就读学校建设工作。2008年仲巴、当雄地震灾情发生后，自治区教育厅高度重视，于2009年2月下达建设资金6400万元，用于仲巴县、拉孜县、谢通门县当雄县、尼木县、曲水县、堆龙德庆县学校灾后恢复。下达大骨节病区学生异地就读学校建设资金707万元，用于昌都地区洛隆县、芒康县、八宿县、边坝县县小学扩建。二是确保一批重大项目开工建设。2009年自治区教育厅进一步加大对教育项目资金落实和工程建设力度，认真贯彻落实中央和自治区扩大内需、保增长、调结构决策部署，确保教育180个项目建设的加快进行。三是制定《关于加快寄宿制学校建设的意见》。根据中央领导同志指示精神，结合我区教育工作实际，进一步提高义务教育集中办学程度，加快寄宿制学校建设步伐，为提高教育教学质量和人才培养水平提供基础条件。

完善贫困家庭学生资助体系。农牧民、城镇低保户和企业困难家庭子女就读高中、中职和大学的各类资助政策进一步完善，认真组织实施助学金、奖学金、勤工助学、特殊困难补助、助学贷款等制度，减免学费和住宿费，畅通入学“绿色通道”。从2009年秋季开学起，对上述三类学生就读中等职业学校实行免费教育，免费标准为年生均4000元；对考入高校的师范及农、牧、林、水、地矿类所有新生在免除学费、住宿费的同时，给予每生每年1500元的生活补助。据统计，2009年共落实各项助学金、奖学金和资助资金约7750多万元。各级各类学校贫困学生资助体系的完善，确保了贫困家庭学生公平接受教育的权利。

全面推行“阳光工程”。　坚持“以公开促公正，以公开促发展”的原则，把治理教育乱收费与推行校务公开结合起来，及时公开收费项目、收费标准、收费依据以及收费资金使用情况，确保教育收费规范、合理、公开、透明。坚持全程参与、重点监督，完善招生考试及录取监督办法，强化对重点岗位、重点环节、重点时段的职责监督，有效推进了招生“阳光工程”的顺利开展。

在教育基建方面，成立了专门的基建工作领导小组，严格实行项目立项和重大变更集体决策，严格实行工程管理部门与承办部门分离、项目管理与财务管理分开，严格执行建设项目招标投标、合同管理、工程监理、财务管理，严格执行建设项目全过程审计和基建干部离任审计等制度规定，教育纪检、监察、审计等监督机关全过程参与监督，最大限度地减少了腐败行为发生的机会。

【教材编译工作】以服务新课程改革为重心，进一步做好基础教育阶段的教材编译工作。一是认真做好基础教育课程改革相关教材的编写工作，完成了小学阶段藏语文3种课本、3种教参、5种教学辅助用书、初中教材的编写工作和高中新课改藏语文4种课本、2种教参的编写工作。编写、修订、再版教材68种，总字数约为500万字；二是认真做好新课改教材翻译工作，完成了教材及教辅材料的翻译23种，其中教材9种，教参6种，教辅8种，翻译教材总字数达289.9万字；三是审定了新课程改革教材所涉及的名词术语6000多条。

【教育信息化建设】通过实施全区中小学教育电视“班班通”建设项目和自治区教育信息化建设项目，进一步提升了教育信息化水平。两个项目分别完成投资2325万元和500万元，新建计算机网络教室26间，在476所学校新建有线教育电视系统，改扩建340所学校教育电视系统。截止2009年底，通过国家农远工程、自治区基础教育信息化建设项目的实施，现代远程教育“三种模式”和电视“班班通”基本覆盖全区中小学，极大地改善了基础教育办学条件。在已研制完成小学一至三年级藏语文、数学、科学等学科资源的基础上，2009年研制开发了小学四年级藏语文、数学、科学三门学科的教育资源。另外，按照“三种方言”、“五省区”共享的建设原则，还编译制作了《身边的科学》《学生教育片》128集和19部专题类教育资源，并在教育部基础教育资源网上免费播出。

西藏大学

【办学规模与学科建设】截至2009年底，拉萨校区有各级各类学生1.5万余人，其中全日制普通本专科学生8498人，硕士研究生268人，形成了普通本专科教育、研究生教育、留学生教育、成人教育、远程教育等多层次、多形式的办学格局。学校立足西藏，服务西藏，力争为西藏经济社会发展培养“靠得住、用得上、留得下”的应用型人才。

拉萨校区有44个本科专业，涵盖了经济学、法学、教育学、文学、历史学、理学、工学、管理学、医学9大学科门类。有8个自治区级重点学科。有藏语言文学、藏族历史、藏族美术、行政管理、藏族音乐、课程与教学论6个硕士学位授予点，1个教育硕士专业学位和1个艺术硕士专业学位。有2个国家级实验室——西藏大学宇宙线开放实验室和西藏大学信息技术实验教学中心。有5个自治区级重点实验室——藏文信息技术实验室、现代教育技术综合实验室、高原医学研究（实验）中心、太阳紫外线实验室、生物技术实验室。

【机构与师资】学校设有纪委（监察室）、党委（校长）办公室、党委组织部（人事处）、党委宣传部、学生工作部（招生就业处）、团委、教育工会、教务处、科研处、研究生处、安全保卫处、财务处、后勤管理处、国际交流合作处（留学生部）、国有资产管理处、改扩建工程指挥部办公室等16个处室，文学院、艺术学院、理学院、工学院、医学院、经济与管理学院、旅游与外语学院、政法学院、师范学院、中央电大西藏学院和继续教育学院、图书馆和现代教育技术中心、藏学研究所等12个教学、科研与教辅机构。

基本形成了一支多民族结合、相对稳定、素质较高的师资队伍。截至2009年底，拉萨校区共有专任教师756人。具有硕士以上学位的301人（其中博士16人，硕士285人），占专任教师总数的39.8%；正、副教授206人，占专任教师总数的27.2%。其中，1人获得长江学者特聘教授称号、1人荣获“全国模范教师”、1人荣获“全国高校思想政治理论课教师”、1人荣获“新世纪百千万人才工程国家级人选”、1人荣获“西藏自治区政府特殊津贴”、2人荣获“新世纪优秀人才支持计划”、2人荣获“2009年度宝钢优秀教师”。选送了“西部之光”访问学者3人、高等学校青年骨干教师国内访问学者1人；聘任了29名高级专业技术职务人员和2名校内高级专业技术职务人员；引进了各类人员32人，其中硕士16人。

【科学研究】2009年，学校继续加强科研工作管理，促进科研水平不断提高。获准立项国家自然科学基金项目2项，获资助经费35万元；获准立项国家社会科学基金项目7项，获资助经费56万元；获准立项科技部项目4项，获资助经费510万元；获准立项教育部项目2项，获资助经费22万元；获准立项中国社会科学院科研局项目2项，获资助经费11万；获准立项国家民委项目1项，获资助经费10万；获准立项人力资源和社会保障部项目3项，获资助经费13万；获准立项自治区科技厅项目13项，获资助经费316万；获准立项自治区教育厅项目13项，获资助经费13.3万；获准立项自治区“十二五”规划重大课题研究项目3项，获资助经费21万；获准立项自治区“十一五”发展规划项目1项，获资助经费500万；获准立项中澳西藏卫生支持项目办公室委托项目，与山东大学合作，获资助经费4万；获准立项教育部人文社会科学重点研究基地2009年重大项目1项，获资助经费10万；获准立项教育部人文社会科学一般项目7项，获资助经费43万。

【对口支援和扶贫工作】2009年，各对口支援院校以“三个代表”重要思想和科学发展观为指导，认真贯彻落实《关于进一步做好教育援藏工作》（国办发〔2004〕6号）、《教育部中央统战部、国家民委关于进一步加强教育对口支援西藏工作的意见》（教民〔2006〕8号）和相关会议精神，以对口支援协议书为基础，扎实做好对口支援工作。在此过程中，各对口支援院校讲政治、讲大局、讲奉献，克服各种困难，全力支持西藏大学建设，改善西藏大学办学条件，使西藏大学办学水平进一步提升。西藏大学已有12名教师和7名干部赴各对口支援院校进修学习。对口支援院校以免试推荐方式录取了西藏大学20名应届毕业生攻读硕士学位。西南交通大学等对口支援院校继续与西藏大学互聘兼职教授、硕士生导师，参与双方的教学、研究生的指导和培养工作。援藏干部教师带来了各重点院校先进的办学理念、管理经验，帮助西藏大学提升了学校教学管理水平。除中组部派遣的6名援藏干部，各对口支援院校共派出30名援藏教师、4名援藏干部到西藏大学从事教学、管理工作。各对口院校选派优秀教师来西藏大学承担重点课程教学任务，既缓解了西藏大学师资紧缺、专业教学力量不足的矛盾，也为西藏大学教学工作带来了先进的教育思想、教育方法和教学经验，对西藏大学教学质量的提高起到了积极的促进作用。同时，各对口支援院校还选派高水平的专家、学者到西藏大学举办报告会、讲座，对提高西藏大学科研水平，增进与对口支援院校的学术交流起到了巨大作用。北京科技大学援助40万元用于经济与管理学院实验室建设。各对口支援院校共捐赠图书665册，捐赠仪器教学设备共计金额50万元。北京师范大学与西藏大学师范学院联合申报了科技部重大项目《中国儿童青少年心理发育特征调查》，西南财经大学和西藏大学经济与管理学院共同申报了国家自然科学基金项目《基于碳核算的西藏太阳能开发与利用的节能减排效益评价与政策研究》。南京大学、北京师范大学、吉林大学、西南交通大学、中央广播电视大学等院校的党政领导先后考察、访问西藏大学，洽谈下一步对口支援合作等事宜。

根据《西藏大学对口帮扶那曲地区班戈县北拉镇五年工作计划》，西藏大学结合自身实际，在校党委、行政的高度重视下，在帮扶地政府的积极协助下，努力学习实践科学发展观，在促进扶贫点经济社会发展和稳定，切实改善农牧民群众生产生活条件等方面做了积极努力，取得了一定的成绩。组织专门力量进一步开展扶贫工作，以促进北拉镇社会稳定和经济发展为目标，立足当地实际，整合各类资源，广泛发动群众，推行参与式扶贫理念，梳理帮扶思路，提出帮扶项目，完善帮扶对策，力争帮扶取得显著效果。一是选派3名干部到那曲地区班戈县北拉镇开展扶贫工作，认真听取情况介绍、深入基层开展调研，制定了2009年扶贫工作调研报告和扶贫工作计划。二是积极向牧民群众宣传党的富民政策、西藏民主改革50年来发生的巨大变化，使广大群众充分感受到共产党好、社会主义祖国好，充分坚定同达赖分裂集团作斗争的决心；协助开展学习实践科学发展观活动和敏感时期北拉镇的维稳工作；选派政法学院和文学院两位专家到班戈县和北拉镇开展《从当前的国际国内形势透析我区社会稳定的重要性》等讲座。三是积极开展帮扶工作。向自治区文化厅申报了《班戈县北拉镇村（居）文化室建设》项目可行性报告，文化厅已将项目资金5万元划拨到班戈县财政局；向科技厅申报了科技富民强县专项行动计划《班戈县绵羊选育优质肉羊技术示范推广》项目，并上报科技部，获经费190万元；进一步完善了《建立北拉镇蔬菜大棚》初设报告，积极为发展富民经济、解决当地群众吃菜难问题作出努力；利用西藏大学人力资源，帮助制定了《纳木错（班戈县境内）旅游开发规划前期研究项目》，为发展当地旅游经济奠定了研究基础；在“两帮助”活动过程中，安排落实了北拉镇两所小学共30名教师，利用寒假时间到藏大免费接受普通话、英语、计算机等课程的培训；为北拉镇13个村（居委会）订购了2009年全年《西藏日报》藏文版500份和《青年报》20份，把“党报进村入户”工作落到了实处；为群众争取并发放了价值3000余元的计划生育科普宣传资料（藏汉版）；组织教职员工为北拉镇捐物价值10.5万元，捐款20.4万元（其中学校捐款11.3万元），其中4万元用于购买面粉、砖茶等生活物资，解决特困户的温饱问题，其余捐款用于三个特别贫困村的联营经济组织建设。

【国际交流与合作】2009年学校接收来自14个国家的留学生33名，共聘任外籍教师6人，进一步规范了外籍教师和留学生的管理，保证了学校的英语和日语教学。共为28名教职工办理了出国（境）手续。圆满完成自治区外事相关部门安排的英国外交国务大臣代表团等26个团队295人次，接待来校进行合作交流的外籍专家23人；做好西藏大学人员出国（境）的派出和管理工作，2009年选派出国9人，其中参加会议和短期交流4人，攻读学位5人；继续与美国弗吉尼亚大学、中华医学基金会、挪威-中国·西藏—大学合作网、德国玛尔堡大学以及荷兰、意大利、日本等建立合作关系，积极做好涉外项目实施，加强和规范涉外项目管理。

【获奖情况】3月，西藏大学的《藏文信息处理应用技术研究》获得自治区科技进步二等奖，西藏大学荣获“第二届全国大学生艺术展演精神风貌奖”和“第二届全国大学生艺术展演优秀组织奖”，艺术学院荣获“第二届全国大学生艺术展演乙组一、二、三等奖”，经济与管理学院荣获“第二届全国大学生艺术展演甲组二等奖”，理学院荣获“第二届全国大学生艺术展演甲组三等奖”，工学院荣获“全国大学生电子设计大赛国家三等奖”。11月2日，西藏大学4件学生作品荣获第十一届“挑战杯”全国大学生课外学术科技作品竞赛三等奖。12月西藏大学荣获“CERNET建设十五周年突出贡献奖”。政法学院尼玛次仁荣获“全国模范教师”、“全国高校思想政治理论课教师”，经济与管理学院占堆荣获“新世纪百千万人才工程国家级人选”，艺术学院更堆培杰荣获“西藏自治区政府特殊津贴”，经济与管理学院齐天翔和艺术学院觉嘎荣获“新世纪优秀人才支持计划”，医学院段亚平和艺术学院罗旦荣获“2009年度宝钢优秀教师”。工学院杨静和艺术学院罗珍荣获“全国大学生年度人物入围奖”，工学院陈希平荣获“全国优秀共青团员”，理学院华国瑞荣获“中国大学生自强之星”，文学院次央荣获“中国大学生自强之星提名奖”。

【领导名录】

党委成员、党委书记：房灵敏

党委副书记：格桑群培

党委委员：王维才　阿齐　次旦平措
范春文　云丹加措　娄源冰

行政领导校长：格桑群培
副校长：房灵敏　强俄巴·次央
王维才　阿齐　次旦平措
范春文　娄源冰

文化、广电、新闻出版

自治区文化工作

【年度综述】2009年，文化厅党组精心部署、周密安排、狠抓质量，各项重大文化活动取得了突出成效，多次得到了自治区党委、政府的高度评价，得到了全社会的广泛好评，文化工作的地位和作用得到了进一步彰显。一是参与国家组织的各项重大文化活动取得圆满成功。国庆60周年群众游行主题彩车“和谐西藏”的设计、制作和庆典游行等工作取得圆满成功。我区彩车和彩车工作人员荣获“彩车设计制作优秀奖”等十多项殊荣。新创作的大型歌舞《魅力西藏》赴京参加了中宣部、文化部举办的“向祖国汇报”大型展演活动，在北京连续演出3场。组织62名演员和编导，参加了国庆主题晚会《复兴之路》的创作演出，受到了文化部的隆重表彰。围绕百万农奴解放纪念日，与中央电视台联合推出了大型主题晚会《走向阳光》。选派大型歌舞《天上西藏》、话剧《扎西岗》赴京参加了“纪念西藏民主改革50周年演出周”活动，在北京共演出5场。承办了纪念西藏民主改革50周年成就展（北京展）的设计和制作工作，党和国家主要领导参观了展览，给予了高度评价。承办了《内蒙、广西、宁夏、新疆、西藏五个自治区成就展》西藏展区的设计和制作工作，取得了显著效果。二是自治区各类重大文化活动取得突出成效。在拉萨成功举办了大型群众歌咏大会《翻身农奴把歌唱》，承办了爱国歌曲大家唱活动。承办了西藏民主改革50周年成就展（拉萨展）的各项工作。复排推出了经典剧目《不准出生的人》，创作推出了西藏自治区政协成立50周年专题文艺晚会《我们携手走过》。根据自治区统一安排，各地市组织文艺演出队赴各援藏省市开展了答谢演出活动，取得了显著成果。三是国庆60周年和西藏民主改革50周年全区文化活动丰富多彩。全区各级文化部门结合本地实际，组织和辅导了形式多样、丰富多彩、群众广泛参与的国庆60周年和西藏民主改革50周年文化活动，形成了城市、乡村、社区、企业、校园文化活动蓬勃开展的良好局面。拉萨市组织机关、学校、企事业、社区群众近1.5万人，举办了7场“红色歌曲拉萨唱”活动。

【围绕公共文化服务体系建设，加快公益性文化事业发展】一是公共文化设施建设步伐全面加快。全年落实资金3365万元，安排新建13个县综合文化活动中心和81个乡镇综合文化站建设项目。其中，8个县综合文化活动中心和62个乡镇综合文化站建设项目顺利竣工，部分设施已经投入使用。落实资金1230万元，安排49个县级综合文化活动中心、4个乡镇综合文化站和9个民间艺术团内部设备购置工作。日喀则地区已经完成设备采购和发放工作。与此同时，完成了投资300余万元的自治区艺术研究所顿旺大院维修工程，投资900万元的自治区群艺馆维修改造工程进展顺利。林芝地区财政投入1200余万元，为500余个乡镇和行政村配备了广场音响、实用图书、书架等内部设备。林芝地区还围绕社会主义新农村建设建成了16个“新农村，新文化”示范村。二是文化信息资源共享工程加快推进。全年落实资金2988万元，建成了41个县支中心，全面启动了数字资源加工整理工作，《藏戏八大传统剧目数字资源库》建设工作基本完成。三是重点公共文化设施作用显著。西藏博物馆8月1日起正式向社会免费开放，全年接待观众8.9万余人次，被中宣部公布为第四批全国爱国主义教育示范基地。全区3个公共图书馆全年接待读者2万余人次，借阅图书近2.5万余册。昌都地区图书馆被评为全国三级图书馆。四是“送文化下乡”活动成效明显。全区10支专业文艺表演团体全年深入基层农牧区、城市社区和地震灾区慰问演出600余场，全区18支县民间艺术团全年下乡演出873场。特别是区直三团下乡演出的场次和质量有了显著提高。组织“西藏今昔展”在那曲地区和拉萨郊县进行了巡展。五是群众文化活动丰富多样。全区各级文化部门进一步把繁荣和发展群众文化活动作为一项重要内容，积极组织开展群众性文化活动，有效丰富和满足了群众文化生活。林芝地区八一镇开展“传唱林芝歌、传跳林芝舞”广场文化活动，全年参与群众达到50余万人次。日喀则地区在珠峰文化节期间，组织18个县市文艺调演活动，组织5场文艺演出，参演人员达到4千余人。拉萨市在雪顿节期间，组织开展藏戏汇演、文艺演出等各项文化活动，有效带动了城乡文化活动建设。山南地区琼结县农民卓舞队的节目《雅砻春潮》去年参加了“西藏电视台藏历年晚会”、“中国少数民族传统音乐舞蹈展演”、第五届CCTV电视舞蹈大赛并获银奖、应邀赴台湾参加了“守望精神家园—两岸非物质文化遗产展演”活动，得到了文化部和自治区的高度评价。组织业余歌手参加了“第七届中国西部民歌（花儿）歌会”等群众文化活动，荣获多个奖项。在拉萨成功举办了14场“经典儿童剧走进西藏”公益演出活动，得到了拉萨少年儿童的一致欢迎。六是管理措施不断完善。颁布实施了《西藏自治区县综合文化活动中心、乡镇综合文化站管理办法（试行）》、《西藏自治区民间艺术团管理办法（试行）》、《西藏自治区文化信息资源共享工程管理办法》，推动了基层文化工作管理的制度化。七是发展思路进一步明确。根据国家和自治区统一要求，在认真总结“十一五”规划落实情况的基础上，经过反复论证和衔接沟通，形成了我区“十二五”时期文化发展总体思路和重点建设项目，为编制我区“十二五”文化发展规划奠定了坚实基础。目前，这些思路和项目已经得到了自治区和国家有关部门的认可，基本列入自治区总体规划中。

【围绕精品战略工程，加强优秀精神文化产品的生产和供给，文艺创作、管理、研究的能力和水平进一步提高，文艺舞台呈现绚丽多姿的喜人景象】一是文艺创作取得新成绩。复排推出了话剧《不准出生的人》，修改推出了新编藏戏《多雄的春天》，创作推出了大型歌舞《魅力西藏》。日喀则地区大型特色民族歌舞《珠峰彩虹》参加了第十一届上海国际艺术节。大型藏戏《多雄的春天》参加了第三届全国地方戏优秀剧目展演，获得荣誉奖。我区 5 个节目进入全国第八届舞蹈大赛决赛，其中，4 个节目获得不同奖项。话剧《扎西岗》入选国家舞台艺术精品工程重点扶持项目，填补了我区国家艺术精品工程项目自主创作的空白。同时，该剧获得了第三届自治区“五个一工程”奖。山南地区新创作的舞蹈《夯杆起，踏歌来》荣获第三届自治区“五个一工程”奖。自治区歌舞团创作的歌曲《多彩的哈达》、舞蹈《热萨玛》等 4 个节目分别获得了“第五届珠穆朗玛文学奖”和“才旦卓玛艺术基金奖”。据统计，全区专业文艺团体全年新创作剧（节）目近 300 个，文艺创作取得了显著成果。二是艺术管理迈出新步伐。制定、出台并正式实施了《区直三团下乡演出管理办法》和《西藏自治区重点剧（节）目、优秀剧（节）目投入机制和奖励实施办法》，极大地调动了区直专业文艺团体下乡演出的积极性，充分调动了创编人员创作精品佳作的主动性和创造性。三是艺术研究工作取得新成果。完成了社会科学重点课题《中国器乐集成·西藏卷》、《中国民歌集成·西藏卷》的修改、编写工作和《中国藏戏史》编撰出版工作。

【围绕优秀传统文化的继承和发展，加强文物和非物质文化遗产保护工作，科学保护和合理利用的能力和水平得到进一步提高，全社会的保护意识显著增强】一是普查工作取得新进展。截止去年 12 月，第三次全国文物普查工作共调查登记不可移动文物 4268 处，其中新发现文物点 3004 处，复查 1247 处。新公布了 112 处自治区级文物保护单位，向国家申报了 36 处全国重点文物保护单位。全区非物质文化遗产普查工作基本结束，共调查出遗产种类 14 种、项目 406 个。藏戏、格萨尔成功入选联合国人类非物质文化遗产代表作名录，填补了我区没有世界级非物质文化遗产代表作的空白。22 名传承人入选第三批国家级代表性传承人名录。新公布了 101 项第三批自治区级名录。向文化部申报了 61 项第三批国家级名录。16 部古籍入选第二批国家珍贵古籍名录。二是保护工作取得新突破。三大重点文物保护维修工程竣工验收。“十一五”重点文物保护工程开工 14 项，完成 4 项。布达拉宫、罗布林卡、西藏博物馆、文物总店修缮和相关改造工程基本竣工。全区抢救性文物保护维修工程进展顺利，全区“红色遗迹”保护维修工程有效推进。下拨专项经费，对入选国家级和自治区级非物质文化遗产名录的代表作开展了保护和传承工作。完成了墨竹工卡县藏族天文历算达普天文观测点的维修工作。整理出版了《歌舞的海洋》等一批非物质文化遗产系列丛书和《八大藏戏经典唱腔》等一批音像制品。三是合理利用工作取得新成效。2009 年，布达拉宫接待国内外游客和朝佛群众 78 万人次，罗布林卡接待国内外游客和朝佛群众 47 万人次。布达拉宫珍宝馆 8 月正式对外开放，累计接待 2.8 万余人次。拉萨娘热乡民族风情园、娘热乡民间艺术团、拉萨城关区古艺建筑美术公司等一批以非物质文化遗产演出、展示为主的龙头文化企业不断发展壮大。四是宣传工作取得新效果。全区各级文化部门积极开展“文化遗产日”活动，充分利用新闻媒体开展文物和非物质文化遗产宣传活动，文化遗产保护观念不断深入人心，全社会的保护意识得到显著增强。

【文化市场管理步入法制轨道的重要一年】一是立法工作取得突破性进展。经过多次调研、反复研究、几次修改完善，《西藏自治区文化市场管理条例》经自治区九届人大常务会第十二次会议审议，正式于去年 12 月 30 日颁布实施，我区文化市场管理工作全面步入了法制化发展轨道。二是文化市场繁荣发展。通过积极引导、鼓励和扶持，文化市场经营种类不断丰富，经济实体、经营单位数量不断增加，规模和服务水平显著提高。目前，全区文化市场经营单位达到 1709 家，从业人员近 1 万人。三是监管力度进一步加强。全面加强对歌舞娱乐场所的巡查力度和隐患排查工作，完成了拉萨、林芝、山南三个有条件地区的卡拉 OK 场所内容监管设备的安装。全年共出动执法人员近 1.3 万余人次，检查文化经营场所 1 万多家，收缴各类非法音像制品 7.4 万多张（盘），其中政治性非法音像制品 2535 张（盘），责令停业整顿 63 家，吊销 13 家文化经营单位的许可证，有效抵制了达赖集团反动文化的渗透，有效维护了文化市场发展秩序。四是引导工作迈出新步伐。在全区范围内广泛开展了“优秀歌舞娱乐场所”和“文明网吧”评选工作，共命名了 6 家“优秀歌舞娱乐场所”和 3 家“文明网吧”，有力倡导了守法经营、诚信经营的文化市场经营理念，有效引导了文化市场健康有序发展。

【围绕增强文化软实力，加强政策研究和市场培育，引导和扶持文化产业发展的能力和水平进一步提高，文化产业发展迈出了新步伐】一是鼓励骨干文化企业发展。评选命名了全区首批 8 家文化产业示范基地。拉萨岗地经贸发展有限公司被文化部命名为国家级文化产业示范基地。组织开展了文化产业骨干企业的调研工作，基本掌握了我区骨干文化企业的发展现状。二是项目推介取得显著成效。已经形成了 10 个具有可行性、操作性和市场前景的文化产业项目，并纳入文化部全国文化产业项目工程。开通了我区文化产业信息发布系统。在第四届北京国际文化创意产业博览会上成功举办了首届西藏文化产业项目推介会和现场签约仪式。向首都文化企业和新闻媒体推介了我区 24 个重点文化产业项目。展销期间，除销售所带产品外，签订产品订单 18 个。在推介会上，现场签约项目 5 个，签约总额达 7.45 亿元，取得了历史性突破。三是启动了新兴文化产业项目推进工作。成立了西藏自治区动漫企业认定管理工作领导小组。成功举办了“中国原创动漫推广计划—优秀动漫产品进西藏”系列活动，向各地市文化局发放了动漫产品。

【领导名录】

书　记：刘建敏

厅　长：尼玛次仁

副厅长：喻达瓦　杨守民　辛高锁　扎西多吉

纪检组长：沙道训

布达拉宫管理处

【年度综述】2009年，布达拉宫管理处深入贯彻落实科学发展观，按照旗帜鲜明反分裂，坚定不移抓发展的要求，贯彻落实中央和自治区维护西藏稳定工作的一系列指示精神，深入开展学习实践科学发展观活动和党员领导干部作风建设年活动，积极开展爱国主义和民族团结教育，围绕全区文化、文物局长会议对文物工作的部署要求，坚持文物工作的方针，以抓好维护稳定和队伍思想建设工作为重点，妥善部署各项任务，确保了辖区政治安全、文物安全、游客安全、施工安全，为迎接新中国成立60周年营造了安全、和谐、文明的游览环境，为“保增长、保民生、保稳定”做出了一方的努力。

【抓管理上措施，保障安全工作无失误】布达拉宫的安全事关全区大局。因此，管理处从大局的高度，警钟长鸣，强化措施，狠抓安全工作。一是在文化厅、文物局两级主管部门的正确领导和直接指挥下，采取有力措施，精心组织安排敏感日期和重大活动期间的安全保卫工作，保障了敏感日子和“3·28”以及“雪顿节”、“国庆节”等重大节日期间的安保工作万无一失。二是坚持并加强了单位内部既定的领导带班制、24小时电视监控跟踪作业制、安全巡逻制、查库登记制和临时借宿人员登记制等。三是对维修点、文物库房等重点要害部位，通过定点、定人进行重点监督管理，实行区域分片负责制的同时，加大闭宫前的清场巡查力度。四是加大可疑人员的安检和跟踪监控力度，抓获偷盗供钱小偷11次。五是进一步加大了安全隐患排查力度，一年来先后出动150多人次开展安全自查10次，平均每月至少进行一次整体安全检查。同时，严格安检工作的查检作业和施工暂住人员出入证、暂住证的检查，确保了无证闲杂人员入住辖区内。六是在原有人员名册的基础上，再次全面核实登记了包括施工人员在内的单位各类人员的基本情况，做到了各类人员的底数清、情况明。七是为确保安防、消防及水电设备的正常运行和安全，坚持了安防、消防及水电设施进行日常性检修、保养维护等的常规做法，狠抓了义务消防队的日常演练。八是加强安保硬件建设，更新了两处安检点的四个安检门，改造了所有用电设备线路，更换电线安装线管400米。投资近30万元实施了技防设备的更新改造。更新了安保专用通讯设备（对讲机）。另外，从自身安防、消防经费中拿出245000元，给消防大队配购了一辆运兵车，解决了大队车辆装备紧缺的燃眉之急，强化了大队战斗力。九是规范了雪城的安保值班制度。十是坚持察民情、抓排查，确保了无上访事件。

采取以上措施，形成了点、线、面到位，人防、物防和技防高度结合的布达拉宫安全防范网。同时，从单位一把手到分管领导、从分管领导到科室负责人和区域负责人，层层签定了年度安全责任书，形成了一级抓一级，层层抓安全的局面，为顺利开展管理处各项工作和布达拉宫维修工程创造了良好的安全条件。

【维修指挥部的工作有效有力】本着“质量第一，修旧如旧”的原则，组织有效的施工力量，制定严密的施工组织方案和安全生产责任制，通过每天派人到施工现场了解施工进度、质量等相关情况，确保了施工现场的监督检查工作经常化，施工相关情况随时了解掌握。同时，安排工程指挥部成员经常深入施工第一线，实施检查、指导和督促工作。严肃认真地召开每周的工程例会，及时研究解决了施工中存在的问题，还积极主动地承担应由工程办协调解决的任务，在玛基康维修、设立建筑监测系统、下水道排水管道引入城市污水排放管道等问题上，主动联系相关单位促成及早落实。指派专人参加灌浆和夯打阿嘎土的工程，一方面监督施工，另一方面进行技术指导。

为分析比较主体建筑各维修点在维修前后的区别状况，找准施工中存在的问题，同时客观真实反映维修情况，减少社会上的各种舆论，2009年组织灯香师先后两次到施工现场及地垄进行参观检查，一来共同发现问题，利于解决和弥补，二来感受维修成果，使维修工作得到各方面的认可。

2009年是布达拉宫二期维修工程的竣工之年，大项目已基本竣工，主体维修项目通过国家文物局专家验收组的终验。组织实施布达拉宫第二期维修竣工佛事开光仪式，顺利完成了各项仪轨，受到了上级部门和广大信教群众的高度认可和一致好评。同时，年内新开工的公铺工程项目和部分附属建筑的后续工作正加紧施工中，使二期维修工程按照西藏三大文物维修工程办的要求开展得有力有效。

【抓业务，确保年初既定工作进展顺利】开展文物登记建档和搬迁及古迹抢救工作，完成了905尊佛像文物的电子化建档，完成5340张文物的拍照。实施古籍整理编目作业，完成了经书库280部经书的整理编目和五世灵塔殿1640部经书的下架搬迁、整理编目、补换缺损夹板和经书包布及函头标签和经书带，并实施了上架复位。同时，完成了布达拉宫珍宝展160件（套）展品的再选和文字说明及形式设计工作。完成了赴日西藏文物展布达拉宫32件展品的交接。完成了向上海世博会展览和北京故宫展览借展文物的拣选。

实施了五世灵塔殿内五世、十世、十二世灵塔和八座佛塔因历史原因缺损镶嵌宝石的修补作业。制作添置了冲热拉康八尊药师佛的佛座。实施了一级文物的统计工作。另外，积极为自治区藏医院等单位提供古籍资料用于科研，推进了文化遗产保护成果的共享工作。

日常维护保养工作成效显著。组织

自治区副主席、自治区红十字会会长德吉向拉萨海关颁发“博爱”牌匾

自治区党委常委、政法委书记王宾宜检查指导拉萨海关“军民警民共建共保”宣传活动

关长王文喜向海关金钥匙希望小学学生发放学习生活用品

拉萨海关妇委会看望慰问当巴乡环卫工人

达孜县委、县政府向拉萨海关赠送锦旗

拉萨海关与自治区知识产权局等单位开展联合执法活动

农技人员指导农民技术员进行田间管理

农牧民群众在精心管理自己的大棚蔬菜

科技"三下乡"活动

农村沼气建设

规模养殖（达孜奶牛场）

无公害蔬菜生产基地

白朗县标准化种植

国务院副总理回良玉视察拉萨站

卫生部部长视察拉萨站

全国人大代表视察拉萨站

原铁道部副部长孙永福视察拉萨站

拉萨站被授予全国民族团结进步模范集体

自治区邮政公司开展机关作风整顿活动总结大会

漫长艰辛的邮路

天堑墨脱邮路

乡邮员

孤独危险的波密八盖乡邮路

不畏艰险，履行邮政普遍服务义务

送党报党刊到农牧民手中

乡邮员送录取通知书

2009年12月19日阿里电力公司移交签字仪式

2009年12月25日，西藏电力有限公司第二职业技能竞赛中

2009年4月，西藏电力有限公司员工正在纳木措乡加嘎村实施“户户通电”工程

正在建设中的林芝电网与藏中联网工程，2009年11月中旬投入运行后，缓解了藏中电网冬春季节电力供应矛盾

2009年7月7日，西藏电力有限公司便民拥军服务点为广大市民就电价调整有关问题进行解答

2009年4月2日，自治区常务副主席郝鹏调研环保工作

开展环境质量监测

2009年12月23日，环保厅挂牌仪式

夏季的拉鲁湿地

青藏铁路

国土资源部副部长鹿心社在自治区常务副主席郝鹏的陪同下视察地勘局

自治区副主席白玛才旺视察地勘单位

区地勘局党委书记、副局长李清波

国土资源部领导到地勘局调研

区地勘局局长、党委副书记、总工程师多吉

区地勘局与日喀则行署就加强该地区矿产资源勘查召开座谈会

领导干部作风年建设

中共中央政治局委员、国务委员刘延东视察西藏拉萨中学

中共中央政治局委员、国务委员刘延东在西藏大学调研

西藏自治区教育厅与陕西师范大学共建教师教育创新实验区签字仪式

西藏自治区语言文字工作会议胜利召开

西藏大学进入国家211工程项目，西藏自治区党委书记张庆黎、自治区主席向巴平措等领导到会祝贺

2009年，自治区主席向巴平措视察格达乡小学

西藏大学师生庆祝进入国家211工程

西藏自治区教育工会干部培训班开班仪式

中等职业学校德育课程改革自治区级培训暨中专德育研究中心年度工作会议

英特尔教育取得明显成效

自治区教育厅

自治区教育厅厅长宋和平

热烈庆祝藏医学院成立20周年

自治区教育厅举行迎国庆和民族团结演讲比赛并颁奖

2009年中央彩票公益基金支持青少年校外活动场所建设项目（西藏）骨干教师培训

2009年教育系统纪检监察工作会议

全区中小学和中等职业学校思想政治工作会议

2009年内地西藏班藏语文教师培训开班典礼

庆祝中国共产党成立88周年

中共中央政治局委员、国务委员刘延东一行在自治区调研文化工作

自治区领导到基层调研

日喀则扎什伦布寺保护维修工程开工仪式现场

校园慰问演出

达嘎乡喜迎新中国成立60周年和西藏百万农奴解放50周年文艺演出

建国六十周年西藏和谐号彩车经过天安门广场

2009年8月22日下午，中共中央政治局委员、国务委员刘延东一行莅临西藏大学检查指导工作

2009年8月22日下午，中共中央政治局委员、国务委员刘延东一行莅临西藏大学检查指导工作

西藏大学新校区全景

2009年1月10日，藏文软件推广应用项目启动仪式

美好未来

国务院副总理回良玉在布达拉宫检查指导工作

中央军委总政治部主任李继耐视察布达拉宫

利用冬季时间整理宫藏经书

冬季清理山体上的杂草，消除安全隐患

春季修剪树枝

全区人口计生和优生优育工作会议

"5·29"计划生育协会会员活动日

南木林县卡孜乡新农村新家庭人口健康促进项目阶段总结暨表彰大会

育龄妇女生殖健康培训

自治区妇联在尼泊尔首都加德满都成功举办了“中国西藏妇女摄影展”

全国妇联党组书记、副主席、书记处第一书记黄晴宜向西藏自治区妇联捐赠了122万元的女童教育资金和100万元的物资，自治区副主席德吉接受捐赠

自治区妇联在拉萨市城关区嘎玛贡桑社区建立了首家“流动妇女儿童之家”

全国妇联在西藏自治区妇联培训中心举行“全国妇女培训基地”授牌仪式

自治区妇联举办了全区首次藏汉语“家庭教育电视论谈”

西藏自治区妇联举行“母亲健康快车”发车仪式

德吉副主席在残联理事长旺青格烈的陪同下深入灾区慰问残疾人

自治区领导在残联理事长旺青格烈的陪同下视察“助残日”一条街活动

德吉副主席出席残疾人迎春茶话会，并作重要讲话

自治区党委书记张庆黎同拉萨市群众欢度2009年藏历新年

自治区领导亲切看望慰问受灾群众

2009年5月12日，自治区民政厅党组书记谭云高陪同自治区领导检查“防灾减灾宣传一条街”宣传活动

2009年5月12日，自治区民政厅厅长单增卓扎在“防灾减灾宣传一条街”宣传活动现场向群众发放宣传资料

自治区民政厅厅长单增卓扎看望慰问五保老人

自治区人力资源和社会保障厅

自治区常务副主席郝鹏为就业再就业先进集体颁奖

厅长姚瑞峰在国庆60周年来临之际陪同自治区副主席德吉、看望慰问退休老工人

姚瑞峰厅长

2009年6月8日，姚瑞峰厅长在高校毕业生就业见习基地授牌仪式上讲话

2009年5月20日民营企业招聘周启动

黑颈鹤

热振森林公园

林周南部风光

拉萨市
LA SA SHI

2009年2月25日张庆黎书记到城关区嘎巴村和百姓一起过年

中央文明办代表到城关区进行慰问

2009年3月6日，城关区仙足岛文化室揭牌仪式

城关区市民服务中心开业典礼

2009年城关区第四届青稞酒节

家庭教育进社区知识讲座

2009年6月10日，北京市西城区、拉萨市城关区对口援教工作座谈会暨签约仪式

向农牧民赠送物资

2009年8月9日，北京祝福·拉萨情文化交流演出

2009年4月17日，城关区古建古艺宾馆开业剪彩仪式

城关区社会福利院奠基典礼

中国历史文化名街—八廓街揭牌仪式

自治区党委书记张庆黎、区政府主席白玛赤林等领导同志为青藏交直流联网工程奠基

县委副书记、县长次仁顿珠陪同常务副主席郝鹏、副主席丁业现视察重点工程建设项目

国家水利部副部长矫勇视察西藏旁多水利枢纽工程移民搬迁安置点

拉萨市多吉次珠市长赴林周县视察旱情

援藏干部、县委书记冯仁新（左一）陪同自治区党委书记张庆黎视察旁多水利枢纽工程

自治区副主席次仁视察旁多水利枢纽工程

钱文辉看望旁多乡退休老干部

苏州市第五批援藏干部（左二起：副县长陈建国、县委书记冯仁新、常务副县长沈晓东）在甘曲镇群众家中调研

援藏干部冯仁新（右一）陪同苏州市市长到林周考察工作

旁多水利枢纽工程开工典礼

养鸡基地

油菜

自治区人大常委会副主任马如龙为组长的团区委一行到当雄县调研

尼玛县长陪同多吉次珠市长检查当雄县安居工程工作

县委副书记、县长尼玛检查安居工程建设

当雄县委、县政府

当雄县城街道一角

北京市崇文区向当雄灾区捐赠

北京市昌平区对当雄县基础教育给予了大力支持

2009年“五四”拔河比赛

“庆五四·唱红歌”系列活动启动仪式

宣讲中央第五次西藏工作座谈会

红色歌曲当雄唱

饮水工程

当雄县汽车站

自治区常务副主席郝鹏一行在贡觉县调研

县委书记张新成

县长公嘎泽仁深入农牧业生产第一线调研

县长公嘎泽仁在热曲河电站检查指导工作

"3·28"党中央国务院赠送的农用车

3·28演讲比赛

三岩野生花椒

生长在贡觉县境内的野生鲵类

贡觉特色产品莫洛镇藏香、日玛糌粑

贡觉县新建的游牧民定居新房（巴拉牧场）

中组部副部长王尔乘（左一），区党委常委、组织部长尹德明（左二），地委书记王瑞连（左三）在察雅视察基层组织建设工作

昌都地区政协副主席、察雅县委书记：靳世文

察雅县委副书记、县长：次仁卓嘎

由中铝援建的察雅县敬老院

发展中的察雅县中学

察雅县卡贡乡村邦村农牧民安居房

察雅县葡萄种植园

察雅县吉塘镇立体农业示范区种植的苹果

县委副书记、县长多嘉深入学校视察工作

芒康县局域网工程开工典礼

芒康县举行“百万农奴解放纪念日”赠送物资发放仪式

《芒康县志》首发仪式成功举行

芒康县第三届茶马古道艺术节商品展销会

芒康县第三届茶马古道“芒康·盐井”旅游文化艺术节于9月4日隆重召开

“千年盐田 神奇芒康”绽放光彩

重庆市巴南区考察团来芒考察

新建成的渝芒广场

芒康县举行四大队营房建设开工典礼

芒康县藏医院藏药生产原料

芒康县第三届茶马古道艺术节服饰展

江卡变电站

农田水利灌溉工程

昌都县委书记田学明

昌都县委副书记、县长吕天明

农村沼气逐步普及

技术人员调试卫星接收器

新农村文化书屋

兑现粮食直补款

中央政治局委员、国务院副总理回良玉，自治区党委书记张庆黎在山南地委、行署领导的陪同下视察桑日县新农村建设情况

湖南省党政代表团视察湖南援建项目（山南长途客运站）

地区主要领导在泽当出席庆祝中华人民共和国成立60周年招待会

地委书记、人大地区工委主任洛松次仁在乃东县调研

地委副书记、行署专员赵宪忠在山南地区各界人士庆祝中华人民共和国成立六十周年招待会上致辞

地委副书记、行署专员赵宪忠出席山南地区与尚德集团光伏应用战略合作签约仪式

地委委员、行署副专员薛长学在光伏应用战略合作签约仪式上致辞

山南地区领导参加庆祝新中国成立六十周年群众歌舞晚会

地委委员、行署副专员薛长学考察桑日大古旅游开发工作

白玛赤林等自治区领导莅临扎囊县检查指导工作

扎囊县门楼

扎囊县委书记巴珠

扎囊县工业园区

扎囊县政务中心大楼

乃东县常委会议

人民日报社向克松居委会赠送爱国主义展品仪式

向寺庙宣传中共第十七届五中全会及区地两级会议精神

自治区联合督查组莅临乃东县检查指导工作

农博会

武汉市洪山区至乃东县慰问

物交会开幕

武汉市洪山区党政代表团莅临乃东县考察

回良玉副总理莅临桑日检查指导工作

回良玉副总理视察桑日县新农村建设情况

县委副书记、县长普布顿珠检查县直相关单位开展为民办实事活动情况

藏历新年前夕，县委、县人大、县政府慰问十八军老战士洛桑扎西

县委副书记、人大主任央中卓嘎向回良玉副总理汇报桑日县安居工程建设情况

中央学习实践活动督导组副组长陈邦柱检查桑日县学习实践活动开展情况

湖南省委书记张春贤、省长周强、西藏自治区常务副主席郝鹏出席桑日县自来水厂竣工剪彩仪式

桑日县庆祝“西藏百万农奴解放纪念日”暨“西藏民主改革50周年”文艺汇演

桑日县举行迎国庆、讲文明、树新风演讲比赛

桑日县召开“3·28百万农奴解放纪念日”庆祝大会

桑日县启动办公自动化

桑日县委书记谢胜参加自治区学习实践活动汇报会

县委书记：黄其洲

县委副书记、县长：索朗曲巴

县委副书记、人大主任：陈海云

琼结县机关幼儿园

琼结县党政机关办公楼

自治区重点文物保护单位藏王墓

琼结水晶玉石

琼结县社会福利院

地区行署专员赵宪忠同志莅临隆子县检查指导工作

县长洛桑平措视察隆子县试种油菜产量

隆子县机关效能建设心得体会交流会

隆子县传达学习中央第五次西藏工作座谈会议精神

隆子县项目建设调度会

卡达藏刀

门巴竹器编织

门巴戏

扎洞六弦琴

自治区副主席多托莅临洛扎县检查指导抗救灾

洛扎县委书记嘎玛旦巴

洛扎县长蒋明浩

安居工程建设成果

洛扎县城

自治区领导和市长达次现场指导西郊造林工程建设

市委书记华玉松同全市干部群众一起开展植树造林活动

市长达次在基层指导干部周转房建设

市委副书记、人大主任拉巴平措

常务副市长杨聚钧、副市长朱堂现场指导规划安居工程建设

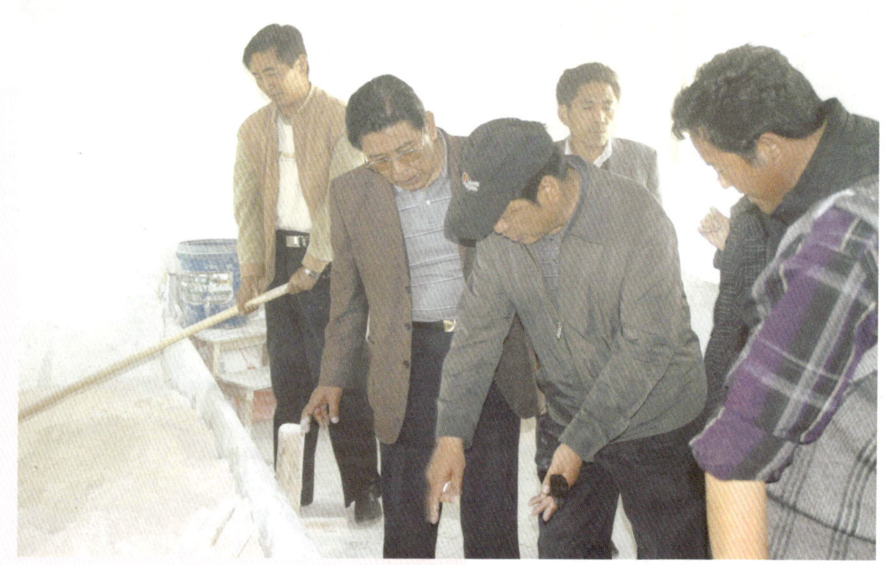

达次市长、欧平主席指导糌粑加工

曲美乡苗圃基地

自治区党委书记张庆黎在日喀则地委书记格桑次仁、南木林县委书记顾建华、县长巴桑多吉陪同下在南木林县调研

自治区党委书记张庆黎在日喀则地委书记格桑次仁、南木林县委书记顾建华、县长巴桑多吉陪同下在南木林县调研

自治区党委常委、党委宣传部部长崔玉英在南木林县委书记顾建华、县长巴桑多吉陪同下在南木林县调研

南木林县高级中学开工奠基仪式

南木林县城全貌

南木林县县委书记顾建华

南木林县县委副书记、县长巴桑多吉

南木林县“两基”攻坚工作总结表彰暨迎“国检”动员大会

南木林县拉布普赛马节

南木林县甘典曲果寺

南木林县境内的珍稀野生动物黑颈鹤

南木林县境内的古树

南木林县艾玛土豆生产基地

自治区人大副主任、人大地区工委主任、地委书记格桑次仁、拉孜县县长同农民艺术团合影

县委书记陈宾（中）在乡镇检查指导工作

书记县委陈宾视察市政道路建设

拉孜县县长多吉（左）、县委书记陈宾（中）、人大主任次仁欧珠看望退休干部

拉孜县全景

自治区副主席孟德利在谢通门县视察达那答乡

日喀则地委常务副书记、行署常务副专员李耀在谢通门县指导工作

地区领导参加谢通门县第三届赛马广交会开幕

谢通门县全景

县委副书记、人大主任：旦增

谢通门县安居工程

谢通门县第三届赛马广交会开幕式

谢通门县卡嘎朗玛藏刀

谢通门县扎西坚白寺

谢通门县党员干部传达学习中央第五次西藏工作座谈会精神

谢通门县卡嘎温泉娱乐休闲中心

谢通门县党政办公楼

昂仁县庆祝建党88周年总结表彰大会现场

昂仁县村支部书记培训

昂仁县江嘎铁炉

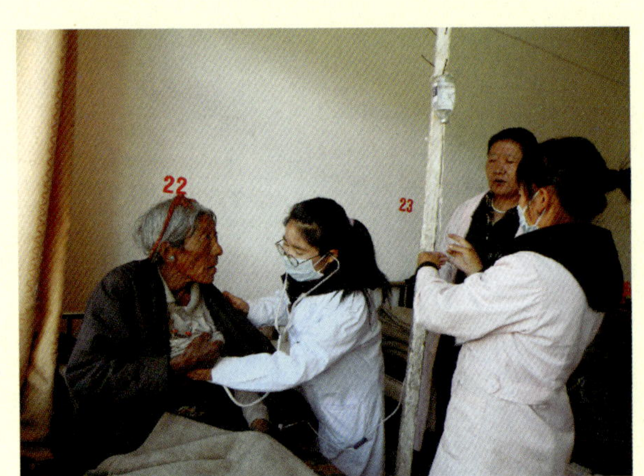

昂仁县医护人员为群众看病

羊群在悠闲地吃草

由第五批援藏资金投资改扩建的昂仁县党政办公楼

中央统战部领导莅临仁布县检查指导工作

仁布县委副书记、县长达娃次仁率领工作组下基层考察农业生产情况

仁布县党政办公楼

仁布县农家书屋图书发放仪式

援藏光明行启动仪式

仁布县学习实践科学发展观动员大会

上级领导莅临白朗县考察蔬菜大棚种植情况

县长贵桑考察饲草基地

村委会活动场所

娟珊牛

白朗县农牧民安居工程

白朗县农业综合开发项目

学生在语音室学外语

比如县第四届娜秀文化艺术节

比如县政府

比如县城

比如布曲风光

干部职工周转房

自治区党委副书记、常务副主席郝鹏莅临嘉黎县检查指导工作（右二），嘉黎县委书记黄荣定（左二）和县委副书记、县长布尼玛（右一）等陪同

千佛山

江奶玉措

娘亚牛

冬虫夏草

嘉黎全景

2009年，自治区主席向巴平措在安多视察工作

安多县党员干部学习

安多县乡镇赛马节

安多县农牧民饮水工程

安多火车站

安多县城新貌全景

地委书记边巴扎西在申扎县下过三村考察经济组织建设

申扎县第二届甲岗山物资交流会暨赛马艺术节

中信集团领导参加裸鲤资源开发研讨会

建设中的申扎县新牧区

国家级非物质文化遗产—巴扎服饰

中央统战部常务副部长朱维群在索县调研

齐扎拉部长在索县调研

县委副书记、县长嘎松美郎深入基层调研

县人大、政协联合工作组深入基层了解社情民意

县主要领导与内地西藏班学生合影

索县全景

北京306医院与索县人民医院建立援建工作关系

班戈县县委书记巴塔

班戈县县长许军基

中石化小学开工典礼

班戈县纳木措圣象天门

班戈全景

自治区党委书记张庆黎检查巴青县普九工作

巴青县雅安镇安居工程

巴青县无公害蔬菜大棚

巴青县鞍山农贸市场

巴青县水电站

实施了4处新发现地垄的垃圾清运、墙体抽砌、灌浆加固、墙面勾缝、更换椽子木等，其中地垄内部共清运垃圾达15吨，墙体灌浆量达40立方米，抽砌和勾缝墙体面积达28平方米，更换170根不同规格的椽子木。

对主体建筑20余处开裂及粗糙的阿嘎土地面进行了修补和翻修工作，总面积近800平方米，其中修补阿嘎土面积近520平方米，翻修280平方米；实施了强康东侧面积150平方米的篮玛草修补工作；制作主体建筑的窗帘、门帘、毛絮、经书标题插布等共计370余件，加工窗架、木制栏杆、床垫、柱子、天窗、经书护板、椽子木等共计120余件，

实施日常维修材料备料工作。自元月份开始购置椽子木400根、大方97.7立方、篮玛草31318斤，投资达395779.5元。5月份，又派维修工作人员下基层实地调查后，协调基层有关部门购买白灰200吨、阿嘎土90.25吨，投资7万余元。目前筹备的材料能满足今后一段时间的布达拉宫日常保养性维护工作需求。

实施斋康后侧及乃康顶电线管埋设工作，共开挖深1米、长280余米的埋线坑道，较好地满足了文物古建筑电线敷设的需求；组织实施了主体建筑周边大面积杂草杂树的铲除工作，及时排除了杂草杂树对建筑带来的安全隐患，整个工期达25天。

为进一步查清布达拉宫建筑的险情隐患，组织部分民工，于2009年元月开始对白宫等部分地垄内部展开了边探挖边清理工作，在探挖过程中共发现不同深度的新地垄6处，地垄的险情情况如实登记后及时向上级有关部门进行了汇报，同时，实施了修补作业。

实施并完成了十世灵塔金顶维修、殿玛窖壁画修补和九世灵塔殿、强康殿屋顶宝幢维修及九幅巨型展佛唐卡的防虫防腐处理作业。

实施地垄数量统计工作，共统计出959处（点），其中地垄890处，小房间69处，新发现地垄336处，并对每处地垄逐一进行编号、拍照，如实登记维修情况，编制了布达拉宫二期维修地垄检查情况明细表。

为充分了解和掌握布达拉宫建筑维修情况，组织有关人员整理布达拉宫建筑的维修资料。为实施好此项工作，特抽调一名藏族历史知识较丰富、藏文基础扎实的灯香师，配合维修科，查阅大量历史资料，收集整理了三界殿、杰布窖、德阳夏、僧官学校、五世灵塔殿周围建筑的维修历程、建筑材料的来源、施工人员的工资发放情况；查阅整理了长寿乐极殿堂名称的来源、拉喇嘛益西伟灵塔搬迁经过等资料，同时收集和整理了有关布达拉宫壁画的相关资料。

文物研究工作得到加强。一方面，根据上级要求，派副研究员平措次旦同志参与全区贝叶经普查保护工作小组，作为该小组业务骨干和专业带头人，组织实施全区贝叶经目录编制工作。另一方面，完成了《世界遗产布达拉宫》图录本的汉文初稿和《布达拉宫藏绸缎类供品介绍》的藏文初稿以及《宗教用品》一书的编写工作。同时，《西藏研究》2009年第一期上刊登了研究人员撰写的《藏族陶器简介》。基本完成了《布达拉宫内所藏的明清时期瓷器》的介绍资料。

【重视宣传接待工作，提高接待服务水平】作为文化旅游景点，接待游客和香客并提供相关服务，按照有关部门的安排，接待贵宾和媒体记者，并陪同参观或接受采访，是件重要的任务。以宣传党的民族、宗教政策为重点，注重了导游讲解人员的配备工作，特别在安排重要贵宾和媒体记者的讲解人员时，安排政治立场坚定、思想觉悟高、业务熟练的讲解员，做到了高质量地完成接待工作，体现了对宣传接待工作的思想认识到位、服务到位。截至9月底，除接待正常游客和香客外，布达拉宫管理处还接待了分别由国家副总理回良玉，中央政治局委员、国务委员刘延东，全国政协副主席、中央统战部部长杜青林，中央政治局委员全国政协副主席王刚，中央政治局常委、北京市委书记刘淇，国家文化部副部长周和平和国家文物局副局长董保华等率领的不同工作组，以及中央军委、国家教育部等的重要客人1000多人次的国内贵宾；接待了英国外交国务大臣刘易斯、尼泊尔外长、德国青年联盟代表、孟加拉国驻华大使、英国外交国务大臣代表团、韩国议会议员及外国记者团等国外贵宾和记者近250人次。其间，一方面采取有效措施，确保了安全保卫任务圆满完成；另一方面，按照我区外宣工作的总体指导思想，正确把握政治方向，根据接待服务对象的不同，正确宣传了党的民族、宗教、文化政策，特别是中央对西藏文化、文物工作的重视情况以及布达拉宫在内的我区三大重点文物保护工程情况，取得了良好的社会效应及宣介作用。接待讲解工作未出任何安全事故和政治问题，也没有出现游客投诉案件。

其次，结合深入开展领导干部作风建设年活动，从对游客负责、为游客着想出发，在改进服务手段、提高服务水平上下功夫，在布达拉宫正门前设立了布达拉宫参观咨询处；联合自治区旅游局，在布达拉宫广场大屏幕上滚动播报布达拉宫参观注意事项，在旅游网站上刊登布达拉宫参观注意事项，以方便游客上网查询布达拉宫旅游信息。

2009年，接待总人数为817148人次（其中，朝佛群众310900人次，内宾460349人次，外宾45899人次）。

【雪城展示利用工作得到加强】为更好地展示西藏历史文化，提高景点品位，充实雪城展示功能，更好地发挥雪城爱国主义教育基地的作用，一方面投资1200多万元实施珍宝馆陈展工程的同时，组织编写了布达拉宫珍宝馆宣传册。另一方面，根据自治区有关领导和文化厅、文物局的安排部署，研究制定了充实、完善雪城展示内容的方案。

特别是作为2009年重点和首要任务的布达拉宫珍宝馆陈展工程，在文化厅、文物局的指导下，处党支部高度重视，指派一名副处长专门负责珍宝馆陈展工程，使此项工作在相关人员的积极配合、加班加点后，2009年8月11日正式得以对外开放，同时，整个设计和展览形式、展品品位等受到了有关领导和专家的高度评价。

另外，根据上级领导和处党支部的要求，为加强珍宝馆的宣传讲解工作，通过邀请专家现场授课和派去短期受训方式，专门培训了珍宝馆讲解员。

2009年，珍宝馆不仅接待了中央领导刘延东、王刚，自治区党委书记张庆黎，自治区主席向巴平措，自治区党委

副书记、自治区常务副主席郝鹏和自治区副主席甲热·洛桑丹增及国家文物局董保华副局长等领导和十一世班禅大师，以及国内外媒体记者近 200 人次，还接待观众 11774 人次（其中游客 4062 人次，群众 6729 人次，免费接待 983 人次。）。

【领导名录】
支部书记、处长：强巴格桑
副处长：琼 达　旺堆多吉　丁长征

自治区文物工作

【基本情况】截止 2009 年底，西藏已调查登记的各类文物点有 4268 处，各级文物保护单位 743 处，其中：全国重点文物保护单位 35 处，自治区级文物保护单位 224 处，县市级文物保护单位 484 处。其分布为：自治区文物局下属单位有全国重点文物保护单位 2 处；拉萨市有全国重点文物保护单位 6 处，自治区级文物保护单位 49 处，县（市）级文物保护单位 59 处；日喀则地区有全国重点文物保护单位 8 处，自治区级文物保护单位 43 处，县（市）级文物保护单位 93 处；山南地区有全国重点文物保护单位 12 处，自治区级文物保护单位 44 处，县(市)级文物保护单位 101 处；林芝地区有全国重点文物保护单位 1 处，自治区级文物保护单位 14 处，县（市）级文物保护单位 34 处；昌都地区有全国重点文物保护单位 2 处，自治区级文物保护单位 33 处，县（市）级文物保护单位 81 处；那曲地区有全国重点文物保护单位 1 处，自治区级文物保护单位 21 处，县（市）级文物保护单位 53 处；阿里地区有全国重点文物保护单位 3 处，自治区级文物保护单位 20 处，县（市）级文物保护单位 63 处。世界遗产一处 3 个点，即布达拉宫及其扩展项目大昭寺、罗布林卡。馆藏文物数 10 万件，其中：一级文物 1 万多件。

各级文物管理专门机构 24 个、博物馆 2 个、文物科研机构 1 个、文物总店 1 个和文物鉴定机构 1 个。西藏自治区文物局隶属自治区文化厅，为自治区人民政府的副厅级全区文物管理部门；直属单位有布达拉宫管理处、罗布林卡管理处、西藏博物馆、自治区文物保护研究所、西藏文物总店和西藏文物鉴定组。拉萨市设有副县级文物局；日喀则和山南地区设有正区级文物局；昌都、那曲、林芝、阿里四个地区在文化广播影视局内设有文物科；日喀则地区的日喀则市和江孜、吉隆、拉孜、昂仁、康马、萨迦县共七个县（市）成立有正科级文物局；阿里地区的扎达、普兰、革吉、日土、噶尔、措勤、改则县共七个县成立有正科级文物局。

西藏现有从事文物工作的人员 288 名，其中藏族占 85%。具有中专以上学历的 196 人，占总人数的 68%。专业技术人员 100 人，占总人数的 35%；其中获得文博研究员 2 人，副研究员的 11 人，文博馆员 30 人，合计为 43 人，共占总人数的 15%。

【加强安全防范措施，建立健全内部防范措施和规章制度】一年来，区直文博系统和七地（市）文物部门进一步明确各单位的安全防范责任制，坚持领导班子成员在重大节日及敏感时段期间到重点文博单位定点值守制度，认真执行领导干部带班和 24 小时值班制度，加强对施工人员、商品房人员的管理，特别是布达拉宫、罗布林卡在切实加强世界文化遗产地安全防范的同时，还采取有效措施强化了对灯香师的教育和管理，确保了“三大节日”、“3·28”活动、建国六十周年等庆祝活动以及特殊敏感时段文物单位的绝对安全。区、地（市）两级文物部门先后制定、完善了《处置文物突发事件应急预案》、《文物行政管理部门工作规则》、《文物行政管理部门信访工作实施细则》等规章制度,并得到很好的贯彻落实，为进一步强化文物行政管理部门的内部管理、规范干部职工的行为、加强安全防范工作、确保一方平安发挥了积极作用。

【切实加强文物安全和文物保护维修工程施工安全工作】为进一步加强全区文物安全工作，在年初召开的全区文物工作会议上与各地市文化（文物）部门和区直文博单位签订了《2009 年度文物安全责任书》，随后各地市文化（文物）部门也与各县和文保单位层层签订了《年度文物安全责任书》，始终将安全工作作为文物工作的生命线，建立健全安全防范长效机制和奖惩机制，将文物安全责任落实到基层单位、落实到每一个岗位、落实到人的重大举措。使文物单位安全防范工作建设进一步得到加强。同时，在三大节日和重大活动期间加大对文物单位的安防、消防检查和督导力度，坚持定期会同公安、消防等部门组成检查组开展全区文物单位安防、消防和施工现场大检查，对存在的问题和隐患及时排查、及时整改。截至目前，全区“三级”文保单位没有发生安全责任事故，有力地确保了文物系统的安全和综合治理工作。

【积极编制并衔接落实“十二五”文物保护规划】为确保我区文化遗产事业的可持续发展，自治区文物局从 2008 年 5 月组织开展了西藏文物事业“十二五”规划的编制工作，并于 2009 年 6 月份完成了《西藏自治区文物保护“十二五”规划纲要》、《西藏文物保护“十二五”规划项目方案》，并积极向国家申请。6 月中旬至 7 月初，自治区文物局顺利完成了国家文物局赴藏调研组、专家组在藏期间的考察接待工作，积极向国家发改委、财政部和文物局汇报衔接了涉及总投资 20 亿元的西藏文物保护“十二五”规划项目。同时，还组织力量着手开展“十二五”规划项目白居寺等重点文物保护单位保护维修工程的调研、勘察设计等前期工作。

【大力宣传西藏民主改革 50 年来我区文化遗产事业取得的巨大成就】为展示建国 60 周年特别是西藏民主改革 50 年来西藏文物事业在党中央、国务院高度重视和亲切关怀下所取得的显著成就，9 月 30 日，《西藏自治区文物事业五十年成就展》正式对外开放，时任区党委副书记、自治区人大常委会主任列确，区党委常委、宣传部部长崔玉英，自治区副主席甲热·洛桑丹增和自治区政协副主席央金出席成就展开幕式并参观了展览。充分发挥展馆优势，配合相关单位举办了庆祝西藏民主改革五十周年大型主题展《西藏今昔》展览，通过提供优质的服务和讲解，国内外观众对西藏新旧“两重天”有了深刻的认识，起到了很好的宣传教育作用。还与西藏电视台、《西藏日报》、《中国文物报》合作，通过制作专题电视片、特刊等方式，着力宣传民主改革50年来西藏文化遗产保护工作取得的成就。

【积极组织参加首届中国国际文物保护博览会】由国家文物局主办、中国贸促会和陕西省人民政府共同承办的“首届中国国际文物保护博览会”于10月在西安隆重举行。以自治区副主席甲热·洛桑丹增为团长的西藏代表团一行30人参加了此次博览会。区文物局组织区直文博5家单位参展并充分利用这一平台，大力宣传西藏文物事业民主改革50年来在党中央、国务院亲切关怀和区党委、政府的坚强领导下所取得的显著成就，展示达到了预期目的，受到国家文物局和承办方及国内外参展单位的充分肯定和赞誉，并获得了最佳组织奖。还积极协调世博办从区直文博单位推荐了五件一级文物将在上海世博会西藏馆用数字模拟技术展示，同时28件（套）文物将在上海世博会文物展览上展出。

【全区文物保护维修工程建设进展顺利】西藏“三大”重点文物保护维修工程成效显著。国家批复三大文物工程总投资38059万元，到位资金37061万元。2009年安排和完成投资6411.55万元，开工建设了布达拉宫、罗布林卡、萨迦寺的安防、消防、给排水和电气照明系统工程等12项。三大工程自2002年6月开工建设以来，累计开工154项子项目，完工142项，完成投资35726.79万元，已经完成了布达拉宫、罗布林卡、萨迦寺的主体古建筑维修工程，并顺利通过了国家文物局专家组的检查验收。

西藏“十一五”重点文物保护工程建设进度加快。国家批复“十一五”重点文物保护工程总投资5.7亿元，累计到位资金2.9亿元。截止2009年底，涉及“十一五”22处文物保护维修工程的拉萨关帝庙、大唐天竺使出铭、朗赛林庄园、科迦寺已完工并完成了初验，扎什伦布寺、昌珠寺、色喀古托寺文物保护维修工程在建项目进展顺利。2009年新开工建设了夏鲁寺、哲蚌寺、大昭寺、小昭寺、东嘎寺、太昭古城、亚东清代海关遗址共7项文物保护维修工程，累计完成投资2亿元。波密中心县委红楼、中央人民政府驻藏办公处即将完成招标并开工建设。

全区抢救性文物保护维修工程进展顺利。日吾其金塔、丹萨梯寺、向康大殿、达杰林寺、鲁定颇章、同卡寺、邦纳寺等抢救性文物保护维修工程在建项目进展顺利，其中达杰林寺、鲁定颇章已完工并通过终验。2009年，自治区安排资金2310.6万元，实施甲日寺、噶玛丹萨寺、阿沛管家庄园、卓玛拉康、帕拉庄园、拉隆寺、平措林寺、唐波切寺等8处文物应急抢救性工程，待古建定额标准认定后，可望抓紧组织招投标并开工建设。年内自治区文物局共安排资金500多万元，对14处文物单位进行维修保护、改善了33处文物单位的安全防范设施、支持全区各地市文物部门开展文物征集和普查工作，有力地推动了基层文物行政部门的保护和抢救工作。

全区“红色遗迹”保护维修工程扎实推进。2009年，自治区安排资金1886.9万元，实施山南乃东克松村历史教育基地、昌都解放委员会办公旧址、萨旺府和昌都、左贡、丁青、芒康、边坝、江达烈士陵园等一批以重要历史和革命文物为代表性的“红色遗迹”保护维修工程，目前已完成招投标工作。

【切实全力抓好第三次全国文物普查工作】在自治区第三次全国文物普查工作领导小组的领导下，各地市普查领导小组以质量优先为原则，使第二阶段的普查启动率、调查区域覆盖率达到了98.55%。2009年8月至9月，自治区普查办公室组织各地市普查办负责人组成西藏自治区第三次文物普查质量控制会检查组，对六地一市已经完成文物普查实地调查阶段进行实地检查，一年来，累计到位资金1509万元（中央财政安排资金772万元，自治区及各地市、县财政安排资金737万元）；组织一线普查队员305人，深入开展了全区73个县692个乡镇的文物调查工作，调查面积约117.6万平方公里。共调查、登录不可移动文物点4268处，包括古遗址类1513处，古墓葬类501处，古建筑类1443处，石窟寺及石刻类581处，近现代重要史迹及代表性建筑类207处，其他类23处；其中新发现文物点3004处。按照国家文物局的要求，已保质保量地完成了全区野外文物调查工作任务，按时转入资料整理工作阶段，受到了国家文物局的充分肯定。

【切实积极谋划城市历史文化遗存抢救发掘和保护利用措施】组织开展了我国“文化遗产日”、“5·18国际博物馆日”和“12·4法制日”宣传活动。按照国家文物局及自治区文化厅的统一安排，自治区文物局对全区“文化遗产日”活动进行了专题部署，制定了在全区开展文化遗产日活动的方案。6月13日，组织5家区直文博单位和拉萨市文物局等开展以“保护文化遗产，促进科学发展，构建和谐西藏”为主题的我国第四个“文化遗产日”宣传咨询活动，其他地（市）、县都举行了相关的活动。5月18日，在西藏大学组织开展了“博物馆与旅游—西藏博物馆进校区讲座及演讲比赛”。12月4日，组织5家区直文博单位和拉萨市文物局等开展了文物法规宣传咨询活动。全区各地市文化文物部门也充分利用“文化遗产日”等时机，大力开展文物法规宣传咨询活动，为进一步提升全民文物保护意识起到了积极推动作用。

组织开展了第七批全国重点文物保护单位的遴选和推荐工作。根据国家文物局的部署，各地市共推荐了50处文物单位申报全国重点文物保护单位，在征求了自治区民宗委、社科院、西藏大学等单位的意见后，向自治区人民政府推荐了拉萨关帝庙等36处文物保护单位作为向国家申报为第七批全国重点文物保护单位，经9月27日自治区人民政府第15次常务会议研究原则同意，申报材料已按国家文物局的编制要求按时上报。届时我区的国家级保护单位可达71处。

组织开展了第五批自治区级文物保护单位的申报工作。为进一步加强我区文物保护工作力度，各地市向自治区文物局推荐135处文物单位为自治区级文物保护单位，自治区文物局在征求相关部门的意见后，向自治区人民政府推荐了清代亚东海关遗址等112处文物保护单位，并建议公布为自治区级文物保护单位，经9月27日自治区人民政府第15次常务会议研究，于10月16日下发《关于同意正式公布清代亚东海关遗址等112处为第五批自治区级文物保护单位的批复》。至此，全区自治区级文物保护单位由112处增加到188处。

我区各县（市、区）在2008—2009年两年内，已新公布了303处市、县级文物保护单位。截止目前根据统计汇总结果，我区县级文物保护单位已达到484处。

全区贝叶经保护调查工作取得成效。按照自治区贝叶经保护抢救领导小组的部署和要求，已完成全区贝叶经的保存状况调查工作，并制作成珂罗版影印件，其保护方案业已制定完成。

全区馆藏文物调查及数据库管理系统建设项目有序推进。按照国家文物局《关于全面推进文物调查及数据库管理系统建设项目的通知》要求，结合我区国有文物收藏单位的实际，自治区文物局安排资金55万元用于国有文物收藏单位数据库管理系统建设工作，组织专人开展并完成了布达拉宫、罗布林卡、西藏博物馆和山南雅砻历史博物馆馆藏一级文物数据采集和汇总、整理工作，已上报国家文物局。

【文物科学研究工作有序展开】随着我区文化遗产事业的纵深发展，文物研究工作也在不断深入，业务人员撰写的文章和论文的质量、数量都在不断提高，相关业务人员还参加了"第四届西藏考古与艺术国际研讨会"，提交的论文广受好评。区文研所启动的国家文物局课题《噶玛噶赤唐卡画派材料技术与工艺流程研究》进展顺利，区博物馆出版了馆庆十周年论文专集、布达拉宫珍宝馆画册、罗布林卡的综合画册已完成拍摄和前期准备工作。《西藏自治区文物志》也已通过区方志办的终审，即将出版。

【成功举办了"三大重点文物保护工程"竣工庆典和"十一五"重点文物保护工程暨江孜宗山抗英遗址开工典礼，在国内外产生了积极的影响】经过精心的准备和周密的部署，2009年8月23日上午，西藏三大重点文物保护工程竣工庆典在布达拉宫广场隆重举行。中央政治局委员、国务委员刘延东出席庆典并做了重要讲话，自治区党委书记张庆黎，文化部部长蔡武，时任自治区党委副书记、自治区政府主席向巴平措，国家文物局局长单霁翔，区党委副书记、自治区政府常务副主席郝鹏自治区政府副主席、"十一五"重点文物保护工程领导小组副组长、办公室主任甲热·洛桑丹增等国家有关部委、自治区相关领导出席了竣工典礼。来自兄弟省市文物部门、三大工程领导小组成员单位、拉萨各界干部群众共2000多人参加了竣工典礼。在国内外产生了积极影响，受到了刘延东、张庆黎、向巴平措等国家和自治区主要领导同志的充分肯定，充分展示了西藏在中国共产党的领导下，文物保护工作取得的阶段性重大成就。

2009年8月25日，自治区在江孜举行了西藏"十一五"重点文物保护工程暨江孜宗山抗英遗址保护工程开工典礼，文化部部长蔡武，国家文物局局长单霁翔，自治区党委副书记、自治区常务副主席郝鹏等领导出席了开工典礼并先后做了重要讲话。时任自治区党委副书记、自治区主席向巴平措，自治区党委副书记、自治区常务副主席郝鹏，自治区党委常委、拉萨市委书记秦宜智，自治区副主席甲热·洛桑丹增等自治区领导还分别出席了哲蚌寺、大昭寺、小昭寺、夏鲁寺等"十一五"重点文物保护维修工程的开工仪式。

【获奖情况】2009年，布达拉宫管理处被国务院表彰为"全国民族团结进步模范集体"；第五批文化部援藏干部、自治区文物保护研究所副所长袁毓杰被国务院表彰为"全国民族团结进步先进个人"；文化部和国家文物局授予布达拉宫二期保护维修工程指挥部"文物保护特别奖"；日喀则地区江孜县为"2009年全国文物工作先进县"；罗布林卡管理处保卫科科长晓多吉被中国文物保护基金会表彰为"中国文化遗产安全卫士"；罗布林卡管理处党支部被自治区直属工委表彰为"2007年—2009年度先进基层党组织"；布达拉宫管理处和西藏博物馆在此次全区宣传部长工作会议上又分别被授予"全国精神文明建设工作先进单位"和"全国文明单位"殊荣。（王协锋）

【领导名录】

自治区文化厅党组成员、副厅长、文物局局长：喻达瓦

区文物局副局长：旦增朗杰　刘世忠

区文物局调研员：曲　珍

自治区广播电视工作

【年度综述】2009年，全区有省级广播电台1座，4个频率，其中3个卫星频率，节目播出语种3种（藏语、汉语、英语、藏语康巴方言）。有地（市）级广播电视台3座，6个频道频率。全区有省级电视台1座，4个频道，其中藏汉语卫视频道各1个，有地（市）级电视台4座，4个频道。全区广播电视有效覆盖率为89.20%和90.36%，比上年分别增加0.39%和0.42%。全区有564个电影放映机构，其中478个乡镇放映队。全区有100瓦以上调频广播转播台79座，50瓦以上中波转播台38座，电视专用卫星地球站1座，"村村通"广播电视台（站）9704座。广告收入全年达到7000万元，比上年增加2倍。

按照"高举旗帜、围绕大局、服务人民、改革创新"的总要求，紧紧围绕自治区党委、政府保增长保民生保稳定和反对分裂、维护稳定、促进发展的决策部署，以认真贯彻落实中宣部29、30号文件精神为抓手，以新中国成立60周年和纪念西藏民主改革50周年为重点，把握宣传工作的正确舆论导向，加快事业发展，确保安全播出，依法加强管理，各项工作都取得了新成效。

【新中国成立60周年宣传报道导向正确，氛围浓厚】广播电视各频率、频道完整转播了国庆庆典活动和联欢晚会盛况，并翻译成藏语进行了重播。电台与全国多家省级广播电台联合完成了向新中国60华诞献礼的大型联合采访活动，推出了《华彩中国—少数民族自治区采风》。电视台配合中央电视台录制了《为祖国喝彩》文艺节目，录制了"爱国歌曲大家唱·西藏篇"活动。制作了获得

自治区表彰的《和谐西藏》国庆彩车视频节目；成就性宣传形式多样。广播电视开办《我和我的祖国》、《新西藏—光辉的历程》等专栏，文艺节目精彩纷呈。广播推出了《祖国礼赞》、《共和国的足迹》等特别节目。电视精心组织了《祖国·扎西德勒》、《在温暖的阳光下》特别文艺晚会；电影展映深受喜爱。开展了“百部爱国主义教育影片”展播、迎国庆向祖国汇报“百日千村万场”电影放映活动；中国西藏之声网站通过藏、汉、英三种语言也向全世界报道了国庆盛况。据不完全统计，国庆宣传共播出新闻稿件 886 条，推出国庆特别节目 24 个，开办专栏 15 个，组织专题报道 248 组。宣传工作整体呈现出新闻宣传与文艺宣传、传统媒体与新兴媒体共同推进、相互促进的良好局面，为庆祝新中国成立 60 周年营造了隆重、热烈、喜庆的浓厚氛围。

【圆满完成了西藏民主改革 50 周年和西藏百万农奴解放纪念日宣传报道工作】按照中央“主动应对，下好先手棋、打好主动仗”的要求，从 2008 年 11 月开始就启动了西藏民改 50 周年的宣传报道工作。电台推出了《沧桑巨变——纪念西藏民主改革 50 周年》、《中央媒体看西藏》、《雪域高原格桑花》等大型系列报道，推出了《经典旋律——纪念西藏民主改革 50 周年》、《翻身农奴把歌唱》等大型文艺专栏。与中央人民广播电台联合推出了《直播中国——走进西藏》特别节目；电视台推出了《见证西藏》、《中央媒体看西藏》等大型系列报道。拍摄制作了《西藏农奴的故事》、《西藏民改 50 周年》、《翻身农奴的后代们》等大型系列专题片和电视政论片《记忆——1959 年前的西藏》。播出了大型政论片《跨越》。播出了《西藏风情》、《茶马古道》等一批西藏题材的电视剧和特别文艺节目；电影在全区开展了电影下乡、电影进社区活动和电影展映活动。译制了《西藏今昔》，并制作 2000 多套光盘，在西藏藏语卫视中播出的同时，下发各电影放映队，在农牧区进行放映。

同时，广播电视还邀请农奴出身的干部群众，见证西藏历史变革的亲历者，从事宗教、历史、文化研究的专家学者做客演播室，以亲身的经历、充分的事实、权威的见证，全面客观地反映了西藏民主改革以来取得的举世瞩目的伟大成就。配合中央外宣办做好了《西藏民主改革 50 周年白皮书》发表的宣传工作，直播了“西藏百万农奴解放纪念日”庆祝大会实况和中央电视台庆祝西藏百万农奴解放 50 周年文艺晚会《走向阳光》，充分报道了全区各族干部群众对设立纪念日的喜悦心情。西藏民主改革 50 周年和“3·28”纪念日的宣传中，广播电影电视通力合作，取得了良好的宣传效果。

【认真组织开展了十七届四中全会和区党委七届六次全委会精神的宣传】十七届四中全会和自治区党委七届六次全委会召开后，两台迅速在《西藏新闻联播》等重点新闻节目中播发了十七届四中全会和区党委七届六次全委会会议精神，以藏汉双语摘播了《中共中央关于进一步加强和改进新形势下党的建设的若干问题的决定》和区党委的《实施意见》，及时报道了全区各地市各部门学习和贯彻落实会议精神情况，开辟专栏对《决定》和《实施意见》进行了解读，为全区上下贯彻落实会议精神，发挥了很好的舆论引导作用。

【揭批达赖、反对分裂、维护稳定的宣传力度进一步加大】反分裂宣传贯穿全年始终。广播、电影、电视、网站、广电报充分运用言论、评论、网评文章、音像制品和组织群众性的声讨揭批活动形式，从反分裂斗争的起源上，从反分裂斗争的性质上，从国际范围内意识形态斗争的视野上，从达赖集团的阶级本性上，从达赖集团搞分裂活动的手法上，对达赖集团散步的谣言和反动本质进行系统的揭批，积极引导各族干部群众更加懂得“团结稳定是福，分裂动乱是祸”的道理，进一步坚定了跟党走的信念。

【大力加强经济建设和新农村建设的宣传】深入宣传了全区各行业坚决贯彻中央决策部署，积极应对国际金融危机的新举措新进展。深入阐述了“保增长、保民生、保稳定”的重大意义，宣传了坚持“一产上水平、二产抓重点、三产大发展”的经济发展战略取得的成就。两台相继开办了《新西藏、新发展、新变化、新生活》和《新农村建设》专栏，大力宣传了各地积极推进以安居乐业为突破口的社会主义新农村建设的有力措施和典型经验，大力宣传了农牧民“安居工程”建设进展情况和提前实现建设目标的可喜成果。

【认真开展了党的惠民政策宣传】根据区党委和张庆黎书记“一定要宣传好党的惠民政策，让群众明白是谁在造福西藏各族人民，谁在祸害西藏各族人民”的指示精神，电台在藏、汉语重点新闻节目和涉农专题节目中推出了《惠民政策暖人心》、《惠民政策惠百姓》、《惠民政策解读》、《惠民政策竞猜》等专栏。电视台在藏汉语新闻节目中开办了《惠民政策人心》、《惠民政策在身边》等专栏。两台共播发新闻稿件 300 多篇，制作播出了 10 多条惠民政策公益广告。通过党的惠民政策宣传，全区各族人民群众对惠在何处、惠从何来，谁在造福西藏各族人民、谁在祸害西藏各族人民有了更加深刻的认识。

【领导干部作风建设年活动宣传有声有色】两台推出了《改变作风、求真务实》等专栏，及时报道了全区领导干部增强党性修养和作风养成的主要做法、典型经验和主要成效。滚动播出了“扬正气、促和谐”廉政公益广告。邀请自治区相关部门领导和群众代表走进直播室，共同探讨改进领导作风建设话题。对促进全区领导干部良好作风的养成，发挥了积极引导作用。

扎实开展了学习实践科学发展观、千名干部进百村两帮助、群众性爱国主义教育和民族团结宣传教育等活动宣传。结合我区第一批学习实践科学发展观活动的实践，对第二批、第三批学习实践活动进行了深入宣传。精心组织，统筹安排，全面深入地开展了“千名干部进百村两帮助”活动的宣传，报道了各部门各单位开展两帮助活动的典型经验和取得的实效；认真贯彻落实区党委关于做好群众性爱国主义教育活动宣传的要求，深入宣传了我区各行各业、各地（市）扎实开展群众性爱国主义教育活动情况；按照自治区关于开展民族团结宣传教育活动的统一部署，突出报道了一大批各族人民互帮互助、和谐共处的典型事例，充分报道了全区各族人民大团结、心连心的时代风貌。宣传报道各有侧重、突出重点，做到了长流水不断线。

【全国、全区“两会”报道有了新的突破】全国“两会”期间，两台开办了《直通全国“两会”》、《全国“两会”特别报道》等14个专栏，及时重点报道了胡锦涛总书记在西藏代表团的重要讲话精神。两台共播发稿件330篇，其中，被中央电视台《新闻联播》节目采用8篇，创“两会”报道被央视采用稿件最好成绩。自治区“两会”期间，两台开办了《代表委员风采》、《两会快递》等20多个栏目，共播发稿件713篇。重点报道参加“两会”的代表委员关于“拉内需、促消费、保民生”方面的意见和建议，实现了会场内外的互动，收到了良好的宣传效果。全国、全区“两会”期间，广播电视音响素材和同期声增多，稿件播发量创下历史最好成绩。

【综艺节目主题鲜明、丰富多彩】两台精心制作打造了一批独具特色的文艺晚会和文艺节目，营造了浓厚的节日氛围。在传统节日连续推出《我们的节日》系列文艺节目的同时，电视台制作播出了《吉祥晨曲》、《高原春光美》、《春晚歌舞集锦》等30多台特别文艺节目，电台在各档文艺节目中推出了《古韵迎春》、《欢腾家乡》、《欢天喜地过春节》、《藏历新年晚会——声音的力量》等170多期具有西藏特色、民族特色的文艺特别节目。其中，电视台主办的春节藏历新年综艺晚会《雪域欢歌》，不仅主题鲜明，构思巧妙，内容健康时尚，场面欢庆热烈，而且创下了5个第一，即第一次走出演播室，第一次在晚会中使用LED大屏幕，第一次对晚会片头进行电脑动画设计，第一次实现藏汉语同台演出相声节目，第一次对藏语语言类节目滚动汉语字幕进行播出。该晚会播出后赢得社会的广泛好评，其精编版还在中央电视台播放，在全国引起强烈反响。电台制作播出了反映西藏登山精神的广播剧《爱在巅峰》，以国旗老阿妈为原型的广播剧《吉祥的红云》，反映新农村建设的藏语广播剧《热普村的春天》，还播出了大量经典小说联播。

【广播影视宣传整体水平得到提升】一是广播影视译制工作形势喜人。通过整合社会资源，挖掘内部潜力，藏语译制工作实现了质的飞跃。目前，全年广播电视译制节目量达10850小时。西藏人民广播电台年译制量达到9700小时，比2008年增加200小时。西藏电视台电视节目年译制量达到1150小时，比2008年增加100小时，动画节目的译制能力也有了大幅提高。电影译制虽受广播影视译制大楼搬迁影响，但也达到了20部。

二是进一步加强了区内外媒体合作。西藏人民广播电台3月份以来向中央人民广播电台藏语频率提供1200多小时的节目。进一步加强了与全国32家广播报纸媒体的宣传合作关系，加入了“全国小说联播体”和“中国广播联盟”，与中国国际广播电台合作举办了纪念西藏民主改革50周年英语网络对话直播活动，与昌都人民广播电台实现了资源共享；西藏电视台加入了“中国电视新闻直播联盟”和“中国长江（国际）电视联盟”；电影宣传与广播电视形成合力，效果明显。在重大活动、敏感时期，有针对性地在寺庙僧尼和社会流动人员中开展“维护社会稳定百日集中展映”活动，强化了情感教育，分流了人群。还积极组织电影进社区、进校园、进军营、进工地等主题放映活动。

三是走出去步伐进一步加快。2009年6月3日，西藏人民广播电台“中国西藏之声”网站正式开通藏、汉、英3个子网站，同时完成了4个广播频率的在线广播，实现了互联网全球覆盖。2009年1月1日，西藏电视台汉语卫视实现了在全国有线网落地入户，进一步扩大了传播力和影响力。藏语卫视在尼泊尔落地工作得到进一步巩固，受到旅尼藏胞的普遍欢迎，纳入国家整体外宣格局。

四是加大了上送中央三台稿件力度。2009年，电台上送中央人民广播电台和中国国际广播电台各类稿件191篇，165篇被采用，采用率达86.4%；电视台上送中央电视台新闻476条，采用了245条，采用率达51.5%。两台上送中央三台稿件比2008年增长了30%，采用率提高了20%。

【重点工程建设稳步推进】西新工程。一是西新工程第四期第一阶段丁青、察雅、南木林、工布江达4座中波台已建成播音。二是广播译制设备已完成安装调试，电影电视译制设备进入招标采购阶段。三是精心组织，周密安排，拆除了4座县级广播电视转播危塔，消除了重大安全隐患。四是正在着手开展中央人民广播电台藏语广播覆盖工程建设。五是编制完成了西新工程第四期第三阶段建设方案、西新工程第五期建设方案、西藏藏语广播电视节目译制制作和覆盖建设方案、西藏广播影视进寺庙工程项目方案和7地市的地面数字电视建设方案。

户户通工程。一是通过党中央、国务院为农牧民群众办实事好事项目和广播电视村村通工程，2009年我区已完成32.4万户广播电视“户户通”，解决了160多万农牧民使用直播卫星接收设施收听收看46套数字电视节目和43套广播节目的问题。二是广播电视进寺庙工作成效显著。在拉萨市曲水、当雄、尼木三县46座通电寺庙609个僧舍中实施了寺庙“舍舍通”，受到广大僧尼的欢迎。自治区党委书记张庆黎等领导都给予了充分肯定和高度评价。三是向武警西藏总队、武警西藏边防总队、武警西藏森林总队和青藏铁路护路办赠送了总计350多套广播电视卫星接收设施，向青藏铁路护路办赠送了两套数字电影放映设备，分别解决了基层官兵、青藏铁路护路联防队员收听收看广播电影电视节目问题。

电影工作。农村电影放映工程成果得到进一步巩固。全年向全区发行16毫米影片58部，35毫米影片96部，放映数字电影99部42778场次，全年公益性放映达13万场，观众人数达1405万人次。拉萨、日喀则、林芝探索建立了农村数字电影院线，这3个地市的农村数字电影覆盖达100%。拉萨电影城年放映7000多场次，观众达14万多人。日喀则、林芝建成了城市数字院线。

有线电视数字化工作。有线数字电视方面，加大了有线数字电视网络建设力度，拉萨市有线数字电视建设用户达7.7万多户。自治区和拉萨市两级有线电视网络整合工作正在进行。启动了地市有线电视数字化建设，制定了各地市有线数字电视建设方案，自治区总前端系统扩容项目已完成，数字电视信号已送到电信枢纽机房，并已通过10G波分网络送到了昌都、那曲、山南地区所在地。

此外，2009年，积极配合国家赴藏调研组和中宣部、广电总局调研组完成了广播影视事业发展情况调研工作，形成了符合西藏广电实际的《西藏自治区广播影视事业发展调研报告》，进一步总结了“十一五”广电工作的经验，理清了“十二五”期间实现“两个传出去，一个压下去，解决听到看到、听懂看懂问题，构建三个体系”的发展思路，为推动“十一五”末和“十二五”广电事业发展打下了基础。

【事业性收入成绩喜人】2009年，西藏电台电视台紧紧抓住贯彻落实中宣部29、30号文件精神的历史机遇，采取积极有效措施，在严肃清理违规广告，不断规范广告经营行为的基础上，广告收入取得了喜人成绩。特别是西藏汉语卫视在全国有线网的落地入户，为电视广告收入提供了良好平台。全年广告收入达7000万元，比2008年增长了2倍多。西藏人民广播电台通过多方努力，广告收入也达到103万元。拉萨电影城的单片票房创历史新高，全年票房收入达500多万元，排名全国第17位。所有事业性收入严格执行财政“收支两条线”政策，及时进行了上缴。

【安全播出万无一失】一是逐步完善全区广播电视安全播出保障体系。强化了广播电视的监测职能作用，实现了对安全播出工作的实时监测和管理。配备了应急处置系统，局属中波台发电机系统投入使用，大幅度降低了外电因素造成的停播率。

二是有针对性地进行了实战演练，提高了处置突发事故的应急能力。各播出单位在不断完善局系统各级安全播出应急预案的基础上，做好了播出系统和设备的备份，针对可能出现的问题，反复进行应急演练，着力提高应急处置能力。

三是加强安全防范。实行24小时值班，领导带班。加大了播出设备和线路巡查力度，采取积极措施防范“法轮功”破坏攻击。各级领导各司其职，深入一线，靠前指挥，全体干部职工坚守岗位。

四是加强了督促检查。重要播出期间，由局领导带队到全局播出单位和部分地市进行了全面安全播出大检查，对节目制作和播出等重点部位进行全面检查，发现问题及时整改。

2009年的广播电视安全播出达到历史最好水平，圆满完成了新中国成立60周年、西藏民改50周年、全国全区两会等重大活动、重点时段和重大节日的安全播出任务。

【领导名录】

局党委副书记、局长：张崇银

局党委委员、副局长：唐水江　才旺　刘吉伦　金美多吉　韩辉　刘长江

局党委委员、纪检组长：　张亮明

副巡视员：格桑旺杰

西藏人民广播电台

【完成年内各阶段主要宣传任务】年初送温暖、慰问活动的宣传和“三大节日”的宣传任务，制作了喜迎藏历土牛年和庆祝西藏人民广播电台开播五十周年的特别节目《声音的力量》。

完成自治区“两会”宣传报道和全国“两会”的宣传报道工作。

完成第一、第二批深入学习贯彻落实科学发展观活动各个阶段的宣传报道，目前正在围绕第三批学习活动进行报道。

重点完成西藏民改50周年以及“3·28”百万农奴解放纪念日、庆祝“3.28”解放纪念日大会的宣传等一系列重大宣传任务。完成了拉萨、日喀则、山南、那曲、林芝等地的采访工作，有6人下基层，完成80多篇新闻和专题稿件，并推出专栏，节目播出后反响强烈。

完成拉萨、日喀则、林芝、那曲等西藏各地和法定节假日的宣传报道工作。

重点完成国庆60周年的宣传任务，推出5个文学和文艺专题栏目，完成了近100篇（条）节目的采写工作和国庆庆典活动，以及首都各族各界群众联欢晚会的转播工作。

完成《法制在线》、《科普园地》等节目的宣传：在区高法的应邀下到堆龙德庆县乃穷镇、当雄县等地采访流动“乡村和谐法庭”。就地为广大牧民调解民事案件，法院干警给牧民宣传法律知识，发放宣传材料等活动录音采访报道。播出后受到广大农牧民的欢迎，起到了很好的宣传效果。《科普园地》节目收到听众来信近200封，多数为表扬信件。

【完成特定栏目的宣传工作】为大力宣传中央及自治区对西藏广大农牧区实行的免费医疗政策和相关惠民政策，实现广播节目的“三贴近”而推出的《空中门诊》节目于5月3日成功播出。每期节目听众热线达到20多人。

《政风行风热线》节目反馈率明显上升，参与节目人数比2008年翻一番。全年将达到450多名听众参与，及时反馈群众提出的意见，年内很多听众提出的问题都得到一定的解决，他们怀着感激之情带着牛奶、酸奶等特产专门来到节目组，对节目人员表示感谢，真正实现了“解决民忧”的节目宗旨。据不完全统计，通过节目解决了近60个群众提出的疑难问题和关系民生的问题，相关部门解决问题率达到95%以上。

《国防时空》栏目得到有效加强，完成了100多条稿件的编译播出工作。在去年基础上增加了近30多条稿件，在节目中设立了消防安全知识专栏，编译了20组相关消防安全知识稿件。

【对外节目亮点多】各档节目中认真贯彻落实各级宣传领导部门关于“国庆”、“民改”、“四新”、反分裂、民族团结、惠民政策等方面的内容。

开辟编译节目《经典中国·辉煌60年》，配合建国60周年，宣传我国建国以来，特别是改革开放以来各行各业的发展、变化和老百姓生活的巨变，编译制作了25组节目。

积极派编辑、主持人参加台里和频率组织的下乡各种采访活动，并出色完成任务。先后5人6次下乡到日喀则、

山南、那曲、林芝、拉萨等地区的农牧区，加大基层录音专题和新闻报道。

认真实施人员交流工作。充分发挥两位国际台交流人员的作用，同时两位前往中央两台学习工作后的体会、启示、新思路又贯彻到现有节目当中，节目进行改版后收听效果明显改变。

对外节目不断收到国外英语听众和国内藏语听众的来信、来稿、来电达300次，节目在听众中的影响力不断扩大。

【完成中央台传稿工作】年内完成向中央台传送专题、文艺节目1200多小时。

【获奖情况】2009年10月在北京举办的第二十五次五省区藏语广播电视节目交换暨第十届五省区藏语广播电视节目评析会上，藏语频率获得一等奖一个、二等奖八个、三等奖四个。被自治区广电局评为先进集体。

西藏人民广播电台藏语(康巴话)广播

【新闻】从5月1日开始，《新闻10分钟》全部实现直播。每天从昌都台新闻节目中精编5分钟的新闻节目，上传给西藏台康巴话频率后，康巴话频率每天晚上 20:00　22:00 和次日 09:00 和13:00 的《新闻10分钟》节目预留出五分钟的时间插播昌都台的新闻（每天晚上 18:00 和次日 08:00　11:00　17:00 的《新闻10分钟》节目正常播出。这样既有助于康区广大听众及时了解昌都地区的新闻，同时，也能丰富频率的节目内容，增加频率的收听率。

【专题】新开设《今日关注》节目，同时进行直播。该节目重点宣传党的惠民政策和新发展、新变化、新生活、新西藏，从而更加符合各个阶段的宣传任务；改进少儿节目《开心书包》宣传形式。让广大少儿听众参与到节目中，实现互动，增强节目的吸引力、感染力。

2009年每周从昌都台康巴话广播现有自办节目中整合三组30分钟的专题、文艺节目，通过精心制作和包装后，上传给康巴话频率播出，上传时间拟定为每周星期一、三、五各传一组节目，播出时段为每天早上08:10—08:40和下午17:00—17:30。这将对两台康巴话广播节目进行优势互补，互通有无、加强交流和合作等各个方面起到积极的推动作用。

【文艺】说唱类节目《说唱格萨尔》注入新活力。在节目当中邀请年轻的民间艺人说唱格萨尔，提高节目的活力和激情；增加非格萨尔艺人来扮演《说唱格萨尔》中的不同人物说唱格萨尔，以及节目中邀请专家进行访谈，使节目更加体现个性化和群众化；以山歌的形式推出男女对唱节目，改变节目现有说唱模式，体现现代气息，增加节目的可听性和欣赏性。通过各种形式使《话说格萨尔》节目更富有戏剧性、娱乐性和群众性。重新包装打造《音乐天堂》节目。

根据听众的要求和康巴话频率的实际情况，适当延长《音乐天堂》节目播出时间，并开通热线电话，从而根本上改变节目的形式，开创康巴话节目热线互动的新形态。取消《阳光西藏》节目，新推出《早安昌都》节目，主要安排播出轻松、愉快激情的音乐歌曲。

【文艺节目】《说唱和富有格萨尔》节目定位：坚持“以优秀的作品鼓舞人”，弘扬和继承民族优秀文化。节目内容：以西藏优秀传统文化《格萨尔王传》为主要内容，主持人穿插引线，男女艺人对唱或艺人说唱为主线，穿插相关格萨尔知识和最新格萨尔研究成果。节目形式：艺人原声说唱为主，穿插主持人的串词，节目长度：30分钟 。

《色吉卓热》节目定位：歌唱“四好”，为广大听众送去丰富多彩的精神食粮。节目内容：以民族歌曲为主，开设《艺人访谈》专栏，重点介绍西藏各个历史时期涌现出来的艺术界人士，使听众了解藏区的著名词曲家和优秀歌手，弘扬时代的主旋律。节目形式：录播，节目长度：40分钟

《音乐天堂》直播节目定位：唱响主旋律，服务听众。节目内容：《听众点歌》、《音乐赏析》。节目形式：直播，节目长度：55分钟。

《西藏风韵》节目定位：唱响主旋律，传播藏民族独特的古典音乐和歌舞。节目内容：以藏戏、热巴舞、弦子舞、囊玛、堆谐为主。节目形式：录播，节目长度：50分钟。

《早安昌都》节目定位：以轻松、愉快、富有激情和欢乐的音乐为主，让广大听众在优美的旋律中开始一天的工作、生活和学习。节目内容：以快节奏的轻音乐旋律来振奋广大听众的精神，从而更好地体现文艺广播的娱乐作用 。播出形式：录播，节目长度：50 分钟。

《文学新苑》节目定位：赏析古今中外的文学。节目内容：精选古今中外各种题材的文学作品，用生动优美的语言赏析，让听众享受、品味至优秀的中外文字作品。节目形式：录播，节目长度：30分钟。

《月光曲》节目定位：介绍国内外的轻音乐。 节目内容：以轻音乐为主，穿插一些生活小常识，实践“三贴近”。节目形式：模拟直播，节目长度：30 分钟。

《说唱格萨尔》节目定位：改变节目现有说唱模式，体现现代气息，增加节目的可听性和欣赏性。节目内容：频率的播音主持人说唱格萨尔，提高节目的活力和激情；增加非格萨尔艺人来扮演《说唱格萨尔》中的不同人物说唱格萨尔，以及节目中邀请专家进行访谈，使节目更加体现个性化和群众化；以山歌的形式推出男女对唱节目，通过各种形式使《说唱格萨尔》节目更富有戏剧性、娱乐性和群众性。节目形式：说唱、访谈。

【西藏人民广播电台优秀广播节目介绍】藏语（拉萨话）新闻综合频率：

A、《西藏新闻联播》（新闻类）B、《农牧天地》（专题类）C、《格桑梅朵》（少儿类） D、《艺海浪花》（文艺类）E、《歌声传情》（文艺服务类）

汉语新闻综合频率：

A、《西藏新闻联播》（新闻类）B、《新闻早世界》（专题类）C、《今夜有约》（夜话类） D、《空中雪莲》（文学类）

藏语（康巴话）频率：

A、《新闻10分钟》（新闻类） B、《今日关注》（专题类）C、《说唱格萨尔》（文艺类） D、《开心书包》（少儿类）E、《文学心苑》 （文学类）

都市生活频率：

A、《都市快讯》（新闻类） B、《生活百分百》（专题类）C、《都市夜话》（谈话类） D、《音乐香巴拉》（文艺类）E、《阳光美食城》（服务类）

西藏电视台

【年度综述】目前西藏电视台共开设有三个频道，分别是：藏语卫视频道（西藏一套）、汉语卫视频道（西藏二套）、汉语都市频道（影视文化频道）。汉语卫视在全国30个省市落地。藏语卫视在全国各藏区落地，覆盖尼泊尔80%的有线用户和印度达兰萨拉和锡布林等地区。影视文化频道覆盖拉萨5万多户有线用户。西藏电视台 2009 年全年实现创收 7000 万元。

藏语卫视已经实现24小时不间断播出，自办有《西藏新闻联播》、《新闻视点》、《国际新闻综述》、《大千世界》、《央视联播摘要》、《午间新闻》、《晚间新闻》、《雪域漫谈》、《西藏旅游》、《农牧天地》、《明灯》、《飞天旋韵》、《故事园地》、《信息窗口》、《荧屏传情》、《对话》共16个栏目，所有栏目均为周播。

汉语卫视每天播出24小时，自办有《西藏新闻联播》、《新闻视点》、《正午直达》、《在西藏》、《今日西藏》、《西藏旅游》、《西藏风情》、《七色风》、《邦锦梅朵》等9个栏目，所有栏目均为周播。

影视文化频道每天播出近17小时，开办有《今晚9点》、《拉姆甜茶馆》、《好生活》、《每日影院》等栏目。

2009 年，西藏电视台藏、汉语卫视和影视文化频道累计播出18656.4小时，停播98秒，停播率为0.5秒/百小时。2009年西藏电视台积极探索制播分离改革路子，邀请国内实力较强的影视制作公司参与西藏电视台的节目制作；召开汉语卫视全天24小时播出启动仪式暨藏语卫视实现全天 24 小时播出两周年纪念，汉语卫视于10月1日正式实现全天24 小时播出；进一步规范汉语《西藏新闻联播》的结构编排、新闻头条、内容提要和时间长度；藏语《西藏新闻联播》于11月1日从15分钟延长至20分钟；与中央电视台开展人员双向交流，中央电视台安排7人来台进行“传、帮、带”，西藏电视台安排 5 人到中央电视台学习培训；制定了《关于开办中国西藏藏语国际频道的工作方案》和《西藏电视台关于贯彻落实〈国务院关于进一步繁荣发展少数民族文化事业的若干意见〉的意见》。

【优秀栏目介绍】《对话》：藏语访谈类栏目。以采访区内各行各类、各阶层相关人物为形式。通过主持人和嘉宾之间的对话交流，揭示各行各业、各阶层精英人物创业经历、成长发展中的起伏，倾诉这些人物各种不同的境遇中的心声，感受这些人物的人格魅力，折射西藏的发展和变迁。节目时长：30 分钟 ，节目周期：周播 ，首期时间：周四 19:40。

《在西藏》：西藏电视台藏语自办栏目，创办于1999年元月，已经播出了321期各类专题、纪实节目。自开播以来，在西藏藏语电视事业的发展中创下了第一个用采制藏语节目、第一个实现周播、第一个采取三地互动模拟直播的记录。十年来，它不断创新、不断提升，成为介绍西藏、宣传西藏的重要栏目之一，得到了业内人士的多方指导和广大观众及有关专家的支持。《在西藏》为周播节目，每期30分钟，每周五 19:40 分首播。

《今日西藏》：2003年7月正式开办，为新闻专题类深度报道栏目。栏目以小切口、大背景的制作风格，以新闻故事的创作方式对单一主题的新闻事件进行深度报道。宣传西藏经济跨越式发展和社会长治久安的火热场景，展示西藏各行各业取得的巨大成就和翻天覆地的变化。

通过报道，向广大群众传达政策信息，解释疑惑，反映民心民意，为政府决策服务。做到贴近生活、贴近群众、贴近基层。

《西藏风情》： 于2009年1月1日开播。西藏卫视在全国落地以后，为了向国内外宣传西藏神奇的自然景观、悠久的历史文化、浓郁的民俗风情，成为国内外人士了解西藏、感受西藏的窗口而开办。改变现在单纯意义上宣传西藏经济发展、社会进步的阵地的内涵，着重加强节目的文化性、服务性、趣味性、可视性，满足全国各地观众的收视需求。《西藏风情》每期长度30分钟，每周播三期 ，每周星期一、星期二、星期四晚上20:00首播。

【西藏电视台少数民族语言电视译制节目概况】西藏电视台藏语卫视所办的四档藏语新闻节目，为宣传党的方针政策，使广大藏语观众及时了解党中央、自治区党委的重大决策部署起到了重要作用。2008 年藏语卫视全国两会报道首次实现了藏汉新闻同步报道。

为纪念改革开放30周年，西藏电视台藏语卫视组织采访队伍分赴那曲、日喀则等地采制了大量的第一手新闻节目，在《西藏新闻联播》中推出了《辉煌30年》、《春天的故事》、《为西藏文艺喝彩、为祖国强大歌唱》、《口述历史—30个春天的故事》、《民生变迁》、《歌声中的记忆》等特别节目。

根据宣传总体需要，西藏电视台译制了22集大型访谈节目，有《透过历史看西藏》、《奥运会开幕式》、《奥运会闭幕式》、《残奥会开幕式》等节目。这些节目的译制播出，极大地丰富了藏语综合频道的节目内容，对于正面宣传西藏起到了不可估量的作用。完成了 181 集精品剧译制工作，增加了动画片的译制任务，完成了《大嘴巴嘟嘟》、《小太极》等 222 集动画片。全年完成 900 集 700 小时的影视剧译制任务。

【西藏电视台藏语频道对农宣传调查报告】在国庆60周年和藏语卫视频道开播10 周年之际，西藏电视台藏语频道于2009年9月7日在日喀则地区江孜县开展了对农牧区宣传的收视调查活动。反映出农牧民以下的愿望：

要求增加用藏语自采的节目量，如藏语自采新闻节目和专题节目等。

希望加强译制片工作力度，丰富藏语影视剧，尽量增加每晚 7 点到 8 点等黄金时间的影视剧播出时段 。

要求增加新闻、科教、旅游、历史、综艺、藏戏等节目的创作力度，增加农牧科普类节目的时长。

群众对藏语主持人、播音员普遍欢迎，并希望主持人、播音员多下基层，到群众中汲取主持、播音艺术的营养，要求身穿藏装主持节目。

农牧民观众不喜欢的栏目主要是各类广告特别是药品广告，群众认为广告播出时段不好，重播次数太高，希望减少晚上 9 点到 11 点之间的广告播出次数。

群众喜欢收看藏语新闻节目，但认为新闻的重播次数太多，自采量太少。

群众希望藏语电视工作者多到基层农牧区采访报道。

由于受农牧业生产的影响，观众收看藏语频道节目时间主要集中在下午和晚间，希望调整藏语卫视的节目编排，使之更加合理。

【获奖情况】2009 年春节藏历年晚会《雪域欢歌》获 21 届“星光奖”提名荣誉奖。

2009 年，《飞天旋韵》栏目、社教节目《画匠的都市生活》获第十届五省区藏语广播电视节目评析会一等奖。电视系列访谈节目《用事实说话》获中国新闻奖三等奖。

自治区新闻出版工作

【年度综述】2009 年，自治区新闻出版工作紧紧围绕党和政府中心工作，坚持一手抓新闻出版业繁荣发展、一手抓社会监管，为我区经济社会跨越式发展和长治久安提供了强大的精神动力和智力支持。

【行政管理工作开创新局面】2009 年，新闻出版行政管理机构建设得到加强，全面提升了新闻出版行政管理能力。一是根据中共中央办公厅、国务院办公厅《关于印发西藏自治区人民政府机构改革方案》的通知精神，设立西藏自治区新闻出版局（版权局）（正厅级），为自治区人民政府直属机构，升格后的自治区新闻出版局职能、职责、内设机构和人员编制得到了进一步加强。二是按照自治区党委办公厅、政府办公厅《关于印发西藏自治区人民政府机构改革方案的实施意见》的通知精神，全区七地（市）文化局与新闻出版局实行一个机构两块牌子，各县（市、区）成立文化广电新闻出版局，充分体现了区党委、政府对新闻出版工作的高度重视。三是根据国家的统一要求，进一步加强了新闻出版局职责，原文化厅管理音像制品批发、零售、出租、放映和音像制品进口的职责划入自治区新闻出版局；将自治区广播电影电视局的广播电视机构记者证监督管理职责划入自治区新闻出版局。四是积极推进了出版单位书号实名申领数据、条码、CIP 数据和出版物元数据等图书出版信息资源的快捷服务；深入开展中小学教材等各类出版物质检活动，提升了新闻出版产品的质量；出版、印刷、发行单位审核登记工作圆满完成。五是深入贯彻落实中办、国办【2008】27 号文件精神，进一步加强和改进报刊管理工作，完成了 23 种报纸、35 种期刊和 25 家中央部门驻藏记者站审核登记和年检工作，开展了新版记者证统一换发，已核发 300 个新闻记者证，实现了全区报刊、通讯社、广电新闻记者证统一换发、统一上网查询的工作目标。六是强化社会监管，严厉打击各种侵权盗版行为，确实维护著作权人的合法权益。加大企业软件正版化工作力度，认真开展著作权自愿登记，积极提供版权咨询，接受著作权登记咨询 323 条，完成作品正式登记 16 件。七是进一步加强出版物审读审片工作，建立健全图书、报刊、音像的审读审片机制，先后审读审片各类出版物 510 种；同时加强网络出版物内容的审读监管，先后检查网站 1000 多家，协同有关部门关闭违规网站 5 家，为创造良好的网络出版环境发挥了重要作用。

【事业产业发展取得新成效】据统计，2009 年全区新闻出版业总产值 5.3 亿元，占全区 GDP 的 1.2%，继续保持了 12%以上的发展速度，继续呈现健康平稳较快发展的良好态势，各类从业人员已达 8800 多人。新闻出版公共服务综合楼划入“180 项目”，各项前期筹建工作已基本完成。全区新闻出版业固定资产增长了 1.8 亿元。一是图书出版以特色旅游、藏医藏药、民族手工、高原生物、生态环保等支柱产业为重点出版选题，全年出版各类藏汉文图书 788 种 1350 多万册，同比增长 12.6%，本版图书销售额达到 1300 万码洋，同比增长 24%，其中完成中小学教材 500 多种 1200 多万册，确保了课前到书、人手一册。《四部医典系列挂图全集》、《西藏文化概论》等 6 种图书荣获第十八届全国藏文图书一、二、三等奖；《藏药材炮制规范》、《西藏高原干部健康保健知识》等荣获第十七届中国西部地区科技图书一、二、三等奖。二是全区 23 种报纸出版 5778 万份，完成产量 12.1 万千印张，继续保持两位数以上的增长速度；全区 35 种期刊出版 133 万册，完成产量 5.3 万千印张，报刊业继续保持健康平稳发展态势。在全国报刊总量严格控制和压缩的情况下，自治区新闻出版局积极争取呈报新闻出版总署审批同意，由自治区党委主管、主办《新西藏》（藏汉文）正式公开出版发行，填补了我区没有省级党刊的空白。《西藏商报》被评为“金长城传媒奖——2009 年中国十大商报”，《西藏研究》荣获“新中国 60 年有影响力的期刊”称号。三是认真贯彻落实新闻出版总署《关于促进我国音像业健康有序发展的若干意见》，全年各地出版音像制品和电子出版物 40 多种，实现销售数量 10 万盘，同比增长 12.2%。四是全区国有、集体、民营发行单位 272 家，发行图书 23.3 万种、同比增长 12.8%，发行量 5100 多万册、同比增长 26%，实现图书销售码洋突破 1 亿元，达到 1.12 亿元。五是全区印刷、包装、复制企业 378 家，重点印刷企业基本实现了印前数字化、印中高效化、印后自动化的目标，全年完成印刷产量 36 万令纸、同比增长 13.1%，工业总产值达到 2.8 亿元、同比增长 13.5%。六是积极配合新闻出版总署赴藏调研组的考察调研工作，全面完成了全区新闻出版行业的调研任务，形成了《关于加快西藏新闻出版业发展的调研报告》并呈报新闻出版总署。同时认真做好“十二五”规划 33 个重点项目的前期准备工作，为我区新闻出版业“十二五”发展规划的科学编制奠定了良好基础。

【围绕大局、服务人民作出新贡献】一是大力推进农（牧）家书屋、社区书屋、寺庙书屋、职工书屋建设，新建了 730 个书屋，每个书屋平均配送内容丰富、通俗易懂的优秀图书、报刊、音像制品 400 多种 1300 多册（盘），其中藏文出版物占 95%以上，解决了基层农牧民群众“借书难、看书难”问题。二是全力做好纪念西藏民主改革 50 周年和首个“西藏百万农奴解放纪念日”活动，精心组织出版发行了《西藏辉煌 50 年》、《50 年的历史巨变》、《西藏民主改革50年》、《歌声飘过50年》、《透过历史看西藏》等一大批献礼出版物，通过新旧对比反映西藏50年的发展变化，反映波澜壮阔的民主改革的历史性巨变和50年间取得的辉煌成就，深入揭示拉萨“3·14”事件真相及达赖集团的反动本质。三是认真组织好纪念新中国成立60周年活动的宣传报道和献礼出版物首发式，倾心打造了一大批精品图书和音像电子出版物，重点推出了《西藏今昔》、《献给母亲的赞歌》、《跨越》、《西藏百科全书》、《快速发展的西藏科技》等45种重点出版工程，为国庆献上了一份厚礼，营造了浓厚的舆论氛围。四是积极争取落实民族文字出版专项资金420万元，重点资助了图书、报刊、音像和印刷等公益性项目，不断加大实施重点民族语言文字出版工程力度。五是组织出版了《西藏改革开放30年》、《西藏记忆》等一系列全面阐释科学发展观、中国特色社会主义理论与实践、社会主义新农村建设、未成年人思想道德建设等方面的优秀读物。在“六一”国际儿童节期间，举行了优秀图书让利20%展销和推荐100种未成年人优秀读物活动，挑选了3600种24000册优秀出版物免费赠送中小学校，得到了社会各界的一致好评。六是根据中央宣传部、新闻出版总署《关于进一步推动做好全民阅读活动的通知》精神，开展了一系列丰富多彩、生动活泼的全民阅读活动，形成了多读书、读好书的学习氛围和文明风尚。由于全民阅读活动成绩突出，自治区新闻出版局被中宣部和新闻出版总署评为“全民阅读活动先进单位”、社区书屋工程被评为“全民阅读活动优秀项目。”以上各重大活动得到了自治区党委、人大、政府、政协领导的高度重视，亲临出席献礼出版物首发式并给予了充分肯定和高度评价。

【“扫黄打非”工作取得新进展】一是严厉封堵和查缴政治性非法出版物，特别是查堵诋毁我国政治制度，歪曲党史、国史、军史，污蔑党和国家领导人，攻击平息1989年春夏之交政治风波，宣扬“法轮功”等邪教教义，煽动民族分裂的非法出版物和印刷品。二是认真组织实施严厉打击和封堵查缴“藏独”反动出版物及宣传品，始终把查缴达赖集团反动出版物作为打击的重中之重，保持高压态势，依法严厉打击兜售传播“藏独”反动信息的不法分子，为我区维护稳定工作做出了新贡献。三是根据中央“两办”关于2009年“扫黄打非”行动方案的通知，由西藏自治区“扫黄打非”工作领导小组牵头，四川、青海、甘肃、云南等“扫黄打非”工作领导小组为成员单位，建立了以查堵“藏独”反动出版物及宣传品为目标的“珠峰”工程，在拉萨召开了第二次“扫黄打非”“珠峰”工程座谈会，建立联动长效工作机制，并形成了专题工作会议纪要。这不仅关系到我区的社会稳定，也关系到其他藏区的社会稳定。对此，中央和自治区领导同志作出了重要批示。刘云山同志重要批示：“措施有力，成效显著，赞成加强机制、基础建设的意见。”时任自治区党委副书记、人大常委会主任列确批示：“‘藏独’出版物在意识形态领域渗透确实是十分严峻，打防渗透工作，确需在体制机制和力量上加强。”四是认真贯彻落实中央召开的全国净化社会文化环境工作会议精神，及时屏蔽和删除各类有害信息、淫秽色情和侵权盗版等内容；加强校园周边环境治理，查处不良出版物；深入开展整治网络低俗之风的专项行动。五是积极会同公检法等部门重点查处昌都、拉萨、山南等地非法组织、地下印发非法期刊《封山禁猎》、《清晨的钟声》等一系列非法出版物大案要案，有效遏制了一批夹杂带有影射性内容、渲染美化达赖集团的非法书报刊和音像制品。六是依法打击盗版盗印、非法出版活动和侵权盗版行为，坚决整治报刊低俗之风，依法查办假报刊、假记者站、假记者、假新闻等专项行动。

【体制机制改革推向新阶段】一是深入调查研究，形成了《关于西藏新闻出版体制改革调研情况的报告》，按照“试点先行，先易后难，逐步推开”的要求，积极稳妥地推动新闻出版体制机制改革。二是坚持以发展为主题，以改革为动力，以创新体制机制为重点，以调整产业结构为主线，进一步壮大实力、增强活力、提高竞争力，基本形成了以公有制为主体、多种所有制共同发展的新闻出版产业格局。三是确立了公益性出版事业着重转换机制，经营性出版产业主要从体制上去突破，配置资源、盘活存量、优化增量，重点培育和发展了一批具有竞争力和影响力的国有印刷发行企业。四是进一步加大西藏人民出版社、西藏藏文古籍出版社的公益性出版单位内部“三项制度”改革力度。通过深化事业性出版单位内部改革和党报党刊宣传、经营“两分开”改革工作，增强了活力，提高了公共服务能力和水平。五是大力推进发行体制改革，进一步加强物流配送和连锁经营建设，不断完善现代流通体制，逐步形成了统一开放、竞争有序、健康繁荣的现代市场体系。六是推进国有印刷企业股份制改制，取得了显著成效。如：西藏新华印刷厂通过体制机制改革，打破吃大锅饭、平均主义等，实现了计件工资制、多劳多得，调动了职工的积极性，整体实力进一步增强。同时推进国有企业职工住房改革，通过多方努力总投资5000多万元，解决了264套792名职工住房问题，也改善了办公条件、技术改造等项目。

【获奖情况】西藏自治区新闻出版局被中央宣传部、新闻出版总署评为全民阅读活动先进单位；

西藏自治区“社区书屋”工程被中央宣传部、新闻出版总署评为全民阅读活动优秀项目；

西藏自治区“扫黄打非”办公室被全国“扫黄打非”工作领导小组评为全国“扫黄打非”先进集体；

那曲地区公安处被全国“扫黄打非”工作领导小组评为全国“扫黄打非”先进集体；

拉萨市“扫黄打非”办公室被全国“扫黄打非”工作领导小组评为全国“扫黄打非”先进集体；

西藏自治区版权局版权管理处被国家版权局评为全国查处侵权盗版案件有功集体二等奖。

西藏日报社藏文编辑部索朗被中央宣传部、新闻出版总署评为全国优秀新闻工作者；

拉萨晚报社刘斌被中央宣传部、新闻出版总署评为全国优秀新闻工作者；

西藏自治区“扫黄打非”办公室洛桑多吉被全国“扫黄打非”工作领导小组评为全国“扫黄打非”先进个人；

阿里地区“扫黄打非”办公室关觉被全国“扫黄打非”工作领导小组评为全国“扫黄打非”先进个人；

西藏自治区公安厅治安总队龚前明被全国“扫黄打非”工作领导小组评为全国“扫黄打非”先进个人；

西藏人民出版社党力文被新闻出版总署评为百名有突出贡献的新闻出版专业技术人员；

西藏日报社汉编部达娃次仁被新闻出版总署评为百名有突出贡献的新闻出版专业技术人员；

西藏自治区新闻出版局新闻报刊管理处邢海虹被新闻出版总署评为2009年优秀报刊审读员；

西藏自治区新闻出版局图书出版发行管理处索朗玉珍被新闻出版总署评为2009年质检活动先进个人；

西藏新华印刷厂王兴斌被中国印刷技术协会授予全国印刷行业百名科技创新标兵称号；

西藏福利印刷厂张海水被中国印刷技术协会授予新中国百名杰出贡献印刷企业家称号。

《四部医典系列挂图全集》（藏文）荣获第十八届全国藏文图书奖一等奖。责任编辑：洛桑次仁、丹增朗杰；

《西藏文化概论》（藏文）荣获第十八届全国藏文图书奖二等奖。责任编辑：洛桑次仁、阿旺；

《中国历史文化名城——拉萨》（藏文）荣获第十八届全国藏文图书奖二等奖。责任编辑：乌金群培、普布仓决；

《藏药材炮制规范》（藏文）荣获第十八届全国藏文图书奖三等奖。责任编辑：刚组；

《藏餐食谱》（藏文）荣获第十八届全国藏文图书奖三等奖。责任编辑：阿旺；

《丹达拉然巴文集》（藏文）荣获第十八届全国藏文图书奖三等奖。责任编辑：扎西欧珠；

《藏药材炮制规范》（藏）荣获第十七届中国西部地区优秀科技图书一等奖。责任编辑：刚组；

《中国居民膳食指南》荣获第十七届中国西部地区优秀科技图书三等奖。责任编辑：刘立强；

《西藏高原干部健康保健知识手册》（上、下册）荣获第十七届中国西部地区优秀科技图书三等奖。责任编辑：西绕拉姆；

《西藏商报》被评为金长城传媒奖—2009年中国十大商报；

《西藏研究》荣获新中国60年有影响力的期刊称号。

西藏人民出版社

【年度综述】西藏人民出版社2009年度选题计划389种，其中藏文图书186种，汉文图书203种。截止2009年12月31日，西藏人民出版社已发稿185种，3087.3万字，其中初版127种，重版（包括再版、重印）58种；已见书235种，7243.1万字，其中初版101种，重版134种，增补选题（自治区新闻出版局已批准的）63种。

全年本版图书发稿264种（含北京发行部50种），已出版258种（含北京发行部28种），出版本版图书总册数达181万册，1.29万千印张，较好地完成了全年计划。出版藏文版《半月谈》1—24期，96万字。另外，配合政府采购中心做好教材采购合同签定，资金结算，教材的抽样、质量检查等工作。截止2009年9月10日，全面完成本年度两季中小学教材514种，2010年春季发稿教材212种，全部出版交货，按期全面完成年计划；累计出版教材近1170万册，共计6.68万千印张。

截止2009年10月底，西藏人民出版社本版图书发行总码洋1297万元（其中农家书屋371万元），比上年同期增长24%；销售册数103万册，销售实洋794万元（其中农家书屋227万元）；资金回收514万元，回收率达到65%以上，预计到年底实现资金回收90%以上，超额完成社里制定的销售收入和资金回收双指标。西藏人民出版社微机排版室全年承接藏文图书排版114种，其中新书32种，完成藏文排版总字数8215千字；承接汉文图书排版20种，完成汉文排版总字数3082千字，截止12月18日已见书113种。西藏人民出版社自办门市部根据承包合同规定，到2009年8月底完成图书销售收入71.5万元，销售构成比例为：思想政治类图书占5%，教材教辅类图书占42%，藏文类图书占28%，汉文类图书占20%，画册类图书占5%，全面完成承包任务。通过全体成员的共同努力，连续8年创造了销售收入历史新高。

【两批献礼图书出版工作】为了庆祝中华人民共和国成立60周年、纪念西藏民主改革50周年，西藏人民出版社先后出版了两批献礼图书，在时间紧、任务重、要求高的情况下，精心计划、合理安排、严格要求、通力合作，确保了献礼图书高质量的出版和及时的发行，并使两次献礼首发式顺利进行。汉编室编辑了《阳光下的罪恶》、《西藏地方现代史》、《走过50年》、《西藏百科全书》、《西藏今昔》（汉英版）、《中国藏戏史》、《西藏绘画艺术》、《跨越》等图书。藏编室翻译、编辑了《西藏今昔》（藏汉版）、《快速发展的西藏科技事业》、《党的十七届四中全会和区党委七届六次全委会精神知识问答》、《中国历史文化名城—拉萨》及拉萨民间文学三套集成《拉萨民间故事》、《拉萨民间谚语》、《拉萨民间歌谣》。

【西藏非物质文化遗产系列丛书出版工作】针对区党委、政府对西藏非物质文化遗产保护力度的加大，西藏人民出版社积极主动联系自治区非物质文化遗产办公室，策划编辑出版了西藏非物质文化遗产系列丛书《藏族传统建筑殿堂取名习俗》、日喀则非物质文化丛书《日喀则民间歌谣集》、《日喀则民间故事集》、《日喀则民间谚语集》等珍贵文献资料。

【藏医药图书出版工作】藏医药作为我区的支柱产业之一，历来受到自治区相关部门的高度重视和保护发展，藏医药图书是西藏人民出版社图书出版的一大亮点。西藏人民出版社策划编辑出版了21世纪藏药本科教育规划教材《藏药炮制学》、《藏药动物学》、《藏药矿物学》、《藏药植物学》、《藏药方剂学》等10种。同时，编辑出版了《藏医产科学研究及临床治疗》、《藏医临床使用手册》等图书。

【世界名著图书出版工作】为了把世界名著介绍给广大藏文读者，组织翻译、编辑出版了《茶花女》、《格林童话》等世界经典文学名著。为了进一步推进古籍图书的整理出版，抢救挖掘、整理藏民族的优秀文化遗产，推出了《宗喀巴大师传》、《第四次结集教义》、《阿里普兰科加寺简介》、《雪康·索朗达杰论文集》等市场需求广泛、具有一定珍藏价值的古籍经典图书。

【"农家书屋"图书出版工作】西藏人民出版社积极配合有关部门做好"农家书屋"图书的出版、配书等工作，按期完成"农家书屋"目录确定的全部图书出版工作。根据区新闻出版局要求，积极配合相关部门，加班加点做好"农家书屋"图书的配书工作，按期完成"农家书屋"目录确定的全部图书的发行。在本年度"农家书屋"项目工程实施过程中，有选择地出版了满足农牧民生活需求的图书，如《养牛实用技术》及《保健蔬菜水果种植技术》等藏文科技类读物；《乡村常用藏成药功效手册》、《藏西医医疗家庭手册》等藏文医药卫生类普及读物；《藏文辞典》、《藏史明镜》等藏文文化类读物。配备西藏"农家书屋"图书两批，第一批166种，总册数33万余册；第二批211种，总册数 35 万余册。另外为四川、青海"农家书屋"配备 114 个品种，总册数8.6万册。最大限度地给农牧民提供"一看就懂、一点就通、一学就会、一用就灵"的优秀出版物，以满足广大群众日益增长的精神文化需求，保障人民群众的文化权益。

【出版的图书分获国内各种奖项】在2009 年国家级图书奖项中，西藏人民出版社出版的一批精品图书分获国内各种奖项，取得了显著的社会效益。《四部医典系列挂图全集》获第十八届藏文图书奖一等奖；《西藏文化概论》、《中国历史文化名城—拉萨》获第十八届藏文图书奖二等奖；《藏餐食谱》、《藏药材炮制规范》、《丹达拉然巴文集》获第十八届全国藏文图书奖三等奖。《藏药材炮制规范》获第十七届中国西部地区优秀科技图书一等奖；《西藏高原干部健康保健知识手册》(上、下)、《中国居民膳食指南》获第十七届中国西部地区优秀科技图书三等奖；《动物故事》丛书获第六次向全国青少年推荐的百种优秀图书；《西藏当代民俗散文思辨》获第七届全国当代少数民族文学研究优秀评论奖。

卫生、计划生育、体育

自治区卫生工作

【年度综述】2009 年，全区卫生系统深入贯彻落实科学发展观，坚持"以农牧区为重点、预防为主、藏中西医并重"的卫生工作方针，坚决贯彻落实自治区党委"一定要加快发展医疗卫生事业，让各族群众少得病、看得起病、看得好病"的重要要求，坚定不移地把提高人民健康水平作为卫生工作的根本目标，深化医药卫生体制改革，大力实施农牧民健康促进行动，农牧区医疗制度建设、卫生服务体系建设和人才队伍建设取得突破性进展；基本医疗和公共卫生服务工作得到加强；藏医药、卫生监督等各项工作稳步推进。卫生改革与发展取得显著成效，有力促进了人民健康水平的提高，为确保我区社会局势持续稳定和经济平稳较快发展发挥了重要作用。

【大力实施农牧民健康促进行动】各级卫生部门继续坚持以农牧区卫生工作为重点，把提高人民健康素质作为改善民生的重要任务来抓。根据全区农牧区医疗卫生事业发展和农牧民群众健康的实际需要，经自治区人民政府常务会议研究批准，启动并大力实施了《西藏自治区农牧民健康促进行动方案（2009—2015 年)》，对进一步加强农牧区基本医疗卫生服务体系建设、卫生队伍建设、疾病预防控制、妇幼保健、藏医药、健康教育和完善农牧区医疗制度等各方面工作进行有机结合并统筹安排。《行动方案》是今后一个时期我区加强农牧区医疗卫生工作的一个重要指导性文件，也是深化医药卫生体制改革工作的一个重要配套文件。

【进一步加强农牧区医疗制度建设】2009 年，全区继续保持农牧区医疗制度100%的覆盖面，农牧民参加个人筹资率为 95.69%，各级政府对农牧区医疗制度的补助标准达到每人 140 元。全区共筹集农牧区医疗基金 37143.36 万元，基金使用率为 75.05%，比上年提高 10.89 个百分点，其中，农牧民发生的门诊费用均得到 100%报销补偿，住院费用的72.54%得到报销补偿，分别比上年提高5.08和5.79个百分点，农牧区医疗保障水平进一步提高。实践证明，农牧区医疗制度给我区广大农牧民带来了实实在在的好处，深受广大农牧民的欢迎，成为我区卫生工作的一大亮点，为加快建设覆盖城乡居民的多层次医疗保障体系奠定了坚实基础。

【卫生队伍建设取得新突破】一是努力补充卫生队伍数量。继续采取面向医学院校毕业生公开招考方式，为乡（镇）卫生院补充了 942 名卫生技术人员。同时，加强了针对城市医院紧缺型专业技术人才的引进。二是大力加强卫生人员培训。实施农牧区卫生人员培训方案，全区共举办各种培训班达 94 期，累计培训农牧区卫生人员 5690 人次。继续实施卫生部西部卫生人才培养、万名医师支援农村卫生工程和城市医院对口支援农牧区卫生工作，卫生队伍整体素质进一步提高。三是妥善解决农牧区卫生人员待遇。自治区为全区安排 1360 个公益性技术性岗位，每个岗位年工资 1.2 万元，用于解决乡（镇）卫生院聘用卫生技术人员的待遇。为全区每个行政村核定 2

名乡村医生，并从2010年元月起，由自治区财政通过专项转移支付，为每名乡村医生解决基本报酬每月200元，全年2400元，按月足额发给。同时，建立了乡村医生基本公共卫生服务工作考核奖励机制。对认真履行职责、较好地完成基本公共卫生服务工作的乡村医生，经考核合格，在自治区下达的一般性转移支付中按农牧民人均4.6元，安排基本公共卫生服务奖励补贴资金，年底一次性奖励补助给乡村医生。并且建立了村级公共卫生设备更新基金，在自治区下达的一般性转移支付中按农牧民人均4元，以县为单位管理，专门用于村卫生室定期更换医疗设备。切实做好卫生人员专业技术职称评审和执业资格认证工作。在自治区党委、政府的高度重视和自治区有关部门的大力支持下，长期以来迫切需要解决的乡（镇）卫生院聘用卫生技术人员和乡村医生两类人员待遇问题，得到了妥善解决，对稳定和加强农牧区卫生队伍发挥了重要作用。

【卫生基础设施建设力度进一步加大】完成了70个县卫生服务中心妇幼计生业务用房和配套设施建设以及4个县疾控中心、93个乡（镇）卫生院业务用房建设。启动了自治区扩大内需安排的31个县卫生服务中心、53个乡（镇）卫生院标准化建设和4个社区卫生服务中心建设。开工建设了自治区第三人民医院、自治区麻风病村和昌都地区芒康县麻风病村。安排了自治区藏医院，昌都、那曲、阿里3个地区藏医院昌都地区人民医院和拉萨市妇幼保健院改扩建。为县卫生服务中心装备了重症监护及手术室设备，为50个“降消项目”县装备了部分产科设备等。卫生基础设施建设力度的加大，进一步改善了我区医疗卫生服务条件，为广大人民群众治病就医提供了有效保障。

【全力开展甲型H1N1流感防控工作】自2009年4月全球发生甲型H1N1流感疫情以来，自治区党委、政府高度重视我区疫情防控工作，切实加强领导，多次召开专题会议听取卫生部门工作汇报，及时研究安排部署各项工作要求。抓好重点地区、重点人群和重点环节的疫情防控。特别是9月初确诊第一例病人后，进一步加强流感监测网络建设和自治区核酸检测实验室工作，及时分析掌握疫情动态。设立81个区、地、县定点救治医院，强化医务人员培训、演练和院内感染管理，及时总结经验，加强重症病例筛查救治，成功救治了6例重症患者。同时，积极争取并扎实开展甲流疫苗接种，完成了第一批20万剂疫苗在重点地区、重点人群的接种，开展了第二批50万剂疫苗在全区范围的接种工作。加强新闻宣传和健康教育，及时向社会公布疫情信息，宣传防病知识，增强公众信心。我区甲流防控取得明显成效，最大限度减轻了疫情对经济社会发展稳定和人民群众生产生活的影响。截至12月31日，全区共确诊甲型H1N1流感病例2218例，治愈出院2212例，死亡1例。

【进一步加强疾病预防控制工作】通过采取综合措施，不断加大鼠疫、人禽流感、艾滋病、不明原因肺炎、结核病、乙肝、手足口病等传染病的监测和防治。鼠疫疫区鼠疫防控工作科学有效，结核病发现率和病人规范治疗基本达到国家要求，自治区7地（市）艾滋病筛查实验室在疾控、医疗和采供血机构中已基本建立，疫情监测和网络直报有效运行。大力实施计划免疫和国家扩大免疫规划项目，全区适龄儿童乙肝、卡介苗、百白破、麻疹疫苗免疫接种率以乡为单位达90%以上，麻腮风、流脑、甲肝疫苗接种率以乡为单位达到85%以上，炭疽、钩体疫苗应急储备率达70%以上，全区继续保持了16年无脊髓灰质炎病例报告。在此基础上，自治区开展了对农牧区4—15岁儿童实施了甲肝、乙肝、腮腺炎、流脑、水痘疫苗免费接种工作，有效预防中、小学校传染病疫情发生。积极开展碘缺乏病和大骨节病等地方病综合防治工作，进一步加强病例监测，向特需人群发放碘油丸93万粒，全力配合农牧、扶贫等部门开展大骨节病病区群众搬迁。大力实施贫困白内障患者复明工程，全区完成白内障复明手术近5000例。完成了30320所无害化卫生厕所建设和2100处水质监测工作。深入开展爱国卫生运动，拉萨市积极创建卫生城市并已通过自治区评审。

【妇幼卫生工作成效显著】继续贯彻实施“一法”、“两纲”，以降低孕产妇死亡率和婴儿死亡率、促进住院分娩率为目标，努力提高妇幼卫生服务能力和水平。根据国家和自治区要求，我区“降低孕产妇死亡率 消除新生儿破伤风项目”县已由24个扩展到74个，实现了项目全覆盖，各项工作全面实施。接受了卫生部“降消项目”督导组对我区项目工作的督导。正式启动了全区新生儿听力筛查项目，成功实施了我区首例人工耳蜗植入手术。积极实施“母子系统保健项目”和“孕期微营养素补充项目”等。开展妇幼保健人员培训，进一步加强了妇幼卫生三网监测、年报和监测质控、孕产妇死亡评审工作。安排部署了对全区农牧区妇女普服叶酸，在8个县启动实施了农牧区妇女乳腺癌、宫颈癌检查等一批重大公共卫生服务项目，积极开展妇女常见病普查诊治工作。在继续实施农牧民孕产妇住院分娩特殊报销补偿政策和生活救助政策的基础上，实施了城镇孕产妇住院分娩补助政策，妇女儿童健康水平进一步提高。

【藏医药事业稳步发展】起草了《西藏自治区进一步扶持和促进藏医药事业发展的意见报自治区人民政府审定。加强藏医药服务能力建设和科研项目管理，完成了2个地区藏医院制剂能力、3个县藏医院中药房、42个地区级以上藏医院专科专病、自治区藏医院临床研究基地、藏医药重点研究室及藏医药传染病重点实验室建设项目计划并报国家审批；逐步建立藏医药专业人员准入制度，对合格人员颁发了《藏医学师承出师证书》或《藏医学医术确有专长证书》；进一步加强藏医药人才培养，共安排105名基层无学历藏医药技术人员在自治区藏医学院接受为期3年的藏医药中等专业培训，95名藏医药技术人员在西藏藏医学院接受为期3年的大专学历教育和9名师承继承人博士、硕士学位的研读；加强农牧区藏医适宜技术的推广和藏医医疗机构内涵建设，启动了“中医中药中国行活动之西藏藏医药科普宣传活动”，自治区和山南地区藏医院信息示范化工程项目、藏医药文化建设试点单位和自治区藏医院藏医药宣传教育基地建设单位已获国家批准。2009 年，强巴赤列同志被授予“国医大师”荣誉称号，16 名老藏医专家和 4 名基层藏医药工作者分别获得自治区名藏医和全国基层优秀中医荣誉称号。

【卫生监督力度不断加大】在全区开展打击违法添加非食用物质和滥用食品添加剂专项整治活动，共检查餐饮消费环节 8936 家，食品生产加工企业 120 家，查处问题餐饮单位 1732 家。认真组织开展了对学校、公共场所、医疗机构的甲型 H1N1 流感防治情况的监督检查以及自治区重大活动的食品安全保障工作。加强了自治区卫生监督机构基本建设，提出了基层卫生监督体系建设的规划方案。

【积极推进医药卫生体制改革各项工作】卫生厅及时成立了深化医药卫生体制改革领导小组和医改办公室，起草了关于扶持和促进藏医药事业发展、巩固和发展农牧区医疗制度、促进基本公共卫生服务逐步均等化、实施国家基本药物制度等方面的一系列配套文件。围绕医改 5 项重点工作任务，卫生部门正在逐步完善农牧区医疗制度，进一步提高医疗保障水平；着手实施国家基本药物制度，拟订《西藏自治区基本用药目录》，力争在 2010 年 2 月底前在 30%的基层医疗卫生事业单位实施国家基本药物制度；健全基层医疗卫生服务体系，重点加强农牧区三级卫生服务网络建设；启动了 9 项基本公共卫生服务项目和 5 项重大公共卫生服务项目，2009 年全区人均 25 元的基本公共卫生服务经费已安排下拨各地。卫生部门各项医改任务正在落实当中，达到了“开好局、起好步”的要求，广大人民群众已经从中得到了实惠。

自治区人民医院

【年度综述】2009 年，自治区人民医院坚持以科学发展观为指导，坚持正确的办院宗旨和发展方向，坚持走质量效益型发展道路，承接前两年的强劲发展势头，医疗、急救、保健、护理、教学、科研全面发展，党建、行风、宣传、基建、财务、后勤、保卫等工作有条不紊，医院建设发展取得了显著成绩，为我区经济发展和社会稳定做出了应有的贡献。

【实施医院品牌战略取得了良好效果】一是狠抓专业学科建设、医疗质量安全管理及医德医风建设。二是各学术团体积极开展全区性学术活动，进一步巩固自治区人民医院在众多专业领域的领先地位。三是积极开展万名医师支援农村工程、卫生扶贫、“三下乡”、救灾巡回医疗等活动，坚持承办社区卫生服务站，大力支援城乡基层卫生，不断扩大在基层的影响力。四是积极承担突发事件应急救治任务、重大院内抢救任务及重要保健任务，向社会各界充分展示医院综合实力。五是加强宣传机构和宣传队伍建设，宣传工作得到了进一步加强。六是加大信息简报编发上报力度，让有关部门更多了解和支持自治区人民医院工作。七是在院内各类载体上普遍推广使用院徽。此外，启动了全院导示系统工程，统一更新了职工胸牌，也都有利于提升医院社会形象。

【坚持全面狠抓医疗质量和医疗安全】首先，建立健全了质量管理部门工作制度，修订完善了自治区人民医院“医疗文件书写规范”，加强了出院病历质控和运行病历抽查，将不合格病历纳入每月综合考评；建立了处方抽查点评制度，举办了不合格处方展览，两次召开医师大会通报处方抽查情况，详细讲解处方和医技检查申请单书写要求，进一步提高了处方书写质量。护理部也坚持每月进行运行病历抽查，在护士长例会上评点发现的问题，努力提高护理文件书写质量。

第二，建立了节假日护理行政查房制度、护士长教育培训制度、护士长质量管理考核细则、病房护理质量考核细则、门急诊护理质量检查标准等，对照规章制度和相关标准，坚持抓好日常监督检查。针对抢救车和急救药品、毒麻药品、高危药品管理等重点环节，统一规范标签，按月检查登记，及时发现和解决护理质量安全方面存在的问题。

第三，采取“走出去、请进来”的方式，加强医疗质量管理人员和医务人员在职在岗培训工作。充分发挥援藏医疗队作用，聘任医疗队专家担任科室副主任或副护士长，让他们指导并参与医疗质量安全管理，并且通过合作项目、学术团体活动等途径邀请内地专家来院指导。同时，选派管理干部赴区外考察学习，选派医务人员赴区外进修培训，选派业务骨干到区外参加学术交流，带回先进的诊疗技术和管理经验，对于加强自治区人民医院医疗质量管理起到了重要作用。

第四，加强医护人员训练考核，完成了本年度 “三基”考试，开展了医护人员执业资格考前培训，组织了多次摸底考试和解题讲课。进一步规范了护理人员考试考核工作，增强了考核的针对性，增加了护理核心制度和法律法规常识等考试考核内容。广大医护人员特别是护理人员主动参加成人高考，共有 26 名护士正在利用业余时间接受大专以上学历教育。

第五，将医院感染控制视为保证医疗质量和医疗安全的重要内容，成立了院感控制小组，初步建立了院感控制工作制度和考核标准，制定并实施了院感控制管理实施方案，开展了医院感染现患率调查，举办了院感控制管理专题讲座。专职院感管理人员每天坚持深入一线督导检查，每月召开院感控制工作例会，反馈当月检查发现的问题，部署安排下月工作。药剂科编发了 5 期《医院药讯》，开展了抗生素使用情况动态监测和病原微生物耐药性监测，促进了临床合理用药。对在内地发生不良反应的药品，自治区人民医院严格对照清查，保证临床用药安全。进一步加强了供应室管理，医用器材消毒灭菌全面达标。

第六，在严格执行医疗质量核心制度的同时，大量组织全院性病例讨论，通过讨论增强医务人员医疗质量安全意识，提高疑难疾病诊疗水平和医疗差错事故防范能力。

第七，继续自筹资金努力改善业务科室基础设施条件，维修改造了自治区妇保院，更新补充了部分设施设备，修建了 ICU 陪伴房，初步解决了 ICU 陪伴管理难题，极大地方便了 ICU 病人陪伴。

实施了ICU和手术室改造，力求通过改造达到相关标准，消除安全隐患。

第八，严格执行招标采购，加强和规范了设备、药品、试剂、耗材管理，严防产品质量问题威胁医疗质量安全。

【医疗业务量继续大幅增长】全年门急诊人次首次突破30万大关，编制病床使用率首次突破100%。

全年门急诊病人达到32.57万人次（同比增长20.94%），其中急诊病人达到4.58万人次（同比增长50.82%）；留观病人9.83万人次（同比增长33.22%）。入院11385人次（同比增长12.53%），出院11294人次（同比增长18.41%）。全麻手术2766例（同比增长25.96%），对外体检5393人次。病床使用率（按照编制病床500张计算）达到109%（同比增长23.30%），病床周转19.2次（同比增长16.37%），住院患者平均住院17.7天（2008年为16.8天）。危重病人抢救成功率与2008年持平（均为87%）。

在医技工作方面，调剂处方31.80万人次，各种影像检查10.61万人次，各种检验15.20万人次，发血252升。在干部保健方面，门诊2827人次，巡诊出动医护人员808人次，出诊出动医护人员378人次，接收省级干部住院42人次。在妇幼保健方面，完成门诊量3.92万人次，预防接种3.41万人次，托幼体检5090人次，新生儿访视3923人次，产后访视4295人次。

【积极承担重大疫情和突发事件的应急救治任务】针对甲型H1N1流感和手足口病等重大传染病疫情，自治区人民医院克服相关设施建设资金缺乏和人力紧张等困难，认真落实卫生部和自治区党委、政府及卫生厅的各项要求，努力做好防控和救治准备工作，积极配合卫生厅开展工作，为市区兄弟医院和全区各地积极提供技术支援。

在甲流防控方面，一是成立了领导小组和专家组，确保了防控工作有序高效。二是搭建活动板房建立了相对规范的感染门诊简易诊室，确保了感染门诊具备最基本的设施条件。三是制定了相关标准、制度和程序，制定了甲流防控指南等，确保了防控工作规范进行。四是从相关科室抽调医务人员加强甲流防控力量，一些正在高校脱产学习和正在下乡锻炼的同志也被安排到防控工作第一线。五是举办了多次专题培训和演练，确保了相关专业技术人员都能严格遵守工作流程和操作规程，切实做好个人防护。六是实行了监测点24小时值班制，确保了及时发现可疑病例。七是选派专家100多人次参加了自治区级会诊，有力促进了全区特别是基层不断提高甲流防控能力。八是向上级部门主动反映甲流筛查救治中出现的问题，不断规范筛查救治工作秩序，保证筛查救治质量。九是针对儿科等相关科室业务用房结构布局不合理、儿科门诊量巨大、留观病床有限而疑似患者较多、就诊秩序管理难度大等问题，努力优化服务流程，想方设法保证医疗安全，提高工作效率。十是积极承担了西藏首例甲流死亡患者的尸检任务，为我国甲流防控工作积累了宝贵经验，得到了自治区卫生厅的高度评价。

据统计，全年筛查发热病人3000多人次，无一例甲流患者在自治区人民医院死亡。受甲流疫情影响，儿科业务量同比大幅增长，儿科全年门急诊42448人次，同比增长45%（超过全院门急诊量的1/8）；其中急诊15216人次，同比增长89%（接近全院急诊人次的1/3）；留观33403人次，同比增长174%（超过全院留观人次的1/3），出院患儿1349人次（超过全院住院人次的1/9）。

在急救工作方面，积极参加了自治区组织的反恐演练，医院主要领导亲自部署和督导，有效锻炼了自治区人民医院急救人员实战能力，取得了优异的演练成绩，得到了自治区有关部门的高度评价。在各种突发事件应急救治工作中，全院相关部门和科室密切协作，取得了2009年"9·16"、"9·20"、"11·14"等历次大型交通事故住院病人全部抢救成功的佳绩。相关科室坚持选派医生加强急诊工作，确保急救中心完成了大量的急救急诊任务，急救中心日均接诊急诊病人120多人次，全年出诊1753次，其中长途出诊158次，抢救危重病人1706人次。

【大力推进科研教学工作】在科研方面，组织申报了国家自然科学基金项目4项，获得批准立项2项，得到课题资助47万元。消化内科、高山病心血管病科、神经外科、泌尿外科分别承担的多项课题正在实施或即将实施。儿科与上海复旦大学附属医院合作开展的"拉萨市新生儿出生状况流行病学调查"项目荣获第四届宋庆龄儿科医学成果奖。全院发表论文74篇，其中国家级核心期刊发表18篇，全国性会议交流5篇；省级期刊41篇，省级会议交流1篇。

在技术创新方面，引进了数字减影血管造影机（DSA）、计算机放射成像仪（CR）、全自动五分类血液分析仪、全自动化学发光免疫分析仪等先进设备，建立了HIV初筛实验室并获得了HIV初筛实验资格，各科室成功开展了39项新技术，其中部分项目填补了我区空白。

在教学培训方面，进一步完善了有关规章制度，并将临床教学和远程教育纳入每月综合考评。一方面，完成了区内高等院校4个毕业班共160名学生的临床实习带教和550余人次的课间见习带教，接收了5个毕业班学生115名和计划外学生5名来院实习，承担了西藏大学医学院7个专业592课时的授课任务。另一方面，举办了全院中层干部培训班和新进人员岗前教育培训班，开展了8次全区性学术活动，邀请内地专家来院开展学术交流11次，组织医务人员参加了121次华西远程继续医学教育，安排了42人次参加各类全国性学术活动，选派了31人赴内地进修学习。

【切实抓好卫生援藏，大力开展项目合作】2009年，中国医科院和南京八一医院都向自治区人民医院派出了援藏医疗队，其中中国医科院第12批医疗队共9名队员，涉及神外、ICU、病理、肾内、心内、内分泌及导管、手术等8个专业，在3个月的援藏期间举办了9次全院性学术讲座；南京八一医院医疗队共3人，涉及影像、麻醉、耳鼻喉等3个专业，在2个月的援藏期间举办了1次全院性学术讲座。9月初，中国医科院徐德成副书记一行12人组成的援藏考察团抵达自治区人民医院，就25年来对口支援工作情况及今后工作思路与自治区人民医院进行了深入交流，其间协和医院党委书记鲁重美和阜外医院医务处副处长袁晋青分别做了学术报告。

在开展项目合作方面，与中澳卫生支持项目办积极合作，在全院护理、院感工作现状评估，加强和规范护理、院感管理方面做了大量工作。与美国东南亚祈福基金会合作，继续开展了先心病筛查救治，对74名先心病患儿进行了再次筛查，为其中7名患儿成功施行了介入封堵术。参与实施了卫生部安排的西部儿童口腔疾病防控项目——儿童涡沟封闭项目。正在争取实施澳大利亚援助发展项目。加强自治区人民医院管理人员和医务人员"能力建设"，与北京天坛医院合作承担的"十一五"国家科技支撑计划项目分课题还将继续进行，拟与中国西藏儿童健康教育基金会合作开展"儿童白内障治疗"项目也在积极申报中。

自治区人口和计划生育工作

【努力衔接国家部委调研工作，积极争取人口计生部门的相关项目】2009年，按照中央各部委对西藏各项工作的调研要求，自治区人口计生委组织人员认真起草了我区人口计生系统的项目需求，并积极向国家人口计生委考察组汇报了我区的人口计生和优生优育工作，陪同考察组前往基层考察指导，得到国家人口计生委对工作的理解和支持，帮助西藏完成了"十二五"期间中央援助西藏人口计生部门项目建议书的编制，并帮助协调国家有关部门。

【坚持协调发展，重点突出提高农牧区群众健康水平】各项目工作进展顺利。积极做好"新农村新家庭人口健康促进"项目拓展工作。对2008年七个项目拓展点项目开展情况进行一次全面总结，新拓展项目点。按照国家人口计生委工作部署，昌都地区昌都、察雅和左贡三个项目县顺利通过国家验收。继续实施西藏自治区育龄妇女生殖健康促进工程。各地市积极按照促进工程的目标任务、实施步骤开展工作，以进一步促进降低我区孕产妇死亡率和婴幼儿死亡率，提高出生人口素质。努力协调各相关部门，启动我区出生缺陷一级预防工作。为切实提高出生人口素质，自治区人口计生委同党委宣传部、财政、卫生等七部门联合出台了开展出生缺陷一级预防工作实施方案，并启动该工作。积极做好避孕药具管理发放工作。2009年在全区计价药具免费供应上，巩固和完善了药具免费发放主渠道。并逐步将流动人口纳入药具免费发放范围，制作了一批免费避孕药具发放箱，增加流动人口安全套的免费发放点，大大推动了安全套的可及性。

继续强化宣传教育工作，继续办好《西藏人口》栏目宣传工作。积极组织开展各类社会宣传活动，认真组织人口计生系统参加3月3日"中国爱耳日"、5月18日"全国助残日"、"母亲节"等宣传日宣传服务一条街活动。据统计，上半年，自治区人口计生委通过各种宣传服务活动日免费提供人口和计划生育、优生优育宣传品10000余份、计生药具15个品种，价值4万元。

【坚持以人为本，突出民生这个根本】完成农牧区"一孩、双女"户困难家庭扶助制度和全区特殊家庭（即：独生子女伤残死亡家庭）特别扶助制度摸底调查工作。2009年全区农牧区"一孩、双女"户困难家庭扶助制度目标人数和全区独生子女伤残死亡扶助人数的核查录入工作全部完成，所需扶助经费已全部到位。

进一步做好幸福工程项目的工作。进一步做好项目管理、培训、监督和指导工作，认真做好资金回收和再投入的工作。同时，积极募集资金推动幸福工程项目，在自治区扶贫办支持下，同意资助桑日、乃东、仁布三县的幸福工程项目，并已全部启动。

做好生育关怀的活动。生育关怀是中国计生协努力打造的知名品牌，协会根据西藏实际将"生育关怀行动"与《新农村、新家庭人口健康促进项目》结合起来，开展了一系列活动。如在特殊学校开展"生育关怀—亲情牵手"为主题的送温暖、献爱心慰问活动；"母亲节"期间，组织"生育关怀—关注贫困母亲"的活动，按照中国计生协的要求，举办了为期三天的"生育关怀—青春健康"师资、主持人培训班，为推动此项工作打下良好基础。

【获奖情况】那曲地区那曲县被评为2009年度"全国计划生育优质服务先进单位"。

【领导名录】

主　任：德吉白珍

副主任：央　宗　仁　真

自治区疾病预防控制中心

【年度综述】2009年，中心结合自治区实际，坚持求真务实、开拓创新的发展思路，紧紧围绕卫生厅制定的全区卫生工作要点，扎实有效地落实各项疾病预防控制措施，着力于重大传染病防控、应急处置、疾病监测与检测、大众健康教育工作的推进，在不断加强自身各项能力建设的同时，进一步强化对全区疾控业务工作的指导和项目的监管力度，努力推动我区整体防控工作水平和疾控事业的发展与进步。实现了综合管理水平、技术服务能力、项目推进力度和社会效益的全面提升，各项工作都有了新的突破。为实现西藏跨越式发展和社会局势的长治久安发挥了积极作用。

【甲型H1N1流感防控工作】自2009年4月甲型H1N1流感在全球暴发以来，中心按照自治区党委、政府的指示精神和卫生厅的具体部署，积极行动。

一是根据卫生部关于甲型H1N1流感《甲型H1N1流感监测方案》、《甲型H1N1流感诊疗方案》、《甲型H1N1流感病例密切接触者居家医学观察管理方案（试行）》等技术规范，认真制定了我区甲型H1N1流感的监测、诊疗和管理方案，并指导各地（市）疾控机构，全面落实各项疫情监测和预防控制措施。二是对实验室进行维修和改造，派出多名专业人员前往国家流感中心实验室进行培训，在较短的时间内达到了流感网络实验室的技术要求。中心实验室工作人员不分昼夜加班加点开展样本检测工作，至12月3日，共检测流感病例样标本

5556份，检出阳性标本2759例，为我区甲型H1N1流感防控工作提供了技术保障。三是加强了甲型H1N1流感监测。4月至8月根据国家监测方案对医院、机场、火（汽）车站、边境口岸等地发现的不明原因发热病例及有密切接触史的国内外旅客30余人实施了医学观察。先后组派5个工作组分赴全区7个地（市）开展防控督导工作，指导、培训地、市、县专业人员积极开展监测和防控工作。9月2日墨竹工卡县中学发生甲型H1N1流感后，9月4日2例首发甲型H1N1流感病例经中心实验室确诊，9月6日得到国家疾控中心复核确认。疫情发生后，中心立即启动《甲型H1N1流感应急预案》，以拉萨市为重点，在全区深入开展疫情防控工作，截止12月3日全区监测甲型H1N1流感5091余例，发病率为179.26/10万，其中死亡1例。根据疫情不断变化的趋势，中心加大了对各地市暴发疫情处理的指导工作，先后派出多位专家赴各地市县指导防控工作。同时，中心充分利用监测数据开展疫情分析，组织人员编写了《西藏甲流疫情分析及防控对策》，为卫生厅领导决策提供依据。四是设立健康教育咨询中心，向全区民众提供预防甲型H1N1流感的咨询服务平台，充分利用广播、电视和报纸向大众宣传甲型H1N1流感防控知识，向全区制作和发放甲型H1N1流感（藏汉文）宣传材料30余万份。五是积极与国家疾控协商调运甲型H1N1流感疫苗，向全区分发甲型H1N1流感疫苗20万份。到目前已组织、调运和接种季节性流感疫苗21300人份，为自治区级单位接种甲型H1N1流感疫苗5000余人份。

【传染病防治工作】2009年全区无甲类传染病发生。乙类传染病：2009年1月至11月30日全区共报告乙类传染病13种10486例，报告发病率为369.22/10万，死亡42例，死亡率和病死率分别为1.44/10万和0.39%，与2008年同期相比，发病率上升137.83%，死亡率上升128.57%，病死率下降9.3%，报告发病数居前三位的为甲型H1N1流感、肺结核和痢疾，分别占乙类传染病发病总数的44.06%、28.43%和17.50%。丙类传染病：1月1日至11月30日我区共报告丙类传染病8种2422例，报告病例数占传染病总发病数的18.76%，无死亡病例报告。报告发病率为85.28/10万，与2008年同期相比发病率下降10.95%，发病前三位为风疹、手足口病、流行性腮腺炎，其中风疹占整个丙类传染病的58%。突发事件：全区共报告突发公共卫生事件124起，涉及全区七地（市）。无甲类传染病；乙类传染病暴发疫情89起(3303例)、丙类传染病暴发疫情25起（1015例）、其他传染病10起(542例)，共发病4860例，死亡2例。与2008年同期相比，受甲型H1N1流感暴发疫情影响，总突发事件起数上升117.54%，发病数上升78.81%，其中甲型H1N1流感暴发起数占整个暴发疫情的64%、占暴发病例数的57%。其他传染病的暴发起数和病例数明显低于2008年同期水平。

【免疫规划工作】为认真落实扩大国家免疫规划工作任务，2009年按照西藏自治区卫生厅《扩大国家免疫规划实施方案》要求，组织实施全区扩大国家免疫规划，将甲肝疫苗、流脑疫苗、麻—风二联疫苗、麻—腮—风三联疫苗纳入全区免疫规划，用无细胞百白破疫苗代替全细胞百白破疫苗，在扩大国家免疫规划后，全区范围国家免疫规划疫苗种类由5种扩大到9种。2009年全区七地(市)相继于2009年6月～7月启动了2009年农牧区小学甲肝疫苗等普种工作，完成全区28万农牧区小学1年级至6年级在校学生数摸底调查，完成了2009年5万目标儿童扩大国家免疫规划所需疫苗的采购和分发任务，向全区完成采购和下发乙肝疫苗所需疫苗共计1229400支，自毁型注射器1229400支。

为了有效控制麻疹发病率，实现2012年消除麻疹的目标，2009年5月组织全区疾控机构在全区范围内对8月龄至6岁以下、1～6年级在校生实施了目标儿童和学生麻疹疫苗强化免疫工作，人数达52万儿童，接种率为96%以上。此次麻疹强化免疫活动有效控制了我区麻疹发病率，2009年与2008年同期相比麻疹发病率下降85.51%，为实现2012年消除麻疹的目标奠定了良好的基础。为有效地预防和控制流行性腮腺炎，在2009年内积极向自治区卫生厅争取资金，并于09年6月组织全区疾控机构在农牧区对1～6年级在校学生开展普种麻—腮二联疫苗工作，接种目标人数达38万，接种率达到了95%以上。流行性腮腺炎2009年与2008年同期相比发病率下降87.60%，突发事件起数下降73.08%。

为确保2009年两个强化免疫的组织实施和接种工作，组织专业技术人员完成了6个地（市）32个县的督导，全区七地（市）74个县均按照《方案》要求完成了辖区目标学生的预防接种和异常反应监测工作，并接受了卫生部专家组的督导检查。

【AFP监测工作】2009年全区七地（市）96个县级以上报告单位AFP病例实际报告3040次，报告率87%。地（市）级疾控部门主动监测月实际报告72次，报告率为85%。2009年全区共报告AFP病例6例，AFP病例发病率0.7/10万，排除脊灰病例6例。2009年脊灰实验室共收到粪便标本146份。

【鼠疫防治工作】2009年，我区鼠疫防治工作做到早部署、早安排、早落实，采取积极主动的预防控制策略，以青藏铁路沿线及区内各主要城镇、人口稠密地区、旅游线路为重点，全面开展疫情监测和预防控制工作。

年初根据自治区卫生厅的要求，将2008年检出的63株鼠疫菌株安全转运至国家菌库，1～3月，顺利完成全年鼠疫防治的前期准备工作，制定下发了《2009年青藏铁（公）路沿线鼠疫监测方案及卫生部门职责》和《2009年西藏自治区鼠疫监测方案》，进一步明确工作任务和指标。4～11月，先后组派鼠疫防治工作组（队）21支、90余人/次，不间断地对日喀则、那曲、山南、拉萨、林芝、阿里等地（市）及所属50个县（区）开展了督导检查和技术指导，有力地促进了全区鼠疫监测与预防控制工作的开展。全年对全区七地（市）共检测细菌学材料297份，检出鼠疫菌35株，阳性率11.78%；血清学材料3268份，阳性29份，阳性率0.89%；旱獭密度调查29726公顷，平均旱獭密度为0.041只/公顷；对1723个旱獭洞进行了检蚤工作，检出68只蚤。布放2910个鼠夹进行小型鼠密度调查，捕获48只，捕获率为1.65%。

2009年我区鼠疫疫情继续呈现活跃流行态势，全区共发生动物间鼠疫疫情13起，流行范围涉及5个地（市）9个县，疫情发生后，中心快速反应、正确处置，杜绝了疫情的扩散和蔓延。4月～11月，举办地（市）级培训班4期（次），培训地（市）疾控、医疗人员500余人次；自治区鼠疫强毒室（BSL-3）按要求、方案完成设计，施工图编制工作正进行中，预计年底前完成。

布病防治与大骨节病防治工作。按照全国重点传染病监测项目的要求，加强了项目管理，并督促和指导昌都地区、芒康县疾控中心开展了布病病例搜索、血清学调查和健康教育工作，调查人数838人，检测血清50份，阳性7份；与西藏红十字会合作，在那曲地区双湖、班戈、尼玛三县开展人群布病感染情况调查，采集、检测血清样本86份，阳性12份；2009年共检测临床疑似布病病例材料26份，确诊病例1例。大骨节病防治工作主要在5个地区11个病区乡开展，为7～12岁儿童X线检查累计1594名，X线阳性检出86例。

饮水型氟中毒病情调查工作。在林芝察隅县和日喀则谢通门县6个项目点开展工作，监测水样20份、监测儿童尿样17份、检测成人尿样109份；8～12岁儿童氟斑牙检查及尿氟测定145人次，成人临床氟骨症检查及尿氟测定388人次，成人X线氟骨症检查24名。

碘缺乏病防治与寄生虫病防治工作。在24个碘缺乏病县级评估县中，阿里地区噶尔县，昌都地区昌都县，那曲地区聂荣县、那曲县基本完成。以触诊法检查8～10岁儿童甲状腺1200名，开展碘缺乏病现场考评调查1200人次。在73个县（除日喀则定日县外）监测居民食用盐21959份，其中碘盐16313份，非碘盐5646份，碘盐覆盖率为74.29%，非碘盐率为25.71%；其中7地（市）中26个县碘盐覆盖率达到了90%，6个县碘盐覆盖率达到了80%。2009年共订购93.2万粒碘油丸开展应急补碘，林芝、昌都、山南、阿里等地区为0～2岁婴幼儿开展应急补碘22847人，为15～49岁人群应急补碘305972人，其余3个地(市)数据正在整理上报。

寄生虫病防治工作。普查814人，确诊27个病人并进行了血清学辅助诊断。同时对239条犬进行了登记和预防性投药，对其中209只犬粪便采样进行了粪抗原感染率检测。2009年10月协助中国疾病预防控制中心寄生虫病预防控制所在拉萨举办了《2009年西藏包虫病防治项目技术培训班》。

全年为鼠疫、碘缺乏病、氟中毒病防治制作宣传资料（藏、汉文）四种，展板4块，印发16万份。

地方病实验室完成尿碘定量检测2500份，谷物真菌镜检分型检测800余份，指导和帮助拉萨市、山南地区、那曲地区、阿里地区和日喀则地区开展实验室检测工作，完成尿碘检测2000份，水氟、尿氟检测200份。参与全国实验室考核，并获得了国家IDD参照实验室及联合国儿童基金会颁发的质量认证书。开展和完成了国家IDD参照实验室对全国省级、地市级和县级疾控中心IDD实验室的尿碘、盐碘质控考核盲样的分发、收集考核结果和上报工作。

【结核病与麻风病防治工作】结核病防治工作。从2008年第四季到2009年第三季度（四个季度），全区共登记结核病人4551例，其中新涂阳肺结核病人1238例，复治涂阳肺结核病人176例，涂阴肺结核2178例，肺外结核病人959例。新涂阳肺结核治愈率为84%，与去年同期相比新涂阳肺结核治愈率上升0.8%；结核病门诊共登记建卡278例结核病人，其中涂阳肺结核139例、涂阴与肺外结核139例。痰涂片实验室完成了涂片检查4616人次，其中阳性844人次、阴性人次；检查玻片1452张，痰培养与药物敏感性实验156份。对全区7个地市、66个县开展了结核病防治规划督导，通过督导，及时发现规划执行过程中存在的主要问题并提供现场培训服务。按照第五轮全球基金结核病项目要求，完成了对146例结核病人检测HIV抗体活动，没有发现TB/HIV双重感染病例。

2009年，利用《学校结核病健康教育试点推广》项目资金，对55所中小学校教师举办结核病防治常识培训56次，接受培训教师数800余人，接受宣传的教师数3157名、学生45624名、家长与其他群众5000余名。按照第八轮中国全球基金结核病项目要求，年初对我区拉萨市城关区申请了《流动人口结核病防治项目》，并于2009年11月得到了第八轮中国全球基金结核病项目办的批准，第一期（前两年）安排了55432欧元的活动经费，对流动人口结核病人提供交通与营养补助、健康促进、心里支持等方面的支持。这个项目填补了我区流动人口结核病项目的空白。

麻风病防治工作。2009年全区共发现了20例麻风病人，其中复发病人1例，目前这些病人正在实施联合化疗；对麻风重点4个地市、15个县开展了麻风病规划督导活动，督导人员15人次；对江曲康复院巡诊26次，75人次，处理危重病人2次，做溃疡扩张术18人次。

【性病与艾滋病防治工作】2009年年初，起草制定了2009年我区艾滋病性病工作计划及实施方案；完成2010年度全区GAP项目申请及实施方案；完成了自治区性病门诊HIV哨点监测及全区HIV监测数据的整理和上报；对拉萨市区部分场所中230人进行高危行为干预工作。对日喀则、阿里两个地区艾滋病防治工作进行了综合督导；对我区男男同性恋人群开展了HIV检测及高危行为监测工作。

性病实验室5月份参加国家艾滋病参比实验室发放的能力验证梅毒血清考核评比及衣原体检测评比活动；艾滋病实验室对全区8家单位的艾滋病初筛实验室进行验收（疾控系统5家，医院系统3家），完成了3次国家能力验证的考核工作任务。1月～10月共完成血清初筛试验822人份，HIV阳性确认12例。接受了国艾办、国家疾控中心专家和中美合作GAP项目项目官员对我区艾滋病防治工作前后4次督导及评估等工作；在学校、宾馆发放宣传材料8000张，安全套发放550盒。

1月～10月性病门诊共诊治皮肤病3946人次，性病454人次，CO2激光治疗患者116人次。年中在阿里地区措勤县曲洛乡3村开展了淋病流行情况调查工作，共检查或调查了95人，根据临床症状、体征，实验室检测确诊为典型淋病患者8人，女性宫颈炎12人。

【健康教育与慢病防治工作】母子健康保健项目开展巡讲活动16次，接受健康知识教育达6400多人，现场巡讲提供各种展板200多个，免费为接受巡讲群众提供常见病、多发病治疗药品价值5万余元。妇女接受妇科检查达852人；发放藏汉两种文字宣传单155000（万）张，发放藏文母子保健知识读本12000（万）册，发放印有母子保健核心信息的太阳帽及儿童围脖600多件，9月完成项目县督导；2009年项目县报告的婴幼儿死亡率下降50‰。通过母子健康保健项目开展4年的比较，项目县孕产妇产前检查率平均为80%，住院分娩率平均为85%，与2006年项目执行初期相比分别提高了40%左右，项目县各项目点群众对母子健康保健知识的知晓率平均达到了90%左右。

慢病防治工作。1月～10月伤害监测共收集和录入伤害报告卡1396份；1～9月死因监测5个疾病死因监测点共报告死亡1369人；慢病社区综合干预项目开展现场筛查慢病高危人群500人，空腹血糖检测500人份，新发现高血压患者166人；在5个项目点开展了2006～2008年死因漏报调查工作。全年举办健康教育与慢病知识培训班22期，为区、地、县三级项目地区培训专业人员400余人。

【卫生监测与检验工作】卫生监测。完成西藏自治区2009年（枯水期）农村饮用水与环境卫生现状调查项目任务。在6个监测点（堆龙德庆县、达孜县、曲水县、贡嘎县、扎囊县和乃东县）开展了样品采集及环境卫生现状调查，圆满地完成了各项数据的收集、汇总、上报及资料整理工作。全年共体检公共场所从业人员1987人，办理健康证1906人，采集农村和城市水样87份，7月在拉萨市18所小学，完成对7~8岁学生3948人的“儿童口腔疾病”摸底调查，为各种会议开展场所消毒20100平方米，处置过期过氧乙酸12吨。2009年4~6月期间为基层举办《农村饮水改厕卫生监测》《儿童口腔疾病综合干预》项目技术培训2期，培训人数88人。

实验日常工作。2009年病毒组检测脊灰健康儿童粪便标本75份，检查出6份疑似AFP标本；检测手足口标本69份，其中12份出现阳性；疑似麻疹、风疹血清IgM抗体标本119份，风疹阳性99份；完成细胞的复苏、传代、冻存和林芝地区墨脱和米林县采集乙脑标本工作。细菌组检测生活饮用水72份，农村水质调查60份，食品样品28份，配合疫情处检测药敏试验样本27，为疫情控制提供了证据。理化组食品样品检测28份，日常饮用水样品61份732项，农村生活饮用水调查60份720项，食物中毒样品检测3份。

【办好预防医学门诊，做好常见病防治】1月—11月底就诊人数15381人次。完成放射透视1537人次，胸片1352张，肝功加两对半2380人次、各类常规检查458份，配发处方14382张，其中免费处方5831张。B超及心电图检查523人次。完成肌肉注射1547人次，皮试300人次，静脉注射784人次，胸穿13人次。接种各类计划外疫苗6701人次。完成两轮强化免疫工作共计928人次。协助中心卫生监测所完成服务行业常规体检1000余人次。全年未发生医疗责任事故和安全事故。

自治区体育工作

【群众体育工作健康持续开展】学习好、贯彻好《全民健身条例》，扎实开展“全民健身日”活动，坚持联动形式，展现丰富多彩的活动内容，提高群众广泛参与程度，在全区营造浓郁的全民健身氛围，不断满足广大人民群众对体育健身和体育文化的需求。群众体育以增强人民体质为根本目标，坚持“活动与建设并举”的工作方针，加快“三边”工程建设，努力构建亲民便民利民的全民健身服务体系，大力推进群众体育活动蓬勃开展。认真开展发放和安装健身器材等相关工作。发放和安装健身路径器材100套，建设农民健身工程237个，安排、落实配套资金948万元。历时13天，完成了对昌都地区3县10乡镇的农民体育健身工程、全民健身活动的调研。西藏自治区赛马场举行了传统马术表演活动，近万名群众到场观看。

西藏自治区体育局、区直工委、老干部局、总工会联合举办了拉萨地区健身操、民族健身舞比赛及锅庄舞展示。召开全区群众体育工作会议及农村体育健身工程现场经验交流会，促进了群众体育的蓬勃发展。举办了拉萨市健身操、民族健身操、锅庄舞培训班和全区体育传统项目学校师资培训班，为扩大社会体育指导员队伍奠定了基础。我区群众体育先进集体和个人代表参加在第十一届全国运动会期间举行的全国群众体育“双先”表彰大会，受到了胡锦涛总书记的亲切接见。

【竞技体育水平得到提升】竞技体育工作以参加第十一届全国运动会为重点，以训练出成绩为抓手，坚持从难从严从实战需要出发和大运动量训练的原则，促进了竞技体育水平的提高。举办了第三届“西藏自治区U-13青少年足球分区赛”，丰富了本地青少年的文化生活，促进了本地青少年足球运动的普及和提高。举办了第二期“全区篮球裁判员培训班”。按照自治区党委常委会上张庆黎书记提出的“总体超上届，力争拿奖牌，既要出成绩、又要展风采”的要求，备战2010年亚运会，通过层层筛选，我区运动员黄祖平入选2010年广州亚运会国家马术集训队。积极备战第十二届全国运动会，精心筹办西藏自治区第十届运动会，重点做好赛事筹备和举办、赛事管理与宣传等工作。举办全区重点业余体校岗位培训班，抓好体育后备人才的培养工作。抓好运动员退役安置工作，解决退役运动员后顾之忧，畅通运动员招收录用、退役安置渠道。积极做好运动员保障工作，及时完成了2009年优秀运动员伤残互助保险、工伤保险的投保工作和2008年度运动员伤残互助保险的赔付工作。在林芝地区举办了第二届全区重点业余体校身体素质对抗赛。西藏自治区体育局、全区5地（1市）体育局（教体局）、自治区体校、体工大队组成的检查评估工作组历时20天，完成了对拉萨市和那曲、山南、日喀则、昌都、林芝地区6所重点业余体校办校水平的检查评估，并召开了研讨会和总结表彰大会。

【登山运动持续发展】登山运动依托西

藏丰富的山峰资源优势，力保全国领先、世界著名的地位，在山峰开发、人才培训、服务安全保障以及科学研究和管理体系建设方面取得了新突破。进一步强化登山管理工作，维护登山正常秩序。自治区登山协会代表团赴美国学习调研高山救援技术，考察登山救援经验，洽谈登山业务，筹备建立西藏高山救援机制和队伍，推动西藏登山事业的发展。庆祝西藏自治区登山学校成立十周年，举行了一系列登山庆典活动，宣传了我区山峰资源和登山成就，提高了登山队员的知名度。

【体育产业较快发展】体育产业坚持以迎难而上、解放思想、更新观念、促进发展为目标，依靠我区优势资源，抢抓机遇，从体育彩票、登山产业和举办马拉松挑战赛入手，努力培育体育消费市场和体育旅游产业。召开西藏自治区首届体育彩票工作会议，全面总结了15年来我区体育彩票销售成果，研究部署了下一阶段工作任务。全年新增体育彩票销售终端机42台，销售体育彩票1.99亿元，比去年同期增长28%，筹集公益金4433万元，上缴税收335万元，基本实现了体育彩票《三年纲要》提出的年增长25%的销售目标。实行登山外联接待常态化管理，严格按照规定程序开展组织接待国外登山团队工作，全年接待国外登山团队85支597人，为山峰所在地服务业和农牧民创收246万元。

【大事记】1月20日至22日　自治区体育局局长德吉卓嘎同志参加了在北京召开的“2009年全国体育局长会议”。

3月15日　参加国际攀岩锦标赛，获得男子组个人和女子组个人第七名。

6月14日　参加全国攀岩冠军赛，获得女子自然岩壁速度赛第二名和第五名。

8月8日　在西藏大学组织举办了拉萨地区“全民健身日”健身操展示和万人健步走活动。该活动受到广大群众的欢迎。

8月8日至10月26日　我区代表团参加第一届全国老年人体育健身大会，获得1个金牌奖、2个银牌奖、9个铜牌奖。

8月15日至22日　在拉萨举办了“2009年西藏自治区篮球锦标赛”。此赛事是我区体育单项比赛的最高赛事。

8月28日　成功举办第四届拉萨国际半程马拉松挑战赛，全国各地1千余名马拉松爱好者体验了高原马拉松赛事，展示了西藏改革开放成果。

8月29日　在拉萨市布达拉宫广场顺利举办第十一届全国运动会西藏自治区拉萨火炬传递活动。

9月3日　参加第十七届全国攀岩锦标赛，获得男子抱石比赛第二名、速度比赛第六名，女子难度比赛第三名、速度比赛第七名。

10月16日至28日　我区代表团参加第十一届全国运动会，并在现代五项、马术、跆拳道等项目中获得2.5枚铜牌、3个第五名、1个第六名、1个第七名、2个第八名，在46个参赛代表团奖牌排名榜列第33位，获得总分70.25分。

11月7日30日　我区代表团赴成都参加第一届全国智力运动会，并获“体育道德风尚奖”。

12月　西藏跆拳道运动员参加第五届东亚运动会，获得1枚金牌、2枚铜牌的好成绩。

【领导名录】

党组副书记、局长：德吉卓嘎

党组成员、副局长：平措江村　赵光华　贾国富　朱　强

副巡视员：索南措姆

民政、劳动和社会保障

自治区民政工作

【年度综述】2009年，自治区民政系统实践科学发展观，紧紧围绕“一个中心、两件大事、三个确保”的指导思想，认真践行“以民为本、为民解困、为民服务”的民政工作理念，充分发挥民政职能作用，团结奋进，艰苦奋斗，各项民政工作取得了显著成绩。

【社会救助政策全面落实，困难群众救助水平有新提高】一是最低生活保障标准提高。城市低保标准提高到310元，农村低保标准提高到1100元，五保供养标准提高到1800元。截止2009年12月底，全区城市低保对象39415人，农村低保对象23万人，农村五保供养对象13959人，城乡医疗救助13613人次，全区约28万多困难群众得到经常性生活救助，约占全区总人口的10%；二是资金投入大幅增加。2009年落实城乡低保资金21039.76万元，医疗救助资金1644.16万元；三是教育救助工作扎实开展，落实190名高校特困学生教育资助资金88万元；四是临时救助工作有效开展。2009年，为26.4万城乡低保对象落实一次性生活补贴13745.14万元，为4745名“3·14”事件受损商户发放生活救助金1130万元，对“3·14”已评残的2名无辜受伤群众发放一次性伤残补助金30万元。

【受灾群众生活得到妥善安排】2009年，全区遭受雪灾、地震、干旱等自然灾害侵袭，受灾人口达557498人，紧急转移安置灾民24924人，农作物受灾面积35127公顷，绝收6254公顷，死亡牲畜近24万头（只、匹），倒塌和损坏房屋10737间。灾害造成直接经济损失30228万元。面对严峻的灾情，各级民政部门加强救灾工作的指导和救助力度，仅自治区下拨冬春和自然灾害救助资金就达到9000多万元；救助受灾群众24.86万人，发放灾民救助卡5.49万张，顺利完成了当雄、仲巴等灾区的灾后重建工作，确保了灾民有住、有吃、有穿，维护了

灾区社会稳定。2009年，安排72个乡村经济发展扶持项目，增加了乡村集体经济收入。进一步加大了救灾物资储备体系建设，完成了三个地区和50个县级救灾物资储备库的可研和初设工作，制定了《西藏自治区应急救灾物资储备管理办法》，全区采购了6000多万元的帐篷、防寒衣被、通信设备等救灾物资。开展了全国首个“防灾减灾月”宣传活动，推进了防灾减灾示范社区创建活动，广大群众的防灾减灾意识日益提高。减灾工作有序开展，达孜县巴嘎雪村社区、工布江达县果林卡社区、乃东县结莎社区被国家减灾委授予“全国综合减灾示范社区”荣誉称号。

【社区基层组织建设得到发展】针对拉萨“3·14”事件中暴露出来的基层组织建设薄弱的问题，2009年，各级民政部门把全面推进城市和谐社区建设作为重点工作来抓；各地市和部分县（市、区）调整配齐了社区建设领导机构，制定了加强社区建设工作的实施意见，“一社区一支部”率达到100%；社区工作者队伍不断扩大，登记注册的社区志愿者达到4.3万人。社区建设史料征集101件，填补了西藏社区建设史料的空白。组织开展了和谐社区建设示范单位的创建工作，拉萨市城关区扎细街道和俄杰塘社区被评为全国和谐社区建设示范街道和社区。加强对农村社区建设实验县的指导督察工作，为农村社区建设总结了经验、摸索了方法。深入开展以村务公开民主管理为主要内容的村民自治工作，对全区72个“难点村”设立了台账，建立了治理工作机制。城市社区服务体系进一步健全，基本公共服务覆盖面进一步拓宽。

【民间组织建设得到明显加强】2009年，全区各级民政部门加大各类社会组织发展培育力度，强化管理和规范。一是有序发展社会组织，自治区新登记注册成立社会组织9家，准予筹备社会组织7家，办理换证变更事项38件;二是加强管理监督，对9家无故不参加年检和18家年检不合格的社会组织给予了通报，对1家不具备存续条件的社会组织给予依法注销；三是在全区开展了规范社会组织中介机构服务和收费行为工作。

【区划地名工作得到有序开展】2009年，根据经济社会发展的实际需要，积极稳妥审核调整了部分地区的行政区划调整事项；地名公共服务工程取得突破性进展，全区各地（市）、县共安装道路标志牌2523个，制作大小门牌、巷牌52279块，80%以上的县完成地名标志设置工作；地名数据库建设进展顺利；完成拉萨市、日喀则市城市地名规划的编制工作。平安边界创建活动有序开展，启动了藏滇、藏新省际平安边界创建工作，完成了藏滇省级界线联检工作。对当雄、那曲、班戈三县交会点进行了裁决，对城关区与堆龙德庆县、墨竹工卡县与桑日县、江孜县与白朗县、萨迦县与拉孜县、林芝县与米林县等5条县界进行了实地认定，全区第二轮第二批县级行政区域界线联合检查任务全面完成。

【优抚群体合法权益得到保障】一是完善了国家、社会、群众“三结合”的优抚机制，落实各类优抚对象优待抚恤金3500余万元，提高了各类优抚对象的生活补助和医疗补助。二是认真落实安置政策，接收安置2008年冬季退役士兵592人，安置率达100%；接收军队退休干部31人。三是积极探索扶持优抚对象创业机制，投资300万元兴办优抚经济实体12个，为226名优抚对象就业创造了条件。四是6个地市级烈士陵园维修改造工程全面完成，对38处烈士陵园的维修改造项目进行了申报。五是以“促团结、促发展、促和谐、保平安”为主题的双拥共建共保活动成效明显，军政军民团结进一步巩固。

【社会福利和社会事务管理服务水平进一步提升】儿童福利院、社会福利院、敬老院、社会服务中心、未成年人保护中心等项目正在实施，“蓝天计划”、“霞光计划”等工程进展顺利。为27000多名80岁以上老年人发放健康补贴1250万元，办理《老年优待证》、《寿星证》16万多本，拉萨市在全区率先出台了老年人持证（卡）免费乘坐公交车的政策。发放《儿童福利证》3263本，录入孤儿信息950人，为5所儿童福利机构的381名孤儿发放节日生活补助费5.7万元。开启了孤残儿童“重生计划”，免费为16名唇腭裂患者实施了矫治手术。广泛开展慈善募捐和慈善行动，慈善事业蓬勃发展。

2009年，全年机构救助和街头救助流浪乞讨人员3200余人次；加强流浪乞讨精神病人、危重病人的救治工作，特别是流浪未成年人的救助保护工作；协助有关部门治理了扰乱公共秩序的有害乞讨行为，为营造庆祝新中国成立60周年庆典良好环境做出了积极努力。

自治区劳动和社会保障工作

【年度综述】2009年，自治区各级人事、劳动保障部门坚决贯彻落实中央和自治区关于保增长、保民生、保稳定的决策部署，在做好机构改革工作的同时，努力扩大城乡就业，完善社会保障体系，推进人事制度改革，加强人才队伍建设，构建和谐劳动关系，事关民生的重点、难点、热点问题得到有效解决，各项工作取得了重大进展。

【就业再就业工作取得新突破】2009年，全区城镇新增就业2万人，完成年初目标任务的105.2%，城镇登记失业率为3.95%，同比下降0.05个百分点。农牧区富余劳动力转移就业80.2万人次，实现劳务收入13.2亿元。一是及时出台措施全力稳定就业。全年共向受国际金融危机和拉萨“3·14”事件影响的商户和行业及其员工，发放社保补贴、岗位补贴和失业救助金4649.19万元，惠及1470家商户和企业、1.07万名员工，稳定就业岗位1.28万个。实现了稳定企业和稳定就业的目标。二是积极促进高校毕业生就业。认真做好公开考录和“三支一扶”人员招募工作。鼓励高校毕业生到基层和中小企业及非公有制企业就业，兑现吸纳高校毕业生就业奖励资金684.8万元。组织开展民营企业招聘周和高校毕业生就业推进行动，提供就业岗位2789个。建立高校毕业生就业见习基地50家，提供就业见习岗位600多个。提高高校毕业生公益性岗位补贴标准，对就业困难的高校毕业生实行公益性岗位兜底安置就业。通过以上措施，使10982名高校毕业生实现了就业，高校毕业生就业率达到84%。三是切实做好农牧民工和就业困难人员就业工作。积极为广大农牧民提供职业培训、职业指导和职业介绍等“一条龙”免费公共就业服务。召开全区优秀农民工表彰大会，50名农民工和20个农民工工作集体分别被授予“西藏自治区优秀农民工”和“西藏自治区农民工先进集体”称号。加强公益性岗位的开发和管理，加大就业援助力度，通过开展就业援助月活动，帮助1631名就业困难人员实现就业。全年全区动态消除104户零就业家庭，做到了出现一户、消除一户、援助一户、稳定一户。四是不断加大职业培训力度。启动了特别职业培训计划，组织开展了“2009年全区创业项目宣传展示及创业培训推进月”专项活动。组织开发《藏香制作》技能培训教材，以市场需求为导向，积极开展民族歌舞、藏式绘画等民族特色技能培训，举办了藏毯编织技能岗位对接式培训、餐饮服务技能订单式培训以及计算机应用等示范性技能培训班。2009年，全区共举办各类培训班340期，共培训2.6万人，其中有1.51万人实现了就业，培训后就业率达58%，逐步实现了培训就业一体化。五是进一步加强公共就业服务。举办了12场招聘会，提供就业岗位1.3万个，为1.7万多名求职者和458家用工单位搭建了双向选择平台。收集、发布1.5万条岗位信息，对3.41万人次进行了职业指导。职业介绍服务3万人次，其中有1.6万人次成功实现就业，职业介绍成功率达53.3%。

【社会保障体系基本建立】新农保试点工作的开展，全区参加社会保险总人数达72.1万人，其中：基本养老保险8.8万人，城镇职工基本医疗保险22万人，城镇居民基本医疗保险13.1万人（另有3.9万名城镇居民参加了农牧区医疗制度，其中在校大中专学生1.8万人），失业保险8.8万人，工伤保险6.9万人，生育保险12.5万人。一是社会保障政策体系更加完善。制定政策，将关闭破产国有企业离退休人员纳入基本医疗保险范围，将企业离退休人员病故后一次性抚恤金纳入基本养老保险统筹范围，确保了企业离退休人员病故后一次性抚恤金的按时足额发放，切实减轻了企业负担。出台办法，将老工伤人员纳入工伤保险统筹管理，保障了老工伤人员的合法权益。同时，积极研究制定城镇集体企业职工参加基本养老保险办法。采取措施，建立社会保险扩面联动机制，进一步扩大社会保险覆盖面。二是新农保试点工作顺利实施。按照国务院和自治区对新农保试点工作的安排部署，认真研究确定我区7个新农保试点县（市、区）名单，及时制定出台了新型农村社会养老保险试点实施方案和试点实施办法，将全区7个县（市、区）的21.95万农牧民纳入新型农村社会养老保险试点范围，直接受惠的农牧区居民近4万人。三是社会保险待遇稳步提高。全年社会保险待遇支出13.4亿元，同比增支19.64%。连续六年调整提高了企业离退休人员基本养老金，特别是对十八军老战士、抗美援朝人员给予了重点倾斜，实行了基本养老金托底政策，将十八军老战士、抗美援朝人员的基本养老金统一调整到2500元以上。通过此次调整，我区企业退休人员养老金水平预计将达到月人均2165元，比全国月人均养老金1320元的水平高出了845元，其中，十八军老战士、抗美援朝人员养老金水平将达到月人均3000元以上。四是社会保障惠民力度进一步加大。通过增加6种门诊特殊病种，将生育费用纳入城镇居民基本医疗保险统筹基金支付范围，提高政府补助标准、统筹基金支付率、最高支付限额等措施，大幅提高了参保居民的基本医疗保险待遇。为西藏民主改革前参加工作的人员发放纪念证书及慰问金290余万元。会同有关部门，向全区6.82万名国有企业退休人员和城市低保人员发放了购物券（卡）或购物现金5457.60万元。积极组织开展跨省安置退休人员的走访慰问活动，共走访慰问退休人员1000余人，发放慰问金50万元。五是社会保险基金收入大幅提高。各项社会保险基金总收入达15.17亿元，同比增收14.5%，社会保险基金征缴率达93%。通过稽核清欠，全区共清理回收历年拖欠的各项社会保险费8531万元。六是社保基金监管工作得到加强。按照人力资源和社会保障部的安排部署，牵头成立了自治区社会保险基金专项治理领导小组，用一年半的时间在全区开展了社会保险基金专项治理工作，通过自查自纠和全面检查，没有发现贪污、截留、挤占、挪用社会保险基金和套取、骗取社会保险基金等问题，进一步规范了社会保险基金征缴拨付流程，基金运行和监管制度逐步完善。与自治区监察厅建立了社会保险基金监督联系制度，定期或不定期向纪检监察部门通报社会保险基金运行和监督情况。通过建立联系制度，进一步提高了社会保险基金运行的透明度，提高了社保基金的使用效率，确保了社保基金安全、完整、平稳运行。

【人事制度改革扎实开展】一是公务员队伍管理进入新阶段。扎实做好行政性表彰奖励、公务员职务任免与职务升降、申诉、培训，新录用公务员任职定级、辞职、辞退等工作。研究制定了公务员考核、调任等办法。认真做好公务员登记和参照审批、年度考核、申诉控告等管理工作。圆满完成了第七届全国“人民满意的公务员”和“人民满意的公务员集体”推荐、评选工作，我区有2名公务员和1个集体获此殊荣。完成了全区第三届劳动模范、先进工作者的评选表彰工作。二是考录工作取得新成效。坚持“凡进必考”，从严治考，加大对公务员录用考试违纪违规行为的处理力度，提高考录工作的公信度。按照公开、公平、择优的原则，精心组织开展了四批从高校毕业生中公开考录基层公务员和事业单位人员工作，顺利完成了中央机关及其直属机构考录公务员公共科目笔试、全国铁路公安机关专职人员过渡考试和全国成品油税费改革税务等部门接收人员考试的西藏考区考务工作。全年共组织3.5万人次参加各类录用考试，录用5850人为我区基层公务员和事业单位工作人员。三是事业单位人事制度改革取得新进展。按照稳慎实施、稳步推进的原则，在与各地市和有关部门进行广泛协商和征求意见的基础上，研究草拟了7个地市事业单位岗位设置管理实施意见和13个事业单位岗位设置管理行业指导意见。四是军转安置工作迈出新步伐。召开全区军队转业干部安置工作会议，对军转安置工作进行周密部署。举办全区军转干部培训班，顺利完成了计划分配军转干部安置工作任务。同时，扎实细致地做好企业军转干部解困维稳工作和自主择业军转干部的管理服务工作。

【人才工作全面推进】一是专业技术人才队伍建设得到加强。建立自治区享受政府特殊津贴专家制度，经自治区人民政府研究，批准15人为自治区首批享受政府特殊津贴专家。建立完善高层次专业技术人才数据库，确认302人的高级专业技术职务任职资格。进一步加强对高评委评审工作的监督指导，认真做好专业技术人员资格考试政策的研究制定和执行工作。全年共培训专业技术人员5000余名。推荐了20名百千万人才工程国家级人选，申报了7个留学人员科技活动择优资助项目，有6个项目被批准受到资助。制定印发了《西藏少数民族专业技术人才特殊培养管理暂行办法》，启动了西藏少数民族专业技术人才特殊培养工作，选派120名学员到内地进行为期1年的特殊培养。执行了3个出国培训团组，出国执行项目45人。完成了4个引进外国专家项目和3个农业引智推广项目。二是技能人才队伍建设进展顺利。加强职业技能鉴定工作队伍建设，扩大职业技能鉴定范围，规范职业技能鉴定业务流程和考务管理。组织开展餐饮和住宿行业职业技能竞赛和技师考评工作试点，推动高技能人才的培养和选拔。在高校大力推行“双证”制度，增强大学生就业技能。举办第二届全区技术能手表彰会，对全区19名技术能手进行了表彰。全年组织7000人参加职业技能鉴定，其中5000人取得了相应的国家职业资格证书。

【领导名录】

自治区组织部副部长、厅党组书记、副厅长：边巴扎西

厅党组副书记、厅长：姚瑞峰

厅党组副书记、巡视员：祁维国

厅党组成员、副厅长：蔡宜田　达娃次仁　卢海元

厅党组成员、副厅长、公务员局局长：皮大中

厅党组成员、纪检组组长：达　瓦

第六篇 地（市）、县（区、市）

拉萨市

拉萨市

【经济平稳增长，总量持续增加】2009年，拉萨市加大国家、自治区扩大内需促进经济增长有关政策措施的贯彻和执行力度，进一步优化结构调整，经济发展的水平和效益逐步提升，较好地实现了“保增长不降速”的经济发展目标，预计实现地区生产总值163亿元（预计数，下同），相当于“九五”时期的总和，与上年相比增长13%；实现财政一般预算收入10亿元，增长25%。

拉萨市纪检监察工作

【年度综述】2009年，市县两级纪检监察机关始终坚持标本兼治、综合治理、惩防并举、注重预防的方针，认真贯彻“突出一条主线、夯实两个基础、抓好五项重点工作”总体思路，认真组织落实党风廉政建设责任制，扎实推进惩治和预防腐败体系建设，党风廉政建设和反腐败工作取得了新的明显成效，为拉萨市改革发展稳定提供了有力保证。

【增强忧患意识，把严明党的政治纪律摆在反腐倡廉建设首要位置】各级纪检监察机关和广大纪检监察干部以高度的政治意识、责任意识和忧患意识，始终坚持把维护党的政治纪律摆在反腐倡廉建设的首要位置。认真贯彻区、市党员领导干部大会精神，认真落实区纪委七届四次全会提出的“十个决不允许”规定，下发《关于严明政治纪律的通知》，加强对广大党员、干部的教育和管理，引导广大党员、干部自觉遵守党的政治纪律，在大是大非面前做到旗帜鲜明、立场坚定、斗争坚决。在“3·14”、“西藏百万农奴解放纪念日”、西藏民主改革50周年、国庆60周年等敏感节点，多次与有关部门一起开展维稳督查，加强对各级党政组织和党员干部维护和执行政治纪律情况的监督检查，进一步维护了党的政治纪律，提高了广大党员和干部职工执行党的政治纪律的自觉性。广大纪检监察干部带头维护和严格执行党的政治纪律，积极投身反分裂斗争第一线，为拉萨市社会局势稳定做出了积极贡献。

【加强监督检查，为中央和区、市党委政府重大决策部署保驾护航】围绕中央和区、市党委、政府关于科学发展的一系列重大决策部署开展了大量监督检查工作。多次组织联合检查组对中央扩大内需新增投资项目实施情况进行监督检查，对项目建设中存在的认识不到位、制度不健全、制度执行不力等问题，及时向有关县（区）和单位通报反馈，要求整改。成立拉萨市工程建设领域突出问题专项治理工作领导小组及办公室，制定实施方案，召开动员会议，多次对2008年以来竣工和在建的项目进行专项检查，目前专项治理工作开局良好，各项工作进展有序。先后对安居工程、廉租房建设、六城同创、环境保护、灾后重建、安全生产等重点工作进行监督检查。在基层党风廉政建设中，把落实党的各项惠民政策和改善民生作为监督重点，组织专门力量开展监督检查，力求使广大农牧民真正感受到党的关怀，确保党的各项惠民政策落实到位。

【完善体制机制，切实加强机关作风和行政效能建设】认真贯彻落实拉萨市加强机关作风和行政效能建设动员大会精神，坚持机关作风建设和行政效能建设同部署、同监督、同促进，初步建立了以内部激励为主、外部监督为辅、内力外力相互作用推动作风效能建设的长效机制。

为全面推动机关作风和行政效能建设，2008年年底市委、市政府专门成立了5个考核组，对拉萨市55个市（中）直单位的作风效能建设情况进行了综合考评，考评结果将在随后的会上进行通报，并对评选出的先进集体进行表彰。

【创新教育载体，积极营造反腐倡廉良好社会氛围】进一步巩固廉政文化“六进”活动成果，积极创新宣传教育载体，不断深化宣传教育内涵，大力营造崇廉倡廉的良好社会风尚。各县（区）、市直各单位和各级纪检监察机关先后以群众喜闻乐见的形式，多次组织举办廉政知识竞赛、廉政文艺晚会、演讲比赛等活动，广泛向社会传播廉政文化。各新闻媒体认真开展“扬正气、促和谐”全国优秀廉政公益广告展播活动，在拉萨电视台开设“廉政之窗”和政风行风热线，在拉萨晚报设立宣传专栏，积极营造了反腐倡廉良好社会氛围。组织纪检监察干部职工参加“红色歌曲·拉萨唱”活动，进一步激发了纪检监察干部的政治热情；精心组织广大干部群众成功举办拉萨市机关作风效能暨廉政文化建设电视知识竞赛和文艺晚会两项活动，在拉萨市产生积极影响，受到自治区和市委、市政府领导的充分肯定。

【依纪依法办案，严厉惩处了一批腐败分子】从拉萨市工作大局出发，以教育挽救干部为出发点，对一些违纪违法案件进行了重点查处，全年共查办各类违纪违法案件75件，转立案17件，给予党纪政纪处分15人，涉及违纪资金1370余万元。

拉萨市委组织工作

【扎实推进县级领导班子和领导干部综合考核工作】2009年，组成6个考察组，对拉萨市8个县（区）、51个市直单位领导班子及成员的现实表现情况进行了综合考核评价，并开展了后备干部集中调整工作，确定了115名正县级后备干部、283名副县级后备干部，完善了拉萨市县级后备干部人才库。同时，监督指导各县（区）、市直各单位认真开展了科级后备干部集中调整、科级领导班子及科级干部考核有关工作。

【认真做好领导班子调整配备工作】根据部分单位职位空缺的实际情况，按照市委的部署，在对干部德、能、勤、绩、廉特别是政治表现进行全面考察的基础上，进一步调整县处级干部95人，其中新提任正县处级13人，新提任副县处级37人，进一步充实了县级领导班子力量。针对“3·14”事件暴露出来基层干部队伍抓稳定能力相对偏弱，不能较好适应新形势、新任务的问题，为进一步改善基层干部队伍结构，培养锻炼优秀年轻干部，经市委同意，从市直单位选调了6名优秀副县级后备干部到城关区6个街道担任党委书记或副书记等职；根据各县基层法院审判力量偏弱，业务素质有待提高的实际，从市中级人民法院选派了5名法律基础扎实、审判经验丰富的同志到县基层法院进行挂职锻炼。

【强化选人用人过程的监督】认真执行《干部任用条例》，通过实行严格的民主测评，有意识地扩大谈话范围，坚持考察预告制、干部任前公示制和干部任用征求纪委及上级有关部门意见制度，委托市审计局对相关领导干部进行经济责任审计，完善信访、接访措施等，进一步扩大了干部选任工作的民主，落实了群众的知情权、参与权、选择权和监督权，提高了选人用人公信度。认真落实深入整治用人上不正之风工作的有关任务，对13起群众来信来访反映的问题进行全面查核。

【进一步扎实推进干部教育培训工作】修改完善了《2009年—2011年拉萨市赴北京、江苏干部培训计划》，并选派了60名干部分赴北京、江苏（各30名）进行“科学发展观”、“社会主义新农村建设”等内容的学习培训；选派了30名国土资源规划系统干部赴江苏开展城市规划管理、土地管理、矿产资源管理、国土执法监察等24个专题内容的培训。完成了中央党校、国家行政学院、中国浦东干部学院以及自治区党校等举办的41个班次的调训任务，共计培训各级各类干部657人，其中：地级干部14人，县级干部140人，科级及以下干部403人，专业技术人员4人。另选派了70名县级干部参加区党校应急处突能力培训。

【进一步加大干部监督力度】坚持关心爱护与严格管理相结合，强化干部监督管理，坚持任前廉政谈话、提醒谈话和诫勉谈话等制度，经常性敲警钟，全年找县级干部谈话200人（次），对干部出现的苗头性、倾向性问题，做到了早发现、早提醒、早纠正、早解决。

【以发挥老干部余热为目的，积极做好离退休老干部管理服务工作】积极推进关心下一代工作。按照市委的安排部署，组织309名老干部担任拉萨市各中小学的校外辅导员，通过现身说法、专题讲座、交心谈心等方式，在拉萨市124所学校74577名青少年学生中开展了思想道德教育，收到了很好的成效

加强退休干部思想道德教育。组织退休干部圆满完成了深入学习实践科学发展观活动各项任务。

【扎实推进政府机构改革，进一步提高机构编制管理服务水平】提前谋划，积极做好政府机构改革前期工作。全区政府机构改革工作会议召开以后，按照市委、市政府的要求，深入贯彻会议精神，牢牢把握拉萨市政府机构改革基本要求和主要任务，积极做好政府机构改革各项前期工作。对招商引资局和乡镇企业管理局职责划分和城市管理职责调整情况等进行了调研，就拉萨市城市管理、文物管理、园林绿化、工业经济管理等方面职能提出了明确和强化部门职责以及重新调整归口的意见和建议；对自治区、拉萨市、城关区三级职能交叉问题有关情况进行了调研，就布达拉宫和罗布林卡等知名旅游景点的管理权限问题、交通运输管理权限问题、环境保护领域管理权限问题、城市建设领域职能交叉重叠问题等十一项问题提出了具体意见，上报自治区机构编制委员会；经过深入调查研究、广泛征求意见、反复修改完善，起草完成了《拉萨市政府机构改革方案》、《拉萨市县（区）政府机构改革的意见》和《拉萨市党委系统机构调整的请示》等文件。

精心安排部署，扎实推进拉萨市政府机构改革工作。根据自治区编办的统一部署和安排，结合拉萨市实际，精心组织召开了拉萨市政府机构改革工作会议，动员部署市、县（区）两级政府机构改革工作。积极组织指导各单位抓紧拟订“三定”规定（草案），并按照“三个严格把握”（严格把握政策界限的原则、严格把握部门职责调整的依据、严格把握格式规范的原则）的要求，对部分单位已上报的“三定”草案进行了认真初审，力求各单位“三定”草案准确、规范、合理。

认真贯彻李源潮同志指示精神，逐步落实机构编制调整事项。

加强沟通协调，扎实做好机构编制申报和审批工作。完成了2008年度事业单位法人年检工作。

拉萨市宣传思想工作

【年度综述】2009年，拉萨市宣传思想工作深入贯彻落实科学发展观，始终坚持“三贴近”原则，始终突出促进发展第一要务，始终突出反对分裂、维护稳定第一责任，着力打牢思想基础，着力唱响主旋律，着力推动先进文化建设，着力加强意识形态领域管理，确保意识形态安全，为市委提出的“一化三保三着力”，为走有中国特色、西藏特点的发展路子提供了强大的思想保证、精神动力、舆论支持和文化条件。

【思想教育工作】扎实开展以“红色歌曲·拉萨唱”主题教育活动。始终把以“红色歌曲·拉萨唱”为主题的群众性爱国主义教育活动作为全年打牢思想政治基础的重要载体，狠抓落实。

扎实推进青少年思想道德教育工作。扎实推进中小学校德育工作、大学生思想政治工作和社会青少年思想道德建设。

深入开展“反对分裂、维护稳定、促进发展”教育活动。以“西藏百万农奴解放纪念日”、西藏民主改革50周年和新中国成立60周年等节庆纪念日为契机，不失时机地加强“反对分裂、维护稳定、促进发展”教育工作。形成了崇尚先进、学习先进、为拉萨市发展稳定大事争做贡献的浓厚氛围。

认真组织开展民族团结教育活动。成立了以区党委常委、市委书记秦宜智任组长，市委副书记、市长多吉次珠等市领导任副组长的拉萨市民族团结宣传教育活动领导小组及办公室。活动于2009年9月启动，到2010年3月基本结束。扎实有效地开展了一系列民族团结主题宣传教育活动。

【扎实推进理论武装工作】全面扎实开展理论学习。一是认真组织安排好市委理论中心组的学习。二是认真指导好拉萨市党员干部的学习。三是加强对党委（党组）中心组学习的督查。

精心做好理论宣传工作。一是编印宣讲提纲开展宣传。二是组织市委讲师团成员、县（区）委宣讲组成员开展宣讲宣传。全年共开展专题理论宣讲120余场次，听众达6万余人次。

大力开展理论研究工作。一是充分发挥党委党校、高等院校理论研究的骨干作用，将市委党校和拉萨师专的部分专家学者作为拉萨市理论研究骨干人才，初步建立了理论研究工作协作网络。二是以纪念西藏民主改革50周年、新中国成立60周年为契机，向拉萨市各单位征集理论文章171篇，组织专门理论骨干人员对所征集的论文进行筛选，共向区党委宣传部理论处推荐优秀理论文章25篇（含两篇藏文理论文章），有2篇文章被评为优秀论文、入选论文。

理论指导实践成效明显。以维护社会稳定为最大责任，以保发展、调结构、促增长、惠民生为最高目标，齐心协办保稳定、一心一意谋发展，经济呈现了良好发展势头，社会局势保持了和谐稳定。2009年上半年，拉萨市实现地区生产总值66.46亿元，同比增长11%。实现财政收入3.45亿元，为年初预算的57.4%，同比增加3670万元，增长11.92%。城镇居民人均可支配收入达到7910.41元，同比增长6.39%。农牧民现金收入达到1451元，同比增长18.5%。市委、市政府为群众承诺办的12件实事扎实推进，社会保障水平进一步提高，劳动者素质逐步提高，社会就业更加充分，较好地实现了市委提出的“一化三保三着力”工作目标。

【精心组织开展好系列宣传，形成了高昂有力的浓厚社会舆论氛围】精心安排组织好庆祝纪念活动宣传工作。把做好新中国成立60周年、西藏平叛和民主改革50周年的宣传工作作为重中之重，及早安排，精心组织，营造了浓厚的社会氛围。让干部群众接受深刻的爱国主义教育。

认真组织好十五个系列主题宣传活动，在拉萨市范围内不断掀起了一个又一个的宣传高潮，为拉萨市经济社会发展营造了高昂有力的舆论氛围。

全面做好藏文版《拉萨晚报》赠阅工作。进一步丰富了群众的精神文化生活，巩固党在基层执政的思想基础。

【深入开展精神文明创建工作，形成了争创全国文明城市的强大合力】深入推进创建全国文明城市工作。一是统一思想认识。二是落实工作责任。三是开展专项整治。四是强化宣传教育。五是认真组织测评。六是加强督导检查。有效推动了创城工作各项任务的落实。

群众性精神文明创建活动深入推进。一是扎实开展“三下乡”和“四进社区”活动。二是深入推进“迎国庆、讲文明、树新风”活动。三是精心组织第七个全国公民道德宣传日活动。四是扎实开展“我们的节日”主题活动。五是精心组织精神文明建设“五个一工程”的创作评选活动。六是认真开展自治区文明单位、文明乡（镇）申报工作。七是切实巩固基层宣传文化阵地建设成果。在拉萨市上下形成了学习先进、崇尚先进、争当先进的良好风尚。

为民办实事工作顺利实施。一是认真做好中央文明办向西部地区赠送电脑的落实工作。二是认真推荐“西部开发助学”工程和高中“宏志班”工程受助学生。三是认真做好“电视进万家”工程的回访工作。经过深入细致的摸底调查，“电视进万家”工程在引导农牧民群众了解国家政策、解放思想、更新观念方面发挥了重要作用。同时，详细掌握了缺电视机的总户数。

【大力加强文化建设与管理，形成了文化事业协调发展的良好格局】一是以“西藏百万农奴解放纪念日”为契机，努力为基层群众办实事、办好事，精心组织实施了直播卫星“户户通”工程。共安装卫星直播设备56193套，有1135户因暂时未通电而无法安装。完成率为98.02%。二是按照“谋长久之策、行固本之举”的要求，积极开展“广播电视进寺庙”试点工作。共为尼木、当雄、曲水三县的44座寺庙安装了609套地面卫星直播设备和37套太阳能蓄电设备，设备总价值142.2万元。目前，所有设备信号接收正常，广大僧尼能够清晰地收听收看到4套广播节目和45套电视节目。三是大力实施农牧区电影放映工程，农牧区电影实现了由传统胶片放映向数字放映的重大转变。拉萨市共完成放映任务8713场次，其中胶片放映2155场次，数字放映6558场次，观众达92.1万人次。四是大力加强乡镇综合文化站建设。新建了5个乡级文化站和1个县级综合文化活动中心，当雄县4个新建乡级文化站和综合文化活动中心正在修建当中。五是大力实施“农家、牧家、社区书屋”工程。共将144个村级文化室建成了农家、牧家书屋和11个社区书屋。六是大力加强文化信息资源共享工程建设。新建了林周、墨竹工卡和曲水县3个文化信息资源共享工程县级支中心和9个基层服务点。拉萨市文化信息资源共享工程已建成县级支中心点4个、基层服务点15个。七是积极开展公益性文艺演出活动。开展了“百万农奴解放纪念日”、“四进社区”、“军民双拥共建共保”、“红色歌曲·拉萨唱”、“激情广场”、“雪顿节”、“西藏和平解放50周年”、“新中国成立60周年”等一系列丰富多彩的文化文艺活动，演出46场次，观众达91100人次。

依法加强文化市场管理，严密防范敌对势力的思想渗透，净化文化市场。

认真做好非物质文化遗产申报工作。建立了拉萨市非物质文化遗产保护名录体系。申报自治区级第三批非物质文化遗产代表作26个，19个获得申报成功，位列全区第一。目前，拉萨市共有非物质文化遗产国家级代表作6大类16项，自治区级代表作8大类44项，拉萨市级代表作7大类23项。

扎实做好文物保护单位申报工作。2009年，新公布了5处第二批市级重点文物保护单位和16处县级重点文物保护单位，拉萨市现有全国重点文物保护单位8处，自治区级文物保护单位29处，市、县级文物保护单位48处。八廓街从全国200多个街区中脱颖而出，被评为中国首届“十大历史文化名街”。

【切实加强对外宣传工作】加强外宣工作领导。形成了合力做好对外宣传工作的良好格局。加强新旧对比宣传。深刻揭露达赖集团统治下旧西藏的无比黑暗残酷，大力宣传社会主义新西藏、新拉萨发生的翻天覆地变化。

加强外宣阵地建设。在拉萨市原有89个外宣采访点的基础上，经过实地考察、层层筛选，调整充实了9个外宣点。

网络宣传管理。有效引导网上舆论，为拉萨市经济社会又好又快发展提出了宝贵意见，营造了良好氛围。加强了对拉萨市现有的4家新闻网站（页）和6家门户网站的监管，及时封堵和删除有害信息，净化了网络舆论环境。

认真做好“请进来”接访工作。社会各方面积极参与的境外记者采访接待服务机制，全年共成功接待境外记者26批216人次。

扎实开展新闻发布工作。及时召开新闻发布会6次，较好地发挥了新闻发布会的对外宣传作用。

拉萨市委政法工作

【积极预防，妥善处置因人民内部矛盾引发的群体性事件】市委政法委、综治办在处置矛盾纠纷工作中，充分调动各县（区）、各单位等各方面力量，在认真排查的基础上，责任到人，层层化解，做到小事不出村，大事不出乡，矛盾不上交，有效地把各类矛盾纠纷化解在了基层。

【进一步完善社会治安防控体系，强化社会面防范控制能力】充分发挥公安机关在综合治理工作中的主力军作用，加强社会治安防控体系的建设。建立以“110”巡警、特警巡逻为龙头，交警、治安警、武警、治保、联防为一体的多功能、全方位、多时段的社会治安管理模式，形成严管态势，遏制各类违法犯罪活动的发生。公安民警、特警积极开展机动、徒步交叉巡逻等多种方式，加大对案件多发区域、部位和重点路段的防范力度，提高发现和打击现行违法犯罪活动的能力，有效地打击了街面现行犯罪活动，有力地维护了社会面的平稳正常。驻拉萨市党政机关、企事业单位按照要求，及时成立“三护队”，认真开展工作，确保了单位内部良好的社会治安秩序。

【认真开展铁路护路联防工作，确保铁路的绝对安全】2009年，张庆黎、王宾宜、公保扎西、秦宜智、多吉次珠、杨万福、刘江等区、市领导多次前往青藏铁路拉萨段，检查指导铁路护路联防工作，亲切看望慰问广大护路工作人员，并送去慰问品。充分体现了区、市党委、政府对护路工作的高度重视和对护路工作人员的关心，对广大护路工作人员起到了极大的激励作用，极大的提高了他们的工作积极性。拉萨市铁路护路联防工作领导小组紧紧围绕铁路护路联防工作方针，多次召开两县护路分管领导和护路办负责人会议，安排部署护路联防各项工作，并加强督促检查，确保了任务明确、措施到位、责任到人；确保了青藏铁路拉萨段的安全。

【加强流动人口服务管理工作】2009年，市流管办切实加强流动人口和出租房屋服务管理工作调研，加强流动人口和出租房屋清理排查和管理工作，加强流动人口服务工作，使拉萨市的流动人口服务和管理试点工作稳步推进，得到了自治区党委、政府的充分肯定。

【深入开展平安创建工作】为使平安创建工作有新举措、新突破，不断扩大平安创建覆盖面，拉萨市各级党委、政府把平安建设作为一把手工程，列入到重要议事日程中，努力把创建平安工作做得深而深，细而细，实而实。根据2009年西藏自治区社会治安综合治理目标管理责任书的要求，不断深化平安创建工作，按照拉萨市平安创建各项标准，开展平安创建自查自评和自荐申报工作，通过深入、细致的验收和评选活动，经过反复筛选，评选出58个单位为拉萨市市级“平安单位”荣誉称号。9月16日，拉萨市举行了“平安县区、机关、企事业单位、学校、乡镇（村、社区）、寺庙”授牌仪式，取得了良好效果。

中共拉萨市直机关工委

【深入开展机关作风和行政效能建设活动】市直机关工委制定了《市直工委关

于2009年进一步加强机关作风和行政效能建设工作的实施方案》，认真落实市直机关作风和行政效能建设目标任务要点，重点抓了思想政治建设、领导班子及干部队伍建设、党风廉政建设、落实市委“三项要求”和机关行政效能建设。同时，根据市委的要求，大力开展了廉政文化进机关活动，不断提高了党员干部的思想道德水平和拒腐防变的能力，不断推进了机关作风和行政效能建设。

【开展领导干部作风建设年活动】制定了《市直工委开展领导干部作风建设年活动的实施方案》，从5月—9月，分周密部署、深入学习，查找问题、边整边改，建章立制、总结提高三个阶段进行，已基本结束并达到预期效果。

【深入开展民族团结宣传教育活动】2009年9月—2010年3月，制定了《市直工委深入开展民族团结宣传教育活动实施方案》，按照动员部署、深入推进、自查总结三个阶段的要求，目前，正在紧张有序地开展民族团结宣传教育活动。9月，制定了《市直工委开展2009年民族团结进步宣传月集中宣传日活动方案》，在宇拓路集中开展了民族团结进步教育宣传活动。

【积极参与和承担拉萨市重大活动】按照市委、市政府的统一部署，市直机关工委2次组织市直机关党员干部职工1000人参加“升国旗、唱国歌”仪式；组织市直机关党员干部200人参加清明节扫墓活动；组织市直机关党员干部职工500人（次）参加先进事迹报告会、观看大型文艺演出活动；组织市直机关党员干部职工700人参加“2009年中国拉萨雪顿节开幕式”活动；3次组织市直机关党员干部职工1740人（次）参加中央电视台《激情广场栏目》“爱国歌曲大家唱”西藏·拉萨篇活动等。

中共拉萨市委党校

【狠抓教学中心工作，培训职能进一步优化】突出教学这个中心，创新办学格局，拓展培训领域。截止目前，共培训、轮训各级干部群众13987人次。一是加强校内培训，目前已经举办各类培训班18期，共培训轮训干部1009人。二是重心下移，深入基层培训村（居）两委班子及群众1988人次。三是选派了骨干教师到市直各机关、学校、乡镇等单位开展法治宣传和科学发展观教育活动宣讲75场次，培训10980人次。四是深挖潜力，发挥优势，开展法律咨询服务。2009年，根据市委的批复，市党校成立法律义务咨询工作室。共咨询案件五例。五是用好区位优势。组织两年制大专班学员、第八期党政机关文秘干部培训学员和党校教职工150名到自治区党校听取了自治区领导的报告3次。六是较好的完成了函授的教学工作。目前，2006级行政管理和法律2个专业的111名学员已于6月完成本学期的考试和毕业论文答辩工作。

【狠抓科研这个基础，服务能力有新的提升】坚持实施“科研强校”战略不动摇，明确科研必须为教学服务、必须为拉萨市委、市政府决策服务的价值取向，继续加强科研改革创新力度。一是调整科研思路。《条例》颁布实施后，把科研工作的重点向基层乡镇调整，将原来“教学出题目”调整为“基层出题目”，增强了科研服务基层的力度；二是规范科研管理。围绕市委市政府的中心工作，制定了新的科研管理办法并认真组织实施，科研管理水平明显上升；三是理论文章数量和质量不断提高。2009年共发表理论文章17篇；四是积极开展课题研究工作。和谐社区调研课题的调研报告已完成。拉萨市社会事业发展研究课题也在有条不紊地向前推进；五是认真组织了西藏民主改革50周年和我国建国60周年理论研讨征文，选报文章13篇，其中有4篇入选纪念中华人民共和国成立60周年学术研讨会；六是做好书刊编印工作。出版了2期《拉萨社会科学》，编印《理研信息》9期，《教学资料摘编》22期。

【狠抓硬件建设，基本建设有序推进】一是完成了教学综合教学楼项目建设的各项前期准备工作，主要包括地基地址勘探、工程图纸和施工单位的招投标、办公室搬迁、施工场地“三通一平”等工作。教学综合楼工程项目已于9月正式开工建设。二是加强监管。为把工程做成阳光工程、精品工程，市党校专门成立了党校基础建设工程质量监管组、财务管理组和基建工程管理组，分别负责工程质量、工程资金、工程管理的各项具体工作。在基建合同的签订中，自觉进行法律咨询，积极邀请法律专业教师参与合同的审改，为确保工程项目的质量创造了条件。

拉萨市人大工作

【年度综述】2009年，拉萨市人大常委会认真履行宪法和法律赋予的职责，坚持党的领导、人民当家作主和依法治国的有机统一，解放思想，与时俱进，扎实工作，开拓创新，积极推进社会主义民主法治建设，促进科学发展和社会和谐，维护社会局势稳定，各项工作取得了新的进展，为加快拉萨市经济建设、政治建设、文化建设、社会建设及生态文明建设步伐，建设小康、平安、和谐、生态拉萨做出了积极贡献。

【稳步推进立法工作 不断提高立法质量】全年共审议地方性法规案3件，其中，新制定2件，修改1件。同时审查备案政府规章6件。

常委会审议通过了《拉萨市地名管理条例》；常委会新制定了《拉萨市人大常委会组成人员守则》；《拉萨市城市规划条例》已不适宜当前经济社会发展需要，该《条例》修订名为《拉萨市城乡规划条例》，目前已经拉萨市九届人大常委会第十三次会议一审，将于年底前二审通过。常委会对《拉萨市城市地下管线管理暂行办法》、《拉萨市古树名木保护办法》、《拉萨市矿产资源勘查开发利用年检办法》、《拉萨市市区门前三包责任制规定》4件政府规章进行了备案审查。

对《中华人民共和国残疾人权益保障法（修订草案）》、《中华人民共和国国家赔偿法（修正案）》、《中华人民共和国人民武装警察法（草案）》、《中华人民共和国国防动员法（草案）》、《中华人民共和国防震减灾法（修订草案）》、《西藏自治区实施〈中华人民共和国各级人民代表大会常务委员会监督法〉办法（修订草案）》、《中华人民共和国社会救助法（草案）》、《西藏自治区就业促进条例（草案）》、《西藏自治区职工代表大会条例（草案）》、《西藏自治区文化市场管理条例（修订草案）》等10部法律法规草案开展征求意见或立法调研工作，及时上报了修改建议意见。各专门委员会还配合自治区人大有关专门委员会开展了相关法规的立法调研。

【不断加大监督力度，切实增强监督实效】一年来，常委会紧紧围绕拉萨市工作大局，不断加大监督力度，先后对7部法律法规（决议）进行执法检查，听取了16个专项工作报告，有力地促进了“一府两院”依法行政、公政司法，保证了法律法规的贯彻实施，维护了人民群众的根本利益。

【依法行使任免权，为科学发展和社会和谐提供组织保障】2009年市人大常委会共任免国家机关工作人员46人，其中免职18人，任命28人。在干部任免中，常委会坚持党管干部的原则和严格审查制度，依照法律规定行使人事任免权，既体现人民群众的意愿，又贯彻党委的意图，加强监督，促使被任命人员严格依法办事。

【密切联系代表，充分发挥代表作用】加大代表培训力度，不断提高人大代表的履职能力。4月份，常委会举办了九届人大新任代表培训班，对73名市人大代表进行培训。

积极创造有利条件，不断扩大代表的知政、知情渠道。帮助他们及时了解拉萨市政治经济和社会发展的重大事项。

认真组织视察和学习考察活动，不断开阔代表视野，工作热情。通过视察，使各位代表既看到县（区）间发展的差距和自身的不足，同时又认识到了作为一名人大代表对当地经济发展、社会稳定具有不可推卸的责任。

认真办理代表议案和建议、批评、意见。市人大九届二次会议代表共提出议案7件，建议、批评和意见206件。目前这些议案和批评、建议、意见全部在规定期限内办复，办复率达100%。

认真办理人民群众来信来访，妥善处理群众反映突出的问题。常委会共收到并转交有关部门妥善处理的群众来信来访60件，126余人（次）。对重点信访件，常委会领导亲自过问，加强督办，积极为群众排忧解难，努力化解社会矛盾。

拉萨市人民政府办公厅

【年度综述】2009年以来，市政府办公厅围绕把办公厅打造成“开拓创新、精明强干、勤政务实的第一阵营，节奏明快、协调有力、政令畅通的第一通道，诚信开明、廉洁高效、为民服务的第一窗口”的目标，进一步从各方面加强办公厅机关作风和行政效能建设，努力提升办公厅“三服务”水平。

【把握要求、强化监督，有力有序全面推进政务公开】严格按照《中华人民共和国政府信息公开条例》和《国务院办公厅关于施行政府信息公开条例若干问题的意见》相关要求，推进、指导和监督拉萨市政务信息公开工作。

【落实制度管人管事，规章制度建设有效推进】2009年形成了《市政府办公厅机关作风和效能建设评分细则》、《保密工作制度》、《干部职工休假路费包干规定》、《拉萨市委、市政府接待管理办法》和《驻外办事机构管理办法》、《计算机信息系统安全保密管理办法》、《接待工作规则》、《接待经费管理办法》、《车辆和驾驶员管理办法》、《食堂管理规定》等规章制度，并编辑成册印发至各科室，使办公厅工作有章可循、照章办事、规范运行。

【秘书长班子服务大局意识明显提高，参谋助手作用发挥有力】一年来，秘书长班子成员认真贯彻落实市委、市政府年初各项工作部署，按照“一化三保三着力”的要求，紧紧围绕发展稳定大局，多次深入到县、乡、村以及街道办事处、社区，就做好经济工作、维稳工作深入开展调查研究90余人次，掌握了大量丰富的第一手资料，并撰写了有情况、有分析、有对策的高质量的调研报告和情况反映60余份，为市政府领导科学决策提供了第一手材料。

【督查督办加大力度，重点工作得到有效推进】一是认真及时办理全国、区、市三级人大代表建议、政协委员提案。全年完成全国、自治区建议、提案16件，并上报自治区人民政府督查室，办结人大建议208件，政协提案132件。二是围绕中心，突出重点，切实提高工作效率。已经编发《督查专报》66期、《督查通报》5期、《督查简报》9期和32项督查通知，形成《领导批示》37期、《政务督查》9期。三是服务大局，狠抓落实，较好地完成了各项督查任务。先后完成了创园工作搬迁单位的协调、灾后重建项目、中央扩大内需促进经济增长新增投资项目落实和关系人民群众切身利益的12件实事的进展情况等督查工作以及区、市领导的批示、指示等相关工作。

【办文办会质量明显提高，精简办文办会效果显著】按照高效节俭办会的要求，2009年共组织召开各类会议162次，比上年减少20%，其中全体会议1次，市政府常务会议13次，市长办公会议19次，专题会议129次。每次会议研究的议题都严格按照年初制定的议题计划按程序上会。按照少发文、发好文的要求，处理各种公文近3000件。

【文稿质量明显提升，以文辅政能力得到增强】紧跟工作节拍，领会领导要求，不断提高文字材料撰写质量。2009年完成了政府工作报告、经济工作会议、向中央赴藏调研组汇报、“十二五”规划产业发展调研课题、各类专题会议、应急管理、深入学习实践科学发展观活动、工作总结、作风效能建设、党风廉政建设等方面文字材料1200余份、320多万字。

【网站内容不断丰富，电子政务建设有

力推进】全年配合政府工作需要，适时开辟“六城同创”、“红色歌曲·拉萨唱群众性爱国主义教育活动”、“西藏百万农奴解放纪念日”等各类宣传、调查类专栏8个，办理和移交市长信箱来信、网上投诉、网上咨询等600余件。网站访问量不断攀升，网站IP访问量突破810万人次。

【信息工作水平不断跃升，继续名列全区第一】紧紧围绕市委、市政府中心工作和领导决策需要，全面深挖有特色、有价值的信息。重点加强了灾后重建、重大突发事件、重大安全事件、重大灾情、重大疫情等动态信息编报工作。截至11月份，共收集、整理、编辑、上报《政务信息综合》、《政务信息专报》893期、3886条，《政务信息特报》435期、1316条，《内部情况通报》37期，被自治区政府信息处采用636条，累计得分1272分，提前、超额完成达标分（300分），继续名列全区第一。

【信访工作力度不断加大，政府公信力不断增强】一年来，本着关注民生、为民服务、以人为本、事要解决的接访思想，热情接待来访群众，妥善处理信访事件，使拉萨市信访工作出现“两降一无”（信访总量下降，越级访下降，无群体性事件发生）的良好局面。截至目前，共接待群众来信来访265批、1126人次，同比分别降低25.03%和40.71%。已办结来访244件，办结率达到92.07%，其他21件都已转交相关部门进行解决。

【窗口作用发挥明显，接待服务把握有度】进一步改善了接待条件，提高了接待队伍的整体素质和服务工作水平。在接待工作中，严格按照有关接待标准，规范接待，做到了既不铺张浪费，又不失品位和民族特色。一年来，共接待区内外团队100余批次，安排各类宴会400余次，约5000余人次。

拉萨市总工会

【扩大工会工作覆盖面，增强工会组织凝聚力】2009年，市总工会把组建任务重点放在非公有制企业、农民工和出租车行业上，采取多种方式方法，积极探索进城务工人员、农民工、出租车司机入会的方式与途径，同时进一步加大街道、社区的建会力度。经过努力，2009年在拉萨市新建工会组织14个，新发展会员3228人（其中农民工会员2305人），进一步巩固和扩大了党的阶级基础。在做好建会工作的同时抓好改制企业工会组织的整顿、重建和巩固工作，坚决制止非法合并、撤消工会的现象。在活动开展、经费划拨、干部培训等方面向基层工会倾斜，为基层工会提供了更多帮助。

【完善维权机制建设，发展和谐劳动关系】进一步完善利益协调机制、诉求表达机制、矛盾调处机制、权益保障机制，努力加大源头参与力度。坚持“维护职工合法权益，促进企业和谐发展”的科学维权观，进一步完善劳动关系三方协商机制，积极推动八县（区）建立劳动关系三方协商机制，推动27个改制企业建立了劳动争议调解机制；6月初，调整充实了拉萨市厂务公开领导小组，在拉萨市深入开展厂务公开工作，不断推进企业民主政治建设；6月中旬在拉萨市企业中开展了“共同约定行动”活动，发出倡议书，组织企业与职工签订约定书，深入推进创建劳动关系和谐企业，积极推动企业承担社会责任，促使企业尽最大努力做到不裁员、不降薪、不克扣和拖欠职工工资，号召企业职工与企业同舟共济、共克时艰，共同面对“3·14”事件和全球金融危机给拉萨市企业发展带来的困难；按照《劳动法》、《劳动合同法》要求，继续在拉萨市建立工会组织的各类企业中推行了平等协商签订集体合同制度，帮助、指导职工与用人单位、企业依法签订和履行劳动合同，在劳动关系的起点上维护好职工的劳动经济权益；从4月至6月，继续在20家企业的5000多名职工中深入开展了“安康杯”竞赛活动，进一步建立健全了工会劳动保护监督检查体系，开展了多种形式的群众性劳动安全检查活动，督促企业落实安全生产责任制，改善职工的劳动安全卫生条件；2009年以来，各级工会积极组织举办了拉萨市“安全伴我行”演讲比赛，开展了“安全生产月”宣传一条街咨询日活动，开展了国际禁毒日、军民共建共保和“北京——拉萨‘我和你’，科普展”等一系列法制宣传教育活动，进一步弘扬了安全文化，传播了法律知识，提高了职工群众的法制意识；同时深入开展法律进企业活动，制定了法律进机关、进企业工作考核办法，持在农民工当中开展法制知识培训工作，投入资金7万余元，印发各类法制宣传资料6万余份（册），受教育职工（包括农民工）近2万人（次）；认真做好职工来信来访接待和“12351”职工维权热线电话接听工作，共受理职工来信来访1件，结案1件，结案率达100%；进一步做好职工疗养工作，修订并完善了工会干部职工疗养制度；进一步重视并加强了对退休干部职工的管理工作，制订工作措施。加大了对退休干部职工的关心力度，国庆前夕工会。领导走访慰问了工会退休干部职工并送去了慰问金，切实为他们解决了一些实际困难。通过维权机制的进一步完善，推动拉萨市更多的企业达到了劳动和谐企业标准，并按照标准进行考核，9月底在拉百举行了拉萨市第一批（10个）创建和谐劳动关系模范企业表彰挂牌仪式，有力推动了拉萨市创建活动的深入开展，促进了企业和社会更加和谐。

【以职工为本，坚持为职工做好事、办实事、解难事】2009年“三大节日”期间，各级工会共为1332户困难职工送去慰问金102.8万元，其中市总工会慰问202户，送出慰问金16.16万元。2月和5月先后慰问了驻仓姑寺等工作组干部和县（区）部分维稳工作人员及工会干部，为每位干部送去慰问金和慰问品，带去了党和政府及工会组织的关怀。困难职工帮扶中心先后开展了医疗和助学救助金发放活动，为拉萨市223户因病致困的职工发放大（重）病和生活救助金28.4万元，为228户子女上学困难的企事业单位职工和农牧民家庭申报“金秋助学”金30多万元。认真开展了“全国助残日”宣传、咨询、服务一条街活动，积极给予贫困残疾人以扶助，切实帮助拉萨市残疾人解决一些实际问题。“七·一”前夕，会机关党员干部向拉鲁居委会曲珍孤儿院捐款捐物共计 3050 元。9月中旬，积极参加了送医送药送法律进企业活动，为城关区环卫局工人提供服务达 3000 多人（次）。国庆前夕对拉萨市 30 名劳模进行了慰问，并发放“劳模三金”等费用 93，000 多元。深入实施送温暖工程，认真做好、做实“农民工有困难、要维权找工会”和“千万农民工援助行动”工作，对70名农民工进行技能和创业培训，投入培训资金 12 万元，对1500名农民工进行生活、医疗救助，投入资金16万元，切实帮助解决了农民工在就业、创业、培训、维权和生活等方面的突出困难。进一步加强困难职工帮扶中心建设，全力做好拉萨市帮扶对象信息录入和建档工作。市总工会财务上已对墨竹工卡、林周、尼木、堆龙德庆四县总工会分别下达批复，将原自治区总工会下拨的“职工之家”建设资金以及市总工会配套资金共计55万元分别拨付给四县总工会，并对四县总工会提出明确要求：专款专用，不得挪作它用，确保“职工之家”建设取得成效。10月中旬，自治区首个“职工之家”活动室暨困难职工帮扶中心在墨竹工卡县揭牌成立，在全区树立了典范。

拉萨市妇联工作

【年度综述】2009 年，拉萨市各级妇联组织紧紧围绕市委、市政府中心工作，突出重点、开拓创新，扎实做好组织妇女、引导妇女、服务妇女和维护妇女儿童合法权益的各项工作，带领广大妇女在经济发展和社会稳定中争先创优、建功立业，推动拉萨市妇女儿童事业实现了新跨越、妇联工作取得了新成绩。

【积极开展流动妇女思想政治教育工作。成立“流动妇女儿童之家”】2009 年，通过市妇联积极争取，自治区妇联协调安利（中国）日用品公司投资 14 万元，在城关区嘎玛贡桑居委会建立了全区首家“流动妇女儿童之家”，将图书室、娱乐室、电脑室融为一体，为流动妇女儿童提供了学习国家方针政策、了解法律法规、技能培训的综合性活动场所。同时，也为党和政府了解流动妇女儿童的心声和诉求，更好地服务流动妇女儿童，促进社会和谐稳定提供了更为便捷的平台。

举办法律知识讲座。进一步提高了流动妇女的法律知识、家教意识和维权意识。通过艾滋病预防专家讲座，进一步提高了社区妇女对预防和控制艾滋病知识的知晓率、普及率、参与率和覆盖率。市妇联共受理来信来访案件 18 件，调解率达 98%以上。认真开展寺庙爱国主义教育活动。把对尼姑进行思想教育与为她们解决实际问题结合起来，为她们送去了价值近 1 万元的生活用品，进一步做好了得人心、暖人心、稳人心的工作。

【认真开展“五好文明家庭”创建工作】切实落实好“八个八”、“八个一百”指标，市妇联评选并向市文明办推荐了 11 个“巾帼文明岗”、30 户“五好文明家庭”。

【积极参与、支持市委、市政府各类工作组工作】在单位工作人员少、工作任务重的情况下，“3.14”以来，抽调三名工作人员长期在维护稳定工作第一线：一位副主席抽在市委干部考察组和科学发展观领导小组中，另一位副主席连续两个月抽在墨竹工卡县加玛乡维护社会局势稳定“6.20”冲突处置工作组中，取得了阶段性的成效，得到了市委、市政府的充分肯定。

【组织召开县（区）妇联主席工作座谈会】市妇联组织八县（区）妇联主席和妇儿工委办公室主任召开了工作座谈会，认真总结了妇联和妇儿工委开展的主要工作，提出了存在的不足，详细安排部署了下一步工作，同时八县（区）妇联交流了开展的特色工作。为圆满完成目标责任制各项指标任务打下了基础。

【积极争取各类项目】争取“大地之爱·母亲水窖”项目。总投资 25 万元（国家投资 21 万，地方政府配套 4 万）的尼木县帕古乡赛组母亲水窖项目 2008 年 10 月竣工，解决了当地 14 户，87 人，1178 只（头、匹）牲畜的饮水问题；去年争取 66.4 万元在当雄县和达孜县投资的母亲水窖项目，2009 年已经通过验收，解决了 283 户，1328 人，32533 头（只、匹）牲畜的饮水问题，改善了当地群众的生产生活条件；总投资 28.5 万元（国家投资 23 万，劳务及地方配套 5.5 万）的墨竹扎雪乡格老窝村“大地之爱·母亲水窖”项目，9 月份已经下达第一批资金 18 万元。项目建成后，将解决 32 户，495 人，1500 头（只、匹）牲畜的饮水困难。

争取春蕾女童项目。为拉萨市二高蓝天春蕾高中女童班 80 名品学兼优但家庭贫困的女童，积极争取中国儿童基金会《中国人民解放军空军捐助春蕾计划项目》最后一年资助款 6.4 万元，其中，62 名女童于 2009 年考上了大学。2009 年又争取了 16 万元春蕾女童资助项目，解决了拉萨市二高 40 名贫困家庭女童的学费。

筹建“农家书屋”。在区妇联和自治区新闻出版局的大力支持下，投资价值 4 万元的有关党的方针政策、卫生常识、医疗保健、种植、养殖等 800 多种、3000 多册图书，在达孜县塔杰乡建立了拉萨市首个妇联争取的“农家书屋”，为当地农牧民群众学习科学文化知识，掌握更多的实用技术创造了条件。

争取“母亲健康快车”项目。为加快农牧区妇女儿童卫生条件，进一步提高她们的健康水平，2005 年争取了 2 辆“母亲健康快车”，分配给尼木和当雄县。2009 年争取 3 辆（价值 60 万元）特地为西藏定制的高底盘“母亲健康快车”，分配给达孜、曲水和林周县。该项目将按照“送健康理念、送健康知识、送健康服务”的宗旨，配合各县政府有效开展降低孕产妇死亡率、婴儿死亡率和消除破伤风项目，积极推动妇女儿童发展规划的实施。

积极承办“新农村少儿舞蹈美育工程教师培训”。5 月份，市妇联组织 40 位小学和幼儿园的舞蹈美育教师参加了为期 5 天的舞蹈培训班，传授了实用性强、感染力强、容易掌握的 12 个幼儿和少儿舞蹈。此次培训，符合农村少儿的心理、生理和生活特点，音乐优美、动作简练、容易掌握，得到了学员的欢迎。同时将进一步丰富农村学生的精神文化生活。

共青团拉萨市委员会

【大力开展志愿者服务工作，弘扬志愿者精神】日常志愿，为“创城”服务。迎接藏历新年志愿服务活动 2月14日、15日，团市委志愿者协会组织来自社会各界的58名志愿者在北京中路、布宫广场、火车站、客运站等处，通过发放安全出行宣传资料、文明劝导等方式，开展迎接藏历新年“安全出行、共创和谐”活动，大力弘扬“奉献、友爱、互助、进步”的志愿精神。

“六城同创”志愿活动 结合拉萨市“六城同创”和加强社区建设指导意见，6月5日，团市委联合城关区团委、阜康医院、城关区消防大队，在城关区扎细居委会住宅小区开展了“消防、卫生、服务进社区”志愿活动。7月23日，志愿者协会协调西藏民族学院社会实践团队和武警拉萨支队近80人，在夺底路清理被垃圾堵塞的臭水沟，共清理垃圾、淤泥两大车，约4吨重。为“创城”贡献力量。

雪顿志愿，为大型节日服务。为了让更多市民了解雪顿节、参与雪顿节。5月31日，团市委、市志愿者协会组织志愿者在北京东路向市民发放了“办好雪顿节、您来出高招” 调查问卷。加上之前向学校、医院、商场、发放的问卷，本次活动共计发放问卷1090份。

根据雪顿组委会各活动组现实的志愿服务需求，雪顿节期间拉萨市志愿者协会共组织 175 名志愿者为雪顿节进行为期7天的志愿服务活动。

社会实践，突出实践内容。“保护母亲河、携手共建绿色拉萨”活动，3月20日团市委青年志愿者协会组织多家“青年文明号”单位和志愿者共 200 余人，赴堆龙德庆县古荣乡共青林参加义务植树活动，共补栽、新栽树苗 400 余棵。

“防灾减灾日”宣传活动 为进一步唤起社会各界对防灾减灾工作的高度关注，增强全社会防灾减灾意识，普及推广全民防灾减灾知识和避灾自救技能，提高各级综合减灾能力，5月12日，团市委组织了20余名志愿者在宇拓路开展了“防灾减灾日”宣传活动。

【积极开展青年服务和就业创业工作】就业创业工作。团系统与拉萨市劳动和社会保障系统完成了 1050 名青年农牧民、应届毕业生、两后生进行以职业指导为主要内容的引导性培训任务。与此同时，为做好青年就业技能培训，市团委结合拉萨市情，完成了三期培训工作。出资30000元，组织安排30名青年农牧民参加了为期 20 天的酒店服务专业培训，20 名学员实现就业，未就业人员有望在明年四月实现就业。联合拉萨市金盾保安公司共招募33名青年农牧民。在进行了为期45天的保安培后学员已实现全部就业。团市委下拨经费 10000 元，委托曲水县团委完成了对当地 6 名青年农牧民的皮革制品制作培训。

青年见习基地。2009 年，确定西藏阜康医药发展有限公司、西藏聚英有限公司、西藏藏缘青稞酒业3家企业为“青年就业创业见习基地”，完成了团区委所建立 9 个见习基地的岗位对接任务。向见习基地输送了113名青年见习人员，为见习生建立了个人档案。通过培训，已有4人实现就业。

苗圃计划。团市委去年推荐的堆龙德庆县“苗圃计划”培训工作已于 2009 年 8 月底开始进行。“苗圃计划”在 8 月中旬进行了招生考试，并对报名青年进行了文化和专业测试。本次招募的 20 名青年现在正在接受培训。另外，已做好第二批“苗圃计划”推荐工作。

【召开了拉萨市第十批“青年文明号”单位表彰大会】城关区消防二中队、城关区检察院、西郊邮政支局、尼木县国税局、阜康医院收费室、达孜人民法院六家单位被评为第十批“青年文明号”单位。

2009年，通过前期准备、公布信息、拉萨市推荐、酝酿候选、正式评选、社会公示六个阶段评选产生了王斌等10名拉萨市第二届“十大优秀青年”。

【以共青团拉萨市委员会成立50周年为起点，进一步提升拉萨市共青团工作新局面】2009年9月24日是共青团拉萨市委员会成立50周年纪念日，为隆重纪念这一特殊日子，团市委于 10 月 16 日在民族文化艺术宫举行了庆祝“共青团拉萨市委员会成立50周年暨拉萨市十大优秀青年颁奖”文艺晚会。共有来自各族各界的 700 余名青年代表观看了演出。活动充分展现了拉萨市共青团工作的风貌，展示了拉萨市各族各界青年的风采，也激励各行各业青年为拉萨经济社会又好又快发展而再创辉煌。

拉萨市工商联工作

【认真开展非公企业党建工作调研】积极组织非公企业党建工作调研组，对非公企业党组织建设及党员发展情况进行了调研，初步掌握了拉萨市非公企业党组织建设和党员发展情况的现状。拉萨市民营企业中共有11家民营企业建立了党组织，主要集中在拉萨市工商联合会会员企业，共有党员122人，预备党员2人，入党积极分子5人，流动党员19人。企业会员中有21家民营企业没有建立党组织，共有党员 58 人，都是属于流动党员，没有预备党员和入党积极分子。绝大部分民营企业没有建立党组织。

【业务工作开展情况】一是召开了拉萨市工商联二届四次执委会暨拉萨市非公有制经济人士思想政治工作会议，认真学习贯彻了贾庆林主席等中央领导同志对全国非公有制经济人士思想政治工作作出的重要批示、全国非公有制经济人士思想政治工作会议精神、黄孟复主席和全哲洙书记讲话精神、《关于加强和改进非公有制经济人士思想政治工作的若干意见》，对今后一段时期拉萨市非公有制经济人士思想政治工作进行了全面的安排部署。从全局的高度深刻分析做好拉萨市非公有制经济人士思想政治工作的重要性和紧迫性；从反分裂斗争的长期性、复杂性、艰巨性的角度，提出了三个方面的非公有制经济人士思想政治工作主要任务；从落实科学发展观的角度，提出了五个“坚持”的非公有制经济发展目标；从社会主义道德观的角度，提出了三个“结合”的非公有制经济人士必须要树立的价值观和道德观；从县域非公有制经济发展的角度，对各县统战部和近郊三县工商联提出了具体目标要求。二是专门召开会议，再次动员民营企业法制宣传工作，制定了《2009年—2010年法律进民营企业的工作方案》，对民营企业管理人员自觉学习法律知识、增强法制观念、抓好员工法律学习、提高员工素质等提出了具体要求。同时在市区集中调研时，深入40多家民营企业对法律学习宣传进行了面上的动员和部署，送去了相关资料；三是根据市委精神，为了在非公有制经济领域开展爱国主义教育，拉萨市工商联合会组织民营企业管理人员和企业员工以及工商联干部职工40多名参观了雪城教育基地和《西藏今昔》图片展，让非公有制经济人士进一步了解旧西藏黑暗、落后、残酷的封建农奴制社会，珍惜现在美好生活，坚决拥护中国共产党的领导和社会主义制度，坚持反对分裂，维护祖国统一，加强民族团结，做一名合格的中国特色社会主义事业建设者；四是推动基层工商联组织建设。2009年，拉萨市工商联合会进一步加强了与拉萨市近郊三县统战部的联系，深入基层开展调研，加强业务指导，督促三县工商联组建工作。从目前情况来看，达孜县委统战部对工商联组建工作重视程度较高，明确了一名县委统战部副部长负责工商联组建工作，配备了一名工作人员，正在按计划开展工商联组建的前期工作，争取在年底挂牌成立工商联。堆龙德庆县和曲水县虽明确了一名统战部副部长负责工商联组建工作，但负责人一直在工作组，未能开展工商联组建工作。拉萨市工商联合会在调研时，与三县统战部领导进行了座谈，相互交换意见，沟通思想，为尽快成立工商联组织提出了具体的要求。三县存在的相同问题是三县统战部人员编制少，经费紧张，办公条件差。拉萨市工商联合会希望三县进一步重视工商联组建工作，争取尽快成立工商联，同时，也希望墨竹工卡县尽快成立工商联；五是拉萨市工商联合会由一名县级领导干部带队，四人组成的调研组先后深入拉萨市房地产企业、建筑建材企业、民族手工业企业、酒店宾馆企业、商贸流通企业等40家民营企业、国企改制企业和两家协会进行了深入调研。较全面了解当前经济形势下拉萨市民营企业生存和发展的情况，了解民营企业反映强烈的热点难点问题，了解民营企业社会就业和大中专生需求情况，宣传市委市政府对民营企业吸纳大中专生就业的优惠政策，宣传法律进民营企业的主要精神等，上报专题调研信息15期。

另外，先后完成了民营企业开展光彩事业情况的登记工作。据不完全统计，拉萨市民营企业2009年在关爱老人、助学、扶贫、救济灾民等各个方面捐款捐物达300多万元；规模以上非公企业数据采集工作；民营企业与就业问卷调查工作；启动了拉萨市大学生见习基地建设工作，已申报5家民营企业设立见习基地；拉萨“十大优秀青年”候选人的推荐工作；配合相关部门完成了“高举团旗跟党走”爱国主义教育活动和“共同约定”活动的启动工作；积极协调相关部门

举办了藏餐厨师培训，对30名来自农牧区的待业青年进行了为期2个月的藏餐烹调技术培训；举行了八县（区）非公经济工作负责人培训班，对城关区工商联和七县统战部负责非公经济工作人员近20人进行了工商联业务知识培训，送去了8台电脑；抽派专人积极配合有关部门开展“西藏自治区第三届劳动模范”的评选工作，成功推荐2名民营企业家为“全区劳动模范”；认真开展加强民族团结宣传教育活动，制定了《拉萨市工商联深入开展民族团结宣传教育活动实施方案》，大力宣传我国的民族工作政策和“三个离不开”的民族关系；向拉萨市具有一定影响力和经济实力的18家民营企业发放了入会申请表，已正式审查吸收企业会员5家。全年共形成调研报告2篇，预计上报简报将达65期。

【积极争取工商联系统援藏工作】2009年5月，贺安荣书记带办公室主任前往北京江苏两省市进行援藏工作衔接，受到了北京市工商联、江苏省工商联领导的热情欢迎和高度重视。北京市工商联表示积极动员有关企业支持拉萨市工商联的自身建设，将解决交通工具和办公设备等，同时表示积极协调北京市发改委等部门，把援助拉萨市工商联工作纳入北京市援助拉萨市总盘子计划。江苏省工商联给拉萨市工商联合会捐赠了一辆依维柯旅行车和13台电脑，江苏高力集团捐赠了15万元。常州市工商联表示，积极组织民营企业来拉萨考察投资、参加经贸洽谈会，推动两地民营企业之间的交流与合作。另外，拉萨市工商联合会积极参与全国工商联赴藏考察团的相关活动。与江苏省工商联考察团召开座谈会，陪同考察团深入企业，宣传拉萨投资环境，巩固友好往来关系。

拉萨市检察工作

【依法严厉打击各种刑事犯罪案件】2009年共受理批捕危害国家安全犯罪案件6件6人，批捕6件6人；受理提请公诉5件5人，公诉7件7人（含去年积存）。在坚决打击各类危害国家安全犯罪的同时，全力处置和“消化”“3·14”事件前后发生的重大案件，做到开好头，收好尾。

2009年共受理提请批准（决定）逮捕案件511件831人。经审查，批准逮捕469件744人。其中，批捕黑恶势力犯罪3件20人，爆炸、故意伤害、抢劫、故意杀人、绑架等暴力犯罪152件253人，盗窃犯罪152件219人，毒品犯罪44件53人，涉铁犯罪4件8人。共受理移送审查起诉案件487件778人。经审查，提起公诉385件584人。其中，公诉黑恶势力犯罪2件5人，爆炸、故意伤害、抢劫、故意杀人、绑架等暴力犯罪105件171人，盗窃犯罪129件191人，毒品犯罪47件61人（含去年积存），涉铁犯罪1件2人。

【积极开展查办和预防职务犯罪工作，反贪污贿赂工作有了新突破，预防工作有了新举措】2009年，市检察院共立案查处职务犯罪案件22件22人，办案数量比去年上升120%。其中，县处级要案6件6人，比去年上升500%；大案11件11人，比去年上升120%。立案总数和大要案数量均为全区各分（市）院之首。为国家挽回经济损失近600万元。不仅查办了自治区广电局科技处处长格某受贿300多万元、计财处处长索某贪污、

受贿案，而且还查处了如青藏铁路公安局拉萨公安处处长崔某涉嫌受贿等一批有影响的大要案，更重要的是，基层院查办职务犯罪工作有了新突破。墨竹工卡县院立案2件2人，堆龙德庆县院立案1件1人。

预防职务犯罪工作有声有色，多管齐下。一是以因职务犯罪受到刑事处罚的服刑人员现身说法、组织易发职务犯罪的单位、干部参观监狱等形式开展职务犯罪宣传活动。在拉萨市开展警示教育20次，受教育人数8441人，发放宣传资料5000余份；二是采取事前预防与事后预防相结合的方式，对重点工程项目进行监督。下发了《关于做好拉萨市重大工程建设项目专项预防工作的通知》，对拉萨市2009年开工建设的9个重点项目进行重点预防，涉及的领域有新农村建设、垃圾填埋场、农牧民安居工程补助款使用等；三是开展了系统预防。市检察院与柳梧新区管委会、农行西藏分行营业部会签了《预防职务犯罪工作联系配合制度实施意见》。

【全面履行法律监督职责，维护社会公平正义】拉萨市检察机关对诉讼活动和刑罚执行的监督常态化，将监督贯穿于整个诉讼和刑罚执行的全过程。2009年的重点放在专项清理上。

强化对侦查活动的监督。依法对侦查机关2008年以来办理的刑事、治安案件进行抽查，重点检查是否存在有案不立、违法立案、以罚代刑等情况。依法对侦查机关立案监督6件。其中，通知公安机关立案1件。对应当提请逮捕而未提请逮捕的，依法决定追加逮捕3人；对不构成犯罪或无逮捕必要的，决定不批准逮捕84人，对不构成犯罪或证据不足、犯罪情节轻微不需要判处刑罚或免除刑罚的，决定不起诉41人。

强化对审判活动的监督。根据自治区检察院的统一部署和要求，拉萨市检察机关开展了刑事审判法律监督专项检查活动，对近三年的刑事案件办理情况进行了全面检查。同时，加大抗诉力度，对法院量刑畸轻畸重、认定罪名不当的案件依法进行抗诉。拉萨市检察机关提请抗诉4件12人，市检察院支持抗诉1件5人，区检院支持抗诉1件1人。抗诉后法院发回重审1件5人，正在审查1件1人。

强化对民事行政审判活动的监督。在坚持跟庭听审的同时，积极探索新的民事行政审判监督模式和途径。共受理不服人民法院判决、裁定的民事申诉案件21件21人，审查处理17件17人(含去年积存)。其中，立案4件，不立案8件，提请抗诉1件，抗诉2件。对18件法院正确的裁判，耐心做好申诉人的服判息诉工作，维护法律的权威。

强化对刑罚执行的监督。共参加监管场所减刑评审会10次，审查减刑材料1209人次、假释6人、保外就医8人。纠正减刑不当3人，纠正错误减刑裁定58人次。继续推行“约见检察官”制度，约见服刑人员103人次，返还在押人员被扣押物品、合法财产等折合人民币价值14,800元。为看守所服刑人员建立台帐1100人次，深入服刑人员劳动、生活、学习等三大现场巡视检查190余次，口头纠正监管改造场所安全防范隐患45余次；定期对可能超期的案件进行清查，积极催办可能超期的案件117余件（含多次催办案件），书面建议法院尽快审决超期案件3件16人。对2006年以来的保外就医工作开展了专项检查活动，有效纠正和防止了监外执行罪犯脱管漏管现象。

云南“躲猫猫”事件经媒体报道后，市检察院举一反三，及时组成两个工作组对监督范围内的监管场所中的“牢头”、“狱霸”突击摸排，严防此类事件在拉萨市监管场所发生。

【自觉接受人大及其常委会的监督】2009年以来，拉萨市检察机关共向人大常委会汇报工作38次，接受人大常委会检查工作24次，邀请或征求人大代表意见23次、70人参加，征求到10条意见或建议，参加人大常委会议54次，办理人大常委会交办、督办事项6件，并全部保质保量完成。

拉萨市审判工作

【依法惩处刑事犯罪，促进平安拉萨建设】2009年，拉萨市法院以维护国家安全和社会稳定为首任，共受理各类刑事案件1898件（含减刑、假释），审结1864件，综合结案率为98.2%。同比收结案分别下降11.6%和11.8%。其中，中院共受理各类刑事案件1539件(含减刑、假释)，审结1510件，综合结案率为98%。拉萨市法院坚决打击危害国家安全犯罪，有力打击了危安犯罪分子的嚣张气焰，维护了国家安全。突出打击重点，坚决打击严重暴力犯罪、涉黑犯罪、毒品犯罪及多发性侵财案件，切实增强人民群众的安全感。依法惩处在扩大内需，增加投资过程中发生的贪污、贿赂、挪用公款、渎职等犯罪，推进反腐败斗争的深入开展。依法审理了杨某等17人特大黑社会性质组织犯罪案，原自治区教体局群体处副处长强某诈骗“工程保证金”1908万元一案，工布江达县驻拉萨办事处主任段某、墨竹工卡县路政所工人达某虫草诈骗846万余元一案等。严格执行宽严相济的刑事政策，致力于提高减少社会对抗、促进社会和谐的能力，切实做到“两减少、两扩大”。拉萨市法院对社会危害性不大、主观恶性不深、人身危险性较小、确有悔罪表现的78名被告人依法判处缓刑、拘役、管制等非监禁刑。为进一步规范法官自由裁量权，在城关区法院开展了“量刑规范化试点工作”，完善量刑程序，制定量刑标准，量刑规范化试点工作成效明显。

【充分发挥民商事审判的独特优势，促进拉萨市经济平稳较快发展】拉萨市法院。共受理各类民商事案件2570件，审结2488件，同比收案上升3.5%,结案上升5.6%，综合结案率为96.8%，诉讼标的总金额为9.3亿元。其中，中院共受理各类民商事案件349件，审结318件，综合结案率为91.1%。依法妥善审理了涉及人民群众生产生活的草场、土地、虫草资源、相邻纠纷、劳务纠纷、人身损害赔偿等民生案件，促进社会和谐；注重引导市场经济主体遵纪守法、增强防范意识，提倡诚实信用的良好商业道德，维护社会主义市场经济秩序。不断加大民商事案件调解力度，加强和完善庭前、庭中、庭后调解制度，不断健全人民调解、行政调解、司法调解的多元化纠纷解决机制，真正做到“案结事了”。拉萨市法院调解率达 64.3%，“4·09”虫草诈骗案民事诉讼部分等涉及人民群众根本利益的案件得到了依法调解，有力的维护了社会和谐稳定。

【努力缓解“执行难”，最大限度实现当事人的合法权益】拉萨市法院以认真贯彻实施新民事诉讼法为契机，以深化执行工作机制改革为动力，进一步加大执行工作力度，努力提高执行到位率。共受理执行案件 806 件(含旧存 111 件)，执结 707 件，执结率为 87.7%，执结标的 18439.29 万元，收、结案同比分别上升 21%和 27.3%。其中，拉萨中院受理执行案件 87 件，执结 70 件，执结率为 80.4%，执结标的 14019.69 万元。创新执行工作方法，建立了党委政法委领导下的解决执行难联席会议制度，及时协调解决重大执行疑难问题；采取媒体曝光赖账者、信誉度登记、高消费举报限制等执行举措，深入推进执行联动威慑机制建设，最大限度地实现债权人的合法权益。完善立审执协调配合机制，穷尽财产调查措施，多管齐下，努力探索无财产案件的解决途径和办法。为贯彻落实中央政法委关于开展集中清理执行积案活动的重大部署，市中院积极配合市委政法委成立了拉萨市清理执行积案领导小组，制定了实施方案，召开了拉萨市动员会，对清理积案活动进行全面部署，提出将申请执行人为困难群体、涉及农民工工资、建筑工程款等六类案件为此次清理重点，积极运用交叉执行、提级执行、指定执行等形式大力清理积存旧案，共清理积案 149 件，执结 145 件，执结率 97.32%，执结标的达 1.57 亿余元；其中，市中院共清理积案 87 件，执结积案 86 件，执结率为 98.85%，执结标的达 15223.89 万元。共召开执行案款集中兑现大会 3 次，集中兑现执行案款 850 万余元，维护了司法权威。

【加强立案信访工作，认真解决群众诉求】组织开展院长“大接访”活动、法官下访活动以及“信访积案化解年活动”，积极配合相关部门对影响拉萨市社会稳定大局的“阳光公司”、“南亚商贸城”重大涉诉信访案件做好息诉稳控和化解工作。拉萨市法院共处理来信来访 1170 件，接待来访 977 人（次），院长接待来访 11 件，全部解决。与此同时，拉萨市法院还认真贯彻《诉讼费缴纳办法》、《关于对经济确有困难的当事人提供司法救助的规定》，坚持司法救助与严格诉讼收费相结合，充分保障弱势群体诉讼权益，扩大救助范围，对追索劳动报酬、抚养费等特殊群体案件，积极采取缓、减、免交诉讼费措施，确保符合救助条件的当事人打得起官司，为涉诉当事人缓、减、免诉讼费 241 件 186 万余元。

拉萨市司法行政工作

【大力开展普法依法治理工作】2009 年，拉萨市司法局不断加大法制宣传教育力度，截至 9 月 30 日，市、县两级普法机构已举办各类法制培训讲座 532 场次，上街开展法制宣传 224 场次，发放各类普法学习资料 467000 余份（册)，受教育人数 159900 余人次，培训基层司法行政人员 769 名，录制藏文版法制宣传教育光碟 400 套，并自编普法教材三套，现已全部配发至基层。公民的法律意识和法律素质进一步增强。“五五”普法开展以来，广大人民群众学法、知法、守法的自觉性和积极性进一步增强，特别是 2009 年，越来越多的人能够依靠法律解决各类矛盾，形成了遵守宪法和法律、积极行使合法权利、自觉履行法定义务的良好习惯。通过普法教育，进一步提高了广大干部特别是领导干部的法治理论水平，各级干部依法决策、依法行政、依法管理、依法办事的自觉性和能力不断提高，执法部门的执法水平和行为举止进一步规范。

【发挥法律援助和法律咨询服务职能，开展矛盾大排查、大化解工作】拉萨市法律援助中心截止 2009 年 9 月 30 日，受理各类法律援助案件共 108 件，民事案件 44 件。已承办完结的法律援助案件 75 件。受援对象分别为：未成年人 27 人，妇女 19 人，残疾人 2 人，外国人 4 人，流动人口 55 人，老年人 1 人。

针对群体案件纠纷特点，拉萨市司法局积极开展法制及专题法律宣传，在解答群众法律咨询中，宣传有关法律法规，通过法制宣传的深入细致开展，将纠纷引导到依法诉求、依法维权渠道上。通过不断提高群众法律素质、依法办事和依法维权意识，有效减少了矛盾纠纷的发生。

为了不断扩大法律援助覆盖面，进一步提高法律援助的便民质量，切实保障广大弱势群体获得必要的法律援助，紧密结合拉萨市的实际，制作了《法律援助便民一卡通》，不久就将发放到受援者手中。

制定了《流动人口法律援助服务工作方案》，该方案目前已经全面启动实施。为进一步规范青少年法律援助工作，及时有效地实施法律援助，保护青少年的合法权益，预防和减少青少年违法犯罪，确保社会的和谐稳定，拉萨市司法局还研究制定了《青少年法律援助工作方案》。

大力开展法律援助的宣传工作。8 月拉萨市司法局结合拉萨市法律援助的实际，在拉萨市开展了法律援助宣传月活动。受教育群众 1084 人，发放各种宣传资料 3867 本，解答咨询 49 人次，上报相关信息 7 份。

在法律服务过程中，2009 年 1 月 1 日至 9 月 30 日拉萨市司法局各法律服务部门，共接待来电来访法律咨询 1552 条，（其中：来访咨询 1225 人次；来电咨询 327 人次，在来电来访中，婚姻家庭类 278 人次，民事类 77 人次，经济类 442 人次，交通类 98 人次，劳务工资类 327 人次，劳动工伤类 112 人次，房屋买卖类 86 人次，承包租赁类 47 人次，其他类 85 人次)。纠纷归口分流 9 件。代写诉讼文书 387 份。涉及内容有：婚姻与抚养、房屋买卖与继承、交通与工伤赔偿、经济与劳务合同、刑事犯罪与治安，承包租赁、债权债务、劳动争议、法律程序等纠纷。

公证工作人员在办理公证过程中都能热情服务、认真核查，对符合公证条件的及时出证，对不符合公证条件的，能及时做好解释工作，切实维护当事人合法权益。2009 年 1 月至 9 月份，阳光公证处共办理公证 5431 件，其中：国内经济 2499 件；国内民事 2785 件；国内执行公证 3 件；涉外民事 132 件；涉台

民事12件，涉及标底近4亿元。拒绝办证5件。提供公证法律咨询3142人次。

律师事务所共受理案件152件（其中民事诉讼案件116件，刑事诉讼及代理34件，危安案件1件，行政诉讼代理1件），非诉讼法律事务24件（其中调解成功9件、仲裁业务15件），提供法律顾问17家，代写法律文书96份，提供法律咨询778人次。

加大法律服务的宣传力度，继续在《拉萨晚报》刊登《公证之窗》、《公证在您身边》和以公证为主题的文章的同时，2009年7月至8月，阳光公证处又集中精力分赴七县一区，开展了《公证在您身边》的主题宣传活动，受到了广大群众的热烈欢迎。

【人民调解工作开展情况】2009年，拉萨市人民调解工作继续贯彻“调防结合，以防为主”的工作方针，积极发挥职能作用，把防止民间纠纷激化作为工作重点，把大量民间纠纷解决在基层，解决在萌芽状态。

目前拉萨市共建基层人民调解组织1012个（包括企业调解组织17个）；调解员2524名（包括企业调解员34名）；司法助理员64名。

努力化解各类矛盾纠纷。2009年1至9月份，拉萨市共受理各类纠纷643件，其中婚姻家庭纠纷178件，邻里纠纷97件，草场纠纷32件，土地纠纷68件，劳动合同纠纷99件，经济纠纷126件，治安纠纷29件，虫草采挖纠纷1件，矿产资源纠纷1件，其他纠纷12件，调解率100 %，调解成功率97%。

加强教育培训，提高队伍素质。对司法助理员和人民调解员进行了培训，参加培训人数达300余人。

积极组建企业调解组织。，截至2009年9月份已在拉萨百货大楼、拉萨啤酒有限公司、拉萨市城关区哈达集团公司、拉萨市地毯有限公司、拉萨市八一农场、堆龙东嘎水泥厂、堆龙西郊电站、堆龙七二五油库、堆龙雄巴拉曲藏药厂、尼木铜业开发有限公司等企业建立健全了调解组织。其中部分企业调解组织职能作用发挥较好，深受好评。

【帮教安置工作开展情况】为切实做好“3·14”危安劳教人员的衔接工作，于2009年3月16日，召开了拉萨市“3·14”危安劳教人员解教衔接工作领导小组会议，会议通报了2009年3月至4月份“3·14”危安劳教人员的基本情况，并就做好“3·14”危安劳教人员解教衔接工作作了安排和部署。并层层签订了监管责任书、帮教责任书，将帮教责任层层分解到了直接责任人。已对2009年释放出来的刑释解教人员进行了详细登记造册，分类归档，做到了刑释解教人员的住址、表现情况、帮教期限，有明确记载。

拉萨市发展改革工作

【参谋助手作用进一步发挥】继续强化经济运行的研究分析及报告制度。加强经济运行的研究分析、监测和预警，及时掌握经济运行中出现的新情况、新问题，提出有针对性和可操作性的对策措施，向市委、市政府报送了一、二季度经济运行和工业经济运行情况，向市人大报告了《拉萨市上半年国民经济计划执行情况及下半年工作建议》，为市委市政府决策提供参考，确保拉萨市经济社会持续健康发展。向市委、市政府及有关部门报送信息90余条。

【固定资产投资进一步扩大】2009年，完成全社会固定资产投资136.1亿元，同比增长24.86%，其中：市属固定资产完成投资90.8亿元，同比增长24.11%。

项目前期工作取得明显成效。突出抓好项目规划、申报、评审、立项等前期工作的关键环节，拉萨市重大项目的前期工作取得明显进展。项目管理工作取得明显成效。围绕项目质量、进度和安全，进一步加强项目的监督管理，确保项目发挥综合效益。全年组织召开援藏项目工作会议4次、重点项目协调会议5次。

【产业发展服务能力进一步增强】围绕“一产上水平、二产抓重点、三产大发展”的经济发展战略，加大支持特色产业发展的力度，推进三次产业健康发展。

积极推进农牧业特色产业发展。争取国家资金10.88亿元，建设农牧业和扶贫特色产业项目121个，着力抓好了农牧业示范园区、牲畜养殖基地、良种繁育基地、整乡推进等项目的实施建设，为改善拉萨市农牧区生产生活条件、促进农牧民增收奠定了良好的基础。加快推进工业经济发展。全力恢复旅游业。

【规划编制工作进一步推进】市政府成立规划编制工作领导小组及办公室，10个课题研究成果初步形成，课题初步评审工作即将结束，年底前将形成拉萨市“十二五”规划基本框架。

【粮食流通市场进一步向好】粮食部门认真开展粮食流通监督检查、市场统计和粮油价格监测，进一步抓好拉萨市粮食清仓查库工作，按照“购得进、销得出、有利润”的原则，加大粮油采购和投放市场力度，拉萨市粮油供应基本充足、市场秩序良好、价格基本稳定。预计拉萨市全年粮食库存1900万公斤、食用油库存140万公斤。

【价格监督检查力度进一步加大】物价部门强化价格基础工作，加强和改进市场价格监管，大力整顿规范市场价格秩序，积极稳妥地推进价格改革，拉萨市价格总水平保持在合理区间。全年物价部门共向国家价格司、监测中心和区价格处上报商品品种价格数据20234条，向市委、市政府上报各类价格信息分析24期。

【对口援助工作进一步拓展】积极做好与北京江苏两省市的协调沟通工作，通过双方多次座谈协商和专家进藏考察论证，最终签订了新一轮对口援藏项目框架协议，其中：北京安排2009年—2012年援藏资金2.4亿元。

拉萨市商务工作

【及时着手商业网点规划修编工作】委托江苏省城市规划设计研究院对拉萨市区商业网点发展规划(2005年—2015年)进行修编。日前，修订初稿已完成，近期将组织网点规划编制委员会专家评审，待进一步修改完善后报政府批准实施。

【商务惠农政策多管齐下，农牧区消费水平大幅提高】一是继续大力实施“万村千乡”市场工程。截止目前，已累计改造完成 130 个农家店，极大地改善了农牧区消费环境，带动了农牧区消费。二是家电、家俱下乡工程全面铺开，已审核确定家电下乡企业和销售网点 44 家，审核上报初步确认家俱生产销售企业 7 家；共销售家电下乡产品 3458 台（件）、家俱下乡产品 1339 套（件），销售金额约 375 万元，农牧民群众开始享受国家和自治区的优惠政策。三是成功举办了拉萨雪顿节商品展销会，并先后组织开展了多场工业品下乡活动，同时，利用各县望果节、赛马节等传统节日，举办多场商品交易会，较好地满足了农牧民消费增长需求，有力促进了农畜产品流通。四是进一步加大碘盐推广力度。1 月-10 月份，拉萨市共计推广碘盐 2894 吨，完成了年度计划的 102%。

实现社会消费品零售总额是近几年来增幅最大的一年。

【积极推进重点项目建设，增强发展后劲】一是本着政府引导、企业积极参与的原则，充分调动社会资本力量，开展拉萨物流园区项目前期工作。目前，该项目根据自治区政府领导的批示以及区、市两级相关部门协调会议精神，正进行方案的进一步完善。二是经过反复论证、认真比选，及时向上级业务主管部门上报了“十一五”后两年暨“十二五”期间包括拉萨物流园区等商务拟建项目 13 个。三是认真贯彻国家物流业振兴规划以及进一步推动“双百市场”工程和“新网工程”实施规划，通过积极争取，落实了拉萨润通商贸有限公司 3000T 冷冻库改扩建项目，总投资 1500 万元，目前该项目正在实施之中；同时，申报了拉萨润通商贸公司、仁鑫贸易发展公司等“双百市场”工程项目以及拉萨生猪定点屠宰厂冷链系统改造等一批“新网工程”项目。四是积极争取上报了一批促进服务业发展项目，包括 15 个标准化菜市场改造项目，3 个早餐示范工程项目，再生物资回收集散交易市场和社区回收点项目以及家政服务网络建设项目等。

【指导拉萨市商贸流通企业抢抓机遇，积极培育新的消费增长点】一是认真组织落实国家以及区、市党委、政府关于促消费一揽子政策，并指导企业开展相应的促销活动，有力促进了消费增长。2009 年一季度开展“惠民卡”发放活动，直接带动相关商场和超市 3%以上的销售增长。通过落实关于免缴养路费和降低小排量轿车购置附加税政策，拉萨市汽车等大宗消费品，特别是私人汽车购买力大幅增长，据对西藏汽工贸等企业监测显示，2009 年 1 月—9 月份，汽车销量同比增长 60%左右，企业销售收入同比增长 50%左右。二是指导企业抓住拉萨市旅游迅速恢复的有利时机，通过调整经营结构、提升服务水平，有力推动了以购物、旅游、娱乐、餐饮为主要内容的假日市场繁荣发展。三是鼓励市属品牌商贸流通企业以连锁经营的方式到社区开设与日常生活密切相关的社区市场、便利店、餐饮店等，社区商业建设步伐加快，服务网络日益健全，功能不断完善。

【完善市场监测平台，提高市场运行监测的科学性、预警性】面对粮油、成品油市场价格波动以及全球甲型 H1N1 流感不断蔓延等异常形势，拉萨市商务局积极响应，重点加强了粮食、食用油、猪肉等重要商品销售、库存变化情况的监测，并及时指导承储企业做好物资投放，维护市场供求平衡，确保群众生活需求。

为进一步增强市场监测的准确性、全面性，提高市场调控和应对能力，为党委、政府决策提供科学依据，拉萨市商务局按照“准确监测，深刻分析，科学预测，快速反应”的市场运行监测的要求，进一步完善了市场运行监测机制，扩大了市场监测范围，从生活必需品、日用百货、餐饮业拓展到房地产、汽车、家电、家俱、生产资料、娱乐休闲、美容美发、再生资源、成品油、液化气等。基本形成了业态全覆盖，并将样本监测企业由原来的 15 家增加到 112 家，形成了包括常态监测、节日监测和应急监测的系统化监测体系。

【加大市场整治力度，进一步规范流通经营秩序】一是经过与规划、环保、建设等部门反复协调，在夺底路选址，新建金属金银加工市场及第二个旧货交易市场，以配合中和国际城专项整治，维护良好的市容市貌。该市场总占地面积 57809 平方米，一期工程——金属金银加工市场占地 14600 平方米，将于近期建成并投入使用。二是重点开展了生猪屠宰、食用盐等市场专项整治，严厉打击了私屠滥宰和销售非碘盐、私盐、土盐、工业盐及工业废盐等违法违规经营活动，进一步筑牢了食品流通安全屏障。1 月至 9 月份累计查处私屠滥宰案件 6 起，对病害猪死均及时进行了无害化处理或销毁，确保了上市猪肉品安全，让广大人民群众吃上了“放心肉”。依法查获工业盐、非碘盐、假冒碘盐 1710 公斤，有力维护了食盐市场秩序。三是逢节庆假日和重要敏感时期，重点开展了成品油、液化气以及人员密集商场、市场安全隐患排查治理专项行动，由于周密安排、精心部署，全年商务系统未发生一起安全生产责任事故。

拉萨市财政工作

【狠抓增收节支，财政收支预算执行情况良好】2009 年，拉萨市地方财政收入继续保持持续稳定增长态势，重点支出得到有效落实，财政收支执行情况好于预期。拉萨市财政收入完成 100467 万元，比上年同期数 80308 万元，增加 20159 万元，增长 25.1 %。其中：税收收入完成 86480 万元，比上年同期数 75406 万元，增加 11074 万元，增长 14.69%；非税收入完成 13987 万元，比上年同期数 4902 万元，增加 9085 万元，增长 185.33%。2009 年，拉萨市财政支出达到 377316 万元，比上年同期数 330167 万元增加 47149 万元，增长 14.28%。

【把握重点，紧扣市委、市政府的中心工作】坚持稳定压倒一切的原则，全力支持拉萨市维护稳定工作。2009 年，维稳专项支出达到 3700 多万元。继续为“3·14”事件受损商户落实房租补贴等优惠政策，兑现房租补贴 3200 多万元；

及时下拨灾后重建资金16071.65万元，用于当雄"10·6"地震并对尼木县续迈乡嘎如村因泥石流受灾的28户严重倒塌户房屋进行了恢复重建。下达资金24万元，全力支持农牧业抗旱。

2009年，安排落实"六城同创"专项资金3000万元。使"六城同创"各项工作得到了资金保障。

积极应对突发公共卫生事件。年初，在全国部分省市发生"猪流感"事件后，市财政及时下拨资金70万元，用于拉萨市防控工作。在确定为甲型H1N1流感后，又及时下拨了资金299.5万元，由卫生部门购买了各种防护设施、消杀用品、消杀器械及专业医疗设备、甲型H1N1流感检测试剂。在墨竹工卡县出现首例甲型H1N1流感病例后，市财政在第一时间拨付资金60万元，使疫情得到有效控制。

认真做好"3·28" 物资赠送及补助资金发放工作，及时将赠送的257台农用车、57328台广播电视接收器、1198台LED照明灯全部发放到赠送对象手中。同时，根据自治区党委、政府的决定，从2009年起，对全区城镇和农村低保对象、"三老人员"、五保户、59·3·28以前参加革命的老职工等，以户为单位，每户发放1000元的一次性慰问金，经拉萨市财政局统计，拉萨市上述人员有6896人（户），共计向他们发放了一次慰问金689.6万元。

【着力解决民生问题，促进社会各项事业不断发展】积极向自治区财政争取涉农资金。2009年，争取自治区财政支农专项资金29000多万元。

2009年拉萨市涉农支出达到23600万元，比上年同期增加3161万元，增长15.47%。

支持农牧民培训。在争取到自治区273万元培训资金的基础上，市财政又拿出200万元，用于农牧民实用技术培训、劳动力转移就业职业技能培训、转移就业常识普及和引导性培训。全年培训农牧民群众40000人次。通过培训，不仅提高了农牧民群众的劳动技能和综合素质，增强了劳务输出的竞争力，而且还拓宽了农牧民增收的渠道。

支持农田水利建设。2009年，拉萨市下达小型农田水利基础设施建设资金160万元，下达防汛资金190万元，主要用于拉萨河堤防汛建设、嘎巴防洪堤除险加固。

支持各项社会事业协调发展。2009年，拉萨市教育支出达到7.4753亿元。科技、文化体育与传媒支出达到6724万元，实用技术和应用技术的推广取得了明显进步，科技对经济增长的贡献率进一步提高；拉萨市医疗卫生支出17487万元，基层医疗机构工作条件得到进一步改善，农村疾病防控体系初步建立。环境保护支出达到2130万元，国家环保模范城市创建工作顺利启动，拉鲁湿地公园建设进展顺利。公共安全支出达到40987万元，地（市）、县政法机关公用经费和业务经费保障机制全面落实，铁路护路、治安巡防、流动人口服务与管理等维稳工作得到优先保障。

完善社会保障体系，积极推进各项社会保障体制改革工作。2009年，一是兑现发放离退休人员养老金、体检费及丧葬费8650万元。二是及时配套住房公积金7619万元，发放住房补贴资金11万元，使房改工作得以顺利开展。三是医疗保险工作稳步推进。拉萨市参加城镇职工医疗保险登记的单位达626家，参保职工28077人，基本医疗保险基金累计征缴3572万元，累计支出6268万元，财政拨付行政事业单位统筹资金786万元；参加城镇居民医疗保险登记达37091人，个人缴费140万元，累计支出998万元，市财政配套162万元。在资金紧缺的情况下，做足做实了职工个人账户，确保了干部职工有钱就医。四是根据有关文件精神，及时调整城乡居民最低生活保障标准，从2009年1月1日起，城镇居民最低生活保障标准由原来的人均260元调整为310元，农村居民最低生活保障标准由原来的年人均850元调整为1100元，重点保障对象补助标准由年人均470元调整为720元、特殊保障对象由290元调整为500元，一般保障对象由194元调整为368元。2009年，拉萨市共为各类保障对象发放最低生活保障资金及节日补助资金3906万元，确保了城乡居民和低收入群体的基本生活需要。五是积极开展失业保险、工伤和生育保险金的征缴工作。2009年，征收失业保险金1006万元，征缴工伤保险金233万元，征缴生育保险金261万元。审核支付工伤抚恤金157万元，支付生育保险待遇金191万元，有效维护了干部群众的合法权益。六是落实政府购买公益性岗位资金。2009年，共分配公益性岗位2806名，兑现政府购买公益性岗位资金2180万元。七是落实干部职工保健经费。促进干部职工身体健康。

2009年，拉萨市在提前两年圆满完成自治区"十一五"期间下达拉萨市27608户农牧民安居工程建设任务的基础上，继续深入推进农牧民安居工程建设。2009年，自治区下达拉萨市6902户农牧民安居工程建设任务及抗震加固（设防）任务，圆满完成了安居工程建设任务。

按照农牧民安居工程贷款市政府三年贴息优惠政策，年初，拉萨市财政局及时支付了拉萨市安居工程2006年、2007年、2008年贷款在2008年时的贴息1071.78万元，至此，拉萨市共为农牧民安居工程贷款贴息1829.38万元。

【加大资金投入，积极支持拉萨市经济建设】积极支持企业改革，扶持企业发展。一是加大对企业扶持力度，不断巩固财源基础。2009年，落实企业扶持、企业技术改造、工业企业奖励等资金3130万元。打破企业所有制界限，向多种经济成分提供同等扶持待遇，支持各类企业发展。对发展工业先进县（区）、支持工业经济发展先进单位和8强工业企业进行了表彰，调动了工业企业增产增收的积极性；帮助企业解决资金周转中存在的困难，极大地提高了企业生产经营效益和纳税积极性；促进了企业技术进步和产业升级。在合理运用自身财力支持企业发展的同时，帮助中小企业用好、用活、用足国家优惠政策增加积累，增强企业发展潜力。2009年与相关部门共同向上级争取扶持企业发展专项资金4200多万元，对15家乡镇企业和12家龙头企业进行了财政贴息，扶持了30多家企业发展壮大，在财政资金的扶持下，藏缘酒业、郎孜糌粑、天恩科技等企业得到快速发展，已经成为带动当地经济发展的主力军。二是加强企业国有资产管理。对企业国有资产购置和报废情况进行了认真核对，对报废资产在账实相符的情况下，下达固定资产处理意见，保证了国有资产保值增值。与此同时，帮助10家企业向上级部门申请资金，增加了企业固定资，增强了企业发展潜力。三是配合市粮食部门对七县粮食企业储备库和经营库的查库任务，完成了2009年粮食企业清仓查库工作。四是会同相关部门对市属和县属中小企业进行调研，帮助中小企业充分利用国家对中小企业的优惠政策发展企业生产，增加积累。

加强基本建设资金管理，拉动拉萨市经济增长。拉萨市财政局一直把支持拉萨市基本建设作为财政工作的一项重要内容，及时筹措、安排了重点建设项目前期工作经费，积极参与基本建设项目的招、投标工作和重点工程项目的论证、评审工作。严格基本建设管理程序，做到了立项有计划、设计有概算、开工有资金。在对项目实施过程进行跟踪检查的同时，及时掌握投资完成情况和施工进度情况，按工程进度及时拨付工程款，对国债资金投资的重点工程项目和国家、自治区投入拉萨市的其他重点工程建设项目，按工程进度及时拨付工程款，特别是国家投资未到位，项目已开工实施的重点项目，本着特事特办的原则，积极调剂解决，有效地保证了项目的顺利实施，充分发挥了财政资金的投资效益。2009年，按照基本建设“四按”拨款原则，完成基本建设投资拨款148152.02万元，其中：完成自治区2009年基本建设项目75个，投资117915.15万元；完成市本级财政安排基本建设项目27个，投资23011.87万元；完成北京、江苏援建项目8个，投资7225万元。

落实扩大内需相关政策和资金，促进拉萨市经济发展。积极响应国家和自治区扩大内需，拉动经济增长的各项政策：一是加大基本建设领域的投入。拉萨市财政先后筹措资金，垫付拉萨市贷款投资城市基础设施建设项目16个，投资17499万元。上级财政下达拉萨市的新增项目投资，拉萨市财政局始终坚持指标及时下达，资金及时拨付，2009年，自治区财政下达拉萨市新增项目22个，完成投资30979.56万元，为自治区下达指标的58%。完成自治区财政上年度在建工程项目34个，投资22663.56万元。二是实施汽车摩托车、家具家电下乡工程。进一步扩大内需，改善农牧区消费环境和农牧区生活条件，促进农牧民消费升级，引导企业建立适合农牧区消费特点的流通体系。自2009年汽车摩托车、家具家电下乡工作开展以来，拉萨市财政局认真领会全国、全区相关会议及文件精神，与市商务局通力合作，科学制定适合拉萨市实际的方案，及时下拨资金，兑现补助，鼓励商家积极参与。2009年，拉萨市共计预拨家具家电下乡财政补助资金460万元，兑现落实汽车摩托车下乡财政补助资金207.68万元。

拉萨市国税工作

【年度综述】由于2009年国际金融危机持续蔓延，经济增长速度放缓，拉萨“3·14”事件对经济的消极影响仍不同程度存在，增值税转型系列改革等政策性减收因素也对税收增长造成很大困难，各征收单位坚持组织收入原则不动摇，强化税收分析，提高税收征管水平，增强组织收入能力，通过共同努力，全年拉萨市国税系统累计组织入库各项收入79493.01万元，较上年同期增收3818.2万元，增长5.05%。

【加强税收收入分析】一是及早做好税收分析工作部署。局领导多次重申税收分析工作的重要性，年初开始即向各单位下发年度税收分析工作要点，要求充分认识税收分析对税收工作的监督、管理、参谋、服务作用，由“一把手”亲自抓税收分析工作，各征收单位成立由“一把手”任组长、分管领导及相关部门人员为成员的税收分析组，为做好此项工作提供了组织保障。二是加强重点税源监控分析。2009年，结合实际，将120户（其中25户为总局监控企业）企业纳入重点监控范围，比2008年重点监控总数增加了99户，占全区监控户数的32.7%，监控重点行业包括采矿业、制造业、建筑业、房地产业，工作中利用重点税源数据，做好与宏观经济、行业发展情况等对比分析，及时掌握税源变化。三是加强日常税收分析。各征收单位税收分析组每月召开税收分析会，全面分析本月和累计税收收入完成情况、增减变化原因，并上报分析报告及相关报表、当月缴税50万元以上或累计缴税100万元以上且增减幅度50%以上的企业情况表。市局结合每月税收收入执行情况，定期分析收入增减变化，通过召开专题会议、开展税收资料调查等形式进行收入形势分析，了解税源状况及变化趋势，加强微观与宏观税负分析，为强化税收征管提供了依据。

【完善税收征管手段】一是加强重点行业管理。通过完善基础资料管理制度，开展纳税检查，加大查补力度，加强税源控管，1月至11月份，主要行业中，除采矿业受金融危机影响、租赁和商务服务业受一次性因素减收较大外，制造业、建筑业、批发零售业、房地产业、住宿和餐饮业、居民和其他服务业等均实现了20%以上的增幅。二是加强各税种管理。在做好占总收入90%以上的增值税、营业税、企业所得税、个人所得税、车辆购置税等主税种征管的同时，进一步加强耕地占用税和土地流转环节税收征管，积极与市国土资源规划局沟通、协调，建立定期信息交换机制，加强双方信息共享，确保耕地占用税、土地增值税应收尽收。三是加强发票管理。做好普通发票领、用、存管理，加强对违规开具发票行为的检查和处罚力度，强化发票开具金额与核定营业额的核实比对，进一步发挥以票控税的作用。四是推进公平税负工作。对于异常申报户进行统计分析，逐户调查生产经营情况，并加强信息比对，按规定处罚。对于免税户开展调查测算，对达到标准的及时调整为征税户并予以征税。对个体经营户开展清理，及时查处未办证户。五是推进信息化建设。认真做好综合征管系统、增值税防伪税控系统等应用系统的运行及维护工作，做好车购税软件等升级维护工作，加强网络与信息系统安全检查，确保系统安全运行，提高了征管效率。

【优化纳税服务工作】一是加大税收宣传力度。为了确保宣传活动有效开展，主动加强与相关部门的联系，积极取得地方党委、政府的支持，通过在布达拉宫广场大屏幕播放全国税收 FLASH 动漫比赛获奖作品、制作《光荣与使命》光盘、编辑《拉萨国税十五年》书籍、开展“税法四进”等活动，不断加强征纳间交流互动，更好的发挥税收促进发展，发展改善民生的作用。二是推进财税库银横向联网工作。按照《财税库银横向联网电子缴税业务推广应用实施方案》，城区四个分局通过向纳税人发放宣传提纲、召开座谈会等方式，及时做好宣传解释、资料录入等工作，推行户数超过200户。三是完善纳税服务形式。认真落实区、市征管和纳税服务工作会议精神，履行对外服务承诺制，市局由一名局领导负责积极开展工业重点企业结队帮扶工作，直属局开展纳税人温馨提醒业务，堆龙县局推出“微笑天使”服务之星评比活动，林周县局实行进乡镇办税活动，曲水县局积极打造优质办税服务厅。

【规范税收执法行为】一是认真执行税收政策。重新整理和编制增值税政策宣传辅导资料，确保固定资产进项税额抵扣政策细节的准确把握，按月开展2009年企业固定资产进项税额抵扣情况调查统计，全面掌握新政策贯彻落实以及对税收收入的影响。按照关于扶持“3·14”事件受影响行业有关税收优惠政策的规定，及时做好间接受损商户优惠期满后的恢复征税工作。按照规定程序履行减免税审批手续，落实减免税政策。做好年所得12万元以上个人所得税纳税申报工作以及所得税汇算清缴工作。二是做好一般纳税人资格认定工作。结合实际，将增值税一般纳税人的认定管理权限下放到东、西、北城、直属及堆龙县局，印发《增值税一般纳税人认定基本流程》（试行），明确了认定条件、申请资料、审批流程，严格把好一般纳税人案头审核、约谈调查、文书审批等环节。三是开展执法检查和监察。5月份，“两权监督”执法检查组深入部分征收单位对漏征漏管、税负不公、发票使用、日常征管等情况进行了为期一个多月的跟踪检查，查找问题分析原因并予以督促。9月份，局领导带队分三组深入各征收单位就规范管理及执法工作情况进行全面检查和监察。在日常征管过程中，对执法不规范的行为严格按照执法过错责任追究办法进行处罚，认真落实执法责任制。

【深入整顿和规范税收秩序】一是认真开展专项检查。各征收单位和稽查局结合实际分别对建筑安装业、房地产业、大型超市等行业开展税收专项检查。二是做好重点整治工作。稽查局分三组投入12名干部对拉萨市较大的美容美发店进行税收专项整治，针对检查出的申报纳税依据不足、定额偏低、账簿不全等问题，由相关管理局予以调整定额，预计每年可增加收入百万余元。三是加大案件查处力度。及时办理举报案件，并查补入库。

拉萨市审计工作

【审计成果】2009年，拉萨市审计局完成审计项目37个，年初市政府批转审计计划项目34个，超计划完成3个，超额完成计划任务的8.8%。其中：财政审计4个，行政事业审计6个，经济责任审计5个，经贸农业与资源环保审计12个，政府投资建设项目审计9个，法规科审计1个。审计总金额20.37亿元，通过审计共查出违纪违规资金8448.72万元，审计指明要求纠正调账2841.97万元，应上缴财政5606.75万元，已上缴5606.75万元。核减工程款864.04万元。提交审计工作专题调查、综合性报告42篇，编报审计信息简报54篇，被采用21篇。针对存在的问题提出整改意见和建议91条，采纳率达100%，得到了相关部门的重视和采纳并认真进行了整改。根据审计出的问题建立完善规章制度2条。审计工作在加强拉萨市经济宏观管理、推进依法行政、促进增收节支、维护群众利益、推动廉政建设以及维护社会稳定、构建和谐社会等方面发挥了积极的作用。

【财政金融审计】2009年市审计局，以财政资金使用绩效为重点。对堆龙德庆县、曲水县、当雄县、尼木县2007年-2008年度财政决算情况进行了审计，同时根据审计需要对县发改委、国土局、民政局、劳动社会保障局、建设环境保护局、农牧局、水电局、林业局、工会、公安局、各乡（镇）等25个相关部门的行政事业性收费及专项资金管理使用情况进行了延伸审计。实施审计项目4个，审计总金额8.24亿元，审计查出违纪违规资金6159.61万元（其中：审计要求纠正、调账资金999.26万元，应上缴财政资金5160.35万元），已上缴县财政资金5160.35万元。提出审计建议意见30条，被相关单位采纳30条。在审计中重点突出了以下几项工作：一是加强了审前调查工作，力争使每项资金审计的审前调查工作做深、做细。二是加强了与被审计单位的交流与沟通。在围绕财政改革开展财政审计工作的基础上，加强与财政部门的沟通工作。确保了2009年的财政决算审计工作与财政工作有机衔接，既得到了财政部门更大程度的理解、配合和支持，也使问题的定性和处理准确、客观。三是积极提出审计意见和建议，促进健全制度，完善管理。

【行政事业财务收支审计】在对行政事业单位进行财务收支审计和专项资金审计时，切实加强对“收支两条线”和专项资金的审计监督，充分发挥审计在国家预算管理和监督中的作用。重点对市国资委、市园林局、市交通局、市动检站、雪社区、堆龙德庆县东嘎村等单位的2007年-2008年度财政及财务收支情况进行了审计。完成审计项目6个，审计总金额1.51亿元，通过审计查出违纪违规资金474.53万元（其中：审计要求纠正、调账资金362.13万元，应上缴财政112.40万元），已上缴财政资金112.40万元。有效地规范了行政事业单位财务收支行为。

【经贸农业与资源环保审计】2009年，重点对市公交公司、市建设院、墨竹工卡、达孜2007年土地治理项目，城关区、尼木县2008年农村饮水安全项目，堆龙德庆县2007年度食用油扩建项目，堆龙德庆县2007年农业综合开发产业化，堆龙德庆县马乡综合开发，城关区2008年农村安全饮水工程，达孜县土地治理，达孜县产业化，林周县“科技富民强县专项行动计划”项目，当雄县农牧民牲畜“四配套”建设项目执行情况和当雄县乌玛乡贫困户农牧民施工队项目资金收支执行情况等项目进行了认真审计。完成审计项目12个，审计总金额1.09亿元，通过审计查出违纪违规资金1322.81万元，（其中：要求纠正、调账资金1056.28万元，应上缴财政资金266.53万元），已上缴财政资金266.53万元。提出审计建议29条，被相关单位采纳29条。

【固定资产投资审计】一年来，市审计局积极谋划固定资产投资审计工作新思路。一是突出了重点，会同相关职能部门对拉萨市已开工的建设项目进行摸底，确定对财政投资的重点工程进行审计，做到突出重点、明确思路、点面结合、务求深化，确保有限的财政建设资金不流失、不浪费。二是将工程结算审计、工程财务决算审计和建设程序审计相结合。重点开展了市公安局益西任期经济责任审计、市哲蚌寺2008年财务收支审计、市盐业局2002年-2009年4月资产及所有者权益审计、当雄县公堂乡农业综合开发土地治理审计、林周县科技富民专项行动计划项目资金审计、柳梧新区四条市政道路投资项目的工程结算及决算审计，全年完成审计项目9个，审计金额为2.13亿元，核减工程款864.04万元。提出审计建议意见24条，被审单位采纳24条，被审计单位建立健全规章制度2条。有力地促进了工程建设项目管理水平和投资效益的提高，为建设项目节约了大量资金。

【经济责任审计】共完成领导干部经济责任审计项目5个（其中：离任经济责任审计1个，任中经济责任审计4个），重点开展了市科技局、市林业局、市农开办、市总工会等单位主要领导的任中经济责任审计和市建设局等单位主要领导的离任经济责任审计。审计总金额7.28亿元，通过审计查出违纪违规资金491.77万元（其中：审计要求纠正、调账资金424.30万元，应上缴财政67.47万元），已上缴财政资金67.47万元。撰写审计信息简报5篇，提出审计建议意见8条，被相关单位采纳8条。通过开展任中审计，市审计局逐步实现了任中审计与离任审计相结合的经济责任审计模式，促进经济责任审计监督逐步从事后监督向事中监督转变，促进干部监督管理部门及时利用审计结果，充分发挥经济责任审计作用。

【法规科】完成审计项目1个（市国税局周转房竣工决算审计），审计总金额0.12亿元。草拟了市审计局2009年至2010年项目审计项目计划、草拟并通过了审计过错责任追究制度、撰写信息简报4篇，审计要情1期，复核审计项目34个，登记审计台账37个，报送审计统计月报和年报4份，整理并归档了1993至2008年科室业务档案。（沈士虹）

【领导名录】
局长：次旦
副局长：阳荣义　彭 多　格桑平措

拉萨市统计工作

【年度综述】2009年来，拉萨市统计工作以科学发展观为统领，围绕“一化三保三着力”总体要求，以“机关作风和效能建设”为抓手，大力加强统计工作，较好地完成了各项工作任务，经统计测算：2009年1月至9月，地区生产总值达到119.82亿元，同比增长12.1%。其中第一产业为4.18亿元，增长4.8%；第二产业为34.43亿元，增长17.1%；第三产业为81.21亿元，增长10.6%。农牧民现金收入为2867.05元，同比增长18%；农林牧渔业总产值（现价）125273.1万元，同比增长6.4%；城镇居民人均可支配收入达到11854元，同比增长6%；城镇居民人均消费性支出为8477元，同比增长6.4%；社会消费品零售总额达58.2亿元，同比增长25.34%；全社会固定资产预计完成投资88.89亿元，同比增长27.19%，完成预计指标 %；规模以上工业总产值完成22.72亿元，同比增长11.2%，但市属规模以上工业企业完成产值9.9亿元，同比下降6.9%。

【加强领导，认真做好各项统计年报和定期报表工作】全区专业年报会议结束后，各专业科室均能按时予以贯彻，并按区局要求，与经济普查培训之机，召开了市直单位和各县（市、区）专业年报会议。对2009年各项定期报表，采用电话催报等方式，坚决杜绝迟报、漏报、缺报现象的发生。各种统计报表上报后，相关科室及时组织编发各种统计信息和分析，积极为促进拉萨市经济发展出谋划策，主动为地方党政领导决策提供依据。

【围绕中心，努力提升统计服务水平】围绕市委、市政府中心工作和统计工作重点，深入开展统计调查分析研究。为更好的给“十二五”提供数据，成立了专门的工作机构，提供了“十一五”规划完成情况及2009年相关数据，测算了2010年及2020年规划中的主要经济指标相关数据；本着科学、严谨、细致、求实的原则，及时搜集、整理、提供市委、政府各种报告、讲话所需的数据资料。编辑出版了《拉萨市经济工作手册（2008年）》、《拉萨市2008年统计年鉴》；发布了《拉萨市2008年国民经济和社会发展统计公报》。全年共编发各类统计分析、信息60多个，被市委、政府采用20多条，收到良好的效果。

拉萨市工商管理工作

【拉萨市个私经济继续保持了良好的发展态势】2009年，拉萨市私营企业1772户，投资人数4289人，雇工人数35440人，注册资本198465万元；同比分别增长23.14%、20.78%、23.14%、45.94%；个体工商户29800户，从业人员66347人，注册资金102551.05万元；同比分别增长6.07%、7.65%、8.19%。

【大力推进品牌战略，构建良好的品牌发展环境】立足实际，因地制宜，大开方便之门，大施便捷之行，积极鼓励、引导和推动企业走“名、优、特、新”的路子，按照“培育一批、储备一批、申报一批”的原则，形成有效的商标发展递进体系，有力地推动了地方经济的发展。2009年以来，共指导企业申请商标注册40件；续展认定全区著名商标2件（亚绛、彩轮）。拉萨市现有注册商标达956件、驰名商标3件 、著名商标

29 件。

【突出“三个贴近”，积极推进新农村建设】紧紧围绕“农牧区增益、农牧业增效、农牧民增收”，密切地域实际，突出地方特色，贴近实际、贴近群众、贴近产业，把大力扶持发展农产品商标、农牧区市场主体，积极培育农牧区经济实体，拓宽农牧民增收渠道作为服务农牧区经济发展的重要举措，把支持农牧区经济发展贯穿于工商工作的全过程，促进当地经济平稳较快发展。如曲水县工商局重点扶持“鑫赛”牌无公害西瓜，在区内逐步创出了品牌，加速了特色农业发展；尼木县工商局注重规范合作社的组织形式和内部管理结构，使合作社经济效益稳步增长；林周县工商局重点培育公司+农户模式，让投资商、农牧民实现双赢。预计到年底，拉萨市农牧民专业合作社发展到 31 户，社员人数 1983 人，出资总额 4913.5 万元。同比分别增长 41.0%、34.2%、53.8%；农牧民个体工商户发展到 2672 户，注册资金 2188.66 万元，从业人员 1520 人，同比增长 5.6%、12.5%、7.8%；组织开展农村经纪人培训班 2 次。

【加大食品安全专项整治力度，积极营造安全健康的消费环境】2009 年年初开始，各基层局（所）就逐一逐户与食品经营户签订了食品安全责任书，并加大了对市场巡查的力度，增加了对市场食品经营户的抽查频率，采取有力措施严厉打击了经营有毒有害、假冒伪劣以及不合格食品等违法行为。同时，全面清理农牧区市场食品生产经营主体资格，进一步规范农牧区小食品店、小商贩、小摊点、小作坊、小集市等，特别有针对性地开展了对农牧区食品市场和城乡结合部食品市场的重点整治，集中开展流通环节违法添加非食用物质和滥用食品添加剂的专项执法，切实维护食品市场秩序。共检查食品经营户 26721 户次；查获 11 处从事肉制品加工的黑窝点，对非法食品添加剂的肉制品及半成品（约 12000 多斤）全部进行了销毁处理，价值约 96000 余元，没收食品添加剂 7 桶，工业盐 50 余袋；查处一食用碘盐制假窝点，查获假冒的碘盐 213 袋及制售假冒工具 3 台、仿冒自治区盐业公司的空包装袋 280 个。“中秋、国庆”双节期间，查处私自转让 1 户；未亮照 36 户；超经营范围 11 户；乱摆摊 2 户；店外店 5 户；索证索票及进货台账不规范 18 户。

【加大各类经济违法案件查处力度，全力以赴整顿规范市场经济秩序】坚持引导与查处、教育与查处相结合、教育在先处罚在后的原则，努力建设服务型工商执法体系，加大对涉及食品安全、虚假违法广告、侵权商标、商业贿赂、传销等案件的打击力度，积极配合有关部门开展“扫黄打非”、文化市场等专项整治，努力构建和谐诚信的市场环境，有效促进消费市场健康有序地发展。共查处案件 712 件，案值 1207.78 万元，罚没款 53.63 万元，其中移交司法机关案件 1 起，案值 192 万元。集中销毁不合格食品、饮料、土特产品、日用品、高档白酒、啤酒等 13 大类 407 个品种，总价值 204.90 万元。

【加大虚假违法广告专项整治工作力度，进一步规范广告市场秩序】重点对拉萨市范围内的电视频道、电台及报刊发布的与人民群众身体健康、生命财产安全息息相关、涉及影响社会稳定、危害未成年健康及坑农害农的药品、医疗、保健食品、食品、化妆品、美容服务、医疗器械等广告进行了监测；对路口、街道、车体、站牌设置的广告开展了专项治理，积极适应新形势对广告监管的要求。共监测涉嫌违法违规广告 149 条，发出《停播通知书》6 份，立案查处 9 起，罚没款 67200 元，进一步规范了广告市场秩序。

拉萨市食品药品监管工作

【继续坚持食品药品目标责任管理】2009 年，市委、市政府高度重视食品药品安全工作，把食品药品安全工作纳入拉萨市年度工作计划和工作重点中，年初与各食品药品安全委员会成员单位、各县（区）政府签订了目标责任书，做到年初部署、年中督查、年底考核。年初，市食品安全委员会组织各县（区）、各成员单位的负责同志召开拉萨市食品安全工作会议，对拉萨市食品安全专项整治工作进行全面的安排和部署。2009 年以来，市委、市政府还将食品药品安全工作纳入各级政府、部门目标责任考核，并将考核结果作为各县（区）、成员单位党政领导干部政绩的重要内容，将食品药品安全工作实行“一票否决制”。此外，局党组按照拉萨市经济工作会议和全区食品药品监管工作会议的总体要求，继续采取与各科室签订《局工作目标责任书（2009 年度）》方式，将工作任务量化、细化，定人定岗定任务。

【组织联合检查，确保公众饮食安全】为确保公众饮食安全，特别是各大节日期间和重要时段拉萨市公众的饮食安全，围绕拉萨市的消费特点，市食安办充分发挥组织协调职能。一是积极组织各成员单位开展春节、藏历新年、“五一”、“六一”儿童节、学校周边（食堂）以及“两考”期间、粽子市场、粮食、食用油市场、旅游食品市场等联合检查工作。截止目前，拉萨市食品、药品监督管理局为强化食品安全监管，确保公众饮食安全，共组织各食品安全监管成员单位联合检查 20 次，与去年相比，监管频次增加一倍。二是加大督查督办和巡查暗访力度，确保工作落到实处。为确保拉萨市食品安全工作各项措施落实到位，市食安办对拉萨市食品市场和各食品安全监管部门落实食品安全工作进行了督查暗访 26 次。并根据市场巡查暗访中发现的食品安全问题及时向相关食品安全监管部门下达督查督办意见函 19 期，与去年同期相比，巡查暗访命中率增长 15%，市区内食品市场监管覆盖面达 95%以上。

【开展各县（区）食品安全检查督导工作】为确保各县（区）食品安全工作落到实处，保障拉萨市农牧民群众的饮食安全和身体健康，根据食品安全工作的具体要求，市食安办于2009年5月份，对拉萨市七县一区落实食品药品安全工作进行了全面的检查督导，对县区食品安全工作督导率达100%。

【进一步强化信息报送工作，做到政令畅通】市食安办共下发各类食品安全工作文件29期，食品安全动态74期。经过开展食品安全专项整治工作，截止目前，拉萨市未发生重大食品安全事故。

拉萨市安全监督管理工作

【年度安全情况】2009年，拉萨市共发生各类安全生产事故272起，死亡90人，伤193人，直接经济损失398.92万元。死亡人数占全年死亡总体控制指标122人的73.77%，与去年同期死亡84人相比上升7.14%。

【较大及重、特大安全事故方面】拉萨市发生一起重大事故，死亡10人，伤6人，车物直接经济损失2.00万元，（属道路交通）。

【深入开展安全生产“三项行动”】为确实做好安全生产“三项行动”工作，拉萨市加强了舆论宣传和引导，充分利用各类媒体、各种方法途径，大力宣传开展“三项行动”的重要意义和有关内容。紧密结合实际，创造性地推进工作。各县（区）、各部门和各单位，都能按照国务院办公厅《通知》要求和国务院安委办下发的实施方案，研究制定本县（区）、本部门、本单位开展“三项行动”的具体计划。抓重点工作、重点对象、重点时段，确保取得实效。

【严厉打击非法违法生产经营行为，组织开展安全生产执法行动】各县（区）、各部门、各单位加强领导，强化责任；紧密结合实际，扎实开展“安全生产年”活动；紧紧盯住关键时段，严密防范重特大事故；打击非法违法，深化治理整顿；改进安全监管，探索建立长效机制，促进了安全生产形势的稳定好转。

严厉打击非法违法行为。一是根据《关于在全国深入开展打击非法违法生产经营行为安全生产执法行动的意见》，明确依法打击的重点对象，以及执法行动的目标、责任、方法步骤、监督检查办法等；并就落实打击非法违法的主体责任、组织实施好安全生产执法行动，提出具体要求。二是突出抓好煤矿、金属非金属矿山（含尾矿库）、危险化学品等重点行业和领域的安全执法，坚决打击非法违法行为，规范安全生产经营秩序。三是加强与相关部门、公检法等各方面勾通，进一步完善安全生产执法程序，规范执法行为，严格执法监督，提高执法效率效能。四是支持配合各乡（镇）、县直有关单位打击非法违法的同时，指导督促各类企业治理违规违章行为。在工矿商贸企业深入开展群众性“查‘三违’（违章指挥、违章作业和违反劳动纪律）、防事故”活动，规范经营管理人员和从业人员的安全生产行为。

加大安全生产执法力度。一是认真做好高危行业安全生产许可证的审核换发工作。对非法违法生产经营单位，要依法取消其安全生产资质，吊销其安全生产许可证和相关证照。二是推动企业安全生产诚信建设，建立完善安全生产“黑名单”制度，对安全诚信缺失、存在非法违法生产经营行为和发生责任事故的企业，并从安全生产行政许可、安全资格证书等证照发放和其他方面，予以必要的制裁和限制。三是按照“四不放过”原则和“依法依规、实事求是、注重实效”的要求，认真查处各类生产安全事故，严肃责任追究。坚持事故查处结果报告备案制度、约谈制度、现场分析会制度和通报制度，用事故教训推动工作。四是组织开展综合督查，根据工作进度和实际需要，及时组织开展重点督查和专项督查，确保“安全生产年”、“责任落实年”各项工作和安全生产执法行动落到实处。

加大非煤矿山(尾矿库)治理力度。治理未取得安全生产许可证进行生产的非煤矿山；治理非煤矿山（尾矿库）不履行安全设施“三同时”手续的建设项目；治理非煤矿山违法开采、违章爆破、无两个以上安全出口和采空区事故隐患、防排水事故隐患、排土场事故隐患以及提升系统、通风系统、机电系统事故隐患；督促治理超量排放储存尾矿、没有正规设计或私堆乱建以及擅自违规加高坝体的尾矿库企业。

加大危险化学品治理力度。治理无证经营、超许可范围经营和使用淘汰工艺设备以及安全生产条件不符合规定的企业；治理违法违规建设项目，加强化工建设项目安全许可工作的监督检查；完善危险化学品事故应急救援预案，开展事故应急救援演练并进行评估，提高应急处置能力；加强对危险化学品生产、经营单位的监督检查，治理和打击非法运输活动，强化源头管理。加大烟花爆竹治理力度，严格落实安全生产责任制和安全管理制度，搞好烟花爆竹经营规划布局，严厉打击违法违规生产经营烟花爆竹的行为。

2009年拉萨市两级安监局联合检查390次，部门单独检查375次，出动人员2620人次，发现隐患307处，现场整改242处，下发整改指令165份，行政处罚20.60万元，取缔非法采石、采砂场27家，停业整顿采石、采砂场18家，危险化学品经营单位6家。下发预警通知1次。

【切实加强安全生产体制机制建设】研究提出新形势下进一步加强安全生产工作的对策措施，总结推广各地的成功经验和有效做法，探索加强和改进对安全生产工作的有效途径，努力形成领导有力、职责明确的安全生产工作格局和责权相对应的责任体系。建立健全安全监管机构和执法队伍。落实乡（镇）政府安全监管主体责任，进一步理顺安全监管、监察、行业管理等方面的关系，切实加强安全生产工作。完善安全生产目标责任制度。建立指标考核激励约束机制，促使政府安全监管主体责任和企业安全生产主体责任落实到位。加强对拉萨市2009年控制考核指标实施情况的跟踪监控。继续做好各类事故、隐患排查治理等统计工作。进一步完善安全生产经济政策，督促企业落实安全风险抵押等政策。发挥政策的导向作用，加快推进安全生产源头治本。积极推进“安保互动”，把保险机制引入安全生产领域。

拉萨市农牧业工作

【年度综述】2009年，拉萨市各级农牧部门牢固树立科学发展观，按照“一化三保三着力”的总体要求，攻坚克难，扎实苦干，圆满完成了推进农牧业发展、农牧区繁荣、农牧民增收的各项工作任务。拉萨市完成粮食产量 16.77 万吨。实现农林牧渔业总产值达到 13.56 亿元，增长 5.57%。农牧民人均纯收入达到 4149 元，增长 11.18%。

【农牧业结构调整】2009 年，拉萨市农作物总播种面积 57.8 万亩，粮经饲比例由上年的 61.0:19.7:19.3 调整为 59.5:20.2:20.3。畜牧业产值占农牧业总产值的 52%，增长 1 个百分点。优质青稞生产基地面积 23 万亩，优质饲草饲料基地达到 11.7 万亩。蔬菜生产面积 6.26 万亩，完成蔬菜产量 19.34 万吨，增长 10.5%。良种奶牛养殖基地规模 1.52 万头；藏鸡养殖基地规模 63.3 万只；肉鸭基地养殖规模 75 万羽。牛羊肉生产基地出栏 15.1 万个绵羊单位。生猪养殖基地出栏 7.45 万头。半细毛羊养殖基地规模 8.3 万只。重点巩固了城关区藏热村、堆龙德庆县岗德林村、林周县藏甘村、曲水县才纳村等 28 个专业村的基础，提升了特色种植、养殖水平。

【农牧业科技】2009 年，拉萨市安排落实农机具购置补贴经费 750 万元，农用柴油补贴经费 847 万元。拉萨市新增农机具 2884 台（套），新增农机动力 3977.97 千瓦，农机总动力达到 35.33 万千瓦，农机配套率达到 1:2，建立农机协会 3 个。拉萨市机耕、机播、机收面积分别达到 37、34、28 万亩，分别占粮油播种面积的 92.1%、84.6%、69.7%。安排测土配方施肥“3414”田间试验 31 个示范点，落实配方施肥示范面积 1 万亩。实施青稞、蔬菜等农作物标准化生产示范 5 万亩。新认证无公害蔬菜生产基地 2236.4 亩，达到 4720.95 亩。拉萨市春秋两季“W 病”免疫率分别达到 99.1%和 100%；高致病性禽流感免疫率分别达到 99.4%和 100%，果断处置、及时扑灭了输入型禽流感、猪蓝耳病，确保了畜牧业生产安全。建设和注册农民专业合作社 20 家，推广了“基地+协会+农牧户”、“能人+协会+农牧户”等五种专合组织发展模式。系统培训农牧民 2 万人，其中农牧业实用技术培训 1.8 万人，创业就业培训 2000 人。劳务输出 4.86 万人，实现收入 3.6 亿元。

【项目建设】2009 年，在做好 2008 年项目续建的基础上，继续把争项目、抓项目、建项目作为各项工作的重中之重。按照“一产上水平”的发展要求，紧抓中央扩大内需、加大投资机遇，向自治区申报农牧业特色产业项目 10 个，申请国家投资 1.15 亿元，比去年增长 7500 余万元。重点发展奶牛养殖基地、无公害蔬菜生产基地、生猪、藏鸡养殖、城关区失地农民奶牛转移等项目。目前，下达项目资金批复 1.02 亿元。根据中央扩大内需政策，自治区 2008 年底下达扩大内需新增项目资金 2359 万元。目前“乡镇级兽防体系建设”新建 20 个乡镇兽防站，已全部完成。完成 9240 户农村户用沼气池建设。完成尼木县和墨竹工卡县草场承包面积 65.65 万亩，完善了当雄县、林周县的草场承包，有效地保护了草场，提升了农牧民建设、使用和保护草场的积极性。

【防抗灾】2009 年，拉萨市旱灾面积 13.66 万亩，占总播种面积的 23.6%（其中受灾严重的 5.55 万亩）。其他灾害面积共计 5.37 万亩。据估算，拉萨市种植业因灾损失 2500 余万元。牲畜死亡 8382 头（只），造成损失 600 余万元。灾情发生后，市财政下拨抗灾资金 306 万元；中国人民财产保险股份有限公司西藏分公司对林周县、墨竹工卡县兑现农牧业保险赔款 537 万元。各级涉农部门坚决贯彻市委、市政府决策部署，深入基层一线，深入田间地头，克服困难，指导生产，积极开展灾后恢复生产工作。拉萨市翻种、补种 2.22 万亩，并采取积极有效措施，挽回经济损失 1548.8 万元，完成了自治区提出的“两个确保”，最大程度地减轻了灾情对农牧业和农牧民增收造成的损失。

拉萨市八一农场

【经济指标完成情况】2009 年农场应实现销售收入 9680 万元，力争创利 500 万元；上缴税金 200 万元，职工人均收入 2.7 万元。

2009 年农场已实现销售收入 9680.08 万元，创利润 509.05 万元，上缴税金 550 万元，职工人均收入 2.75 万元。各项经济指标超额完成。

【强化基础产业，提升一产水平】随着人们生活质量的提高，无公害蔬菜深受广大市民青睐，同时随着拉萨市市政建设的不断发展，特别是青藏铁路的通车，市区人口的增多对蔬菜的需求量逐渐增大。为充分利用农场作为农业企业，多年来从事蔬菜生产、经营的优势，强化基础产业，打造具有自身特色的蔬菜产业，成为拉萨市农业生产新亮点，农场于 2009 年在下属蔡公堂分场完成了无公害标准化蔬菜生产基地一期工程的建设。该基地一期工程通过招标，于 2009 年 4 月正式开工建设。工程总投资 855.71 万元，项目建设内容主要包括 27 栋高效日光温室及配套的水渠、水泥道路、抽水房和围墙等。在项目建设过程中，农场领导不定期的到施工现场进行视察，严格把关，加强监管力度，从而确保了工程质量。该工程于 9 月 28 日竣工并通过了验收。

无公害蔬菜基地的建成，将大大提升农场一产水平，增加科技含量，提高蔬菜品质和产量。新建的高效日光温室以家庭农场联产承包的形式现已正式投入使用。

拉萨市林业工作

【造林绿化工作】2009 年拉萨市造林计划总任务为 15.83 万亩。拉萨市实际共完成绿化面积 16.27 万亩，超计划 2.8 %完成任务。重点区域工程造林 10.2 万亩其中城镇周边（包括县区）完成 6.8 万亩、道路和铁路沿线 1.5 万亩、河道水系沿线 1.9 万亩；拉萨周边工程造林完成 1.1 万亩；荒山荒坡造林 4 万亩；四旁义务植树 0.97 万亩。除此而外，为确保造林成活率，新打水井 17 眼，其他灌溉配套设施也有了明显增强，新植苗木浇灌能力进一步提高，根据目前部分林地初步测定，在拉萨 30 年一遇的大旱之年，苗木成活率仍可达到 80%以上。

【林政管理工作成效】一是为积极支持农牧民安居工程建设，林政部门在2009年度共为拉萨市6902户群众安居建房调拨木材34510立方，确保了民心工程的顺利实施；二是落实了拉萨市重点公益林新增面积590.4035万亩，督促各县区与3889名管护人员签订了责任合同，使护林与富民取得了双赢；三是加快了集体林权制度改革的试点工作，试点工作由前期准备已步入实质性试点操作阶段。

【野保工作】一是认真贯彻落实自治区林业局关于加强野生候鸟禽流感监测防控工作的文件精神，坚持在6个重点防控监测片区实施严密的疫情动态监测，严格实行疫情监测日报告制度，不折不扣地落实了防控监测的各项工作；二是开展野生鸟类禽流感病毒携带监测。在鸟类越冬季节，与西北科学研究所对雅江中游候鸟禽流感病毒携带情况进行采样、跟踪调查；三是配合国家林业局鸟类环指中心的相关技术人员深入雅江中游河谷黑颈鹤国家级自然保护区内，对黑颈鹤、斑头雁进行观测，进一步摸清黑颈鹤、斑头雁的种群数量；四是对申请在雅江中游河谷黑颈鹤国家级自然保护区的周边进行采、探矿权设置，多次深入各点进行实地勘察、核实，掌握并向相关部门提供一手资料；五是及时统计2008年各县（区）野生动物造成公民人身伤害及财产损失情况，并向自治区保护处汇报，申请补偿；六是积极筹备建立尼木县国家森林公园前期工作。

【森林公安工作】一年来，紧张的维稳工作间隙，及时受理并妥善处理各类涉林案件多起，收缴国家重点保护野生动物白唇鹿鹿角10支，为严禁出售野生保护动物活体、装饰，与野生动物保护管理局合作对各大农贸市场及商店进行突击检查数十次，为保护森林资源安全，做出了一定贡献。

【苗圃建设工作】2009年，拉萨市中心苗圃为拉萨市造林提供苗木10余万株，移栽常绿种苗1万余株（云杉）。除此而外，2009年度拉萨市还新增堆龙德庆和达孜两县共400亩的标准化苗圃基地。为帮助农牧民以苗致富，在政府的扶持下，又新增了50户共计面积300亩的个体育苗专业户，使拉萨市林木育苗面积增至1700余亩，相当于“十五”末的近2倍，相当于2008年的1.7倍。育苗面积与造林面积同步增长，基本保障了拉萨市造林用苗的自我供给。目前，以乡土树种为主体，以苗木自给为目标的苗圃建设格局已基本形成。

拉萨市水利工作

【重点水利工程建设稳步推进】紧紧抓住中央扩内需、保民生、促增长的大好发展机遇，积极组织协调各县（区）争取申报水利项目，编制“十二五”发展规划。以抓好项目建设为重点，认真落实“三制”开展项目建设管理工作。2009年以来，1、开工建设了拉萨河拉萨市东郊水厂上游段堤防工程、堤防长度2.122公里，防洪标准50年一遇，总投资2993.93万元，现完成投资850万元。2、开工建设了林周县春堆水库除险加固工程，总投资493万元，现完成投资390万元；城关区白定水库除险加固工程，总投资183万元，已完成投资；林周县龙泉水库除险加固工程，总投资678万元，现完成投资610万元；堆龙德庆县德阳水库除险加固工程，总投资205万元，已完成投资；尼木县根培水库总投资为399.82万元，现完成投资360万元；尼木县曲林灌区，干渠长11公里，控灌面积0.93万亩，总投资862.72万元，现完成投资520万元。截止9月底，重点水利工程建设已累计完成投资2063万元。预计10月底，各水库除险加固工程可望全部完工。

【水利前期工作得到了强化】截止目前，完成了林周县防洪工程、墨竹工卡县城防洪堤、拉萨河二岛蓄水控制工程、尼木县续迈东西干渠、当雄县羊八井连片供水工程、曲水聂当进水口、林周县澎波河乡村段防洪堤、当雄县城防洪堤、堆龙达东灌区等设计报告的上报工作，并已通过自治区水利厅的审查，待批复。水利前期工作扎实有效地开展，为“十一五”项目圆满完成奠定基础。

【农田水利建设成效显著】八县（区）在冬春农田水利基本建设中，在国家专项补助资金尚未到达前，“早部署、早动员、早动手”，根据各自实际开展农田水利基本建设。拉萨市水利局与八县（区）签订了目标责任书，在组织领导、工程进度、工程质量、环境保护、资金使用、农牧民增收等方面都提出了明确要求，每年年终进行综合考核，落实奖惩措施，通过“民办公助”、“以奖代补”评比表彰等方式，充分调动了八县（区）农田水利基本建设的积极性。

截止目前自治区财政和拉萨市财政分别下达拉萨市一批次投资计划。年初，自治区财政下达拉萨市第一批预算内小型农田水利工程建设补助资金通知，涉及七县一区共14个项目。总投资715万元，自治区财政投资359万元，投劳折资213.6万元，市县配套142.4万元。在建项目部分已进入收尾阶段，不影响项目区农牧民的灌溉。5月下旬拉萨市财政下达市级建设资金投资一批次，涉及七县一区17个项目。总投资220.8万元，其中市财政投资160万元，投劳折资60.8万元。部分项目已陆续建成使用。

【农村饮水安全工程建设取得新进展】2009年，根据拉萨市的实际情况，自治区水利厅下达拉萨市二批次投资通知及续建2008年第二批项目。第一批计划解决38816人，国家投资4180万元，已全部完成，涉及六县一区（除达孜县）。第二批投资计划自治区于六月中旬下达拉萨市，计划解决21068人，国家投资2270万元，涉及七县一区。目前，各县（区）农村安全饮水工程项目建设已进入收尾阶段。

整体而言，2009年拉萨市农牧区饮水安全工程建设很好地结合了新农村安居工程建设，使受益农牧民真正得到了实惠，深受农牧民的欢迎。

【防汛抗旱工作圆满结束】2009年入夏以来，青藏高原持续高温，降雨偏少。农作物、牧区草场等受害严重，面对严峻的旱情形势，本局派出了以两名副局长为组长的工作组，从6月20日始分赴七县一区检查指导抗旱工作。一是要求各县（区）强化水库（塘、坝）的管理；

二是加强应急水源建设，恢复或抢修水利设施；三是各县（区）要做好抗旱资金准备；四是市防办向各县（区）下拨了抗旱资金60万元；五是向重旱灾区紧急调拨提水设备等应急抗旱物资。确保抗旱工作扎实有效开展。旱情得到缓解，又着力做好了防汛工作：一是在主汛期拉萨市水利局多次组织相关部门领导和专家对市管河道进行拉网式的检查，并对拉萨市各县区的防汛准备工作进行了检查；二是积极做好防汛物资储备工作，2009年市防办共储存编织袋30万余条，铁丝50吨，石料堆放在险工段，确保拉萨市防洪抢险工作的顺利进行；三是建立防汛值班巡逻制度，市防办从6月1日起，聘用临时护堤员40多人，开始昼夜值班、巡逻，并严格执行了《值班人员岗位责任制》和《巡逻人员岗位责任制》；四是抓好防汛抗旱信息收集与传递工作，及时上报各县区灾情，报送简报13期；五是牢固树立“防重于抢、抢重于救”的思想，组建市防汛抢险队伍。切实做到“思想认识到位、物资储备到位，组织工作到位”。确保万无一失，确保拉萨市人民的生命财产安全。

【让农牧民群众共享水利发展成果】拉萨市水利局在重点水利工程建设、农饮工程建设、河道采砂等方面，按照市委和市政府的部署安排，紧紧围绕保增长、保民生、保稳定这一目标，积极响应上级党和政府的号召，吸收和组织农牧民参加水利工程建设，在保证质量的前提下，有的小型水利工程建设直接交给当地政府组织农牧民施工。据统计，2009年1月—9月底农牧民通过参加小型农田水利工程建设、农饮工程建设、河道采砂，水利重点工程建设获得劳动收入750万元。

拉萨市国土资源工作

【狠抓城乡规划管理工作，城乡规划编制工作硕果累累】完成了《拉萨市城市总体规划（2009—2020）》，获得国务院批复，并给予了很高的评价。本次城市总体规划修编工作开创了拉萨城市规划建设的新篇章，书写了城市规划建设的新历史。编制完成了拉萨市中心片区、西城片区、北城片区、百淀片区4个控制性详细规划和拉萨河城市设计、江苏大道城市设计的报批工作，在拉萨规划发展史上第一次实现了中心城区控制性详细规划全覆盖。在全国较早的起草了《拉萨市城乡规划条例》，经过了市人大审查，即将颁布实施。制定并实施了《拉萨市建设项目批后公示制度》、《拉萨市建设工程竣工规划验收办法》等制度，进一步加强了城市规划管理工作，较好地解决了重审批、轻管理的问题。积极主动地配合市创园办做好“创园”选址和征地拆迁工作，规划公园选址65处、拆墙透绿单位35个、防护林选址2.4万亩。编制完成了《太阳岛综合整治规划》，研究制定了《太阳岛综合整治工作方案》，组织强有力的工作人员深入开展了太阳岛国有土地利用和建设工程项目建设调研工作，提出了规范岛内国有土地和建设工程项目管理的建议。严格执行“一书三证”规划许可制度，凡不符合规划要求的建设项目，一律不予办理规划审批手续，坚决维护《拉萨市城市总体规划》的严肃性、权威性。全年绘制建设用地红线图190宗，提供各类规划图、地形图1718张（幅），审报审批《建设工程规划许可证》230本、《建设用地规划许可证》135本、《建设项目选址意见书》36本、《乡村建设规划许可证》2本、下发建设工程规划设计条件300多件。积极配合市建设局等部门完成了城市集中供热、供气、供电等建设项目的规划选址、可行性报告研究和规划设计方案的编制审查工作。

【狠抓土地资源管理工作，土地管理工作进一步规范】八县（区）和拉萨市国土资源规划部门共同坚守住了拉萨市80.31万亩耕地和74万亩基本农田的红线。完成了2009年国有土地供应情况统计上报工作，并已在国土资源部土地市场交易网上备案；完成了2009年土地复垦整理项目申报工作，争取土地复垦整理计划6000亩，开发资金1000万元；完成了曲水、林周等县2009年第一批次城市建设用地报批工作；完成了2005年至2009年耕地开垦费收取使用情况自查工作；协助中国农业大学，开展了拉萨市征地片区综合地价测算工作；完成了2008年地价动态监测工作，并通过国土资源部审查备案；严格执行《国土资源部关于印发〈招标拍卖挂牌出让国有土地使用权规范〉（试行）和〈协议出让国有土地使用权规范〉（试行）的通知》，进一步规范土地市场管理，全年出让国有土地使用权29宗7470亩，出让金6968万元。全年办理土地初始登记42宗，变更登记436宗，房地产抵押登记104宗。加大土地征收储备工作力度，全年储备土地1014亩。认真贯彻落实自治区国土资源厅王峻厅长在拉萨检查第二次土地调查工作时，要求拉萨市在第二次土地调查工作中要走在全区前列的号召，已圆满完成了农村土地调查、基本农田调查、权属调查、城镇土地调查一、二阶段工作，并已通过自治区国土资源厅验收，自治区国土资源厅给予了充分肯定。中心区城镇地籍调查工作已接近尾声。拉萨市土地利用总体规划修编工作，在江苏省国土资源厅的无私援助下，进展顺利，可望明年3月前完成。

【狠抓矿产资源管理工作，矿业开发利用秩序明显好转】调整充实了以分管副市长为组长、市直相关部门为成员的整顿和规范矿产资源开发秩序工作领导小组，设立了领导小组办公室，具体负责拉萨市整顿和规范矿产资源开发秩序日常工作。八县（区）也相继成立了由分管副县长任组长，国土、发改、公安、工商、环保等相关部门负责人为成员的整顿和规范矿产资源开发秩序工作领导小组，从组织上保证了整顿和规范矿产资源开发秩序工作的有序开展。按照《拉萨市整顿和规范矿产资源开发秩序工作方案》的具体要求，对市域内矿产资源开发秩序尤其是对采矿权人是否有越层越界开采、非法转让采矿权、未按批准的开发利用方案实施开采行为进行了清理检查；对探矿权人是否存在未依法完成最低勘查投入、以探代采、非法转让探矿权、未按勘查设计方案进行勘查行为进行了清理检查；对无证勘查、无证开采矿产资源的行为进行了清理检查。八县（区）站在讲政治、讲大局的高度，非常重视青藏高原地质矿产调查与评价专项工作，对中国地质大学地调院、中科院地球物理研究所等14家单位的工作给予了大力支持，地质矿产调查和评价专项工作进展顺利，成效明显。认真组织实施矿业权实地核查工作，拉萨市18家矿山企业的核查工作，已通过自治区国土资源厅专家组抽查评审，其他矿山企业的核查工作正在有序进行。组织编制了《拉萨市周边砂石资源开采与保护规划》，并已通过专家组评审，正在修改报批。自治区国土资源厅帮助编制完成了《拉萨市地质灾害防治规划（2009—2020）》，填补了拉萨市无地质灾害防治规划的空白。

拉萨市交通运输工作

【抢抓农村公路建设机遇，切实提高农村公路通行能力】2009年，拉萨市交通运输局坚持以“统筹规划、分级负责、规范管理、加快发展”的方针，加强领导，精心组织，确保了2009年新建农村公路基础设施建设质量。总体呈现项目前期工作扎实、项目争取及时有力、项目发包合法透明、项目管理规范有序、项目质量进度控制严格的良好态势。2009年拉萨市实施的农村公路新建项目总投资达到1.0553亿元（包括提前实施的2010年9个新建项目），总里程达到119.49公里，实现了一个未通油路乡开工建设柏油路的目标。截至2009年年底拉萨市57个乡镇中将有52个乡镇通油路，乡镇油路通乡率将达到91.12%，已然走在全区的前列。

【强化农村公路养护质量管理，创新农村公路管养体制机制，着力改善农村公路现状】一是强化羊麻省道的养护管理，2009年，拉萨市交通运输局总养护事业经费为462.36万元，其中羊麻省道投入养护资金154.30万元，水毁抢险保通经费25万元。二是将农村公路养护摆在重要位置，积极与县乡共同探索建立农村公路市、县、乡三级养护管理体制和机制的有效办法，为推进农村公路“有路必养”摸索了有益经验；三是加大对县乡公路养护的投入，经拉萨市交通局积极汇报、努力争取，向市财政部门落实了2009年县乡公路养护资金，2009年拉萨市县（乡）公路的养护资金补助为390万元，并已将该资金通过各县财政具体落实分解到各县交通局。四是为了全面迎接2009年全区公路大检查，进一步认识此次大检查的重要意义，拉萨市交通局高度重视、周密部署、妥善安排、合理调整、利用三个月时间对拉萨市交通局管养S304养麻省道全线94公里公路进行全面整治，经全体养护职工努力，已完成K0至K94段路面、边沟整治工作，确保了此次公路大检查的顺利进行，为迎检工作奠定了基础。五是为了全面了解和掌握拉萨市现有的农村公路现状，为下一步的农村公路建设提供保障，拉萨市交通局根据交通运输部和区交通厅的要求，于2009年7月份起对拉萨市农村公路、自然村组、居民集中区、寺院等进行了公路普查，采集相关GPS数据，新增等外公路200公里，完善了农村公路数据库。

【加强路政管理，加大执法力度，全面提升路政执法水平】2009年拉萨市交通局路政管理工作根据上级交通主管部门的安排和要求，以维护路产、保护路权为宗旨，加强对公路的巡查力度，提高路政、路产案件的查处力度，继续强化违章建筑案件的控制管理，通过广泛的法律宣传活动，增强了公路沿线农牧民群众对交通路政管理相关法律、法规的认识程度。8月份针对拉林公路超载超限运输车辆严重损坏路面的情况，拉萨市交通局组织工作人员和相关部门组成联合执法组，在拉林公路段设立了临时路政治超监控站，实行24小时监控。通过对拉林公路段的治超监控，有效地遏制了超载超限运输态势。

【全面加强交通行业管理】一是对拉萨市公交车、中巴车、出租车服务不规范、车内环境卫生的整治工作；二是针对拉萨运管处提供的有关群众反映出租车不打表计程收费等情况，拉萨市交通局对拉萨市出租车打表计程收费进行了第二次专项整治；三是拉萨市交通局针对群众反映公交车司乘人员对老年人服务态度生硬、不停车等不良现象进行了专项整治。四是根据市政府为民办实事的部署，于2009年4月1日全面实施了60岁以上老年人免费乘坐公交车政策，于5月1日开始正式办理和发放60岁以上老年人免费乘坐公交车IC卡，预计到2009年12月31日，申办老年卡达11000余人。同时启动了普通IC卡办理与使用工作。五是根据市政府将深化城市公共交通改革，推进城市公共交通可持续发展作为重大战略目标，研究批准了拉萨市出租汽车行业改革及车辆更新方案，研究制定和上报了拉萨市中巴车改革转型方案。六是拉萨市交通局加强对局属三家交通企、事业单位的安全生产工作的领导，完善各项安全生产管理措施，落实对交通企、事业单位的监管力度，企业经营效益趋于稳定。

市公交总公司2009年全年（预计）完成城市客运量16295232人次，同比上升13.92%，实现收入1244万元，同比上升20.34%，成本费用1694万元，上缴税金25万元，亏损400万元。该公司减亏的主要原因是油料补贴未到，政府补贴老年免费卡数据不准确。

市东顺客运服务有限公司全年（预计）完成客运量623569人次，发车班次达到37676车次，同比增长7.31%，实现综合收入208万元，同比增长16.98%，成本费用203万元，上缴税金10.69万元，亏损15.51万元，该公司减亏的主要原因是黑车猖獗，客流量明显减少。

拉萨市顺通工程建设有限公司全年（预计）实现总收入为844万元，同比增加49.67%，实现利润34万元，上缴税金35万元，累计亏损18.42万元。该公司经济运行情况较往年相比有所上涨。

【积极争取落实项目，提高对口援藏工作水平】2009年，拉萨市交通运输局按照2009年与江苏省交通厅拟定的援助计划，落实援助资金500万元，完成了综合业务楼建设和局机关大院后半部分改造工程。

拉萨市建设工作

【市政重点工程项目扎实推进，城市功能不断完善】2009年是拉萨市城市基础设施建设快速发展的一年，所有工程建设项目进展顺利。2009年计划实施的11.2亿元市政重点工程建设项目中有6.2亿元续建项目和新开工项目大部分已完工，近期即将开工的市政重点工程项目投资约5亿元，大部分已做完前期工作。

【创园工作稳步推进，创建成果不断巩固】2009年4月9日被自治区人民政府正式命名为“自治区园林城市”。圆满完成了市委、市政府确定的第一步创建目标任务，为创建国家生态园林城市打下了坚实的基础。2009年，市创园办继续加大创建工作力度，在成功完成创建自治区园林城市工作的基础上，及时将创建工作转入创建“国家园林城市”阶段。

【坚持高效能管理城市，努力树立城市新形象】一是紧密结合“六城同创”各项工作，积极开展城市管理工作。二是启动了市容环境卫生检查监督工作机制。三是积极开展城市环境综合整治工作。四是严格行政审批，加大巡查力度，有力地促进城市管理工作。五是切实加强市政设施维护工作，为“六城同创”创造优美的城市环境。六是切实加大环卫工作力度，确保城市干净整洁。取得了明显的成效，使拉萨市的环境卫生质量不断上升。

【强化服务，履行责任，各项工作实现新突破】一是房地产开发和管理工作继续加强。2009年，在巩固去年房地产开发和管理工作成果的基础上，继续加强房屋交易、房地产开发企业登记备案、商品房销预售、房屋租赁登记备案、房屋测绘等基础性管理工作，确保了拉萨市房地产开发和管理工作规范有序发展。截止10月底共完成房屋所有权初始登记15867件，建筑面积达393870平方米；办理房屋转移登记437件，建筑面积达63365平方米，办理房屋抵押登记1723件，抵押房屋建筑面积达402369平方米，抵押贷款金额达5.18亿元。根据国家和自治区有关法规，严把商品房预售许可关，对房地产开发企业的项目预售许可申请，进行了严格的审核。2009年，拉萨市建设局批准预售的房地产开发项目6个，批准预售建筑面积达235197.5平方米，总投资约3.52亿元。同时严格按照《物业管理企业资质管理办法》的规定审核物业服务企业资质。改选成立新的物业协会，作用进一步发挥。对国有企业低收入家庭的廉租住房申请进行审核、配租，经与申请人单位、企业主管部门、国资部门、民政部门、监察部门逐级逐户审核，对520户家庭实现了实物配租。目前，第二批廉租住房审核、配租工作基本结束，第三批实物配组工作正在开展，同时1人户、2人户家庭租赁住房补贴工作也即将开展。

二是廉租房和周转房建设管理工作有序推进。拉萨市年初已按计划将218套廉租住房建设任务分配到各县，总建筑面积达13080平方米，5月份全面开工建设，目前除当雄县因气候原因工期延长外，其他各县已基本完工，正在组织竣工验收。根据区、市“两房”工作会议精神，为确保拉萨市干部职工周转房需求量统计数字的准确，拉萨市建设局联合市发改委、市财政局、市监察局组织专门人员，4月份对拉萨市范围内的在职干部职工周转房情况进行了一次普查，8月份又进行了一次复查。调查统计数据表明，目前拉萨市干部职工周转房缺口量为4500套。

三是住房公积金管理规范有序。2009年拉萨市共归集住房公积金1.2亿元，拉萨市住房公积金累计归集总额为8.2亿元，归集余额为4.6亿元；截止目前，在职职工累计归集住房补贴资金2亿元，累计提取住房补贴资金1.8亿元，资金余额1900万元；全年共发放个人贷款8000万元，期末个人贷款累计发放总额达3.2亿元，个人贷款余额为2亿元，期末拉萨市个人贷款逾期率为0.11‰；拉萨市从2008年1月1日起开始执行，目前，拉萨市只有32个行政事业单位的公有住房租金到资金管理中心统一管理，累计归集机关事业单位的公有住房租金50万元。还有100多个单位未交纳，对此将会同财政、审计、纪检等部门加大对公有住房租金的管理、监督。为规范商品住宅维修资金管理行为，2008年9月拉萨市商品住宅维修资金已纳入住房资金管理中心统一管理，截止目前，缴纳商品住宅维修资金的开发商有7家，累计归集商品住宅维修资金57万元。

拉萨市气象工作

【大气探测常规业务工作保持较高水平】本年度新的业务运行管理机制已初步实施，1月至9月各类基本业务工作质量保持稳步提高。完成拉萨站地面业务由原来的人工、自动站双轨运行转入自动站单轨运行。2月份举行的第二届全国气象行业地面气象测报技能竞赛西藏选拔赛，拉萨市气象局派出了两名业务人员参加比赛前的培训和西藏赛区选拔赛，通过竞赛尼玛白珍同志获得第三名，代表西藏自治区气象局参加第二届全国气象行业地面气象测报技能竞赛。年内探测中心地面组格珍同志获得地面测报业务“百班无错情”1次。

1.地面业务（1月～9月）：自动气象站业务观测总基数为45428.4，其中观测基数为10930.5，操作基数为17640.9，发报基数为13257，报表基数为3600；辐射业务观测总基数为2269.6；酸雨业务观测总基数为3330；通信业务应发报次数8302个，及时报率为100%。以上业务消灭出站错情，质量评定为优秀。

2.高空业务（1月～9月）：探空工作基数28892，探空平均施放高度为29232米，测风平均施放高度为27962米，球炸率为996‰，错情率为0.3‰。

【气象预报服务方面】1～9月共发布27期旬天气预报，9期月天气预报，23期重要天气预报，39期周天气预报，节日专题预报5期，灾情直报5次，天气消息2期。2009年拉萨市降水持续偏少，同比偏少达8～9成，拉萨各地出现不同程度的旱灾，为保障成功实施人工增雨作业，提供专题预报服务12次。

【农业气象服务方面】1月～9月共发布定期农业气象情报36期（其中旬报27期、月报预报9期）、非定期情报10期（其中含大田调查报告5期、春播预报1期，气象产量预报1期，农田土壤水分增墒简报1期，灾情调查报告2期）。5月26日，针对堆龙德庆县、曲水县出现的轻度霜冻灾害，杨政兴局长陪同多吉次珠市长前往堆龙德庆县和曲水县调研，及时指导农业气象发布了针对霜冻灾害的气象预报和补救措施。

【人工影响天气工作方面】从4月份开始，拉萨一直没有有效降水，出现大范围旱情，为最大限度地减轻干旱灾害造成的损失，开展人工增雨实时作业的任务十分严峻。6月16日、17日，杨政兴局长陪同自治区次仁副主席分别前往林周县、达孜县、城关区实地调研拉萨出现的旱情，同时拉萨市防汛抗旱指挥部启动拉萨市抗旱Ⅲ级响应，拉萨市气象局立即召开党组会议研究制定并通过了《2009年拉萨人工增雨作业实施方案》，决定成立“人工增雨作业领导小组”，明确职责和分工。6月18日，人工增雨作业领导小组决定在城关区纳金乡、林周县江热夏乡、林周县甘曲镇、林周县强嘎乡设置固定增雨作业点，在堆龙德庆县设置非固定增雨作业点，部署从东西两线全方位开展人工增雨作业。

6月21日，经过气象专家会商，认为天气形势有利于人工增雨作业，增雨作业10分钟后，作业现场就出现了明显降水。6月22日，成功实施人工增雨作业，使拉萨市区和周围各地出现了0.2～8.6毫米的降水量，有效地缓解了拉萨的旱情。6月24日20时51分，尼木县进行了人工增雨作业，降水量达到6.2毫米，有效地缓解了当地的旱情。

2009年拉萨市人工影响天气技术防雹作业202次，共发射炮弹2683枚。

【自动气象站网建设全面铺开】达孜县、林周县、曲水县、堆龙德庆县无人自动气象站、4个区域气象灾害监测自动站、12个周边雨量自动站网的建设顺利进行，完成了所有站点的选址和基础建设，目前自动站仪器安装工作和整体建设已接近尾声。同时，去年开始实施的青藏铁路和青藏公路沿线拉萨段的堆龙德庆县、羊八井、乌玛塘三个六要素自动气象站建设项目，于2009年6月12日全部完工，并已成功上传了气象要素监测数据，全面打造青藏铁路和青藏公路交通观测网，准确把握青藏铁路沿线的气象变化脉搏。

【气象科技服务成效显著】1月～9月份，好易通气象短信用户已经发展到9000个用户；“12121”气象声讯平台的内容进行了升级，拨打率明显上升，总拨打量为56504次；拉萨农经网发布新闻信息1500条，农牧科技信息50条，市场行情信息2500条。7月13日，拉萨气象行政审批工作成功进驻市政府“一站式”服务大厅，标志着拉萨的防雷装置设计审核和竣工验收及施放气球管理工作迈向科学化、法制化管理。共受理8件防雷装置设计图纸审核申请，已办理7件，咨询5人次；派驻专业人员监督工程检测1起。

拉萨市环保工作

【狠抓污染减排，努力完成年度主要污染物减排任务】截至11月30日，对拉萨市39个重点排污企业和360多家排污单位进行了执法检查，处罚了4个违法排污企业，对自治区藏药厂、高争水泥厂等42个排污企业实施限期整改措施。

【严把环评准入关，切实落实环境影响评价制度】截至12月17日，完成了现场踏探328个，出具现场调查报告、意见37个，出具验收意见标准的批复133个。对125个项目进行了审批，其中报告书9个，报告表26个，登记表48个，核发排污许可证295个。环评执行率达100%。

【加强水污染防治，确保人民群众饮水安全】对市区内的4个集中式饮用水源地进行了实地检查，全面掌握了饮用水源地建设及周边污染源情况。对西郊水厂周边存在的四家排污单位下发了《限期关闭通知》；自治区第二人民医院限期建成医疗废水处理设施并尽快运行。

【加大环保基础设施建设，提高污染处理能力】加大拉萨市环保基础设施建设力度，“十一五”期间，市相关职能部门共争取环保项目4个，概算投资1.5亿元，分别为：拉萨市污水处理厂、拉萨市垃圾填埋场及配套工程、当雄县和墨竹工卡县垃圾填埋场工程。目前，当雄县、墨竹工卡县垃圾填埋场工程已经开工建设，拉萨市垃圾转运站和渗滤液处理项目已基本建成。拉萨市污水处理厂开工奠基仪式已做完，待概算审批后马上开工建设。

拉萨市环境监测站及12369环境应急中心项目，国家投资1113万元、北京市环保局援助400万元，江苏省环保厅援助500万元，总计投资2013万元。10月27日举行了拉萨市环保局环境监测站、环境应急指挥中心综合办公楼开工仪式。该项目的实施，将大大提高拉萨市环保局的环境管理水平，大力促进拉萨市环保事业的发展。

【加强生态保护，积极申报农牧区环境综合整治项目】积极申报拉萨周边湿地生态功能保护区、拉鲁湿地自然保护区项目及农牧区环境综合整治工作。拉萨周边湿地生态功能保护区项目涉及达孜、墨竹工卡、林周、堆龙、曲水、尼木等七个县，估计总投资3173多万元。拉鲁湿地自然保护区项目，估计总投资3000万元。目前完成了3个县共4个村的农村综合环境整治项目的上报，估计总投资1056多万元。当雄县恰嘎村和巴萨村的农村环境卫生改善项目的资金指标批复已下发，预计投资110多万元。通过努力，拉萨市建成区绿地率达到32.41%（含拉鲁湿地），绿化覆盖率已达35%（含拉鲁湿地），建立自然保护区及生态功能区26个，总面积达8207.525平方公里，占拉萨市国土面积的28.3%。配合中国——欧盟生物多样性保护项目办，做好了项目财务培训工作。

拉萨市十大研究课题之一的“拉萨市生态环境保护研究”由市环保局和市林业局共同承担。近期已完成初稿的编制工作，目前该项工作正在进行中。开展了三渠一河专项整治工作。拉鲁湿地全体干部职工对流沙河娘热路桥、流沙河色拉路桥、北干渠娘热路桥桥底进行了清理，共清理垃圾344吨。

拉鲁湿地管理实行24小时值班、巡逻制度，严厉查处打渔、倾倒垃圾等行为，进一步加强湿地的保护力度。作为自然生态保护的宣传基地，加强了自然生态保护的宣传力度，截止目前共接待国内外政要代表团、国内外旅游团、科

考团共计70余批，面向国内、国外有效地宣传了拉鲁湿地的生态保护工作。同时，配合建设局实施了拉鲁湿地二期项目的建设。《拉萨拉鲁湿地自然保护区管理条例》、《拉萨市拉鲁湿地国家级自然保护区管理实施方案》正在审批中。

【依法征收排污费，及时解决环境案件】截止12月16日，已征收排污费207多万元，已征收排污单位达到710多个。拉萨市环保局严格按照《排污费征收使用管理条例》全部解邀入库。

严格执行“12369”全国举报热线24小时值班制度，及时处理群众举报，切实解决事关群众切身利益的环境问题。截至12月3日，共接到“12369”环境举报392起，其中，噪声232起、水污染21起、白色污染54起、大气污染63起、固废污染21起、生态破坏1起，处理率100%，办结率95%以上。

加强高、中考期间噪声控制，为考生营造了良好的应试环境，得到了广大考生及家长的好评。

拉萨市科技工作

【大力组织开展农牧业科技创新、成果转化与先进适用技术的示范推广，促进“一产上水平”】“十一五”以来，共组织实施了41个农牧业科技项目，投入资金2847万元，占整个科技资金总额的60%以上。预计到2010年底，科技进步对拉萨市经济发展的贡献率达到36%，科技进步对农牧业经济增长的贡献率达到42%。

重视农牧业科技创新和农牧业科技成果转化，促进农牧业科技进步。紧紧围绕推进农牧业现代化，提高农牧业的综合生产能力，积极引进农作物新品种、节水灌溉技术、牛胚胎养殖技术和畜禽养殖技术，示范推广了藏青320、青稞311、蔬菜瓜果、优质牧草等粮食、经济作物和牧草品种20多个，组织实施了农牧业科技成果转化基地建设、科技示范村建设、西瓜规模化高效栽培技术示范等科技项目，以及黄牛、牦牛、鸡、猪等10多个畜禽品种的引进选育改良项目。通过这些科技项目的实施，新增纯收入6000万元，取得了较好的经济社会效益，促进了农牧业产业结构的调整和经济发展方式的转变。

大力实施科技富民强县专项行动计划和星火计划项目，促进县域经济发展，推动社会主义新农村建设。立足各县的特色资源，通过科技厅争取到国家科技部立项的林周县“半细毛羊育种及示范推广”、当雄县“牦牛育肥技术示范”、尼木县“藏鸡规模化养殖技术示范推广”、墨竹工卡县“斯布牦牛品本种选育技术示范推广与产业化”等科技富民强县专项行动计划项目5个，以及达孜县“仔猪繁育与短期育肥”、林周县“牦牛育肥”星火项目2个，资金1036万元。科技富民强县专项行动计划项目的成功实施，促进了特色优势产业的快速发展，推动了县域经济的持续增长，在促进农牧民增收致富和壮大县乡财政实力方面发挥了重要作用。

积极推行科技特派员制度，促进农牧业增产增效和农牧民增收。科技特派员工作自2006年开展以来，拉萨市已有451名科技工作者与农牧民技术员被聘为科技特派员，拉萨市基本实现了乡乡有科技特派员。为了进一步提高农牧民科技特派员服务“三农”的能力，市科技特派员领导小组办公室组织对拉萨市216（占拉萨市科技特派员的65%）名农牧民科技特派员进行了集中培训，使他们的服务能力大大提高。目前，这些科技特派员承担实施了家畜良种改良、种植养殖先进适用技术推广、新能源技术示范等40余个科技项目；培养科技种植养殖示范户千余户；创建粮油科学种植、畜禽科学养殖、蔬菜瓜果种植、沼气等科技示范基地10余个；催生农村专业技术协会与合作组织近20家，开展技术培训和技术指导400场，培训农牧民近40000人（次）。

【重视支持特色产业技术研发，科技支撑特色产业发展能力不断提升】五年中，支持工业科技项目20项，投入资金376万元，大力支持企业和科研单位，开展特色农牧业资源的深加工开发研究。

大力支持特色农产品的加工转化技术创新，推进了农业产业化进程。支持藏缘酒业开发的罐装青稞酒、青稞白酒系列产品，2009年实现销售收入5300万元，净利润700万元；支持春光食品公司开发的青稞皮粉、芯粉、青稞精米新产品，产量达到600吨，实现利润60.5万元；支持卓依玛食品公司开发出了三种特色青稞糕点。特色农产品加工转化项目的实施，延长增粗了农业产业链，提高了农产品附加值，促进了产业发展，还为农村富余劳动力解决了100多个就业岗位。

大力支持特色旅游产品研发，为旅游支柱产业发展提供了科技支撑。几年来，立足民族旅游产品资源，立项支持4个旅游科技项目，投入资金50万元，大力支持荣恒服装公司、邦锦美朵有限公司、彩泉福利厂等民族手工业企业进行产品研发。开发出了防蛀藏毯、刺绣挂毯、布达拉宫微型木雕、藏式面具、藏纸工艺品等旅游产品200余种。繁荣了旅游市场，促进了旅游产业发展。

立足藏药资源优势，大力开展新特藏药的研发与藏药材人工种植试验，推进了藏药产业化。“十一五”以来，加大新特藏药的研究和开发力度，立项支持6个藏医药项目，投入资金160万元。藏药“朗庆阿塔”项目，开展了处方优化、有效性、药理学等方面的试验研究，确立了该药的适应症为治疗肝纤维化，完成了临床前的研究工作，现正在与江苏省中医药研究院联合向国家药监局申报临床研究。“藏药沐浴产品研究及产业化”项目，开发出了7种不同配方的藏药沐浴新产品，现已进入产业化阶段。“藏药材人工栽培技术研究与示范”项目通过对当归、红芪、藏木香、大黄等药材试种，掌握了其栽培技术及病虫害种类与防治方法，为规模化人工种植奠定了基础。

【重视支持新能源和环保科技的引进应用，促进可持续发展】大力实施组织实施了太阳能光电灯的示范推广、杨二尾舟蛾综合防治实验示范、生物质循环模式集成试验与示范、乡土树种驯化、干旱地区造林技术等科学研究与示范推广工作。几年来，累计推广太阳能户用光伏照明系统光电灯2000套。生物质循环模式集成试验与示范项目，解决了在海拔高、气温低、风沙大建设使用沼气池的技术难题，拓宽了沼气推广应用区域，解决牧民群众烧火做饭和照明问题。杨二尾舟蛾综合防治实验示范项目，掌握了杨二尾舟蛾发生规律和为害特点，总结出了综合防治技术，对减轻病虫害对林地危害，促进环境保护具有重要意义。

拉萨市文化工作

【强化设施建设，夯实发展基础】根据拉萨文化建设“十一·五”规划项目实施计划，2009年新建了5个乡级文化站和1个县级综合文化活动中心：当雄县综合文化活动中心及当雄县格达乡、公塘乡、乌玛乡、宁中乡和墨竹工卡县扎西岗乡。每个乡级文化站由国家投资36万元，当地政府给各乡投资5万元。目前，墨竹工卡县扎西岗乡新建的乡级文化站已竣工。当雄县4个新建乡级文化站和综合文化活动中心正在修建当中。通过多方努力，争取到市歌舞团综合排练厅工程，现已完成初步设计，即将进行招投标工作，争取年内举行开工典礼，明年3月正式动工建设。

拉萨市首个“农家书屋”、“牧家书屋”、“社区书屋”分别在堆龙德庆县东嘎镇桑木村、羊达乡通嘎村、仙足岛居委会揭牌。拉萨市文化局在积极争取农家书屋工程的同时，规范现有的村级文化室，结合市委宣传部提出的“八个一百、八个八”宣传文化阵地建设工程要求，向八县(区)村级文化室配备了144家农家、牧家书屋工程项目，超额完成了每年100家的任务。这一配书工程是解决农牧区看书难、借书难的问题，丰富农牧区业余文化生活，提高农牧民文化素质的一条新途径，对于加快拉萨市社会主义新农村建设必将起到十分重要的促进作用。

根据自治区文化厅的统一安排，拉萨市除已建成的达孜县县支中心外，2009年新建了林周县、墨竹工卡县和曲水县3个文化信息资源共享工程县支中心。并积极组织各县参加文化厅举办的“全区文化信息资源共享工程”县支中心操作管理人员培训班、系统地学习了县支中心资源加工系统、发布系统、业务自动化系统和软硬件设备的使用和维护。截至目前，拉萨市文化信息资源共享工程已配备县支中心点4个、基层服务点15个，除原有的城关区和达孜县共6个点外，2009年从市财政争取新建了9个基层服务点，分布于城关区各乡和社区办事处。

【文化体制改革迈出可喜的第一步】对拉萨市新华书店实施企业改制，组建股份公司。从2009年4月初开始，通过清产核资、审计评估、书店法人任期审计等基础性工作，制定了改制实施方案与章程，选举产生了新公司领导机构负责人，按照章程确定了注册资金、股东，按职务已缴纳了股金并已完成了银行注册资金验资，在工商行政管理部门办妥了新公司营业执照，经拉萨市政府批准于8月8日举行了新公司挂牌仪式。拉萨新华书店有限公司成立。

【树立精品意识，繁荣文艺创作】一年来，拉萨市文化局紧紧围绕市委、市政府中心工作，开展了“百万农奴解放纪念日”、“四进社区”、“军民双拥共建共保”、“红色歌曲·拉萨唱”、“激情广场”、“雪顿节”、“西藏和平解放50周年”、“新中国成立60周年”等一系列丰富多彩的文化文艺活动，仅市歌舞团就演出了46场次，观众达91100人次。

提升节日文化品位，做强“雪顿节”品牌。2009年的“雪顿节”系列文艺活动，演出39场次，观众人数累计40万余人次。根据市雪顿办的总体方案，力求办出特色、办出成效，注重传统，突出特色，内容丰富，形式多样，既满足了广大人民群众的精神文化需求，又充分展示了“寻梦拉萨·情醉雪顿”的活动主题和多姿多彩的地方民族文化，收到了良好的宣传展示效果。一是传统藏戏汇演魅力无穷。为期一周的活动中，在罗布林卡公园安排了两个藏戏演出场地，进行了21场次藏戏演出，每天均吸引了观众2000多人次。其中，外请的日喀则江嘎尔藏戏队和山南雅砻扎西雪巴藏戏队，带来了4场精彩的演出，使广大市民感受到藏戏不同流派的独特魅力。二是歌舞演出好戏连台。市歌舞团和部分业余文艺演出队，在布达拉宫广场、龙王谭公园举行的开、闭幕式和文艺精品展演，分别演出了近年来的新创和获奖作品，有曲艺、舞蹈、小品、独唱等，让广大群众得到了高品质的文化享受。

打造广场文化活动品牌，为各项庆祝活动添光增彩。广场文化活动，通过专业示范、业余参与、群众受益的方式，形成了引导有力、活跃有序、寓教于乐、形式灵活的特色。为进一步弘扬时代主旋律，为庆祝中华人民共和国成立60周年和西藏民主改革50周年营造隆重热烈的文化氛围，由市委组织部、宣传部、市妇联、市文化局牵头并举办、由市直机关各单位、学校、企事业、社区群众等参与的“红色歌曲·拉萨唱”以不同形式、不同规模在龙王潭公园隆重举办了7场演出。中央电视台“激情广场”也在布达拉宫广场举办。为办好这8场千人以上的大型演出活动，拉萨市文化局属市歌舞团、市群艺馆抽调专业人员到市直单位、社区等地辅导，并派演员参加了演唱。8场活动高潮迭起，精彩纷呈，均取得了圆满成功，充分展示了广大干部职工、学生、群众热爱党、热爱人民，维护祖国统一，反对民族分裂，坚持“三个离不开”的良好精神风貌。

【丰富活动载体，活跃群众生活】2009年拉萨市文化局积极组织参与丰富多彩的群众文化活动。为全面展示西藏民主改革50周年来拉萨各项建设取得的成就，推动基层群众文化发展，市群艺馆派出编创人员赴新成立的“法官之声”文艺队和俄坝林居委会老年文艺演出队，进行辅导和培训，编排了《吉祥颂》、《雪域法魂》、《辉煌的拉萨》等十余个节目，两支队伍的正式亮相演出，均获得了广大观众的好评。根据“围绕新中国成立60周年深入开展群众性爱国主义教育活动”的要求，拉萨市文化局从拉萨市78支业务文艺演出团队中，精选当雄县民间艺术团、墨竹工卡县文艺演出队、远大建材农民工艺术团3支队伍的61名农牧民演员，创编了《祖国万岁》、《护路勇士浪漫曲》、《酥油情》等15个舞蹈、小品、二重唱节目，将于10月底参加全区农牧民文艺调演。

在由中国文联、中华全国总工会、中央电视台、中国舞蹈家协会联合主办的“向祖国汇报——庆祝新中国成立 60 周年全国产业（行业）系统舞蹈展演”活动中，拉萨市文化局属市群艺馆喜获优秀编导奖，创编的舞蹈《香甜的糌粑》获得金奖，《盛典的舞蹈·谐庆》获得银奖，《古尔多》获得铜奖，《盛世踏歌》和《牧民的天堂》获得优秀奖。另外，积极组织拉萨市老年文艺队参加第二届中国国际中老年艺术节“我爱祖国”大型电视晚会，市群艺馆派出创编人员编排了 4 个节目，其中《羌族人民在阳光下的舞步》获得了一等奖，并获得了优秀组织奖和个人表演优秀奖。

拉萨市新华书店 2009 年的图书销售比上年同期有所增长，全年共完成图书销售收入 1238 万元，比 2008 年的 1213 万元增加 25 万元，增长 2%，租赁收入 235 万元，比去年同期的 196 万元增加 39 万元,增长 19%，补贴收入 26.3 万元，成本费用 1465 万元，比去年同期 1370 万元增加 95 万元，增长 6%。2009 年共实现利润 34.3 万元，上年盈利 65 万元。

【加强文物保护，发掘文化遗产】文物保护基础工作得到加强。划定了拉萨市 29 处自治区级重点文物保护单位保护范围和建设控制地带，完成市、县级以上重点文物保护单位的记录档案;起草了《拉萨市文物保护管理暂行办法》；对大昭寺、关帝庙和布达拉宫广场的扎达路恭碑、御制十全碑、御制平定碑的保护标志与说明进行了重树和新设；配合自治区保护部门对拉萨市贝叶经进行了抢救性发掘、征集和整理。

文物普查申报切实推进。完成了第三次全国文物普查八县区田野调查任务，调查范围 2.9 万平方公里，组织召开了第三次文物普查质量控制会。共调查文物点 887 处，两处被列入国家第三次文物普查重要新发现。其中古遗址 205 处、古墓葬 170 处、古建筑 332 处、石窟寺和石刻 98 处、近现代重要史迹和代表性建筑 82 处；申报了 4 处第七批国家级和 20 处第五批自治区级文物保护单位；积极主动开展八廓街申报“十大历史文化名街”活动，完成全部的文字和影像资料呈报与阐述，并获得成功。

文物保护工程进展顺利。2009 年，拉萨市“十一五”重点文物保护工程全线开工，大昭寺、小昭寺、哲蚌寺措钦大殿和给排水、色拉寺措钦大殿进入全面修缮；朗孜厦、关帝庙、吉彩洛定、吞弥桑布扎故居、卓玛拉康南寺、唐加寺等修缮和展陈项目前期工作也已完成，即将开工；完成了扎达路恭碑、康玛寺抢险加固；初步建立了文物抢救和保护项目库。

严格依法行政。依照相关法规，对旁多水利枢纽工程等大型基本建设项目进行了文物保护调查，并编制了保护规划和项目，对重点文物保护单位和老城区古建大院的加固、修缮、设施建设严格按程序进行审批，处理了一起矿产企业施工生产过程中对古墓葬的破坏行为；并严格按照基本建设和文物保护工程的法规程序和规定，实施了大昭寺、小昭寺等文物保护工程。

非物质文化遗产保护工作进展顺利。通过努力，拉萨市非物质文化遗产保护名录体系已建立。2009 年，自治区级第三批非物质文化遗产代表作申报工作已结束，共申报代表作 26 个，经自治区批复，19 个代表作被列为第三批自治区级非遗保护名录，列全区第一。市级第二批代表作初评工作已完成并将公布。截至目前，拉萨市已有国家级代表作 6 大类 16 项，自治区级代表作 8 大类 44 项，拉萨市级代表作 7 大类 23 项。非物质文化遗产成果展示工作基本完成，现已开辟了陈列室，征集了部分实物，出版了藏汉文版 DVD《走近拉萨》光碟，印制了宣传折页《守望我们的精神家园》，画册《魅力拉萨》正在印制之中。为进一步增强广大人民群众对文化遗产的保护意识，在全国第四个“文化遗产日”之际，邀请市政府领导发表了电视讲话，活动现场发放《拉萨：文明悠久的城市》中藏英三种文字的宣传品和各类文化遗产保护宣传资料，在拉萨市范围悬挂文物保护法律和传承发展非物质文化遗产的宣传横幅 29 幅，发放各种宣传资料 20000 册（页），并以实物、图片、文字集中展示拉萨市文化遗产保护成果。

【文物普查申报工作取得显著成绩】2008 年 7 月至 2009 年 10 月开展了拉萨市第三次全国文物普查，文物普查数据表明，拉萨市文物点是前两次普查数据的 4 倍多。文物工作者以实际行动和具体数据有力地反驳了“西藏文化毁灭”的谬论。在 1995 年公布的基础上，2009 年新公布了 5 处第二批市级重点文物保护单位和 16 处县级重点文物保护单位，拉萨市现有全国重点文物保护单位 8 处，自治区级文物保护单位 29 处，市、县级文物保护单位 25 处。八廓街从全国 200 多个街区中脱颖而出，被评为中国首届“十大历史文化名街”。

拉萨市教育体育工作

【年度情况】拉萨市有师范专科学校 1 所，在校生 2592 人。教育部门办高中 5 所，在校生 9554 人，高中阶段入学率达到 56.5 %。教育部门办初中 15 所，在校生 22681 人，初中毛入学率达到 100.58%（含外来人员就读子女），巩固率达到 98.95 %。教育部门办完全小学 97 所，教学点 128 个，在校生 44919 人，小学适龄儿童入学率达到 99.48 %,巩固率达到 99.20%。特殊教育学校 1 所，在校生 174 人。幼儿园 9 所，在园幼儿 1920 人。青壮年文盲率下降到 1%以下。

其他部门和社会力量办学机构 32 所，其中完全中学 2 所（民办 1 所，其他部门办 1 所）、九年一贯制学校 1 所、小学 4 所、幼儿园 25 所，在校生中高中、初中、小学、幼儿园学生分别为 380 人、748 人、2182 人、6462 人。

拉萨市共有各级各类学校学生 91612 人。

拉萨市共有教职工 7281 人（含离退休人员 951 人），专任教师 5813 人，其中师范专科学校专任教师 164 人，高中专任教师 614 人，初中专任教师 1675 人，小学专任教师 3225 人，特校专任教师 33 人，幼儿园专任教师 102 人。拉萨市高中、初中、小学专任教师学历合格率分别为 96.19%、98.18 %、98.70%。

【始终坚持“两基”工作重中之重地位不动摇，狠抓“两基”成果的巩固和提高】坚持督学与督政互相结合、互相促进的工作方针，督促各县（区）政府落实“以县为主”的教育管理体制，在人员、经费、制度和措施上予以保证。狠抓控辍保学工作，健全机制，建立学生到位月报告制度、“控辍”考核一票否决制度，起草《拉萨市防止义务教育阶段学生流失控制义务教育阶段学生辍学办法》，对秋季开学后各县的初一新生整班移交情况进行检查，对拉萨市 8 县（区）的控辍保学工作进行专项督导，清查在校生人数，了解学生流失原因，对在控辍保学工作中存在不足的县提出意见督促整改。积极探索扫盲教育的新路子，加强农科教结合，进一步巩固扫盲成果。召开专门会议，制定翔实方案，成立组织机构，对拉萨市教育系统的统计员进行系统培训，拍摄拉萨市“两基”攻坚成果专题片，组织人员汇编相关资料，扎实做好“两基”迎国检工作。

【充分发挥研究、指导和服务职能，大力实施“科研兴教”战略】建立教研人员同伴合作交流制度，加强培养培训，进一步提升教研人员素质。起草《关于进一步加强县教研室建设的指导意见》，明确工作重点，确保各学校教研活动有序开展。市教研所分小学和中学组深入学校蹲点听课、评课，上观摩课、交流课、研究课，积极开展教学指导活动。成立“拉萨市小学语文学科指导委员会”，举办小学语文教学交流研讨会，加大拉萨市小学语文教学研究力度。安排人员赴内地省市高中学校学习新课改经验，组织市直各高中学校校长参加自治区高中新课程改革培训会，成立拉萨市高中新课程改革办公室，拉萨市高中新课程改革工作正式启动。针对新课改以来藏文教学存在的问题、困惑，组织人员对 7 县藏文教学情况进行调研，年终完成调研报告，提出切实可行的对策。举办首届“拉萨市中小学生规范汉字书法大赛”，共收到中小学生书法作品 476 幅，127 人获奖。组织、选拔人员参加第七届“语文报杯”全国中青年教师课堂教学大赛，市一高谭瀛老师作为西藏自治区唯一参赛代表荣获大赛高中组二等奖，拉萨市教育体育局荣获“银伯乐奖”。开展拉萨市教师赛课活动，完成质量监测（抽测）工作。根据自治区人事厅、教育厅、区语委《关于开展公务员普通话培训测试试点工作的通知》，市语委办在拉萨市国家公务员中进行普通话培训测试工作，目前有 35 个单位完成报名工作，16 个单位完成普通话培训测试工作，在被测试的 421 人中有 380 人达标。开展第十二届全国推广普通话宣传周活动和拉萨市语言文字规范化示范校创建工作。配合救助儿童会开展课堂教学的活动设计和课堂教学评价的研究课题试点教育项目，组织教师参加英特尔未来教育项目培训，完成 500 名学科教师的培训任务，举办英特尔未来教育项目成果大赛。编辑发行《拉萨教育》汉文版 7 期、藏文版 5 期。

【加强职业教育】本着公开、公平、公正原则，顺利完成 57 名优秀职高毕业生对口升入高职院校的推荐工作安排，2 名教师参加职业学校国家级骨干教师培训、14 名教师参加职业学校自治区级骨干教师培训。将拉萨市职高班转成中职班，与自治区高职学院达成挂靠协议，完成学籍转换工作，2009 年中职招生 988 人。组织人员到各县区职教中心进行调研，全面了解各县区职教工作情况。创新职业教育模式，拓宽职业教育发展路子，与内地职业学校合作办学，墨竹工卡县职教中心与南京金陵职业学校、城关区职教中心与江苏常州市商贸高等专科学校、林周中学与江苏常熟市职教中心校合作办学，招收的 139 名学生已赴江苏学习，经自治区教育厅同意，将就读 3 所合作办学学校的学生列入内地西藏中职班招生计划，享受同等待遇。认真贯彻落实国家出台的举办内地西藏中职班政策，完成中职新生的电子学籍注册工作，抓好内地西藏中职班招生工作。切实做好农牧民培训工作，2009 年市农牧民培训领导小组下达给拉萨市教育体育局的农牧民培训任务为 3395 人（其中职业技能培训 1195 人，引导性培训 2000 人），拉萨市教育体育局已下拨 23 万元培训资金到各县（区），组织开展酒店服务、金属加工、烹饪、民族歌舞、电工、民用建筑、驾驶、旅游服务等专业培训。截至目前，拉萨市教育体育局共培训农牧民 1779 人（其中职业技能培训 877 人，实现就业 303 人，引导性培训 902 人）。

【加强教育教学管理】召开拉萨市年度教育工作会议，与各县（区）教体局、拉萨市各校签订《拉萨市 2009 年教育目标管理责任书》。强化学籍管理，加大学校常规工作的督查力度，对个别学校变相开除学生等问题及时进行核查处理，规范学校的办学行为。继续做好中小学“减负”工作，引导教育管理人员树立正确的人才观、质量观、教育观。加强学校管理，借助典型引路、示范带动，在曲水、林周两县中学召开拉萨市农牧区寄宿制中学管理现场会。切实将“三包”政策的落实作为“德政工程”和“民心工程”来抓，“三包”经费标准小学提高到每生每年 1300 元，初中提高到每生每年 1450 元。认真贯彻落实自治区教育厅、财政厅出台的《西藏自治区师范及农牧林水地矿类相关专业本专科生免费教育实施办法》和《拉萨市非义务教育阶段贫困家庭学生资助管理办法》，做好贫困家庭学生的资助工作，2009 年共有 1349 名贫困高中生得到彩票公益金资助，受助总金额达到 134.9 万元。

【进一步规范民办学校的管理】对局辖民办教育机构办学行为、常规工作、安全卫生尤其是甲型 H1N1 流感防控等工作进行重点检查督导。对民办学校实行校车油料补贴，就校车超载问题进行了整顿。组织人员对民办学校办学情况进行调研，制定项目规划，有计划地对城关区蔡公堂乡小学等公办学校进行改扩建，增设汉族班，开设寄宿制班，逐步解决外来务工人员子女就读困难问题，切实减轻民办学校办学压力。

【各类招生考试进展顺利】拉萨市教育体育局高度重视，积极组织协调，强化细节管理，认真落实各项工作措施，圆满完成 2009 年研究生考试、2009 年春秋两季全国高等教育自学考试、第 29—31 次全国计算机等级考试和英语等级考试、2009 年普通高考、中考及内地西藏班（小考）、2009 年成人高考的报名、资格审查及组织考试工作。累计服务考生 26051 人 / 次。其中，研究生考试报名人数 1021 人，自学考试报名人数 1682 人，第 29—31 次计算机等级考试报名人数 5369 人，第 29—31 次英语等级考试报名人数 66 人，普通高考报名人数 6868 人，普通中考人数为 6547 人，内地西藏班（小考）报名人数 3070 人，成人高考报名人数 1428 人。

拉萨市广电工作

【以项目为抓手，大力推进广播影视事业发展】 2009 年，拉萨市各级广电部门通过实施“西藏百万农奴解放纪念日”为群众办实事办好事广播电视“户户通”项目广播电视设施地震灾后重建项目以及广播电视“村村通”工程项目，完成了 61868 套（户）广播电视“户户通”建设，按照市委、市政府和自治区广电局以及市委宣传部的统一部署和安排，在拉萨市曲水、当雄、尼木三县 44 座通电寺庙的 609 个僧舍中实施了寺庙“舍舍通”广播电视项目，得到了区党委书记张庆黎，区党委常委、宣传部长崔玉英，区党委常委、市委书记秦宜智等领导的充分肯定和高度评价，引起了中宣部和国家广电总局赴藏调研组的高度重视，并为在拉萨市乃至全区开展此项工作积累了经验。以上项目，大大提高了拉萨市广播电视的覆盖率和覆盖质量，截止 2009 年底拉萨市广播电视人口综合覆盖率分别达到 95.93%和 95.66%，广大农牧民群众和寺庙僧尼能够在家（僧舍）清晰地收听收看到 4 套广播和 46 套电视节目。

拉萨市各级电影放映部门充分利用电影室内放映点、流动放映车、数字放映设备等，保质保量完成了拉萨市农村电影放映任务。全年公益性放映达 1.23 万场，观众人数达 93.2 万人次。多渠道争取落实电影室内放映室建设资金，全年建成 7 座农村电影室内放映室。

在市委、市政府的高度重视下，通过江苏援藏途径解决了拉萨人民广播电台正式播出所需系统设备购置以及电台信号下传及无线覆盖至拉萨五县县城所需经费 1250 万元。完成了设备采购、办公用房和机房装修、人员引进、节目设置、栏目样板等部分前期准备工作，各项工作稳步推进，为 2010 年 5 月 1 日正式开播打下了坚实的基础。

【依法行政，不断加强广播影视行业管理工作】 2009 年大事多、喜事多、宣传任务重、重要保障期长，拉萨市广电局及时对《拉萨市广播电视安全播出应急预案》进行了修改完善，草拟了《拉萨市广播电视安全播出事故责任追究暂行办法》（征求意见稿）。在重要敏感期制定了操作性较强的安全播出应急专项预案并进行了演练。圆满完成了重大活动、重点时段和重大节日的安全播出任务。拉萨市广播电视台 10 频道播出机房、曲水县广播电视转播台荣获 2009 年度全区广播电视安全播出先进集体荣誉称号，拉萨市各级播出一线共 4 位同志荣获 2009 年度全区广播电视安全播出先进个人荣誉称号。

加大依法行政力度，联合市旅游局、市工商城关分局、城关区文广局，对市区各宾馆、饭店，江苏东路、宇拓路、北京中路部分商家擅自销售安装卫星电视广播地面接收设施情况进行了检查，依法查处违规商家。对拉萨市 6 万余户广播电视户户通用户和设备进行了逐一登记造册。

拉萨市卫生工作

【疾病预防控制工作】 2009 年 1 月 1 日至 9 月 30 日，拉萨市共报告乙、丙类法定传染病 16 种 1533 例，发病率 298.91/十万，发病率与去年同期相比下降了 14.83%，死亡 7 例，死亡率 1.36/十万。

强化免疫和计划免疫接种。一是开展强化免疫。领取麻疹疫苗 40000 支，发放 33970 支，脊灰疫苗 83000 粒，发放 71000 粒。8 县（区）设立巡回接种组 68 个，固定接种点 145 个，临时接种点 5 个，村级接种人员 220 人，乡级接种人员 169 人，县级接种人员 41 人，区、市级督导 4 次，县级督导 44 次、乡级督导 86 次。二是开展计划免疫接种。拉萨市 8 县（区）卡介苗应种 2602 人，实种 2528 人，接种率 97.16%；脊灰疫苗（首剂）应种 2534 人，实种 2407 人，接种率 94.99%；百白破（首针）应种 2418 人，实种 2272 人，接种率 93.96%；麻苗（首针）应种 2264 人，实种 2138 人，接种率 94.43%；乙肝疫苗首针应种 2703 人，实种 2417 人，首针接种率 89.42%，其中及时接种 1564 人、及时接种率 64.71%。三是落实市政府“为 3-15 岁少年儿童免费接种疫苗”的 12 件实事之一，在拉萨市范围内开展了对接种对象免费接种疫苗工作，其中甲肝疫苗应种 67280 人，实种 66081 人，接种率 98.22%；麻腮疫苗应种 25791 人，实种 25043 人，接种率 97.10%；A+C 群流脑疫苗应种 14594 人，实种 13693 人，接种率 93.83%。

鼠疫防治工作。鼠疫细菌学检验 77 只，检出阳性 8 株。血清学检验 1071 份检出 5 份抗体阳性，阳性率 0.4%。接收不明原因死亡动物疫情报告近 50 起。及时有效处理 8 起鼠间鼠疫疫情，对疫区发放宣传册 8583 册，预防性投药 1296 人次，疫点环境消毒面积 40.5 公顷，保护性灭獭堵洞 11978 个。

碘缺乏病监测。8 县（区）16 个乡（镇）的 32 个行政村开展了碘缺乏病和碘盐食用情况调查。8-10 岁儿童甲状腺肿大情况调查，碘盐食用 82.34%；非碘盐食用 17.66%，甲肿检测数 941 人，甲腺超值 50 人，甲肿数 13 人。食用碘盐覆盖率比去年提高了 35%，甲状腺触摸检查甲肿率 1.2%，与去年相比有所下降。B 超检查甲状腺体积超出正常值 5.3%，与去年相比处于水平线。

结核病防治工作。2008 年 4 季度至 2009 年 3 季度发现结核病人 362 例，涂阳肺结核 113 例，传染性肺结核占病人总数的 31.21%，治愈率为 92.85%。涂阳病人密切接触者调查人数 342 人，检出病人数 4 人。到各县（区）开展督导 24 次，督导乡次 48 次，访视病人数 96 人次。

性病、艾滋病防治。对各大娱乐场所高危人群 HIV、梅毒、淋病、丙肝的监测检测 408 人，其中梅毒阳性 4 例，丙肝阳性 2 例。发放安全套 8160 只，发放宣传资料 1224 份。HIV 自愿咨询检测共 23 人，无阳性病例。对 20 个国家级性病监测点每个季度督导检查一次，共监测 5 种性病 72 例，发病率 14.04/十万。孕妇监测点共监测孕产妇 108 人，梅毒 1 例，其中未发现 HIV 阳性病例。配合澳大利亚支持项目在当雄县开展安全套推广，共发放安全套 5000 多只，对 70 家宾馆发放了安全套并对安全套摆放情况进行了检查。全年共发现HIV阳性8例。

AFP病例监测。主动搜索1例AFP疑似病例，未检出脊灰及肠道病毒。完成8县（区）及市区6大医院AFP病例主动监测27次。

健康教育。召开了2008年健康教育总结表彰及首届健康教育与健康促进读本开发研讨会，编写出《中小学生健康教育知识读本》、《教师及妇联健康教育知识读本》、《城镇居民健康教育知识读本》和《工矿企业健康教育知识读本》。开展了卫生知识知晓率和行为形成率基调工作，给4家医疗单位发放了5300多份"禁烟标识"及烟草危害宣传资料。开展街道性卫生知识宣传活动13次，发放相关宣传资料50类30000余份，展出20多种内容的卫生知识展板100张。开展"三下乡"活动四次，发放宣传资料6000份，宣传画12000份。

甲型H1N1流感防控工作。自2009年4月份墨西哥和美国部分地区发生甲型H1N1流感疫情以来，在市委、市政府和自治区卫生厅的直接领导下，认真贯彻落实上级有关文件精神和要求，及时召开了专题会议，认真研究部署甲型H1N1流感防控工作，制订了《拉萨市卫生局应对甲型H1N1流感疫情实施方案》、《拉萨市卫生局甲型H1N1流感应急预案》、《拉萨市甲型H1N1流感联防联控工作方案》。加强了组织领导，成立了拉萨市卫生局应对甲型H1N1流感疫情防控工作领导小组、防控专家组、医疗救治专家组，明确了责任分工和任务，积极制定和采取有效应对措施，加强业务培训和疫情监测，做好物资的储备，密切关注疫情动态，及时开展对甲型H1N1流感病例的治疗，确保各项防治措施落到实处。

9月2日，墨竹工卡县中学9名学生出现流感样症状，3日经市、县疾控部门甲型H1N1流感快速检测，两名学生检测结果为阳性，5日经中国疾病预防控制中心病毒所国家流感中心PCR检测，结果亦为阳性，即判定拉萨市墨竹工卡县发生甲型H1N1流感疫情。9月9日，拉萨市第三小学发现甲型H1N1流感确诊病例，随即市区中、小学校、幼儿园、城关区和堆龙德庆县等陆续出现甲型H1N1流感确诊病例。截止10月9日拉萨市共发生甲型H1N1流感680例，拉萨市快检人数约8015人，其中快检阳性1603人，阳性率20%。核酸检测阳性680人，阳性率为42.42%，其余729人为季节性流感和上呼吸道感染。

【农牧区医疗制度实施情况】截止9月30日，农牧民应筹资人数28.23万人，实际筹资人数27.69万人，筹资率为98.1%与去年同期相比上升0.1%，人均筹资额11.4元。基金使用情况：住院补偿共计9562人次与去年同期相比上升了10.12%；住院总费用共计2240.97万元，住院补偿共计1385.06万元与去年同期相比上升了8.8%，次平均住院补偿费用为1448.5元；门诊补偿共计60.45万人次与去年同期相比上升了32.1%，门诊补偿总额共计983.8万元与去年同期相比上升了25.08%，次平均门诊费用为16.27元。

【妇幼卫生工作】继续加强产科建设，做好系统管理，进一步推行住院分娩"绿色通道"工作，重点抓提高高危孕产妇的筛查与管理，举办各级各类培训，县乡级参加人数45人次，通过培训使县、乡两级产儿科及妇幼人员进一步掌握孕产妇系统保健管理基本知识和技术，提高了对高危孕产妇筛查识别能力和危重病例应急处理、转诊能力，召开了拉萨市妇幼人员例会，召开了孕产妇死亡评审会，邀请了各大医院的专家计26人进行死亡分析。（2008年10月1日-2009年9月30日），拉萨市活产数4700人，住院分娩3348人，住院分娩率71.23%。孕产妇死亡9例，死亡率191.49/十万，与去年同期相比上升53%；5岁以下儿童死亡187例，死亡率为39.78‰，与去年同期相比上升了9.75%；其中婴儿死亡143人，死亡率30.42‰，与去年同期相比下降了3.12%；新生儿死亡84例，死亡率为18‰，与去年同期相比下降了4.8%。

维生素A普服工作进展顺利。拉萨市应服儿童数为22411人，实际投服儿童数为30571人，普服率为98.8%。

【卫生监督工作】一是结合创建卫生城市，深入推进食品量化分级管理工作，对1053户餐饮单位实施了卫生许可审查量化评分和日常卫生监督量化评分，并已颁发信誉度等级牌，其中获得A级单位的有33户，B级单位的264户，C级单位的756户，等级评审率66.3%。加大了对五小行业的检查力度，共检查五小行业669户。二是开展了打击违法添加非食用物质和滥用食品添加剂专项整治行动，共检查餐饮单位213户、乳制品加工2户、卤菜加工7户、青稞酒厂1家、糕点加工9户，食品添加剂使用单位总体情况落实较好，但也有部分存在滥用食品添加剂，以及未按照规定索证、索票等问题，并要求及时进行了整改。三是对市辖区范围内的宾馆（饭店）、旅馆、美容美发、公共浴室、餐饮店、旅游景点、农贸市场、食品加工厂场所、食品批发市场、各类学校食堂、集体就餐单位等开展食品安全监督检查。截止2009年10月8日，共监督4078户，其中食品2526户、公共场所1552户。行政处罚115户，其中警告84户、停业整顿21户、取缔8户、罚款2户，没收销毁不符合卫生要求的食品34个品种539公斤、价值9850元。处理举报案件7起。此外，开展了重大节假日、重要活动期间的卫生监督工作等。

【医政工作】认真做好医疗质量管理工作，积极开展医院管理年活动。继续坚持"以病人为中心，以提高医疗服务质量为主题"的原则，严格按照卫生部《医院管理年活动方案》和自治区卫生厅的要求，制订了县医院卫生工作及管理考核目标，对七县（区）医院的各项工作及时进行了督导检查，并对存在的问题提出了整改措施。

拉萨市各级医院始终坚持有关医疗质量管理规定，注重抓好质量规范管理，促进医疗业务发展。做到基础环节、终末质量并重，自我控制与全面监督并举，建立个人、科室、医院三级质控。开展了基础理论、基本知识、基本技能的考核和测评，使医务人员在临床工作中严格执行基本规章制度和各项技术操作规程，提高了医务人员的整体业务素质和诊疗水平。市医院全年诊疗96275人次，病床使用率76.29%，市妇幼保健院全年诊疗82302人次，病床使用率89.8%。

针对甲型H1N1流感疫情发展趋势，督促各医院提前组建发热门诊，完善发热门诊物资配备。为提高拉萨市甲型H1N1流感防控能力，规范医疗救治流程，组织市人民医院、市疾病控制中心专家于6月1日至6月10日分别到市人民医院、市妇幼保健院、七县（区）医院开展了甲型H1N1流感防控知识培训和医疗救治模拟演练。参加人员为各医院全体医务人员、各县疾控中心全体人员、乡卫生院院长、分管乡长、村委会主任。墨竹工卡县发现首诊甲型H1N1流感确诊病例后，及时组织医疗救治专家组投入到墨竹工卡县甲型H1N1流感病例的救治工作中。随着拉萨市甲型H1N1流感疑似病例日益增多，为做好疑似病人的隔离和观察，保护健康人群不受感染，及时组建拉萨市甲型H1N1流疑似病例留观点收治病人，截止2009年10月9日，累计收治留观病例194例，累计确诊病例59例。

本着保护医患双方的合法权益，维护医疗秩序，依照法定程序和相关法律法规，在医患双方都较为满意的前提下，妥善协调、解决数起医疗纠纷。加强对社会医疗机构的管理，开展打击非法行医活动， 2009年共出动人员14人次，车辆4台次，打击非法行医4起，没收器械、药品15箱，并进行了集中销毁。开展了2009年度西藏考区拉萨考点全国医师资格考试工作，做好2009年拉萨市药品集中招标采购工作的前期工作。承担青藏铁路拉萨至当雄县铁路段护路人员的医疗保障工作，从3月8日至3月30日，共巡诊里程约3700公里，就诊人数约225人次，药品金额1.5万余元。感。

【藏医药工作】藏医药服务能力得到加强。各县医院注重加强藏医与西医的交流与合作，研究利用藏医治疗高血压、慢性萎缩性胃炎、风湿性关节炎等疾病，取得了较好的成效。同时加强了理疗科室建设，提高针灸、放血疗法、药浴等外治疗法的使用率，充分发挥了藏医药在治疗慢性病方面的特色。2009年拉萨市先后举办两期基层藏医药专业技术人员培训班，七县一区50多名乡镇卫生院藏医药工作人员参加培训，提高了基层藏医药人员掌握常见病多发病的藏医药临床诊疗技能，增强了解决临床实际问题的能力。为进一步加强藏医从业人员的学历教育，推荐15名乡镇卫生院藏医人员参加学历教育，目前拉萨市共有60名藏医从业人员已经取得或正在接受中专学历教育。

【西安交大孕产妇营养素补充项目工作】按照项目合同要求，目前在城关、达孜、曲水三个县推行孕产妇营养素补充项目工作进展顺利，截止2009年9月30日，共对三个项目县的362名孕产妇进行了营养素投服，发放营养素1860盒，血红蛋白测试卡片910张、早孕纸518个、采血针30条。并为曲水县配备了血红蛋白仪2台、儿童电子称一台，价值共计16000元。同时为项目县举办了一期妇幼专干培训班，参加人数25人。

【人口计生工作】坚持宣传教育为主，不断深化宣传教育内容。以各种宣传日和“三下乡”活动为契机，开展“艾滋病防治”、“优生优育”、“幸福工程”和“两项扶助制度”知识宣传。在流动人口集中地开展《人口与计划生育法》、《流动人口管理办法》、《社会抚养费征收管理办法》宣传。2009年共开展宣传服务活动55次，发放宣传画册60000份、发放避孕药具和常用药品30个品种价值80000余元。

流动人口管理工作。一是贯彻落实《关于进一步加强流动人口计划生育工作》、《关于出租房和流动人口服务管理职责分工和工作要求的意见》，明确了各相关职能部门的职责，与相关职能部门逐步建立起了信息互换、同步管理、相互协作的管理和服务机制。二是以社区为突破口，因地制宜开展新形势下流动人口计划生育综合服务与管理工作，将城关区贡德林社区办事处作为拉萨市流动人口计划生育综合管理和服务新的试点，目前正在开展各项工作。三是根据《西藏自治区人口计生委关于做好全区七地市创建流动人口计划生育管理和服务示范点工作评估验收前期工作的通知》精神，对城关区和堆龙德庆县开展了自查评估验收工作。四是组织技术人员为城关区878名育龄妇女进行生殖健康检查，其中包括45名流动人口，为120人提供咨询，发放宣传手册1000份。出具流动人口孕检证明1053人，同时提供计划生育和生殖健康咨询服务6000余人次，免费发放避孕药具9600余份。五是利用拉萨晚报等媒体大力宣传《流动人口计划生育条例》，开展了流动人口“法制宣传教育”活动等工作。

扎扎实实落实“两项扶助”政策。积极稳妥地做好西藏自治区农牧区“一孩、双女”户困难家庭扶助制度和西藏特殊子女家庭特别扶助制度工作，按照国家人口计生委要求，严格把握政策，扎实细致的做好资格确认和网上录入工作。2009年拉萨市困难家庭制度受助对象3458人，特别扶助制度受助对象214人。

深入开展优质服务。邀请四川生殖健康研究中心附属生殖医院的专家及技术人员，在拉萨市育龄群众中开展妇科病的免费普查普治及不孕不育咨询活动，此次活动共为自治区、拉萨市、城关区部分机关企事业单位干部职工、城镇居民、流动人口和农牧民育龄妇女群众1354人进行免费检查，向检查中发现妇科病的农牧区和社区贫困妇女免费发放药品价值3000元，并发放避孕药具和宣传册。

【红十字会工作】继续开展了“红十字博爱送万家”活动、“5·8”世界红十字日纪念活动，充分利用拉萨市乡镇卫生院藏医培训班的有利时机，适时安排了红十字现场救护知识课程。争取到了墨竹工卡县扎西岗乡仁青林村“国寿博爱卫生站”项目，建筑面积为69.4平方米，总投资10万元，已交付使用。由自治区红十字会、西藏藏医学院和德国尼玛协会在林周县旁多乡联合创办的藏医培训学校，首批60名学员（拉萨市林周、墨竹工长两县共有30名），已毕业返乡开展服务工作。根据西藏自治区红十字会《关于开展“嫣然天使基金”唇腭裂患者免费手术》的通知精神，认真做好唇腭裂患者术前报名、筛选和每个患者术前的个案建档及审批工作，并组织唇腭裂患者到自治区人民医院进行手术。2009年拉萨市共有18名唇腭裂患者实施了免费手术。

拉萨市民政工作

【城镇低保工作】从2009年1月1日起执行月人均310元新的城市低保标准，有效缓解了物价上涨给低保家庭带来的困难，切实保障和改善了低收入群体的生活。2009年拉萨市共有城镇低保对象4548户、11338人，月人均补差水平为216.02元。2009年累计发放低保金2871.12万元，其中自治区配套资金96.86万元，市财政配套资金6.34万元，县级财政配套资金187.88万元。

积极开展了政府“惠民卡”发放工作，及时将价值800元的政府“惠民卡”发放到城市低保对象手中，共发放价值782.64万元的政府“惠民卡”。

为有效实现拉萨市低保工作“应保尽保、应退尽退、动态管理”，加大了对城镇低保对象的复查工作，全年拉萨市共新增低保对象224户、478人，停发305户、695人。全面建立低保信息系统建设工作，协助国家民政部和自治区民政厅开展了社会救助工作信息系统建设调研工作，为社会救助工作的信息系统建设奠定了基础。并通过银行完成了一次性生活补贴资金的发放工作，此次共为城乡低保对象9459户、28875人发放生活补贴资金945.9万元。

【农村最低生活保障工作】为切实保障农村特困群众的基本生活，自2009年1月1日起，农村居民最低生活保障标准由原来的年人均850元调整为1100元，按照农村低保重点保障对象年人均补助720元，特殊保障对象年人均补助500元，一般保障对象年人均补助368元的标准，2009年共为农村低保对象5318户、20475人发放农村低保资金918.16万元。二是及时将一次性生活补贴资金307.13万元，落实到了农村低保对象手中。三是为解决目前农村低保无法实现应保尽保的问题，切实将最困难的群众纳入到保障范围中，截止目前，拉萨市共有农牧区低保边缘困难群众27537人。

【农村五保供养工作】2009年1月1日起，拉萨市五保供养标准由原来的年人均1600元提高到了1800元，拉萨市已按新标准落实五保供养资金232.74万元，确保了五保对象基本的生活需求。全年拉萨市有五保对象1314人,2009年新增五保户20人，五保供养率达到了100%。

拉萨市农村敬老院改扩建项目总投资3603.34万元，其中，自治区配套813.13万元；拉萨市配套845.13万元；县财政自筹966.84万元，企业和社会各界捐赠978.2万元。目前，除达孜县外，曲水县、当雄县、墨竹工卡县、尼木县、林周县的敬老院建设工程已全部竣工，并且已有327位五保老人入住新建敬老院。拉萨市五保老人集中供养率达86%。

【村（居）委会建设工作】一是曲水县、尼木县、堆龙德庆县等县相继举办了村（居）委基层干部培训班。二是重新调整充实了拉萨市村务公开协调小组，进一步加大了拉萨市村务公开管理工作力度，全面推进村委会建设。三是根据城市发展的需要，全面加强居委会建设。完成了城关区新成立的甲玛林卡、阿坝林卡、团结新村、仙足岛等4个社区居委会组建工作，城关区社区居委会由原来的28个社区居委会增加到32个。甲玛林卡、仙足岛两个居委会隶属两岛办事处管理，团结新村社区居委会隶属扎细街道办事处管理、阿坝林社区居委会隶属娘热乡管理。依据《中华人民共和国城市居民委员会组织法》，对新建的阿坝林卡、甲玛林卡、仙足岛、团结新村4个社区居委会班子进行选举工作。四是经过可行性研究和论证，上报了曲水县采纳乡协荣村养殖基地项目、曲水县茶巴拉村级小型粮油加油厂项目、堆龙德庆县古荣乡藏鸡养殖项目。

【社区建设工作】一是为进一步深化社区建设示范单位创建活动，做好了全国和谐社区建设示范单位申报工作。推荐上报拉萨市城关区为全国和谐社区建设示范城区，扎细街道办事处为全国和谐社区建设示范街道，城关区的雪社区居委会、当巴社区居委会、鲁固社区居委会、八廓社区居委会、冲赛康社区居委会、河坝林社区居委会、俄杰塘社区居委会为全国和谐社区建设示范社区。二是为了提高拉萨市城市社区和农村村民避灾自救能力和基层的灾害应急管理水平，保障人民群众生命财产，促进城乡社区综合减灾能力，做好推荐第三批全国综合减灾示范社区候选单位工作。三是为了积极推进农村社区建设试点工作，经过认真探索和勇于实践，达孜县11个农村社区建成并挂牌运行，通过考察调研，目前11个农村社区建设工作进展顺利，开局良好，初见成效。四是成立了拉萨市史料征集领导小组，下设办公室在拉萨市民政局。为全面、系统地反映拉萨市城市居民委员会建设、社区建设的发展历程和发展业绩，协同城关区民政局做好了具有史料价值和现实意义的珍贵资料的征集上报工作。

【双拥共建工作】充分认识加强军政军民团结的重大意义，切实把双拥工作作为一项事关全局的战略任务重视双拥、支持双拥、推动双拥。为创建全国双拥模范城“六连冠”打下了坚实的基础。目前，除林周、尼木两县外，堆龙德庆、当雄、曲水、城关区、达孜、墨竹工卡六县（区）多次被命名为全区双拥模范城（县），其中堆龙德庆县连续七次被命名为全国双拥模范城（县）。

拉萨市劳动就业工作

【认真落实就业再就业政策，千方百计促就业】以深入贯彻《就业促进法》为主线，大力开展就业再就业政策宣传，强化职业技能培训，不断提高失业人员再就业能力，狠抓失业保险征缴，发挥失业预警调控功能，切实做好高校毕业生就业服务工作，就业再就业工作有效开展。加强政策宣传，大力营造良好的就业环境。

切实做好高校毕业生就业服务工作。开展高校毕业生专场招聘会、高校毕业生就业推进行动和迎国庆就业援助进家入户专项行动等一系列高校毕业生就业服务专项活动，共开展求职登记400余人次，政策咨询359人次，职业指导248人次，职业介绍103人次。

开展“四个一批”活动，拓宽就业渠道。通过开展“四个一批”活动，拉萨市实现城镇新增就业4544人，比2008年增加854人，完成全年目标任务的116.5%，城镇登记失业率控制在4.3%以内。

职业技能培训和鉴定工作稳步推进。职业技能鉴定考核185人，获得职业资格证书165人。设计工种主要有电工、钢筋工等工种。共组织、指导各县（区）和培训机构开办培训班35期，培训学员1742人，培训合格率96%；培训后实现就业1473人，就业率87.8%。其中，农牧民转移技能培训1539人，培训合格率98%，培训后实现就业1285人，培训后就业率85%。培训涉及驾驶、导游、营业员、民族歌舞表演等工种。

【社会保险扩面工作稳步推进，社会保障体系逐步健全】全力推进养老保险的扩面和征缴工作。以非公有制企业、城镇个体工商户、灵活就业人员等参保工作为重点，全力推进养老扩面工作。5月，试行了个体养老保险统筹由银行代扣的缴费方式。全年征缴养老保险金4300万元，同比增长1700万元。新增参保人数980人，同比增加160人。发放养老金6480万元，社会化发放率100%。完成了市直3631名退休人员“政府惠民卡”发放工作和七县199名企业离退休人员“一次性生活补贴”（每人800元）拨付工作。

加速推进工伤保险扩面工作。年初，积极组织召开了拉萨市建筑、矿山企业代表参加工伤保险座谈会，在广泛征求企业意见基础上起草了《拉萨市建筑、矿山企业农牧民工参加工伤保险的实施办法》，并与财政局联合开展了对拉萨市非参公单位情况调研，为扩面工作打好基础。工伤保险参保单位677家，参保人数15595人，与2008年相比增加13675人，征缴工伤保险统筹基金69万元，累计结余107.16万元，基金征缴同比增长188%。

扎实做好城镇职工和居民基本医疗保险工作。城镇职工基本医疗保险工作。拉萨市参加城镇职工基本医疗保险的单位624家，参保人员28020人，累计征缴医疗保险费5138万元（财政承担部分视同缴纳），征缴率99%，公务员医疗补助28万元；基本医疗保险基金支出3963万元，其中与各定点医疗机构（含异地住院）结算统筹基金1963万元，划入个人账户2000万元；参保职工住院结算医疗总费用2609万元，统筹基金支付1963万元，统筹基金支付率为75%，公务员补助160万元；个人账户支出2351万元；同时不断加大对医疗服务的监督管理工作力度，不定期到各定点医疗机构、定点零售药店进行检查，确保医疗保险基金安全与完整。

城镇居民基本医疗保险工作。拉萨市城镇居民基本医疗保险网络结算系统顺利开通，与八县区劳动保障局、市内8家定点医院、14家定点药店实现联网，免费发放居民医保卡23156张、医保证、家庭帐户本30000套，极大地方便了参保居民就医购药。城镇居民参保37091人，征缴个人医疗保险费139万元，划入家庭账户资金297万元，为1066名参保居民报销医疗费450万元，统筹基金的平均支付率达60%。较大地提高了参保居民医疗待遇，基本实现了医疗保险制度城镇人员全覆盖，受到广大城镇居民的热烈欢迎。

进一步做好失业保险和生育保险工作。①失业保险。拉萨市失业保险参保单位45家，参保人数3222人，征收失业保险金242万元，完成全年目标任务的121%，向去年“3·14”事件中受影响行业的331名人员再次发放失业救助金83.41万元，累计发放失业救助金170多万元，为拉萨市的社会稳定发挥了积极的作用。②生育保险。拉萨市参加生育保险单位604家，参保职工18548人，征缴生育保险金195万元（财政承担部分视同缴纳），征缴率为99%；待遇支出346人次，142万元。

【依法开展劳动维权工作，劳动关系更趋和谐】健全机构、完善机制。健全领导机构。成立了以局长为组长、分管领导为副组长，各部门负责人为成员的拉萨市劳动和社会保障局矛盾纠纷排查调处工作领导小组。

加大宣传力度。引导广大劳动者如何求职、如何应用法律维护自己的劳动权益，避免盲目流动。

加大检查力度。通过开展“春风行动”对拉萨市668家用工单位执行劳动保障法律法规进行专项检查，对615家用工单位进行了年审，督促用人单位与5200余名农牧民工签订了劳动合同，净化了劳动力市场，规范了用工行为。此外，对拉萨市建筑工地执行设立劳动者维权公告牌情况进行抽查，要求没有设立劳动者维权公告牌的建筑工地限期整改。

加大调处力度。劳动保障监察查处投诉、举报案件104起，涉及人数434人，追回拖欠工资208万元。受理劳动争议仲裁案件12起，涉及人数28人，涉及金额224万元。经调解、裁决处理10起，涉及24人，为劳动者追回工资、误工费、生活费、工伤赔偿、补缴社会保险等共计52万元。

城关区

【年度综述】2009年，城关区生产总值（现价）实现30.69亿元，比上年实际增长21.98%。其中：第一产业0.69亿元，比上年增长6.15%；第二产业4.14亿元，比上年增长8.03%；第三产业25.56亿元，比上年增长25.29%。人均生产总值37189元。工业总产值实现10395.03万元，比上年减少4.19%；本级财政收入实现1.5亿元，比上年增长20%。

2009年，全区实现农村经济总收入40810.81万元，比上年增长28.43%。其中：多种经营和乡镇企业收入达3.77亿元，比上年增长23.68%。蔬菜产量达到12983.4万斤，比上年增长2.4%。肉食总产量达到168.42万斤，比上年减少22.74%；奶类产量1925.14万斤，比上年增长55.13%；牲畜存栏数26578头（匹、只）。

2009年全区工业总产值实现12953.07万元。工业总收入达9600.63万元，比上年增长83.76%。实现利润740.8万元。其中：民族手工业收入为4080.03万元，增长19.64%；农村工业收入2784.4万元，增长17.02%。建筑业收入达4.05亿元，比上年增长7.36%。其中：建筑总公司收入为2.87亿元，比上年增长10.18%。贸易行业销售额达3058.27万元，比上年增长4.53%（其中：国有贸易销售额为366万元）。服务行业总收入达 4.46 亿元，比上年增长 12.77%。其中：旅游业为 3.38 亿元，比上年增长 19.43%。

2009 年，城关区实际完成固定资产投资总额 18.86 亿元。

2009 年，区属农牧民人均纯收入达 6712 元，比上年增长 35.12%。城镇居民可支配收入达到 13741 元，比上年增长 7.7%，其中：区属城镇居民可支配收入实现 5902 元，比上年增长 8.84%。

【“三农”工作】新农村建设成效显著。农牧业结构调整不断加快，以畜禽、蔬菜、水果、花卉为主的特色产业发展成效显著，大棚蔬菜等设施农业迅速发展，重点奶牛养殖户达到 853 户，培育壮大 4 个农牧民专业合作社。不断加大对新农村建设的投入力度，顺利完成 14 个小型农田水利设施建设，完成 994 户农村沼气入户建设任务。扎实推进农牧民安居工程建设，投入 981 万元完成 327 户安居建设任务，塔玛、贡布堂、城关花园等失地农民安置小区建设顺利实施，支沟、斜沟乡村公路建成。大力推进农牧业科技工作，新建夺底乡兽防站。以农机合作社带动农机化发展，新增农机具 363 台，全面提升农业机械化水平。积极开展农牧民培训工作，完成 2962 名农牧民技能培训任务。不断拓宽劳务输出渠道，农村劳务输出 5006 人，实现劳务收入达 8811.83 万元。实施扶贫项目 12 个，贫困人口生产生活条件得到明显改善。落实牲畜疫病防治工作责任制，各类牲畜重大疫病得到有效防控。

【旅游业】2009 年，实现旅游业总收入达 3.38 亿，比去年同期增长 20.71%。接待旅游总人数达 1070314 人次，同比增长 78.96%，酒店业接待人数 361556 人次，其中，接待海外旅游者达人 23055 次，比去年同期增长 206.17%；景区一日游、朝佛游、农村休闲游接待人数达 708758 人次，比去年同期增长 47.66%。农村旅游收入达 960 万元，比去年同期增长 113%。以培育“一个特色乡”、“三个特色村”为目标，进一步搞活农村旅游市场，落实农村旅游基础设施建设项目 4 项，资金达 100.8 万元。在区属范围内重要旅游景区（点）、农村旅游休闲度假区设立完成了以藏、汉、英三中文字的全国统一旅游标示牌，城关区旅游业向正规、规范化方向发展。2009 年，城关区旅游星级宾馆（饭店）、家庭旅馆发展到 36 家，其中，四星级宾馆 3 家、三星级宾馆 9 家；非星级社会旅馆、家庭旅馆发展到 180 家；农村旅游定点车辆达到 178 辆；旅游工艺品生产加工厂达 10 家，产品 1500 余种，市场上供不应求，绘画产品在全区销售第一；城关区旅游工艺品销售商户发展速度较快，大型商场 11 家，工艺品店铺 280 家；旅游纪念品摊点 1454 户；旅游餐馆业达到 53 家，以藏餐、西餐类为主；旅游景区（点）达到 37 处，以寺庙和农村休闲旅游区为主，其中，农村旅游休闲度假 11 处，国家 AAA 级景区（全国农业旅游示范点）1 处，共有客房 4182 间，床位 7417 张，旅游从业总人数 9391 人，城关区旅游业“六大”要素初显端倪。

【老城改造】2009 年总投资 1200 万元对祖母绕大院、云南拉康大院、帕拉达热大院、雄嘎一组居民大院、米吉林大院、国嘎小学居民大院、罗杰边觉居民大院，以上 8 座大院进行危房改造，总建筑面积为 8558.67 m²。在房屋的规划设计过程中，充分体现了因地制宜、以人为本、合理布局、修旧如旧、实现保护与开发相结合的规划理念，充分尊重了居民群众的住房习惯，建筑外观保持了老城区的和谐统一，并对住房抗震级别提出了明确的要求。

【商贸业】到 2009 年 12 月底，区属企业完成总收入 16026 万元，上缴税金 465.56 万元。其中：手工业完成产值 4080 万元，比上年同期增长 16%，比目标任务增长 0.6%；建筑业完成产值 7720 万元，比上年同期增长 5%，比目标任务增长 0.4%；服务业收入实现 3860 万元，比去年同期增长 10%，比目标任务增长 0.26%；贸易业实现收入 366 万元，比上年同期增长 5.75%，比目标任务增长 0.55%。完成招商引资任务 800 万元，比目标任务增长 60 %；争取上级专项扶持资金 300 万元，完成年任务的 100%；碘盐推广任务 81 吨，完成 100%；“万村千乡”市场工程任务 8 家，完成 10 家布点。

【教育事业】2009 年，城关区委、区政府向教育投入 3800 万元，达到本级财政收入的 27%；成立了局基础建设办公室，争取国家、自治区教育厅、拉萨市教育体育局和援藏等资金 3200 万元，完成了 2 所学校的校园网、6 所学校的视频会议系统和 5 所学校的计算机教室建设，全区整体办学条件进一步显著改善；完成了西藏第一所专业教师培训机构，城关区教师培训中心建设项目建设。筹建了“城关区职业介绍所”和“城关区家政服务中心”，职业教育与就业服务体系一体化建设进一步加快；出台了《城关区小学教学质量监测改革试行办法》，江苏中学高考录取率达到 85% 以上，小学内地西藏班录取率为拉萨市最高，2009 年，城关区教学质量稳步提高。

【卫生事业】人口情况： 2009 年，城关区总户数为 17389 户，总人口数为 50189 人。2009 年共出生 475 人，全区人口出生率 8.90‰，人口死亡率 5.61‰，人口自然增长率 3.28‰，综合节育人数 11368 人，综合节育率 93.78%。2009 年享受“一孩、双女”政策的有 198 人、享受独生子女伤残政策的有 25 人。

食品卫生：制定和下发了 10 种食品卫生制度和卫生相关标准，并严格执行。积极推进餐饮单位食品卫生量化分级管理制度，370 户餐饮单位中 240 户递交申报材料，评定单位共计 152 户，评定 C 级的餐饮单位 124 户、B 级餐饮单位 26 户、A 级餐饮单位 2 户，辖区 5 所“三包”学校的食堂均达到 B 级标准。

争取项目：2009 年，争取了 8 个卫生基建项目，投资总计 936.96 万元。其中，国家投资项目 3 个，分别为扎细、公德林和八廓办事处社区卫生服务中心建设项目。城关区政府投资的卫生项目有蔡公堂乡卫生院附属工程项目、纳金乡嘎巴村和蔡公堂乡蔡公堂村卫生室、卫生局大门及拆墙透绿项目和社区卫生服务站改造等 5 个项目，投资总计 136.98 万元。3 个社区卫生服务中心正在建设之中，有望 2010 年投入使用。纳金乡嘎巴村和蔡公堂乡蔡公堂村两个村卫生室已竣工；社区卫生服务站改造项目工程已完工；拆墙透绿项目和蔡公堂乡卫生院附属工程项目即将竣工。（王德隆　申晓东）

【领导名录】

拉萨市委常委、区委书记：赤列多吉
区委副书记、人大主任：扎西顿珠
区委副书记、人民政府区长：唐海蛟
政协主席：李怀伟

林周县

【经济平稳较快增长】2009 年，林周县完成生产总值 7.46 亿元，同比增长 15.1%；财政收入完成 1481.6 万元，同比增长 21.34%；全社会固定资产投资 4.599 亿元，同比增长 121%；招商引资到位资金 1.25 亿元，同比增长 3.72%；多种经营收入 2.15 亿元，同比增长 13.04%；农牧民人均纯收入 4076.02 元，同比增长 15.9%，现金收入 2480.42 元，同比增长 7.68%；劳务输出 10898 人，总收入 6345.9 万元，人均收入 5822.99 元。全县粮油总产 12120.63 万斤，单产 759.52 斤，良种覆盖率达 88.5%；年末牲畜存栏数 27.63 万头（只、匹），牲畜总增率 32.39%，牲畜出栏率 34.4 %，畜产品商品率达 51%。

【狠抓农牧业生产，促进农牧民群众增收】按照“八大片区、一乡一品”的特色农牧业发展要求，全县通过集中投入，滚动发展，进一步壮大了农牧特色产业。成功实施了“万亩青稞高产创建标准化示范”项目建设；实施人工种草 9500 亩，使全县人工种草规模达到 8.9 万亩；家禽养殖产业继续推进，全年累计完成养鸭 31.7 万羽，全县 27 户、135 人参与养鸭，户均增收 21133 元，人均增收 4226.6 元，全县藏鸡存栏规模达到 2.58 万只；畜种改良成效显著，牦牛本品种选育至第四代，全县选育牦牛 62420 头，选育率达 68.7%，向全区推广良种牦牛 112 头，取得了较好的经济和社会效益；通过种羊场向全区推广良种绵羊 526 只，南部半细毛羊和改良羊存栏总数达 6.2 万只，占南部绵羊存栏总数的 99%，有力推动了全县乃至全区绵羊改良步伐；依托种草基地建立育肥示范户 400 户，育肥出栏牦牛 4800 头，每头增收 682 元，绵羊育肥户 263 户，育肥出栏绵羊 15000 只，每只增收 200 元；黄牛改良继续推进，2009 年改良黄牛 1120 头，不断壮大了良种黄牛种群规模，并计划逐步减少传统黄牛养殖数量，集中饲养效益型改良黄牛，实现黄牛奶源高效精养，全县良种黄牛养殖规模已发展到 9120 余头，良种覆盖面达到 35%。

【加快基础设施建设，城乡面貌焕然一新】全县建设项目共 102 个，其中：续建项目 5 个，新开工项目 97 个。续建和新开工的项目已基本完成年度投资计划，完成固定资产投资 4.599 亿元，同比增长 121%。一是农牧区基础设施投入加大，新农村建设扎实推进。2009 年共安排安居工程新建 2480 户，总投资 9803.1 万元，已全部完工；投资 947.34 万元建设了 2493 户沼气项目（其中国债项目 2000 户，新增项目 493 户）；总投资 1905.57 万元的灾后重建工作已全部完工，共完成轻微 1903 户、中等 470 户、严重 181 户受损房屋的恢复重建工作；投资 332.48 万元的南部农村敬老院项目已于 7 月份完工；实施各类扶贫开发项目 11 个，总投资 606.03 万元，使全县 283 户贫困户、1413 人脱贫；投资 365 万元实施的 4 个教育设施建设，改善了农牧区办学条件；投资 2244.03 万元建设 18 处人畜饮水安全工程及 8 个小型农田水利建设项目，县政府从支农资金中拿出 51 万元维修水毁水利设施 8 处及 7 座水塘；投资 3608 万元修建了甘曲镇解放桥、唐古乡折堆曲果桥、曲热桥等 11 座农村公路桥。同时，随着旁多水利枢纽工程开工建设，林周县积极配合项目建设，完成了项目建设用地征地工作，移民搬迁安置工作稳步有序推进。二是加快市政设施建设，提升县城整体功能。2009 年，按照县城总体规划，通过争取国家资金和苏州援藏资金，开工建设了一批基础设施和环境综合整治工程项目，投资 1055.83 万元的县城给排水工程已完工。投资 350 万元的县城公园已投入使用，援藏项目市民文化活动中心、自来水厂改扩建等项目基本完成；全面加强了县城管理，管理队伍实行分段包干，对道路进行了全面的维修养护；多次进行县城环境综合整治，县城管大队坚持全天候值班巡逻，规范市场摊位，纠正车辆乱停现象，清理环境卫生。三是着力加强生态环境保护建设。加大对湿地、县城集中式饮用水水源地及矿山（选矿厂）生态环境的保护力度，加大对国家级、自治区级自然保护区等各级各类保护区的保护工作，加强对白色垃圾的治理。加大植树造林工作力度，全年完成造林 30846 亩。认真实施《林周县城集中式饮用水源区环境保护管理办法》和农村小康环保行动计划，有效开展了为创建国家环保模范城市的相关工作，生态环境建设得到进一步加强。

【着力改善民生，落实各项惠民政策】全年共落实各项惠民政策资金 6037.57 万元，其中柴油补贴 264.6 万元，粮食直补 514 万元，良种补贴 37 万元，农作物良种推广补贴 89.5 万元，农机购置补贴 100 万元，退牧还草饲料补助 657.8 万元，能繁母猪补贴 24.39 万元，畜禽出栏补贴 80.4 万元，牲畜良种推广补贴 67 万元，退耕还林和生态补偿金 267 万元、工程造林资金 190 万元、小型农田水利建设资金 51 万元、民政各类补贴 920 万元、教育三包经费 1162.08 万元、教育奖励资金 26 万元、卫生各类补贴 1142 万元、“三老人员”补助金 34.8 万元、碘盐项目补贴 45 万元、落实农业保险试点赔付资金 352 万元、抗旱经费 13 万元。

【加大招商引资力度】2009 年，林周县积极梳理项目库，参加了渝洽会，兰洽会，发放投资指南和旅游宣传画册共计 500 余份。借助各种大型文化、商务活动宣传林周，展销具有林周县特色的农牧业产品、藏药材、民族服饰、手工艺品等。通过努力，全年招商引资项目到位资金 1.25 亿元。

【社会事业全面进步】教育事业：坚持教育优先原则，加强教育资源整合，不断改善农牧区办学条件，完成集中办学规划并正在全力实施，加强“三包”经费的管理和使用，做到每月“三包”收支情况公示。完成了全县“两基”迎“国检”的基础数据采集工作。全县小学适龄儿童入学率 98.84%，巩固率 99.64%，中学毛入学率 97.62%，巩固率 97.76%，扫除文盲 803 人。制定印发了《林周县构建学校、家庭、社会“三位一体”青少年思想道德建设体系2009年—2011年工作方案》。县中学与常熟市职业教育中心校开展联合办学，输送20名学生到内地接受职业教育。卫生事业：狠抓重大疫病防控、常规免疫与强化免疫、农牧区医疗卫生管理等工作，继续实施好农牧民孕产妇住院分娩费用免收（限价）和特困农牧民住院医疗费用直接减免等优惠措施，努力提高农牧区医疗卫生水平。2009年，林周县共发生法定传染病5种116例，无死亡报告，总发病率为119.4/十万，5种疫苗全程免疫接种率达97.6%；其中，结核病总患病人数63例，甲型H1N1流感病例44例；全年举办鼠防知识培训10次，鼠防知识宣传受益3.6万多人次；积极备战甲型H1N1，制定实施了《林周县卫生系统应对甲型H1N1流感实施方案》和《林周县卫生系统应对甲型H1N1流感应急预案》，加强对甲型H1N1流感防控工作；全县农牧区合作医疗工作进展顺利，全县登记、换证10163户、54429人，个人筹资率达96%。全县人口自然增长率10‰，孕产妇死亡率103.73/十万，婴儿死亡率22.82‰。加强食品卫生安全监督管理，认真实施了《林周县食品安全工作方案》。文化广电事业：完成了投资68万元的信息共享工程和22个行政村的“农家书屋”建设任务；抓好农村电影放映工作，为农牧民群众放映电影1600场；发放9858套广播电视节目接收器，确保全县农牧民群众收看到电视节目；认真实施学校德育和青少年思想道德建设工作；积极组织开展“红色歌曲•拉萨唱”活动；林周县志筹备工作已取得阶段性成果，待2010年6月完成终审。

当雄县

【基本县情】“当雄”藏语意为“选出来的好地方”，是拉萨市唯一的纯牧业县，素有拉萨“北大门”之称。当雄县北与班戈县、那曲县接壤，南与林周县、堆龙德庆县交界，东部一隅与嘉黎县相连，西南与尼木县毗邻，平均海拔4300米。青藏公路、青藏铁路、兰西拉光缆、输油管道横亘全县百余公里，具有重要的战略地位。全县国土总面积1.23万平方公里，距拉萨市162公里。全县辖六乡两镇（格达乡、羊八井镇、宁中乡、当曲卡镇、公塘乡、龙仁乡、乌玛塘乡、纳木湖乡），有28个行政村，172个村民小组，总人口45975人，牧户8438户，劳动力19840人。

当雄县自然资源十分丰富。矿产资源有砂锡、铅锌、玉石、高岭土、石膏、火山灰、石灰石、水晶石、硫磺、泥炭等，其中以羊八井地热最为著名，年发电量1亿千瓦。已探明并开采的县属乌玛乡石膏矿，储量1亿吨以上，高岭土、火山灰、铝锡、铅锌矿和以铜矿为主的稀有金属矿，均有相当的储量和品位。境内草场广阔，天然草场总面积693171.3公顷，优良草场占全县可利用草场的68%，质量中等的占29%。野生动物有野兔、盘羊、黄羊、野驴等二十余种。经济药用植物有冬虫夏草、藏贝母、藏雪莲花、单子麻黄、红景天、龙胆、甘遂、云南黄芪等。

当雄县旅游资源得天独厚。主要名胜古迹和旅游景点有世界海拔最高的咸水湖——纳木错，历史名城冲嘎固始汗夏宫遗址，享有盛名的藏传佛教噶当派创始人——仲敦巴旧址，藏北八塔，嘎罗寺（噶玛噶举派）、羊井寺（噶玛噶举红帽派）、康玛寺（格鲁派），羊八井地热田等。海拔4718米的纳木措湖是全国第二大咸水湖，又是西藏重要的佛教圣地，享有“圣湖”的美誉。与“圣湖”遥遥相对的是“神山”念青唐古拉山，其主峰下是牧民从事宗教活动及赛马、赛歌的好地方。

【经济发展情况】2009年，全县实现生产总值5.29亿元，比上年增长17.04%；农村经济实现总收入38117.78万元，比上年增长17.97%；县财政收入2679.6万元，比上年增长80.38%；牧业收入19461.79万元，比上年增长10.06%；牧民人均纯收入4468.46元，比上年增长15.7%；牧民人均现金收入3291.6元，比上年增长16.31%；全社会固定资产投资完成4.49亿元，比上年增长71.37%；工业生产总值完成26614万元，比上年增长22%，完成工业销售收入27934.30万元，比上年增长48%；完成工业增加值13294.80万元，比上年增长91%；完成工业税收2403万元，比上年增长33%；完成工业投入13446.79万元；全年劳务输出18510人次，劳务收入4137万元，比上年增长89.79%。年末各种牲畜存栏56.58万(头、匹、只)；成畜出栏率38.9%；肉产量0.95万吨，同比增长2.15%。人口自然增长率13.48‰，参加农牧民新型合作医疗率达98.2%。

【加强牧业基础设施建设，牧业基础地位进一步巩固】2009年，共投资368万元为地震受灾群众重建畜圈、暖棚451户，维修畜圈、暖棚438户。投入108万元为龙仁乡、公塘乡、当曲卡镇三乡镇完善兽防硬件设施。落实牲畜出栏补贴资金233.69万元，进一步加大了牲畜出栏力度，在一定程度上缓解了草畜矛盾。投资38万元储备了大量的防抗灾物资，增强了防灾救灾能力。不断加强牲畜的品种改良工作。共完成实验性人工受精配种改良牦牛501头，人工诱导牦牛集中发情1505头，人工胚胎移植牦牛14头。

【加强招商引资力度，工业生产增长较快】全年实现工业生产总值2.66亿元，同比增长22%；完成工业销售收入26534.30万元，同比增长41%；完成工业增加值11894.80万元，同比增长71%；完成工业税收2403万元，同比增长33%；完成工业投入11100万元。乡镇企业总产值达27109.05万元，同比增长22%；乡镇企业增加值达12103.23万元，同比增长69%；多种经营收入完成13831.12万元，同比增长15.84%。加大旅游宣传力度，旅游业迅速恢复。2009年，通过媒体、“当吉仁”赛马节、纳木措国际徒步大会等各种渠道宣传当雄独特的旅游资源，不断提升当雄旅游景区的知名度。加大投入不断改善旅游景区软、硬件设施建设。进一步加强了对当地群众的教育引导工作，使群众在合理、合法的渠道中增收致富。全年共接待国内外游客31.71万人次，比上年增长168%。参与旅游的总人数1875人，包括（商户87家，家庭旅馆14家，床位378张），同比增长49%。旅游业带动相关产业实现收入8414.91万元，比上年增长174%。

【集中财力物力人力加快灾后重建，灾

后重建任务顺利完成】2009年完成灾后恢复重建任务5509户，其中重建1339户、维修加固4170户。共投入灾后重建资金9196.1万元（其中：县财政配套资金146.64万元），重点为177户倒塌户每户补助资金5000元，用于抗震加固，同时帮助各乡镇组建水泥砖厂9个。截止2009年10月底，受灾群众已全部搬进新房。各项惠农政策得到全面落实。在“3·28西藏百万农奴解放纪念日”庆祝活动中，将受捐赠的28辆农用运输汽车全部发放到各村委会、8248套广播电视地面卫星接收设备已安装调试完毕、204套应急灯已全部发放到群众手中；为8名“三老”人员发放慰问金共计8000元；为134户城镇低保户和651户农村低保户发放一次性生活补贴78.5万元。

尼木县

【经济发展情况】2009 年，尼木县生产总值达到 2.5 亿元，与上年同期增长12.1%。其中：第一产业 0.47 亿元，增长 6.8%；第二产业 0.93 亿元，增长14.8%；第三产业 1.1 亿元，增长 12.2%。三大产业比重由 2008 年的 20:36:44 调整为 19:37:44，第二产业比重增加，经济结构得到进一步调整和优化。农牧民人均纯收入 3912.72 元，增长 16.3%，其中现金收入 2289.94 元，增长 13.1%。招商引资到位资金 7800 万元，增长 9.4%。乡镇企业完成产值 4670 万元，增长 14%。多种经营收入完成 8180 万元，增长13.6%。财政收入 545 万元，增长 11.9%。劳务输出 5352 人，实现劳务收入 3970万元，增长 15.2%。

【狠抓农村经济建设，农牧林业协调发展】农业生产保持稳健。全年完成农作物播种面积 36562.22 亩，其中：粮食作物面积 30878.22 亩、经济作物面积 5684亩；良种推广面积 33100 亩、高产稳产田达 25000 亩、改造中低产田 3500 亩。积极推广种植经济作物和饲料作物，芫根与萝卜复种面积达 19500 亩、饲草料种植面积达 8000 亩、荒地种草面积 4300亩。粮经饲种植比例调整为74.4:12.3:13.3。尽管受到霜灾、旱灾、虫灾、泥石流等的影响，但由于抗灾物资及时到位、采取措施有效得当，全年粮油总产预计可达 2751.19 万斤，其中粮食产量 2518.11 万斤、油菜籽产量233.08 万斤，比去年减少 11.62 万斤，比市里下达的指标超出 27.7 万斤。

畜牧业平稳运行。截至 9 月末，全县牲畜存栏总数为 191134 头(只、匹)，其中大畜 65260 头，牲畜出栏 2715 头（只）。投入大量人力、财力、物力，组织开展了春秋季禽流感、“五号病”免疫等工作，目前秋季免疫已经完成，免疫率均达 100%。畜牧业生产总体形势良好，仔畜成活率为 89.4%，成畜死亡率为2.8%，全县没有发生重大牲畜疫情。草场承包经营责任制相关工作已全部完成，预计 10 月中旬接受区、市验收。

【社会事业协调发展】基础教育稳步推进。2009 年尼木县小学适龄儿童入学率为 99.27%，小学在校生巩固率为 98.37%；初中生入学率为 95.66%，在校生巩固率为 97.12%；15-20 周岁人口非文盲率为99.04%。

制定出台《尼木县迎“国检”实施方案》和《尼木县防流控辍实施办法》，做好迎“国检”各项工作。清理“三包”账目、出入库登记，检查“三包”节余和学生伙食质量，确保“三包”经费用到实处。县政府出资 20 万元资助2009 年考上大学的学生，尼木申尚文化有限公司继续资助 26 名贫困家庭学生。

进一步改善办学条件。争取到 120万元资金，实施了县中学绿化、学生宿舍维修以及吞巴乡小学大门、围墙维修项目；完成尼木、吞巴、帕古、普松四乡完小教学楼、食堂和宿舍建设；投资1030 万元的续迈乡小学、麻江乡小学灾后重建项目进展顺利。通过自筹、社会捐赠等，为部分学校解决了电脑、打印机、音响设备、课桌椅、学习用具等。

基层文化丰富多彩。紧紧围绕新中国成立 60 周年和西藏民主改革 50 周年，于各种节日期间开展了文艺汇演，军警民大比武、大练兵，体育竞赛等一系列丰富多彩的文艺活动，营造了团结奋进、欢乐祥和、昂扬向上的社会氛围。做好电影“2131”工程，扎实开展电影“四进”活动。圆满完成广播电视进寺庙试点工作，共安装设备 256 套。在七乡一镇建设 11 个“农家书屋”，切实解决了农牧民“看书难、借书难、用书难”的问题。完成普松雕刻、手捏泥佛像、雪拉鼓等第二批非物质文化遗产的资料收集上报工作，建立了尼木县非物质文化遗产名录。

医疗卫生惠及百姓。完善新型农牧区合作医疗制度，落实大病报销政策。至 9 月底，全县参合农牧民 28319 人，筹资率达 99.46%，报销群众住院费用103.6 万元。开展农村巡回医疗服务，免费为 2000 余名群众治病，并发放价值 3.5万余元的药品，有效缓减了农牧民看病难、看病贵的问题。做好甲型 H1N1 流感应急准备工作，及时成立防控领导小组、制定应急预案、建立发热门诊、储备应急物资、组织防护演练、加强疫情监测。截止 10 月 11 日，全县共确诊 7 例、疑似病例 5 例、出院 2 例。开展生殖保健系列服务，免费为育龄群众提供计生服务。目前，全县共有育龄妇女 9928 人，孕妇建卡率为 100%，新法接生率为 90%，住院分娩率为 60%。加大食品药品安全监督力度，节假日期间累计监督检查 6 次，卫生合格率达 98%。

加快改善卫生基础设施面貌。积极争取到总投资 45 万元的塔荣镇卫生院新建项目，目前主体工程已完工；投资 160万元的县疾控中心大楼、投资 55 万元的麻江乡卫生院门诊部改造和住宿楼建设项目现已进入建设阶段。

曲水县

【经济发展情况】2009 年全县生产总值预计完成 3.95 亿元，同比增长 21.91%，完成年度目标的 101.28%。财政收入预计达到 1500 万元，同比增长 24.58%，基本实现全年目标任务，自身发展和造血功能逐步增强。全社会固定资产投资预计达到 5 亿元，完成全年目标的 100%，同比增长 31.93 %；城镇居民可支配收入12500 元，同比增长 12.59 %；农牧民人均纯收入 4350 元，同比增长 19.16%，完成年度目标的 100.46%。

【“三农”工作成效显著】农牧业结构调

整步伐不断加快，粮、经、饲比例达到50.4:29.8:19.8。扩大复种作物面积4000亩，全县农作物复种面积由年初的22000亩，调整到26000亩，确保了受灾不减产的目标。2009年全县粮食总产达到4953.02万斤，完成目标任务的103.19%。油菜籽总产量441.91万斤，完成年度目标的122.75%。蔬菜总产量3.61万吨，完成年度目标的116.45%。畜牧业稳步发展，截至第三季度，全县肉类总产量1467.5吨，完成年度目标的52.41%；存栏牲畜12.8万头（只、匹），牲畜总增数40421头（只、匹），完成全年总增率目标的103%；牲畜出栏数29244头（只、匹），完成全年出栏率目标的70%。继续推进麦类作物生产标准化工作，落实良种繁育田6300亩，标准化生产田10000亩。以农机化工程为载体，积极促进农业高效生产、节本增效，全年共向农牧民发放农机具2488台（部）。设施农业发展势头良好，充分发挥南木乡江村和聂当科技示范园设施农业示范带动作用，大力推进农牧业特色产业综合示范小区、无公害蔬菜基地等设施农业项目建设，全县温室大棚由2008年的1000余座发展到1310座。土豆连片种植规模扩大，以达嘎乡为主土豆种植面积全县已达9000多亩，群众增收效益明显。林业工作成效显著。完成造林面积28978亩，其中重点区域造林22337亩，周边造林6641亩，分别完成指标任务的101%和111%。造林存活率和保存率分别达到了85%和50%。积极推进产业化经营，延伸农牧业产业链条，初步形成特色专业村2个，新发展农牧民专业合作组织3个。实施扶贫开发项目11个，总投资1396.6万元。茶巴拉乡整乡推进扶贫工作有序进行，农牧区贫困人口的生产、生活条件得到持续改善。技能培训深入开展，全年预计培训农牧民3500人，劳务输出5000人左右，实现劳务收入4000万元左右。户户通电、沼气入户工程有效开展，全年预计投资603万元，完成沼气入户1900户。投资1256.15万元的灾后重建工程高质量完成，2168户农牧民群众住进了安全适用的房屋。农牧民安居工程加快实施，全年预计投资2000万元，新建农牧民安居房930户，目前已完成783户，剩余的147户正在实施当中。

【工业经济强势推进】预计全年实现工业总产值2.95亿元，同比增长23%；预计工业销售收入2.4亿元，同比增长22%；预计完成工业增加值9600万元，同比增长26%；多种经营总收入10000万元，同比增长18%。工业企业税收收入预计实现2100万元，同比增长26%。为进一步加快发展工业经济，立足“一区两园”平台优势，重点围绕建材业、民族手工业、农副产品加工业等产业，坚持项目、引资双带动，灵活采取领导带队招商、以商引商、节会招商等多种方式，强势推进招商引资工作，全年预计招商引资到位资金21000万元，工业性投入预计完成26500万元。其中，总投资3500万元曲水县雅江工业园区拓展项目（由原来的0.6平方公里拓展到2.4平方公里）正在顺利实施当中。

【基础设施建设进一步夯实】进一步在创新项目上加大工作力度，截至目前曲水县共实施基建项目12个，总投资8382.33万元。

【社会事业协调发展】扎实开展群众性文明创建活动。充分发挥广电综合楼的作用，使农牧民群众收听、收看到了更多的广播电视节目，极大丰富了群众的文化生活。完成了全县“户户通”建设工程，进一步提高了广播电视人口综合覆盖率。坚持优先发展教育，严格落实各项教育资助和免费政策，巩固提高“两基”成果，小学和初中入学率分别达99.83%和98.64%，小学、初中在校生巩固率分别达99.88%和99.22%。扎实开展整合资源、集中办学工作，目前曲水县共撤并教学点9个，合并村完小2所。加大对教育的投入力度，不断改善和提高师生学习生活环境，2009年全县共实施县完小改扩建、聂当中心学校教师宿舍楼等建设项目7个，总投资达1240万元。深化农牧区医疗制度改革，认真做好鼠疫、结核病、艾滋病、流腮疫情、甲型H1N1流感等传染病防控工作。扎实开展劳动就业和社会保障工作，预计全年将新开发公益性岗位　个，实现就业人。社保覆盖率进一步扩大，养老保险、失业保险、医疗保险、工伤保险、生育保险等参保人数不断增加，城镇居民医疗保险制度惠及所有城镇居民。健全最低生活保障制度，实现了应保尽保、应退尽退、动态管理。投资600多万元，改扩建曲水镇、达嘎乡、南木乡三所敬老院，使五保老人的生活条件得到进一步改善。

堆龙德庆县

【基本县情】堆龙德庆县，藏语意为“上谷极乐之地”，位于拉萨市西南方，县城驻地距市中心约12公里，全县总面积约2700平方公里，耕地5500余公顷，全县现有7个乡（镇）、34个行政村，46332人。全县平均海拔4000米，县域四周为山地，中部为河谷，整个地势呈西北高东南低，境内有少许山间盆地，属典型的高原温带半干旱气候区。青藏公路、中尼公路在堆龙德庆县境内交汇，青藏铁路横贯全县四乡两镇，铁路客运站、货运站分别位于堆龙德庆县柳梧乡柳梧村和乃琼镇色玛村，全区唯一的一个国家级经济技术开发区位于堆龙德庆县东嘎镇东嘎村，与县城中心区仅一路之隔。

【经济发展情况】2009年，全县生产总值实现9.3亿元，同比增长13.51%，其中第一产业达到1.11亿元，同比增长9.73%，第二产业达到5.23亿元，同比增长12.62%，第三产业达到2.95亿元，同比增长16.66%。农牧民人均纯收入达到4417元，同比增长11.9%，现金收入达到3003.56元，同比增长11.9%；财政收入达到6554万元，同比增长12.05%，税收收入达到6290万元；社会固定资产投资达到16.86亿元，同比增长25.54%；城镇居民人均可支配收入达到2.2万元，同比增长4.5%。

【“三农”工作扎实推进】2009年，全县实现粮油总产量5359.43万斤，同比增长0.52%。农林牧总产值达到1.67亿元，同比增长13.62%。农牧业社会化服务水平和农牧民组织化程度进一步提高，全县农牧民专业合作组织达到14家，合作组织涉及养殖、种植等，会员总数达到

1400余户，辐射带动农户6600户，生产基地种植面积达到2.5万亩，畜禽饲养量6.15万头（只），农副产品销售额3800万元，会员户均年收入1.23万元。

【招商引资成效明显】全年共引进招商引资项目32个，到位资金3.68亿元。乡镇企业完成总产值5.61亿元，同比增长24.67%；完成工业销售收入4.59亿元，同比增长74.02%；完成工业增加值1.48亿元，同比增长8.03%；实现工业税收2399万元，同比增长55%；多种经营收入达到2.41亿元，同比增长14.76%，其中劳务收入达到4563万元，同比增长34.21%。

【社会各项事业全面进步】“两基”成果进一步巩固和提高。师资队伍建设不断加强，教师待遇逐步提高。县财政对教育专项资金的投入力度逐步加大，全年共投入专项经费1150万元。认真执行新的“三包”经费标准，“三包”政策落实良好。文化建设不断加强。堆龙春播习俗、堆龙望果节、古荣糌粑列入自治区级非物质文化遗产保护名录。《堆龙德庆县志》完成撰写并通过终审，进入总编。庆祝建县50周年系列活动圆满完成，充分展示了堆龙50年来取得的辉煌成就。卫生事业发展加快，群众看病条件有效改善。农牧区碘盐覆盖率达到100%，农牧区合作医疗覆盖率达到100%，农牧民筹资率达到99%。全年门诊补偿69123人（次），补偿金额114.56万元，农牧民住院报销249.25万元；食品卫生监管工作稳步推进，全年未发生一起食品安全事故。自筹925.34万元，实施了涉及全县七个乡镇的37项民心工程，从水、电、路等方面切实解决了一批群众最关心、最直接、最现实的问题。切实加强劳动就业和社会保障工作，开展职业指导5120人（次），实现903人；社会保险工作稳步推进，全年兑现城乡低保、一次性生活补贴、医疗救助等资金264.22万元，社会保障体系初步建立。

【领导名录】

县委书记：孙德锐

县委副书记、政法委书记、人大主任：多 吉

县委副书记、县长：安央金

县委常委、政协主席：旺 堆

达孜县

【经济发展情况】2009年，达孜县紧紧围绕“一产上水平、二产抓重点、三产大发展”的经济发展战略，扎实开展工作，实现了经济跨越式发展的良好态势。全年完成生产总值4.58亿元，同比增长28.3%，其中一产达到8260万元，基本与上年持平，二产和三产分别达到24100万元和13440万元，同比增长39.37%和10.54%；乡镇企业产值实现3.5亿元，同比增长45.8%；招商引资到位资金2.23亿元，同比增长13.8%；实现地方财政一般预算收入1250万元，同比增长32%；实现税收收入2670万元，同比增长96.7%；实现劳务输出7608人，劳务收入3945万元；实现多种经营收入8410万元；农牧民人均纯收入达到4395元，同比增长20%；全社会固定资产投入达4.94亿元，同比增长25.06%，其中国家及地方自筹资金达2.71亿元。全县经济实力明显提高。

【农牧业生产平稳运行】2009年，达孜县通过培育主导产业、重点产品，优化组合各种生产要素，打造种养加、贸工农、农科教一体化的经营体系，使农牧业走上自我发展、自我积累、自我约束、自我调节的良性发展轨道。一是农牧业产业承载力进一步提升。进一步推进农业综合开发土地治理项目，投入资金736万元，继续改造中低产田3500亩。继续加大种植业内部结构调整，全年共落实播种面积6.87万亩，其中粮食作物4.74万亩，经济作物1.38万亩，饲草作物0.75万亩；粮、经、饲比例调整为69:20:11；完成机耕面积6.12万亩，机播面积5.3万亩；实现青稞订单5000吨，优质小麦订单4000吨。严格落实基本农田保护的基本国策，按照“占一补一”原则，严格土地审批。依法查处非法占用基本农田进行非农建设案件一宗，恢复农田近10亩。二是特色产业区域规模进一步扩大。随着黄牛改良、生猪养殖、奶牛养殖、藏鸡养殖、肉鸭养殖等项目的不断实施，优质、高效、特色畜牧业快速发展，八大特色种养基地规模进一步扩大，集约化种养方式得到了广大农牧民的认可，优化了产业的区域布局，提高了农畜产品质量，增强了产品的市场竞争力。2009年，生猪养殖基地、藏鸡养殖基地、肉鸭养殖基地的年出栏数分别达到10042头、108113只、201100只，共计增加农牧民现金收入353.74万元。三是防灾防病能力进一步提高。保证了春季的防疫密度达到100%，共完成禽流感防疫注射28426只，五号病防疫注射115197头（匹）。同时，加强农田水利、草场围栏等设施建设，强化病虫害防治和防旱、防涝、防雹等技术措施。全面提高了农牧民群众抵御各种种养殖风险的能力，有力地保障了农牧业的稳步发展。2009年，新生仔畜9662头（只、匹），成活率为95%；成畜死亡率控制在1.5%以内，牲畜出栏39288头（只、匹），最大限度保障了广大农牧民群众的财产安全。四是农牧民科技培训力度进一步加大。2009年，农牧、农发、劳动、乡企等相关部门多次组织各类实用技术和就业技能骨干以专业培训班和各种科技培训下乡（村）服务等形式，培训农牧民7099人。新建沼气池1564座，解决了1564户群众生活能源问题。

【工业经济快速发展】2009年，达孜县立足近郊优势，进一步发展壮大工业园区。全年新签了圣川机械、青稞深加工、藏香生产、仓储中心、家俱生产、藏品青稞饮品等6个项目，协议资金达1.55亿元；全年到位资金2.23亿元，同比增长13.8%；全年实现工业产值3.2亿元，销售收入3.04亿元，工业增加值1.15亿元，上缴税收2300万元，同比分别增长60%、66.1%、58.3%和101.9%。

2009年7月，中共中央政治局委员、书记处书记、中组部部长李源潮同志在藏考察期间，专程视察了达孜县工业园区，对工业园区建设给予了极大的肯定。

【社会各项事业扎实推进】全县共有中小学校18所，在校生达4126名，其中职业高中生268人，初中生1350人，小学生2456人，幼儿园52人。2009年，小学适龄儿童入学率达到99.83%，小学

巩固率为99.93%;初中入学率为98.57%,初中巩固率为99.15%。

体育文化事业飞速发展。一是在机关内部举办了达孜县第五届职工运动会;二是在“3•28”百万农奴解放纪念日期间举办了第五届“虎峰杯”文艺汇演;三是“三大节日”期间组织了形式多样,内容丰富的“三下乡”活动,活动中为农牧民群众送去各种科技、法律资料32种12000余份,赠送科技读本7860册,法律法规、健康咨询1280人次,展出各种展板50余张,义务就诊497人次,赠送各类药品价值8437余元;四是做好电影放映工作,全年共组织放映1750场,为丰富农牧民文化生活做出了积极贡献。

卫生医疗工作成效显著。2009年,全县新增209人参加农牧区合作医疗。县医院就诊23112人,住院803人,治愈率达64.66%。免费医疗总经费为779万元,大病统筹总基金为322.7万元,使用率为74.16%;总住院补偿人数925人。

【获奖情况】2009年,团县委荣获全国“警地活动十佳单位”称号;

2009年,中国农业银行达孜县支行荣获全国“案件防控先进集体”称号;

2009年,县乡企局荣获“全区发展乡镇企业先进单位”称号;

2009年,县发改委荣获“西藏自治区第二次农业普查先进集体”称号;

2009年,县教体局荣获全区“两基”攻坚先进集体称号;

2009年,中国农业银行达孜县支行荣获全区“大行德广、伴您成长金钥匙的春天行动”活动的综合考评奖一等奖”。

墨竹工卡县

【基本县情】墨竹工卡县位于拉萨市以东68千米处,县域面积5492平方千米,平均海拔4200米以上(其中县域海拔3900米),全县辖7乡1镇,43个村委会;总人口4.2万余人,其中农牧民人口占95%。全县现有耕地面积7.8万亩,草场面积490余万亩,林地面积260万亩,属以农为主的半农半牧县。现有宗教活动场所47处(寺庙38座、拉康6座、日追3座)。

【经济发展情况】2009年,墨竹工卡县生产总值完成7亿元,同比增长12.4%,三次产业比重由上年的20:67:13调整为18:69:13。财政收入完成5121万元,受国际金融危机影响,矿产品价格下降,导致工业收入受到影响,全年实现工业增加值2.03亿元,同比下降21%。针对此情况,县政府采取积极措施,在继续支持“大甲玛”项目开发的同时,积极探索尼玛江热乡帮浦矿区整合开发新思路;加大对企业与群众矛盾纠纷的排查调处力度,督促企业及时兑现草场补偿费;妥善处置甲玛“6•20”事情,并以此为契机,探索建立了企地共管会办制度,成立甲玛工贸有限公司,不断推进甲玛矿区和谐建设进程。同时,加强企业安全生产和环境监管,增强服务意识,实现工业投入5.97亿元,同比增长87%,为下一步工业经济快速发展奠定了基础。

【旅游开发有序推进】一是进一步加大重点景区建设力度,投资3500万元的甲玛景区各项建设项目进展顺利,松赞干布纪念馆装潢布展设计已基本完成,仿古城墙工程基本完工,松赞拉康、甲玛赤康已维修完毕;甲玛景区承包经营合作协议也已签订。二是其他景点景区开发工作取得新进展,思金拉措开发前期工作取得实质性进展,直孔替寺、德仲温泉等旅游景点的配套设施正在规划建设当中。三是景点景区管理力度加大,对景点景区的环境卫生进行了集中整治,对不符合总体规划乱搭乱建的行为和破坏环境的行为进行了严厉查处,保证了墨竹工卡县旅游环境的整洁美观。四是旅游宣传促销进一步加强,通过报刊、电视台等媒体宣传推介墨竹工卡县旅游资源,有力扩大了墨竹工卡县的旅游知名度。2009年墨竹工卡县接待游客26.3万余人次,同比增长64%;旅游收入突破500万元,同比增长50.6%。

【招商引资成效显著】2009年墨竹工卡县继续按照“你发财、我发展,你兴业、我就业”的原则,灵活把握招商政策,不断提高服务意识和办事效率,经过努力,成功引进了5个项目,实际到位资金5.97亿元,同比增长70.67%。

【固定资产投资较快增长】全县社会固定资产投资达8.14亿元,其中国家投资2.6亿元,同比增长65.6%,社会投资5.54亿元,同比增长177%。全县实施各类基建项目113个,其中续建项目24个、新建项目89个,总投资32281.57万元。垃圾填埋场、尼江乡至扎雪乡四级油路、兽防站等扩大内需项目,农贸市场、乡镇文化站、人畜饮水等“180”项目以及尼江乡敬老院、城区段防洪堤、甲玛赤康农业开发等其他项目均进展顺利,有效拉动了经济的平稳健康发展。

【科教文卫工作扎实推进,各项社会事业更加繁荣】教育事业稳步发展。政府对教育的投入进一步加大;2009年县财政投入1104万元资金,改善了全县中小学、职教中心办学条件和基层教师待遇,基础教育和职业教育取得新发展。国家“三包”经费标准进一步提高,住校生生活条件明显改善。“两基”迎“国检”工作不断加强,小学、初中适龄儿童入学率分别达到99.30%、99%;小学、初中在校生巩固率分别达到99.44%、98.40%;青壮年文盲率控制在0.89%以内。卫生事业继续推进。农牧区医疗制度改革深入推行,全年农牧区医疗管理筹资人数43492人,筹资率达99.7%。药品“两网”建设和食品卫生工作有序开展,食品、药品安全得到有效管理和监督。县政府采取有力措施,积极应对,有效控制了甲型H1N1流感疫情,并投入230余万元疫情防治保障经费,最大限度的降低了人民群众的生命财产损失。投资45万元提高乡医、村医待遇,极大提高了乡、村医务人员的工作积极性。人口计划生育工作进一步加强,全县育龄妇女电脑录入工作基本完成。科技工作扎实开展。全年发放科技宣传册7800册;完成农牧民科学技术培训1732人次;争取资金180万元,落实工卡镇塔巴科技示范村建设等3个科技项目。继续落实科技特派员制度,对38名科技特派员进行了农牧业生产方面的培训。文广工作继续铺开。投资50余万元修复了唐加达布天文台；投资近130万元新建了2座乡文化站、1座村文化室，并为18家农村书屋添置了设备。发放了6.26万元保护资金，用于全县17个非物质文化遗产保护工作；援藏投资60万元的塔巴陶瓷生产厂房已完工，文化产品开发迈出了新步伐。完成8721户“户户通”工程；放映电影2130场。

柳梧新区

【年度综述】2009年，市政府下达财政收入指标1000万元，柳梧新区实现财政收入1716万元(其中，一般预算收入1445万元，税收收入1091万元)；年初，新区向市政府承诺完成固定资产投资8亿元，完成8.3亿元，同比增长278.7%；截止2009年10月，新区招商引资到位资金6.15亿元，完成年初目标的123%。

【以项目为抓手，基础设施建设稳步推进】2009年，新区年初计划建设项目15个，拟投资11.97亿元。项目建设基本情况。2009年，柳梧新区开工项目14个，主要有：市政府年初确定的项目4个，分别是柳梧新区便民路市政工程，总投资580万元；青藏铁路安居小区市政配套设施建设，总投资713万元；柳梧新区北组团电网建设一期工程，总投资1500万元；444户失地农民安居小区市政配套设施建设，总投资3187万元。国投项目4个，总投资4.3亿元。主要有武警西藏总队第一支队建设项目，总投资3.7亿元；区党委办公厅涉密文件销毁中心和印刷厂建设项目，总投资2000万元；自治区综治委铁路护路办培训基地，总投资2000万元；78011部队建设项目，总投资2000万元。招商引资项目6个，总投资7.1亿元，已完成投资5.65亿元。主要有柳梧大厦项目，总投资7500万元；中国联通西藏分公司项目，总投资5000万元；奇正藏药国家级研发中心项目，总投资5000万；海亮世纪新城项目，总投资33亿元，第一期投资4.5亿元；蒙发集团西藏总部和酒店项目，总投资5000万元；柳梧新区1-7路，总投资3535.9万元。

自筹资金建设项目。2009年，柳梧新区自筹资金175万元，进行了柳梧新区户外广告牌建设；在2008年四条市政道路结余资金的基础上，自筹资金633万元，进行新区5条市政道路的前期工作。

项目管理取得新成效。为确保开工项目的工程招标、工程质量和工程进度，根据相关法律法规，新区管委认真落实项目建设“五制”，严格执行施工单位、监理单位“黑名单”制等规章制度；通过严格招投标和工程审计，新区管委四条市政道路节约工程项目资金近1800万元，节约管理费56万元。

项目前期工作取得新突破。年内，新区管委组织人员调整充实了项目库，涉及项目73个，总投资52.97亿元，并按照轻重缓急的原则，对总投资11.7亿元的15个重点建设项目进行了筛选，委托设计单位进行前期设计，完成了大部分项目的可行性研究。

【增强服务意识，招商工作成效明显】2009年，柳梧新区招商引资工作取得突出成绩，柳梧新区招商引资合同和协议资金达43亿元，已开工招商项目6个，总投资7.1亿元，实现到位资金6.15亿元，圆满完成年初目标。

改善投资环境。招商工作中，新区管委充分发挥比较优势，通过建立招商企业跟踪服务制度、项目领导联系制度，简化办事程序，提高办事效率，着力引进了一批投资规模大、集聚效应强的重点建设项目，提升了招商引资的规模和质量。同时，结合实际制定了《拉萨市柳梧新区招商引资优惠政策（试行）》，已报市政府审批，努力优化政策环境。新区“十二五”规划编制工作顺利进行。

积极引进新项目。当前，正在与台湾中华投资基金洽谈太阳能利用技术引进项目，已签订意向书，投资将达1亿美元，国内著名企业神华集团也正在与管委会接触协商，有意投资并入驻新区，国际航空公司正就西藏总部大厦项目与新区洽谈，深圳富达辉实业有限公司意向扩大投资。

昌 都 地 区

昌都地区

【年度综述】2009年，昌都地区深入贯彻落实科学发展观，紧紧围绕推动科学发展、促进社会和谐这个主题，始终坚持"两手抓、两手都要硬"的方针，按照"巩固提升一个根本、完善一个基础、壮大两个支撑、培育新的增长点"的发展思路和"讲策略、手不软、抓重点、落实到位"的维稳工作原则，努力克服拉萨"3·14"事件的后续影响，积极应对各类自然灾害所造成的不利影响，突出实践中国特色、西藏特点的发展路子，旗帜鲜明反分裂，坚定不移抓发展，确保了社会局势总体稳定，保持了经济平稳较快发展。

【经济较快发展】2009年，昌都地区努力克服不利因素，牢牢把握发展机遇，紧紧围绕新农村建设、培育壮大支柱产业、基础设施建设、大庆项目建设、"十二五"规划编制、维护社会稳定等重点内容，全面推动昌都经济社会各项工作顺利开展。昌都地区生产总值预计完成60.5亿元，同比增长17.8%，其中：一、二、三产总值分别完成14.2亿元、21.7亿元和24.6亿元，同比分别增长6.5%、26.2%和18%；农牧民人均纯收入达到3300元，增长16.6%；地方财政一般预算收入完成2.7亿元，增长17.4%。

【把握良好发展机遇，经济平稳较快发展】从第一产业来看，认真落实支农强农惠农政策，进一步加大对"三农"的投入力度，不断夯实农牧业基础，全年涉农投入达18.9亿元。昌都地区农作物总播种面积79.09万亩。主要农产品产量保持稳定，粮食总产量达到15.56万吨，油料、蔬菜产量分别达0.41万吨和3.62万吨；肉产量6.8万吨、奶产量7.5万吨。畜牧业生产保持平稳发展，昌都地区新生仔畜成活率达96%，成畜死亡率控制在2%以内，牲畜出栏112.05万头（只）。同时，面对因灾减产的不利影响，大力拓宽增收渠道，加大劳务输出力度，积极组织群众有序参与各项工程建设，全年完成劳务输出25.3万人次，实现劳务收入4.2亿元，做到了"减产不减收"，实现了年初确定的农牧民收入目标。

从第二产业看，工业经济平稳较快发展，昌都地区68家乡及乡以上工业企业总产值预计达5.9亿元，同比增长20%。全年生产水泥13.31万吨，同比增长9%，生产啤酒2.66万吨，同比增长15%，发电量3.8亿千瓦时，生产铜862.36吨，销售铁矿石16.04万吨。昌都地区乡镇企业实现产值1.59亿元，同比增长9%；民族手工业产值0.77亿元，同比增长5%；多种经营收入7.43亿元，同比增长8%。

从第三产业看，旅游业回暖明显，消费拉动作用增强。全年累计接待游客30万人次，同比增长66.7%；预计实现旅游收入1.9亿元，同比增长58%。城乡消费需求增长较快，认真实施"家电、家具、农机、汽车和摩托车下乡"和"政府惠民购物券"等措施，社会消费品零售总额达到12.2亿元，同比增长21.8%。昌都地区交通运输客运量达到89万人次，同比增长25%；货运总量达到95万吨，同比增长25%。邮政完成业务总量1450万元，同比增长13%；移动公司完成业务收入8000万元，同比增长25%；金融机构存、贷款余额分别达62.57亿元和18.91亿元，同比分别增长31.3%和1.9%。

从特色产业建设看，一方面积极推进农牧特色产业建设，巩固根本的能力进一步提升。昌都地区蔬菜基地建设和八宿荞麦、芒康辣椒、洛隆糌粑等综合开发有序推进；葡萄、药材、干果和林下产品种植加工初显成效；奶业、藏鸡、藏猪等特色畜牧业不断发展。另一方面矿电产业建设有序展开，两个支撑的作用日益显现。金沙江上游藏川段7个梯级电站共898万千瓦的初勘工作已全部完成，规划、环评工作已基本结束。波罗、叶巴滩、拉洼、苏洼龙水电站预可研工作已完成。澜沧江上游西藏段水电开发已完成流域规划工作，澜沧江一级支流扎曲河西藏段流域规划通过自治区批准。怒江水电开发规划完成规划报告，怒江一级支流玉曲河水电开发前期工作进展顺利。特别是果多水电站顺利开工建设，标志着昌都水能开发逐步迈入实施阶段。

从固定资产投资看，昌都地区完成固定资产投资50.5亿元，同比增长26.8%，是"十五"末的1.8倍，其中：国家投资35.5亿元，援藏投资1.8亿元，社会投资13.2亿元。截止目前，自治区"十一五"规划180个项目涉及昌都地区的95个项目中，已开工78项，完工330个子项目，落实到位投资93.3亿元，占规划投资的73.7%。昌都解放60周年大庆建设项目已开工38项，占项目总数的80.9%。国家新增中央预算内投资项目已开复工23项，到位投资7.8亿元。邦达机场改扩建工程如期竣工并投入使用；国道214线芒隔段、国道317线江妥段整治改建工程已竣工验收，邦昌公路、类昌公路、国道318线海通沟至东达山公路、国道317线江达至岗托公路、省道303线帕通公路、通县油路青尼洞至贡觉公路进展顺利；农村公路续建和新建项目分别达39个和58个；昌都监狱项目顺利开工；昌都城镇防洪工程、地区会议中心、党校综合楼、地区广电中心等一批大庆项目和援藏项目扎实推进；溜索改桥项目、昌都镇自来水改扩建工程、昌都镇垃圾填埋场等一大批民生项目全面开工，为农牧区经济社会发展打下了坚实基础。

【投入力度不断加大，民生条件明显改善】农牧民安居工程建设取得阶段性成效，全年共计实施农牧民安居工程13137户，受益农牧民13万余人，总投资达9.07

亿元，完成了431个村级组织活动场所及综合配套和22个新农村示范点建设，提前一年实现了“十一五”农牧民安居工程规划的目标任务。围绕“八个基本解决”，新解决4.27万人的用电、11.96万人的安全饮水问题，改善用电人口1.27万人；广播电视“村村通”工程取得新成效，解决了1.13万人听广播看电视问题。全年完成17770户沼气建设任务。合格碘盐食用率达到85%。扶贫开发工作深入实施，边坝热玉、八宿拉根、芒康盐井3个土地治理项目已基本完成，整乡推进、村级扶助、面上扶贫等工作进展顺利。文化事业不断繁荣，完成了7个乡镇文化站和88家农家书屋建设。就业及社保工作进展顺利，昌都地区新解决公益性岗位850个，新增就业3241人，城镇登记失业率控制在4.3%以内，社会保险费支付和发放率达100%。教育事业快速发展，“两基”攻坚成果进一步巩固，“三包”经费标准提高，落实力度加大，大骨节病区学龄儿童集中教学和学龄前儿童集中寄宿救治工作取得初步进展。城乡低保标准进一步提高，城市居民低保标准从每人每月260元提高到300元，农村居民低保标准从每人每年850元提高到1100元。城乡救助制度进一步完善，共发放城乡医疗救助资金215.2万元，救助困难群众1220人，落实救灾资金1585万元，救济灾民15.5万人次。公共卫生服务体系进一步健全，完成了11个乡镇卫生院建设，村卫生室已达869所，甲型H1N1流感疫情得到有效控制。林业生态工程深入实施，森林资源全面管护，完成封山育林4.6万亩、区域造林2.5万亩、退耕还林补植1.9万亩，藏东南防沙治沙项目完成造林6.2万亩、围封2.1万亩。保障性住房建设实现新突破，全年新建干部职工周转房1685套、廉租住房834套。

【抓住维稳工作重点，社会局势总体稳定】认真贯彻胡锦涛总书记“谋长久之策、行固本之举”的重要指示精神，落实“讲策略、手不软、抓重点、落实到位”的维稳工作原则，确保了社会局势总体稳定。一是大力宣传新中国成立60年以及西藏民主改革50年来取得的巨大成就，广泛开展“新西藏、新发展、新变化、新生活”教育，营造了团结向上的社会氛围。二是紧紧围绕社会热点、难点问题，认真开展矛盾纠纷排查调处工作，成功调处了多起虫草、草场等资源纠纷，完善《昌都地区冬虫夏草采集管理实施细则》，探索和建立解决资源纠纷的长效机制。三是坚持执政为民理念，畅通群众表达诉求的渠道，全年接信接访138批件，办结123批件，办结率达89%。四是在地区财力有限的情况下，积极争取自治区财政支持，为维稳工作提供必要的经费保障，确保了各项维稳工作的正常开展。越式发展目标任重道远。

昌都地区外事工作

【统筹做好地级领导出访工作】实施“请进来”、“走出去”发展战略是扩大开放，充分发挥“两个市场”、“两种资源”，促进地方经济发展的有效途径。努力推进高层互访，促进对外交往与合作是扩大对外开放的重要渠道。年初，联系昌都实际，拟定2009年度昌都地区地级领导出访团队意见，报经地委、行署及地区外事工作领导小组同意后，上报批准同意民政科技出访团队。

【加强因公出国（境）的管理和服务工作】正确处理管理与服务的关系，把管理寓于服务，把服务寓于管理。坚持依法行政，进一步规范昌都地区因公出国（境）管理，严格审核把关，确保昌都地区因公出国（境）的有序性和有效性，严防紧堵公费出国旅游，维护政府勤政廉政的良好形象。

【加强信息报送工作】在工作中，注重协调、加强沟通，主动介入，积极跟踪，掌握情况，报送信息，在重大节日和敏感时段实行日报制，及时将来昌或经昌进（出）藏持有进藏批准函的外籍人员、港澳台人员情况及在昌外籍专家情况通过《外事信息》上报地委、行署和区外办，为上级掌握情况、提供决策做好服务工作。

【获奖情况】办党组副书记、主任谭建国荣获“全区外事系统先进工作者”称号。

【领导名录】

党组书记、副主任：泽　多（藏）

党组副书记、主任：谭建国（汉）

副主任：阿　庆（女，纳西）

昌都地区农牧开发建设工作

【积极争取项目与资金，完成了年初目标任务】2009年，昌都地区农开办通过加强项目前期工作质量和项目申报工作力度，争取项目投资比上年有一定的提高，共争取扶贫、农发项目89个，争取国家投资16113.08万元，完成2009年年初计划的114.4%，资金到位率100%。

一是2009年度共争取扶贫项目84个，国家投资13972.08万元，完成年初计划任务的117%。其中：①整乡推进7个县7个乡镇21个项目国家投资1242万元。②面上扶贫项目27个，投资1288.55万元。③扶贫产业化项目6个，国家投资460万元。④贫困户安居工程及地方病重病区群众搬迁项目11个3743户，补助资金8792.8万元（含抗震加固资金），其中：绝对贫困1079户，补助资金3237万元；其他贫困户1874户，补助资金3185.8万元；地方病搬迁790户，补助资金2370万元。⑤丁青、察雅、昌都、左贡、贡觉、芒康六县13个溜索改桥项目，投资1513.73万元。⑥昌都大庆扶贫蔬菜基地项目投资600万元。⑦互助资金项目5个，投资75万元。

三是2009年度农发土地治理和产业化项目5个，国家投资2141万元，完成年初计划的100%。其中：土地治理项目3个，国家投资1913万元；产业化项目2个，国家投资228万元。

【抓好项目建设】2009年，为了切实将各项工作目标落到实处，昌都地区农开办立足农发、扶贫项目建设，切实抓好项目开（复）工和项目投资与建设。共开（复）工的2008年项目共有21个，总投资3262万元，其中扶贫15项目，农发项目6个。共开工2009年扶贫、农发项目60个，总投资12963.8万元，其中扶贫55项目，农发项目5个。2009年度扶贫项目开工的55个项目，已完成建设内容。

【扶贫开发工作围绕“尽快稳定解决扶贫对象温饱并实现脱贫致富”的首要任务】全年稳定解决人均纯收入低于1300元的1898户、9766人的温饱和发展问题，整乡推进扶贫工作成绩显著。一是扩大整乡推进扶贫工作面，2009年昌都地区实施整乡推进乡镇有7个乡（江达汪布顶乡、昌都县约巴乡、洛隆康沙镇、丁青色扎乡、芒康朱巴龙乡、贡觉木协乡、察雅王卡乡等7个乡），这样昌都地区实施整乡推进扶贫的乡就达到了10个，占昌都地区乡镇面的7.2%。二是加大国家投资力度，几年里，国家投入3650万元，使这10个贫困乡镇的农牧业基础设施得到极大的改善，使贫困群众的收入显著提高。特别是2009年，进一步加大扶持力度，共投入21个项目，国家投资1242万元。三是项目建设中，优先安排整乡推进项目，多渠道整合社会资金，使整乡推进贫困乡镇的社会经济得到全面协调快速发展，据不完全统计，整合资金过亿元。四是各级领导高度重视整乡推进工作，形成了在整乡推进扶贫过程中群策群力全社会积极参与的扶贫格局。五是在整乡推进扶贫中，加大产业扶贫措施，使产业成为贫困群众脱贫增收的有效实现形式。如八宿县拉根乡的荞麦种植产业、左贡扎玉藏鸡藏猪养殖、察雅的经济林立体种植产业等为贫困群众的脱贫致富起到了显著的增收作用。

不断加强面上扶贫项目和产业化项目建设，进一步拓宽思路，积极探索新的扶贫产业开发机制和模式，共争取基础设施项目与产业化项目国家投资1748.55万元，大多项目已完成建设内容。通过项目建设将显著改善了项目区基础条件，增加了群众现金收入。

配合抓好贫困户安居工程和地方病重病区群众搬迁项目。共实施贫困户、地方病安居搬迁工程3743户，补助资金8792.8万元（含抗震加固资金）。

做好溜索改造项目。作为第一批国债资金上报的56个溜索改吊桥项目2009年批复13个，其中丁青县6座吊桥（国家投资309.23万元），完成主跨总长150米等建设内容，使项目区860户1950人交通出行困难问题得到改善，项目已通过地区验收。

抓好互助资金项目，积极探索和创新扶贫新模式。为了提高贫困地方贫困村贫困群众的自我发展、自我管理能力，促进贫困村经济以展，积极探索和创新扶贫模式。2009年在昌都地区左贡、察雅等5县5个行政村中实施贫困村互助资金试点工作，每个村15万元，共75万元，按照“民有、民用、民管、民享、周转使用”的模式，通过充分挖掘贫困村互助经济的可持续发展能力，为今后走出一条依靠群众自身力量脱贫致富的路子探索和提供经验。

继续协调做好57个乡（镇）定点扶贫工作。进一步协调和调动87个单位和部门力量，做好党建定点扶贫工作，充分发挥扶贫资金的引导作用，形成扶贫工作合力，增强扶贫开发的成效。

做好扶贫项目验收：昌都地区农开办对类乌齐、丁青县、左贡县、昌都县、八宿等5县2007年以来的41扶贫项目和丁青的2007年度农发土地治理项目进行了检查验收，项目建设质量达到设计要求、资金使用符合要求，被评为合格工程，通过地区验收。并于5月中旬2007年度扶贫项目通过了自治区抽查验收。

11月中旬完成了2010年面上扶贫项目建议书的上报。经昌都地区农开办认真进行筛选，共组织上报交通、水利、产业化等项目建议34个，申请国家投资2065万元。

加大对农牧民群众适用技术和转移就业培训。2009年昌都地区农牧民适用技术培训3852人次。其中根据芒康、察雅、左贡等县有种植经济林优势条件的特点，举办三期经济林种植培训班，培训240人；举办摩托车修理培训三期，培训农牧民190人，汽车驾驶培训班1期35人。

【切实抓好农业综合开发工作】3月底丁青县2007年度土地治理项目通过了地区验收（边坝县2007年度农发项目已于2008年底通过地区验收）。

重点围绕2008年度边坝热玉农发项目、八宿拉根乡农发项目、芒康盐井农发项目这3个土地治理项目和芒康县核桃种植、芒康县60栋蔬菜温室和昌都县藏药材种植3个产业化项目建设（国家投资2026万元），昌都地区农开办积极进行检查督促，基本完成项目建设和投资任务。

抓好2009年度农发项目申报与开工建设。2009年度农发土地治理项目区为芒康嘎托、八宿同卡、边坝沙丁，国家投资1913万元，开发建设总规模1.4万亩，产业化经营项目为在芒康、八宿二县的核桃种植基地建设，国家投资228万元。

积极认真开展2010年度农发项目前期工作。根据自治区农发办的要求，8月完成边坝、芒康、八宿三县2010年农发土地治理项目野外勘测工作，室内设计将于10月底完成，并于11月底完成了2010年6个农发产业化项目建议书，上报自治区农发办。

昌都地区法制工作

【充分发挥参谋助手作用，当好行署和部门的法律顾问】一是按《全面推进依法行政实施纲要》要求为领导重大决策做好法律方面的咨询服务，紧紧围绕地委、行署的中心工作，认真开展调查研究，依法进行科学论证，及时提出有创新、有价值的建议、意见，协助领导依法实施正确决策；二是为行署和部门领导重大决策的实施做好全程法律服务，紧紧围绕领导的重大决策，制定政策措施，做好实施过程中的法律解释和引导工作，依法解决出现的矛盾和问题；三是高度重视法制工作,充分发挥工作积极性、主动性，高质量、高效率地完成了每一项工作任务。真正发挥了法制机构在政府工作中的参谋助手和顾问作用。

【认真做好政府规范性文件的起草、审核、清理工作】全年共起草、审核各类规范性文件7件，组织部门征求意见22次。在政府规范性文件的起草、审核方面着重抓好两个环节。一是把握重点。围绕地委、行署的中心工作，把保障改革、发展、稳定所需解决的具体问题作为重点，以规范市场主体和市场行为、建立健全社会保障体系、加强城市综合管理和环境治理、精神文明建设等方面，作为制定相关规范性文件的重点。二是注重质量。在起草、审核规范性文件中，严格按照规范性文件制定要求，深入调研，多方协调，充分论证，采取召开座谈会、发放征求意见函等多种形式，广泛听取意见，避免出现“行政权力部门化、部门权力利益化”的不良现象。通过审核、制定规范性文件，有效地规范、完善了昌都地区的市场经济秩序，规范了昌都地区各级行政机关的行政执法行为。如对地区商务局起草的《昌都天津广场东侧闲置土地开发项目协议书》、地区国土资源局起草的《昌都地区2009年度汛期地质灾害防治方案》等提出了建设性的建议，被行署采纳，有效发挥了法制机构在政府工作中的参谋助手和顾问作用。同时，还按照《行政许可法》的规定以及行署的要求，对规范性文件进行了全面清理，共清理规范性文件11件。

【宣传贯彻国务院《关于加强市县政府依法行政的决定》】制定计划，明确目标，积极开展对政府法制工作的宣传，扩大政府法制宣传的覆盖面。充分运用报刊、电台、电视、网络等媒体，对国务院《决定》进行了广泛深入的宣传，多种形式集中组织学习《决定》，认真做好综合协调督促指导、政策研究和情况交流工作，为行署和部门贯彻执行《决定》，全面加强依法行政，充分发挥参谋助手和法律顾问作用。

【规范行政执法行为，提高行政执法水平】加强执法队伍的硬件与软件建设，大力推进依法行政、建设法治政府的整体进程。一是加大行政执法人员的教育培训力度。组织各级行政执法人员参加法律知识培训7次，专业法律知识集中培训4次；二是加强执法证件的管理。严格行政执法主体资格合法性审查和行政执法人员资格认证制度，组织昌都地区418名行政执法人员参加行政执法资格统一培训，培训合格后，并按规定发放省政府制发的行政执法证418本，实现人人持证上岗执法。对于各行政执法部门换发的失效执法证件及时交回行署法制办公室进行统一销毁；三是各法制部门充分利用政府法制业务信息平台，加强对执法人员的监督，加强对执法人员的动态信息管理，虚心接受行政相对人的监督。

昌都地区司法工作

【始终把夯实基层基础作为筑牢维护昌都和谐稳定的第一道防线】2009年，昌都地区司法处狠抓县司法局建设。经多方协调，边坝县司法局办公楼于年初开工建设；丁青县司法局办公楼上半年已交付使用；洛隆、芒康2县司法局办公楼即将投入使用。4月份昌都地区司法处组织人员先后深入到类乌齐、江达、八宿、芒康、洛隆、边坝、昌都等县，采取上门走访、查阅资料、现场查看、座谈交流等方法，深入了解并指导基层司法行政工作。2009年各县司法局、人民调解员、司法助理员树立大局意识和基层稳定意识，强化责任认真排查调处各类矛盾纠纷，全年，地区各级调解组织共计受理各类民间纠纷252件（与去年相比下降了38%），调解成功246件，成功率为97.6%，防止群体性上访18件。

【普法依法治理工作】按照“五五”普法规划要求，2009年，地县司法行政机关、普法办，进一步推进“法律七进”活动和学法律、讲权利、讲义务、讲责任“一学三讲”活动工作的实施，努力提高公民的法律意识和法律素质。全年昌都地区共开展法制宣传教育活动700余场次，发放宣传资料15万余份，法律咨询2000余人次，悬挂挂图1000余张，悬挂横幅3000余幅，受教育群众20余万人次。

【始终把劳教和安置帮教工作作为维护昌都稳定的重点工作】一是进一步完善《昌都劳教（少管）所值班目标责任书》、《昌都劳教所社会治安综合治理目标责任书》，加强领导，明确责任，层层落实，做到稳定工作有人抓，有人管。二是加强值班、执勤制度，合理调配值班、执勤人员，各值班组长每隔两小时向值班负责领导汇报一次所内值班情况。三是为应对所内可能发生的突发性事件，对《昌都劳教所突发性事件应急预案》及管理教育、生活卫生、生产劳动以及自然灾害等方面的应急预案充实完善，在重大节假日前进行演练，建立健全劳教场所突发事件应急处置机制，提高应对突发事件的能力。四是把劳教人员学习、劳动、生活纳入干警视线之内，保证三大现场不离人，24小时不脱管、不失控。五是加强对社情、所情的掌握，不断进行思想动态分析，充分了解和掌握顽危劳教人员的思想情况，将可能导致事故的各种因素消灭在萌芽之中，做到动有所知、行有所控。

加强教育感化挽救力度和现代化文明劳教所创建工作。教育人挽救人是劳教工作的出发点和落脚点，2009年，劳教所共收容劳教人员10人（与去年相比下降了44%），解教9人。对劳教人员共进行了390课时的集体教育（思想政治教育110课时，文化教育150课时，法律法规教育130课时），继续推行亲属同居、放准假、亲情共餐等劳动教养创特色工作，批准表现好的劳教人员亲属同居5人次，放准假3人，亲情共餐20人次，拨打亲情电话20人次，举办劳教人员亲属亲情感化为主要内容的帮扶教育2次，召开劳教学员思想动态分析会6次，干警个别谈话2700人次，回收包教干警谈话2000余份，有效地减轻了劳教人员的心理压力，提高了改造的积极性。认真开展心理咨询和教育矫治质量评估工作，对所内学员进行心理咨询20余人次，接受心理咨询的人员总数达到了学员总数的90%，及时预防和控制了劳教学员存在的心理问题，打消了思想顾虑，解除了后顾之忧。做好社会帮教工作。年初邀请地区工青妇、城关镇、地区第一高级中学、劳动和社会保障局等单位来所帮教并签订帮教协议书24份，明确了各自职责，为做好社会帮教工作打下了坚实的基础。

加大劳教学员的技能培训力度，解决劳教学员解教后生活上的出路。昌都地区司法处积极与地区劳动和社会保障局等地区安置帮教成员单位协调，并征得地区交警、蓝天运输公司的同意和帮助，于2009年8月4日开始，对劳教学员开展为期3个月的汽车驾驶技术和摩托车修理技术培训。

认真做好帮教安置工作。2009年，昌都地区衔接刑释解教人员19人，其中寻衅滋事9人、抢劫4人、危安2人、故意伤害2人、涉赌1人、盗窃1人。除1人系区外且地址不明确而无法衔接外，其余18人均已衔接。已衔接的18人中17人均已在当地进行帮教安置，1人正在协调安置中。按照区政法委的要求，对于“3·14”危安性质的解教人员，地区安置帮教办及时与司法厅劳教局、堆龙劳教所以及昌都地区相关县联系协调，由当地直接接回原籍。同时，地区安置帮教办深入昌都县对部分刑释解教人员进行了专门走访，及时准确地了解他们的思想、工作和生活状况，针对他们生活中、工作中遇到的困难，积极协调解决。各县安置帮教领导小组进一步加强对刑释解教人员帮教安置工作的领导，把刑释解教人员的帮教安置工作列入社会治安综合治理的一项重要基础工作来抓，最大限度地预防刑释解教人员重新违法犯罪发生。

【始终把为昌都地区社会稳定和经济发展提供优质、高效的法律服务作为重要职责】地县司法行政机关，继续将法律援助作为一项“民心工程”，不断惠及贫困百姓。2009年，地县两级司法行政机关共受理各类法律援助案件18件（与去年相比下降了77%），接待群众法律咨询100余件194人次，代写法律文书77份。其中地区法律援助科办理10件（其中非诉讼调解案件1件、维稳案件8件。未成年人1件）；代写各种法律文书15份；接待群众咨询16件32人次，有力维护了困难群众和特殊案件当事人的合法权益。公证处把依法维护当事人的合法权益、促进法律的正确实施作为出发点和落脚点，采取多种方法，提供公证法律服务。2009年共办理各类公证607件（与去年相比增加了4%），其中民事448件、经济159件，为困难群众减免公证费用达5000余元。律师事务所在服务经济社会中，始终将社会效益放在首位，不断改善服务方式，强化服务意识，提高服务质量，拓展服务领域和范围。2009年，办理刑事、民事、经济等各类案件28件（与去年相比下降24%），解答法律咨询12人次，代写法律文书5份。

【获奖情况】2009年地区司法处获得全区司法行政系统先进单位，劳教所获全区司法行政系统先进单位“四无劳教所”称号。

【领导名录】
党组书记、副处长：祁旭峰
党组副书记、处长：向巴宗珠
党组成员、副处长：美拉曲珍　洛松扎西

昌都地区发展改革工作

【狠抓中心工作，实现经济快速发展】2009年昌都地区生产总值完成57.9亿元，同比增长12.2%，年均增长11.3%，保持了较快的增长速度，其中：第一产业14.03亿元，同比增长3.2%；第二产业22.15亿元，同比增长35.5%；第三产业21.72亿元，同比增长0.9%。全社会固定资产投资完成51.5亿元，同比增长29.36%，“十一五”前四年累计完成固定资产投资151.44亿元，完成“十一五”规划总投资的78.4%。地区财政收入实现2.8亿元，同比增长21.21%，“十一五”前四年年均递增28%。农牧民人均纯收入达到3144元，同比增长11.1%，“十一五”前四年年均递增15.7%；城镇居民可支配收入达到11659元，同比增长8.6%，实现了经济社会快速发展。

【狠抓“三农”工作，新农村建设稳步推进】农牧业经济稳步发展。2009年，昌都地区农牧业产值达到21.96亿元，同比增长5.81%；粮食播种面积66.3万亩，粮食总产量3.12亿斤，减产4271.27万斤；油菜籽产量796.82万斤，增产55.81万斤；蔬菜产量7473.24万斤，增产470.97万斤，虫草产量2.62万斤。昌都地区牲畜存栏达到367.94万头（只、匹），综合出栏109.93万头（只），综合出栏率29.63%。

农牧区基础条件进一步改善。2009年，昌都地区共建设完成农牧民安居房13137户，农村沼气12721户；解决了51个行政村近3万人的出行难问题，行政村通公路率达到72.5%，较“十五”末增加近19个百分点；新增用电人口4.2万人，人口用电水平提高到49.78%，较“十五”末增加了13.78个百分点；解决了14万人的安全饮水问题；全年新增灌溉面积1.6万亩，完成低产田改造6.3万亩，新增水浇地3万亩，新增草场灌溉面积2000亩；农牧区碘盐覆盖率达到85%；乡镇通邮率达到100%；由中国电信公司新解决了50个行政村的通讯问题，行政村通讯覆盖率达到58.53%；中国移动公司新解决了100多个行政村的通讯问题，行政村覆盖率达到52.5%。

农牧民增收效果明显。通过积极拓宽农牧民增收渠道，有力地促进了农牧民增收。全年昌都地区劳务输出25.3万人次，同比增长7%；农牧民实现劳务收入4.2亿元，同比增长5%；昌都地区各县、各行业共培训农牧民群众5000人次。全年昌都地区乡镇企业总产值完成1.59亿元，同比增长9%；民族手工业产值完成7747万元，同比增长5%；多种经营收入达到7.43亿元，同比增长8%。2009年，农牧民人均纯收入达到3144元，同比增长11.1%，其中现金收入达到了2200元。

【狠抓投资拉动，固定资产投资大幅增长】2009年，昌都地区共完成固定资产投资51.5亿元，同比增长26.8%，其中：国家和自治区投资36.5亿元，社会投资13.2亿元，援藏投资1.8亿元。

【狠抓产业发展，经济发展后劲不断增强】全年共落实畜禽繁殖、牲畜育肥、蔬菜基地、干果种植等一批农牧业特色产业项目，到位投资6872万元。玉龙铜矿完成了矿山剥离和工艺改进工程，完善了环保体系建设，全年生产电解铜862.4吨；类乌齐县卡玛多菱镁矿已启动了厂房和厂区基础设施建设；煤炭资源综合开发整合方案已上报自治区有关部门审查审批。扎曲河果多水电站已于2008年11月举行了筹备期工程开工典礼；玉曲河流域规划已于2008年12月16日至18日通过自治区审查。全年昌都地区共接待国内外游客31.22万人次，同比增长了73.44%；实现旅游收入2.04亿元，同比增长66.38%；完成公路货运量95万吨，同比增长21.48%；完成客运量89万人次，同比增长25%；邮电通讯业稳步推进，全年业务收入达到0.85亿元。昌都地区社会消费品零售总额达到12.2亿元，同比增长21.1%。

【狠抓价格管理，市场秩序保持良好】一是在昌都地区范围内开展电力、医药和医疗服务、教育收费、成品油价格等涉及民生问题的专项价格检查，规范收费秩序，维护企业和消费者的合法权益。二是在昌都地区范围内开展2008年度《收费许可证》的年审工作，取消行政事业性收费单位12个，停止征收行政性收费单位1个，共取消行政事业性收费项目19项。三是对地区主要商品价格实行每日、每周、每月价格监测机制，密切关注市场价格动态，确保市场商品供应充足和价格平稳。四是深入畜产品调查点帮助指导，及时掌握、分析、预测主要畜产品成本收益变动情况。五是全年共受理价格签证业务18项。

【狠抓社会事业，经济社会协调发展】教育方面：第二高级中学改扩建工程中，教工、学生宿舍工程已完成主体工程施工，第三高级中学工程初步设计已报自治区审查审批；类乌齐县长毛岭小学改扩建工程已完成主体工程施工；边坝县小学、洛隆县小学、察雅县中学正在进行基础施工，八宿县中学完善工程已完工并交付使用；地区职业技术学校实训楼工程已完成基础施工，学员宿舍正在进行主体工程施工。2009年昌都地区新增校舍面积1.7万平方米，小学在校生68384人，适龄儿童入学率达98.27%；普通中学在校生37482人，初中入学率达90.58%；青壮年文盲率下降到2.5%以内。

文化方面：全年新建的洛隆、江达2县文化活动中心和类乌齐县类乌齐镇、宾达乡、长毛岭乡，八宿县郭庆乡、同卡镇、然乌镇，芒康县嘎托镇等7个乡镇文化站已全部完工，八宿、左贡、贡觉3县文化活动中心投资已到位，计划2010年3月份开工。新建的察雅、丁青2县中波台完工并投入使用。完成了820个村级单收站的维护维修，发放户用型单收站5.27万个，昌都地区广播、电视覆盖率分别达到了90.05%和90.1%，比“十五”末分别增加6.35个百分点和5.6个百分点。

卫生方面：11县妇幼保健站工程，除边坝、昌都2县外其余均已完工；芒康、贡觉、类乌齐3县卫生服务中心正在进行主体工程施工，19个乡镇卫生院除八宿县然乌镇、昌都县城关镇、芒康县嘎托镇和竹巴笼乡、类乌齐县长毛岭乡、江达县岗托镇、察雅县吉塘镇、左贡县东坝乡、边坝县金岭乡9个外，其余均已完工；察雅、边坝2县卫生服务中心改扩建工程投资到位，正在开展工程施工图设计，计划2010年3月份开工。截止目前，每千人拥有医院病床位和卫生技术人员数分别为2.11张和1.09人；农牧区医疗制度改革工作积极推进，参筹率达100%。

劳动和社会保障方面：地区人力资源市场工程投资到位，计划2010年3月份开工；丁青县丁青镇和察雅县烟多镇敬老院已完工，洛隆县孜托镇敬老院和昌都、边坝、八宿3县社会福利院正在进行室内外装修，工程进展顺利。

昌都地区商务工作

【社会消费品零售总额保持快速增长】2009年，昌都地区实现社会消费品零售总额12.22亿元，与去年同期相比增长21.1%。按销售地域分，县级实现10.45亿元，同比增长20.6%；县级以下实现1.77亿元，同比增长23.7%。按行业分，批发业实现0.04亿元，同比增长37.9%；零售业实现9.3亿元，同比增长20%；住宿餐饮业实现2.51亿元，同比增长23.8%；其他行业实现0.37亿元，同比增长23.1%。

【对外贸易发展困难重重】受全球金融危机等不利因素的影响，昌都对外贸易形势严峻。昌都地区商务局进一步加大对芒康红拉山有限公司、昌都汇丰发制品有限责任公司两个出口基地的扶持力度，特别是发制品出口基地生产厂房已建设完毕交付使用。鼓励企业立足昌都实际，狠抓优势资源、自产产品的出口，全年完成出口创汇50.07万美元。进一步加强与地区国税、财政、工商等相关部门的沟通协调，加大跟踪服务力度。

【招商引资成效显著】结合昌都地区经济发展的新形势、新任务，丰富和充实了招商项目库，精心编辑制作《昌都地区投资指南》。继续进行网上招商，不断扩大招商引资的规模，切实提高招商引资质量。2009年，昌都地区共签约招商引资项目18个，协议总投资56472万元，实际到位资金28054万元，同比增长37%；招商企业共完成税收2771万元，同比增长39%；新增城镇就业岗位1087个，同比增长25%；增加农牧民收入1044万元，与去年持平。

【国际多双边无偿援助成效显著】2009年，昌都地区商务局会同地区卫生部门积极做好国际多双边无偿援助项目，意大利亚洲团结协会投资226万元人民币，无偿援助昌都地区卫生培训中心项目已顺利建成投入使用，培训县级医务工作人员11人，乡级医务人员11人。

【启动储备制度改革工作，初步完善居民生活必需品储备体系】一是适当调整储备品种，对原有的边销茶、白糖、冻猪肉、冻牛肉4个储备商品从数量上进行适当的增减，调整后的冻猪肉50吨、冻牛肉50吨、边销茶250吨、白糖100吨。二是建立科学的储备监管制度，加强对承储企业的监督与管理，建立责任制，督促企业建立储备物资轮换机制，形成“丰时收储、歉时投放”的收储投放制度，切实保障实储到位。

【家电家具下乡工作稳步推进】成立了以政府分管领导为组长，相关部门人员为成员的家电家具下乡工作领导小组，制定并报经地区行署办公室批转了《昌都地区家电家具下乡工作实施方案》(昌署办发【2009】152号)。通过公告、资格审核、网点备案等完成了家电家具下乡销售企业和网点推荐。目前，昌都地区共有家电家具下乡销售企业和网点84家，其中：家具下乡销售网点38家。2009年，昌都地区共销售家电下乡产品185台，销售金额28.48万元；销售家具下乡产品296件，销售金额58.70万元。

【“万村千乡市场工程”扎实推进】昌都地区商务局及时向各县商务局下发了农家店任务分解通知，明确了新建和改造农家店33家的工作目标任务。及时兑付“万村千乡市场工程”2006年－2007年93家农家店建设和改造补贴资金18.6万元。加强对承办企业的日常监督，切实保证农家店的商品质量，保证农家店的存活率。新增昌都金鹰商贸有限公司为承办企业，富隆商贸公司继续巩固和完善153家农家店的建设任务。2009年，完成建设和改造农家店33家，目前，昌都地区共建设和改造农家店186家。

【加快碘盐推广步伐，切实提高农牧区碘盐覆盖率】继续实行碘盐推广责任制，严格落实农牧民碘盐年均5.5公斤、每公斤0.5元的财政补贴优惠政策。江源经贸有限责任公司积极做好碘盐的调运、配送工作。2009年，昌都地区共调运碘盐3011吨，同比增长25%，合格碘盐食用率达到85%，食用碘盐人口覆盖率达到95%。

【受援工作取得新成绩】2009年8月，全国首届商务系统援藏工作会议在拉萨召开。昌都地区商务局充分利用这一机遇，积极与天津、重庆两市对口援藏商务部门沟通协调，会议期间，受援双方签订了对口援助合作协议等，初步落实援藏资金70万元，昌都地区商务局受援工作取得了新成绩。

【领导名录】

局党组书记、副局长：程郭顺
局党组副书记、局长：丁华南
局党组成员、副局长：徐炳宣
局党组成员、副局长、机关党支部书记：泽仁玉珍（女）
局党组成员、副局长：群培

昌都地区财政工作

【年度综述】2009年，地县财政积极采取有效措施，克服各种困难，狠抓增收节支工作，实现了收支平衡、略有结余的目标，总体上保证了财政经济的平稳运行。全年财政总财力达到26.6亿元，地方财政完成收入2.7亿元，比上年增加4000万元，增长17%。新增丁青县、芒康县财政收入过2000万元的县。昌都地区财政支出完成26.58亿元，比上年增加4.3亿元，增长19%。

【民生财政建设取得新成果】2009年，面对收入增长明显下滑，特殊开支急剧增长，增收节支压力空前加大的异常情况下，进一步优化支出结构，继续加大了教育、医疗、养老、住房为重点的民生投入力度，保障范围不断扩大、标准进一步提高，民生财政体系建设不断完善。一是加大教育惠民力度。小学生公用经费标准由原来的150元提高到300元，初中生由250元提高到500元；免除城镇中小学生义务教育阶段学杂费；教师人均公用经费提高到3400元。教育事业投入实现稳步增长，全年教育支出63841万元，比上年增长12%，进一步巩固、发展了城乡免费义务教育。二是加大医疗卫生保障力度。全年医疗卫生事业支出23736万元，比上年增长14%，落实农牧民免费医疗经费7668万元、干部职工体检经费808万元。积极做好甲型H1N1流感疫情防控经费保障工作，安排落实资金64万元。三是加大住房保障体系建设力度。安排资金29017万元，完成13137户农牧民安居工程建设任务，受益农牧民8.3万余人，提前1年完成“十一五”农牧民安居工程规划的目标任务；安排资金23855万元，完成城镇廉租住房834套、地县乡干部职工周转房1685套；落实国有企业职工639人，住房补贴政府激励资金939万元。四是继续提高城乡居民最低生活保障标准和农村“五保户”供养标准。自2009年起，农村低保标准从年人均850元，提高到1100元。城镇居民最低生活保障标准，由月人均250元提高到300元。农村“五保户”供养标准，从年人均1600元提高到1800元。全年落实城乡居民最低生活保障资金7490万元。落实农村低保人员一次性生活补贴资金3010万元（含农村“三老”人员、五保户、优抚对象）。落实农村“五保户”供养资金252万元。五是落实资金648万元，对部分偏远乡村溜索改桥，已改造完工6座，较好地解决了部分群众出行难的问题。六是加大就业扶持力度。全年就业再就业投入880万元，新增公益性岗位850个，新增就业3241人次，城镇登记失业率继续控制在4.3%以内。

【财政支农惠农取得新突破】2009年是财政支农惠农政策全面提速的一年。一是提高了部分涉农补贴标准。自2009年起，种粮农民农资综合补贴标准从每亩9元提高到15元；农村薪柴替代工程沼气建设补助标准，每户从3000元提高到3800元；农牧民购买加碘盐价格从每公斤1.5元降至0.5元；农业机械购置补贴在原先5个县试点的基础上，在11县全面推开。全年落实化肥补贴、农资综合补贴、良种良畜补贴、农业机械购置补贴、沼气建设补贴等各类涉农补贴资金4676万元。二是积极落实家电家具和汽车摩托车下乡补贴政策，预拨补贴资金835万元，有力激发了农牧民群众的消费潜力。加大农村基础设施建设投入，落实农村公路建设资金2.2亿元、乡村公路建设补助资金1297万元、落实财政扶贫建设资金5713万元、农业综合开发项目建设资金1913万元、农村人畜饮水工程建设资金10834万元、水利水电建设资金9773万元、农网改造建设资金1120万元，以水、电、路、讯为重点的农村综合配套设施建设得以改善。三是农牧业特色产业建设取得新成效。安排资金2810万元，实施21个特色产业项目，支持青稞、牦牛等产业发展。积极支持农牧民实用技能培训，安排专项资金560万元，支持完成培训1.8万人次，有力促进了农牧民转移就业。安排资金305万元，支持13个农牧民专业合作组织建设，提高了农牧民进入市场的社会化程度。四是农村公共服务保障能力显著增强。全年落实资金3360万元，使农牧民群众享受到了实实在在的服务；“万村千乡”和“双百市场工程”建设进展顺利；五是完成了党中央、国务院为纪念西藏百万农奴解放纪念日，赠送价值8497万元物资的采购和发放工作。共采购发放农用车1112辆、电视接收器52727台、应急照明灯50093套，让广大农牧民群众深切感受到了党中央的关怀。

【财政维稳保障能力不断增强】全年落实公共安全和维稳专项资金31774万元，确保了维护稳定工作需要。

【基层政权建设投入持续增长】从2009年起，将原村干部误工补贴制度改为村干部基本报酬及业绩考核奖励制度，建立了村干部体检制度，每两年体检一次。上述两项共安排落实资金1319万元。落实农牧区“三老”人员生活补贴603万元；落实村级党组织活动经费91万元；落实乡（镇）基层运转经费3174万元。根据《中共昌都地委关于进一步加强村级组织建设，充分发挥农牧民党员作用的意见》精神，地区财政安排补助资金220万元；全年落实资金8620万元，新建431个村级活动场所。

【获奖情况】2009年，昌都地区财政局监督检查科被评为“全国会计监督工作先进单位”，格桑尼玛同志被评为“全国会计信息质量检查先进工作者”

昌都地区税务工作

【组织收入情况】2009年，昌都地区国税系统共组织入库各项税收收入21379万元，与去年同期相比增收2423万元，增长12.8%，完成自治区国家税务局下达税收计划19620万元的109%，税收收入首次突破2亿元，实现了新跨越。其中：税收收入入库20974万元，同比增收2386万元，增长12.8%；其他收入入库405万元，同比增收37万元，增长10.1%。

【税法宣传情况】2009年，昌都地区各级税务机关紧紧围绕“税收·发展·民生”的主题，开展了一系列形式多样的税收宣传活动。一是开展送税法进企业活动；二是开展“税法咨询日”活动；三是开展“短信送税法”活动；四是开展“纳税服务月”活动；五是开展“税企座谈会”活动；六是开展“9·16建设平安西藏法制宣传日”活动；七是参加“诚信兴商宣传月”活动。同时，各级税务机关还按照相关要求认真做好对车辆购置税、增值税、营业税、城市维护建设税政策调整后的宣传工作，确保了各项税收政策落实到位。

【税收征管情况】2009年，昌都地区各级税务机关着重围绕“五个加强、两个提升、三个突破”深入开展税收征管工作，确保了税收收入稳定增长。一是加强税收基础工作；二是加强发票管理；三是强化个体税源监管基础工作；四是开展重点企业税源调查；五是强化成品油加油站税源监控工作；六是积极开展车船税征收工作；七是开展综合征管系统师资培训工作；八是完成2008年度个人所得税自行申报工作；九是开展2009年税收专项检查工作；十是开展2008年度企业所得税汇算清缴工作。

【机关建设情况】2009年，昌都地区各级税务机关紧紧抓住机关建设这个关键，着力构建科学高效的机关管理机制，实现了行政效能的显著提高。一是加强信息化建设，积极推行纳税人电子档案管理系统，认真开展错误数据清理修改工作和重点税源数据质量检查工作，有效地提升了信息化水平；二是加强干部队伍建设，改进工作作风；三是圆满完成机构改革和人员调整工作；四是不断加强基本建设管理工作，切实改善干部职工生活工作条件；五是加强精神文明建设，积极参加各项捐助活动；六是加强综合治理和维护稳定工作，为税收工作顺利开展创造安定环境。（尹祥光）

中国人民银行
昌都地区中心支行

【突出信贷支持重点，充分用好、用活、用足中央赋予西藏的特殊优惠货币政策】2009年，人行昌都中心支行紧紧围绕自治区“一产上水平、二产抓重点、三产大发展”的经济发展战略和昌都地委“巩固提升一个根本（农业），完善一个基础（交通），壮大两个支撑（矿产、水能），培育新的增长点（商贸、旅游）”的发展思路，督促引导辖内各银行业金融机构在用好、用活、用足中央赋予西藏特殊优惠货币政策上下功夫，进一步加大对“三农”、特色经济、消费、中小企业、民生等的信贷投入，最大限度地满足各类经济主体的有效信贷需求，保持信贷投放合理、适度增长，促进了地区经济持续快速发展。截至2009年12月末，昌都金融机构各项存款余额达67.71亿元，较年初增加13.65亿元，增长25.25%；各项贷款余额18.82亿元，较年初增加1.45亿元，增长8.38%。其中：辖区农牧业贷款余额达8.45亿元，占昌都地区各项贷款总数的44.90%，比年初增加0.75亿元，增长9.79%；发放农牧民贷款证卡72,498本，发证面达84.13%，使用率达到88.38%，小额贷款余额5.65亿元，比年初增加0.87亿元，增长18.27%；扶贫贷款余额为1.15亿元，比年初增加0.33亿元，增长40.10%；发放农牧民安居工程建设贷款余额达0.60亿元，支持了辖区4969户114758989平方米的农房新建和改造。对特色产业发放贷款余额为3.13亿元，占各项贷款总数的16.63%，较年初增加0.05亿元，增长1.6%。消费贷款余额为4.42亿元，占各项贷款总数的23.49%，较年初增加0.67亿元，增长17.87%。

【优化金融生态环境，促进经济繁荣发展】积极引导辖区各级银行业金融机构紧紧依靠地方政府的支持，全力推进信用乡（镇）、村创建与评定工作。截至2009年12月末，辖区已评定信用乡镇15个，信用村215个。其中2009年新评定信用乡镇9个，信用村107个。通过信用乡（镇）、村的创建与评定，辖区农牧民群众的诚信意识进一步增强，农牧区信用环境进一步改善。

积极配合政府有关部门按照“政府引导、政策扶持、市场运作、社会参与”的原则，通过整合财政、援藏和社会资金，进一步探索地区担保体系建设。为下一步建立风险分担机制，缓解“三农”大额贷款担保问题和中小企业融资难问题打下了坚实的基础。

【加强金融风险监测分析，推进金融稳定协调机制建设】一是继续密切关注国际金融危机对辖区实体经济和金融稳定的影响，进一步完善金融稳定风险监测指标体系，不断提升金融风险监测、评估和预警能力。二是进一步加大对辖内农行股份制改造和金融机构风险现状等情况的监测力度，及时掌握和反映改革中出现的新情况、新问题。三是继续加强与自治区金融监管部门、地区政府、经济综合部门的沟通和协调，建立金融稳定协调机制，畅通信息共享渠道，共同维护辖区金融稳定。四是进一步加强与各金融机构的直接联系，密切关注金融创新产品及金融衍生产品风险，努力化解金融风险。

【**加强金融突发事件应急管理，提高各金融机构应急处置能力**】根据2009年辖区经济金融和社会稳定形势，积极引导辖内各金融机构，进一步建立和完善了风险处置预案，适时开展相关应急演练，提高了辖区各金融机构应对金融突发事件的能力，更好地维护了辖区金融稳定，确保了一方金融平安。

【**获奖情况**】获人民银行成都分行2009年度目标管理先进单位（西南四省区大区分行、大地专级）

中支文艺队赴京参加“庆祝人民银行成立60周年”汇演，被人民银行总行通报表彰。（省部级）

2009年5月，中支会计业务科被继续认定为年度全国“青年文明号”集体。

次仁玉珍，获人民银行总行先进个人。（省部级）

群美，获人民银行总行科技司先进个人。（省部级）

【**领导名录**】
党委书记、行长：次 成
党委委员、副行长：次旺热单 杨 淮
党委委员、纪委书记：拥珠尼玛

昌都地区交通运输工作

【**地区公路现状**】昌都地区境内有214、317、318三条国道，201、302、303三条省道。截止2009年底，昌都地区公路通达总里程为9164.065公里。其中：国道1634.041公里；省道671.221公里；农村公路6858.803公里。

昌都地区辖11个县，138个乡（镇），1142个建制村（含23个居委会），截止2009年底，通公路的乡（镇）为131个（其余7个目前正在建设中），占乡（镇）总数的95%，通公路的建制村为828个，占建制村总数的72.5%，未通公路建制村314个。

【**国省道和通县油路项目建设持续推进**】2009年国省道、通县油路在建项目共计9个，总投资40.7861亿元，截止2009年底已完成投资19.719亿元，占总投资的48.34%。其中：国道214线芒康至隔界河段；国道317线江达至妥坝段已完工。国道214线竹巴笼至海通沟段、类乌齐至昌都段、昌都至邦达机场段；国道317线江达至岗托段；国道318线海通沟兵站至东达山段；青泥洞至贡觉县油路改建、省道303线帕通至加玉桥段新建工程项目正在建设中。

【**农村公路建设进展顺利**】2009年续建项目39个（其中重点项目14个、一般项目25个）；新建项目58个（其中重点项目6个、一般项目52个），总投资3.9968亿元。截止年底完成总投资2.7157亿元。解决51个建制村和28个自然村的通达。

【**公路养护质量稳步提升，服务保障能力不断增强**】一是局和各养护段分别成立了抢险保通领导小组，加强辖区内的抢险保通工作组织领导；二是进一步完善和切实做好应对公路突发事件、公路水（雪）毁抢险保通等应急工作，保障了公路快速恢复通行的能力；三是各养护段加大对辖区内的道路、危桥、险涵的巡查和实地监控管理力度，发现安全隐患，及时采取措施排除，确保了道路安全畅通。2009年共完成养护大中修、危桥改建、段道房改建、安保工程、水（雪）毁等公路养护工程项目45项，总投资0.2117亿元。

【**路政和交通运政管理工作不断规范**】加大依法治路工作力度，共收回公路路产损坏赔（补）偿费计1205871元，卸货分运216吨，开通绿色通道545车次，有力的维护路产路权，保障了公路的安全畅通。进一步规范路政人员的执法行为，树立了良好的执法形象。

交通运政管理部门，积极开展客运市场、货物运输的整治和管理工作，打击违章运输工作；加强对客运站点的监管，有效维护道路客货运输市场秩序。2009年共出动稽查人员368人次，检查过往车辆351辆次，查处违章车辆34起，查处黑车25辆。完成进出藏货运量63.2547万吨；货运周转量26601.4653万吨公里；完成客运量315.5198万人次；客运周转量7288.8143万人公里。

【**领导名录**】
局党委书记、副局长：张宏军
局党委副书记、局长：齐 飞
局党委副书记、副局长：吴明清
局党委委员、副局长：尼 玛 泽仁罗布
局党委委员、纪委书记：祁世存
局党委委员、副研究员：吴 正

昌都地区公路管理工作

【**认真抓好公路日常性、预防性养护工作**】2009年，狠抓了公路的预防性、日常性和及时性的养护工作。昌邦公路保通路段保证了绝对畅通，确保了大庆活动的顺利进行。做到零星塌方随时清除，及时清理边沟，疏通涵洞，保证了全线排水畅通，按照公路小修保养的要求，经常性地清扫路面，路边建筑垃圾等堆积物、白色垃圾已经大部分得到了清理，保持了路容、路貌的整洁，确保了全线公路安全畅通。每个工区完成1公里“标准路”的任务，在此基础上各工区另行完成了1公里的“标规路”任务。

按照《公路桥梁养护工作制度》，在加强对重点桥梁守护工作的同时，完善了巡查和检查记录，桥涵的建档立卡资料已按时完成。对公路沿线损坏的标志标牌、防撞墙、防撞墩进行了全面的调查，进行了更换维修。

经年终路检组检查评定油路优良路率为：62.64、MQI值（平均值）为：72.50。完成了全年的工作任务。

【**抢险保通应急能力进一步增强，公路抢险保通工作正常进行**】在抓好公路日常养护工作的同时，继续发扬积极主动、不等不靠的精神，按照“预防为主、防治结合”的原则，加强领导，公路抢险保通工作正常进行，保证了昌都地区公路管理局所辖各条公路的安全畅通。

【**坚持依法治路方针，逐步提高路政依法行政能力**】路政管理工作开展以来，坚持“立足源头、依法严管、标本兼治、长效治理”的工作原则，将工作的重点继续放在治理超限运输上。继续加大了《公路法》、《超限运输车辆行驶公路的管理规定》和《西藏自治区公路管理条例》的宣传力度。加强了公路路政巡查和执法力度，对损坏公路、侵占公路路产路权的案件做到了及时查办。

【加强对大中修工程、安保工程和配套设施建设的现场监理和管理力度，各项工程进展顺利】区公路局安排的公路大中修工程已经分别下达到各公路段，要求严格按照公路管理局《大中修工程管理办法》，认真开展“公路养护工程质量建设年”活动，坚持各项工程养护制度的贯彻和落实，加大对各项工程的管理和监理力度保证工程保质保量，安全、按期完成施工任务。截止10月底所有工程已竣工交付使用，通过自检工程合格率达到100%，优良率达到80%以上。

【社会治安综合治理和安全生产工作】加强领导抓好社会治安综合治理，维护社会局势稳定和社会治安秩序。按照公路局、昌都地委、行署的安排部署，为实现社会稳定、人民安宁、安定团结的政治局面，昌都地区公路管理局认真落实24小时值班制度，领导带班制度，坚持每天报平安。分局广大干部职工坚持一手抓稳定，一手抓公路养护生产，为反对分裂、维护稳定和促进发展大局贡献力量。

昌都地区邮政工作

【年度综述】2009年昌都地区邮政局共有邮政所14个，乡邮网点11个，在册职工173人（含援藏干部1人），其中大专以上58人，占全员职工的34%；中专52人，占全局职工的30%。藏族职工106人，占全局职工的62%；汉族职工66人，占全局职工的39%，回族职工1人。共有1条一级干线邮路，6条二级邮路，邮路总长2288公里；乡邮邮路604条，邮路总长度22122.73公里。

2009年实现全年邮政业务收入1510万元，完成年预算目标的106.49%，同比增长20.03%，全员劳动生产率达到8.93万元/人，连续三年超额完成区公司下达的全年生产任务。

【邮政通讯人才队伍建设】昌都地区邮政局各级领导始终将人才队伍建设放在第一位，人才作为第一生产要素。2009年向社会公开招聘应届本专科毕业生12名。其中包括，石家庄职业技术学院2009年订单生4名，以区公司文件要求，目前，这4位同志除财务专业外其余三位已安排到辖区三个县局。2009年是昌都地区邮政局建局以来人才队伍扩充幅度最大的一年。办结退休职工7人，长病1人相关手续。并按相关要求建立了退养职工相关通讯录，适逢节假日及时联系到职工本人并做好送温暖活动，极大的增强了企业内部人文关怀的氛围。按照区公司的部署，组织管理人员及业务人员继续参加远程教育培训和区内外培训196人/次。（其中区外培训6人/次，区内培训20人/次，本局组织培训87人次，各类远程培训83人/次。）完成4名邮运驾驶员和1名汽车修理人员的技能鉴定工作。同时注重参训人员实际操作能力，强调学有所用。

【邮政基础设施建设及设备更新】2009年开展的工程建设：发迅台职工住宅楼建设，总面积1130.48平方米，共投入资金180万元，解决了部分职工的住宿问题。八宿县然乌转运站的维修，共投入资金46万元。贡觉县职工住宅楼维修，共投入资金25万元。地区局枢纽楼屋面维修，共投入资金30万元。新增、更新邮运车辆5台，新增流动服务车辆1台，新增机要投递车1辆，更新行政车辆1台。

信息建设：2009年1月份对ATM机进行系统升级，并统一更换了内存条完成了硬件的升级，提高了ATM的服务质量。2月份对阿尔卡特交换机进行了系统调试，并新增158和189的外拨号码段。更换办公大楼的UPS电池，改造电池柜。3月份按照区速递公司要求，安装速递站点服务器，并对所有相关的终端进行了版本升级；在挂号室新增了速递业务的相关设备，配合业务人员对县局操作人员进行了辅导，圆满完成了速递系统的上线工作。4月份收集办公楼内所有业务重点地址，进行了统一规划，与机房配线架对应进行了标示；购买相关材料，对网络改造进行了全面的准备工作。6月份对各网点进行网络改造，将原来的DDN专线改为2M的光纤。8月份为了保证安全生产，对综合网及绿卡网的PC安装杀毒软件，并定期进行查毒、杀毒。10月份根据业务拓展需求，为左贡县、芒康县、八宿县局安装ATM机。

乡邮工作：一是完成19个乡镇通邮网点征地前期准备工作，完成八宿县邦达乡、左贡县扎玉镇、江达县同普乡、贡觉县哈加乡、阿旺乡五个乡镇通邮网点的建设工程，共投资349万元，于11月峻工验收交付使用。二是在乡邮员队伍建设方面，昌都地区邮政局各县局不定期组织乡邮员工作总结，并做好乡邮宣传工作，督促乡邮员报刊妥投率，提高乡邮工作效率，为党和国家的声音走进农牧地区作出了重要贡献，其中左贡县邮政局乡邮工作表现突出，并在2009年昌都地区邮政工作会议上受到区公司凌小华副总经理的肯定。三是2009年更新乡邮投递车4台，发放乡邮员工作制服308套，更新了部份乡邮员的投递邮包，并提高了部份乡邮员的报酬，全年累计投入乡邮费用680万元，为提高乡邮工作效率提供了有力的保障，极大的鼓舞了乡邮员的工作热情。

【业务发展情况】2009年，昌都地区邮政局圆满完成了年初预算目标，各县邮政局的业务收入提前超额完成，江达县邮政局、贡觉县邮政局更是提前2个月完成了地区局下达的任务指标，同时，昌都地区邮政局也出现了继芒康县邮政局之后第二个业务收入过百万的县局——江达县邮政局。

洛隆县邮政局连续四年开发新业务，邮政业务创新方面走在昌都地区的前列；左贡县邮政局成为全区第一个超额完成报刊收订的县局。

截止12月31日，完成储蓄余额2.64亿元，实现储蓄业务收入657.68万元，完成年计划的102.76%，比去年同期增长10.78%；汇兑业务收入完成225万元，完成年计划的140.64%，比去年同期增长52.04%；函件业务收入完成84.08万元，完成年计划的105.1%，同比增长19.93%；特快专递业务收入完成98.71万元，完成年计划的101.77%，比去年同期增长66.70%；包裹业务收入完成84万元，完成年计划的105.84%，同比增长17.62%；集邮业务收入完成109万元，完成年计划的106.86%，同比增长17.71%；代理和信息完成26.99万元，完成年计划的75%，同比下降0.67%，机要业务收入完成14万元，完成年计划的107.69%，同比增长15.85%；报刊业务收入完成116万元，完成年计划的102.65%，同比增长12.19%；物流业务收入完成88万元，完成年计划108.65%，同比增长21.72%。实现安全行驶78万公里，完成邮运1970万袋公里。

【获奖情况】昌都地区邮政局中路邮政营业厅被全国创争活动领导小组授予2008年度全国学习型先进班组称号，梁龙华同志被授予2008年度全国知识型职工荣誉称号，同时该同志被中国邮政集团公司授予“全国邮政系统先进个人”荣誉称号，仁红军同志被评为“全国邮政服务奥运先进个人”荣誉称号，客户服务中心被授予“优秀营销团队”荣誉称号。

昌都地区国有资产监督管理工作

【监管企业经济运行较为平稳发展】积极应对国际金融危机和努力克服拉萨“3·14”事件带来的影响，经济运行得到了平稳发展。1月—12月份监管的七家企业资产总额达27580.9万元，比上年同期增长7.4%；负债总额25883万元，比上年同期增长6.4%；所有者权益1694.9万元，比上年同期增长8.3%。实现营业收入3613.7万元，比上年同期增长4.8%；实现利润总额227.1万元，比上年同期减亏了35.8%；已上缴税金491.7万元，比上年同期增长29.5%，在岗职工工资总额855.9万元，人均年收入1.67万元，

【国企改革工作稳步推进】不断加强产业结构布局调整，充分利用昌都抓好60大庆项目建设的契机，积极推动并加强了地区圣洁自水公司二期改造项目工程建设，更好地保障昌都城镇饮用水的供给和安全。目前该工程进展顺利，切实建好为大庆献礼。积极协调配合开展好国家建设昌都二类客运枢纽中心建设规划，做大做强地区客运公司。主动协调和争取建设昌都货运枢纽中心项目规划工作，促成昌都蓝天运输公司等参与、承担地区货运物流业务，提升企业的经营能力。积极开展了马查拉煤矿的煤炭能源资源整合重组工作，提出了其一是与西藏高争集团的整合重组；其二利用重庆市对口援助的机遇，引进重庆市大型煤炭企业来昌都投资、合作开发的设想和建议，并做好前期准备工作，专题上报行署研定；其三按照行署的安排，派专人先后深入丁青县、类乌齐县等煤炭资源矿点进行考察、调研，达成了初勘的意向，力求投资建设和开发。同时，根据行署专员办公会议纪要精神，专门成立领导机构，抽调专门人员组成工作组对邦达工贸公司改革发展进行调研，摸清家底，帮助企业理清改革发展思路，为下一步其他企业的改革工作提供参考依据。

积极协调、配合服务好了西藏高争集团在昌都建设地区炸药库的搬迁、选址和炸药厂的建设及60万吨干法水泥生产线的建设工作。按照行业体制改革精神，积极协调、配合地区粮食局、水利局切实按照行业体制改革政策措施，继续加强粮食和水利行业体制改革工作。

【现代企业制度和完善法人治理结构得到加强，实行规范化运作】不断完善企业分配制度、人事制度、劳动用工制度，完善企业经营业绩考核和薪酬分配制度，切实加强基础性工作。认真强化企业月报统计工作，及时查找和分析存在的问题，积极深入企业开展督促检查，不断加强调查研究，针对存在的问题，加强监管，依法履职，确保了国有企业各项工作良好发展。

昌都地区安全生产工作

【安全生产控制指标情况】2009年，昌都地区共发生各类安全生产事故13起，死亡27人，死亡人数占自治区下达昌都地区控制指标（40人）的67.5%；其中，道路交通事故10起（含较大事故2起），死亡22人，死亡人数占道路交通控制指标（34人）的64.7%；建筑施工事故2起，死亡3人，死亡人数占建筑施工控制指标（2人）的150%。矿山安全生产事故1起，死亡2人，消防安全和危化品等领域未发生安全生产事故。

较去年同期相比，事故起数（去年20起）减少7起，下降35%；死亡人数（去年36人）减少9人，下降25%。其中道路交通事故（去年13起）起数减少3起，下降23.08%；死亡人数（去年30人）减少8人，下降26.67%。建筑施工事故（去年2起）持平，死亡人数（去年2人）增加1人，上升50%；矿山安全事故（去年0起）增加1起，死亡人数（去年0人）增加2人；火灾事故（去年4起）起数减少4起，死亡人数（去年4人）减少4人。

【工作开展情况】督促企业落实安全生产主体责任，2009年，不包括联合执法，仅地区安监局就组织工作人员深入生产经营企业、建筑工地、矿山一线和乡村基层检查安全生产工作150余次，排查隐患700余处，下达整改指令书130余份，深入事故现场调查11次，核查安全生产管理人员及特种作业人员安全许可（资格）证书890余份。深入县乡企业培训安全管理人员230余人，开展大型集中宣传教育8次，发放宣传资料20000余份，解答群众疑惑和咨询340余人次。昌都地区安全生产形势继续保持了总体稳定、趋于好转的态势。

【以建立健全安全生产法制体制机制为动力，抓好安全生产责任制的落实】一年来，为了全面做好安全生产“三项行动”和专项整治工作，促进责任制的落实，地区安委会和安监局及时下发各类政策性文件、制度性文件和执法文件共计70余份，要求在推进安全生产中，加强组织领导，强化联合执法，做好综合协调，落实安全措施，确保安全生产。在体制机制建设方面重点抓了两项工作：一是进一步完善了“党委领导、政府监管、行业管理、企业负责、社会监督” 的安全生产工作格局，形成齐抓共管的工作机制。各县、地直各部门、企业认真落实“一岗双责”制度。强化第

一责任和责任第一，进一步明确第一责任人、直接责任人制度，把安全生产与经济社会发展放到同等位置认真抓好。启动安全生产警示谈话机制，增强责任意识，提高了各级领导和主管人员抓安全生产工作的主动性和自觉性，形成了一级抓一级，层层抓落实，“纵向到底，横向到边”的安全生产责任体系。二是进一步完善了安全生产规章制度，配齐配强安全生产管理机构和管理人员。强化了各生产经营单位的安全生产主体责任，积极督促生产经营单位全面贯彻安全生产法律法规。把安全生产例会制度、检查通报制度、责任追究制度等各项工作制度科学化、规范化，并作为考核依据和年终工作考核重要内容，不断推进安全生产工作的落实。

【以打击安全生产领域非法违法为重点，着力规范安全生产法治秩序】组织开展了以“严格执行法律法规、切实排除安全隐患”为主要内容的安全生产执法行动，采取集中执法、专项执法、联合执法等形式，杜绝安全生产执法监察工作中的“盲点”和“空档”。执法检查中力求突出一个“严”字，做到“三个强化”：一是强化现场监管，对违规行为敢查。结合节假日等重点时期的安全生产大检查和定期执法检查，采取领导带队、分头深入的形式，对昌都地区高危行业、挂牌隐患整改单位和重大危险源进行抽查普查，发现隐患，责令整改。2009年，各行业、各领域共开展专项检查1601次，查处无证或证照不全从事建设、生产、经营的284起，关闭小煤矿2个，重大隐患不按规定期限予以整治的3起，不按规定进行安全培训或无证上岗的55起，其他非法违法建设、生产、经营的619起。二是强化处罚力度，对违法行为敢惩。对隐患严重且整改不力的企业或发生伤亡事故的企业，严格行政执法。三是强化事故调处，对责任事故敢究。按照“四不放过”的原则，对生产安全事故依法进行了查处，严肃实行责任追究。对隐患严重且整改不力的企业或发生伤亡事故的企业行政处罚罚款共计339500元。有力地规范了安全生产行为，推动了安全生产两个主体责任的落实到位。

【以扎实推进“三项行动”为契机，深化重点行业和领域的专项整治】安全生产治理行动围绕“安全生产年”这条主线，与安全生产执法行动、安全生产宣传教育行动同步实施、同步检查推进。突出重点范围、重点企业、重点项目、重点问题。一是深入开展道路交通安全整治。以城区道路、年察、类昌和邦昌公路等为重点，深入开展了交通安全集中治理活动，严厉打击超载、超限、超速、酒后驾驶等违法违规行为。二是大力加强建筑施工整治。地区安委会组织安监、建设、交通等部门，开展了建筑施工和道路施工联合督查行动120次，发现隐患315处，下达整改通知书73份，责令停工整改2处。三是非煤矿山整治。联合国土局、环保局开展了非煤矿山专项检查，对辖区内26家非煤矿山企业逐一进行了排查。四是危险化学品和烟花爆竹整治，积极推进危险化学品企业升级改造，强化危险化学品生产、储存、运输、经营、使用等环节安全监管。认真做好烟花爆竹销售及消费安全宣传工作，加强监督检查，严格烟花爆竹运、储、销各个环节的监管，严厉打击非法经营、储存、运输烟花爆竹行为。五是组织联合地区消防支队累计检查各类单位334个，责令停产停业1个，下达限期改正通知书207份，提高了人员密集场所防灾意识和水平。在开展“三项行动”中，昌都地区累计排查安全生产监管对象10175个（次），其中排查治理隐患企业480家次，排查一般隐患762个、已整改746个，隐患整改率为97.9％。排查重大隐患29项，其中：已整改11项、道路交通方面正在治理17项、电力系统1项计划列入2010年治理。

【获奖情况】2010年1月19日，在北京召开的全国安全生产工作会议上，昌都地区安监局荣获2009年度安全监管监察先进单位，同时昌都地区安全局高道举和许人元两名同志荣获“安全生产监管监察先进个人”荣誉称号。

2010年2月9日，在自治区安全生产工作会议上昌都地区行署被评为2009年度全区安全生产工作先进单位。拉巴次仁被评为自治区级安全生产工作先进个人。

昌都地区国土资源工作

【耕地保护】从2007年7月开始在昌都地区开展了第二次土地调查工作。截至目前，昌都地区共完成了11县土地利用现状调查、农村土地权属调查、城镇地籍调查和基本农田调查工作，并通过验收。完成了地区农村土地调查数据库建设。

进一步完善耕地保护制度，确保耕地保护落到实处。一是迎接并配合完成了自治区人民政府对昌都地区耕地保护检查评定并获得全区第二名；二是完成与各县2009年度耕地保护目标责任书的签订工作，并协助各县完成与各乡镇签订目标责任书，强化措施，确保耕地保护目标责任落到实处；三是根据2009年行署与各县签订的耕地保护目标责任书要求，拟于12月底完成对各县2009年度耕地保护目标责任的考核。

【地籍管理】进一步加强地籍管理工作，确保土地使用者的合法权益。完成了40宗用地的初始、变更登记工作，登记面积51800.54平方米；完成183宗土地使用证换证工作，换证面积7187.19平方米；办理土地抵押登记45宗，面积97238.58平方米，抵押贷款金额1940万元。

【建设用地管理】积极争取用地指标，确保建设项目用地。一是为确保昌都地区重点建设项目和农牧民安居工程用地，尤其是扩大内需、180项目和大庆项目建设用地。积极向上级部门反映，并根据地委（扩大）会议精神和地区发改委确定的2009年项目建设计划草案，编制了昌都地区2009年度用地计划，上报自治区国土资源厅审核后，给昌都地区核发了2009年用地指标。二是严格建设项目用地预审管理。完成了地区旅游局茶马古道集散中心、公安消防大队强巴林寺消防大队、昌都监狱等12宗建设项目用地的预审工作。三是严格建设项目用地报批管理。完成昌都县达因卡小区建设、芒康县盐井生态旅游建设项目、左贡县扎玉公路建设项目等15宗项目用

地的审查报批工作。目前，昌都县达因卡小区建设、左贡县扎玉公路建设项目、芒康县318国道至曲登乡村级公路建设项目、318国道竹巴笼至海通兵站改扩建工程项目用地已获自治区人民政府批准。四是完成了地区邮政局农牧区乡邮网点、地区体育局综合健身馆、昌都军分区江达同普屯垦部队营房等27个单位用地的审查工作，并根据用地单位的用地情况，提出了具体的处理意见，上报行署批准实施。五是完成了天津广场剩余土地的出让工作。

【土地评估】通过不断努力，芒康县嘎托河流域土地综合整理开发项目已获自治区批准，目前，已完成了土地综合整理开发的前期工作，预计10月中旬完成招标工作和项目开工。

【矿产资源开发秩序整顿和规范】加大矿产资源勘查开发秩序治理整顿工作。于8月4日至6日，与昌都县局一起组成联合工作组，对昌都镇内的20家非金属矿企业进行了一次全面的检查，对检查出的问题提出整改意见，要求其限期整改。对手续不全，存在重大隐患的立即进行了关闭。对昌都地区煤矿企业进行了全面检查，并关闭了察雅县巴贡煤矿、瓦果煤矿、丁青县自家浦煤矿、贡觉县多给拉煤矿和昌都县白日煤矿等5家煤矿。此举促进了昌都地区矿产资源开发秩序的进一步好转。

为确保青藏专项项目野外工作的顺利实施，昌都地区国土资源局积极转变工作方式，由局领导带队，深入八宿、左贡、江达、察雅等县直接与当地人民政府协调，争取各县的大力支持。同时要求各县成立青藏专项领导小组，真正使此项工作有人抓、有人管。截至目前，青藏专项项目正有序进行，预计10月下旬完成2009年度野外各项工作。

做好服务，全力促进昌都地区矿业权实地核查工作。昌都地区国土资源局及时成立实地核查领导小组，制定工作方案，并向各矿业权人传达开展矿业权实地核查工作的重要性，通知其做好各项准备工作。截至目前，昌都地区已完成矿业权实地核查的企业有5家，正在开展实地核查工作的企业有8家，除芒康县色措铜矿、索达铅锌矿和江达县生达铅锌矿外，此项工作在10月底前全部结束。

积极开展矿产资源补偿费的征收工作。现已完成应征额的90%，按照自治区国土资源收缴计划指示，预计年底将全额征收入库。

认真开展整顿和规范矿产资源开发秩序"回头看"工作。通过此项工作的开展，使昌都地区无证勘查、无证采矿、乱采滥挖、浪费破坏矿产资源、严重污染环境等违法行为得到有效遏制；使非法转让探矿权和采矿权等违法行为得到彻底清理，违法案件得到及时查处；矿山安全事故及破坏生态、污染环境现象明显减少；矿产资源开发利用科学化、规模化和集约化程度明显提高。

【探矿权、采矿权管理】2009年完成了44家单位企业，115个勘查矿点和10家开发企业的备案登记工作。同时进一步加大服务协调工作力度，确保了昌都地区探采工作的顺利开展。

【地质灾害防治】及时编制《昌都地区2009年度汛期地质灾害防治方案》，上报行署批转各县执行。《方案》中确定了2009年重大地质灾害隐患点共有316处，比2008年增加6处。其中：滑坡172处、崩塌42处、泥石流89处、其他13处。截止11月30日，昌都地区共发生地质灾害22起，其中：滑坡3起、泥石流18起、冰川湖溃决1起，发生灾害总数比去年有所增加。由于地县两级部门防控措施得力，将地质灾害造成的损失降到了最低。

【执法监察】认真开展"双保"工作。为积极贯彻中央、国务院扩大内需、促进经济平稳较快发展的决策部署，昌都地区结合实际，制定实施方案，成立地区保增长保红线行动工作领导小组，并下设办公室，指定专人负责具体工作。同时，地区还召开专题会议对"双保"工作进行部署安排，抽调包括昌都地区国土资源局在内的地直相关部门人员组成联合工作组，对类乌齐、丁青、洛隆、边坝等四县新增中央投资计划项目实施情况进行了专项调研，实地了解项目用地特别是中央扩大内需项目用地的具体情况，确保规范用地和项目的顺利实施。

加大矛盾纠纷排查和调解力度。加大元旦、春节、藏历年等重大节日和敏感日期间的矛盾纠纷和调解力度，要求各县在重大节日期间对矿产资源开发及土地征收征用中的矛盾纠纷问题进行深入细致的排查，实行"日报告、零报告"制度，无事以电话报平安，有事则以书面形式立即报告。截至目前，昌都地区共排查出3起因矿产资源开发引发的矛盾纠纷，收到1件请求书。经昌都地区国土资源局努力，玉龙铜矿硫酸泄漏矛盾纠纷已基本得以解决，芒康县宗西乡色错铜矿硫酸泄漏矛盾纠纷正在协调解决，类乌齐县桑多镇拉龙拉矿山事件相关部门正在调查取证，等待下一步处理。昌都县生活垃圾填埋场占用昌都县城关镇野外堆村集体土地问题，目前已调处解决。根据区国土资源厅的要求，于7月底前开通了地区和10县(除昌都县外)的12336国土资源违法举报电话。按照地委、行署的总体部署，积极配合昌都县做好私搭乱建的治理整顿和旧城改造工作。

【获奖情况】获得自治区2009年度耕地保护先进单位第三名。

【领导名录】

党组书记、副局长：阿旺次成
副书记、局长：王　闻
副局长：唐　智　　陈　刚
副调研员：张相坤
副调研员、土地科科长：李章国

昌都地区农牧工作

【农牧业经济运行情况】农牧民收入保持两位数增长。昌都地区通过"政策增收"、劳务输出、虫草采集、多种经营、特色产业等途径，2009年农牧民人均纯收入达到3144元。

受干旱影响，粮食减产幅度大。2009年，昌都地区遭遇多年不遇的干旱，粮食减产。粮食总产量达到31120.61万斤，油料达到815万斤，分别比上年减3879.39万斤和184.92万斤，比计划减少4879.39万斤和184.92万斤；蔬菜产量达到7241.95万斤，比去年增加160.95万斤，比2009年计划增加241.95万斤。

畜牧业平稳发展。昌都地区新生各类仔畜108万头（只、匹），成活104.8万头（只、匹），成活率达到96%，与上年持平，比2009年指标提高1个百分点。成畜死亡6.86万头（只、匹），死亡率为1.80%，与上年持平。全年出栏牲畜112.05万头（只），出栏率达到30.2%，比指标增0.2个百分点，与去年持平。肉、奶达到6.8万吨和7.5万吨，分别比2009年计划增加0.3和0.1万吨，比上年减少3.82和1.07个百分点。

乡镇企业、多种经营健康发展。乡镇企业工作紧紧围绕增加农牧民收入这个中心，继续拓宽多种经营渠道，努力提高劳务输出组织化程度，促进了农牧民增收。昌都地区乡镇企业实现产值达到1.59亿元，民族手工业产值达到7477万元，多种经营收入达到7.43亿元，分别比2009年指标增长3%、2%、3%，比上年增长5%、19%、11%。

【紧抓粮食安全不松手，狠抓种植业工作】一是种植业结构进一步优化。昌都地区完成农作物总播种面积79.09万亩，其中青稞51.17万亩、小麦10.08万亩、豆类1.51万亩、玉米1.79万亩、油菜5.32万亩、蔬菜2.88万亩、荞麦1.07万亩、饲草料5.27万亩；粮经饲比例调整为83:10:7。完成秋播面积6.07万亩，其中：冬小麦5.07万亩、冬青稞1万亩。二是积极抓好农田基本建设和农业物资调运工作。昌都地区种子精选达到2139.3万斤，种子包衣达到1415.6万斤。三是良种繁育基地建设及标准化生产和高产创建示范活动建设取得实效。2009年完成机耕面积24.6万亩、机播面积28.5万亩、机收面积25.4万亩。

【多策并举，确保畜牧业健康发展】一是加强春秋季重大动物疫病防治工作。签订了地、县、乡（镇）、村四级目标管理责任书，强化注苗工作，切实做到“五个强制、三个统一、六个不漏”。完成春秋季禽流感免疫注射25万羽，口蹄疫免疫注射950余万头（只、匹），猪蓝耳病免疫5.7万头，免疫率均达100%。二是及时果断处置疫情。2009年3月至4月份，察雅县、江达县、昌都县先后发生了0型口蹄疫，地区及时组派工作组到现场指导，采取有力措施，果断处置，将疫情消灭在疫点上，有效防止了疫情的蔓延和扩大。三是加强检疫工作。为防止外疫传入，确保群众吃上放心肉，地县检疫部门进一步规范和加强了各省际公路检查站和农贸市场的检疫工作，保障了肉、禽等食品市场安全。

【精心组织，积极做好防灾抗灾工作】一是抓好畜牧防灾工作。各县按照“早安排、早动员、早落实”的原则，积极引导动员群众购买和储备充足的粮食、饲草料等防灾抗灾物资，添置修补暖垫、维修加固棚圈，新修维修牲畜棚圈15万座，新建设网围栏11.5万亩，提高了新生仔畜成活率，降低了成畜死亡率，因准备充分，未发生大面积灾情，牲畜越冬度春期间因雪灾死亡牲畜7435头（只）。二是全力开展抗旱工作。2009年入春以来，昌都地区降水量普遍偏少，且降雨不均匀，自北向南大部分地方出现长达50—70天的持续高温无雨天气，造成农作物出苗率低、牧草返青迟缓，使农牧业遭受严重损失。据统计，昌都地区农作物受灾面积达28.2万亩，其中，绝收3.89万亩、重灾4.36万亩、中灾5.69万亩、轻灾14.26万亩，造成粮食减产3879.39万斤。经测算，草场受灾面积2450万亩，牧草减产13亿公斤。灾害发生后，地委、行署高度重视，多次召开专题会议研究部署，并下发通知安排部署抗旱工作，地区和各县多次派出工作组调查旱情，积极帮助抗旱。昌都地区农牧局全力以赴参与抗旱工作，先后为受灾县解决抗旱农药（旱地龙）15吨，解决机动喷雾器50部，手动喷雾器30部抗旱物资，千方百计将损失降到了最低。三是积极做好江达、昌都两县防蝗工作。地区会同昌都县深入昌都县的嘎玛、柴维两乡开展了飞蝗监测工作，并就飞蝗防治工作进行了部署，积极督促江达县开展防蝗工作，两县蝗虫防控工作取得成效，没有造成灾害。

【抓住机遇，做好农牧业项目建设】一是加强沟通联系，积极争取项目。2009年争取到农牧业特色产业基地建设项目、农村沼气项目、农产品质检体系、动植物防疫、退牧还草等6大类40个子项目，国家投资4.4亿元。二是加强领导，确保项目的顺利实施。地区及各项目建设县成立了项目建设领导小组，负责项目建设的协调工作，形成了“一级抓一级，层层抓落实”的工作机制。三是精心组织、合理安排。农牧业项目实行专人负责，地县积极配合，相互沟通，加强检查指导，加快了项目建设进度、保证了质量。四是落实责任，确保质量。为确保工程进度和质量，各县与项目实施乡（镇）签订了责任书，并派干部长期蹲点和督促，将干部蹲点纳入干部年终考核，保证项目建设顺利进行。五是加强项目的监督管理，确保投资效益的发挥。严格落实项目“五制”，加强项目建成后的管理。

昌都地区蔬菜生产基地建设项目进展顺利，大部分县已完成建设任务。昌都地区农村沼气建设共安排25856户，其中包括2008年未完成的4227户、2008年底新增的11294户和2009年新增农村沼气建设10335户，已开工建设20268户，建成17770户，点火15043座。11县乡镇兽防体系建设国家投资968.98万元，昌都、察雅、江达、丁青、洛隆、左贡六县已经完成建设任务、其余各县正有序推进，配套的仪器设备均已到位。

【强化科技支撑，扎实开展农牧业科技推广工作】按照农牧业实用技术到田间地头、进村入户的要求，在春耕备耕、牲畜接羔育幼的关键期，结合区、地两级科技特派员工作，派出以科技特派员为主要成员的工作组，深入各县开展科技指导，提高了农牧业生产的科技含量。为使提高粮食单产行动、高产创建、新品种展示、标准化生产、测土配方施肥等科技示范工作取得实效，农牧技术部门组织精干力量，制定实施方案，落实人员，开展技术攻关，做到了早安排、早落实，目前已取得初步成效。切实抓好农牧民培训。地区及各县按照“实际、实用、实效”的原则，举办各种形式的培训班，广泛开展沼气池的修建维护与管理使用、农作物病虫害防治、动物疫病防治、畜种改良、农机具使用和维护、

农药及化肥的使用、无公害蔬菜栽培、奶牛饲养管理等技术培训。昌都地区共举办培训班 226 期，培训农牧民 32201 人次，其中：农牧民群众 26295 人次，农民技术人员 3878 人次，乡村干部 2028 人次。有效提高了农牧民群众的素质，使每位参训者能掌握一至两门实用的致富技能，得到农牧民群众的一致好评。

【加大劳务输出的组织化程度，增加农牧民现金收入】一是继续加强对农牧民劳务输出工作的领导和组织协调。坚持“政府组织、专人负责、群众参与、形成合同”的劳务输出工作方针，积极帮助农牧民群众联系工程，沟通劳务输出渠道，扩大劳务输出规模。二是因势利导，积极鼓励和扶持有条件的县、乡组建农牧民施工队伍，参与工程建设。三是凡是适合农牧民群众组织实施的工程，属于劳动密集型的以工代赈、农房改造、农村公路和水利工程等，按照有关规定和要求交给农牧民群众组织实施，切实增加农牧民收入。昌都地区劳务输出人数达 25.3 万人次，劳务收入达到 4.2 亿元。

【扶持龙头企业，推进农牧业产业化发展】加大了对地区级龙头企业昌都县日通藏药厂、芒康绿色食品有限责任公司及县级龙头企业洛隆县糌粑加工厂的扶持力度，昌都地区地县龙头企业实现产值达到 472 万元，带动农户 1685 户，户均实现收入 1545 元；农牧民在龙头企业就业 402 人。农牧民专业合作经济组织得到进一步发展。昌都地区农牧民专业合作经济组织实现收入 1638 万元，农牧民从事专业合作经济组织 1823 人，人均实现收入 4686 元。农牧民协会稳步发展。农牧民施工队进一步发展壮大，施工队实现收入 3040 万元；农牧民在施工队就业 1965 人，人均实现收入 4779 元。

【领导名录】

党组书记、副局长：赵　新

党组副书记、局长：洛松尼玛

昌都地区林业工作

【营林生产】2009 年，中央、自治区和昌都地委、行署高度重视林业生态建设，昌都林业在国家、自治区林业局的关心支持下，昌都地区造林面积大幅度增加，全年共各类成片造林 10.14 万亩，年度造林面积首次突破 10 万亩，比 2008 年增长 148%；完成封山育林 23.33 万亩，同比增加 10%；完成退耕还林补植、补造 3.29 万亩，义务植树 142 万株，育苗 292 亩。

2009 年，昌都地区发生 20 年一遇的罕见旱情，据不完全统计，严重的气象干旱使昌都地区历年重点人工造林受害面积达 7.98 万余亩。地、县林业局积极行动，开展抗旱保林工作，抢抓时机在雨季进行补植补造，将灾情损失降到了最低。

【林业重点工程】天保工程　继续加强对 120 万公顷天然林资源的全面管护，认真落实“三定、五包、六无”责任制，始终把森林管护责任及造林地的管理落实到山头地块、林班、小班，落实到人头；完成封山育林 26240 亩；初步建立了地、县两级天保工程管理部门的综合管理系统。森林资源、天保工程、森林防火、虚拟现实四个子系统为工程的科学管理和辅助决策提供了数字化、实时化和可视化技术平台。严格按照国家林业局《天然林资源保护工程营造林管理办法》要求，组织实施好国家拉动内需新增天保工程生态公益林建设任务，完成新增公益林建设任务封山育林 20000 亩、人工造林 1000 亩。工程实施以来，已累计完成封山育林 15464.7 公顷，模拟飞播造林 2302 公顷，人工植苗和植被恢复 5027.9 公顷。

重点区域造林。　按照“突出重点、因地制宜、注重质量、绿美结合”的方针，本着“有多少钱办多少事”的原则，严格按照规划设计，将任务落实到山头地块，完成重点区域造林 25300 亩，其中经济林 816 亩，水保林 24484 亩。

退耕还林。　严格按照地区与各县签订的经济社会发展目标责任书要求，地、县两级认真开展了“十一五”退耕还林工程自查工作，认真抓好历年退耕还林地块的补植、补造，及时足额兑现合格地块的资金补助，做到合格一片、兑现一片、巩固一片。全年共完成补植 19017.24 亩，补造 13842.9 亩，兑现钱粮补助 17326797 元。编制完成《巩固退耕还林成果专项规划（2008－2015 年）》，为巩固退耕还林成果，搞好后续产业开发，切实落实好退耕还林直补政策奠定基础。

森林生态效益补偿基金项目。　完成了国家重点公益林和其他公益林的界定，启动了第一、第二、第三批中央和地方森林生态效益补偿基金，管护面积从 2006 年的 290 万亩，增加到 2009 年的 1037 万亩，年均管护资金从 871 万元增加到 4658 万元。

防沙治沙项目。　藏东南防沙治沙工程是全区“十一五”期间 180 个重点建设项目之一，项目总投资 2285.3 万元，2009 年开始实施，涉及昌都、察雅、八宿三县。项目实施以来，成立了防沙治沙工程协调领导小组，下发了《防沙治沙目标责任考核办法》，签订了目标责任书。地区及项目县克服时间紧、任务重，气候干旱等不利条件，加强工程建设的组织领导和管理，认真按照规划设计要求，全力以赴地抓好工程施工、建设和管理等各项措施的落实，早行动、早安排，以农田防护林、国道沿线绿化带、山坡水土保持林带和围封为建设重点，防沙治沙完成治理面积 8.6 万亩，其中，完成造林 6.5 万亩、围封 2.1 万亩。

自然保护区建设。　坚持以保护野生动物栖息地、原生地为基础，以自然保护区建设为突破口，以保护拯救濒危物种为重点的工作原则，顺利完成芒康红拉山、类乌齐县国家级自然保护区一期建设任务，申报了两个保护区二期建设规划，预算总投资 2756.88 万元；积极配合华能集团做好如美、古学水电站占用林地规划等工作。参与西藏生态安全屏障保护与建设规划《野生动植物保护及保护区建设工程实施方案》、《湿地保护与建设规划实施方案》的制订。按照自治区、地区确定的野生候鸟疫病防控工作安排，认真执行了疫情应急机制，落实了各项防控措施，地、县及各监测点坚持做到了日报告、零报告，保证了疫病防控工作的顺利开展。

【西藏生态安全屏障保护与建设规划】开展林木种苗基地建设工程和防护林体

系建设工程初步设计工作，种苗规划投资 500 万元，新建边坝、洛隆、八宿、类乌齐四个苗圃，建设面积 200 亩；防护林体系建设工程规划投资 2325 万元，在八宿、左贡、芒康、昌都、江达、类乌齐、洛隆、丁青、察雅九县造林 4.65 万亩。两个项目的开展标志着《西藏生态安全屏障保护与建设规划》在昌都地区正式启动。

【森林防火】进一步加大森林防火工作力度。强化森林防火目标管理和行政首长负责制的落实，层层签订了目标责任书。编制完成《重点火险区综合治理二期工程可研报告》。昌都地区累计派出工作组 265 次、1200 人次，出动宣传车 248 台次，1460 人次，发放宣传画 26000 张，宣传单 63100 张（册），悬挂宣传横幅 35 幅，张贴标语 2600 条，召开群众大会 198 次，受教育群众 155800 余人。全年，昌都地区发生森林火灾 2 起，过火面积 243 亩，实际损失面积 151.5 亩，处理火灾肇事者 1 人。

11 月，召开了昌都地区森林防火工作会议，按照《2006 年—2009 年森林防火目标责任书》的要求，对芒康县、类乌齐县和武警昌都森林支队昌都县森林中队三个单位予以表彰，并签订了《2010 年－2012 年森林防火目标管理责任书》。

【森林公安、林政管理】组织实施了林区社会治安整治和打击野生动物资源违法行为两个专项行动。全年，昌都地区累计查处各类林业行政案件 33 起，收缴各类木材 230 立方米，罚款 10 万元，处罚 160 人。

依法加强了对现有林地和森林资源的管理，严格执行农牧民安居工程户均 15 立方米的限额采伐指标；依法取缔了 3 个非法木材加工点；在区内商品材的运输管理上，实行现场检尺、签证制度，杜绝了木材运输超方行为的发生。

【集体林权制度改革】5 月，在八宿县举办了集体林权制度改革试点工作培训班，正式启动实施了集体林权制度改革试点工作，成立了昌都地区集体林权制度改革试点工作领导小组，出台了《昌都地区集体林权制度改革试点工作方案》。八宿县白马、吉达、然乌三镇 1872 亩林地被纳入试点范围，涉及农户 190 户。试点工作的顺利开展，为全面推进昌都地区集体林权制度改革打下了基础。

【森工企业】地区林业有限责任公司进一步挖潜力、抓管理、增效益，大力发展第三产业，努力扩大公司的经营规模，不断增强企业的经营活力。全年，公司生产成材 4545 立方米，完成销售木材收入 554 万元，上交利税 132 万元；加油站完成销售收入 711 万元，上交利税 121 万元；达脱卡森林公园完成经营收入 20.3 万元，上交利税 6105 元。组织职工上山造林，完成 2009 年重点区域造林任务 2000 亩，增收 20 多万元。

地区中心苗圃育苗 160 亩，新育 98 亩，出苗木 84.5 万株。

【林业技术培训】地、县林业局指派技术员深入重点乡镇举办了以造林育苗技术、林业法律法规、森林防火、病虫害防治、林政资源管理等基本知识为主要内容的培训班 11 期，共培训农牧民 2184 人。通过培训，使部分农牧民掌握了基本技能，熟悉了林业法律法规和相关政策，提高了护林员的法律意识和执法水平，为今后工作奠定了基础。

【农牧民增收】2009 年，昌都地区林业局在兴林惠农政策落实上狠下功夫。林下资源开发、干果水果、野生药材的开发利用为群众增收 5000 余万元。森林生态效益补偿基金惠农覆盖面进一步扩大，解决了近 4000 人就业问题。2009 年，昌都地区面上造林、林业工程建设共为农牧民群众增加收入 7241 万元。

【林业“十二五”规划】组织编写了昌都地区林业发展“十二五”规划（送审稿）。“十二五”期间，规划新建续建林业生态建设项目 24 个，总投资 36.7 亿元。

【获奖情况】自治区森林防火指挥部授予地区林业局全区森林防火先进集体。

地区林业有限公司董事长土登扎西获自治区 2009 年度先进工作者称号。

【领导名录】

党组书记、副局长：郭宗惠

党组副书记、局长：赤 来

党组副书记、副局长：毛易武

副局长：阿旺泽仁 余忠文 华 生

副调研员：李新春 边坝泽仁

昌都地区水利工作

【农村安全饮水工程】农村安全饮水工程涉及 11 县，749 个工程点，总投资 14120 万元，可解决 11 县 140545 人的饮水安全问题。其中，2008 年第二批农村安全饮水工程投资 1900 万元，解决 24542 人的饮水安全问题；2008 年新增中央投资 1386 万元，解决 13860 人的饮水安全问题；2009 年第一批新增中央投资 4788 万元，解决 43723 人的饮水安全问题；2009 年第三批新增中央投资 6046 万元，解决 58420 人的饮水安全问题。截止年底，累计完成 417 个工程点，解决 78920 人的饮水安全问题，完成投资 8925.52 万元。

【水电能源建设】续建电站 7 座（分别为左贡县碧土、中林卡、边坝县沙丁、马武电站、芒康曲登、江达县邓科和贡觉县桑珠荣电站），总投资 6801 万元。边坝县沙丁和马武电站、贡觉县桑珠荣电站、芒康县曲登电站基本完工，累计完成投资 6010.15 万元；左贡县中林卡电站取水枢纽施工已完成，压力管坡开挖、镇墩已完成、钢筋制作完成、渠道盖板已全面完工、土建部分已完成 97%，线路部分完成 99%，累计完成投资 638.54 万元；左贡县碧土电站工程取水枢纽施工已完成，压力官坡开挖、镇墩已完成、钢筋制作完成、渠道盖板已全面完工、输电线路部分正在施工，累计完成投资 1062.05 万元；江达县邓科电站工程完成取水枢纽左右边墙及消力池反滤层、进水闸、冲砂闸、溢流坝浆砌石、渠道 1280 米及公路桥；累计完成投资 570 万元。

新建电站 8 座（分别为贡觉县热曲河、察雅县宗沙、八宿县拥乡、贡觉县康泊和阿旺电站、江达县汪布顶、类乌齐县伊日和洛隆县东尼水电站），总投资 1.94 亿元。其中，贡觉县热曲河电站工程于2009年3月8日开工建设，截止年底，大坝一期浆砌石及砼浇筑完工，隧洞开挖680米，厂区防洪堤工程已完工，进场公路桥完工，前池及管道槽开挖完成，共完成投资1670万元；八宿县拥乡水电站于2009年5月份在拉萨完成招投标工作，施工单位已进场，由于怒江大桥还未修通，施工机械无法进场，已做好开工前的各项准备工作；贡觉县木协康泊电站于2009年8月开工建设，完成临时工程，砂石料备料1000立方米，水泥150吨，钢筋100吨，渠道平台开挖100米，完成投资72万元；贡觉县阿旺电站于2009年5月27日开标；江达县汪布顶电站已上报自治区待审；类乌齐县伊日隆桑电站合并更改为岗色电站，正在开展前期设计工作；洛隆县东尼电站已通过自治区审查，待发改委下概算批复。电站维修项目9项。边坝和洛隆两县一级电站技改项目自治区已下概算批复，准备好了开工前的各项工作。

【无电地区电源点建设】无电地区电力建设项目主要是：无电地区电力电源点建设及线路延伸项目和艰苦边远乡村供电项目工程，总投资349975万元，本年计划投资21525万元。其中：自治区下达的无电地区电力建设第一、第二批开展前期工作的项目共55项，总投资9.51亿元。所有项目已陆续开展前期工作。

为迎接昌都地区解放60周年，自治区党委政府为解决昌都地区艰苦边远乡村农牧民用电问题安排的艰苦边远乡村供电工程。截止年底，会同地区发改委、财政局等相关部门编制完成了燃油发电项目方案，该项目总投资12499.21万元，可解决昌都地区艰苦边远乡村10181户60433人的用电问题。

【江河防洪工程】续建、新建水电站项目主要有：昌都镇城区防洪二期工程、江达县城区段防洪工程、芒康县城区段防洪工程、类乌齐县城区段堤防工程、洛隆县城区防洪堤工程和昌都县嘎通坝防洪堤工程等6项，总投资7183万元，累计完成投资3567.6万元。

【水源工程建设】农田水利基本建设：根据行署办公室精神，及时安排部署了冬春农田水利基本建设，各县水利局抽调了技术力量组成28个工作组分赴到各乡镇、村，组织劳动力6.35万人次积极参与农田水利基本建设，完成水渠清淤1826条81.64公里，维修水渠545条27.4公里，维修加固水塘435座，库容3.61万立方米，改善灌溉面积13.2万亩。

灌区配套及节水改造工程：续建、新建项目有：贡觉哈加仁达、丁青觉恩、类乌齐甲桑卡灌区、丁青县觉恩灌区二期工程、类乌齐甲桑卡灌区二期工程、江达果通坝和芒康鲁仁灌区共7项，总投资5600万元。丁青县觉恩灌区第一期工程全面完成，累计完成投资895万元，本年完成投资220.57万元，并通过地区初步验收；类乌齐县甲桑卡灌区配套与节水改造工程于4月25日复工，累计完成投资700万元，本年完成投资700万元；贡觉县仁达灌区工程于5月25日复工，完成取水枢纽一座，引水渠道10.2KM及附属工程，累计完成投资877.186万元，本年完成投资156.9万元。完成江达县果通坝、芒康鲁仁两座灌区设计资料，并报自治区审查；丁青县觉恩灌区二期工程于2009年9月29日完成招标工作。

“民办公助”项目：开工55个工程点，总投资3560.5万元，国家投资1512.1万元。共完成10个项目工程点的建设任务，完成投资2285.53万元，新增灌溉面积16667亩，改善灌溉面积23561亩。

牧区水利项目：左贡县美玉草场水利灌溉试点工程自治区已批投资146万元，灌溉草场4000亩；八宿县邦达草原饲草基地灌溉工程完成初设，报自治区待审。

【水土保持项目建设】完成地区水土保持网络监测站和昌都县生格村洛巴沟监测点的建设，总投资125万元。水土流失治理工程2项，工程总投资793万元。一是江达县矮西沟小流域综合治理工程总投资576万元，完成一期工程的建设任务，完成投资350万元；二期工程总投资226万元，完成投资10万元。二是类乌齐县桑多镇水土保持生态修复试点工程，总投资211.85万元。完成一期工程的建设，完成投资100万元；二期工程总投资111.85万元，完成投资61万元。

【项目前期工作】按照“十一五”水利规划和国家拉动内需及昌都大庆建设的要求，对2009年—2010年期间的138个项目按轻重缓急和成果成熟情况，进行逐项分类排队，做好数据资料、规划设计、可研及初步设计报告等基础性工作。通过衔接落实项目35个，落实投资资金32230万元。

完成了“十二五”水利发展规划项目库的建立工作，确定了水利“十二五”发展规划基本思路，形成了昌都地区水利发展“十二五”规划初稿，内容主要包括农村饮水安全工程、中小水电建设工程、农业灌溉工程、中小型水源、防洪安全工程、牧区水利工程、防洪工程、水土保持及生态建设工程、机构与人才队伍建设在内的八大类383项建设项目，规划建设总投资达83.13亿元。

【水利建设管理】一是认真落实“五制”，从抓规范、抓制度、抓管理、抓落实入手，加强国家有关强制性条文在水利工程建设管理中的贯彻执行，建立健全各项规章制度，严格基本建设程序，逐步扭转了项目法人不懂法，有法不依，盲目操作的局面；二是加大现场检查复核力度，加强工程质量管理、合同管理、项目法人管理，充分发挥地区质监站等部门的职能作用，严把工程“三关”，确保工程质量，促进工程建设管理的制度化、程序化和规范化进程；三是建立了资质、信誉档案，完成了对设计、监理、施工及供货商等水利建设企业的年度审查工作，为保证水利工程质量、加强建设管理工作提供了重要依据；四是加强对在建水利项目的管理和调度，召开了昌都地区水利项目调度会，对昌都地区续建、新建水利工程项目进行了衔接和调度，及时了解各县水利项目建设和前期工作进展情况、存在的问题和困难，并针对存在的问题提出了具体的整改方案和工作措施，并对项目前期工作以及2009年各项水利工作和“十二五”水利规划工作进行了督促和部署。

【体制改革】一是推进县农电公司的改制工作，将乡村电站全部纳入各县农电公司进行一体化管理；二是重点安排洛隆县孜托、八宿县塞曲卡两个灌区作为水利工程计收试点，总结经验，完善各项制度，扩大范围，促进工程良性运行；三是本着"谁建设、谁受益、谁管理"的原则，成立用水户协会285个，管理水渠703条，灌溉面积19万亩，饮水安全工程点345个，会员人数95637人。

【水行政执法】通过水法宣传周活动，进一步加强了对《水法》、《防洪法》、《水土保持法》、《河道管理法》等水事法律法规的宣传，进一步提高了广大人民群众的水法制意识和水患意识。同时，进一步加大了取水许可、河道采砂等水政执法工作力度，不断完善水利行政审批制度，加大水行政执法、监督工作力度，依法治水、依法行政水平不断提高。

【防汛抗旱工作】针对入春以来，昌都地区各地不同程度地出现的旱情，协调农牧、农发、科技等部门，组成工作组，深入到各县，开展调研，督促指导各县抗旱工作。昌都地区11县共储备草袋8万条，麻袋13万条，编织袋24万条，无纺布7.6万平方米，铅丝150吨，桩木1901立方米，块石23543立方米，砂石料17309立方米，炸药349.7吨等。同时，地区防汛办还准备了冲锋舟1艘，麻袋50000条，对讲机3部，电台1部。

【水利援藏】7月9日至10日，水利部陈雷部长率水利部调研组在西藏自治区副主席次仁等陪同下深入昌都地区，重点调研昌都水利工作和水利援藏工作。7月13日国家水利部第四次援藏工作会议在林芝地区隆重召开。会议期间，行署洛松德青副专员代表昌都地委、行署，在林芝分别拜访了前来参加会议的长江水利委员会蔡其华主任一行和重庆市水利局局长助理张光荣一行，对长江水利委员会和重庆市水利局特别是长江水利委员会近年来在人才、技术、项目和资金等方面给予昌都地区的大力支持和无私援助表示了衷心的感谢，并就有关援藏事宜进行了衔接。重庆市援助资金60万元帮助局域网修复、人才培训（共培训人才45人次）等；长江委在开展项目前期工作、网络建设等方面也给予了大力支持。

【农牧民增收】利用水利工程建设直接为农牧民群众增加现金收入1608万元。

昌都地区地震工作

【"三个体系"建设在稳步推进】监测信息传输得到提速。2009年以来争取上级业务部门加快昌都地震台技术升级改造项目建设。2009年5月份上级业务部门投入10万余元对昌都地震台进行技术升级改造，实现了昌都监测数据同时自动向国家地震讯息中心和自治区地震监测中心传输，大大提高了昌都地震讯息传输速度和国家地震局掌握昌都地震三要素的准确程度，提升了中央和自治区、地区应急指挥调度速度。抗震设防工作进一步推进。2009年以来地震局对昌都镇16个重点建设项目进行了抗震设防核查，对8个关系国计民生和生命线工程项目进行地震安全性评价，特别对天津广场东侧工程场地和昌都职业学校工程场地、昌都县安居苑工程场地、昌都监狱工程场地等的地震安全性评价工作，对昌都地震断裂带的基本分布、走向有了一个初步的了解。抗震设防和地震安全性评价工作还需要向深度和广度发展，严格把住抗震设防审查关，才能保障实现大震不倒的目标，才能确保最大限度降低人员伤亡。加快建设地震灾害应急救援队伍建设，加强演练提升反应能力和实战能力。在区政府的统一安排下，通过政府采购给昌都地区配置了500万元的地震灾害救援专项设备。经地震局和昌都消防支队多次协商，2009年8月28日全区第一个昌都地区地震灾害应急救援支队组建成立，地委、行署和自治区地震局、消防总队高度重视，派领导专程来昌参加成立大会，11月9日昌都地震应急救援支队内部又组建了特勤中队，专司应急救援职责。

【三县地震台（站）建设项目已经确定，藏东地震监测台网建设步伐加快】经过与上级部门的主动汇报积极协调，丁青、江达、八宿三县地震台（站）项目建设已经落实，丁青地震台的土建工程已经完成，江达、八宿两县的选址监测工作完成，项目建设资金已经落实，待明年开春就开工建设，并计划于年底安装设备调试，与昌都地震台进行联网。芒康、左贡、八宿、洛隆四县陆态网监测点建设2008年已经完成，2009年8月份经过第一次测取数据。向有关部门上报了"十二五"期间防震减灾项目规划，再计划建立五个县地震台（站）建设和昌都地区地震应急救援指挥中心建设项目。待江达、丁青、八宿三县地震台（站）建设安装调试联网后，启动藏东地震监测中心建设项目，昌都地区地震监测信息中心建设步伐加快，逐步形成昌都地区地震监测全覆盖。

【防震减灾宣传正在深入】紧紧抓住"12·4"法制宣传日、"5·12"防震减灾宣传周、"5·18"科普宣传周、"9·16"平安西藏平安昌都法制宣传日、"四下乡"活动等有利时机，大力开展防震减灾宣传活动，向政府机关、街道、社区、学校、农牧区宣传《中华人民共和国防震减灾法》、国务院《地震安全性评价管理条例》、《西藏自治区实施〈中华人民共和国防震减灾法〉办法》和《昌都地区建设工程抗震设防要求和工程场地地震安全性评价管理规定》等法律法规和防震减灾知识、避震知识、自救互救知识，制作宣传单、挂图、光盘，广泛散发到干部职工、学生、民工队伍和农牧民群众手中，利用党建扶贫工作机遇在农牧区开展宣传教育，宣传资料上电视、报纸、政府信息平台，到昌都学校开展宣传讲座，参与中小学校舍安全工程和农牧区安全工程抗震加固工作，广泛宣传防震减灾知识，效果良好。

【昌都地区2009年地震活动情况】2009年，昌都地区地震台记录发生在昌都地区境内地震总计259次，其中：1.0—1.9级地震156次；2.0—2.9级地震102次；3.0—3.9级地震1次，发生在丁青县西北。

【获奖情况】2009年5月参加全国地（市）县地震局防震减灾工作综合评比，被中国地震局评为优秀奖和单项奖。

昌都地区文化工作

【文化方面】2009 年，昌都地区公布了第一批县级非物质文化遗产名录共四十四项：

1、昌都县：强巴林寺酥油花制作技艺、柴维乡佛像打造技艺、般龙（日通）藏医药、民间游戏（古姆）、民间体育竞技（嘎雪通、照朱亭、扔波力、阿久、小跑赛马、赛牦牛）。

2、芒康县：盐井夹加面、纳西乡加达林婚姻节、纳西乡纳帕。

3、边坝县：边坝锅庄、尼木折嘎、马武藏刀制作技艺。

4、洛隆县：洛宗糌粑、康萨热巴、康萨陶器制作技艺。

5、左贡县：东坝尼木棋、田妥寺“堆松”、左贡寺“果堆”、美玉饰马手工艺。

6、察雅县：香堆藏戏、扩达乡格萨尔说唱艺术、烟多银器烫制法。

7、丁青县：苯教藏医、苯教“美林”画派、尺牍民族饰品制作。

8、类乌齐县：岭卓舞、仲确节、格萨尔“羌姆”。

9、江达县：江达服饰、牛毛帐篷制作技艺、岩比手工艺制作。

10、八宿县：乔面饼制作技艺、吉达乡“八宝”服饰、林卡葡萄酒制作、协昂热巴、堆贵、桑珠德钦林寺“夏那”、拉根乡格萨尔说唱艺术。

11、贡觉县：三岩民风民俗、贡觉民间歌谣。

12、松吉扎西等 6 位老艺人被评为国家级非物质文化遗产传承人。嘎玛德勒等 7 位艺人被评为自治区级非物质文化遗产传承人。昌都地区 17 名民间舞蹈艺人、9 名民族手工艺艺人、6 名民间绘画艺人、3 名格萨尔说唱艺人被地区行署授予文化艺术传承人荣誉称号。

13、昌都地区文化局分别在芒康县索多西乡、徐中乡、曲孜卡乡等乡收集录制了不同风格的弦子 11 个，为该县民间艺术团改编弦子舞三个。在丁青县尺牍镇、色扎乡、丁青镇等乡镇收集不同热巴舞 6 种，拍摄音像资料 120 分钟，照片 100 余张；整理藏医影像资料 240 钟，相关文字资料 5000 余字。

14、截止 2009 年底，昌都地区共有 11 个县 138 个乡（镇）1119 个行政村，24 个社区。已建成 8 个综合文化活动中心，7 个乡级文化站。地区和各县均设有文化活动广场，共计 13 个。其中察雅县 2 个。

2009 年，昌都地区文化局主办的藏东文化网正式运营。

【文物方面】继续开展第三次全国文物普查工作，2009 年 3 月至 6 月昌都地区文物普查队先后深入丁青、类乌齐、八宿、江达、贡觉、察雅 6 县，对 6 县 62 个乡镇、354 个行政村的文物点进行了调查，总行程 11960 公里，调查面积 21400 平方公里，调查各类文物点 297 处，其中新发现文物点 254 处、复查文物点 43 处。并绘制古建筑平面图 400 余份（均通过 CAD 电脑绘制）、整理文字 5 万余字、照片 3000 余张、填写各类调查表达 500 余份。11 县自行调查各类文物点 244 处（其中类乌齐县自查 90 处、洛隆县 44 处、边坝县 39 处、昌都县 30 处、芒康县 20 处、左贡县 16 处、江达县 14 处），各县普查队员绘制古建筑平面图 1400 余份、整理文字 1 万余字、照片 2000 余张、填写各类调查表达 150 余份。地县文物普查队共完成 6 县内 581 处文物点的调查工作，进一步提高了昌都地区文物普查工作力度。5 月 29 日昌都地区完成了所有室外普查工作。

2009，昌都地区各县 3 处文物点列入县级文物保护单位。9 月 28 日，田妥寺、邓达石民宅等 20 处文物点列入自治区级文物保护单位。

2009 年 11 月 25 日，自治区文物局审批的“红色遗迹”项目——昌都地区解放委员会办公旧址、昌都萨王府旧址、昌都地区烈士陵园、芒康县烈士陵园、丁青县烈士陵园、左贡县烈士陵园、江达县烈士陵园、边坝县烈士陵园维修保护工程正式开工实施。

认真开展文物“申报”及“四有”工作，昌都地区文化局通过第三次全国文物普查工作，从调查发现的 711 处文物点中筛选出察雅县仁达摩崖造像等 10 处文物点申请列入第七批全国重点文物保护单位，筛选出盐井盐田等 25 处文物点申请列入第五批自治区文物保护单位。2009 年 9 月 28 日，经自治区人民政府批准，昌都地区盐井盐田等 20 处文物点批准列为自治区级文物保护单位。另外，2009 年昌都地区启动了第三批县级文物保护单位申报工作，地区 11 县共有 33 处文物点列入县级文物保护单位。目前，昌都地区已对 11 县 13 处自治区级文物保护单位初步划定了保护范围和建设控制地带，并对 20 处第五批自治区级文物保护单位正在编制记录档案。

【获奖情况】昌都地区文化局被国家人力资源和社会保障部、文化部授予全国文化系统先进集体；被自治区文物局授予文物工作先进集体。

昌都地区第三次全国文物普查办公室被自治文物局授于全区第三次全国文物普查工作先进集体。

丁青县被自治区文化厅授予全区文化先进县。

苏安水获全区文物工作先进个人。

永忠达瓦同志获全区文物安全工作先进个人。

群措获全区文物信息工作先进个人。

扎西旺加获全区第三次全国文物普查工作先进个人。

马仁获全区田野文物保护工作突出贡献奖。

国庆获全区非物质文化遗产普查工作先进个人。

2009 年，国家文化部开展的第四次县以上公共图书馆筹备工作中，昌都图书馆荣获国家级“三级”图书馆称号，是全区唯一一家三级图书馆，填补了西藏无等级图书馆的空缺。

地区民族歌舞团帕巴泽仁、边巴扎西编导的舞蹈《春弦起舞》荣获第八届全国舞蹈大赛优秀奖和“五个一工程”奖。

地区新华书店荣获自治区出版局先进集体。

昌都地区广电工作

【为维护社会局势稳定营造良好的舆论氛围】昌都电视台始终坚持团结稳定鼓

劲、正面宣传为主的方针，组织新闻工作者深入广泛宣传报道地委、行署坚决贯彻落实中央和自治区关于维护社会稳定的一系列重要指示和各项决策部署，宣传报道昌都地区党政军警民齐心协力、艰苦奋战，确保社会局势稳定的先进典型和先进经验，宣传报道昌都地区开展寺庙法制宣传教育、军警民双拥共建共保活动、庆祝“西藏百万农奴解放纪念日”系列活动，宣传报道新中国成立60年来辉煌成就以及昌都地区各族人民群众欢庆新中国成立60周年喜庆，宣传报道“团结稳定是福，分裂动乱是祸”主题教育活动、“反对分裂、维护稳定、促进发展”主题教育活动、爱国主义主题教育活动和“惠民政策进万家”主题教育活动；开办栏目《百姓谈变化》，采访各族各界干部群众近百人；开办栏目《不忘历史-珍惜今天——喜迎民主改革 50 年》，宣传报道西藏各行各业发生的翻天覆地变化和取得的巨大成就；制作播出系列报道《昌都改革开放 30 年》（22 集）；开办栏目《迎国庆 保稳定 促发展》。2009 年，昌都电视台共播出维护社会局势稳定相关报道 320 多条，《社会与法》、《关注话题》栏目播出相关深度报道 14 期，坚定不移抓发展。昌都电视台通过正确引导舆论，为昌都地区构筑起一道道“反对分裂、维护稳定”的铜墙铁壁营造了浓厚的氛围，做出了积极的贡献。

【加强对重要事件、重大活动宣传报道，充分发挥主流媒体舆论引导作用】 2009 年，地区广播电视台在认真总结往年工作经验的基础上，加强了对重要事件、重要会议、重大活动的宣传报道，提前制定方案措施，提前细化分解任务，落实责任，做到了底数清、情况明，工作有条不紊，有的放矢，各重要新闻尽量在第一时间内编辑播出，新闻时效性得到了有力保障。在地委（扩大）会议期间和其他重要会议中、在庆祝“西藏百万农奴解放纪念日”系列活动、庆国庆 60 周年活动和其他重大活动中，昌都电视台及时组织记者进行了全方位、多角度、深层次的宣传报道，基本保证了当天的新闻当天播出。自地区召开深入学习实践科学发展观活动动员大会后，及时调整工作重点，每天新闻中至少有两条相关内容的报道，已播出深入学习实践科学发展观活动相关新闻 330 条（包括第三批学习实践活动）。

2009 年，昌都地区广播电视台共播出汉语新闻1200条，播出藏语新闻1100条，上传西藏电视台 180 条，采用近 100 条。系列报道 7 个，即：《走过 2008》、《昌都改革开放 30 年》、《百姓谈变化》、《不忘历史——珍惜今天——喜迎民主改革 50 年》、《学习贯彻地委（扩大）会议精神》、《地委（扩大）会议上白马才旺副主席、王瑞连书记、吾金平措专员重要讲话摘要》、《深入学习实践科学发展观》。专题片有《迎国庆 保稳定 促发展》、《做新时期农村基层干部的楷模——记昌都县城关镇兰尼坝村委会主任洛多》；《关注话题》28 期、《社会与法》27 期、《每周一歌》36 期。

【“村村通”建设】 2009 年昌都地区广播电视“村村通”建设主要推广使用直播卫星，建 6 万余套（其中：在庆祝西藏民主改革 50 周年、“西藏百万农奴解放纪念日”，党中央、国务院为昌都地区赠送了 52727 套直播卫星接收设备。），解决 6 万余户、近 20 万农牧民群众听广播看电视问题。直播卫星采用数字传输技术，具有图像清晰、声音效果好、价格便宜、便于运输、操作等诸多特点。老百姓可以收看收听到 43 套电视、45 套广播，大大地增加了节目套数。

新建了丁青县中波台和察雅县中波台、实验台，总投资 1000 余万元。进一步扩大了广播覆盖率和提高了抗干扰能力。

【电影“2131”工程进展顺利】 向各县发行了 35mm 影片 56 部、16mm 影片 396 部，更新发放了数字电影放映机 18 台，2009 年，昌都地区已完成放映场次 26270 场；在完成“2131”放映任务的前提下，各放映机构积极开展送电影活动，深入机关、社区、学校、建筑工地等，为广大干部职工、农牧民群众放映了《西藏今昔》、《云水谣》、《农奴》、《铁血》等 17 部优秀爱国主义影片，据不完全统计，2009 年共放映了 1212 场次，观众达 52470 人次。

【积极落实昌都解放 60 周年大庆项目】 一是“村村通”项目进展顺利，年底完成建设任务；二是制定了昌都地区数字电视整体转换实施方案，目前，落实了前期租线费 250 万元。

昌都地区民政工作

【认真落实低保政策】 昌都地区现有城镇低保对象 2307 户 5632 人，农村低保 12243 户 63515 人。截止 12 月底，共发放城镇低保资金 1464.48 万元;其中自治区下拨 1171.58 万元,地县配套 292.9 万元。农村低保资金 3179.44 万元;其中自治区下拨 2543.5426 万元，地县配套 635.8974 万元。一是健全了动态管理机制。地县民政联合财政、纪检对昌都地区低保对象进行全面核查，新增城市低保 136 户 321 人，对 55 人停发了低保。二是提高了最低生活保障标准。经自治区政府第 23 次常务会讨论通过，将城市低保线标准从 250 元提高到 300 元，从 2009 年 1 月开始实施，农村低保年标准由 850 元提高到 1100 元。其中:一类补助标准 720 元，二类补助标准 500 元，三类补助标准 368 元，保障了农村特困家庭的基本生活。三是切实将党的惠民政策落到实处。元旦、春节期间，中央给昌都地区城市低保户每人一次性发放生活补助 800 元，农村低保、五保户每人一次性生活补助 150 元，共发放 952.7250 万元。百万农奴解放纪念日，中央再次给昌都地区城乡低保户每户发放生活补助 1000 元，共发放 1457.4 万元。四是认真落实特困学生救助政策。截止 12 月底，为 32 名特困学生发放救助费 14.2 万元。

【认真贯彻五保供养工作条例，实行应保尽保】 截止 12 月底，对 4154 名五保供养对象发放五保供养金 747.72 万元。其中集中敬老院供养 214 名、分散供养 3940 名。对五保供养对象由每人每年 1600 元提高到每人每年 1800 元。

【认真做好城乡困难群众医疗救助工作】 进一步探索大病医疗救助实施办法，把城乡医疗救助与新型农村合作医疗有机结合起来，不断提高城乡医疗救助资金使用效率，争取更大社会效益。截止12月底，昌都地区共救助农村医疗困难群众1107人，发放救助资金193.29万元。救助城镇医疗困难群众113人，发放救助资金21.915万元,目前积累医疗救助资金1238.55万元。

【认真做好防抗灾工作】妥善安排受灾群众生活,2009年昌都地区因灾造成36888户221332人受损害,其中因灾死亡3人、失踪2人、倒塌房屋109间，死亡牲畜616头、农作物受灾面积16258.78公倾,绝收1883.88公倾,灾害造成直接经济损失5275.65万元。面对灾情，适时启动自然灾害救灾应急预案，加强灾害信息报告制度，积极做好救灾物资储备工作，2009年，昌都地区共储备粮食391.7万斤,衣服14282套,被子18381床,茶叶14.7250万斤,帐篷1512顶,羽绒服200件,彩条布90捆。各县动员组织群众捐款54万元，落实救灾资金1585万元，救济灾民25821户154932人次。按照区民政厅给昌都地区驻川地震受灾企业发放补助的要求，汇同相关部门，先后多次对昌运天全公司地震受灾户进行核查摸底，目前自治区已拨1387.35万元，用于困难职工生活补助和过渡房建设，昌运集团675户在职和退休职工，每户可以领到1.28万元生活补助。

【扎实开展拥军优属和军民共建共保活动】在昌都地区双拥共建共保活动领导小组的组织下，通过节日走访慰问、官兵拥政爱民活动、为部队官兵进行慰问演出和军警民共建植树等活动。在春节藏历年、八一建军节期间，开展拥军慰问共举办联谊活动13场、812人次，文艺演出6次，活动经费支出418052元。国庆节期间，对56名无军籍职工和九代本起义人员及遗属进行了慰问，共发放慰问金56000元；对部队官兵进行了慰问，并赠送了价值4500元的慰问品。与驻军某部签订了军民双拥共建协议，共建双方在相互走访、座谈、沟通的基础上，共同开展了一系列便民助民活动，

【社会福利基础建设步伐加快】八宿、边坝两县（各100万）福利院基本建成，芒康、左贡、丁青、江达、贡觉五县（每县投资100万元）社会福利院已完成工程图纸设计和工程建设选址工作。由自治区和天津市共同承建（天津市援助170万、自治区投资170万）的昌都县社会福利院已完成。由自治区投资新建的丁青县丁青镇(45万元)、洛隆县孜托镇(40万元)、察雅县烟多镇（15万元）敬老院正有序进行。总投资261万元的地区烈士陵园维修工程已完成。投资100万元的昌都镇社区服务中心和9个社区服务站（每站投资30万元），投资资金已经到位，正在组织实施。

【狠抓儿童福利院各项管理工作】在党和政府的重视和社会各界的关心下，2009年共为儿童福利院投入457800元，用于改善孤儿学习和生活条件。2009年孤儿升学创历史新高，先后有9名孤儿被区内外大中专院校和西藏班（初、高中）录取，其中大专4名、内地西藏班中学5名。

【加大了社会福利彩票的管理力度】狠抓站点规范化建设，促进了彩票事业的快速发展。截止11月底，昌都地区有福利彩票销售网点27个，福利彩票销售达到3630.95万元；其中:电脑型1952.22万元，即开型1678.73万元。

【社会救助工作】按照“自愿受助、无偿救助”的原则，对生活无着落的城市流浪乞讨人员进行关爱性的救助。2009年，救助140人次，其中：返程救助126人，临时救助10人，接回4人次，发放救助资金28500元。较好地体现了党和政府亲民、爱民、为民的良好形象。特别是2009年国庆60大庆期间，为了确保昌都社会稳定，根据地委、行署的安排，从机关和下属单位抽调人员和车辆，充实加强救助工作力量，对55名在昌都镇流浪乞讨人员实行集中救助并遣送回原籍，为确保昌都社会稳定起到了积极的作用。

【基层民主政权建设不断推进】一是以村务公开为纽带开展村民自治工作，及时调整村民自治机构，开展村务公开民主自治工作，增强村务公开实效性，规范公开程序，保障群众的知情权、决策权、管理权和监督权。二是结合社会主义新农村建设工作，探索农村社区建设，采取“因地制宜，稳妥推进”的办法，力争农村社区建设工作有新的突破。三是把做好农牧区资源纠纷调处作为加强基层基础工作的重点，针对昌都地区春季资源纠纷多的实际，为确保农牧区社会稳定，地区民政局对因地域界限争议而引起的多起资源纠纷，进行主动协调化解。做到“发现得早、化解得了、控制得住、处置得好”，最大限度地把资源纠纷化解在基层，解决在萌芽状态。

【努力推进老龄事业发展】不断加大《老年人权益保障法》的执法检查力度，依法保护老年人的合法权益，大力宣传《老年人权益保障法》，有效地维护了老年人的合法权益。截止2009年9月，昌都地区老年人总人口为63749人，占总人口的9.8%。其中：男30621人，女33128人，城镇4246人，农牧区委9503人；昌都地区人口逐步向老龄化迈进。经过公开选举，昌都地区首届老年协会选举产生了理事长1人，副理事长5人，通过了《昌都地区老年协会章程》。老年协会的成立标志着昌都地区老年人有了一个正式的活动组织，为老年人开展健康有益的活动提供了组织保证。在地区老龄委的关心及地区老龄办的具体承办下，2009年5月5日昌都地区老年活动中心正式挂牌成立并投入使用。活动中心占地面积约400多平方米，室内配有乒乓球桌、跑步机、音响、麻将、扑克、茶几沙发等设施，集健身、娱乐、休闲于一体。老年活动中心的运营，从根本上改变了昌都老年人没有活动场所的现状，极大地丰富了老年人的精神文化生活。

【成功举办了“两地三州”民政工作研讨会】加强四川甘孜州、云南迪庆州、青海玉树州、西藏林芝和昌都地区“两地三州”民政工作的交流与合作，互相学习借鉴兄弟州（地）的好经验、好做法，共同促进“两地三州”平安边界建设，经“两地三州”民政局充分协商，8月27日至28日，“两地三州”民政工作研讨会在西藏昌都地区党政会议中心隆

重召开。"两地三州"调处边界矛盾纠纷工作机制初步建立，并签定了《川、滇、青、藏四省（区）"两地三州"调处边界矛盾纠纷工作机制协议书》，明确了遵守行政区域界线协议书原则、对等协商原则、遵守平安边界友好协议原则等三个矛盾调处原则和边界联合检查机制、情况互通工作交流机制、领导会晤机制等三个矛盾调处工作机制。"两地三州"毗邻地区（毗邻县）还签定了《共建平安边界友好协议书》。"两地三州"民政工作研讨会的胜利召开，翻开了"两地三州"民政工作交流与合作史上重要的一页。

昌都地区气象工作

【扎实做好预测预报工作】昌都地区气象局坚持"一年四季不放松，每次过程不放过"的指导思想，遵循"以人为本、无微不至、无所不在"的工作要求，以不断提高天气预报预测准确率为目的，不断加强气象预测预报服务工作，全力做好领导决策气象服务、公众气象服务和专业专项气象服务。2009年，向地委、行署作专题气象服务汇报15次，重要气象服务25次，气象服务信息21期，灾情信息9期，短期气候预测2期，气象服务动态18期，气象服务信息周报9期，各月气候影响评价10期，昌都气象科技各11期，提供资料服务15次，向地委、行署、驻军24小时及未来3天天气预报服务信息327期，积极为地方经济发展、社会进步提供气象保障服务。

【实现了"县县有气象站"的目标】在自治区气象局和昌都地方各级政府的高度重视、大力支持下，昌都地区气象局组织技术力量，经过艰苦奋战，截至2009年11月圆满完成了江达、察雅、贡觉、边坝等4个县域和然乌、邦达、朱巴龙、吉塘、妥坝、盐井、色扎等7个县无人自动气象观测站的建设任务。至此，实现了"县县有气象站"的目标。

【组织实施台站基础设施改善工程】在中国气象局和自治区气象局党组的关心下，昌都地区气象局组织实施了局本部值班周转房、洛隆县局值班周转房及7站阳光采暖房工程建设。各项工程已按期保质保量完成并经地方建设部门验收为合格工程，并交付使用。

【人工影响天气工作安全进行】在地委、行署和有关部门的关心支持下，昌都地区气象局抽派力量，购置并把全年的防雹物资从内地安全押运回昌都地区，及时发放到各县。昌都地区安全实施防雹作业790次，作业保护农田达25余万亩，有效地遏制了冰雹灾害的发生，为农牧民增产增收提供了有力的科技保障。在地区农村工作会议上，行署分管领导同各县主要领导或分管领导签定了《昌都地区人工影响天气工作安全生产责任书》，进一步落实了各项职责。

【防雷检测工作得以加强】昌都地区气象局结合本地区实际，坚持防雷检测、防雷设计、防雷工程同步开展，积极完成了中小学校防雷工程试点项目，得到了广泛认同。6月，自治区防雷中心工作组来昌都地区气象局检查指导工作，对昌都地区防雷工作取得的成绩给予了充分肯定。

【农牧经济信息网作用明显】在地委、行署和有关部门的高度重视和关心支持下，为昌都地区气象局解决落实了年度农经网维持经费，有力保证了昌都农经网的正常运行。农经网技术保障到位，信息采集渠道进一步拓宽，信息量显著增加，信息内容愈加丰富，点击率不断上升，网站运转正常，深受社会各界广泛好评，发挥出了气象科技为"三农"服务的积极作用。据统计，全年共发布普通信息约7268条，重要信息约525条。发布农牧新闻1739条，农牧科技4519条，市场行情387条，政策法规84条，商务信息112条，特色产业信息161条，气象服务437次，电脑知识943条，网站点击率累计约190000多人次。

昌都地区
劳动和社会保障工作

【就业再就业工作】岗位开发及就业。2009年，充分发挥就业再就业优惠政策的促进作用，在地区就业再就业工作领导小组的指导下，联合税务、工商、财政等部门，召开用人单位座谈会和求职人员座谈会，广泛宣传就业优惠政策，鼓励用人单位吸纳就业，大力支持劳动者自主创业。针对2009年初昌都地区及各县建筑工地开工较晚，用工需求量不足的状况，积极联系沟通建设、邮政、水利、教育、交通等部门，积极开发就业岗位，有效促进就业，全年累计开发各类就业岗位3241个，实现城镇新增就业3241人，完成全年目标任务的108%；截止12月底，昌都地区实有城镇登记失业人员1271人，城镇登记失业率控制在4.0%以内；实现农牧民转移就业91435人（次），完成全年目标任务的101%，实现收入1.35亿元。同时，为切实促进稳定就业，积极帮助受金融危机及"3·14"事件影响较大的困难企业度过难关，鼓励企业不裁员或少裁员，促进稳定就业，结合昌都实际，制定了困难企业认定及社会保险缓缴补贴及职工转岗、技能提升培训补贴计划，开展了困难企业认定工作，共确定帮扶困难企业28家，根据文件精神，从失业保险基金中兑付各项补贴资金436.1万元。

下半年，按照自治区的统一部署，开展了昌都地区第三批公益性岗位（首期850个岗位）的开发工作，截止12月底，11县和地直部门公益性岗位公开招聘工作圆满结束。

职业介绍及职业指导。1月—12月份，开展职业介绍3344人（次），完成全年目标任务的104%，职介成功1809人，成功率达54%，完成全年目标任务的100%，开展职业指导3673人（次），完成全年目标任务的93%。

职业技能培训。截止12月底，通过联合办班、委托办班和自主办班等形式共举办藏汉文电脑操作、汽车驾驶、推土机、挖掘机操作、汽车机电维修和种养殖等技能培训60期，共培训2946人（次），其中：举办城镇失业人员培训班30期，培训1307人（次），含高校毕业生128人（次），完成全年目标任务的101%，举办农牧民转移就业培训30期，培训1639人（次），完成全年目标任务的117%，两项培训合格率达到96%以上。

职业技能鉴定。截止12月底，共开展了水泥烧制工和计算机操作等12个工种，共计458人的职业技能鉴定，完成全年计划的114%。

就业专项活动。在4月25日和9月19日举办的昌都地区第九、第十届人力资源招聘会上，共有74家用人单位进场招聘，提供就业岗位519个，其中适合高校毕业生的岗位67个。进入现场求职的人员达4200余人，洽谈咨询人数3865人次，现场达成意向性协议263人，达成用工协议127人，共发放就业宣传资料6000余份，接受政策咨询1500多人（次）。

【社会保险】养老保险。截止年底，昌都地区参加养老保险的单位123家，其中：企业40家、机关53家、事业30家，参保人员6585人，其中：在职人员4048人、个体灵活就业参保人员316人、离退休人员2221人（不含区外安置人员1077人）。截止12月底，完成养老保险费征缴4504万元，完成全年目标任务的158%，其中：利息收入6万元、转移收入19万元；支付养老金4481万元，其中支付退休人员死亡丧葬抚恤金20万元。养老金发放率和社会化发放率均达100%。1月—12月共上报区外安置人员5人，区内安置7人；共审核上报统筹单位工人退休125人，实际办理机关事业单位工人退休95人。

共对昌都地区2144名退休人员补发基本养老金88万余元（月人均增资205.59元）、发放一次性生活补助金123万元。

医疗保险。城镇职工基本医疗保险。截止12月底，昌都地区参加城镇职工基本医疗保险的单位135家，参保人数25098人，共征收基本医疗保险费7433万元，其中：统筹收入4176万元、个人账户收入3257万元。公务员医疗补助收入1645万元；审核医疗保险费2278人（次），基本医疗保险费支出5078万元，其中：统筹支出2093万元，个人账户支出2985万元。公务员补助支出208万元。

城镇居民基本医疗保险。截止12月底，昌都地区参加城镇居民基本医疗保险的单位131家，参保人数13529人，医疗保险费收入322万元（含2010年个人缴费11万元），审核医疗保险费448人（次），住院医疗费支出193万元，门诊统筹支出108万元。

定点医疗机构、药店管理。2009年，进一步加强了对定点医疗机构、定点零售药店的监督管理，促使各定点医疗机构和定点零售药店合理服务，保证医疗服务质量，保护参保人员的医疗权益。2009年，在对地区各定点医疗机构和定点零售药店进行年度考核的基础上，先后三次会同地区卫生局、药监局、物价局对地区人民医院、藏医院、陆军七十五医院三家定点医疗机构和昌都大药房、仁济大药房、鸿强大药房三家定点零售药店进行了检查，对检查中发现的问题提出了整改意见。于11月10日，对各定点医疗机构、零售药店2008年5月至2009年4月执行定点协议情况进行了年度考核，根据考核结果返还了各定点医疗机构、药店该期间的保证金。

进一步严肃医疗保险住院费用报销及转诊转院制度。为切实加强医疗保险住院费用报销审核及转诊转院管理，出台了《关于进一步严肃医疗保险住院费用及转诊转院费用报销的规定》，要求各级经办机构、各参保单位、各级经办人员，认真学习领会相关政策，严格按制度审核，确保昌都地区医疗保险改革工作顺利进行，确保广大人民群众利益不受损害。截止12月底，共办理转诊转院手续821人，其中城镇职工757人，居民64人。

失业保险。按照《西藏自治区实施失业保障条例》，2009年进一步加大了失业保险费的征缴力度，认真核实各交费单位的缴费基数，加强稽核清欠力度，使失业保险的征缴工作有了很大的突破。截止12月底，昌都地区参加失业保险的单位198家，参保人数10373人，征收失业保险费1246.25万元，支出74万元，其中：用于支付培训补贴59万元，职介补贴15万元。

工伤保险。截止12月底，昌都地区参加工伤保险的单位61家，参保人数4245人。工伤保险费收入141万元；审核工伤保险费33人（次），支出4万元。

生育保险。截止12月底，昌都地区参加生育保险的单位121家，参保职工17297人，生育保险费收入359万元；审核医疗保险费261人（次），支出129万元，其中：生育津贴支出37万元。

【劳动管理和劳动监察】劳动争议调解仲裁。截止12月底，共受理劳动争议案件186起，涉及人数1537人，涉及金额658.84万元，已调处182起，追回民工工资415.014万元，结案率达97%，通过对劳动争议案件及时有效的调处，促进了昌都地区社会的和谐稳定。

受理来信来访。截止12月底，共受理来信来访31件次，涉及526人次，经过认真细致的大量调查，并按照有关政策和规定，对内外贸破产关闭企业买断工龄的22名工人、昌运集团公司被解除劳动关系的14人及地区高争水泥厂、利民药业等职工的诉求进行了处理和回复。共处理27件次，205人，结案率87%。

劳动监察及劳动合同签订。全年共组织开展劳动监察79次，派出人员288人次，对491家建筑企业、私营企业、个体工商户进行了劳动保障法律法规的监察，涉及劳动者人数5658人。通过执法检查，共查处违法违规案件157起，针对检查中发现的安全隐患和劳动争议案件隐患，提出了整改意见，及时消除了各种劳资纠纷隐患。截止12月底，昌都地区签订劳动合同3380人，续签劳动合同998人；受理工伤认定申请36起，办结36起；办理劳动合同制工人备案60人。

法规宣传。昌都地区劳动保障系统围绕《劳动法》、《劳动合同法》、《就业促进法》等内容开展劳动保障法律法规宣传56次，发放宣传资料17500份，解答政策咨询1240人次。

【劳动工资】截止12月底，共办理工人调配51人（其中：跨地区调动15人）；落实工龄30人；转正定级108人，审批工资125人。同时，根据企业效益对昌都地区粮油综合加工厂、粮油商贸中心、昌都圣洁自来水公司和察雅县粮油公司四家企业职工的档案工资进行了调整，调资共涉及160人，涉及金额211.9万元。

【高校毕业生就业指导】2009年，针对在地区劳动和社会保障局登记的高校毕业生就业情况开展调查 181 人次，了解其就业意向及培训意愿，为开展培训及推荐就业掌握详细资料。截止 12 月底，引导推荐高校毕业生就业 136 人，其中计划内生源 32 人。

【领导名录】

党组书记、副局长：刘 莎

党组副书记、局长：舒敏江

党组成员、副局长：吕宝良　雷占宝

昌都县

【基本县情】昌都县位于西藏自治区东部，昌都地区的中北部，是昌都地委、行署所在地，地势北高南低，东西呈“w”型，县境平均海拔 3500 米，金沙江、澜沧江、怒江流经昌都镇境内。县境东与江达、贡觉两县相邻；南与察雅、八宿两县接壤；西与类乌齐县交界；北与青海省囊谦、玉树两县毗邻，东西跨度 90 千米，南北距离 145 千米，幅员面积 1.1 万平方千米，森林覆盖面积 53 万公顷，水资源总流量 152 亿立方米，是藏东经济、交通、文化、商业中心。全县辖 15 个乡镇、158 个行政村、9 个社区居委会，总人口 12.48 万。县城距邦达机场 128 千米，国道 214、317 线贯穿全境。

【经济发展态势良好】2009 年，昌都县完成生产总值 10.3 亿元，比上年增长 21.3%，其中第一产业完成 2.71 亿元，增长 6.56%；第二产业完成 1.78 亿元，增长 36%；第三产业完成 5.78 亿元，增长 25.2%。农牧民人均纯收入达到 4101.4 元，增长 15.9%；县级财政收入完成 3503 万元，增长 16.7%；社会固定资产投资完成 7 亿元，其中民间及社会投资 1.41 亿元；完成劳务输出 45659 人次，实现劳务收入 6165.5 万元；全县粮食总产量达 3517.7 万斤。

【狠抓首要任务，以安居乐业为突破口，新农村建设迈出新步伐】昌都县委、县政府进一步加大对“三农”的投入力度，安排县级财政收入的 7%共 210 万元投入农牧业生产，落实各类支农惠农补贴 166.85 万元，受益群众达 8848 户 56598 人，有力推动了农牧业增产增效。全年完成农作物播种面积 8.43 万亩，其中粮食作物播种面积 6.93 万亩。全县粮食总产量达到 3514.7 万斤（因旱灾造成粮食减产 178.3 万斤）。畜牧业经济效益稳步提高，牲畜综合出栏 12.48 万头（只匹），出栏率达到 31.5%，年末牲畜存栏 39.77 万头（只、匹）。继续采取特色农牧业产业开发、林下资源采集业、发展非农产业等措施，加大劳动技能培训和劳务输出组织引导力度，促进了农牧民收入持续增长，增收渠道进一步拓宽。全年实现林下资源采集收入 6966.2 万元，其中虫草采集量达 3935 斤，收入 6790.9 万元。进一步加强了重大动物疫情防控工作，按照“六不漏”的工作要求，完成了春秋两季牲畜五号病疫苗注射工作，实现了“清净无疫”的目标。

始终把农牧民安居工程建设作为改善农牧民生产生活条件的着力点，加快推进“八个基本解决”。全年完成了 1520 户农牧民安居工程建设任务，提前一年完成了“十一五”安居工程规划目标，并投资 760 万元实施了抗震加固工程。农牧民群众的生态、环保意识进一步增强，全年共落实竹胶板 2.5 万张，石材 10 万立方米，塑钢窗 10640 套，实现替代材料使用面积达到 10 万平方米。完成了 70 个村级组织活动场所及基础设施配套建设（包括 9 个社区居委会）和 2 个新农村整村推进项目，完成了卡若镇加卡村、如意乡达若村等 9 个新农村示范点建设任务，昌都县连续四年被地区评为“农牧民安居工程建设先进县”。农牧区面貌发生了较大变化，群众生产生活条件进一步改善和提高，全县 158 个行政村已有 142 个通车，通达率达 89.9%，提前一年实现了 80%的行政村通公路的目标，农牧区交通“瓶颈”制约问题得到进一步缓解；解决了 1451 户 9141 人和 41179 头（只、匹）牲畜的安全饮水问题；“户户通电”工程进展顺利，截止 2009 年底，共完成日通、若巴等 9 个乡的通电任务，新增用电人口 6669 户、36384 人；总投资 393.6 万元，实施了“民办公助”农田水利项目，改善灌溉面积 7069 亩，新增灌溉面积 3135 亩。

【重点项目建设进展顺利，投资拉动作用明显增强】2009 年，昌都县完成固定资产投资 7 亿元，其中县管项目完成 3.3 亿元。全县经济持续快速增长，第二产业增长 36%，第三产业增长 25.2%。全县新开工和续建项目共 54 个，工程项目对经济的拉动作用十分明显。为庆祝昌都解放 60 周年的大庆项目：总投资 2279 万元的昌都镇昂曲河北大桥项目、总投资 1642.1 万元的昌都镇垃圾填埋场项目、总投资 3236 万元的昌都镇澜沧江大桥项目、总投资 4600 万元的昌都镇市政基础设施改造项目等已全部开工建设，进度良好；新增中央投资项目：总投资 2965.68 万元的 2009 年第一批安全饮水项目、10 个乡镇兽防站项目、农产品质量安全检测站项目、2008 年新增沼气建设项目、游牧民定居工程等均已完成建设；农牧业项目：总投资 2406 万元的“2008 年农村沼气建设项目”、“昌都县牦牛育肥基地项目”、总投资 1120 万元的“昌都县天然草场退牧还草工程”等进展顺利；产业项目：总投资 1122.4 万元，“日通藏药材种植基地项目”、“如意乡蔬菜种植基地”等 4 个特色产业项目均已完成，有效带动了项目区群众增收；援藏项目建设：总投资 560 万元的卡若镇天津大桥项目和总投资 455.5 万元的昌都县敬老院项目已竣工交付使用，总投资 400 万元的卡若镇达肖村新农村建设项目进展顺利；其他项目建设：总投资 6383 万元的昌都县安居苑项目已复工，总投资 1722.94 万元的昌都县及乡镇干部职工周转房已于 2009 年 9 月开工建设。

【城市管理工作全面加强，人居环境得到进一步改善】建立城市管理新机制，执法水平明显提高。加大投入力度，城区环卫设施基本实现全覆盖，扎实开展环境卫生专项整治，城市面貌不断改善。大力开展限制塑料购物袋生产销售专项整治工作，“白色污染”得到进一步控制。狠抓违法建筑治理整顿工作，创新工作思路，坚持依法行政与关注民生相结合，临时安置违章建筑户 688 户，办理临时土地使用证 762 户，违法建筑治理整顿工作取得阶段性成效。

【社会事业加快发展】加大对教育的投

入力度，努力改善办学条件。2009 年，县财政对教育事业的投入达 600.6 万元，落实“三包”经费 631 万元。继续实行“三包”大宗物资集中采购制度，确保国家“三包”经费发挥正常效益，认真落实“两免一补”政策，学校内部管理加强、教学环境改善、教学水平提高，“两基”攻坚成果进一步巩固。

基层医疗卫生工作进一步加强。截止 2009 年底，农牧区免费合作医疗覆盖率达 100%，群众参合资金达到 66.7 万元，参合率达 95.61%。累计为 4012 人（次）报销医药费 1059.5 万元，报销农牧民医药费兑现率达 100%，为农牧民群众建立合作医疗电子档案 18861 户 67858 人，群众看病难、看病贵问题得到进一步解决。圆满完成“新农村新家庭大香格里拉人口健康促进项目”工作。深入开展了“一孩、双女”户困难家庭和独生子女伤残死亡家庭特别扶助工作，扶助对象达 1646 人，落实扶助经费共计 94.14 万元。加强地方病、传染病的监测、预防工作，县财政投入 24.6 万元，积极有效防控甲型 H1N1 流感疫情，全年未发生甲型流感病例。完成了城关镇卫生院建设，县妇幼保健院、计生服务站建设项目正在建设中。

文化广播电视事业取得新成效。完成农牧区 9043 户“户户通”工程建设任务，在昌都地区率先完成了 15 个乡（镇）的调频广播建设任务，完成了 15 个乡（镇）卫星接收设备安装调试工作，全县广播电视“户户通”设备正常运转率达95%。完成了 156 个文物点的普查工作，55 个文物点的建档工作。深入开展“四下乡”活动，农牧区思想文化阵地得到进一步巩固。科技推广力度进一步加大。按照建设社会主义新农村要有新农民的要求，采取短期培训、分批培训、现场指导、实地观摩等方式，加大科技入户和一村一户科技明白人培训工作，共举办培训班 22 期，参训群众达 4870 人。全年为乡镇发放藏文版科技报刊 5000 余份，向群众发放科普宣传资料及科普丛书近 7000 份。完成了 20 名自治区级农牧民科技特派员推荐工作，并获得批准。

【领导名录】

县委书记：田学明

县委副书记、县长：吕天明

江达县

【基本县情】江达县位于青藏高原东部，东与四川省甘孜州的石渠、德庆、白玉三县隔金沙江相望，南接本地区贡觉县，西连本地区昌都县，北以通天河（金沙江上游）与青海省玉树县毗邻。幅员面积 1.32 万平方千米，全县辖 2 镇 11 乡。

全县平均海拔高度约 3650 米，县境系西北向东南倾斜，东西和东南紧靠金沙江，为河谷地带，山势险峻。海拔在 3200—3600 米之间，气候温和，以农业生产为主，在东南部的农区与西北部和牧区相接中间地带和农业区内，存有大面积的森林，是农、林、牧多种经营的优越地带。

土地和草资源。全县耕地 7.5 万亩，其中水浇地 1.5 万亩，农作物耕种面积 6.8 万亩左右，主要分布在金沙江沿线的 5 个乡镇。草原面积 1614.5 万亩，其中，可利用草场 1200 万亩。

森林资源。全县森林面积 121490 万公顷，森林覆盖率 30.44%，总蓄积量 2510.2 万立方米，主要树种有杉树、松树、柏树、桦树、青枫树等。天然林面积 40 万公顷，灌木面积为 27.9 万公顷，占天然林面积的 69.7%；封山育林面积 714 公顷，建苗圃基地 1 个 54.4 亩。 矿产占古资源。

矿产品资源。矿产品资源主要有金、银、铜、铁、钼、钨、大理石、花岗石、水晶石等矿藏，其中玉龙铜矿在江达县境内铜储量大、品位高、品质好。沿金沙江汪布顶、波罗、岩比、邓柯等乡镇有丰富的沙金、非金属矿分布，目前正在开采的矿产资源有仁达铜铁矿、生达、生达铅锌矿。

野生动物资源。珍稀动物有：獐、鹿、猞猁、狗熊、野牛、豹子、野羊和藏雪鸡、藏马鸡等上百种。

药材资源。药材资源有中药材 400 余种、矿物、动物药材 60 余种。

【旅游资源】江达县人文景观、古代遗迹、自然景观、民族文化遗产十分丰富，具有很高的开发利用价值。人文景观旅游景点有：瓦拉寺、地本根寺、色炯寺、青稞寺。这些寺庙依山傍水，构筑错落有致，浑然一体，掩映在翠绿山林之中，与秀丽的自然风光融为一体，是旅游寻圣的好去处。

该县内自然旅游景观众多，各种古代遗迹丰富，主要有：距县城 5 公里的“国普白宗神山”上的老虎洞、猿人厕所、右旋海螺、莲花生修行洞等；波罗乡的吉荣峡谷，起端处距县城 30 公里，峡谷全长 3 公里，与藏曲河相伴，峡谷中的“一线天”犹如仙境，素有长江“小三峡”之誉：被誉为圣水的觉布温泉、卡贡温泉和青泥洞温泉，水温高达 45℃，含有多种矿物质，是洗浴休闲的理想之地。

优秀的民族文化遗产有：“普水”石刻（“普水”二字系清末民初清朝封疆大臣赵尔丰书写，石匠刻制而成）；字嘎乡的石刻壁画，图案清晰，做工精细，充分体现了藏族文化的独特风格；木刻之乡波罗古色刻工能刻制丹珠尔经，刻制难度很大的风马旗和佛像图案极具民族特色，刻技之高，西藏少见。

贡觉县

【经济发展状况】2009 年，全县生产总值完成 31170 万元，同比增长 0.8%。其中，第一产业完成 11417 万元，同比减少 28.3%；第二产业完成 3660 万元，同比增长 40%；第三产业完成 16093 万元，同比增长 29.86%。一、二、三产业比例为 36：12：52。全年完成固定资产投资 32406.01 万元。社会商品零售额 3605.5 万元，同比增长 1.8%。县级财政收入 945 万元，同比增长 26.3%。金融部门支持农牧区发展的力度继续加大，各项贷款余额累计 87692 万元，各项存款余额累计 14434 万元，同比分别增长 14.83%、29.39%。

【农业】克服旱灾影响抓增收，做到大灾之年“减产不减收”。2009 年全县农业受旱灾影响很大，农产品产量大幅下降：粮食总产量 6014.7 吨，同比减产 55.8%；油菜产量 220.95 吨，同比减产 58.31%。虫草产量为 1200 斤，同比下降 36.5%。

在严重旱灾面前，贡觉县积极应对，一是鼓励群众加大牲畜出栏，全年出栏牲畜79607头(只)，综合出栏率为29.01%。二是积极组织群众参与基本建设，农牧民实现增收5450.84万元，同比增长15%，做到了“减产不减收”。

【牧业】年末牲畜存栏 278501 头(只、匹)。全年新生仔畜92806头（只、匹），成活90135头（只、匹），成活率97.12%。年内无疫情发生。

【非公有制经济蓬勃发展】2009年全县个体工商户发展到412户，从业963人，注册资金 1817.98 万元，同比分别增长7.6%、1.5%、16.8%。私营企业11户，从业67人，注册资金253万元，同比分别增长 10%、9.8%、17.6%。全年成立农牧民专业合作社1户，雇工46人，注册资金 50 万元；培育农牧区营销大户 15户，发展农牧区经纪人 56 户，从业 56人，注册资金229.65万元，年经济业务量1681万元。继续扶持农牧民施工队的发展，全县农牧民施工队累计已有6个。

【基础设施建设】全年建设项目共49个，总投资36415.69万元，同比增长194.8%，累计完成固定资产投资32406.01万元。其中：新开工项目45个，续建项目4个。一是总投资9447.3966万元的贡青油路建设项目，年内铺设油路45公里，碾轧路基69公里。二是总投资7808万元热曲河电站建设项目，已完成投资1500万元。三是总投资864.6万元的康泊电站，完成投资70余万元。四是总投资916万元的续建项目桑珠荣电站，通过地区水利局初验，正式投入使用。五是东风公司投资1134万元援建的农牧民文化活动中心、富康路、凯旋路、县中心小学学生公寓及教师周转房等项目已全部竣工。六是公安局办公楼、周转房正在建设中。七是县财政解决24万元，为拉萨办事处购买了交通工具；解决65万元，购买了办公住宿房，解决了办事处同志的交通和办公住宿问题。

【新农村建设】安居方面：全年完成1131户安居建设任务，村级组织活动场所 81所，抗震加固1131户。完成哈加乡巴拉牧场和曲如玛东风示范村 2 处新农村建设示范点。通路方面：年内对贡芒公路、阿旺至雄松、油扎至夏日等 230.4 公里的公路进行养护整治，开工建设11条农村公路，新增通路村委会 4 个，使全县通路的村委会达到 144 个，村通路率达96.6%，全县公路通车里程累计达到1137公里。通水方面：加大农村安全饮水实施力度，全县年内新增通水村委会20个，使通水村委会达到 105 个，村通水率达到 70.47%。通电方面：随着桑珠荣电站的竣工，年内新增通电村委会 8 个，使全县通电村委会增加至82个，村通电率达到55%。通讯方面：年内移动公司投资修建 7 个移动基站，新增 8 个村委会通讯，使通讯的村委会达到86个，村通讯率达到57.7%。电信公司投资修建县城经哈加、阿旺至拉妥电信光缆，开通了相皮、哈加、阿旺 3 乡电信宽带业务。通邮方面：新建哈加、阿旺2个邮政所，乡镇通邮率达到100%。

【社会事业蓬勃发展】教育。一是招生工作有新突破。按照“连续抓五年、逐年上台阶”的工作思路，狠抓招生工作。适龄儿童入学率和巩固率均有提高。二是教学质量有新提高。年内考取内地西藏班初中12人，其中哈加一小1人，实现了乡中心小学考取内地西藏班新的突破。三是职业教育有新成效。县中学开办了汽车维修、驾驶、绘画、厨师培训班，则巴、敏都、阿旺中心小学及相皮二小开设了绘画、农牧民文化学习提高班。四是教育基础设施有新改善。新建了相皮乡孜荣教学点，克日乡小学教学楼，沙东乡小学多功能餐厅，哈加乡二小教学楼及教师、学生宿舍，县小学教师宿舍楼、学生餐厅、学生宿舍等基础设施。

科技。一是强化科技培训。举办农技推广、畜牧业疫病防治、蔬菜种植、沼气建设和管理、农机具安装和维修等各类培训班22期，参训群众3050人次，进一步提高了群众综合素质。二是积极推广沼气。完成530套“一池三改一棚”模式的沼气建设工作，470户群众直接受益。三是选派 11 名科技特派员到 12 乡（镇）开展科技指导。

文化。一是积极争取农村公共服务项目资金41117.66元，完成1镇2乡8个“农家书屋”建设。二是推进广播电视直播卫星“户户通”工程建设，安装完成电视直播卫星接收设备3211套，受益群众 20800 人。三是县财政筹资购买了 2383 个收音机，发放到无电的 2383户群众手中，确保他们及时收听广播节目。四是开展第三次全国文物普查和遗产普查，完成全县52处不可移动文物普查项目的登记整理工作，申报公布贡觉县三岩文化民风民俗非物质文化遗产名录，审批公布县烈士陵园、达龙王府、西泊寺、尼夏寺为贡觉县第三批县级文物保护单位。

卫生。一是年内举办各类卫生技能培训145人次，提高了卫生人员队伍素质。二是从四川、青海、西藏奇正药业、地区藏医院聘请专家，协助贡觉县研发藏药新产品，共生产出21种特色藏药600多公斤，实现销售收入60多万元、利润15万元。三是认真落实农牧区医疗制度，为农牧民群众核报医疗资金 309.44 万元，报销率达100%；为1146名群众办理大病统筹补偿资金344.61万元。四是加强食品卫生安全检查工作，查处各类过期食品、药品347.5公斤，价值72208.8元。五是发放“一孩、双女”困难户家庭和独生子女伤残死亡家庭扶助金281520元。六是狠抓甲型H1N1流感防控工作，县财政解决29万元，加强了防控物资的储备。

【领导名录】

县委书记：张新成

县委副书记、县长：公嘎泽仁

类乌齐县

【经济发展情况】2009年（预计)完成生产总值46820万元，同比增长15.5%，比去年增加6310万元。其中第一产业16683万元，比去年同期增长7%；第二产业8200万元，比去年同期增长 27%；第三产业21937万元，比去年同期增长18.8%。实现农牧民人均纯收入3800元（其中现金收入2280元)。完成社会民间投资3500万元。实现劳务输出 17550 人次，创劳务收入2430万元。

财政收支情况。2009 年类乌齐县财政收入（预计）完成 1102 万元，完成地委、行署下达任务 2630 万元的 41.90%。其中税收收入完成 403 万元，非税收收入完成 699 万元。

第二产业生产情况。县农电公司全年发电 480 万度，完成产值 440 万元；民族手工业产值(预计)440 万元；建筑业完成投资 14766 万元。

【农牧业发展情况】农业方面。农作物播种面积 44700 亩，粮食总产量 1632 万斤；蔬菜播种面积 1300 亩，总产达到 294 万斤。储备良种 160 万斤。种植芫根及饲草 7413 亩，总产达到 1980 万斤。完成机播 14000 亩，机耕 13000 亩，机收 16000 亩，低产农田改造 3000 亩，种植无公害蔬菜 7 亩，产量达 30000 斤，推广使用化肥 200 吨，积造农家肥 7.2 万吨。

牧业方面。全年新生牲畜 70107 头（只、匹），其中牛 46270 头，山羊 8931 只，绵羊 13446 只，马 1460 匹。新生成活率为 98.3%。成畜死亡 2746 头（只、匹），死亡率控制在 1.2%以内，其中牛 1812 头，山羊 349 只，绵羊 526 只，马 59 匹。年末牲畜存栏 23 万头（只、匹），其中牛 155100 头，山羊 27000 只，绵羊 38000 只，马 9900 匹。综合商品出栏率 31%。奶产量达到 7622 吨，肉产量达到 6265 吨，上市毛牛（预计）3100 头。“W”疫苗、小反刍兽疫、禽流感注射任务全部完成，防控注苗率达到 100%。已按照小畜 60 斤，大畜 100 斤干草的标准储备好抗灾饲草 8.2 万吨。全年未发生因报告不及时、防治措施不力等造成的重大动物疫情。

【社会事业蓬勃发展】全年共兑现农牧民直接补贴资金 1700 余万元，间接补贴 700 万元，惠及全县 4 万余农牧民群众。

教育工作。各级各类在校生 7712 人，其中初中生 2293 人，初中入学率 93.92%；小学在校学生 5419 人，小学正常适龄儿童入学率为 98.63%。积极争取国家投资、援藏资金、民间投资共计 1756 万元，新建县中心幼儿园，扩建县小学和仁青卡小学，维修加固县中学和 5 所乡镇小学，改善各学校的办学条件。2009 年有 4 人考上内地西藏高中班，11 人考上内地西藏初中班。狠抓教师队伍建设和教学质量提高，“两基”迎国检工作扎实推进，进展顺利。

科技方面。全年完成农牧民科学技术培训 3800 人次；开展“四下乡”活动 8 次，举办农牧民安居工程技术、电脑、餐饮、牦牛育肥技术培训班 3 次，培训人员达 275 人，培训合格率达到 70%。引进大棚蔬菜、牧草种植等 4 项农牧业适用技术，培训乡（镇）科技副乡（镇）长 10 人。

文化事业。建设了三个乡镇综合文化站，在 8 个乡镇开展“农家书屋”试点工作，完成了县城数字化电视改造；发放并安装调试 4080 套卫星接收设备。“2131 工程”、“村村通”工程顺利推进。全县广播电视覆盖率分别达到 75%和 80%。共向自治区、地区电视台提供新闻稿件 60 条，被采用 40 条；向各级报刊媒体提供新闻素材 126 条，被采用 27 条。

卫生工作。全年完成适龄儿童计划免疫接种率达 97%。农牧民参合人口 40595 人，参合率 96.76%，按规定报销农牧民医药费用兑现率达 100%。定期不定期为农牧区培训医疗技术人员和管理人员，强化常规疫苗接种，接种率达到 98%。加强卫生执法监督，确保卫生安全，农牧区卫生机构服务能力显著增强。

丁青县

【经济平稳快速发展】2009 年，全县生产总值完成 54600 万元，同比增长 6.05%；农牧民人均纯收入达到 3860 元（其中现金收入 2500 元）同比增长 17.3%；全社会固定资产投资达 24971.22 万元，社会民间投资完成 4800 万元（其中援藏资金 660 万元）；县级财政收入达到 2280 万元，投资项目同比增长 26%（其中税收完成 517 万元）；全县存款余额为 16464 万元、贷款余额为 13452 万元，有效促进了市场经济健康平稳发展。

【产业建设崭露头角】突出矿产业和能源业等支柱产业培育建设。引进了一批区内外优势企业和民营经济来丁青县创办实体经济。年内共完成木塔乡森格日乌铜矿开发、协雄乡页岩砖厂、丁青县澜沧江液化气站三个项目的招商工作。

【项目建设扎实推进】2009 年，丁青县总投资 792 万元的丁青县廉租房、总投资 1745.32 万元的县乡周转房、总投资 710 万元的扶贫开发项目、总投资 363.6 万元的县蔬菜生产基地建设项目、总投资 114 万元的乡镇兽疫站建设项目、总投资 363 万元的县广电综合大楼及附属工程（天津援建）、总投资 715.23 万元的乡村道路已交付使用；由县财政投资 89 万元的丁青县城道路延伸项目、投资 197 万元的县城彩砖铺设项目已投入使用；由县财政投入 504.7 万元的党政会议中心和投资 507.9 万元的县级干部周转房完成主体建设。2009 年，新修乡村道路 100.7 公里。全县各乡（镇）已全部通车，已通车村达 39 个（含季节性通车），占村总数的 61.9%。2009 年，丁青县总养护公路里程达 345.239 公里，重点养护 143 公里，完成路基、路面维护共计 58 万平方米，清理冰雪路段 14 公里，清理泥石流、塌方 17 处共 34219 立方米，确保了好路率在 80%以上。2009 年，丁青县根据自治区、地区关于沼气项目建设的相关安排，完成投资 92 万元用于沼气项目建设工作。在丁青镇、协雄乡、觉恩乡等 3 个乡（镇）已开工 300 座，其中已建成 200 座。2009 年完成安全饮水工程点 67 个，投资 2030 万元，共解决了 4049 户 32909 人及 94519 头（匹、只）牲畜的安全饮水问题。其中：第一批 12 个工程点、第二批 6 个工程点、第三批 26 个工程点、扩大内需项目 23 个工程点。2009 年，新增 10 千伏输电线路 7000 米、220 伏输电线路 5000 米，农牧区人口 280 人。

【农牧基础地位巩固】2009 年，全县共施用化肥 1105 吨，落实播种面积 11.7 万亩，积极调整种植业结构，粮、经、饲比例由上年的 90:5:5 调整到 88:8.6:3.4，经济作物播种面积逐年扩大。由于受旱灾影响，粮食总产量 4691.82 万斤。丁青县在丁青镇、协雄乡两个乡（镇）繁育二级种子田 2000 亩，并从这 2 个乡（镇）调剂 6 万斤种子到其他农业乡，全县良种推广面积达到 86.2%。培养懂科学、懂技术的新型农民，开办了 2 个藏医班、2 个藏画班、1 个兽医班和摩托车修理班、各类农牧民培训班 23 期，全年共培训农牧民群众 4000 多人。印发《优惠政策宣传手册》并广泛宣传。按照“预防为主、防治结合、全面控制、重点扑灭”的十六字方针，春、秋两季在全县范围内开展了疫苗注射。

【安居建设扎实开展】2009 年，丁青县保质保量全部完成 1275 户安居房（新建 1125 户，维修 150 户）建设任务，其中农房改造 234 户，游牧民定居 714 户；绝对贫困户 48 户，一般贫困户 750 户，地方病搬迁 29 户，63%面向贫困户，共完成建筑面积 332796 平方米，受益人口 9231 人。在开展安居工程建设过程中，丁青县大力实施“薪柴替代工程”，使用竹胶板 20000 张，使用地区支持丁青县安居工程建设的低价水泥 300 吨、无偿水泥 350 吨，推广塑钢门窗 1000 余套，工字钢 300 余根。2009 年，共完成了 11 个村级组织活动场所的建设工作。

【社会事业蓬勃发展】科技事业。2009 年，完成在岗科技人员培训 15 人，开展科普活动 5 次。完成了 4 项农牧业适用技术的引进并取得效益：一是标准化农业；二是“3414”测土配方工程；三是二级种子田繁育；四是温室大棚推广。

教育事业。2009 年，县财政投入教育的经费为 456.2 万元，占财政收入的 20%。2009 年，丁青县建立了“控辍保学”目标责任制，签订了《丁青县控辍保学目标责任书》，明确了县、乡领导，联系单位及教育系统的责任，实行重奖轻罚，年内县财政最多可支出 136 万元用于“控辍保学”奖励。丁青县还重视发挥学校开展职业教育的作用，聘请和安排教师为 5 个职教班的 170 多名学生任教，为办好职教班提供了丰富的经验。大骨节疾病患儿集中办学工作有序开展，根据现有条件，丁青县实行小学生集中到乡中心校就读的措施；2009 年丁青县扫盲 1300 多人。

卫生事业。2009 年，全县儿童计划免疫接种率达 95%以上，建证建卡率达 100%，核销农牧民医药费兑现率达 100%。全县所有农牧民均享受了农牧区医疗待遇，其中新型合作医疗参加率达 76%。已完成 12 个乡（镇）卫生院建设工作，并已全面展开医疗服务工作。基层医疗队伍不断壮大，基层卫生条件不断改善。城镇职工基本医疗保险覆盖率达 100%。药品采购按规定纳入政府集中招标采购，政府采购药品占年用量的 90%以上；按规定报销农牧民医药费用兑现率达 100%。

文化事业。2009 年，在 8 个村设立农家书屋；县网络文化共享工程于 2009 年 6 月竣工并投入使用。由天津市投资 350 万元，建筑面积 1700 多平方米的丁青县广电中心综合大楼于 11 月 17 日剪彩并投入运行，广电大楼的建成全面提高了丁青县广播电视基础设施水平，为丁青县广播电视事业更好更快发展打下了坚实的基础。

察雅县

【经济发展情况】2009 年全县生产总值（GDP）达到 35512 万元，同比增长 15.1%，其中第一产业达 14730 万元，同比增长 4%；第二产业达 7902 万元，同比增长 42%；第三产业达 12880 万元，同比增长 14%。财政收入 962 万元，同比增长 25.1%；农牧民人均纯收入达 3317 元，其中现金收入达 2156 元，同比增长分别为 27%和 29%。

【加强特色产业建设，打造察雅特色经济】进一步调整优化产业结构，全面实施“优质水果生产基地”、“高效温室大棚基地”等生态农业示范园区建设。2009 年在吉塘镇推行农户以土地入股模式，种植苹果、桃子等优质水果 378 亩，同时在果园内养殖土鸡、藏鸡、藏猪等，目前，吉塘镇已发展生态农业示范园 1000 多亩，受益群众达 100 余人，常年在果园打工学技术群众达 40 余人，收入达 9 万元；区财政厅在卡贡乡定点扶贫，投资 245 万元，利用卡贡乡村帮村荒滩荒坡，种植苹果、花椒等经济林木 204 亩。加强特色产业蔬菜生产基地建设，大力发展蔬菜种植，在吉塘镇和烟多镇，建成 75 座 51 亩的温棚蔬菜生产基地；在烟多镇中铝新村建成了 34 座 20 余亩的蔬菜高效温室。察雅正在逐步成为藏东的水果、蔬菜生产基地。

【坚持投资拉动的发展思路，加强基础设施建设】在上级党委、政府的亲切关怀下，充分做好投资拉动这篇文章，认真抓好各类项目建设。2009 年全县共批复和建设 64 个小项，批复总投资达 4.6 亿元，计划完成投资 2.8 亿元，全年实际完成投资 2.68 亿元，其中国家投资 1.86 亿元，社会投资 6806 万元、援藏投资 1425 万元。这些项目主要集中在交通、水利等基础设施建设和民生工程建设上。全年共完成 12 个建制村通村公路建设任务，对存在安全隐患的 15 处危险弯道进行了改善，及时对年察公路、王肯公路沿线 56 公里的排水沟进行了大范围的清理，保证了公路畅通；宗沙水电站开工建设，完成投资 590.87 万元；8 个援助项目如期完成，建成了烟多镇蔬菜基地附属工程、县科技培训中心、县自来水厂改造工程，新建了县老干部活动之家及县广电中心等项目。积极争取中央拉动内需扩大投资项目，目前正在开展前期工作的项目共 25 个，总投资达 2.7 亿元，主要涉及阿孜水电站、香堆灌区、县城二期防洪堤、农牧业特色产业、以工代赈桥渠项目、县乡学校建设工程、垃圾处理场等项目，正在加强与相关部门的沟通协调，争取尽早立项批复。

【大力实施安居工程建设】中铝援藏资金大力向安居工程倾斜。全年完成安居工程建设 1402 户，其中绝对贫困户 78 户，其他贫困户 165 户，游牧民定居 685 户，地方病搬迁 65 户，农房改造 409 户。村级组织活动场所 67 个，新农村示范点建设 3 个。

【社会事业协调发展】教育事业：出台了《察雅县各乡镇学生到位抽查情况奖惩办法》，进一步建立和完善了控辍保学工作机制；积极稳妥地做好各项招生考试工作，狠抓考纪考风；加强教师的培养与培训工作，全年共安排县级以上专业培训 35 人，技能培训 350 人；积极整合教师资源，合理利用教育基础设施，在县中学设立小学部，扩大学生招收面；为鼓励和支助察雅学生学业报国，中国铝业公司及其援藏干部积极筹建“中铝——格桑花”教育基金，调动了广大群众送子女上学的积极性；继续加强教育教学基础设施建设，投资200万元建成了县教育局办公楼，投资650余万元建设县中学2幢学生住宿楼，教育基础设施得到进一步改善。卫生事业：一是规范运行农牧区医疗制度，农村医保兑现率、办证率、参筹率、覆盖率均达100%。全年共核报医疗经费435.46万元，所采购的232.5万元药品100%纳入地区集中采购。二是积极开展优生优育宣传和技术服务工作，有效控制了人口自然增长率，确保了自然增长率控制在12.5‰以内。三是积极做好适龄儿童免疫接种、“五苗”接种和强化免疫工作，免疫接种率达98%以上，全年无计划免疫针对的传染病流行或暴发。

八宿县

【经济发展情况】2009年全县地方生产总值预计实现31200万元，同比增长15.9%；预计完成粮食总产量1514.6万斤，受年初霜冻、干旱灾害影响，同比将减少30.47%；全年农牧民人均纯收入预计达3358元，比上年增加15.05%，其中现金收入达到2000元；社会消费品零售总额预计达3798万元；财政收入预计完成1162万元，比上年增长15.28%；预计完成农林牧渔业总产值8950万元，工业总产值62万元，固定资产投资达25529.44万元；全县2009年996户农牧民安居工程建设已全部完工，建设村级综合配套设施项目47个，现已全部完工投入使用。

【强化“三农”工作落实，农牧区面貌焕然一新】创新工作思路，扎实抓好农牧区基层公共服务管理，促进服务机制、服务质量、监督水平不断提高。农村公共服务体系建设工作一向受到县委、县政府的高度重视，并以之为题确定了2009年的创新工作选题。八宿县始终按照政府和市场“两条腿”走路，“以钱养事、以事养人”的要求，认真贯彻有关会议和文件精神，把农村公共服务体系建设作为统筹城乡发展，构建和谐社会的一件大事来抓。加强组织领导，采取各种措施，千方百计提高服务质量和效益，完善配套设施，建立长效机制，农牧、水电、卫生、文广等各个方面的服务工作取得了阶段性成果。在白马、吉达、邦达3乡镇试点成功的基础上，现已在全县14个乡镇109个行政村全面实现农牧、水电、卫生、文广等服务的普及。为强化农村公共服务的市场运作，八宿县针对具体服务事项，签定职能部门、专业承办方、服务乡镇人民政府三方参与的各类服务合同，对服务的内容、规格、管理和监督作了明确规定。为促进城乡公共服务均等化，八宿县按照服务内容、服务区域和服务人群不同，在全县划分各类服务片区，财政投入资金200余万元，聘请农业技术、畜牧技术、农机维修、沼气维护、医疗卫生、文广设备、水电维修等专业服务人员共289名。服务人员按照片区和专业的划分，就近、高速、高效开展服务，极大地方便了广大农牧民群众，也使服务人员工作积极性和服务质量大幅提升。

【农牧民安居工程建设稳步推进】2009年，八宿县安居工程建设实施方案和计划得到全面落实，996户安居工程建设已全面完工，完成总投资5275万元，其中国家投资2044万元，地县配套145.4万元，援藏资金680万元，农行信贷450万元，群众自筹1955.6万元。47个村委会活动场所建设任务已全部完成建设，投入资金940万元。

【深化结构调整，优化产业布局】2009年，全年共完成农作物播种3361.01公顷，良种覆盖率达到85.4%，调运并积极供应500吨化肥到农户手中。加强农机推广技术，提升农机化耕作程度，机耕面积达到15211亩，机播面积达到16320.1亩，机收面积达到11830.5亩，维修农机具30802件次。全县无公害蔬菜种植面积达到14亩。重点抓好畜牧业基础工作，全县牲畜注射预防疫苗工作于年初全面完成，免疫覆盖率达100%，全年无重大动物疫病发生，接羔育幼工作进展顺利，牲畜存栏预计达27万头（只、匹），仔畜成活率达97.01%，成畜死亡率控制在1.7%以内，牲畜出栏数预计达93770头（只、匹），牲畜综合出栏率达32%。

全年共建设并投入使用沼气1267户，全县现有可使用沼气2110座，全年新建63个高效温室蔬菜大棚，全县已有86个投入使用，已取得了良好的经济效益。针对农牧业生产、农田水利设施使用与维护、沼气使用与维护等实用技能，采取集中培训、田间指导、召开现场会等形式，举办各类培训班20期，培训农牧民1973人次、农牧民技术骨干82人次、乡村干部17人次，聘用科技特派员15名。及时制定了《八宿县防抗雪灾应急预案》及《八宿县突发重大动物疫情应急预案》，积极应对年初全县发生的雨雪霜冻灾害，储备抗灾饲草922.82万斤、饲料42.77万斤，抗灾药品价值约20余万元。重点扶植荞麦生产及加工基地、藏鸡藏猪养殖基地等具有鲜明八宿特色的农牧业项目，全年建设特色产业项目11个，养殖藏鸡23000余只，荞麦深加工5.48万斤。

针对年初发生的持续旱情，八宿县农牧部门积极从上级业务部门调运旱地龙、喷施宝等抗灾物资，同时组派7个工作组173人，对各受灾乡镇进行田间管理、灌溉等抗灾指导。加紧组织群众对受灾农田进行复种恢复生产，努力挽回灾害损失，并积极引进先进种植技术，确保了75%以上的受灾农田不减产。

【拓宽农牧民群众增收渠道】突出抓好农牧民增收工作的组织领导，充分挖掘农牧业生产、劳务输出、虫草及林下资源采集、政策性收入四大渠道的增收潜力。全年完成劳务输出10450人次，收入达到2090万元；群众采集虫草500公斤，直接收入达到2400万元，受年初霜冻、干旱灾害影响，较去年有所减少。为进一步提高群众增收的能力和本领，在农技培训、职业培训上下功夫，全年举办各类职业技能培训20期，完成农牧民科技培训1973人次。以旅游为主的第三产业健康发展。继续加大然乌湖、多拉神山、来古冰川等旅游景点的对外宣传和基础设施建设项目申报力度，狠抓乡村旅游示范点建设，进一步提升了景区旅游服务质量和接待能力。全年共接待国内外旅客8万人次，实现旅游企业收入960万元。积极实施“万乡千村市场工程”、“双百市场工程”和家具家电下乡活动，着力构建覆盖城乡市场体系。全县个体工商户数和从业人员不断增加，注册资金增长明显。

【依托地域资源优势，大力发展特色农牧业，收效明显】在特色农牧业上，继续结合地方特色和资源优势，重点建设了荞麦生产及加工基地、邦达人工种草养畜示范基地、天然草原退牧还草工程、蔬菜种植基地、黑山羊养殖基地、人工饲草料和草种繁育基地、牦牛育肥基地等11个项目。全年扶持藏鸡养殖户扩大养殖规模，共饲养商品藏鸡23000余只，上市销售近20000只；在地处河谷地带的拉根、林卡等乡镇建立了荞麦种植基地，年内种植荞麦达6181.1亩。积极扩大经济作物种植面积的同时，继续采取“公司+基地+农户”的运行模式，挂靠县粮油公司，抓好荞麦加工厂的生产运营，对收购的特色农产品进行深加工，全年收购特色农产品共计9.92万斤，其中荞麦就达5.48万斤，共为农牧民群众创收21.6万元。在河谷地带大力发展经济林木种植业，大力发展果品经济，广泛种植经济林木，果品类实现收入达50余万元。

【社会事业协调发展】科技推广覆盖面有效扩大，推广力度增强。结合农牧区基层公共服务工作有关事项，八宿县在沼气使用维护、农机维修等技术上加大推广力度。以2009年来开展的第二批学习实践科学发展观活动为契机，组织各对口联系乡镇的领导和单位，深入基层对群众生产、生活所需开展调研。按群众所需开展了火灾防控扑救、农作物田间维护、温室大棚蔬菜种植等科技培训。

“两基”攻坚工作引向深入，教育事业加快发展。全县现有小学在校生4882人，入学率达90.57%；中学在校生2372人，入学率达98.49%；现有专任教师429人，平均年龄28.1岁，平均教龄5.9年。在县中学职教班的基础上，筹建了邦达镇职教点，开办藏式绘画、缝纫等专业班，已开班招生99人，全县职教班就读人数近400人。在年初召开的县委（扩大）会议中套开了县教育工作专题会，县人民政府与各乡镇分别签定了教育工作目标责任书，在年初制定2009年度财政预算的同时，明确将财政收入20%投入教育事业，县级财政全年教育投入累计近500万元。并专门成立了八宿县大骨节病病区学生异地办学工作领导小组严格将患大骨节病及病区儿童集中寄宿办学。

强化服务，细化监管，农牧区医疗卫生秩序井然。全县适龄儿童免疫接种率达到99.3%以上，县乡两级全年共减免农牧民群众、农牧民在校生67664人(次)的门诊费用167万余元，农牧民群众大病住院报销1496人次292.45万元。加强地方病、传染病防治等工作，年内未发生法定传染病流行。加大了卫生执法检查力度，结合县安全生产、市场秩序等执法检查活动，全年开展卫生执法专项检查12次，查处过期、变质、伪劣产品20多种，折合人民币7000余元。

【领导名录】

县委副书记、县长：刘莎
县委常委、常务副县长：索郎次仁
县委常委、县政府副县长：盛卫东
政府副县长：赵　彬　张佳灵　桑　吉　曲　丁

左贡县

【经济平稳较快运行】全年完成生产总值4.234亿元，同比增长16%；农牧民人均纯收入完成3590元，同比增长16%，其中现金收入2300元；完成社会民间投资3500万元(含援藏资金)；粮食总产量3294.7万斤，良种覆盖率达86%；牲畜综合出栏率31.48%，全年无重大动物疫病发生。完成劳务输出13120人/次，实现劳务收入2908万元。

【财政收入再创新高】通过完善财政政策，加大征收力度，节俭开支，完成财政收入1260万元，同比增长26%。

【特色产业全新起步，发展活力初步显现】一方面积极推进农牧特色产业建设，完成了左贡藏东干红葡萄酒第一期升级改造工程，全面提升了产品品质，开发了左贡藏东白葡萄酒新产品，产生了较好的经济和社会效益；蔬菜温室大棚建设有序推进，核桃、花椒、藏猪等特色产品不断发展。另一方面水电开发建设有序展开，玉曲河、澜沧江、怒江流域水电开发实勘等前期工作进展顺利。

【发展后劲进一步增强】全年累计完成固定资产投资1.88亿元。法院周转房、林业局办公楼、觉玛中心小学规范化建设等一批续建项目和新开工建设的323套游牧民定居工程、12条农村公路、88套廉租房、3500户沼气项目、7个乡镇兽防站建设顺利完工；碧土电站、中林卡电站交付使用；下林卡公路、仁果公路进展顺利；125套干部职工周转房开工建设；乌雅村新农村建设、旺达镇则巴吊桥、扎玉镇瓦巴通吊桥、扶持农牧民发展运输事业、援助左贡县路灯维修车和消防车等一批援藏项目投入使用。

【社会事业协调发展】“两基”巩固提高工作顺利开展，学校教学秩序良好，教师队伍建设进一步加强，教育行政管理水平进一步提高，认真落实“三包”经费政策，落实力度加大，职业教育成效明显。公共服务体系进一步健全，完成了县卫生服务中心改造、旺达镇卫生院建设；在农牧区孕产妇住院分娩全部免费的同时，实施了城镇孕产妇补助政策；甲型H1N1流感疫情得到有效控制，最大限度地减轻了疫情对人民健康的危害；深入农牧区、寺庙开展巡回医疗36次，受益群众7545人，免费发放药品56万元。食品药品监管工作得到强化。绿化建设进一步加强，森林资源全面管护，完成重点区域造林1000亩，种植经济林木5000株，迹地更新300亩，兑现退耕还林补贴99万元和种苗、生活补助24万元。科技服务“三农”的能力进一步增强。城乡救助制度进一步完善，发放低保、五保资金350万元；已发放“西藏百万农奴解放纪念日”运输车83辆和一次性补贴75.6万元，发放医疗救助金14万元，发放救灾救济34万元，发放寿星老人健康补贴14.56万元，发放“三老”人员生活补贴35万元；为左贡孤儿筹集救助资金20万元。扶贫工作扎实推进，完成扶贫投资266万元；解决89户

460人的温饱问题，温饱巩固率达到98%以上。认真落实村级公用经费，已发放2008年—2009年村级公用经费112万元，发放村党员活动经费15.7万元。扎实开展家电、家具下乡活动，截止目前，已销售家电36台，家具46件，兑现补贴资金34041元。

芒康县

【国民经济平稳向好】2009年，全县完成生产总值75400万元，同比增长17.1%。其中第一产业完成26767万元，第二产业完成23600万元，第三产业完成25033万元，三产比调整为35.5:31.3:33.2。工业总产值完成3600万元，同比增长17.4%。实现本级财政收入2068万元，同比增长29%。实现税收1739万元（包括上划部分）。农牧民人均纯收入达3655元（其中现金收入2365元），同比增长16.5%。全社会固定资产投资累计完成12亿元，同比增长34.8%。社会商品零售总额达11500万元，同比增长7.7%。全年过境国内外游客17.5万人（次），实现旅游收入1050万元。邮政、电信业务收入分别达到149万元和325万元，移动公司基站下账1128万元。

【农牧生产进一步发展】全年完成各类作物播种面积10.37万亩，实现粮食总产量5378万斤；良种推广面积77600亩，良种覆盖率达91%，种子精选达到100%；粮、经、饲作物种植比调整为83.2:9.9:6.9。全年牲畜出栏165066头（只、匹），综合出栏率达32%。肉类、奶类、毛绒产量分别达到100.8吨、8215吨、165吨；仔畜存活率达97.6%，成畜死亡率控制在1.8%以内；全年各类注射预防疫苗牲畜累计达136.5万头（只、匹），免疫率100%。

【安居乐业进一步深入】着力推动安居工程建设，完成农牧民安居工程1747户，新增游牧民定居85户，共落实资金3997.12万元，完成了14个村级组织活动场所和2个新农村示范点建设。着力抓好农牧特色产业，木许、纳西、曲孜卡藏鸡养殖基地规模逐步壮大，扩容藏鸡23万只，出售13万只，实现收入390万元；如美、朱巴龙、索多西黑山羊养殖基地70000平方米土建工程全部完成；盐井反季节蔬菜生产基地年产各类蔬菜109吨，在丰富城乡市场的同时，也夺得进军昌都蔬菜淡季市场战略高地；以芒康县绿野食品有限责任公司、盐井青稞酒厂等为代表的龙头企业发展势头强劲，极大活跃了农村经济，增加了农牧民收入。

【群众收入进一步提高】力抓“一个契机，三个依托”，农牧民增收意识、增收技能、增收渠道提高拓展。以安居工程为契机，乡（村）级施工队队伍逐步壮大，实现增收1200余万元；依托蔬菜种植、葡萄酒生产、林下资源加工制造等特色产业，开放农村经济，开拓商品市场，农牧民实现创收2580万元；依托藏家乐、藏民家访、旅游接待包车、传统手工技艺等旅游特色产业，直接创收380万元；依托重大项目建设，扩大劳务输出，增加收入2800万元。

【项目建设进一步加强】嘎托、帮达、莽岭、洛尼4乡（镇）1万亩农业标准田建设顺利实施。嘎托镇普拉村1000亩“3414”肥效试验田成功建成。3739户农村沼气建设任务全部完成。1500亩索多西辣椒基地、250座纳西乡蔬菜基地，以及徐中乡大蒜种植、黑山羊和藏鸡养殖基地规模壮大，效益凸显，商品知名度和市场占有量稳步提升。

【社会事业获得新发展】“两基”迎“国检”准备工作切实做到“班子不散、责任不变、投入不少、力度不减”，在校生流失得到有效抑制，中小学入学率稳步提高。教育“三包”面向农牧区，惠及广大农牧民子女。教育教学质量继续提升，在地区中专、高中招生考试中排名第一，如美镇中心完小荣获全国教育系统“先进集体”光荣称号。职业教育、远程教育、基础设施建设取得新突破。旅游事业平稳回暖，神奇芒康大放异彩。致力培育旅游强势产业，加快旅游整体开发进程，完善基础设施、开发旅游产品、推动对外宣传多管齐下，旅游收入首次突破千万元大关。举全县之力、聚众人之智，顶压克难成功举办第三届西藏茶马古道“芒康 · 盐井”旅游文化艺术节，“千年盐田 · 神奇芒康”绚丽亮相，盛况空前，共吸引38个区内外党政代表团、37家企业、12个文艺团体和包括中央电视台在内的12家新闻媒体出席，500余名区内外来宾、6万余人次各族各界群众见证了芒康风采。全年从大病统筹、家庭账户和医疗救助资金中报销农牧民医药费用934.96万元，兑现率达100%；计划免疫和计生工作有效开展，“甲流”疫苗接种和适龄儿童五苗计划免疫接种工作顺利完成，人口自然增长率稳定控制为9.5‰。文化工作面向农牧区，服务农牧民，文化下乡达52场次，广播电视“村村通”、“2131”工程卓有成效；《芒康县志》首发式暨表彰大会成功召开。

洛隆县

【经济平稳发展】2009年全县生产总值达到42000万元，与地区指标持平，同比增长15.5%。农牧民人均纯收入3610元，其中现金收入2348元，同比增长15.5%，均超额完成地区指标。完成社会民间投资3120万元，超地区指标20万元。完成乡镇企业总产值520万元，实现收入245万元；多种经营收入完成3696万元；民族手工业产值149万元，实现收入145万元。预计完成财政收入819万元。截止11月份，完成财政收入767万元（不含增值税、企业所得税和个人所得税），同比增加137万元，增长率21.75%。完成自治区财政厅收入预算728万元的105.36%；完成地区收入预算819万元的93.65%，基本达到预算收入执行进度。1月-11月份财政一般预算支出11647万元，同比增长30%以上。

【农牧业生产稳步推进】农业生产。2009年洛隆县遭受多年不遇旱灾，通过全县上下共同努力，使粮食减产降到了最低。完成粮食单产553斤，完成粮食总产3816万斤，减产479万斤。其中，完成青稞总产量2884万斤，减产755万斤；完成油菜籽产量101.8万斤，减产88.2万斤；

完成蔬菜产量413.77万斤，减产136.23万斤。完成良种推广面积7.6万亩，良种覆盖率达86.5%以上，主导品种统供率76.8%；完成青稞标准化生产基地10000亩，测土配方施肥面积1000亩；完成建设二级良繁田3200亩，完成优质油菜种植200亩；全年使用化肥1150吨；完成机耕3.5万亩，完成机播3.8万亩，完成机收3.1万亩；种植无公害蔬菜14亩，中低产田改造面积9500亩；农作物有害生物灾害控制率在1%以内。

牧业生产。全县出栏牲畜65320头（只），牲畜出栏率达到30%以上；年末牲畜存栏控制在21.2万头（只、匹），牲畜总增率为28.4%；适龄母畜106000头，适龄母畜比例达50%；全年共接羔62074头（只、匹），成活60212头（只、匹），完成仔畜成活率97%；全年成畜死亡2544头（只、匹），成畜死亡率控制在1.5%以内；完成各类肉产量0.41万吨，完成奶产量0.62万吨，完成绵羊毛产量56吨，完成山羊绒产量4吨。完成牦牛出栏上市835头，全年注射各类疫苗534943头（只、匹），重大动物疫病防控注苗率达到100%，全年未发生大的疫病。

【新农村建设顺利推进】安居工程建设。2009年安居工程房屋户数950户（含援藏170户），开工率100%，完工率100%。9个村委会、三条村级硬化路面建设均全部完工交付使用。共使用竹胶板20000余张，滑石粉30吨，微粒板1000张，水泥2675吨。目前共到位专项补贴资金593.16万元，到位县级财政配套资金78万元，村级组织建设资金108万元，下拨各乡（镇）专项补贴资金474.528万元，下拨到位资金率的80%。落实抗震加固（设防）物资1890余吨。

农村沼气项目建设。洛隆县2009年沼气项目建设为3000户（其中：2008年新增农村沼气2000户，2009年沼气任务1000户），建设模式为“一池三改一棚”，玻璃钢结构。已安装8立方米玻璃钢沼气池1500套，已有1050户点火成功投入使用。

农村安全用水。2009年农村安全饮水工程共66个工程点（含2008年续建点），解决全县8个乡（镇）66个自然村13368人的饮水问题，完成国家投资1168万元，完工61个点。投资280万元完成腊久乡西通坝民办公助项目，灌溉面积500余亩，可新开耕地500余亩，增效明显。

电网改造现状。已完成一、二和三期农网改造，县财政垫支81万元解决孜托、马利两镇的2个自然村600余人用电问题。县局域网线路延伸、加玉桥电站线路延伸、中亦电站线路延伸已经通过自治区水利厅审查。

农村公路建设情况。硕督镇S303线至久嘎村公路（支线新荣乡至拉加村），共25公里，投资192万元，目前已完成投资153.6万元。另外，由地区交通局直接实施建设的项目有西湖至也依村公路（娘娘村、也依村），投资610万元，目前已完成投资130万元。俄西乡至尼亚公路（伟村、甲宿村），投资900万元，目前已完成投资150万元。投入农村公路养护资金21万元。

【基本建设】2009年，洛隆县基本建设项目共36项，计划投资5663.03万元。已完成投资4513.7万元。其中：新建项目31项，开工率100%，计划投资为5190.73万元，已完成投资4041.40万元；续建项目5项，复工5项，复工率100%，计划投资472.30万元，已全部完成投资；基本建设项目严格按照基建程序，落实项目“五制”，落实率达100%。履约保证金缴存566万元，缴存率100%。严格核发施工许可证31分，办理质量监督书31份，规划区内办理“一书两证”22份，办证率达100%，无民工工资拖欠现象。

【各项社会事业协调发展，民生工作扎实推进】教育工作。一是全县有7—12周岁适龄儿童5107名，小学在校生5034名，其中适龄儿童5018名，小学适龄儿童入学率为98.26%。13—15周岁学龄少年2635名，初中在校生2449名（含西藏班40人，边远班14人，在外借读21人），初中入学率为92.94%。二是强化控辍保学。按照“逐年提高，到期完成”的原则，制定了普九巩固规划，建立控辍目标责任制，把责任进一步具体到每一位老师。三是加强师资管理，提高师资水平。坚持“送出去，引进来”原则，加强师资培训。选派教职工赴内地培训学习30余人次，组织县级培训6次，参训人数280人

卫生工作。2009年纳入农牧区医疗制度管理的共有7397户43621人，其中集资户数为7341户，集资人数为43184人，共收取集资款431840元，个人集资率98.98%。补偿群众住院治疗病人804人（次）（其中乡级67人（次），县级551人（次），地区及以上186人（次）），从大病统筹金中补偿住院医药费1540578.73元，农牧区医疗基金结余1812557.38元。举办乡、村卫生人员业务培训，成立洛隆县医疗救治应急队伍，长期储备价值近10万元应急物资和药物。下发《关于做好当前学校甲型H1N1流感防控工作的紧急通知》等文件，组织医务人员深入学校进行相关知识宣传。洛隆县2008年-2009年度计划免疫平均接种率达到95.2%。开展各类技术服务1243人（次），群众住院分娩86人（次），报销医疗费用160510.01元，孕产妇住院分娩奖励4300元。2009年综合节育率为82.9%，人口出生率11.45‰，人口自然增长率10.14‰。

科技文化、广播电视工作。全县广播覆盖7740户、人口38700人，覆盖率90%；65个行政村通电视，自然村全面实现了“户户通”工程，电视覆盖7880户、人口39400人，覆盖率91%；《洛隆新闻》每周播出4至5次，每次不低于5分钟，洛隆新闻上报地区电视台120条，采纳79条，采纳率为65%；对全县“村村通”工程进行了3次全面维修，设备完好率98%；放映电影2358场次。加大对寺庙、文物、文化遗产的保护和拯救，继承和发扬藏民族的传统文化。

边坝县

【经济保持了平稳较快的发展势头】2009年边坝县完成深入贯彻地委、行署“巩固和提升一个根本、完善一个基础，壮大两个支撑，培育新的经济增长点”的发展思路，不断完善发展定位，坚定不移抓发展，尽心竭力保民生，在坚持走“中国特色、西藏特点”发展路子上迈出了坚实步伐。2009年边坝县完成地方生产总值27502万元，同比增长15.5%。

其中：第一产业 15126 万元，第二产业 4500 万元，第三产业 7876 万元。社会固定资产投资完成 13666.25 万元，社会民间投资 4000 万元，保持了国民经济运行平稳。

【坚持“巩固提升一个根本”，突出抓好农牧业生产】农业：强化措施，紧抓农业生产，确保粮食生产安全。全年粮食完成 1557.45 万斤，经济作物完成 334.9 万斤，青饲料完成 101.47 万斤。完成农业技术承包面积 3.5 万亩，完成率达 100%；机耕完成面积 0.853 万亩，完成率 86.6%；机播完成面积 1.275 万亩，完成率 85%；机收完成面积 1.7 万亩，完成率 100%；完成化肥施用 400 吨，主粮地亩均施肥达 20 斤以上。加大了产业结构调整力度，制定和加快了产业建设步伐，完善了发展措施，在草卡镇东托村开展蔬菜基地建设项目示范点建设工作，在边坝镇、草卡镇投资建设了农村沼气建设项目，在边坝镇、草卡镇、金岭乡、热玉乡、马秀乡大面积种植优质油菜，在拉孜乡建立了牦牛育肥基地建设项目，科技兴农战略得到了进一步的推广。防抗灾工作：在 2009 年全县出现大旱天气的情况下，积极组织各级党员干部 70 人，组成 4 个抗旱工作组，深入一线，靠前指挥，帮助群众解决抗旱中的实际困难和问题，动员组织群众 1500 人参与抗旱减灾工作，调用抽水机等抗旱设备 10 台（次），维修清淤水渠 116 条，及时灌溉各类作物 10600 亩，调运储备防雹弹 150 枚，先后开展人影作业 3 次，发射火箭弹 12 枚，受益面积达 25 平方公里。同时认真做好了向保险公司索赔支付的统计工作，保险公司向受灾群众支付了政策性农牧业保险赔付资金 140 万元，有效地减少了农牧民群众生产上的损失。牧业：加大了接羔育幼、棚圈加固、饲草料储备力度，及时注射了易感畜防治疫苗，免疫率达到了 100%。年末牲畜存栏总数为 239141 头（只、匹），牲畜新生仔畜 81024 头（只、匹），成活率 95%，成畜死亡 4288 头（只、匹），死亡率为 1.8%。

【扎实推进以安居乐业为突破口的社会主义新农村建设】全年完成农牧民安居工程 995 户，完成 30 个村级组织活动场所建设，完成新农村建设示范点 2 个。同时进一步加大替代材料的使用，全年共使用竹胶板 25000 张，超出去年 13500 张，使用“工字钢”144 根，加大了塑钢窗、花岗岩石材、铁皮、钢管、角钢、水泥等替代建材的使用量。组织开展了抗震加固技术培训，共培训乡镇、村干部 186 名，培训农牧民建筑工匠、技术员 43 名、培训农牧民群众 995 户 1464 人，下发抗震加固各类物资 1387.9 吨。

【以农牧民群众增收为核心，拓宽增收渠道】全年，共组织劳务输出人数 18629 人次，同比增长 2%，实现劳务收入 2629 万元，同比增长 2%。农牧民人均纯收入达到 3168 元，其中现金收入达到 2055 元。全年，共采集虫草 1876.46 公斤，贝母 2325.79 公斤，预计实现林下资源采集收入 6097.7036 万元。全年牲畜出栏 67918 头（只、匹），出栏率为 28.5%；积极落实好群众政策性收入，兑现了 2008 年农机购置补贴项目农机具——东方红拖拉机 70 台，总价值 158.68 万元；认真做好种粮农民直接补贴和种粮农民农资综合补贴工作，共落实补贴 879039 元。

【以项目为发展依托，努力改善落后的基础设施状况】全年开复工建设项目 63 个，完成建设投资 13666.25 万元。完成招商引资为 1264.9 万元，项目主要为边坝县液化气充装站、温室大棚等。完成社会民间投资 4000 万元，主要项目有：援藏资金 1500 万元及金岭乡小城镇建设、县城私人房建、乡镇私人房建等。

认真做好了第三、第四批援藏干部轮换工作，援藏工作稳步推进，援藏资金 1050 万元直接用于改善农牧民生产生活条件，主要受援项目有：扎色玛新农村建设二期工程、尼木乡小城镇建设一期工程、草卡镇敬老院、乡镇通光缆配套、人才培训等。

加快了农村公路建设。截至目前，2008 年 4 条续建项目已完工，2009 年 4 条新建农村公路已完成 2 条。完成了 2009 年第一批、第三批农村饮水安全工程共 45 个工程点，总受益人口 7610 人。沙丁电站、马武电站续建工程于 9 月 25 日完工发电。投资 84 万元的三期农网补充工程完工并通过验收。

【高度关注民生事业，促进社会和谐发展】高度重视和发展教育事业，着力提高整体素质。以 2010 年巩固“两基”迎“国检”为目标，召开了动员大会，制定了“两基”迎“国检”方案，成立了工作领导小组，明确了职责，并开展了实地采集“两基”数据工作，对各乡镇“两基”档案建设进行了检查。严格落实“三包”政策，全年拨付教育“三包”经费 420 万元。制定了教育年度发展计划，与各乡镇、学校签订了年度教育目标责任书。县财政按 20%投入教育经费 166 万元。完成了扫盲 865 人和“大骨节病”儿童的招生任务，全县大骨节病患者少年儿童入学率达到 98%以上。不断加大了教师培训交流力度，组织 20 余名教师外出参加培训，提升了教师水平。

认真做好医疗卫生工作。坚持送医、送药下乡，进一步完善和充实农牧区新型医疗制度的内容，基层农牧区“缺医少药”和“看病难、就医难”的问题得到了改善。全年抽调卫生技术人员 38 人次，先后深入到乡镇、村进行义诊，就诊人数达 2486 人次，免费发放药品价值达 4572.36 元。开展了白内障患者的筛选、复明手术和其他眼部疾病手术，为农牧民就诊白内障 85 例，其他眼部疾病手术 10 例。积极开展适龄儿童计划免疫工作，适龄儿童计划免疫率达到 96.16%，人口自然增长率为 8.88‰。加强了政府集中招标采购药品力度，按规定报销农牧民医药费用 150.935 万元，兑现率达到 100%。加强了对甲型 H1N1 流感知识的宣传，全面开展了防控工作，在尼木乡设立了甲型流感防控监测点，确保了人民群众的生命安全。截至目前，全县未发生一例甲型流感病例。

山南地区

山南地区

【年度综述】2009年，在自治区党委、政府和山南地委的坚强领导及“三省一公司”的大力援助下，山南地区各级党政组织团结带领各族干部群众，始终坚持以科学发展观为统领，全面贯彻党的十七届四中全会和区党委七届四次、六次全委会精神，坚决执行中央、自治区一系列“保增长、保民生、保稳定”的战略举措，积极应对国际金融危机、自然灾害、防治甲流等严峻挑战，攻坚克难，务实进取，实现了地区经济社会科学发展、跨越发展。

【综合实力再上新台阶】全力落实“扩内需、保增长”政策措施，主要经济指标均保持两位数增长。按现价计算，预计全年完成地区生产总值46.02亿元，增长15.4%，其中，一、二、三产分别完成增加值3.8亿元、19.62亿元、22.6亿元，分别增长6.7%、17%、15.5%；人均生产总值13780元，增长15.2%。完成税收4.5亿元，增长23%；财政收入3.2亿元，增长28%。固定资产投资预计完成45.6亿元，增长37.8%。预计农牧民人均纯收入3780元，增长14.4%。社会消费品零售总额预计完成14.97亿元，增长23.6%。

【产业建设迈出新步伐】一产上水平有新突破。围绕“稳粮、增收、调结构”思路，大力发展农牧业特色产业，粮油生产在大旱之年实现稳产，总产达到15.78万吨，粮经饲比例为60：25：15；改良黄牛连续两年突破4.5万头，2008年新生改良牛犊2.94万头，年末各类牲畜存栏191.5万头（只、匹），牲畜出栏率30%；禽类养殖达到213万只；乡镇企业完成产值5.02亿元，增长14.2%；多种经营收入7.9亿元，增长13.2%。

二产抓重点有新成效。按照“做大规模、做优品牌、做强产业”的要求，大力发展矿产、电力、建材等产业，华新水泥、康欣药业、江南矿业等骨干企业运行良好，规模以上工业完成产值7.56亿元，占工业总产值的93%，使二产增加值比2008年提高了3.6个百分点。

三产大发展有新增长。积极调整工作重点，加大基础设施建设，转变促销方式，规范行业管理，旅游业在拉萨“3•14”事件后实现了恢复性增长，全年接待游客76万人次，实现收入2.1亿元，比2008年分别增长46%、76%，比2007年分别增长8%、33%；客运量、客运周转量分别比2008年增长457%、166%，比2007年增长193%、67%；货运量、货运周转量分别比2008年增长198%、84%，比2007年增长56%，减少20%。非公有制经济加快发展，山南地区登记私营企业261户，增长25.5%；个体工商户9589户，增长13%。金融、保险、通讯业不断发展。

【城乡建设凸显新风貌】城镇建设力度加大。以完善城镇功能、提升城镇品位为重点，全年投入城镇建设资金4.6亿元，藏源民俗村、雅砻河综合整治、泽当大道、民族路和泽当城市美化等项目顺利实施，泽当城市街道硬化、亮化、绿化率分别达到81%、95%、70%。实施了11县县城功能提升工程，加强了城镇管理，城镇发展条件不断改善。

新农村建设全面推进。加大了安居工程建设步伐，山南地区累计完成安居工程近5万户，提前一年实现了80%以上农牧民住上安全适用新房的目标。加大了水、电、路、讯、广播电视、邮政等为重点的配套设施建设，山南地区所有建制村实现村村有活动场所、村村通公路目标，乃东县实现乡乡通油路；88%的农牧民用上了干净卫生的水；80%的家庭、79%的人口用上了电；所有乡镇和86%的行政村实现通邮，所有乡镇实现通光缆，农牧区面貌焕然一新。

【财税金融呈现新亮点】财政保障能力明显增强。认真落实积极的财政政策，调整优化财政收支结构，大力培植财源，加大保障维稳救灾、改善民生和支农惠农投入，严格开展“小金库”专项治理工作，山南地区实现财政收入3.2亿元，增长28%；财政支出21亿元、增长7%，财政的保障能力进一步增强。

金融支持力度不断加大。全面落实各项金融优惠政策，着力优化银行信贷结构，畅通货币政策传导渠道，截至2009年11月底，全辖金融机构本外币存款余额59.18亿元，较年初增加9.8亿元，增长19.8%；各项贷款余额18.45亿元，较年初增加5.34亿元，增长40.78%，金融支持农牧业生产、特色产业发展、非公有制经济和安居工程建设、重点项目建设的力度不断加大。

【改革开放再创新佳绩】改革深入推进。一是农牧区改革稳步推进。农牧区综合改革初见成效，在乃东县昌珠镇开展了农牧区综合服务改革试点工作；草场承包经营责任制扎实推进，桑日、加查两县42.78万亩冬春草场已划分承包到户；乃东县集体林权制度改革试点工作顺利推进。二是国企改革进一步深化。制定了国有企业国有资本经营预算编报试行办法、国有企业国有资本收益收缴管理暂行办法，规范了国有企业经济管理；安排了企业扶持资金和国有企业改革资金5897万元，促进了国有企业改革顺利推进；实施了集团化发展战略，组建了地区旅游企业集团和交通集团总公司，优化了国有企业经济布局；完成了地区雅砻饲料厂重组工作，有序开展了农牧工商总公司清产工作。三是财政体制改革扎实推进。进一步完善部门预算管理制度改革，稳步推进国库集中支付改革，加快后勤服务社会化改革，加大了政府采购管理，完善了基本建设投资评审机制，规范了地直行政事业单位国有资产处置方式。共建科学发展土地管理新机制试点工作扎实推进。

开放不断扩大。一是招商引资力度加大。修改完善了《山南地区招商引资若干优惠政策》，全年引进项目 34 个，到位资金 5.53 亿元，华新二期、扎囊县民族手工业开发等项目成功引进并顺利实施，招商企业全年完成税收 1.8 亿元。二是进出口贸易稳步发展。加大了对进出口企业的协调服务力度，加强了边贸市场建设和管理，扩大了水泥和牦牛绒被芯等自产产品出口，完成进出口总额 681 万美元，增长 29%。三是受援工作成效显著，对口援助省市第五批、三批援藏资金已到位 4.35 亿元，项目建设有序推进。四是外事工作扎实推进，对外交流与合作更加广泛。

【社会建设取得新成效】竭尽全力为民办好“六件实事”。始终把改善民生作为一切工作的出发点和落脚点，由地区本级财政安排资金 1.139 亿元，分两年实施 12 县五保户供养场所建设、地级干部包村扶贫、偏远地区广播电视接收、11 个县全球眼视频监控安装、101 省道及通县公路沿线村容村貌整治、12 县县城功能提升“六大民心工程”。101 省道及通县公路沿线村容村貌整治工程、12 县县城功能提升工程将于明年完工，其余工程已基本完成。

大力发展教科文卫等社会事业。积极推进“科教兴地”战略，学习、使用和发展藏语文工作不断加强，“两基”迎“国检”地区级自查顺利完成，小学、初中、高中阶段入学率分别比 2008 年提高 0.2 个、0.7 个、5 个百分点；职业教育进一步发展，地区职业技术学校和部分县职业高中共招收新生 2000 人，首次超过普通高中招生人数；加强科技普及和科技成果转化，投入 1726 万元实施了 15 项科技示范项目，科技服务“三农”力度加大，气象服务地方经济发展的能力不断增强。加快基层文化设施建设，建成了 3 个县级文化活动中心、8 个乡镇综合文化活动站、4 座文化信息资源共享县支中心和 101 家农家书屋，广播、电视覆盖率分别比 2008 年提高 3 个、1.4 个百分点；围绕庆祝新中国成立 60 周年和西藏民主改革 50 周年，创作了一批文艺作品，卓舞《雅砻春潮》获得全国第五届 CCTV 电视舞蹈大赛银奖；加大文化遗产保护力度，色卡古托寺、昌珠寺等保护维修工程进展顺利。卫生事业加快发展，农牧区医疗制度覆盖率达 100%，甲流防治工作有效开展，碘盐推广工作走在了全区前列。

扎实推进就业和社会保障工作。积极开展城镇失业人员、退伍军人和高校毕业生就业服务，城镇登记失业人员实现就业 2162 人，城镇失业率控制在 4.3%；第三批政府购买公益性岗位工作进展顺利，开发政府购买公益性岗位 740 个。社会保障范围逐步扩大，参保人数达 5.69 万人。

深入推进生态环境保护与建设。坚持“保护与建设并重、治标与治本兼顾”的原则，突出污染治理，加强生态建设，全年完成植树造林 12 万余亩，重点生态公益林管护面积达到 401 万亩；实施了以村为单位的农牧区环境综合整治工程和重点城镇环保基础设施建设及污染治理工程，美化了农牧区生活环境。

高度重视安全生产。认真落实安全生产责任制，强化安全生产措施的落实，加强对重点领域、重点行业、重点场所的安全监管，重点打击无证驾驶、酒后驾驶等违法违规行为，提高突发公共安全事件应急处置能力，各类安全生产事故死亡人数、直接经济损失均呈下降态势。

中共山南地区委员会

【围绕中心谋发展，保持了经济平稳较快增长】一年来，全地区紧紧围绕自治区“一产上水平、二产抓重点、三产大发展”的经济发展战略，大力实施“1322”发展思路，全地区经济呈现出“生产平稳运行、投资拉动强劲、消费需求旺盛、经济增长较快、发展环境趋好、民生改善明显”的良好态势。预计完成地区生产总值 46.02 亿元，增长 15.4%；人均生产总值 13780 元，增长 15.2%；完成税收 4.5 亿元，增长 23%；财政收入 3.2 亿元，增长 28%；固定资产投资预计完成 45.6 亿元，增长 37.8%。预计农牧民人均纯收入达到 3780 元，增长 14.4%。社会消费品零售总额预计完成 14.97 亿元，增长 23.6%。

农牧业生产稳步推进。有效克服各种自然灾害，全面落实惠农政策，精心组织农牧业生产。农牧业生产扎实推进，共落实农作物播种面积 45.4 万亩，粮经饲比例调至为 60:25:15；粮油生产在大旱之年实现稳产，总产量达 15.78 万吨。预计年底各类牲畜总存栏 191.49 万头，比去年增长 0.75%，全年牲畜出栏 57.02 万头，出栏率达 30%。农牧业特色产业取得新进展，黄牛改良连续两年突破 4.5 万头，新生改良牛犊 2.49 万头，禽类饲养规模 213 万只，优质油菜种植面积 6.3 万亩，比去年增长 26%，优质大蒜种植面积与去年持平。乡镇企业和多种经营稳步发展，乡镇企业完成总产值 50260 万元，同比增长 14.2%；多种经营收入 79044 万元，增长 15.1%。

旅游及相关产业快速回升。不断强化措施促进旅游业加快发展，加大了旅游基础设施建设，旅游信息咨询中心、重要旅游景区景点配套设施、边境县旅游标牌、错那勒布沟大酒店等一批项目已经建成或正在实施。参加了大连、重庆等地的会展宣传，出台了《山南地区旅行社组团奖励办法》，实施了旅游黄金周和重要节假日景区、饭店让利经营措施。开展了景区、饭店星级评定工作，组织旅游从业人员培训，严厉查处扰乱旅游市场的行为，改善了旅游环境。全年共接待游客 76 万人次，实现旅游总收入 2.1 亿元，比上年分别增长 46%、76%。

工业经济运行良好。为克服金融危机带来的影响，采取了一系列应对措施，促进了工业经济逐步好转。地区财政安排企业扶持中小企业发展资金 13911 万元，扶持企业发展，加快发展优势产业。组建了交通企业集团和旅游企业集团，进一步优化国有企业经济布局结构，完善规范化运营的体制机制，提高企业运行质量。召开了地区矿产资源勘察开发管理座谈会，建立和完善矿产资源规范管理、合理开发的新机制；引进湖南省株洲市牦维佳被服开发有限公司，成立了扎囊县民族手工业特色产品开发有限公司，推进了地区民族手工业加快发展。华新水泥投资 3.5 亿元进行改扩建，将于 2009 年 3 月试运行，预计每年可增加税收 4000 多万元。

城乡面貌焕然一新。全年投入城镇建设资金 4.6 亿元，藏源民俗村、雅砻河综合整治、泽当大道、民族路和泽当城市美化等项目顺利实施，泽当城市街道硬化、亮化、绿化率分别达到81%、95%、70%。新农村建设全面推进，实施了县城功能提升、通县公路两旁村容村貌整治等项目，全地区累计完成安居工程近5万户，80%的农牧民提前一年住上了安全适用的新房；所有建制村实现村村有活动场所、村村通公路目标，乃东县实现乡乡通油路；88%的农牧民用上了干净卫生的水；80%的家庭、79%的人口用上了电；所有乡镇和86%的行政村实现通邮，所有乡镇实现通光缆。

投资拉动势头强劲。坚持多力驱动保增长，紧紧抓住国家扩大内需的有利机遇，争取中央新增投资8.55亿元，全年完成国家投资27.8亿元，增长52.7%，藏木电站、琼措油路、加桑公路、江北灌区等重大项目建设顺利推进；完成援藏投资1.5亿元、招商投资3.3亿元、民间投资13亿元，分别增长25%、6.5%、22.6%。第三、第五批援藏资金已到位4.35亿元，项目建设有序推进。坚持政策引动促消费，全面落实国家扩大消费的政策措施，向城市低保对象和国有企业退休职工发放购物券，新建和改造农家店150家，全面实施“家电、家具下乡”工作，建立销售网点73个，有力促进了城乡消费，全地区家电家具下乡产品销售额突破1000万元，累计实现群众补贴220多万元，刺激群众消费780万元，有效促进了经济增长。

生态环境保护与建设成效明显。组织开展了重点城镇环境综合整治和重点公路沿线、旅游景点等场所的垃圾清理工作，主要城镇环境面貌有所改善。以植树造林为主的项目建设全面完成，全年完成植树造林12万余亩，重点生态公益林管护面积达到401万亩；城镇绿化新建、补植补造工作已基本完成，森林生态效益补偿工作扎实开展。继续做好侯鸟疫源疫病监测防控工作，目前全地区未发现野生动物异常死亡情况。加强节能减排工作，大力推进以沼气等为主的薪柴替代工程。生态山南建设的各项工作已进入以工程项目带动加快治理的新阶段。

改革开放不断深化。草场承包经营责任制、集体林权制度等农村改革稳步推进。国企改革不断深入，组建了交通企业和旅游企业两大集团。部门预算管理、国库集中支付等财政体制改革成效明显。第二次土地调查、土地利用总体规划编制和共建科学发展土地管理新机制试点工作扎实推进。招商引资力度加大，全年引进项目34个，到位资金5.53亿元，华新二期、扎囊县民族手工业开发等项目成功引进并顺利实施，招商企业全年完成税收1.8亿元。完成进出口总额681万美元，增长29%。认真贯彻落实全区政府机构改革会议精神，扎实做好政府机构改革工作，切实做好行署工作部门和涉及机构编制调整的党委部门的“三定”审核、报批工作，安排部署县机构改革各项工作，指导各县积极稳妥地开展政府机构改革的各项工作。认真开展全地区事业单位法人年度审查工作，对全地区所有已登记的事业单位进行了严格审查，机构编制管理工作更加规范。

【统筹兼顾重协调，加快了社会建设全面推进】高度重视民生民利。面对2009年4月遭遇的旱灾和暴风强降雨雪天气，启动救灾预案，积极投身抗灾救灾工作，下拨救灾资金955.5万元，抗灾救灾工作取得重大胜利。利用两年时间投资1.14亿元为民办实事，全面实施“五保户”集中供养工程、地级干部包村扶贫工程、偏远地区文化工程、维稳基础工程、村容村貌整治工程、城镇建设工程等“六大民心工程”。目前，已落实资金6660.2万元，占实际投资额的88%；共惠及各族群众近5万户20万余人。除12县县城主体功能提升工程收尾外，其他五大工程全部完工并通过了验收。“六大民心工程”的顺利实施，得到了自治区党委、政府的充分肯定和高度评价。坚持财力向困难群众倾斜、向基层倾斜、向公共社会事业倾斜，实行地级干部包村、地直部门对口帮扶和开发式扶贫，使1866户贫困户、8400人贫困人口摆脱了贫困；落实各类保障资金6200万元，困难群众的基本生产生活妥善解决；实施“兴边富民”行动，边境地区人民的生产生活得到切实改善；落实各项社会事业支出6.3亿元，公共服务水平明显提高。

高度重视社会各项事业。大力实施“科教兴地”战略，学习、使用和发展藏语文工作不断加强，“两基”迎“国检”地区级自查顺利完成，小学、初中、高中阶段入学率分别比上年提高0.2个、0.7个、5个百分点。科技服务“三农”力度加大，投入1726万元实施了15项科技示范项目。文化事业不断发展，广播、电视覆盖率达到82.6%和91.4%，分别比上年提高3个、1.4个百分点，卓舞《雅砻春潮》获得全国第五届CCTV电视舞蹈大赛银奖，文物保护维修工作成效明显。农牧区医疗制度覆盖率达100%，甲流防治工作有效开展。

高度重视就业再就业和社会保障工作。大力开展对城镇失业人员的职业技能培训、职业指导、职业介绍等就业服务工作，就业形势保持了良好的态势。全年培训农牧民1.5万余人，项目带动群众增收3亿元以上，输出劳务4.34万人、创收2.72亿元，兑现各项支农惠农资金2.1亿元，有力促进了群众增收。城镇登记失业人员实现就业2162人，开发政府购买公益性岗位740个。进一步建立健全了以养老、医疗、失业、工伤、生育保险为核心的社会保障框架体系，使广大参保人员老有所养、病有所医、失业有救济、工伤有补偿、生育有补助，各项社会保险待遇按时足额支付。

【着眼全局保稳定，实现了社会局势的总体平稳】在全地区紧紧围绕各个重大敏感时段，强化各项维稳措施，实现了全年既没出大事、也没出小事的目标，保持了社会局势的总体平稳。

不断强化社会治安综合治理。成立了由地委、行署主要领导担任指挥长的地区“高危期”维稳工作指挥部，进一步调整充实了维稳力量。各县、地（中、区）直单位和各乡镇也成立了相应的维稳工作领导小组。紧紧围绕春节、藏历年、“3·10”、“3·14”等敏感日期和“高危期”的工作，及时召开地委专题会议和维稳一线指挥部专题会议，分析维稳形势，制定维稳措施，部署维稳工作。先后研究制定《关于高危期维护稳定工作细化方案》等方案，并与泽当镇区各路段巡逻控制牵头单位、重点部位的单位签订了巡逻控制责任书，确保维稳措施、力量、职责到位。安全生产形势稳定好转，“五五”普法工作成效明显。

不断打牢维稳根基。不断加强政法队伍建设，大力开展严打专项整治，地县两级公安机关共立各类刑事案件158起，破获130起，破案率为82.3%。切实抓好边境防控工作。采取“一线堵、二线防、三线查”的工作措施，广泛动员驻军部队、民兵、联防队和群众，在各个方位、各个角落进行24小时巡逻，边防支队派出3个工作组和1个边防大队蹲点指导防控工作，维护了边境地区的稳定与安宁。切实抓好情报信息搜集研判。认真组织公安、国保、安全、统战等部门加强对旅游的境外人员、可疑人员的监控工作，严格排查搜集境内不稳定因素；抽调骨干人员，深入全地区所有网吧进行全面排查，及时删除有害信息。进一步完善了矛盾纠纷排查调处机制、预防和妥善处理群体性事件工作机制、责任追究机制。实行地级领导干部包案制，积极开展积案清理工作，有效维护了安定团结的政治局面。

不断强化寺庙管理工作。专门组织43个强有力的工作组，以“回头看”进驻寺庙开展法制宣传教育工作，巩固了寺庙法制宣传教育成果。各驻寺工作组在寺管会的配合下，加强寺庙内部安全防范，加强遣返人员的回访管理，做到了无一遣返人员回流寺庙。针对全地区各类宗教活动较多，尤其是扎朗县桑耶寺、敏珠林寺“次久”等佛事活动，影响大、人员多、情况复杂等特殊情况，地、县两级党委、政府及相关部门的精心安排、周密部署各项维稳工作，确保了宗教活动的绝对安全，得到了区党委张庆黎书记的充分肯定。

【强化保证促党建，提高了各级党组织的执政能力】全地区始终坚持以科学发展观为统领，围绕地委的中心任务，狠抓干部队伍等各项工作，以改革创新精神不断推进党的建设新的伟大工程。

着力加强领导班子思想政治建设。以坚定政治立场为关键点，不断强化领导班子理想信念教育。教育引导各级领导干部认真学习科学理论，学习国情区情地情，并通过召开反对分裂专题民主生活会、举行声讨达赖活动等多种形式，深刻反思和认真总结拉萨“3·14”事件、乌鲁木齐“7·5”事件的教训，认真查找在理想信念方面存在的问题，旗帜鲜明地表明政治态度，提高政治素养。以增强发展本领为立足点，大力加强领导班子能力建设。注重加强对领导干部进行市场经济、行政管理、社会管理等知识的学习培训，提高他们宏观决策、驾驭经济、应对复杂局面和促进经济社会发展、建设和谐社会的能力，增强领导科学发展的本领。各级领导干部在保稳定、抓发展、促民生上找出路、定措施、抓落实，开展工作有了新起色。以践行为民宗旨为出发点，扎实抓好领导班子作风建设。切实把实现好、维护好、发展好最广大人民群众的根本利益贯穿于领导班子建设的各个方面，促使领导干部求实务实抓落实，勤政廉政讲公正、亲民爱民为人民。

着力加强干部队伍建设。全面贯彻全区培养选拔年轻干部座谈会暨后备干部集中调整部署会精神，按照关于建立促进科学发展的干部考核评价机制的有关要求，严格按照干部队伍“四化”方针和德才兼备原则，狠抓了县级领导班子考核和县、科级后备干部集中调整工作，并指导各县对乡镇领导班子进行考核。通过对全地区81个县级领导班子及其成员、83个乡镇（办事处）领导班子及其成员进行考核，基本摸清了县级领导班子和乡镇领导班子的现状，掌握了一批优秀县级领导班子、乡镇领导班子和领导干部，为探索建立符合科学发展观要求的干部考核评价体系积累了经验、奠定了基础；通过认真推荐、考察和研究，健全完善了全地区县、科级后备干部数据库，其中正县级后备干部108名、副县级后备干部313名、科级后备干部800余名、企业后备干部29名、优秀干部78名，并提出后备干部培养方向和使用意见，建立了一支素质优良、数量充足、结构合理的后备干部队伍，确保了党的事业后继有人、不断推进。

着力加强基层党组织建设。制定了《关于区基层党建示范点建设实施方案》，启动实施了示范点创建工作，全地区共确定地委基层党建示范点2个、县委基层党建示范点22个、乡镇党委基层党建示范点33个。深化基层党建示范点创建活动，组织乡镇村干部实地参观学习全地区一些县在抓基层组织建设、乡村级集体经济、村级阵地建设、实用技术推广等方面的经验，达到了相互交流、学习借鉴和提高能力水平的目的。拟定了《山南地区村干部绩效考核暂行办法》，逐步落实村干部待遇和村党支部书记体检制度，安排70名大学生“村官”到村（居）委会任职，使村基层干部队伍建设得到加强。扎实推进基层政权建设，加强基层党内民主建设，积极引导基层组织发展壮大集体经济，投资6950万元新建改建村级活动场所378个，村级活动场所全部建成使用，同时建设远程教育宽带和光盘站点238个，不断深化“三级联创”活动，增强了基层党组织的创造力、凝聚力和战斗力。在重点抓好农牧区基层党组织建设的同时，不断加强机关、企事业及其他领域的党建工作，扩大了党建工作范围。特别是将学校党的基层组织建设作为基层党建工作的又一重点，牢牢占领教育阵地，提升了学校党组织建设水平。加强党建带团建、带妇建工作，实行党群工作一体化，使党的工作影响力不断增强。

着力强化干部教育培训。认真实施山南地区2009年度干部教育培训计划，突出地委党校（行政学校）的主阵地作用，举办了党的十七届四中全会精神骨干培训班、乡镇干部培训班、村党支部书记培训班、公务员任职培训班、中青年干部培训班、县处级领导干部培训班等主体班次。创办了“雅砻讲坛”，重点围绕贯彻落实科学发展观、党的十七届四中全会精神进行讲座、研讨，为领导干部交流研讨发展思路、促进思想转变、推进措施落实、加快能力提高提供了平台。大力实施人才智力培训项目，共选派169名干部赴对口支援三省挂职锻炼和业务培训，提升了干部的实际工作能力；依托区内外教育资源，联动各职能部门举办了人才智力和社会保障业务培训班、林业专业技术人员培训班、村（居）“两委”班子培训班等13个培训班，还完成了中央党校、国家各部委以及区党委组织部下达的各类调训任务，全年共培训各级各类干部和人才3257人次。同时，建立了干部培训档案，逐步解决了“重复培训、多头培训与长期培训并存”的问题。加强与对口支援三省人才智力援藏工作主管部门和承担培训工作的高校的联系和交流，形成了人才智力对口支援项目联系协调机制，有力地推动了干部教育培训工作。

着力加强反腐倡廉建设。全地区各级党组织及纪检监察机关认真贯彻落实中纪委十七届三次全会、区纪委七届四次全会精神，围绕工作重点，全面履行职责，扎实推进党风廉政建设和反腐倡廉工作，为全地区改革发展稳定提供了强有力的政治保证。加强对“十个决不允许”规定的宣传教育，加强对维稳工作情况的监督检查，引导广大党员干部自觉遵守各项纪律。扎实开展领导干部作风建设年活动。加强对政策落实、资金使用和项目管理工作的监督检查，地县及时成立了“扩大内需、促进增长、保障民生”政策落实工作组。加强查办案件工作，全地区各级纪检监察机关共收到群众举报 50 件次，初查了解和澄清事实 44 件，立案查处 6 件，给予党纪政纪处分 8 人，为国家挽回经济损失 45.05 万元。加强执法监察、效能监察工作，拓宽了源头治理腐败工作领域。同时，积极参加各项行政工作的监督，促进了各项行政效能建设工作顺利进行。

山南地区宣传工作

【以西藏民主改革 50 周年为契机，组织策划“两大”宣传战役】围绕“3·28”纪念日，精心策划特殊敏感时段宣传战役。“3·28”前夕，经自治区人民政府同意，在拉萨召开了山南地区民主改革 50 周年新闻发布会，新华社等 19 家新闻媒体集中报道了全地区民主改革 50 年来经济社会发展取得的伟大成就。围绕结巴村篝火晚会，邀请新华社、中央人民广播电视台、中央电视台等 16 家中央和自治区媒体记者亲临现场采访，《人民日报》等 60 多家媒体刊发或转载了以结巴村群众自发举办篝火晚会迎接第一个“西藏百万农奴解放纪念日”为主题的宣传报道，引起了国内外公众的广泛关注。围绕克松村居民《致全区百万翻身农奴的公开信》，采写了《要像珍惜自己的眼睛一样珍惜现在的生活》等三篇特稿，发表了《致全区百万翻身农奴的公开信告诉了我们什么》评论员文章，国内 1300 多家媒体进行了转载、转播。自治区党委书记张庆黎同志，区党委常委、宣传部长崔玉英同志和地委书记、地区人大工委主任洛松次仁同志均作了重要批示。

围绕西藏民主改革 50 周年，精心组织整体宣传战役。各县、各单位主动出击、周密部署，着力营造喜庆祥和、隆重热烈的氛围。《山南报》和地区广播电视台开辟了《永不忘却的记忆》、《人民新生 50 年看变化》等专栏和《民主改革图像记忆》图片专版，刊发播报相关稿件 700 余篇、图片专版 6 期，以生动的事例、丰富的史料和翔实的数据，系统宣传了全地区在党的领导下经济社会发展取得的巨大成就。

【以新中国成立 60 周年为契机，深入开展“三项”活动】深入开展群众性爱国主义教育活动，爱国热情得到激发。在党员干部中开展“重温入党誓词、践行党的宗旨”、“批达赖、反倒退、我行动”等活动；在农牧民群众中开展“诉农奴苦、说新生甜”基层干部群众自我宣传教育等活动；在青少年中开展“我爱我的祖国”、“祖国在我心中”诗歌朗诵、主题班会、作文竞赛等活动；在宗教界人士和广大僧尼中开展“争做爱国守法好僧尼”活动和“平安寺庙”、“文明寺庙”创建活动。期间共开展 2000 余场次各类群众性爱国主义教育活动，30 余万人次参与活动。

深入开展民族团结宣传教育活动，民族团结意识得到提升。在党政机关、企事业单位、广大农牧区、城镇社区、学校、军营、寺庙中深入开展维护祖国统一和热爱伟大祖国的宣传教育，深入开展坚持党的领导、坚持社会主义制度、坚持民族区域自治制度的宣传教育，深入开展民族理论和民族政策的宣传教育，深入开展发展成就和惠民富民政策的宣传教育，深入开展反对分裂、维护稳定和社会主义法制宣传教育，深入开展各民族团结友爱和“三个离不开”宣传教育。围绕宣传教育活动，《山南报》刊发成就性宣传稿件 20 余篇、动态性报道 70 余篇、制作 6 个专版；地区广播电视台开辟了《精彩雅砻伟大历程》等 5 个专栏，全面系统集中宣传了全地区政治建设、经济建设、文化建设、生态建设方面取得的成就。同时，还推出了隆子县玉麦乡、江南矿业白玛次仁、错那县库局乡格桑卓嘎等先进典型。

深入开展精神文明建设活动，共同团结奋斗的思想基础得到夯实。2009 年，全地区涌现出国家级文明村镇 1 个、文明单位 3 个、先进村镇 2 个、先进单位 1 个；自治区级文明县城 2 个、文明社区 2 个、文明单位 10 个、文明村镇 11 个、文明户 128 户。未成年人思想道德建设工作进一步深化，通过净化社会环境，举办家长学校，开展“德育你我他”等主题实践活动，构筑起了社会、学校、家庭三位一体的教育网络。道德模范评选活动广泛深入，向自治区文明办推荐了 5 位先进典型，其中江南矿业白玛次仁获“第二届全国道德模范”提名奖。26 名重点高中和大学新生获得“西部开发助学工程”资助；“向西部地区送电脑”活动中，为 60 余所基层学校和单位赠送电脑 350 台。文化科技卫生法律“四下乡”活动生机蓬勃，全年累计组织各类活动 3 万余场次，发放资料 8 万余份。

【以深入开展学习实践科学发展观活动为主线，继续狠抓“四项”工作】理论武装工作深入人心、扎实有效。2009 年，始终坚持把中心组学习作为新时期加强党的思想理论建设和加强干部队伍建设的重要载体来抓，修改完善了《山南地区党委（党组）理论中心组学习制度》，制定下发了《山南地委理论学习中心组 2009 年度理论学习安排意见》。全年各级党委（党组）理论学习中心组学习 500 余次、撰写调研报告 1000 余篇。围绕第二、第三批学习实践活动，地委讲师团精心准备了《学习实践科学发展观，推动经济社会又好又快发展》等 8 个宣讲课题，深入各县、各单位宣讲 89 场次。组织召开了“山南地区学习实践科学发展观暨纪念西藏民主改革 50 周年理论研讨会”，各单位推荐优秀论文 131 篇，6 篇被评为自治区纪念新中国成立 60 周年和西藏民改 50 周年优秀论文。

文化广电工作稳固基础、效果显著。2009 年，争取各级投资 4628.4 万元，建设了 3 个县综合文化活动中心、8 个乡镇综合文化活动站、4座文化信息资源共享县支中心、101 家农家书屋、5000 套户户通工程及其他众多文化基础设施项目；全地区各级文艺团体共创作作品131个，“送戏下乡”1500 余场次，观众达40余万人（次）；圆满完成了全国第三次文物野外普查工作，调查登录了全地区736处文物点；组织实施了色喀古托寺等文物保护维修工程；完成了加查等三县的文物鉴定工作，登记鉴定文物 400 余件；非物质文化遗产保护工作取得了显著成效。

对外宣传工作积极主动、影响扩大。一是积极配合中央和自治区开展外宣接待工作，全年累计接待境内外记者、专家学者采访考察团10批、100余人次，有力地配合了全局工作。二是积极开展对外文化交流，组织西藏自治区第一批非物质文化遗产项目琼结县久河村卓舞《雅砻春潮》参加全国“第四个”非物质文化遗产日展演等活动，在第五届CCTV 电视舞蹈大赛中荣获银奖，还赴台湾参加了“守望精神家园——首届中华非物质文化遗产月”活动，演出 5 场。同时，地区艺术团还代表自治区赴北京等六省市开展了答谢演出。三是积极实施外宣点建设，在原有名胜古迹等 6 大类型31个外宣采访点的基础上，增设了生态外宣采访线，修建了“绿色长廊观景台”。另外，还邀请了《今日中国》杂志社记者来地区采访，并发表了题为《雅砻大地上的科学发展》、《山南，西藏“好江南”》两篇文章，进一步提升了社会主义新山南的良好形象。

干部队伍建设规范管理、强化素质。一是根据干部管理权限，在对地直宣传文化系统干部进行了全面考查的基础上，建立了地直宣传文化系统科级后备干部数据库，对部分科级干部和专业技术人员进行了任免调整、职称评聘。二是立足宣传思想文化事业发展需要，举办了新闻业务、电视电影技术等 5 个培训班，培训专业技术人才 300 余人次。三是严格执行新闻通气会制度，全年组织召开新闻通气会10次，山南报社和地区广播电视台严格执行编委会和周例会制度，确保了新闻出版和广播电视播出安全。

【大事记】3月23日，邀请《人民日报》、新华社、中央电视台等16家主要新闻媒体记者到地区乃东县结巴乡结巴村篝火晚会现场进行采访，最终《人民日报》等60多家媒体对地区结巴乡群众自发举办篝火晚会纪念西藏民主改革50周年、迎接第一个“西藏百万农奴解放纪念日”进行了报道，引起了国内外公众的广泛关注。

3月23日结巴村村民弹着六弦琴、喜迎农奴解放纪念日

3月23日结巴村村民敲锣打鼓，喜迎农奴解放纪念日

3月23日身着节日盛装的结巴村村民互敬象征五谷丰登的“切玛”，喜迎农奴解放纪念日

3月27日，《山南报》刊发了西藏民改第一村克松村居民《致全区百万翻身农奴的公开信》，并围绕《公开信》采写了《要像珍惜自己的眼睛一样珍惜现在的生活》等三篇特稿，发表了《致全区百万翻身农奴的公开信告诉了我们什么》评论员文章，为国内外媒体深度报道西藏民主改革 50 周年提供了鲜活素材，被1300多家媒体进行报道。得到了区党委和地委的充分肯定，自治区党委书记张庆黎同志在《山南报通讯》上批示“几乎震撼了世界”。

【领导名录】

地委委员、宣传部长：晋美旺措

副部长：陈海清　文良安　韩志国

林　萍　夏　勇

政协山南地区委员会

【全体委员会议】九届三次会议　2009年10月20日至23日在泽当召开。政协第九届西藏山南地区委员会共有委员164人，出席会议委员148人。会议听取了中共山南地委书记、人大工委主任洛松次仁代表地委发表的重要讲话及行署副专员嘎玛洛桑代表行署所作的山南地区经济运行情况通报和下一步工作打算；审议通过了政协九届常务委员会2009 年度工作报告、九届二次会议以来提案工作情况的报告及本次会议关于提案审查情况的报告；传达学习了党的十七届四中全会、区党委七届六次全委会议，胡锦涛在庆祝全国政协成立60周年大会上的讲话和王刚、张庆黎在自治区政协成立50周年大会上的讲话精神；审议通过了政协第九届三次会议政治决议、常务委员会工作报告决议和提案工作情况报告决议；听取了地区建设局关于城市建设与管理情况、地区财政局关于惠民政策落实与民心工程落实情况、地区公安处关于社会治安和交通管制情况、地区民宗局关于民族宗教政策与寺庙管理情况的工作通报。会议期间共收到提案 136 件，经提案委员会审查立案135件。中共山南地委、人大、行署主要领导应邀出席大会开幕会和闭幕会。中共山南地委副书记、中共山南地区政协党组书记、主席次仁罗布作闭幕讲话，

九届四次会议 2009年12月8日在泽当召开。 政协第九届西藏山南地区委员会共有委员164人，出席会议委员127人。会议选举格桑仁青为政协第九届西藏山南地区委员会新任主席。中共山南地委副书记、行署专员赵宪忠出席闭幕会并作了讲话。

【常务委员会会议】第5次会议2009年10月19日在泽当举行。中共山南地委副书记、中共山南地区政协党组书记、主席次仁罗布主持会议并作讲话。会议审议通过了召开政协第九届西藏山南地区委员会第三次会议的决定、议程、主席团成员、秘书长、列席人员、提案审查委员会组成人员、各次大会主持人名单以及委员分组和小组召集人名单，通过了常委会工作报告及提案工作情况报告。

第6次会议。 2009年10月24日在泽当举行。会议征求了常委们对下一步政协工作的意见，并对下一步常委会工作进行了安排部署，同时审议通过了常委会规则、提案工作规则和专门委员会通则。会上，中共山南地委副书记、中共山南地区政协党组书记、主席次仁罗布作了讲话。

第7次会议。2009年12月8日在泽当举行。会议审议通过了召开第九届委员会第四次会议的决定、议程，通过了大会主席团成员、秘书长、委员分组、小组召集人、列席人员名单，以及预备

会、各次主席团会议主持人名单。会议听取了中共山南地委组织部副部长次仁、地委统战部副部长索朗桑布就新增和免去政协委员的人员进行了说明，会议同意次仁罗布同志因工作需要辞去政协山南地区第九届委员会委员，同意增补格桑仁青同志为政协山南地区第九届委员会委员。

【专门委员会工作】提案委员会。九届二次会议以来，共收到提案、意见 132 件，经审查，立案 130 件，占提案总数的 98.5%;作为委员意见、建议转交有关部门研究办理的 2 件。提案内容涉及经济建设方面的 51 件，占立案总数的 39.5%；教科文卫体方面的提案 24 件，占立案总数的 18.6 %；生态建设、旅游开发与环境保护方面的提案 7 件，占立案总数的 5.4%；社会主义新农村建设方面的提案 11 件，占立案总数的 8.5%；政法、组织人事、社会保障等方面的提案 6 件，占立案总数的 4.6%；其它方面的提案 31 件，占立案总数的 24%。截止 2009 年 9 月，125 件提案办复完毕，办复率达 96.2%。

民族宗教文史法制委员会。2009 年以来，出版了《山南文史资料第三辑》(汉文版)，征集了 9 万余字的各类史料；组织人员完成了自治区政协交办的“西藏自治区政协成立 60 周年专刊”4 万多字的供稿任务。

文教卫生经济科技委员会。2009 年，协助区政协开展了“山南地区医疗卫生基本情况和藏医药发展现状的调查统计”工作；联合山南地区发展和改革委员会、农牧局、科技局、统计局等地直单位，深入乃东、隆子、错那等 6 个县开展视察调研工作，形成了《关于农牧民收入结构及增收对策的调研报告》。

【重要活动】地区政协开展学习实践科学发展观活动　2009 年 4 月至 8 月，地区政协机关开展学习实践科学发展观活动。参加学习实践活动的党组织 3 个（地区政协党组、机关第一、第二党支部），党员干部职工 67 人，涉及 7 个科（室)，覆盖率达到 100%，参学率达到 98%以上。共举办学习培训班 7 次，培训党员干部 147 人次，党员参学率为 100%；

地区政协举行西藏百万农奴解放纪念日活动专题座谈会　2009 年 3 月 27 日，地区政协组织召开“西藏百万农奴解放纪念日活动”专题座谈会。在泽当镇的全国政协委员、自治区政协委员和地区政协委员及机关干部职工、退休人员等参加了座谈会。

地区政协举办新任政协委员培训班　2009 年 8 月 25 日至 27 日在泽当举办了第二期部分新任政协委员培训班，共有 40 名委员参加了培训。培训内容涵盖了人民政协理论与业务知识以及西藏历史、民族区域自治法、形势教育等。

地区政协组团赴内地学习考察　2009 年 11 月至 12 月，地区政协组团赴湖南、湖北、安徽三省学习考察。

【重要文件】九届委员会常务委员会工作报告　(2009 年 10 月 20 日)(摘要)　第一部分：　2009 年，是西藏民主改革 50 周年,是中华人民共和国成立 60 周年,也是全国政协成立 60 周年的大庆之年。一年来，在中共山南地委的坚强领导和地区行署的大力支持下，政协常委会坚持以邓小平理论和“三个代表”重要思想为指导，深入贯彻落实科学发展观，突出团结和民主两大主题，按照“三个坚持”和“五个始终”的要求，广泛动员、组织政协各参加单位和广大委员，以经济建设为中心，以维护社会稳定为己任，切实增强履行职能的责任感和使命感，不断提高参政议政的能力和水平，为推动经济科学发展、促进社会和谐稳定做出了积极贡献。一是坚持科学发展观，切实增强履职为民的责任感和使命感。二是紧扣第一责任，全力维护社会局势稳定。三是围绕第一要务，为促进全地区经济社会发展献计献策。四是狠抓常规工作，不断夯实政协工作基础。五是严肃组织纪律，扎实开展作风建设年活动。六是注重自身建设，努力提升业务能力和水平。第二部分：2010 年工作任务。一是认真学习，夯实基础，在履行职能的水平上有新提高。二是围绕中心，服务大局，在促进发展上有新作为。三是认清形势，统一思想，在维护稳定上取得新贡献。四是以纪念活动为契机，推动政协工作上取得新进展。五是关注民生，服务三农，在履行职能形式上取得新突破。六是强化自身，不断探索，在自身建设上取得新成果。

洛松次仁在政协九届三次开幕会上的讲话　(2009 年 10 月 20 日）(摘要)　一是要在推动科学发展方面作出更大贡献。二是要在改善民生民利方面付出更多努力。三是要在构建和谐社会方面争取更大作为。四是要在推进政治文明方面积极献计出力。五是要在加强自身建设方面倾注更多精力。六是要在加强组织领导方面更加高度重视。

次仁罗布在政协九届三次闭幕会上的讲话　(2009 年 10 月 23 日)　(摘要)　一是认真学习贯彻党的十七届四中全会和胡锦涛在庆祝人民政协成立 60 周年大会上的讲话精神，进一步统一思想认识。二是更加努力学习实践科学发展观，进一步履行政协职能。三是全力维护社会局势稳定，进一步加强民族团结。四是切实加强政协自身建设，进一步推进政协工作。

赵宪忠在地区政协九届四次会议上的讲话　(2009 年 12 月 8 日)　(摘要)　一是进一步认识做好新时期人民政协工作的重要性。二是进一步发挥政协的职能作用；①认真学习，夯实基础；②把握特点，紧扣中心；③关注民生，服务三农。三是进一步推进政协民主监督的制度化、规范化、程序化；①要自觉接受民主监督；②要健全机制保障监督；③要强化提案办理工作。四就切实加强党对人民政协工作的领导；①是要把政协工作列入党委重要议事日程；②要为政协工作的顺利开展创造条件；③要营造全社会支持政协工作的良好氛围；④要不断加强政协组织建设。

格桑仁青在地区政协九届四次会议上的讲话　(2009 年 12 月 8 日)(摘要)　一是围绕中心，服务大局，充分发挥政协参政议政的积极作用。二是注重学习，强化素质，努力适应新形势下人民政协工作的客观需要。三是真抓实干，讲求效率，不断提高政协机关服务大局的能力和水平。

地区政协党组班子关于贯彻落实科学发展观情况的分析检查报告　(2009 年 6 月 13 日)(摘要)　一是十六大以来政协党组贯彻落实科学发展观所取得的成效；①抓理论学习，提高了用科学发展观指导政协工作的自觉性；②抓维护稳定，做到了立场十分坚定、旗帜十分鲜明；③抓中心任务，体现了履职能力和水平；④抓廉政建设，筑牢了思想道德防线；⑤抓自身建设，加快了政协机关"三化"建设进程；⑥贯彻落实党的统战政策，充分发挥政协界别优势。 二是贯彻落实科学发展观方面存在的突出问题及根源分析：①理论学习有待于进一步加强；②用科学发展观指导全面工作有待进一步强化；③运用科学发展观解决实际问题的能力有待进一步增强；④对反分裂斗争中存在的一些深层次问题的认识有待于进一步深化；⑤政协整体工作水平和服务质量有待进一步提高。 三是在学习实践活动中形成的共识：①在加强学习方面进一步达成了共识；②在努力维护社会稳定方面进一步达成了共识；③是在努力促进本地经济社会发展方面进一步达成了共识；④在构建和谐社会方面进一步达成了共识；⑤在发挥委员和专委会作用方面进一步达成了共识；⑥在加强自身建设方面进一步达成了共识；⑦在廉洁从政方面进一步达成了共识。 四是贯彻落实科学发展观的总体思路、目标要求和主要举措。五是加强领导班子自身建设的具体措施：①继续深入学习实践科学发展观；②继续加强党的执政能力建设，着力提高领导班子的整体素质；③积极推进党内民主建设，着力增强班子凝聚力；④切实改进工作作风，着力加强反腐倡廉建设。

【领导名录】

主席：格桑仁青

副主席：尼玛次仁　克珠　马正玉
　　　　张世清　王怀亭　索朗旺堆
　　　　次仁

秘书长：文明元

副秘书长：次仁德吉　强巴旦增

山南地区共青团

【强化农牧区青年职业技能培训，着力提高青年农牧民素质】2009年以来，山南各级团组织积极与科技、劳动、农牧、农发、建设等行业和部门协调，举办高原特色畜禽养殖（如藏獒养殖、藏鸡养殖、黄牛改良）、特色农产品种植（大棚蔬菜种植、大蒜种植）、民族手工艺（藏式绘画、特色编织）、藏毯编织、氆氇编织等各类实用技术培训班18期，共培训农牧民青年1300余名。下半年，团地委与地区劳动和社会保障局共同举办了山南地区第二届农牧区市场经纪人培训班，共有35名学员参加培训。通过系列培训活动，使一大批"懂技术、有技能、观念新、会经营"的新型青年农牧民活跃在广阔的农牧区，成为农牧区经济社会发展的骨干力量。

【多举并施强力推进青年创业就业】一是积极与劳动、司法、农牧等部门协调沟通，为农牧民劳务输出工作提供了必要的组织和社会保障，并及时给农牧区青年提供就业信息。二是争取农牧民技能培训补助资金8万多元。三是落实团中央、团区委促进青年就业创业的总体工作部署，充分整合团内资源，联系地区国税等6家青年文明号单位，提供了27个青年见习岗位，并建立了山南地区首批青年就业创业见习基地，为做好青年就业创业工作打下了良好的基础。同时，采取社会化运作方式，进行广告宣传，公开招募，将招募对象范围从大中专毕业生扩大到农牧区青年。这种运作模式，得到团区委高度评价并在全区推广。四是积极促进青年增收成才。继续做好乃东县和琼结县苗圃项目的各项管理服务工作，努力发挥好这一共青团品牌工程的最大示范带动作用。同时，积极组织青年外出务工增加他们的现金收入。2009年，全地区各级团组织积极协助组织青年外出务工3000多人次，实现人均增加收入2000元；

【积极引导示范点、示范户建设】截止目前，全地区共建立农牧区青年增收成才示范点20个，增收成才示范户34户。这些示范点和示范户的建立，为推动农牧区非公有制经济发展，带动周边农牧民群众致富发挥了积极作用。

【不断深化青年文明号创建活动】2009年以来，进一步完善工作制度和加强对青年文明号的管理，深入开展"青春建工新农村——号村携手共和谐"主题活动，青年文明号各项工作取得了新发展。截止到目前，全地区有国家级青年文明号4家，自治区级青年文明号7家，地区级青年文明号25家，县级青年文明号45家。

【认真做好大学生西部计划志愿者各项工作】目前，全地区共有19名大学生西部计划志愿者和7000多名青年志愿者，他们活跃在全地区经济、文化、卫生和维稳工作的第一线，为山南经济社会的发展和精神文明建设发挥着积极作用。

【积极参与社会公益事业，帮扶弱势青年群体】2009年以来，山南各级团组织共组织团员青年12000人（次），捐资捐物17万余元，帮扶孤寡老人和困难青少年2100余人。此外，团地委领导先后数次深入到对口联系点扎囊县德吉新村开展调研，并挤出8000元经费解决农牧民群众生产生活中存在的困难。

【全面加强团的组织建设，努力推动团的基层组织建设和基层工作】坚持党建带团建，注重抓基层、打基础、求长远，努力推动团的基层组织建设和基层工作。一是加强"两新"组织团建工作。2009年在"两新"组织新建团2家。截止到目前，全地区在"两新"组织中建团19个，走在了全区前列，实现了团组织对青年的有效覆盖。二是巩固农牧区基层团组织。继续抓好基层团组织换届工作，实现了隆子等县团委成功换届，桑日、扎朗、加查等县正在筹备之中。在贡嘎县推行由乡镇副书记、副乡镇长兼任团委书记取得成功。积极协调，全地区12个县的村（居）团支部书记进"两委"班子率达到了100%。三是深入开展团地委机关业务干部驻县级团委指导工作。牢固树立"基层第一"的工作观念，选派4名机关干部到四个团县委开展为期6个月的驻县指导工作。目前，全地区12个县中已有7个县开展了团干部驻点工作，实现了共青团基层基础工作整体活跃。四是加强团干部和团员队伍建设。积极加强和改进团员教育、管理和服务工作，重点推进农村、企业和学校团员发展力度，不断提高"推优"数量和质量，积极为党组织培养和输送新鲜血液。进一步加大团干部教育培训力度，由团地委牵头举办了一期基层团干部培训班，来自基层的80余名团干部参加了培训。五是进一步加大全地区青年的对外交流力度。选派了1名团干部到内地挂职锻炼，选派了2名团干部到日本、英国考察，选派1名优秀农牧民青年到日本考察，先后选派7名学生到北京、香港参观交流考察，选派2名学生到北京参加新中国成立60周年国庆庆典。

【以丰富多彩的文化活动凝聚青年】为了更广泛的凝聚青年，丰富广大群众的精神文化生活，2009年以来，各级共青团组织努力发挥广大青年在文化建设中的重要作用，利用“五一”、“五四”、“七一”、新中国成立60周年、西藏民主改革50周年，“五四运动”90周年等各种节庆日，分别开展了学习实践科学发展观活动知识竞赛、“讲文明、树新风”知识竞赛以及纪念新中国成立60周年和西藏民主改革50周年演讲比赛、爱国歌曲大家唱、青年篮球比赛等各种形式、青年喜闻乐见的文体活动，吸引了全地区各族青年的广泛参与，取得了良好的社会效果，增强了团组织的凝聚力。据不完全统计，2009年以来，各级共青团组织共组织各种文体活动达130余场（次），参与人数达33000余人。

【获奖情况】桑日县青年农民扎西尼玛获“全国优秀农民工”荣誉称号；

团山南地委项目办获全国“大学生志愿服务西部计划优秀项目办”荣誉称号；

山南地区桑日县青少年绿色家园于2009年8月获“青少年绿色家园”荣誉称号；

山南地区乃东县泽当镇金鲁居委会于2009年8月获“西藏保护母亲河”先进集体；

山南地区扎囊县中学团委书记西洛于2009年8月获 “西藏保护母亲河”先进个人；

山南地区第一中心小学措琼玉珠、山南地区错那县中学巴桑多吉于2009年10月获第六届“全区十佳少先队员”；

山南贡嘎县岗堆镇中心小学次仁、山南地区东辉中学格桑卓嘎于2009年10月获第六届“全区十佳少先队辅导员”；

山南浪卡子县打隆镇明久于2009年10月获第六届“全区十佳少先队志愿辅导员”；

山南地区错那县吉巴乡乡长普布于2009年10月获第四届“全区各族青年团结进步奖”杰出个人；

山南地区隆子县委副书记、纪委书记刘圣育，山南地区第二高级中学团委书记多吉扎巴，共青团山南地委工农部部长索朗群宗于2009年10月获第四届“全区各族青年团结进步奖”优秀个人；

山南地区财政局于2009年10月获第四届“全区各族青年团结进步奖”先进集体。

【领导名录】

委党组书记、书记：仓 决（女，藏族）

委党组成员、副书记：汪智汉（湖北援藏）

安兴国（满族）

山南地区审判工作

【坚持宽严相济的刑事政策，打击各种刑事犯罪】山南地区中级人民法院在审理刑事案件中坚持“旗帜鲜明、针锋相对、主动治理、强基固本”和“标本兼治、重在治本”的反分裂斗争方针，本着“什么犯罪突出就打击什么犯罪”的原则，依法严厉打击各种危害社会治安、破坏社会主义市场经济秩序犯罪。对“两抢一盗”及其他“严打”案件进行了快立快审快结，有效地维护了地区社会稳定。

【妥善处理各类民商事】通过对各类民商事案件的审理，平等保护了各类市场主体的财产、契约关系；妥善处理了婚姻家庭纠纷，促进家庭和睦和社会安定。根据区、地两级法院工作会议要求，山南地区中级人民法院把优先调解贯穿于始终，开展了大量的调解工作。做到了在立案前先进行调解，调解不成再立案，然后进行庭前调解、庭审调解。保证了从解决农牧民群众最关心、最现实、最直接的问题着手，切实维护了农牧民群众的合法利益，有效地避免了因纠纷的扩大激化与破坏农牧民群众之间的团结友爱，这样，有效地减轻了诉讼成本，提高了息诉服判率。

【充分发挥行政审判促进依法行政的职能作用】切实保护行政相对人的合法权益，促进行政机关正确履职。坚持“实事求是，有错必纠”的原则，有效发挥审判监督职能作用。依法认真审理案件，充分发挥审判监督职能作用，本着“实事求是，有错必纠”的原则，努力纠正不当裁判，维护司法公正，树立司法权威。2009年，山南地区中级人民法院对各类裁判文书、案卷进行了审查，并对发现的适用法律不当、语法和标点错误、法律术语不准确、错别字较多等问题，予以指导、纠正和通报。

【大力加强执行工作，努力提高执行工作效率】2009年，山南地区中级人民法院狠抓清理执行积案工作。一是成立了清积活动领导小组，并适时召开动员大会。山南地区中级人民法院根据要求成立了集中清理执行积案活动领导小组并结合实际制定了《集中清理执行积案活动实施方案》。二是及时调配资源，充实执行力量。结合山南地区执行积案分布不均和执行人员不足等现状，集中优势执行力量，从积案较少和没有积案的法院抽调执行干警到积案较多、执行任务重的法院。同时，加强了执行经费和装备保障。三是加强研究部署，谋划工作安排。四是强化督导协调，落实清积责任。确定12件重点督办案件，对清理活动重视不够、进展缓慢、成效不大、执行不力的县，通过电话、书面督办或者亲临指导，帮助其改进措施。五是加强请示汇报，建立健全长效机制。为了深化执行改革，拓展执行渠道，强化机制建设，顺利完成清积工作任务，在地委、行署和地委政法委的大力支持下，在相关单位的大力帮助和配合下，通过积极沟通协调，于2009年5月初先后出台了地区《执行联动威慑机制》和《执行救助基金管理办法》。其中，地委以山委〔2009〕31号文件转发了《执行联动威慑机制》。六是举行了执行款兑现大会，邀请了区高法党组副书记、副院长宋康宁同志、区高法执行局局长巴登同志和地区清积活动领导小组成员出席，并动员了部分执行案件当事人参加。此次活动向部分申请人当场兑现执行款50余万元。七是进一步筑牢“结新案、防旧存”工程，防止产生新的积案，形成恶性循环。

【加大司法救助力度】依法实行诉讼费缓减免政策，保证经济确有困难的群众打得起官司，减轻当事人诉累。山南地区中级人民法院针对过去出现的“双拖”案件较难执行的问题，提前到工地告知农民工应当如何维护自己的合法权益，有效避免了因司法程序时间较长而使农民工合法权益得不到及时维护现象的发生；针对农牧民当事人的经济困难的特殊情况，依法对民事当事人实行了缓减免诉讼费政策。

【领导名录】

院党组书记、院长：顿　珠

院党组成员、副院长：李智华　扎　桑　李世蓉

山南地区检察工作

【年度综述】2009年，地县两级检察机关共受理提请批准逮捕涉嫌危害国家安全犯罪案件4件5人，经审查，批准逮捕4件5人，提起公诉4件5人，有力打击了犯罪分子的嚣张气焰，维护了国家安全和山南社会稳定。

【依法严厉打击各类刑事犯罪活动】地县两级检察机关共受理提请批准逮捕各类刑事案件62件105人，人数同比下降1.9%；经审查，批准逮捕54件85人，人数同比下降35%，受理移送审查起诉案件60件90人，人数同比下降35%，提起公诉46件67人，人数同比下降43%。在审查批捕、审查起诉工作中，严把事实关、证据关和法律适用关，有力打击了一批严重暴力犯罪分子，为山南地区和谐稳定营造了良好的治安环境。

【认真贯彻落实宽严相济的刑事司法政策】坚持打击犯罪与保护人权并重，进一步完善宽严相济刑事司法政策，着力保障公民的合法权益。对依法不应当追究刑事责任、证据不足、犯罪情节轻微，决定不批准逮捕8件20人，决定不起诉5件9人，取得了良好的效果。

【依法查办职务犯罪，促进反腐败斗争的深入开展】以服务“保增长、保民生、保稳定”为主线，不断加大查办贪污贿赂、渎职侵权等职务犯罪力度，紧紧围绕社会主义新农村建设，开展了查办涉农职务犯罪、危害能源资源和生态环境渎职犯罪工作。共受理涉嫌贪污贿赂犯罪案件线索3件，初查3件，立案侦查3件4人，移送起诉1件1人。通过办案，为国家挽回经济损失27.9万元。受理渎职侵权犯罪案件线索1件，初查1件；提前介入涉嫌渎职的安全事故4件次。

【立足检察职能，认真开展预防职务犯罪工作】探索预防工作新举措，推行系统预防和专项预防。采取以案释法，开展法制宣传，发放检察建议、建立联系制度、个案预防等方式积极开展预防工作。健全基层县院预防机构和人员，进一步规范预防职务犯罪工作，形成了预防工作的纵向网络；与地区国土资源局建立了查办危害土地资源、矿产资源职务犯罪工作联系制度，与地区纪检监察、审计建立了案件移送工作机制，与交通、能源、烟草、城市建设等部门建立了廉政建设与职务犯罪预防工作联系制度，形成了预防工作的横向网络。深入发案单位，开展警示教育，帮助发案单位建章立制，堵塞漏洞。针对重点项目建设，分院预防处研究制定了藏木电站预防职务犯罪工作的措施，积极开展专项预防。

【扎实开展涉检信访工作，正确处理好人民内部矛盾】地县两级检察机关进一步增强服从和服务于党和国家工作大局的意识，以“信访积案化解年”为平台，以提高排查化解社会矛盾纠纷能力为突破口，实行首办责任制度和重大疑难案件包案制，健全检察长接访、带案下访、定期巡访、轮流接访制度，认真开展矛盾纠纷排查化解工作。热情接待来信来访人员，及时初查、分流、督办每一起控告申诉案件。如对李庆祥涉检上访案，成立专案复查组，检察长雷书亮和班子成员亲自接访，释法说理，积极与有关部门协调，向地委领导汇报，召开联席会议，妥善处理了一件长达11年的涉检信访积案。受理举报线索2件，接待来访10人次，检察长接访6人次。受理控告申诉3件，做到件件有回音，事事有结果。

【扎实开展各类专项工作，增强检察工作的实效】一是认真开展直接立案侦查案件扣押冻结款物专项检查工作。成立了专项检查工作领导小组，制定下发了《关于直接立案侦查案件扣押冻结款物专项检查工作实施方案》，调查摸底两级院2004年以来立案侦查贪污贿赂、渎职侵权案件31件，扣押款共计2046300元，上缴国库1007200元，返还涉案人员、发案单位和受害人1039100元，扣押的3部手机均返还涉案人员。通过检查，两级院不存在违法违纪现象。结合专项工作实际，制定扣押冻结款物规章制度，拟定专人保管赃物，杜绝违法违纪行为的发生。二是深入推进查办涉农职务犯罪专项工作、危害能源资源和生态环境渎职犯罪专项工作。深入基层，开展涉农资金专项调研。共立案侦查涉农贪污贿赂犯罪案件2件3人。利用普法宣传，发放资料，向人民群众大力宣传危害能源资源和生态环境渎职犯罪危害性，增强保护意识，提高发现案件线索的能力。与地区国土资源局建立了《查办危害土地资源、矿产资源职务犯罪的工作联系制度》，拓展专项工作渠道。在提前介入江南矿业安全事故中，实地调查了解能源资源保护情况，提出保护资源建议1件次。三是积极开展刑事审判法律监督专项检查工作。通过向有关单位发放征求函方式，采取自查自纠，对重点环节、重点案件、重点问题，全面检查，整改落实，进一步增强了刑事审判法律监督的实效。四是全面开展看守所监管执法专项检查活动。制定下发《山南地区看守所监管执法专项检查活动方案》。深入基层13个监管场所进行摸底核查，针对存在安全隐患、志账表填写不规范、监外执行罪犯脱管漏管等问题，依法向监管场所提出意见，予以纠正，对发现不符合收押条件的依法不予收押。落实

新入所人员跟踪观察制度，重点核查了监管机关保管在押人员现金及物品，通过检查，没有发现违法违规问题。

【领导名录】
分院党组书记　检察长：雷书亮
分院党组成员　副检察长：边巴次仁

山南地区公安工作

【年度综述】2009 年，山南地区两级公安机关以科学发展观为统领，以反分裂斗争为主线，以三月份敏感期和国庆 60 周年社会稳定为目标，以队伍建设为保障，充分发挥防范、打击、管理、服务职能作用，精心组织，周密部署，全力以赴，狠抓各项维稳防控措施的落实，出色地完成了各项公安保卫任务，有力地维护了地区社会局势稳定。

【以反分裂斗争为龙头，切实做好各项维护稳定工作】面对严峻的维稳形势，山南地区两级公安机关按照“谋长久之策，行固本之举”的要求，始终坚持“旗帜鲜明、针锋相对、主动治理、强基固本”的方针，将维稳工作置于各项工作的首位来抓，从加强情报信息、加强寺庙管控、加强网上斗争、强化边境管控、狠抓基层基础工作、严排矛盾纠纷和不稳定苗头等方面入手，坚持军警民联勤联防，认真落实维稳防控措施，严密防范敌对分子捣乱破坏，确保了地区社会局势持续稳定。

【坚持严打方针不动摇，严厉打击各类违法犯罪活动】一年中，山南地区两级公安机关先后组织开展了打击造谣、传谣、网上传播有害信息专项行动，外国人管控工作专项行动，收缴枪支弹药和爆炸物品行动以及打击“两抢一盗”、打击拐卖儿童妇女、打击电信诈骗、“打黑除恶”、社会面治安整治等一系列专项行动，2009 年全地区两级公安机关共立各类刑事案件 170 起，破获 139 起，破案率 81.8%，抓获犯罪嫌疑人 176 人。先后成功破获“2·06”盗窃牦牛案、“2·28”倒卖文物案、“3·02”杀人案、“4·21”杀人案、“6·10”特大诈骗案、“8·12”、“8·23”系列抢劫案、“10·16”枪支被盗案等一批影响较大的案件，打掉了一批犯罪团伙，惩处了一批犯罪分子，极大地打击了犯罪分子的嚣张气焰。

【创新方式，多策并举，全面加强治安管理工作】一年中，山南地区两级公安机关以为国庆 60 周年庆祝活动创造良好的社会治安环境为目标，紧密结合本地实际，重点加强了对辖区出租房屋、中小旅店、歌舞娱乐、留宿洗浴、酒吧、网吧等复杂场所的清查整治，严格落实各项治安管理措施。先后组织开展了代号为“拉网行动”、“秋风一号”、“秋风二号”、“雷霆 09”的集中清查行动。地县两级公安机关积极开展排查整治涉爆涉枪安全隐患，全面清查收缴流散在社会上的爆炸物品、枪支弹药。切实提高了街面见警率，最大限度地挤压了犯罪空间。据统计，全年共发现受理治安案件 219 起，查处 219 起；查处违法人员 368 人。

【强化道路交通管理，坚决遏制重特大道路交通事故】2009 年，山南地区公安交管部门以开展了集中整治严重交通违法行为专项整治活动为龙头，深入推进交通安全宣传“五进”活动，全年共开展各类交通安全宣传活动 130 余场次，发放宣传资料 19000 余份，制作交通安全宣传图板 36 块，展出交通事故图片展 62 场次，悬挂宣传横幅 145 条，播放警示教育光碟 106 次。通过广泛宣传，收到了良好的社会效果。一年中，全地区共发生各类道路交通事故 124 起，死亡 35 人，受伤 94 人，直接经济损失 73.48 万元。

【认真组织开展处突演练】山南地区两级公安机关联合武警支队先后组织开展了代号为“雅砻利剑”、“利剑-02”、“猎狐-02”的处置突发事件实兵演练和应急通信演练。一年中，地县两级公安机关把重大节日、敏感期、重要活动期间的安全保卫和稳控工作作为一项重要任务，精心组织，周密部署，全警动员，狠抓各项工作措施的落实，全面开展各项安全保卫和稳控工作，确保了国庆 60 周年庆祝活动、党的十七届四中全会等节点全地区社会稳定，圆满完成了“511”进出藏、中央领导、外宾及对口援助省市党政代表团在藏考察期间等一系列警卫任务。

【领导名录】
党委书记：边　巴
处　　长：李　伟
党委成员：傅晓峰　次　仁　洛　次　李贤荣　旦增桑珠　杨晓玲　达　瓦

山南地区司法行政工作

【大力开展法制宣传教育】2009 年，地区普法领导小组进一步加大了“五五”普法规划的贯彻落实，地区普法办加强了对普法依法治理工作在全区社会治安综合治理考核前的各项检查、督导工作，强化了对各县、乡，地区各单位普法办工作的指导，全地区各级组织职责任务更加明确，参予普法依法治理工作的责任意识进一步增强，民主法治村创建、“法律七进”、寺庙法律宣传、法律下乡及日常法律宣传活动得到深入开展。一是创新宣传形式，不断创新法制宣传手段，地区组建了“山南地区法制宣传教育宣讲团”，通过深入基层实地宣讲，普遍反响良好。以主题活动为契机，强化法制宣传效果。结合“四下乡”、“综治宣传月”、“3·15”消费者权益日、平安宣传周、“6·26”禁毒日等活动大力宣传《宪法》、《反分裂国家法》、《刑法》、《婚姻法》等法律法规，发放宣传资料 22920 余份，悬挂横幅 135 条，解答法律咨询 88 人次，播放录音带 4 盘，开展法制讲座 10 场（次），召开法制宣传大会 30 次，受教育人数达 34000 余人。二是按照年初的安排，加强了对领导干部和公务员的法制宣传教育工作，并于 10 月中旬至 10 月底在全地区组织了公务员法律知识考试，考试合格率 99%。加强了青少年普法工作，积极与地区教体局、团委联系，定期不定期督促检查《山南地区关于在全地区青少年中开展法制宣传教育工作的实施方案》落实情况和法制副校长工作开展情况。加强对寺庙僧尼的普法力度，向寺庙僧尼印发《综合法律知识手册》1000 册。三是继续推进“法律七进”工作，结合我区形势重点开展了寺庙法制宣传教育，山南地区司法处先后派出三名同志到重点寺庙长期蹲点开展法制宣传教育工作，全力维护寺庙的稳定工作，增强寺庙僧尼学法用法、知法守法的意识，做遵纪守法的公民。通过法律七进活动使各项普法工作增强了钢性标准，法制宣传教育效果明显。四是大力开展了民主法治村创建工作，全地区创建面达到 70%，到 2010 年全部完成创建工作。一年来，山南地区司法行政部门共开展法制宣传 860 余次，悬挂横幅 2300 余条，播放视听资料 1150 余次，张贴图片 18300 余幅，解答群众法律咨询 3000 余次，举办法律讲座约 500 次，发放各类宣传资料 269000 余份，受教育群众约 38.2 万人（次）。

【积极参予地区平安创建，大力化解矛盾纠纷，维护社会和谐稳定】一是加强组织建设，四级调解网络进一步健全。目前，全地区共有人民调解组织 723 个。二是深入基层开展调研。对全地区人民调解工作规范化建设的现状和存在的问题以及如何推动人民调解工作朝着规范化、法制化的方向发展进行调研，撰写了题为《山南地区人民调解工作现状、存在问题及对策建议》的调研报告。对 2009 年 4 月矛盾纠纷调解、回访情况及当事人满意度进行调研，形成了《山南地区司法处关于民间矛盾纠纷调处跟踪调研情况的报告》，进一步理清人民调解工作思路，制定了《人民调解工作规范化建设实施意见》，并着手编印藏、汉双语的《人民调解工作典型案例汇编》。三是及时排查化解矛盾纠纷。2009 年集中进行了 10 余次矛盾纠纷排查工作，有效防止了矛盾纠纷的发生。截止目前，全地区各级调解组织共受理各类矛盾纠纷 408 件，调处 408 件，调处率达 100%。四是以《人民调解委员会组织条例》施行 20 周年为契机，开展宣传活动。编印藏汉双语的《人民调解委员会组织条例》册子 800 余份，并向人民群众宣传了《宪法》、《民族区域自治法》和《人民调解资料汇编》等法律法规，发放宣传资料 400 余份。五是加大培训力度，增强司法助理员和人民调解员的法律知识，2009 年 12 县共有 1689 名司法助理员和人民调解员接受了培训。

安置帮教工作取得积极进展。地区安置帮教办继续加强了对刑释解教人员的登记、建档、重点对象的管控、信息报告和帮教措施的落实工作。积极为刑释解教人员创造就业条件，积极与县政府、民政局、劳动社保等部门协调，为符合政策的安置对象落实公益性岗位 2 个、最低生活保障待遇 8 人、安排安居工程项目 37 户、政府帮扶对象 5 人（发放临时救济金）。四是对涉及“3·14”的 7 名劳教释放人员进行了接送、登记、签订责任书、落实帮教责任人等工作。据统计，2009 年撤帮 53 人，登记建档刑释解教人员 227 人，全部落实帮教措施，妥善安置。

【强化法律援助等服务工作】一是加大法律援助案件办理力度。截止 2009 年 10 月，全地区法律援助机构共办理各类案件 419 件。其中，电话咨询 127 件，接待咨询 231 件，代写法律文书 30 份，办理法律援助案件 38 件（刑事 31 件，民事 7 件），其中律师办理 9 件。二是继续加大了法律援助宣传覆盖面。主要通过现场咨询、发放资料、深入基层等形式，面向基层群众和困难群众、社会弱势群体广泛开展法律援助制度和典型案例的宣传，扩大法律援助的社会影响面，拓展援助范围。三是进一步加强对各县法律援助工作的指导工作。2009 年，对各县开展法律援助进行了系统指导和人员培训，举办培训班 2 期，培训人员 40 名，帮助基层法律援助工作人员尽快熟悉工作程序，同时，加大了法律援助工作者年检注册登记工作，目前全地区已申请办理法律援助工作者证 33 人，法律援助人员队伍逐步壮大，为更好地方便当地群众接受法律援助，切实维护弱势群体的合法权益创造了条件。四是积极开展“关注弱势群体，法律援助在行动”活动，在全地区广泛开展宣传活动，共举办各类咨询活动 30 余场（次），发放宣传资料 10000 余份，展板 16 块，悬挂标语 38 幅，法律咨询 2000 余人次，代写法律文书 4 份，法律援助工作进一步深入人心。

法律服务工作更加规范，服务地区经济和社会发展稳定全局的能力有了新的提高。2009 年，开展法制宣传 8 次，发放宣传资料 13000 余份，举办培训班 2 次，培训人员 27 人。截至目前，律师事务所共办理各类案件 14 件（刑事 2 件、民事 12 件），担任常年法律顾问 1 家。公证处接待当事人 1670 余人次，电话咨询 130 余人次，办理各类公证 276 件，其中，经济公证 30 件、民事公证 245 件、拒绝 1 件，涉及标的约 7407 万元，证后回访 9 次。

【对口援藏工作力度加大】多年来，山南地区司法处与湘、鄂、皖三地司法行政部门始终保持了良好的互动联系。2009 年，三省司法厅组成考察团赴藏考察，检查指导了山南地区司法行政工作，并给带来了 90 万元的援藏资金。在湖南省援藏队的大力支持下，湖南省人民政府投入援藏资金 250 万元、湖南省司法厅配套 100 万元为山南地区司法处新建了法律服务综合楼。工程已于年底竣工，明年年初可投入使用。

山南地区外事工作

【年度综述】2009 年，地区外事办公室在地委、行署的正确领导和区外办的业务指导下，紧紧围绕地委、行署中心工作，本着外事工作“两个服务”的原则，与时俱进、开拓创新。山南地区以友诚友协为突破口，加快“请进来、走出去”的步伐，按照官方和民间并举、政治和经济并重、外事和文化齐驱的全方位、多层次、宽领域的“大外事”工作格局的要求，进一步扩大了山南的对外宣传和影响，不仅让外界了解和认识山南，也促进了山南经济社会和其他各领域的全面发展。

【礼宾接待】2009 年前来全地区参观、考察和工作的外国政府官员、外交官、民间友人等达 9 批 37 人（次）。通过客观事实、客人亲身经历和所见所闻向世人介绍西藏，使来藏官员真正了解了山南地区在社会经济发展和传统文化传承保护等方面所取得的成绩，为外界更多的人真实认识和了解西藏和山南发挥了积极作用。

【因公出国（境）】随着对外交往的不断增多，全地区境外考察、学习、培训及演出等出国人员逐渐增多。2009 年，全地区因公出国访问、参观、学习、考察人数共 12 批 35 人（次），出访国及地区主要有德国、澳大利亚、日本、英国、法国、台湾、香港等，出访活动涉及文化、科技、医疗等领域。通过出访，达到了“广泛接触、深入交流、扩大共识、增进友谊”的目的。

【大事记】筹建山南友协，推动山南民间外事工作新台阶。在地委、行署的重视和区外办的大力指导和关心下，通过一年多的努力，山南人民对外友好协会于 2009 年 9 月 8 日正式成立，并举行了挂牌仪式。友好协会的成立，标志着全地区民间外事工作迈上新台阶，将为推进全地区民间交往事业的发展，促进对外经济、文化等各领域交流与合作搭建了平台。

强化语言培训，推进外事外语人才建设步伐。按照自治区领导同周边国家领导人达成的双边人才培训意向协议，在自治区外事办大力支持和关心下，着眼地方外事干部外语专业人才培养的实际，选派了山南地区外事干部赴尼泊尔留学深造。此举，为努力解决全地区外事部门小语种人才匮乏，大语种人才储备不足的问题发挥了积极作用。

【领导名录】

党组书记（正县级）：张连滢

主任（正县级）：丹增多吉

山南地区编译工作

【加强藏语文、编译工作】2009 年山南地区编译室在全地区范围内、重点在泽当镇区、旅游景点、公路沿线、各县县城的宣传牌、横竖幅、商业广告、招牌门牌、路标进行一次清理整顿工作，这对整洁市容市貌，展示藏民族优秀文化，起了积极的作用。

积极开展编译业务，为全地区的稳定、发展服务。山南地区编译室加班加点、连续作战、默默奉献，确保地委、人大、行署、政协交办的各项翻译任务保质保量、按时完成的同时配合其他部门积极承担了大量的材料和条例的翻译打印工作，为基层和广大农牧民群众了解掌握党和政府对农牧区实行的各项方针、政策，尤其是了解掌握党和政府对维稳工作的方针政策、法律法规提供了方便。全年完成翻译量（字数）达 56 万字。

陪同中央民族翻译局赴藏调研组深入基层进行相关调研工作。8 月 3 日至 6 日编译室党组书记扎西加措同志陪同调研组深入琼结县、乃东县、地直有关部门，以集中座谈和个别走访的形式进行了调研。8 月 6 日上午，调研组在行署召开了山南地区藏语文工作调研座谈会，嘎玛洛桑副专员参加会议并作了重要讲话，地区编译室党组书记扎西加措同志作了题为《关于山南地区民族语言文字使用和民族语文翻译队伍现状等情况》的工作汇报，会上，调研组听取了地区政协、教体局、司法处、广电局、报社等有关部门的主要领导和负责同志关于民族语言文字使用情况、“双语”教学情况、各院校民族语言教学和科研情况、新词术语的翻译使用情况、民族地区和有关单位民族语文翻译队伍的现状、民族地区翻译机构对组织开展民族语文翻译培训的需求情况、民族地区翻译机构及广大农牧民群众迫切需要的翻译服务等方面的工作汇报、说明和介绍后，还听取了他们的意见和建议。调研组组长中央民族翻译局副译审敖见同志对地区的民族语言文字工作给予了充分的肯定，他说：“此次调研工作达到了预期的目的，这始终离不开行署领导的高度重视和地区编译室的积极配合，回去以后，将你们所提出的意见和建议不折不扣地向中央反应”。

【积极配合区藏语委办和西藏大学顺利举办软件培训班】在自治区藏语文办和西藏大学、以及地委、行署的关心支持下，于 6 月 6 日至 27 日，在地区成功举办了一期国产新一代藏文软件培训班。参加本次培训班的有来自全地区 12 个县、地（中）直各部门使用藏文软件的骨干 50 多人，此次山南地区举办的藏文软件培训班由于领导的重视，学员们的积极参与，组织工作做得好，教师准备充分，虽然时间短暂，但经过大家的努力，学有所成，达到了预期的效果。此次培训，为改善全地区基层翻译部门的藏语文软件办公条件，方便基层干部群众将起到积极的作用。培训班上还开展了软件赠送活动，西藏大学给全地区共赠送了 1430 套藏文软件、26 台电脑和 13 台打印机，总价值 52 万元。

山南地区财政工作

【实施积极财政政策，千方百计促增收，实现财政收入稳定增长】2009 年。全年地区实现财政收入 32339 万元，比上年同期增加 7403 万元，同比增长 29.69%。其中：地区级实现财政收入 14226 万元，比上年同期增加 3152 万元，增长 28.46%；县级实现财政收入 18113 万元，比上年同期增加 4251 万元，增长 30.67%。一是税收收入平稳增长。全年地区财政收入中税收收入完成 22655 万元，占财政收入的 70.05%。其中：增值税完成 4414 万元，下降 10%；营业税完成 11361 万元，增长 67%；企业所得税累计完成 3096 万元，增长 74%；资源税完成 715 万元，同比增长 2%；个人所得税完成 775 万元，同比增长 41%；城市维护建设税和印花税分别完成 1927 万元和 175 万元，同比增长 127%和 36%；耕地占用税和车船税分别完成 37 万元和 155 万元，同比增长 185%和 41%；二是非税收入增长较快。受国有资本经营收益拉动，全年地区非税收入完成 9684 万元，比上年同期增长 6%。

【实施积极的财政政策，调整优化支出结构，重点支出得到有效保障】全年地区一般预算支出完成 241207 万元，较上年同期增加 46730 万元，增长 24%，为全地区的稳定和发展提供了充足的经费保障。

一是确保了各级工资的正常发放。二是支持社会主义新农村建设力度不断加大。2009 年全地区各级财政部门积极落实各项支农、强农、惠农、富农的各项政策和措施，进一步优化调整支出结构，积极筹措整合各项支农资金，切实加大了支持新农村建设力度，农林水事务支出19479万元，同比增长18%，农林水事务支出占一般预算支出比重的8%；三是社会保障能力得到进一步加强。社会保障和就业支出8592万元，社会保障五大体系运行良好，全地区社会保障体系已全部建立，农牧区年人均纯收入低于800元的特困群众全部纳入了农村最低生活保障范围。农牧民免费医疗标准达到人均140元，干部职工体检标准达到了年人均600元；四是社会事业发展得到有效保障。教、科、文、卫事业发展支出78980万元，同比增长29%；五是积极维护社会稳定，促进平安山南建设。国防支出188万元，公共安全支出17665万元，同比增长29%，维稳经费得到保障，确保了社会局势稳定，促进了平安山南建设；六是“六大民心工程”进展顺利。2009年在实施“六大民心工程”中，结合地区实际，对项目零散，不便于统一施工的省道及通县公路两侧环境整治项目的部分工程实行“民办公助、以奖代补”模式，即由政府负责规划设计，提供建材，农牧民群众投工投劳，增加群众收入，提高农牧民群众的消费能力。2009年六大民心工程总投入达6660.2万元，占地区本级财政收入的46.82%。

【地直行政事业单位国有资产处置方式逐步规范】为合理配置和有效利用国有资产，山南地区财政局加强了国有资产处置的透明度，分别于2月和6月成功举办了财政局第七、第八届公务用车替换车辆拍卖会，对地直各行政事业单位处置、替换的33台车进行竞拍，成交率达100%，成交总额为164.57万元，比拍卖参考价高出80.22万元。为规范国有资产管理，山南地区财政局于2009年9月份对地直各行政事业单位国有资产使用情况进行检查核实，并登记造册。同时，为了加强对行政事业单位经营性国有资产的管理，提高政府的宏观调控能力，规范国有资产占用费的征收和缴纳行为，确保国有资产的保值增值及全地区经济建设的快速发展，实现行政事业单位经营性国有资产收益合理配置和有效使用，行政事业单位经营性国有资产管理坚持国家统一所有、政府分级监管、经营收益全部纳入财政综合预算统一管理的原则，草拟了《山南地区行政事业单位经营性国有资产收入管理意见》，现已经行署批转。

山南地区国税工作

【税收收入大幅增长】2009年山南地区国税局组织收入45272万元，比上年同期增收8678万元，增长23.7%，完成年度税收计划37875万元的119.5%。税收收入入库44401万元，比上年同期增收8575万元，增长23.9%。其中：增值税入库17477万元，比上年同期减收2186万元，下降11.1%；营业税入库9526万元，比上年同期增收3298万元，增长53%；企业所得税入库10517万元，比上年同期增收5027万元，增长91.6%；个人所得税入库1439万元，比上年同期增收388万元，增长36.9%；资源税入库894万元，比上年同期增收22万元，增长2.5%。城市维护建设税入库1819万元，比上年同期增收969万元，增长114%；印花税入库167万元，比上年同期增收37万元，增长28.5%；车船税入库155万元，比上年同期增收45万元，增长40.9%。车辆购置税入库1885万元，比上年同期增收453万元，增长31.6%；消费税入库522万元，2009年5月1日新开征税种。其他收入入库871万元，比上年同期增收103万元，增长13.4%。

【扩大重点税源监控范围，加大监控力度】在认真分析2008年度纳税实际情况的基础上，重新确定和扩大了2009年全地区重点税源监控企业户数及范围，纳入重点监控的户数由原来的10户增至35户，从年纳税在200万元以上的纳税人扩大至年纳税50万元以上，监控税额约占地区税收收入的七成。

【大力整顿和规范税收秩序，加大涉税违法案件查处力度】对金融行业及采矿业等行业的个别重点税源企业实施稽查，严厉打击涉税违法行为，充分发挥了税务稽查“以查促管、以查促收、以查促查”的职能作用。对大型连锁超市、修理修配行业、建筑安装行业、餐饮及娱乐业、出口退税企业等六个行业进行了全面而细致的纳税检查。全年共查补税款2217万元，其中稽查查补1542万元。

【认真开展发票专项检查工作】山南地区国税局结合税收专项检查，紧密配合公安部门开展打击利用代开，虚开发票和假票等手段进行偷逃税的违法犯罪活动。全年发票专项检查中共核查违规使用发票173户，查补税款10.73万元，罚款3.61万元。

【清陈欠，防新欠，欠税管理成效明显】严格执行税收征管法有关欠税管理的规定和措施，加强与相关部门配合，形成清欠合力，认真做好欠税清理工作，在全力压缩陈欠的同时，有效防止了新欠产生，全年共清理欠税入库837万元。

【落实税收优惠政策】2009年山南地区继续不折不扣地执行各项税收优惠政策，全年减免各项税收2,764万元。其中：一是乡镇企业减免2177万元（西藏康欣药业有限公司企业所得税减免优惠）。二是其他政策性减免587万元。其中，年初为促进汽车消费，扩大内需，经国务院批准，对纳税人自2009年1月20日至2009年12月31日期间购买的排气量在1.6升及以下的小排量乘用车，暂减按5%的税率征收车辆购置税。在这利好政策的拉动下，全地区广大居民购买小排量乘用车日益增长，2009年有458位纳税人从中获得实惠，累计共减征车购税税额达162万元。

【认真开展2009年税收执法检查工作】结合山南税收工作实际，山南地区国税局及时成立由分管领导负责，相关部门参加的执法检查领导小组，通过自查、重点检查两个阶段开展税收执法检查工作。执法检查组根据自查情况，通过调阅税收资料档案、实地检查、走访纳税人等方式对直属税务分局等8个执法单位进行了重点检查，占执法单位的61.5%。查摆出包括纳税资料、文书管理、代开发票等7个方面存在的问题。针对这些问题，局党组召开局办公会，认真剖析，查找根源，划清责任，明确整改目标，制定整改措施。要求各级管理部门在及时纠正的同时，加强税收法律、法规以及相关政策的学习，确保执法质量和效率。

【认真做好个体工商户计算机定税试点工作】顺利完成了全地区个体工商户定税系统前期数据采集工作。数据质量可靠。根据每个定额项目中的大、中、小户分别按不少于7%的比例选取典型调查户，实地深入典型调查户的生产经营场所，全面采集业户信息，保证了信息采集工作的真实可靠。并根据“个体工商户计算机额核定推广应用方案”的统筹安排，组织人员对全地区抽调的170户个体工商户典型调查数据进行测试，确定定税项目97个，定税依据31个，定税系数8个。

【领导名录】

党组书记、局长：珠 加

党组成员、副局长：平 措　王维林

党组成员、纪检组长：次仁格桑

党组成员、总经济师：平措坚赞

党组成员、总会计师：何 莎

人行山南地区中心支行

【年度综述】截至2009年12月底，全区现金累计收入591074万元，现金累计支出729882万元，收支相抵货币累计净投放138808万元，较同期增投33364万元，增长31.64%；本外币存款余额为612062万元，同比增加118283万元、增长23.95%；各项贷款余额为186144万元，较去年同期增加55,067万元，增长42.01%。

【认真贯彻落实货币信贷政策，积极推进支持“三农”工作】人行山南地区中心支行以西藏特殊优惠贷款利率为突破口，加强对商业银行信贷政策落实的引导，疏通货币政策传导机制，督促辖区各金融机构认真贯彻落实中央赋予西藏“十一五”期间特殊优惠的货币信贷政策，让优惠政策效能惠及社会经济发展的各个领域，积极支持“三农”工作，促进农牧民增产增收。一是特殊优惠的贷款利率政策切实减轻了借款人的利息负担。二是利差补贴和特殊费用补贴政策的实施有效缓解了商业银行经营负担。三是严格执行人民币各项贷款利率一律不得上下浮动政策，其计结息方式由借贷双方协商确定。四是认真贯彻落实《西藏银行贷款有差别加罚息管理暂行办法》，对农牧区借款人的逾期贷款一律不予加罚息。五是积极推动“惠农卡”的推广试点工作。截至2009年12月末，共发放“惠农卡”2831张，激活率达90%。六是对农牧区小额信用贷款、政府贴息贷款政策执行情况进行指导，贯彻落实相关文件精神。2009年，山南地区累计发放扶贫贷款24600万元，较去年同期增加16965万元，小额信用贷款余额达50895万元，比去年同期增加5461万元，增长12.02%，扶贫贴息贷款余额达31933万元，比去年同期增加15724万元，增长97.01%。

【加强统计研究和风险监测，维护金融稳定】通过召开金融联席会议和建立联系人制度等方式及时反映统计业务中发生的变动情况，加强金融风险的监测和预警分析，提高区域金融稳定评估工作水平，确保一方金融平安。2009年，根据辖区实际认真开展各项专题调研，完成了《山南地区国有商业银行股改后的效应分析——以地区建行为例》、《农牧民专业合作经济组织发展与金融支持协调配合的调查》等34篇调研报告。

【加大征信管理力度，提高信用服务质量】一是严把审核关，加大监管力度。年内，共发放贷款卡60350张，新发放贷款卡3135张，发证面达98.67%，年审合格率达100%。进一步完善中小企业信用体系建设方案，积极探索建立中小企业贷款担保体系，不断加强与政府及相关职能部门的沟通协调，推进中小企业信用体系建设工作，努力缓解中小企业贷款难压力。二是积极探索农村信用体系的建设，做好“信用乡（镇）、村”的评定工作。组织、引导当地农牧区金融机构建立健全农牧户电子信用档案，积极推进农牧户信用评价工作的开展。加强与农业银行沟通协调，广泛依托其分支机构，在辖内开展农牧区信用体系建设试点工作，切实推进当地农牧区信用体系建设。截至12月底，山南地区已评定的信用乡（镇）为22个，信用村为193个。

【加强外汇管理，推动辖区涉外经济稳步发展】人行山南地区中心支行紧紧围绕总局“保增长、防风险、促平衡”的要求，认真开展调查，结合实际确立边境地区货币流通监测点，建立健全边境地区货币流通监测工作机制。一是从建章立制入手，为规范运行边贸货币流通监测工作提供制度保障。二是以设立边境地区货币流通监测点为突破口，加强货币流通监测工作。三是以开展调查为契机，加强对边贸货币流通监测工作的指导，不断提升服务水平。

【获奖情况】会计业务科被人民银行总行评为“2005年-2008年会计财务工作先进集体”，获成都分行译为“青年文明号”；

罗珍拉姆被分行“道德模范”称号；

旺杰被分行评为“2007年至2008年度先进工作者”；

吾金次仁获分行职工摄影比赛三等奖；

玉珍被评为“全球通”藏族佳丽西藏旅游形象大使冠军；

次仁德吉被评为2008年度成都分行青年岗位能手；

【领导名录】

党委书记、行长：刘光模

党委委员、副行长：次旺朗杰　普布赤来　向雪玲

党委委员、纪委书记：何志诚

助理调研员：欧珠拉姆

山南地区邮政工作

【年度综述】2009年，山南地区各级邮政部门积极采取切实、有效、可行的措施，圆满完成2009年各项经营目标任务。全员劳动生产率达到9.03万元。

【邮务类业务】一是函件业务：经营部门以党政机关、部队、学校及中小型私营企业为主攻客户目标，综合运用多种

手段积极创造市场需求，大力推进业务发展，取得一定成效。如：紧紧抓住社会热点，成功开发了《走进山南风光册》、反假币名信片、“6·25土地宣传日”、国家税务政策宣传品等。二是报刊业务：始终按照“大收订保计划、天天都是收订日”的工作思路，坚持不懈地做好破订、续订和上门收订等工作。同时，完善党报党刊的补偿机制工作，实现党报党刊订阅、私费订阅有新突破。加大对报刊投递的监管力度，对短报少刊或是故意延误期刊投递的相关责任人进行严格考核，进一步确保投递服务质量。三是集邮业务：坚持规范经营，采取各种措施做好新邮预订，抓住西藏民主改革50周年、建国60周年等历史契机，大力开展营销工作。

【速递物流业务】以体制改革为契机，积极调动了营销队伍的积极性，以山南至机场“快速邮路”的开通为依托，大力宣传“次日达”和“次日递”的业务功能，为速递市场的开发起到了积极的推动和促进作用。通过近一年时间的运作，增强了速递物流市场的开发能力，对如何开展、发展好山南邮政速递物流业务有了一个良好的开端。

【金融类业务】坚持一手抓服务，一手抓结构调整，一方面，依照“合规管理年”活动的要求，积极开展合规活动，营造合规文化氛围。另一方面，坚持效益发展原则，增强网点自然吸储能力。通过加大业务宣传力度，提高邮储业务人员业务水平，合理开发新储源，着力提高绿卡发放量等一系列举措，有效扼制了储蓄余额下滑的严重趋势。

【通信建设】在区邮政公司党组的亲切关怀下，2009年度是通信专用设施更新力度最大的一年，给山南地区邮政局配发速递物流车4辆、乡镇用投递车7辆、县局市内邮政投递车8辆、市内机要投递车1辆、农村邮政投递用摩托车62辆；与此同时，为切实改变山南农村通信服务工作落后的现状，顺利完成了6处农村乡镇邮政网点的建设，完成了6个县邮政局营业点的标准化建设，给山南邮政通信全面发展，更好地履行普遍服务的义务奠定了坚实的基础。

【业务发展】根据业务发展的需要，完成错那县、加查县、隆子县局储汇合台，顺利实现了储蓄、汇兑两网互通，邮政金融业务实时监控系统成功上线；做好了新业务航空票务、爱心包裹及投递系统上线和储蓄2.0版本切换的技术支撑工作；信息网建设以支撑业务经营发展为目标，对山南地区邮政网点DDN及拔号网点的网络进行了改造，

【获奖情况】局荣获全国体育先进集体，并被评为2009年度山南地区综合考评先进集体；杨梅、益西拉姆、旺扎三名同志代表山南局参加地区“迎国庆、讲文明、树新风”礼仪知识竞赛荣获三等奖；曲松局颜海燕同志荣获自治区总工会授予的“全局职工建功立业岗位能手”荣誉称号，并在参加全区金融系统业务技能比赛中，取得汉字录入第一名的好成绩；隆子局田丰琴同志荣获山南地区团委“十大优秀青年”提名奖。

【领导名录】

书记、局长：布 林

副局长：曲 杰　郭晓辉

山南地区电信工作

【年度综述】2009年是山南分公司坚持以“科学发展 规模转型 精确管理 提升价值”为指针，围绕发展与转型两大主题，全面贯彻区公司工作安排，不断优化资源配置、大力开展机制创新、深入推进企业转型，各项工作取得了明显成效。全年业务收入完成年计划的102%。收入结构随着转增、互联网、资源出租等非语音业务的快速发展发生了明显的改变，非语音收入占主营收入比重达到了56.11%。累计用户数到达4.5万户。在山南地区2009年度综合考评中获得了“先进单位”荣誉称号。

【主要特点】面对严峻的市场竞争挑战，中国电信山南分公司全体员工，始终保持坚定必胜的信念、顽强拼搏的意志、开拓创新的精神、无限饱满的激情，在挑战面前不畏惧，在困难面前不退缩，有效发展，深化转型，不仅较好地完成了各项预算目标任务，而且企业各项管理创新工作也都实现了新的突破与提升，为企业新一轮的腾飞夯实了物质基础，为全面完成2009年各项目标任务提供了强有力的精神保障。

【大事记】1月，山南分公司召开2009年度工作会议，总结回顾2008年的工作，共同展望充满希望的2009年。分公司副总经理张建红、各与会代表以及山南地区全体员工参加了会议开幕式。

2月，制定了《山南分公司劳动纪律制度》、《山南分公司员工统一着装的规定》、《山南分公司员工出差汇报制度》、《山南分公司员工工号牌管理办法》、《山南分公司会议培训制度》；启动网厅与掌厅能力提升专项工作。

3月，启动山南分公司家电下乡工作，积极接应、组织和落实好《中国电信西藏公司2009年家电下乡工作推广实施方案》，有力推进山南地区农村通信市场的开发，促进分公司移动业务在农村市场的规模化发展。

4月，电信与邮政共同举办了以“强体魄，增友谊，促和谐”为主题的第二届邮、电员工趣味运动会。

5月，中国电信山南分公司面向山南客户推出无线宽带业务，用户可在1X、3G、WLAN三种制式间无缝切入，高速上网；山南分公司学习实践活动由学习调研阶段转入分析检查阶段。

6月，由山南分公司承建的隆子、错那、浪卡子三县文化信息共享项目建设工程圆满完成，验收组开展工程验收并举行开通挂牌仪式。

7月，山南分公司组织开展卓越团队训练营，来自各县局、地区前、后、管和长途线务局的64名员工参加了培训。

8月，从西藏自治区国防动员委员会传来消息，中国电信山南分公司被评为“西南国防动员建设十佳单位”，这是继分公司获得“军警民共建先进单位”、“拥军优属标兵单位”、“国防教育先进单位”等称号后的又一荣誉。

9月，山南分公司党办、工会、人力资源部联合举办了“庆国庆、迎中秋”演讲比赛，来自分公司管控、前端、后

端的17名选手参加了比赛。分公司副总经理张建红、山南团地委书记仓决及相关领导现场观看比赛并担任评委。

11月，山南地区乃东县综合治理委员会考评组一行赴山南分公司考评验收2009年度社会治安综合治理工作。通过各个环节的考评，分公司综合治理工作顺利通过验收。

12月，组织召开2010年度员工竞争上岗动员大会，动员全体员工以积极的心态、饱满的热情参与竞聘，促使优秀人才脱颖而出。

【获奖情况】中国电信山南分公司被评为“西南国防动员建设十佳单位”。

张建红荣获自治区三八红旗手。

【领导名录】

党委副书记、副总经理（主持工作）：张建红

党委委员、副总经理：杨建安

党委委员、工会主席、纪检组长、副总经 理：索朗伦珠

党委委员、总经理助理：晓次仁

高级综合管理经理：加 措

山南地区审计工作

【年度综述】2009 年，山南地区审计局共审计完结 30 个单位，审计调查 102 个单位，查出违规资金 6336 万元，审计决定应上缴地区财政国库资金 42 万元（含罚金 22 万元），上缴县财政资金 245 万元，调账处理金额 5947 万元，归还原渠道资金 102 万元。向被审计单位提出审计建议 89 条。针对审计中发现的突出问题以及好的做法经验，及时形成审计信息 99 期，被《中国审计报》、《西藏日报》、《山南报》以及地委、行署等相关部门采用、转载 40 多期。

【经济责任审计工作取得明显成绩】受地委组织部门的委托，对 34 名党政领导干部进行了审前调查，针对其是否分管财务，有重点地对 6 名党政领导干部开展了经济责任审计。查出违规资金 107 万元，审计决定处理处罚应上缴地区财政国库资金 18 万元，上缴县财政专户资金 66 万元，调账处理金额 9 万元。提出审计建议 20 条。

【专项资金审计重点突出】结合自身审计职能，把体现“民本审计观”，促进社会和谐作为审计工作的出发点和落脚点，深入各县、地直 60 余个机关、企事业单位，全面开展了汶川地震救灾捐赠资金、物资来源、支出和结存情况的审计调查，对“10·26”特大雪灾资金和物资管理使用情况进行审计。共完结对 17 个单位的审计，89 家单位的专项审计调查，审计总金额达 15038 万元，查出违规资金 6 万元。提出审计建议 38 条，有效地发挥了审计“免疫系统”功能。

【行政事业财务收支审计有序开展】共完结对 2 个单位的财务收支审计，查出违纪违规资金 87 万元，应上缴地区财政国库资金 1 万元，上缴县财政国库资金 9 万元，归还原渠道资金 70 万元。针对存在的问题提出审计建议 6 条。

【稳步开展固定资产投资审计】共开展了对 2 个建设项目资金管理使用情况的审计，查出违规资金 35 万元，归还原渠道资金 32 万元，上缴地区财政国库资金 1 万元，提出审计建议 6 条。

【县级财政决算审计力度进一步加大】2009 年，完结对 3 个县人民政府的财政决算和预算外资金管理使用情况进行了审计，查出违规资金 6101 万元，上缴地区财政国库资金 22 万元，上缴县财政国库资金 169 万元，调账处理金额 5938 万元，针对存在的问题提出审计建议 19 条。

【领导名录】

党组书记、副局长：扎 西

党组副书记、局长：贾德文

党组成员、副局长：卫 东 张洪林

党组成员、纪检组长：扎西罗布

党组成员、副调研员：王显琼

山南地区食品药品监管工作

【基础建设】2008 年 5 月，国家和自治区总投资 725 万元，地区受援办投资 250 万元；新建地区局及贡嘎县分局基础设施。地区局占地面积 13.6 亩。总建筑面积 4300 平方米的综合办公楼及职工周转房破土动工。于 2009 年 7 月竣工并交付使用，彻底改变了山南地区药品监管局办公条件和环境。同时为山南地区建立健全食品药品监督管理体制，强化食品药品监督管理队伍建设，提高食品药品监督管理水平打下坚实基础。

【工作开展情况】7 月 20 日，局新办公大楼和周转房正式落成乔迁，各项办公设施、执法设备进一步完善，实现了从无到有、从有到优的飞跃。

8 月 17 日至 19 日，自治区人大常委会副主任新杂·单增曲扎率自治区人大常委会食品安全法执法检查组深入山南地区检查指导工作，并对山南地区食品安全法律法规贯彻落实情况给予了充分地肯定和客观的评价。

9 月 1 日至 4 日，自治区食品药品监督管理局副局长、区食品药品安全委员会办公室副主任董寿如带队，食品安全委员会办公室相关人员组成的评价督查组，对山南地区第二批国家级食品安全示范县——贡嘎县开展了综合评价，评价督查组对创建第二批国家级食品安全示范县工作成效给予了肯定，特别是对各乡镇的食品安全宣传教育和监管工作给与了充分的肯定，得到了高分。同时对自治区级食品安全示范县——曲松县进行了督查，针对创建自治区级食品安全示范县督查工作所作的指示，进一步深入推进创建工作。

2009 年共出动执法人员 198 人次，立案 2 起、结案 1 起；行政罚款 7000.00 元人民币；移送卫生部门处理案件 1 起；案卷归档合格率 100%。监督销毁药品 35 品种、价值折合人民币 9584.20 元。城镇监督覆盖率达到 100%、乡（镇）达到 82%。全国各地假劣药品协查复函 8 份、协查 3 份；受理举报投诉 5 起，处理 3 起；同局药检所按期完成了国家和自治区的药品抽样计划工作，共抽样 13 个品种 17 批次；药品检测车快检 29 个品种 39 批次；降糖、降脂、降血压、补肾壮阳类药品抽样 10 个品种，评价性抽样 1 种、3 个批次。

山南地区国土工作

【保护资源扎实推进】严格执行耕地特别是基本农田的各项保护政策，将“双保”行动落到实处。组织地区监察局、农牧局、审计局、统计局，开展了2008年度山南地区各县耕地保护责任目标履行情况的检查考核，对成绩突出的桑日、乃东、琼结、扎囊、贡嘎、隆子6县作为前三名推荐到行署表彰。经自治区检查组考核，山南地区2008年度耕地保护目标责任履行被自治区人民政府评为全区第一名，还被国土资源部、农业部评为全国基本农田保护先进集体。在“6·25”全国土地日宣传活动中，通过走访慰问失地困难群众和送法进乡村以及闹市区设点宣传、媒体刊发专栏等多层次宣传，进一步增强了全社会保护耕地意识。与地直有关部门、各县局组成联合调查组，对曲松罗布莎矿、加查县非金属矿和邦布岩金矿、贡嘎县和扎囊县砂铁点环境恢复等进行实地检查，并对各县境内的勘查项目进行了全面调查，对圈而不探、以采代探等违法违规行为进行了清理，进一步规范了矿产资源勘查开发秩序。同时开展了矿产资源储量占用登记工作，共登记检测金属矿山17家，占登记总数的90%。

开展山南地区矿业权实地核查工作。及时组建了工作专班，召开了重点矿区核查现场会和山南地区矿业权实地核查工作动员会议，有力支持项目承担单位开展工作，完成了曲松县罗布萨、香卡山、康金拉矿区核查工作。

推进土地开发整理工作。按照国土资源部和区国土资源厅要求，切实做到“占一补一”和“先补后占”的耕地占补平衡要求，牵头地区农牧局对乃东、曲松、桑日、扎囊、贡嘎、琼结、洛扎7县去冬今春的耕地开垦进行了验收，通过验收，新增耕地面积为3568.67亩，可用于占补平衡的面积为2198.24亩，并申请地区财政反还耕地开垦费80万元，对各县已经验收和下一步开垦的耕地给予100元-200元/亩的资金补助。

【保障发展更为有力】通过“双保行动”的开展，把依法确保建设用地需求作为检验落实科学发展观能力的重要标志，积极主动地对扩大内需和180项建设项目提供用地保障服务，在群众征地费足额补偿到位的情况下、与用地报件一并将先行用地请示上报到自治区国土资源厅。2009年经自治区国土资源厅批复的先行用地达11宗，占全区的73%。挂牌出让泽当城区国有建设用地土地使用权4宗，总面积32.4亩，出让金总额达1788万元，吸引社会投资达5000余万元。

地区矿产业进入加快发展新时期。承办了地区行署召开的首次矿产资源勘查开发工作座谈会议，为解决山南地区矿产资源勘查开发领域突出问题，推动今后一个时期矿产业良性发展打下了坚实基础。通过不断完善探采矿权办证程序和会审制度，新办非金属采矿许可证6个，备案勘查许可证22个。

【严格管理更加规范】强化用地预审、材料组件和审核工作，主动指导和帮助项目单位做好建设用地报批工作，2009年经自治区审批的有23宗。

青藏专项得到顺利开展。乃东、桑日等县认真落实上级指示精神，积极支持和配合队伍进场工作，使其勘查工作取得阶段性成效，得到了自治区调研组称赞。

地区行署与国家土地督察成都局开展共建保障和促进科学发展土地管理新机制试点工作的承办取得实效。一是耕地保护目标责任制得到较好落实。县、乡（镇）、村至村民都签订了责任书，政府主导、部门联动机制已形成。全国基本农田保护示范区建设工程加快进程，项目建设已接近尾声；二是对泽当城区违规建房的处理建议已以清理领导小组名义正式上报行署。从平时动态巡察的情况看，违规建房行为得到遏制；三是依法依规，快捷高效的建设用地审批制度逐步建立。11宗（占全区的73%）先行用地得到自治区国土资源厅批准，23宗建设用地得到自治区政府的审批；四是贡嘎、桑日两县土地开发整理已申请纳入自治区国土资源厅项目库。区、地已下拨给贡嘎县耕地开垦补助经费65万元；五是新增建设用地有偿使用费缴纳新机制建立得到国家土地督察成都局的大力支持。

【执法监察力度加大】按照自治区国土资源厅安排，深入开展了“全面清查土地违法行为专项行动”活动，在对上年开展土地执法百日行动的情况进行“回头看”的基础上，继续严厉打击和严肃查处土地违法违规行为。认真执行动态巡查制度，切实加强土地利用监测，及时发现并制止违法行为，将违法行为制止在萌芽状态。加强了与纪检监察、公安、检察、法院等部门的沟通联系，努力建立部门协作的国土资源执法监察长效机制。严肃查处土地违法违规案件，努力提高办案质量和效果，并对未批先用、批少占多、占用耕地修建住房等问题进行了重点查处。全年共接待群众来访8人（次），查处和制止各类土地违法违规行为5起。

【服务民生措施得力】经地、县国土部门大力催缴，涉及8个县12个项目共拖欠603.68万元的征地费在6月30日前全部兑现到位。

针对5月25日至27日错那、洛扎两县遭受强降雨（雪）引发地质灾害，及时派出2个应急调查组奔赴洛扎、错那县开展地质灾害防治指导。鉴于灾情的严重性，在配合自治区国土资源厅地质专家组对错那县让村和洞嘎村严重崩塌、洛扎县贡租居委会冰湖溃决进行现场踏勘和搬迁评估基础上，又召集相关县、部门召开避险搬迁协调会议，为政府实施搬迁提供了决策依据。

国家投资372万元的曲松县罗布莎铬铁矿67、76号采坑，投资138万元的浪卡子县嘎色金矿采坑已完成地质环境恢复治理工作；投资390万元的曲松县罗布莎铬铁矿66、74号采坑地质环境治理项目正在实施。曲松县邱多江砂金和曲松县香嘎山142、143号采坑地质环境治理、扎囊县强巴林寺崩塌泥石流灾害治理等3个项目申报已得到落实。

协调矿山企业吸纳农牧民工维持在1400人，有效增加了群众务工收入；优先为农牧民办理非金属采矿许可证6个，吸收农牧民就业百余人；在罗布莎铬铁矿区67、76采坑和浪卡子县嘎色砂金矿采坑矿山环境治理中，协调施工方优先使用当地农牧民工、机械等，群众参与施工增收55万元。

安排9万元资金和30吨水泥，为扶贫联系点——浪卡子县普玛江塘乡新建1户群众住房、新建2座磨房及草场开发。

山南地区烟草专卖工作

【经济效益】2009年，山南地区烟草专卖局（公司）销售卷烟4.84亿支（0.9686万箱），同比增长9.25%；其中一类卷烟销量为0.69亿支，与上年同比增长30.56%；二类卷烟销量为0.44亿支，与上年同比增长83.98%；三类卷烟销量为0.88亿支，与上年同比减少10.81%；四类卷烟销量为2.16亿支，与上年同比增长3.23%；五类卷烟销量为0.67亿支，与上年同比减少13.03%。实现销售收入16652万元（不含税），同比增长4.16%；实现税利1291万元，同比增长38.03%，其中实现利润306万元，同比减少52.05%；实现税费985万元。

2009年，山南地区共查处各类违法案件91起（包括简易程序处罚案件），查获各类违法卷烟75.26万支，总涉案标值13.69万元；其中查获假冒卷烟33.58万支，价值9.72万元，查扣非法渠道真品卷烟41.67万支，价值3.97万元；移交公安机关涉烟案件1起；上缴地区罚没款1.26万元。

【狠抓基础，规范化水平得到进一步提高】网络建设向纵深发展。一年来，围绕“巩固、完善、提高、创新”的网建工作方针，结合山南烟草实际，坚持传统物流与现代物流营销模式相结合，基本实现了行署所在地、泽当城区与昌珠镇的“集中呼叫、分拣到户、统一配送”工作，对泽当城区周边城镇的配送线路进行优化，取消了甲竹林镇和琼结县两个网点，将琼结县零售客户纳入地区集中呼叫、统一配送；将甲竹林镇零售客户纳入贡嘎县网点进行手工访销、统一配送，节约了网点运行成本，提高了工作效率。同时，按照“全面推进、整体提升、注重实效”的要求，从网络运行效益着手，加快推进各县卷烟营销网点建设步伐，为全面提升山南烟草网建纵深发展打下坚实的基础。一是强化工商协同营销，稳步推进“按客户订单组织货源”工作。工商协同营销、品牌培育是销售工作的生命线。山南烟草通过不断强化协同营销模式，丰富协同营销内容，进一步加大了卷烟销售结构调整，逐步建立起了以云南、湖南、上海、川渝等全国重点骨干品牌为主销品牌的品牌培育引进与退出机制，培育品牌功能进一步发挥，主体能力进一步增强，市场占有率进一步提高，重点品牌的成长性、覆盖性和稳定性得到了较好发展。二是因地制宜，稳步推进“按客户订单组织货源”工作。通过进一步规范和完善客户档案，建立各品牌卷烟的走势图和各类卷烟的结构图，在综合考虑市场信息、品牌信息、季节变化、政策导向等诸多因素的情况下，结合客户库存、实际销量、客户预测和历史同期销售数据做最后的核定预测，为整体卷烟销售工作提供了准确的第一手预测资料；三是扎实推进电子结算业务。为适应行业发展趋势，进一步加强山南烟草基础建设，全面推进电子结算工作，减少人力成本及减小资金回笼风险，为广大个体工商户、零售户提供“高效、便捷、安全”的现代卷烟经营服务。山南烟草与地区建行合作，与广大零售户加强沟通，扎实推进电子结算业务。目前，泽当城区纳入电话访销的卷烟零售客户共有500家左右，其中已实行电子结算户数达95%，基本实现城网全面电子结算。

基础管理取得新的进步。一是深入推进ISO9000质量管理体系，使其成为提升管理的强大支柱。ISO9000质量管理体系标准的实施，为山南地区烟草专卖局(公司)的质量管理工作带来了崭新的面貌，为树立企业形象，赢得消费者信赖起到了积极的促进作用，也为今后的发展注入了源源不断的动力。在整个体系试运行过程中，立足于操作简便、简单实用的原则，在严格执行质量管理体系相关程序文件的同时，及时向贯标办反映不合实际、操作不便的内容。把质量管理体系建设同完善各项制度、提升员工素质、优化工作流程有机结合起来，从而促进管理的提升，为全面加强山南烟草基础性管理工作奠定了坚实的基础。二是认真开展“三项检查”回头看工作。山南地区烟草专卖局（公司）紧紧围绕“制度是否完善、决策是否符合程序、运作是否规范、监督是否到位”四个重点环节，对2008年以来实施的工程投资、物资采购、宣传促销项目和各项制度建立健全情况，逐项逐卷地进行了自查。找准问题，采取有效措施整改落实。进一步完善了《物资采购管理办法》，制定下发了《20万元以下工程投资项目管理办法》，转发了《自治区烟草专卖局（公司）宣传促销管理办法》，进一步规范了投资行为，巩固了内部监督管理的长效机制。不断加强企业国有资产经营管理，认真开展了2008年国有资产管理的自查工作，确保了国有资产的完整性。

山南地区交通运输工作

【交通固定资产完成继续攀升】2009年，山南地区交通局落实固定资产投资9.5亿元，完成投资6亿元，建成公路通车里程440公里，带动农牧民群众现金增收6300万元，其中落实投资、完成投资、带动农牧民群众现金增收分别比2008年增长58.33%、16.05%、3.17%，成功完成了“966”目标。

【交通企业效益呈迅猛增长态势】2009年，交通企业可实现产值7113万元，利润437万元，税收378万元，与去年相比分别增加3376万元、285万元、111万元。

【山南地区公路客货运输呈现稳健的增长势头】1月-12月份，共完成全社会客运量111.52万人，旅客周转量11716.73万人公里，分别比去年增长457%、166%，分别比2007年增长193%、67%。1月-12月份，共完成全社会货运量68.65万吨，货运周转量11024.20万吨公里，分别比去年增长198%、84%，分别比2007年增长56%、减少20%。

【全力打好上项目、保增长攻坚战，扎实推进了交通基础设施建设上水平】一是全力以赴抓好项目前期工作。全年认真落实一把手对前期工作总负责、总协调，亲自部署、亲自督查的负责制，千方百计将前期工作往前推，同时牢牢把握勘察设计质量和相关要件质量，积极建立健全“规划一批、论证一批、储备一批”的良性循环前期工作机制，保证了全年落实固定资产投资达到 9.5 亿元。其中公路建设投资9亿元，站场建设3000万元，公路养护工程1700万元，援藏项目建设300万元。二是全力以赴抢抓工程进度。全年以“等不起、坐不住、慢不得”的责任感、紧迫感，突出抓好在建工程的建设，采取有效措施留住人力资源、加大设备投入，强化施工组织，加足马力，做到节假日工程人员不散、施工不断、设备不歇、管理不松，确保了6亿元工作目标的圆满完成。其中琼结县至措美县公路改建工程完成投资2亿元，桑日至加查公路新改建工程完成投资1.8亿元，三安曲林至陇边防公路整治工程完成投资 1000 万元，农村公路完成投资1.2亿元，汀汀拉至棒拉山口边防公路完成投资5000万元，养护工程、客货运输站点以及交通援藏工程完成投资 4000 万元。同时桑日至加查公路新改建工程冬季不停工，将全力开炸施工便道。三是深入开展“诚信杯”竞赛，确保工程建设又好又快。2009年山南地区交通局重点开展了以“诚信建设”为主题的“诚信杯”重点工程劳动竞赛，与各单位签订了目标责任书，建立健全业主、施工、监理、检测等从业单位信用评价体系和考核办法，加大考核力度，严格奖优罚劣，促进了诚信履约；进一步加大项目领导责任制和技术骨干挂职督导制；进一步加大协调力度，最大限度地为交通工程建设创造了和谐的施工环境。全年竣工验收 28 个项目，工程质量合格率100%。

【全力打好建养并重攻坚战，扎实推进了公路养护质量上水平】全年，以全区路检为工作契机，使路况呈现明显好转，并凸显了如下几个亮点。一是确立了“人精神、路和谐” 公路养护品牌。干线公路进一步完善精细化养护管理各项制度，狠抓了实践探索工作，对今后一段时间干线公路养护主导思想确立、战略定位具有很强操作性和指导性；农村公路确立了“县道县养、乡道乡养、村道村养”、“工区+农户”等多种形式。二是养护工程超额完成年初目标。全年争取养护工程资金1839万元，超额完成了年初确定的指标。其中大中修工程306万元、水雪毁恢复工程1000万元、危桥改造工程213万元、安全保障工程 209 万元、道班工区房改建 111 万元。三是公路抢险保通能力全面增强。健全完善相应的应急抢险制度，同时积极争取400万元，实现了县县有农村养护机械设备，建成了电视电话应急通讯指挥系统。且抢险保通能力在实践中得到了充分体现，面对“5·25”“9·10”灾害，第一时间组织专业队伍打通主干线，邀请专家现场坐诊，迅速落实抢险保通资金，搭建了密切党群关心的“连心桥”。四是日常养护大规模增长。截止 11 月底，省道整修路肩 222566 平方米、整修边坡 115910 平方米、清理边沟 1350879 米、清扫路面 60108686 平方米、疏通涵洞 1098 道、维修涵洞 53 道、清理塌方 10702 立方米、修补油路 27219 平方米、清理流沙 19561 立方米、备路面料 9051 立方米、铺路面料 970400 立方米、清雪打冰 221652 立方米。优良率 73.8%，评定结果为 89.6%。截止 11 月底，农村公路整修路肩643125平方米、整修边坡340784平方米、清理边沟 272185 米、疏通涵洞 310 道、维修涵洞 10 道、清理塌方 5546立方米、修补土路1497360平方米、清理流沙 16102 立方米、备路面料 1179426 立方米、铺路面料 2033206 立方米、修补路基缺口 12464 立方米（452处）。平均好路率为 37.8%，综合值 55。

【获奖情况】潘冬燕 女 汉族 日当养护段副段长 2009 年 9 月荣获“全国民族团结进步模范个人”

【领导名录】

局党组书记、副局长：格桑巴珠
局党组副书记、局长：田云松
局党组成员、副局长：傅尚忠（湖南省第五批援藏干部） 李战英 李国忠
局党组成员、纪检组长：马剑琳

山南地区林业工作

【造林绿化成效显著】2009 年，自治区下达的计划造林 118172 亩，实际完成 122254 亩，完成全年总任务的 103.5%，比去年同期增长 26.8%。其中重点区域生态公益林建设 64172 亩，完成计划任务的 100%；拉萨周边造林完成 20289 亩，完成计划任务（17000）的 119%；防沙治沙完成任务3000亩，完成计划任务的100%，义务植树4793亩，完成计划任务的120%，退耕还林荒山造林完成任务30000亩，完成计划任务的 100%。并于 8 月中旬地区组织验收组对各县进行了交叉验收，各项目县完成情况良好。造林成活率达到 84%以上。

【林业重点工程建设进展顺利】2009 年山南地区林业项目总投资预计达 8572 万元，其中重点区域生态公益林建设项目 3745.5 万元；退耕还林政策兑现 844.5 万元；防沙治沙 627 万元；重点火险区综合治理项目建设 651 万元；中央森林生态效益补偿 1202.9796 万元，拉萨周边造林 600 万元（扩大内需项目）；退耕还林荒山荒滩造林 300 万元；林业抗灾资金 180 万元；地区中心苗圃及重点县苗圃整治改造 341 万元，雅江防护林虫灾防治 306 万元，（其中自治区 266.5 万元、地区行署 30 万元，科技局 39.9 万元。）沙棘采种基地建设 75 万元。目前到位投资 4557 万元，占总投资的 53%。

【资源林政管理工作不断加强】据调查统计，山南地区 12 个县涉及集体林乡镇的国土面积为 11874.203 万亩、林业用地面积 4727.59 万亩、集体林地 5471 宗，面积 34.5137 万亩，集体林共涉 72 个乡、79 个村、1561 个组、4.5567 万户。目前，试点县的前期准备工作已完成，正在开展勘界确权等工作。9 月 24 日由区、地、县、乡（镇）四级林业部门、林改办组成联合工作组，各居委会参加，深入每宗林地、每个居委会，对泽当镇的集体林权制度改革进行科学指导，并开始林改工作第一步勘界确权工作，标志着山南地区林改试点工作正式开始。

2009 年山南地区森林生态效益补偿工程实施总面积达到 400.9932 万亩，确定了个人管护、集体管护、联合管护和专业队伍管护等 4 种管护模式，共落实管护人员 1953 名，人均管护面积为 2053

亩，年人均管护工资达6160元。

山南地区2008年10月—2009年9月林业行政案件发生总数24起，查处23起，其中移交司法机关1起，查处率95.83%。其中盗伐林木14起，查处14起；滥伐林木1起；违法运输木材4起，查处3起；乱捕滥猎野生动物4起（移交司法机关1起），查处4起；非法收购、出售、运输携带野生动物及其产品1起，查处1起。共没收违法所得0.05万元，木材29.1立方米，各种野生动物产品14件，罚款0.865万元，行政处罚67人（次）。

【森林防火确保无误】根据年初与各县签订的森林防火目标管理责任书要求，进一步落实了地、县、乡、村四级森林防火目标管理责任制，通过加强森林防火期火源管理，严格实行森林防火期禁伐等措施，积极有效地扑救和处置了4月和5月加查的两起森林火灾（火警）。

【安居工程木材供应管理工作顺利完成】积极配合地区安居办，对安居工程木材供应进行协调，并将调查摸底的山南地区安居木材实际需求情况报自治区林业局和行署，经核批后，将指标分解到县，并配合安居着手做好安居工程木材调运及木材采伐管理工作。根据自治区统一安排，山南地区2009年度安居工程建设计划为6094户，自治区共下达给山南地区的木材指标是30470方，其中：从林芝地区调运20470方，从本地区2009年自用材中解决10000方。目前，从林芝地区调运的安居工程木材已调运完毕，本地自用木材部分也已基本完成。

【禽流感的监测防控工作全面落实】继续做好候鸟疫源疫病监测防控工作，安排监测人员，山南地区设立了6个监测点，安排了12名监测人员，制定了监测巡逻制度，并严格制度，加强巡察，确保了去冬今春山南地区未发现野生动物异常死亡情况。

【林业科技推广工作有了新进展】积极有效地开展了雅江防护林内春尺蠖虫灾的除治工作。2009年雅江防护林的虫灾发生面积达40余万亩，其中中度灾害面积18.4万亩，采取化学药剂除治面积18.5万多亩。同时在地区行署的重视和协调下，在科技局的大力支持下，还在雅江防护林安装了83盏太阳能灭虫灯。

【林业受援工作效果明显】通过三省智力援助工程，组织实施了以经济林栽培管理、森林病虫害防治、征占用林地管理、集体林权制度改革为主的2009年林业专业技术培训工作。山南地区12个县林业技术骨干和地区林业局专业技术人员50余人在地委党校参加了9月14至20日为期一周的林业技术专业培训，并邀请安徽省4名林业专家进行授课和现场辅导，进一步提高了山南地区林业技术水平和专业技能。

【林业增收工作初见成效】在林业项目建设中始终坚持以人为本，积极引导当地农牧民群众参与林业建设，努力促进群众增收。通过参与林业项目建设，增加农牧民收入达4690万元。

山南地区水利工作

【年度综述】2009年，山南地区水利局"科学发展、改善民生、构建和谐水利"这个主题，以科学发展观为指导，坚持全面规划、统筹兼顾、标本兼治、建管并重的原则，继续抓好续建工程建设，进一步加大前期工作力度，加快新开工建设项目速度，不断改善农牧民群众生产生活条件，努力做好保增长、保民生、保稳定的各项工作，水利固定资产投资保持了平稳发展的态势，水利事业各项工作取得了喜人成绩。

【以保障经济持续增长为目标，努力抓好水利基础设施建设工作】2009年，山南地区新(续)建水利水电项目共29项，概算批复总投资37892.95万元，其中，续建水利水电项目9项，概算批复投资11737.8万元；新建水利水电项目20项，概算批复投资26155.15万元（2009年争取项目总投资）。其中灌区工程12项、防洪工程2项、电站工程3项、病险水库除险加固工程5项、农村饮水安全项目（共3批）、农田水利基本建设项目，其他项目5项。2009年累计完成投资22220.16万元，与2008年相比，同比增长1533.45万元，增幅达7.4%，与年初地区确定的水利项目投资2.7亿元指标相比较，达到82%。

一是重点水利项目建设情况。2009年，以重点水利水电项目建设为抓手，加大项目前期工作和工程监管力度，努力打造山南水利精品工程。2009年，地区下达了要求完成2.7亿元水利水电工程建设的总目标，面对水利工程建设任务重、时间紧、要求高，而山南地区水利技术力量薄弱、人员少的特点，在总结去年经验的基础上，紧紧抓住国家扩内需、保增长、促发展经济政策的大好机遇，进一步完善了项目建设管理方案，一方面，狠抓项目前期工作，夯实建设基础，另一方面，严格执行水利工程"五制"，加大项目监管力度，自开复工以来，在项目法代处与建设监理的监控下，按照批准的施工组织设计组织施工，工程建设有序进行，据统计，2009年，共实施重点水利项目7个，15个标段，概算总投资为12279.83万元，2009年累计完成投资7130.81万元，与2008年完成投资6704.56万元相比，增长6.36%。

二是农村饮水项目建设情况。让农牧民群众能吃上放心水、安全水，一直是摆在水利部门议事日程中的重要民生工程之一。2009年以来，通过国家投资、地方配套、劳务投入等多种渠道，努力解决农村饮水安全问题。全年共实施2008年第二批、第三批以及2009年第一批农村饮水项目，总投资6200.33万元（国家投资4752万元、群众劳务投入1448.33万元），其中2008年第二批、第三批项目总投资1545万元(国家投资793万元、劳务投入752万元)；2009年第一批项目总投资5407.33万元（国家投资3959万元、劳务投入1448.33万元）。共建成191个工程点，解决了11072户、48426人和237445头（只）、(匹）牲畜的饮水安全问题，山南地区已解决农村饮水安全批复人数28.799万人，农村安全饮水覆盖面达到88%。

三是小型农田水利基本建设情况。2009年，山南地区水利局继续坚持把农田水利基础设施建设作为扩大农田草场灌溉面积，充分发挥重点水利水电建设项目后续效益的重要措施来抓，转变思路、改进方法、注重实效，全年共完成小型农田水利基本建设资金 5279.8 万元。其中：中央资金 1840 万元（含两个重点县小农资金 1600 万元），自治区小农资金 1129.8 万元（含雅江杯奖金 100 万元），地区配套 192 万元，县级配套 749.8 万元，群众劳务投入 1368.2 万元。全年共新修水渠 14 条，总长 8.6 公里；维修清淤渠道 346 条，总长 248.34 公里；新修水池（塘）14 座，0.66 万立方米；维修水池（塘）310 座，41 万立方米；疏通河道 40.05 公里；新修机井 20 眼；维修机井 55 眼；新增有效灌溉面积 1.64 万亩；改善灌溉面积 1.79 万亩；群众投劳 76.32 万个工日；出动机械 8.6 万个台班。

四是农村小水电建设情况。2009 年，继续以小水电站续建和线路延伸工程为重点，着力解决农牧民用电问题，其中隆孜县玉麦电站于 2009 年 8 月 17 日试运行成功，9 月 24 日已通过地区初验，该电站的建成可解决边境县玉麦乡 7 户 38 人的用电问题，为改善群众生产生活和边境稳定起到了积极的作用；错那县勒布电站正式开工建设，预计 2010 年 5 月上旬完工；同时，还完成了网外五县小水电站管理人员（共 60 人）的培训工作，培训内容涉及运行、维修与管理等方面，进一步提高了电站运行人员的业务素质和综合能力。目前，网外 5 县通电乡（镇）37 个，乡通电率达到 95%；通电村 159 个，村通电率达到 69.43%；通电户 17325 户，户通电率达到 63.55%；通电人口 68219 人，人口通电率达到 67.24%。

【以加大项目“储备库”建设为重点，扎实推进水利项目前期工作】2009 年，山南地区水利局紧紧围绕国家投资重点，加强与自治区水利厅、发改委等有关部门的衔接联系，扎实做好项目前期工作。通过多方努力，2009 年山南地区水利局已完成灌区工程、城镇防洪工程、病险水库除险加固工程、小水电工程、电站线路延伸工程、水源工程、中小河流治理等 7 大类共 43 个项目的前期工程，其中重点水利项目江北灌区昌果子灌区东、西干渠，山南地区措美县城区段防洪工程，浪卡子林西、公布学等 5 座病险水库除险加固工程，错那县勒布电站等项目已开工建设。

【以加强工程建后管理为重点，大力推进水行政管理能力建设】2009 年以来，为进一步做好水利工程管理体制改革工作，加强水利工程建后管理，进一步加强领导，落实责任，多次组成工作组深入有关县，对灌区、小水电、农村饮水等已建工程进行实地调查，了解掌握水利项目建后管理的现状、存在的问题以及水费征收工作存在的难点，采取措施，加以解决。同时，加大了水行政执法工作力度，积极开展取水许可和水资源费征收管理以及水法律法规宣传工作等。

【以尽早发挥水利水电工程效益为目标，积极开展项目验收及审计工作】继续把项目竣工验收工作列入重要议事日程，制订详细的项目验收计划，列出时间安排表，全面加强竣工资料整理、工程变更审查、项目初步验收、竣工决算和项目审计工作，做到成熟一个，验收一个。2009 年已完成雅砻灌区一、三、四、五期、隆子河灌区三、四期工程、扎囊县城防洪堤工程的初验；洛扎县二级电站改扩建工程已完成初验和竣工验收工作。完成了隆子河灌区三、四期工程的项目审计工作；雅砻灌区一、三、四期工程和隆子河灌区支渠配套工程正在开展审计工作；力争年内完成措美县当巴电站、雅砻灌区五期工程、扎囊县城防洪堤工程与洛扎县二级电站改扩建工程的审计工作。

【以确保群众生命财产安全为己任，全力以赴做好防汛抗旱工作】抗旱方面，一是针对 2009 年严重的旱情，积极组织群众进行农田水利基本建设和抗旱设施的新修和维修工作，加强对现有水源工程管理，保证工程能发挥最大灌溉效益；二是要求各县根据实际情况，进一步制定和完善抗旱预案，提高预案的可操作性和科学性；三是针对贡嘎、扎囊、隆子等县旱情相对较严重的情况，由地区相关单位组成工作组，对几县的旱情状况、存在的主要困难等方面进行了深入的调研，进一步研究抗旱对策；四是进一步加大了对机井、提灌站、截潜流等基础设施的抢修和新水源开辟工作；加强对防抗旱工作的技术指导和服务，引导帮助群众做好节水灌溉。防汛方面，通过加强领导、健全机构、明确责任、完善各项防汛应急方案、加强与气象、水文等部门的协调联系、加强汛前安全检查、严格执行汛期 24 小时值班制度、落实抢险物资储备等措施，确保安全度汛，确保农牧民群众生命财产安全。2009 年山南地区共投入防汛抗旱资金 615 万元，其中自治区投入 442.62 万元、地区投入 30 万元，各县自筹 142.38 万元，购置铁丝 134.7 吨、编织袋 48.92 万条、旱地龙 400 箱、编织布 10000 平方米、块石 15.54 万立方米、木桩 16355 根，各类抗旱设备 35 台（套）。

【领导名录】

局党组书记、副局长：平 措

局党组副书记、副局长：范和平

局党组成员、副局长：杨道明（援藏）
田存余　曹文科

局党组成员、纪检组长：多吉仁增

调研员：旺堆平措

副调研员：王志忠

山南地区科技工作

【精心组织实施科技项目】2009 年，山南地区科技局共实施国家级、自治区级和地区级科技项目 15 个，总投资达 1726 万元（含续建项目资金）。其中国家级科技项目 3 个，项目资金 518 万元；自治区级科技项目 3 个，项目资金 1008 万元；地区级科技项目 9 个，项目资金 200 万元。

【重点项目完成情况】一是由国家科技部投资 378 万元的乃东县现代奶源基地科技富民强县建设项目，建设年限为 2008 年—2009 年。目前已建设完成场地、牛舍、隔离围墙、饲草棚、青贮窖等基础设施的建设，建设饲草基地 4100 亩，饲养良种黑白花奶牛 254 头，建黄改点 39 处，累计黄改冻配 13600 头，新生黄改牛 9500 头。辐射带动周边 800 户奶牛养殖户 4000 头，形成了年产鲜奶 4400 吨、出售鲜奶 3500 吨的产业规模，年经

济产值达900万元。

二是由国家科技部投资70万元的"山油4号"优质油菜示范推广农业科技成果转化项目，建设年限为2009年—2010年。截至2009年，已建成良种扩繁基地201亩（其中原种田1亩，一级种子田200亩），布点试验示范4000亩，已繁育"山油4号"优质油菜种子8000斤。项目实施期间争取在全区辐射推广4万亩。

三是国家科技部投资70万元的桑日县优良牧草种子繁育与推广利用新农村建设科技示范村项目，建设年限为2008年—2009年。在山南地区桑日县桑日镇洛村实施，2008年改造土壤679立方米，修建混泥土结构的支渠350米、土渠100米，围栏50亩，种植优质牧草种子繁育田267亩，收获牧草78.6万斤。2009年种植青饲玉米150亩、紫花苜蓿300亩，围栏6000米，在洛村建设了一个占地2.4亩包括饲料加工厂房、配种室、管护房在内的饲养基地，首次引进玉米秸秆挤丝揉碎机和电动液压欧式打包机一套，通过玉米秸秆挤丝揉碎机加工后的青绿秸秆草丝中加入微生物生态制剂，进行打捆包装入袋贮存示范。

四是由自治区科技厅立项投资、区农科院在山南地区实施的农牧业科技成果转化示范重大科技专项项目，项目投资895万元。项目分布在乃东、琼结、贡嘎、桑日4个县。乃东县主要实施养牛技术成果转化；琼结县主要实施养猪技术成果转化；贡嘎县主要实施养鸡技术成果转化；桑日县主要实施种草养畜技术成果转化。

五是由自治区科技厅立项投资100万元的藏红花人工栽培示范推广项目。项目实施两年来，在地区农业技术推广中心试验地、桑日县桑日镇、错那县勒布乡、洛扎县拉康镇共示范推广102亩，培养带动了150户藏红花种植户，400名种植能手。

六是山南地区安排了200万元科技三项经费，实施了浪卡子县奶源基地建设和甜奶渣加工、浪卡子相达良种牦牛选育、地区科技成果展览、太阳能灭虫灯、农作物肥效多点试验、新藏药研制开发、人才培训、扎囊县民族手工业染色技术改进和技术培训、加查县藏式辣椒酱加工开发、琼结县下水乡科技扶贫等9个项目。

【发挥科普职能，积极开展科普活动】 送科技下乡，促农牧民增收。2009年1月5日，自治区文化科技卫生"三下乡"活动启动仪式在山南地区乃东县昌珠镇雍布拉康村举行。活动期间，地区科技局、科协与自治区科技厅、科协设立了联合宣传点，把科普大篷车开进广场，充分利用产品展示、现场咨询、展板宣传、科普资料等形式，开展互动性较强、内容贴进群众生活的科普活动，共发放各类种养殖技术书籍2000多本。在活动仪式结束后，区地两级科技部门还聘请专家在昌珠镇对农牧民群众进行了种植业、养殖业方面的实用技术培训。

建立科普活动站，推进全民科学素质。在自治区科协的支持下，地区科协在全国人口最少的乡——隆子县玉麦乡建立了科普活动站。科普活动站的建立，扩大了《科普法》、《全民科学素质行动计划纲要》的宣传面，提高了全民科学素质提高计划的影响力。同时利用"科普活动站"的科普资源，可以开展丰富多彩的科普工作，对提高农牧民的生产技能水平和依靠科技致富的能力、推进社会主义新农村都有很大的推动作用。

开展"创建平安山南，打造和谐社会"科普宣传活动。在"9·18全国科普日"活动中，山南地区邮政局以"发展才是硬道理，平安就是大前提"为主题，充分发挥科普优势，采取悬挂横幅，摆放科普宣传栏、散发宣传单、开展科普宣传等方式，进行防范冰雹、暴风雪、森林火灾等防灾减灾知识宣传，展出科普挂图、展板，发放宣传册、科普书籍，促进了人们对科普、气象、防险避灾等方面知识的认识。

【加强科技特派员工作，促进农牧区经济发展】 加大农牧民科技特派员选派工作力度。2009年向自治区申报新增的130名农牧民科技特派员全部获得批准。截止目前，山南地区共有科技特派员339人（其中农牧民科技特派员200人），他们均已带项目带任务深入基层，开展蔬菜种植、疫病防治、植物保护等方面的技术服务。科技特派员们进村入户，做项目、教技术、传信息，为促进当地农牧业经济的发展和农牧民生产生活水平的提高做出了积极的贡献。

加强农牧民科技特派员的培训工作。2009年开展的两次集中培训，共培训农牧民科技特派员332人次，培训对象不仅是已批准的农牧民科技特派员，还包括下一步拟推荐的农牧民技术员。

【组织参加全国科技援藏工作座谈会，努力争取项目援助】 为积极争取援藏项目，2009年6月下旬，分管科技工作的乔增楼副专员亲自带队，局党组书记何毓启，副局长索朗顿珠和央金卓嘎三位同志陪同，赴对口支援的湖北、湖南、安徽三省科技厅衔接援藏项目。

2009年8月5日，在拉萨举行的全国第三次科技援藏工作座谈会暨首届部区会商会议上，山南地区科技局与湘鄂皖三省科技厅成功签订了科技援助项目协议。根据协议：湖北省科技厅将援助实施偏远山区清洁能源综合开发利用技术推广等项目，无偿援助项目经费100万元；湖南省科技厅将援助实施藏香猪仔猪繁育技术示范推广等项目，无偿援助项目经费80万元；安徽省科技厅援助实施贡嘎至泽当公路沿线防护林太阳能灭虫灯试验示范等项目，无偿援助项目经费120万元。会后，鄂湘皖三省科技厅领导到山南进行了考察，对近年山南科技工作取得的成绩给予了充分肯定，并表示将在协议基础上，进一步加大援藏资金投入力度，推动山南地区科技事业快速发展。

【依靠科技扶贫，努力抓好扶贫点工作】 2009年，山南地区科技局投资8万元，在对口帮扶的琼结县下水乡实施了特色养殖业扶贫项目，以50户贫困户为主体，发展特色养殖业，实施短期育肥，饲养种牛4头，短期育肥绵羊2000只。同时，山南地区科技局还安排3万元资金，帮助建房户索朗布杰用于新房建设，目前，该户人家已搬进了宽敞明亮的新房。

山南地区科技局还多次深入扶贫点检查近年在下水乡实施的科技扶贫项目进展。经了解，2007年在支那村投资5万元兴建的11栋温室，通过近两年的发展，经济效益较明显，平均每户增收现金2000元；2008年在相达村投资5万元修建的养殖基地的暖圈，目前受益群众14户，户均增收1500元。通过近年扶贫项目的实施，有效解决了下水乡贫困户的经济发展问题，切实起到了通过科技手段和措施脱贫致富的目的。

【领导名录】

党组书记：何毓启（科协主席）

局　长：艾 啦

党组成员、副局长：郭 嵩　索朗顿珠　央金卓嘎

山南地区卫生工作

【继续完善农牧区免费医疗制度建设】 2009年，山南地区参加农牧区免费医疗制度的有28.1万人，参加率为97.1%，筹集资金4641.38万元，其中中央财政4209.3万元，地方财政补贴90万元，县级财政资金60.68万元，个人筹集291.4万元。本年度基金支出总额为3331.16万元，其中统筹基金支出1679.53万元，门诊家庭账户基金支出1636.54万元。

【扎实推进城乡卫生服务体系建设】 完成了山南地区11个县妇幼计生业务用房项目建设951万元，完成15个中心乡镇卫生院新建项目715万元，桑日县、浪卡子县卫生服务中心改扩建项目1100万元，完成隆子县疾控中心151.96万元，全年完成卫生项目2917.96万元。

【继续深入开展"群众满意医院"和"医院管理年"创建活动】 一是加强了人员准入管理。对山南地区260名参加医师资格考试的考生进行了审核、剔除不符合报考条件的考生12人。组织248名考生参加实践技能考试和208名考生综合笔试。2009年执业医师注册48人、护士注册35人、办专业技术资格证书45人。组织实施报名审核等全国卫生专业技术资格考试考务工作，考试人数119人。对20名藏医师承医生进行师承关系公正。完成28名专业技术人员的中级技术职称评定工作；二是医疗费用得到控制，各医院加强了对合理检查、合理用药、合理收费的管理工作，普遍对药品和大型医疗检查费用主动下调，下降率达15%左右；三是医疗服务明显改善，推出了人性化、亲情式的服务理念，"军人优先窗口"等一系列便民服务措施。病人满意率逐年好转，经测评满意率为90%以上；四是医德医风明显好转，山南地区各医疗单位实行了公示牌的挂牌上岗，建立和完善行风建设各项规章制度，积极开展医务人员职业道德培训，加大举报查处力度；五是医院环境得到明显改善，各医院加大投入，想尽一切办法为患者就医创造了一个较好的就医环境；六是全面树立和落实科学发展观，和谐社会，坚持以人为本，把维护好、实现好、发展好人民群众的健康权益放在第一位，把提高医疗质量，规范医疗行为、确保医疗安全，以病人为中心，以提高医疗服务质量为主题的"医院管理年"的核心内容；七是医疗质量稳步提升，全年撰写卫生管理专业论文20余篇；八是为进一步规范地区各医疗机构，民营医疗机构病例书写规范，地区卫生局组织专业人员编纂了《山南地区医疗卫生机构病例书写规范》。

【进一步加强药品集中招标采购工作】 2009年，地区卫生局组织对地直各医院、县人民医院、乡镇卫生院进行了药品集中招标采购，并与医疗单位签定了协议。每年药品集中采购量达80%以上，采购品种达560多种规格类型，每年招标采购额约达500多万元。降低药价让利群众10%，减轻了各单位各方面的负担。

【做好结核病、性病、艾滋病等项目管理工作】 举办山南地区结核病项目培训班，参加人员有各县专业人员50余人。加大宣传力度，山南地区共计举办宣传活动46次，发放宣传资料85000多份，宣传栏40余期。提高结核病人的发现数，地区疾控中心全年初诊病人1192例，发现阳性总数156例，其中新发阳性124例，复治涂阳数23例。全年地、县访视病人272例。

配合有关部门开展艾滋病项目办开展了艾滋病宣传活动，发放宣传单5000多份，发安全套3000余套，使娱乐场所高危人群知晓率达85%。全年完成400人份暗娼、400人份孕妇，被监管人员110人份共计910人份血液标本采集检测工作，未检出HIV感染者，共检出梅毒阳性68份。

【碘缺乏病防治。开展防治碘缺乏病日宣传，发放宣传单7000余份】 开展了食用盐碘含量监测，抽取部分县居民户盐样和地区盐业公司盐样检测，合格率为70%，居民碘盐覆盖率为100%。

【扎实开展预防接种工作，疫苗针对传染病得到有效遏制】 按照上级部门部署和山南地区实施方案在山南地区开展了强化免疫活动，山南地区应种儿童13147人、实种儿童12626人、接种率96.03%，流动儿童应种513人、实种496人、接种率96.68%。

【农村改厕项目顺利实施】 地区卫生局制定详细方案，并会同地区财政、疾控等部门对完成情况进行抽查，根据抽查完成情况及时兑现资金。2008年-2009年，山南地区农村改厕累计完成4124户，完成率为86.8%。

【领导名录】

党组书记：白玛仁增

局　长：次仁顿单　胡瑞成（援藏）

副局长：次仁云旦　陈春明

党组成员、地区人口计生委主任：珠 杰

山南地区民政工作

【救灾工作有序开展】 2009年，山南地区各县不同程度地遭受了地震、霜灾、旱灾、雷击、暴风雨雪灾、雹灾等各种自然灾害。据不完全统计，山南地区约有4.5万户19.7万人受灾（包括因旱灾3.3万户13.8万人，因暴风雨雪受灾0.4万户1.2万人，其他受灾0.8万户4.7万人）。农作物受灾面积20.18万亩，成灾面积16.5万亩（包括旱灾12.3亩、暴风雨雪灾0.4万亩，霜灾1.5万亩，冰雹灾面积0.9万亩，其他1.4万亩），绝收面积3.2万亩。因灾造成粮油减产约7080.7万斤；死亡牲畜16890头（只），其中：死亡大牲畜2828头（只、匹），死亡小畜14062只；因灾倒房109户220

间、造成危房311户790间、损坏房屋236户366间，轻微受损790户1833间。因灾死亡7人，其中:因暴风雨雪灾死亡6人、因雷击死亡1人，受伤8人。以上共造成直接经济损失约9578.48万元。灾情发生后，地、县两级党委、政府高度重视，紧急组织工作组赴灾区抢险救灾，调运救灾物资，妥善安置受灾群众，帮助灾民解决实际困难，最大限度地减少灾害损失，确保灾区群众有房住、有衣穿、有饭吃、能就医，维护了灾区社会局势的稳定。

为加强自然灾害应急体系建设，山南地区民政局制定了《山南地区民政局自然灾害救助应急工作规程》，进一步修改完善了《山南地区自然灾害救助应急预案》。全年共下拨救灾资金1304.2万元。其中:冬令款220万元，春荒款160万元，充补救灾基金420万元；洛扎、错那特大暴雨雪灾害救灾款325万元；错那县洞嘎村20户搬迁款20万元;捐赠款100万元，用于受灾群众的恢复重建;接收2008年当雄地震及雪灾捐赠款55.5万元，已用于各县受灾群众生活安排。慰问和安抚因灾死亡和受伤人员家属，发放慰问金3.7万元。

【城乡低保工作有序推进】健全了低保对象按期复核的动态管理机制，实行低保对象定期申报续保制度、家庭收入定期核查制度，严格低保入保操作规程，对低保对象定期抽样入户调查，实现应保尽保。建立了城乡低保对象统计台账，低保工作基本步入了规范化、动态化管理的轨道。

从2009年1月1日起，城市低保标准由月人均250元调整为300元；农村低保范围由年人均850元提高到1100元，分类保障标准为:重点保障对象补助标准由470元调整为720元，特殊保障对象补助标准由290元调整为500元，一般保障对象补助标准由194元调整为368元。

目前，山南地区有城市低保对象1866户3385人。全年落实城市低保对象补助资金1232.22万元。其中：城市低保金807.54万元；“三大节日”一次性生活补助金240.88万元（发放购物卡3011个）；发放纪念“百万农奴解放日”中央一次性补贴每户1000元，计183.8万元。

山南地区有农村低保对象9959户28897人。全年落实农村低保对象补助资金2874.1963万元。其中：农村低保金1444.8412万元；“三大节日”一次性生活补助金433.455万元；发放纪念“百万农奴解放日”中央一次性补贴每户1000元，计995.9万元。

【城乡医疗救助情况】建立完善了城乡医疗救助有关规章制度，抓好医疗救助政策的落实，努力实现困难群众“病有所医”的目标。1月—9月份城镇医疗累计救助82人（次），落实救助资金28.8万元，人均救助3512.2元。农村医疗救助1426人次，落实救助资金161.1万元，人均救助1134.51元。

【五保户供养情况】2009年1月1日起，五保供养标准从年人均1600元调整到年人均1800元。目前山南地区2947名五保供养对象已全部纳入供养范围，其中集中供养468人，分散供养2479人。2009年地委、行署把五保供养工作摆上重要日程，通过实施“六大民心工程”以及“霞光计划”、安居工程、争取援藏资金、申请贷款等途径，有效利用乡镇闲置场所和国有废弃教学点，新建、改扩建农村五保集中供养设施15所，使山南地区五保供养服务机构总数达50所，集中供养率由原来的8%提升到31%。同时，开展集中入住五保老人调研，签订供养协议，强化内部管理，完善规章制度，提高服务质量，有效保障和维护了五保对象的基本生活权益。建立了农村五保供养对象和供养服务机构信息数据台账。全年落实五保供养资金572.94万元，其中：供养补助经费530.46万元，“三大节日”一次性生活补助金42.48万元，确保了五保对象生活不低于当地群众中等水平。

【特困学生救助情况】积极开展农牧区特困学生救助工作，把2008年度符合救助条件的52名考入区外高校特困生纳入救助范围，兑现救助资金23.6万元。对2009年度申请救助的高校特困生进行了审查。

【城市社区建设情况】认真总结城市社区建设试点工作取得的经验，指导各县进一步改进和完善城市社区建设工作。进一步建立健全了社区居委会各项制度，重点建立和完善居务公开制度，将各项制度上墙，完善社区居委会的组织建设，重视社区居委会办公和活动场所等基础设施建设，每个社区居委会都建立了比较完备的办公和活动设施。

【农村社区建设试点情况】认真指导山南地区农村社区建设试点村——贡嘎县岗堆镇岗堆村和桑日县绒乡冲达村探索开展农村社区建设工作。

【扎实开展双拥和优抚安置工作】开展三大节日慰问工作。在春节、藏历年期间，山南地区成立了“拥军优属、送温暖”活动慰问团，分别对各县困难群众、优抚对象代表，地区福利院、拉萨SOS儿童村，敬老院和驻军等进行慰问，协助召开山南地区“党政军警民”座谈会，并且在藏历年前组织召开军休干部和无军籍退休职工座谈会。2009年“三大节日”拥军优属及送温暖慰问活动支出经费14.745万元。

双拥工作见成效。山南地区现有国家级双拥模范城（县）3个（错那、隆子、贡嘎），自治区级双拥模范城（县）5个（错那、隆子、贡嘎、乃东、洛扎）。有军警民共建点110个，军警民共建内容涉及经济社会发展的各个方面，主要以共建学校、敬老院、村（居）委会为主，实现了共建活动经常化，活动内容多样化，有力地促进了山南地区经济社会的和谐健康发展。在开展“三促一保”活动期间，驻地部队积极承担急难险重任务，累计出动兵力4590余人(次)，车辆120余台(次)，参与抢险救灾130余场(次)，利用休息和节假日开展打扫街道、修理电器、理发等献爱心活动。地区对驻军部队和各值勤点进行了慰问，军地双方共同开展了丰富多彩的文艺联欢活动。

认真落实优抚政策，按时足额下发抚恤金。目前山南地区有各类优抚对象3500人，其中享受国家定期定量抚恤的重点优抚对象140人。有军休干部职工

47 人，地直机关登记在册的各类伤残人员 18 人。一是发放 2009 年重点优抚对象定期定量补助抚恤金 12.54 万元（含 2008 年 10 月 1 日起增资部分）。二是下拨乃东、隆子、扎朗、错那四县上半年军休人员经费 361.5 万元，抚恤事业费 183 万元。三是义务兵家属优待工作取得突破。山南地区 250 名义务兵家属优待金，按现行第一年 550 元，第二年 650 元的标准，由各县财政列入预算，进行了全面落实。四是按照自治区民政厅《关于开展执法监察的通知》（藏民发[2009]56 号）要求，及时对各县优抚安置政策贯彻落实和专项资金管理使用情况进行了自查和抽查。

开展安置工作。接收 2008 年冬季退伍义务兵和复员转业士官 107 人，经报请行署批准，共安排工作 51 人，回农牧区安置 56 人，安置率达到 100%。接收安置了两名军休干部。

认真开展烈士褒扬工作。积极发挥烈士陵园“爱国主义教育基地”的作用，在“清明节”祭奠革命英烈活动中，共接待受教育单位 54 个，参访人员 6983 人。全年接待瞻仰人员 13781 人（次）。

【领导名录】

局党组书记、副局长：洛 桑
副书记、局长：邵利民
副局长：祝名荣 李书明 杨永康 扎 桑
调研员：雍纪牢

山南地区人力资源和社会保障工作

【围绕保增长，就业再就业工作成效显著】2009 年，地区劳动保障局始终把就业工作作为促进地区经济发展和社会局势稳定的重要工作来抓，大力开展对城镇失业人员的职业技能培训、职业指导、职业介绍等就业服务工作，使山南地区就业形势保持了良好的态势。通过贯彻落实有关促进城镇失业人员实现就业再就业优惠政策、岗位开发、鼓励劳动者自谋职业、自主创业等方式，切实做好就业工作，2009 年，山南地区城镇登记失业人员 1980 人，城镇登记失业率控制在 4.3%以内。

一是全力做好城镇失业人员就业工作。围绕以帮助大龄就业困难对象实现就业为重点，以“送岗位、促就业、保稳定、促发展”为工作的出发点和落脚点，切实做好城镇失业人员就业再就业工作。2009 年，城镇登记失业人员通过各种渠道实现就业 2162 人，完成全年任务的 102%；为 2519 人提供了免费职业指导，完成了全年目标任务的 100%；为 2447 人提供了免费职业介绍，完成全年目标任务的 116%；职业介绍成功 1466 人，完成全年目标任务的 133%；开发就业岗位 2052 个，完成全年目标任务的 100%；职业技能鉴定 646 人，完成全年目标任务的 129%。

二是大力开展职业技能培训工作。全年共举办城镇失业人员培训班 23 期，培训 1383 人，完成全年目标任务的 115%，培训后就业率达到 60%。采取“委托培训”、“联合培训”、“集中培训”、“上门培训”等方式，举办农牧民技能培训班 48 期，培训农牧民 3481 人，完成自治区下达目标任务的 210%。值得一提的是，山南地区劳动保障局积极筹措资金，配合地区文化部门，在琼结县组织 52 名农牧民群众开展了久河卓舞技能培训班，编排了《雅砻春潮》节目。2009 年 10 月，《雅砻春潮》节目在北京成功入围第五届中央电视台舞蹈大赛；11 月，《雅砻春潮》作为中华民族优秀非物质文化遗产保护项目，赴台参加了展演活动，仅去年通过参加各类重大演出活动，每名队员演出补助收入近 7000 元。

三是加大劳务输出工作力度，做好农牧区富余劳动力转移就业。2009 年，转移就业 4.34 万人，完成全年目标任务的 107%，创收 2.72 亿元，同比增长 1.1%，务工人员人均创收 6267 元。

四是减轻企业负担，稳定就业局势。为积极应对国际金融危机和拉萨“3·14”事件对山南地区经济造成的负面影响，2009 年，对泽当饭店、建筑公司等 12 家困难企业 629 名职工发放政府补贴资金共计 251.8 万元。

五是政府购买公益性岗位工作有序开展。为扎实开展好 2009 年自治区下达的 740 个公益性岗位开发任务，对地直机关、事业单位和 12 县的岗位空岗情况进行了认真细致的调查摸底，制定了《山南地区第三批政府购买公益性岗位实施方案》，圆满完成了公益性岗位开发任务。

六是积极做好高校毕业生就业服务指导工作。不断加强对高校毕业生就业政策的宣传工作，使学生及家长及时了解、掌握政策。认定了山南地区建筑工程工业总公司、山南地区泽当饭店、华新水泥（西藏）有限公司、山南地区月光建筑有限责任公司 4 家单位为高校毕业生就业见习基地，提供职位 48 个，涉及 69 人。同时，根据学生意愿，举办了高校毕业生计算机综合技能培训班，培训人数为 30 人。2009 年，实现高校毕业生就业人数达 541 人，其中：机关单位 332 人，事业单位 209 人。

【围绕保民生，社会保障政策体系更加完善】一是社会保险费征缴工作稳步推进。一年来，地区劳动保障局从解决人民群众最关心、最直接、最现实的利益问题入手，全面完善社会保障政策体系，养老、医疗、失业、工伤、生育五大保险都实现了新的突破。2009 年，山南地区参加养老保险、城镇职工基本医疗保险、城镇居民基本医疗保险、失业保险、工伤保险、生育保险的分别为 5713 人、22250 人、9845 人、8232 人、3929 人、17038 人，征缴保险费分别为 3797 万元、8137 万元、255 万元、966.4 万元、126 万元、263 万元。

二是新农保工作顺利实施。按照自治区对新农保试点工作的安排部署，2009 年 11 月，在扎囊县及时启动了新型农村社会养老保险试点工作，将全县 25018 名农牧民纳入新型农村社会养老保险试点范围。这一重大利民惠民举措，是中央关怀，自治区党委、政府关注和改善民生的又一重大具体生动体现，实现了“养老不犯愁”，充分体现了党的十七大提出的“覆盖城乡居民的社会保障体系建立，人人享有基本生活保障”的惠民思想。在 2010 年春节、藏历新年前，扎囊县年满 60 周岁，未参加城镇职工基本养老保险、具有农村户籍的 3487 名农牧民领取了各自的第一笔 5 个月基础养老金 275 元。

三是社会保险待遇稳步提高。全年累计发放养老保险金 4284 万元，发放率达100%；支出城镇职工基本医疗保险金、城镇居民基本医疗保险金分别为4273万元、109万元；支出失业保险金、工伤保险金、生育保险金分别为441.2万元、59万元、124万元。为1781名退休职工进行了调资审核工作，共计补发36万元。为迎接建国60周年、西藏民主改革50周年，对企业困难职工和建国前参加工作的84名退休职工进行了登门慰问，发放慰问金、各种慰问品等共计2.5万元；为44名在1959年3月28日前参加工作的老干部、老职工发放慰问金共计4.4万元，及时给他们送去了党和政府的关怀。向1936名发放对象发放购物券金额共计154.88万元。

四是积极拓宽参保职工就医刷卡范围。在以往确定定点医疗机构和零售药店的基础上，又确定了西藏自治区人民医院、西藏驻成都办事处医院等5家医院为山南地区定点医疗机构，确定拉萨圣洁医药超市等4家单位为定点零售药店。为参保人员就医购药提供了便捷服务。

五是社会保险基金监督检查工作得到加强。地区劳动保障局坚持以对国家和人民高度负责的态度，不断加强社会保险基金的监督检查工作，严格按照"收支"两条线管理的规定，进一步健全了社会保险基金的管理制度、定期对账制度，完善了基金的管理流程。通过自查自纠和相关部门的全面检查，没有发现贪污、截留、挤占、挪用社会保险基金和套取、骗取社会保险基金等问题，不存在虚列预算、转移、违规操作和超指标、超标准支出、虚报、冒领和改变资金用途等现象。

【围绕保稳定，构建和谐劳动关系力度进一步加大】一是认真开展清理整顿人力资源市场专项检查行动和执法监察，联合地区相关单位，在山南地区范围内开展了整顿人力资源市场专项检查行动。共开展专项检查行动4次，监督检查各类用工单位107家，涉及职工780余人（次），督促用人单位签订劳动合同220余份；二是加大了劳动合同鉴证工作力度。为山南地区240家用工单位4178人鉴证劳动合同12534份。与上年相比，劳动合同签订率呈上升趋势，鉴证合同份数同比增长41%。三是加大了对拖欠民工工资案件和劳动争议仲裁案件的调查处理工作。2009年，共受理拖欠民工工资案件、劳动争议案件51起，为373名劳动者追回劳动报酬及风险抵押金、落实工伤待遇等共计163.8万元。四是积极在山南地区建设工地设立"建设领域劳动者维权公告牌"。五是为预防和解决山南地区建设领域拖欠和克扣农民工工资问题，维护广大农民工的合法权益，根据《中华人民共和国劳动法》等法律法规，及时研究制定了《山南地区项目建设领域农民工工资保证金管理暂行规定》。在工作中，通过多方协调，共有21家用人单位缴纳预留保证金共计175.4万元。

【领导名录】

党组副书记、局长：加 央
党组成员、副局长：黄 俊（援藏干部）
杨引奎 辛丽萍（女）
罗布多吉
党组成员、纪检组长：查 果（女）
党组成员、副调研员：束宝芝（女）

乃东县

【经济平稳较快增长】2009年，乃东县全县生产总值预计达到21亿元（含地直），增长17%，其中：第一产业完成增加值7220万元，增长2.5%；第二产业完成增加值5.57亿元，增长20%；第三产业完成增加值14.7亿元，增长16%。预计本级财政收入3633万元，增长12%。预计农牧民人均纯收入4868元，增长15%，其中现金收入3164元，占人均纯收入的65%。全社会固定资产投资总额预计实现2.9亿元，增长16%。社会消费品零售总额预计达到16.61亿元（含地直），增长23.4%。预计完成税收2560万元，占财政收入比重的70%。乡镇企业实现产值1.19亿元，增长11％。多种经营收入1.41亿元，增长12％。

【农牧业生产保持平稳发展】全年落实农作物播种面积6万亩，"粮、经、饲"结构调整到60:25:15。全县粮油总产4162万斤。全县各类牲畜存栏15.3万头（只、匹）；全年新生仔畜52186头（只、匹），成活率97.85%；各类牲畜出栏15.3万头（只、匹），出栏率达36.5%；全年肉类总产2860吨，奶类总产3864吨。

【农牧业特色产业取得新进展】2009年，禽类养殖总投资738.65万元，养殖禽类105.2万只，预计实现产值2200万元，养殖户人均可增收2000元。加大短期育肥力度，争取国家投资108.52万元，以泽当镇金鲁居委会为示范基地，在昌珠镇、结巴乡、亚堆乡、多颇章乡建立短期育肥点，累计育肥出栏牲畜16498头（只），实现收入692.92万元。大蒜种植继续发挥效益，全县种植大蒜3000亩，实现产值654万元。有机蔬菜基地建设取得新成就，辣椒、西瓜等5个品种成功通过国家有机蔬菜认证，并陆续上市。良种奶牛繁育基地建设取得新进展，引进2岁以下优质黑白花奶牛102头，目前基地存栏奶牛344头，并带动周边乡镇500户农户养殖奶牛1998头，现代化奶牛养殖基地雏形初步形成。黄牛改良工作成效明显，在全县设立黄改点39处，完成冻配7128头，目前全县改良黄牛存栏11098头。

【以旅游业为主的第三产业快速回升】进一步加大了重要旅游景区点基础设施建设和旅游宣传促销，积极培训旅游从业人员，严厉查处扰乱旅游市场行为，改善了旅游环境。2009年，全县接待游客34056人，增长52%；实现旅游收入161.55万元，增长162%；农牧民实现旅游业收入110.5万元，增长567%。非公有制经济快速发展，新增注册登记私营企业27户，从业人员659人；新增个体工商户567户，从业人员1430人。

【投资拉动势头增强】紧紧抓住国家和自治区应对国际金融危机、扩大内需的有利机遇，积极实施项目带动战略，投资拉动作用更加明显。预计完成固定资产投资2.9亿元，其中：国家投资1.1亿元，援藏投资1500万元，招商引资4000万元，民间投资1.25亿元。全县共实施5万元以上项目32个，包括续建项目7个、新建项目25个，雅砻园林中心、结巴完小综合楼建设、乃东县白日街广场北支路工程、后勤服务中心周转房建设等重点项目进展有序；同时，不断加强完工项目的竣工验收等工作，项目建设、管理水平进一步提高。

【援藏工作向纵深发展】武汉市第五批援藏干部坚决贯彻中央关于实施对口援藏战略的各项决策部署，全方位、宽领域、高层次地开展援藏工作，推动了援藏工作不断向纵深发展。2009年，完成援藏投资1500万元，其中：投资904万元，建设了结巴完小二期工程、雅砻生态园林等项目；投资596万元，用于卫生、教育、旅游等硬件设施建设。目前，第五批援藏共完成计划内援藏投资1840万元。同时，积极争取到湖北省援藏资金1000万元及各类社会资金500万元，使第五批援藏资金总量达到了3340万元，实现了历史性突破。

【农牧民收入不断增加】一是科技促增收。累计争取培训资金128.73万元，培训农牧民8811人（次），培训内容涉及藏式传统绘画、哔叽编制、建筑施工、奶制品加工和种养技术等，进一步提高了群众的就业技能和致富本领。二是劳务促增收。全县劳务输出11022人（次），实现收入8939.77万元，占人均收入的49.6%。三是“项目促增收”。继续将投资金额在50万元以下的小型工程和技术要求低、作业简单的工程，交给有能力、能保证工程质量的农牧民施工队实施，全年交由农牧民施工队承建的工程总额为2465.19万元，占工程总额的19.72%，人均创收666元。

【消费市场繁荣活跃】全面实施“家电、家具下乡”工程，建立销售网点17个，有力促进了城乡消费。截止目前，群众累计购买家电529台、家具254套，销售总额达140.5万元，共发放补贴30.8万元。“万村千乡市场工程”扎实推进，新建和改造农家店32家，农牧区流通体系进一步健全。

【社会事业全民发展】高度重视教育发展。全面巩固“两基”成果，扎实做好“两基”迎“国检”各项准备工作。“控辍保学”工作力度进一步加大，全县小学入学率达99.7%，初中入学率达98.2%，稳步向双百目标迈进。继续实施《非义务教育阶段农牧民子女、城镇低保生资助和激励办法》，全年共资助非义务阶段大中专学生619人，资助金额144.42万元。社会助学持续推进，筹集资金超过300万元。继续深化教育综合改革，素质教育、师资队伍建设和职业教育、远程教育进一步加强。

加快发展科技事业。积极推进先进适用技术的引进推广、指导服务，全县科技进步对经济增长的贡献率达到40%以上。深入开展培养科技致富带头人，加大科技特派员下派力度，目前全县科技特派员达到了18名。广泛开展形式多样的“科技三下乡”活动，取得了良好的社会效果。大力实施技术成果转换工程，实施了奶源基地和养牛技术成果转换等科技项目，充分发挥了科技在发展经济、调整结构、增加收入中的示范引领作用。

扎实推进文化事业。在全县7个乡镇建成了文化活动站、25个村（居）委会建立党员远程教育网站，33个村(居)委会设立了文化活动室，建立了11个农家书屋，基本满足了群众的文化需求。“村村通”建设步伐加快，全县广播、电视覆盖率分别达到96%、98%，并为7560户偏远山区农牧民群众安装了广播电视信号“户户通”接收设备。成功举办了“西藏百万农奴解放纪念日”活动，广泛开展了爱国主义教育。以“三下乡”活动为载体，进一步丰富了群众文化生活。

大力推进医疗卫生工作。继续完善了农牧区医疗制度，参加农牧区免费医疗的群众达到3.57万人，农牧区新型医疗制度覆盖率和农牧民受益率均达100%；发放大病统筹住院补助280.71万元。婴幼儿死亡率控制在33.76‰，同比下降18.75‰，无孕产妇死亡病例。加强食品卫生监督工作，完成碘盐下乡任务248.3吨。加强卫生防疫工作，特别是甲型H1N1流感防控工作进展有效，截止12月5日，已确诊甲流95例、治愈95例，无死亡病例。

扎囊县

【基本县情】扎囊县地处西藏中南部、雅鲁藏布江中游，岗底斯山脉南侧东临乃东，西连贡嘎，南接措美、浪卡子县，北抵拉萨。101省道和雅鲁藏布江横穿县境。扎囊县属高原半干旱季风气候地区，冬长无夏，春秋相连，气候干燥。全县幅员面积2173平方公里，平均海拔3620米。全县下辖3乡2镇58个建制村民委员会和4个居委会，总人口3.7万余人，耕地总面积6.24万亩，草场236.61万亩，林地11万亩。

【经济社会快速增长】2009年，全县实现生产总值2.58亿元、固定资产额2.53亿元、地方财政收入569万元、社会消费品零售总额2130万元、农牧民人均收入3707元，同比分别增加15%、36.9%、12%、20.3%和15.8%。

【新农村建设步伐加快，人居环境有效改善】2009年，全县安居工程重点放在了困难群体的建房上，全年完成了1643户建设任务。同时，加快各项配套建设。全面推进农牧区聚集地建设，完成38个村级组织活动场所建设，实现了全县62个村（居）有活动场所的目标。推广以农村沼气建设为主的新型替代材料，完成4200户建设任务。推进农村安全饮水工程，实施了第三批农村饮水安全项目，新建11处饮水工程，解决了1360人及1.69万头（只、匹）牲畜饮水困难问题。大力发展电力事业，重点实施了桑耶、阿扎“户户通电”工程。加强农村公路的新建和养护，新建了阿扎乡章江公路、桑耶镇松卡村至亚杰村砂石道路，新建了吉汝乡油路。强化农村公路养护，共维修公路280余公里。通讯和信贷事业稳步发展，全县62个村（居）、140多个自然村均已通电话，村通率达99%以上。全县移动用户为5469人。截至12月底，各项存款16124万元、贷款9468万元，存贷差额6656万元。

【突出抓好增收工作，农牧民生活水平大幅提升】一是落实政策促进增收。全年预算支农资金88万元，实际支农资金达151万元。全年落实农牧区税费改革资金315万元，落实良种推广补贴、良种繁育补贴、优质油菜补贴共计252万元。二是依靠项目带动增收。全年直接交给农牧民实施的项目资金达 2573.6 万元，同比增长 91%。三是狠抓劳务直接增收。共举办培训 5 期 220 人次，全年完成劳务输出 9487 人，创收 3167.71 万元，同比分别增长 28%和 6.4%。四是实施扶贫项目奠定增收。实施了吉汝乡整乡推进扶贫项目，实施了“以县为单位、整合资金、整乡推进、连片开发”扶贫项目，预计明年 5 月全面建成，实施了桑耶村采砂劳动力转移项目等，通过扶贫项目的实施，可使人均收入低于 1300 元的贫困户减少 215 户 1150 人以上，减少 21.7%。

【突出抓好农牧业，农牧业生产健康发展】积极实施农牧业结构调整，2009 年粮、经、饲比例调整为 6:27:13。加强重大动物疫病免疫，实现口蹄疫、禽流感等动物疫病和家禽免疫率达 100%。加强农牧业基础设施建设，完成中低产田改造任务 1.51 万亩。加强震后牲畜棚圈建设，完成牲畜棚圈新建 112 座，维修 114 座。认真做好物资调运，调运良种 56.7 万斤、化肥 1355 吨、农药 16.21 吨，积造农家肥 11.6 万吨。扎实做好抗旱保收工作，去年入春干旱灾情发生后，累计投入抗旱资金 119 万元，其中，县政府投入 53 万元、县水利局投入 18 万元。同时，积极开展复种工作，从而保证了粮食生产，最大程度减少了农牧民群众的损失。

【各项社会事业取得新发展】教育方面：以“两基”迎“国检”为契机，推动教育各项工作再上新台阶。加强控流防辍工作，初中入学率达 98.6%，小学入学率达 100%。严格“三包”管理，确保经费安全有效使用。狠抓教学质量，初中、小学毕业生升学率达到 100%，初中区重点高中录取、小学内地西藏班录取率创历史新高，教学质量显著提升。抓好职业教育，完成 1200 人的培训任务，完成规模达 100 头以上的养猪场地和果树示范基地、苗圃基地建设。抓好教育基础建设，全年累计投入资金 1600 万元，加强了各学校办公楼、住宿楼、餐厅等基础建设。

卫生方面：重点抓好甲型 H1N1 的流感的防控。成功防控了流感蔓延，确保了社会正常秩序和广大人民群众身体健康和生命安全。重点抓好农牧区医疗管理，全县参合率达 98.99%，为解决广大农牧民群众看病奠定了基础。重点抓好计划免疫工作，“五苗”接种率达 100%。

文化方面：加强“村村通”工程建设，新建了 1 座村级接收台、1 座“12+1”转收站，圆满完成了 150 套户户通“民心工程”和 5751 套“3·28”纪念日为民办实事设备安装工程。目前，全县广播人口覆盖率达到 82%，电视人口覆盖率达到 94%，100%的行政村通电视或广播。加强文化场所建设。投资 140 万元新建了县综合文化活动中心。大力开展电影放映和文化活动下乡，电影放映 832 场次，数字电影放映 360 场次。开展各级业余文化演出 90 多场次，受益群众 9.3 万人次。

贡嘎县

【基本县情】贡嘎县地处雅鲁藏布江中游河谷地带，自公元 14 世纪的元朝就已开始设立贡嘎宗，1951 年 5 月，西藏和平解放后，西藏地方政府保持贡嘎宗建制，1959 年正式成立了贡嘎县人民政府，隶属山南地区，总面积 2280 平方千米，共辖 5 镇 3 乡，43 个行政村，总人口 47806 人，农业人口 44326 人，是一个农业大县。围裙、氆氇享誉区内外，杰德秀围裙、吉纳果谐、贡嘎曲德阿羌被列为自治区非物质文化遗产名录，昌果卓舞被列为国家非物质文化遗产名录，西藏唯一国际航空港拉萨贡嘎机场坐落县城西边 10 公里的甲竹林镇，有奇异独特的昌果溶洞，壮美迷人的羊湖风光，浓厚纯朴的风土人情，玄奥独特的佛教寺庙，更有红皮土豆等特色产品，是西藏商品粮基地之一，素有西藏“窗口”、“门户”之称。

【综合实力不断提升】2009 年，贡嘎县预计全县生产总值达 44500 万元，同比增长 19.6%，人均生产总值预计完成 10336 元，首次突破万元大关，同比增长 28.9%；全社会固定资产投资预计完成 30199 万元，同比增长 6%；社会消费品零售总额预计完成 3440 万元，同比增长 55.5%；农牧民人均纯收入预计达 4105 元，同比增长 18.9%；地方财政收入预计完成 3377 万元，同比增长 12.3%；税收收入预计完成 2000.62 万元，首次突破 2000 万元大关；金融机构各项存款余额达 31879 万元，同比增长 38.49%；各项贷款余额达 13805 万元，同比增长 24.55%。

【新农村建设纵深推进】安居工程圆满完成。2009 年，完成安居工程 2740 户，提前一年完成“十一五”规划任务的 80%，共兑现国家补贴 2439.1 万元；抗震加固完成 82 户，兑现资金 41 万元；水、电、路、讯、沼气为重点的配套建设同步跟进；列入 2009 年的 29 个村委会建设项目中 28 个村委会建设已全面完工，101 省道周边环境综合整治工作顺利通过地区验收，基本达到了“绿化、硬化、亮化、美化、洁化”五大标准；生态环境明显改善。2009 年，植树 22519 亩，退耕还林 3772.25 亩，发放专项补贴资金 79.22 万元；基础设施建设成效显著。新修了一批水渠、机井、防洪堤等农田水利设施，并安排抗旱专项资金 114.34 万元，用于抗灾减灾；完成农村人饮工程 55 处，已解决 16420 人的饮水问题；新建乡村公路 21.1 公里，使贡嘎县乡村公路总里程达到 316.7 公里；农发工作进展顺利。总投资 1839.35 万元的农业综合开发土地治理项目为项目区群众增加收入 300 万元；交由农牧民群众实施的农发项目涉及资金 122.6 万元，为群众人均增收 258.72 元。

【“三农”工作亮点纷呈】惠农政策全面落实。发放粮食直补资金 88 万元，农机具补贴 100 万元；加大了重大动物疫病防控，防控面达到 100%；震后暖圈建设投入资金 234 万元，新建 240 户，维修 600 户；特色产业迅猛发展。发展藏鸡养殖示范户 1200 户，发放拉萨白鸡鸡苗 6.56 万只、肉鸡鸡苗 4.3 万只，自繁自育藏鸡鸡苗 2.1 万只，实际存栏 13 万只，杰德秀肉鸭养殖达 59.3 万只，已出售 57.5 万只，为养殖户增收达 86.25 万元；甲竹林、红星蔬菜基地每棚年收入达到 1.8 万元；种植红土豆 1700 亩，建设“藏青 320”标准化示范基地 1 万亩；种植青饲玉米2570亩，投资636万元的人工饲草料基地建设项目已种植紫花苜蓿1300亩；黄牛改良工作不断推进。2009年，共设立黄牛改良点25个，已完成改良黄牛6451头。群众增收渠道不断拓宽。投资96万元的陇巴采石场扩建的石材加工场已投入生产，其经济带动效益已初见成效；按照“政府扶持、村办实体”要求，政府出资40万元，群众自筹10.5万元的朗杰林综合加工作坊，不仅方便了周边群众粮食加工，并且达到了为朗杰林群众增收的目的。

【投资消费势头强劲】一是抓投资，项目建设卓有成效。2009年，紧紧抓住国家扩大内需的有利时机，大力争取各类项目到贡嘎县落户。项目建设共60项，完成项目投资29009万元。其中，生态项目3个，市政基础设施建设项目6个，教育、文化、卫生等社会事业项目8个，交通项目3个，电力能源项目2个，其他农牧区基础设施建设项目38个，总投资在1000万以上的项目5个。其中，“180”项目共37个，计划总投资27545万元，累计完成投资19385万元。县首批廉租房建设工程、吉雄镇卫生院、县文化活动中心等已竣工并投入使用；总投资约8000多万元的“户户通电”工程全面实施，投资1474万元的森布日子干渠已完成工程总量的80%；投资2803万元的朗杰学干渠项目建设，目前已接近尾声；朗杰学油路项目建设、农业综合开发项目、沼气项目完成并发挥效能；二是抓消费，经济拉动作用明显。突出政策引导和项目带动，着力培育消费热点，积极推动家电、家具、农机下乡，加快推进“万村千乡市场工程”，城乡消费活力得到了明显提升。2009年，社会消费品零售总额预计完成3440万元，同比增长55.5%。第三产业预计完成28440万元，同比增长38.8%；旅游业发展加快，共接待游客12万多人次，全面启动“家电、家具”下乡工作，新建“万村千乡”连锁超市加盟农家店9家；在县城设立5个家电下乡配送点，504台家电下乡产品补贴均已兑现；完成加碘盐配送285.5吨，完成率100%；注册三户农村专业合作社，注册资金达530.8万元。

【社会事业协调发展】教育事业发展迅速。全县各中小学“两基”工作已顺利通过地区自查，小学、初中入学均为99%以上，巩固率为97%以上，一批教职工及学生宿舍项目竣工并已投入使用；城乡文化生活日益丰富。建成“农家书屋”11家，发放456类书籍4942本。

广播电视“村村通”工程进展顺利。“西藏百万农奴解放纪念日”直播卫星电视“户户通”工程已完成6079套，全县调频广播、电视覆盖率分别达到80.04%和94.27%。

切实加快县乡村三级卫生基础设施建设。充实了乡（镇）、村医务人员，完善了新型农村合作医疗监管机制，合作医疗覆盖率及参保率分别达到100%和98%，农牧区孕产妇住院费100%报销，投入专项资金60万元用于甲型H1N1流感防控，创建国家级食品安全示范县已通过国家验收。

桑日县

【基本县情】“桑日”一词在藏语中是“铜山”之意，桑日县地处西藏自治区中南部，位于冈底斯山和念青唐古拉山脉以南，雅鲁藏布江中游河谷地带，东邻加查县，东南与曲松县接壤，西南与乃东县相连，北与拉萨市的墨竹工卡县接壤，东、北与林芝地区的工布江达县接壤。全县总面积2634平方千米，占山南地区总面积的5.16%。2009年，全县总人口16849人，其中藏族人口占95.6%，汉族人口占2.3%，门巴族、回族、满族、蒙古族等其他民族人口占2.1%。全县辖3乡1镇，42个行政村，83个自然村。县城距地区行署所在地泽当镇30千米，距自治区首府拉萨178千米。

桑日县具有悠久的历史和灿烂的文化。公元1158年，帕竹噶举教派的创始人帕木竹巴多吉杰布在境内建立了丹萨梯寺，使桑日成为帕木竹巴政权的发祥地，曾统治西藏264年。境内有丰富的动植物资源、矿产资源、水资源、旅游资源。特别是人文自然景观较多，主要有宗喀巴沐浴洗礼的沃卡温泉、诞生了西藏女活佛的卡玛当寺、宗喀巴传教寺--曲龙寺、雅鲁藏布江阶梯形涅喀瀑布、贡德林高山草场等。

【社会经济较快增长】2009年，全县GDP完成3.54亿元，同比增长29%，完成“十一五”奋斗目标的115%；人均生产总值达到21000元，同比增长41%，完成“十一五”奋斗目标的116%；本级财政收入完成2047万元，同比增长35%，完成“十一五”奋斗目标的82%；税收完成4382万元，同比增长18%，完成“十一五”奋斗目标的143%；农牧民人均纯收入达到4420元，同比增长26%，完成“十一五”奋斗目标的86%；农牧民人均现金收入1989元，同比增长26%，完成“十一五”奋斗目标的81%；固定资产投资完成3.05亿元，同比增长32%，“十一五”期间已经累计完成固定资产投资8.05亿元，完成“十一五”奋斗目标的100.6%；社会消费品零售总额达到2224万元，同比增长39%，完成“十一五”奋斗目标的96%。金融机构存、贷款余额达到10102万元和6597万元，分别比2008年增加669万元、955万元。桑日县基本提前达到了“一年一个面貌、三年一个变化、五年一个转变”的目标。

【产业结构不断优化】2009年全县三产结构达到8:71:21，第二产业所占比重比2008年增长1个百分点，第三产业所占比重比2008年增长2个百分点，二、三产所占比重进一步增大，是桑日县进入“十一五”时期后，首次实现三产增长快于二产增长的局面。以华新水泥厂、沃卡电厂、桑日县鑫汇工贸公司、金丰商贸公司为代表的各工贸企业共缴纳各类税款4120万元，为农牧民群众解决就业人员160人。县政府积极落实对企业的各项扶持政策，全年共向华新水泥厂及相关企业返还扶持资金1636万元，有力地支持了企业发展。以旅游业为重点的第三产业取得较快发展，全年全县共接待游客28110人（次），实现旅游收入86万元，较2008年增长近10倍。全县非公有制经济得到稳定发展，截至2009年底，全县注册企业40家，全县个体工商户已达323户，分别比2008年同期增长10%、27%。

【群众增收步伐有所加快】“农牧民增收

骨干工程”的带动效益越发显现，全县特色产业和经济实体发展迅速，绒乡藏香猪养殖规模达到1150头，实现销售收入55万元，参与户户均增收1929元；程巴村采石场实现销售收入82万元，为村集体积累资金21万元，参与户户均增收12412元；桑日镇无公害蔬菜生产销售收入15.8万元，为蔬菜协会积累资金3.1万元，参与户户均增收2590元；雪巴村砂石厂、霍布塘砂石厂等村办经济实体产值都达到100万元以上，桑日县爱民农牧民施工队、绒乡农牧民施工队等农牧民施工队也都得到较好发展，全县交由农牧民群众实施的工程投资达到1962万元，全年实现劳务输出2493人，实现劳务收入1669万元，为带动农牧民增收提供了有力支撑。政策增收成为群众收入的重要组成部分，2009年国家、自治区各项保障政策的资金投入使全县农牧民人均增收358元，桑日县本级财政通过农田水利基本建设补助和各项保障资金的发放，直接为农牧民人均增加现金收入308元。

【项目建设成效明显】2009年全县共实施各类建设项目30项，总投资4.6亿元。其中复工建设项目11项，投资4474万元；新开工建设项目19项，投资4.12亿元。目前已有80%的工程完成建设并交付使用。江南万亩灌区一期、二期重点工程建设顺利完工，增强了农牧区综合生产能力。县政府还紧紧抓住中央扩大内需、加快投资的机遇，争取到中央新增投资项目12项，总投资达2208万元，其中县政府直接为中央新增投资项目配套资金151万元。受援工作力度进一步加强，湖南省援藏投资720万元的桑日县自来水厂工程建设完工，长期困扰桑日县城干部群众的饮水问题得到了较好解决。

【新农村建设继续深入】2009年全县完成安居工程631户，惠及2363人。各乡村基础设施建设步伐明显加快，争取上级投资460万元，本级配套300万元新建成23个村级组织活动场所，实现了全县所有行政村建成村级组织活动场所的目标。积极争取国家投资和国家新增投资项目，在农牧区实施了一批重点工程建设，新建乡村公路1条，新建农牧区安全饮水点9处，新解决1080人安全用水问题，农牧区安全饮水通水率达91%；广播电视“村村通”和“户户通”工程建设顺利实施，目前全县“村村通”站点63座，覆盖行政村100%，“户户通”设备安装完成3515套，发放安装率达到100%，全县广播电视人口覆盖率达到95%以上。

【社会事业持续发展】坚持“教育立县”的发展理念，加大了教育投入力度，全年本级教育投入达到357万元。全县以迎接国家“两基”督导检查为契机，进一步加大了“控辍保学”工作力度，目前全县小学适龄儿童入学率达到99.8%，巩固率达到100%，初中入学率达到92.2%。非义务教育扶持基金兑现工作在2009年取得了实质性进展，对2007学年至2009学年符合农牧民子女非义务教育扶持基金申领条件的425名高中生和135大学生进行了逐一审核，核实发放扶持资金45.8万元。以农牧区免费医疗为基础的医疗卫生制度建设不断完善，全县15275名农牧民参加农村合作医疗，参合率达98.5%，全年落实农牧区医疗资金229万元，报销住院资金93万元，公共卫生防疫体系不断健全，甲型H1N1流感防治工作卓有成效，未发生危重病例和死亡病例。科技事业不断进步，共完成科技示范项目7个，总投资238万元，共向各村选派了农牧民科技特派员14名，广泛开展了形式多样的“科技三下乡”活动，共举办科技培训12期，培训786人。沼气推广进一步扩大，全年共新建801户户用沼气，并且运转正常。文化事业稳步发展，县文化活动中心完成建设，县城数字电视节目开通并运转正常，使用户达到440户。基层文化建设也进一步得到发展，已有8个村委会完成了农家书屋建设，“2131”工程全年共放映电影1479余场，观众近8.3万人次。

【五大民心工程取得实效】2009年，桑日县政府自筹整合资金2400万元，进行了五大民心工程建设。投资960万元新建了三条市政道路，进一步拓展了县城发展区域；投资667万元对沃卡温泉进行了高标准的改建，有效地提升了旅游接待能力；投资593万元建设了后勤服务中心综合楼，将进一步提升综合接待能力；投资117万元对主要生活区进行了亮化美化，进一步优化了干部职工生活环境；投资65万元在山南地区各县中率先建设OA办公自动化系统，加快了电子政务推广速度，提高了办公效率、节约了办公成本。

【获奖情况】桑日县荣获全国助残先进单位；

妇联荣获全国维护妇女儿童权益先进集体；

法院荣获2009年度全区优秀法院；

尼玛次仁在全区“创建先进基层党组织和争做优秀共产党员”活动中荣获先进个人；

阿珍在西藏自治区第二次全国农业普查工作中荣获先进个人；

次珍在西藏自治区第二次全国农业普查工作中荣获先进个人；

王鹏在西藏自治区第二次全国农业普查工作中荣获先进个人；

【领导名录】

县委书记：谢　胜

县委副书记、人大主任：央中卓嘎

县委副书记、县长：普布顿珠

琼结县

【基本县情】琼结县地处西藏南部、雅鲁藏布江中游南岸的琼结河谷地带，琼结河横贯南北，县城距地区行署驻地泽当28公里，全县版图面积1760平方公里，平均海拔3900米，属高原温带半干旱季风气候区，气候温和，较为适宜农作物生长。全县总耕地面积2.8万亩，草场面积137.7万亩，林地面积26.2万亩，总人口1.8万人，辖1镇3乡20个行政村，是一个以农为主农牧结合的河谷农区县。

【经济发展情况】2009年全县完成生产总值15896万元，增长27.78%；本级财政收入578万元，同比增长13.11%；农牧民人均纯收入4002元，同比增长25.38%；社会消费品销售额达到1445万元，同比增长 41.67%，全社会固定资产投资总额 2.01 亿元，同比增长 35.28%，实现劳务输出 4405 人次，创收 2376 万元。

【“三农”工作取得新进展】2009 年全县在全面落实惠农政策，稳定粮食生产的基础上，不断调整优化农牧业产业结构，农牧经济整体水平进一步提高。农林牧总产值达到 3120.69 万元，同比增长 5.9%。粮经饲比例由上年的 63:27:10 调整到 60:26:14。在做好农业发展的同时，坚持以市场为导向，大力发展特色农牧业，建立以藏鸡为主的禽类养殖基地，养殖禽类 15.3 万只，建立绵改和短期育肥基地，实施绵改 6500 只，短期育肥 8600 只，黄牛改良 3352 头。完成植树造林 2481.5 亩，森林覆盖率达到 17.15%。新农村建设工作扎实推进。加强了农网改造，送电进村入户，使全县通电率达 100%；新建沼气 2130 户，为部分农牧民解决了燃料短缺的问题；完成安居工程建设 913 户，有力地改善了农牧民群众的生产生活条件。

【重点项目建设扎实推进】2009 年新开工建设及续建项目 86 个，全年完成固定资产投资总额 2.01 亿元，同比增长 35.28%。完成招商引资 1227 万元，同比增长 10%。主要实施了琼措公路、拉玉通乡油路、卓庆干渠、县农贸市场、县城给水等工程项目。

【工业经济平稳发展，第三产业发展明显增强】顺应市场经济的发展要求，加大了对阿佳坊食品有限公司等企业的扶持，国有粮食企业改制工作稳步推进，乡镇企业经营和管理体制逐步理顺，琼结区位优势初步凸显。第二产业产值完成 5346 万元，增长 17.6%。第三产业得到长足发展，产值完成 8733 万元，增长 20.6%。引导农牧民群众参与旅游业，先后发展和壮大旅游纪念品商店、渡假村等 6 户；建成琼结第一家农家乐旅游示范点，并取得良好效果；争取 80 万元专项资金，对松赞旅游度假村进行了上档升级改造，提高了接待档次；完成《琼结县旅游宣传手册》修订工作；整合资金 42 万元，与西南交通大学初步达成了编制《琼结县旅游发展综合规划》协议。2009 年，全县入境旅游人数达到 8 万余人次，旅游收入达 19.5 万元。

【受援工作进展顺利】2009 年琼结县共实施援藏项目 8 个，投入援藏资金 1061 万元。主要实施了县城给水工程、影剧院改造工程、县城福利院、下水乡措杰村小康示范村等项目。

【各项社会事业全面发展】巩固了“两基”成果，降低了辍学率，全县适龄儿童入学率、在校生巩固率均达到 100%，加速了教育信息化建设，初步实现了现代化远程教育；为全县 100%的农牧民建立了医疗家庭账户；广播电视覆盖率分别达到 98%；统计、审计、民政、妇女儿童和国防动员等各项工作均取得新成绩。

【获奖情况】2009 年，琼结县被评为国家级平安县。

【领导名录】

县委书记：黄其洲

县委副书记、县长：索朗曲巴

县委副书记、人大主任：陈海云

曲松县

【基本县情】曲松，藏语意为“三条河”（即色布河、江扎河、贡布河三条河穿流而过），位于喜玛拉雅山北侧，雅鲁藏布江中游南岸，属典型半农半牧县，平均海拔 4200 米，县城所在地海拔 3987 米，全县国土面积 1967 平方公里，其中，耕地 2.5 万亩、林地 4.35 万亩、草场 250 万亩。农作物主要有青稞、小麦、油菜等，牲畜养殖主要有耗牛、绵羊、骡马等。曲松县城距行署所在地泽当镇 60 公里，距贡嘎机场 150 公里，距拉萨 210 公里。

曲松县原名为拉加里，具有悠久的历史和文化，民主改革前为松赞干布和文成公主后裔拉加里“法王”的独立自管区。1959 年 7 月经西藏自治区工委批准，成立了拉加里宗；1965 年 11 月经国务院批准更名为曲松县。

全县现辖 3 乡 2 镇，21 个村民委员会，141 个自然村，4841 户 16758 人，有藏、汉、门巴、洛巴等民族，其中藏族占 90%。现有学校 18 所，其中初级中学 1 所，乡（镇）完小 6 所，中心小学 1 所，幼儿园 1 所，教学点 9 个。现有医院 6 所，其中县医院 1 所，乡镇卫生院 5 所，拥有医护人员 85 名。

境内资源丰富，目前已探明的主要金属矿种有铬铁矿和砂金矿，铬铁矿储量达 600 万吨，占全国储量的 50%，是全国最大的铬铁矿基地。砂金储量在 2300 公斤以上，此外还有玉石、水晶石、大理石等非金属矿产资源。

【经济发展达到新水平】2009 年，曲松县全力落实“扩内需、保增长”政策措施，主要经济指标均保持 10%以上增长。全县生产总值实现 2.7 亿元，同比增长 10.2%；固定资产投资完成 1.98 亿元，同比增长 51.8%；县级财政收入完成 1891 万元，同比增长 24.8%；社会消费品零售总额完成 1570 万元，同比增长 17.3%；农牧民人均纯收入达到 3725 元，同比增长 11.9%.

【狠抓首要任务，新农村建设呈现新风貌】以完善城镇功能、提升城镇品位为重点，投资 1087 万元，重点实施了县城亮化美化工程和县城给排水工程。为加快中心城镇建设，投资 25 万元，在原有县城总体规划的基础上，新编制了县城控制性详规，确定了“三纵一横”的县城发展格局。新农村建设全面推进，全年累计完成安居工程 708 户，完成地区目标任务的 100%。同时，以水、电、路、讯、沼气为重点的配套设施建设同步跟进，圆满完成了投资 250 万元的下洛小康示范村工程、投资 265 万元的 14 个村委会建设和投资 642 万元的 6 个村级道路建设。通过实施安居工程，乡村面貌极大改善，提前一年完成全县 80%以上群众住上宽敞、整洁、明亮房子的目标。

【狠抓产业建设，特色产业发展迈出新步伐】按照地区产业发展战略部署，三次产业结构调整由 2008 年的 7：65：28 调整为 2009 年的 7：67：26，结构进一步优化。一产上水平有新突破。粮食产量达7147吨，油菜产量达929吨，均与去年持平，实现了大旱之年不减产。全县牲畜存栏达12.68万头（只、匹），出栏率达44.9%，新生仔畜5.06万头（只、匹），成活率达94.8%。立足“南牧、中禽、北矿”的特色产业发展格局，投资350万元，建立了绵羊短期育肥基地、白绒山羊标准化养殖基地和耗牛标准化育肥示范区。同时，黄牛改良工作扎实开展，2009年冷配母牛2637头，完成地区任务的101.1%，新生改良黄牛牛犊1340头，成活率达89.03%。依托援藏优势，投资350万元建成的曲松县藏鸡养殖基地已正式运营，养殖规模达2万只，收入达10多万元，带动农户102户，年户均增收500多元。乡镇企业完成产值3539万元，同比增长18%。多种经营收入实现5000万元，同比增长13.6%。二产抓重点有新成效。2009年受矿石价格下跌因素影响，全年实现工业总产值2.4亿元，同比减少40.2%，但立足资源优势，与江南矿业公司合建了雅江工矿有限责任公司，公司的组建有效的吸纳了当地群众参与矿业开发和服务，进一步拓宽了群众增收渠道。三产大发展有新气象。投资34.9万元，改善了色舞温泉旅游基础设施建设，并设立家庭旅社7家，累计接待游客5400多人，创收2.8万元。同时，积极争取项目保护和开发曲松县的旅游资源，拉加里王宫及旅游民俗村建设项目已正式立项；东嘎古墓群已列入自治区级重点文物保护单位；朗真寺已申报自治区级重点文物保护单位。

【狠抓项目建设，投资规模实现新突破】县委、县政府严格落实重点项目领导分包责任制，全力推行“一个项目、一套班子、一个时限、一抓到底”的工作机制，确保了全县项目的落实。2009年，通过全县各级各部门的共同努力，共实施大、小建设项目53个，其中续建项目13个、新建项目40个，总投资达1.98亿元，同比增长51.8%，这些项目的实施极大的改善了曲松县基础设施条件，带动了全县经济社会又好又快发展。

【狠抓民生改善，群众生产生活水平再上新台阶】大力实施“科教兴地”战略，“两基”迎“国检”地区级验收顺利通过，“普九”成果得到全面巩固和提高，小学入学率达到99.82%，文化事业不断发展，广播电视覆盖率分别达到88%和90%，投资60万元的有线电视台建设项目已建成并投入使用，有线电视节目增加到50套。农牧区医疗覆盖率达到100%，新型农村合作医疗参合率达到93.5%。甲流防控工作有效开展。社会保障范围逐步扩大。

加查县

【基本县情】加查县位于西藏自治区东南部，系山南地区东大门，属多河流峡谷地带，县境东与朗县交界，北与工布江达县接壤，西与桑日、曲松两县相连，南与隆子县毗邻，东西跨度88.2千米，南北距离102.2千米，全县国土面积4646平方千米，森林覆盖面积14万公顷，草场面积19万公顷，总耕地面积2.3万亩。全县平均海拔4000米左右，属高原温带半湿润半干旱气候区。加查县城位于雅鲁藏布江中下游南岸，海拔3240米，八邛公路（306省道）由城区南侧穿过，西距山南地区行署所在地泽当镇140千米，距自治区首府拉萨市300千米，东距朗县76千米。全县辖5乡2镇，77个村委会。

【经济发展情况】2009年，加查县农林牧渔业产值达到7999万元，其中农业产值达到4958万元，林业产值达到705万元，牧业产值达到2280万元。全县工业总产值达到243万元，2009年，加查县农作物播种面积1941公顷。其中粮食作物1268公顷，油料作物238公顷，粮食产量7336万吨，油菜籽431万吨，年末牲畜存栏12.21万头（只）。

隆子县

【基本县情】隆子县位于西藏南部，山南地区中部偏北，喜玛拉雅山东段北麓，与我国领土印占区交界，交界线长163公里，是山南地区四个边境县之一。全县总面积10565.76平方公里，实际控制面积8165平方公里，平均海拔3900米，属高原温带半干旱季风气候区。全县辖2镇9乡、80个行政村，人口35248人。有加玉、准巴、三林、斗玉、扎日、玉麦6个边境乡，边民人口2194户7721人。

【经济发展情况】2009年，隆子县全县生产总值完成22330万元，增长14.4%，其中：第一产业产值3554万元、第二产业产值11007万元、第三产业产值7769万元，呈现出“二三一”的产业结构比例。“十一五”期间年均增长幅度为14.15%。全社会固定资产投资完成30192万元，增长13%。“十一五”期间，平均每年以14.33%的速度增长。县本级财政收入完成800万元，增长45.5%。“十一五”期间年均增长幅度达到25.23%，并实现了历史性的突破，提前一年实现“十一五”规划提出的“县本级财政收入达到750万元”的目标。社会消费品零售总额完成2958万元，增长11.3%。“十一五”期间平均每年以20.93%的速度增长。农牧民人均纯收入3500元，增长15.2%，其中现金收入1760元。“十一五”期间平均每年以15.93%的速度增长。工业产值完成5996万元，增长61.7%。提前一年实现“十一五”规划提出的“工业产值达到5000万元”的目标。

【提升综合生产能力，农牧业生产扎实推进】高度重视农牧业生产，先后召开3次农牧业生产专题会议安排部署工作，出台了《关于2009年促进农牧业稳步发展和农牧民持续增收的实施意见》，财政预算的支农资金达220万元，比去年增长233%。

农业内部结构进一步优化。2009年全县总播种面积48501.22亩，其中：粮食作物播种面积28131.22亩、经济作物播种面积10670亩、饲草料作物播种面积9700亩，粮、经、饲比例为58:20:22。推广藏青320、山油2号、山冬6号等优良品种2.15万亩。

畜牧业健康发展。加大接羔袋、保暖被的使用力度，提高幼畜成活率，全年新生仔畜68542头（只），成活63621头（只），成活率为92.8%。加强疫病防治工作，2009年春秋两季“W”病疫苗注射免疫密度达100%，全年没有发生牲畜疫情。成畜总数为204548头（只），死亡3068头（只），死亡率1.5%。切实加大牲畜出栏力度，出栏率达29%，完成了地区下达的出栏任务。

加强农牧业基础设施建设。农田水利基本建设完成投资284.6万元，其中国家投资142万元，出动人员44.3万人次、大小机械5960台次，修复水毁工程12处，维修清淤渠道13公里，新修防渗渠道25.02公里，恢复改善灌溉面积4.65万亩，新增灌溉面积0.059万亩。争取资金242.95万元，其中国家投资121.5万元，对三林乡、热荣乡7.92公里的堤防进行维修。总投资1860万元的农业综合开发项目完成了90%的工程量。总投资528万元的奶牛繁育基地项目、总投资245万元的高原无公害蔬菜基地项目、总投资151.57万元的人工饲料基地建设项目、总投资365万元的有害生物预警与控制区域站项目、总投资48.12万元的乡镇兽医站建设项目、总投资18万元的灾后牲畜棚圈恢复与重建（建设27座牲畜暖圈）等6个农牧业生产项目全部完工。全面完成2008年200万元的农机具购置补贴任务，全县购置农机具1243台，受益群众1160户。

【大力争取项目投资，基础设施条件不断完善】2009年全县共上马项目55个，其中：新建项目44个（包括新增中央投资项目7个）、续建项目11个。截止目前竣工52个，预计完成固定资产投资30192万元，增长13%，比既定目标超出8.1%，其中：国家投资13666万元、招商引资4500万元、援藏投资510万元、民间投资11516万元。

圆满完成安居工程建设任务。2009年隆子县的安居工程建设任务为2085户，总投资2437.2万元，其中：自治区下达建设任务1761户，投资2113.2万元；地区下达建设任务324户，投资324万元。目前已全部完工，改善了7644人的住房条件。总投资1060万元的56个村级组织活动场所建设项目竣工投入使用。自治区无偿提供的513吨水泥全部分配到群众手中。地直单位献爱心计划建房16户，涉及5个乡镇，目前已完成10户，投资19.8万元。在安居工程建设中，一方面严格执行木材用量制度，2009年上级部门下达安居工程木材供应指标6318立方米，目前实际采伐2122立方米；另一方面严格控制建房面积。

【采取有力措施，大力促进农牧民增收】抓项目增收。认真贯彻落实"项目投资总量15%交由农牧民实施"的政策，全县所有建设项目均有农牧民参与施工，当地民工使用率在20%以上。据统计，全年项目带动农牧民增收达2430万元，同比增长17%。

抓劳务输出增收。不断完善农牧民外出务工小领队制度，全年共组织劳务输出4696人，创收3069万元，同比分别增长40.4%，17.6%。

抓转移增收。积极鼓励农牧民向交通运输、餐饮、民族手工艺品加工等领域转移，发展乡镇企业和多种经营增加收入。2009年，乡镇企业产值实现2120万元，多种经营收入完成7120万元。鼓励农牧民群众积极承包县、乡、村道路的养护工作，全年公路养护增加群众收入110.42万元。采集虫草800斤，平均每斤售价3万元，带动群众增加收入2400万元。

抓政策增收。采取多种形式，切实加强对国家、自治区、地区各项支农惠农强农政策的宣传，做到家喻户晓、妇孺皆知，不折不扣地落实好各项政策。据不完全统计，2009年仅财政、农牧、林业、卫生、教育、民政等部门就落实惠农政策资金1650.33万元。

【大力发展各项社会事业】突出发展教育事业。投入资金5万元，全面启动了"两基"迎"国检"工作。大力开展"平安校园"、"和谐校园"创建活动。进一步加强学生爱国主义教育。投入资金18万元，为中小学校配备了电脑、打印机、复印机等设备。县政府每年解决经费4万元，用于接送县中学学生放假返家返校。截止11月份，落实"三包"经费360.08万元。2009年，适龄儿童入学率99.97%、在校生巩固率99.1%、青壮年非文盲率达98.6%。

加快发展文化事业。新建农家书屋8个。雪沙牦牛舞列入自治区非物质文化遗产保护名录。积极开展"文化下乡"活动。大力推进电影"2131"工程，累计完成电影放映2039场，观众达39.4万人次。大力开展"电视进万家"活动，为57户群众赠送电视机及接受天线。开展了3次"扫黄打非"活动，收缴非法音像制品675张、盗版图书5册。发放广播电视"户户通"设备6163套。目前，全县广播电视综合人口覆盖率分别达92.9%和93.47%。

大力发展医疗卫生事业。全县8773户32437人参加了农牧区医疗制度，免费医疗覆盖率达100%。各级农牧区医疗专项基金463.98万元全部到位，其中：264.47万元划入农牧民家庭账户基金，为382名农牧民报销住院补偿，补偿金额83.23万元。组织开展了9次巡回医疗活动，义诊病人1600多人次，送药价值3.2万元。对51名白内障患者实施了复明手术。实施计划生育免费服务1611例，免费金额7.23万元。申报2009年农牧区"一孩、双女"扶助人员27名，兑现2008年的扶助资金2.3万元。兑现农牧区孕产妇住院分娩补助1.8万元。启动甲型H1N1流感二级预案响应，投入资金10余万元购置了相应的物资，2例实验室确诊的甲型H1N1流感病人和14例临床确诊病人全部治愈出院。隆子县境内的甲型H1N流感疫情得到有效控制。

【获奖情况】隆子县检察院荣获最高人民检察院颁发的"全国检查机关第七次双先会集体一等功"。荣获自治区精神文明建设指导委员会颁发的"自治区级文明单位"。

列麦乡：2009年荣获自治区党委深入学习科学发展观领导小组颁发的"全区开展'创建先进基层党组织和争做优秀共产党员活动'先进基层党组织"。

县发改委：2009年荣获自治区统计局颁发的"全区统计基层基础建设先进单位"。

刘圣育：2009年荣获共青团西藏自治区委员会、西藏自治区民宗委教事务委员会、西藏自治区青年联合会联合颁发的"第四届'全区各族青年团结进步奖'优秀个人称号"。

班旦罗布：2009年荣获自治区民政局颁发的"抗雪救灾先进个人"。

索朗仁青：2009年荣获国土资源部、农业部联合颁发的"全国基本农田保护工作先进个人"。

普布扎西：2009 年荣获中宣部、司法部、全国普法办颁发的“全国普法先进个人”。

托杰：2009 年荣获自治区广播电影电视局委员会颁发的“全区先进个人”。

【领导名录】
县委书记：华学健
县委副书记、政府县长：洛桑平措
县委副书记、人大常委会主任：格桑龙点

错那县

【基本县情】错那县位于西藏自治区南部，喜玛拉雅山脉东南，境外东接印占洛隅地区，西邻不丹，南与印度接壤，是西藏自治区的重要边境县之一。全县总面积 34979 平方公里（包括印占“麦克马洪线”以南的门隅地区），现实际控制面积约 10094 平方公里。全县平均海拔 4500 米，县城所在地海拔 4380 米。县城距拉萨 418 公里，距行署所在地泽当 220 公里。全县辖 1 镇 1 处 9 乡 23 个行政村、2 个居委会、55 个村民小组，居住着藏、汉、门巴、回等民族，总人口 14814 人。

【经济发展情况】2009 年全县生产总值完成 1.5366 亿元，同比增长 16%，其中：第一产业完成 3288.53 万元，增长了 32.58%；第二产业完成 1855.71 万元，增长了 63.34%；第三产业完成 2760.58 万元，增长了 7.5%。本级财政收入完成 453 万元，增长了 12.7%。社会固定资产投资完成 1.5895 亿元，增长了 13%。农牧民人均纯收入达到 3179 元，增长了 19.4%。

【产业发展上下功夫，加快经济建设步伐】在第一产业方面。2009 年，全县粮食产量达到 4052 吨，同比增长 1.3%。油菜籽产量达到 349.3 吨，同比增长 4.8%。肉产量 812 吨，奶产量 1986.4 吨。由于受“10·26”雪灾影响，全县肉、奶产量与上年相比略有下降。在第二产业方面。在 2009 年，错那县继续加大了对卡达乡、曲卓木乡和错那镇矿产资源的勘探工作。全年，已有 5 家取得合法资质的企业对错那县矿产资源进行了勘探，共投入资金 479.81 万元。同时本级财政投入资金 60 多万元，积极扶持茶叶种植、蕨菜加工、藏鸡（猪）养殖等特色产业项目，使全县特色产业继续保持了良好的发展势头。全年共采集鲜茶尖 400 斤，加工一级茶叶 50 斤，完成产值 6 万元。完成了对勒布蕨菜产品的商标注册和包装、广告宣传的设计。对木碗加工技术进行了改进，实现了由粗加工到细加工、精加工的转变。勒布野猪杂交繁殖示范基地和觉拉乡藏鸡养殖示范点建设进一步推进。在第三产业方面。通过市场化运作，搞好旅游景区开发和建设，提升旅游业的整体带动力。一年来，到错那旅游观光的团队近 30 个，旅游人员达 2026 人，实现旅游收入 60.78 万元。

【加强项目建设，着力完善社会基础设施】2009 年，紧紧抓住“扩内需、保增长”和对口援藏的历史机遇，加强与区地有关部门和对口援藏省市的协调与联系，充实和完善项目库，申报了一批能够进一步完善基础施设，健全社会功能，改善生产生活条件的重大项目，积极发挥了项目在经济发展中的拉动作用。一年来，全县共开工建设项目 50 个，完成投资 1.59 亿元，其中第三批援藏省市安徽省共对口援助建设项目 10 个，总投资达 3930 万元。援助项目涉及城镇基础设施、教育、卫生、能源和新农村建设等多个领域。

【安居乐业成绩显著，新农村建设稳步推进】2009 年，错那县积极争取国家投资、援藏资金和相关单位扶助资金，继续加强安居工程建设。全年争取安居工程建设指标 783 户，完成投资 2740.5 万元，完工率为 80%。加强基层政权基础建设，投入资金 129.06 万元，完成了 6 个村委会活动场所建设，同时自筹资金 188.1 万元，进一步完善了 55 个村民小组的基础设施。建成了觉拉乡敬老院、日光温室 67 座、希望路西段，对旧城区路面进行了改造，购置了县城垃圾清运车等，同时，对觉拉乡觉拉村、卡达乡西午村的发展做了更加科学具体的规划。落实各项建设资金达 402.8 万元。

【社会事业协调发展】一是教育事业全面发展，教育基础设施得到进一步完善。完善了“两基”迎“国检”各项工作措施，积极做好迎国检各项工作；继续抓好“两基”成果巩固工作，全县小学和初中入学率均保持了 100%；不断完善和改善教育基础设施，全年争取资金 470 余万元，对觉拉乡第一完小教学综合楼、县幼儿园等教育基础设施进行了建设；同时县政府投入 203.7 万元，对各学校校园环境进行了整治。二是公共卫生服务体系不断健全，重点卫生项目建设全面推进。一年来，共投入 45 万元修建了错那镇卫生院。全县 10 个乡镇均建设了卫生院。全县新型农村合作医疗稳步推进，新农合基金总额达到 221.96 万元，参合农牧民达 13663 人，参合率为 100%；疾病预防控制工作成效显著，针对甲型 H1N1 流感疫情特点，抓好边境和外来人员两个重要环节，全社会积极行动，切实采取强有力措施，全面进行防控。三是积极组织和顺利开展了“西藏百万农奴解放纪念日”、新中国成立 60 周年等各项庆祝活动，对全县“村村通”设备进行了全面检修，发放“户户通”直播卫星设备 2548 套，使全县 24 个行政村 2500 多户群众看上了 50 多套效果较好的电视节目，极大地丰富了农牧民群众的精神文化生活。此外，在上级有关部门的帮助下，投资 144 万元，分别在觉拉乡、卡达乡、勒乡和麻玛乡修建了文化站。

【领导名录】
县委书记：李晓清
县人大主任：中次仁
县长：罗布占堆。

措美县

【经济发展全面提速】2009 年，全县生产总值预计完成 12087 万元，同比增长 16.87%，其中第一产业增加值 1690 万元，同比增长 1.81%；第二产业增加值 5067 万元，同比增长 46.53%；第三产业增加值 5330 万元，同比增长 2.03%。完成固定资产投资 21644 万元，同比增长 25.5%。实现本级财政收入 485 万元，同比增长

13%。乡镇企业产值达到 1982 万元，多种经营收入 2676 万元。农牧民人均纯收入预计实现 3266 元，较上年增加 500 元，增长 18.08%。全年完成税收 308.2 万元，同比增长 46.76%，各项主要经济指标均超额完成了预期计划，其中生产总值、固定资产投资、地方财政收入、农牧民人均纯收入增幅均创历史新高，国民经济继续保持了持续健康发展的态势。

【经济结构不断优化，三次产业全面发展】经济内部结构显著改善。第一、第二、第三产增加值在生产总值的比重分别为 14%、42%和 44%，县级税收占本级财政收入的比重达到 47%，县域经济运行质量显著提高。

农牧业健康稳步发展。全年预计实现农林牧渔业总产值 2851.42 万元，同比增长 0.34%，其中农业产值 1031.96 万元，同比增长 1.16%；牧业产值 1646 万元，同比增长 0.09%，林业产值 38.66 万元，其他产值 134.8 万元。一是做好灾后修复工作。二是进一步加大经济作物和饲料作物种植面积，粮、经、饲比例调整为 68.82:20.55:10.63，粮食作物总产量为 3000 吨，油菜籽产量 200 吨，蔬菜产量 983.57 吨，经济效益初步显现。三是黄牛改良进展顺利。投入 16.3 万元作为黄改经费，新增黄改点 1 个，全年共冻配黄牛 1615 头，提前、超额完成地区下达的 1500 头目标任务。

非公有制经济发展迅速。2009 年，措美县共有注册个体工商户 299 户，从业人员 450 人，注册资金 1047 万元，同比分别增长 2.3%、2%和 36%。同时，积极争取上级投资，大力扶持乡镇企业发展。乡镇企业实现总产值 1982 万元，同比增长 19.4%；多种经营收入 2676 万元，同比增长 23.72%。

【项目建设快速推进，城乡面貌焕然一新】2009 年全年共开工建设项目 37 个，完工 28 个，完成固定资产投资 21644 万元，同比增长 25.5%，城乡建设高潮迭起，城乡面貌焕然一新。一是重点项目进展顺利。年内完成通县油路投资 11361 万元，累计完成投资 2.8 亿元，完成全部路基建设和 74.9%的黑色路面工程，将于 2009 年 6 月份全部完工并交付使用。纳入藏中电网项目和退牧还草项目进展有序，分别完成投资 320 万元和 445 万元。二是市政项目积极推进。年内县城共开工建设项目 13 个，合计完成投资 2200 余万元，有效完善了城镇功能，提高了城镇品位，城镇面貌发生了崭新变化。三是农牧区项目热火朝天。先后建设了下藏公路、波嘎桥、乃西卫生院、古堆和哲古兽防所、措美和哲古小康示范村、第三批农村饮水安全工程等项目，进一步改善了农牧区交通、水利等基础设施条件。四是抓好项目衔接工作。已完成措美镇拉顿水渠、卓木唐水渠、古堆乡帕藏水渠、乃西乡果龙水渠、拉定水渠和乃西村河道治理等 9 个农田水利项目的申报工作。总投资 3000 万元的当许灌区项目已进入可研阶段。通过积极争取，无电地区电力线路延伸工程，上级已下达批复，有望 2009 年开工建设，将进一步改善农牧区用电状况。总投资 659 万元的县城防洪堤工程、投资 295 万元的波嘎水库除险加固工程、投资 260 万元的县中学职工周转房及学生澡堂工程、投资 100 万元的古堆完小学生宿舍和食堂工程已完成招投标工作，将正式开工建设。

【社会事业协调发展】文化基础设施进一步改善。投资 190 万元的广电中心竣工并投入使用，投入 64 万元对县文化活动中心进行了维修，完成 1934 套“户户通”和 6 家农家书屋建设，广播电视覆盖率分别达到 87.9%和 91.2%。抓住庆祝新中国成立 60 周年和西藏民主改革 50 周年的契机，积极开展文艺调研，不断挖掘和开发民族优秀文化资源，县民间艺术团共自编自演反映措美县改革发展实际的节目 6 个，弘扬了民族先进文化，丰富了基层文化生活。加大文物古迹保护力度，做好文物普查工作，哲古镇卓德寺、乃西寺和乃西乡达玛墓地被评为自治区级文物保护单位。

教育事业得到了优先发展。教育基础设施不断改善，投资 50 万元对县幼儿园进行了硬化、绿化，总投资 115 万元的乃西完小附属工程和哲古二小附属工程如期完成，进一步改善了基层教育设施；严格“三包”经费账目管理，实行公示制度、政府采购、经费月报制度，接受群众监督，确保三包政策落到实处，共落实“三包”经费 132.592 万元，小学、初中入学率分别达到 100%和 99%，进一步巩固了“两基”教育成果，“两基”迎“国检”工作顺利通过地区初验。

公共卫生服务体系不断健全。县、镇、村三级医疗卫生网络建设不断完善，农村合作医疗实现 100%全覆盖，疾病预防控制工作成效显著，积极做好甲型 H1N1 流感、肝炎等疾病防控工作，全县未出现传染病流行现象。

【安居配套逐步完善，新农村建设稳步推进】2009 年圆满完成了 900 户安居工程建设任务，总投资 2849 万元，提前一年完成了“十一五”3102 户安居工程建设任务，极大地改善了农牧区 9120 人的住房条件。安居工程、小康示范村配套建设稳步推进。

【群众增收多点开花，生活水平不断提高】全年预计实现农牧民人均纯收入 3266 元，同期增加 500 元，增长 18.08%。一是大力开展技能培训，千方百计促进就业再就业。全年共为 50 人提供了职业指导，为 80 人提供了职业介绍，开发就业岗位 15 个，实现就业再就业 63 人，通过政府购买公益性岗位解决了 46 名就业困难人员的工作问题。积极举办城镇失业妇女传统染色、石匠、木匠培训班，共培训农牧民 130 余人。大力开展劳务输出，全年共转移农村劳动力 3392 人，劳务创收 1902.01 万元，人均创收 5607.34 元。二是加强组织引导和用工执法监督。全年检查用人单位 63 户，补签劳动合同 23 份，受理农民工劳资纠纷投诉案件 13 起，为民工追回资金 200 余万元。三是重点培植藏獒养殖等特色产业。在做好品种保护的基础上，认真做好藏獒商标注册和养殖协会组建工作。积极引导群众进行圈舍饲养，充分依靠科技，做好科学养殖。据统计，全年共出售藏獒 177 只，实现收入 32 万余元。四是有序开发矿产品，全年通过矿产业增加群众收入 80 万元。五是加大农牧区合作组织和致富带头人的培育力度。大力扶持个体运输、建筑等领域的致富带头人和新型农村经济合作组织，全县目前共成立农牧民施工队 19 家，并积极鼓励其参与项目建设，确保了工程量的15%以上由农牧民受益，农牧民参与项目工程量达到2550万元以上。

【扩大内需作用明显，农牧区市场持续繁荣】一是抓住国家实施扩大内需的政策，共争取到扩大内需项目4个，包括措美县重点生态林建设项目、乃西乡卫生院、古堆乡卫生院和县卫生服务中心项目，涉及投资308万元，目前已全部完工。二是以增加群众收入、提高群众消费水平、繁荣农牧区市场为目标，通过发放购物券以及家电家具下乡等方式，进一步引导群众转变消费观念，全年社会消费品零售总额为1830万元，增长26.82%，其中实现家电家具下乡销售总额22.9万元，财政补贴5万余元；汽车、摩托车销售总额10.36万元，财政补贴1万元。三是成功举办了首届西藏山南哲古牧人节，进一步繁荣了农牧区市场，牧人节期间，共接待各地群众、游客1万多人次，参与商户1574户3202人，经贸成交额达217万元。

洛扎县

【基本县情】洛扎县位于西藏山南地区西南部，喜马拉雅山南麓，俗称“南方悬崖”，地质灾害频繁发生，也被称作“地质灾害博物馆”。北面和西面与浪卡子县相接，东北、东南与措美县和错那县相邻，南面与不丹王国接壤，距泽当354公里，距拉萨310公里。全县边境线长240公里，总面积为5031平方公里，其中，耕地面积2.9万亩，草场面积333万亩，森林面积134.52万亩。全县平均海拔3820米。

洛扎县辖2镇5乡、26个村（居）民委员会、100个村（居）民小组，有边境乡（镇）6个（扎日乡、生格乡、色乡、拉康镇、边巴乡、拉郊乡）、边境村（居）民委员会21个。2009年底，全县总人口19449人，其中，边境乡（镇）人口13689人，占总人口的70.4%。

境内矿产资源丰富，主要有磁铁、铅、锌、银、钼、水晶、花岗岩等资源。

【经济发展情况】2009年，洛扎县GDP预计达到14500万元，比2006年增长45.7%，年均增长12.6%；其中一产预计达到3100万元，二产预计达到3380万元，三产预计达到8010万元，三大产业产值比例为21:24:55。人均GDP预计达到7737元，比2006年增长42.9%，年均增长11.9%；农牧民人均纯收入预计达到3730元，比2006年增长49.5%，年均增长14.5%，其中,现金收入2427元，比去年同期增长22.9%。2009年社会消费品零售总额预计达到2700万元，比2006年增长87.6%，年均增长20.8%；2009年社会固定资产投资预计达到14617万元，2006年至2009年共完成社会固定资产投资达41038万元。2009年县级财政收入预计达到571万元，比2006年增长38.9%，年均增长14.3%。

【努力推动一产上水平】2009年，洛扎县紧紧围绕“一产上水平”的产业发展思路，在加强组织引导、试点示范、加大投入、强化服务等多项措施上下功夫，努力调整好一产结构、做好一产与旅游业联姻、发展壮大特色农牧产业等各项工作，确保一产综合生产能力有较大提高，实现农牧区经济社会快速发展。农业上，改造中低产田4500亩，维修灌溉水渠46条、180公里，畜水池12座、7600立方米，调运化肥169.78吨，筹备春播种子78万斤，种子纯度达95%、净度达96%，订购农药2.5吨，实现春播面积2万亩，冬播面积0.9万亩，粮、经、饲比例由去年的85:14:1调整为71.5:24.5:4，全年实现粮食产量9247吨，比2008年增长83吨；油菜籽产量达到790吨，比2008年增长90吨。牧业上，实施草场三灭12.78万亩，维修、新建暖圈48座、棚圈20座，草棚10处，实现牲畜存栏101806头（只、匹），成畜死亡率控制在0.96%以内，牲畜出栏22223头（只匹），出栏率达到27%，新生仔畜27462头（只匹），成活率达94.78%。实现黄牛改良2535头，完成全年任务的101.4%，怀胎母畜1898头，怀胎率达75%，复配380头，复配率达15.2%。

【固定资产投资实现历史性跨越】2009年，共完成固定资产累计完成投资额14617万元，实施项目66个，比历史上最高的2006年的10978万元高出33%，一批关系干部群众切身利益的县城改造工程、职工周转房、办公楼维修、农田基础设施建设等项目建成并投入使用。

【农牧民群众增收工作取得新进展】2009年，受“5·25”特大暴风雨雪灾害和市场因素的影响，作为群众重要收入来源的虫草，收入仅为341.22万元，比去年减少555.77万元。洛扎县确立了“大灾之年不减收”的增收思路，积极加强组织引导和服务，确保农牧民群众增收。围绕思路，洛扎县先后开办了木制品加工、农机机械维修、摩托车维修、旅游讲解以及烹饪等10个工种的技能培训班，培训人员达1000余人，实现劳务输出3735人，其中，跨县、跨地区劳务输出555人，总创收1347万元，务工人员人均创收3606元。另外，洛扎县拿出2161.4万元的项目建设交由当地农牧民群众实施，实现农牧民群众依靠项目增收540.35万元。2009年，农牧民人均纯收入实现3730元，同比增长15.2%，其中，现金收入2427元。

【新农村建设扎实推进】2009年，洛扎县安居工程实施1043户，受益群众达4276人，村级活动场所实施11处。实施工程期间，落实补助资金1251.6万元，群众自筹3212万元，银行贷款1518.4万元。在通水通电上，2009年全县4143户、1.5万余人用上了干净安全的自来水，3698户、1.4万余人用上了电。

【社会事业得到全面发展】全年适龄儿童入学率和巩固率均达100%，适龄少年入学率达100%。成功召开了“两基”迎“国检”动员大会，制定了《洛扎县“两基”迎“国检”实施方案》，迎“国检”工作扎实有序推进；在确保公平公正的前提下，顺利完成了302名中学生中考和85名小学生内地西藏班考试任务；争取教育项目建设资金485万元，完成边巴完小、茶村教学点、县中学等校舍及附属工程建设，进一步完善了学校基础设施建设。突出抓好文化文物和广播电视电影工作，期间送戏下乡25场，巡回放映电影1973场，观众达15万人次；

争取和安装广播电视直播卫星“户户通”接收设备3249套，完成了7个村（居）委会农家书屋建设工程。顺利完成了全县医疗技术人员整合工作，保证了每个乡镇（除拉郊乡外）都配备了3名卫生技术人员；为652人次农牧民群众补偿住院费用97.6万元，为364名育龄妇女报销了1.12万元的计划生育技术服务费用；全县参加新型医疗合作的农牧民群众17112人（城镇户口人员除外），参与率达100%，城镇居民参与499人；印发《洛扎县甲型H1N1流感疫情防控应急预案》，并安排专门资金近10万元用于疫情防控工作，确保疫情防控工作扎实开展。

【领导名录】
县委书记：嘎玛旦巴
县长：蒋明浩

浪卡子县

【经济平稳发展】2009年，全县生产总值预计完成2.25亿元，同比增长20.97%，人均生产总值达6600万元；全社会固定资产投资完成3.0257亿元，同比增长59.65%；县级财政收入完成608万元，同比增加129万元，增长26.93%；农牧民人均收入预计达到3420元，人均同比增加501元，其中现金收入达2052元；社会消费品零售总额完成3415万元，同比增长10.16%。

【农牧业基础地位进一步加强，结构调整迈出新的步伐】大力发展畜牧业。一是按照建立五大基地，打造山南牧业大县的目标，以发展牧业，草业先行的原则，实施草场灭鼠45万亩，草场施肥6万亩，草场灌溉32万亩。同时，草场有偿承包工作得到进一步完善，退牧还草项目、震后暖棚圈建设及短期育肥项目顺利实施，乡镇兽防所建设全部竣工投入使用。二是继续加强牲畜疫病防治工作，牲畜“W”病和“禽流感”免疫密度均达到100%。三是全县牲畜存栏数达到357263头（只、匹），同比减少11935头（只、匹）；适龄母畜占牲畜总头数的51.1%；成畜死亡6085头（只、匹），死亡率控制在1.49%以内；仔畜成活率达90.4%；全年牲畜出栏133186头（只），出栏率达36.07%。全县肉类总产量达2647吨；奶类产量达7078吨，毛类产量达271.6吨。四是安排配套资金9万元，继续加大畜种改良的人力、物力、财力投入力度，黄牛改良在2008年的5个乡镇、21个点的基础上增加了1个乡，增设了6个黄改点。接产2008年改良的犊牛2136头，成活1722头，成活率达80.62%。同时，召开了黄牛改良专题会议，表彰了2008年黄改工作先进乡镇，兑现了奖金6万元。2009年地区下达浪卡子县的冻配任务为4000头，实际完成4127头，去势当地公牛171头。五是在上级有关部门的大力支持和县委政府及各有关部门的努力下积极争取35万元资金，从日喀则帕里镇引进了115头优良种牦牛，进行了建档立卡，分配到打隆等五个乡镇，为浪卡子县牦牛改良基地提供了种畜保障，为实现浪卡子县“两增两减”的牧业发展思路打下坚实基础。六是争取兴边富民和少数民族发展资金10万元，在工布学乡次务龙村和张达乡下西村实施了犏牛改良推广工作。新建棚圈71座、维修524座，新建暖圈386座、维修595座。七是县政府安排60万元抗灾储备资金，投入资金874.7万元，新建牲畜棚圈162座，暖圈83座，牧工房162座，饲草储备库246座。并在江塘乡建立抗灾饲草基地。安排防汛抗旱资金10万元，筹备了10吨铁丝，1万条编织袋，300根木桩和200立方米石料等防汛物资，制定了防汛抗洪应急预案，加大对存在安全隐患的水利设施维修。共新修防洪堤10公里，维修防洪坝16.548公里，有效改善了农田水利基础设施。

【提高农业生产能力】一是继续加强了对优良品种的推广力度。2009年在浪卡子、打隆、多却、张达等四个乡镇共推广藏青690优良品种1300亩。二是安排财政贴息的回收项目资金100多万元，在张达等7个乡镇修建40座温棚，实施无公害蔬菜生产基地建设，并从乃东县邀请2名技术人员进行了实地技术指导。高质量地完成了浪卡子县无公害蔬菜生产基地建设工作。三是全县作物播种面积完成3.86万亩（其中粮播2.7万亩，经济作物种植面积0.4万亩，饲草作物面积0.7万亩），粮食总产达1046.65万斤，同比减产32.04%；油菜产量达98.18万斤，同比减产28.26%，蔬菜产量达863.43万斤，饲草料总产达1780.45万斤；四是粮经饲种植比重从2008年的76：12：12调整到72:13:15；五是实施中低产田改造1.5万亩，积造农家肥5.54万吨，新修水渠1.7公里；维修水塘（池）76座，增加蓄水量8.4万立方米，新增灌溉面积756亩；调运化肥（二铵、尿素）279.32吨，调运农药2.7吨，订购各类农机具370台（个）。

【大力发展乡镇企业，提高多种经营运行质量】一是紧紧围绕“一乡一品”目标要求，安排产业扶持资金71.3万元，重点实施了张达综合企业厂房改造和苏格企业厂房改造，建立经济合作社；安排15万元做好工布学乡甘扎企业组建工作，安排20万元资金对县国营牧场原有房屋进行全面整修；安排6万元资金，做好白地乡羊毛被加工企业的产品包装；安排6万元资金实施卡热藏药原料基地建设；进一步扩大卡龙乡甜奶渣加工协会，建立奶牛基地；安排20万元资金，重点扶持养殖专业村、四家养殖大户和农业经纪人，逐步扩大规模，投资45万元，实施了打隆镇响达村本品种选育工作。二是全县实现乡镇企业总产值3916万元，同比增长44.13%，其中苏格企业产品出口产值达35万元；多种经营收入达7224万元，同比增长16.07%；全县共有512家个体商户，从业人员1231人，注册资金632万元，销售总额达1090万元。三是成功举办了第十八届打隆边贸物资交流会，参加商户达592户，从业人员达1149人，商品品种达3600种，上市商品总额达到1594万元，成交额达1126万元，参加人员人均消费达608元。四是安排旅游产业发展资金和配套资金20万元，并积极争取旅游发展项目，在白地乡修建了总投资30万元的羊湖农家乐接待站；做好了修建浪卡子居委会乡村旅游接待站的各项前期工作。同时，抓住全区首届旅游纪念品暨民族手工艺品展销会之机，选送了羊卓藏刀、羊卓甜奶渣等五种旅游纪念品和民族土特产品并全部入选参展，进一步提升了羊卓旅游品牌的知名度。全年浪卡子县共接待国内外游客18万人次，实现旅游收入661万元，其中农牧民直接受益89万元。五是在各种优惠政策的引导和鼓励下，招商引资项目完成760万元。

【安居工程稳步推进】全年完成了2000户农牧民群众的安居建设任务和58个村级组织活动场所新建任务。同时，吸取2008年“10·6地震”和“10·26”特大雪灾对民房造成的威胁和损害教训，高度重视安居工程建设质量，强化技术指导，提高民房抗震抗压性能。并严格木材使用，鼓励群众积极使用替代建筑材料，截至2009年实现全县2005年年底总户数90%以上的人口住上安全适用新房的目标。另外，浪卡子县积极整合资金和财政配套的方式，实施了农村道路硬化给排水等工程。有效改善了农村基础设施。

【社会事业全面进步】“两基攻坚”工作再创佳绩。全县初中适龄少年入学率达98.6%，小学适龄儿童入学率达100%，青壮年非文盲率达到99%。集中办学工作开展顺利，县政府对教育的投入达101.5万元资金，并安排了“两基”迎“国检”专项启动资金10万元，顺利通过了地区“两基”迎“国检”自查验收，2010年迎“国检”各项工作正在有条不紊地开展。职业教育稳步推进，“学校+公司”模式继续推进；县政府安排15万元经费，开展了科技技能和基层专业技术人员培训670人次，科技知识在农牧区不断得到应用，科技体制改革不断深化，科技对经济增长的贡献率逐步提高。

医疗卫生事业快速发展。集中举办了乡村医疗人员技术培训班，指导乡村医生实用现代化医疗设备、器械实用技术及疾病防治常识，并加强乡村医疗队伍。目前，全县每个乡镇配备2名以上医务人员，并正式招录84名村级卫生员，群众参保率达99.2%，农牧民“治病难、治病贵”的现象初步得到缓解；计划生育工作扎实有效推进，人口自然增长率达到13‰以上，基本实现人人享有卫生保健，住院分娩率达20%。防治甲型H1N1流感的宣传工作得到加强，及时设立发热门诊，制定切实可行的应急预案，做到甲流疫病早发现、早隔离、早治疗，处置各类卫生突发事件能力进一步提高。

文化事业健康发展。2009年，文化信息共享工程已交付使用，卡龙等3个乡镇的乡镇文化站已经建设，落实了98个村级文化室活动经费10.29万元，落户了6个农家书屋，其各种设备和书籍齐全；县民间艺术团新创6个节目，巡回演出11场（次），观众达6500余人（次）；电影管理站流动放映636场（次），实现了农牧区每村每月平均放映一场电影的目标；全县有230户“户户通”用户，129座“村村通”广播电视站；“西新工程”步伐加快，广播电视覆盖率分别达81.8%和100%。

科技知识在农牧区得到不断推广应用，对经济增长的贡献率逐步提高，2009年共举办了9期科技和技能培训班，参训人数达228人。人工增雨、防雹等人工影响天气作业对农牧业的抗灾减灾发挥了积极作用。

【受援工作成效显著】安徽第三批援藏项目总投资800万元的县政务中心楼，于11月28日投入使用；投资350万元的安庆路和池洲路的路面及美化亮化等工程全部竣工，新农村建设中援藏补贴500万元，实施了138户的农房改造及道路硬化、给排水等配套设施建设。同时，为学习内地的先进经验，浪卡子县利用援藏机遇，加大干部挂职锻炼力度，提高干部业务素质，2009年共选派8名干部到内地进行挂职学习并派出党政代表团，到安徽进行答谢考察。

日喀则地区

日喀则地区

【基本区情】日喀则地区地处西藏自治区西南部，南与印度、尼泊尔、不丹接壤，西衔阿里，北靠那曲，东邻拉萨市。面积 18.2 万平方公里，边境线长 1753 公里，是祖国西南边疆的前沿地区，战略地位十分重要。日喀则地区历来是与南亚各国友好往来的重要门户，现有国家一类陆路通商口岸 2 个（聂拉木口岸、吉隆口岸），二类口岸 1 个（定结日屋口岸），边境互市贸易点 28 个。日喀则地区以农牧业为主，农业总量居全区第一位，畜牧业总量居全区第二位。现辖 1 市 17 县和 1 个口岸管理委员会，203 个乡镇（街道办事处），1668 个村（居）民委员会。日喀则地区总人口 70.58 万人，其中藏族人口占 95%。除藏族外，还有汉、回、蒙等十几个民族，另有少数夏尔巴人和达曼人。

行署驻地日喀则市历来是西藏第二大城市，班禅的驻锡地，建成至今已有 600 多年的历史，是日喀则地区政治、经济、文化中心和交通枢纽。1986 年被国务院列为历史文化名城。海拔 3800 米，是夏季理想的休闲和旅游胜地。

现有耕地面积 8.56 万公顷，草原面积 1352.58 万公顷，林地面积 122.8 万公顷，其中森林面积 11.97 万公顷，森林覆盖率 6.81%。矿产资源开发利用前景可观，共发现矿床、矿（化）点及找矿线索 234 处，有金、铅锌、锂、铜、硼、玉石等 46 种矿产。其中仲巴县的硼砂和锂矿，谢通门县、拉孜县的铜金矿，日喀则市、仁布县、白朗县的铬铁矿，昂仁县、定日县的铅锌矿等都具有较大开采价值。

能源主要有水能、地热能、太阳能、风能等，尤以水能资源最为丰富。仅雅鲁藏布江、年楚河等河流，水能蕴藏量就达 1000 余万千瓦。太阳能资源丰富，建有太阳能实验站，太阳灶使用广泛。地热形式多种多样，沸泉、热泉、温泉等较为普遍。矿泉水资源分布较广，最著名的是岗巴县曲登尼玛矿泉水。

动植物资源丰富。据初步统计，日喀则地区各类高等植物 2770 余种，珍稀名贵树 20 余种；药用植物 100 余种，其中名贵药用植物 10 余种；有哺乳动物 53 种，鸟类 206 种，爬行类 14 种，鱼类 5 种，其中 71 种动物属国家、区级重点保护的野生动物。这些丰富的生态资源和珍稀物种在近几年得到了有效保护。

日喀则地区旅游资源尤为丰富。自然景观得天独厚，有世界最高峰——珠穆朗玛峰、观相神湖——雍则绿错湖、雅江源头——杰玛央宗冰川、高原明镜——羊卓雍湖、人间仙境——吉隆沟等。名胜古迹数不胜数，历代班禅驻锡地——扎什伦布寺、班禅夏宫——德庆格桑颇彰（新宫）、第二敦煌——萨迦寺、英雄城——江孜、抗英古战场——红河谷、苯教圣地——热拉雍仲林寺等。

日喀则地区是西藏重要的文化发源地，拥有独特的民族文化和众多的文化古迹。有日喀则市和江孜县两个全国历史文化名城。有 906 处 53 类文物古迹点，其中扎什伦布寺、萨迦寺、白居寺、江孜宗山、大唐天竺使出铭等 8 处为国家级文物保护单位，乃宁寺等 16 处为自治区级文物保护单位。在册文物 10 万余件，遍布 18 个县(市)，文物量约占全区的三分之一，是日喀则各个历史阶段的文化缩影。全区藏戏蓝面具四大流派中，昂仁迥巴、仁布江嘎尔、南木林香巴三大流派都在日喀则地区。

【年度特点】2009 年，日喀则地区始终坚持科学发展，着力保增长、保民生、保稳定，经济社会实现了平稳较快发展。一年来，在区党委、政府的坚强领导下，在上海、山东、黑龙江、吉林四省市和宝钢、中化两企业的大力援助下，认真贯彻落实党的十七大和十七届三中、四中全会及自治区一系列重要会议精神，以深入学习实践科学发展观为契机，按照“一产上水平、二产抓重点、三产大发展”的经济发展战略和地区“1234”的经济强区建设思路，积极应对新形势新情况新问题，积极探索有中国特色、西藏特点、符合日喀则实际的发展之路，围绕建设经济强区目标，努力做好“三篇文章”，积极实施“五大跨越”，着力破解发展难题，全力维护社会稳定，有效应对雨雪、干旱、地震等自然灾害，经济运行呈现出速度加快、质量提高、效益明显、后劲增强的特点，较好地实现了“保增长、保民生、保稳定”的目标。

【坚持以保增长为目标，综合实力进一步壮大】努力克服国际金融危机冲击和自然灾害频发等困难和挑战，抓住国家扩大内需、加大投资、促进经济平稳较快增长的机遇，围绕“保增长、抓投资、扩消费、重民生、调结构”积极开展工作，进一步转变发展方式，破解发展难题，创新发展模式，提升发展质量，国民经济保持平稳较快发展势头，总体运行态势良好。2009 年，日喀则地区生产总值达 75.38 亿元，同比增长 11.8%（第一产业 19.48 亿元，第二产业 18.27 亿元，第三产业 37.63 亿元）；地方财政收入完成 2.92 亿元，同比增长 19.18 %；税收完成 3 亿元，同比增长 20%；农牧民人均纯收入达 3202.52 元，同比增长 11.16%，城镇居民人均可支配收入达 13249.29 元，同比增长 10.35%。

【坚持以结构调整为主线，发展质量进一步提高】一、二、三产业发展比例调整为 25.8:24.2:50.0，产业结构更趋合理。不断调整种植业和畜群畜种结构，建立了一批特色农畜产品基地，培育了一批农牧业产业化龙头企业，农牧业区域化布局、特色化发展的态势开始呈现，农牧民群众在结构调整中增加了收入，得到了实惠。农牧区经济稳步发展。通过贯彻落实中央、自治区各项支农惠农政策，努力改善基础设施，着力加强特色产业建设，大力推进产业化经营，提高了农牧业综合生产能力。2009 年，有效抗御暴雨、干旱等严重自然灾害，粮食综合生产能力稳步提高，总产 34.59 万吨；畜牧业稳步发展，年内牲畜出栏 202.87 万头（只、匹），出栏率为 35.17%，年末牲畜存栏 580.60 万头（只、匹）。肉产量 3.30 万吨，增长 1.85%；奶产量 7.37 万吨，下降 3.15%；毛（绒）产量 2280 吨，禽蛋、禽肉产量分别达 360 吨、669 吨，均比去年有所增加。农牧业综合生产能力不断提高，农牧林渔业总产值达 25.97 亿元，同比增长 3.4%；农牧业产业化步伐明显加快，地区产业化经营龙头企业达 11 家，各类经济合作组织发展到 103 家。在发展城镇经济方面，进一步营造了良好的发展环境，促进乡镇企业和非公有制经济较快发展。2009 年，实现乡镇企业总产值 6.43 亿元，多种经营总收入 10 亿元，同比分别增长 11 % 和 5 %；日喀则地区非公有制经济缴纳税金 2.3 亿元，同比增长 18.4 %。工业经济实现较快增长。继续以项目建设为重点，不断壮大水泥建材、金属矿产、电力能源等特色优势产业，促进产业升级和产业延伸，提升了工业化水平。日喀则地区规模以上工业企业完成总产值 4.34 亿元，同比增长 18.9%；日喀则地区规模以上工业企业发电量达 12810 万千瓦时，自来水产量 1100 万立方米，水泥产量 17.7 万吨。同时，坚持多部门联动，在二产上规模、重点项目扶持、促进民营经济超常发展上下功夫，积极向自治区有关部门上报民族手工业发展资金项目 2 个，申请资金 3821.58 万元。上报中小企业发展资金项目 5 个，申请资金 8871.63 万元。第三产业蓬勃发展。认真贯彻落实自治区支持第三产业发展的各项政策措施，着力改善第三产业发展环境，突出发展了旅游、边贸等优势产业。通过办好“第八届珠峰文化旅游节”、“第十二届中国西藏——尼泊尔经贸洽谈会”等活动，促进了旅游业、边贸业和相关服务业的较快发展。旅游业得到逐步恢复，发展态势良好。2009 年，日喀则地区旅游人数达 89.4 万人次，实现旅游收入 5 亿元，同比分别增长 121.34%和 212.29 %。在基础设施建设上，积极争取农业、交通等领域的项目，中尼公路聂拉木至樟木段、南木林高级中学以及农牧区安全饮水、沼气等项目建设进展顺利。积极开展“家电家具下乡”活动，全面实施“万村千乡市场工程”，实现社会消费品零售总额 30.40 亿元，同比增长 24.25%。金融业平稳发展，到 2009 年底，各项存贷款余额分别达 85.94 亿元和 18.99 亿元，较年初增长 26.7%和 4.1%；邮政、通信网络覆盖面进一步扩大，服务质量进一步提高。

【坚持以项目建设为载体，发展后劲进一步增强】2009 年，紧紧抓住中央扩大内需、加大投资的机遇，切实加强对项目工作的组织领导，深入实施项目带动战略，积极争取国家投资，加大对水利、交通、能源等基础设施和基础产业建设、生态建设、特色优势产业项目投入力度，加强了教育、文化、公共卫生等公益性项目建设。同时，强化了项目前期工作和在建项目管理，加快建设进度，保证工程质量。全年共落实重点项目 147 个，其中续建项目 25 项，新建项目 122 项。在重点建设项目的拉动下，日喀则地区固定资产投资力度继续加大，年内完成全社会固定资产投资 53.46 亿元，同比增长 7.5%。争取国家扩大内需新增中央投资 18.34 亿元，其中第一批 3.79 亿元，第二批 3.67 亿元，第三批 1.88 亿元，第四批 9 亿元，占全区新增中央投资总额的 19%。日喀则和平机场、日喀则市环城路、日喀则市供排水等一批重大项目、重点工程多数如期开工复工，满拉水利、年楚河二期白朗段防洪、G318 线 60 道班至吉隆县城油路、G219 线 22 道班至达吉岭至老仲巴公路、亚东吉玛至卓拉边防公路等一批标志性工程进展顺利。农村公路建设步伐加快，解决了 8 个乡镇、198 个建制村的通达问题。“兴边富民”行动积极推进，落实资金 4452 万元。农业综合开发和扶贫工作成效显著，完成总投资 2.06 亿元。援藏项目顺利实施，第五（三）援藏资金总到位 7.57 亿元，其中上海 2.6 亿元、山东 2.4 亿元。黑龙江 1.44 亿元、吉林 0.95 亿元、宝钢 0.105 亿元、中化 0.0650 亿元。

【坚持以改革开放为动力，发展活力进一步提升】重点领域和关键环节改革进展顺利。通过制定各项优惠政策，鼓励民营及个体经济发展，日喀则地区个体工商户发展到 15531 户，从业人员 33118 人，注册资金 37412 万元，同比分别增长 8.34%、21.25%和 22.19%；非公有制经济规模进一步扩大，日喀则地区登记注册私营企业 530 家、雇工人数 16364 人、注册资本 10.92 亿元，同比分别增长 19.37%、38.69%、35.61%。农牧区综合改革不断深化。集体林权制度改革试点工作稳步推进。地县两级政府机构改革有序进行。国库集中支付和部门预算改革进展顺利。地区盐业公司人、财、物等上划工作基本完成。国有企业改革步伐进一步加快，地区雪莲工业贸易公司等 9 家企业改革顺利推进。国有企业实现产值 21434 万元，同比增长 3.8%。对外开放取得新成效。对外交流与合作力度加大，成功举办了第十二届中尼贸易洽谈会，国内外参展商户达到 183 家，达成进出口合同总值 1598 万美元和合资合作项目 13 项，总投资 681 万美元。吉隆、樟木等口岸规划与建设工作扎实推进，边境互市贸易逐步放开。日喀则地区外贸直接进出口总额达 5019.38 万美元，同比增长 34.6%，其中出口 4189.36 万美元，同比增长 24.58%；边民互市贸易达 19500 万元人民币，同比增长 18.18%；活畜出口 25.3 万头（只、匹），收入突破 1 亿元人民币大关。招商引资工作扎实开展。投资环境总体趋好，投资者投资信心增强。山东力诺集团投资 4.5 亿元建设 10MWp 太阳能光伏发电项目已签订项目投资协议书，为地区招商引资工作起到了良好示范作用。西藏达氏集团投资 1.3 亿元的珠峰冰川矿泉水开发项目即将投产。

【坚持以保民生为目的，发展步伐进一步加快】高度重视以民生为重点的各项社会建设，人民群众得到了更多实惠。以实施农牧民安居工程为切入点，着力解决水、电、路、讯等基础设施建设配套问题。投资 11.97 亿元，完成农牧民安居工程 19042 户，村级活动场所建设 751 个，抗震加固 19042 户，灾后重建 2532 户。实施了 21992 户农村户用沼气项目、122 座太阳能电站和 1393 套户用光伏项目建设。投资 1.25 亿元，安排完成廉租住房建设 1076 套、总建筑面积 6.46 万平方米，基本实现城镇中低收入家庭住有所居。首批地直党政机关事业单位干部职工周转房主体工程已全部完工，附属工程完成工程总量的80%。全力推进以"两基"工作为重点的各级各类教育协调快速发展。目前，适龄儿童、初中、高中阶段入学率分别达到98.51%、91.5%、45%，青壮年文盲率下降到2%以下。狠抓卫生基础设施建设，以免费医疗为基础的农牧区医疗制度和城镇居民基本医疗保险、公共医疗保障制度实现全民覆盖，各族群众健康水平明显提高。坚持统筹城乡就业，认真落实促进就业再就业的政策措施，加强了就业岗位技能培训，实现了农牧民与城镇待业人员统一就业培训，同等条件就业。农牧民富余劳动力转移就业35.1万人次，收入6.2亿元；培训城镇失业人员1328人，职业介绍3800人次，安排政府公益性岗位1800个，城镇登记失业率控制在4.2%以内。在继续做好"两个确保"、"三条保障线"和扶贫济困工作的同时，进一步扩大了各项社会保险的覆盖面。截至年底，基本养老统筹单位达到349家，涉及职工6150人，发放基本养老金4610万元，退休人员基本养老金100%按时足额发放。城镇职工医疗保险面进一步扩大，又有地区邮政局、刚坚开发公司等8个单位参加医疗保险，日喀则地区医疗保险参保人数达3.38万人，实征医疗保险基金13000万元，支付基金5000万元。城镇居民医疗保险参保人数达2.33万人，个人缴费41万元，支付住院医疗费用96万元。失业保险参保1.49万人，实征失业保险金960万元，支出607.56万元。工伤保险参保1.36万人，实征工伤保险基金200万元，支付基金20万元。生育保险参保2.09万人，征收基金250万元，报销生育费用和支付生育津贴88万元。城乡低保标准进一步提高，城镇居民最低生活保障标准调整到310元；农村居民最低生活保障标准调整到1100元。全年享受城镇低保9602人，共下拨城市低保金1983.9万元。日喀则地区核定农村低保对象67151人，落实农村低保金3357.57万元。城乡医疗救助工作全面推进，救助贫困医疗对象1600人，发放医疗救助金220万元。抗灾救灾成效显著。面对雪灾、洪涝、旱灾等严重自然灾害，各级政府迅速反应，及时核灾报灾，快速调运救灾物资，转移安置受灾群众，妥善安排灾民基本生活。针对各种自然灾害，地区民政系统共下拨救灾资金950万元(其中社会捐助资金100万元)，调运救灾帐篷120顶，藏（棉）被、棉衣裤、鞋子等救灾物资7020件，真正做到了防抗救灾思想、组织、物资、措施"四落实"，有效解决了灾民所需，让群众深切感受到党和政府的温暖。特别是针对上半年旱灾，及时下拨抗旱救灾补助和林业病虫害防治资金1223万元。顺利完成了"5·12"汶川地震涉及的日喀则地区企业受灾职工和企业离退休人员的调查上报工作，为5户符合救助条件的人员解决补助75000元。

【坚持以全面统筹为方向，社会事业进一步协调】科技事业迅速发展。科技投入不断加大，2009年确定科技项目30余个，总投资1505万元。科技示范项目成效明显，年河三县优质青稞高产栽培及产业化示范项目通过自治区验收，种植业结构调整与农区高效养殖技术集成化与产业化发展项目获自治区批准立项。科技项目申报工作成效明显，全年共申报自治区重点科研项目23个，总投资100万元，组织申报第三次科技援藏工作座谈会科技援藏项目37项，总投资1925万元。努力创建"以人为本"的科技服务平台，选派的568名科技特派员受到广泛欢迎。科普工作取得新进展，科技对经济社会发展的贡献率进一步提高。

教育事业实现历史性跨越。聂拉木等4县通过自治区"普九"复查，完成江孜等4县（市）人民政府教育工作督导评估，谢通门等3县通过地区行署"普九"复查，南木林等11县完成了"两基"工作自查任务。大力发展职业教育，完成中职招生1000人，职业高中招生2000人。积极发展学前和幼儿教育，农牧区学前一年和城镇学前三年儿童受教育率分别达到25%、30%以上。重视和发展特殊教育，地区特殊学校建设进展顺利，残疾儿童入学率进一步提高。

文化广电事业蓬勃发展。群众文化丰富多彩，"春节、藏历年"晚会、民主改革50周年文艺晚会、民主改革50周年大型红歌演唱会，"三下乡"活动群众反响强烈。成功举办第八届珠峰文化旅游节，进一步锤炼了"珠峰文化"品牌。精心打造大型民族歌舞《珠峰彩虹》，参加第十一届上海国际艺术节并获得国际赞誉。文物保护工作进一步加强，文物普查工作成绩突出，新发现文物点156处。申报第五批自治区级文物保护单位25处，地区县级文物保护单位达到79处。萨迦寺、扎什伦布寺等保护维修工程进展顺利，夏鲁寺、江孜宗山抗英遗址等保护维修工程全面开工，帕拉庄园、康马艾旺寺和南木林香河铁索桥文物抢修工程圆满竣工。非物质文化遗产得到有效保护，新完成14个项目的申报推荐工作。文化市场管理健康有序，"扫黄打非"等各项整治活动取得实效。广播电视"村村通"工程扎实推进，行政村以上单位（含行政村）全部实现了"村村通"，并开始向"户户通"转变，日喀则地区广播电视覆盖率分别达到93.23%和90.88%。"西新工程"成果进一步巩固，农村电影放映工程取得可喜成绩。

公共卫生事业发展步伐加快。医药卫生体制改革顺利启动，基本医疗卫生制度得到保障。农牧区医疗管理制度进一步完善，农牧民参加个人筹资率达87%。医院管理年活动、乡镇卫生院规范化建设、村卫生室标准化建设扎实推进，医疗机构管理水平明显提高。疾病预防控制工作倍受重视，甲型H1N1流感联防联控取得实效。累计推广碘盐3275吨，碘盐人口覆盖完成年度目标任务。妇幼保健工作健康开展，6个月至5周岁以下儿童维生素A普服率达98.15%。计划生育工作依法加强，人口素质进一步提高。

生态环境得到有效保护。实施了23472户农村户用沼气项目、122座太阳能电站和1393套户用光伏项目建设，发放党中央、国务院赠送的29410套节能灯。通过援藏渠道安装85W/100AH太阳能光伏发电系统2574套。开工建设了聂拉木、定日、亚东三县生活垃圾填埋场。天然草原退牧还草、小水电代燃料、水土流失治理等工程进展顺利。植树造林成绩显著，完成各类造林149067亩。森林防火工作不断加强，森林采伐限额制度严格落实。中华环保世纪行行动取得实效，日喀则市东效水厂、垃圾填埋场、欧珠水渠等挂牌督办污染隐患问题得到切实解决。"保增长、保红线"双保行动扎实开展，耕地得到有效保护。探矿及矿产资源采选环保监管工作深入开展，矿产资源开发导致的生态破坏和环境污染得到有效遏止。

【领导人名录】

地委副书记、行署专员：许雪光

地委副书记、行署常务副专员：阿 旺 窦 玉 许才山

行署副专员：同 珠 张雪喜 旺 堆 欧珠卓玛 索朗罗布 刘永颇 普布桑珠

行署专员助理：闫生权

秘书长：尹立生

日喀则地委统战工作

【统一战线成员工作】走访慰问、增进信任。一是地县两级统战部门利用"三大节日"开展走访慰问活动，广泛联系爱国统战人士、宗教界人士、党外干部和归国定居藏胞；二是开好广大爱国统战人士、宗教界代表人士、非公有制经济人士、党外知识分子代表座谈会。向他们通报我国经济政治中发生的重大事件以及日喀则地区一年来经济社会发展情况，并征求他们的意见和建议，沟通思想，增进理解和互信。

与宣传部门一道，召开地区爱国统战人士、宗教界人士、非公有制经济人士纪念"西藏民主改革50周年"暨"西藏百万农奴解放纪念日"座谈会，隆重纪念西藏民主改革50周年和"西藏百万农奴解放纪念日"。

做好统一战线人员的培训工作。共选送了31名宗教界代表人士、5名政协委员以及24名统战干部到自治区社会主义学院等院校进行培训、参观考察。扎寺、萨迦寺5名拓然巴参加了3月26日至29日在江苏无锡举行的第二届世界佛教论坛大会，并于3月30日至4月6日在江苏培训中心进行了集中培训，随后又赴南京、杭州、上海等地参观学习，历时共20天。9月初，日喀则地区扎什伦布寺、萨迦寺、谢通门达那土登寺、拉孜申格龙寺4名僧人被高级佛学院录取为2009级学员。

【宗教领域各项工作】深入扎实开展好寺庙法制宣传教育，切实维护寺庙稳定。自去年开展寺庙法制宣传教育工作以来，各县市狠抓寺庙法制宣传教育工作。将寺庙爱国主义、法制宣传教育内容日程排满，并采取多种形式，为僧尼播放爱国影片，有的针对僧尼的兴趣，组织僧尼学习喜爱的科学自然知识和历史地理知识；亚东等县开展了医务人员进寺为僧尼看病送药活动。扎扎实实做好寺庙爱国主义教育和法制宣传教育工作。地县两级共派出81个、374人（其中地级干部2人、县级干部69人）进驻寺庙开展寺庙法制宣传教育。

继续加强寺庙民管会班子建设。按照"该换的换，该调的调"的原则，及时对寺庙民管会班子进行调整，对那些年轻、有文化、品行端正，政治素质过硬的僧尼进行培养，把他们选送到区内外有关院校学习深造，并帮助他们树立威信，为今后进入民管会班子做好基础工作。

加强对新转世活佛的培养教育。始终把培养教育新活佛当作一项重要工作，常抓不懈。同时也加强同活佛家属的联系、沟通，并请他们一块做好活佛的教育培养工作。做一名让党和政府放心，信教群众和僧众认可的爱国爱教的活佛。

全力做好"5·11"和刚坚活佛的接待工作。一是认真做好接待筹备工作，加紧对扎什伦布寺和新宫的维修和设备购置；二是日喀则地区统战部抽出部长1名，副部长2名，正科级干部3名以及多名工作人员，全力做好"5·11"的接待工作；三是认真做好刚坚活佛的接待工作。此次刚坚活佛来日喀则，不仅时间长，而且规模大，人员成份复杂，管理难度很大，又正逢接待"5·11"，在接待力量严重不足的情况下，为了确保不出问题，动员一切力量，实行全天候跟踪管理服务，确保他们在日喀则期间各项活动的顺利进行和安全。

【国外藏胞工作】做好归国定居藏胞的统计工作。各县市集中力量，认真调查，细致建档。到目前为止，日喀则地区各县市已全部完成了归国定居藏胞1251人的个人档案建档工作。

充分发挥接待办的接待优势，努力提高经济效益和政治效益。到目前为止，樟木接待办共接待旅客670人次，其中出入境藏胞90人次。

【工商联工作】做好统计调研工作和会员发展工作。一是集中力量，认真做好"非公有制经济组织党员基本情况统计"、"2008年度全区工商联上规模民营企业统计"、"全区工商联企业（个人）会员中各级人大代表、政协委员统计"、"全国工商联执（常）委会员企业数据库统计"、"民营企业参与光彩事业统计"等调查统计工作。二是深入调研，健全完善工商联系统非公有制经济企业和经济人士数据库。三是做好会员发展工作。到目前为止，共发展新会员27家（户）。日喀则地区共有工商联会员507家(户)。

做好全国工商联系统援藏会议的有关准备工作。为切实做好2009年8月份全联召开工商联系统援藏工作会议的前期工作，按照西藏自治区党委、政府的要求和全国工商联的统一部署，地区工商联在区工商联的带领下，于5月6日至5月26日历时21天，分赴上海、山东、黑龙江、吉林四省市协调衔接工商联系统对口支援工作。

【做好自治区九届佛协代表推荐工作和地区六届佛协会议的前期工作】2009年2月16日日喀则地区共有50名宗教界人士出席了自治区九届佛协第一次代表大会，其中42名当选理事，11名当选常务理事，4名当选副会长。

根据地区佛教协会"召开地区六届佛协会议"的请示，为了确保地区六届佛协换届会议按时召开，报经地委批准，制定了工作方案，其他工作正在有条不紊地进行中。

日喀则地区公安工作

【坚持严打方针，严厉打击各类刑事犯罪活动】一是认真开展命案侦破工作。成功破获了日喀则市"2·12"恶性杀人案等一批大案要案。1月-9月，日喀则

地区共发命案16起，破16起，命案破案率为100%。二是坚持严打方针，加大对刑事案件的侦破力度，严厉打击各类违法犯罪活动，始终保持对违法犯罪活动的高压态势。1月-9月，日喀则地区公安机关共受理各类刑事案件222起，破167起，破案率为75.2%；与去年同期相比，发案率上升19.35%，破案率下降11.98%；共抓获犯罪嫌疑人199名；经济损失折合人民币190万元；其中重特大刑事案件共发98起，破72起，破案率为73.5%；三是坚持多措并举，严厉打击以盗抢为主的多发性侵财犯罪活动。针对日喀则地区盗窃、抢劫、抢夺等恶性侵财犯罪攀升的实际，刑侦部门把盗窃、抢劫等多发性案件作为主攻目标，组织精干力量快侦快破，取得了显著成效。1月-9月，日喀则地区共发生盗窃、抢劫等侵财案件138起，破93起，破案率为67.39%。四是积极开展刑侦部门"社会治安整治专项行动"。工作中，以遏制涉枪涉爆违法犯罪活动为重点，全面强化社会治安防控工作，加大对现行违法犯罪案件的侦破工作，成功侦破了昂仁县"5·05"系列私藏枪支案件，抓获犯罪嫌疑人7人、缴获小口径步枪3支、火药枪5支，小口径步枪子弹16发、军用步枪子弹2发。

【狠抓禁毒工作，严厉打击毒品犯罪】针对近年日喀则地区毒品犯罪日趋突出的问题，公安机关禁毒部门充分发挥禁毒工作的主力军作用，全面加强易制毒化学物品管理，严厉打击毒品犯罪。同时，大力开展禁毒宣传教育工作，进一步增强人们禁毒意识。2009年以来，禁毒部门共组织开展禁毒宣传10次，散发宣传单、光盘等12500余份，张贴禁毒海报100余张，与通信部门协作发送禁毒宣传短信15000余人次。1月-9月，日喀则地区公安机关共受理毒品案件4起，破4起，抓获犯罪嫌疑人11人，缴获海洛因124.36克、冰毒84.4克。

【严厉打击经济犯罪，维护日喀则地区正常的经济秩序】工作中，公安处经侦部门始终围绕整顿和规范市场经济秩序，密切配合有关部门，在大力加强经济犯罪预防工作的同时，狠抓经济案件侦破工作，成功破获了"4·02"销售伪劣香烟案。1月-9月，共受理经济案件6起，立案4起，破2起，破案率为50%，抓获犯罪嫌疑人2人，挽回经济损失75万元，有效打击了经济犯罪的嚣张气焰，维护了日喀则地区正常的经济秩序。

【全面加强治安管理工作】2009年以来，日喀则地区公安机关坚持管理与服务并举，切实提高发现、预防、打击、控制违法犯罪活动的能力和服务群众的水平。一是认真开展外来人员、公共娱乐场所清查专项行动。2009年以来，日喀则地区公安机关治安部门以开展"拉网"行动为契机，先后组织开展专项清查行动共30余次，对外来人员、公共娱乐场所进行了全面的清理检查，消除了隐患。二是扎实开展"扫黄打非"专项行动。按照上级业务部门的安排部署，日喀则地区公安机关从5月28日开始开展了"扫黄打非"专项行动。行动中，共收缴"六四"文化衫等物品258件，违禁光碟85盘。三是积极做好治安案件查处工作。1月-9月，日喀则地区公安机关共受理治安案件1335起，查处1270起1565人，查处率为95.13%，与去年同期相比，发案率上升17.82%，查处率上升5.81%。四是加强枪支弹药、民爆物品管理工作。工作中，共依法收缴炸药7.408吨、雷管2010发、导火线131.3米、军用步枪1支、小口径步枪3支、火药枪19支、各种子弹234发。五是全力开展打击盗窃破坏"三电"设施违法犯罪专项斗争。工作中，日喀则地区公安机关会同电力、移动、电信、工商等部门全力开展打击盗窃破坏"三电"设施违法犯罪活动，侦破了1起破坏通信设施案件。

【严格出入境管理工作】2009年以来，出入境管理部门依法加强了对外国人的管理工作，妥善查处涉外事（案）件。1月-9月，出入境管理部门共接待来日喀则地区观光、旅游、工作的境外人员共计26571次，其中外国人23274人次，港澳居民983人次，台湾居民2294人次，藏胞19人，涉及77个国家和3个地区；办理《中华人民共和国旅行证》2066证15878人，办理外国人签证19证19人，办理居留证许可20证20人，受理公民因私出境38起38人，处理涉外案（事）件44起114人。

【积极做好道路交通安全管理工作】交通管理部门紧紧围绕"保平安、促和谐"的工作目标，以预防重特大道路交通事故为工作主线，深入贯彻落实"五整顿、三加强"的工作措施，全面推进创建"平安畅通县区"活动，积极开展各项交通安全管理和车辆管理业务工作。1月-9月，日喀则地区共发生各类交通事故671起，死亡51人，受伤195人，直接经济损失1045520元，查处交通违法行为8114起。与去年同期相比，事故起数上升17%，死亡人数上升30%，受伤人数上升27%，经济损失下降0.08%。

日喀则地区审判工作

【受理案件基本情况】2009年，地区两级法院共受理各类案件1129件（统计数据起止日期为2008年12月26日至2009年10月25日），审结1066件，综合结案率为94.42%。与去年同期相比（以下简称"同比"），两级法院受案总数下降207件，下降率为15.49%，结案率下降1.46个百分点。其中，地区中院受理各类案件86件，审结75件，综合结案率为87.21%。同比受案数下降37件，下降率为30.08%，结案率下降1.41个百分点。

按照审判程序划分：在两级法院受理的1129件案件中，一审案件收案837件，占74.14%，结案800件，结案率为95.58%，其中适用特别程序13件，结案13件，结案率为100%；二审案件36件，占3.19%，结案36件，结案率为100%；再审案件4件，占0.35%，结案3件，结案率为75%；申诉申请再审案件3件，占0.27%，结案2件，结案率为66.67%；执行案件249件，占22.05%，执结225件，执结率为90.36%。

【刑事案件】共受理各类刑事案件150件，结案144件，结案率为96%。受案数同比减少40件，下降率为20.51%，结案率同比减少0.96个百分点。分别为：一审案件139件204人，审结133件198

人，结案率为 95.68%；二审案件 10 件 13人，结案 10 件 13 人，结案率为 100 %；再审案件 1 件 1 人，结案 1 件 1 人，结案率为 100%；全年无减刑假释案件。其中，地区中院受理一审案件 19 件 27 人，同比减少 10 件 12 人，审结 17 件 25 人，结案率为 89.47 %。

判决生效情况：在生效判决且发生法律效力的 171 名被告人中，给予刑事处罚 170 人，宣告无罪 1 人。其中，判处十年以上有期徒刑至极刑的重刑犯 37 人，判处三年以上不满十年有期徒刑的 48 人，判处三年以下有期徒刑的 70 人，拘役 1 人，管制 2 人，有期徒刑缓刑的 7 人，单处罚金的 5 人，另对 76 人并处罚金。

【民商事案件】两级法院共受理各类民商事案件 721 件，同比受案数下降 100 件，结案 689 件，结案率为 95.56%，同比下降 3.1 个百分点。其中，一审案件 694 件，审结 663 件，结案率为 95.53%。二审案件 25 件，审结 25 件，结案率为 100%；再审案件 2 件，审结 1 件。地区中院受理各类民商事案件 32 件，同比下降 6 件，结案 31 件，结案率 96.88%，同比上升 0.49 个百分点，诉讼标的 1765.4223 万元，同比上升 881.2277 万元。在上述民商事案件审理中，以调解方式结案 471 件，调解结案率为 65.33%，同比上升 3.47 个百分点。

【行政案件受案数同比持平】两级法院共受理行政案件 6 件，审结 6 件，结案率 100%。在行政审判中，中院行政庭通过建立健全和规范行政案件审判流程管理办法，切实加大对下级法院的业务指导及加强与相关行政执法机关的协调、沟通等方式，继续加大行政法律法规宣传力度，增强了行政执法机关依法行政意识，进一步规范了行政执法行为。如中院受理的 2 件劳动教养案件（二审案件），均以维持原判方式结案，支持行政执法机关依法行政行为。同时，积极做好当事人的法律释明及服判息诉工作。从而为推进“官民和谐”建设发挥了有力司法保障职能。

【执行案件】全年共受理执行案件 249 件（含旧存 24 件），同比下降 41 件，下降率为 14.14%；执结 225 件，执结率为 90.36%，同比上升 0.33 个百分点；执结标的大幅上升，共 2411.3463 万元，同比上升 1447.5983 万元，增长率为 150.21%。在执结案件中，自动履行 164 件，占 65.86%；和解 37 件，占 14.86%，强制执行 8 件，占 3.21%。

2009 年以来，地区中院共新收执行案件 14 件，同比上升 5 件；执结 13 件，执结率为 92.86%；执结到位标的 1702.187 万元，同比上升 1303.907 万元，增长率为 327.85%。在执结案件中，以和解方式执结 4 件，执行和解率达 30.77%。

【申诉申请再审案件】2009 年中院共受理申诉申请再审案件 3 件，结案 2 件。受案数同比下降 11 件，下降率为 78.57%。

【审判监督工作情况】2009 年以来，中院审监庭在抓好相关再审案件审理及加强对中院各业务部门审判监督的同时，进一步加大对各基层法院审监业务指导力度，使两级法院努力朝着建设公正高效权威的社会主义司法制度目标迈进。一是严格落实裁判文书评查、评比制度，积极改进裁判文书评查、评比方式方法，并通过《审监月报》方式，总结、分析经验和做法，评析不足，为两级法院法官学习好经验、好做法提供了学习借鉴平台。二是修改和完善《审判与执行奖惩办法》，认真开展奖优罚劣工作，加大审判、执行质量监督力度。三是为规范审判监督程序，完善案卷归档工作，于 2009 年初制定了《日喀则地区两级法院案卷归档办法（试行）》。四是认真组织开展两级法院合议庭“模拟庭审”评比活动，提高广大法官的庭审驾驭能力和庭审处突能力，积极推进审改工作进程。五是做好裁判文书审查、审签工作，加大事前、事中监督力度。

日喀则地区司法工作

【扎实推进法律援助“民心工程”】进一步健全机构，努力扩大法律援助的社会影响。2009 年，日喀则地区 18 个县市司法局法律援助中心先后全部挂牌成立，受人员编制限制，实行一套人马两块牌子。积极开展法律援助宣传月活动，7 月 14 日，日喀则地区司法处法律援助中心在有关部门的支持配合下，以非诉讼途径圆满解决日喀则扎西曲达酒店工程拖欠农民工工资和误工补贴案件，为 80 余名农民工追回工程拖欠款 47.355 万元，其中：拖欠工资 33.3148 万元，误工补偿费 14.0402 万元。严格落实法律援助制度。严格执行无偿法律援助原则，办案不收费，杜绝有偿办案。认真审查经济条件，严格把关。除对农民工拖欠劳动报酬、工伤赔偿申请法律援助，免于经济困难审查外，对其他符合条件的法律援助案件，认真审查经济条件，严格把关，办案质量得到进一步提高。截止目前，日喀则地区法律援助机构受理法律援助诉讼案件 85 件（其中刑事案件 48 件，民事案件 37 件），非诉讼案件 172 件，为当事人及困难群众代写法律文书 249 件，接待来访及咨询 652 人次。

【扎实推进公证律师行业健康发展，努力维护社会公平正义】日喀则地区公证处受理各种公证达 406 件，出证 393 件（其中经济公证 64 件，民事公证 329 件，总标的达 6359 万元），拒绝公证 13 件，为国家、集体、个人挽回经济损失 168 万元，免费为当事人代写申请公证文书 41 件；西藏循矩律师事务所办理民事经济代理案件 16 件，涉案标的达 500 余万元，办理刑事辩护案件 12 件（含法律援助案件 10 件），办理非诉讼案件 5 件，担任政府机关、企事业单位和公民个人常年法律顾问 6 家，为公民提供法律咨询 1000 余人次，代书 130 余件。

【扎实推动基层人民调解工作，指导各级人民调解组织开展矛盾纠纷调处】积极开展纪念《人民调解委员会组织条例》施行二十周年人民调解专项活动。广泛开展人民调解工作的宣传活动，扩大人民调解工作的社会影响。活动中，日喀则地区司法行政机关共发放人民调解基础知识有关资料 11000 余份，发放各类法律法规资料 2450 余份，解答法律咨询 209 人次，出动车辆 10 多车次，出动人员 99 名。2009 年，日喀则地区建立人民调解委员会 2006 个，占应建总数的

98.5%。充分发挥人民调解"第一道防线"作用。截止目前，在日喀则地区司法行政机关的指导下，各级调解组织和调解员共受理涉及邻里、婚姻家庭、劳资、房屋拆迁、土地、抚养赡养、自然资源、环境污染等方面的矛盾纠纷1069件，成功调处1047件，调处成功率为98%。

【加强刑释解教人员的帮教安置工作，进一步提高帮教安置率】日喀则地区2005年—2009年共有刑释解教人员405名，其中：刑满释放人员369名；解除劳教人员36名。开展刑释解教人员走访活动。日喀则地区司法行政工作人员深入刑释解教人员家中，进一步了解他们的情况，掌握其动态，调查他们目前所处地方，个人动态，家庭生活、工作、思想情况，有没有出现重新犯罪等。在走访的同时，对其进行法制宣传教育，协助有关部门解决好必要的生活就业问题。进一步建立健全刑释解教人员基础台账。建立人头档案，配备人员照片、指纹，填写家庭背景和社会关系，违法违纪历史等，定期更新数据。做到人员清、数据准、去向明、建档全。同时，积极协同公安、综治等部门，层层落实帮教、管控措施和人员、责任，杜绝脱管、漏管现象。1月至9月，日喀则地区共衔接刑释解教人员73名，其中：刑满释放人员58名，解除劳教人员15员。重新犯罪1名，重新犯罪率为1.37%。

日喀则地区发改委工作

【经济社会发展再创佳绩】2009年，日喀则地区国民经济保持平稳较快发展势头，总体运行良好。全年地区生产总值计达76.8亿元，同比增长14.2%。国家投资和社会投资力度进一步加大，尤其是国家扩大内需新增中央投资的一步步落实，全年固定资产投资可达53亿元，年底可完成计划投资任务；居民消费价格上涨逐步放缓，总指数低于全国平均水平，并可回落0.58个百分点；全年地方财政收入可达2.82亿元，同比可增长15%；农牧民收入继续增加，农牧民纯收入可达3313元，同比可增长15%。

【宏观调控力度进一步加强】规划编制工作。准确把握地情，认真编制各项规划，对做好全年经济工作至关重要。为此，年初把计划编制工作纳入重要议事日程，进一步加大业务协调工作，集思广益，在参照两级统计部门的下算数据和认真分析日喀则地区2009年的发展情况和明年的发展环境的基础上，抓好经济新的增长点调研和各项指标衔接工作，科学编制了《日喀则地区2009年国民经济和社会发展下达计划》，为地委、行署决策提供了科学依据。同时按照自治区政府和地委、行署主要领导指示精神，结合日喀则地区实际情况，全面启动了地区"十二五"规划编制工作，日喀则地区发改委在广泛征求各县（市）和地直有关部门意见的基础上，完成了《日喀则地区"十二五"发展规划设想》初稿；汇总编制了《日喀则地区"十二五"规划建设项目表》初稿，目前正在进行日喀则地区"十二五"规划课题的调研工作。"十二五"规划的编制将为日喀则地区国民经济和社会发展持续健康快速发展提供强有力的保证。

经济分析工作。一年来，日喀则地区发改委认真做好了经济分析与对策工作，顺利完成了日喀则地区全年各季度经济运行情况分析，按季度及时撰写了经济运行分析报告，对经济运行中出现的问题提出了应对措施和改进方法，准确把握了经济运行脉搏，为地委行署决策提供参考，当好参谋助手。

调查研究工作。为了全面掌握日喀则地区经济社会发展改革现状及有关的热点难点问题，进一步推动日喀则地区经济社会全面发展，日喀则地区发改委结合工作职能和性质，在推进学习实践活动全面深入开展的同时，积极开展工作调研。各位领导和科室按照分管工作、根据自身职能，结合学习实践活动要求、全年工作重点、难点和群众关心的焦点，深入基层开展调查研究，形成业务调研报告23份，涉及了发改委大部分职能工作，涵盖了地区经济社会发展的大部分热点和难点。调研成果在委里进行了广泛交流和学习，达到了促进改革、理清发展思路的效果。同时为地委、行署正确决策提供了可靠依据。

市场价格监管。一年来，日喀则地区发改委进一步强化了价格监测预警工作。着眼于"为之于未有，治之于未乱，防患于未然"，建立健全以重要商品和服务价格为基础的价格监测网络，采取定点监测、抽样监测、市场采价等多种形式，密切关注市场价格动态，准确把握价格调控的政策取向，建立一套完善的监测报告制度，能够在第一时间以第一手资料进行价格的预测预警。严格执行国家各项价费政策，坚决贯彻执行成品油、液化气、电力、供水、学校学费、住宿费，医疗服务价格等政策落实。密切关注日喀则地区农业生产资料价格，对确因成本上升需调整的，按规定权限报批，从严控制涨价提价。在应对甲型H1N1流感防控工作中，按照地委行署的要求，积极配合地直有关部门，加强了对甲流防控商品价格的监测监管，做到"三个第一"、"三个到位"，即市场价格动态情况第一时间掌握，对倾向性价格问题第一时间报告，对价格举报查处情况第一时间回复或反馈。

【第一产业】农牧业生产。全年全地区农林牧渔业总产值预计可达268700万元，预计同比增长9%。在不断增长的数字背后是对农牧业固定资产投资项目有力推动的结果。2009年，农牧业发展计划投资7.94亿元。其中，农牧业项目计划投资2.5亿元；林业项目计划投资1.02亿元；水利项目计划投资3.5亿元；农发扶贫项目计划投资0.75亿元；以工代赈项目计划投资0.16亿元；生态环保项目计划投资0.01亿元。预计年底可完成全年计划任务。

农产品流通体系建设。加快市场体系建设，搞活市场流通，繁荣市场经济，是促进经济社会又好又快发展，增加农牧民收入的重要手段。积极争取国家投资，不断与上级部门沟通、协调，2009年自治区发改委批复了日喀则地区南木林县、江孜县、定日县、萨迦县吉定镇、拉孜县、白朗县、亚东县帕里镇、聂拉木县等8个县级农贸市场的建设，批复总投资1784万元。在国家批复投资不变的情况下，根据地区实际情况，将8个县农贸市场建设调整为白朗、萨迦、聂拉木、定日、南木林、拉孜、亚东帕里、康马、昂仁等9个县级农贸市场建设。

目前，这批农贸市场建设已经完成90%，投资完成803万元，年内可全部竣工。流通市场的建设，将极大地方便人民群众的生产生活，增加农牧民群众现金收入，促进当地商品流通，搞活经济、繁荣市场，将为全面建设小康社会奠定基础、创造条件。

特色产业发展。2009年努力争取资金，在全地区共实施特色产业项目11项56个子项目，分别是仲巴、萨嘎、昂仁、萨迦四县藏西北绒山羊基地建设；日喀则、白朗、谢通门等10县（市）藏系绵羊和优质奶牛养殖基地建设；南木林、谢通门、拉孜、江孜、仁布、萨迦6县优质马铃薯基地建设；日喀则市藏鸡养殖基地建设；日喀则、白朗、江孜3县（市）无公害蔬菜生产基地及蔬菜保鲜储藏库建设；地区农科所马铃薯种薯雾培繁殖基地建设；聂拉木县樟木镇藏药材种植基地建设；亚东县亚东木耳人工种植项目；农户秸秆处理窖项目；日喀则人工饲草料和草种繁育基地项目。

安居工程建设。2009年，全地区计划完成19042户农牧民安居工程建设、村级活动场所建设751个。截止目前，已完成农牧民安居工程户数16184户，完成国家投资17356.85万元，村级活动场所完成588个，完成投资10514万元，完成量占全年计划的86%，预计到年底，计划任务将圆满完成。

【第二产业】工业发展。预计全地区规模以上工业企业完成总产值可达5.63亿元，同比增长15%；全地区规模以上工业企业发电量可达22370万千瓦时，同比增长5.02%；自来水1340万吨，同比增长16.4%；水泥1.9万吨，同比增长4.16%。同时日喀则地区发改委协调有关行业及单位，在二产上规模、重点项目扶持、促进民营经济超常发展上下功夫，积极向自治区经委和财政厅申请上报日喀则地区民族手工业发展资金项目2个，申请资金3821.58万元。上报日喀则地区中小企业发展资金项目5个，申请资金8871.63。截止10月实际落实中小企业发展资金国家无偿补助590万元，企业自筹2500万元。这是近三年来，日喀则地区争取扶持资金力度最大的一年。

节能减排。一是严格落实地区产业布局规划，加快淘汰生产效益不高，破坏生态环境，制造污染的小型矿产企业。二是大力发展农村沼气、太阳能光伏等清洁能源。全年全地区共实施了23472户农村沼气能源户用项目建设，122座太阳能电站和1393套户用光伏项目建设。同时，积极配合山东力诺集团、西藏国策有限公司在全地区实施太阳能并网电站项目的前期工作。目前这两个项目正在向国家发改委申报当中。三是加强限制生产销售使用塑料购物袋，进一步贯彻落实《国务院办公厅关于限制生产销售使用塑料购物袋的通知》，在日喀则市区集贸市场、商店、超市等大力开展限制生产、销售、使用不合规范的塑料购物袋宣传教育和查处工作。四是为纪念西藏百万农奴翻身解放，发展清洁能源，及时把党中央、国务院赠送给农牧民群众的29410套节能灯物资全部落实给18个县（市）的无电户手中。五是加快水污染治理和生活垃圾填埋场的建设。聂拉木、定日、亚东3县生活垃圾填埋场2009年全部开工建设，总投资0.4亿元，建成后日处理垃圾105吨；计划建设的日喀则市、亚东和樟木镇3个污水处理场，目前项目可研报告已通过审查，年底完成初步设计，有望明年开工建设。

【第三产业】日喀则地区第三产业起步晚，发展缓慢，困难重重，在日喀则地区做好第三产业，目前的重点是做好旅游餐饮服务业，以旅游业为龙头带动周边产业同步发展。在推动这一产业发展方面，一年来，以职能发挥为中心，按照“三条精品旅游线路和六大旅游景区点”旅游开发战略，突出“绿色、生态、健康、环保”主题，努力推进多元文化旅游资源开发，丰富文化旅游产品，完善旅游服务配套设施，提升服务功能。特别是在2009年的珠峰旅游文化节开展之际，创新旅游促销方式，加大促销力度，大力拓展国际国内两个旅游客源市场。通过恢复和提升旅游业，带动交通运输、住宿餐饮等行业的发展。全年接待国内外游客预计可达65万人次，预计同比增加25万人次，同比可增长62.5%；其中入境旅游者19000人次，同比增长58.33%。全年预计可实现旅游收入2.8亿元，同比可增长75%。

【固定资产投资和项目建设】项目前期工作。日喀则地区发改委在年初的工作会议上对于做好项目前期工作的任务分解到有关部门，并按照前期工作计划目标考核要求与各行业部门签订了目标责任书。2009年，共安排前期工作的项目有68项，计划总投资为72.08亿元。其中农牧生态项目有35个；交通能源项目11个，社会发展项目13个，基础设施及房建项目9个。一年来，始终遵循“先重点、后一般”的原则，优先安排了一批符合国家产业政策、影响日喀则地区经济和社会发展的项目，部分项目已顺利开工，部分项目前期工作成果待上级业务部门审查，这为项目尽早实施奠定了基础。

固定资产投资。2009年，日喀则地区计划完成固定资产投资53亿元，完成“180”个项目总投资的75%以上，确保完成中央投资30亿元，争取40亿元。2009年日喀则地区计划落实国家投资的重点项目147个，其中：续建项目25项，新建项目122项。其中：国家投资30亿元，援藏投资4.42亿元，招商引资7亿元，社会投资11.58亿元。

招商引资工作。2009年日喀则地区招商引资任务为7亿元。一年来，尽管日喀则地区发改委在招商引资工作中不断创新工作方法，探索招商引资新途径，然而，受国际经济形势低靡和去年拉萨“3·14”事件等多种因素的影响，招商引资项目到位情况和项目引进工作很不理想，1月-10月份共引进15个项目，到位资金6835万元，完成全年计划的9.8%，比去年同期下降82.9%，全年目标任务很难实现。

交通能源项目。年度目标任务是23.65亿元，截止目前完成固定资产投资11亿元，完成年度计划任务目标的46.51%。经初步测算到年底预计完成18亿左右，由于拉日铁路、萨迦县至定日县油路未能按期开工建设，以及老仲巴至达吉林公路、帕羊至老仲巴、60道班至吉隆县城公路等开工较晚等原因，完成交通能源年度目标任务有一定困难，同时对日喀则地区整个固定资产投资完成造成了不利影响。

援藏项目。2009 年援藏投资计划完成 4.42 亿元，其中：上海 1.4 亿元；山东 1.36 亿元；黑龙江 0.89 亿元；吉林 0.53 亿元；中化 0.08 亿元；宝钢 0.16 亿元。截止目前第五（三）援藏资金总到位 7.57 亿元，其中：上海 2.6 亿元；山东 2.4 亿元；黑龙江 1.44 亿元；吉林 0.95 亿元；中化 0.0650 亿元；宝钢 0.105 亿元。

为了努力完成全年固定资产投资总目标，始终抓紧国家扩大内需新增中央投资项目。截至 8 月底，国家扩大内需新增中央投资落实到西藏自治区的投资共计 97.58 亿元，分解到日喀则地区的新增投资 18.34 亿元（第一批争取到新增中央投资 3.79 亿元，第二批争取 3.67 亿元，第三批争取到 1.88 亿元，第四批争取到 9 亿元），占全区新增中央投资总额的 19%。

如果争取国家新增中央投资工作顺利，预计到年底，日喀则地区固定资产投资可完成 53 亿元的目标任务。

项目管理。一年来，继续开拓思路，创新项目管理办法。一是严格控制项目概算，在项目招标前结合项目本身特点及地区的实际，严格控制项目造价，除特殊情况及必要增加项目外，一律不追加投资；二是加强工程质量控制，进一步落实项目“四制”，对重点项目建设，严格实行项目法人制、合同制、招投标制、监理制，从源头上杜绝“关系工程”、“人情工程”，从根本上杜绝“豆腐渣”工程的出现；三是切实加强重点项目检查工作，根据自治区稽察办有关要求，为确保工程质量，定期或不定期地组织地直有关部门深入重点建设项目施工现场进行工程质量监督和抽样检查，严格控制工程概算、质量和进度。一年来，日喀则地区发改委联合地区相关单位对日喀则地区的重点建设项目开展了多次从工程质量、进度、现场管理、施工资料、安全、饮食卫生、基建资金使用情况等方面的大规模、大范围、有深度的全面检查。

日喀则地区商务工作

【加强市场运行监测和调控，不断增强保供应、稳市场、平物价的能力】由于措施得力，2009 年日喀则地区社会消费增幅较快。1 月—9 月份日喀则地区实现社会消费品零售总额 209935.7 万元，同比增长 25.94 %。按行业分：批发业为 32281.4 万元，同比增长 24.21%；零售业为 127966.5 万元，同比增长 23.89%；住宿餐饮业为 27829.8 万元，同比增长 49.69%；其他行业为 21858 万元，同比增长 16.06 %。按消费区域划分：日喀则市的社会消费品零售总额为 118502.7 万元，同比增长 29.33%；17 县的社会消费品零售总额为 55700.7 万元，同比增长 22.67%；县以下社会消费品零售总额为 35732.3 万元，同比增长 20.47%。

【全面推进商务服务“三农”工作，加快社会主义新农村建设】继续扎实推进“万村千乡市场工程”，不断改善农牧区消费环境。坚持把搞活流通和服务业与改善民生充分结合起来，地县两级商务部门与承办企业联手扎实开展“万村千乡市场工程”。紧紧抓住 2009 年自治区把农家店的补贴标准由 8000 元提高到了 10000 元的机遇，加强资金补贴争取、加快农家店新建和改造步伐；通过狠抓落实，截止目前，共建设乡村级农家店 50 家，完成年度目标的 83.3%，预计 10 月底将完成全年 60 家的建设或改造任务。

持续提高碘盐人口覆盖率，努力消除碘缺乏危害。始终高度重视碘盐推广工作，将其作为关注民生，贯彻以人为本思想的具体体现，攻坚克难，全面提高碘盐人口覆盖率。制定了切实可行的碘盐推广计划，将自治区下达的农牧区碘盐覆盖率由 80%提高到 100%，为完成 2010 年全区碘盐推广率 95%的目标打下了坚实基础；到目前为止，日喀则地区累计推广碘盐 3275.061 吨，已超额完成全年目标任务。

【全面推进“家电家具下乡”工作】制定并由行署批转了《日喀则地区“家电家具下乡”工作实施方案》，多渠道、多方式、多形式开展了政策宣传、调查研究和摸底工作，了解了群众的意愿和需求，完成家电下乡备案销售网点 15 个、家具下乡网点 8 个。在上述工作基础上于 7 月 18 日在福百广场举行了家电家具下乡启动仪式，自治区人大副主任、日喀则地委书记、人大地区工委主任格桑次仁同志出席仪式并宣布日喀则地区家电家具下乡工作正式启动，标志日喀则家电家具下乡工作全面铺开。目前，日喀则地区已通过审批备案的家电家具下乡网点共销售补贴家电产品 592 台(件)，(其中冰箱 242 台，冰柜 157 台，彩电 57 台，洗衣机 109 台，电脑 7 台，电动酥油搅拌机 2 台)，累计销售额达 94.7739 万元，已兑现补贴资金 1.15 万元。

【加强重要商品市场和特殊行业管理】2009 年以来，因地制宜，着重开展了对生猪屠宰、再生资源回收等行业和成品油、酒类等重要商品市场管理工作。一是通过不断提高业务水平，进一步掌握政策规定，继续加强对各类加油站、液化气站的日常监管和重大节假日特别是国庆中秋双节等重点时段的集中检查，严格执行成品油（燃气）市场供应预警机制和市场监控制度，对违法违规经营者，按有关规定进行处置并限期整改，有力推动了危化品安保和监管工作的健康发展；二是加强了对加油加气站日常运营情况的监测工作，动态掌握市场情况，不断提高成品油和燃气供应的保障能力，2009 年预计销售成品油 60528 吨，同比增长 33.3%，预计销售石油液化气 2916 吨，同比增长 21.04%，油气销量的大幅上升反映了日喀则地区在拉萨“3·14”事件以来由于措施得力，经济出现恢复性增长的良好态势；三是进一步规范再生资源回收行业管理，继续加强再生资源回收市场的监管，联合工商、公安等有关部门严厉打击违法违规经营行为，加大惩处力度，同时为促进该行业健康发展，积极申请日喀则市作为第二批再生资源回收体系建设试点城市；四是进一步落实《酒类流通管理办法》，加强日常监督检查；五是以国务院新颁布的《生猪屠宰管理条例》为依据，继续加强生猪屠宰市场管理，落实定点屠宰“三章”管理和检疫证章标志及台账管理制度，加大对私屠滥宰行为和注水猪、病害肉的打击力度，确保人民群众吃上放心肉。

【加快对外贸易发展步伐】一是全面加强口岸工作，推动南亚陆路大通道建设。向区口岸办上报了吉隆口岸跨境经济合作区的初步思路设想，积极配合商务部专家组和商务厅领导及相关局开展了日喀则地区口岸规划编制调研工作，并对吉隆口岸规划初稿提出了具体的修改意见和建议，基本完成了口岸总体规划，同时结合口岸实际，提出了包括口岸交通、能源、市政建设等在内的基础配套建设项目；二是大力发展边民互市贸易。高度重视并加强组织领导和扶持力度，引导鼓励边民加强民间交流，积极开展集市交易活动，推动季节性边贸市场向常年性边贸市场发展，同时以活畜出口为主，加大培育特色产品出口力度，在仲巴县原有牧民经纪人基础上，成立了出口活羊短期育肥专业合作社，维护农牧民切身利益，增加边民现金收入；三是在区地两级开关领导小组的统筹安排下，指导亚东县认真制定方案，推动中印乃堆拉边贸通道于5月4日按时开关，但由于印方严格按照商品清单通关，在中印边贸交易受限的情况下，经多方努力，目前边贸额恢复增长，双方日均交易额达到20万元左右，预计全年开关交易额将实现800万元，同比增长13.8%；四是加强口岸和传统边贸点的甲型H1N1流感防控工作。

2009年，日喀则地区外贸直接进出口总额预计实现4500万美元，同比增长20.67%，其中出口3700万美元，同比增长10.03%；边民互市贸易预计实现19500万元人民币，同比增长18.18%，其中出口16500万元人民币，同比增长18.71%；边境小额贸易进出口预计完成1600万美元，同比增长17.32%，其中出口1480万美元，同比增长8.52%；进口120万美元，实现零的突破；自产产品出口达到1500万元，同比下降18.19%，其中活畜出口25.3万只（头、匹），实现收入突破1亿元人民币大关。

【进一步推进外经外资工作】2009年以来，在借鉴经验基础上，进一步转变外经外资工作思路，从接受国际援助为主向外经外资并重转变，初步建立了对外招商引资项目库，逐步向外推荐落实，力争在外资工作上有新进展。同时不断增强服务意识，为外企外商和国际援助项目中的外国工作人员提供好优质服务，并按照有关规定，严守外事工作纪律，严把外国人进藏等有关报批材料第一关。

日喀则地区财政工作

【财政收入完成情况】2009年日喀则地区可供财力预计达到33.53亿元左右，比上年同期增加4.37亿元，增长15%；地方财政一般预算收入预计完成28229万元，比去年同期预计增收3682万元，增长15%，力争完成地委、行署年初确定的考核目标任务。

【财政支出执行情况】2009年日喀则地区财政支出以保民生、保稳定、保发展为主线，一般预算支出继续增长，重点支出增幅较快。2009年财政一般预算支出预计完成32.55亿元左右，预计同比增支4.96亿元，增长18%。2009年在实现应保尽保的同时，力争实现收支平衡，略有结余的目标。

2009年，日喀则地区“三农”总投入预计达8.3亿元，同比增加5.1亿元，增长160%。其中：地区本级支农投入预计达4174万元，较上年增加1490万元，增长36%。加大投入，切实加强民生财政建设。2009年日喀则地区各级财政部门进一步优化支出结构，加大了以教育、科技、文化、医疗、社会保障等为重点的民生投入。2009年年初安排民生资金达12.58亿元，同比增加2.58亿元，增长25.8%，使资金向重点领域和社会弱势群体倾斜。

公共安全支出得到有力保障。2009年，公共安全支出预计达到2.5亿元，预计同比增加5145万元，增长25%。

积极支持特色产业发展，扶持培育龙头企业。2009年财政预计共投入企业发展资金1180万元，同比增加505万元，增长75%。

【贯彻落实积极的财政政策，扩内需、促增长工作果断有力】本级财政进一步整合财政资金，有偿安排“十一五”重点项目前期工作经费2500万元，主要用于在“十一五”末预计能够落实的地区农林牧生态项目、旅游项目、水利设施以及卫生等项目前期工作。围绕扩大内需、保增长、调结构、上水平、抓改革、增活力、重民生、促和谐的要求，自治区先后下达日喀则地区中央扩大内需新增投资近5亿元，预计完成投资2.1亿元，完成投资的44.2%。

【突发应急需求得到有力保障】一是2009年5月，日喀则地区亚东、岗巴等县发生强降雨雪自然灾害。灾情发生后，日喀则地区财政局迅速行动，组成工作组，深入灾区，下拨给受灾县自然灾害生活补助资金250万元。根据地区第四次防抗灾领导小组专题会议精神，地区财政按照分级管理和分级承担（地区承担30%）的原则，对未参加涉农保险的，财政部门及时兑现牲畜死亡补助174.46万元；根据灾后重建工作的需要，地区财政根据对未参加涉农保险的全额兑现了重建家园补助，对已参加涉农保险的在地区人保公司理赔的基础上，按照仲巴地震重建家园标准给予了补差，在自治区资金未到的情况下，先行垫支资金1090.16万元，确保了灾后恢复生产生活工作的顺利开展。同时积极向上级业务部门汇报、衔接、落实工作，请求上级业务部门给予大力支持。

二是针对6月以来发生的旱灾，地区财政及时下达抗旱救灾补助及林业病虫害防治资金1223万元，做到了“对一般服务要小气，对社保等民生要大气”。

三是积极筹措资金，确保甲型H1N1防治需要。及时拨付266.2万元的防治专项资金，用于购买防治工作方面的专用仪器和药品，为工作人员配备防护物件，确保了日喀则地区防治工作的顺利开展。

【财政改革稳步推进，管理水平不断提高】一是国库集中支付改革工作进展顺利。目前已有73家地直单位和所辖18个县(市)共计91家单位成功上线，拨付内容涵盖工资、公用、法定及部分专项资金，系统运行情况良好，体现了在管理国库资金中更为安全方便、快捷的优越性。此项工作得到了财政部国库司领导的充分认可。二是进一步推进部门预算改革，统一预算编制口径。2009 年在地直单位推广部门预算及部门预算软件，进一步规范了地直单位的工资结构，将工资中不合理的补贴全部扣减，使地直所有单位工资结构趋于合理化，做到了“一个部门，一本预算”，此项工作节减财政支出 230 多万元。三是政府采购范围不断扩大，政府采购规模保持稳步增长势头。2009 年，日喀则地区政府采购规模预计完成 1 亿元，完成年初目标的 100%，节约资金 900 万元，节约率达 9%。采购范围涵盖中小学校服、作业本、电脑，职业学校实训基地设备、乡镇兽防站设备、安居工程木材运输、寄宿制初中建设工程等内容。采购范围不断扩大，为提高财政资金使用效益，保护政府采购当事人合法权益，构建公开、公平、公正、和谐的政府采购环境做出了积极的贡献。四是财政投资评审改革扎实推进。2009 年财政投资评审涉及昂仁、萨迦、定结、定日、聂拉木五县 28 个项目的现场勘察、取证工作，按投资评审程序相比，完成 28 个项目工作量的 50%。2009 年日喀则地区财政局对国家投资建设资金加强了事前控制及建设项目最高限价的编制工作，现已完成 47 个项目总投资 32838.42 万元最高限价的编制工作，审定最高限价 31234.62 万元，结余资金 1603.80 万元。

日喀则地区税务工作

【把握形势，大力组织税收收入】2009 年，日喀则地区预计完成各项收入 28000 万元，比上年实际增收 3083 万元，增长 12.4%。其中，增值税预计完成 9300 万元，比上年实际减收 845 万元，下降 8%；营业税预计完成 8300 万元，比上年实际增收 1327 万元，增长 19%；企业所得税预计完成 3400 万元，比上年实际增收 850 万元，增长 33%；个人所得税预计完成 1300 万元，比上年实际增收 182 万元，增长 16%；其他各税预计完成 5700 万元，比上年实际增收 1569 万元，增长 38%。

【加强税收分析】在正确认识当前形势的基础上，加大收入分析力度，严格落实《税收分析工作制度》，根据经济的走势，利用税收报表数据、重点税源监控各项指标数据以及政策调整对税收收入的影响，深入统计局、发改委等有关部门了解生产总值、基本建设投资情况等相关数据，及时掌握国家宏观经济政策，认真细致地进行税收分析，通过分析找准征管工作中存在的问题，提高了税收收入预测的时效性和科学性，增强了组织收入工作的预见性。

【夯实征管基础】一是全面启用了电子税收管理员日志和电子台账，实现了电子税收台账的共享，达到了信息共享、提高效率、节约资源的目的，取得较好的效果。二是加强对数据采集、加工、传输、维护、清理等各个环节的管理和监控，成立了征管系统数据管理领导小组，并下发了《关于加强综合征管系统数据管理相关问题的通知》，从制度上加强数据的质量控制，确保数据的真实性、准确性和有效性。三是加强数据的保密工作。制定出台了《日喀则地区国家税务局对外提供统计数据资料管理制度》，有效地促进了各项数据提供的规范和统一，保证数据的安全，填补了日喀则地区税务局这一制度的空缺。四是开展税源底数调查。对日喀则地区 71 个企业税收资料进行了全面细致调查，为加强征收管理工作和税收统计工作奠定了坚实的基础。五是做好列入查账征收户的后续管理工作，进一步加强个体工商户的管理。六是加大各项征管制度落实情况的检查力度。

【推进依法治税】全面落实各项政策。一是做好日喀则地区各县的城市维护建设税的开征及地区所在地税率的调整等工作，全年预计征收城建税 1100 万元，同比增收 719 万元，增长 189%。二是继续贯彻落实好新企业所得税法及有关政策。首先是认真落实企业所得税减免税政策，免征企业所得税 1604.03 万元；其次是圆满完成了 2008 年度企业所得税汇算清缴工作。2008 年日喀则地区共有 732 户企业参加汇算清缴，纳税调增额 1571.06 万元，同比降低 94%；纳税调减额 115.47 万元，同比增长 162%；全年预缴所得税 2254.69 万元，预缴率达 84%，仅纳税调增部分应补交企业所得税 235 万元。三是做好金属矿、非金属矿采选产品增值税税率调整的落实工作，增收增值税 290 万元。四是做好 1.6 升及以下排量乘用车车购税减半征收等其他各项新政策的贯彻落实工作，2009 年度日喀则地区预计减半征收车购税车辆 510 台，税金 165 万元。五是做好电力企业预征税款的退库工作，共退库 28 万元。六是认真贯彻落实好新修订的增值税、营业税暂行条例，并做好落实新政策相关征管、软件维护等方面的协调衔接工作，确保了政策的及时准确的落实到位。七是做好日喀则地区部分已失效或作废文件、条例等的清理工作，清理全文废止或失效的税收规范性文件 15 件，部分条款失效或废止的税收规范性文件 15 件。八是加强年所得 12 万元以上纳税人自行纳税申报工作。截止 3 月 31 日，日喀则地区共有 221 人年所得 12 万元以上纳税人进行了自行纳税申报，同比增加 157 人，增长 245%，应纳税额 296.67 万元，同比增加 114.08 万元，增长 62%。九是切实做好对烟草批发环节开征消费税工作，该政策落实以来预计全年共实现烟草批发环节消费税 590 万元。十是全面做好对去年享受“3•14”税收优惠政策的纳税人的恢复征税工作。

【规范税收执法】一是结合实际制定出台了《日喀则地区国家税务局税收执法过错责任追究工作细则》，2009 年日喀则地区执法责任追究共 14 次，经济处罚计 11600 元。二是针对日喀则地区出现的税收执法过错行为均系《综合征管软件》在线数据问题的实际情况，制定出台了《日喀则地区国家税务局数据资料过错责任追究办法》，层层明确了征管软件数据错误有关责任人员的责任。三是与西藏循矩律师事务所签订合同聘请了两名律师为日喀则地区税务系统常年法律顾问。

【进一步整顿和规范税收秩序】2009 年，日喀则地区共检查纳税户 684 户，查补各类税收收入 912.88 万元。打击发票违法犯罪活动取得实效。全年，税务部门查处未按规定保管或开具普通发票案件 15 起，查补税款及罚款合计 36074.47 元，全年案件公告 1 件，同时，不断拓宽案件来源渠道，2009 年，日喀则地区税务局举报中心共受理电话举报案件 3 起，信函举报 1 起。现已全部查结，查补入库罚款 0.1 万元。

中国人民银行日喀则地区中心支行

【认真执行特殊优惠的货币政策，强化货币政策传导机制】通过主动上门沟通协调、召开“金融联席会议”、“金融运行形势分析会议”等方式，贯彻落实“十一五”期间西藏特殊优惠的金融政策，积极支持地方经济建设。西藏金融机构贷款执行比全国平均贷款利率水平低 2 个百分点的优惠政策，2009 年，日喀则地区县级以上银行机构预计向社会让利约 2000 万元，使贷款企业和个人成为最大的受益者。另外，人民银行根据各商业银行当年各项贷款平均余额分别给予其 2 个百分点的利差补贴，对农业银行进行 4 个百分点的特殊费用补贴。2009 年，地区各商业银行享受的利差补贴预计为 7000 万元左右。预计到 2009 年 12 月，日喀则地区本外币各项存款余额将达到 84 亿元，比去年同期增加 16 亿元，增长 23%，其中：企业存款 39 亿元，比去年同期增加 9 亿元，增长 30%，储蓄存款余额 25 亿元，比去年同期增加 5 亿元，增长 25%；金融机构各项贷款余额 20 亿元，比去年同期增加 2 亿元，增长 11%，其中：短期贷款 7.5 亿元，比去年同期增加 0.5 亿元，增长 7%，中长期贷款 12.5 亿元，比去年同期增加 1.5 亿元，增长 14%。

截止 2009 年 12 月，日喀则地区金融机构涉农贷款规模将达到 9.5 亿元，比去年同期增加 1.5 亿元，增长 19 %。在涉农贷款中，农业贷款 5.5 亿元，扶贫贷款 3 亿元，乡镇企业贷款 1 亿元。另外，继续大力推进和加强农牧区贷款卡的发放和管理工作，使整体工作上了一个新的台阶。预计到 12 月末，日喀则地区农牧民贷款卡的发放量将达到 9 万张，贷款金额达到 6 亿元。日喀则地区农牧民安居工程贷款约 2 万笔，贷款余额 2.3 亿元，各项指标均创历史新高。

【现金投放增势明显】2009 年，预计日喀则地区金融机构累计现金收入 85 亿元，同比减少 1 亿元，同比下降 2%。借记卡、贷记卡、信用卡以及网上银行、手机银行等电子银行服务的逐步普及一定程度上缓解了现金投放压力，同时保障了地区各层面的现金需求。目前，现金收支相抵后货币净投放增势没有得到实质性的减少，现金投放压力依然较大。

【认真落实外汇管理政策】一是在继续贯彻优惠外汇政策、履行好各项职责的同时，树立检查与调研并重的理念，紧贴日喀则地区特点，开展特色调研，时时关注亚东口岸仁青岗边贸市场动态及外汇管理政策的执行效果，及时提出政策建议。加强贸易外汇业务监管，及时关注地区边境贸易变化情况，加强了对居民因私购汇业务监测与管理。密切关注国内外经济金融变化对日喀则地区外汇收支的影响，不断提升外汇收支形势的分析预警能力。

二是加强新形势下外汇管理工作的政策变化、形势变化情况的学习，加大了对外汇指定银行、重点企业及社会公众的宣传力度，进一步规范了银行结售汇、汇兑统计申报业务行为。预计 2009 年日喀则地区外汇指定银行（含樟木口岸）结售汇总额为 5539 万美元，其中：结汇总额为 5511 万美元，同比下降 15%，售汇总额为 20 万美元，下降 23%；预计 2009 年进出口总额为 230 万美元，同比增长 10%，可能不会发生进口业务。

三是在“2009 中国西藏——尼泊尔经贸洽谈会”期间协调中行日喀则地区支行开通外币兑换便利渠道，在每个营业网点开通了“贵宾窗口”，专门为尼方宾客提供各种金融需求，全力做好金融服务工作，得到了外宾的一致好评。

【做好支付清算服务，认真履行反洗钱职责】一是中心支行不断加强支付结算工作，提高清算服务水平，进一步推进支付体系建设，加速资金周转，保证地区各项往来资金的及时、准确汇划和绝对安全。

二是结合中心支行实际，积极履行反洗钱职责，规范反洗钱监管，督促金融机构履行反洗钱义务，做好辖区大额和可疑交易的报送工作；组织举办了由地区各金融机构反洗钱业务人员参加的反洗钱业务知识培训，进一步规范了日喀则地区反洗钱工作，有效提高了反洗钱工作人员的专业技能；在组织反洗钱人员学习预防银行卡泄密及 ATM 机使用相关知识和当前银行卡犯罪案件的作案手法、提高反洗钱人员对银行卡业务的检查能力的基础上，深入开展了日喀则地区打击银行卡犯罪活动。

三是加强现场检查工作，对亚东农行、中行开展了一次反洗钱现场检查，对存在的问题提出了整改意见，从而有力地确保了日喀则地区金融运行的安全与稳定。

【提高国库部门服务质量】一是认真履行好经理国库职责，在中央对西藏经济发展一系列特殊优惠金融政策的推动下，预计 2009 年日喀则地区全辖国库预算收入在 2008 年的总收入上增加 15%，预算支出在 2008 年的总支出上增加 20%，成为西藏经济社会加快发展的又一个重要契机。

二是为充分实施扩大内需政策，增加城乡农牧民收入，提高农牧民生活水平，切实解决民生资金划拨方面存在的不能及时到账等问题，在确保地方财政资金安全的基础上，由中心支库牵头，联合地区财政局及地区农行，依托国库直接支付渠道，开展了通过大额支付系统在第一时间将各项民生资金发放到农牧民手中的试点工作，并于 2009 年 2 月成功实现“安居工程贴息款”直接发放，保证了贴息资金准确、及时、足额的发放，减少了资金汇划环节，强化了国库监督职能，向社会各界展示人民银行快捷的清算网络和优质的服务能力，建立了国库与政府有关职能部门之间的新型服务关系，提高了国库为社会服务的水平，为进一步扩大国库直接支付范围，全面代理发放各项政府补贴资金集中支付奠定了良好的基础。

三是深入日喀则市、江孜县等地的农牧区面向农牧民开展国债发售宣传活动，大大提高了农牧民群众对国债的认识，进一步增强了全社会对发行国债的意义和途径的认识。

【不断加强征信体系建设】一是积极开

展中小企业及个人信用信息的采集工作。企业和个人征信系统自运行以来，功效逐渐显现，银行防范风险能力不断提高，百姓信用意识逐步增强，地区社会信用环境逐渐优化。

二是加大征信宣传力度促使企业和个人关注自身信用状况。极大地增强了社会大众对信用报告是“第二张身份证”的理念，更加珍惜和重视自己的每笔信用记录。目前征信系统已成为银行审贷的第一道关卡，也是监测借款人资信的唯一凭据。日喀则地区个人信用信息数据库查询量不断上升，预计2009年中心支行受理个人信用报告查询将达到40人次。

三是积极推动农村信用体系建设。2009年以“农牧户贷款证”（四卡）为载体，以江孜县为试点对象，收集建立了该县农牧民的信用档案，着重总结局部区域在社会信用体系建设工作方面的经验，并为下一步整体性推进地区社会信用体系建设奠定基础。同时进一步加大日喀则地区信用乡（镇）、村的评定工作，不断优化农牧区信用环境，有效解决农牧民多种经营的信贷资金需求，为营业所进一步加大农牧区信贷投入，做好支农、支牧工作提供了政策保证，有力地促进了农牧区经济的健康发展。

日喀则地区国资管理工作

【年度综述】截至12月底，17家地直国有企业（其中：行署国资委监管企业10家）预计实现收入14170万元，比去年同期的13968万元，增长1.45%；预计实现利润1050万元，比去年同期的852万元，增长23.24%；预计上缴税金1629万元，比去年同期的1447万元增加182万元，增长12.58%。行署国资委监管企业预计实现收入11892万元，比去年同期的11802万元增加90万元，增长0.76%；预计实现利润1394万元，比去年同期的1569万元减少175万元，下降11.15%；预计实现税金1555万元，比去年同期的1404万元增加151万元，增长10.75%。非监管地直国有企业累计实现收入2278万元，累计亏损344万元，累计上缴税金74万元。截止目前，17家地直国有企业资产总额为57449万元，负债总额为23473万元，所有者权益总额为33976万元，资产负债率为40.86%。其中：行署国资委监管企业资产总额为32707万元，负债总额为18007万元，所有者权益为14700万元，资产负债率为55.06%。

【夯实制度建设，监管基础工作不断加强】2009年日喀则地区国资委从进一步理顺行署国资委监管的国有改制企业的股权管理入手，制定了《行署国资委关于监管改制企业股权管理暂行办法》，进一步理顺了监管改制企业的股权归属问题，使国家股权、法人股权、职工个人股的权益得到有效保护。2009年日喀则地区国资委还对已制定的制度进行了进一步的修订和完善，制定了《行署国资委接待标准制度》。

【理顺产权关系，产权管理工作规范透明】一是认真抓好产权管理的基础工作。2009年共办理国有产权登记2户，登记金额340.8万元，其中办理占有产权登记1户，登记金额151万元；办理国有产权变更登记1户，变更金额189.8万元。二是着力抓好国有资产的评估备案工作。对资产评估机构实行备案管理，定期对评估机构的评估质量进行检查，1月-9月以来，共进行国有资产评估备案1件，评估资产总额704.80万元。三是努力规范国有产权转让行为。认真把好资产评估、资产转让价格确定、资产交易行为、资产转让收入等四个关口，确保国有资产不流失。四是全力配合做好上划交接工作。按照自治区、地区的安排和部署，日喀则地区国资委积极协助、全力配合、保质保量地完成了原地区源乐盐茶糖贸易公司的上划和交接工作，移交资产总额783.75万元，其中国有资本87.26万元。

【深化国有企业改革，促进国企稳定发展】抓好地区雪莲工业贸易公司等9家企业的改制工作。截至目前，定日珠峰宾馆、江孜饭店已全面完成清产核资、财务审计、资产评估工作，定日珠峰宾馆改制方案（初审稿）已报地区国资委修改完善，江孜饭店改制方案将于近期完成方案初稿送审工作；地区建筑公司、地区对外贸易公司的清产核资和资产评估工作预计将在10月11日前完成；上海广场与日喀则饭店通过引进先进管理模式、建立现代企业制度、完善法人治理结构方式进行改制；地区雪莲贸易公司已全面完成清产核资，正在开展资产评估和财务审计工作，改制方案初稿已完成送审；山东大厦和西藏日喀则国际旅行社将在10月上旬正式启动改制实施程序。

【积极探索创新，国资经营工作取得突破】地区隆鑫国有资产运营公司自成立以来，面对金融危机，取得不俗成绩。国资公司以资本经营为纽带，以产权管理为中心，全力打造日喀则地区投融资平台。在逐步加强对地区改制企业国有股权管理的同时，进行了国有资产的合理流动和优化配置。地区鸿翔汽贸公司由于流动资金紧缺导致主营业务萎缩，严重制约公司的发展。在经过认真调研后，地区隆鑫国有资产运营公司向地区鸿翔汽贸公司注入流动资金100万元，使其扭亏为赢，步入良性发展的轨道。

日喀则地区审计工作

【强化财政预算执行情况审计】围绕规范财政管理行为，提高资金使用效益的目标，在财政预算的制定和执行上，在财政资金合规合法性、财政集中支付、预算执行的结果上加大了审计力度，组织实施对拉孜县2008年度财政决算编制及其他财政收支情况审计，查出应缴未缴财政其他收入48万元，虚列支出25万元，应缴未缴基建资金金额2万元。

【强化经济责任审计】地区经济责任审计工作领导小组下发了《县级以下党政领导干部任期经济责任述职报告格式》。受地委组织部的委托，截止目前，已完成地区劳动和社会保障局原党组副书记、局长江文聪任期经济责任审计、地委政法委原副书记普布任期经济责任审计、地区文化局原党组副书记、局长米玛次仁任期经济责任审计、地委原秘书长赵占文任期经济责任审计、地区政协办公室原党组书记、秘书长邝建泽任期经济责任审计、地区人民医院原党委副书记、院长丹增任期经济责任审计、地区旅游局原党组副书记、局长大其美任期经济责任审计等 7 名领导干部的任期经济责任审计。审计查出隐瞒截留收入 24 万元，违规改变资金用途 104 万元，虚列支出 57 万元，超标准超计划支出 39 万元，其他违规资金 125 万元，对以上违规资金离任者应负主管责任金额 349 万元。目前，对地委党校原党委书记、副校长王莹琦任期经济责任审计、地区商务局党组副书记、局长占都任期经济责任审计以及对地区公安处、地区教育局、地区农牧局 2003 年--2008 年责任人经济责任审计正在收尾阶段。

【强化专项资金审计】切实维护广大人民群众的切身利益，组织实施对萨迦县、拉孜县、康马县、日喀则市 2007 年度扶贫项目资金管理和使用情况进行审计；对白朗县、萨迦县、江孜县、日喀则市 2008 年度农业综合开发项目资金管理和使用情况进行了审计；对萨迦县 2008 年度科技项目、萨嘎县 2007 年度退牧还草项目、吉隆县 2008 年度特色产业项目资金管理和使用情况进行了审计；对日喀则市和昂仁县 2008 年度教育资金管理、使用情况进行了审计。审计查出应缴未缴财政收入 18 万元，“三包”经费拨付不及时资金 73 万元，应列未列支出 680 万元，应记未记固定资产 38 万元。通过审计，对促进专款专用、提高专项资金的使用效益以及项目区效益的更大发挥起到积极推动作用。

日喀则地区统计工作

【统计调查基础工作扎实开展】圆满完成了 2009 年的农牧业、工业、建筑业、全社会固定资产投资、批发零售和餐饮业、城镇住户抽样调查、农村住户抽样调查、价格、劳动工资等统计调查专业报表的收集、整理、审核和上报工作，为地委、行署决策提供了依据。

【各项专项调查进展顺利】一年来，完成了日喀则地区畜禽监测、退耕还林（草）监测、农牧民工监测工作；组织开展了邮政满意度调查、组织工作满意度调查、完成了第六次全国人口普查组织领导机构组建和经费预算等前期准备工作、积极与科技局、教育局、建设局等部门协调开展全国 R&D 资源清查工作、第二次经济普查工作在对单位清查数据进一步复查的基础上，完成了正式表的录入上报工作，目前已进入对普查数据的后续开发利用阶段。

【统计方法制度不断完善】一是初步建立了部门统计协调工作机制。加强了统计系统内部以及各县市、各行业部门之间的协调沟通，避免了各专业报表数据之间的相互矛盾，保证了各行业部门统计口径和统计数据的相互衔接和统一。二是实施了自下而上的数据质量控制责任制。有效地克服了统计调查数据特别是基层统计调查数据在填报过程中出现的趋势性差错和统计数据大起大落现象。三是实施了日喀则地区各县市生产总值和农牧民人均纯收入下算下管制度，有效解决了县市生产总值和农牧民人均纯收入数据使用混乱局面。

【统计分析能力明显提高】面对国际金融危机冲击和“3·14”事件造成的负面影响的不利形势，注重对地区经济运行的动态监测，认真分析经济运行趋势，及时为地委、行署提供决策依据，撰写了 51 期专业统计调查分析，提高了业务人员统计分析能力，为各级党委政府正确判断经济走势和社会各界提供了强有力的统计信息服务。

【统计对口支援工作取得新进展】局队积极加强与对口支援省（市）的沟通协调，2009 年 3 月局队党组分别向吉林、黑龙江两省统计局、调查总队发函，协商为日喀则地区培训专业统计人员问题。6 月 6 日至 6 月 8 日，黑龙江省统计局李志范局长率考察团来日喀则地区进行了实地考察，考察期间，双方就两地的地理、资源、统计工作开展情况等方面进行了广泛交流，就下一步对口支援意向交换了看法，为建立长期的支援合作奠定了较好基础。

日喀则地区
工商行政管理工作

【优化服务促进各类市场主体健康发展】2009 年，地区各级工商机关继续坚持巩固存量、挖掘增量、扩大总量、提高质量的工作思路，增强开放意识，优化发展环境，研究制定了《关于促进日喀则地区农牧民专业合作社发展的实施意见》、《日喀则地区工商局推行注册（服务）厅标准化建设实施意见》，把市场主体做多做大做强作为重点工作，加强与市场主体的沟通联系，为提高服务市场主体的针对性和有效性，加大服务宣传，创新服务举措，注重引导帮扶工作，为企业改制改组竭力实行全程服务和跟踪服务，走访企业 107 户，召开座谈会 17 次，上门年检 157 户，建立健全企业与工商联络员制度，提升服务能力，突出服务重点，拓宽服务领域。同时，加大政策宣传力度，落实各项优惠政策，注重培育扶持工作，坚持依法办事和降低门槛并举，加强市场主体信用监管体系建设，建立完善市场主体准入退出机制，促进各类市场主体健康发展。到 9 月底，日喀则地区个体工商户发展到 15531 户、从业人员 33118 人、注册资金 37412 万元，预计到年底日喀则地区个体工商户、从业人员、注册资金比去年同比分别增长 12%、12%和 15 %；全地区登记注册内资企业 548 家、其中法人企业 142 户、注册资金 88592 万元，预计到年底全地区登记注册内资企业的注册资金比去年同期增长 12%；全地区登记注册私营企业 525 家、雇工人数 16149 人、注册资本（金）108690 万元，预计到年底全地区登记注册私营企业、雇工人数、注册资本（金）比去年同期分别增长 15%、20%和 20%。2009 年国有企业、私营企业及个体工商户年检验照率分别为 81.9%、73.42%和 78.4%。

积极开展就业再就业工作。地区系统认真落实国家和自治区出台的一系列促进就业再就业政策措施，加大宣传扶持力度，积极鼓励引导、支持 545 名下岗失业人员、高校毕业生、退役军人、残疾人、农牧民工在个体和私营经济领

域实现就业再就业，免收证照登记费16417元。

【充分发挥职能，服务农牧区改革发展】地区工商系统充分发挥职能优势，优化服务，深入农村牧区，加大政策宣传，注重培育，促进农牧民专业合作组织、经纪人等农牧区各类市场主体快速发展。为有力促进农牧业产业结构调整，积极扶持引导4家产业化龙头企业在农牧区设立分支机构。深入开展红盾护农，实施商标兴农战略，加大农牧区维权体系建设，重点加强“家电、家具、汽车、摩托车下乡”市场监管工作，深入乡村牧区开展年检验照、法制宣传等工作，积极推动新农村建设。截至9月底，全地区农牧区个体工商户 发展到4422户，从业人员8918人，注册资金4494万元，农牧区私营企业发展到223户，雇工人数8753人，注册资金70679万元；各类登记注册的农牧民专业合作社发展到26家，出资总额为2701万元，成员达9229人；农牧区经纪人发展到701户，年经纪业务量预计达5393.7万元。

加强农牧区市场监管，有力维护农牧区市场秩序。一年来，突出重点商品、重点区域、重点场所，集中执法力量，围绕家用电器、建材等开展了商品专项检查，重点加强了“家电、家具、汽车、摩托车下乡”市场监管工作，严把市场主体准入关，确保产品来源合法、质量合格。严厉打击“以旧翻新”、“以旧充新”等制假售假、欺诈消费者的违法行为；开展农牧区市场专项整治，代行署草拟转发《国家六部委关于2009年整顿和规范农村市场秩序工作方案》、制定《地区工商系统红盾护农市场专项整治方案》，严厉打击制售假冒伪劣农资及坑农害农行为；围绕农牧区食品市场，重点对粮食、食用油、肉类和副食品等农牧民日常生活必须的各类食品开展专项检查，监督农牧区食品、商品销售者依法建立并执行购销台账等自律制度，有效保障农牧区食品市场安全，检查各类农资经销户133户，查获过期失效变质农资29个品种，价值人民币5892元。加大农牧区消费维权工作力度，有力保护农牧区消费者合法权益。加大农牧区“一会两站”建设工作力度，进一步畅通农牧民消费者申诉举报渠道，加大了12315进农牧区、进学校工作力度，充分发挥农牧区12315消费维权站点作用，方便农牧民消费者申诉举报。截至9月底，农牧区设立12315联络站（点）121个。同时，进一步公示和讲解“12315”投诉举报电话及投诉、举报的范围和流程，帮助农牧民消费者提高自我保护意识，增强识假辨假和消费维权能力。

【支持特色产业做大做强】全力支持特色优势产业发展和“一县一品”、“一乡一品”示范村建设，培育和发展突出地方特色的各类商标，积极指导涉农企业、农牧区经纪组织申请注册商标，加大对农产品商标和地理标志注册申请、管理与保护工作的指导力度，促使提高地区农畜产品附加值和市场竞争力。在培育农牧特色产品、旅游产品的商品商标、服务商标的同时，注重挖掘和培育人文景观、自然景观、林下资源的证明商标，带动和促进地区品牌战略大发展。为了便于申请受理和注册，缩短工作流程，邀请自治区商标事务所工作人员在日喀则地区就地集中受理商标注册申请，此举效果显著。加大商标行政指导力度，对1989年前商标注册的四家企业和两家自治区第二批著名商标企业发出商标续展通知书，有效保护地方著名商标，同时，对2家商标持有人发出了商标行政建议书。截止9月底，全地区商标注册量和申请量已达到145件，其中有效注册商标67件，国家工商总局商标局受理商标注册申请31件，正在申请当中的43件，网上查询商标50多件。

【突出食品消费安全，重治本创方法，切实维护公平竞争的市场秩序】地区工商系统加大监管执法力度，深入整顿规范市场秩序，以确保食品消费安全为重点，深入开展“质量和安全年”活动，加大执法力度，努力营造公平公正、规范有序、和谐诚信的市场环境。截至9月底，地区工商系统共出动执法人员8660余人(次)，执法车辆800余台(次)，检查各类市场主体4.33万余户（次），共开展各类专项整治46次，共查获各类过期、变质商品总标值40万余元，查处各类违法违章案件451件，案值近68万余元，其中查处取缔无照经营案件142件，案值17万余元；全地区12315调解处理申诉、投诉67起，调解率100%，为消费者挽回经济损失2.58万元。

日喀则地区质量技术监督工作

【质量管理工作深入到位】2009年，日喀则地区质量技术监督局做细企业质量建档。地区50家企业实现了一企一档，建档率达到100%。工业小企业及小作坊质量档案建档率达到80%以上，食品加工小作坊质量档案建档率达到100%，并且建立了基本的索证索票制度。

做实企业全过程监管。对雪莲工贸公司和亚美天然水厂实行了全过程监管。每周对2家企业的各部门、生产各环节进行深入检查，逐项查看质量文件、实验室记录、原料投放、设备运行情况，检查工人是否按照工艺操作，对企业存在的问题、解决办法和整改时限在《现场监督情况记录表》予以详细记录，并形成档案，加强督促落实，进一步完善了企业的生产条件。同时，总结经验，积极探索，编写了日喀则地区首部《工业和食品制造业企业产品质量安全全过程监管通用要求（试行）》，使全过程监管工作实现了规范化、制度化。

做深产品质量抽查分析。1月-9月份，对生产领域的水泥、验配眼镜、金银饰品、加气砖、灰沙砖、彩砖、草坪砖、电杆等7类共27个产品的监督抽样，合格率100%；对流通领域金银饰品、布匹、开关、插座、电线、复混肥等5类共29个产品的监督抽样，合格25个样品，合格率86.2%。地区工业产品抽检总体合格率为92.9%；根据地区工业产品抽检情况，撰写了《日喀则地区2009年上半年质量状况分析报告》，为地委、行署做好经济决策提供了科学依据。

做全认证认可工作。深入仁布达热瓦汽车检测有限公司、日喀则市运输公司汽车综合性能检测站、验配眼镜店等企业开展认证认可工作，努力帮助企业完善相关条件；协助区局对仁布达热瓦汽车检测有限公司进行了计量认证和资格许可实地核查。目前，日喀则地区仁布达热瓦汽车检测有限公司取得了资格认证、4家验配眼镜店通过了生产许可证实地核查及产品发证检验。

【食品监管工作扎实有效】全面建立食品质量安全监管体系。对地区内食品生产加工户（企业、小作坊、无证无照、前店后厂）全面进行调查，分类登记造册，建立了日喀则地区食品企业基本情况档案、产品质量安全监督检查信息档案、市场准入基本信息档案，食品加工制造企业和小作坊建档率达到100%；推进食品质量安全承诺制度建设步伐，同11家企业签订了《食品生产企业质量安全责任书》，地区食品生产小作坊签约率达到100%，切实落实企业主体责任。

全面推进食品质量安全拉萨市场准入制度。日喀则市雅江源农业科技开发有限公司等5家食品加工企业取得生产许可证，1家食品相关企业通过了现场审查和发证检验；持续开展证后监管和无证查处，不断增强食品企业产品质量安全水平。

加强生产加工小作坊管理。坚持每月一巡查工作制度，深入小作坊开展执法检查，全面掌握食品生产加工小作坊的人员、生产、销售、卫生等状况，整治了违规违法生产行为，确保了地区小作坊生产食品的质量安全；拓展监管范围，延伸监管触角，聘请培训了18个县（市）质量和食品安全协管员，加强了基层食品质量和安全的监管。

持续强化技术监管力度。对地区食品生产加工企业、小作坊产品和节日市场热销食品进行了快速检测，1月-9月份，持续加大对流通领域的糕点制品、红酒、食用植物油、豆制品（豆腐）、青稞制品（青稞酒）、酸奶、大米、酱油醋、洗涤剂、冷冻饮品（果味饮料和雪糕）、瓶（桶）装饮用水、小麦粉、酱腌菜、月饼、挂面等16类50个样品进行抽检，合格率达到74%；

【特种设备安全监察不断强化】积极落实使用单位主体责任。严格落实2009年地区特种设备安全生产工作目标及年终目标考核规则，同市区各大宾馆、酒店、企事业单位、液化气充装站等40余家重点单位，签订了《2009年日喀则地区特种设备安全生产目标责任书》，明确了特种设备使用单位法人职责；严格落实常压热水锅炉使用单位责任，对市区29家使用常压热水锅炉单位推行安全使用承诺制度。

规范场内起重设备安装和使用。认真开展普查和建档工作，对地区在用起重设备及作业人员进行登记建档，掌握了地区起重设备基本情况；加大执法力度，对日喀则市区场内起重设备进行多次专项安全检查，查处违规违法行为，整改存在的问题。

依法开展特种设备“三项行动”。进一步强化宣传教育和行政执法工作，对《特种设备安全监察条例》和关系民生问题的石油液化气钢瓶检验工作进行了广泛宣传；举办了特种设备作业人员培训班，培训人员63名；定期不定期对市区内在用锅炉、电梯、压力容器、起重设备开展了多次现场安全突击大检查，排除了隐患，确保了安全。

持续推进特种设备依法检验。积极协调，统筹安排，截止目前，共完成56台设备的检验检测工作（其中电梯28台、锅炉16台、压力容器12台）；完成了7100只钢瓶的定期检验工作。

【标准计量工作全面推进】推进农业标准化示范区建设。协调召开了日喀则地区农业标准化工作会议，得到了地委、行署对农业标准化工作的重视和支持；多次深入江孜县、白朗县、南木林县农业示范区进行工作指导，开展农业标准化宣传；完成了《南木林县马铃薯种植标准化示范区》任务书编制工作；制定出台了《日喀则地区农业标准化示范区项目补助经费使用管理办法》。

深入开展消灭无标生产工作。坚持有标贯标、无标补标的要求，主动为地区相关企业无偿提供国家标准；把《标准化法》贯彻宣传与执法检查结合起来，先后对白朗康桑农产品加工厂、江孜扎西洁白糌粑厂标准实施情况，雪莲工贸公司和高争水泥厂《通用硅酸盐水泥新标准》（GB175-2007）的执行情况进行了监督检查。

计量服务全面推进。积极开展“关注民生、计量惠民”专项行动，在市区的两家大型集贸市场开展了“诚信计量进市场”活动，共免费检定各类计量器具227台（件），积极开展“放心计量进超市”活动，加大对超市在用计量器具的监督管理，共对20余家大小超市30余台（件）计量器具进行了检定，开展“光明计量进眼镜店”活动，对市区内8家验配眼镜店18台（件）各类计量器具进行检定；检定了18个县市液化气自动灌装秤及台秤25台（件）；免费检定了日喀则市区内3家邮政网点和3家快递公司所使用的电子秤；在“3·15国际消费者权益保护日”期间，对拉萨市32家金银饰品经营单位开展了计量专项检查和免费检定工作，检定各类计量器具50余台（件）；对市区内的30家餐饮经营场所进行了专项检查，免费检定了在用计量器具30台（件）；对市区内杆秤经营店进行了专项监督检查，责令其停止销售无计量器具制造许可证的计量器具；检查市区内茶叶销售店10家，检定电子计价秤10台。协同区局计量所对聂拉木县神猴藏药厂实验室、雪莲工业贸易公司、高争水泥有限公司、交通公路工程检测和珠峰塑业等企业实验室在用的计量器具进行了周期检定，检定各类计量器具40余台（件）；顺利完成了加油机、地中衡等重点监管计量器具的年度周期检定工作；进一步完善强检计量器具档案，对全地区各加油站、货运公司、实验室、集贸市场、超市等单位在用计量器具进行了登记造册。

代码管理工作进展顺利。积极开展组织机构代码证的办理工作，完成了日喀则地区代码纸质档案的扫描，上传数据约3000条、代码近2500个，初步建立了地区代码信息数据库。

【执法打假工作成效显著】在各传统节日和珠峰文化旅游节等重大活动期间，围绕涉及人民群众健康、生命财产安全的产品进行专项检查，深入开展执法打假。一是对烟花爆竹、儿童玩具、金银饰品、低压电器、家用电器、洗洁用品等重点产品进行执法检查，认真处理了金银饰品标识不全、少部分洗洁用品过期等问题。二是开展农资、农机等春季农资打假工作。对日喀则市区内的4家种子店及5家农机（具）销售店进行了全面检查，共检查各种蔬菜种子、农用膜、喷雾器、农用电动机、农机配件等产品共60多个品种，并了解了相关产品进货渠道，有力维护了人民群众的利益。三是在“3·15”国际消费者权益保护日，协同地区工商、卫生、药监、烟草等部门联合，对日喀则市区范围内的食品、药品、农资、家用电器、儿童玩具、电线电缆、低压电器等产品进行了检查，查获过期食品、伪劣药材、不合格电器等产品货值 2 万余元。四是开展重点产品专项执法检查，主要针对水泥、家具和服装生产企业，各超市、商场、玩具专卖店等进行了专项监督检查。五是开展了工程使用螺纹钢、水泥、建筑构配件、建筑设备、电脑及电脑配件销售店专项检查。六是对手机产品、家电下乡产品、小排量汽车和摩托车等进行了专项检查，共检查工业产品生产企业、超市及玩具店20余家，查处了销售过期油漆、未加贴CCC标志手机、玩具等违法行为。七是开展了违法添加非食用物质和滥用食品添加剂专项执法检查，对乳制品企业（小作坊）、茶叶市场进行了专项检查，参与了商务部门牵头的打击私屠滥宰和病死猪病害猪肉非法交易专项整治，共立案查处食品违法案件3起。

日喀则地区安全监督工作

【事故指标控制】2009 年，自治区安全生产委员会给全地区下达的安全生产死亡控制指标为63人，其中：道路交通为57人，消防1人，工矿商贸5人。截止2009年9月20日，全地区共发生安全生产事故145 起，实际死亡人数57 人（占自治区安全生产委员会下达的死亡控制指标的90.48%)，受伤196人，直接经济损失152.89 万元，与去年同期相比，事故起数上升 19.83 %，死亡人数上升35.71 %，受伤人数上升28.1 %，直接经济损失上升27.5 %。

【精心筹划安全生产“三项行动” 和安全生产隐患整治各项工作】5月初，行署召集地区安委会相关成员单位召开了碰头会议，就组织开展安全生产“三项行动”和隐患整治工作进行了专题讨论研究。会后，由日喀则地区安全监督局根据会议精神和上级文件要求起草了《关于推进安全生产“三项行动”实施方案的通知》和《安全生产执法实施方案》、《安全生产隐患治理实施方案》、《安全生产宣传教育实施方案》，行署分别以日署办发明电[2009]74 号机要电报和日署办发〔2009〕45号、46号、47号红头文件下发到地区18个县（市）及45 个安委会成员单位，从而明确了安全生产“三项行动” 和隐患整治的指导思想、工作目标、组织领导、重点任务、工作要求等内容，整体推进安全生产“三项行动”和隐患整治各项工作深入开展。

【危险化学品安全执法检查】对辖区内的65家危险化学品（液化气充装站、加油站）经营企业进行了检查，对企业单位的储存、经营、运输及防火等安全生产责任制落实情况、安全生产规章制度建立和落实情况，安全培训教育情况、应急管理情况及事故处理和责任追究情况开展了20次执法检查。2009 年 4 月29日至5月18日期间，组织开展了非法运输液化气罐专项执法检查，群众举报4起，共查处非法运输危险化学品案件 4起，没收液化气罐体 163 个，收缴可燃气体1340公斤。查获两箱烟花爆竹和一箱固体酒精等易燃易爆物品。

【非煤矿山的监管工作】2009 年共开展非煤矿山检查、督查8次，出动54人次，查出各类事故隐患117项，已整改96项，正在整改21 项，整改率达到90%以上，下发整改指令书11份，限期整改矿山2家，责令停产整顿矿山 1 家。认真做好安全生产许可工作，严格按照《安全生产许可证条例》要求，认真检查现场，审查有关资料，按时限要求完成审查工作，截止2009年9月20日，全地区共7家采矿许可企业，取得非煤矿山安全生产许可证企业6家，取证率达到85%。

日喀则地区食品药品监督管理工作

【做好人感染甲型H1N1的防控工作】随着甲型H1N1在全球的流行，日喀则地区食品药品监督局立即行动，迅速成立了由分管领导负责的领导小组，制定了防控甲型H1N1工作方案，对辖区内的2家药品批发企业，检查防控人感染甲型H1N1流感防控药品、医疗器械储备情况。加大对防控药械供货方的资质证照、流通记录、药械的验收、养护和储存条件等的检查力度，特别是疫苗的购进渠道、各项记录、运输情况、储存条件，储存设施、设备运行情况、疫苗的储存是否按说明书要求进行储存等内容进行了认真细致的检查。对各药品批发企业、疾病预防控制中心目前储存的药品、医疗器械，特别是疫苗和呼吸系统类药品的品种、库存、数量等信息进行深入的了解。保证防控人感染甲型H1N1流感药械的质量安全。并加强应急值班工作，及时报送相关信息，确保工作落到实处。

【以整顿和规范市场秩序为重点，加强药械检查力度】重点开展了查控“双黄连注射液”、药品购销环节等一系列专项检查和中成药非法添加化学物质专项监督抽验、食品和保健食品市场进行清理整顿，暂控了发生不良反应的标识不同生产厂家的双黄连注射液2753盒。还开展了医用防护口罩、医用防护服、呼吸机、角膜接触镜（隐形眼镜）及护理用液和体外诊断试剂、一次性使用无菌医疗器械等医疗器械的专项监督检查。2009 年日喀则地区食品药品监督局共出动执法人员 620 人次，共立案查处案件 4 起，结案 3 起。没收物品 40 种，货值金额3079.3元整。下发责令改正通知书75起。办理兄弟省市协查案件31起，正在办理2起。受理群众举报案件5起，移送2起。

【强化综合监督和组织协调能力，加强食品安全监管】一是代地区行署制定了《日喀则地区食品安全工作目标责任书(2009)》，并与各县市、各成员单位进行签订，层层明确了任务，落实了责任。

二是草拟并向行署上报了《日喀则地区食品安全整顿工作实施方案》。对全地区今后三年各职能部门的工作任务和具体目标做出了明确规定，确定了实施单位和完成时限。

三是多次组织有关单位对全地区食品市场开展联合检查。先后印发了《进一步加强食品安全工作的通知》、《六一节期间日喀则地区食品安全工作方案》、《日喀则地区旅游市场食品安全联合检查方案》、《国庆、中秋节期间食品安全工作方案》等，切实保障了全地区重大节日期间食品安全。

四是搭建食品安全信息沟通平台。以自治区食品安全网和日喀则地区食品药品监督局网页为平台，加强与各成员单位之间的沟通交流，及时了解成员单位食品安全工作动态和存在的问题，并共同协商解决。全面收集和整理各县（市）和各成员单位上报的相关信息，编制本地食品安全动态24条，并及时将动态报送上级有关部门、各成员单位和各县（市）人民政府、卫生局。

五是继续推动谢通门县自治区级食品安全示范县的建设工作。全地区以谢通门县创建自治区级食品安全示范县为契机，探索农牧区食品安全监管有效机制。日喀则地区食品药品监督局会同谢通门县政府联合编制藏汉双语食品安全宣传册，向全县农牧民家庭发放，引导农牧民摒弃陋习，倡导科学的饮食习惯。

【全面启动“两网”建设示范县工作，推进“两网”建设药品的电子化管理】全面启动了全地区药品“两网”建设示范县工作，对示范县8个乡（镇）42个行政村药房药库的软硬件进行了系统的改造，投入近20万元专项经费，配置了10台电脑、电脑桌、8台打印机和47个药柜药架等设施设备用于改善农牧区药械管理，调整了药品协管员及信息员队伍，加强了对农牧区涉药人员的培训工作，目前接受培训人员达30多人次。为了对基层“两网”药品进销存环节实施动态管理，以“两网”示范县聂拉木县为试点单位，日喀则地区食品药品监督局开发了“药品进销存管理系统”，并于2009年6月起将此系统运用到聂拉木县的药品进销存管理工作中。有望顺利通过自治区局的年终验收。

日喀则地区林业工作

【狠抓造林绿化，努力改善生态环境】2009年日喀则地区各类造林任务为129262.5亩。根据地县两级检查验收：全地区共完成各类造林148305亩（雨季造林2950亩），完成率为115%。其中重点区域生态公益林建设造林62898亩，完成率为98%；周边(含扩大内需防护林建设项目)造林16273亩，完成率为96%；退耕还林荒山造林（封育）40000亩，完成率为100%；补植补造8270亩，全民义务植树20388亩，完成率255%；育苗476亩，完成率95%。

【积极开展专项行动】为切实加强对森林和野生动植物资源的保护工作，维护生态平衡，2009年来，共受理案件24起，查处案件23起，其中行政拘留7人，行政罚款17人，行政警告9人。没收非法运输、盗伐林木22.8立方米、30块板皮，没收野生动物14头（只），野生动物制品7件，罚款2.04万元，为国家挽回经济损失2.98万元。

【全力投入森林防火工作】2009年3月6日召开了地区森林防火工作会议，会议对2009年森林防火工作进行了全面安排部署，会上，行署与五个有林县签订了2009年至2010年森林防火工作目标管理责任书。为贯彻会议精神，强化防火工作，日喀则地区林业局先后6次下发通知安排部署森防工作，多次下派工作组深入5个有林县督促检查森防工作，对重点火险区域进行重点检查，发现问题及时提出整改意见。为进一步增强广大群众的防火意识和法制观念，加大宣传力度，共发放宣传单24500张，讲解防火安全常识，增强了群众的防火意识。森林防火紧要期，武警日喀则森林大队整装待发，一有火情，随时准备、奔赴林区火灾现场。开展森林防火工作，为森林资源安全和林区稳定做出了贡献。

2009年3月中旬，尼泊尔和不丹国多处相继发生火灾，给全地区4个边境县相邻林区造成极大危胁。针对这一紧急情况，地委、行署领导高度重视，分管专员亲临防火第一线指挥作战，日喀则地区林业局和有关县立即启动森防预案，采取有效措施防止境外火入进。

【强化资源林政管理】严格执行森林采伐限额制度。根据自治区林业局下达的2009年度木材生产计划，结合地区森林资源现状、把薪炭材和竹材采伐计划纳入森林采伐限额管理，2009年共下达有林县薪炭材1.35万立方米（比自治区计划减少0.65万立方米），竹材15万根计划，同时跟踪检查监督采伐限额的执行情况，杜绝超限额采伐现象的发生。根据自治区局对亚东县灾区重建家园所需木材的批复，在亚东境内预留商品材区域中采伐18户受灾户所需木料270立方，做到了严格监督管理。

开展征占用林地检查工作。按照《西藏自治区林政管理办法》，继续加强了林区修建道路、开采矿等工程建设征占用林地的跟踪检查监督和手续补办工作，2009年全地区未发现非法征占用林地情况。

加强公益林管护工作。截止目前全地区纳入中央森林生态效益补偿基金项目的国家重点公益林和地方公益林总面积达1786.15万亩。各级林业部门严格执行中央、自治区森林生态效益补偿基金项目管理办法，切实加强国家重点公益林、地方公益林管护工作和补偿积金的落实兑现工作，2008年度重点公益林生态效益补偿基金管护费全部落实兑现完。

【做好野生动物疫源疫病监测工作】积极发挥各管理站和监测站、点的作用，继续加强黑颈鹤，藏羚羊等保护动物的巡护和疫源疫病监测，特别是做好野生候鸟高致病性禽流感等疫情监测工作，认真落实责任，指定专人负责管理，实行24小时值班制度和日报告制度，未发现候鸟等重点保护动物非正常死亡。

【做好湿地自然保护区项目工作】地区林业局完成了全地区湿地基本情况摸底调查工作，并编制了西藏日喀则地区湿地保护与发展规划大纲，拟计划到2020年全地区建立10个林业湿地保护区，规划湿地面积355772.91公顷。完成了多庆湖国家湿地公园建设项目专家调研和再次论证。马泉河和桑桑湿地保护与恢复项目通过了自治区级评审。委托区外科研部门完成雅江中游河谷黑颈鹤国家级自然保护区二期工程可研编制。

日喀则地区水利工作

【**固定资产投资稳定增长**】2009 年，地区给下达的基本建设项目投资目标任务为 3.46 亿元。截止 2009 年 9 月底，开复工水利基建项目共有 32 项，总投资 45814 万元，其中续建项目 13 项，总投资 14012.44 万元；新建项目 19 项，总投资 31802 万元。共到位投资 34517 万元；目前，共完成水利固定资产投资 30814 万元，占年初目标任务的 89%，其中基建投资 27111.2 万元，农田水利基本建设及微型电站建设等完成投资 3019.4 万元，防汛抗旱补助资金 683.4 万元。预计到年底全部工程项目建设可完成水利固定资产投资 3.5 亿元，占年初目标任务的 101%，2009 年完成投资比 2008 年完成投资(2.55 亿元)增加了 0.95 亿元，增长了 37%。

全年，通过水利工程建设，新修建城市防洪堤防 18.79 千米，保护 23676 人，农田 3.6 万，林地 600 亩；修建防渗干渠 111.86 千米，改善农田灌溉面积 12.39 万亩；通过病险水库的除险加固，改善库容 231.8 万立方米；解决了 8.82 万人的饮水安全问题；新增电力装机容量 3490KW，新增解决 2 个乡镇、16 个行政村 1191 户 5621 人的用电问题，改善 2765 户、8965 人的用电条件。

以上建设项目中 2008 年年底及 2009 年中央新增投资项目有 7 项，即为饮水安全项目、年楚河二期白朗段（33+598.2～45+598.2）、南木林县城区防洪二期工程、康马县涅如 4 号干渠续建配套与节水改造工程、满拉水库龙马河水土保持综合示范工程、亚东县二级水电站及江孜县达藏干渠工程。7 项工程批复总投资为 20081.27 万元，目前完成投资 14308 万元，到位资金 16832 万元。

【**工程建设进展顺利**】13 个续建项目（包括 1 个中央新增投资项目）到年底基本可完工。10 个新建项目（包括 6 个中央新增投资项目）都陆续开工建设，其中除杰水库、亚东县二级电站、农村安全饮水工程外，其余 7 个工程年内可以完工。完成了聂拉木县门曲电站、岗巴县贡巴楼电站、江孜县雅堆干渠工程及拉孜县城区防洪二期工程的初步验收，有 6 座病险水库的除险加固工程完工待初验。另外有 2 座病险水库除险加固工程和其他 8 个（包括 6 个中央新增投资项目）项目年内可完工。

【**认真抓好水利规划与项目前期工作**】进一步完善了“十二五”水利规划领导小组，初步形成了规划思路和水利规划项目库。完成了“十一五”水利规划中期评估报告，完成了“十二五”规划县城防洪堤，中小河流江河治理、病险水库、冰湖治理等工作，完成了小型农田水利项目“十二五”规划。年内，全地区湘河流域综合规划工作取得了实质性进展，拉洛水利枢纽及配套灌区工程的前期工作共完成了 18 个专项报告，待上报水利部审查。

2009 年，紧紧围绕年初制定的年度项目前期工作任务，积极推进县城防洪、灌区续建配套工程、无电地区规划项目等 180 项目的前期工作进度，主要包括 2009 年计划至 2010 年计划项目的前期工作。2009 年实际完成了 72 个项目的前期工作（包括 2009 年未开工项目的前期工作，2010 年、2011 年计划项目的前期工作），其中完成了 49 个项目的初设，完成了 22 个项目的可研，完成了 1 个项目的项目建议书。项目前期质量水平也有了进一步的提高，以上 72 个项目都通过了自治区审查，包括 8 个县城区防洪堤工程初审、3 座病险水库以及昂仁县秋窝等 11 个中小河流治理初步审查。

【**积极做好农水农电建设工作**】2009 年，着力在改善民生上下功夫，重点抓好渠系配套、维修加固等农田水利基础设施建设，加强小型农田水利工程维修、清淤、水毁修复工作。到目前，全地区小型农田水利工程维修、清淤、水毁修复率达到 90%，已完成投资 3800 万元，完成投工 71.18 万个，完成土石方量 91.64 万立方米，顺利完成渠道清淤总长达 4200 公里，修复水毁工程 589 处，新建维修水塘 5 处，新增蓄水能力 6.87 万立方米，新增灌溉面积 0.26 万亩，新增节水灌溉面积 0.17 万亩，改善灌溉面积 18.76 万亩。

2009 年有 4 座微型水电站开工建设，10 月底完工并初步验收，分别是定日尼辖水电站、萨迦县嗒村水电站、聂拉木县白玛曲林水电站、定结县康孔水电站，4 座电站总装机容量 295KW，总投资 555.42 万元，供电效益可以解决 6 个村 2 个自然村 375 户 1872 人的用电问题。

2009 年申报两批小型农田水利项目，第一批编报自治区补助项目投资 1600 万元，国家补助投资 1800 万元。已批复项目共 24 处，总投资 2560.5 万元，其中自治区补助投资 950 万元，新增灌溉面积 1.038 万亩，改善灌溉面积 6.197 万亩，受益人数 2.2296 万人。第二批编报 2009 年国家“民办公助”项目共 8 处，总投资 685.8 万元，其中国家补助投资 335.21 万元。另外，编制申报地区支农项目 18 处，总投资 404.21 万元，其中地区补助投资 225 万元已下达。

【**全面做好防汛抗旱工作**】2009 年日喀则地区先后发生了旱灾、病虫害、山洪泥石流等多种自然灾害。在地委、行署和水利局党组的正确领导下，立足于“防大汛、抗大旱、抢大险”，坚持“安全第一、以防为主、防抗结合、有备无患”的十六字工作方针和“人民至上、生命至上、安全至上”的原则，及早安排部署，统一指挥，科学调度。全面提高了地区防汛抗旱能力，有效地降低了旱涝灾害损失。

【**稳步推进农村安全饮水工作**】2009 年共有三批中央新增农村饮水安全项目，计划完成国家投资 11465 万元，解决全地区 10.298 万人、51.492 万头（只、匹）牲畜的饮水安全问题。到年底，中央新增农村饮水项目已经落实中央资金 11465 万元，解决了全地区 8.8 万人、44.1 万头（只、匹）牲畜的饮水安全问题，为建设新农村、改善民生、保障民生发挥了重要保障作用。其中，第一、第二批中央新增项目建设任务全部完成，完成国家投资 5978 万元，解决了全地区 11 个县的 229 个村、8348 户、5.4 万人、27 万头（只、匹）牲畜的饮水安全问题；第三批国家投资为 5487 万元，于 9 月开工建设，计划建设 275 处项目点，解决全地区 18 个县（市）275 个村、8175 户、

4.9 万人及 24.5 万头（只、匹）牲畜的饮水安全问题，第三批中央新增项目建设任务预计年底完成 3840.9 万元，为第三批计划总投资的 70%，解决了 5.7 户、3.4 万人、17.1 万头（只、匹）牲畜的饮水安全问题。康马县嘎拉乡供水工程也正在建设中。

为了加快农村安全饮水工程建设进程，完成了各县 2010 年至 2013 年农村饮水安全规划报告的编制，完成了 18 年县（市）中小学校饮水安全问题排查工作。及时完成了全地区新增农村安全饮水项目的统计工作，配合自治区扩大内需办完成了全地区新增农村安全饮水工程的资金落实工作。为保证项目建后能充分发挥效益，加强了对工程建设及建后运行管理的监督检查工作。

日喀则地区电信工作

【业务收入出现负增长】2009 年，受拉萨“3·14”事件和四川汶川大地震的后续影响以及市场竞争的进一步加剧，固网语音业务继续持续下滑，业务收入出现负增长。2009 年，在中国电信集团公司的统一安排和部署下，各经营单位面对市场压力，积极应对竞争，坚定不移地稳定经营服务基本面，全面开展“预存话费送手机”活动，全面推广 e6、e8 套餐签约用户，确保集团统一品牌的落地，积极营销好易通（9），VPN，超级无绳等重点业务，积极拓展移动 C 网用户，坚定不移地夯实服务基础，规范服务流程，创新服务手段，提升服务能力，全面贯彻落实服务“十七条”，坚定不移地执行六项服务承诺，着力提升营业厅“服务四力”。预计到 2009 年底中国电信集团公司日喀则分公司（以下简称日喀则分公司）固网和 C 网通信业务合并收入完成年度计划的 95.85%。

【资源配置进一步优化，运营效率不断提高，网络维护工作基本稳定】围绕企业转型战略目标和网络发展滚动规划，主动调整投资结构，控制投资规模，严格执行资本性支出集中归口管理制度，规范和强化固定资产投资的申报与管控，改善投资预算执行的均衡性。2009 年分公司网络运行质量良好，全年未出现重大网络中断事故。

【基础设施建设进一步完善，网络覆盖率进一步提高】预计到 2009 年底，日喀则分公司新建 C 网基站 143 个，累计达到 192 个，“乡乡通”光缆工程新建 24 个，累计达到 155 个，完成率达到 77%，好易通基站累计达到 137 个。截止到 2009 年底，日喀则分公司的移动网络已经覆盖了日喀则地区所有县（口岸），重点旅游景点，特别是 5 月 1 日天翼 3G 成功覆盖世界最高峰珠穆朗玛峰，真正实现了在日喀则地区随时随地畅游天翼 3G。

【进一步落实安全生产责任制】分公司进一步落实安全生产责任制，强化安全保卫和综合治理工作，推进平安电信建设。分公司按照《日喀则市 2009 年地（中、区）直、市直各单位社会治安综合治理目标管理责任书》的具体要求，结合日喀则分公司的实际，坚持“安全第一、预防为主”的方针，在节假日和敏感时期，分公司积极启动应急预案，实行 24 小时领导带班和员工值班制度，确保了分公司通信畅通，员工稳定，为构建社会主义和谐社会做出了突出的贡献。

日喀则地区国土资源管理工作

【认真开展“保增长、保红线”双保行动】双保行动中全地区坚持了“三个做到”：做到以保红线为前提，坚持最严格的耕地保护制度，坚持节约集约用地，坚守全地区 204 万亩耕地红线不动摇；做到以保增长为目标，全面贯彻落实土地调控政策，搞好用地管理服务，及时为各类项目特别是扩大内需重点项目和 180 项目用地提供土地保障；做到以强化管理为保障，严格执法监管，严格违法违规问责，确保土地管理规范化。目前，全地区的“保增长、保红线”双保行动正在有序稳步开展中，并逐步在服务日喀则地区经济、保障经济发展、应对金融危机中发挥出积极的作用。

【加强土地产权管理，打好土地管理的基础】2009 年，针对全地区只有 9 个县单独成立了县国土资源局，还有 9 个县国土资源管理工作挂靠县发改委，有些县土地登记人员没有土地登记上岗资格证等实际情况，经局长办公会议研究决定除日喀则市国土资源局继续负责市区土地登记发证工作外，将“土地登记”发证工作下放给设有独立的国土资源管理机构、具有土地登记上岗资格证人员的江孜、白朗、康马、拉孜、聂拉木、仲巴等六县，要求这些县国土资源局按照“谁登记、谁负责”的原则，在土地权属来源合法、面积准确、四至清楚、无土地纠纷情况下，认真做好土地登记发证工作，日喀则地区国土资源局将不定期组织人员对上述县的土地登记工作进行检查。其他条件不成熟的县土地登记工作仍由地区国土资源局把关复审，经复审无误后由地区国土资源局颁发《国有土地使用证》。

全年在日喀则地区国土资源局地籍管理工作的业务指导下，各相关县局都能认真按照新颁布的《土地登记办法》和“归属清晰、权责明确、保护严格、流转顺畅”的现代产权制度，坚持属地登记的原则，依据技术规范和程序，认真开展土地登记颁证工作。全年经日喀则地区国土资源局审核把关备案的各县发放的国有土地使用证为 108 本。

【落实最严格的耕地保护制度，切实保护耕地】2009 年日喀则地区国土资源局仍然把保护耕地特别是保护基本农田工作继续摆在国土资源管理工作的首位长抓不懈，认真将自治区政府与全地区签订的耕地保护责任目标书中耕地保护面积 204.73 万亩的考核指标量化分解落实到 18 个县（市），并做到了各县（市）也与乡镇逐级签订耕地保护目标责任书。同时，有关耕地保护、特别是基本农田保护方面的规定和文件要求得到了很好的贯彻落实，坚守住了 204 万亩耕地红线不突破的任务，得到了自治区耕地目标责任制检查组的好评，被自治区授予地（市）级政府耕地保护目标责任考核第三名。

【继续全面落实经营性用地招标拍卖挂牌出让制度和工业用地最低标准制度】

地区公开挂牌出让3宗土地，其中：1宗土地用途为商服用地，面积为5000平方米，土地成交价为40万元；1宗土地用途为工业仓储，面积为13333.4平方米，土地成交价为65万元；1宗土地用途为综合用地，面积为3013.31平方米，土地成交价为28.8万元。

【强化土地开发整理力度，确保耕地动态平衡】通过采取群众自行开发、争取土地开发整理项目、村庄土地整理等形式，全地区的土地开发整理取得了可观的成效。2009年全地区争取到了康马、仁布两县土地开发整理项目，现已经自治区财政厅审核下发批复。其中：康马县土地开发整理项目总投资159.31万元，项目规模为开发400亩、整理400亩。目前第一标段（开发400亩）已公开招标实施，项目已基本完成，目前正在完善中；第二标段由当地群众进行施工，项目正在实施阶段，预计11月中旬结束。仁布县土地开发整理项目总投资175万元，项目规模为土地整理1212.47亩。项目将分两个标段进行公开招标，现已在招标网正式开标，10月8日前实施项目。在此基础上为进一步加大全地区土地开发整理力度，日喀则地区国土资源局已向区国土资源厅上报了岗巴县、聂拉木县、南木林县等土地开发整理项目的立项报告。

【依法做好矿业权管理工作，有效保护和合理开发利用矿产资源】一是继续巩固整顿和规范矿产资源开发秩序成果，认真开展打击、取缔无证和越界探矿采矿等违法行为，严厉查处“圈而不探”、“以采代探”行为，及时调处因矿产资源开发而出现的群众与勘查开采单位之间的矛盾纠纷，维护正常的矿产资源勘查开发利用秩序。全年依法处理了西藏地勘局第六地质大队的南木林县土布加铅锌矿、南木林县普桑果多金属矿地质勘查和西藏地勘局第五地质大队的仲巴县帕江多金属矿勘查三起群众与勘查单位纠纷事件。特别是地区行署抽用日喀则地区国土资源局一名副局长长期蹲点在谢通门县雄村铜矿区，负责协调解决西藏天圆矿业公司与当发群众在补偿及社区建设等方面的矛盾问题。在矿群矛盾处理上得到了自治区白玛才旺主席及相关领导的好评。二是多次派工作组深入矿区检查指导工作。主要是掌握全地区矿产资源勘查开采工作开展情况、矿山安全及青藏专项相关的协调配合情况，查处各类矿产资源开发利用中的违法违规行为；三是为了促进全地区地质勘查工作，日喀则地区国土资源局主动与西藏自治区地勘局联系，召开了日喀则地区与西藏地勘局及地质勘查队工作座谈会，签署了加强日喀则地区地质勘查工作的协议，协议中明确了地勘队伍与地方政府之间各自的责任和义务；四是依法进行矿业权日常管理工作。全年共注册登记勘查点100多个，颁发小型非金属矿采矿许可证2个，继续按照《矿产资源补偿费征收管理规定》，认真开展矿产资源补偿费征收工作，并积极探索开展以非金属矿为主的矿业权有偿出让工作；五是认真组织开展了矿权实地核查工作和储量核查工作。全地区共有19个矿山已按要求完成了矿权核查，并且配合自治区测绘局、国土资源厅矿管处，成功在日喀则召开了矿业权实地核查现场工作会，矿权实地核查工作走在了全区的前列；六是日喀则地区国土资源局与西藏扎布耶高科技锂业股份有限公司洽谈并协商处理了公司发展与地方利益的相关问题。

日喀则地区旅游工作

【超额完成各项任务指标，旅游质效大幅提升】2009年超额完成各项经济指标，旅游总收入5.4亿元，同比增长238%；接待国内外游客84万人次，同比增长108%；接待入境旅游者3.4万人次，同比增长183%。

【旅游项目开发建设进展顺利】在全地区18个县市景区点，建设和安置29个旅游环保厕所和132个旅游标识标牌，共计3000多万元的旅游基础设施建设项目。目前已完成了地区32块旅游导示牌、3座旅游环保厕所的建设工作。自治区旅游发展资金确定的全地区20个以各旅游重点县市的旅游规划和旅游特色县乡规划项目正在积极落实。2009年日喀则地区旅游局将努力完成以地区游客集散中心为代表的旅游基础设施建设，白朗县国家级农业旅游示范点正在积极申报之中，共争取到山东省援藏旅游财政拨款60万元。三处（拉萨贡嘎、拉萨火车站、日喀则迎宾口）大型户外旅游宣传广告牌顺利完成。

【加大管理力度，提高接待能力】取消了旅游定点制度，实施旅游星级制度管理，加大了旅游星级饭店的评定工作和农牧民星级家庭旅馆的评定工作，行业管理进一步规范，旅游服务水平进一步提升。2009年全地区共有64家农牧民家庭旅馆被评为星级标准（其中14家家庭旅馆达到金星标准，15家家庭旅馆达到银星标准，35家家庭旅馆达到铜星标准），一方面解决了农牧民就业问题，另一方面旅游从业人员的素质及旅游服务水平也有了明显提高。2009年新评星级饭店9家，其中四星级3家、三星级3家、二星级2家、一星级1家，全地区星级饭店已达到40家。2家星级酒店有望年底被评为四星级旅游酒店，填补了全地区没有高档次酒店的空白。

抓住机遇，开发独具特色的旅游纪念品。在地区去年成功举办首届农民手工业“十大能工巧匠、十大最具市场前景手工制品活动”后，农牧民群众参与旅游纪念品研制、生产和销售积极性空前高涨，2009年6月份全区举办的首届旅游纪念品大赛活动中全地区旅游纪念品荣获了1个金奖（六个地区唯一）、3个银奖、3个铜奖、1个组织奖共八个奖项的优异成绩。

【创新宣传营销方式，深度拓展旅游新老市场】以“珠峰家乡日喀则”为主题，以民俗文化为主线，加大了以突出日喀则旅游整体形象的宣传促销力度。一是积极组织人员参加大连旅游交易会和哈尔滨贸易洽谈会、重庆旅游博览会等。在有影响的《畅游神州》、《东方之旅》等杂志上分别刊出日喀则旅游彩色专刊，方便了游客到日喀则出游。同时充分利用网络优势，在新浪网上开展网络视频、图文旅游宣传等。二是针对一些潜在的客源地进行了宣传促销，积极参加上海国际旅游交易会、大连旅游交易

县委书记农军下乡调研

县长赵兵深入文布调研

中海油考察团一行与尼玛县领导干部合影

尼玛县中学开设多媒体课

尼玛县办公楼

李素芝带队的军区总医院在双湖区开展送医送药活动

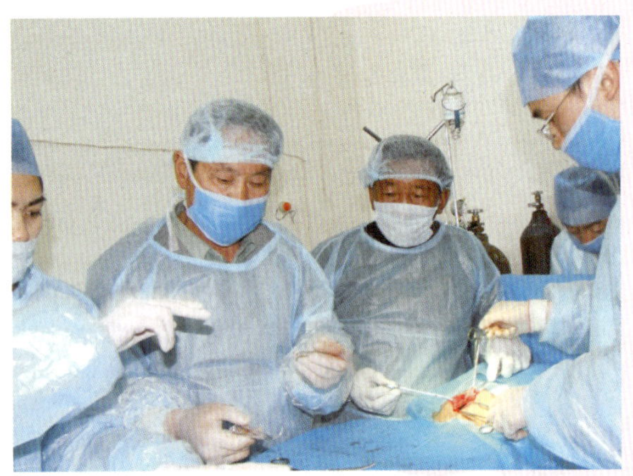
李素芝在双湖区为病人做手术

嘎玛、李素芝、多吉坚赞看望双湖区学生

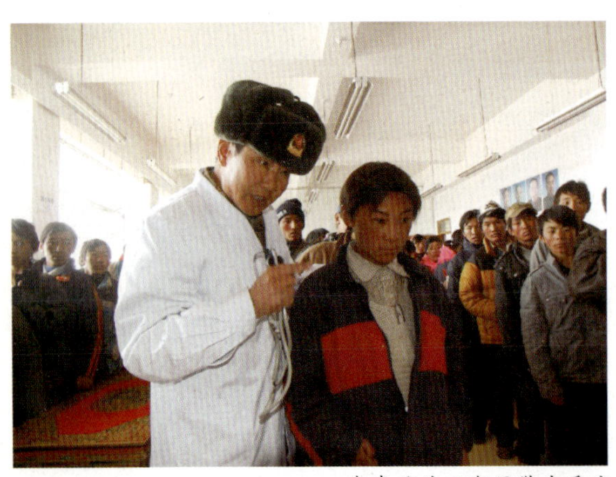
李素芝为双湖区学生看病

李素芝为双湖区群众看病

建国60周年、西藏民主改革50周年纪念活动

地区文艺团在双湖区开展送戏下乡活动

2009年新建的农家书屋

中石油援建的双湖区党政会议中心

整齐的干部职工周转住房

勤劳的牧民群众正在捕捞卤虫卵

新建的疾控中心

中尼警方会晤

迎藏历新年团拜会

庆祝西藏百万农奴解放纪念日

西藏公安边防总队慰问演出

宣传党的惠民政策

普兰县十届人民代表大会第三次会议

2009年经济工作会议

普兰县政协第六届三次会议

全区第二批深入学习实践科学发展观活动普兰县动员大会

庆祝西藏百万农奴解放纪念日

普兰县细德优质白糌粑

县委书记李建华

县委副书记、县长 次仁扎西

国家地质公园—札达土林

古格遗址

札达县托林广场

札达县蔬菜大棚喜获丰收

札达县蔬菜水果品种繁多

札达县通县油路全面贯通

噶尔县县委书记张宇

噶尔县县长索朗次仁

牧场

日土县委书记李龙检查指导寺庙工作

日土县委副书记、县长罗庆伍

日土县民兵应急分队在演示盾棍术

日土县"彩色周末"活动

日土县"电视进万家工程"受赠仪式

日土县"广场文化"活动

日土县夜景

日土县"四化"工程齐力改善环境，打造美丽高原边城

县委书记张学营、县长扎西措姆视察人工种草基地

县长扎西措姆视察白绒山羊培育基地

三大班子主要成员视察项目建设情况

革吉县民族服饰

革吉县政府办公大楼

野生动物—野驴

岩画

革吉县城一隅

联通援建的宾馆

革吉县城全景

措勤县党政综合楼

措勤县广播电视综合办公楼

措勤县文化活动中心

措勤县扎日南措

全国政协副主席、中央统战部部长杜青林莅临米林视察工作

中央统战部常务副部长朱维群在米林县南伊珞巴民族乡调研

2009年7月31日，内蒙古自治区政协主席、中央深入学习实践科学发展观活动巡回检查组第五组组长陈光林一行莅临米林检查指导工作

福建省省委常委、秘书长杨岳莅临米林检查指导工作并看望援藏干部并指导工作

区党委常委、纪委书记金书波同志莅临米林检查指导工作

米林县举办2009年珞巴民俗暨藏医药文化旅游节

自治区副主席次仁一行工作组到墨脱县检查指导工作

自治区副主席次仁在县委书记张国玖、行署副专员刘来兴、县委副书记、政府县长欧珠多吉陪同下在墨脱调研

副主席次仁视察墨脱县柠檬种植户

副主席次仁视察墨脱县电站建设情况

自治区副主席次仁在墨脱县调研农牧民香蕉种植

县委书记张国玖到乡村视察工作

县委书记刘革生

县委副书记、县长欧珠多吉

县委书记刘革生到德兴乡调研慰问

欧珠多吉县长到达木珞巴民族乡调研安居工程进展情况

墨脱县邮政局开业大典

墨脱县"两会"胜利召开

自治区党委书记张庆黎莅临朗县视察工作

县委书记张维船（左二）深入乡镇调研

县委副书记、人大主任张金林（右一）视察经济林木

县委副书记、县长达瓦（右二）在地区举办的特色农牧业观摩现场

县委常委、政协主席永佳（左一）慰问困难老人

朗县新区

朗县纯天然核桃油

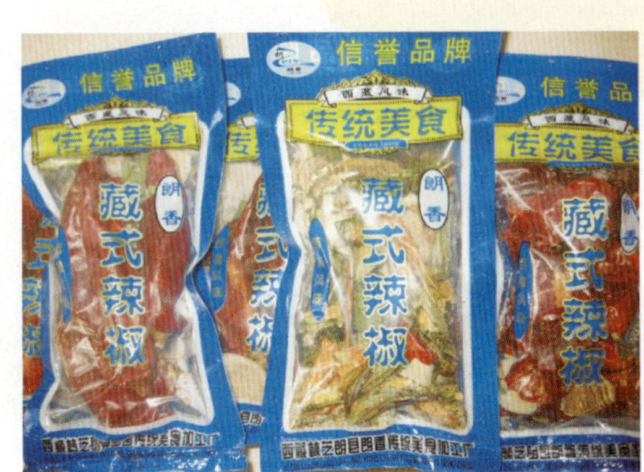

朗县美味辣椒

会和重庆旅游博览会等，共发放各种宣传资料5万份。同时，充分利用哈尔滨贸易洽谈会和旅游招商推介会的有利机遇，整体包装推介，促成了一批在谈项目，同时也是一种很好的形象展示。三是完善了旅游咨询服务中心的宣传功能。2009年，强化了网络宣传，日喀则旅游网重新改版后，内容更加丰富，信息量加大，可视性增强，网络宣传的特点得到了充分的发挥。四是加强了旅游宣传品的设计制作。对日喀则市区主要路段、宾馆饭店更新了《日喀则市区景区(点)导游图》，印制了《珠峰家乡日喀则》光碟、《日喀则旅游画册》、《日喀则旅游指南》、《日喀则旅游扑克牌》等宣传品，即方便了广大来日喀则的游客，也使全地区旅游资源及形象得到了集中展示。五是通过举办“全球通藏族佳丽——2009年西藏旅游形象大使大赛”日喀则分赛区评选活动，达到了推广日喀则旅游品牌，用传媒来拉动市场，聚焦日喀则旅游目光的目的。

【办好两节异彩纷呈，节庆活动助推日喀则旅游】一是地区旅游局积极组织第八届珠峰文化旅游节旅游组各项活动，认真安排，8月18日在拉萨成功举办日喀则珠峰文化旅游节旅游推介会，吸引了全区60多家旅游商户参加，推介会的成功举办，达到了广交客户，深化宣传，提升效应的目的。在8月26日至28日珠峰文化旅游节期间日喀则地区旅游局举办的民间民俗展示活动，吸引了大量国内外游客，反映强烈，效果明显。珠峰文化旅游节不仅为国内外游客提供了良好的文化大餐，而且领略了后藏独特的民间手工艺品和独具后藏特色的旅游纪念品，圆满地完成了组委会交给的光荣任务，得到了各级领导和广大游客的一致好评。二是为了扩大日喀则的知名度，配合自治区旅游局做好第十二届中尼经贸洽谈会旅游宣传促销活动的举办，日喀则地区旅游局积极配合，工作扎实，各旅游单位在经贸洽谈会上广为散发宣传片，加大了营销力度，收到了良好的旅游推介效果。两个节庆共吸引海内外游客5.5万多人次，旅游收入1474万元。

珠峰自然保护区管理工作

【按照“以钱养事、以事养人”的原则，全面完成珠峰湿地保护建设任务】一是根据珠峰自然保护区湿地保护建设项目的要求，针对保护区自我发展能力弱，保护区对象分布广泛以及建设任务艰巨等实际情况，为使珠峰自然保护区湿地项目对保护区生态平衡、人与自然和谐发挥最大效益，召集珠峰四县主管县长及管理分局局长，开展了珠峰湿地保护项目阶段性研讨会，会上根据湿地保护项目阶段验收的要求，结合各县分局的实际，各分局做了项目进展情况汇报，并提出了存在的问题和下一步的要求。6月中旬，对“珠峰保护区湿地保护和恢复工程项目”进行了全面的自验，并对部分需进一步完善的问题提出了加强和改进意见。二是认真实施完成总预算投资为1408.7万元，涉及32个子项目的珠峰保护区湿地封育和恢复工程等项目。主要以湿地封育5906公顷，湿地恢复(包括引水渠、导流堤、蓄水堰)4461.1公顷为主。三是2009年9月22日至28日由项目业主、地区发改委、地区建设局质检站、四县管理分局、县财政局、县纪检委、项目监理等部门组织进行了珠峰湿地保护项目的终验。四是根据自治区发改委、自治区林业局的要求和保护区的实际情况，召集保护区四县分管县长分局负责人全面部署了珠峰湿地保护工程的后续建设和设备管理工作。通过湿地保护项目的严格程序，从根本上扭转了重项目前期审批，轻后期验收和管理的被动局面。

【争取林业项目，开展保护区生物多样性保护和本底资源调查工作】2009年珠峰自然保护局筹集资金140余万元，与自治区科技厅和有关院校合作启动了珠峰自然保护区环境监测与以植物为主的本底资源调查评估等基础科学研究；此外安排科研项目资金80万元，完成珠峰保护区地理信息系统和办公自动化建设工程，为使保护区管理水平跻身于全国先进自然保护区行列奠定了良好的基础。并安排了与区科技厅合作实施生物多样性保护观测站、本底资源调查研究和地理信息系统续建工程等。

【争取环保资金，加强保护区管护设施建设】按照环境保护与管护能力建设的要求2009年积极争取预算总额为100多万元的自治区环保项目。5月初，召集四县珠峰分局局长召开了项目布置会，专门安排了保护区科研、环保等项目工作，到目前已安排44万多元，完成定日岗嘎和吉隆贡当新建2个管理站建设和保护区新建4个环保厕所任务。

【科学规划、合理编制，为保护区建设提供科学依据】珠峰自然保护局与国家林业局调查规划研究院合作组成调研组于4月7日至16日深入珠峰保护区四县(定日、聂拉木、吉隆、定结)，紧紧围绕生态环境保护与区域经济发展这一主题，开展了为期10天的实地调研工作。完成了“珠穆朗玛峰示范自然保护区建设实施方案”野外调查课题，4月17日，调研组邀请地区林业局、地区旅游局等相关部门的领导及专家，就如何建设“自然的珠峰、科学的珠峰、丰富的珠峰、和谐的珠峰、洁净的珠峰”进行了为期一天的研讨，并对制定“珠穆朗玛峰示范自然保护区建设实施方案”，提出了许多建设性意见和建议，有效提升了方案的前瞻性和可行性。并年底将要完成投资近3500万元-4000万元的示范保护区建设实施方案。

【加强与国际和作关系，以项目的拉动促进保护区经济发展】2009年继续加强自治区林业局与关心世界组织的合作关系，从5月20日至8月12日实施完成了群众盼望已久的聂拉木县冲堆村农用桥梁建设项目。总投资达60万元(其中关心世界组织投资54万元，群众劳务投入6万元)，桥梁总长43米。通过实施该项目，有力地解决了该村135户、800多人和1700多头牲畜过往难问题，方便了当地群众的生产生活。

【进一步加强了区内旅游业的发展】一年来进入珠峰景区的国内外游客预计达38224人次，其中国内游客27844人次、国外游客10380人次，各种车辆11264

台次，实现旅游收入1200万元，游客人数与旅游总收入预计创历史最高纪录。

日喀则地区科技工作

【年度综述】2009年，地区科技局按照“12213”科技工作思路，精心组织，周密部署，狠抓各项工作措施的落实，把农牧民增收作为突破口，始终坚持以特色产业发展，生态环境保护，科技成果转化，提高农牧民科技素质为抓手，以引进、吸收、转化、示范推广科技成果为重点，以提高自主创新能力和服务“三农”水平为着力点，按照年初制定的工作计划。2009年，自治区项目2个，资金710万元；6省市援藏项目投入595万元；地区项目27个，资金200万元，总投入1505万元。总投入增长近500万元，同比递增近50%。按照项目管理程序和要求，配合自治区科技厅，2009年完成了2008年度地区26项重点项目的验收考核，达到了预期效果。

【科技工作情况】由地区科技交流中心，地区农科所、日喀则市、白朗、江孜县科技局共同承担的，总投资90万元，自治区重点科技项目——年楚河流域优质青稞高产栽培种植及产业化示范，现已通过自治区科技厅验收，项目验收达标，将带动地区特色经济向产业化、规范化和标准化发展，使青稞种植及加工产业逐步实现区域化，并为全区提供稳定的优质青稞良种奠定了基础。

总投资680万元，首次实施了由科技专家负责制项目——日喀则地区种植业结构调整与农区高效养殖技术集成化与产业化发展重点项目已获自治区科技厅批准立项，该项目的实施对科技富民和提高科技管理水平起到了促进作用。

申报自治区重点科研项目23个，总投资为100万元。目前，各项准备工作就序。

农牧民科技特派员工作进展顺利，全地区新报已批农牧民科技特派员360名，分布于日喀则市、江孜、白朗、谢通门、定日、萨迦、南木林、昂仁、拉孜等九县（市），落实农牧民科技特派员培训资金30万元，现已全部到位，为相关县（市）开展专项培训活动提供了保障。截止6月30日，全地区共有所批科技特派员568人，其中农牧民科技特派员为389人，尤其是以农牧民为主的科技特派员的聘用，架起了传播科技与交流的永久性桥梁，这批乡土人才。在城乡经济发展中起着即是致富带头人，又是精神文明建设的宣传员。

为树立农村科技致富典范，使其达到以点带面的辐射效果，引导群众依靠科技和勤奋走上富裕之路，按照自治区科技厅推荐农村致富带头人评选标准和要求，运用对比的方式，并征得基层意见，推荐了江孜县奴康村村长坚参，日喀则市联乡联酥喜糌粑加工厂仁多两名同志为2009年日喀则地区科技致富带头后选人，已经行署同意，上报科技厅参加全区评选。

认真组织申报全国第三次科技援藏工作座谈会的科技援藏项目，截止目前，经国家科技部已向全国有关省市科技系统转发的重点项目需求有十项，申请投资940万元，全地区新补充申报的科技项目27项，申请投资985万元。全地区上述所需项目，目前正在沟通后衔接，为科技兴地和致富增收起到积极作用。

【科协工作情况】开展了以部门和行业学会为主体的“科技周”宣传活动，地直共三十家单位参加了此项活动，230余名科技工作者参加了布展，共例出科普报162块，宣传挂图50种300多份，横幅30多米，向城镇居民、干部职工以及青少年学生发放宣传资料125种2万余份，展出并介绍实用技术120多项，免费预防医药品60多种，15名专家为前来咨询健康知识群众免费义诊300多人次，科协工作结合学习科学发展观活动，主要开展了以下活动，一是配合科技下乡活动，与地委宣传部联合举办，深入岗巴、亚东、康马、江孜、白朗、谢通门、日喀则市等九县（市）开展科技下乡巡回宣传活动；二是与日喀则市科技局联合开展了科普知识进村入户宣传活动；三是与地区民政局在山东路繁华路段共同开展了抗灾、减灾宣传；四是举办了地区老科技工作者座谈会；五是组织编辑出版了2008年度“科技论文集”；六是按照学习实践科技发展观总体部署，组织开展科普资源调研工作；七是积极申请中国科协2009年“科普惠农兴村”重点项目六项，推荐农村科普带头人2名。

【对口科技援藏工作情况】为培育高海拔区域瓜果、蔬菜新品种，在拉孜县选派了2名高级职称的农业技术人员，在上海农科院接受专项培训。

2009年3月选派亚东县的李小喜等3名科技人员，在上海接受食用菌技术培训（为期一个月）。

2009年3月下旬，上海科技援藏。从山东省引进5000株冬枣树苗，在亚东地区中心苗圃进行适种，成活率达60%。

2009年5月投资6万余元，为萨迦县，吉定镇冲达村希望小学配建学生食堂和仓库等，解决了130名师生用餐设施。

6月20日至27日，上海科委和农科院高级研究员高清和高君辉高级农艺师，两名同志在亚东县举办20余人参加的黑木耳人工栽培技术培训班，并为下一步创建基地提出了建设性意见，并有望争取上海更多的支持。

日喀则地区教育工作

【年度综述】2009年地区教育工作的主要任务是：小学、初中分别招新生10500人、13183人，在校生分别达到66702人、38466人；完成年度“44311”“两基”任务，即完成自治区及聂拉木等4县的“普九”复查；完成地区督导对江孜等4县（市）的县级人民政府教育工作督导评估；完成地区行署对谢通门等3县的“普九”复查；完成南木林等11县的“两基”工作自查任务，全地区小学适龄儿童入学率达到99%以上，初中入学率达到92%以上；巩固提高青壮年扫盲教育工作，全地区完成扫盲5000人，青壮年文盲率控制在2%以下；普通高中招收新生4000人，在校生达到10520人，高中阶段入学率达到60%以上；大力发展职业教育，完成中职招生1000人，职业高中招生2000人；积极发展学前和幼儿教育，农牧区学前一年和城镇学前三年儿童受教育率分别达到25%、30%以上。重视和发展特殊教育，完成地区特殊学校建设，提高残疾儿童入学率。

【扎实开展迎“国检”和巩固提高“普九”成果的各项工作】2009年是全地区迎“国检”和“普九”成果巩固提高工作的关键一年，地委、行署领导深入一线调研督查，极大地促进了迎“国检”和“普九”巩固提高各项工作扎实开展。地区教育督导委员会和教育局进一步加强了对迎“国检”和“普九”巩固提高工作的指导和督促，对各县（市）迎“国检”工作进行了安排部署，截止目前，萨嘎、仲巴顺利通过了自治区“普九”复查，完成了谢通门、聂拉木2县地区级“普九”复查，岗巴、定结、仁布、南木林、萨迦、拉孜、定日等7县“普九”自查任务。截止目前，全地区小学适龄儿童入学率达到98.51%，初中入学率达到91.5%；青壮年文盲率下降到2%以下。

【狠抓学校常规管理，强化督查指导力度，努力提高教育教学质量】在每学期开学初，按照自治区教育厅有关要求，组织力量对各县（市）及直属学校全面开展了开学工作检查，对各县（市）、各学校开学准备工作、学校安全卫生管理、师生及教材到位、学校教育收费、“三包”经费管理以及教学设备使用情况等方面进行了全面细致的检查。为提高地区中小学办学水平和教育教学质量，结合地区教育实际，先后研究制订了《地区初级中学规范化学校量化考核方案》和《地区年度教育目标完成情况考核方案》。充分发挥教育行政部门对学校教育教学质量的监督职能，研究制订了《地区教育教学质量检测实施方案及实施细则》，全面开展了对各学校的教育教学质量检测工作。进一步加强了中小学生学籍管理，出台了《地区加强学生管理的补充规定》，对全地区中小学生管理工作提出了明确要求，规范化了学生学籍管理。

进一步加强了教育教学研究工作，充分发挥地区教研员在教研工作中的作用，深入各基层学校开展听课评课赛课活动，先后深入南木林县、日喀则市等县（市）中学和直属学校，开展听课评课活动达340余节，检查和指导各学校开展教学常规工作，积极组织教学交流活动，组织地（市）直各学校教研员、电教员开展计算机录入基本知识观摩课。在地区三所高中开展校际教学交流活动，评选出示范课，并深入到基层学校开展“送教下乡”活动，有力地促进了优质教学资源共享和交流。认真组织开展教师普通话测试，完成了定结、定日、昂仁、萨迦、日喀则等5县（市）各乡小学800名教师的普通话测试。努力提高《日喀则教育》刊物质量，使其真正成为传播教育信息和交流教育教学经验的重要窗口。

【以就业为导向，加快职业教育发展步伐】根据日喀则地区产业结构调整和新农村建设对人才的需求，大力调整中初级职业教育专业结构，改进人才培养模式和方法。进一步加大投入力度，加强了县级职教中心建设，南木林县、日喀则市、江孜县、昂仁县、定结县等县职教中心充分结合当地农牧民群众实际需要，开设民族绘画、木工、农机修理专业，并积极争取劳动、农牧、科技等部门的支持，为广大农牧民群众开展了农作栽培技术、木工、农机维修、缝纫、电焊、兽医、民族绘画等培训，同时为农牧民群众进行种植、养殖和科普知识宣传活动，普遍受到农牧民群众欢迎。努力完成职业高中招生目标任务，根据自治区教育厅下达的招生指标，把年度3000名职业高中招生计划分解到了各县（市）中，并督促和指导各县（市）认真做好职业高中优惠政策的宣传教育工作，积极协调解决好校舍、师资、设备等问题，完成好招生任务，巩固好现有生源，努力提高办学质量。

【抓好项目前期建设，努力改善办学条件】进一步加强项目的规划、申报，努力争取上级、援藏四省市两大企业和各有关部门的支持，进一步改善办学条件。地区三高、地区四高、江孜高中和南木林高中等4所新建高中总投资2.6亿元，其中南木林高中、江孜高中、地区三高目前正积极筹划项目前期工作，已完成土地审批和建设方案初步设计；地区二高二期改扩建（概算总投资1183万元）、地区特殊学校新建项目（概算总投资1472万元）、19所初级中学完善项目（总投资1472万元）和仲巴县等4所初级中学改扩建项目（总投资820万元）、仲巴县小学灾后重建项目（总投资2623万元）、白朗县曲奴乡完小（总投资540万元）及萨嘎等3县初级中学校舍改造项目（总投资1380万元）已完成项目前期工作，陆续开工建设，将有力地改善日喀则地区各级各学校办学条件；聂拉木等4县青少年校外活动中心建设项目（总投资1860万元）目前也已完成施工设计图纸并通过审查。同时，认真规划了教育体育事业“十二五”建设项目，把好质量关和进度关，严格按照合同工期，项目建设工作整体较好。进一步加强了项目资金管理，要求各县（市）坚决杜绝超标准、超规模、超概算现象，采取有效措施坚决防止恶意拖欠民工工资。

加强教育信息化建设，以教育信息化带动教育现代化。及时做好远程教育设备的安装调试，主动为基层学校服务，帮助他们做好设备维修和技术指导。加强对设备的管理应用，建立健全设备管理应用制度，推动了现代远程教育三种模式的普及。积极开展远程教育培训，积极开展农村中小学现代远程教育工程项目学校校长的专题培训，完成了日喀则地区40名乡村小学校长培训任务。根据对口扶贫工作的需要，对南木林县达孜乡小学教师进行了为期10天的计算机基础及教育技术能力培训。

【招生考试工作】到目前，已经顺利完成了2009年度普通高考、中考、内地西藏班（校）选拔考试、硕士研究生考试及上半年全国计算机等级考试、全国高等教育自学考试、全国中小学教师教育技术能力考试等各类组考工作，报考总人数达到14006人，其中普通高考报考人数为3566人，中考报考人数为6788人，内地西藏班招生考试报考人数为2513人。所有考试未出现重大事故，为人才选拔提供了公平、公正的环境。

【精心组织，全面普及，推动体育工作进步】进一步推动全民健身活动的深入开展，提高人民群众的身体素质，经常性地开展群众喜闻乐见、参与热情高的大型群众性体育活动。在元旦、春节、藏历新年期间，组织地市直、区直、中直机关、学校举办了第五届地区“迎新杯”足球赛，丰富了人民群众的节日生活。6月份，成功组织了首届U-13少年足球通讯赛，推动了足球运动的普及。加强了对学校体育工作的指导，完成了日喀则地区7000多名初中毕业生的升学体育考试工作。积极备战全区九届中学生运动会和全区篮球锦标赛，努力克服资金短缺等实际困难，认真组织和选拔参赛运动员，在比赛中分别取得了团体总分第四名、体育道德风尚奖、优秀组织奖等良好成绩。

日喀则地区文化工作

【突出三项活动，抓实农牧区文化建设，社会文化开展活跃】牵头组织《民改50周年文艺晚会》，发挥行业优势，广造舆论声势，利用文艺形式大力宣传民改50周年以来日喀则地区社会各项事业所取得的成就。结合科学发展观、群众性爱国主义教育和作风建设年等活动，扎实抓好企业文化、社区文化、校园文化、军营文化、农家文化、老年文化、少儿文化等群众性文化活动，组织力量对军营进行慰问演出，展示了军民共建和谐的浓厚氛围；组织地区15家单位2000多名演员举办西藏民主改革50周年大型红歌演唱会，丰富和满足人民群众的精神文化需求。整合文化资源，积极引导，强化服务意识，努力培育民间艺术团，建立各县市农民艺术队和家庭演出队，挖掘农牧区民族风情资源，积极开展民间民俗展演活动，日喀则地区业余文艺队全年演出360多场，观众达40多万人次。

先期介入，制定各项方案，组织专业人员深入各县市部署第八届珠峰文化旅游节文艺活动，力求在文艺活动形式、特色上取得突破，把珠峰文化旅游节办成为融文化、旅游、商贸为一体的“品牌节日”。本届珠峰文化旅游节，文艺演出精彩纷呈，好戏连台，展示日喀则地区欣欣向荣的新气象。大型特色民族歌舞《珠峰彩虹》正式与观众见面，传统与现代相结合，融舞台观赏性和原生态风情于一体，生动地反映了日喀则独具特色的民风民俗、民族民间歌舞、宗教文化等文化资源。18个县市参加文艺调演的80多个节目，5场文艺公演参演演员达4000余人，有力地促进了日喀则地区“四个文明”建设的协调发展，促进了经济强区的建设。

【围绕精品目标，抓实专业文艺】文艺工作紧紧围绕出精品、出人才，繁荣文艺事业为目标，一是在上海第五批援藏联络组的支持下，积极主动地与上海国际艺术节组委会协商，并签订合同，于2009年10月份组团赴上海参加第十一届上海国际艺术，期间先后参加第二届上海国际合唱节、第十一届上海国际艺术节交易演出会、高峰论坛，举行一次大型特色民族歌舞《珠峰彩虹》新闻发布会，举办两场《珠峰彩虹》专场演出，并将这些活动作为展示日喀则地区文化发展成就的新亮点，作为对外文化交流与合作的新途径，认真实施，精心打造，收到了广泛的关注和好评，获得了较好的社会赞誉，荣获优秀推介演出特别奖，还拟定了明年6月份赴俄罗斯演出的意向，有力地宣传了日喀则地区文化旅游资源。二是组织演职人员分赴各县进行“三下乡”、“送戏下乡”演出，共演出31场，观众人数达31000人次。三是组织力量开展社区、校园、军营慰问演出活动，演出12场，观众达5400余人。三是2009年8月，组织40多名演职人员赴援藏4省市开展答谢演出，表达了无私援助的无限感激之情，进一步增进了西藏与内地省市的友情。

【以普查为重点，普查申报工作有序开展，文物保护工作全面推进】一是文物安全形势明显好转。日喀则地区文物未出现文物被盗、失火等安全事故。二是积极组织开展文物普查工作。组建地区文物普查队伍，普查人从4月底开始员分赴8个县市开展文物普查（补查）工作，共调查完成409处文物点，其中新发现295处，复查点114处。三是申报、公布了一批文物保护单位。从县级文物保护单位和未核定的文物点中共申报25处文物点为自治区级文物保护单位；各县市人民政府也根据文物普查中发现的文物点的价值情况公布了一批县级文物保护单位，日喀则地区县级文物保护单位上升至110处。

【统筹兼顾，开展非物质遗产保护工作，传承民族文明】在保护、利用好日喀则地区前两批国家级非物质文化遗产名录的基础上，精心组织、科学安排、推进第三批国家级普查申报工作，从4月份开始组织普查人员先后深入4个县市7个点进行收集、整理文字、图片、影像资料，采访民间艺人10人次，拍摄录像资料近2000多分钟，制作DVD光碟30盘，录音带5盘，拍摄图片800余张，笔录文字资料近10万字，顺利完成了日喀则地区14个项目的申报推荐工作。2009年6月份，国家文化部公布了第三批国家级非物质文化遗产项目代表性传承人，我区21名传承入选，其中日喀则地区3人榜上有名，截至目前日喀则地区国家级非物质文化遗产项目代表性传承人共8人。收集非遗资料，编辑出版了三册非物质文化遗产普查成果书籍，制作了后藏珍贵的文化遗产迹象的5个影像光盘，使濒于消亡的非物质财富转化成书面形式向社会推广，使它能在图书馆、档案馆中得到妥善保护与合理使用，使之得到更广泛的流传，化为各族人民共享的精神财富。

【规范执法，强化文化市场管理，积极探索文化产业】全年，共出动执法人员1263人次，车辆367次，收缴各类盗版、淫秽及非法音像制品2015盘（张），清理删除发动手机歌曲138首、黄色手机电影153部，查处淫秽色情网站105家，收缴各类非法出版物10896件，收缴非法、盗版图书806册，没收非法出版物107册，没收非法音像出版物1420张，检查经营单位731家，责令改正32家（次），受理举报33件，立案调查2件，取缔1家，停业整顿32家，罚款4200元。4月，组织举办了日喀则地区文化市场行政执法人员业务考试，地区文化市场行政执法人员51人参加了考试，提高了文化市场行政执法人员业务素质。

【迎合市场，多措并举，积极推进图书发行销售工作】新华书店宣传推荐《科学发展观理论读本》、《中华人民共和国宪法》等理论读本 40000 余册，基本满足了人民学习的需要。中小学生的教材教辅的征订、管理和发行工作做到了上报及时、下发准确，保证了日喀则地区 128000 名学生的教学用书。2009 年，图书进货 245 万元，销售 235 万元，实际利润 32 万元，图书发行品种达 6600 多种。

日喀则地区广播影视工作

【圆满完成重大活动的宣传报道任务】2009 年 3 月 28 日为西藏首个“百万农奴解放纪念日”、日喀则地区又举办中尼经贸洽谈会和第七届珠峰文化旅游节，在广播电视宣传中采用系列报道、专题报道、电视访谈、设立专栏等多个形式开辟了《纪念西藏民主改革 50 周年》、《辉煌 60 年——腾飞日喀则》等栏目，全方位、多角度用事实和数字说话，大力宣传西藏民主改革 50 年和建国 60 年来，日喀则地区经济和社会事业取得的翻天覆地的变化，制作完成了《3·28 红歌会》、《国庆 60 周年红歌会》、《爱国歌曲大家唱》以及《第八届珠峰旅游文化节》等节目。截止 10 月初，日喀则电视台播出《热烈庆祝西藏民主改革 50 周年》《劳动者之歌》《八一军旗飘》《辉煌 60 年、腾飞日喀则》《走进珠峰文化旅游节》等系列报道 10 余个，共播出 180 余期，《日喀则新闻联播》节目共推出《甲型 H1N1 流感防控知识》、《中尼经贸洽谈会知识与礼仪》等栏目 3 个，共播出 200 余期，并推出了新专栏《国旗老阿妈》、《送菜老阿妈》和《昌果联防护边队》。日喀则电视台围绕学习实践科学发展观活动，开辟了《深入学习实践科学发展观》系列报道以及《快讯》栏目，播出新闻共 355 条，快讯 51 条；上传西藏台的新闻稿件共计 40 条，采用 24 条。

【向中央和西藏电视台上送稿件明显提高】日喀则地区广电局积极与西藏电视台沟通协调，及时上传新闻稿件，争取第一时间里在《西藏新闻联播》中播出，截至 9 月底，《日喀则新闻联播》共播出各类新闻稿件 2678 条，共播出各县市稿件 1004 条，约占总条数的 37%。共向西藏电视台上传新闻 284 条，播出 168 条，传送西藏人民广播电台稿件数量共计 357 条，采用 168 条，电视新闻发稿量在全区七地市中稳居第一名。同时，通过西藏电视台上送中央电视台《新闻联播》中播出日喀则电视台上送的新闻 2 条。2009 年，日喀则电视台采制的电视专题片《红河谷之旅》荣获中国广播电视协会电视社教类二等奖，并推出了“日喀则新闻综合频道”和“日喀则藏语频道”。开设专题栏目进行宣传，截止 9 月 30 日，《珠峰漫话》共播出共 39 期，《休闲日喀则》共播出 33 期。

【进一步巩固了“西新工程”成果】2009 年，局领导带领技术骨干多次深入各县和部分乡村，强化巡查督导，加强维护维修，确保了“三满”播出。为全面掌握 2008 年日喀则地区 17 个县和 3 个镇广播电视转播台安装调试的中央七套《农业军事频道》的设备运行情况，日喀则地区广电局组成 2 个验收组，对该频道的转播情况进行了初验。根据所掌握的情况，各县设备运行正常，接收效果良好，达到了相关技术要求，从而进一步扩大了县城所在地的空中覆盖。

【加快由“村村通”向“户户通”的转变】目前，日喀则地区行政村以上单位（含行政村）全部实现了“村村通”，并在 10 户以上自然村建站 738 座，超额完成了自治区下达的任务。截止 2009 年 10 月，日喀则地区累计建成乡村级各类型台站 2548 座，其中，广电收转站 686 座，广播收转电视单收站 155 座，直播卫星单收站 1526 座，有线小型网络 127 座，数字电视 2 座，村锅通（直播卫星共用天线接收站）52 座，实现直播卫星“户户通”64548 户。还为 20 人以上寺庙新建广播电视单收站 23 座。日喀则地区广播电视覆盖率分别达到 93.87% 和 92.63%，比去年增长了 1.23 和 2.21 个百分点。

【农村电影放映工程取得可喜成绩】全年，日喀则地区共发行影片 156 部，完成农村电影放映任务 28470 场，累计观众达 570 多万人（次）。其中，数字电影放映 20164 场，观众达 400 多万人（次），16 毫米放映 8306 场，观众达 170 多万人（次）。据统计，日喀则地区农牧区每村 1 月平均能看到 1.61 场电影，超额完成了农村电影放映工程目标。

【对口援藏工作有序推进】2009 年，在日喀则地区广电局上海援藏干部的努力下，日喀则电视台开展演播厅改造、硬盘播出系统、新闻采编播设备采购等项目，这些项目正有条不紊进行中。由吉林省援建投资 250 万元的日喀则地区数码电影院建设项目已全部完成，并于 8 月 3 日，举办了日喀则吉林电影城落成典礼暨首映式，现已正式投入使用。

日喀则地区民政工作

【救灾救济工作扎实有效】一是城乡低保标准不断提高，困难群众的基本生活进一步得到保障。从 2009 年 1 月 1 日起，城镇居民最低生活保障标准由原来的月人均 260 元调整为 310 元。农村居民最低生活保障标准由原来的年人均 850 元调整为 1100 元。全年享受城镇低保总数 5237 户、9602 人，共下拨城市低保资金 1983.9 万元。日喀则地区核定农村低保对象为 67151 人，共落实农村低保资金 5372.16 万元。 二是城乡医疗救助工作全面推进。截止 2009 年 9 月，日喀则地区城乡医疗救助共计 4107 人次（其中城镇 365 人次，农村 3742 人次），城乡医疗基金总收入为 1473.04 万元，共发放医疗救助金 210.01 万元。三是抗灾救灾成效显著。2009 年，日喀则地区不同程度地遭受了地震、雪灾、洪涝、旱灾等自然灾害，针对各种自然灾害，日喀则地区共下拨救灾资金 984.5 万元（其中社会捐助资金 100 万元），调运救灾帐篷 265 顶，藏（棉）被、棉衣裤、鞋子等救灾物资 7440 余件，真正做到了防抗救灾“四落实”（即思想落实、组织落实、物资落实、措施落实），有效解决了灾民所需，维护了灾区稳定。顺利完成了去年“5·12”汶川地震涉及的日喀则地区企

业受灾职工和企业离退休人员的调查上报工作，经自治区审核后，为5户符合救助条件的人员共解决补助75000元。同时，经日喀则地区民政局多方沟通协调，在“5·12”地震中涉及日喀则地区都江堰退休基地的72户受损房屋加固维修工作已顺利竣工并通过验收。积极组织开展防灾减灾宣传活动。在2009年的“5·12”防灾减灾日宣传活动中，共发放挂图1500套，宣传单1万张，进一步提高了广大群众的防灾减灾意识。

【基层民主政治建设和社区建设稳步推进】一是全面掌握了边境县基层组织和政权建设情况。日喀则地区民政局与地委组织部联合组成调研组深入边境9个县开展调研，全面了解了边境县的基层政权、基础设施及基层干部队伍建设等情况，为下一步工作的开展打下良好基础。二是积极探索社区建设新思路。日喀则地区民政局起草并向行署上报了《关于加强和改进城市社区工作意见》，进一步明确了社区建设的工作内容及工作目标。

【社会福利事业持续发展】一是社会福利机构建设扎实推进。为进一步改善日喀则地区福利机构条件，在自治区民政厅的支持下，2009年共投资920万元新建了县社会福利院9个；“霞光计划”资助205万元新建了乡（镇）敬老院5个。目前，以上项目资金已全部到位，4个县的社会福利院项目已基本竣工，其他项目正在建设中。二是“五保”对象和孤儿供养水平进一步提高。日喀则地区现有乡镇敬老院13所，床位134张，供养孤寡老人79名，农牧区五保户对象共有2333人，从2009年1月起，供养标准从原来的年人均1600元增加到1800元，并按标准将858名应保未保人员全年的46.33万元五保供养资金下拨到各县。同时，积极帮助部分县敬老院创办了经济实体，提升“造血”功能，增加现金收入，有效改善了五保老人的生活条件。日喀则地区现有孤儿816名，其中集中收养132名，社会福利机构床位达165张，儿童福利院孤儿的医疗、学习、生活环境进一步优化。三是福利彩票事业发展态势良好。2009年共增加了16个彩票投注站，基本完成了投注站扩容工作。截止2009年10月，日喀则地区福利彩票投注站达到了42个，覆盖16个县（市），覆盖率达38%。日喀则地区福利彩票销量共计2122.48万元，已超额完成全年彩票销售任务。四是救助管理工作稳步推进。截止10月底，共接受符合救助条件的救助对象368名，共落实救助资金5.71万元。

【双拥优抚安置工作取得阶段性成效】一是深入开展双拥共保活动。在“三大节日”、双拥共建共保月及国庆前夕，广泛开展了以爱国主义为核心的国防和双拥宣传教育，并多次慰问了驻军部队、武警、公安、派出所等执勤人员及优抚对象，为他们送去慰问金、慰问品共计8万余元。二是积极协调并组织开展地区烈士陵园维修工作。2009年4月，地区烈士陵园的维修工程正式开工，对纪念碑、大门、道路等进行全面修建。同时，完成了聂拉木等五县烈士陵园项目的申报工作。三是认真开展安置工作。妥善完成了2008年55名冬季退役士兵安置工作。2009年第二批退役士兵安置工作正在开展中。四是顺利完成日喀则地区优抚对象实名统计工作。

日喀则市

【经济发展情况】2009年，全市生产总值达到24亿元；固定资产投资完成5.1亿元；经济总收入达到7.7亿元，同比增长15%；工业总产值实现1.1亿元，同比增长20%；农牧民人均纯收入达到4970元，同比增长16%，现金收入达到3423元，占人均纯收入的65%。财政一般收入完成5104万元，同比增长15%；税收收入完成2200万元，同比增长26.65%；非税收入完成2904万元，同比增长7.51%。财政支出达到2.83亿元，同比增长6.13%。

【农牧业生产态势良好】虽然遭受了干旱等自然灾害，但农牧业总体形势良好，全市完成实播面积18.34万亩。种植业三元结构调整为48:29:23，粮油总产达1.35亿斤，蔬菜产量1.24亿斤；乡镇企业收入达2.5亿元、增长9%；多种经营收入达2.6亿元、增长5%。实施了1.18万亩种子田、2500亩测土配方施肥示范区、万亩优质青稞和高产稳产示范田、青稞新品种百亩连片试验300亩肥效试验、500亩马铃薯新品种连片示范种植、3万亩优质马铃薯和2.23万亩人工饲草种植、农村户用沼气1699户、9个乡镇兽防站、912座秸秆处理窖、无公害蔬菜生产基地等建设项目；牲畜存栏31.95万头（只、匹）、出栏11.52万头（只、匹），出栏率36.04%，各种畜产品产量稳中有升。投资1699万元实施了农业综合开发土地整治项目，平整土地800亩；投资1421.3万元实施了穷让村水利工程、城南哈达厂改扩建、扎西吉彩居委会钻井、岗迪商品混凝土搅拌站扩建、芝萨村低产田改造、城南砂石厂扩建等扶贫项目。

【新农村建设取得实效】实施农牧民安居工程建设1014户，其中扶贫建设180户，农房改造804户，牧民定居30户，村委会建设78个，社区建设10个。成功实施了对边雄乡普夏村整体搬迁；争取新项目7个，总投资达1619.6万元，总里程82公里，解决了27个行政村通车难问题；完成续建项目三个（35.56公里）；实施2008年节余资金项目两个，总投资258万元，总里程12.63公里，使4个行政村通车；投资817万元实施人畜饮水项目计划33个点，解决项目区10个乡、33个行政村8116人安全饮水问题，解决了12.5万亩农田的灌溉问题；基层文化设施得到充实，部分村（居）建起了农家书屋。7080个农户全部覆盖了广播电视卫星接收。文化三下乡活动有声有色。司马卓鼓舞、扎西吉彩金银铜器制作技艺、江洛康萨青稞酒制作技艺、朋必凉粉制作技艺四项文化产业通过自治区验收，被列入第三批自治区级非物质文化遗产保护名录。

【项目建设进展顺利】实施续建、新建、维修建设项目89个，完成投资5.1亿元。续建项目19个，总投资1.1亿元。主要包括市行政中心、青岛办事处、农牧民饮水安全工程、农村户用沼气、东嘎乡楚贵小学等项目；新开工项目58个，总投资2.37亿元。主要包括农牧民安居工程、学校基础设施建设、老城区道路硬化等建设项目；维修改造项目12个，总投资4.29亿元。主要包括仁布路改造、市区八条道路人行道改造、步行街整治等项目；配合协调项目15个，总投资6.9亿元。主要包括日喀则和平机场改扩建、地区安监局综合楼、吉林路、浦东路等项目；完成项目前期准备32个，计划投资6.4亿元。主要包括城市污水处理及收集系统项目规划选址环评及可研报批、规划六号路、朗热路等项目前期申报。新增中央扩大内需项目19个。

【社会各项事业全面进步，民生继续得到改善】教育基础设施进一步完善。中央扩大内需项目投资2403万元、国家正常投资650万元、政府配套888万元重点对三所中学和市一小等部分学校基础设施进行建设。援藏投入资金650万元，实施了市幼儿园新建项目、对8所小学配备了微机室。两基迎“国检”准备工作扎实开展，中小学入学率分别达到97.6%、99.5%。小学升学率达100%。“两免”、“三包”经费政策有力执行。

科技事业不断发展。实施了黑龙江省援助总投资100万元的种草养畜项目，种植面积扩大到了2000亩；实施了山西省科技援藏红枣引进与示范开发项目，种植10亩1500株红枣树。科技四下乡活动效果明显。

卫生服务逐步增强。由国家投资2800万元的日喀则市卫生服务中心工程前期工作基本完成；投资26万元对各乡卫生院进行设备添置和更新，投资200万元的城南社区卫生服务站正在建设当中；新型农村合作医疗参合率为99.67%，覆盖率100%；大病统筹484万元、家庭账户金516万元。自国内发生甲型H1N1流感疫情以来，全市提前采取防控措施，从制度、人力、物力、财力等方面做到保障。特别是在全市发现首例甲型H1N1流感疫情后，市委、市政府高度重视，采取果断措施，投入46万元，做到早发现、早防控、早治疗，无一例死亡病例。

【受援工作成效显著】2009年，是青岛市第五批援藏干部援藏工作的冲刺年，青岛市第五批援藏干部将援藏工作重心下移，进一步实施了教育、科技、城市管理、扶贫搬迁、农村小型水利、公共安全网络、基层政权等方面的建设项目。全年共实施援藏项目22个，完成援藏资金突破2920万元。第十一、第十二批青岛市技术援藏干部按期轮换，技术援藏工作成效显著。

【招商引资工作力度不断加大】2009年共引进落户的投资项目3个，总投资2598万元，招商引资实际累计到位资金额达3953万元。

南木林县

【基本县情】南木林县位于西藏自治区的中西部，日喀则地区的东北部，雅鲁藏布江中上游北岸。县境东西长98公里，南北宽110公里，总面积8848平方公里，占日喀则地区面积的4.86%，占西藏自治区总面积的0.74%。辖1镇16乡，其中9个农业乡镇，3个牧业乡，5个半农半牧乡；146个村委会和481个自然村；耕地面积11.84万亩。

【县域特点】一是资源丰富。境内分布着湘曲、郧郁河、拉布河3条主要河流，川流不息，水资源丰富；适合石材和矿产开发的矿山较多，矿产资源丰富，已探明的金、银、铜、铁、锌矿储量大、品位高，开采潜力大。二是人口大县。2009年底，全县共有1.2万户、8.2万人，是全区第二人口大县。三是区位较好。省道203纵贯全县南北，从县城到318国道46公里，到日喀则市76公里，到拉萨市300公里，交通便利，区位优势明显。四是名胜古迹多。有甘旦曲果林寺、萨吾寺、雄雄寺、达那寺、孜东典德寺、热拉雍仲林寺、梅日寺等格鲁、宁玛、湘巴噶举、萨迦、苯波诸种教派寺院，共计31座。五是农业产业化有基础。土豆产业已成为特色优势产业，不仅产量高，而且质量好，是国家工商局注册产品。

【经济发展情况】2009年，全县预计实现GDP4.46亿元，同比增长13.2%；地方财政收入707万元，同比增长12%；人均GDP达到5439元，同比增长11.4%；三大产业比例由2008年的50.3:6.7:43调整为49：12：39；农村经济总收入2.61亿元，同比增长11.04%；农牧民人均纯收入2341元，同比增长18.7%；粮油总产4375.62万斤；人口自然增长率控制在9.8‰以内。截至2009年底，农村经济总收入达2.61亿元，农牧民人均纯收入达到2529元，全县经济一直保持了两位数的增长速度。地方财政收入707万元，公路通车里程达到818.69公里，比1959年的18公里增加80.69公里；近8万人用上了电，占总人口的95%，2008年新增第二批农村户用沼气建设和2009年农村户用沼气建设项目完成了1757户；基本实现了乡乡通光缆、村村通电话。

【种植业结构更趋合理】2009年全县总耕地面积11.84万亩，其中粮食作物6.27万亩(麦类作物5.95万亩，豆类作物0.32万亩)、经济作物5.23万亩（土豆3.92万亩，油菜1.29万亩，蔬菜0.02万亩)、饲草种植0.34万亩，粮、经、饲比例由2008年的55.2:42.4:2.4调整到了2009年的53:44.1:2.9。在稳定粮食综合生产能力和粮食安全的前提下，抓好了种植业结构调整工作。

【突出特色农牧业项目建设】2009年，南木林县完成了投资276万元的秋木乡等10个乡镇156座200平方米的温室大棚建设（其中连片建设56座），实现年新增蔬菜产量15.3万斤，实现销售收入68.8万元，带动农户92户552人，年人均增收1246元；投资101.59万元，完成了普当等9个一般乡镇兽防站的建设；投入国家资金687.38万元，完成了1757户，2008年新增第二批农村户用沼气建设和2009年农村户用沼气建设项目；完成了58座秸秆处理窖建设；实施了人工饲草料基地建设项目的高灌连片地开荒600余亩，燕麦草种植1200亩；为农牧业现代化建设打下了坚实的基础。

【突出试点、示范工作】2009年，主要抓好了土豆种植、油菜种植、养鸡、养猪、短期育肥、黄牛改良、绵羊改良等示范技术。建立了以艾玛乡为土豆专业示范乡，以艾玛乡山巴、拉布、夏嘎3

个村为土豆标准化和高产创建示范村；以秋木、多角、卡孜和南木林镇为油菜示范乡，建立油菜示范村4个；在艾玛乡、多角乡、秋木、南木林等11个乡镇全面铺开养鸡示范，建立专业村16个，扶持专业户55户，养鸡总数达到了8.6万余羽；以芒热乡、拉布普、仁堆乡为短期育肥示范乡，全年短育31189个绵羊单位；在艾玛乡、卡孜乡、多角乡等6个乡镇30个黄改点完成黄改冻配3015头；达到了以点促面、以面拉点、辐射带动的目的。

【农牧民安居工程进展顺利】顺利完成了全年4491户安居工程建设任务，有效改善了2.6万名农牧民群众的住房条件；完善了77个村级组织活动场所建设和“六通”等配套设施建设，使农牧区村容村貌得到了明显改善。二是生态工程全面加强。共栽植苗木54.3万株，完成各类造林绿化9200亩，使全县林地覆盖率达到8.96%。三是科技兴农工程成效明显。继续开展科技下乡活动，落实科技人员包乡村工作，累计培训农牧民10000多人次，进一步提高了农业生产的科技含量；加大了良种推广工作，确保全县种子精选率、包衣率全部达到了100%，良种推广面积达5.16万亩；狠抓了二级种子田建设，2009年南木林县建设二级种子田5000亩，其中喜玛拉雅19号3400亩和藏青320号1600亩。

【特色工业经济实现新突破】突出抓好“三大产业”、“三小产品”发展，实现特色工业经济新突破。“三大产业”飞速发展：一是石材开发产业规模扩大。积极推进石材产业规范化建设，参采乡镇由去年的4个扩大到6个，参采人员达1175人，实现收入822.5万元。二是矿产开发业有序开展。采取送法下乡的形式，深入到各乡镇宣传矿产资源法律法规，引导树立“资源属国家所有”的意识，减少因资源引发的各种纠纷，促进矿产勘探、开发有序开展。2009年，在县登记备案的矿产勘探单位达16家、共31个勘探点，为突破第二产业大发展打下了基础。三是农副产品加工业得到进一步加强。强化商业管理，促进商贸流通。全县个体工商户发展到了786家，年营业额1783万元，分别比去年增长14.9%、85.7%；全县累计登记注册各类企业34家，注册资金3085万元；广泛开展“万村千乡市场工程”建设，转变农牧区传统的经营方式，改善了农村购物环境；积极发展农村经纪人队伍，制定了《关于大力培育和规范发展农村经纪人促进新农村建设实施意见》，目前，全县农村经纪人已发展到92人，比去年同期增长23%，经济业务总量达到465万元；加强了商业硬件建设，投资160万元修建了县农贸市场，投资600余万元的潍坊宾馆投入运营，为县城商贸流通、餐饮业发展提供了平台。

【社会事业健康发展】一是大力推进教育事业。全面做好“控辍保学”工作，全县小学适龄儿童入学率达99.86%、初中入学率达98.5%；及时开展了学前幼儿教育和成人职业教育。积极筹备“两基”迎“国检”工作，努力改善教育教学条件，2009年以来，共争取资金8723万元，已落实1436万元，实施了县两所初级中学完善项目和卡孜乡完小改扩建工程，总投资7287万元的南木林县综合高中建设项目和索金、甲措、多角三个乡完小改扩建项目将于明年年初实施。二是加强医疗卫生工作。积极推行新型合作医疗制度，使户参率达到了99.9%，人参率达到了98.1%。注重基础设施建设，投资1285万元的县卫生服务中心标准化建设项目顺利开工；投资120万元，新建了2个乡级卫生院，完成5个乡级卫生院配套建设；按照“每一个村设一个卫生室”的目标要求，建成了37个村级卫生院，并配置了必备的医疗设施。加强卫生队伍素质建设，全年共培训医护人员147人。积极开展甲型H1N1流感防控工作，及时启动《南木林县甲型H1N1流感防控应急预案》，动员全县各部门上下联动，协调配合，狠抓了甲型H1N1流感防控工作的各项工作，使甲型H1N1流感防控工作取得了阶段性成效。三是加强广电文化建设。认真开展了“村村通”工程和文化下乡活动，紧密结合新中国成立60周年、西藏民主改革50周年和“3·28百万农奴解放纪念日”等各种纪念庆祝活动，通过多种形式，认真开展爱国主义教育活动，向各乡镇发放“户户通”直播卫星接收器8754套，赠送村级农用车104辆。认真抓好基层文化设施建设，投资138万元新建3个乡镇综合文化站，建成8个农家书屋；新建和改扩建“村村通”工程68座。

【援藏工作扎实开展】2009年落实援藏资金重点完成了对安居工程、湘河北岸景观二期工程、“南艾路”绿色通道、恰热村整村搬迁项目。落实援藏资金673.65万元，补助4491户农牧民安居住房；又和潍坊市委组织通过组织联姻、信息互通、干部培训、人才援助、资金扶持、项目援建等形式，加强了党建援藏工作；进一步完善了县城“五化”（绿化、亮化、硬化、净化、规范化）管理。投入援藏资金20万元，购买杨树、柳树等树种，在县城主要路段栽植林木1280余株，对县城进行了绿化；研究制定了《南木林县亮化工程实施方案》，工程投入援藏资金800万元，包括县城和乡村部分，乡村部分已基本完工，待设备全部到位，县城部分即可开工建设；投入资金200多万元，对湘河北路进行了硬化；县城净化实行与环卫工人签订用工合同，进行卫生区分段包干负责，加强了环卫工人责任心，全年共清运垃圾1900吨，保证了县城清洁。

定日县

【经济发展情况】2009年，定日县在地委、行署的正确领导下，在上海市松江区、卢湾区、静安区的大力援助下，着力维护社会局势稳定，更加重视保障和改善民生，积极克服拉萨“3·14”事件的后续影响，努力抗击干旱、雨雪等多种自然灾害，完成了年初确定的各项任务，较好地实现了“保增长、保民生、保稳定”的目标。县级生产总值预计达到32929万元，增长16.5%，人均生产总值达6406元；县级财政收入完成1700万元，增长24.35%；农牧民人均纯收入预计达到2495元，增长15.97%。

【夯实“三农”工作基础，新农村建设步伐明显加快】一是深入开展“政策下乡进村入户”专项活动，本级财政落实支农资金206万元；认真贯彻落实中央各项强农惠农政策，发放粮食直补、良种补贴等各类补贴651.44万元，调动了农民生产积极性，全县粮食种植面积达10.205万亩。二是狠抓了10000亩农业标准化和高产创建示范片项目建设，农业综合生产能力进一步提高；粮油总产达到5171.66万斤。三是继续巩固完善加措、盆吉两乡草场承包经营工作，注重加强草场管理；狠抓牲畜疫病防治，畜牧业综合效益明显；全年牲畜育肥出栏14214头（只），实现收入511.51万元。四是扎实推进新农村建设，完成2128户安居工程建设和72个村委会建设任务；由上海援藏资金援助的两个新农村示范点建设，有力带动了新农村建设步伐。

【狠抓重点项目带动，城乡面貌明显改变】实施了社会福利院、尼辖水电站、11个乡镇兽防站和4个乡镇卫生院等项目建设；开工建设了绒辖乡至左不德村、扎西宗乡至曲当乡等乡村公路，建设里程达163.85公里；继续推进农村饮水安全工程，实施了仁青林水渠工程、通来水塘加固等水利工程，解决了4937人的饮水安全问题；实施了珠峰路改扩建、行政服务中心、社会主义新农村示范点和县城自来水完善等工程。全社会固定资产投资完成17610.42万元。珠峰冰川矿泉水已经取得试生产成功。这一大批项目的实施，带动了定日县经济发展，改善了定日县城乡面貌。

【着力打造珠峰品牌，旅游支柱产业明显壮大】以旅游带文化，以文化促旅游，着力把“珠峰之旅”打造成为登山探险生态旅游品牌。鼓励农牧民参与兴办原生态的民族舞蹈、民俗村、藏家乐等特色项目；目前，全县家庭旅馆已发展到22家，家庭旅馆收入达260万元。把鲁鲁温泉开发融入旅游服务中整体推进，采取承包经营方式，实现了经济与社会效益的统一。成功举办了第八届协格尔旅游物交洛谐文化节，物资商品交易额达272.23万元。全年进入珠峰核心区旅游人数近5万人（次），其中外宾10251人；实现旅游总收入3000万元。

【社会事业全面发展】一是全力推进以“两基”为重点的教育工作，小学适龄儿童入学率达99.64%，初中入学率达97.75%。由县财政建立的“定日教育基金”每年为贫困学生解决20万元，累计救助贫困学生136名。二是挖掘民间歌舞、民风民俗等文化资源，积极开展文化旅游、文化演出、文化娱乐，农牧民群众的文化生活进一步活跃。三是突出甲型H1N1流感防治，狠抓了医疗卫生工作。落实防治经费20万元，确保了定日县没有出现一例甲型H1N1流感患者。继续巩固完善了农牧区合作医疗制度，切实加强乡镇卫生院软硬件设施建设，各族群众健康水平明显提高。

萨迦县

【年度综述】2009年，萨迦县在上海市的大力援助下，在自治区、地区有关部门大力帮扶下，全力以赴抓好“保增长、保民生、保稳定”各项工作，圆满完成了年度各项目标任务，取得了经济发展、社会进步、局势稳定、民生改善的新成绩。2009年全县生产总值预计达到28580万元，比2008年增长14%；地方财政一般预算收入完成510万元，比2008年增长16%；农村经济总收入完成16217万元，比2008年增长13%；农牧民人均纯收入达2621元，比2008年增长16%，其中现金收入1441元，占55%；粮油总产为5356万斤，比去年减产360万斤；全县消费品零售总额达到4100万元，比2008年增长20%；招商引资已落实资金450万元；固定资产投资完成1.1亿元；劳务输出27150人次，实现收入5960万元；旅游人数达到7万人次，收入达928万元；小学入学率达到99.72%，中学入学率达到98.64%，巩固率均达到100%；合作医疗参保率达到100%；碘盐推广率达到100%。

【着力夯实农牧业基础地位，特色农牧业渐成规模】产业结构调整大有起色。全年完成农作物播种面积11.38万亩，其中粮食播种面积6.85万亩；经济作物播种面积2.7万亩；饲草饲料种植面积1.83万亩。粮油产量达到5356万斤，比2008年减产360万斤；蔬菜种植量也有所增加，全年蔬菜产量达到3343万斤，比2008年增产36.66万斤；饲草料产量1100万斤，比2008年增产72.86万斤。2009年实施的人工饲草料基地建设，完成6100亩人工饲草种植，实现总产值289.75万元。在扎西岗乡建成的科技蔬菜示范基地70座高效日光温室，全年实现收入24万元；在吉定镇建成的58座温室年平均收入达5000元。

抓好畜种改良工作。全年完成黄牛改良2672头，绵羊改良3405只；引进种公牛132头，优质奶牛264头，半细绵羊55只，畜群结构进一步优化。目前全县优质奶牛累计达1916头，2009年还向聂拉木县出售优质奶牛25头、优质种牛5头，实现收入10.11万元。全年新生仔畜16.62万头（只、匹），仔畜成活率达96.4%，死亡率控制在0.38%以内，年末牲畜存栏36.75万头（只、匹）。

特色种植基地建设初见成效。全年共建成了2.5万亩优质土豆种植基地，年产土豆5545万斤，项目区人均增收740元以上；完成“3414”测土配方施肥优质油菜500亩种植项目，产量达11.5万斤；完成4500亩二级种子田建设，800亩油菜种子田和5000亩标准化青稞生产基地任务，种植业结构得到进一步优化调整。

【扎实推进新农村建设，安居工程建设任务顺利完成】2009年保质保量完成了2375户安居建设任务，48个新建村委会全部竣工并通过地区的验收，抗震加固建设完成率100%，累计完成安居工程总体建设投资11841.49万元，受益人数达14936人。政府自筹资金8万元为萨迦镇、雄麦乡、吉定镇、木拉乡4户特困户新建了住房，援藏新农村建设完成吉定林卡1个，萨迦镇新农村建设示范点1个，同时安排承担村委会建设任务的农民施工队扶持5户特困户建房。统筹推进农村水、电、路、广播电视等基础设施建设，完成了1720座沼气建设，96%都已配套使用。完成了33个人畜安全饮水项目，解决了5670人、64701头（只、匹）牲畜饮水问题；完成了4个交通建设项目，解决了15个行政村通公路问题，全县新增通车里程43.5公里，截止2009

年底，全县103个行政村实现通车；“三期农网”改造建设工程吉定镇供电区的建成，初步解决了吉定镇、扯休乡各行政村不通电的问题。

【加大固定资产投资经济，发展环境进一步优化】2009年，新建、续建项目34个，总投资1.1亿元，除旅游文化广场外，所有项目都如期竣工。城镇基础设施方面，实施了旅游文化广场、广电中心、农贸市场、48套廉租房等项目；水利设施方面，在6乡2镇完成了33个农村饮水安全建设点，继续实施了农田水利基础设施、防洪工程等项目；交通建设方面，完成了扎西岗乡色堆大桥、查荣乡松多村至江古龙古村公路等项目；教育方面，实施了县幼儿园教工宿舍、雄玛乡、吉定镇、拉洛乡完小规范化建设等项目；扶贫农发方面，实施了吉定镇农业综合开发项目、楚布水塘工程、龙桑村取水枢纽及水塘等项目；农牧方面，建成了10个乡（镇）兽防所。上述项目的实施，改变了萨迦县城乡面貌，使全县交通、教育、水利、特色产业等发展水平大大提高。

【招商引资工作也取得了显著成绩】2009年完成招商引资450万元，投资300万元实施了卡吾地热电站项目，并圆满完成了“万村千乡”市场工程，新建农家店3个。

【不断壮大特色经济，农牧民增收途径进一步拓宽】全年劳务输出达27150人次，实现收入5960万元，其中政府组织输出3489人次；扶持10个农牧民施工队，带动输出2283人次。建立了木匠、绘画技能培训基地、理发技能实训基地，积极开展劳动技能培训，全年培训234人并实现了就业。

短期育肥持续增收。全年育肥出栏60941只，实现总收入2258.8万元，纯收入达901.15万元，人均增收398元以上，其中项目育肥出栏20190只，实现总收入796.33万元，纯收入327.25万元，项目人均增收779元，有效拉动了农牧民群众收入持续增长。

资源开采显著增收。2009年截至12月，查嘎石灰岩开采量达到11.74万吨，实现总收入555.39万元，其中农牧民群众增收129.18万元，实现税收收入23.49万元。带动就业368人，辐射15个行政村，开采人员月收入达到3000元—5200元，带动运输业和餐饮业117户、526人，运输车辆48辆。

项目建设扩大增收。2009年萨迦县34个建设项目中，带动农牧民直接增收的项目有11个，项目收入906.4万元，仅交通项目就直接为群众创收350万元。同时，各乡镇都结合特色产业组织群众发家致富，不仅直接增加了群众现金收入，更是为全县“一乡一业、一村一品”产业发展奠定了扎实的基础。

【加快旅游强县步伐，旅游产业持续壮大】旅游纪念品产业发展壮大。以萨迦旅游开发有限公司为龙头，大力开发了萨迦唐卡、萨迦面具、八思巴真丝哈达等产品，全年销售手工唐卡144幅，实现收入47.8万元；销售新唐卡1870幅，实现收入76.05万元；销售八思巴真丝哈达520条，实现收入82160元，带动就业65人次，人均增收8538元。全年接待游客7万人次，实现旅游收入928万元。

萨迦县旅游品牌知名度进一步提高。参加了自治区首届旅游纪念品大赛、中尼经贸洽谈会、中国（深圳）国际玩具及礼品博览会、深圳布吉镇油画展、板画展等活动。在自治区首届旅游纪念品大赛中，萨迦手工唐卡荣获二等奖；在“第八届珠峰文化节”萨迦新唐卡被列为指定产品。

2009年，在萨迦留宿游客达51436人次；投资70万元在吉定镇兴建了“吉定林卡”；援藏投资70万元实施了萨迦镇卡吾村新农村示范点建设，促进了卡吾温泉开发，旅游业已经成为拉动萨迦县经济增长的一个亮点。

【社会事业协调发展】教育事业稳步发展。教育基础设施得到进一步改善，不断加大“控辍保学”力度，教育水平显著提高，县中学以小组第二的优异成绩通过地区办学水平评估，全县中、小学入学率分别达到98.64%和99.72%，在校生巩固率达到100%；5名学生考上内地西藏班，102名学生考上高中，9名学生考上大专或本科；投资1348万元实施了一系列教育基础设施建设，援藏投资20万元建成了县中学电子阅览室，全县综合办学条件进一步改善；各中小学师资队伍、管理水平等进一步提高；为进一步规范助学工作，制定完善了《萨迦县教育基金管理办法》，落实教育基金17.45万元，资助贫困大学生68名；继续实施了“普陀、雪域、希望行”、“蓝天下之爱”等结对助学活动，落实资金10.4万元资助了394名贫困学生。

医疗卫生水平显著提高。投资200万元实施了萨迦镇卫生院、吉定镇卫生院、县卫生服务中心附属工程3个项目，基层卫生基础设施更加完善，农牧区新型合作医疗覆盖率达到100%；合作医疗参保率100%；合作医疗药品参加集中招标率达到年用药量的100%，家庭账户门诊补偿72777人次，补偿金额240.8万元，大病统筹住院补偿1655人次，补偿金额251.68万元；卫生监督覆盖率达95%。面对严峻的甲型H1N1流感疫情形势，立即启动应急预案，政府拨付经费50万元，甲型H1N1流感防控工作取得了重大胜利。

科技支撑产业发展能力进一步增强。“新农村建设科技示范县”创建活动在自治区科技厅的有力支持下扎实推进，累计投入资金370万元，实施标准化高效日光温室、人工种草、特色藏鸡养殖、吉定镇温室维修、优质高产奶牛养殖5个科技项目，农牧业生产科技水平进一步提高，科技示范基地建设进展顺利。加速科技成果向现实生产力转化，科技特派员培训工作继续推进，集中培训农牧民技术员40名，培训科技特派员58名，其中45名农牧民科技特派员享受国家补贴每人每年5000元，培训科技示范项目养殖户128户，科技普及率达到68%。

扎实推进基层文化建设，深入开展群众性爱国主义教育活动。传统文化得到保护和开发，隆重庆祝西藏民主改革50周年、新中国成立60周年华诞等重大活动，“西新工程”、“广播电视村村通”、“农家书屋”等工程的实施进一步提高了群众精神文化生活。

拉孜县

【经济发展情况】2009 年，拉孜县生产总值(GDP)完成 3.65 亿元，同比增长 11.2%；人均生产总值(GDP)7187 元，同比增长 12.4%，农牧民人均纯收入 3189 元，同比增长 12.05%；地方财政收入完成676万元，同比增长15.4%；税收完成358万元，增长了26%；全社会固定资产投资完成1.8亿元，同比增长48%；其中国家投资1.18亿元；乡镇企业收入3285万元，多种经济收入 11286 万元，分别增长 3.5%、8.8%；全社会消费品零售总额达到7339.87万元，同比增长11.5%；三产结构调整为 38.5:12.7:48.8，人口自然增长率控制在7.5‰以内。

【农业生产稳步发展】一是大力推广先进适用农业机具，提高农机作业水平，农作物机耕、机播、机收面积分别达到78%、65.5%、90%；二是积极筹备化学农药，确保合理分配，及时供应，2009 年实现化学除草5.25万亩；三是加强对抗灾、防灾装备的配置、管理和使用，确保设备作用的有效发挥。三是进一步优化种植业结构，大力发展优质高效经济作物，粮经饲比例稳定在 56:33:11，农作物实播面积达到11.74万亩；2009年粮油产量8074.61万斤，同比增长0.41%。蔬菜产量 4937.43 万斤；饲草饲料产量405.72 万斤。四是大力推广优良品种，2009 年拉孜县实施标准化青稞基地建设1.5万亩，二级种子田8000亩，优质油菜 2.25 万亩；试种金玉米良种面积 40亩，试种年河 15 号油菜 700 亩，总产量达26.6万斤。五是加大对农牧民的科技培训力度，2009 年共培训 39 期、23954人次。

【牧业生产卓有成效】引进黑白花种牛 8头，冻配1523头。统筹草原畜牧业、农区畜牧业和城郊畜牧业发展，进一步做好接羔育幼和牲畜疫病防治工作，成畜死亡率控制在1.5%以内，仔畜成活率达到96%以上。牲畜存栏33.29万头（只、匹），出栏成畜8.331万头（只、匹）。肉类产量为1514.08吨；奶类产量1573.67吨。

【工业经济再创新高】2009 年完成工业总产值达 346 万元，比上年同期增长 2.2%。

【消费需求持续扩大】社会消费品零售总额达7339.87万元，同比增长11.5%。

【特色产业规模扩大，品牌效益凸现】进一步加大产业化结构调整和新品种引进力度，大力实施农牧业特色产业项目，积极推进特色农牧业发展。实施了 150座蔬菜大棚建设项目，进一步做强拉孜西瓜品牌，大力开发黄瓜、哈密瓜等品种。现有瓜果蔬菜大棚 560 座，其中西瓜大棚326座，拥有一个公司、4个种植基地，年产西瓜 43.59 万斤，实现收入152.56 万元；蔬菜大棚234座，年产蔬菜 58.5 万斤，实现收入 70.2 万元；种植优质马铃薯1.07万亩，总产量达3210万斤；成立了蔬菜种植合作社，藏鸡、鸭规模化养殖正在实施，数量 20000 只以上；页岩、石材开发效益明显；短期育肥投入架子羊 73500 只，出栏 73500只，销售总收入达2572.5万元。

【第三产业发展步伐加快】合理利用拉孜县温泉度假旅游休闲、彭措林和曲德寺、昌木钦古墓群、拉孜堆谐文化等旅游资源，以此来推动人文、自然观光旅游。加快旅游基础设施建设、产品开发，创新旅游产品体系，增强竞争力。鼓励农牧民群众参与兴办原生态的民族舞蹈、民俗村等特色项目，重点发展家庭旅馆和农家乐，扶持独具特色的乡村旅游业发展，努力把旅游业培育成为增长型的主导产业。2009 年共接待国内外旅游22301人次，实现旅游收入201.11万元，首次突破200万元大关。

【劳务输出总量扩大】通过对农民工开展技能培训，积极引导农牧区富余劳动力有序、有组织外出创收。劳务输出已成为拉孜县增加农牧民收入的重要渠道之一。2009 年劳务输出累计达 22735 人（次），实现收入4772.01万元，人均收入2795.93元，比去年增长35.79%。

【农牧经济合作组织发展良好】拉孜县组建了曲玛乡藏鞋专业合作社、曲下镇蔬菜大棚种植合作社和芒普乡页岩开发协会三家农民专业合作组织，重点帮助运行曲玛乡藏鞋生产，同时抓好了“一乡一品”工作，以芒普乡、查务乡页岩、彭措林石材开发最为突出，效益明显，参加户数 315 户、人数 559 人，三乡实现收入 562.2 万元；拉孜镇专门组织种植、养殖业农民到曲下镇学习养、种技术，在帮助农民增产增收上取得了良好效果，该镇谢玛氆氇农民专业合作组织，目前参加107户、528人，年收入120万元。乡镇企业产值完成了2916万元，多种经营完成收入10901万元。

【加大资金投入，发展基础得到改善】继续实施项目拉动经济战略。2009 年共争取各类建设项目38个，2008年续建项目10个，投入资金11003万元，其中国家投资9452万元，其他投资1551万元。

【社会事业建设取得显著成效】教育工作进展顺利：继续加大中小学生的德育教育工作，巩固和扩大扫盲、普九成果；抓好“两基”攻坚成果，狠抓学校安全卫生工作，“国检”建档工作进展顺利。小学适龄儿童入学率为 99.89%；初中在校生2918人，初中入学率为93.78%。

医疗卫生工作成效显著：逐步完善疾病预防控制体系、医疗救治体系和卫生执法监督体系，提高了应对突发公共卫生事件的能力；有效控制了甲型 H1N1流感的传染工作。狠抓食品、药品放心工程，进一步完善新的农村合作医疗管理制度，目前全县参加合作医疗人员47331人，参加人员占全县人口的96%以上。

民政工作深入推进：共计兑现救灾资金27.7万元；进一步落实五保供养、城镇低保、农村低保政策，做到应保尽保。全年共兑现五保供养金14.22万元，落实城镇、农村低保、百万农奴翻身得解放一次性生活补助 209.6 万元，兑现城镇、农村低保资金350.08万元；继续做好孤寡老人安置工作，新建福利院已竣工。

【受援工作取得新进展】2009 年，援藏投资 547 万元，先后实施了拉孜县广电综合楼、疾控中心办公楼、市政环境卫生及给排水改造、新农村建设项目等，这些项目的实施，加强了城市基础设施建设，改善了村容村貌。

昂仁县

【经济发展情况】2009 年，昂仁县在淄博市人民的大力无私援助下，在全县各族人民的共同努力下，确保了政治局势的持续稳定和经济的持续、快速、健康、协调发展以及社会各项事业的全面进步。2009 年，全县生产总值达到 30888 万元，比 2008 年增长 12.8%，其中一、二、三产业增加值分别完成 11278 万元、5358 万元和 14252 万元，同比增长 8.3%、-0.2%和 22.6%；实现财政收入 525 万元，同比增长 15%；农牧民人均纯收入达 2305 元，同比增长 13.3%；全社会固定资产投资完成 34383 万元，同比增长 9.5%。

【狠抓产业结构优化，落实支农惠农政策】坚持以农牧业增效、农牧民增收为目的，围绕市场需求，大力实施产业结构调整，一产效果明显。2009 年全县粮食总产达 3424.29 万斤；油菜总产 176.38 万斤；蔬菜总产 1356.23 万斤；青饲料总产 535.77 万斤。治理坡改面积 1500 亩，改造低产田 1 万亩。全县畜牧业以牦牛发展为重点，严格控制小畜，大力提高出栏率。年末牲畜存栏预计 67.16 万头(只、匹)，牲畜出栏 21.46 万头(只、匹)，出栏率 29.82%，仔畜成活率 77.76%。建设人工饲草基地 12293 亩，储备饲草 230 万斤，草原灭鼠 30 万亩，草原毛虫防治面积 4500 亩。落实支农惠农农机购置补贴、粮食直补、综合补贴、退牧还草工程补贴、粮食折现补贴等各项惠农资金 3090.29 万元。为群众新购置农机具 236 台。

【狠抓安居工程建设，快速推进新农村建设进程】以“安居乐业”为重点，把民房改造、游牧民定居、扶贫搬迁作为昂仁县新农村建设的突破口。完成安居工程 1576 户，总投资 6048.5 万元，其中游牧民定居同抗震加固总投资 4571.8 万元，扶贫点建设总投资 136.7 万元，总投资 1340 万元新建村级活动场所 67 所。援藏资金配套 200 万元，用于 219 国道沿线村庄 68 户农牧民群众整体搬迁。同时注重安居工程配套设施建设，完成牲畜棚圈、贮草棚、人畜饮水井“三配套”设施建设投资 1401.6 万元。投资 460 万元，建设 1000 户户用沼气。新建“万村千乡”农家店 1 家。积极开展“村村通”工程，广播覆盖率为 85%，电视覆盖率为 86%，移动覆盖率为 90%，电信覆盖率为 40%。认真实施“户户通太阳能光伏”工程。切实改善了当地农牧民群众的生产生活条件。

【狠抓招商引资，打造一流投资环境】坚持“二产抓重点”的发展战略，有效发挥政策的导向、扶持作用，以矿业开发为主攻方向，积极打造招商平台。着力解决道路交通、能源供应等制约工业发展的瓶颈问题，不断加强城镇管理和环卫工作，进一步改善投资环境。2009 年招商引资洽谈项目 1 个，签约项目 1 个，正式合同 1 个，总投资 120 万元。2009 年全县乡镇企业总产值达 3063 万元，多种经营收入达 4440 万元。

【狠抓技能培训和劳务输出，促民增收】以 2009 年共开展劳动技能培训 8703 人次，劳务输出 26901 人次，劳务总收入达到 3315 万元以上。同时争取 219 国道沿线草场补偿、房屋拆迁费用 270 余万元，大大提高了农牧民群众的现金收入。全社会消费品零售总额达 5085 万元。

【狠抓项目建设，基础设施进一步完善】重全年全社会固定资产总投资预计完成 34383 万元，其中国家投资 11529.2 万元。实施了农牧业项目建设 6 个，总投资 4205.7 万元；林业项目 1 个，总投资 50 万元；水利项目 9 个，总投资 3753 万元；农发扶贫项目 5 个，总投资 254.45 万元；交通项目 6 个，总投资 6240.18 万元；社会发展项目 10 个，总投资 962 万元；城市基础设施项目 2 个，总投资 1297 万元；房建项目 4 个，总投资 1059 万元；其他项目 1 个，总投资 166 万元等。积极利用援藏资金 650 万元投入到人才公寓楼、中心路改造、垃圾填埋场及垃圾池建设等项目建设，有效改善了昂仁县的基础设施条件。

【狠抓特色优势产业发展】围绕市场需求大力发展特色农牧业，2009 年实施青稞标准化种植 5300 亩，建立二级种子田 4000 亩；精选种子 159.6 万斤，包衣种子 75 万斤。在多白乡、日吾其乡开展了“3414”实验和新品种实验，取得了较好效果。“双脱”工作通过了全区验收。短期育肥上市 24238 个羊单位。

【狠抓社会事业发展，促进社会公平，推动协调发展】教育和文化事业发展迅猛。认真实施“科教兴县”和可持续发展战略，全面落实“三包”、“两免一补”政策。目前全县小学适龄儿童入学率达到 98.99%，初中入学率达到 93.96%；小学在校生巩固率 99%，中学 98%；小学辍学率控制在 0.86%以内，中学控制在 1.51%以内。顺利通过了区地两级第二年“普九”复查，正积极准备迎接 2010 年国家检查验收。继续加大文化工程建设。完成了 3 个乡镇的文化站建设，6 个乡镇 9 个村的“农家书屋”建设。加强了电影放映工作。2009 年共放映电影 1910 余场，观众达 153235 人次。

目前全县各级各类卫生机构已发展到 20 所，乡镇以上专业卫生医疗人员 95 人。合作医疗覆盖率达 100%，个人参合率达 89.8%。免费医疗经费到位 691.63 万元，到位率 100%，农牧民个人集资 43.18 万元，两项经费共计 734.81 万元，从中为农牧民群众报销门诊和住院费用 565.97 万元，经费使用率 77%。投入 10 万元用于开展甲型 H1N1 流感防控工作，初见成效。

谢通门县

【经济发展情况】2009 年，谢通门县认真实施“五大战略”，走好“六条路子”，加强“六大建设”，全面推进经济强县各项工作，取得了显著成效。

2009 年，全县生产总值（GDP）达 38050 万元，同比增长 26%，人均 GDP 达 8436.62 元；第一产业达 12275 万元，第二产业达 12644 万元，第三产业达 13131 万元；完成本级财政净收入 3062 万元，同比增长 35%；农村经济总收入达 17789 万元，农牧民人均纯收入达 3094 元，同比增长 12.3%；完成固定资产投资达20614万元；粮油总产达2888万斤，粮、经、饲种植比例调整为 61:29:10；牲畜年末存栏量达 380646 头（只、匹），出栏牲畜104945头（只、匹）。

【结构调整进一步优化】一是产业结构调整趋于合理。按照“第一产业上水平、第二产业抓重点、第三产业大发展”的发展思路，进一步调整优化产业结构，在农牧稳县的基础上，加大了二、三产业的发展力度，一、二、三产业比例从2008年的38:22:40调整到32:33:35。二是合理调整种植业结构。粮、经、饲三元比例由2008年的60:30:10调整为61:29:10。牧业上狠抓了优良种畜的引进和改良，发展优良畜、大畜，淘汰非经济畜、役畜等，并加大牲畜出栏，经济效益明显提高。

【农业生产强劲发展】紧紧围绕“三农”工作重点，切实促进农业增产增效和农民增收。一是传统农业喜获丰收。加强农牧培训、良种推广、中低产田改造及田间管理，实现粮油丰产丰收。2009年粮食油核产2888.101万斤，其中粮食产量2498.93万斤，油菜产量313.51万斤，饲草产量 489.1 万斤。二是特色农业发展迅速。积极培育发展绵羊短期育肥、黄牛改良、优质马铃薯种植、藏刀加工、藏毯制作、石材开发、生猪养殖、藏土鸡养殖等特色产业项目，带动群众增收，项目区群众年均可实现增收400元以上。三是农业项目建设力度大。在仁钦则、达那答、荣玛、通门和达木夏等五个乡实施青稞标准化生产 1 万亩，实施春小麦标准化生产1100亩；在达那答乡、卡嘎镇和塔定乡实施二级种子田5500亩；投资152万元在全县1400户群众中实施了农村沼气建设工程。四是全额兑现了种粮直接补贴 62.52 万元，农资综合补贴62.52万元。

【牧业生产成果喜人】一是实施了投资2250 万元的第二批退牧还草工程。项目区涵盖南木切乡、春哲乡、娘热乡、美巴切勤乡等 4 个纯牧业乡。禁牧面积 35 万亩，休牧面积 45 万亩，草地补播 25 万亩。738套网围栏已全部完装完成；投资248万元（本级财政配套68.4万元），实施14个乡级兽防站建设工程，大力加强基层硬件设施建设。二是及时组织乡村干部和兽医人员深入放牧点指导农牧民群众搞好接羔育幼工作，确保了接羔育幼工作的顺利开展。2009 年全县共计新生仔畜126725头(只、匹)，成活107980头（只、匹），成活率85.21%，比2008年下降8.29%。出栏牲畜104943头(只)，出栏率27.56%；牲畜总增率26.27%。三是严格按照“五不漏”的原则，狠抓牲畜疫情免疫和检疫工作。完成重大动物疫病牛羊“W”号病牲畜免疫 399469头（只），免疫率100%；完成禽流感疫苗应免数 11576 羽，免疫率 100%；检疫活畜禽 12595 头（只）、皮张 482 张、毛类5920斤、肉类0.6吨。

【群众增收工作多管齐下】一是明确思路抓增收。二是发挥优势带增收。积极培育达那答乡石材加工、蔬菜种植、生猪藏鸡养殖等专业化合作组织，大力发展卡嘎藏刀、通门皮具等民族手工业，充分利用离日喀则地区近、与那曲交界的地缘优势，加大劳务技能培训，组织劳务输出，带动农牧民群众增收。2009年，全县举办劳务技能培训 421 人次，实现劳务输出17208人次，创收2951万元。三是借乘矿企强增收。有计划、有针对性地组织当地富余劳动力进入矿企实现长期就业，年均解决 300 人以上就业，每年可为当地群众增加现金收入200万元左右。四是加大投入助增收。2009年，全县本级财政完成专项支农资金达到1162万元，重点解决农牧区群众的兽药购置、农牧特色产业和农牧民最需要的现实生活困难，进一步夯实群众增收的基础。五是扶贫开发保增收。通过扶贫开发，不断夯实农牧业基础，为群众增产增收保驾护航。

【基础设施建设取得突破性进展】2009年，谢通门县完成固定投资20614万元，开工建设固定资产建设项目41个，总体情况良好。其中续建项目 5 个，新建项目28个，改扩建项目8个。完成国家重点资金建设项目有：幼儿园项目、工商局办公楼项目、县卫生服务中心建设项目、户户通工程项目、藏刀加工厂建设项目、村委会建设项目、1654 户游牧定居安居工程建设项目、退牧还草项目、廉租房建设项目、援藏工程等；投入资金2055万元，建设乡村公路里程202公里，极大地改善了农牧区的通达条件。

【社会事业全面推进】狠抓民生保障工作，加大“三农”资金投入，经济发展成果反哺机制初步形成。完成了投资6538.94万元的安居工程建设项目，解决了1654户困难群众的住房问题；投资96万元实施了46座行政村村级活动场所建设，极大改变了广大农牧区的面貌；投资 612 万元实施了沼气池建设项目，解决了卡嘎、仁钦则、达木夏、塔定、达那答、通门等6个乡镇1400户的能源问题；投资2689万元实施了农村饮水安全工程，解决了33491人284232头（只、匹）牲畜的饮水困难问题。

坚持教育优先发展战略，进一步加强教育基础设施建设，改善办学条件。其中：投入资金 140 万元，解决了县中学排水、厕所、临时工工资、中学医务室和教师备课室电脑等问题；争取国家项目资金 178 万元，对县中学道路进行硬化，修建了学生澡堂及足球场；县财政从每年财政预算收支结余资金中累计提取资金 260 余万元，用于资助、激励昂仁县非义务教育阶段农牧民子女和城镇低保生顺利完成学业，已兑现资助、激励资金60余万元，受益学生达800余人。同时，新建了县幼儿园，结束了谢通门县无独立幼儿园的历史。

新型合作医疗得到了全面推广。新型合作医疗制度得到了建立与完善，规范了乡镇合作医疗基金的使用和管理，建立完善了以户为单位的家庭医疗账户计算机管理系统；结合实际开展医务人员专项培训和救治演练，做好预防甲型H1N1 流感等各类传染病的防控工作；加强食品、药品安全检查，积极开展爱国卫生运动，引导群众树立健康、文明向上的生活方式。

加强文化娱乐场所监管，从源头上杜绝有害信息、非法出版物、反动淫秽影视宣传品等；继续推进“2131”工程，全年累计播放教育影片1680场次；完成县城光纤星型组合改造工程，安装调试“户户通”设备3900套。

【援藏工作硕果累累】认真做好黑龙江省第三批、第四批援藏干部的轮换、衔接工作，双鸭山市及黑龙江省国土资源厅在资金和项目等方面给予了大力的援助，三年累计完成投资3395万元，援藏项目总计29项。2009年援藏项目完成26项，完成投资1848.5万元。援藏项目主要包括：荣玛乡温室蔬菜基地项目、农牧民太阳灶项目、农牧民家用太阳能光伏系统项目、国土建设路项目、文化广场礼堂项目、双鸭山路项目、小学围墙护栏项目、消防队围墙护栏项目、篮球场项目、解放路人行道铺装项目、广电综合楼项目、县幼儿园地质勘察项目、消防车项目、武警中队及武装部设备项目、县法院工务车项目、县礼堂附属设备项目、县公务用车项目、县政府办公设备项目、县乡党建基础设施建设项目、藏刀加工厂项目、人工牧草种植项目、推介民族手工艺品参加哈洽会。

定结县

【国民经济稳步增长】2009年，定结县实现GDP16800万元，增长13.61%，一、二、三产业比重调整为28:18:54；全社会固定资产投资完成7031万元，同比增长13.81%，超额完成地区指标；地方财政一般性预算收入首次突破250万元，达到262万元，同比增长20.17%；完成本级税收181万元；农村经济总量6446.28万元，同比增长13.1%；社会消费品零售总额3442万元，同比增长7.18%。实现边贸总额403.12万元，同比增长37.3%；实现劳务输出11769人次，收入1991.58万元；农牧民人均纯收入2591.25元，同比增长14.45%。

【农牧业生产稳中求进】2009年农作物播种面积3.907万亩，粮油总产为1308.48万斤，粮、经、饲结构调整为65:25:10；调运化肥300吨，积造农家肥9万吨，使用农药3.9吨；新修水渠、水塘13处，除险加固608处（条、座），配套渠系70.2公里；改造低产田5000亩，在荣孔村试种优质油菜2亩，大面积种植喜马拉雅19号5000亩；年末牲畜存栏21万头（只、匹），出栏102340头（只），出栏率达到40%，商品率达到32%，总收入达884.2万元，创收274.1万元；短期育肥25052个绵羊单位，每只净收入68.5元；牲畜疫病防治密度达到100%；举办农业科技、劳动技能等培训四期，培训人数达3620人次。

【项目建设全面推进】全年完成项目前期工作60多个，总投资近3亿；实施项目52个，总投资11989万元，完成项目投资7031万元，（其中续建项目8个，新建项目44个）；续建陈塘公路二期项目，完成了萨尔至日屋公路、长春大厦、大礼堂维修、客运站、疾控中心、廉租住房、江嘎镇卫生院、塔卡多至乃萨至扎贵至嘎定等乡村道路等一批关系民生的项目，极大提高了发展能力和水平；初步完成了“十二五”项目库，确定161个项目，总投资47亿元；指导组建了全县历史上第一个资质齐全、手续完备的农牧民施工队，成立以来共承建工程7项，创收300多万元。

【特色产业成效显著】“岗巴羊”项目顺利完成，出栏绵羊16550只，总收入440万元，创收137万元，2195人受益，项目区年人均增收240元；投资5.2万元在陈塘种植2893株苹果、桃、梨经济林；陈塘藏香猪养殖规模已达100多头，出栏75头；266栋蔬菜大棚全部建成，蔬菜种植面积和产量稳步提高，同比增加110.7斤，创收83.03万元；投资55.5万元建立日屋镇犏牛养殖基地，壮大了牧业生产实力；开发鸡爪谷酒及藏白酒，新培育1个藏白酒品牌；在陈塘、试种花生、玉米、草莓初见成效；扎西岗乡、确布乡庭院养鸡工作初见成效，新增2840只鸡，政府财政落实奖励资金2.6万元，直接受益户626户。

【新农村面貌不断改善】2009年完成农牧民安居工程373户，村级活动场所建设19个，抗震加固341户；投入10万元在陈塘镇修建标准房，引导群众移风易俗；认真落实1000户农村沼气项目，农牧民生活质量得以改善和提高；顺利完成农牧民定居工程4户，配套建设21户；加强乡村道路养护及维修，农村公路通车新增74公里，建制村通车率91.4%。

【援藏工作扎实有效】第三批援藏投资2000万元完成了7大类20多个项目建设，其中投资兴建的荣孔新农村建设整村改造项目成为安居的样板工程，长春大厦的投入使用极大的提升了县城接待能力；针对乡村医疗条件差的问题，争取到20万余元的药品，发放到群众手中；争取援藏资金50万元为定结等乡镇中心小学修建了学生食堂、宿舍，解决了1200套校服；同长春市组织部门开展联姻活动，争取10万元设立党内贫困扶助资金；援藏干部始终关心贫困群体的生产生活，先后送去现金及物资折价近3万余元；为部队投资建设了蔬菜基地。

【社会事业协调发展】一是重视教育工作，加强“三包”经费的管理，强化控辍保学，2009年中学生入学率达到96%，小学适龄儿童入学率达到98%；巩固提高“两基”成果，迎“国检”各项工作有序进行，高度重视乡村教师队伍建设和管理，师资培训力度不断加大；成功举办县中学15周年庆祝活动。完成陈塘、定结乡中心小学改扩建工程建设；县中学完善项目稳步推进。二是大力推进医疗卫生事业，建立甲型H1N1流感防治体制，制定了应急预案，防控各项工作有效推进；县疾控中心，江嘎镇卫生院已经建设完工，积极筹资4万多元给10个乡镇卫生所购买了摩托车，极大地方便了出诊；继续推进农村新型合作医疗制度，药品支出为93万多元；大力实施农牧区计划生育和独生子女家庭“奖优免补”政策。三是繁荣文化事业，60建国周年大庆和西藏民主改革50周年纪念活动开展的有声有色；组建了县业余文艺队，举办了“百万农奴解放纪念日”活动；开展多种形式的精神文明创建活动，加强对民族民间文化的保护、传承和开发，夏尔巴歌舞列入全区第三批非物质文化遗产名录；制作、上传各种新闻、广播395条，逐步完善“定结网页”，以陈塘民风民俗为主题制作《珠峰漫话》两期、《休闲日喀则》五期专题节目，对外宣传力度不断加大；加快文化基础设施建设，县文化中心工程已建成；深入开展“三下乡”活动和农村电影“2131”

工程，电影放映1700多场次。在农牧区完成安装1000套直播卫星设备；增加10个有线电视节目，发放25台电脑下基层，信息化水平不断提高。

仲巴县

【经济总量平稳较快增长】2009年，仲巴县紧紧抓住国家扩大内需、促进经济平稳较快发展的有利机遇，攻坚克难、扎实工作，确保了经济总量平稳较快增长的发展势头。全县生产总值预计达2.94亿元，同比增长15%；牧民人均收入达3390.34元，同比增长15%；县级财政收入达728万元，同比增长15%。

【社会主义新农村建设取得重大进展】2009年，仲巴县完成投资4257.8万元的1084户牧民安居工程建设任务和1188户抗震加固工程，已有80%的牧民群众住进了新房。投资2592万元的安居工程三配套项目顺利实施。加强基层基础设施建设，完成22个村委会活动场所建设，解决6325人和78400头（只、匹）牲畜安全饮水问题，完成293公里乡村道路建设和1441公里公路养护任务。强化组织引导，积极拓宽了群众增收渠道，完成劳务输出3892人次，创收625万元；继续加大牧民经纪人培养，牧民经纪人已壮大到50人，培育专业合作社5个，帮助群众创收315万元；完成短期育肥6万头（只），净收入达104万元；加大县城、帕羊镇和隆格尔农贸市场的开放力度，为牧民群众创收49.1万元。

【产业发展步伐进一步加快】大力发展特色畜产业。2009年全县仔畜成活率达92%，同比上升2%，成畜死亡率控制在1.9%以内，同比下降0.5%；加大牲畜良种扩繁推广工作，全县白绒山羊、吉拉牦牛、霍尔巴绵羊覆盖率分别达到18%、8%、31%。加强草场基本建设，完成草地“三灭”30万亩、人工种草5200亩。扩大牧区农业示范点建设规模，新增鸡、鸭养殖户1户，实施了5座蔬菜大棚工程和一乡一村露天蔬菜种植示范，为群众创收10200元。注重发展优势矿产业，年内开采精品锂矿2300吨、硼矿1.7万吨、原盐1400吨，矿业对当地群众和财政的贡献预计达387万元。稳步发展特色旅游业，新增家庭旅馆3个，新增餐饮服务业9户，全县国内外游客达到2万人次，旅游服务业创收预计达142万元。积极发展边贸业，全县边贸进出口总额预计达8525万元，出口活畜12.7万头（只、匹），出口额达4919万元，出口百货创汇790万元。

【投资拉动作用更加明显】全年共完成43个新建、续建项目，总投资6.82亿元（其中219国道投资4.6亿元），完成固定资产投资1.95亿元，同比增长46%。实施卡东扎大桥、市政道路等重点项目，实现了项目建设的重大突破，有力地缓解了“瓶颈”制约，项目建设对经济发展的拉动作用更加明显。切实做好受援工作，顺利实施了县文化活动中心、拉让乡蔬菜示范园、隆格尔乡小康示范村等投资近2000万元的援藏项目。

【金融工作得到加强】认真实施增收节支各项措施，县级财政收入达728万元，同比增长15%，连续七年保持了两位数增长。加强税收征管，完成税收504万元，同比增长13%，首次突破500万元大关。金融部门切实落实国家的金融政策，突出为“三农”服务的理念，完成各项存款1.58亿元，各项贷款3086万元，其中涉农贷款2654万元。通信水平进一步提高，电信业务总量完成132万元，邮政业务收入完成36万元，同比增长28%。

【社会事业发展明显加快】教育得到优先发展。加大投入力度，改善办学条件，县级财政向教育投入达146万元，狠抓规范化建设，顺利完成了十所学校灾后重建。加强组织领导，狠抓基础教育，发展职业教育，全面巩固提高“两基”成果，全县小学适龄儿童入学率达到98.5%，初中入学率达到91.35%，青壮年文盲控制在2.6%以下，以优异成绩顺利通过自治区的“普九”复查。卫生事业加快发展。牧区合作医疗覆盖全民，巡回医疗服务、门诊接诊工作取得新突破；加强计生服务，全面实施牧区孕产妇住院分娩免费政策。加强基层医疗基础建设，启动了五个乡卫生院、县妇幼保健院建设，加强了乡镇卫生院规范化建设与管理、村卫生室标准化建设工作。地方病、传染病防控工作得到加强。高度重视甲型H1N1流感防控工作，投入21.1万元购置甲流防控物资，并采取联防联控等有效措施，确保了仲巴县公共健康安全。群众文化生活不断丰富。“西新工程”、广播电视“户户通”、牧区电影放映工程大力实施，广播电视人口覆盖率分别达到77.2%和75.7%。仲巴县优秀文艺节目在第八届珠峰文化节上获得金奖，成功举办第三届雅江源文化节。加强基层文化基地建设，完成8家农家书屋建设。完成文物普查，公布县级文物单位8处。加大重大动物疫病防治工作，小反刍疫苗、牲畜五号病疫苗和禽流感疫苗注射密度分别达到75%、99.9%和100%；三个乡镇兽防站建设顺利完成，科技支撑能力进一步增强。成功举办两次妇女氆氇编制培训，受训妇女达30人。

吉隆县

【国民经济健康快速发展】2009年全县生产总值完成18363.7万元，比上年增长16.1%，超额完成9.2%。其中：第一产业完成增加值5165.86万元，与上年同比增长12.5%；第二产业完成增加值3625.16万元，与上年同比增长14.5%；第三产业完成增加值9572.68万元，同比增长18.6%。三产比重由2008年的29:20:51，调整为28.5:20:51.5。人均GDP达到13273.61元，与上年同比增长12.5%；全县全口径收入为9693万元，其中地方财政一般预算收入完成274万元，比上年增长14.17%。税收收入215万元，非税收入59万元。农牧民人均纯收入达到2806元，与上年同比增长15.7%，超额完成3.5%。全社会固定投资完成16791.96万元。乡镇企业总产值达312万元，同比增长11%，多种经营总收入1596万元，同比增长5%。各项主要经济指标保持高速增长，全县经济社会呈现良好发展势头。

【紧紧依托资源优势，特色产业发展成效显著】2009年，吉隆县建立了特色产

业滚动资金，积极帮助具备一定创业条件的农牧民群众和集体解决资金短缺问题，开展养殖、种植、短期育肥等本地特色项目。同时，特色产业投资力度加大。一是发展蔬菜种植。2009 年全县共有大棚温室 110 多座，温室种植面积达到近 40 亩，露天蔬菜种植面积达 250 多亩。二是发展养猪、养鸡业。共培植 3 个养殖大户，养猪 150 头、鸡 550 只。三是大力发展白绒山养殖项目，白绒山养殖规模已达 1400 只以上。四是大力发展以活羊出口为主的边境贸易日益活跃，全年边贸总额达到 1815 万元。

【坚持扩大开放，口岸建设力度进一步加大】一是全面启动了口岸功能建设。2009 年完成了海关等联检部门办公楼、吉隆镇旅游服务中心、吉隆镇中心街道路延伸、帕巴寺广场、吉甫峡谷路等大批口岸功能项目，为口岸建设和发展打下了良好的基础。二是对中尼跨境经济合作区进行了定位和划分。热索规划区为一线联检口岸功能区，吉隆镇为口岸中心功能区，帮兴、冲堆村为加工仓储物流功能区，卓塘规划区为口岸二线功能区，新江村、母拉山规划区为旅游度假功能区。三是在原有 27 个口岸项目的基础上，新增了 28 个基础设施建设项目，这些项目涵盖交通能源、产业发展、行政服务、环境保护、社会事业等九个方面。

【固定资产投资良好】2009 年，吉隆县继续抓机遇、促发展，不断加大项目的争取、建设和管理工作。一是认真抓好新建基础项目的建设和管理工作。2009 年，吉隆县新建项目共 30 个，总投资 5.35 亿元，包括 60 道班至县城公路、吉隆镇市政道路三个标段、县廉租住房、农村户用沼气、热索公路桥、县后勤服务中心办公楼等工程。其中，吉隆镇市政道路三个标段、县廉租住房等 12 项工程已经全部完工并投入使用，投资完成 1.68 亿元。二是继续抓好续建项目的建设管理工作。续建工程 9 个，包括海关综合楼、乃村公路、吉隆镇看守所、吉隆县旅游服务中心等工程项目。截止目前，续建项目已经全部竣工并交付使用。

【旅游工作正紧锣密鼓的进行，旅游发展前景一片大好】一是 2009 年吉隆县旅游人数突破 7000 人，直接旅游收入达到 60 万元以上。吉隆县旅游服务中心的投入使用将大大改善吉隆县处理旅游事务，调解旅游纠纷的能力，也标志着吉隆县旅游正逐步向行业管理化迈进；二是吉隆沟景区、吉甫大峡谷景区、大唐天竺使出铭景点、吐尼古道景点、佩枯湖景点也正在申报 A 级国家级风景名胜区（点）；三是初步制定了《吉隆沟旅游景区门票收费的实施方案》，拟定于明年运行。届时，吉隆县境内景区的基础设施、服务设施将得到改善，真正实现旅游事业可持续发展。

【大力推进社会事业全面发展】一是“普九”工作顺利通过自治区复查验收，初中入学率达到 97.18%；小学入学率达到 99.23%；投资 480 余万元的县中学附属配套设施工程开工建设，投资 95 万元的贡当乡中心小学改扩建工程以及投资 70 万元的县幼儿园设施建设已完工投入使用。师资队伍进一步壮大，师资队伍整体素质和教育教学质量得到全面提高；二是卫生事业蓬勃发展。全年共有 12646 人参加了合作医疗，参合率达 99%；狠抓甲型 H1N1 流感防控工作，以极高的防范措施和应对能力确保吉隆县未出现甲型 H1N1 病例；进一步完善了乡（镇）卫生院建设，为广大农牧民看病就医提供了方便；三是文化、广电事业扬帆奋进。2009 年正式组建了吉隆县同甲啦农牧民艺术团，并聘请西藏军区文工团和地区群艺馆为“同甲啦”系列舞蹈进行全方位专业化包装，引导鼓励其朝着专业化、市场化方向发展；在宗嘎村、吉隆村等 8 个村挂牌建立了农家书屋，做好了县电子阅览室场馆建设。正式开播了吉隆县新闻自办节目，做好了 2040 套户户通地面卫星电视接收设备的发放及安装工作，维修“村村通”设备 85 台次，循环检查 30 次，放映优秀国产数字电影 1160 场次，有效丰富了基层群众业余文化生活；四是贡当文物点、清军墓等重点文物保护工作正在扎实有效地向前推进。

聂拉木县

【年度综术】2009 年，聂拉木县在山东省烟台市的无私援助下，以科学发展观统揽经济社会发展的全局，紧紧围绕“1234”的总体工作思路，极力克服拉萨“3.14”事件带来的消极影响，按照抓住“六个不放松”、实现“六个新突破”的目标要求，大力实施“一产上水平、二产抓重点、三产大发展”的经济发展战略，国民经济和各项社会事业在各种不利因素中实现又好又快发展，“富庶、稳定、开放、和谐”聂拉木建设步伐不断加快。

【经济发展情况】2009 年，全县实现生产总值 3.3 亿元，同比增长 15%，其中第一产业增加值 5619 万元，同比增长 8.2%；第二产业增加值 5816 万元，同比下降 44%；第三产业增加值 2.2 亿元，同比增长 64%；人均国内生产总值预计可达 2 万元，同比增长 11.8%；农牧民人均收入预计可达 4020 元，同比增长 15.9%，农牧民人均现金收入可达 2412 元，占人均收入的 60%；社会固定资产投资完成 1.9 亿元，超额完成 1.2 亿元指标任务。

【三大产业结构进一步优化】农牧业特色产业结构逐步形成。认真实施“提高粮食单产行动计划”，不断加大科技培训力度，优化品种，在保护和稳定粮食生产能力的基础上，始终以农牧民增收为中心，突出抓好结构调整工作。2009 年全县农作物播种面积 21904.9 亩。其中：粮食播种面积 16232.9 亩，比上年减少 40 亩；经济作物播种面积 4018 亩，比上年增加 40 亩；饲草料播种面积 1654 亩，与上年持平。粮、经、饲比例由去年的 74.29:18.16:7.55 调整到 74.11:18.34:7.55。全年共培训乡镇干部、农牧民 6560 人次。引进良种青稞“320”3.6 万斤，种植面积达 800 亩，减少用种量 40-50 斤，均取得了较好效果。全县年末预计牲畜存栏 17.5 万头（只、匹），新生仔畜成活 7.9 万头（只、匹），成活率达 95.28%；出栏总数 7.6 万头（只、匹），出栏率达 42.62%。根据各乡镇实际，加大了农畜产品生产基地建设，进一步完善了活羊出口协会，加大了短期育肥基地和土豆种植基地建设，截止目前出口活羊将达到18030只、土豆170吨，纯收入123.995万元。为加快农牧业特色产业建设，在农牧业方面累积投入资金近2000万元，实施的项目主要包括：藏系绵羊育肥基地建设项目，县级和乡镇级动物防疫体系建设项目，民生瓜菜生产基地项目，青稞“320”良种引进项目，白绒山羊改良项目和奶牛改良试点项目等，通过大力实施各类涉农项目，有效推进了全县农牧业特色产业发展。

工业企业运行平稳推进。不断加大对县神猴公司、沙石厂等企业的扶持力度，预计全年工业企业产值可达2600万元，与上年持平，其中，农村个体工业总产值完成547万元。预计全年乡镇企业销售收入1824万元，多种经营总收入2635万元，完成年度计划的100%。坚持藏医与藏药并举、生产和流通并重，进一步提高藏医药业自主创新能力，加快构建市场营销体系，继续研发新品种，提高生产能力，顺利完成了GMP再论证车间改造。截至10月份，神猴公司产值达1600万元，纯利润达150万元，交税26万元，资产总额近3000万元。

第三产业优势更加显现。去年，受拉萨“3.14”事件和全球金融危机的影响，全县以旅游业为主的第三产业一度受到较大影响。今年以来，为充分利用我县丰富独特的自然、人文景观，进一步加大了旅游宣传力度，增加了旅游设施建设资金投入，继续实施了旅游“六大工程”，全县旅游总体规划更加完善。帮村夏尔巴民俗度假村和樟木村林卡顺利开业，希夏邦玛峰、波绒草原、佩枯错、米拉热巴修行洞等具代表性的旅游景点潜力逐步显现。全年累计接待国内外游客56830人次，是上一年的8倍之多，旅游收入743.3万元，创历史最高记录；前三季度社会消费品零售总额7553万元，同比增长11%。

【经济发展活力进一步复苏】樟木口岸优势更加明显。按照自治区提出的“稳步提升樟木口岸”要求，从改善投资软硬环境入手，积极推进口岸边贸发展。年内，组织实施了口岸停车场、樟木滑坡治理等14个涉及口岸项目，累计投入资金达4000多万元，另外，通过积极争取，樟木口岸第二停车场已批准立项，通过以上各项目的实施，将进一步改善樟木口岸的环境，完善城市服务功能，为更好地发展边境贸易奠定了良好的基础。2009年前三季度，完成进出口货物47803吨，其中进口货物1437吨、出口46366吨；进出口总额1.7亿美元，其中进口总额365.93万美元、出口总额16584.26万美元。各项数字与去年同期相比均基本持平。

招商引资环境更加完善。坚持以大开放促进大开发，以大引进促进大发展，认真落实招商引资优惠政策，在全县形成了招大商、引大资的良好局面。1-10月招商引资项目共计3项，累计合同资金2480.4万元，实际到位资金1680.4万元。3个项目分别是：樟木停车场完成建设资金950万元，各乡镇各单位完成招商引资730.4万元，亚来乡矿泉水厂预计投资800万元。超额完成全年任务的24.02%。

财源建设工作更加合理。认真贯彻国家积极的财政政策，深化财政改革，加强财政监管，狠抓开源节流，从严控制支出。对纳入财政预算安排的经费、上级专项资金、预算外资金等各类财政资金实行不同的拨款程序，进一步完善了财政资金拨付管理办法，有效保证了工资、公用经费、维护稳定等重点支出及时到位。全年预计完成地方财政收入752万元（其中税收收入完成492万元，非税收入完成260万元），完成年度预算的99%，完成收入任务的91%。

土地管理制度更加规范。以全国第二次土地调查契机，严格执行经营性用地和协议出让制度，不断加大整治力度，全面清查了国有建设用地和集体土地数量。按照《中华人民共和国矿产资源法》、《中华人民共和国河道管理法》的有关规定，进一步加强了对建筑材料类、矿产资源的管理，矿产资源开采秩序更加规范，有效保护了国土资源环境。按照农田和耕地“双保”目标要求，全额兑现农牧民群众征地补偿费20.7万元。预计全年将完成土地收入140万元。

合作组织效能更加突出。在樟木口岸的辐射带动下，近年来农牧民群众参与市场竞争的积极性不断提高，农牧民群众在政府的引导下逐渐开始转变观念，走合作化道路，仅今年内就先后成立了樟木帮村夏尔巴民俗度假村合作社、聂拉木镇宗塔村民生瓜菜合作社、聂拉木镇塔杰林村沙石场施工队、聂拉木镇充堆村短期育肥合作组织、门布乡整乡推进农牧民施工合作组织等6个农牧民经济合作组织，全县目前现有合作组织已达到8个，遍及全县1乡2镇。樟木镇帮村夏尔巴民俗度假村合作社、聂拉木镇民生瓜菜合作社、现已成为已经成为全县农村合作化组织的典范。为加大对农牧民经济合作组织的资金帮扶力度，帮助农牧民经济合作组织购买挖掘机、装载机，累计投入资金达100多万元，为积极引导成立更多农牧民合作组织，加强规范化管理，在乃龙乡开设了10人木工培训班，在聂拉木镇宗塔村民生瓜菜基地，从白朗县引进技术人员和种子，手把手传授当地群众种植技术。通过组建农牧民经济合作组织，群众的现金收入突飞猛进，仅樟木镇帮村，2002年之前，帮村人均收入1587元，2009年人均现金收入已达到8933.07元，增长5.6倍之多。

【基础设施建设步伐进一步加快】项目建设扎实推进，固定资产投资取得新进展。今年，318国道老定日至聂拉木段改造、318国道县城至樟木段硬化、聂拉木县县城-樟木垃圾填埋场、农贸市场、交警大队综合楼、廉租房、管委会周转房等一批重点工程进展顺利。全年共组织实施项目47个，其中续建项目11个，年内完成投资1.1188亿元，目前完成投资10788万元；新开工项目36个，总投资11456.99万元，目前完成投资8212万元。累计完成投资1.9亿元，完成年计划的146.8%。其中援藏项目4个，投入资金累计达1510万元。

安居工程建设扎实推进，新农村建设取得新进展。按照“统筹规划、整体推进、分类指导、科学设计、综合配套、突出特色”的总体要求，积极推进县领导包乡和部门包户的对口扶贫制，切实将农牧民安居工程建设作为构建“富庶、稳定、开放、和谐”聂拉木的重要抓手和社会主义新农村建设的突破口、切入点。今年全县安居工程任务是 188 户，其中:完成扶贫搬迁项目 38 户，游牧民定居项目 150 户，另外追加兴边富民项目 100 户，直接受益人口 1473 人，总投资 543.78 万元，其中国家补贴资金 320 万元，地区配套资金 9.4 万元，群众自筹 99.38 万元，银行贷款 115 万元。同时修建了 19 个村的村级组织活动场所，总投资 380 万元。

民生工程扎实推进，城乡一体化建设取得新进展。为加快城镇建设，紧紧围绕水、电、路、医疗卫生、教育、商务等工程进行了重点投入。通过实施山东烟台援藏投资 360 万元的县自来水改造工程、山东烟台援藏投资 500 万元的综合商业开发项目、投资 221.9 万元的市政路改造工程、投资 510 万元的县中学完善工程以及口岸停车场和县城一樟木垃圾填埋场等一批重点民生项目，城区面积不断扩大，城市服务功能不断完善。同时通过实施投资 528 万元的琐作乡小学改扩建工程、投资 200 万元的门布乡整乡推进项目、投资 157 万元的樟木立新雪布岗路项目、投资 45 万元的聂拉木镇卫生院项目等一批小城镇建设项目，有力推动了城乡一体化建设。另外，为切实加强农牧区基础设施建设，以农牧民安居工程建设为突破口，大力抓好农牧区配套基础设施建设，通过实施援藏投资 360 万元的民生瓜菜工程，投资 445 万元的琐作乡、波绒乡乡村公路项目，投资 444.4 万元的廉租房建设项目，投资 95 万元的以工代赈项目，投资 485.76 万元的沼气建设项目，投资 120 万元的琐作乡嘎琼村水塘项目以及投资 110 万元的门布乡孔措村水渠等一批农牧区基础项目，有效改善了农牧区群众生产生活条件。

【社会各项事业进一步完善】科教工作方面。认真抓好“两基”迎“国检”工作，进一步加大资金投入力度，不断改善办学条件，全面优化教师队伍，积极推进素质教育，使我县“普九”工作不断得到巩固和提高。小学在校生 1826 人，适龄儿童入学率达 99.4%，巩固率达到 99.6%；初中在校生 970 生，初中入学率达 95.7%，巩固率达到 95.5%。进一步完善了师生奖惩制度，对优秀教育工作者、优秀教师以及考入内地班和区、地重点高中的学生给予奖励。在内地班招生考试中，共有 13 名学生考入内地学校，另外，有 31 名学生考入区、地重点高中。

卫生工作。农牧区合作医疗制度更完善，农牧区药品监督网和供应网络建设进展良好，有效提高了药品管理效率。计划生育与人口工作扎实有效，人口自然增长率控制在 9.2‰以内。由山东烟台援藏投资 7 万元，开展了为期五个月的第二期村医培训活动，共培训村医 14 名，现已全部结业上岗。为有效防控甲型 H1N1 流感，在上级业务部门的指导下，结合我县实际，及时成立防控机构，制定防控应急方案，立足“早部署、早发现、早治疗”，购买医疗设备、药物以及处理处置口岸疑似病例，积极筹措 50 多万元资金用于防控甲型 H1N1 流感。增加医疗硬件设施，同时，多次开展甲型 H1N1 流感防治知识培训，切实提高了全县防控甲型 H1N1 流感能力，截至目前，没有出现流感暴发疫情，受到了区、地党委、政府的充分肯定。

文化广电工作。依法加大了对文化娱乐场所的管理，集中开展了“扫黄打非”工作。坚持“二为”方向和“双百”方针，深入挖掘和弘扬聂拉木旅游文化，丰富和发展了夏尔巴民族舞蹈等特色文化。在 8 个行政村建立农家书屋，为广大农牧民群众学习文化知识，提高自身素质提供了良好的环境。按照“村村工程”和“2131”工程要求，积极改善广电设备，确保全县各个站（点）正常运转，新建设了友谊桥广播电视转播站 12+3，在学校和乡村放映优秀爱国电影 887 场次，观众达 4 万余人。

萨嘎县

【基本县情】萨嘎县地处喜马拉雅山北麓，冈底斯山脉以南，雅鲁藏布江上游，东衔昂仁县、西接仲巴县、北邻阿里地区措勤县、东南与吉隆县、聂拉木县为邻，西南与尼泊尔共和国接壤，边境线长约 105 公里。全县总面积约为 1.24 万平方公里。距日喀则市 450 公里，距拉萨 720 公里，是日喀则地区西部三县（仲巴、吉隆、萨嘎）的中心。境内 219 国道贯穿全县东西，是通往阿里地区普兰县的交通要塞，具有重要的政治、经济、军事和交通地位。全县下辖 7 乡 1 镇，共有 38 个村民委员会。全县除旦嘎、夏如两乡为半农半牧乡外，其他皆为纯牧业乡（镇）。截止 2009 年年底，全县总人口为 13424 人，其中农牧业人口 11911 人，非农业人口 1513 人。

【经济发展情况】2009 年，全县生产总值实现 15570 万元，比上年增长 9%；农村经济总收入实现 5016 万元，下降 7.9%；农牧民人均纯收入达到 2947.8 元，增长 10%；地方财政收入完成 306 万元，增长 26.4%；各项税收完成 236 万元，同比下降 29%；社会消费品零售总额实现 1456.1 万元，同比增长 17.7%。国民经济呈现良好发展态势，社会局势持续稳定，人民群众安居乐业。

【产业经济呈现良性增长势头】抓住一产上水平这个关键，稳步推进新农村建设。全面落实粮食直补、良种补贴和牲畜出栏补贴等支农惠农政策，优化结构，加快牲畜出栏，农牧业综合生产能力稳步提升。粮食总产量达到 249.8 万斤，粮经饲三元结构调整为 73：14：13。新生仔畜成活率达 71.8%，牲畜出栏率达到 36.7%，短期育肥 8600 头（只、匹）。预计第一产业完成增加值 3474 万元，比上年增长 7.0%。围绕二产抓重点，大力培育新的经济增长点。认真落实“矿业兴地”思路，矿产勘探开发工作初步启动实施。争取援藏资金建成了风干牦牛肉加工厂，农畜产品深加工工作取得突破性进展。预计第二产业完成增加值 2419 万元，比上年增长 6.9%。按照三产大发展的要求，旅游服务业发展势头迅猛。加大政策扶持，优化发展环境，餐饮服务、商品零售、汽车修理等快速发展，全县个体工商户发展到 368 户，注册资金增加到 1141.8 万元，分别比上年增长 16.8% 和 17.6%，非公有制经济进一步发展壮大。预计第三产业完成增加值 9613 万元，比上年增长 8.1%。

【基础设施建设步伐加快】全年共实施项目 32 个，固定资产投资完成 1.4 亿元，同比增长 38.1%；其中，扩大内需项目 7

个，项目总投资 989.4 万元，项目投资对经济增长起到了重要的支撑作用。项目建设和管理得到加强，以打破交通瓶颈制约为重点的G219国道改扩建工程进展顺利，以打破电力能源制约为重点的如角电站前期工作深入实施；退牧还草工程、藏系绒山羊基地、8个乡（镇）兽防所建设工程、客运站建设工程进展顺利并相继竣工；拥民路建设工程、县城排水工程竣工并投入使用；加加镇、夏如乡和旦嘎乡一批水渠相继竣工并引水灌溉，改善了农田水利基础设施条件。严格执行项目“五制”，项目管理和稽查工作得到加强，工程质量明显提高，工程进度不断加快。

【社会事业发展明显加快】教育得到优先发展。不断改善办学条件，县中学附属工程和达吉岭、拉藏、昌果完小改扩建工程进展顺利，实现了有幼儿园的目标。认真落实“三包”政策，适龄儿童入学率达到98%，初中入学率达 90%，文盲率控制在 2.5%以内，“两基”迎“国检”工作顺利开展。公共卫生事业加快发展。完成了县卫生服务中心附属工程和加加镇卫生院建设，医院标准化建设和创一甲前期工作准备就绪，乡（镇）卫生院规范化建设完成60%，改善了医疗基础设施条件。妇幼保健工作深入开展，地方病防治、人口和优生优育工作进一步加强。公共卫生应急能力明显提高，遏制了甲型H1N1流感在全县的大规模蔓延传播，保障了群众的身体健康。文化事业蓬勃发展。建设了 2 个乡综合文化站和 8 个农家书屋，农牧区文化设施逐步改善。“西新工程”、广播电视“村村通”和广播影视数字化工程进展顺利，完成了县文化信息共享网络工程。第一届甲谐文化节成功举办，物资交易额达到 540 万元，进一步弘扬了萨嘎县的甲谐文化，达到以节促发展的目的。

【领导名录】
县委书记：边巴次仁
县委副书记、人大常委会主任：南木加
县委副书记、政府县长：李选印
县委常务副书记（正处级）：李 军

江孜县

【经济发展情况】2009年，在上海人民的无私援助下，江孜县按照年初确定的“1234”的工作思路，着力谋划经济增长点、培育财政支撑点、把握民生立足点、探求工作创新点，较好地完成了各项任务。2009年，江孜县GDP预计达到8.4亿元，比去年增长12.1%；农村经济总收入预计达到3.54亿元，比去年增长13.7%；预计农牧民人均纯收入达到4811.16元，比去年增长15.65%，其中现金收入3271.59元，占人均纯收入的68%；全县固定资产投资完成2.97亿元，其中国家投资13248万元，援藏投入2220万元，社会投资10766万元；地方一般性预算收入完成1250万元；招商引资工作到位资金980余万元。

【种植业继续保持良性发展】全年，共完成实播面积16.19万亩，其中粮食作物8.32万亩，经济作物3.75万亩，饲草饲料4.12万亩，粮、经、饲比例继续保持51：24：25。全年机耕面积10.6万亩，机播面积9.91万亩，共使用化肥4450吨，农家肥37563.16万公斤，平均每亩2319公斤，使用多种农药79吨。完成二级种子田0.8万亩，标准化生产田1万亩，高产田建设5万亩，低产田改造2.03万亩。但是，由于全年降水比往年少，江孜县部分山沟乡村旱灾较重，导致农作物有不同程度的减产，全县粮油总产达到12782.11万斤，比上年减少264.14万斤，其中粮食产量为11759.84万斤，比上年减产153.18万斤；油菜籽产量为1022.27万斤，比上年减少110.96万斤，蔬菜产量达3845.92万斤，饲草料产量达4590.74万斤。

【畜牧业生产稳步发展】一是指导群众合理利用草场，抓膘配种，接羔育幼，增加适龄母畜比例，加大畜群结构改良，全力提高畜牧业整体生产能力与经济效益。二是建设实施了15个乡（镇）兽防站建设，预防“五号”病703309头（只）次，预防禽流感62192只次，预防率均达到100%；羊三、四联疫苗注射274800只，预防率95%；牲畜体外驱虫222900头（只、匹），共实施绵改20000只，黄改7000头，实施了7000亩人工种草项目，完成了热龙乡和加克西乡的草场承包，落实到户的草场面积为80.96万亩，发放承包证517户。

2009年，全县年末牲畜存栏37.16万头（只、匹），牲畜总增12.61万头（只、匹），总增率达到33.96%，牲畜出栏13.64万头（只、匹），出栏率达到36.7%；新增仔畜成活13.26万头（只、匹），成活率达到91%，成畜死亡率控制在1%。畜产品总产量达到852.76万斤，总产值达到10185.51万元，占第一产业总产值的36%。

【劳务输出效益明显】全年，共组织劳务技能培训195人次，劳务输出20100人次，其中政府组织占输出总量的3.21%。劳务经济创收7578.38万元，完成年度目标的210.51%。

【生态建设扎实推进】实施了水土保持工程，对满拉灌区五条渠系的渠道周围种树种草，共植树38724株；全年，完成工程成片造林3422.3亩，四旁植树和义务植树30.6万株，苗圃育苗100亩。积极落实“薪柴替代工程”，及时将中央给农牧区配备的3104套太阳灶发放到群众手中，发放率达100%。

【乡镇经济发展平稳】目前，江孜县共有乡镇企业44家，从业人员达到942人，总产值预计达到1950万元，比去年增长16.6%，完成年度目标的105.63%；实现预计利润512万元，上缴税金35.84万元；多种经营总收入达到14500万元，完成年度目标的167.67%，纯收入预计达到10550万元。全年，江孜县为10家农民合作社争取了280万元扶持资金和2.7万元的培训资金，并已全部落实。

【以项目建设为支撑，增强发展后劲】2009年，江孜县抓住国家扩大投资、拉动内需的有利时机，积极争取项目，进一步巩固投资拉动县域经济增长的良好格局，全年完成2.97亿元的固定投资，并通过农牧民参与项目建设，为农牧民创收1900多万元。

【以旅游产业为重点，带动第三产业发展】2009年，共接待游客人数达到89030人次，比2008年增长6倍，旅游收入达到905.89万元，比2008年增长2.8倍；参与旅游业的农牧民达到102户，收入为50632元。

【以“安居工程”为切入点，加快新农村建设】2009年，江孜县安居工程建设资金应到1421.5万元，实到1249.48万元，兑现934.42万元，占到位资金数的74%。抗震加固资金应到位551万元，实到226万元。重建家园资金到位25.7万元，兑现20.26万元，占到位资金的78.83%；安居工程建设受益人数达到了6061人。全年，共完成1183户农牧民安居工程建设任务，其中就地新建513户，就地改扩建208户，游牧定居250户，相对贫困户74户，绝对贫困户117户，整体搬迁16户，完成年度目标的107.35%；完成村级活动场所建设79个（其中上海援建10个），受益群众达到4325户，24670人；完成村级道路建设18条，7.8公里(包括15座涵洞)。在全县155个行政村（居）委会中，已实现通电率96.77%、通公路率77%、通广播电视率95%、通水率90.96%、建制村通电话率和通邮率均为100%。

【以可持续发展为出发点，全力发展社会事业】教育工作紧抓不懈。坚持把教育工作摆在优先发展的战略地位，围绕教育“两基”攻坚目标，巩固和提高“普六”、“普九”义务教育成果，做好了“两基”工作迎“国检”的准备。再次提高了“三包”经费标准，年生均达到1800元。加强教师队伍建设，实行教师岗位交流制度，提升了教师队伍素质；做好控辍保学工作，进一步抓好毕业班工作，各类考试成绩突出，有207人达到高考录取分数线，有56人考入内地学校西藏班，有40人考入上海实验学校。中、小学升学率均达到100%。

科技推广力度加大。本着科技服务“三农”的理念，不断加大科技的推广和培训力度，通过实施科技项目，将各种科技成果向农牧民群众推广。实施科技特派员工程，全县现有科技特派员98人，召开了全县首届科技工作大会，促进了江孜县科技事业的蓬勃发展。全年，共举办各类科技培训和宣传8次，培训2432人，发放宣传材料近万份。

文化文物工作稳定发展。文化阵地由城市向农村推进，开展农村书屋推广、文化下乡等活动，全年发展了8个农家书屋，配发图书24000多册，赠送价值44000余元的书架、书桌等；开展“三下乡活动”12场次，送电影到基层2290余场次。文物保护工作有新突破。完成了投资113.9万元的帕拉庄园整体维修工程，并向游客开放，接待能力大幅提升；宗山抗英遗址维修工程已得到上级批准，开工在即。白居寺的维修方案正在积极制定，维修项目在争取中。

卫生工作开展顺利。2009 年，全年参加合作医疗的农牧民群众达到 11045 户、61512 人，参加率达到 99.91%，比 2008 年提高 0.21%；统筹资金 922.68 万元，兑现医疗补偿资金 647.61 万元。根据《江孜县医疗救助实施方案》，共支出医疗救助资金 35.4 万元，受益 630 人次。医疗救助工作的开展，较好地缓解了全县困难群众因病致贫、因病返贫和看病难问题。全年，共投入 170 多万元（其中应急资金 90 余万元）的资金，有效地应对了甲型 H1N1 流感疫情，顺利地渡过了甲流的高发和多发期。

白朗县

【综合经济实力明显增强】2009 年，白朗县全县生产总值达到 4.1 亿元，同比增长 15.17%，完成任务目标的 101%，人均生产总值达到 9276 元；地方财政收入完成 558 万元，同比增长 15.29%，完成任务目标的 100.18%；金融机构各项存款余额 1.6 亿元，同比增长 25.94%，各项贷款余额 7678 万元，同比增长 8.65%；邮政业务完成收入 28.7 万元，同比增长 17%。电信业务收入 252 万元，同比增长 4%。移动通信业务实现收入 235 万元，同比增长 16.6%；非公有制经济快速发展，乡镇企业年产值完成 9558 万元，同比增长 14%。多种经营收入完成 6279.69 万元，同比增长 5%。劳务输出 2.66 万人次，完成任务目标的 102.31%，实现劳务收入 4489.7 万元，完成任务目标的 100.71%。完成招商引资 2000 万元，完成任务目标的 108.11%。全县私营企业 38 户，从业人员达到 1427 人，注册资金 4647 万元。

【经济结构明显优化】三次产业结构由 2008 年的 41:11:48 调整到 2009 年的 40:12:48。农业基础地位更加巩固，主要农产品生产能力明显提高，农业产业化初具规模，特色农业加快发展，区域特色经济格局进一步形成。全县完成各类农作物总播种面积 127386 亩，粮经饲比例保持在 63:21:16；受干旱影响，粮油总产达到 8251.6 万斤，比上年减产 18.9 万斤；青稞加工业逐步壮大，年加工青稞 700 万斤；畜牧业生产继续保持较好的发展态势，完成黄牛改良 6145 头，仔畜成活率达到 92.3%，成畜死亡率控制在 0.9%以内，牲畜总增率达到 33.58%，出栏率达到 34.09%，牲畜疫病防治密度达到 100%。

【蔬菜产业化水平明显提升】依托白朗县现代农业科技示范园的技术优势，以建立国家 A 级蔬菜标准化示范区为契机，进一步加强蔬菜标准化生产示范村建设工作，去年白朗县被列入全国 200 个设施蔬菜标准园创建县；以食品安全体系建设为中心，完成了白朗县 2 万亩无公害蔬菜生产基地认证工作，巩固和发展了“白朗蔬菜”的品牌；以“白朗西瓜品鉴推介会”为载体，大力提升了以“白朗西瓜”为代表的“天域绿”牌白朗系列农产品在消费者心中的优势地位；以现代农业科技示范园为中心，投资 500 万元，完成了集生产、示范、培训、休闲、观光于一体的园区二期建设；实施县乡两级标准化示范村建设 12 个，提高了蔬菜种植水平。2009 年白朗县蔬菜大棚总数达到5112座，蔬菜产量达到4556 万斤，总收入 3640 万元，人均增收 823 元，占全县人均纯收入的 21%。

【基础设施和重大项目建设明显加强】全县社会固定资产投资完成 2.73 亿元，同比增长 103.95%，完成任务目标的 131.36%。投资对经济增长的贡献率达到 18%。随着一批交通、能源、水利、通信、城市设施等基础设施日趋完善，经济加快发展的基础进一步夯实。

【城乡人民生活明显改善】农牧民人均纯收入达到3957.4元,同比增长19.24%,完成任务目标的103.60%,其中现金收入占68%;市场消费持续旺盛,社会消费品零售总额达到 4584 万元,同比增长17.72%;就业和再就业工作进一步加强,社会保障体系初步建立。解决政府公益性岗位 71 个,城镇登记失业率控制在3.6%以内。

【社会事业发展明显加快】教育事业稳步推进,大力发展"义务"教育,全面实施素质教育,切实加强职业教育,认真做好迎"国检"各项准备工作,"两基"巩固提高工作迈上新台阶,各级各类教育事业改革发展取得新成效。小学适龄儿童入学率达 99.8%,初中入学率达95.7%;人才强县战略全面实施,人才队伍整体实力持续提升;文化基础设施和公共文化服务体系建设进一步加强。完成了4822户"户户通"直播卫星接收站安装工作,"村村通"升级工程覆盖率达到70%;公共卫生体系进一步健全,突发公共卫生事件应急防控能力有新提高,禽流感、甲型H1N1流感等重大疾病和疫情得到有效防治。深入推行农村合作医疗制度,合作医疗参保率达到95%。

仁布县

【经济发展情况】2009 年,仁布县全县生产总值预计完成 16243.6 万元,同比增长 11%,第一产业预计完成 4917.6 万元,同比增长 2.9%;第二产业预计完成3636 万元,同比增长 19.8%,第三产业预计完成 7870 万元,同比增长 12.7%;完成全社会固定资产总额 19649 万元,同比增长 59.5%;截止 10 月份,财政一般预算收入预计达 289 万元,完成预算指标的 129.59%,同比增长 71%,财政一般预算支出5984万元,同比增长25.29%;农牧民人均纯收入预计达 2375.22 元;金融机构各项存款余额 10660 万元,同比增长 21.65%,贷款余额 8637 万元,同比增长 17.80%。

【农业生产情况】财政用于农林水事务投入 127 万元,同比增长 22.12%。大力推广农业增产增效先进适用技术,加大低产田改造力度,加强农田水利基础设施建设,改造 1700 亩低产田、治理 1500 亩坡耕地,维修水渠 450 条、水塘 24 座,有效优化了土壤质地,增强了农业发展后劲。针对 6 月以来的大范围干旱、虫灾、冰雹、洪水等自然灾害,积极采取有效措施,组织动员群众做好了田间管理、恢复农田等自救工作,最大限度地降低了灾害造成的损失。全年调运化肥420吨,完成优良种子调配 68 万斤。2009年,全县耕地面积 51201 亩,粮、经、饲比例为 59.4:34.6:6,预计,全年粮油总产达 1703.64 万斤。结合仁布县实际,截止 11 月初,仁布县共完成了 40900 亩秋翻和 43000 亩冬灌,分别占总耕地面积的 80%和 84%,为来年农业生产打下了坚实的基础。

【牧业生产情况。】切实加强畜种改良工程,优化畜群结构,从江孜繁育基地引进 3 头种牛,全力推进畜群改良增优,促进发展。不留死角,不漏牲畜,切实做好了重大动物疫病免疫注苗工作,牲畜免疫率达 100%。全年牲畜年末存栏预计控制在 191836 头(只、匹),仔畜成活率达 92%,成畜死亡率控制在 1%;出售短期育肥 825 头(只),总收入 28.87 万元,其中纯收入 5.78 万元。不断加强草场建设,开展草场"三灭"工作,合理使用草场,既满足了牧业发展需求,又保护了草场良性使用。狠抓防抗灾工作,在全县范围内推广饲草饲料作物种植复种面积 1500 亩,截止目前,贮备牲畜防抗灾饲草 160 万斤,饲料 70 万斤,为牲畜的安全过冬和短期育肥打下了坚实基础。投资 131 万余元在各乡镇建设了乡镇兽防所,乡镇兽防体系建设不断完善。

【特色经济效益明显】一是继续加大了10000 亩马铃薯种植投入力度,与各乡镇签定了《2009 年马铃薯生产基地建设项目责任书》,切实做到了有领导,有组织,有方法、有措施,马铃薯产量预计达 1609 万斤。德吉林镇农牧综合示范园生产、查巴乡的豌豆、帕当乡的藏香、康雄、普松乡的酥油花、嘎布久嘎的糌粑等农副产品也在进一步开发中,逐步形成规模。切洼乡的西瓜种植面积现已扩大到60 亩,创收 18 万元;蔬菜大棚也正式投入生产,积极发挥着"菜篮子"作用。二是整合劳动力资源,大力发挥能人效应典型示范带动作用。去年成立的青稞专业合作社向参股的 100 户群众返还了10 万元的利润,让群众切实感受到了党的好政策,2009 年,进一步加大了培育农牧民经济合作组织的工作力度,依照相关法规,申报了嘎布久嘎糌粑合作社、萨嘎石材专业合作社,不仅大力支持了各乡镇发展自己的特色产业,还将有力地促进全县经济发展。三是积极开展农牧民技能培训工作。年初,仁布县组织了康雄乡、普松乡酥油花制作培训,71人参训,直接经济收益 15.95 万元,切实增加了群众的现金收入;农牧技术综合培训4期1500人(次),有效提高了农牧民的科技文化素质;秋冬季农牧林综合培训班和农牧民技能培训将于 11 月中下旬开展,目前各项前期工作已就绪。四是继续推广打工经济,建立健全农村劳动力资源信息库,有针对性地开展劳务输出和对接活动,截止 9 月底,劳务输出 16260 人(次),创收 2308.9 万元,完成目标任务的 107%和 89%。

【农村基础设施不断改善,群众生活水平不断提高】为庆祝"3·28"百万农奴解放日,向 101 户农户发放了购置补贴农机具,向40个行政村发放了农用车辆,向农牧民群众发放了 4324 台电视接收器,及时把党中央、国务院的特殊关怀送到了农牧区基层。农村安全饮水工程新建设 18 个点,涉及全县 8 乡 1 镇 18个自然村,共解决 3561 人、47273 头(只、匹)牲畜的饮水难问题。建成沼气用户2353 户,占总规模的 76%,覆盖到全县各乡镇。总投资 1750 余万元,实施农村公路项目 6 个,通车 80.65 公里。以新农村建设为突破口的农牧民安居工程总投资 4568.48 万元,建成 1268 户,占总任务的 82%,8874 名农牧民群众受益;完成了 27 座村委会建设;组建农牧民施工队 67 个进行安居工程建设,农牧民群众参与人数达 79795 人(次),实现创收97 万余元;总投资 115.2 万元的 96 户地震重建家园任务全部完工;至此,"十一五"期间农牧民安居工程建设任务将在年底全面完成。以整乡推进、产业化扶贫为重点，切洼乡整乡推进扶贫进展顺利，续建、新建嘎布久嘎糌粑加工厂、贫困户生产资料扶持、低产田改造等项目8个，总投资347万元，中直、区直、地直等定点帮扶单位捐款捐物达73.38万元，在切实改善贫困群众生产生活条件的同时，也加快了自身“造血”功能。

【积极转变发展方式，着力发展第二产业】继续充分利用318国道经济带动功能，着力培育名牌产品，积极申请国家和上级部门资金，重点把达热瓦青稞酒厂、仁布玉器厂等企业做大做强做特，切实提高市场竞争力；积极引导现有民营和乡镇企业发展外向型经济，逐步把企业建成规模较大、档次较高、带动力较强、辐射面较广的企业，实现农牧业走“企业＋农户+科研单位”和产、加、销一条龙的路子，提升农牧业生产效益；全力开发人力资源、社会资源、自然资源，促进群众性的运输业、当地资源开发、打工等经济的协同发展，真正把富余劳动力资源优势转变成了经济优势，创造了就业亮点。截止目前，全县注册登记71家民营和乡镇企业，全县乡镇企业总产值预计达10834万元，从业人数13530人；多种经营总收入预计4867万元，从业人数24697人。

【高度关注民生，不断促进社会和谐发展】教育事业坚持以巩固提高“两基”攻坚成果为重点，不断提升教育质量。全县小学适龄儿童入学率和初中入学率都保持在99.3%和96.1%，巩固率分别达到100%和99%。严格落实“三包”政策，广泛接受社会监督，全年中小学“三包”人数3396人，总经费337.34万元，已下拨265.14万元，剩余资金将在12月全部下拨。切实做好了迎接2010年国家“两基”督导检查的前期工作。面对甲型H1N1流感疫情不断蔓延的严峻形势，学校加强了重点部位的消毒，实行了24小时值班制度，成功处置了3起甲型H1N1流感病例，及时遏制了传染态势。不断加强教育基础设施建设，争取到资金1300余万元，修建了中学教工宿舍、仁布乡、查巴乡中心小学教学楼等工程，切实改善了全县办学条件。

继续了加大卫生工作，城镇医疗条件不断完善。一是积极推进农牧区医疗管理制度，切实做好了农牧区医疗家庭建帐工作，共建帐4811户，医疗管理人数31018人，覆盖率达100%，群众个人集资308710元，集资率达99.5%；2009年全县医疗基金总额为1016.84万元。二是不断加强和完善各级医疗机构建设和医疗救治水平和能力，完成了疾控中心业务用房、服务中心附属工程等项目，举办乡镇卫生人员综合培训班、乡村医生短期培训班及输送人员参加自治区、地区培训，切实提高了卫生人员的业务水平。三是健全机构、落实责任，切实做好了甲型H1N1流感的防控工作。5月以来，县政府投入了27.08万元的专项资金，采购了药品和防护设备，医疗机构储备了24万元的应急药品，在县、乡两级医疗机构开设了发热门诊和隔离病区，在学校、公共场所、建筑工地等重点场所进行了环境消毒，截止目前，仁布县共出现甲型H1N1流感确诊病例3例，临床诊断病例2例，已全部治愈出院。因各项防控工作和医疗救治工作及时到位，疫情得到了及时、有效控制。四是人口计划生育工作稳步推进。确认“一孩双女”户困难家庭扶助对象277户、293人，落实扶助资金21.1万元；全面完成了全员人口登记工作和育龄妇女信息管理工作；全县人口出生率13.54‰，人口自然增长率9.66‰。

【援藏工作向纵深发展】2009年，援藏又追加200万元资金新建了县城七台河路，前期建设的县幼儿园、七台河服务区、望果节广场等项目都投入了使用，正发挥着积极的作用。党政办公中心项目已建成，办公设备已配齐到位，附属工程正在积极建设之中。投资1000余万元的姆乡夏成灌区工程将在近期交付投入使用。

康马县

【经济发展情况】2009年，康马县完成县级生产总值18860万元，完成年度目标的100%，同比增长13%；其中第一产业预计完成4588万元，同比下降1.3%，第二产业预计完成2829万元，同比增长15%，第三产业预计完成11443万元，同比增长19.4%。财政收入预计达到489万元，完成上级下达任务的100%。人均GDP预计达到8905元，完成年度目标的100.1%，同比增长11.13%；农牧民人均收入预计达到3653元，完成年度目标的100%，同比增长15%；全县工业生产总值预计566万元，同比增长11.73%；社会消费品零售总额预计3122万元，同比增长9.8%。全县乡（镇）企业总产值预计完成742万元，同比增长13.13%；多种经营收入3851万元，同比增长14.7%。完善了石材开发有关政策，改善了精细石材加工设备，截至10月底，石材收入达到544.7万元，预计全年可实现收入600万元；加强劳务输出工作力度和劳务人员技能培训，全年共组织劳务输出人数34001人次，收入3412.47万元，分别完成年度任务的172%和101%，全县农牧民实用技能培训达到317人次。

【认真落实经济发展战略，推进种植业结构调整】，粮经饲三元比例调整为69.69:19.4:10.91。克服了旱灾影响，全县农作物播种面积4.7万亩，粮食总产量预计达到2078万斤，同比减产230万斤。有序开展了粮食清仓查库工作，全县库存粮食账实相符、质量良好、储存安全。全县牲畜存栏数预计224311头（只、匹），牲畜出栏预计87958头（只），出栏率39.2%，全年肉产量预计1483吨，奶产量预计2641吨。全年牲畜短期育肥出栏预计18854只，预计总收入973万元。藏系绵羊育肥基地及岗巴羊产业化开发基地，截至目前共预计育肥40580只，预计项目区人均增收490元。各种动物传染病防疫率达100%，共维修草场围栏3200亩，人工种草5000亩，草场灌溉共6.7万亩，草场灭鼠20万亩。

【坚持把项目建设放在经济工作首位，基础设施进一步完善】全县开工建设项目33个，总投资10020.07万元，目前项目完成率100%；全年新增沼气建设项目建设任务705座，剩下的501座将于年内完工。2009年康马县安居工程440户，村级组织活动场所19个已经全部完工。抓农村公路建设，县道好路率达到90%；乡道好路率达到85%。所有这些项日的实施，极大改善了康马县城乡面貌以及老百姓的居住和生活环境，增加了群众的现金收入，基础设施得到了加强。

【社会事业协调发展】教育工作成效显著，全县农牧区医疗体制运转良好。共争取国家投资997万元用于校舍改造，完善了“两基”国检档案，加大了“控辍保学”奖惩力度，开展了学校甲流防控工作，整体教学质量明显提高。康马县适龄儿童入学率达100%，初中。入学率87%。截至目前共落实学生三包经费209.17万元。狠抓疫情防控工作，针对全球甲型H1N1流感的严重形势，切实将防控工作做到有条不紊。全县共有19182人参加新型农牧区合作医疗，参合率99.66%，共有40104人次得到医疗补助，补助费196.8万元；巡回医疗16次，免费体检150余人，义务就诊520余人，2009年全县人口自然增长率9.8‰。

【干群一心，抗雪救灾及灾后重建取得实效】2009年发生的“5·26”雪灾，县抗灾指挥部及时对死亡牲畜进行药物处理，确保了灾后无疫情。维修受灾道路投资20万元，及时向受灾群众发放救灾衣物和救灾口粮折合人民币27.59万元，免费发放药品8500元，调运饲草料165.42吨，派出救灾人员3205人次，解决价值5万元的兽药，解决救灾粮16.27万斤。先后投入救灾资金103.4万元，为群众落实灾后补助资金63.531万元，使灾后重建工作取得实效。

【援藏项目顺利完成】第三批援藏工作组紧紧围绕经济建设这一中心，狠抓援藏项目建设。经过援藏工作组的努力，援藏项目顺利推进，项目总资金为2900多万元，项目涉及北大荒路、北大荒社会福利院、少岗糌粑加工厂、北大荒少儿活动中心、北大荒犏牛养殖基地、温室大棚蔬菜基地等。

岗巴县

【基本县情】岗巴县位于西藏日喀则地区南部，地势高亢，雪山连绵，北邻萨迦、东邻亚东、白朗，西与定结县山水相连，南与印度锡金邦接壤，边境线长达97公里，通外山口17个，为我区一个以藏民族为主的高寒边境县。县城驻地岗巴镇雪村，其距日喀则市307公里（岗嘎线）、165公里（曲岗线）。全县总面积为4203平方公里，其中耕地面积22200.2亩，草场面积555.7万亩。

岗巴县属喜马拉雅高山地貌，平均海拔4700米以上，地势南北高，中间低，并由东北向西南方向倾斜。最高海拔6155米，相对高差200米左右。70%为高原丘陵，30%为谷地，无平原。

岗巴县属高原温带半干旱性季风气候区，长冬无夏、春秋相连、雨热同步、光照充足、昼夜温差大，冬春寒冷干燥，多大风和扬沙天气。年平均气温1.5℃，最热月为7月，最冷月为1月。年无霜期60天左右，年日照时数在3200小时以上。年降雨量245毫米，主要集中在7月至8月。

2009年底全县辖有4乡1镇、29个村委会。全县总人口2892户、10339人，其中农牧区人口1854户、9163人。全县共有党组织51个，党员783名，其中农牧民党员356名。

【经济总量突破亿元大关】2009年，岗巴县完成生产总值11744万元，同比增长13.9%；其中第一产业2232万元，同比增长9.8%，第二产业1620万元同比增长12.1%，第三产业7892万元同比增长15.6%。

农牧业生产稳步发展。粮油总产达到690万斤，其中青稞639万斤，油菜51万斤，同比略有减产。全年新生成活仔畜72345头（只、匹），牲畜总增62191头（只、匹），总增率达32.59%，出栏62191头（只、匹），出栏率达32.59%，年末存栏190849头（只、匹），与去年持平，灾后生产恢复基本完成。

农牧区经济快速发展。农村经济总收入达3581.65万元，同比增长4.15%。全县乡镇企业产值38.6万元，增长1.58%，多种经营总收入1407.82万元，增长33.6%。劳务输出总人数达9600人次，劳务输出收入达698.95万元，同比增长54.8%。农牧民人均纯收入达到3017.37元，同比增长13.95%。

财政收入持续增长。全年地方财政收入达270万元，同比增长15.30%。

经济结构更趋合理。全县一、二、三产业比重调整为20:19:61。

【政策科技投入三管齐下，确保大灾之年不减收】及时足额兑现“种粮直补”、“农资综合补贴”等共计45万元；争取农机购置补贴50万元，将按购置价格的30%进行补贴，共有92户群众从中受益。切实做好农资调运供应工作，全年共调运化肥140吨、农药9.8吨，农机具2456套，其中化肥半价销售、农药免费发放。

大力实施“种子工程”、“沃土工程”、“农机化工程”，继续做好科技培训与科技承包工作。引进农作物优良品种18个，从日喀则购买一级种子5万斤，从定结县购买二级种子5万斤，推广当地良种12537亩。改造中低产田2000亩，治理坡耕地1000亩。机耕完成3000亩，机播完成5000亩。以农牧业增效为中心加大种植业结构调整。全年实播面积22502.5亩，其中青稞13577亩，油菜3195亩，蔬菜1270亩，饲草4460.5亩，粮、经、饲比例为65:21:14。争取无公害蔬菜生产项目资金180万元，新建蔬菜大棚温室100座。

【基础设施建设成效显著】2009年共开、复工建设项目28个，总投资6563.31万元，其中援藏项目9个，投资594万元，年内完成固定资产投资5853.83万元，同比增长15.57%。

【加大扶持力度，努力做大做强岗巴羊与矿泉水产业】积极推进“岗巴羊”规模化、产业化经营。投资饲草种子50万斤、化肥4.4万斤，扶持农牧民群众种植饲草10500亩，增加饲草产量1600万斤，新增载畜量25000只。全年共短期育肥岗巴羊52500只，已出售50190只，实现纯收入达967.5万元，人均增收470元。特别是2009年6月份拉萨“京来顺”、蕃隆“老北京刷肉”和“上善上品”等五家知名餐饮企业加盟“岗巴羊”特许经营事业，标志着岗巴羊成功登陆拉萨市场。每只岗巴羊在拉萨售价达到800元左右，有力地促进了群众增收。

继续加大对曲登尼玛矿泉水厂的扶

持力度。通过与亚美公司、上海联创集团的进一步联系沟通，2009 年曲登尼玛矿泉水新厂设备安装完毕并开始试运行，产能比老厂提高了 8 倍。帮助亚美集团争取国家中小企业扶持发展资金 200 万元。目前，岗巴县曲登尼玛矿泉水公司已在北京、上海等地注册了销售公司，曲登尼玛矿泉水营销之战即将打响。

【统筹兼顾，大力发展社会事业】始终坚持科教兴县战略不动摇。进一步加强对教育工作的领导和管理，继续巩固和提高“普九”成果，争取投资 725 万元加强了教育基础设施建设，以迎“国检”工作为中心，狠抓教育教学质量提高，全面推行基础教育新课程改革，加强教师队伍建设；严格“三包”经费管理，坚持教育经费阳光操作。教育“三包”经费 2009 年小学提高了 64 元，为每生每年 1000 元，中学提高 130 元，为每生每年 1200 元，助学金比去年提高了 5 元为每生每月 20 元。

继续巩固和完善农牧区合作医疗制度。2009 年全县农村合作医疗参加人数为 9074 人，参加率 100%，人均经费达到 150 元。2009 年元月 1 日起农牧区合作医疗住院报销比例提高 10 个百分点，提高后在乡、县及以上卫生机构住院报销比例分别为 95%、90%、80%。门诊费用在家庭帐户资金充足的情况下 100%报销。继续采取奖励措施鼓励住院分娩，努力降低孕产妇死亡率和婴儿死亡率。扎实做好计划免疫工作，五苗接种率达 100%，强化率达 100%。对部分特定人群还接（补）种其他疫苗。积极做好雪灾防疫，共消毒污染点 70 余处，确保了大灾之后无大疫。积极应对甲型 H1N1 流感，做好各项应急准备，成立两级防控领导机构，在县卫生服务中心设立了发热门诊、隔离观察病区，组建了医疗救治组，储备了 5 万元的防控物资。深入开展人口与计划生育宣传服务工作。严格卫生行政执法，经常开展食品安全专项检查。

积极推进文化体制改革。继续抓好“西新工程”、广播电视“村村通”工程，全县广播电视混合覆盖率达到 100%，全年放映电影 673 场次。加大县级新华书店和农家书屋建设力度，新建“农家书屋”8 个。切实加强新闻报道工作，组织人员积极向《日喀则报》、《西藏日报》、日喀则电视台、西藏人民广播电台投稿。加大环境保护力度，争取投资 46 万元，完成重点区域造林 830 亩。

亚东县

【经济发展情况】2009 年，亚东县全县生产总值完成 22556 万元，比上年增长 14%，连续七年保持 12%以上的增长速度；预计人均生产总值达到 18132 元，比上年增长 12%；预计农牧民人均纯收入达到 3448 元，比上年增 10%，其中现金收入 2971 元，占人均总收入的 86%；完成固定资产投资 14542 万元；完成财政收入 612 万元，比上年增长 15%；社会消费品零售总额实现 5272 万元，比上年增长 7.5%。

【调整产业结构，农牧业经济增速显著】以市场为导向，优化产业结构，粮、经、饲比例由 2008 年的 46:32:22 调整为 45:23:32，粮食播种面积达 5942.2 亩，比上年减少 268.8 亩；经济作物播种面积 3051 亩，比上年增加 233 亩；粮食产量达 290 万斤，比上年减少 44 万斤；油菜产量达 7.99 万斤，比上年增加 5.75 万斤；牲畜存栏数为 92775 头（只、匹），仔畜成活率达 72%，牲畜死亡率控制在 12.16%以内。牲畜疾病防治工作扎实开展，“W”病和小反刍疾病疫苗注射密度达 100%。乡镇企业收入完成 236 万元，比上年增长 140%；多种经营收入完成 3528 万元。

【努力争取项目，基础设施建设进一步完善】先后实施了 52 个项目，总投资达 14542 万元，完成地区下达任务 12232 万元的 119%。农牧项目包括农村沼气等 4 个，林业项目包括重点区域造林项目等 2 个，水利能源项目包括县二级电站等 5 个，社会发展项目包括县中学完善项目等 20 个，城市基础设施项目包括县垃圾填埋场等 5 个，民生项目包括廉租房等 4 个，维稳项目包括上亚东乡边防派出所等 3 个，其他项目包括县财政局职工周转房 4 个，援藏项目包括下司马前后街改造 5 个。

【强化政策引导，特色产业优势进一步显现】针对亚东渔场在“5·26”特大自然灾害中，损失惨重的状况，县委、县政府高度重视，积极采取措施实现销售收入 85 万元。尤其是上海第五批援藏干部，多方联系，筹措资金，扶持建设亚东上海休闲鱼庄，为亚东鱼的发展壮大探索出了新的发展之路。引导群众参与亚东木耳人工种植，争取资金 80 万元，实施亚东木耳人工种植基地和大棚建设，吸纳 7 户农户参与，按照“基地+农户”的模式进行管理运作，木耳投放市场后，销路良好，群众收入可观，户均实现收入 6114 元。积极推进帕里牦牛养殖育肥基地建设，争取资金 120.38 万元，实施人工种草，网围栏建设，提高载畜量，通过内部优化，促进畜情结构的改善，母畜比例达 36.6%，保持了牦牛群体数量年均以 10%的速度递增。加大宣传力度，提高林下资源知名度，采取规范采集方式，组织人员参加物交会等办法，不断打造林下资源的品牌，扩大销路，增加群众收入，群众采集林下资源的收入达到 1500 多万元。加强康布温泉的管理，着力打造“康布温泉”品牌，接待游客 2.3 万余人次，实现收入 30 余万元。

【狠抓边贸和旅游，多元化发展格局初步形成】2009 年，实现边境互市贸易额 2655.71 万元（进口 1392.44 万元，出口 1263.27 万元），尤其是仁青岗边境互市贸易额突破千万元大关，实现交易额 1299 万元，其中进口 694.6 万元，出口 604.4 万元，比上年增长 87.78%。依托边贸，促进旅游业发展，投入资金 12 万余元，扶持农家旅馆 2 家，接待游客 10000 余人次，实现收入 200 余万元。边贸和旅游业的发展，有力地带动了相关行业的进步。非公有制经济发展迅速，“万村千乡市场工程”和“双百市场工程”深入开展。

【扎实推进安居工程建设，村容村貌明显改善】始终把农牧民安居工程建设作为新农村建设的突破口和改善农牧民生产生活条件的着力点，按照“生产发展、生活宽裕、乡风文明、村容整洁、管理民主”的要求，加快推进配套设施建设，投入资金 378.85 万元，完成 227 户安居工程建设任务。投入资金90万元，政府统一采购钢筋、水泥等建材，为180户农牧民实施农房防震加固工程。投入资金225万元，完成11个村居委会建设，并添置了相关设备。投入资金341万元，新建长达48.8公里的乡村道路，提高乡村公路通达率，有效改善了堆纳乡5个行政村和下亚东乡夏日村群众行路难的问题。为隆重庆祝“西藏百万农奴解放纪念日”，为19个村居分发了农用汽车，把党中央、国务院对基层群众的巨大关怀落到了实处，方便了群众出行。农村人饮工程有序推进，解决了1011人吃水难的问题。通讯走进千家万户，实现了电信通讯专线进入所有乡镇，好易通服务信号覆盖所有村（居），移动信号覆盖主要交通干道沿线。农牧区碘盐覆盖率达到100%。为各乡镇配备了标准医疗设备。柴薪替代工程加快推进，累计完成212户沼气池建设，向460户农牧民家庭发放了太阳能灶。投入资金300余万元，实施短平快项目17个，改善了农牧区生产生活条件。随着生产生活条件的日益改善，以安居乐业为突破口的社会主义新农村建设迈上了新台阶。

【全面落实强农惠农政策，农牧民收入较快增长】加大强农惠农补贴力度，累计落实粮食直补18.81万元，农机购置补贴50万元，化肥补贴2.2万元，落实“家电下乡”补贴0.2136万元。动员群众参与商业涉农保险，提高抵御自然灾害的能力。以推广农牧民实用技术为契机，开展农牧民技能培训，培训农牧民867人次，农牧民增收致富能力进一步增强。全年，合理有序转移农牧区剩余劳动力10960人次，实现收入1195万余元。

【加大社会事业投入力度，公共服务水平进一步提高】“两基”成果不断巩固，适龄儿童入学率达98%以上，扫除青壮年文盲841名，13名小学毕业生考入内地西藏班。“三包”经费做到了专款专用，纳入社会监督。投入资金587万元，完成了中学完善项目、7个乡镇教学点改造工程。县财政竭力解决教育中遇到的困难和问题，拿出财政收入的20%（106万元）用于维修校舍、购买办公设备，改善软、硬件环境。

投入资金271万元，完成县藏医院、卫生服务中心附属工程和下司马镇卫生院建设。投入资金29.2万元，购买自动生化分析仪。深入推广农牧区合作医疗制度，合作医疗覆盖率达100%，参合人数达9934人，参合率达97.9%，兑现农牧民免费医疗资金152.03万元（其中国，家投资142.1万元，个人集资9.93万元）。疫病疫情防治工作扎实开展，抓好甲型H1N1流感的防控工作，做到组织到位，物资齐备，投入资金近14万余元，确保了流感不扩散、不蔓延，最大限度地减轻了疫情对人民健康的危害。

不断推进村级文化设施建设，完成了县文化活动中心，堆纳乡、帕里镇文化站建设。不断加强对先进文化的宣传，积极开展文化“三下乡”活动，完成了7个农家书屋建设。县新华书店共下乡送书14次，售书3404册，丰富了全县各族人民群众和驻军官兵的精神生活。以“户户通”工程、“西新”工程、电影“2131”工程、有线电视安装与强化服务为突破口，按照新农村建设“五通”的要求，安装2267套直播卫星接收器，使广播、电视人口覆盖率均达到99%。积极配合地区广电局搞好15次现场培训，确保广播电视天天通、长期通。放映电影1958场，观看人数达80000人次，丰富了农牧区群众的文化生活。

那 曲 地 区

那曲地委办公室

【围绕中心抓调研，努力当好参谋助手】 2009年，那曲地委办公室紧紧围绕地委每个阶段的工作重点，围绕中国特色社会主义主题教育活动、构建大监督工作格局、加强乡镇工作等事关全局的重大问题，采取随领导下乡调研、书面调研、实地调研、部门联合调研等方式，加强对热点、难点问题的分析研究，及时把调研成果运用到领导讲话、重要文件等文稿起草中，既提高了文稿质量，又增强了指导基层的实效性。针对农牧民盲目搬迁问题，根据地委领导指示，及时组织力量开展了深入细致的前期调研，掌握了大量的第一手资料，形成了《关于农牧民盲目搬迁进城问题的调研报告》，得到了地委领导的认可。

【明确重点，真督实查，确保地委各项决策部署落到实处】 按照“抓重点、重点抓”的工作思路，进一步完善督查工作机制，创新督查理念和督查方法，狠抓决策督查，较好地推进了地委重大决策部署的贯彻落实。一是明确督查思路，确定督查重点。按照“着眼全局，督重点、带全面”的思路，先后对地委（扩大）会议、地区经济工作会议、地委维护稳定专题会议、地区监督工作会议、地委会议、地行联席会议所议定的重要事项列为督查工作重点内容，认真进行任务分解，制定并下发了《2009年督查工作方案》，明确各项任务的牵头单位、协助单位、具体责任人、落实时限。同时对明确提出督查要求的中央、区党委、地委的各类文件，及时建立督查台账，并按照时间要求进行适时督查，及时反馈，做到年初督计划、年中督进展、年末督结果。二是善于督、敢于督。采取电话通知、下发文件等方式，及时向被督查单位了解工作的进展情况。对于不能按时完成督查工作的单位，先行了解原因，如果没有特殊原因故意拖延督查事项的，及时与该单位主要负责同志沟通、协调，共同找出解决办法，确保督查工作顺利开展。对于一些抱有应付态度、上报材料不符合要求的单位，一律退回重报，不符合要求决不放手。及时汇总上报材料和信息，提高文字质量，认真搞好督查载体建设，通过表彰先进、通报落后、树立权威，为领导决策提供服务。2009年，共编发《地办督查》72期，《督查专报》100期，《领导批示》123期。三是进一步规范督查工作程序。结合工作实际，制定出台了《决策督查程序》、《专项督查程序》、《督查工作制度》等规章制度，规范了文件的收发、传送、管理以及督查程序，进一步提高了督查质量和效率。

【当好“耳目”，为地委领导科学决策提供高效信息服务】 始终坚持围绕中心，贴近领导，紧跟决策，关注民生这一主线，全面、及时地向上级党委反映地区各行各业发展的成功经验、典型做法，为全面建设小康那曲、平安那曲、和谐那曲提供有力信息服务。以创新《那曲工作情况交流》为载体，突出信息特色，深层次挖掘主题教育活动、农牧民增收、新农村建设、环境保护、牧业改革、社会稳定、项目建设和管理、草原生态等方面工作信息，展示成绩，反映民声，为地委科学决策提供有力服务。2009年，已上报《那曲信息》2200期（其中综合信息50期），编发《那曲信息摘报》200期、《业务通讯》12期、《那曲工作情况交流》41期。《那曲信息摘报》、《那曲工作情况交流》多次得到了地委主要领导的批示和肯定，其中多期《那曲工作情况交流》被《西藏工作情况交流》采用，并在全区范围内进行交流。及时收发党政网上的来文，保证了各类文件在第一时间内在区、地、县三级的通畅流转。

【办文质量稳步提高】 进一步完善公文处理流程，促进了公文处理工作在文件起草、格式内容、校对把关、领导签发和印制分发等各个环节向程序化、制度化、规范化推进。2009年，共办理各类文件137份、其中，地委发文68份、地办发文107份，地办通报45期、会议纪要34期。认真做好了文件的收发、登记、传阅和立卷归档等工作，做到一件一送，一件一追，一件一查，保证收发工作不脱节、不延误。完成了2009年中央、自治区绝密文件清退工作。

【办会程序进一步规范】 坚持高规格、高水平筹备好各类会议，认真做好会前、会中、会后各个环节的衔接和服务，做到了会前精心准备，会中盯紧抓实，会后跟踪落实，力争做到“零失误、全满意”，着力实现精品会议目标。2009年，主办了地委（扩大）会议、地区经济工作会议、农村工作会议，中国特色社会主义主题教育活动、深入学习实践科学发展观活动动员大会、地区监督工作会议和地委会、联席会、专题会、汇报会、电视电话会等大、中、小型会议60余场，指导地区相关部门办会20余场，各科室工作人员熟练掌握了办会要领，丰富了办会经验，办会质量和水平显著提升。

【办事能力显著提高】 积极做好领导之间、部门之间、上下之间的协调，尤其是对地委领导交办事项，做到事前勤沟通、事后多反馈，件件有回音、事事有着落。热情耐心地做好群众来信来访工作，严格按照信访接待程序，及时受理或转办，有效促进了信访问题的解决，为领导办公提供良好环境。

那曲地区纪检监察工作

【年度综述】 2009年，地区纪委、监察局共收到来信来访35件（包括重复来信来访3件），收到自治区纪委及其他部门转办交办26件。在受理的35件信访举报件中，来信26件，来访5件，来电1件，其他方式反映3件；涉及县处级干部7人，乡科级干部12人，一般干部和其他人员13人；从案件性质看，违反组织人事纪律2件，违反廉洁自律行为5件，贪污贿赂1件，破坏社会主义经济秩序2件，违反财经纪律1件，失职渎职3件，违反社会主义道德行为类1件，妨碍社会管理秩序行为1件，其他检控类16件。按照程序对45件信访举报件进行了处理。其中，26件转各县（区）或地直部门进行核实，在自办19件中，涉及县处级干部7人，乡科级干部11人，一般干部1人。在自办的案件中目前已经了结7件，立案6人，1件转自治区纪委立案调查，11件正在初核中。目前，所查办的案件中涉及违纪资金2000多万元，共收缴违纪资金140多万元，没收违纪车辆1台（丰田100型）。

【加强业务指导，提高案件审理工作整体水平】2009年，地区纪委高度重视案件审理工作，研究制定了《那曲地区纪委监察局关于〈西藏自治区纪检监察案件审理和申诉复查工作会议〉精神的贯彻意见》和《那曲地区纪委、监察局关于实行“县案地审”工作的实施意见》，进一步加强了对各县（区）的案件审理指导工作。2009年，委局严格遵守案件审理的程序，共审结4起违反党纪政纪的案件，处分4人。其中：给予双开处分的1人，给予政纪记大过处分的2人，行政警告处分的1人。

【努力发挥查处案件的综合效应】一是深入开展警示教育工作。2009年，地区对4起案件均实行了“一案双报告制”，尤其是对一些典型案例，以地办通报形式下发，要求各党政机关认真学习反思，结合工作和生活实际汲取教训，引以为戒，完善规章制度，增强拒腐防变的能力，做到防微杜渐，达到查处一案、处理一人、教育一片、治理一线的目的。二是加强制度建设。根据地区防治腐败的重点领域和关键环节，地区纪委研究制定了一系列规章制度，不断规范纪检监察工作。三是加强监督，关口前移，有效预防腐败。把监督关口前移，有效预防腐败。

【严格贯彻落实中办发11号文件，反对铺张浪费，提倡厉行节约】一是地区纪委、监察局与工商局联合不定期对地区的餐饮和娱乐场所进行了明察暗访，突击检查了单位公款宴请和高消费娱乐活动，利用公款大吃大喝和高消费娱乐的歪风得到制止。二是深入开展“小金库”治理工作。共查出“小金库”违纪单位45户，查出违纪金额486.2万元，截止目前，已查出违纪单位24家（包括各县），查出违纪金额208.8万元，对预防腐败，抑制乱发钱物都得到了有效遏制。

【积极开展工程建设领域突出问题的专项治理工作】一是强化组织领导。成立了以地委委员、纪委书记为组长、行署常务副专员为常务副组长，其他相关职能部门负责人为成员的领导小组，确保专项治理工作取得实实在在的效果。二是建章立制，使专项治理工作顺利开展。制定了《那曲地区工程建设领域突出问题专项治理工作实施方案》，明确分工，确保份内工作取得实效。三是加强督促检查。在明年2月底自查工作结束之前，要组织一次全方位的集中检查，根据检查结果，进一步修改完善《实施方案》。

【开展财政专项资金监督检查工作，切实维护群众利益】2009年9月，委局协同配合财政局、审计局、农牧局、民政局、教育局等部门，抽调46名工作人员组成3个工作组，深入11个县（区）共89个乡（镇）、240个行政村，走访740余户农牧民群众，通过实地走访、检查核实账薄、查阅支付凭证等方式，以税费改革资金、惠民专项资金、“小金库”以及去年部分问题县（区）的整改工作为重点，对专项资金落实情况进行了全面检查和深入调研。检查调研结果表明，在地委、行署高度重视下，各级党委、政府对民生资金的监管力度进一步加强，建立健全了资金管理的运作机制，规范了专项资金的收支行为，确保了专项资金安全和人员廉政安全，对巩固基层政权发挥了积极作用。但部分县（区）在资金的管理、使用等方面还存在一些问题， 工作组及时将存在的问题向各县（区）党委、政府进行了反馈和交流，并提出了6个方面11条建议，要求相关县（区）对存在的问题对号入座，逐条限期整改。地区纪委、监察局将对整改落实情况继续进行全程跟踪督查。通过财政资金专项检查调研工作，进一步规范了专项资金的使用管理，有效地规避了财政风险，提高了财政资金利用率，也为中央惠民政策的贯彻落实，奠定了坚实的基础。

那曲地区宣传工作

【坚持用中国特色社会主义理论体系武装党员、教育干部群众】2009年，地区宝剑工作坚持把思想教育贯穿始终，把推动农牧区发展稳定贯穿始终，把夯实基层基础贯穿始终，在广大党员干部、农牧民群众、寺庙僧尼、青少年学生中深入开展了中国特色社会主义主题教育活动宣传报道工作。紧密结合党员干部“反对分裂、维护稳定、促进发展”主题教育、群众性爱国主义教育、民族团结宣传教育、法制宣传教育和深入学习实践科学发展观活动，组派宣传报道小分队，在基层巡回开展宣传教育工作，宣传党的路线、方针、政策，帮助基层理思路、出主意、想办法，维护稳定、推动发展。在实践中不断创新宣传教育方式，邀请经历过旧西藏的老党员、老同志、老劳模、老牧民以身边的人说身边的事，组织演出文艺节目，牵线搭桥联系发展项目等。着力解决农牧区发展稳定的突出问题，着力加强基层组织建设，着力打牢广大干部群众爱党、爱国、爱社会主义的思想基础，使中国特色社会主义理想信念更加深入人心，农牧区社会秩序、治安状况明显好转，基层基础工作全面加强，党群干群关系更加密切，人民群众得到更多实惠，取得了良好的宣传教育效果。认真组织理论中心组学习，鼓励发表理论文章，多次召开理论研讨会。坚持理论中心组学习次数不少于5次，且做到有学习计划、学习制度和学习记录。2009年组派了督导组对各县（区）、地直各单位理论中心组学习情况进行督促检查。在西藏民主改革50周年和新中国成立60周年之际，由那曲地区宣传部牵头组织了理论研讨会2次，发表理论文章23篇，其中2篇被自治区理论研讨会评为优秀理论文章。

【加大反分裂斗争力度，切实做好意识形态领域工作】一是继续深化“反对分裂、维护稳定、促进发展”主题教育活动，深入揭批达赖集团政治上的反动性、宗教上的虚伪性、手法上的欺骗性。深入摸排拉萨“3·14”事件以来干部群众思想状况，掌握广大干部群众的思想动态，有针对性地开展宣传教育和舆论引导工作。二是理顺了涉及意识形态部门的工作关系，切实加强了党对意识形态工作的领导。建立了联席会议制度，定期召开座谈会、学习会、研讨会，领导带头学习贯彻党的十七大，十七届三中、四中全会及区党委七届六次全委会精神，开展各类专题辅导讲座48场。中共那曲地委宣传部起草了《关于加强意识形态工作的意见》，加大了对意识形态工作部门的指导，共同研究加强意识形态领域的工作，牢牢掌握反分裂斗争的主动权。三是净化社会环境，加大“扫黄打非”工作力度。检查各类文化经营场所5400多家次，收缴各类非法音像制品3448张，查获网络下载淫秽色情短片91部，不良有害信息图片341张，收缴并注销30家网吧的2000余张违规卡，收缴289张违规临时上网卡，净化了网络文化市场。四是密切联系群众，深入基层开展面对面的宣传教育工作。地委宣传部组织业务骨干深入农牧区开展调研宣传教育工作，帮助基层理清发展思路。特别是地委（扩大）会议召开后，地委宣传部工作组在隆冬季节深入基层20多天，开展专题学习讲座24场次；多方筹措资金为民办实事，先后为申扎县卡乡解决修路款40多万元，为安多县岗尼乡解决扶贫款2万余元，为尼玛等县（区）解决卫星电视接收器20台，在双湖、尼玛督导检查工作中，看望慰问困难党员群众90户，发放慰问金66400元，把党和政府的温暖送到群众手中。

【大力加强社会主义核心价值体系建设，进一步打牢各族人民团结奋斗的共同思想基础】一是精心组织，热烈庆祝首个“西藏百万农奴解放纪念日”。地区早安排、早部署，提出具体可行的活动实施方案，开展了形式多样、内容丰富的庆祝活动和宣传报道活动，积极组织庆祝大会、升国旗、各族各界座谈会、文艺汇演、演讲比赛、红色歌曲大家唱等，累计开展各类群众性文艺演出达140多场次，参与干部群众达30多万人次。庆祝活动期间，发放宣传教育影视资料光盘9768张，发放《西藏民主改革50年》白皮书等宣传册3万余册，营造了良好的社会舆论氛围。二是以热爱党、热爱祖国、热爱社会主义为主要内容，深入开展群众性爱国主义教育活动。特别是抓住了西藏民主改革50周年、“3·28西藏百万农奴解放纪念日”、新中国成立60周年、“八一”、“十一”等重要时间节点，开展了集中宣讲教育、文艺演出、唱红歌等形式多样的教育宣传活动，干部群众的爱国意识明显增强，爱国主义思想深入人心。三是以“三个离不开”为主要内容，在全社会开展民族团结宣传教育活动。及时制定了《那曲地区深入开展民族团结宣传教育活动实施意见》和《任务分解方案》，成立了由地委副书记、政协主席江措拉姆同志任组长的民族团结宣传教育领导小组，细化工作措施，创新宣传教育活动载体，采取丰富多彩的形式开展民族团结宣传教育，特别是拓展了宣传教育范围，将非公经济领域人群列入教育对象。挖掘典型，推出了坚持49年升国旗的老共产党员阿秀、全国民族团结先进个人王东等一系列民族团结先进人物，集中开展宣传报道，使民族团结宣传教育不断深入人心，牢固树立了“三个离不开”思想，进一步打牢各族人民团结奋斗的共同思想基础。

【创新舆论引导方式，积极抢占宣传思想文化主阵地】把握正确舆论导向，不断提升宣传的话语权、主导权。对外宣网络进行了改造升级，日点击率达到2500多人次。加强外宣点阵地建设，多次对外宣点群众开展外宣培训。制作的《壮美那曲》外宣光盘，在那曲地区引起强烈反响。建立了那曲地区新闻发布中心，制定了年度新闻发布计划，发挥了良好的宣传教育和对外宣传作用。强化新闻宣传工作，加大舆论引导力度，完善了公共突发事件新闻报道应急方案，建立了公共突发事件新闻报道应急机制。新闻工作者坚持24小时值班待命，保证了全年新闻安全播出。完成了地区电视台整体搬迁工程，完成了41362座广播电视单收站建设，在全区率先使用电视台自办节目硬盘制作播出系统，实现了地、县电视台IP通联远程互传，那曲地区广播电视覆盖率分别达到79.86%和84.97%。认真搞好数字电影试点推广工作，培训技术骨干33人、发放设备12套。《那曲报》的年发行量达19.85万份，全年发稿量达1000多篇。创办了《手机报——那曲新闻》业务，用户达到2万多人。电影、电视、报纸、网络多管齐下，传统媒体与新兴媒体有机结合，实现了大宣传格局，开创了宣传思想文化工作新局面。

【大力发展社会主义先进文化，不断满足人民群众日益增长的精神文化需求】举办了为期7天的以“祖国万岁、放歌羌塘”为主题的2009年羌塘恰青赛马艺术节，组织大型赛马活动、文艺演出14场次，每场观众达2万多人。组织制作了78块热烈庆祝新中国成立60周年、西藏民主改革50周年大型宣传展板。那曲地区参与赛马艺术节的干部群众达34万多人次，家家户户悬挂国旗。成功举办了那曲地区首届“普古曲姆”大赛、第三届民间歌手大赛、八县民间文艺调演比赛。为抓好文化艺术创作，不断推动文化艺术的繁荣发展，地区专业文艺团体创作了《炒青稞》、《果谐之韵》等56个文艺节目，演出149场（次），观众达6.5万人（次）。

【以群众性创建活动为重点，推动精神文明建设】地区有多家单位受到中央文明委的命名表彰。聂荣县当木江乡荣获第二批全国文明村镇，地区电信分公司荣获第二批全国文明单位，尼玛县尼玛镇3村、巴青县巴青乡2村荣获第四批全国创建文明村镇工作先进村镇，那曲地区邮政局、中国人民银行那曲中心支行、地区畜牧兽医技术推广总站荣获第四批全国精神文明建设工作先进单位。巴青县巴青乡、那曲镇28村等12个乡村荣获第二批自治区级文明乡镇（村），安多县、比如县荣获第二批自治区级文明县城，那曲地区国税局、青藏铁路安多段护路联防办等12家单位荣获第二批自治区级文明单位，104户农牧民荣获第三批自治区级文明户。

那曲地区党校工作

【教学工作】2009年全年地区党校共举办各类班次12期。计划培训480人，实际培训511人，参训率达107%。其中中青年干部培训班（2期）、村（居）委会主任、党支部书记培训班（3期）、乡（镇）党委书记培训班（1期）、入党积极分子培训班（1期）、公务员任职培训班（1期）、乡（镇）中青年干部培训班（1期）、公务员初任培训班（1期）、地直机关党支部书记培训班（1期）、各县（区）组织部、宣传部科学发展观骨干培训班（1期）。

不断提高教学质量。教研室深入推进了每周三“教研活动日”的活动，收集材料在会上交流。积极稳妥地开展了备课交流会，取长补短，互相学习。为适应现代化的教学模式，教研室的老师都用多媒体教学，把授课质量提高了一个台阶。

突出党校特点。那曲地区党校选派19名教师组成了地区学习实践科学发展观活动7个宣讲组，分赴10个县（区）和60个地（中）直单位巡回演讲，共宣讲170多场次，受教育党员干部达12000多人次。

函授工作有序进行。2009年那曲地区党校的函授工作圆满完成了考试，每次考试校党委都高度重视，专门成立了考务领导小组，并选派优秀教师担任主监考和监考，确保考试工作万无一失。经济管理专业高中起点本科班和2007级法律本科班毕业工作顺利完成，共503名学员毕业。

【科研工作】那曲地区党校科研在服务教学的同时，鼓励教研人员多出精品，组织教研人员撰写了一批有份量、高质量的中华人民共和国成立60周年、西藏民主改革50周年及科学发展观理论文章，体现了西藏翻天覆地的变化，利用《那曲发展研究》平台进行出版，为那曲地区干部职工进一步深入学习实践科学发展观提供了学习资料。

【加强基础设施建设，改善办学条件】2009年以来，那曲地区党校多方筹集资金，对办公楼漏水和墙面脱皮问题进行了维修、给每个办公室配置了新的文档柜、老师办公室安排3间并进行屏风隔离设独立工作台、每个老师配一台电脑、办公桌椅、取暖设备等办公设备已更新。极大地改善老师的办公条件和学员的学习条件。以人为本，加强师资队伍自身的理论水平，专门派老师到上海、北京、拉萨等地参加学习培训，使党校老师不断开阔眼界，不断提高理论水平。

人大那曲地区工委

【严格办文、办会、办事】一是严格办文制度，提高公文处理的规范化水平。严格把好“四关”，即政策关、格式关、文字关、印发关，建立和完善了一整套运行程序和制度，从文件起草到校对分发，从格式到内容都严格进行把关，使公文处理逐步走向了制度化、规范化、科学化的轨道。使办文运转高效，也使办文质量和水平得到了提高；二是会务工作严格、细致、周密，对召开的各种会议，抓好会前、会中、会后三个服务环节，确保会议严谨细致，超前主动，不出差错，提高了办会质量；三是严格办事制度，充分发挥综合协调职能，按制度办事，无论是领导交办还是有关单位要求组织协调的事项，都严格积极主动地完成，做到了领导满意。

【组织人大代表按时出席自治区九届人大二次会议】一是组织代表开展会前的视察活动，及早准备拟提交会议的议案以及建议、批评和意见；二是为使代表按时参加自治区人代会，做到早通知、早组织、早安排，及时为代表参加会议搞好各项服务；三是会后及时安排人代会精神的传达学习，印发宣传提纲，下发文件，使会议精神准确地贯彻到广大干部群众之中；四是办理代表团和代表个人向大会提交的议案和建议，收集建议和议案共50件，这些得到了较好的答复，为地区经济社会发展和社会稳定，起到了积极的推动作用。

【积极配合自治区人大常委会，在地区认真开展执法检查和立法调研活动】一年来，主要对《西藏自治区道路交通安全条例（草案）》、《西藏自治区文化市场管理条例（草案）》、地区基层卫生队伍建设情况、《西藏自治区实施〈中华人民共和国妇女权益保障法〉办法（修订稿）》、《西藏自治区实施〈中华人民共和国未成年人保护法〉办法》、《中华人民共和国食品安全法》和食品卫生地方性法规实施情况、《西藏自治区就业促进条例（草案）》等进行了立法调研和执法检查。同时积极配合在藏全国人大代表在那曲开展农牧科学研究与科技推广开发状况的专题调研。各调研组针对各自的问题都提出了具有针对性和可操作性的意见和建议。同时，按照自治区人大常委会的安排，积极组织行署及相关部门就加强农业基础保障粮食安全开展自查。并根据检查到的情况如实形成自查报告，及时上报自治区人大常委会。

【积极开展代表工作，充分发挥人大代表的作用】一是积极配合全国人大代表来地区开展视察，组织自治区和县级人大代表，对有关重点工作开展代表视察活动，划分代表小组，定期开展工作；二是加强同各级人大代表的联系，及时了解人民群众的呼声和要求，使决策和各项工作，更加符合实际和民意；三是认真办理代表提出的议案、批评和建议，需要转交有关部门办理的，按时转交，并经常进行催办，及时答复代表；四是根据自治区人大常委会办公厅的安排，及时组织11名区、县人大代表按时参加自治区举办的代表培训班，其效果尤为明显。

【加强指导，帮助各县基层人大开展工作】一是认真审阅各县人大报送的材料，及时通知自治区人大常委会要求各县处理的事情和上报材料；二是积极了解各县人大依法履行职责的情况，认真督促各县依法召开人民代表大会例会，切实履行好人民代表大会的各项职权。特别是在2009年索县举办乡镇人大主席培训班时，专门派出一名懂业务的副秘书长参加此次培训，并进行业务指导，其效果显著。

那曲地区行署办公室

【规范办文程序，提高办会质量】2009年，那曲地区行署办公室不断提高办文、办电、办事质量和效率。规范公文流程，各县（区）、各部门报送行署的公文实行一个口子进，一个口子出。来文统一交收发室登记分发，不规范的文件一律退回重报，未经收发室登记分发的文件，行署领导和业务科室原则上不予受理，有效防止了公文横传、直送的混乱现象。同时，承担了行署请示件的办理和接待方案的制定，并全程进行监督落实。把好公文关，行署发文须经过科室起草，分管秘书长审核，秘书科复核，分管秘书科的秘书长审核，行署领导签发等环节，缺少任何一环文件都不能出门，有效地提高了公文质量，差错大大减少，维护了行署文件权威。2009年，那曲地区行署办共印发、转发行署各类公文190份、行办名义的各类公文200份。2009年大事多、要事多、敏感时段多，各类会议较之往年相对增多，那曲地区行署办按照严而又严、细而又细的工作要求，从会务方案的制定，会前安排，到会中服务，会后细节的每一个环节都做到精心筹划、周密考虑，严密实施。把服务工作规范化、精细化、严密化的要求贯穿整个会务组织、服务、保障全过程，做到了忙而不乱、有序运行。

【树立精品意识，打造精品文稿】一年来高度重视文稿质量，牢固树立精品意识，坚持出精品、出力作，每一篇文稿都准确把握领导意图，反复推敲，字斟句酌，一丝不苟，精益求精。努力做到“三紧、两有、五杜绝”，即：紧扣那曲实际、紧跟时代步伐、紧贴领导思维，力求有思想、有新意，坚决杜绝政治错误、杜绝理论错误、杜绝政策错误、杜绝逻辑错误、杜绝文字错误。全年共撰写领导讲话152份，撰写大型会议材料204篇，文字数量达到80余万字，大部分文稿受到各级领导的充分肯定。为了全面提高那曲地区公文写作的整体水平，对各县（区）政府部门和那曲地区行署办内部文秘人员开展轮训。截至目前，共培训3县4人、本办公室内部2人，受到了良好效果，此项工作还在进行中。

【强化信息服务，及时准确提供决策参考】进一步规范了政务信息制度，提高了信息报送质量和数量。2009年，那曲地区行署办共编发《那曲信息快报》558期、1500余条。努力实施全地区政府信息网络的规划、建设工作。目前，那曲地区行署办党政网、局域网以及行署门户网站等信息网络及网站已建成，在近期完善后即可开通启用。

【加大督查工作力度，确保各项工作落到实处】在抓好自治区和地委、行署重大工作部署、全年目标任务督办落实的同时，较好地完成了行署领导临时交办的各项督查任务。全年累计督促检查100余次，超额完成92次，下发编印《督查专报》19期、《那曲政务督查》15期，2009年实际完成各类督查信息40余期，其中印发《督查专报》12期、《那曲政务督查》14期，办理政协提案118件。同时，积极协助行署领导搞好目标管理工作，协同地办督查科和相关部门拟定了全地区目标考核责任书，完成了各县（区）2008年经济目标责任考评工作。

【认真落实各项政策，加大招商引资力度】招商引资工作继续向前推进。报请自治区政府印发了《青藏铁路那曲物流中心招商引资优惠政策若干规定》。根据《西藏自治区招商引资优惠政策》，结合那曲地区筛选的7类82个招商引资项目，编撰印制成适合那曲实际的《那曲地区招商引资手册》。大力实施“走出去、引进来”的招商战略，随同行署领导先后参加了“第十二届中国国际投资贸易洽谈会、第九届中国西部国际贸易洽谈会”，举办了“青藏铁路那曲物流中心招商项目推介会”。与山西通港国际物流有限公司等10余家企业进行了洽谈对接，签订经贸合作投资意向5个，意向投资总额4亿元人民币；签订投资协议14个，协议资金10.53亿元；签订项目合作正式合同6个，全年完成招商引资数额1.94亿元。同时，积极宣传那曲相关优惠政策，对进驻的各类企业办理国土、环保、工商、税务等手续进行了全程跟踪。

【积极开展信访工作，切实为群众排忧解难】不断加大信访督查力度，对群众来信来访的工作力度，做到了件件有回音，事事有着落，全年未发生越级上访事件，充分发挥了信访部门在构建平安那曲、和谐那曲中的重要作用。全年共接到群众来信来访32件81人，实际受理32件81人，来信来访接待受理率达到100%。

【积极做好修志工作和档案管理工作、铅印工作】根据区方志处专家和领导对《那曲地区志》（征求意见稿）提出的意见和建议，形成《那曲地区志》（初审稿），并顺利通过初审。为迎接中华人民共和国成立60周年、西藏民主改革50周年，展示那曲60年来，各行各业所取得的辉煌成就，成立了《辉煌的历程——那曲地区庆祝中华人民共和国成立60周年、西藏民主改革50周年》图库编纂委员会，目前，正在紧张地收集图片、材料当中。认真开展《那曲地区年鉴》（2009卷）工作，经过工作人员详细的审查和检验，目前《那曲地区年鉴》（2009卷）已交付厂家印刷。完成地方志工作简报7期，并收集、整理当年全地区所发生的大事、要事，共收录200余条。在完成本职工作的同时，认真完成上级交办的各项工作任务，顺利完成《西藏年鉴》（2009卷）的资料收集工作。

认真接收、征集、整理、保管、编目地委、行署和其他机关的重要文书、科技、历史、会计档案资料。全年，共接收地直机关相关档案材料435卷（1万余件），图片档案1000多张。同时，分期分批对县（区）、地直部门等75家单位进行档案业务指导。

铅印厂进一步加强生产、经营管理，基本上完成了全年的印刷任务。为充分发挥党政会议中心的功能，铅印厂承担了党政会议中心的管理运转工作。

【抓好后勤保障工作，增强服务意识，搞好服务工作】2009年，行署办公室共接待各类考察团和工作组2000余人次；圆满完成了自治区人大主任列确、自治区主席向巴平措、张裔炯副书记、郝鹏常务副主席等调研组以及那曲地区第三届畜产品展销会等大型接待任务，得到了行署领导的好评。并做到了全年无重大责任事故。

为确保地委、行署大院的安全，那曲地区行署办严格落实综合治理各项目标责任，综合治理工作和平安单位创建工作做到了有安排、有检查、有落实，全年未发生任何政治案件、刑事案件和治安案件，未发生火灾事故、交通事故、电力事故、建筑安全事故和危险化学品爆炸事故。

【领导名录】

地委副书记、行署专员：谭永寿
行署常务副专员：吴雪桦（援藏）
地委委员、行署常务副专员：嘎玛泽登
行署副专员：嘎玛仁青　赤来罗布
　　　　　　才仁桑珠　江村旺扎
行署副专员、秘书长：黄云素　王纯丁
行署秘书长：多吉坚赞
行署副秘书长：央宗（女）　吕群勇（援藏）
　　　　　　　刘宁（援藏）　沙扎　王选忠
　　　　　　　蔡剑　张明成　王晖（援藏）
　　　　　　　苗波（援藏）　宋刚（援藏）
　　　　　　　宋世珍（援藏）
行署副秘书长、调研员：母兴斌

那曲地区民族宗教工作

【大力开展民族团结月的宣传活动】那曲地区民宗局做了大量的工作。一是先后派出车辆近百次，开展上报下达、沟通联系等工作；二是在那曲行署的正确领导下，在那曲地委宣传部等有关单位的积极配合下，2009年9月29日，在那曲镇浙江商城南大门，那曲地区民宗局设立了民族团结月宣传点，邀请行署及宣传部门的领导参加法制宣传活动。活动中民宗局党组书记典扎及调研员索朗耐心给参加活动的群众讲解了加强民族团结教育的重要性和必要性。许多群众对这样的活动非常感兴趣，并积极领取宣传材料，有的群众情不自禁的对分发材料的工作人员说："这样的宣传活动很及时"，此次共发放宣传单2000多份。三是在那曲镇的主要街道悬挂了10多条横幅，打印了相关材料、购买了必要的宣传设备等，总共投入资金 1 万多元，有力的保障了宣传活动的顺利开展。三是地区和各县（区）新闻媒体在"民族团结月"活动期间，开办了民族团结宣传教育活动专题节目，并做了动态报道和典型报道。四是利用民族团结月活动的机会，那曲地区民宗局对贯彻落实《民族区域自治法》情况进行了全面检查，及时排查了民族关系中出现的各种矛盾。另外，还认真排查了民族关系中出现的新情况、新问题，有效防止了群体性事件的发生。

【积极申请少数民族发展项目资金】2009 年共争取到少数民族发展项目资金264 万元，为各县（区）的经济发展和社会进步起到了很好的促进作用。另外，还争取到了民族工作专项经费57万元，其中，给各县（区）下拨了22万元，有力地促进了地区民族工作的顺利开展。

【积极开展寺庙爱国主义教育和法制宣传教育】由地、县两级民宗部门和相关单位组织工作组深入到辖区内的宗教活动场所开展了以公开揭批达赖为主线，以寺教六本教材和学习党的路线方针政策等为主要内容的法制宣传教育，不断增强了地区广大僧尼的祖国意识、政府意识、公民意识和法律意识，进一步提高了他们学法、用法、守法、依法办事的积极性，使广大僧尼的爱国觉悟有了明显提高，团结了大多数、孤立和打击了极少数，寺庙内部各项管理有序，寺庙与所在乡村、寺庙僧尼与信教群众、信仰不同教派的群众之间和睦相处，宗教与社会主义社会更加适应，宗教领域基本稳定。

【积极维护地区宗教领域稳定】2009 年在国庆、拉萨"3.14"事件和新疆"7·5"事件等敏感日期，那曲地区民宗局认真贯彻自治区民宗委、地委有关密电、紧急会议、主要领导重要讲话精神，结合地区实际，先后给各县（区）民宗部门下发了12份在敏感日期间做好地区宗教领域维护稳定有关的紧急通知，并严格按照有关会议、通知等精神，地县两级民宗部门，全年实行了由主要领导带班的24小时值班制度，严格实行了每日零报告制度，从而确保了国庆等敏感节点地区宗教领域的基本稳定。

【积极争取寺庙维修资金】根据目前地区寺庙房屋现状及危情来看，地区现有的113座已修复开放的寺庙中，大多数寺庙仍然存在着不同程度的墙体裂缝、梁柱倾斜、经堂柱子严重腐烂，在雨季出现寺庙房屋漏水等不良现象，严重影响着寺内珍贵文物保护工作和寺庙僧尼的生命安全，也给各寺庙开展正常宗教活动带来了极大的不便。对此，那曲地区民宗局根据各县民宗部门上报的寺庙维修资金申请，在认真审查核实后，提出具体的寺庙维修资金申请报告，积极向自治区民宗委申请了2009年地区寺庙维修资金共计152万元。2009年，自治区民宗委分别给地区比如县热登寺等 8 座寺庙解决了46.6万元维修资金，从而解决了地区部分寺庙的燃眉之急，充分调动了广大僧尼和信教群众的爱国热情。

政协那曲地区委员会

【狠抓质量，夯实提案工作基础】地区政协九届二次会议共收到委员提案 91件，经审查立案50件，39件作为意见、建议处理，2件作为会后提案。所提提案涉及经济建设、社会事业发展、局势稳定、农牧民群众生产生活、生态环境保护、民主法治建设、统一战线队伍建设及民族宗教工作等各个方面。与往年相比，虽然数量有所下降，但质量显著提高，更具有针对性、前瞻性。

【不断增强提案办理实效】地区政协提案委员会及时对收集到的提案认真进行整理、分类，并联合行办督查科于 5 月召开了提案交办会，地委、行署有关领导出席会议并对提案办理工作提出了要求。加强对提案的督办和落实工作，进一步完善了重点提案跟踪督办制度，及时成立了由提案委员会主任、成员和提案者代表参加的重点提案督办组，深入到有关承办单位认真听取办理情况汇报，督促提案办理工作。

【加快了提案办理工作制度化、规范化和程序化进程】依据自治区政协提案工作条例，地区政协提案委员会健全和完善了提案审查、分类、征集等相关工作细则和办法，制定了提案委员会办公室人员工作职责。

在自治区政协九届二次会议上，地区各界别的区政协委员紧紧围绕全区经济发展、社会局势稳定这两件大事，认真履行职能，以提案的形式积极参政议政，共提集体提案3件，个人提案45件。

【文史资料收集编纂工作进展顺利】地区政协高度重视文史资料在“存史、资政、团结、育人”等方面的特殊作用，大力开展文史资料征集、整理工作。年初召开主席会议，把文史资料工作列入重要议事日程，根据编纂内容制定工作规划，提出工作目标。分管领导亲自参与具体编撰工作，在资料整理过程中，与档案资料、历史书籍进行核对，到实地进行调查核实，去粗取精，去伪存真。在核实、整理的基础上，补充完善稿件，并把好文字、语言、政治“三关”，确保了稿件质量。目前，《藏北婚俗婚曲》一书已出版发行。同时，为庆祝那曲地区政协成立50周年而编纂的那曲相关史料，有望于明年出版。

那曲地区妇联工作

【“三八”妇女节、“六一”儿童节活动开展情况】2009年是“三八”国际劳动妇女节99周年，地区各级妇联组织开展了丰富多彩、各俱特色的纪念活动，营造了良好的节日氛围。各县妇联在“三八”妇女节期间，通过举办座谈会、表彰会等活动进行了庆祝，并广泛开展妇女维权宣传活动，参会人数达410余人；开展送温暖慰问活动折合人民币约22000元；开展各类法律法规宣传教育活动8场，发放宣传资料14000份，宣传妇女人数11000人；共表彰“三八”红旗手67个，五好文明家庭25家，先进集体18个。“六一”期间，地区妇联领导分别前往地区小学、看望慰问了孩子们，送去了慰问金2000元。各县妇联向贫困儿童送去了14628多元的慰问金。班嘎县养护段的妇女同志们在“六一”儿童节当天从工地赶到县完小，向贫困学生赠送了毛衣30件、鞋30双、作业本90本、铅笔200支，共价值1750元的物品。

【培训工作开展情况】一年来，地区各级妇联共组织161名妇女开展了技能培训10次，投资金额约为27000万元

【“母亲水窖”项目实施进展情况】地区共争取母亲水窖项目数7个，资金133万余元，切实解决了地区5个乡10个村，774户2114人、52570头（只）牲畜的饮水问题，有力改善了当地群众生产、生活条件，提高了受益地区妇女儿童的健康问题。

【维权工作开展情况】2009年地区各级妇联组织共受理来信来访案件共8件，其中解决家庭矛盾纠纷7件，财产纠纷1件。结案率达85%以上。2009年地区妇联于“6·26”禁毒宣传日及“9·16平安宣传日”期间，积极组织党员干部职工在城市主要街道悬挂横幅和标语，发放宣传资料400多份，受教育群众600余人。一年来地区各级妇联组织共散发宣传资料14200份，为2300余名妇女提供了法律咨询帮助。

那曲地区共青团工作

【创新格局，加强基层共青团组织建设】2009年，那曲地区团委以第三批深入学习实践科学发展观活动为契机，启动基层乡镇共青团组织格局创新工作，进一步研究乡镇共青团功能定位，明确团委工作职责，设计工作内容，充分发挥党联系青年的桥梁和纽带作用，促进党建带团建工作。确定2个试点乡镇，即那曲县达前乡、申扎县下过乡。工作中坚持“一联系、两促进”：努力联系广大农牧民普通青年；为促进民族团结多做贡献，为促进经济社会发展稳定多做贡献。竭诚服务青年，不断巩固党执政的青年群众基础。试点工作主要内容是调整充实乡镇团委领导班子，配齐配强乡镇团组织成员，建立乡镇团委工作运行机制，设计乡镇团委工作内容，建立健全档案。

拓展工作领域，全面推进基层共青团组织建设步伐。积极协调地区综治委铁路护路联防工作领导小组办公室，成立共青团那曲地区专职铁路护路联防队基层委员会，耐心细致讲解相关知识和工作程序，提出工作要求，提供《中国共产主义青年团章程》、《机关团委工作职责》等相关资料。截至目前，全地区458名专职铁路护路联防队员中，共青团员154名，占全体护路队员的34%，团组织的建立，进一步规范了铁路护路联防工作。

【深入基层，抓好基层团干部培训工作】根据地委边巴扎西书记批示和地区主题办要求，组织精干力量，赴东三县及聂荣县开展基层团干部培训、辅导及调研活动。先后深入15个乡镇、23所学校、青年文明号单位及苗圃基地进行了调研，与乡镇党委、政府及团委负责人面对面谈心交流，详细调查了解当地团组织和团员青年发挥作用情况。精心准备培训材料，确保培训活动质量的提高，对四县130余名乡镇团委书记、县（中）直各单位团支部书记、各中（小）学团组织负责人、少先队辅导员及青年文明号单位团组织负责人进行了培训辅导。

【“青春建功新农村”工作扎实开展】团地委就青年带头致富、农牧民增收等方面开展调研，了解掌握农牧民致富示范点第一手情况，争取团区委“苗圃工程”项目专项资金8万元，积极申报第三批希望工程苗圃职业教育培训基地建设项目，进一步扩大农牧民致富示范点经营规模和效益。

积极做好青年农牧民技能培训工作。大力开展农牧区青年技能培训，加快农牧区富余劳动力转移就业，争取培训资金5万余元，索县、那曲县近百名青年农牧民得到驾驶培训，使其有一技之长，有效增强致富创收能力。那曲县、索县、安多县、申扎县等4县团组织协调县农牧、劳动、扶贫、对口援藏等单位，以汽车驾驶、兽医、施工、绘画、大棚蔬菜种植等为培训内容，培训人数

近300人。

建立2家"青年就业创业见习基地"，地区移动公司和罗玛镇奶制品加工点，均由团中央命名挂牌，近40名大中专毕业生和农牧区青年见习，期满后推荐安排33名青年就业。青年就业创业见习基地的建立，激发青年勤奋学习、奋发成才的积极性和主动性，为青年提前适应就业环境，积累工作经验、提高就业创业能力提供了有效帮助。

【希望工程蓬勃发展】在去年"情系藏北、爱心牵手"希望工程爱心助学活动基础上，2009年6月，通过援藏途径联系浙江《青年时报》记者，在该报连载"为了那曲228朵孤独的花儿"报道，引起浙江社会各界广泛关注，社会各界爱心人士捐赠款物20余万元，捐助书籍6000多册、鼓励信件4000多份、包裹200多件，与51名那曲三小孤儿结对，充分体现浙江社会各界爱心人士对西藏那曲贫困学生的一片爱心，也使那曲青少年感觉到浙江人民对他们的关怀，感受到祖国大家庭民族间弟兄般情谊。9月初，为119名贫困中小学生和大学生发放助学金9.3万元，帮助完成学业。

【青年文明号创建工作深入推进】开展"真品真货、真心真情"为主题的青年文明号促和谐信用示范周活动，各级青年文明号及争创集体通过悬挂青年文明号牌匾、争创标志、青年文明号信用公约等，发放信用宣传材料，开展诚信宣传，接受社会监督，推进青年文明号信用示范活动开展。开展流动红旗集体争创活动，激励青年文明号集体立足岗位，着眼服务创优，不断促进社会和谐。2009年，各青年文明号还积极参加团地委组织的爱心帮困、红歌会、文艺比赛等多项活动，在全社会展现当代青年的精神风貌，塑造行业和企事业单位的良好形象。

那曲地区法院工作

【刑事审判】2009年，那曲两级法院依法严厉打击危害国家安全、危害公共安全、侵犯人身和财产权利、破坏经济秩序等各类犯罪，全年共受理各类刑事案件203件（含旧存29件），审结190件。具体为一审刑事案件179件，结案166件；二审案件24件，结案24件；另外，受理减刑10件，结案10件。其中，中院受理各类刑事案件42件（含旧存9件），审结41件。

【民事审判】2009年，那曲两级法院共受理各类民事案件1362件（含旧存122件），审结1190件，结案标的4038.93万元，调解结案847件，调解率为71.2%。具体为一审民事案件906件，结案744件；二审案件48件，结案41件；再审案件5件，结案2件；另有诉讼外调解案件403件。其中，中院受理各类民事案件72件（含旧存14件），结案53件。

【行政审判】两级法院既支持行政机关依法行政，又监督并纠正违法及不当行政行为；既促进依法行政，又维护行政相对人的合法权益，有效地消除了对抗，增进了和谐，共受理行政案件4件（含旧存1件），结案3件。其中中院受理2件（含旧存1件），结案1件。

【司法赔偿案件】地区法院严格贯彻违法原则，确认国家机关及其工作人员违法行使职权侵犯公民、法人或其他组织的合法权益造成损害的，国家对受害人所应承担的赔偿责任。受理司法赔偿案件1件，未结。

【执行案件】两级法院以集中清理执行积案活动为契机，全力加强执行工作，制定了执行案件流程管理办法，强化了执行措施，加大了执行力度，加强了对执行工作和执行干警的管理，促进了公正执行、文明执行，共受理执行案件425件（含旧存114件），执结367件，执结率为86.4%，执结标的为1784.64万元。其中，中院共受理执行案件13件（含旧存5件），执结10件，执结率为76.92%，执结标的363.72万元。

此次清理执行积案活动中共排查出积案95件，涉案标的684.56万元，经过执行人员的不懈努力及各相关部门的有力配合支持，执行积案活动成效显著，已结案93件，执结标的达606.8万元，另外两件案件也已部分执行，执结率达98%，在全区七地市中排列第三。同时，那曲地区法院在全区率先成立了执行救助基金，并制定了《执行救助基金管理办法（试行）》、《那曲地区人民法院执行案件流程管理实施细则（试行）》、《那曲人民法院执行工作联动威慑机制》等制度，建立了委托评估、拍卖执行款管理等机制。紧接着地区各县（区）法院（庭）也设立了执行救助基金，为执行工作的顺利开展奠定了良好的基础。

【信访、申诉、申请再审案件】不断加大对案件审判质量和效率的监督，同时坚持维民权、解民忧、保民利，切实解决人民群众告状难、申诉难的问题。两级法院共受理申诉、再审案件9件，均为中院受理，已结6件。

两级法院高度重视涉诉信访工作，根据2009年年初与高院签订的《涉诉信访责任书》的要求，认真落实信访工作责任制，并建立起了院长、庭长、案件承办人和信访员联合接待制度，极大疏通了信访渠道。2009年，共处理来信来访案件31件，无重复访和矛盾激化事件发生。

【立案工作】地区两级法院坚持依法立案，在法定期限内将材料齐全的案件移送各审判庭审理，无超审查立案期限的案件，立案工作扎实推进。两级法院共处理各类案件1738件；解答群众法律咨询290余人次；给予司法援助640人。2009年两级法院应收诉讼费511343.12元，实收诉讼费354524.45元，共办理缓交诉讼费案件35件计77245.57元，免交诉讼费案件134件计79573.10元。其中那曲地区法院应收诉讼费164894.60元，实收诉讼费155520.60元，共办理缓交诉讼费案件2件计6546.00元，免交诉讼费案件4件计2828.00元。

那曲地区司法工作

【着力推进普法依法治理工作】2009年地区司法行政系统和各级普法机构、单位。

充分利用中国特色社会主义主题教

育活动、“12·4”法制宣传日、综治宣传月、赛马物交会和民间文化艺术节、平安建设宣传日等各种有利时机，通过送法下乡、设立宣传点、散发宣传资料、出动宣传车、举办法制讲座、利用广播电视宣传等各种有效途径，大力开展法制宣传。共印制、发放各种藏汉文法制宣传材料36.2万份，宣传册4.5万本，宣传画2.5万张，出动法制宣传车58台次，法制宣传现场解答法律咨询629人次，悬挂横幅131条，张贴标语260条，制作、展出法制宣传栏22块，举办法制讲座652场，举办法制电教课51场，青少年、寺庙僧尼集中培训142次。着重宣传了与人民群众生产生活密切相关的各种法律法规知识。受教育人数达36.8万多人。

那曲地区2009年恰青赛马艺术节期间，地区司法处承担维稳安保法制宣传工作任务，大力开展以“维护社会稳定、维护社会主义法制、维护人民群众根本利益”为主题的专项法制宣传教育活动，在赛马场帐篷区和赛马场入场处设立法制宣传咨询点3个，悬挂横幅4条，制作法制宣传展板4块，组织14名干部职工参加法制宣传教育，发放宣传书册10900册、宣传画300多张，发放藏文宣传材料25种、共19400余份，发放汉文宣传材料8种、共6200余份，发放藏、汉双文宣传材料6种、共4600余份，现场解答法律咨询78人次，电话解答法律咨询18人次，有效预防、化解矛盾纠纷6起；发放藏、汉双文法律咨询联系卡300多张，联系卡上留有律师、公证、法律援助等法律服务专业人员的姓名和移动电话，以便于需要法律咨询服务的人员进行联系；出动2台法制宣传车在赛马场外围及那曲镇各大街道进行藏语巡回宣传。主要宣传了宪法、国家安全法、民族区域自治法等反对分裂、维护稳定、与人民群众生产生活密切相关的法律法规、政策知识，以及公民道德、自觉维护公共秩序、安全生产等方面的常识。

【提升人民调解“第一道防线”作用】目前，全地区共有人民调解组织1963个，人民调解员6978人。2009年，全地区人民调解组织共调解各类民间矛盾纠纷1283件，调解成功1070件，调解成功率83.4%。

【着力推进刑释解教人员安置帮教工作】2009年，地区新增刑释解教人员31人，绝大部分已经得到有效帮教和妥善安置。

【提升公证、律师、法律援助的法律服务水平】律师公证管理科认真组织完成了地区42名高中毕业生报考司法类院校的政审、面试、体能测试工作和128人报考司法考试的报名、初审工作，2009年地区司法考试报名人数比去年增长了60%；认真组织完成了公证和律师机构人员的年检、注册、登记和年审工作。

羌塘律师事务所共办理诉讼案件19件，其中：刑事案件8件、民事案件11件，办理非诉讼案件1件并调解成功，提供法律援助5件。担任常年法律顾问4家（其中1家为民营企业），解答法律咨询164人次，代写法律文书76件。

地区公证处共受理公证事项277件，与去年相比增长了58%，出证269件。

全地区各级法律援助中心共办理法律援助诉讼案件23件，其中：刑事案件16件、民事案件6件、依法不予办理案件1件。办理非诉讼案件40件，代写法律文书183件，解答法律咨询1012人次。

【受援工作】积极与浙江、辽宁两省司法厅沟通、联系，研究、制定了“十二五”对口支援工作初步规划，力争对口支援工作有新进展。“十二五”对口支援工作初步规划中，申报了地区司法处办公楼维修、改造及办公院区改造建设、干部职工多功能活动中心建设和全地区司法行政系统交通工具和办公设备配备、干部队伍业务培训经费等4大项目，共申请援藏资金1113万元。

那曲地区粮食工作

【切实做好国有粮食企业改革工作】2009年以来，国有粮食企业推行了企业产权制度改革、集资参股减员增效、依岗定职等改革措施。比如县粮食公司按照粮改要求和市场规则，深挖企业潜力，勇于探索企业发展思路，多方争取资金，集中优势，发展以宾馆网络服务为主的第三产业，在做好企业经营的同时，组织富余人员在虫草生产季节采挖虫草，规定人均虫草采集量并按比例提成，仅此一项就为公司创造利润近20万元，职工收入也得到较大提高。地区粮库、那曲县和其他一些企业大胆探索、勇于实践，创新改革举措，大力开展招商引资，吸引外地客商投资粮食企业的改革发展，据统计全年吸纳投资达到近3000万元，为企业的发展壮大注入了强大活力。在企业内部改革上，为职工提供自主经营资金，帮助有能力职工走向市场求生存、谋发展，充分发挥聪明才智，创造人生价值最大化，不仅职工自己得到了锻炼和发展，而且为企业减轻了负担，也充分激活了企业人力资源，调动了职工积极性。

【彻底解决国有粮食企业老人问题】一全地区127名粮食购销员的社会养老保险金1130（1987年1月至2009年6月，单位缴纳900万克，个人缴纳230万元）全部落实到位，并向地区劳动和社会保障部门缴纳，解决了职工的养老保险金问题。其中111名人员具备退休条件，已批准退休，保证了职工老有所养。地区粮食局和地区劳动部门共同向自治区争取落实粮改优惠政策，适当放宽退休年龄条件，企业动员接近退休年龄、身体状况差的职工退休，得到自治区劳动部门批准退休的职工39人。

【加大储备粮落实力度，夯实调控基础，增强调控能力】2009年各县（区）高度重视，加大了应急粮食储备的落实力度，县（区）级粮食储备已到位110.12万公斤（嘉黎县14.60万公斤，巴青县18.20万公斤，索县8.69万公斤、申扎县49.84万公斤、双湖区8.79万公斤、尼玛县10万公斤），分别储存在各县、乡粮站。

【抓好储备粮管理工作，确保了储藏粮食安全】一是地区粮库完成了中央储备粮200万公斤的轮入工作。二是根据自治区储备粮轮换会议精神，6月29日地区相继召开了会议，具体确定了自治区储备粮600万公斤青稞的轮换任务，明确了轮换计划、销售价格、轮出（入）时间及账务处理等相关工作要求，并与六个储备粮管理单位签订了自治区储备粮轮出销售工作目标责任书。经过三个月的抓紧销售，克服粮食销售淡季、牧民群众购粮习惯等不利因素，9月30日前完成了轮出任务。轮入工作正在按照国家规定的质量标准紧张有序地进行，年底前将全部轮入完毕，从而保证了储备粮的推陈出新。三是各储备粮管理单位高度重视，加强管理，在认真落实《西藏自治区储备粮管理办法》的同时，按照《西藏自治区储备粮代储合同》规定的数量、质量、责任，严格依照"一符三专四落实"的管理要求，明确岗位责任制，签订安全保管责任书，加强了储备粮管理工作。四是坚持粮情报告和规范粮垛卡片等各项保管制度，定期进行检测，随时掌握粮情，确保储备粮储藏安全，保证了各级储备粮储得进、管得好、调得动、用得上。

【强化粮食市场有效监管，保证粮食流通秩序正常运行】一年来地县粮食行政管理部门在机构不健全的情况下加强了粮食市场的有效监管。地区粮食局经常配合工商、物价、质检等部门对粮食市场开展监督检查，重点检查经营商家的粮食质量、价格、品种来源以及合法手续等，杜绝和防止了不符合国家卫生标准的粮油进入市场，保护了消费者的利益。对市场粮食情况坚持一日一报和一周一报制度，及时掌握粮食市场行情变化，综合分析原因，提出合理建议及时上报，保证信息通畅。同时还加强了对粮食市场的有效监测，及时掌握引起市场粮食异常波动的各种因素，果断采取有效应对措施，保证粮食市场的稳定，确保了那曲粮食流通秩序的正常运行。

【保质保量完成粮食清仓查库工作任务】按照"有仓必到、有粮必查、有账必核、查必彻底"的清查原则，以3月25日为截止时间，开展了企业自查、地区行署普查、自治区政府复查和国务院抽查四个阶段的清查工作，清查结果库存粮食数量为2052.08万公斤，与账面数相符；库存粮食质量用手眼鼻感官检查和器具测量，粮食颗粒饱满、色泽正常、无异味，质量较好，能够达到国家三等以上质量标准；库存粮食全部储藏在标准仓库中，各单位高度重视仓储管理工作，严格执行各项规章制度，配齐各种管理器械，加强库区周边环境管理，保证了库存粮食的储藏安全；中央储备粮代储资格认定，经检查那曲国家粮食储备库周边环境良好，交通便利，库区周围无污染源，并与居民区有效隔离，仓储设施先进，消防设备齐全，配有合理的仓库保管员，各项制度健全，严格执行国家粮食政策，完全具备中央储备粮代储资格。对清查过程中，发现的如粮食政策法规执行不力、仓储管理人员专业知识不足、部分仓储设施待修缮等问题，及时提出整改措施，并得到了有效整治。

那曲地区税务工作

【税收收入规模持续扩大】2009年，那曲地区税务系统全年共组织各项税收18074万元，比上年同期增收3072万元，增长20.48%，高于全区平均增幅5个多百分点，对那曲经济社会健康发展做出了积极贡献。

【依法治税水平不断提升】2009年，地区稽查部门共对18户纳税人进行了纳税检查，查补入库各项税款276.49万元；认真组织企业进行自查，共查补入库税款67.98万元。同时，稽查部门在超额完成区局下达的1.5%的专项检查任务外，还自行安排了多个专项检查项目，共查补入库税收35万元，全年实现选案率、入库率两个100%的好成绩。部分县区国税局开展了集贸市场无证户税收专项整治和普通发票、增值税专用发票专项整治活动，共对263户纳税人进行了税务检查，其中发现有问题户105户，查补入库税280.79万元。继续加大税务违法案件处罚曝光力度，在地县两级办税服务厅公告税务违法案件4起，在社会上形成了强大的舆论压力，有力地震慑了涉税违法分子，促进了全社会自觉纳税意识的形成，达到了检查一个行业、规范一个行业的目的。

【征管基础更加扎实】根据区局要求和工作性质，在部分科室采取定岗定责、细化责任等举措，制定实施了《那曲地区综合征管系统考核办法》，加大了对责任人员的过错追究处罚力度，全年共对17人次有过失责任人进行了责任追究和经济处罚，工作人员责任心明显增强。各县国税局逐步改进"双定"工作，工作程序更加规范透明。征管部门印发了个体工商户建账工作指导性文件，有针对性地对报税人员开展业务培训，部分重点个体工商户建账水平得到提升。建立健全了数据质量管理制度，层层加强了数据质量审核，为征管数据实现"零差错"提供了机制保障。各管理局工作更加专业精细，开业、变更、停复业、注销、外来经营报验登记等基础性工作更加扎实，具备条件的管理局对辖区管户逐步实行动态跟踪管理，提高了非正常户的认定和处理水平。户籍管理档案进一步建立健全，信息化支撑作用更加明显，纳税人户籍资料"一户式"管理水平有效提升。加强重点税源监控工作，监控范围进一步扩大，目前监控企业数量达11家，占地区纳税企业总数的6%，共实现利税4704万元，占税收总量的26%。

【信息化建设稳步推进】积极创造有利条件，继续加大硬件设施投入，到2009年底，地区已配备使用各类网络设备50台，各类计算机179台。同时，按照上级工作部署，同步完成了税务系统网络体系与信息安全体系建设，为信息安全及各应用系统安全提供了有力保障。目前，税收综合征管系统、增值税防伪税控系统、财务管理系统和公文处理系统等主要软件在地县两级国税系统运行正常，各类数据按要求基本实现了"省级集中处理"。

人行那曲地区中心支行

【认真执行适度宽松的货币政策，促进信贷投入合理增长】2009年以来实施的适度宽松货币政策，组织党委中心组成员专题进行学习讨论，同时组织在金融系统内进行了深入学习。

围绕地区关于保增长、保民生、保

稳定及扩大内需等经济产业政策，创新区域信贷政策实施的载体和平台，主动加强与政府部门和商业银行的沟通协调，促进经济金融和谐发展。由中支领导带队，成立三个工作组，于2009年1—2月份赴辖区11个县（区）开展了金融服务"三农"政策基层巡回宣传活动。2月和5月分别召开了政府牵头、人民银行推动、商业银行和政府相关职能部门参与的"那曲地区金融服务'三农'工作专题会议"和"那曲地区经济金融工作通气会"，为各方加强沟通、增进理解、达成共识提供了良好平台，在一定程度上提高了信贷政策的导向力。

在货币政策与产业政策的"切入点"上，针对那曲物流中心的建成并已成功引进3个招商项目，为主动做好项目的金融服务工作，改善地区招商引资的融资环境，那曲地区中支联合商业银行、政府招商办及项目方开展联合调研，了解项目方金融需求，为其提供全方位金融支持奠定基础。

在引导商业银行信贷投向上，结合那曲实际，将"三农"、重点项目、消费及特色产业作为信贷投向引导的重点，较好地提高了信贷政策执行效率，促进了信贷结构调整优化。从数据看，政策导向的效率是较为明显的，金融业体现了良好的发展态势，对经济的贡献度逐步提高。11月末，辖区各项存款40.73亿元，比年初增长5%；各项贷款16.42亿元，比年初增长12%。存贷比达到40%，高于自治区平均水平。

积极把握适度宽松货币政策的含义和取向，认真做好金融服务"三农"工作。截止11月，"涉农"贷款余额8.47亿元，比年初增长19.05%。推进农牧户小额信贷，不断提高农牧民生产生活水平。以小额信贷为依托，积极做好信用乡（镇）村评定工作和四卡贷款的发放工作，截至11月末，全区共评定信用乡（镇）22个，信用村233个。四卡贷款余额达6.64亿元。有效推动扶贫贷款工作，帮助农牧民脱贫致富。11月末，扶贫贷款2.27亿元，比年初增长18.3%。农牧民安居工程贷款余额达到1.73亿元，本年累计发放0.56亿元。实有贷款户数13836户，支持建筑总面积达199万平方米。继续加大对重点建设项目的支持力度。重点项目贷款向青藏铁路和那曲物流中心配套项目延伸，给予青藏铁路救援基地建设项目贷款1.73亿元，加强了青藏铁路应急救援快速反应能力和安全运营能力。辖区重点项目贷款达到2.85亿元。

【积极关注农行改革，建立银行业、保险业风险监测分析制度，维护辖区金融平稳运行】密切关注农行股份制改革，掌握改革过程中遇到的一些突出问题，通过召开货币信贷分析例会、经济金融通气会等形式，促进政府相关部门与金融部门相互沟通和支持，为农行顺利改革创造良好的内部和外部环境。

防范化解金融风险，维护辖区金融稳定。加强风险监测工作，提高监测的前瞻性、预警性。2009年建立了银行业、保险业风险监测报告制度。对东三县虫草产区农牧民信贷风险进行动态监测，及时提示地区农行相关风险监测结果，要求农行进一步做好风险防范工作。对金融稳定有关资料进行严格管理。目前地区金融机构基础数据库、数据库上线前的收集数据资料等准备工作在着手进行当中；及时上报可能引发的系统性、区域性金融风险。完成了"中小企业发展与区域金融稳定问题浅析"和"那曲地区理财产品现状浅析"等专题调研。认真完成了2008年度金融稳定报告，着力提高2009年度金融稳定报告的质量。

【加强金融基础设施建设，努力提高金融服务水平】一是健全了反洗钱、账户管理、同城票据交换、银行卡等档案和账户管理制度。建立了集中采购评审人员库，制定了集中采购评审人员管理办法。制定了运行维护部门的支付系统运行操作规程和《中国人民银行那曲地区中心支行同城票据交换清算管理办法》。

二是按照全国国库工作会议提出的"积极开展国债下乡活动"面向农牧民发售要求，确定农行那曲县、聂荣县支行为国债向农牧民发售试点县，将2009年凭证式国债首次面向农牧区发行。国库库主任与代理县支行国库主任层层签订《国库资金案件防范目标责任制》签订情况等全方位、认真细致地开展国库业务检查，提出存在的问题，并要求国库部门进行整改。此举，有效降低了国库业务差错率，为防范和化解国库资金风险打下了良好的基础。制定了《辖区代理支库主任(副主任)职责》、《中国人民银行那曲地区中心支行国库应急处理流程图》和《中国人民银行那曲地区中心支行国库业务突发事件应急预案联络表》等新的管理办法，完善和充实了内控制度。举办了为期5天的各代理支库相关人员培训。进行了国库系统应急演练，检验了国库人员处置突发事件的能力。

三是为了进一步提升反假货币宣传水平，保护货币持有人合法权益，以邮资明信片作为反假货币宣传载体进行广泛宣传，收到了良好效果。

四是积极开展百姓征信知识、中小企业、农牧区信用体系、应收账款业务及异议信息处理流程等宣传活动，在金融机构营业大厅的滚动屏幕上打出"珍爱信用记录，享受幸福人生"等征信宣传标语，并借助那曲电视台、新闻网、那曲报等媒体进行立体宣传。对商业银行个人征信系统异议处理情况进行了现场检查。

【加强内控机制建设，深化内部管理】一是进一步强化系统业务管理和内控机制建设。2009年初，那曲地区中支行将探索同级监督工作作为提高内部管理的突破口，完成了《浅议如何提高基层央行同级监督质效》的调研报告，对有效发挥同级监督作用具有较强的指导意义。建立了《中支岗位"问责"实施暂行办法》，突出三大特点，即将思想政治列为问责首要内容、无为也要问责、将监督部门纳入问责对象。二是将年初业务大检查作为内控安全管理的重要内容，精心组织，达到了良好的预期效果。对辖内11家县支行和地区所在各金融机构开展了抽查工作，抽查面达94%，对代保管库的跟踪检查面达到50%。三是着力发挥内审和事后监督作用。对办公室、会计、货币金银等部门进行了重点审计，加强了对"人、财、物"管理合规性和合理性的监督。四是深化规范管理，提高服务保障水平。加强新闻宣传，采取统一约稿和部门自筹相结合的方式，提高信息调研的针对性和时效性，强化保密管理、信访和督查督办工作。加强了会务管理工作。五是加强系统制度建设和安全性检查，制定和完善了《人行那曲中支电子设备管理办法》、《人行那曲中支重要业务系统备份策略》，建立了《计算机及安全员协管制度》，组织人员对业务系统进行了信息安全大检查。保卫部门多次组织人员对机关及相关部位进行放火、防电安全检查，将风险隐患消除在萌芽状态。

那曲地区国资监管工作

【监管企业经济运行情况】截止2009年12月底，10家企业累计资产总额为14893万元，同比减少775万元；负债5509万元，同比增加20万元。10家企业累计实现营业收入22891万元，同比减少4664万元；净利润89万元，同比增加28万元；上缴税金510万元，同比增加11万元。

资产总额、营业收入减少原因是：2009年那曲地区国资委监管企业藏北医药公司改制为民营企业，没有纳入年终统计范畴；地区盐业公司上划自治区盐业公司；原属地区物资局的盈利资产炸药库也上划自治区高争集团，导致资产减少，同时利润也有所减少。地区综合市场因2008年火灾，2009年进行了赈灾赔偿。

【认真开展国有企业住房改革审核申报工作】根据自治区国有企业房改有关文件精神，地区符合享受政府激励资金的企业有47户。其中：享受政府激励资金企业职工总人数为1862人，其中：1959年3月28日前参加工作的职工（以下简称59-3-28职工）总数为54人；关、停、并、转和破产企业职工总数为285人；国有困难企业职工总数为1523人。59-3-28职工共计兑现房改资金1930566元。关、停、并、转和破产企业共计兑现4385461.2元。国有困难企业中12户地直企业共兑现资金3245000元；13户粮食企业共兑现资金3860000元。15户县属企业共兑现资金4880000元。

【积极开展企业改革改制工作】目前，海南赛通商业有限公司对西藏那曲藏北医药药材责任有限公司的整体收购工作于2009年上半年基本完成。收购总额1217万元，新公司更名为那曲雪山医药有限公司，并于2009年8月正式开展各项业务。截止目前，收购价款到账530万元，主要用于清偿公司债务500万元及回购公司个人股30万元。

西藏晨曦市场开发建筑有限公司对西藏康桑土畜产品进出口有限公司实施接收兼并工作开展一年多来，已完成了企业改制兼并方案、改制报告制作工作。已向地区行署进行请示，同时康桑公司在职职工及退休职工的档案核实工作业在有序开展，康桑公司所属国有划拨土地评估委托书已送往地区国土局、产权评估所评估工作正在抓紧进行中。

【顺利推进企业政策性破产工作】牧工商政策性破产工作。至今，牧工商除饲料厂的处置尚未完成外，其他各项清算工作已圆满完成。因饲料厂所处地理位置偏僻、土地评估价格过高等因素影响，先后组织过两次挂牌拍卖均流拍。目前，正在将牧工商公司破产清算组账务进行整理，待查账、核账后，以地区中级人民法院的民事裁定书为依据，尽快清偿债权人债务，对所欠牧工商清算组债务的要尽快催收。

格尔木绒毛分梳厂的政策性破产工作。根据第21次、第38次行署专题会议纪要精神。2009年11月16日，格尔木绒毛分梳厂政策性破产资金361.7万元全部到位，18日地区财政局将自谋职业职工安置费、住房补贴、扎达抚恤金、预提燃料费共计154.54万元财政专款，拨入国资委账户。24日，在地区中级人民法院、地区审计局、地区国资委的指导监督下，清算组与绒毛分梳厂14名自谋职业职工签署了《格尔木绒毛分梳厂自谋职业职工享受待遇协议书》，发放安置费用78.1万元、住房补贴56.4万元、取暖费18.1万元、扎达抚恤金1.8万元，剩余款项主要为补缴和预提养老保险、补缴和预提医疗保险金，以延续职工的社保、医保关系至退休时间。

那曲地区羊绒分梳厂政策性破产工作。目前，地区羊绒分梳厂两宗土地成功拍卖，实际到账250万元，12月16日，在地区中级人民法院、地区审计局、地区国资委的指导监督下，清算组与羊绒分梳厂24名自谋职业职工签署了《那曲地区羊绒分梳厂自谋职业职工享受待遇协议书》，同时对24名自谋职业职工、3名分流安置职工和3名拟退休职工发放安置费241.92万元、住房补贴90.5万元，扣除房改政府激励资金、职工个人借款、补缴及预提医保、社保个人费用等款项后，实际发放234.3万元。职工退休后预提18年燃料费共35万元在本次安置费发放中不予发放，已计提存入财政专户，待职工退休后以720元/人/年标准逐年发放。

那曲地区审计工作

【年度综述】2009年，那曲地区审计局认真履行审计工作职责。2009年完成审计项目16个，查出违规金额5347.77万元，其中管理不规范金额2789.19万元。应归还原渠道资金1254.31万元，应调账处理630.21万元，应缴财政168.93万元(其中:税金4.13万元,罚没款46.46万元，其他118.34万元），出具审计报告16篇，提出建议54条，被采纳54条，向行署提交专题报告1篇，向纪检部门移送案件线索3件，向税务部门移送线索4件。

【开展惠民政策和资金审计调查】增强政府提供公共服务的能力。2009年开展了“那曲县2007年度农业综合开发土地治理项目资金”、“比如县2007年度农业综合开发土地治理项目资金”、“那曲县2007年度农业综合开发产业化经营项目资金”的审计调查和协助有关单位开展对粮库资金以及对社保资金的检查，着力检查各项资金管理、使用情况和有关政策措施落实情况，切实维护群众切身利益，在项目资金的审计过程中发现存在国家投资资金和自筹资金未到位情况。同时结合2009年开展的学习实践科学发展观活动，对班戈县和申扎县存在的对“三包”生每人收取3只羊的做法向行署提交了《关于地区县区教育“三包”政策执行不统一问题的报告》。

【加强专项审计调查】重点检查了农牧民安居工程二期建设、沼气建设、安全饮水等资金，检查金额31003.21万元，在检查中发现存在资金到位情况不及时现象。

【推进经济责任审计】结合地区实际成立了由地区纪检委、地委组织部等6家单位组成的那曲地区经济责任审计工作领导小组并制定了《那曲地区经济责任审计工作领导小组联席会议制度》。2009年共对16个县（区）、单位和部门的行政一把手进行了经济责任审计，其中离任经济责任审计14个，任期经济责任审计2个，在审计过程中发现漏缴税金、往来款项清理不及时、虚列支出、挪用专款等现象突出，还发现个别单位存在私设小金库等严重问题，同时对以前年度的审计决定整改和落实情况进行了督促，进一步强化审计结果的运用。

那曲地区统计工作

【完成各项统计调查任务】2009年，那曲地区统计局、队干部职工克服时间紧、任务重、人手少等诸多困难充分发挥爱岗敬业、乐于奉献的工作作风，努力提高数据质量、准确、全面、及时地完成了全年主要经济指标数据统计调查工作。同时，还按时完成了劳动工资、工业、交通、商业、服务业企业调查、劳动力调查、建筑业、投资、物价、农村住户、城镇住户专业的月报、季报和年报统计任务。

【圆满完成地区第二次经济普查工作】按照自治区第二次全国经济普查领导小组办公室的统一安排，通过各级统计人员的不懈努力，完成了全地区个体户、工业、建筑业、服务业的单位清查工作，专业普查表登记，审核、汇总、查漏、录入、复录等工作。到目前为止，地区第二次经济普查工作数据录入、数据复录工作全面完成。

【专项调查工作进展顺利】完成了2009年巴青县、申扎县6个村的劳动力调查、100户城乡住户公众气象服务评估调查工作、220户农民工监测调查、畜禽监测调查、100户城镇住户调查、城乡划分、公路能源调查、妇女儿童监测调查，以及为地委宣传部设计了题为《主题教育活动满意度民意调查问卷》等工作。准确客观地反映“以人为本”、“和谐社会”、“平安建设” 等政策的执行情况，反映广大人民群众对当前社会经济状况的一些真实感受，为各级党委政府和有关部门科学决策提供了重要的依据。

【不断增强服务意识，统计优质服务水平迈出新步伐】2009年提供统计简报、统计信息79条；统计分析12篇；提供数据服务500多次；同时，按照地委、行署针对消费价格水平高位运行的特点，对部分重点商品进行了监测，每周三及时上报《那曲地区粮食及部分商品价格监测表》。在围绕部门统计的基础上，以社会公众为需求，及时准确的提供了价格调查统计的各项调查数据，有力发挥了统计调查在社会经济发展中晴雨表的作用。为社会各界分析研究地区社会经济发展情况提供了较为详实可靠的统计数据，统计优质服务水平迈上新台阶。

那曲地区工商管理工作

【大力培育农牧区经纪人、经济合作组织，为地区农牧民增收服务】2009年，那曲地区工商局结合地区实际，广泛宣传农牧区经济发展优惠扶持政策，加大力度发展农牧区经纪人，截止目前，共发展农牧区经纪人633户，同比增长15.91%；农牧区专业合作组织55户，成员出资总额达4738.83万元，成员总数5077人，同比分别增长129.17%、33.34%、36.61%。

【提高注册窗口服务质量，促进各类企业实有户数和规模平稳增长】截止目前，共发展各类内资企业311户，企业法人115人，注册资金60041万元；私营企业56户，投资人99人，雇工人数1429人，注册资本12670万元，同比分别增长40%、28.57%、15.06%、21.29%。

【提高办事效率，优化服务质量，促进个体经济快速发展】以提高办事效率为突破口，解决“事难办”的问题，尤其对老弱病残、下岗人员再就业等社会弱势群体实行急事急办、特事特办，开设绿色通道，落实优惠政策，提高服务质量，为地区个体工商户营造良好经营环境。截止目前，共发展个体工商户9169户，从业人员18632人，注册资金10030.57万元，同比分别增长15.61%、12.01%、24.25%。

【注重品牌，积极引导和培育商标注册】那曲地区工商管理局多措并举，广泛宣传《中华人民共和国商标法》及相关法律、法规，并加强对地区特色产品商标申请及地理标志商标申请的指导，且告知相关企业正确使用和管理好商标，维护自身商标权利，切实提高地区企业、个体工商户、农牧民专业合作组织对使用注册商标的法律意识，力争地区商标注册在“质和量”上有新突破。2009年，那曲地区工商管理局共主动提供商标注册上门服务62余人/次，出动车辆20台/次，印刷发放宣传材料2000余份。截止目前，地区累计拥有注册商标20件，已接到国家工商总局商标局受理商标注册14件，纳入申请规划待申请商标4件。

【认真开展年检验照工作，确保经营主体资格合法有效】截止目前，地区应参加年检企业户数355户，实际年检户数335户，年检率94.37%；应参加验照个体商户7931户，实际参加验照7540户，验照率为95.07%。

【加大对粮油等重点食品市场的监管力度】那曲地区工商管理局加大对粮油等与人民群众生活密切相关的食品市场的监督检查力度，对市场销售的大米、面粉标重不规范、经常出现缺斤少两坑害农牧民群众的行为进行了整治。同时邀请粮食经营户代表20人召开学习座谈会，增强了各粮食经营者的守法经营和合法经营意识。共检查各类经营户669户，并统一规范本辖区各粮食经营户的大米、面粉的标重为25公斤、20公斤、10公斤、5公斤。

【规范制度，完善可追溯体系】进一步督促食品经营商户规范索证索票、购销台账等各项制度。同时印发了《国务院关于加强食品等产品安全监管的503号令》(藏汉文)和《给广大食品经营者的一封信》等1000余份宣传材料，进一步规范了粮食经营主体经营行为。宣传过程中累计检查食品经营户1097户。

【规范农资产品经营行为】那曲地区工商管理局执法人员对经销农资、农机的13户经销商进行了逐步摸底检查，并签定了不销售假冒农资(种子、化肥)、农机承诺书，进一步规范了农资产品经营行为，保障了农牧民群众的切身利益。

【继续开展奶制品市场专项执法检查，促进奶制品业健康有序发展】践行科学发展观，坚持以人为本的原则，为维护广大人民群众的生命财产安全，确保地区奶制品市场健康有序，那曲地区工商管理局继续加大了对奶制品市场的监管，对各奶制品经销商是否销售符合国家规定的产品进行定期检查，发现有问题的奶制品按照不合格商品下架退市制度，自行下架、封存、退回供货商。截止目前那曲地区工商管理局累计检查奶制品经营主体1718户/次，出动执法人员878人/次，执法车辆436台/次。

【集中开展“家电下乡”专项检查活动】那曲地区工商管理局组织执法人员会同商务、质监等部门认真开展了“家电下乡”专项执法行动，印发家电下乡相关宣传资料500余份，悬挂横幅20余条。同时与担任家电下乡的10家企业和担任家具下乡的5家企业签订了《商品质量承诺书》、《经营者责任协议书》，并对家电下乡活动进行了各环节动态跟踪，杜绝骗补行为的发生。截止目前，共检查46户家电经营户，未发现家电下乡过程中存在违法违规行为。

那曲地区质量监管工作

【食品监督方面】一是加强食品加工企业（小作坊）建档工作。目前，已对地区56家食品加工企业（小作坊）的41家进行了电子建档，完成率73%。二是积极开展食品专项整治工作。在去年食品安全专项整治的基础上，2009年那曲地区质监局从3月初开始，就地区56家食品加工企业（小作坊）的生产加工现场、原材料进货渠道、添加剂的使用情况、生产过程的质量控制、产品出厂检验等重点环节的控制和落实情况进行全面彻底清查。全年共巡查560余次，查处食品安全生产隐患38处，下达责令整改通知书16份。三是加大食品抽检力度。2009年定期对酸奶、青油、纯净水等重点食品进行抽样送检，截止目前已抽样牛奶原奶送检1批次、11个样品，合格率100%；青油送检3批次、14个样品、合格率100％。酸奶送检3批次、17个样品，合格率100%；酥油待检1批次； 大米送检1批次、2个样品、合格率100%；酱油醋送检1批次、4个样品、合格率100%；糌粑抽样1批次，2个样品，合格率100%；挂面抽样1批次，2个样品，合格率50%；月饼1个批次，2个样品，合格率100%；酱卤肉制品1批次，1个样品，合格率100%；豆制品2批次，8个样品，合格率100%；纯净水2批次、4个样品、合格率70%；源水3批次、6个样品、合格率100%。四是加强监管力度，进一步落实《食品质量安全承诺书》的签订。年初那曲地区质监局与地区56家食品加工企业（小作坊）签订了《食品质量安全承诺书》，同时，加大了对那曲镇食品生产加工型企业和小作坊的监管力度及巡查频次，严格要求负责人做好销售台账、进货台账的记录和操作规范、工艺流程的上墙制度。签订了《食品质量安全承诺书》56份，签订率100%，发放《小作坊生产管理制度》38份，发放食品工艺流程图26个。

【特种设备监察方面】一是深入开展特种设备安全“三项行动”。为及时消除各类事故隐患，防止特种设备安全事故的发生。发放宣传资料1300余份，检查锅炉、电梯、压力容器等特种设备使用单位31家，发现违规行为3处，下达《安全监察指令书》35份。二是抓落实，积极贯彻特种设备安全责任制。已与23家重点工业企业签订了《特种设备安全责任书》、《特种设备安全承诺书》，指导企业加强安全管理，切实做到“三落实、两有证、一检验”，即落实管理机构、落实责任人员、落实规章制度，设备有使用证、作业人员有上岗证，必须对设备依法申报检验，促进企业全面落实安全主体责任。三是抓监管，强化特种设备基础管理。全年共办理新设备安装告知35份，使用登记证待区局特检所检验合格后予以发放使用。四是抓整治，加强薄弱环节的监管。春节藏历年期间，那曲地区质监局执法人员在对特种设备监察时，发现4台在用锅炉陈旧老化，不符合安全技术规范，对其依法下达了《特种设备安全监察指令书》，要求其限期整改。五是抓难点，坚决杜绝安全隐患。全年共检验液化气瓶5635只，电梯23部。并对9家液化气充装站的22台液化气储气罐进行了大检，共计500立方。同时，根据国家质检总局关于起重机械专项整治工作的布置，对5家超重机械使用单位的13台超重设备开展了专项检查，下发《特种设备安全监察指令书》7份，责令其限期整改，并聘请自治区特检所进行了组织验收工作，合格率达45%。六是抓教育，加强特种设备作业人员培训力度。为了进一步规范管理，增强和提高特种设备作业人员的安全意识和操作水平，2009年那曲地区质监局组织了3期特种设备作业人员培训班，培训人数90人，并对考试合格的84人发放了特种设备作业人员上岗证，合格率占培训人数的93%。

【产品质量监督方面】一是积极开展“质量和安全年”活动。召开了那曲地区“质量和安全年”活动动员大会暨质量监督工作会议，共编写简报75期。消灭无标产品，那曲地区质监局还对辖区内的27家预制砖厂的水泥预制砖的规格、型号、水泥和沙石掺拌建立了统一标准。二是认真开展2009年全国建材市场专项整治工作。自9月1日起，那曲地区质监局联合地区工商局、公安处、商务局、环保局、林业局、建设局、发改委、电力局九部门集中开展为期一个月的建材整治专项行动。三是认真开展关系民生产品专项检查。开展了以农资产品、建筑产品、水泥预制品、儿童玩具、化妆品、家电下乡、计划生育药械、手机、汽车配件、防冻液、棉絮制品、电热毯等十二项重点产品为主要内容的专项检查。共出动检查人员313人次，出动车辆97台次，检查企业和个体户464户，查获假冒伪劣商品货值金额近2.3094万元。四是认真开展质量月活动。为全面提升地区广大人民群众质量安全意识，9月20日，那曲地区质监局以“质量宣传月”活动为契机，在那曲镇浙江商场门前开展了“坚持质量第一，奉献高质量，促进科学发展”为主题的宣传活动。五是加大执法力度。全年共处理投诉案件12起，查处非法加工豆腐小作坊3家，查封擅自安装锅炉3台。六是认真开展企业建档工作。七是强化产品质量监督。

【标准化和计量方面】一是为全面开展计量基础调查，基本摸清了地区企事业单位标准化、计量工作发展现状，进一步了解了标准化、计量工作的要求和需要，努力提高企业标准化、计量管理工作水平。二是为进一步规范工业产品标准。那曲地区质监局根据企业普查摸底情况，对预制产品无标企业进行了配标，对米酒企业生产进行规范。截止目前，执行标准备案的有13家，有力促进了企业标准建设。三是为加强地区特色产品的知名度，保护其原产地产品名誉。地区目前已初步完成“那曲冬虫夏草地理产品保护” 的申报工作。四是配合区局认证认可办公室认真做好那曲地区实验室的资质认定（计量认证）换证复查工作。帮扶那曲地区鑫龙平安市场有限公司通过计量认证和安检资质的审查工作，并完成了那曲金坤实验、那曲地区机动车综合性能检测站的后续监管工作，有力地促进了全地区实验室管理水平和检验检测能力不断提高。五是加大强检计量器具检定力度，确保量值溯源准确。近年来，那曲地区质监局陆续通过了衡器、燃油加油机、压力表、单（三）项电能表等计量标准，为确保量值传递准确，2009年已完善了计量标准维护工作。同时开展了定量包装商品净含量的计量检验（与百姓生活密切相关的米、面还有金、银首饰等不镶嵌任何物品）抽检65批次，合格59批次，合格率90.7%；目前已对27家加油站的89个加油枪进行了计量检定，合格率97%；共对各类衡器检定76台（件），合格率94%。六是为进一步开展好2009年“5·20”世界计量日和世界标准日宣传活动。活动主要以组织执法人员走街宣传、设立咨询台和深入企业的形式进行了宣传。共发放宣传材料3000余份，接收群众咨询60余次。深入社区，大力宣传计量在社会经济发展和技术进步等方面的重要作用，为民所享，提高计量的社会知晓度。同时开展了为市民提供计量技术监督法律、法规义务咨询服务，现场受理消费者有关计量方面的投诉，向老百姓分发法制计量宣传资料2000多份。

那曲地区农牧工作

【畜牧业生产情况】2009年，全地区各类牲畜存栏680万头（只、匹）左右，同比减少39万头（只、匹）左右，降低5.15%。各类仔畜成活176.80万头（只、匹），成活率80.16%，与去年同期相比下降3.59个百分点；各类成畜死亡29.47万头（只、匹），死亡率4.1%，与去年同期相比上升了1.05个百分点；畜产品产量稳中有升，肉类产量达7万吨，比上年提高0.38万吨，同比增长7.57%；奶类产量达5万吨，比上年增加0.2万吨，同比提高7.42%；牲畜出栏率达30%。

2009年地区农牧业总产值达到13.1亿元，同比增长6%，农牧民人均收入突破3695元，同比增长14.78%，其中现金收入超过2180元，约占总收入的59%。

【种植业生产情况】2009年，地区农作物总播种面积为71351亩，其中：青稞55267.88亩；蔬菜3677.75亩、油菜423.43亩、芜根3668.43亩、豌豆767.15亩、青饲料7546.36亩。粮食作物产量为12024.6吨，其中：青稞9766.3吨，油菜籽182.3吨，蔬菜2076吨。积极调整种植业结构“粮、经、饲”种植面积比例从2008年的77.3:10.6:12.1已调整到77.46:10.58:11.96，使农作物种植结构进一步合理。共调运了100吨化肥，其中二铵50吨、尿素50吨。共使用农家肥3.6万吨。

【开辟多种渠道，增加农牧民收入】加大牲畜出栏促增收。全地区2009年5月—10月暖季牲畜出栏总数为359241头（只），其中暖季上市总数为223539头（只），上市部分可增加农牧民现金收入25951.58万元。

成功举办恰青赛马艺术节畜产品展销会，切实增加农牧民现金收入，实现交易总额约130万元。

努力加大劳务输出力度，切实增加农牧民收入。各县(区)人民政府通过项目等各种途径把农牧区剩余劳动力引向企业、那曲镇货物装卸、各县(区)城镇建设及公路建设市场，同时还积极引导农牧民组建施工队、运输队、采石采砂采矿队，不断提高农牧民参与市场竞争和增收致富的能力。2009年，地区劳务输出人数4.55万人，同比增长11%；劳务输出收入6500万元，同比增长2.04%。

通过产业化项目，带动农牧民增收。以扶优、扶强、扶大为突破口，结合地区农牧业特色产业项目建设，积极组建农牧民特色产业经济合作组织。截至目前，全地区已建立牲畜短期育肥点198个、各类农牧民专业合作经济组织152个（有一定规模的有96个），农牧民经纪人1354人。2009年，地区农牧民经济合作组织实现收入就达9134.45万元。

利用虫草资源优势，促进农牧民增收。2009年全地区虫草产量为16811公斤，较2008年减少了4004.9公斤，按目前市场价每公斤7万元计算，全地区虫草产值约117677万元，为农牧民群众人均增收3017元。

举办畜产品展销会。12月2日-8日在那曲镇举办“那曲地区第四届畜产品展销会”，实现交易总额11103万元，促进了农牧民群众增收。

【防抗灾工作】据统计，地区2009年风灾、雪灾造成牲畜死亡25.1万头（只、匹），其中风灾死亡2.5头（只、匹），死亡率达4.6%。为此，那曲地区农牧局根据地委、行署的安排陪同行署嘎玛仁青副专员及时前往西部对防救灾工作进行了指导。地委边巴扎西书记听取汇报，现场指挥防抗灾工作。在防抗灾过程中，地区下拨了春荒款192万元，下发了110顶帐篷、200副太阳镜以及5万元临时救助金。另外，为了做好灾后生产恢复工作，地区及时成立了灾后恢复生产领导小组办公室，全面负责灾后恢复生产工作，并制订了《那曲地区五县一区灾后扶持生产实施方案》，共落实资金2211.165万元，预计共调剂牲畜73705只绵羊单位，有效解决了农牧民受灾问题。

8月3日，召开了全地区各县（区）农牧局长座谈会，会议安排部署了今冬明春防抗灾工作，据统计，全地区粮食储备5866.12万公斤；饲草料储备22433.22万斤；储备牛粪32448215袋、羊粪5097231袋、柴禾8444.5车；各类人用药物储备价值516.08万元、兽药储备价值105.77万元；各类帐篷47495顶、保暖垫子384304件、挡风布90270块、刮雪板124442块，防寒衣服76.78余万件（顶）；保留防抗灾天然草场17389块19226.72万亩；保留防抗灾围栏草场9178.33块5596.29万亩。另外，为了保障地区牲畜安全过冬越春，让农牧民群众进一步转变观念，逐步推行半舍饲饲养，使地区畜牧业健康、持继、稳定发展。行署将安排340万元资金，计划在11县（区）储备牲畜过冬越春饲料200万斤。

【动物疫病预防】2009年地区共调运春季防疫各种疫苗6254.72万毫升/头份，其中：春季"五号病"疫苗916.72万毫升，秋季"五号病"疫苗1200万毫升，布病疫苗160万头份、猪三联苗2万头份、猪瘟单苗170万头份、小反刍兽疫苗195万头份、稀释液195万毫升、猪五号病疫苗6万毫升、其他常用疫苗3608万毫升，各种驱虫药1248箱。2009年"五号病"疫苗共免疫牲畜15948799头（只）；其中：牦牛（黄牛）4321299头；绵羊7798717只；山羊3828783只，免疫率达到90%以上。为此，地区春季重大动物疫病免疫效价结果为牲畜"W"病"O型"口蹄名列全区第一，牲畜"I型"口蹄名列全区第二，秋季重大动物疫病免疫效价结果为牲畜"W"病"O型"口蹄名列全区第一。同时各县（区）小反刍兽疫免疫牲畜共1895815只，免疫密度达到100%。预防注射肉毒梭菌183万头，出败296.3万头，三、四联苗653.9万只，炭疽125万头（只），羊大肠杆菌苗171万只，猪瘟疫苗85万头（主要用于牛病毒性腹泻炎），布病120万头（只）；驱虫752.4万头（只），其中体内驱虫413.2万头（只），体外驱虫339.2万头（只）；治疗各种常见传染病、多发病835.6万头（只、匹），处理病死尸体2563头，畜圈羔宫消毒96992只。

共检疫监督农贸市场13次，屠宰场和农贸市场大消毒4次，运输检疫杂皮14760张、牛皮15430张、羊皮30100张、牛头牛杂44吨、羊毛13吨、冻鱼25公斤、鲜猪肉536.9吨、活畜检疫犬29条、绵羊46只、马30匹，屠宰检疫禽类26500只、生猪屠宰检疫10603头，车辆消毒187辆，回收证件104件。全地区共产地检疫生猪838头、牛25710头、羊28072只，销毁死因不明牛肉4280余斤，病死猪肉4140余斤。开展兽药质量安全专项整治行动，先后共拉网式大检查8次。

另外，那曲地区农牧局组织专业人员制定和完成地区2009年口蹄疫、小反刍兽疫、高致病性禽流感等重大动物疫病流行病学调查方案、流行病学调查及动物疫病检测的各项工作任务。

【草原工作情况】2009年，针对草地鼠虫害严重的灾情，地区开展了大面积的灭鼠工作，那曲地区农牧局下发了40万毫升C型肉毒梭菌用来进行灭鼠，并与各县（区）农牧局签订了责任书。在灭鼠工作中，累计参与灭鼠人员共70752多人，出动车辆3575次（含摩托车），行程里程近117500公里，累计购买灭鼠饵料24.18万公斤。那曲地区农牧局草原站2009年派出了四个工作组，共深入34个乡镇500多个项目点，行程达8.4万公里，顺利完成了地区2007年和2008年的退牧还草项目监理工作。另外，进行了放牧试验的观测和采样工作，共得到样本900份；藏北生态脆弱区适应气候技术课题研究，目前该试验正在进行之中。

【农牧民技能培训】根据地区实际情况，地区畜牧兽医技术推广总站开展了农牧民经济带头人、兽医卫生科技明白人、奶牛饲养技术、牦牛短期育肥技术、牦牛瘤胃手术技能等培训，培训人数为286人次，地区草原站开展了网围栏安装技能培训，培训人数为325人次；地区乡镇企业局开展了多层次、多形式的创业培训，培训人数为2610人次。

【虫草采集情况】2009年地区冬虫夏草采集工作共涉及6个虫草产区县、52个乡镇、266个采集点、125578名群众，参与虫草采集的农牧民数占全地区农牧民总人数的32.2%。2009年地、县两级针对虫草采集工作发放宣传册近10000册，张贴政府公告157份，电视宣传累计近500个小时，共发放采集证52255份。

【乡镇企业和多种经营工作方面】2009年地区乡镇企业实现产值8960万元，同比增长3.6%；农牧民劳务输出人数达4.557万人（次），同比增加了520人；农牧民劳务输出收入达6550万元，同比增长2.8%；多种经营收入达33500万元，同比增长1.5%。

那曲地区林业工作

【自然保护区建设稳步推进】2009年全面完成了色林错国家级自然保护区那曲管理局，申扎、班戈、那曲三个管理分局，那曲县的羊吉乡、罗玛镇、自日乡，安多县的错玛、德沙乡，班戈县的佳琼镇，申扎县的马跃乡、下过乡、买巴乡、卡乡，尼玛县的南措折、尼玛镇等12个管理站的基础设施建设，并配备了相应的交通、通讯及办公设备，一期累计投入建设资金761万元。同时，完成了保护区二期建设项目可行性研究报告，项目预计投资2893.15万元。

完成了羌塘国家级自然保护区二期工程初步设计，那曲投资416万元，其主要建设内容为新建野生动物救护站1处，监测站2处，配套进行野生动物救护及科研监测设施建设，完善管理局、管理分局、管理站设施设备等。羌塘国家级自然保护区建设工程实施以来，一期建设任务已顺利完成，在一期共投入770万元资金，建成了那曲管理局和安多、尼玛、双湖3个管理分局及若拉、玛依、玛曲、鲁玛加纳4个管理站，组建了野生动物救护中心，全面完成了保护区的界桩添埋工作。

完成了麦地卡湿地保护与恢复建设项目初步设计，国家一期总投资1060万元，新建保护管理站3处，检查站1处，管理局业务用房，访问中心及配套设施建设，沼泽封育、植被恢复，并购置必要的宣教、办公设备等。

完成了尼玛县昂孜错——马尔下错湿地自然保护区申报的前期工作，包括综合科学考察报告、总体规划、保护区地形图、植被图、保护区自然景观及主要保护对象的录像带、照片集等申报所需材料，已通过专家评审，目前正在等待自治区人民政府批复。

【森林生态效益补偿项目成效显著】 2009年累计下拨森林生态效益补偿基金3927.92万元，使项目实施区域4700多名农牧民管护人员，实现年人均增收现金5000多元。自2005年开始实施该项目以来，有效管护天然林面积203.9245万亩，管护地方公益林581.6595万亩，补偿基金累计6277.36万元，已下拨管护费累计3707.703万元，造林抚育费322.22万元。

【退耕还林工程扎实开展】 2009年完成退耕还林补植补造6335亩，兑现政策补助185.24万元。自2002年实施退耕还林工程以来，全地区共完成退耕还林25200亩，其中退耕还林7200亩，宜林荒山荒坡造林种草完成18000亩，累计兑现退耕还林政策605.46万元。使项目实施区域1846户、8467名农牧民，实现了年人均增收200元。

【重点区域造林绿化工程步伐加快】 2009年共投入资金127.8万元，完成重点区域造林绿化2851.3亩，其中：嘉黎县1475亩，比如县532亩，索县70亩，巴青县774.3亩。在工程实施过程中，雇用农牧民群众150人，实现年人均增收1500元。重点区域造林绿化工程自2007开始实施以来，已累计投入造林绿化资金341.8万元，完成重点区域造林绿化5295.8亩。

【森林公安局及野生动物保护工作】 2009年4月28日至5月25日，开展了“藏羚羊保护一号行动”。行程5688公里，抓捕偷盗猎在逃人员3名，有力地震撼偷盗猎等违法犯罪行为。

全年森林公安干警共巡逻34次，出动警力132人次，出动车辆38台次，行程28000多公里。查处行政案件9起，罚款、没收非法收入29200元，没收摩托车6辆，加工藏羚羊头2个，加工野牦牛头1个，教育处理28人次。近年来，地区森林公安机关共查处各类案件83起，涉案77人。给偷盗猎等违法犯罪活动予以了强有力的震慑和打击。

投入野保资金93万元，继续聘用野保员160名，使野生动物保护区内160名农牧民群众人均实现增收1300元，同时进一步改善了野保设备。

野生动物肇事补偿工作进度显著。截至2009年9月份，完成了11县（区）2008年度野生动物肇事补偿资金的统计及核实工作，同时通过努力争取与多方协调，到位2008年度野生动物肇事地区级和自治区级补偿资金947.49万元，目前正在落实当中。

森林武警工作。地区森林武警部队，充分发挥职能和职责，在积极配合地区林业局森林公安局开展好打击破坏森林资源专项行动的同时，根据地委、行署的统一部署，在那曲镇各重点地段做好了安全保卫工作，为确保“3·28”西藏百万农奴解放纪念日、新中国成立60周年等重要敏感日期，地区维护社会稳定工作做出了应有的贡献。

【资源林政管理工作】 农牧民安居工程木材供应工作。2009年，地区实施农牧民安居工程的户数为11101户，计划调运木材46435立方米（原木），目前全部按计划完成了调运任务。2009年5月，会同地区安居办专门派人前往林芝地区协调木材供应相关事宜，从而比那曲镇市场价每立方米降低成本350元，为农牧民群众节约安居工程建设成本1625.23万元。

木材市场管理及林地管理。2009年，一是在不断加强对木材市场监管的同时，积极配合地区质监局等部门，于9月份开展了木材市场专项整顿规范活动，确保了木材市场的规范运转；二是不断加强了林地管理，强化保护措施，严禁征占用林地。保证了全年各县无违法征占用林地现象发生；三是按照国家林业局和自治区林业局的统一安排部署，组织成立了《那曲地区集体林权制度改革试点工作领导小组》，为下一步开展集体林权制度改革工作打好了基础。

【植树造林工作】 义务植树任务完成较好。2009年地区共完成义务植树251亩，全年育苗13亩，完成了年度目标任务的100%。

高寒造林试验工作进展顺利。2009年，投入资金30多万元，完成了地区高寒造林试验基地的建设。并根据年初的计划，从嘉黎县引进高山小叶柳1340株，在地区高寒造林试验基地进行了栽植，目前成活率较高。近年来，先后投入试验资金124万元，在条件相对较好的单位大院及苗圃进行了试种，共试种10340株，取得了较好成绩，为深入开展高寒造林试验工作提供了较为丰富的经验。

森林病虫害防治工作有效。2009年地区进一步加大了对森林病虫害的防治力度，全年共安排下拨病虫害防治药品135箱。确保了无森林病虫害发生。截止2009年底，地区共下拨森林病虫害防治药品140箱（件），有效防控森林病虫害15.12万亩。

苗圃建设。截止2009年，地区共建成苗圃面积160亩，先后累计育苗达12万多株，出苗10万多株。为地区退耕还林和植树造林工作提供了重要的苗木保障。

【森林防火工作】 2009年进一步加强了森林防火突击队建设和防火物资储备力度。截至目前，地区4个有林县各有林乡（镇）均成立了森林防火突击队，全地区共有森林防火突击队19个，拥有突击队员443人，在林区储备了森林防火水枪390支，铀锯16台，对讲机11部，防火砍刀260把，望远镜10台。

【林业援藏工作】 在浙江省林业对口部门的无私支援下，援藏干部充分发挥林业管理方面的先进做法，重点在项目援藏和智力援藏方面加大工作力度。一是通过积极争取，2009年共到位林业援藏资金15万元，同时，按照全国林业援藏工作会议精神，那曲生态园建设等林业援藏项目正在积极申报与落实当中。截止2009年，浙江、辽宁两省林业对口援藏部门共为那曲林业系统拨付援藏资金275万元，其中：浙江省林业厅援助资金205万元，辽宁省林业厅援助资金40万元，浙江省松阳县援助资金30万元，建设林业援藏项目5个；二是加大了与内地林业对口部门的学习交流，2009年组织5名干部职工前往浙江省学习考察及项目衔接。

那曲地区水利工作

【水利工程项目建设取得新的突破】“十一五”重点工程的尼玛县水电站，项目总投资7355.2万元，装机1260KW，现已完成总工程量的50%左右。2009年地区规划建设水利项目相继复工建设：比如县白嘎水电站，项目概算批复资金为1849.91万元，装机2×250KW，解决白嘎乡的474户、1498人用电照明。配套10KV输电线路3.47公里，0.4KV输电线路10.65公里，配电变压器4台。现已完成总工程量的67%，预计明年竣工发电；索县额荣水电站，项目概算批复资金为730.24万元，装机1×100KW，解决热瓦乡乡政府和6个村的208户、1025人用电照明。配套10KV输电线路16公里，0.4KV输电线路4公里，配电变压器6台。该项目已于11月份竣工并发电；比如县夏曲镇瓦塘村线路延伸工程，项目概算批复资金为329.22万元，建设内容包括10KV输电线路25公里，0.4KV输电线路14.5公里，新建220V线路2.5公里，配电变压器3台，总容量90KVA，下户线工程75户。已完成全部合同工程量，并通过初验；嘉黎县防洪堤工程，修建堤防1.28公里，总投资277.92万元，该工程已完成合同内全部工程量；比如县吉前水电站，目前完成总工程量90%，正在安装机组；双湖西亚尔水电站工程，于9月5日建成发电，9月19日通过区、地、县三级验收，并已交付使用。申扎县雄梅水电站初设已通过区水利厅审查，投资已下达，正着手招投标工作。索县荣布镇、双湖巴岭乡，安多县扎仁镇，聂荣县聂荣镇、当木江乡，比如县恰则乡，以上6处乡镇供水项目前期工作已全部做完，现已陆续开工建设，计划明年5月中旬完成所有建设任务。

【农村饮水安全工程稳步推进】2009年以来，那曲地区水利局把饮水安全工程作为工作重中之重落实。2009年自治区下达地区农村饮水安全项目指标任务解决51119人的饮水安全问题，项目总投资5642万元。地区农饮办从2009年开始，农村饮水安全项目按照自治区的要求，图纸、概算和报告都实施单项设计，同时从规划设计、施工指导、督促检查等各个方面入手，精心组织、精心施工、全程服务。2009年地区共实施农村饮水安全项目467处，工程进展顺利，已完成总工程量90%，超额完成上级下达的指标任务。比2008年多实施了207处农村饮水安全项目，投资比去年高出3528万元。

【防汛抗洪工作取得全面胜利】2009年6月18日，召开了那曲地区防汛抗旱工作会议。会上，行署副专员才仁桑珠同志与县（区）防汛抗旱领导小组组长签订了《防汛抗旱责任书》。要求各级防汛部门和成员单位要树立忧患意识和责任意识，加大监督检查力度，将人民群众的生命财产安全放在重要位置。

为确保汛期安全，地区防办按照全区防汛抗旱工作会议精神，认真做好防大汛、抢大险、救大灾的思想准备工作，防患于未然，确保人民群众生命财产安全。地区没有出现大的洪涝灾害，确保了安全渡汛。

防洪工程7个，其中地区次曲河二期防洪堤、申扎县防洪堤、聂荣县防洪堤总投资4591万元，可研、初设已通过区水利厅审查。班嘎县城防洪堤、尼玛县防洪堤闭合段、安多县玛青曲河道治理和县城防洪堤延伸工程总投资5698.05万元，前期工作均已完成，设计资料已上报区水利厅相关部门，待审查。

饲草料基地灌溉工程共9个，其中那曲县乌尔古查姆雄草场喷灌典型示范工程和达仁乡抗灾饲草料基地、嘉黎县忠义灌区和措色湖饲草料基地灌溉工程、比如县白嘎灌区、聂荣县白雄乡及申扎县马跃乡灌溉工程，总投资7083.25万元，前期工作已完成，待审查。班嘎县门当乡抗灾饲草料基地灌溉工程，共投资1600万元，正在开展前期工作。

水电站项目共7个，其中索县索曲和加勤、荣布水电站、嘉黎县三岔口水电站、聂荣县查吾拉水电站、巴青县本塔乡水电站6个，总投资108687.55万元，前期工作已完成，待审查。双湖区巴岭乡电站设计已基本完成，正在进一步复核有关数据，力争明年开工。

无电地区“第一批项目”共11条输电线路延伸和索曲水电站。其中：巴青县雅安、满塔、高口水电站线路延伸，比如县夏曲卡、羊秀、白嘎、扎拉水电站输电线路延伸，嘉黎县县城局网、绒多、措多水电站线路延伸工程，申扎甲岗水电站11条输电线路延伸工程全部通过区水利厅审查，待区发改委下达概算批复，

索曲流域规划工作已完成，设计成果已报区水利厅，待到内地审查。

那曲地区交通工作

【交通基础设施建设得到加强】重点建设项目开展顺利。一是地区首条通县油夏比油路经过三年的通车试运营，于2009年9月25日，由自治区交通厅组织有关单位进行了竣工验收。建设项目综合得分82.02分，评定为合格等级，并正式交由接养单位管养；二是投资9亿元，全长256公里的G317线那曲至巴青段已于2009年8月开工建设；三是那聂通县油路2009年共完成投资1.54亿元，完成总工程量的79%。其中，路基工程全部完工，沥青路面完成70公里，完成79%；四是纳班油路已完成总工程量的90%。

农村公路建设步伐进一步加快。2009年共投资2.45亿元实施了双湖区尼吾大桥、尼玛县波沧藏布桥、比如县香曲乡至恰日村公路、嘎美乡等32个农村公路项目，解决了13个乡86个村的通车问题；2008年的续建项目除个别独立大桥外全部完工。

项目管理水平得到进一步加强。一是全面加强和改进地区公路建设项目管理工作，并于4月10日和8月9日，分别召开了两次交通项目管理工作会议，

对 2008 年续建和 2009 年新建项目中施工质量差、进度慢等存在问题多的 10 家施工单位给予通报批评，其中 2 家单位被列入“黑名单”，今后不能参与地区交通项目建设。从而使地区公路建设项目的工程质量和工程进度有明显的好转；二是公路建设中的环保工作得到了加强。于 4 月 7 日那曲地区交通局召开局长办公会议，并邀请交通厅专家就公路建设中保护草皮等进行了专门调研。根据专门组的意见和地区实际，那曲地区交通局专门出台了《进一步做好地区公路建设中加强环境保护工作的通知》，规定从 2009 年开始，在地区公路建设中将不再掀开草皮；自 2009 年起交通建设项目批复总投资的 1%专门用于环保专项经费；把环保工作作为公路验收的重要指标。

科学编制“十二五”交通发展规划。那曲地区交通局专门成立了农村公路建设项目库更新升级专项调查领导小组，并从局各科室和各公路段抽调 10 名业务骨干，组成 5 个农村公路专项调查组，于 2009 年 7 月 21 日起，历时 2 个多月，深入全地区 11 个县（区）8 户以上的村，进行全面细致的农村公路专项调查，全面更新升级地区公路建设项目库。为使此次专项调查的数据更加准确、科学，交通局采用了 GPS 卫星定位仪等先进设备。同时，那曲地区交通局在编制地区“十二五”交通发展规划时，采取既符合自治区交通厅的全区交通规划，又充分结合地区的实际，最大限度地使地区的规划具有可行性。

农牧民增收稳步提高。根据地区“三农”工作会议精神，那曲地区交通局采取有力措施，确保群众增收。

2009 年在公路建设项目上实现群众增收 3438.8 万元。其中在那聂通县油路项目上，使用当地群众机械 201 台，使用当地群众 480 人次，购买当地沙、石料 3700 余方，群众共实现现金收入 1238.8 万元；农村公路项目实现群众增收 2200 万元。

【公路养管上新水平】公路好路率明显提高。2009 年是 3 年一度的全区公路大检查，为此，那曲地区交通局采取了比往年更有力的措施，加大了公路的养护力度。一是加大资金和机械的投入；二是把聂荣公路段和夏曲公路的的机械、人员分别调整到那班公路和那嘉公路上进行公路养护；三是组织社会上的劳务，对重点公路进行重点养护。通过这些措施，使地区公路好路率明显提高，好路达到了 56%。

大中修和危桥、道班房改建投资加大。2009 年共投资 221 万元，对 S301、S303、S305 线上修了 22 道涵洞和 3000 立方的铅丝笼；投资 166.95 万元实施了 S301 线段部改造；投资 802.17 万元实施了危桥改造。

公路防抗灾工作取得实效。上半年，地区出现了强降雨（雪）天气，使地区安多、申扎、尼玛、班戈、双湖等五个县（区）的公路不同程度地受到水（雪）毁。造成 5 个县（区）的农村公路受水（雪）毁 41 处，直接经济损失 77.22 万元。

灾情发生后，那曲地区交通局立即组织抢险救援队伍和各类抢险保通机械，局领导亲自到一线指挥抢险保通工作，确保了在最短时间内恢复通车，把损失降到了最低程度。

【交通企业稳步发展】地区发达公司 2009 年采取增加客运线路、提高服务质量、狠抓安全生产、积极参与农村公路建设等措施，使企业的经济效益稳步提高。一是争取资金 1000 万元，改善各县客运站建设，新建了申扎、纪玛、聂荣、巴青四县的客运站。同时投资 50 万元改建了客运南站；二是投资 300 万元更新客运车辆，从源头上消除安全隐患，确保客运企业的安全生产；三是投资 250 万元更新公路建设机械设备，增强企业的市场竞争力；四是公司接收了 130 名地区养护工人待业青年，并承担了待业青年的“五大保险”。

公司 2009 年实现客运周转 19 万人次，同比增长 12%；上缴税 423 万元；实现净利润 818 万元，同比增长 74.41%。

那曲地区国土资源工作

【保障与保护并重，促进发展作用进一步发挥】一是全力保障地区重点建设项目用地。为中央扩大内需项目、自治区 180 个工程项目和援藏项目建设用地申报开辟“绿色通道”，完善审批程序，提高办事效率，为地区经济发展提供有力的资源支撑。为那曲党政机关办公、社会福利及公益性项目提供建设用地 849 亩，同比 2008 年增加 9.71%。二是坚持依法用地和节约集约用地原则。严格控制项目用地规模、优先利用未利用地，盘活闲置、空闲等存量建设用地，鼓励对现有低效用地进行增容改造和深度开发。根据年初地区经济会议精神及分解任务中建设畜产品交易、虫草交易、木材交易等专业市场的要求，按照循序渐进、节约土地、集约发展、合理布局的原则，科学确定专业市场建设用地，进一步提升了那曲镇城市品位，规范了市场行为，增强了城市活力。全面停止了对那曲镇城镇居民宅基地的报批工作，但对已建房且符合城镇规划的 286 户历史遗留问题，从维护群众根本利益出发，在与规划现场核实后，依法进行了处理。三是组织开展保增长保红线行动。成立组织机构，制定实施方案，统筹兼顾，协调运作，以积极主动服务和严格规范管理为核心，与耕地保护、规划计划、建设用地审批、土地供应、地籍管理、执法监察等日常工作紧密结合，统筹做好各项工作任务的衔接。切实掌握全地区扩大内需项目和用地的审批、供应、使用及地质技术、测绘信息服务等情况，跟踪土地调控政策的实施情况，当好各级党委、政府的参谋，保障重点建设项目依法依规用地，防止违规违法问题发生。四是，被征地农牧民的合法权益得到有效维护。兑现征地补偿费 959 万元，安置拆迁 3 户 18 人。五是规划编制工作步伐加快。结合区国土资源厅、地委、行署及相关单位提出的修改意见，初步完成了那曲地区土地规划编制工作，通过了土地规划文本的评审。六是严格落实耕地保护的共同责任。按照自治区与地区签订的耕地及基本农田保护目标责任书，落实最严格的耕地保护制度。进一步完善政府领导下的部门联动机制，分工负责，齐抓共管，切实把耕地保有量、基本农田保护面积落实到落实到乡、村，落实到地块，将耕地保护目标责任层层分解、层层负责把关、层层予以落实。七是全程参与城市基础建设工作。为那曲机场选址提供土地情况资料，对那曲镇周边30公里范围内的地形、地貌进行了踏勘，提出了3处选址意见。积极配合地委、行署工作组，为色尼河整治、农牧民盲目进城提供政策和提出意见，并派出业务骨干全程参与。对那曲镇环城路、迎宾路建设中涉及土地、砂石料使用进行了监督管理。

【服务与监管并重，资源保护责任进一步落实】一是切实加强矿山复垦整理。争取了2个项目，完成了那曲县那木切、安多县拉日曲矿山迹地生态恢复工作。二是继续推进矿产资源开发秩序整顿。对全地区范围内矿山企业进行了拉网式巡查，重点巡查偷挖盗采，以探代采，违法交易等违法行为，以及禁止开采砂金落实情况。三是强化矿业管理基础。配合、协助测量核实单位认真开展矿业权核查工作，成立了领导小组，组织人员参加了区厅培训，确保矿业权实地核查工作的顺利开展。做好2009年度勘查企业备案登记工作，共登记勘查项目150个。办理6家砂石场、石膏场采矿权许可证和延续。预计2009年矿产资源采矿量15万吨，实现产值6280万元，由于受到金融危机的影响，部分矿山未进行开采，同比2008年矿产资源产值下降61.2%。2009年在矿山企业的农牧民劳务857人，人均月收入1400元。四是优化矿业开发环境。根据《关于确保青藏高原地质矿产调查与评估工作顺利实施的紧急通知》的精神，认真对照检查，责成相关县撤销了违规收费规定，退还已收取的复垦抵押金等。对个别乡镇阻挠正常勘查、开采行为的，予以了纠正。同时针对109国道改建完善工程中存在的随意取料、严重破坏生态环境、群众反映强烈等问题，经实地检查后，召集青藏公路项目办、青藏项目有关标段负责人、相关职能部门召开了协调会，指出了存在的问题，提出整改意见。五是地质灾害预防与治理并重，抓好地质灾害防治工作。在汛期期间，防治工作提前启动，进一步建立健全值班制度，明确值班领导和值班人员，对有可能出现隐患的地段进行了排查，并坚持24小时值班。对索县、班戈等乡村发生的地质灾害采取了及时的措施和安排，避免了群众生命财产的的进一步损失。对存在严重隐患的2处地质滑坡、崩塌地段，正在开展前期有关工作，有望年底立项批准。对那曲地区全地区范围内的中小学校舍进行了地质灾害评估，对存在隐患的校舍提出了防治建议。

【宣传与执法并重，执法监察能力进一步增强】一是加强国土资源法制宣传教育。以开展地球日、土地日宣传等为契机，大力宣传国土资源管理法律法规和地质灾害防治知识，共发放宣传资料20000余份，展出画报20余张，制作宣传标语、横幅30余幅，订购国土资源藏汉文本宣传册10000本，下乡定点宣传7起，召开乡镇、村涉及国土资源协调会、征求意见会5起，开通了12336全国国土资源违法举报电话。二是执法工作显著。增强了执法支队人员，配备了专用执法车辆，从那曲镇7个居委会聘请了14名居委会成员担任义务土地协管员，从而形成了国土资源执法新模式，效果凸显。共开展动态巡查120余次，发现违法用地行为35件，涉及土地面积5400平方米，其中查处27件，制止8件，拆除违法圈占建筑1725平方米，同比2008年违法用地行为减少36%。联合相关部门与各县（区）政府，先后组织8个工作组，对那曲境内12家矿山企业和50个勘查项目进行了巡查，对3处违法开采行为进行了处理，同比2008年违法案件减少87%。四是认真开展信访工作。共接待群众来访312人次，对信访中提出的符合国土政策的83件。及时交给具体科室限期解决；对重大遗留的9件问题由局长办公会议研究决定；对不符合国土政策法规的207件，进行了耐心细致地说服教育，局主要领导接待信访群众占信访总数的98%，未因工作不到位而造成上访事件的情况发生。2009年信访同比2008年增长0.26%，主要信访仍集中在城镇宅基地建设、征地拆迁、安置补助方面。

那曲地区建设工作

【切实做好“两路”工程建设】那曲地区迎宾路、环城路（简称“两路”）工程于2009年4月相继复工以来，为切实做好“两路”工程建设，那曲地区建设局制定工程建设计划，部署工程建设任务，按照“抢工期、抓进度、保质量”的要求，认真组织施工单位精心施工。同时，为做好“两路”工程建设服务工作，那曲地区建设局要求局相关科室人员不分昼夜做好服务和监督工作，确保工程建设进度和工程质量。在上级部门的大力支持下，在那曲地区建设局的精心组织下，在各施工单位的共同努力下，目前“两路”工程已进入收尾阶段，通站路工程预计于10月20日前完工，环城路工程10月30日前将全部竣工。

【切实做好“两房”工程建设】那曲地区建设局在完成2007年廉租住房和干部职工周转房主体工程建设的基础上，进一步完善其附属工程，按照完成一项移交一项的工作安排，目前已有部分工程移交地区物业公司，其余工程将于10月15日前全部完工，并移交地区物业公司管理。那曲镇第一、二批廉租住房入住对象确定后将于年内正式入住。

2009年那曲地区廉租住房建设任务为790套，补助资金为6636万元。各县区于5月30日前完成招标工作后，除申扎县由于规划修编确定建设地点较晚，未能按期开工外，其余各县区廉租住房建设工程预计于10月30日前完成主体工程建设。那曲镇集中建设的230套廉租住房总投资为1786.5万元，占地面积约9万平方米，总建筑面积为13965平方米，单套建筑面积为61.25平方米，房屋层高为二层，自5月28日开工以来，现已完成主体工程总量的85%，预计于10月15日前完成工程主体建设。地区财政拿出501万元配套资金，用于廉租住房附属工程建设，目前除廉租住房院内道路年内无法完工外，其余附属工程（大门、公厕、化粪池、给排水）预计于10月30日完工。

【认真做好浙江路综合整治工程，提升城市品位】2009年3月，正式开展了浙江路综合整治方案设计，于4月份召集相关部门进行了三次建设方案评审，5月份向区建设厅及有关专家咨询了该项目的一些技术要求，并通过地区项目领导小组办公室审核批准。其主要建设内容为：绿化带、非机动车道拆除，新铺设混凝土路面14000平米；修复原主干道路面2921.3平米；重新铺设人行道19180平米及盲道1877平米；新建停车场、公交车停靠站2817平米；更换原有路灯及红绿灯；新建四个路口的道路交通路牌；新建公厕3个；新建过街给水、排水管道、检修井及其它建设内容。整治后的浙江路实现双向六车道通行，形成功能较为完善、基础设施配套较为健全的那曲镇中心市政道路，将为进一步推动那曲镇经济社会发展发挥积极的作用。

【认真做好规划工作，为城市发展提供科学依据】安排4个测量小组对那曲镇较为集中、规模较大的多个居住片区进行了为期三个月的房屋测量、登记、统计工作，共计测量1642户、测量面积为5平方公里，其中无证户或无法确定户主的270户。完成了地区统计局、电信管理委员会、双湖区办事处、热源厂的规划选址工作。同时，继续加大一书两证的审批关和建筑特色审查工作，全年共完成税务局、色尼公司、人行、东效农贸市场四家单位建筑图纸审查工作。配合完成了那曲镇总体规划的修编和控制性规划编制任务，目前正在加紧编制修建性详细规划。在做好那曲镇规划的同时，我局继续加大对各县（区）规划实施的指导力度，参与、指导了安多县、申扎县总体规划修编工作。停办一切个人建设用地的审批工作。

【强化管理，严把建筑市场“准入关”】全年共登记进入地区建筑市场的企业91家，其中建筑业施工单位73家（区内30家、区外43家），招标代理机构10个（区内6个、区外4个），监理企业8个（区内3个、区）。完成7家建筑施工企业资质年检初审工作。加强建设项目的报建管理，全年共登记开工建筑项目441项，总投资为94461.81万元。使招投标工作公开招标率达到了100%。地区财政拿出536.34万元对那曲地区38家单位的办公楼及周转房进行了维修，该项目将于10月15日全面完工。

【加强管理，加大供水力度】2009年那曲地区建设局加大供水力度，新增12家供水单位，现在供水单位达到了50家。在做好扩大供水范围的基础上，那曲地区建设局加大供水保通工作和收取水费力度，到目前共收取水费56.4万元（其中2009年1~9月份收取水费33.9万元，比2008年增收11.4万元），支出电费43.7万元（其中2009年支出电费24万元，比2008年超支3.3万元，主要原因是电价上涨），维修了14个供水检查井，清洗了4口深水井，对新水厂实施了水质净化工作，并更新了一台离心泵，基本使自来水厂水质达到饮用水标准，确保那曲镇居民饮用水安全。

那曲地区旅游工作

【旅游产业发展持续稳定】2009年那曲地区完成接待海内外游客278409人次，比去年同比增长127%，实现旅游综合收入为5568.18万元，比去年同比增长323%。1-3月份地区三星级饭店累计平均住房率为73.8%，4~11月份预计累计平均住房率为92.2%，实现了地区旅游市场秩序、安全、质量、健康四统一目标，旅游景区（点）无任何事故发生，未接到任何投诉。

【积极开展旅游项目申报工作】为尽早摆脱旅游资源利用率偏低，开发项目投资滞后的被动局面。依据那曲地区旅游资源状况，进一步做好项目筛选、初设、申报工作。一是7月份那曲地区旅游局与那曲县旅游局协调牧家乐项目，拨付资金27万元投资那曲县具有潜力的牧家乐。二是积极申报旅游集散中心、安多野生动物观赏园、班戈县纳木措环湖等项目。三是积极与自治区旅游局衔接，加大申报旅游发展资金项目牧家乐、特色村等十多个项目，预计明年项目将得以实施。

【积极推进行业管理，配合相关部门做好质检检查】经统计，2009年新建2个宾馆招待所，截止2009年全地区共有大小宾馆、饭店、招待所、旅社86家，其中地区星级宾馆2家（三星级）。地区星级旅游饭店综合接待质量进一步提高，设施设备不断更新，地区旅游饭店、酒店客房净增181间，床位450张；经济型饭店发展势头强劲，直接推动了地区旅游事业经济的发展。

加大对旅游从业者的培训。2009年，在自治区旅游局的大力支持下，那曲地区旅游局在11月选派人员赴天津参加旅游经济发展研讨班，进一步提高那曲地区旅游局管理人员的业务水平与能力。

【那曲旅游总体规划进展顺利】那曲地区旅游局坚持地区旅游业科学规划，科学发展。一是制定旅游“十二五”发展规划重点景区景点建设项目。按照行署“十二五”规划的要求，通过实地调研，那曲地区旅游局研究制定出了32处景区（点）项目。二是抓紧落实旅游基础设施建设项目资金。

【旅游宣传促销活动扎实开展】一是坚持“走出去”与“请进来”相结合，大力开拓国内旅游市场，加大国内旅游市场的宣传营销，结合地区旅游实际，2009年与地区电视台合作投资30万元，拍摄了大型电视旅游宣传片《壮美那曲》以及《魅力那曲》画册一本，借势开展旅游宣传促销，宣传那曲、推介那曲、提升那曲，使更多的游客来那曲观光旅游。二是6月份，那曲地区旅游局积极参加西藏首届旅游纪念品大赛，参展的乌尔朵获得大赛铜奖。三是为提升西藏旅游形象，树立西藏旅游品牌，积极配合自治区旅游局顺利完成2009年西藏旅游形象大使初赛、决赛工作。四是11月份那曲地区旅游局组织人员参加浙江义乌国际旅游商品博览会和中国·昆明国际旅游交易会推介那曲旅游资源、提升那曲旅游形象。

【对口援藏工作有序推进】继续落实好援藏项目。2009年那曲地区旅游局与安吉县人民政府积极协调，争取到那曲地区旅游宣传促销经费100万元。

那曲地区气象工作

【基础业务全面达标，完成自动站建设

任务】2009 年，那曲地区气象局地面测报、数据传输、高空探测和预测预报均杜绝了各类责任性事故，业务质量全面达标。通过区局的不懈努力，已经完成 11 个新建自动气象站建设任务（站址堪选、土地征用、土建、设备安装调试、整改完善等），已全部投入业务试运行。

【气象服务适时有效，赢得社会各界好评】2009 年，那曲地区气象局制作发布了《2009 年那曲地区短期气候趋势预测》2 期，《节日期间天气预报》4 期、《那曲遥感监测信息》5 期;《重要气象报告》13 期;《专题气象服务》21 期;《决策气象服务》46 期，《旬预报》32 期，《月预报》11 期，发送手机短信 500 余条，电子邮件 642 封，电话 321 次。准确及时、优质高效和内容丰富多样的预报产品，为各级政府各有关部门指挥防抗灾和安排农牧业生产赢得时间和主动。

【基建工作圆满完成】2009 年，圆满完成了那曲地区气象局阳光采暖棚（243.1 万元）和索县道路护坡项目（43.6 万元，其中那曲地区气象局自筹 5 万元）全部建设任务，通过竣工验收并完成了资料的整理归档工作。

【气象科研服务民生，成效显著】2009 年，那曲地区气象局结合服务工作实际，提出了地区重大科研民生项目——《那曲地区决策气象服务远程视频会商（灾害应急会议）系统》的建设，在地区行署的大力协调下，自治区科技厅立项建设，年内投资 30 万元已完成地区局、班戈和申扎三个点的设备安装调试，业务运行正常，地委、行署和自治区科技厅领导实地调研观摩项目后，均给予很高的评价。《那曲地区防灾减灾体系气象保障系统可行性研究报告》先后邀请辽宁省气象局、自治区气象局和地区领导、专家进行多次修改完善后，已上报地区防灾减灾体系项目领导小组办公室，力争纳入全地区“十二五”规划统筹安排。

那区地区环保工作

【加大宣传力度，提高环保意识】6 月 5 日上午，为纪念第 38 个世界环境日，那曲地区环保局在浙江商城大门口开展了大型主题宣传活动，活动一开绿色学校学生代表和地区环保局领导先后就《禁止一次性，建设绿色家园》、《落实科学发展观，建设生态那曲》进行发言，最后，行署副专员江村旺扎、政协副主席索朗加泽等地区领导和工作人员向群众发放宣传资料，讲解环保知识、环保法律法规等内容，宣传小组向行人和浙江路、辽宁路沿街商户分发宣传画 120 幅、宣传手册 200 本、宣传单 2000 张。当天晚上，行署副专员江村旺扎进行了“六•五”世界环境日电视讲话。

【加强了建设项目环境监管】一是走访了地区交通局、建设局等建设项目较多的地直部门、同主要领导进行了充分沟通，就严格落实基本建设项目“三同时”制度，强化建设项目环境监管、建立生态保护长效机制等方面达成了共识，为做好重点建设项目生态环境保护工作打下了坚实基础。二是应邀参加了第一届地区交通系统项目协调工作会议，旦增次仁局长在会上作了重要发言。会议统一了交通系统、施工企业、监理单位和设计代表对生态保护工作的认识，对今后项目施工过程中落实环保措施提出了明确要求，切实推动了地区建设项目规范化管理步伐;三是为摸清地区矿产资源开发利用中排污底数，在各县分管领导和矿产开发企业的积极配合下，对全地区矿产资源勘查与开发、项目建设任务较重的那曲县、嘉黎县、申扎县进行了重点调研和尾矿库检查，重点检查了那曲县尤恰乡尤卡朗铅银矿采选项目、嘉黎县陇马拉铅锌矿开采项目、蒙亚啊铅锌矿采选项目、申扎县雄梅舍索铜矿采选项目、嘎日啊统铜多金属矿采选项目、巴扎乡查藏错东铜多金属矿普查项目，及各县在建的乡村公路项目环评落实情况。行程 3000 多公里，历时 8 天。通过调研，基本掌握了三个县矿产资源勘查与开发现状，矿山生产与选矿厂治污设施运行情况及存在的主要问题，企业今后的生产动向和目前迎战金融危机所采取的措施和面临的困难。针对部分选矿厂的建设未达到设计的要求，尾矿库没有申请环保专项验收，存在环境安全隐患的情况，对那曲县尤卡朗铅银矿选厂和申扎县雄梅舍索铜矿选厂尾矿库采取了停产整顿的处理，对于西勘公司开展的申扎县巴扎乡查藏错东铜多金属矿普查项目，未完成勘查工作，也没有取得合法的建设手续，在巴扎乡 2 村开工建设选矿厂的违法行为采取了责令停止施工，接受调查处理的处理措施。

【加大了重点建设项目环境监察】2009 年，那曲地区环保局一是通过召集迎宾路每个标段的项目负责人到现场，结合实际，对公路沿线可视范围内景观恢复和绿化工程进行指导，对取土场和便道恢复及草皮移植提出了具体要求。在工程接近完工时，加大了环保措施落实检查，对部分段已经铺好草皮但未达到标准的，要求工程负责人立即进行整改，采用人工方式，在铺设好的腐殖土上进行草皮移植，再向草皮缝隙之间洒满腐殖土，以达到草皮存活条件；二是联合相关部门就 317 国道保通期间沿线生态环境进行了执法检查，并对沿线可视范围内随意取土等问题要求交通部门立即进行整改，随后，9 月 18 至 21 日，会同交通厅 317 项目办、沿线四县国土环保局、乡镇人民政府及各施工单位，对拟定的料场一一进行了现场勘查、采集数据、走访部分群众，对每处料场的开采使用方式进行了规定，勘查后共确定取土场 20 处，砂场 8 处，石场 2 处，优化和取消原方案料场 21 处，达到并优于环评的要求。同时要求项目办和施工单位根据勘定的料场位置和使用方式办理相关手续后方可开采，并与施工企业签订了国道 317 改建整治工程环保目标责任书；三是为确保聂那公路恢复工作顺利进行，地区环保局、交通局聂那项目办、那曲县环保局、聂荣县环保局组成环保督查小组，每周对那聂公路环保情况进行两次专项检查。督查小组结合检查工作中发现的问题，要求各施工单位根据自己料场的情况，编写《聂荣公路 x 标段料场恢复方案》，并逐级上报县环保局、地区交通局聂那项目办、地区环保局进行审查。审查通过后，各标段按照《聂荣公路标段料场恢复方案》进行恢复，目前，那聂公路沿线景观恢复基本完成，达到了预期的效果。

【城镇综合环境整治力度不断加强】一是从6月初开始，地中直各单位执法部门同步联动，对各县区所有的超市、商场、集贸市场、宾馆、饭店及车站、重点企业等进行了专项“禁白工作”执法检查。并依法对情节严重的个别商户进行了行政处罚和在那曲电视台进行公开曝光，地区环保局于8月29日，在那曲镇垃圾卫生填埋场组织了公开销毁“白色违禁品”活动。经过三个多月的专项检查，收得了明显的效果。二是为保证人民群众饮水安全，把各主要城镇集中式饮用水源保护区水质及周边环境隐患排查问题列入了环保专项行动的主要内容。2009年，在自治区环保局的安排部署下，完成了全地区21个饮用水源保护区摸底调查工作，建立了城镇集中式饮用水源保护区档案。5至8月份，在地区环保局的监督指导下，各县区环保局不间断地组织检查，排查各饮用水源保护区周边环境隐患，其中抽查那曲镇时发现，存在饮水安全设施不齐全，建设标准不达标等问题，现已督促地区建设局进行整改，建设局目前已将那曲镇饮用水源保护区建设方案报行署，待批准后实施。8月中旬，地区环保局在经费十分困难的情况下，斥资10余万元，组织人力对一期水厂周围的建筑及生活垃圾进行了全面清理，并修补了周围的网围栏，消减了饮水安全隐患。

【环境监测能力进一步提升】2009年3月30日，自治区环境监测中心部自动监测室主任张惠芳一行3人抵达我局，安装调试环境空气可有序入颗粒物（PM_{10}）监测仪器，并针对该食品进行人员培训。我局全力配合，经过2天的紧张工作，安装调试工作顺利完成。截止目前，已监测试运行十余天。至此那曲地区空气质量自动监测子站全部建设完成，监测项目包括臭氧O_3、二氧化硫SO_2、二氧化氮NO_2、可吸入颗粒物PM_{10}。

那曲地区科技工作

【扎实做好农牧科技管理工作】2009年那曲地区科技局农牧科技工作取得可喜成绩，截止2009年年底那曲地区科技局共争取到科技项目经费270万，地区投入科技三项经费50万元，落实自治区4个重点项目，审批立项各县（区）及相关单位申报项目16项。

【积极申报国家、自治区科技计划项目】一是嘉黎县国家富民强县计划项目《娘亚牛育肥技术示范推广》。为保护和推广地区优良畜种娘亚牛，推动地区特色畜牧业产业开发，2009年地区科技局组织嘉黎县申报国家富民强县计划项目《娘亚牛育肥技术示范推广》，项目经费300万，该项目已通过自治区专家组评审，上报至国家科技部待国家审批。

二是藏药材资源普查。那曲共有藏黄莲、雪莲、冬虫夏草、红景天植物药材2000多种；有黄金、白银、红铜、铁、琥珀等藏药中常用的矿物性药材80余种；有盘羊、鹿、野牦牛等动物药材60余种，但是由于受思想观念相对落后、藏医药医疗设施薄弱，人才短缺、藏药生产缺乏统一规划等诸多方面的影响，那曲地区藏药材资源普查、开发与保护工作严重滞后，缺乏藏药材资源原始基础数据，不能为地区藏药材资源开发生产走向产业化提供依据，严重制约了地区藏药业的发展，为填补这一空白，那曲地区科技局计划联合地区卫生局、藏医院等相关部门对那曲地区藏药材资源进行全面普查，了解掌握那曲地区藏药材资源分布现状，统计藏药材资源的实际储存量和可用量、再生能力以及濒危状况等可靠依据，为藏医药事业的发展及资源生态环境的保护工作提供有力的科学依据。并向自治区科技厅申报项目，获得审批立项，项目经费50万元。

三是那曲地区科技示范点—特色产品研究开发（藏北蕨麻产品研究与开发）。作为延续项目，2009年继续向自治区科技厅申报《藏北蕨麻产品研究与开发》，获得项目经费60万元，在2008年研究基础上继续做大做强《藏北蕨麻产品研究与开发》项目，计划在2009年做完系列产品注册生产，实现规范化种植基地建设，目前项目已启动，正在实施中。

【认真完成区院合作项目—那曲地区树木引种项目】2007、2008年那曲地区科技局同中科院植物研究所合作，在地区科技局大院内进行树木引种研究，从拉萨引进新疆杨、竹柳、林芝云杉等树种400余棵，分4个不同种植带以三个不同成份土壤为基质进行对比种植实验，同时对树木进行了喷洒多效搓、搭支架等多种过冬处理，2009年6月初，中科院课题组人员到那曲，对树种长势及过冬情况再次进行调查，除林芝云杉、榆树以及沙棘外其它树种生长情况较差，针对这一情况，课题组将人员移除了长势差的树种，并将2008年从当雄采条在北京扦插的柳树、杨树两个树种进行了试种。

【切实做好国家科技部项目】2007、2008年，那曲地区科技局在自治区科技厅的大力支持下组织那曲县、安多县、聂荣县申报了国家富民强县行动计划项目《那曲县藏北牦牛乳肉制品加工及产品开发》、《安多县多玛绵羊良种选育推广与产业化技术研究开发》、《聂荣县牦牛短期育肥》三个项目并获得审批立项，项目经费669万元，目前三个项目正在实施中，《安多县多玛绵羊良种选育推广与产业化技术研究开发》、《聂荣县牦牛短期育肥》两个项目2009年刚启动，《那曲县藏北牦牛乳肉制品加工及产品开发》已完成畜产品加工设备引进、安装，和厂房建设等相关工作，准备正式运营实施。

【认真实施“金牦牛”科技工程】自治区科技工程“金牦牛”科技工程“那曲县牦牛短期育肥示范项目”现累计投入资金70万元，完成计划资金70%。

【积极做好科普宣传和科技培训工作】一是，那曲地区科技局高度重视，精心组织，周密安排，于2009年5月5日至19日，成功开展了以“加强科技支撑、支撑经济发展”为主题的科技活动周。深入班戈、申扎、尼玛、双湖四县（区）向广大农牧群众大力宣传科学发展观，倡导“学科学、爱科学、用科学”的社会风气，在活动开展期间共向农牧民群众发放科普书籍、挂图宣传手册等资料共计20000余份（套），为农牧民群众义务维修家用套灯40余套（件）义务维修家用电器 800 余件（台），制作展板 30 余块，培训农牧民科技明白人 1000 余人，受益群众达 1 万人。二是 4 月 26 日是世界知识产权日，那曲地区科技局全体工作人员，放弃休息日，走上街头，在浙江商城门前，开展了以“文化·战略·发展”主题宣传活动。此次 4.26 知识产权宣传日活动受益群众达 800 余人，发放知识产权书籍达 800 余册，发放挂图 100 余张。三是，积极配合民政局搞好“防灾减灾宣传日”活动，活动期间共发放科普挂图和防灾减灾手册 1200 余套（件）。四是，针对目前地区各县（区）乡（镇）风光互补电站专业技术人员管理、维修技能薄弱这一实际问题，2009 年 5 月 18 日至 24 日那曲地区科技局联合自治区能源研究示范中心，共培训光伏电站技术人员 40 名，全部来自于地区 11 县区各乡（镇）光伏电站。培训结束后由国家选派的中科院、农业部等专家监考对参训学员进行了国家职业技能鉴定考试，五是，为增强地区科技特派员的水平，加快科技推广的应用步伐，那曲地区科技局认真抓好科学技术在地区的推广、普及和培训工作。2009 年 4 月 24 日至 29 那曲地区科技局开展了那曲地区首期科技特派员培训，从自治区农科院畜科所、蔬菜研究所聘请了 4 位专家作为授课老师通过培训，对学员进行授课，进一步提高了农牧民科技特派员的科学素质和学习农牧业技术的主观能动性，广大学员对科技培训表示欢迎。本次培训共培训基层科技特派员 70 名。

【扎实推进科技特派员工作】2009 年，地区科技特派员工作，2009 年地区新增科技特派员 71 名，地区科技特派员数量由 86 名增至 126 名，有明显的增加，特派员进驻领域进一步扩大，广大基层群众对特派员的认识也有一定的提高，特派员管理工作也取得了良好的效益。

那曲地区教育体育工作

【年度综述】2009 年，那曲全地区共有各级各类学校 213 所，其中中等职业技术学校 1 所、高级中学 1 所、完全中学 1 所、民办中学 1 所，初级中学 12 所、完全小学 118 所、初级小学 32 所、教学点 38 个、幼儿园 9 所。全地区青少年爱国主义教育基地学校 1 所，自治区示范高中 1 所，地区示范中学 3 所，地区示范小学 4 所。

全地区学校在校生 84283 人，其中小学在校生 54832 人，适龄儿童入学率为 98.90%；初中在校生 23806 人，初中阶段入学率为 92.25%；高中在校生 3011 人；职业学校在校生 1325 人；幼儿园在园人数 1309 人。全地区各级各类学校教职工 6100 人，其中在职人员 4577 人（其中高中教师 278 人、初中教师 1037 人、小学教师 2812 人、教研电教等 274 人、幼教 176 人），离退休人员 380 人；另有半脱产、代课教师（长期临时工）192 人、临时工 951 人。

11 个县（区）实现“普九”目标，“普九”人口覆盖率达 100%。全地区所有县（区）已经完成扫盲任务，扫盲人口覆盖率达到 100%。

【召开“两基”攻坚工作会议，开展督导工作，确保“两基”攻坚的顺利实施】2009 年是地区全面实施“两基”攻坚的最后一年，攻坚任务重、时间紧，将要实现安多、巴青、聂荣 3 个县的“普九”目标，完成那曲、双湖、尼玛、申扎、索县 5 个县的“普九”复查，完成班戈、比如 2 个县的国家复检，使 “普九”人口覆盖率达到 100%。因此，那曲地区教育体育局根据自治区教育厅下达的《关于 2009 年度各地市教育事业发展责任目标的通知》精神和《关于切实做好迎接 2009 年“普九”评估验收工作有关事项的通知》精神，制定了地区 “两基”攻坚工作方案及详细的工作日程安排。

3 月 17 日至 19 日召开了地区迎“国检”动员既 2009 年度教育工作会议，谭永寿专员莅临会场，并做了迎“国检”动员讲话，地区教体局总结了 2008 年教育工作，安排部署 2009 年教育工作。

3 月 20 日至 27 日，陪同自治区教育厅副厅长杜建功一行深入那曲、安多、聂荣、巴青、班戈等五县检查指导了春季开学前的各项工作，为各县的教育教学工作和攻坚县的“两基”攻坚工作进行了一次检查指导。

4 月 13 日至 5 月 17 日那曲地区教育体育局组织督导组，历时 33 天，行程近 7000 公里，对安多、聂荣、巴青、比如、班戈五县的“普九”工作进行了过程督导。督导组采取听取汇报、实地查看，翻阅资料等形式对 5 个县的 53 个乡镇及 68 所中小学校进行了实地督促、检查、指导“两基”工作。抽查乡镇面达 100%、抽查学校面达 95%。根据此次专项督导工作的情况，已形成专题督导报告，将存在的问题、需要整改的方向以及“普九”验收指标中还未达到的硬性指标等方面向县委、县府和“两基”攻坚办做了如实反馈，并对今后的“普九”工作提出了切实可行的意见建议。5 月 28 日至 6 月 12 日行署嘎玛仁青副专员陪同自治区过程督导组白玛次仁一行对安多、班戈进行了“普九”过程督导。从 6 月份至 7 月份，陪同并参与了自治区教育督导组的督导和复查工作。9 月份，受自治区人民政府的委托，以地区行署副专员嘎玛仁青为组长，部分“两基”成员单位人员组成的“两基”评估验收组，对索县、那曲、双湖、尼玛、申扎五县（区）的“普九”工作进行了复查。除那曲县、索县需进行二次复查外，双湖、尼玛、申扎三县（区）“普九”复查合格。10 月份，陪同自治区教育评估验收组对地区安多、聂荣、巴青的“普九”验收工作。同时，按照要求分阶段做好义务教育均衡发展督导评估试点县（申扎县）的相关数据采集、表册填报和档案材料的上报工作。

【努力改善农牧区办学条件】共争取到项目资金 23982 万元（其中：中学 15000 万元、嘉黎、比如两县青少年活动场所 850 万元、四县幼儿园 250 万元、小学还贷 2039 万元、小学改扩建 5843 万元）。

完成了那曲地区“十二五”教育体育建设规划方案（2010 年---2015 年），共申报了 308080 万元的教育体育建设资金，其中申报了教育建设资金 280120 万元（高中建设资金 15000 万元，初中建设资金 53330 万元，小学 131187 万元，幼儿园建设资金 31403 万元，职业教育建设资金 32200 万元，教师培训基础项目建设资金 2000 万元，教育信息系统工程建设资金 15000 万元），体育建设资金 27960 万元。所有项目已上报了自治区教育厅、体育局，项目资金已待安排。

自治区成立中小学校舍安全工程领导小组，并成立专家组于2009年7月份利用一个多月时间对地区所有学校进行了一次全面细致的拉网式排查鉴定，校舍排查鉴定工作组对各学校进行校舍统计、校舍选址安全排查、校舍建筑安全排查和鉴定工作，9月份那曲地区教育体育局利用1个多月时间将此次地区所有学校排查鉴定情况以单体建筑为单位将排查鉴定情况上报全国校舍安全排查系统，共申报了校舍安全维修加固资金共计155613.13万元。

9月初由局主要领导带队会同局项目办到索县、巴青、聂荣、安多、那曲县中学、地区二中、地区中学等七所中学项目进展情况进行了一次全面的检查，在此次检查过程中未发现大的问题。

那曲地区教育体育局在自治区教育厅发放1万套课桌椅的基础上，还从地区配套资金中购置了5000套课桌椅，全部下发到了以“普九”县为重点的课桌椅紧缺学校。针对2009年地直学校招生人数多、课桌椅紧缺的实际，那曲地区教育体育局紧急订购了1500套课桌椅全部发放到了地直学校。

【教师队伍不断壮大，师资结构不断优化，双线竞争上岗制不断完善】在师资队伍建设中，师资分配方面严格按照地区教体局优先保障“普九”、扫盲县，补足“普九”复查县等措施保障“两基”攻坚县师资队伍，确保攻坚县“两基”任务顺利完成。采取对口援教西部县学校、竞聘上岗策略，深化师资分配机制改革，优化师资年龄、专业结构，完善教师交流制度，有效加强了学校“两支”队伍建设，为“两基”攻坚实施、学校教育教学改革、学校规范化建设提供了体制机制保障。

落实上级师资分配政策。为了满足“两基”攻坚县的师资需求，2009年，上级部门为地区分配348名大中专毕业生，其中134名本科生全部分配到中学一级任教，214名大专生全部分配到小学一级任教，有效缓解了地区师资数量不足的状况。中小学师生比较2008年有所提高，通过师资数量补充，师资分配优化，地区师资队伍不断壮大，中小学师生比逐步趋于合理化、标准化。

在地直学校内部推行教师岗位竞聘制，通过岗位竞聘，有效提高教师工作积极性，增强教师责任感、紧迫感、使命感。以公平公正公开为原则，于9月初对地直四所小学缺编37名教师通过笔试、面试、试讲等方式面向那曲地区教育系统招考。

不断加强师资培训工作。地区教育系统通过各类考试由中专学历提升到大专学历的300多人，由大专提升到本科学历600多人由本科学历提升到研究生学历人数逐年增加，通过自学、脱产、半脱产学习提升学历层次的教师达到多人。那曲地区共举办教师岗位培训3场，参加总人数942人，其中小学和初中骨干教师和教研员提高培训500人，组织和选派36名小学初中校长到国家教育行政学院参加基础教育改革动态培训，英国儿基会项目培训教师270人，中学体育艺术教师培训16人，普通话培训110人，汉语文课程标准培训10人。校本培训人数逐年增加，以提升教师教育教学水平，深化改革为目的的教师地县校三级培训机制不断规范化完善化。

2009年是建国60周年和民主改革50周年，结合第25个教师节，在地区党政会议中心举办了庆祝大会，地行主要领导参加并做了重要讲话。在此次教师节上评选了130名优秀教师，共发放了6.5万元的奖金。召开了退休教师座谈会，并对268名退休教师进行了慰问，共发放了13.4万元，组织18名退休教师到北京等地进行了参观疗养。

完成了2008年度地区副高、中初级职称评审工作，在自治区高评会上9名教师（教研员）通过了副高称职。

【严格程序，规范管理，招生考试制度得到进一步加强】2009年地区参加全国普通高考的考生有1184人，那曲地区实际录取486人，录取率为41%；参加普通中专（高中）招生考试的有2043名，全部录取到了重点高中、普通高中、职业技术学校等各类学校，录取率为100%。有48人报考秋季自学考试。2009年地区参加小学升内地西藏班的考生总数2127人，招入内地西藏班207人，其中汉族14人，藏族193人（城镇30%，农村70%），同时做好了“内地西藏班”的返藏、出藏的相关工作，完成了内地西藏班的招生考试、阅卷、录取等工作。那曲地区招生委员会办公室对享受各项政策加分、借考等的考生进行全面审查，对未达到在藏学籍要求的4名考生取消了报考资格。普通高校招生考试、全区普通中专（高中）招生考试、全区小学升内地西藏班考试在地区招生委员会的领导下，各县（区）也成立了相应的招生委员会，并组成强有力的巡考、监考组对各县（区）、地直学校考点进行了全程巡视、监督，认真组织、严格考试，坚持了“依法治招、依法治考”，始终作到了公平、公正、公开。

那曲地区人口计生委工作

【年度综述】截止2009年11月份，地区总人口为437907人，其中农牧民396257人，已婚育龄妇女75373人，出生人口7452人，出生率为17.12‰，死亡2662人，死亡率为6.12‰，人口自增率为11.01‰。累计采取各种避孕节育措施的育龄妇女55077人，综合节育率为73.07%，使用药具人数44094人，占综合节育人数的80.05%。妇科病调查覆盖33个乡镇，调查人数8739人，占已婚育龄妇女的11.59%，其中有病人数 4920人，患各种妇科病人数3487人，跟踪治疗4178人，痊愈3281人，调查及治疗费用共计411374.8元。

【顺利召开了地区人口计生和优生优育工作会议】4月27日，地区召开了那曲地区人口计生和优生优育工作会议。会上委领导传达了全区人口计生工作会议精神，全面总结了2008年工作，分析了当前地区人口计生和优生优育事业面临的突出矛盾和问题，明确了2009年工作任务。并与各县（区）计生办负责人签定了09年目标责任书，对人口计生综合目标责任工作做出突出成绩的前三名县（区）给予了表彰。

【坚持抓基层、打基础，深入基层开展调研督查，做好农牧区优生优育工作】地区90%以上的人口为农牧民，优生优育工作的重点在农牧区，那曲地区人口计生委历来高度重视农牧区基层基础工作，经常组织服务队深入基层，调研当地人口计生综合工作开展情况，为群众免费开展优生优育、生殖保健技术服务，免费进行妇科病的检查治疗，督查“一孩、双女”及特殊子女家庭扶助制度各项工作的落实，宣传优生优育、避孕节育、生殖健康等科普知识及党和国家的计生惠民政策，举办农牧民引导性培训班，为计生贫困户送温暖、献爱心等。通过不断加大基层调研督查工作力度，各县（区）人口和优生优育工作明显进步，农牧民群众生殖保健意识进一步提高，各级党委、政府对人口计生工作有了新的认识，为今后基层人口和优生优育工作的快速发展打下了良好的基础。

2009 年那曲地区人口计生委共组织工作组 13 批，累计 58 人，深入到 8 个县（区）的 46 个乡镇，合计 68 天，总行程 15000 多公里。

【优生优育和生殖健康服务工作取得显著成绩】自那曲地区人口计生委 2005 年下发了《关于贯彻藏人口[2004]100 号<自治区人口计生委、财政厅、卫生厅、自治区发改委关于向农牧区实行计划生育的育龄夫妻提供避孕节育技术免费服务的通知>的意见》（那计育[2005]05 号）以来，地区优生优育技术服务工作逐步走向正轨，免费技术服务政策的知晓率达 95%以上，免费技术服务报销率达到 100%。孕产妇和婴幼儿死亡率逐步降低，出生人口素质逐步提高，为群众提供安全、有效、及时的避孕方法的服务能力有所改善。2009 年，那曲地区人口计生委借下乡调研督查工作之机，组织服务队为农牧民群众及流动人口 50 余人提供了免费技术服务，开展妇科病及常见病的调查诊治 600 余人，受到基层群众的欢迎。

【进一步深化人口和计划生育、优生优育宣传工作】那曲地区人口计生委在总结过去宣传教育工作经验教训的基础上，切实采取适合地区农牧区实际的工作方案，充分利用各种宣传日、纪念日、庆祝日等有利时机，大力开展城镇人口的宣传教育活动。同时结合“四下乡”、“主题教育”、“服务队下乡”、“工作组调研”等机会，深入基层，深入农牧民群众中，大力开展以我区人口计生政策法规、避孕节育知情选择、妇幼保健、优生优育、防治性病、艾滋病等内容的宣传教育工作，举办各类农牧民引导性培训班，努力提高农牧民群众的自我保健意识和保健能力，引导群众树立科学、文明、进步的婚育观念。截止 2009 年 12 月份，那曲地区人口计生委共发放优生优育、避孕节育、防治性病、艾滋病等宣传资料、音响制品、挂历 5000 余份，举办农牧民引导性培训班 10 次，参训群众 500 余人。

【人员培训工作顺利完成】一是借妇科病普查普治工作之机，6 月 27 日，由四川省生殖健康中心妇科主治医生为地区人民医院、藏医院、妇保院、那曲县嘉兴医院妇产科医生及那曲县周边乡镇具有大中专文化水平以上的妇幼技术人员共 23 人作了专门的妇科病防治知识的培训。

二是 2009 年 8 月份，那曲地区人口计生委召集十一（县）区计生办主任及干事，尤其针对新调任的计生办工作人员，对“两扶”制度工作、人口计生综合目标责任制工作、流动人口育龄妇女信息采集与录入工作、流动人口管理与服务工作、协会工作、人口统计工作等日常业务工作作了详细的讲解与强调。

三是 9 月初，借卫生系统统一培训之机，那曲地区人口计生委服务科科长利用一天的时间为地区 120 名乡镇卫生计生服务人员，讲解了基层人口和优生优育工作责任，相关计生惠民政策，生殖健康、避孕节育及人口统计等相关知识，提高了基层人员的人口计生业务工作能力。

四是在 11 月底，那曲地区人口计生委选派比如县达塘乡卫生院一名医生，对其进行为期一个月的优生优育、避孕节育、生殖健康技术服务理论及临床实践学习。目前，该医生正在地区妇保院接受学习。

【“一孩、双女”及“特殊子女”扶助制度（以下简称“两扶”制度）工作顺利完成】自“两扶”制度实施以来，那曲地区人口计生委高度重视此项工作，每年花费大量的人力、物力、财力组织多批工作组深入基层重点强调，反复核查，确保将党和国家的惠民政策真正落到实处，使受助群众切实感受到祖国大家庭的温暖，不断增强其对党和国家的凝聚力、向心力。2009 年，由委主要领导带队，共组织 7 批工作组，深入基层专项指导、核查“两扶”制度工作，最终确认“一孩、双女”户困难家庭扶助对象 4251 人，其中一孩 3496 人，双女 755 人。“特殊子女”家庭扶助对象 1030 人，其中无子女 996 人，伤残 64 人，为符合政策的农牧民群众合计争取到扶助资金 4317360 元。

【援藏工作】11 月初，那曲地区人口计生委主任前往浙江省人口计生委协调相关援藏事宜，对前几年的援藏资金监管使用情况作了汇报，就今后相关援藏事宜达成共识，争取到援藏资金 40 万元，协调工作取得了明显效果。

那曲地区民政工作

【立足改善民生，进一步完善救助体系】完善城乡低保标准的动态调整机制。城乡低保标准由 2008 年 270 元调整到目前 320 元。全年排查低保 42120 人。使符合低保条件的困难群众能及时纳入保障范围，对不符合低保条件的及时清理退出低保范围，切实保障困难群众的基本生活权益，全年共发放城乡低保资金 3006.35732 万元，优惠券 567.36 万元。五保供养提高到 1800 元/年人，并将孤老孤残人员全部纳入五保供养范围，确保五保供养人员生活水平不低于当地居民的平均水平。

积极推行城乡医疗救助政策。在那曲地区推行了医疗救助零起付工作，并在安多、班戈两县进行了试点。起草了《那曲地区医疗救助暂行办法》（征求意见稿），对交不起住院押金的困难群众与医疗机构协商，提高报销比例，对低保边缘的困难群众实施救助，提高医疗救助的惠及范围，2009 年那曲地区城乡医疗救助支出达 103.066 万元。

逐步建立低收入群体临时救助制

度。对城乡困难群众实现多层次、全方位覆盖，全年发放临时救助金 50.5 万元。

认真做好灾害救助工作，切实保障灾区群众基本生活。2009 年地区自然灾害频发，损失严重，特别是 2009 年 5 月底至 6 月初发生在班戈、申扎、尼玛、双湖、安多、聂荣的强降雨（雪）天气和 7 月底发生在尼玛县的地震，给当地群众的生产生活带来重大损失。那曲地区民政局坚决贯彻落实地委行署的指示精神，在自治区民政厅的指导下，把防灾减灾工作作为首要任务来落实，第一时间调查汇报灾情，第一时间调拨物资，积极做好灾害应对，全年下拨自然灾害生活补助金 1285 万元，救助灾民 45197 人次；积极争取 11 个高海拔易灾乡镇抗灾物资储备库建设资金 168.7 万元（其中自治区补助 110 万元，各县配套 58.7 万元）；面对 2009 年上半年地区部分县（区）发生的自然灾害，那曲地区民政局共接收捐款 117.4 万元，并全部下拨到受灾的县（区）；积极配合地区减灾办完成了那曲地区储备库建设的初设工作。进一步完成完善地县乡防抗灾应急预案，初步建立了那曲地区城乡低保工作管理系统。

【社会福利事业扎实推进】(1) 截止 2009 年 10 月底，共发行电脑型、即开型彩票 2100 万元，完成了年初制定 1200 万元任务目标。（2）巴青县、比如县、申扎县完成社会福利院建设，嘉黎县完成 65%，社会福利院建设投资 350 万元，已通过县级人民政府验收并交付使用；2009 年批复的尼玛、聂荣两县社会福利院已完成前期工作，在年底前将完成招投标工作；（3）由浙江省投资 200 万元（含设备）修建的地区儿童福利院儿童宿舍楼已完工并通过验收，儿童们将在年底前搬进新楼；（4）由自治区民政厅投资 150 万元的地区儿童福利院改扩建项目进展顺利，计划在 10 月中旬完工交付使用；（5）乡镇敬老院设施进一步改善，先后解决班戈普保镇、那曲县那曲镇、那曲县尼玛乡、比如县达塘乡、双湖区多玛乡、班戈县敬老院、那曲县敬老院设施购置款 70 万元；（6）福利彩票销售量快速增长，那曲地区彩票销售站已达 15 个（其中地区 8 个，县 7 个），截止 9 月底，销售福利彩票 1944 万元，比去年同比增长 118 %，筹集公益金 680 万元，有力推动了地区福利事业的发展。

【积极推进城乡组织体系建设】(1) 2009 年对换届选举产生的新一届班子成员采取了“以会代训”的方式进行了培训，并指导各村进一步修改完善《村民自治章程》、《村规民约》等规章制度。各村委会通过年内召开村民会议或代表会议对村务、财务等进行公开，对村委会履职、服务水平等情况进行评议，以实现村民“自我教育”、“自我管理”、自我服务”、“自我监督”的目标，不断提升村民自治水平；（2）根据局学习实践科学发展观活动领导小组安排，2009 年 4 月初，由地区民政局牵头，那曲县有关部门参与的联合工作组深入拉萨、山南开展调研，形成了《关于进一步开展那曲地区城镇社区建设意见（征求意见稿）》上报相关部门；（3）7 月中旬，局领导带领相关科室人员，深入各县区对大学生任村官长效机制进行了调研，形成《那曲地区大学生任村官长效机制调研报告》上报地委组织部。（4）争取到了地区未成年人救助保护中心项目现已批复，争取资金 150 万元。

【双拥共建工作稳步推进，积极做好优抚安置工作】（1）地区双拥办公室在行署办公室和各成员单位的密切配合下，分别于 2 月、 8 月、9 月集中开展了军民、警民双拥共建共保活动，充分展示了军警民团结互助，共促团结、和谐、稳定的大好形势，（2）优抚安置工作取得新进展，全面落实优抚政策， 2009 年共安置退役士兵 25 名，接收军休干部 3 名；（3）在进一步加深军民、警民鱼水情谊的同时，2009 年地区紧紧围绕以“军民、警民双拥共建共保活动”为载体、“促发展、促和谐、促平安”为主题，开展了“共建共保”活动两次，使用资金 9.3 万元。（4）2009 年三大节日慰问共使用资金 24 万元。

【边界管理、区划地名工作进一步加强】（1）完成了 8 条县级行政区域界线的联检工作，平安边界、和谐边界创建工作取得新成效，及时调处了聂荣与比如边界纠纷，调研巴青贡日与青海的边界纠纷；（2）完成了地区所在地那曲镇和 11 个县（区）的门牌安装工作，安装门牌 497 块；(3) 配合城建部门完成了浙江路、辽宁路等路指示牌 29 块。（4）根据行署安排，积极配合自治区测绘局完成了那曲地区 11 个县（区）的行政区划图的核对工作，收集图片资料 100 余张，上报文字资料近 1800 余字，完成了行署安排的核对上报任务。

那曲地区
劳动和社会保障工作

【就业服务管理工作稳步推进】2009 年，社会调查失业人数 10523 人，全年新增失业人员 432 人，城镇登记失业率为 3.5%。审核发放《失业证》432 份；实现就业再就业 1901 人，办理高校毕业生求职登记 102 名，通过就业部门推荐实现就业 20 名，推介就业率达 20%；办理《就业再就业优惠证》2 份。机关工人技能考核鉴定 447 名，完成全年目标任务的 110%。

一是城镇失业人员技能培训有成效。全年那曲地区培训城镇失业人员 940 人，完成全年目标任务的 156%；实现就业再就业 1901 人，完成全年目标任务的 136%；其中通过培训实现就业 761 人，培训合格率达到 92%。职业介绍 2048 人，职业指导 2311 人，完成全年目标任务的 114%，高校毕业生就业 20 人。

二是农牧民工转移就业成效明显。以农畜产品纺织与加工，家居装饰物品等为培训内容，有针对性地开展了农牧民转移就业培训 1120 人，完成全年任务的 112%；通过培训实现就业 1026 人，就业率 91%。同时，不断加大职业介绍和指导工作，积极引导广大进城农牧民工以二、三产业为就业渠道，就近、就地实现了转移就业，农牧民转移就业 45570 人次，完成全年目标任务的 150%，实现劳务输出收入 6550 万元，在一定程度上为农牧区经济发展和农牧民转移就业增收奔小康起到了促进作用。

三是运用失业保险基金帮助困难企业稳定就业岗位。结合地区经济当前形势，为全面落实区有关文件规定，协商地区财政局，全年核拨青藏公路养护段、拉萨办事处、江源公司等 4 家单位失业保险补贴 21.27 万元,涉及人数 208 人。对那曲地区申请保险补贴的 36 家企业进行了认真把关，严格审核，通过审查 28 家，与财政部门协调落实困难企业补贴 198 万元，涉及企业困难职工 832 人。

四是面对就业严峻形势，积极推荐高校毕业生实现就业。2009 年到劳动保障部门求职登记的高校毕业生共计 102 名，应届高校毕业生 61 名，不属于计划内生源的有 2 人，推荐就业 20 人，推荐就业率达 20%；至今仍有 30 名应届求职登记高校毕业生处于失业状况。对未就业的高校毕业生，2009 年在公益性岗位安置上将开发安置，努力使登记高校毕业生就业率达 75%。在高校毕业生就业工作上积极协商地区工会、财政、人事等部门，全力着手高校毕业生见习制度的建立。积极与地区农牧局、饭店、电信、电力、烟草等信誉好，有见习岗位和场地的 4 家单位协商，建立了高校毕业生就业见习基地，推荐高校毕业生 23 名进入就业见习，完成全年目标任务的 115%，工作中贯彻落实高校毕业生就业政策，为地直 3 家吸纳高校毕业生就业突出的单位发放补贴 18 万元。同时，切实抓好求职高校毕业生的见习信息收集与管理，确保高校毕业生就业见习工作落实，切实促进登记求职高校毕业生走上就业见习岗位，努力为高校毕业生就业开通绿色通道。

五是加大就业援助工作力度，推动零就业家庭和就业困难人员走上工作岗位。在全地区民营企业开展了空岗调查，并于 6 月 25 日召开那曲地区民营企业招聘会，西藏桑珠林商贸有限责任公司、那曲金物业管理有限公司、珠峰数码科技公司等 11 家用人单位参加了招聘会，提供岗位 50 余个，涉及会计、电工、营销员、保洁员等 10 个工种，求职人数达到 400 多人次。8 月，积极与地区交通局协调配合，为地区客运公司下属公路养护公司招聘养护工 137 人，借此动态消除了“零就业家庭”63 户，为各县（区）公路养护中的困难职工子女解决了就业难问题。

六是加大公益性岗位开发，推进就业困难人员实现就业。第三批公益性岗位 670 个，岗位分配方案已于 9 月初已上报行署，各项经费也按 6：4 比例予以配套，现经行署批准，为地区国资委下属江源公司批准岗位 30 名，其余 640 名岗位将于近期批准执行。

七是扎实开展劳动技能考核鉴定工作。在地区人事局、纪委、工会、财政四家单位的协调配合和共同努力下，全地区 39 家机关事业单位及 11 个县（区）的 471 名机关工人报名参加了技能考核。经过理论和实际操作两项考核，共有 447 名工人通过了此次考核鉴定，鉴定合格率达 95%，完成全年目标任务的 110%，与 2008 年相比增长 9.5%。开展农牧民专项技能鉴定 32 人，完成全年任务的 160%。

【社会保障工作进展顺利】一是五大保险基金运转良好。养老保险参保单位 348 家，涉及参统人数 4100 人，个体参保人数 73 人。参统人数比 2008 年同期增加 770 人。核定应缴纳养老保险费 4249 万元，格办分梳和羊绒分梳厂以及随军家属补收养老保险 702 万元，全年征收 5200 万元，征缴率将达 98%，支出为 4390 万元，社会化发放率达到 100%，全年比 2008 年同期支出多支付 869 万元，月人均养老金比 2008 年提高了 200 元。上年基金节余 3448 万元，养老保险清欠 265 万元，年底养老基金滚存结余 4400 万元。完成养老保险个人账户建立 4100 人，退休人数 1854 人。在此基础上，推进地区农牧区养老保险工作进程，并在那曲县开展试点工作。

工伤保险参保单位 313 家，参保人数 8480 人。核定应缴纳工伤保险费 230 万元，全年预计征收 210 万元，缴率达到 91%，参统人数比 2008 年同期增加 1646 人。征缴率不高的原因是各县（区）教育系统未交纳。支付 2 起工伤保险金 7 万元。上年基金节余 159 万元，工伤清欠 49 万元，基金滚存结余 402 万元。

生育保险参保单位 719 家，人数 15041 人，核定应缴纳生育保险费 345 万元，预计征收 205 万元，征缴率达到 82%，参统人数比 2008 年同期增加 2430 人，支出 95 万元。上年基金节余 465 万元，生育清欠 47 万元，年底滚存结余 450 万元。

城镇职工医疗保险参保人数 22203 人，征收 7629 万元，支出 4459 万元，核定支付住院待遇 1984 人次，认定门诊特殊病 323 人次。城镇职工医疗保险累计结余 12978 余万元。城镇居民参保 14811 人，征收个人缴费 107 万元；审核支付住院待遇 236 人次，支出 109 万元。

失业保险应征单位 218 家，实际参加统筹单位 218 家，参统率为 100%，全年应征金额 1001 万元，应征人数 8638 人，实际征缴失业保险 933.4 万元，征缴率达 93%，完成全年目标任务的 153%，清缴历年欠缴 24 万元（事业 21.4 万元、企业 2.6 万元），清欠率为 80%，上解上级失业保险调剂金 48.95 万元。到目前，失业保险账户滚存结余 3712.58 万元。

二是及时发放各项补助。根据自治区人民政府藏政办发[2009]7 号文件精神，认真做好国有企业退休人员一次性生活补助的统计、审核、发放工作。从 2 月份开始，为 1738 名国有企业退休人员按照每人 800 元的标准发放一次性生活补助 139.04 万元（购物券和现金两种形式）。同时为 35 名集体企业退休人员发放 2.8 万元的一次性生活补助。为 43 名 59.3.28 前参加工作的企业工人每人兑现了 1000 元的慰问金，发放了西藏民主改革 50 周年纪念证书，充分体现了党和政府对老同志的特殊关怀。机关事业单位 33 名 59.3.28 前参加工作的退休工人的补助待遇正在与地区财政局协调落实之中。

三是及时调整保险待遇和体检费标准。全年审批 1738 名离退休人员调整待遇，人均月增加基本养老金 200 元，月增加养老金支出 35 万元，年增加养老金支出 420 万元。调整补发企业退休人员 2008 年的体检费，男同志 60 岁以上、女同志 55 岁以上年体检费为 300 元,以下年龄的年体检费为 200 元。

四是加强社会保险资金的使用和监管。按照自治区和地区财政局相关要求，认真组织了由地区财政、民政、劳动等多家单位组成的 11 个工作组，深入各县（区）对五大社会保险基金和就业专项资金进行了全面审核与督查，并对各县（区）劳动保障部门财务管理情况进行了检查与指导。同时，地区就业局对地直公益性岗位各用工单位进行了岗位及各项社会保险补贴的核查，从而确保了各项资金的安全运行和有效使用。

五是认真做好工伤咨询服务工作。截止9月底，共接待工伤咨询50起，工伤认定申请来信来访28起。受理工伤案件28件，结案22件，正在处理6件。下达工伤认定4件，通过调解20件，协议赔偿金额85万元。应诉工伤行政复议案件1起。

六是认真做好在职职工的管理工作。按照“按劳分配为主、效率优先、兼顾公平”的原则，指导企业做好调资工作。截止9月底，审批工人定级36人，审批浮动和固定工资49人，落实工龄16人，办理调动手续14人。录用合同制工人6名。为比如县粮食公司27名职工人均提高标准工资826.44元。全年调查在职职工1219人，地区工人平均工资额为2052.34元，比2008年增加20.43元。

七是加强工人退休审批工作。经上报自治区劳动和社会保障厅批准地区粮食系统的111名半脱产人员退休。经局务会议研究，机关事业单位固定工批准退休19人，自治区劳动保障厅批准机关企事业单位合同制工人退休9人。

【劳动关系和谐运转】大力开展劳动法律法规宣传。 全地区开展各种劳动保障法律法规宣传38次，出动宣传人员125人次、宣传车15辆次，设立法律咨询点23次，接待法律咨询584人次，散发劳动者维权宣传材料1850本（份），宣传单18000张。

加强劳动保障监察执法力度。先后对全地区劳动密集型中小企业开展了一次整治非法用工、打击违法犯罪专项行动；在国庆前夕，又重点对全地区建筑施工企业进行了一次遵守劳动保障法律法规情况专项检查； 6至9月在全地区开展了农牧民工劳动保障权益保护专项检查活动和“春风行动”、“春暖行动”，并督促所有建筑施工工地设立了《劳动者维权公告牌》。共出动检查人员286人次，开展各项检查9次，检查各类用人单位327家，涉及农牧民工14335人次，督促用工单位与2635名农牧民工补签了劳动合同。

继续做好劳动合同（集体合同）审查管理工作。截止9月底共审查劳动合同442人，涉及122家单位，签订劳动合同1180份；审查集体合同2份，涉及107人。

认真做好来访来信工作。接待来电、来访咨询劳动保障法律法规人数476人次；接待有关社保方面咨询120多人次；接待农牧民来访者340人次，涉及劳动者657人；来信来访比去年同期下降16%。对来访群众始终做到“来有迎声、问有答声、去有送声”，在接待中做到有信必复、有问必答。

认真做好劳动争议仲裁工作。劳动监察共受理举报、投诉案件5起，涉及劳动者210人，涉及金额157.7万元，追回劳动者工资157.7万元；收押金举报案件2起，涉及劳动者4人，涉及金额0.2万元。老板如数退还押金0.2万元。劳动仲裁共受理各类劳动争议案件132件，涉及劳动者人数1057人，目前已结案131起，结案率为99%，为劳动者追讨劳务工资404万元，劳动争议案件比去年同期下降17%。全年为各县（区）培训劳动仲裁员28人。协助铁路系统为369名民工追讨拖欠工资93万余元。

那曲县

【基本县情】那曲，藏语意为“黑河”。那曲县位于西藏自治区北部，唐古拉山和念青唐古拉山之间。南与当雄县接壤，北与聂荣、安多县相连，东与比如、嘉黎县相靠，西与班戈县毗邻。海拔均在4450米以上。东西最大距离233公里，南北最大距离185公里，总面积1.6万平方公里，县政府驻地那曲镇，是地委、行署的所在地，是藏北重地和政治、经济、文化中心，那曲县城与拉萨相距320公里。

那曲县属高原亚寒带半干旱季风型气候，其特点是气温低、空气稀薄、大气干洁、太阳辐射强、日温差大。年平均气温-1.5℃，气温平均日差16.1° C。

那曲县下辖3个镇、9个乡，142个村（居）民委员会（其中7个居民委员会）、1144个自然村。截止2009年底，全县现有16039户74925人，其中牧业户数14761户牧业人口70858人。境内以藏族为主，聚居着藏、汉、回、蒙、门巴、珞巴等民族。

【经济发展情况】2009年，那曲县生产总值达到68220.55万元。其中，第一产业实现产值17043.55万元，第二产业实现产值15106万元，第三产业实现产值36071万元。全年县级财政收入完成3008万元，牧民人均纯收入为3936.11元，其中现金收入实现了2755.28元。各类牲畜存栏89.27万头（只、匹）；各类牲畜出栏35.497万头（只、匹），出栏率达到了32.2%，实现各类绒、毛产量333.03吨，各种皮张产量40.5986万张，奶类产量6337.37吨，各类肉产量12669.38吨；畜产品商品率达到了52.02%。

【畜牧业健康发展】牧业生产情况。截止目前，那曲县各类牲畜存栏118.89万头（只、匹），大畜死亡2万头（只、匹）、死亡率1.89%；幼畜成活18.85万头（只、匹），幼畜成活率达79.15%。

【社会各项事业取得了新的进展】教育方面，目前那曲县小学在校学生巩固率为98.82％；初中在校学生巩固率为99.02％；15—50周岁人口非文盲巩固率为98.97％。大力开展优质课、教学能手的评选以及新课程改革师资培训等活动，切实提高教师的实际教学能力及各校教学质量。积极落实“三包”政策，调整充实了那曲县“三包”物品采购领导小组，要求各学校每月对“三包”经费的使用情况公示一次，接受学生、家长和社会各界的监督。加大对教师运用远程教育设备的培训，建立和完善了远程教育工作机制，进一步提高了现代教育资源的普及率和利用率，使教学质量得到显著提高。

文化艺术、广播影视工作方面，2009年围绕“3.28”西藏百万农奴解放纪念日积极参加了由地区举办的“3.28大型文艺演出”和“庆祝西藏民主改革五十周年——辉煌那曲群众文艺晚会”。为丰富基层牧区群众文化生活，按照那曲县2009年“三下乡”活动的具体要求，在尼玛、劳麦、色雄、古露、香茂、罗玛六个乡镇开展文化下乡演出活动，共演出6场。按照地区文化局的文件要求，结合那曲县各乡镇文化工作实际，共上报了20个“牧家书屋”点，获批8个，其余12个点还在待批。书屋设在各乡镇的文化活动室，每个书屋计划配备藏、汉文书籍1500册。较好的完成了上半年广播电视“村村通”设施设备的维修维护任务。

卫生工作方面，2009年那曲县举行农牧区医疗制度培训两期，参加培训的人员有各乡（镇）主管乡（镇）长（书记）、会计、核销人员、卫生院院长（医疗点）负责人共62人。为切实加强甲型H1N1流感防控工作，县政府成立了专门的领导机构，责任落实到人。2009年全县共上报各类传染病45例，腮腺炎10例，水痘8例，皮肤炭疽4例，痢疾11例，手足口病12例。发现疫情专业人员能够迅速赶赴现场处理疫情，疫苗接种工作正在开展，接种人数为10196人。

比如县

【基本县情】比如藏语意为“母牦牛部落或母牦牛角”。比如县地处青藏高原东部，唐古拉山和念青唐古拉山之间，东邻昌都地区边坝县，西接那曲县，南抵嘉黎县，北连巴青、索县，西距那曲地区265千米，西南距拉萨597千米，属怒江上游流域，因其相对优越的气候条件而享有“藏北江南”的美誉。

县政府驻地比如镇。全县总面积1.12万平方千米。有草场1566万亩、耕地3万余亩，林地约200万亩。全县辖8乡2镇，175个行政村（含7个居委会）、232个自然村。2009年底，全县总人口61325人，其中农牧民人口57385人，藏族占总人口的99%以上。

比如县地形以低山丘陵为主，间有高山峡谷，海拔3800-4500米，自西向东渐次降低，县城驻地海拔3900米。

比如历史悠久，文化灿烂。夏曲卡三趾马化石遗址丰富着中国考古历史，茶曲多多卡骷髅墙是研究人类丧葬文化的绝好例证。香曲乡丁嘎村被文化部命名为全国民间文艺之乡，热情奔放的丁嘎热巴舞、激情欢快的达布阿谐录入全国非物质文化遗产名录。雄伟壮丽的帕拉经塔在藏区佛塔建筑中独具风格，神秘莫测的茶曲乡达姆寺多多卡骷髅墙被列为自治区级文物保护单位。

【经济发展情况】2009年，全县完成国民生产总值4.21亿元，比上年增长11.98%。其中，第一、二、三产业分别实现产值13683万元、11222.16万元、17242.72万元，比上年分别增长2.15%、22.8%、11%。产业结构比例为28:24:48。农村经济总收入3.44亿元。虫草产量12412.9斤、收入1.98亿元。农牧民人均收入4795元，同比增长16.3%，其中现金收入3879元，同比增长16.8%。完成地方财政收入446万元，同比增长18.5%。税收达476万元，同比增长18.5%，其中完成虫草税收30万元，比上年增长28%。全年吸收各类存款20461万元，同比增长37.75%；发放各类贷款16429万元，同比增长43.9%。

【社会事业全面进步】教育。全县现有中学1所，公办小学10所，适龄在校生6554人，入学率为98.17%；初中在校生3003人，入学率为91%。“扫盲”、“普六”工作进一步巩固，“普九”工作顺利通过区、地验收。电教工作全面启动，职业教育步伐加快。卫生。有县级医院2所，乡卫生院9所。2009年参加农村合作医疗53336人，覆盖率达97%。积极开展计（强）化免疫工作，接种率达100%。认真贯彻落实计划生育政策，不断提高计生服务水平，人口自然增长率控制在12.01‰。文化。全县完成“村村通”工程，兴建电视插转台14座。2009年，安装党中央、国务院赠送的户用接收器9344套，农牧区广播电视覆盖率达到99%。成功举办建县五十周年暨第四届娜秀民间文化艺术节，积极开展“唱红歌，迎国庆”等丰富多彩文艺节目。大型劳动歌舞“达布尔谐”连续两年登上自治区藏历春晚舞台。交通。2009年新建公路40公里、新建桥梁48米，全县行政村（居委会）138个通车，通车里程1334.5公里，农牧区交通条件不断改善。能源。全县共有水电站6座，县级电站2座，乡（镇）水电站4座，总装机容量3775千瓦。

【援藏工作】形成了第五批援藏工作“2244”总体思路。确定了加强基础设施建设、加大新农村建设力度、加快社会事业发展、全面提高干部队伍素质、适当改善乡镇部门工作条件等五大类28个项目，投入援藏资金5000多万元。截至2009年底，县城“五路一街”、完小教职工周转房、象山文体活动中心、卫生服务中心，基层政权建设、农牧区水电路桥等援藏工程已完工并投入使用。

【获奖情况】2009年县委统战部被国务院授予“全国民族团结进步模范集体”。

【领导名录】

县委书记：张世方（援藏）

县委副书记、县长：才仁郎公

县委副书记、人大主任：罗布央钦

县委常委、政协主席：嘎　旦

嘉黎县

【基本县情】嘉黎县藏语译为“拉日”。嘉黎县地处那曲地区东南部、唐古拉山与念青唐古拉山之间。东连昌都边坝县、林芝波密县，南临拉萨当雄县、林周县、墨竹工卡县和林芝工布江达县，西接那曲县，北依比如县，形成了四通八达的的交通网络，区位优势十分明显。现辖2镇8乡，122个村（居）委会，2009年，人口30609人。

嘉黎县属藏北高原与藏东高山峡谷结合地带的高原山区，地势自西北向东南倾斜，平均海拔4500米左右。

境内交通便捷，315国道贯穿县境，全县通车里程达到1664.6公里（含省道）。完成了全县12个点的农话工程的安装工作，用户达到3297户，建立了22个农话卫星站，实现了乡乡通电话的目标，并完成光缆的铺设工作。

【经济平稳增长】2009年，全县生产总值实现2.96亿元，同比增长17.05%；其中一产完成5538万元，同比增长3.67%；二产完成9760.5万元，同比增长16.18%；三产完成1.43亿元，同比增长23.85%。全年完成财政收入1649万元，超额完成249万元，增长了17.79%。完成固定资产投资13389.73万元。2009年成功打破了矿产零开发的预计，开采矿石 15.2 万吨，实现产值 9000 万元，稳定了经济发展，促进了牧民增收；多方拉动社会消费，2009 年全县社会消费品零售总额达到 8747 万元，增长 16%。金融机构各项存款余额 15861 万元（其中城镇居民储蓄存款余额达 4199 万元），比年初净增 3717 万元，增长了 30.6%；各项贷款余额达 9946 万元，其中涉农贷款 7798 万元，个人住房和消费贷款 2148 万元。金融消费活力的增强，带动了三产大发展。

【多措并举抓防灾减灾，农牧业经济稳步发展】为最大限度降低 2009 年初的雪灾损失，县财政投入 40 多万元，从人员组织、草场定位、饲草补饲、技术保障、药品供给、出栏补助等方面全力做好接羔育幼等防灾减灾工作，使嘉黎县仔畜成活率达到 96.74%，同比提高 1.74 个百分点，与此同时，动物防疫、草原灭鼠、防治草原毛虫害等工作扎实开展，并取得显著成效。为应对 2009 年冬季可能出现的雪灾，全县组建了防抗灾突击队 257 个 3890 人，储备饲草料 1868.61 万斤，粮食 982.23 万公斤，燃料 219 万袋，药品达 425 种，各防抗灾储备点存留防抗灾饲料粮 100 余万斤，真正做到了有备无患。牲畜出栏力度进一步加大，2009 年出栏牲畜 72088 头（只、匹），出栏率达到 32.13%，有效降低了灾害风险，增加了牧民收入。2009 年，全县牲畜存栏 212169 头（只、匹），其中：牛 164853 头，绵羊 23343 只，山羊 13730 只，藏猪 5544 头，马 4699 匹。农作物总产量达到 1305.9 吨，实现了农牧业经济平稳较快发展。

【因地制宜抓特色发展，资源优势逐步体现】一是大力发展采矿业。2009 年各矿山企业原本不准备复产，县政府高度重视这一情况，主动与矿山企业沟通协调，中凯、华夏等矿山企业相继投产，全年共开采矿石 15.2 万吨，实现产值 9000 万元，吸纳当地牧民就业 260 多名，收益 650 多万元。二是倾力发展传统藏药业。投资 1200 多万元，扩大县藏药厂规模，建成制剂室、藏医院门诊综合楼，培育了 300 亩濒危药材种植基地，开发研制并生产经营了 186 种神山牌藏药，2009 年藏药产量达到 5232 斤，实现产值 200 多万元。三是鼎力做好旅游开发的前期工作。初步完成《嘉黎县旅游规划》，着手编写旅游景点介绍、地图绘制等工作，荣拉坚参大峡谷、班禅故居、江乃玉措、措嘎湖等旅游项目已列入嘉黎县和那曲地区“十二五”项目库，并完成可行性报告。

【社会事业协调发展】通过向上争取，援藏协调，自行配套等方式，多方筹措资金，进一步规划了农牧区经济发展、农牧业生产、农牧民增收、扶贫开发以及交通、水利、文化、卫生等各项事业上的建设项目。全县乡镇通邮率达到 85%。行政村通信率达到 68.9%。2009 年，共开工建设了廉租房、县城排水、二期防洪堤、幼儿园、中学附属工程、社会福利院、县礼堂及文化广场等各类工程施工项目 39 个，新建项目 27 个，续建项目 12 个，总投资达到 6974.28 万元。投资 947.439 万元，新建了农村通村公路 50.42 公里，全年共解决了 11 个行政村的通路问题，投入养护资金 255 万元，加强了县乡公路的养护力度，全县公路里程达到 1309 公里，行政村通路率达到 82.7%。1005 户安居工程任务顺利完成，全县安居工程完成率达到 69%，比上级指标提高了 24 个百分点。81 个村级活动场所完成了 62%。投入资金 132 万元，共修建保暖井 9 眼、管道工程 5 处，全县 1700 户，10298 人的安全饮水问题基本得到解决。投入 176.78 万元对两座办公楼及宾馆进行了维修和线路改造。投入 170 万元维修了忠玉乡农田渠道。投入了 81 万元对县城老电站机组进行了维修。投入 14.3 万元解决了木材检查站、武警中队、兽防站和消防大队的输电线路问题（包括变压器）。在项目建设过程中，严把工程“五制”、“五关”，先后组派了车辆 10 余台次，人员 50 余次对各项目点进行了两次大型的综合大检查，确保了项目建设的进度、质量和安全。

【全力以赴抓社会建设，民生状况持续改善】2009 年，嘉黎县稳步推进教育事业。通过强化学校管理，巩固两基成果，改善办学条件，提高教育教学质量等措施，促使全县教育事业稳步发展。2009 年，嘉黎县顺利通过自治区“普九”复查验收，中小学在校生分别达到 1720 人、4493 人。全县小学适龄儿童入学率达到 99.12%，初中入学率达到 90.86%。小学内地西藏班考试和中考实现双丰收，小考成绩那曲第二，22 人考上内地初中班，中考成绩全地区排名第一，86 名学生进入重点高中，创历史新高。嘉黎县中学被评为地区级示范中学。总投资 256 万元的援藏项目温台教学楼完工验收并交付使用，幼儿园和中学附属工程也基本完工。

加快发展文化事业。投入 100 余万元，成功举办“亚吉”赛马艺术节，下乡巡回放映电影 1786 场次，观众达 10 多万人次；县业余文艺演出队共下乡巡回演出 8 场；广播、电视覆盖率分别达到 96%和 93%，户户通工程顺利实施了 2300 余户，基本完成 90 个村级综合活动室，14 个党员活动室，9 个农家书屋；建成了县文化共享工程——电子阅览室。投入援藏资金 500 万元的县礼堂和文化广场工程即将竣工。

扎实推动卫生事业。深入推进农村医疗制度改革，全县农村合作医疗个人集资覆盖率达到 96%，县财政配套 23.28 万元，全年免费合作医疗人均经费达到 140 元，兑现了农牧民药费 172.78 万元，进一步缓解了农牧区群众看病难、看病贵问题。投资 1200 多万元的藏医院门诊楼及相关设施配备到位。妇幼保健院、乡镇卫生院等基础设施建设基本完工。农牧区卫生巡回医疗服务深入开展，及时防治各类传染病 54 例。

聂荣县

【国民经济持续增长，产业结构逐步优化】2009 年聂荣县生产总值达 28178.19 万元，比去年增加 4112.76 万元，同比增长 17.09%。其中，第一产业预计完成 5450.86 万元，比去年增加 192.96 万元，同比增长 3.67%；第二产业预计完成 9829.10 万元，比去年增加 2708.99 万元，同比增长 38.05%；第三产业预计完成 12898.23 万元，比去年增加 1210.81 万元，同比增长 10.36%。三次产业的比重由 2008 年的 21.85:29.59:48.56 调整为

19.34:34.88:45.78， 产业结构进一步优化。

【牧业生产形势总体平稳，牧民增收渠道不断拓宽】认真实施人工种草，共完成尼玛乡、色庆乡和聂荣镇46个村（居）委会、2300户、3500亩房前屋后种草任务。积极开展灭鼠工作，共完成尼玛、色庆两个乡和聂荣镇的12个村6.5万亩草场的灭鼠任务，灭治效率达到90%以上。加强牲畜疫病防治工作，各类牲畜免疫密度达98%以上。由于受到5月底雪灾的较重影响，牧业生产形势较上年较为严峻，但总体上保持了平稳。截止目前，全县各类牲畜存栏达417865头（只、匹），其中牛194407头，绵羊170884只，山羊46624只，马5950匹。全年新生仔畜成活90710头（只、匹），成活率为82.37%，与去年相比降低了7.65个百分点；成畜死亡21166头（只、匹），死亡率为4.49%，与去年相比提高了3.4个百分点；各类牲畜出栏达162364头（只），出栏率达34.91%。

想方设法拓渠道，多措并举促增收，一是抓特色产业促进增收，立足县域内的丰富资源，通过实施采砂、采石、蔬菜种植等项目，拓宽群众增收渠道，全年实现创收47万余元；二是抓技能培训保障增收，2009年在自治区农科院的帮扶下，聂荣县主要以科学养畜、大棚蔬菜种植、牦牛育肥、汽车驾驶等内容为重点开展牧民群众实用技能培训2390人次。2009年7月3日成立了县职教中心，截至目前，共有518人接受了摩托车修理、烹饪等技能的培训，为牧民群众增收提供了技能支撑和保障；三是抓项目实施带动增收，以聂那油路、文化活动中心、农贸市场和农牧民安居工程等项目的实施为契机，积极组织引导牧民群众参与工程建设，实现现金收入322万余元；四是抓牲畜出栏引导增收，努力宣传动员、积极服务引导牧民群众加大牲畜四季出栏，并以举办聂荣县2009年赛马物资交流会、地区羌塘恰青赛马艺术节、聂荣县第二届活畜展销会、地区第四届畜产品展销会为契机，通过解决运输费、误工补贴、出售补贴等有效措施，积极为牧民群众出栏牲畜提供服务、搭建平台，牧民群众实现现金收入1722.31万元。五是抓畜群结构优化拉动增收。教育引导群众加大对老弱畜和非生产畜的出栏力度，优化畜群结构。试推广"查吾牦牛"优化畜种结构，不断提高生产性能，拉动了牧民群众增收。六是抓品牌创建推动增收。按照"一乡一品、一县一业"的要求，积极创建"盘羊"品牌系列畜产品商标，提高了聂荣畜产品的知名度，为聂荣畜产品的销售赢得了市场、获取了效益，推动了牧民群众增收。七是抓多种经营实现增收，2009年农牧民劳务输出人数达3688人、收入达890余万元，虫草销售等多种经营收入达1870万元。2009年全年农牧民人均纯收入完成2938.07元，其中现金收入完成1901.40元。

【社会事业全面推进】教育事业稳步发展，"普九"工作通过自治区验收于2009年10月份顺利通过自治区"普九"工作评估验收。

加强基层文化服务设施建设，在全县五个乡镇建设了10座农家书屋，并配备了各类图书及相关设备。大力开展文艺下乡、文化惠民活动，放映电影3570场次，累计观看人数达284377人次；举办各类主题文艺演出7场，受益观众6800多人次；举办摄影书法作品展1次。

农牧区合作医疗覆盖率进一步提高，全县参加合作医疗人数达29582人，覆盖率达98.24%；共集资29582元，集资率达98.24%；对1751名住院患者进行了住院补偿，补偿金计202.68万元。

安多县

【年度综述】2009年，安多县全县GDP实现3.90亿元，同比增长10.96%，其中：第一产业预计达0.71亿元，同比增长3.33%，第二产业预计达1.04亿元，同比增长14.46%，第三产业预计达2.12亿元，同比增长12.05%；地方财政收入完成1169万元，同比增长17%。县支行各项存款余额达到1.59亿元，同比增长27.7%；各项贷款余额1.10亿元，其中涉农贷款8335万元。

【以安居工程建设为突破口，新农村建设取得新成效】全年共建成1239户安居工程，总投资合计2674.4万元。共有6195名农牧民群众住进了宽敞、明亮、安全、舒适的房屋。截止目前已完成3234户、1.6万农牧民的安居问题，提前一年完成了"十一五"安居工程规划目标；共完成60个村级组织综合活动场所和8个村级道路硬化项目，3万余人受益。完成抗震加固1119户，新建游牧民定居工程400户，受益人口分别达到5595人和2000余人。国家总投资565万元建设暖井102眼，解决了4669人、8.76万头(只、匹)牲畜的安全饮水问题。安多县2009年实施了南部七个乡镇"户户通电"工程，总投资1.7亿元，解决了2000户牧民群众的用电困难问题；3个乡镇顺利铺设了光缆，13个乡镇全部开通移动通信业务。除色务乡因水流造成道路中断、玛荣乡道路未完工外，其余11个乡镇实现了乡乡通，乡村公路养护里程达到885.13公里，确保了四季通车；碘盐推广覆盖率达到85%以上。全力增加农牧民收入。2009年，农牧民人均纯收入预计达到3943.88元，同比增长15.25 %。牲畜暖季出栏3.75万头（只、匹）。积极组织牧民群众参加了那曲地区第四届畜产品展销会，销售总额达1738.9万元，荣获展销会组织奖和销售奖。全年共培训农牧民432人次，农牧民实用技能水平进一步提高。组织劳务输出6894人次，实现现金收入达到近1338.6万元。兑现退牧还草、农机具直补、野生动物肇事补偿、雪灾牲畜出栏补贴、灾后扶持生产补贴等各类政策补贴资金达1797.21万元。全年累计投资4709.12万元，实施了退牧还草、牦牛育肥、多玛绵羊育肥、县卫生监督站等10个农牧区基础设施建设项目，为农牧业可持续发展奠定了坚实基础，扎实推进动物疫病防治工作，"W"病疫苗率达到97.3%，小反刍兽疫免疫密度达100%。草原灭鼠1.25万亩，灭效率达到90%以上。

【优化经济结构，提升县域经济发展水平】第一产业稳中有升。牧业和牧区经济在大灾之年保持了较快发展。2009年，安多县牧业经济总收入预计达到1.73亿元，比上年增加0.18亿元，其中，牧业收入预计1.29亿元，受雪灾影响比上年减少142.87万元；牲畜总量97.08万头

(只、匹)，同比减少了9.96%，牲畜出栏数为37.53万头（只、匹），出栏率为34.81%，同比减少了0.57%；畜产品产值预计达到1.16亿元，畜产品综合商品率预计达到65.39%，同比增长6.09%。全面夺取抗击雪灾的重大胜利。在5月份的特大雪灾中，由于灾情范围较大，导致全县受灾3449户1.73万人；因灾死亡牲畜7.42万头（只、匹）。经各级部门的努力，全年落实扶持生产资金60.02万元，调剂3161个绵羊单位，为11个乡镇152户728人发放抗灾物质，确保了大灾无大患。积极探索，优化畜牧业产业结构。2009年安多县畜牧业结构调整在"发展牦牛、适度发展山羊、减少绵羊、控制马"的原则下，经过这几年的结构调整，安多县牦牛、绵羊、山羊、马的比例已调整到25:15:59:1，畜牧业结构日趋合理，调整初见成效。深化完善牧区经济体制改革、全面启动建立草原生态保护奖励机制。2009年，安多县被自治区正式确定为全区草原生态保护奖励机制试点县。加强农牧民合作组织项目建设，促进农牧民增收。目前共有农牧民合作组织13家，创收49.6万元，使286户群众受益，实现农牧民人均现金增收600元以上。第二产业稳步发展。受金融危机导致矿产品价格回落的影响，2009年安多县矿产资源开发受阻，通过采取各种措施，实现矿产税收收入52.7万元。面对这种严峻形势，安多紧紧抓住国家扩大内需、促进经济增长的有利时机，加快发展农畜产品加工，加快夏木拉矿泉水厂建设，全力推动二产稳步发展。2009年，县屠宰场实现产值335万元，同比增长123%。第三产业发展势头强劲。去年，唐古拉山-怒江源风景区已顺利通过国家审批，被授予国家级风景名胜区。措那湖野生动物观赏园项目目前也被地区确定为那曲地区重点旅游发展项目并向上级进行申报，目前该项目正在评审中。

【项目工作成绩喜人，拉动效应初步显现】2009年紧紧抓住国家扩大内需的投资政策，积极争取各方面的项目资金投入，全年共争取国家投资项目30项，申请投资金额2.67亿元，其中国家投资2.56亿元，地方配套1180.6万元，2009年已经立项实施国家投资建设项目24项，申请投资金额2.53亿元，已基本竣工16项。2009年预计累计完成固定资产投资2.59亿元（包含在安多县实施的1.7亿元户户通电工程），同比增长128%。按照"保增长、保民生、保稳定"的总体要求，在抓投资的同时，着力扩大社会消费以保增长，努力加快建设碘盐营销体系，新增碘盐零售经营点37个；积极开展"家电、家具"下乡活动，同时扎实推进"万村千乡市场工程"和"双百市场工程"，大力支持新建和改造农家店，将市场覆盖面进一步扩大到了牧区，有效刺激了社会消费需求，有力促进了经济的快速增长，发展后劲明显增强。扶贫项目稳步推进。2009年，全县共有10个扶贫项目、5个子项目，其中整乡推进项目5个、特色产业化项目1个、面上扶贫项目3个、农发项目1个，总投资1191.75万元，其中国家投资794万元，已完成了总工程量的95%。

【全力以赴抓社会建设，民生状况持续改善】教育事业迈上新台阶。去年安多县"普九"顺利通过自治区验收；在中考中45人考上重点高中，小学生中有6人考上内地西藏班。成绩较往年相比有所提高。目前，全县小学适龄儿童入学4394人，入学率为98.56%、初中在校生2072人，入学率为90.52%、中小学在校生年辍学率分别为1.0%、0.14%。继续加强教育经费和"三包"经费的管理和使用。多方努力，积极争取到659万元用于新建县中学教职工和学生宿舍。大力发展职业教育，职教中心开设了绘画、木工、电焊、铁匠、缝纫、藏西医等专业，在校生人数达372人。

文化、卫生、医疗等工作有了新进步。积极推进"村村通工程"建设，加强对设备的维护。培训13个乡镇40余名青壮年对"百万农奴纪念日"慰问干部群众卫星电视直播设备能够独立安装、排查故障。目前，广播电视人口覆盖率分别达到83.74%和83.19%。基本实现电影工作"2131"目标，2009年度安多县被自治区文化厅评为"全区文化先进县"。大力推动安多县"古籍"和非物质文化遗产保护普查工作，并进行建档。大力实施农家书屋工程，在8个乡镇建设了农家书屋。采取积极有效措施，妥善处置了雪灾等突发事件，有效防控了甲型H1N1流感重大疫病，确保了社会大局的和谐稳定。加强市场检查，确保市场秩序，先后22次对全县范围内的市场和诊所进行了专项检查和法制宣传工作，共查获各类假冒伪劣、过期等不合格食品、药品共135类，总价值1.36万元。进一步完善牧区医疗制度的再建和管理工作，着力创建人民满意医院，努力推动医疗工作实现新发展。

【援藏工作添新绩，全县发展呈现新活力】第五批的援藏干部进安多以来，紧紧围绕维护稳定与促进发展两条主线，争取到沈阳市第五批对口支援投资总额1500万元，同比增长22%。

【获奖情况】安多县被自治区文化厅评为"全区文化先进县"；

县委书记杨宇光被自治区党委、政府授予"全区第五届民族团结进步先进个人"称号；

2009年9月9日安多县人民政府被自治区综治委铁路护路联防工作领导小组评为2006-2009年度全区护路联防先进集体；

安多县电影队被评为全区农村电影工作先进集体；

安多县文化局被评为全区转星调整工作先进集体；

【领导名录】

县委书记：杨宇光

县委副书记、县长：达尔地

县委副书记、人大主任：普　布（藏族）

县委常委、政协主席：昂　罗（藏族）

申扎县

【基本县情】申扎县位于藏北高原腹地南部，北与双湖特别行政区相邻，东部毗邻班戈县，西与尼玛县相邻，南部与那曲地区的谢通门县和南木林县接壤。县域面积2.5546万平方公里。县城所在地距那曲500公里，距拉萨505公里。平均海拔4700米以上，位于内陆高原亚寒带季风半干旱气候区，气候总体特征是低温、日照时间长；气候垂直变化明显，气候多变，大风、冰雹、雪灾等自然灾害频繁。地表植被覆盖率低，生态脆弱。申扎县共辖2镇6乡62个行政村，2009年底全县有4134户，总人口为19535人(其中牧业人口17584人)。

【经济发展情况】2009年，全县GDP达到22118.11万元，增长4%，其中第一产业4080.18万元，第二产业4653万元，第三产业13384.93万元；财政收入达到446万元，增长18%；税收收入达到327万元，增长38%；农牧民人均纯收入达到2676元，增长11%。全县居民储蓄存款总额首次突破1亿元大关。

【产业建设迈上新台阶，结构不断优化】一是牧业基础地位不断加强。以推进牧业产业化进程为目标，全面加强牧业综合生产能力和防减灾体系建设，加大重大动物疫病防治力度，不断提升传统畜牧业抵御自然灾害的能力。牧业生产战胜6月初雪灾带来的不利影响，取得了受灾不减产、受灾不减收的好成绩。不断推进农牧业产业化示范点建设，完成两家经济合作组织注册工作，在提升经济合作组织层次，促进专业合作组织健康发展方面迈出新步伐。二是矿山开发蓄势待发。按照“你发财，我发展”的矿业发展理念，努力为矿山企业发展创造良好的发展环境，支持企业加大投入力度，迅速形成生产能力。西晟矿业投资6000多万元的选矿厂顺利建成；雄梅舍索铜矿克服重重困难，改制工作有序推进。三是在中信集团公司的支持下，在水资源、渔业资源开发研究，藏药开发和生产等方面取得长足进步，商标注册保护工作正在落实当中。四是以餐饮、零售服务业为主的第三产业稳步发展，在丰富群众生产生活、改善申扎软环境方面起到积极的作用。

【项目拉动作用明显，基础设施不断改善，发展环境不断优化】积极实施项目带动战略，狠抓项目的争、建、管、用四个环节，取得积极成效。全年固定资产总投资接近1.45亿元，涉及农牧林水路、安居工程、能源、政权建设等方面共36个项目。重点交通项目、农牧区基础设施建设和产业建设项目的相继实施，有效地改善了城乡基础条件和面貌，优化了发展环境，对拉动牧区经济发展发挥了重要的作用。

【新农村建设取得新进展，牧区面貌显著改善】一是安居工程稳步推进。安居工程建设实际安排452户，超出计划指标20户，完成3个村级硬化路面建设任务。二是城镇及乡村规划工作顺利推进。按照规划先行的思想，县城总规修编工作于4月初正式启动，正在有序进行。二调工作顺利开展，全面完成62个行政村边界权属协议书签订工作；生态优美乡镇和生态村评选活动积极开展，申报优美乡镇8个，生态村19个。三是加强技能培训，充分利用矿产开发、安居工程、交通、中信迎宾馆等项目建设的有利条件，积极进行劳务输出。全年组织劳务输出8840人次，实现收入939万元；鼓励牧民群众拓宽增收渠道，全年多种经营收入达到560.52万元。四是以富民工程进乡村活动为载体，加强村级文化活动场所、安全饮水工程、广播电视村村通、下过乡整乡扶贫建设力度，真正让牧民群众在新农村建设中得实惠。整合各类资源举办建筑技能、大棚蔬菜种植、兽医、渔业等培训，培养科技明白人、牧民经纪人，全年累计培训牧民群众5929人次，促进牧民群众转变观念、提高技能、增强致富能力。

【社会事业协调发展】一是教育顺利通过“普九”复查。全县小学在校生2315人，适龄儿童入学率达到98.48%；初中在校生1129人，毛入学率达到107.9%，顺利通过自治区的普九复查，为“两基迎国检”工作奠定了坚实的基础。在地区中小学办学水平评估中，县中学被评为那曲地区示范学校。全县教育基础设施建设不断加强，素质教育不断推进，教师队伍不断优化，教学质量和管理水平不断提高，教育正逐步走上良性发展轨道。二是文化事业健康发展，邮电通讯事业发展迅猛。村村有文化室的目标基本实现，广播电视“村村通”已经覆盖到所有行政村，群众精神文化生活更加丰富。邮电事业稳步发展，实现乡乡通邮的目标；乡乡通光缆工作已完成6个乡镇，移动、电信通讯覆盖率不断扩大，有效地增进了牧民群众与外界的沟通。三是医疗保障水平不断提高。牧区合作医疗体系建设、疾病预防控制体系建设和公共卫生体系建设不断完善，防控甲型H1N1流感工作取得可喜成绩，没有出现大面积传播。全县参加合作医疗乡、村、户覆盖率达到100%。

【受援工作】中信集团全年实施援建项目6项，总投资达到1507.5万元。其中，农牧民安居工程配套600万元；党政综合办公楼440万元；县城治安防控体系68万元；岗桑东路市政工程169.5万元；渔业开发200万元；干部职工考察学习30万元。中信集团得知6月初申扎发生雪灾，牧业生产受到严重影响时，向申扎无私捐款200万元，用于申扎灾后重建资金，帮助受灾群众渡过难关，受到干部群众的一致好评。

【领导名录】
县委书记：魏世魁
县委副书记、县长：杨赤卫
县委副书记、人大主任：觉多

索　县

【经济发展速度加快】2009年，全县生产总值首次突破3亿元，达到3.0039亿元，增长14.53%，其中，其第一产业增加值为7235.65万元，第二产业增加值为7303.6万元，第三产业增加值为1.55亿元，分别增长4.02%、15.77%和19.56%。固定资产投资首次突破2亿元大关，达到2.04亿元，增长31.54%。地方财政收入突破700万元，达到722.00万元，增长17%，财政一般预算支出1.33亿元，比上年增长32.4%。完成税收429.58万元，连续12年超额完成任务，并荣获2009年度全国税务系统先进集体。银行各项存款余额1.13亿元，增长28.57%。各项贷款余额1.37亿元，增长55.19%，其中用于扶持“三农”的资金达1.16亿元。

【农牧民群众收入增长加快】2009年，农牧民人均纯收入突破3000元，达到3031.47元，比上年增长17.32%，其中现金收入达 2479.78 元，比上年增长 17.64%。

【基础设施建设进一步加快，发展环境得到改善，呈现新气象】2009 年累计完成固定投资2.04亿元，吸引民间投资300万元，开工建设项目 73 个。完成了藏医院门诊医技楼、卫生服务中心住院部、40 栋高效日光温室、9 个乡镇文化站建设、54 套廉租房、3 个乡镇兽防站、中学教职工学生宿舍、市政基础建设等重点项目。全年新修公路 440.65 公里，其中国家投资新修 46.85 公里；非国家投资，组织群众 10418 人新修农村公路 393.8 公里。完成了加勤乡敬老院、西昌乡 8 村等 5 个点的农村饮水安全工程和荣布镇供水工程，解决了 6000 多人的饮水困难。投资 738 万元，装机容量 125 千瓦的额荣电站竣工，解决了 4 个行政村、376 户 1838 人的用电困难，全县乡村小水电装机容量增至 625 千瓦，有力拉动了索县经济的发展。完成了 205 户的农牧民安居工程，累计建设安居工程 3318 户，提前一年完成十一五规划安居任务。实施了 102 个村级活动场所建设，66 个已竣工并交付使用。国家投资 657 万元，农牧民自筹 119 万元，实施了荣布镇扶贫周转房、嘎木乡拉鹰桥等 13 个扶贫农发项目。

【援藏成效显著】第五批援藏干部认真结合索县实际，将援藏项目的重点放在了改善民生，改善基层农牧民生产生活和增加农牧民收入，夯实索县经济跨越式发展基础上，共投入援藏资金 1200 万元，建设了卫生服务区、索县大连干部培训中心等 6 个项目，为索县的经济发展增添了活力和动力。

【社会事业呈现新气象】教育事业蓬勃发展。狠抓"控辍保学"，截至 2009 年底，全县初中在校生 1550 人、小学在校生 4671 人，初中小小学适龄儿童入学率分别为 91.59%和 98.94%。教育投入力度进一步加大，县政府累计安排专项资金 204 万元，用于促进教育事业发展；争取 716 万元，对县中学进行了二期改造；争取近 40 万元的资金对各学校的消防设施、4 个学校的学生食堂设备及赤多乡中心小学办学条件进行了改善。

文化事业繁荣发展。广播电视村村通工程、西新工程、农村电影放映工程、农家书屋工程、乡镇综合文化站建设工程、文化信息资源共享工程、送书下乡工程等扎实推进。争取到村村通单收站改造设备 9451 套，广播、电视人口覆盖率分别为 88%和 79.25%。完成了 9 个村级文化活动室和 9 个"农家书屋"建设任务，并为农家书屋配备图书 12000 册。文化信息资源共享中心通过上级验收并投入使用。民间艺术团自创了 3 台节目，为县乡演出 48 场次，观众人数达 4.9 万人次，积极配合西藏宣传周赴苏州演出 30 场次。

医疗卫生全面推进。积极开展甲型 H1N1 流感疫情防控工作，县财政拨付专项资金 60 万元，制定了切实可行的防控预案，有效防止了疫情蔓延扩散。进一步提高了乡镇聘用干部和村级人医、兽医待遇。加大了医疗卫生技术人员培训力度，组织乡镇医疗技术人员进行了为期 6 天的业务知识培训，提升医疗服务水平，有效缓解了群众看病难、看病贵问题。卡介苗、白百破、麻疹、乙肝等疫苗平均接种率达 99%。

【领导名录】
县委书记：纪　政
县委副书记、县长：嘎松美郎
县委副书记、人大主任：贡布多吉
县委常委、政协主席：欧　友

班戈县

【经济社会快速发展】2009 年，全县生产总值完成 32824.16 万元，其中第一产业完成 9780.1 万元；第二产业完成 9053.91 万元；第三产业完成 12990.15 万元。2009 年地方财政收入完成 517 万元，同比增长 12%。牧民人均纯收入达到 3187 元，其中现金收入达到 1912 元。

农牧业生产稳步增长。2009 年，幼畜成活率 78.52%，与去年同期相比上升 0.78 个百分点；畜牧业商品率完成 56.28%；牲畜出栏率达到 32%。

【牧民生产生活条件显著改善】筹集资金累计投资 3823.2 万元（国家投资 1893 万元、中石化援助 600 万元、地区配套 207.3 万元、县级配套 70.9 万元、群众自筹 403 万元、群众投工投劳折款 315 万元、银行贷款 334 万元），保质保量完成了 1745 户（游牧民定居 288 户、民房改造 1437 户、其他贫困户 20 户）安居工程建设任务，建筑总面积 150593.5 平方米，受益群众 8000 多人。集资 100 万元向牧区发放了 666 套太阳能照明电源。建设了 40 眼井、2 处管道人畜饮水工程，有效解决了 548 户、2723 人、67141（头、只、匹）的安全饮水问题。新建乡村公路 288 公里，养护公路 293 公里，保通公路 80 公里，危桥改造 80 米，完成了全县 10 个乡镇的通乡公路建设，改善了牧民群众出行难等问题。

【防抗灾工作取得了初步成效】2009 年 5 月底 6 月初，班戈县境内出现不同程度的强降雪，普保镇、佳琼镇、门当乡、马前乡等四个乡（镇）受灾较为严重，共计死亡牲畜 10797 头（只、匹），倒塌房屋 83 间，造成危房 500 间。高度的政治责任感和使命感，迅速启动防抗灾应急预案，下拨了饲草料和粮食 20.12 万斤，调用人药和兽药价值 8.2 万元，救济短缺粮户 842 户（发放价值 7 万元的救济粮），调剂牲畜 1751 只。在生产扶持方面，严格按照上级有关文件精神，认真落实各类专项扶持资金。那曲地区财政扶持资金 13.938 万元，县级财政扶持资金 27.876 万元，牲畜出栏补助金 326.4 万元，全部落实到位。

【社会事业实现全面协调发展】"普九"工作进展顺利。到目前为止，全县适龄儿童入学率 99.17%；中小学升学率分别达到 100%；扫盲程度达到 93.17%。。

医疗卫生基础设施建设进一步改善。努力提高医疗卫生服务水平，积极组织科技卫生下乡活动。大力宣传甲型 H1N1 流感预防知识，采取一系列积极有效措施开展甲型 H1N1 流感的防治工作。落实计划生育政策。通过加强人口与计划生育和优生优育的宣传与实施，将班戈县人口增长率控制在了 8.05‰以内。扎实推进农牧区合作医疗工作。在全县卫生部门的不懈努力下，班戈县农牧区合作医疗覆盖率达100%,参加率96.47%。

文化广播电视事业全面发展。一是积极开展“四下乡”活动。二是成功举办了第三届纳木措民族风俗赛马节，进一步提高了班戈县的知名度。三是加大广播电视基础设施建设投入力度，使全县广播覆盖率达到40%，电视覆盖率达到45%。

【受援工作取得新进展】2009年，班戈县通过积极协调，争取中国石化集团公司援助资金2435万元。班戈县将其中88.5%的资金全部用于牧区经济社会事业的发展，让牧民群众直接受益，改善了牧民群众的生产生活条件，增加了群众收入。自治区农牧厅、西藏大学、中石油西藏销售分公司对口扶贫新吉乡、北拉镇、普保镇一年来共投入资金701.629万元，有力的改善了班戈县的基层基础设施条件和农牧民生产生活条件，为加快班戈县的经济发展、社会稳定创造了良好的环境。

巴青县

【基本县情】巴青，藏语意为“大牛毛帐篷”。巴青藏县位于西藏自治区东北部、那曲地区东部、怒江上游，东靠昌都地区丁青县，西接聂荣县，南依比如县、索县，北邻青海省杂多县，全县平均海拔在4500米以上，冬寒夏凉，太阳辐射强，日照时间长。全县共有十个乡（镇），156个行政村（居委会），6座日追，8座寺庙，有中学一所、小学12所。总面积约2万平方千米，总人口44734人。县委、县人民政府驻黑昌公路沿线的益曲河北岸——达尔塘。

【经济发展呈现良好态势】2009年，巴青县经济总体保持平稳发展，各项指标都取得了新进展。GDP达到37120万元,其中第一产业9835万元,第二产业7905万元,第三产业19380万元，人均收入达到3668元。

【农牧业经济稳步发展】种植业方面：2009年，农作物播种总面积为2470.28亩，其中青稞1548亩，产量139.32吨；圆根播种面积890亩，产量95.23吨；蔬菜种植面积30亩，产量为10吨；马铃薯种植面积2.28亩，产量0.664吨。畜牧业方面：2009年，巴青县牲畜存栏355310头（只、匹），其中牛202544头，绵羊97267只，山羊45981只，马9518匹。积极发展了地区的三大优良品种，加快了畜群的周转，提高了适龄母畜比例，优化了畜群结构。同时，巴青县畜牧业基础建设进一步巩固。一是完成了2007年天然草原退牧还草工程续建项目。项目总投资2518万元，共完成了90.404万亩的围栏建设任务。其中禁牧围栏48.265万亩、休牧围栏42.139万亩。草场承包到户75.06万公顷。二是完成2008年巴青县天然草原退牧还草工程的草籽、网围栏的招标工作。三是完成2008年退牧还草项目扎色、巴青、阿秀和雅安镇部分网围栏安装工作。四是退耕还林项目。2009年补栽1200亩，加强了造林面积，提高了成活率、合格率。以乡土树种高山柳、藏青杨、沙棘等品种为主，力争完成2000亩的总任务，顺利通过国检。实施了2009年重点区域造林项目，共完成植树造林924.3亩。五是完成2008年乡镇兽防站建设项目5个乡镇中的两个乡镇项目。完成2008年新增乡镇兽防站建设项目，共4个乡镇，总投资89.06万元，完成投资67万元。

【扶贫、农牧民增收工作取得新进展】2009年，巴青县上报扶贫项目12个，项目建设总投资为949.79万元，申请国家扶贫开发专项资金745.19万元，群众自筹及劳务投入204.6万元。申报2010年扶贫建设项目4个，总投资229万元，申请国家扶贫开发专项资金179万元，群众自觉及劳务投入50万元。实现重点扶持对象脱贫326户1895人。2009年，巴青县政府通过项目的带动作用、牲畜的出栏率和商品率提高，以及从事第二、三产业等多种途径增加农牧民的收入。同时农牧民还通过虫草收入、多种经营收入、交通运输业等方面增加自己的收入。共发放农牧民支农贷款16940万元，其中农牧民安居工程贷款87万元、农牧民扶贫贷款2381万元。扶贫贷款扶持户数为2483户。2009年巴青县牲畜出栏率达到26.5%以上；加大农牧民的就业培训，培训人次220人次。劳务输出包括项目开工建设劳务输出、家政劳务输出、交通运输业、网围栏安装、安居工程建设等方面。通过积极的培育和扶持工作，乡镇企业发展到9个，从业190人。实现乡企总产值605万元；完成各种经营收入6320万元；劳务输出4461人，收入约为695万元。

【优势、特色产业取得新突破】一是发挥巴青县虫草产业优势。继续挖掘、发挥虫草资源优势，打响巴青虫草品牌，形成产业优势，把虫草这一资源开发好，利用好，使其成为巴青县的优势产业。2009年共采集虫草3264公斤，涉及全县10个乡镇，日最高采集人数约31200人，总参与采集人数约33000人。二是牦牛育肥项目。完成位于巴青县拉西镇28村的“牦牛育肥带建设项目”建设。项目总投资为285.6万元。完成总投资800万元的“2008年巴青县牦牛育肥项目”的育肥牦牛的组群工作以及饲草料基地建设。完成“巴青县短期育肥项目”，总投资300万元。三是无公害蔬菜大棚建设项目。无公害蔬菜大棚建设项目总投资48万元，新建高效日光温室7座。四是人工饲草料和草种繁育基地建设项目，项目总投资247.7万元。其中高产可灌溉人工种草总投资174万元，在巴青县拉西镇26村新建高产连片可灌溉人工饲草料基地300亩及购置部分机械化设备；分散人工种草项目总投资73.7万元，共计种草1992亩。

【基础设施建设取得新成就】2009年，巴青县建设项目共39个，其中续建25个,总投资12424多万元，新建14个总投资8696万元。一是农贸市场建设。新建县农贸市场项目，总投资606.8923万元，总建筑面积3671.9平方米。二是交通设施建设。2009年，巴青县10个乡镇已全部通车，通达率100%；156个行政村，其中86个行政村全天侯通车，占全部行政村的55.13%；新修道路桥梁工程214公里；续建项目14个，公路3条，里程101公里，桥梁10座全长376米，整治乡公路1条，里程45公里，改建桥梁2座。全县农村公路通车总里程达731.948公里。三是水利工程建设。第一批农村安全饮水项目 71 个，总投资 630 万元。第二批农牧区安全饮水项目共 6 个，总投资 115 万元。解决了 5129 人、31856 头（只、匹）牲畜的饮水问题。加强农电公司体制和经营管理，直接对 5 座电站运营管理。四是安居工程建设。2009 年农牧民安居工程建设覆盖 10 个乡镇，安居工程建设指标为 234 户，每户 100 平方米，其中民房改造 206 户、1030 人；扶贫搬迁 28 户、140 人。项目总投资为 801.8 万元。全部完成 234 户，防震加固同步进行。村级活动场所建设任务 105 个。五是其他项目建设。廉租房建设项目，总投资 405 万元，建设房屋 48 套共计 2940 平方米；垃圾填埋场建设项目，日处理垃圾 16 吨，总投资 1300 万元，占地面积约 23600 平方米；县中学改扩建项目，总投资 2011 万元，综合教学楼 4318.69 平方米，综合办公楼 413.69 平方米，教职工宿舍 2157.46 平方米，学生宿舍 4992.84 平方米，学生食堂 746.98 平方米，厕所及附属设备 160 平方米；敬老院，建筑面积 210 平方米，其中附属房 60 平方米，总投资 30 万元；社会福利院用房及附属设施 667.8 平方米，总投资 80 万元；藏医院，建筑面积 847.28 平方米，总投资 140 万元；幼儿园，建筑面积 701 平方米，总投资 50 万元。

【社会事业全面发展】教育工作进展顺利。2009 年，巴青县对教育事业投入经费 349 万元，占全年财政收入的 20.63%；投资 16 万元，印发大量的宣传标语，并在全县设立 14 个“普九”宣传牌，营造出浓厚的“普九”舆论氛围。2009 年，全县适龄儿童在校生 5412 人，适龄儿童入学率为 98.20%，初中在校生 2442 人(在外借读 241 人)，初中入学率为 90.71%；15 周岁人口小学教育完成 783 人，小学教育完成率为 87.98%，17 周岁人口中学教育完成 151 人，初中教育完成率为 16.76%。县四大班子始终把抓好“控辍保学”工作作为抓好巴青县教育工作成功的关键，保证巴青县“两基”工作，一抓到底、抓出成效。10 月，顺利通过自治区“普九”验收。

医疗卫生、文化事业迅速发展。乡镇卫生院建设总投资 381.16 万元，总建筑面积 427.12 平方米，参加合作医疗农牧民参合率 98.2%。加强食品药品检查，促进群众健康。加强免费医疗报销，儿童强化免疫和基础免疫工作。发放宣传资料 2 万余册，义诊 224 人次，免费发放药品 5600 元，共做绝育手术 14 例，发放节育药具 521 人次。人口自然增长率为 10.48‰，出生率控制在 15‰，三项节育率 42.4%。及时制定甲型 H1N1 流感紧急预案和具体实施性方案，投入资金 105 万元用于购买隔离区设备和疫苗等。

2009 年，为 10 个乡镇 6500 多户牧民发放卫星接受设备，新建立了 12 座单收站，为 5 个乡镇建成广播电视收转站，使电视“村村通”不断向“户户通”发展。利用县电视、流动电影放映车放映《百万农奴翻身得解放》、《红河谷》、《奴隶》、《孔繁森》等 7 部影片达 1950 场、人数达 6 万人次。共投资 324 万元，修建设 8 家农家书屋和 9 座乡村文化站，每家书屋由自治区新闻出版署解决价值 1.2 万元的图书，图书总价值 9.6 万元，由县财政资金解决总价值 1.32 万元的书架及相关设备。

【援藏工作顺利开展】2009，巴青县第五批援藏项目建设已接近尾声，包括县委、政府采暖工程，县委政府办公楼宾馆、援藏公寓及县级干部饮水工程，农牧民安居工程，县城给排水工程，巴青鞍山农贸市场工程，县政府网站，基层群众太阳能电视接收设备等，援藏资金总计达 800 万元。

尼玛县

【经济发展情况】2009 年，全县生产总值完成 31273.5 万元，同比增长 12.53%，其中第一产业完成 7060 万元，同比增长 4.11 %，第二产业完成 5509.7 万元，同比增长 36.30%，第三产业完成 18703.8 万元，同比增长 10.23%。县级财政收入 711 万元，同比增长 16.18%。农牧民人均收入达 4124.7 元，同比增长 19.11%，其中，现金收入 2750.5 元，同比增长 18.72%。乡镇企业收入完成 913.86 万元，多种经营收入完成 1638.21 万元。全年组织各种劳务输出 5217 人次，实现收入 790.84 万元。

【农牧业生产情况】2009 年，各类牲畜存栏 117.38 万头（只、匹），幼畜成活率 74.38%，大畜死亡率 4.43%。畜产品商品率 63%，出栏牲畜达 40.59 万头(只)，出栏率为 34.58%。畜产品产量分别为：羊毛 732.68 吨，山羊绒 108.95 吨，牛绒 73.72 吨，奶类 3596.77 吨，肉类 8037.72 吨，各类皮张 526729 张。农作物播种总面积 92.86 公顷，粮食总产量达 193.63 吨。

【基础设施建设稳步推进】全年共实施各类项目 26 个，总投资达 21421 万元，实际完成投资 12090 万元。其中包括：村级活动场所 51 个，总投资 867 万元，总面积 5894.78 平方米；乡兽防站 12 个，总投资 234.6 万元，总面积 1477.9 平方米；省道 S301 线、尼申公路、尼荣公路、尼军公路波仓藏布桥、县客运站 6 个投资 5000 多万元的项目顺利实施；饮水工程 8 处，总投资 50 万元。在退牧还草方面顺利完成了 2007 年、2008 年退牧还草工程全部建设内容。总投资 7300 万元、装机容量 1260KW 的波仓藏布水电站项目已完成总工程量的 60%。

【新农村建设项目情况】2009 年，全县安居工程项目为 999 户，分布于 12 个乡(镇)，工程总投资为 2124. 80 万元。安居项目以“国家补助”和“援藏配套”为主，资金捆绑使用，统筹安排，结合农牧民投劳务来完成。2009 年，尼玛县成立 15 个农牧民施工队，群众投劳务达 5.6 万人次，群众直接增收 224.50 万元。安居项目为 400 户贫困群众配套购置了藏式床、藏式柜、卡垫等室内家具。

【援藏工作成效显著】2009年，中国海洋石油总公司援藏资金为1931万元，实施援藏项目7个，同时援藏干部积极争取社会捐款75万元。中海油利用节余资金60万元为尼玛县购置两台翻斗车和一台铲车，帮助尼玛县组建第一个工程建筑队。投入150万元用作尼玛医疗教育培训基金。从专项扶贫资金中挤出100万元用作灾后重建资金。

【社会事业】全年共评选出县级文明户83户、县级文明单位3家、县级文明乡（镇）4个、县级文明村2个。举办科技讲座8场，发放青稞种植技术手册和科学养殖技术宣传单2000余份。全县适龄儿童3225人，小学适龄儿童入学率100%，适龄少年1575人，初中入学率96.27%。各乡（镇）卫生所提高农牧民门诊补偿比例，将门诊报销比例调整为100%，分配免费医疗经费353.7万元，大病统筹基金共报销415人次，报销金额406907.40元。在甲型H1N1流感防控工作中，政府专门拨20万元经费用于甲型H1N1流感防控工作，疫苗接种2058人次。

【获奖情况】2009年国庆前夕，县委副书记王江涛荣获“全国民族团结进步模范个人”称号，受到党和国家领导人的亲切接见，并参加了新中国成立60周年国庆观礼系列活动。

【领导名录】
县委书记：农 军
政府县长：赵 兵
人大主任：高学文
政协主席：索 巴

双湖特别行政区

【经济发展情况】2009年，双湖区按照“2222”经济社会发展思路和“2234”工作要求，以发展畜牧业为重点，以资源开发为突破口，全面加强经济建设，取得了较好成绩。生产总值完成2.107亿元，同比增长11.25%；实现财政收入946万元，同比增长24.64%；实现牧民人均现金收入3391元，同比增长20%；区农行存款5422万元，比年初净增327万元，完成全年计划93.56%；各项贷款2351万元，其中“三农”贷款1777万元，安居工程贷款282万元，促进了牧业生产和恢复。

【牧业艰难前进】（1）牧业受挫。2009年遭受了“5.26”重大雪灾，通过有关职能部门及广大干部群众的共同努力，灾害损失降到了最低。截止第3季度，全区已生各类幼畜21.9429万头（只、匹），成活17.1812万头（只、匹），成活率为78.3%，同比提高10.13%；成畜死亡数63323头（只、匹），死亡率14.25%，其中，“5.26”雪灾中死亡58287头（只、匹），死亡率13.13%，目前，各类牲畜存栏数达到54.2058万头（只、匹），牧业生产正在逐渐恢复。（2）牲畜疫病防治不留死角。确保了牲畜免疫密度和免疫质量。（3）草场承包责任制落实到户。全面贯彻落实“三个长期不变”政策，按照地区草场承包《三个办法》和《一个细则》规定，除嘎措乡仍保持原有体制外，其余6个乡镇草场已经100%承包到户或联户，激活了承包主体。（4）牧业基础设施建设进展顺利。

【基建力度不减】2009年续建项目6个，总投资1436.95万元；新开工项目12个，总投资2462.95万元。另外，中石油公司援藏项目8个，总投资1820万元。建设重点主要集中在乡镇、村，极大地改善了项目区基础设施，牧民群众进一步得到实惠。

【民政温暖人心】“5.26”雪灾期间，区民政局及时下拨救灾应急资金78万元、灾后救济款20.3万元和灾后重建家园资金28.82万元，发放抗灾物资价值20.2万元，另拿出9万元资金帮助受灾牧户恢复生产，广大党员干部踊跃捐款30多万元，解决了受灾牧户基本生产生活所需，减轻了受灾牧民群众损失。

【初步实现“住有所居”】区安居办坚持“宜改则改、宜建则建、宜迁则迁”原则及“六个结合”，对2009年地区安居办安排的游牧民定居工程174户、民房改造126户及3个村级组织活动场所建设任务，目前已完工234户，其中新建户154户、改扩建80户，其余66户预计本月中旬将全部完工。目前，上级各级配套资金到位546.57万元，援藏配套资金190万元，群众自筹资金203.9451万元，区财政配套资金23.7万元；村级活动组织到位资金45.9万元；已安装安居工程房屋门牌942户，近60%牧民群众住进了宽敞明亮的安居房。

【多种收入富民】截至9月底，多种经营收入582.6万元；组织劳务输出2321人次，完成年初计划92.47%，劳务收入372万元，完成年初计划90.73%；畜产品销售6833头（只），销售收入227.18万元；卤虫卵销售收入预计近200万元，其中牧民群众捕捞收入预计近100万元。

【社会事业全面发展】教育不断巩固：一是强化教育工作组织领导，进一步建立健全教育工作机制，先后选培5名中小学校长，组织80多名教师新课程培训；二是与各乡镇签订了教育目标责任书，具体落实了目标责任，全区小学适龄儿童入学率为98.95%，初中入学率为97.39%，顺利通过地区“两基”工作组复查；三是严格教育“三包”经费管理，教育大宗材料实行政府统一采购达97万元。

卫生不断深入：新型合作医疗覆盖面达到100%，牧民群众参合率达到98%以上。为防控H1N1流感疫情，区政府及时下拨10万元防控资金，并组派工作组诊治，采取隔离与治疗措施，使疫情得到及时有效控制。糖丸强化免疫和麻疹强化接种接种率分别为100%和99.48%。

【领导名录】
区委书记：珠 巨
区委副书记、区长：贡 嘎

阿 里 地 区

阿里地区

【经济发展情况】2009年，阿里地区完成生产总值16.34亿元，同比增长（按可比价计算）11.3%；地方财政收入完成9225万元，同比增长27.1%；农牧民人均纯收入达到3148元，同比增长16.8%；城镇居民人均可支配收入达到1.64万元，同比增长12.6%；全社会固定资产投资完成17.3亿元，同比增长19.9%；社会消费品零售总额达到3.92亿元，同比增长19.75%。

【以安居工程为主的新农村建设进展顺利】完成了1642户安居工程建设及抗震加固任务、40个村级活动场所建设，新修乡村公路898.3公里，新增安全饮水人口1.5万人，农牧区安全饮水人口达到5.65万人；薪柴替代工程加快推进，全年实施农村沼气1067户，实现竣工点火492户；新增17个建制村通电话；扎实推进扶贫工作，全年投入扶贫农发资金7561.4万元。

农牧业发展方面，投资180万元实施了中低产田改造项目，推广种植优质青稞1.74万亩，种植蔬菜1197亩，新建大棚温室14座，发展种植业大户80户。实施人工种草5.8万亩，退牧还草240万亩，种植优质牧草1万亩，牧草产量达到200万公斤。养殖白绒山羊87.3万只，占养殖牲畜的30%。新建白绒山羊养殖示范户408户。投资1078万元加强了兽防队伍培训和疫病监测站点建设。落实农机具购置补贴150万元。落实生态效益补偿基金1275万元、退耕还林补偿金120万元、野生动物肇事补偿金207.66万元。

基本建设方面，全年新增投资项目15个，总投资2.3亿元。219国道改扩建、巴札公路等重点项目稳步推进，改则水电站建成发电、昆莎机场校飞成功；狮泉河光伏电站开工建设，措勤县电站已批复立项，并完成项目法人组建工作。“十一五”规划项目已完成投资55亿元，完成规划投资的80%。完成招商引资项目7个，引入资金1700万元；成立建筑工程公司4家，注册资金1.5亿元。防灾减灾工作深入开展，全年建设牲畜棚圈2503套，投入1000万元购买储备了抗救灾物资。“十二五”规划编制工作进展顺利，初步形成了阿里地区“十二五”总体发展思路，计划投资336亿元。

服务业方面，全年接待国内外游客4.23万人次，实现旅游收入4299.6万元，创汇315.2万美元，同比分别增长1.34倍、2.26倍和4.73倍。全年实现劳动力转移4.5万人次，创收5168万元。农牧民专业合作组织发展到36个，入会1948户，发展农牧民经纪人9人，带动交易额130万元。农牧区商品流通体系逐步完善，投资244万元开展了“家电家具”下乡、“万村千乡”和“双百”市场工程，新建农家店40家。农牧区个体工商户发展到743户，同比增长16.3%。

【始终抓住政府自身建设，服务水平不断提高】学习实践科学发展观、领导干部作风建设年、民族团结宣传教育和千名干部进百村开展“两帮助”活动成效显著，各级党政组织坚持把边学边查边改和解决突出问题贯穿始终，农牧民群众最关心、最直接、最现实的困难和问题得到有效解决。全年各级各部门下乡调研1720人次，查找出影响和制约科学发展以及群众反映强烈的突出问题406个，已解决323个；制定整改方案109份，重新修订机制制度115项、新建272项、废止38项，投入资金281万元，为群众办实事办好事761件。

【始终抓住稳定这个第一责任，平安阿里建设稳步推进】坚持以“点线面结合、党政军警民联防”的科学稳定观为指导，加强组织领导，细化维稳措施，明确维稳责任，强化巡逻检查，社会局势持续保持稳定。加强边境管控和情报信息搜集研判和后勤保障工作，粉碎了达赖集团的分裂破坏活动。按照“属地管理、分级负责”的原则，信访工作机制不断完善，民众利益诉求渠道更加顺畅；矛盾纠纷排查调处机制更加健全，各类社会矛盾得到有效解决，全年共排查调处各类矛盾纠纷和来信来访834起，调解答复率达到100%。基层110报警服务站点不断健全，政法队伍建设不断加强，基础设施条件不断改善。强化了对重点行业、重点领域、重点单位的安全监管，着力消除事故隐患，有效遏制了各类重特大安全生产事故的发生。

【始终抓住改善民生这个重点，社会事业全面推进】新增城镇就业再就业1317人，400个公益性岗位指标全部得到落实；为困难企业职工兑现补贴51.4万元。完成了630套廉租住房建设任务，城镇低收入群体的住房条件明显改善。深入开展“3·28”西藏百万农奴解放纪念日办实事活动，累计发放各类物资及慰问金1309万元。清欠历史遗留的“双拖欠”款3859万元。根据阿里实际，建立了农牧民贷款担保基金；安排资金158万元实施了涉农政策性保险试点，已赔付补偿金183万元；安排资金74万元购买了农牧民大额医疗保险，兑现保险费58万元；安排资金20万元作为农牧民住院保证金，缓解了农牧民住院难问题；向城乡困难群体发放购物券180万元，有效刺激了消费需求增长；向城乡低保、五保供养、贫困大学生等发放生活救助补助1154.6万元。普九任务全面完成，“两基”攻坚成果巩固提高和迎国检工作扎实推进；“学校解困”、“中小学校舍危房改造”进展顺利，中等职业技能培训顺利启动；完成师资培训233人，学校管理和师资队伍建设得到加强；适龄儿童入学率、初中入学率分别达到98.2%和91.3%。经过5年的合作研发，醉马草防治研究取得成功；新增科技特派员40名，全地区科技特派员达到136人，其中农牧民科技特派员57人。农牧区合作医疗参合率达到98.8%，孕产妇住院分娩率达到83%；实施了7个县卫生服务中心附属设施建设、2个县综合门诊楼和地区人民医院改扩建项目；地方病、传染病防控工作得到加强；高度重视甲型H1N1流感防控工作，安排专项防控经费160万元，严格落实防控措施，有效控制了疫情蔓延；儿童免疫工作取得新进展，接种儿童近 1.1 万人次。碘盐市场覆盖率达到80%以上。第三届阿里象雄文化旅游节成功举办。地区财政补贴60万元在农牧区推广3000套卫星电视接收设备，西新工程、广播电视户户通工程、农村电影放映工程、有线数字电视改造工程顺利实施，广播电视覆盖率分别达到76%和75%。完成7个县综合文化活动中心、4个乡镇综合文化站和56个农（牧）家书屋建设，并为每家书屋配备了2万元的农牧区适用图书。

【始终抓住生态保护和建设，环保工作取得实效】全区第一次污染源普查和全区土壤污染状况调查工作基本完成，节能减排工作扎实推进；环保执法监管力度加大，环保专项整治行动成效明显，农牧区环境保护不断加强；认真做好砂金矿禁采工作和草场恢复工作；在城镇深入开展了植树造林和以“三清三化一提高”为重点的文明城镇创建活动，城镇死角垃圾等问题得到有效解决；城镇给排水管网和路网基本形成，城镇功能不断完善；绿化、硬化、亮化工程稳步推进，城镇卫生条件不断改善。

阿里地区统一战线工作

【以科学发展观为指导，不断开创工作新局面】2009年，阿里地委统战部把开展科学发展观学习实践活动作为强化理论武装、服务科学发展的重大契机，作为加强党的先进性建设和提高执政能力的有效载体，精心组织，周密部署，采取多种形式，深入基层、深入一线、深入统一战线广大成员，开展调查研究并形成了有分量的调研报告4篇。及时组织召开了调研成果交流会，切实达到相互学习、统一认识、完善措施的效果。通过广泛讨论，切实转变了不适应不符合阿里科学发展、长治久安的思想观念，在事关科学发展、和谐稳定的全局性重大问题上统一了认识、形成了共识。

【以发展壮大爱国统一战线为基础，坚持做有针对性的宣传教育引导工作】一是充分发挥联系广泛的优势，积极发挥作用，先后组织召开了2009年春节、藏历土鼠新年统战各界人士座谈会、阿里地区各界人士爱国主义座谈会；开展了西藏民主改革50周年纪念活动、“西藏百万农奴解放纪念日”活动等一系列纪念、宣传活动；在广大统一战线成员中广泛开展了宣传科学发展观、全区经济工作会议、地区工作会议等会议文件精神的工作，切实把广大统一战线成员的思想统一到区党委、地委的安排部署上来，努力把各方面的智慧和力量凝聚到促进阿里地区经济平稳较快发展上来。二是及时掌握党外人士的思想动态，有针对性的开展思想政治工作。以坚持中国共产党领导、坚持中国特色社会主义道路、坚持民族区域自治制度为核心，以反对分裂、维护祖国统一为主要内容，以西藏民主改革50周年纪念活动、“西藏百万农奴解放纪念日”活动、阿里地区各界人士爱国主义座谈会等为有效载体，深入开展了宣传、教育和引导工作，促使广大统一战线成员增强了反对分裂的自觉性，巩固和壮大了爱国统一战线力量。

【以服务发展为中心，加强非公经济人士的统战工作】积极发挥作用，不断凝聚广大工商联会员的智慧和力量，团结广大非公有制经济代表人士更好地为阿里的各项事业贡献力量，鼓励和支持非公经济人士积极投身阿里地区社会主义新农村建设、扶贫开发和社会公益事业。2009年，全地区非公经济共投入新农村建设资金30多万元，扶贫开发资金32万元，投入扶贫济困、社会公益事业资金430万元，累计为社会捐款达120余万元。

【以科学管理为标准，加强统战部门自身建设】通过大力加强干部队伍自身建设，提高了履行统战职能的水平，充分发挥了参谋助手作用。落实制度建部、从严治部、调研兴部的要求，建立健全各项制度，推进了统战工作制度化、规范化、程序化。加强社会治安综合治理，加强了机关安全建设。根据反分裂斗争形势的发展，进一步强化了保密工作，在认真抓好管理和防范工作的同时，进一步推进保密建设，加大保密设备的配置力度，增强保密意识，提高保密技术水平不断推动了保密工作的进展。

阿里地区妇女联合会工作

【切实维护妇女儿童合法权益】阿里地区妇女联合会始终紧紧抓住事关妇女儿童的民生问题，切实加强法制宣传，提高广大妇女的法律意识和自我保护意识，注重从源头上维护妇女儿童合法权益，坚持以人为本，针对弱势妇女儿童的维权需要提供帮助。在地区狮泉河镇主要街道开展了以“维护妇女儿童合法权益、营造两性和谐发展”为主题的“三八”维权宣传周活动。在活动中，向过往群众发放了妇女儿童权益保障的法律法规材料120多份，“中国妇女十大传达提纲”92份，藏、汉版的妇女杂志61本，防治爱滋病知识宣传手册36份，并向群众现场讲解了关于保护妇女儿童合法权益的法律法规，回答群众咨询达20多人次。同时，出动宣传车一台，在地区主要街道巡回播放保护妇女儿童合法权益的宣传磁带，在全地区广大群众特别是妇女群众中引起了热烈反响，掀起了一股学习维权知识的热潮，极大地扩大了保护妇女儿童合法权益的覆盖面和影响力，营造了尊重妇女、爱护儿童的良好社会氛围。2009年，阿里地区妇女联合会本着积极预防和有效化解各种家庭纠纷和矛盾、维护稳定和把矛盾和问题解决在萌芽状态的目标，充分利用已开通的“12338”维权热线，为妇女儿童提供来电咨询、法律援助等维权服务。分管领导亲自接待信访妇女，来信来访内容涉及家庭暴力、婚外恋和单亲家庭妇女寻职等问题，通过耐心劝教和法律帮助，受害妇女的合法权益得到了维护，来信来访群众满意率为100%。

【大力推动妇女、儿童发展纲要实施】为顺利完成《阿里地区妇女发展纲要（2001-2010）》、《阿里地区儿童发展纲要（2001-2010）》中制定的各项目标任务，地区行署妇儿工委办公室（地区妇联权益科）积极完善各项工作制度，采取化整为零的办法将纲要各项指标任务按职能分解到各成员单位，使妇儿工委办工作运转有序、服务到位、协调有力、督导有效。各成员单位认真履行职责，密切配合，采取有力措施推动重点难点指标的落实，使两个纲要的目标任务得到了较好的贯彻和实施，妇女儿童的生存、保护和发展状况有了明显的改善。2009 年 5 月，由地区行署妇儿工委牵头召开了由地区卫生、发改委、财政、教育体育、组织部等 28 家成员单位负责人参加的阿里地区行署妇女儿童工作委员会各成员单位联席会议。会议主要围绕妇女儿童发展纲要进行工作部署并提出了具体要求。要求各成员单位提高思想认识，增强做好妇女儿童工作的责任感和使命感，切实负起责任，义不容辞的履行好职责。抓好措施落实，力求突破重点、难点指标，形成推动“两纲”实施的合力。从 9 月底，地区行署妇儿工委办公室对阿里地区七县妇儿工委和 28 家成员单位实施妇女儿童发展纲要的情况进行了全面摸底和督查，对个别县妇儿工委和成员单位上报“两纲”自查报告的情况和实施“两纲”过程中存在的重点、难点指标进行了通报。

【开展“三八”、“六一”庆祝活动】为隆重纪念“三八”国际劳动妇女节 99 周年，阿里地区妇女联合会举办了迎“三八”国际劳动妇女节乒乓球比赛和拔河比赛，对获奖人员一一发放了奖状、奖金。“六一”期间，分别到孔繁森小学、地区小学、地区幼儿园开展了“六一”慰问活动，了解孩子们的学习、生活情况，分别向三所学校送去了慰问金 800 元，向地区的孤残儿童、留守儿童、流动儿童、贫困儿童等送去慰问金和学习用品共计 6600 元。

【获奖情况】普兰县妇联　荣获全国“三八”红旗集体

农行西藏阿里地区噶尔县支行　荣获全国巾帼文明岗

白姆　荣获全国“三八”红旗手　阿里地区噶尔县狮泉河镇加木村党支部书记兼村委会主任

才卓　荣获全国“三八”红旗手　阿里地区人民医院护士长

胡雪飞　荣获全国“三八”红旗手　阿里地区妇联党组书记、主席

普布桑姆　荣获全国妇女“巾帼建功”活动标兵　荣获阿里地区公安交警支队政委

人行阿里地区中心支行女职委　荣获自治区“巾帼建功”先进集体

中国移动通信集团西藏有限公司阿里分公司　荣获自治区“巾帼建功”先进集体

春花　荣获自治区“巾帼建功”先进个人　阿里地区人民医院院长

达瓦桑姆　荣获自治区“巾帼建功”先进个人　阿里地委办公室

尼珍　荣获自治区“巾帼建功”先进个人　农行阿里中心支行营业部

丹珍　荣获自治区“巾帼建功”先进个人　阿里地区国税局

次珍　荣获自治区“巾帼建功”先进个人　阿里地区工商局

措勤县措勤镇达东村　荣获自治区“双学双比”先进集体

噶尔县昆莎乡索麦村　荣获自治区“双学双比”先进集体村

改则县教育局　荣获自治区“双学双比”先进集体

日土县多玛乡乌江村妇代会　荣获自治区“双学双比”先进集体

阿里地区札达县妇联　荣获自治区“双学双比”先进集体

德曲　荣获自治区“双学双比”先进个人　措勤县措勤镇措勤村村两委班子成员兼村妇委会主任

白姆　荣获自治区“双学双比”先进个人　噶尔县狮泉河镇加木村党支部书记兼村委会主任

桑吉　荣获自治区“双学双比”先进个人　改则县民政局副局长

南珍　荣获自治区“双学双比”先进个人　革吉县法院党组成员副院长

达娃拉姆　荣获自治区“双学双比”先进个人　普兰县赤德村妇联主任

次仁卓嘎　荣获自治区“双学双比”先进个人　日土县德汝村纪检委员、村妇委会主任

张红　荣获自治区“双学双比”先进个人　阿里地区札达县妇联副主席

阿里地区检察工作

【年度综述】2009 年，阿里地县两级检察机关以“维护稳定，服务发展，促进和谐”为目标，加强执法力度，强化法律监督，深化检察体制和工作机制改革，切实提高执法水平和办案质量。全年共受理公安机关移送批捕案件 43 件 69 人，同比 2008 年下降 14%，批准逮捕 38 件 63 人，同比 2008 年下降 12%。共受理公安机关移送审查起诉案件 28 件 35 人，同比 2008 年下降 39%，移送起诉 28 件 35 人，同比 2008 年下降 36%。指定专人负责开展未成年人犯罪的批捕、公诉工作。2009 年，阿里地区检察分院加大了对重点建设项目的专项预防力度，共开展法制宣传 3 次，参加工程招投标监督 15 起，并按照区检院要求阿里分院预防处和噶尔县院共同参与了阿里昆莎机场等大中型建设项目职务犯罪预防工作的实施。

【强化检察队伍建设，不断推进各项工作顺利开展】一是积极开展好人才引进和培训工作，主动向区检院和地委组织部做好阿里检察机关缺员状况的专项汇报。2009 年，按照区检院要求分别选派了 3 名干警到区检院开展为期 1 年的岗位锻炼。选派 3 名干警参加全区检察机关检察专线网络建设和网页制作技术，全面加强阿里检察机关网络管理工作。先后选派两级院 58 名领导和干警到北京、云南、拉萨等地参加了岗位锻炼、司考培训和各类业务培训。二是按照分院领导班子包干各县的要求，结合科学发展观活动，分院组成了以党组书记、检察长以及各副检察长为组长的调研小组先后赴噶尔、改则、革吉、札达、措勤 5 县院进行考察和工作指导，并撰写调研报告 3 篇。组织全院干警为分院扶贫联系点改则县察布乡玛日玛村和美仁村群众捐款 13700 元并组成扶贫工作组前往两村开展了扶贫调研工作，投资 16000 元在察布乡政府所在地组织村民修建一个 60 平方米的扶贫联系中心兼百货店，以便于更好的向广大农牧民群众传达各项惠农政策，解决美仁村、玛日马村村民购物难的问题。三是以纪念建国 60 周年和西藏实行民主改革 50 周年为契机，积极组织干警参加了阿里地区“千人唱红歌”大合唱；西藏民主改革 50 周年演讲比赛；阿里分院科学发展观知识竞赛；消防知识竞赛、领导干部作风建设年演讲比赛等各类文体活动，并参与了开展了阿里地区狮泉河镇植树绿化活动。四是与各部门建立了业务信息共享平台。同地区纪检委联合出台了《关于中共阿里地区

纪委纪检监察室、阿里分院反贪局实行案件线索共享的意见》，与地区税务局、工商局等共18家单位制定了《阿里检察分院与地区行政执法单位关于实行信息共享的意见》，建立了线索移送制度、介入调查制度、备案审查制度。五是加强了对重大、疑难案件的监督。同地区公安处互签了《适时介入领导侦查取证工作制度》，加强了对案件办理工作的监督和指导。六是顺利召开人民监督员换届选举大会，完成阿里两级院人民监督员换届任选工作，任命新一届人民监督员共28人，其中阿里分院7人，7县院各3人。七是积极同电信部门联系，开通了全国统一举报电话12309。

【努力做好社会矛盾化解工作】阿里地区检察分院始终坚持畅通群众诉求的合法渠道，认真行使检察职责，落实检察环节各项工作，充分运用控告申诉检察职能，积极开展人民内部矛盾纠纷的排查调处工作，把涉及群众经济利益纠纷、劳务纠纷、涉法上访和涉检上访等问题作为工作重点，认真解决了一大批群众的控告申诉诉求，把矛盾化解在基层，化解在萌芽状态，尽量避免群体性事件及由此引发的事故隐患，消除不安定因素。

【获奖情况】扎西　荣获阿里分院党组成员、副检察长 于2009年7月被中共阿里地委授予“优秀党员”。

阿里分院被阿里地委评为2009年度县级目标管理先进单位。

崔来春　荣获札达县检察长　于2009年7月被中央政法委、解放军总政治部授予《维护国防利益和军人军属合法权益工作》“先进个人”。

阿里地区司法工作

【全力开展维稳工作】2009年，阿里地区司法处把做好“10·1”及“3·10”、“3·14”等重大节假日和敏感时期的维面动员、周密部署，密切协作，狠抓落实，全力维护社稳工作作为所有工作的重中之重，全会局势稳定。一是牢固树立抓维护稳定，推动社会长治久安的思想，加强组织领导，及时成立维稳工作领导小组，坚持实行24小时双人双岗及带班领导制度。落实了措勤、革吉、札达、日土四县司法局中央政法专项编制20人和29个乡镇司法所司法助理员专项编制29人，共49个编制。二是制定了专门的巡逻值班制度，加强了巡逻值班，在重大节日和敏感时期每天出动6名干警、2辆巡逻车，实行24小时巡逻，切实维护了狮泉河镇社会局势稳定，有效保障了群众生命财产安全。三是认真开展矛盾排查调处工作，严防群体性事件。

蹲点时间达两个多月。

【法制宣传教育稳步推进】2009年，阿里地区司法处按照法律“三下乡”的要求，深入噶尔县左左乡、门士乡、狮泉河镇加木村、日土县日土镇热角村等地，开展了以“法律下乡、服务群众”为主题的法制宣传活动，给群众宣传和讲解了与农牧民群众生产生活息息相关的法律法规知识，共发放宣传单400余份、发放法律书籍150册。为进一步发挥村党支部书记在基层人民调解工作中的作用，利用地委党校组织全地区村党支部书记进行培训的机会，选派精通藏文的普法工作人员对村党支部书记进行了关于人民调解法律知识的授课。“三月综治宣传月”、“9.16”、“6.26”等法制宣传日活动期间，阿里地区司法处采取挂横幅、贴标语、巡回宣传、播放录音光盘等方式，大力宣传相关法律法规，给过路行人、商场及店铺发放《反分裂国家法》、《治安管理处罚法》等宣传资料共3000余份。开展“法律进企业”和“法律进寺庙”活动，并发放宣传资料100份、法律援助书籍70册、维护社会稳定法律书籍80册。同时，对地区外贸公司、水泥厂等企业员工中开展法律知识考试。高度重视首届“防灾减灾”活动，在全地区范围内进行了《防灾减灾法》、《突发事件应急法》的法制宣传，切实提高公众突应急避险意识。阿里地区司法处还组织领导干部举行法制讲座2次，参会领导干部近70人，组织收看电视电话会议1期，参会领导110人，切实提高了领导干部的法治意识。组织全地区正科级以上领导干部进行法律知识考试，进一步提高全地区正科级以上领导干部依法管理、依法办事能力。获得了中共中央宣传部、中华人民司法部、全国普及法律常识办公室颁发的全国“五五”普法中期先进单位。

【充分发挥法律服务作用，社会效益日益突出】一是公证工作水平不断提高。阿里地区司法处积极组织公证人员参加公证业务培训，提高业务水平，拓宽服务领域，全力规范办证程序，努力提高公证质量和队伍整体素质，切实提升公证品位。2009年，阿里地区公证处共办理公证事项263件，其中单方法律行为公证（委托、遗嘱、声明、保证、捐赠）161件；现场监督（招投标、开奖）81件；合同、协议公证（经济合同、民事协议）15件；继承权公证3件；婚姻家庭事务公证（未婚、亲属、收养）3件，创历史新高。二是律师工作健康发展。律师事务所共受理刑事案件3例，民事案件1例，法律援助刑事案件2例，代书6件，咨询23件。三是大力推进法律援助工作。法律援助中心加强为弱势群体和农民工工资拖欠问题的法律援助，提供各种法律援助服务24件（其中刑事辩护8例，民事非诉讼3件，民事案件13例），代书6件，解答法律咨询44起，发放各种条例300余份，开展2次法律援助调研工作，社会效益日益明显。大力营造法律援助工作氛围，把法律援助工作作为一项光彩事业、民心工程来抓，进一步整合律师、法律援助工作者队伍，深入基层为广大弱势群体送去法律知识，大力推进法律援助进社区、进贫困群体家庭。2009年，成功调解2例拖欠民工工资纠纷案件，及时兑现23.4773元拖欠工资。

【基层人民调解工作】2009年，阿里地区司法处共受理各类矛盾纠纷597起。其中：措勤县民事纠纷案件250起；改则县民事纠纷案件92起；革吉县民事纠纷案件54起；噶尔县民事纠纷案件57起；札达县民事纠纷案件42起；日土县民事纠纷案件39起；普兰县民事纠纷案件65起。矛盾纠纷调处成功率基本达到100%。

【劳教场工作和安置帮教工作成效显著】2009年，阿里地区司法处加大教育转化力度，以课堂化教育为主导，实行课时制，基础教育和分类文化教育课分别达到285课时和205课时，覆盖率达100%，刑释解教人员建档率为100%。

阿里地区发展改革工作

【年度综述】2009年，阿里地区发展改革委充分发挥“参谋部、规划部、协调部”的职能，克服拉萨“3·14”事件后续影响，牢牢抓住国家实施经济刺激政策，围绕“保增长、保民生、保稳定”的总体要求，全力应对各种挑战，确保了经济平稳较快发展。2009年全地区生产总值实现（GDP）16.3亿元，增长11.3%；固定资产投资额完成17.3亿元，增长19.9%；财政收入9225万元，增长27.1%；社会消费品零售总额完成3.9亿元，增长19.75%；农牧民人均纯收入3148元，增长16.8%。

【加强和改善宏观调控，参谋助手作用得到进一步体现】一是深入贯彻落实经济调控政策。认真开展调查研究，着力加强经济运行监测预警，及时做好经济运行分析，先后对地区季度、半年和全年度的经济运行进行分析，为地委行署决策提供了科学依据；进一步加强价格监管工作，整顿规范市场价格秩序，加强市场价格调控，深入价格运行分析，制定和调整了管理权限范围内的价格收费标准，开展了重点行业收费等清费减负治乱工作。完善重要商品价格监测和预警制度，相继开展了涉农、涉企、教育、医药、电力等一系列价格专项检查和重大节日的市场巡查、重点检查，并在重大节假日对价格违法行为实施了告诫，确保居民价格指数控制在5.8%以下。二是加快推进“十二五”规划编制。按照自治区发展改革工作会议关于“十二五”规划工作的有关意见，报请行署出台了《关于做好阿里地区“十二五”规划编制工作的意见》，全面部署规划编制工作。组织人员认真梳理地区“十二五”规划项目以及《纲要》的意见和建议，形成了《阿里地区“十二五”时期国民经济和社会发展规划纲要》草案。阿里地区“十二五”规划纲要计划申报项目338个，总投资437.5亿元。

【以“三农”工作为重点，加大落实各项惠农政策，促进社会主义新农村建设】一是切实改善农牧民生产生活条件。围绕“八个基本解决”，积极争取国家、自治区投资，加大农牧民安居工程及其配套设施建设。解决1.5万人饮水安全问题，新修乡村公路898.3公里，解决了17个村通电话，完成了1067户农村沼气池建设，完成了1642户安居工程建设及抗震加固任务，建设牲畜棚圈2503套。二是加强特色产业建设。按照“稳定发展第一产业”经济发展战略要求，坚持以市场为导向，注重产业基地集群的建立，进一步扩大特色产业经济效益。重点申报了人工种草、藏西北绒山羊生产基地、藏系绵羊育肥基地、无公害反季节蔬菜生产基地建设等24个项目，总投资1.24亿元，为提高阿里地区特色农畜产品市场占有率和竞争力，为加快农牧业产业步伐奠定了坚实基础。三是千方百计增加农牧民收入。结合以工代赈、农村公路、农发扶贫等项目建设，加大农牧民技能培训和劳务输出力度，不仅使农牧民群众在工程建设结果上受益，还在工程建设过程中实现增收。2009年，全地区共完成农牧民培训5080人次，实现就业人数114人，组织牧民群众劳务输出5.5万人次，实现劳务创收5168万吨元。

【投资落实力度加大，各类项目建设顺利进行】会同相关部门加大同自治区有关部门的汇报衔接力度，积极争取投资。2009年全地区共开工基本建设项目134个（包括国家、自治区、援藏、扩大内需项目等），完成投资17.3亿元，完成2009年计划投资16亿的108%，其中：国家、自治区投资16.2亿元，援藏资金8958.93万元。同时，加强招商引资工作。2009年落实招商引资项目7个，完成投资1700万元，其中：预制行业4个、能源综合开发利用行业3个。4家建筑分公司在阿里备案，注册资金1.5亿元。

【项目前期工作进展顺利，为争取项目奠定了基础】2009年，阿里地区发展改革委积极推进和完成了日土、革吉、改则、措勤四县垃圾填埋场，措勤县供水、集中供暖，七县卫生服务中心项目，地区藏医院，狮泉河青少年活动中心、狮泉河新市政大桥、狮泉河河道整治，地委党校改扩建，地区农贸批发市场监测系统，全地区旅游基础设施等项目前期工作。

【切实加强项目管理，项目质量得到进一步提高】联合各相关单位，对全地区建设项目进行了三次工程质量大检查，并召开了全地区工程质量通报会，对检查出来的质量问题逐一进行了通报，提出意见，责令限期整改，以确保项目质量和投资效益。

【积极推进经济体制改革，促进了经济平稳运行】一是继续深化国有企业改革。协调强化产业导向作用，稳定优化国有经济结构，使国有经济布局结构调整更加切合阿里地区实际。二是认真贯彻落实国务院出台的十大产业调整和振兴规划。争取民族手工业发展项目资金，报送符合国家及自治区备案条件的企业24家，并建立充实了工业、服务业产业项目库。

阿里地区财政工作

【年度综述】2009年，阿里地区经济继续保持了快速健康的增长势头，总财力和一般预算收入保持了两位数的持续增长。基本支出应保尽保，公共保障范围不断扩大，保障标准和保障能力进一步提高；重点支出增长较快，支出结构进一步优化；财力不断向“三农”倾斜，有力地推动城乡协调发展；全面落实民生政策，改革发展成果惠及更广大人民群众；制度创新加快推进，各项改革取得了新的进展；支农惠农政策深入人心，农牧民群众深切感受到党和政府的温暖。

【财政实力逐步壮大】2009年，全地区财政总财力达到129409万元，同比增长21%；一般预算收入突破九千万元大关，达到9225万元，完成预算的117%，同比增长27%；全地区财政支出完成124228万元，完成预算的182%，同比增长32%。财政收支均创历史新高。

【财源建设后劲不断增强】2009年共安排基本建设项目资金6.05亿元，同比增长130%，创历史最高。协调和积极争取项目，以投资拉动经济发展；积极争取中央、自治区在财政政策和资金方面的扶持。2009年全地区上级补助收入107228万元，同比增长15.2%，对缓解阿里地区财政困难，保障重点事业发展发挥了积极作用。

【财政保障能力进一步提高】阿里地区财政部门以“安居乐业”为突破口，深入推进社会主义新农村建设，2009 年全地区支农总资金 1.86 亿元，同比增长 149.36%，安居工程建设资金达 4694 万元，安排资金 3129.6 万元完成了 40 个村级组织活动场所建设，安排 2400 万元(财政口）支持特色产业建设，抗救灾资金投入近 400 万元；为保障和改善民生，全面促进各项社会事业发展，2009 年全地区教、科、文、卫等领域支出 24093 万元，同比增长 12%，社会保障和就业支出 7578 万元，同比增长 10%，安排 74.08 万元购买了农牧民大额医疗保险，安排 158 万元实施了涉农政策性保险试点，投入 547 万元（含自治区补贴资金）购买了 400 个公益性岗位，发放 1154.6 万元城乡低保、五保户供养、贫困大学生等生活补助救助，安排资金 911.6 万元用于狮泉河镇办公及生活用电，地区财政安排 500 万元用于廉租房、周转房配套建设，安排 483.7 万元用于人民医院附属工程建设，多方筹措资金 4000 多万元用于解决工程款拖欠问题；地县财政部门坚持稳定压倒一切，进一步加大维稳经费投入，有力地维护了社会局势的稳定。

【财政支农惠农政策深入人心】2009 年初，在地区财政工作会议上明确要求各县财政加大支农惠农政策宣传力度，并安排专项资金予以奖罚。通过下基层宣讲、发放《财政支农惠农政策明白卡》、利用电视媒体宣传政策等形式，财政支农惠农政策家喻户晓、深入人心，广大农牧民充分感受到了惠在何处，惠从何来。以财政为牵头单位协调相关部门认真开展了“3·28”西藏百万农奴解放纪念日为群众办实事好事工作，农牧民群众感受到了党和政府的温暖。认真落实兑现支农惠农政策。安排“五保户”供养资金、农牧民免费医疗资金 956.48 万元，建立了村干部定期体检制度，安排村干部待遇提高部分经费 156.77 万元，对年满 60 周岁以上的农牧民已发放新型农村养老社会保险金 20.4 万元，投入扶贫农发资金 7561.4 万元，兑现农机具购置补贴、种粮农民补贴、化肥补贴 250.74 万元；落实生态效益补偿基金 1275 万元、退耕还林补偿金 120 万元、野生动物肇事补偿金 207.66 万元；补贴 60 万元在农牧区推广 3000 套卫星电视接受设备，安排资金 244 万元开展了家电家具下乡、“万村千乡”和“双百”市场工程，其中家电家具及汽车摩托车下乡兑现 6.2 万元补贴资金。

【财政改革稳步推进】阿里地区财政进一步深化财政改革，全面加强财政科学化、精细化管理。继续深化部门预算改革，全地区县直党政群机关后勤服务社会化改革工作也顺利完成。继续深化收支两条线改革，全年收缴入库非税收入 3202 万元。政府采购管理更加规范，采购规模进一步扩大，2009 年全地区实现政府采购 2069 万元，资金节约率达 10%。财政投资评审进一步加强，共评审项目（含工程预算）28 个，送审投资 5006.63 万元，平均审减率为 2.3%。加强国有资产经营管理，全年收缴经营性国有资产收益 190 余万元。

【财政监管体系日趋完善】阿里地区财政部门积极协调监察、审计等部门对项目资金进行监督检查。同时，预算、农财、行财、监督检查等科室相互配合，对财政性大额资金进行跟踪，协调项目管理部门及时报送工程进度和工程发挥效益情况，加大了财政监督力度，有效提高了资金的使用效益。负责并协调纪检、监察、审计部门全面深入开展“小金库”专项治理工作，对各县、地直各单位“小金库”检查中发现涉及财政财务方面存在的问题也及时进行纠正和整改。加强对会计从业人员的管理和业务指导，为进一步规范财务工作打下了坚实基础。同时，配合有关部门积极开展工程建设领域突出问题专项治理工作。加强会计集中核算，有效地控制了部分单位的不合理支出，节约了经费。

阿里地区国税工作

【组织收入】2009 年，阿里地区共组织各项收入 9529 万元，完成全年计划参考数的 105%，同比增收 756 万元，增长 9%。税收收入累计入库 9315 万元，同比增收 749 万元，增长 9%。

【税收征管】2009 年，阿里地区税务局在金融危机、基本建设投资少、市场疲软等不利因素影响下，及时召开地区税收征管工作会议，分析形势，研究对策，认真分解税收任务，层层落实税收计划，领导干部深入征管第一线指导和督促组织收入工作，广大税务干部发扬勇挑重担和不怕艰难、顽强拼搏的精神，坚守岗位，任劳任怨，忘我工作，组织税款及时足额入库。

【加强税源管理】强化零散税务征收，有力堵塞税收漏洞，防止税款“跑、冒、滴、漏”。一是加大开展税源调查力度，进一步摸清全地区税源情况，把采矿业、畜产品、基本建设等重点行业纳入重点监控范围，加大税法宣传和税款征收执行力度，及时掌握了主要税源的发展变化情况，努力做好税源精细化管理，确保了税收的均衡入库。二是加强了对零星税源的征管工作，加大对零散税收的稽查力度。三是加强集贸市场税收管理。各征收单位对所属集贸市场进行了多次清查整顿，对无证经营户及未按规定申报的纳税人进行了全面清查，清理整顿了一批“游击户”和“钉子户”。

【加大税务稽查力度，严肃查处各种涉税违法违纪案件】阿里地区税局在全地区范围内认真开展税收专项检查工作，并将企业查补收入全额入库，实现了稽查工作“以查促査、以查促管”的职能，为保证完成总局制定的三项考核任务打下良好基础。2009 年，共查补税款 1616464.37 元，罚款 367334.69 元，查处率 100%，查补税款、罚款入库率均达到 100%，查处税款占税收计划总收入的 2.2%。在地方党政部门的支持和有关部门配合下，加大了清理欠税的征缴力度。

【信息化建设】2009 年，阿里地区国税局加大力气加快了信息化建设步伐。一是加快建设金税工程，将全地区所有增值税专用发票纳入防伪税控系统，从源头上堵死虚开发票、假发票等犯罪行为的发生。上线统一税收征管软件，实施“一窗式”管理、“一户式”查询，三大主体应用系统数据整合，实现系统内部网络互联互通，建立了依托金税工程主干网的统一应用系统平台，实现了纳税人从税务登记、发票领购、申报纳税、税务稽查到税务处罚等各个环节的计算机全程监控管理，不仅提高了管理质量，也使税收工作更加透明、规范，取得了由税收粗放式向集约化管理的重大转变。二是为了大大简化申报缴税的繁琐手续，省去纳税人每月去纳税大厅的麻烦，阿里地区全面开通了电子办税平台，向纳税人提供了电话申报等服务，赢得了纳税人一片赞誉。三是与地区农业银行联合商定，在地区办税大厅银行办税专柜安置一台自动ATM提款机。通过推行银税合作办法，给全地区1100多户个体纳税人提供了方便、快捷的纳税途径，进一步优化了纳税服务环境，构建了和谐的征纳关系。四是做好各种应用软件推行应用工作。

阿里地区审计工作

【审计成果】2009年，阿里地区审计局把推进法治、维护民生、推动改革、促进发展作为审计工作的出发点和落脚点，进一步突出重点，加大力度，把握规律，改进方法，高效率、高质量地开展审计项目。全年共完成审计项目8个，其中：完成预算执行审计3项，专项资金审计5项。通过审计，查出违规金额2600万元，管理不规范金额900万元。提交审计报告、信息39篇，被采纳3篇。

【围绕重点，强化预算执行审计】2009年，阿里地区审计局以核实财政收支为基础，以审计预算执行为主线，以完善财政政策和规范财政管理为重点，从促进细化预算和规范管理着手，开展了对阿里地区措勤县、改则县、革吉县2008年度财政预算执行及其它财政财务收支审计，查出违规违纪金额2600万元（其中：预算编报不真实金额557万元；未按规定征收、缴纳预算收入761万元；财政收入不实21万元；支出核算不实1250万元；违规改变资金用途11万元），管理不规范资金900万元，罚没上缴财政21万元，归还原渠道资金15万元。同时在具体审计过程中发现了预算执行中存在的隐匿收入和结余、虚列支出、擅自调剂和挤占、挪用、滞留专项资金、部分项目资金闲置而未发挥效益以及行政事业性收费和政府性基金征收、管理方面的问题。同时从体制、机制、制度建设和管理层面方面分析原因，提出合理建议，促使相关部门严格按照法定权限和程序行使权力、履行职责，促进完善公共财政制度。

【坚持为民工作观念，加强专项资金审计，为促进和谐发展服务】2009年，阿里地区审计局以维护民生，促进建设和谐社会为目标，对地区“两基”攻坚、日土县白绒山羊基地建设以及2007年至2008年措勤县、改则县和革吉县的整乡推进、面上扶贫、退牧还草等涉及群众切身利益的公共服务领域和专项资金进行了审计，通过审计，为地委、行署宏观决策，落实各项惠民政策，维护人民群众合法利益，促进经济社会协调发展，充分发挥了审计监督在宏观决策中的建设性作用。

【尽心尽力，积极配合其它单位的各项检查工作】2009年，阿里地区审计局先后配合地区纪检委对地区扩大内需项目资金进行了跟踪检查；协助财政局对农牧民安居工程资金的使用情况进行了监督检查；参加了阿里地区粮食清仓查库工作和医药公司改制工作，并对医药公司财务进行了清理，监督检查了对困难职工购物卷的发放工作；配合纪检委、组织部开展党费收缴及使用情况的检查工作；配合地区财政局、纪检委开展“小金库”清理工作；配合行署、财政局工作组前往乌鲁木齐办事处，对其财务收支及利润状况调查。

阿里地区
质量技术监督管理工作

【质量管理】2009年阿里地区质量技术监督管理局大力实施名牌带动战略，年初对神山矿泉水厂争创名牌企业进行了全面调查摸底，对争创工作的优势、劣势进行了全面客观的分析，并制定详细争创方案，按计划、分步聚地开展各项工作。在组织争创过程中，认真指导企业取得有关认证，填写申报材料，不断加强质量管理。深入地区各生产加工企业进行了检查，并对制造业进行了质量建档工作，完成1家水泥厂、9家预制厂、5家银器加工店、8家家具店和2家眼镜店的质量建档工作。

【计量监督与管理】2009年，全地区社会公用计量标准和企事业单位最高计量标准周期受检率达到95%以上。对地区农贸市场及个体工商户在用的度盘秤、电子秤、电子天平、架盘天平等计量器具共计290台（只）进行了定期检定。在防控“H1N1”甲流的重要时刻，对普兰口岸4台远红外温度计进行了检定。认真开展电子计价秤专项整治活动，严查计量违法行为。围绕“抓科技、强能力、尽职责、促和谐”的工作思路，先后组织本局和地区相关计量技术机构的管理人员参加了区质监局举行的计量培训，参加培训的人员全部通过资格考试。

【特种设备安全监察】一是签订特种设备安全责任书，提高特种设备使用单位的责任意识。年初与28家特种设备使用单位签订了安全责任书，明确了各使用单位安全主体责任，认真查处违法违章行为，杜绝特大事故、重大事故、一般事故发生。二是认真开展节假日和阿里地区重要（大）活动期间的特种设备安全大检查及日常的巡查工作。成立专门专项整治领导小组，制定特种设备安全监察“三项行动”方案，深入开展特种设备安全监察专项整治及隐患排查工作，重点检查、学校、商场、宾馆，对1家汽车加气站、7家液化气充装站等重点场所使用的特种设备，确保特种设备的安全运行。三是认真开展液化石油气充装站专项整治工作。7月底，阿里地区质量技术监督管理局对改则、措勤、普兰3县气瓶充装站进行了专项整治，并立即下达《特种设备安全监察指令书》，责令限期整改。四是组织全地区和特种设备使用单位法人及管理人员、作业人员进行特种设备安全管理培训，共培训锅炉、压力容器等操作人员及复审人员达33人次。2009年，阿里地区质量技术监督管理局累计出动138人次，对28家特种设备使用单位进行轮流检查，重点排查了个体业主使用的特种设备。全年共检查锅炉25台，压力容器26台，电梯2台，起重机械16台，医用氧舱3台，氧气瓶

147只，开出监察意见整改书28份。

【食品生产监管】一是为确保全地区的食品质量安全，完善市场监管制度建设，明确监管、生产和经营三方责任，阿里地区质量技术监督管理局与各食品生产企业（小作坊）以及食品经营商户共签订《食品质量安全承诺书》90份，督促各食品经营商户做好索证索票，建立并认真做好进货台账，进行存档备案。二是全面完成食品企业（加工小作坊）质量建档工作。对全地区23家食品生产加工企业（小作坊）进行了纸质和电子建档，使企业有档可备，有档可查。三是广泛开展食品生产、消费市场产品质量监督抽查。在切实做好春节、藏历新年、端午节、中秋节等节日食品市场监督检查的基础上，以开展3·15、安全生产月、质量月活动为契机，先后开展了获证食品市场清查、边销茶专项检查、儿童食品专项检查、月饼市场专项检查等集中检查行动，有力地整斥了市场。四是对适合送检的产品重点区域、重点产品进行了抽检，完成了米、面、酒、饮用水等产品的抽检工作。及时将企业委托样品送达区局产品质量监督检验所进行检验，为企业提供了第一手的质量数据，使生产企业有效掌控产品的质量，为进一步提升产品质量提供了数据依据。五是深入开展依法打击违法添加非食用物质和滥用食品添加剂专项整治活动，使企业增强食品质量安全意识，确保人民群众饮食质量安全。全年，依法没收过期食品添加剂3大类8个品种，共计16.4Kg，对1家使用过期食品添加剂的蛋糕生产加工小作坊下达了整改令。六是为全面提升食品从业人员的从业技能和整体素质，确保食品质量安全，积极组织开办食品从业人员培训班，累计参训48人次。

【打假工作】2009年，阿里地区质量技术监督管理局按照“质量和安全年”活动执法打假工作总体安排部署，认真开展家用电器、手机、建材市场、汽车配件专项整治工作，有效整饬了阿里地区产（商）品市场，保证了产品质量安全。2009年，阿里地区质量技术监督管理局配合地区安监局、消防开展“烟花爆竹”、“消防器材”等专项整治工作，严查各类商品质量合格标识别，没收无“3C”强制认证标识的手机11部，价值8800余元；没收不合格的卷材、油漆及电线电缆货值2119元；协助地区消防支队检查消防器材并没收不合格消防器材价值1089元。

阿里地区
食品药品监管工作

【年度综述】2009年，阿里地区食品药品监督管理局以深入学习实践科学发展观活动、领导干部作风建设年活动为载体，认真履行食品药品监管职能，大力开展食品、药品法律法规宣传活动，全力整顿和规范全地区食品、药品市场秩序，积极推进食品安全示范县及药品“两网”建设，切实保障人民群众饮食用药安全，为促进阿里地区经济发展、社会稳定、构建和谐阿里做出了积极贡献。全年共出动执法检查人员342人次，检查各类门店800余家，没收过期、变质和包装不合格食品384种，重量7499.9公斤，总价值达8056.7元。全年无重大食品安全事故发生。出动执法人员375人次，检查药品经营、使用单位、集体（个体）312户，清理没收过期变质药品、医疗器械97种，折合人民币8102.4元。监督销毁过期药品280余种，折合人民币348445.82元，立案2起，结案2起，协查内地兄弟省市案件2起，没收不合格药品2种。

【基建工作】阿里地区食品药品监督管理局新办公楼及附属设施占地面积15000余平方米，总投资675万元，于2009年11月底正式通过自治区局基建办、自治区发改委、财政厅等部门组成的验收小组验收，目前已迁入新址办公。

【食品安全综合监管】一是积极组织召开了阿里地区食品药品安全监管工作会议。会议对2008年阿里地区食品药品监管工作进行了总结，并结合当前食药监管工作面临的新形势和新任务对2009年工作进行了安排部署。阿里地区食品安全委员会对2008年地区食品药品监管工作先进集体和食品安全先进单位进行了表彰，并与七县食品安全委员会及地区食品安全委员会各成员单位签订《阿里地区2009年度食品安全责任书》，将食品安全工作纳入各级人民政府年度目标责任考核，落实了食品安全“政府负总责，部门各负其责，企业是第一责任人”的责任。二是制定《2009年食品安全工作要点》和《阿里地区食品安全整治工作方案》，加强组织协调，深入开展食品安全专项行动和“双节”、黄金周等重大节日期间食品安全大检查。全年共出动执法检查人员342人次，检查各类门店800余家，没收过期、变质和包装不合格食品384种，重量7499.9公斤，总价值达8056.7元。全年无重大食品安全事故发生。

【创建食品安全示范县工作】阿里地委、行署领导高度重视食品安全示范县创建工作，地区食安委办公室按照西藏自治区食品安全示范县评定办法，细化工作步骤，从四个方面保证了日土县食品安全示范县创建工作的顺利进行。一是完善食品安全工作机制，进一步落实农村食品安全“三网”建设工作。二是密切协作，完善农村食品安全动态监管机制，加强食品安全基础性工作。三是启动食品安全应急处置机制，实行食品安全监管24小时值班带班制度。四是采取设立咨询台、印发宣传资料、广播等多种形式开展宣传活动，提高广大人民群众的食品安全意识和维权意识。

【药品市场整治工作】阿里地区食品药品监督管理局认真研究制定《2009年阿里地区药品整治工作实施方案》，精心组织，周密部署，全面整顿和规范辖区内药品经营、使用和广告秩序。2009年，对12家药品经营企业实施重点监督检查，加强GSP认证后企业跟踪检查，切实规范企业经营行为。结合规范药房创建，对全地区医疗机构进行了“拉网式”检查，重点检查药品购进渠道、储存养护条件、一次性使用无菌医疗器械用后毁形等情况，确保了临床用药用械安全有效。加强药品广告发布的监管，处方药不得在大众媒体发布广告，非处方药和Ⅰ类医疗器械广告发布前，必须接受审查。积极查办协查案件，深入开展兴奋药品、麻醉药品、血液制品、生物制品、甲型H1N1疫苗、藏药材等专项检查。为防止假药流入阿里药品市场，阿里地区食品药品监督管理局加大了药品抽验力度，全年共抽查药品经营、使用单位24家，抽样并检测药品251批次，通过检测249批次，通过率为99.2%，未通过检测的药品抽样委托自治区药检所检验。

【甲流防控工作】阿里地区食品药品监督管理局把甲型H1NI流感防控工作作为当前重要工作任务来抓，成立了以局党组书记、局长为组长，分管副局长为副组长，相关科室负责人为成员的领导小组，确保甲型H1N1流感防控应急工作高效、顺畅开展。实行一把手负总责，分管领导具体负责的防控工作责任制和责任追究制。认真制定《阿里地区食品药品监督管理局甲型H1N1流感防控应急措施》，明确局属各科室具体职责，规范甲型H1NI流感的防控工作，为做好疫情处置工作奠定了基础。严格落实24小时应急值班制及零报告制度，应急值班电话实行24小时专人接听，应急队伍做到24小时待命，确保人员到位，联络通畅，反应迅速，处置有效。

【药品“两网”建设】阿里地区食品药品监督管理局严格按照机构改革要求，积极争取建立七县食药监管局，调整充实基层食药监管人员，确保药品协管员、信息员在职在岗。鼓励企业新开办“连锁门店”、“便民药店”，扩大优化供应网络。2009年，共受理审批新开办零售药店三家。根据地区行署的要求，参与地区医药公司机构改制工作，依法对医药公司进行了药品、医疗器械经营许可证法人变更及GSP跟踪检查等工作。积极推进“规范药房”创建，督促各乡、村加大对农牧区医疗机构药房、药库规范化建设力度，加强督促整改。督促噶尔县加大“两网”建设投入，将药品监督网和供应网建设工作纳入为民办实事工程，切实巩固药品两网建设成果，规范药品的购、存、销活动，确保药品供应网络全覆盖。

【药品信用体系建设】阿里食品药品监督管理局对试点推广的几家药品经营、使用单位的成功经验进行了全面总结，制定下发了《关于进一步贯彻落实西藏自治区食品药品监督管理局关于推进药品市场诚信体系建设的实施意见的意见》，并充分利用消费者权益日、节假日及日常执法等时机，开展“依法经营、规范经营、诚信经营”为主题的宣传教育活动，进一步规范药品经营企业及药品使用单位行为，确保广大人民群众用药安全有效。

【获奖情况】2009年，阿里地区药监局被评为全国医药卫生系统先进集体、自治区级平安单位。

阿里地区农牧工作

【年度综述】2009年，阿里地区农牧业生产呈现出良好的发展态势，农牧民收入稳步增长。全年完成农牧业总产值4.42亿元，增长7.58%；完成农作物播种面积4.04万亩，粮经饲比例调整为58.2:7.4:34.4。粮食、油菜籽、蔬菜产量达到5149.65吨、179.36吨、1327.11吨；全年牲畜存栏总数达283万头（只、匹），其中，绒山羊存栏总数为141万只。成畜死亡率控制在4%以内，幼畜成活率为81%，牲畜出栏率达34.2%，肉类产量13779.35吨，奶类产量8140.47吨，绒毛总产量1921吨，农畜产品综合商品率达62.7%。2009年全地区农牧民人均纯收入达到2987元，同比增长11%，连续七年保持两位数增长。

【农牧业基础建设不断加强】实施项目带动战略。全年争取农牧业基本建设项目总投资达2亿元，其中，争取国家投资1.38亿元，相当于“十一五”头三年项目资金总和。实施游牧民定居工程建设4141户，总投资7868万元；新建农村户用沼气1067户，总投资904.68万元；投资1078.43万元实施动物防疫体系建设；投资5711万元实施以绒山羊养殖基地、奶牛养殖基地、人工种草为主的农牧业特色产业项目。

【农牧业产业结构进一步优化】2009年，阿里地区农牧局结合本地实际，按照“优势区域、优势资源、优势产业、优先发展”的原则和“区域集中、规模做大、质量提升、效益提高”的工作要求，及时调整农牧业工作重点，把发展特色农牧业作为调整农牧业结构、增加农牧民收入的切入点，进一步加大对本地农牧业特色产业项目的建设力度，优化调整种植业结构，加强畜种改良与选育工作，打造白绒山羊品牌，有效实现了农牧业增产增效。农业生产严格按照“稳定面积、提高单产、改善品质”的总体要求，积极实施良种工程，着力提高粮食单产。全年完成农作物播种面积4.04万亩，其中粮食播种面积2.25万亩，粮经饲比例调整为58.2:7.4:34.4。全年共调运化肥350吨，各类种子320吨，各种农药17吨，维修水渠35公里。畜牧业紧紧抓住草原建设、牲畜选育和疫病防控三个关键环节，推进以绒山羊本品种选育和牲畜短期育肥为主的特色畜牧业发展，进一步优化畜种畜群结构。2009年阿里地区牲畜存栏总数达283万头（只、匹），绒山羊存栏总数达141万只，饲养比例为49.8%。全地区共有绒山羊养殖示范户1144户，拥有优质绒山羊31.7万只。

【农牧业科技应用水平不断提高】种植业全面落实“科技兴农，以农促牧”方针，推广“藏青320”和“喜玛拉雅19”为主的良种青稞1.74万亩；推广“藏油3号”为主的油菜籽900亩，建立油菜籽种子田300亩。畜牧业积极开展牲畜疫病免疫注射和免疫督查工作，全地区范围内没有发生牲畜“W”病和小反刍兽疫等重大动物疫情。完成以燕麦草和紫花苜蓿为主推品种的人工种草5.8万亩，退牧还草240万亩。

【农牧民增收效果明显】阿里地区农牧局始终把劳务输出当作农牧民增收的大事来抓，创新劳务输出的手段与途径，2009年共完成培训5080人次，实现就业人数114名，组织农牧民劳务输出4.5万人次，创收累计5168万元。全年实现农牧民人均纯收入3148元，较上年增长16.8%。

【防抗灾能力进一步提高】2009年，阿里地区重点推进防抗灾体系建设，加强救灾物资、饲草料储备和调运工作。2009年5月以来，阿里地区大部分地方多风干旱，65%的天然草场枯黄。10月以来，普兰、札达、革吉、日土县（西四县）相继发生严重雪灾。灾情发生后，阿里地委、行署高度重视，自治区有关部门大力支持，共调运抗灾饲料1500吨，灭蝗药品

14吨，积极开展群众性的灭蝗41万亩，有效抗击了干旱、草原病虫害、强降雪等自然灾害。

阿里地区林业工作

【切实抓好西四县城镇周边工程造林工作】2009年年初，阿里地区林业局与各县林业局签订了造林责任书，明确地县两级林业局职责，并严格按照作业设计下达生产任务和资金，加强督查力度，进一步衔接种苗供应渠道，为顺利开展工作的奠定了良好的基础。全年计划完成6549亩，植树726936株，实际完成工程造林7457亩，植树958778株，完成投资262.62万元，造林平均成活率达到了80%。

【加强义务植树，努力打造高原绿色城镇】按照地区及各县城镇总体规划，对造林任务进行层层分解，确定合适的植树地点，积极组织种苗，优先选用乡土树种班公柳、红柳、普兰柳作为城镇绿化的主体，同时适当引进一批适合阿里立地条件的树种，保障种苗供应，积极组织适龄公民参与义务植树活动。2009年，全地区参与义务植树活动的适龄公民达3000多人，完成义务植树2020亩，栽植苗木224220株。

【认真落实退耕还林工作，切实兑现群众退耕粮款】阿里地区林业局加大了退耕还林补植补栽工作力度，积极组织农牧民群众开展补植补造，完成退耕还林补植补造928亩。认真落实管护人员，签订管护责任书，督促各县建立健全完善退耕还林卡片档案，并足额发放退耕还林补助款，全年共发放折现补助资金119万元。

【狠抓重点区域造林工作，实施狮泉河镇城镇绿化工程】2009年，阿里地区林业局积极开展扩大内需项目—重点区域造林工程，投资120万元完成造林面积5000亩，植树55.5万株，取得了良好的生态效益。同时，全程监督狮泉河镇城镇绿化工程建设，在建设后期及时成立了初验小组，对工程建设进行初步验收，对不合格的标段，责令重新建设。该项目总投资为1499.41万元，2009年完成投资1424万元，完成护栏建设20029.7米，还在预备绿化区域内换添了较为肥沃的土壤，为2010年的绿化工作奠定了良好的基础。

【有效开展国有公益林管护工作】为改善阿里地区生态环境，阿里地区林业局强化生态效益补偿基金管理，积极探索国有公益林管理模式，派相关人员积极配合自治区林业规划设计院和国家中南院的设计人员，深入西四县对生态公益林进行规划调整，争取扩大生态效益补偿规模。2009年全地区国有公益林管护面积由原来的44.3万亩增加到342.7万亩，生态效益补偿基金增加到了856.77万元。

【积极开展集体林权制度改革调研和试点工作】阿里地区林业局积极推进集体林权制度改革，进一步明晰产权，在坚持集体林地所有权不变的前提下，依法将林地承包经营权和林木所有权，通过家庭承包方式落实到本集体经济组织的农户，确立农民作为林地承包经营权人的主体地位。明确承包关系后，依法进行实地勘界、登记，核发全国统一式样的林权证，做到林权登记内容齐全规范，数据准确无误，图、表、册一致，人、地、证相符。

【积极开展病虫害防治工作】2009年，地区林业局根据气候异常干旱，林木病虫害发生面积较大的情况，积极组织人员多次进行大面积的药物喷洒，起到了良好的杀虫作用。对一些抗药性强、经药物处理后残余的虫卵及带有病变的叶片进行人工摘除并进行深埋或焚烧处理，遏制了病虫害的蔓延，降低了树木的损害。

【切实加强野生动物保护工作】阿里地区林业局进一步加强羌塘自然保护区的巡护工作，克服重重困难，先后组织巡山活动三次，共破获重特大非法偷猎野生动物案件22起，抓获犯罪嫌疑人31名，缴获藏羚羊皮张653张，藏羚羊头208个，野牦牛头角5个，残缺皮张8个麻袋，作案工具小口径步枪6支，子弹1500发，作案交通工具17辆，迎头痛击犯罪分子的违法行为。

【加强野生动物疫源疫病的监测工作】阿里地区林业局认真落实野生动物保护目标管理责任制，与各县人民政府、县林业局签订了野保责任书的同时广泛动员各级组织和广大群众参与野生动物保护，并建立了玛旁雍措、改则县野生动物疫源疫病监测站，严格实行野生动物疫病日报告和零报告制度，防止疫病在野生动物和家畜之间交叉感染和在人群中传播，一年来，全地区无重大疫情发生。

【积极开展野生动物肇事补偿工作】阿里地区林业局多次派人深入县、乡，走村窜户，积极开展调查取证、统计工作，全年共兑现补偿资金2071486元。阿里地区野生动物肇事补偿工作走在了全区前列，成为西藏7地市第一个完成年度肇事补偿工作的地区。

【深入开展林业宣传工作】阿里地区林业局大力宣传林业基础知识、国家法律法规和林业建设成果展览宣传活动。2009年，共发放野生动物图片、《野生动物保护法》和《中共中央、国务院关于加快林业发展的决定》等宣传册子500余本、宣传单2000余份、宣传画950余张，在广大干部群众中引起了较大反响，有效地引导了群众自觉参与到打击非法偷猎活动，切实提高了广大干部群众对生态保护与建设的认识。

阿里地区交通运输工作

【通县油路建设顺利】2009年，阿里地区巴尔兵站至札达（古格王朝遗址）公路改建工程开工建设，公路全长133公里，总投资5.05亿元。阿里地区交通运输局严格按照“政府监督，法人管理，企业自检、社会监理”的四级质量保证体系，制定了项目办各部门职责，责任落实到人，切实加强项目管理，设置了巴尔、札达两个驻地办，安排了专门人员开展工作。同时，强化服务意识，主动为承建单位服务，帮助承建单位解决施工中的困难和问题，促进了各项工作的进展顺利，2009年，该项目已完成投资2亿元。

【农村公路建设陆续铺开】2009年，阿里地区交通运输局批复农村公路建设项目16个，批复投资5434万元，新建农村公路898.32公里，新建桥涵425.93延米，其中农村公路一般建设项目8个，批复投资1676万元，农村公路重点建设项目8个，批复投资3578万元。2009年度开工建设农村公路一般建设项目8个，由于气温骤降，一般建设项目未能全部完工，完成投资960万元。农村公路重点建设项目因批复晚，且气温骤降，均未能开工建设。农村公路一般建设项目路基土石方工程均交由各县交通局组织当地农牧民群众实施，投资630万元。

【加强公路养护管理，通行保障能力得到提高】阿里地区交通运输局以强化养护目标责任制管理为手段，狠抓全面养护，使路容、路况有了新的改观。针对公路基础差、抗灾能力弱、危桥、险道路段多的实际情况，坚持以“立路为民，服务社会”为工作目标，着力在改善路容路貌，提高路况质量上下功夫；截止2009年11月底，S301线及S206线完成备料157804立方米，铺料78.9万平方米，整修路肩边坡17890平方米；疏通边沟100000米；疏通涵洞158道；农村公路备料125307立方米，铺料62.6万平方米，疏通涵洞78道。

【加强治超治限及客货运输工作】2009年，阿里地区交通运输局积极宣传治超治限，共发放宣传材料1500多份，并在S301线盐湖临时设点检查过往车辆的超载超限情况，共查处超载车辆198辆，对不能卸载的车辆按西藏自治区有关超载超限处罚文件进行了处罚，对于可卸载的车辆进行卸载处理。

阿里地区国土资源工作

【年度综述】2009年，阿里地区实现硼镁矿生产6.38万多吨，征收资源补偿费326.9万元，各级税费收入达1435.5万元，工业产值达1.1多亿元。出让土地13宗，面积为10万平方米，收取出让金405万元。办理土地登记94本；办理土地他项权利证108本，收取登记费121498元。补充耕地850亩。国土资源领域全年实现农牧民劳务创收447.80万元。对扶贫联系点（札达县楚鲁松杰村）投入资金8.6元。

【以管理求规范，用地保障工作取得新突破】阿里地区国土资源局深入开展“保增长、保红线”行动，建立地区重大项目“用地需求库”，开辟重大项目审批“绿色通道”，压缩工作流程，提高用地审批效率，坚持“突出重点，有保有压”的原则，新增建设用地计划优先保障拉动内需工程和“180项目”用地，对不符合条件的用地一律不受理用地申请，杜绝出现趁机利用扩内需、促增长的政策缝隙打擦边球，搭车用地，借机圈地的倾向。加强节约集约用地，坚守耕地红线，严格执行落实基本农田保护“五不准”的政策要求，切实加强补充耕地工作，耕地有增无减。

【以整顿促规范，土地治理整顿成效显著】通过联合监察部门开展违法违规用地清理活动和几次片区检查，全面清理遗留土地违法违规问题。对2009年以前查出的67宗以改变用途的违法违规用地按以收取土地收益金方式进行统一规范；收回3宗严重违规用地。查处闲置用地、安置补偿不到位等问题，对13宗闲置土地进行督促建设；落实拖欠征地补偿费10万元。制定征地补偿费标准，出台了《阿里地区土地管理暂行规则》，从源头规范秩序，违法违规问题总体呈下降趋势。

【分步实施，项目落实工作取得新进展】地区国土资源局通过实地调研，将11个土地开发整理和9个砂金矿山治理项目列入了“十二五”规划。根据矿山地质环境治理工作方案和土地开发整治计划，本着先急后缓、先近后远、先易后难的原则，积极向自治区国土资源厅申报了9个地质环境治理项目，8个土地开发整治项目，4个地质灾害勘查治理项目，国土资源部、财政部审查批准了4个砂金矿矿山地质环境治理项目和2个土地开发整治项目，1个地质灾害勘查治理项目。

【以二调为契机，认真开展土地资源管理工作】协助开展第二次土地调查工作，加强衔接和沟通，全面签订《权属界线协议书》、明确村组权属界线，确保无权属争议，全面完成了阿里地区二次土地调查的外业工作。启动阿里地区新一轮土地利用总体规划修编及七县土地利用总体规划编制工作，争取援藏资金，与青海省地矿测绘院签订了规划测绘编制协议。组建了阿里地区国土资源信息中心，阿里地区与区厅的业务主干网建成，完成了土地调查数据库安装前期工作任务。

【以禁采砂金为重点，整顿矿产资源秩序实现新突破】全面禁采砂金矿。阿里地区国土资源局先后深入矿区突击检查10多次，截留截获普兰马攸木M-I、改则江模等矿区偷盗砂金矿设备及涉案人员共5次。严格落实矿产资源管理责任，对2008年整顿规范矿产资源开发秩序目标责任制落实情况进行考核。认真开展“三核查、三清理”专项行动，主要查处以采代探、采富弃贫、破坏环境、审批不规范等违法违规行为，整顿规范砂石料开采秩序，使多年难以理顺规范的问题得到妥善处理。

【以整合为目标，矿权实地核查工作取得新突破】制定《矿业权实地核查工作方案》，积极开展矿业权实地核查工作，全年共确定矿业权25个，圆满完成矿业权实地核查工作任务。积极协调矿业权人与测量单位，切实维护各方利益。为实现资源利用效益的最大化，以求达到资源优势转化经济优势，拉动阿里经济发展，阿里地区国土资源局就扎仓茶卡硼镁矿资源存在的低投入、低产出、低附加值的“三低”问题，经过多次实地调研，撰写了具有操作性较强的《扎仓茶卡硼镁矿资源整合调研报告》，并制定了《阿里地区矿产资源开发整合方案》，成立领导小组，矿产资源整合工作正有序进行。

【以摸清家底为目标，地质勘查工作取得重大突破】根据自治区提出的“二产抓重点”具体要求及“强化冈底斯、推进班-怒带”的地勘工作部署，各级政府以实施“青藏专项”为突破口，全力营造良好的地勘环境，地勘工作取得了重大突破。开展多布杂斑岩铜矿普查工作，初步控制铜金属（333+334）资源量700万吨以上，伴生金金属资源量168.8吨，铜远景资源量超过1000万吨。改则县麻米盐湖详查后确定了首采地段。同时，冈底斯、班怒成矿带圈定了一批新的有找矿潜力的靶区，为实施“二产抓重点”战略提供了可靠的资源保障。

【以制度为保障，规范化建设有了新突破】阿里地区国土资源局结合深入学习实践科学发展观等活动，在全局干部职工中有针对性地开展“创建六型一流队伍、树立十种形象”的教育活动，并实行“问责问效”考核机制，建立领导干部动态公示和重大事项公示及限时办结制度，规范化建设有了新突破，为推动各项工作顺利扎实开展，树立良好国土部门形象起到了积极作用。

【获奖情况】2009 年，阿里地区国土资源局被国土资部评为“全国整顿和规范矿产资源开发秩序先进集体”、“全国国土资源执法监察先进集体”，全系统中 1 人获“全国国土资源执法监察先进个人称号”、1 人获“全国整顿和规范矿产资源开发秩序先进个人”荣誉称号，自治区人民政府授予“全区耕地保护目标责任制第三名”荣誉称号。

阿里地区建设工作

【年度综述】2009 年，阿里地区住房和城乡建设局立足高起点，坚持高标准，追求大发展，继续加大城市规划、建设、管理力度，城镇化进程不断加快，人居环境显著改善，城乡面貌明显转变，城市功能日臻完善，城乡环境不断优化。

【加大投资力度、优化投资结构】按照中央、自治区、阿里地区扩大内需、“保增长、保民生、保稳定”等一系列决策部署，紧紧抓住机遇，积极争取中央和自治区资金支持，加大投资力度、优化投资结构，并结合阿里地区新农村建设与城镇化建设，加快了廉租住房建设；加强了对新水厂的水源地保护区保护力度；加大实物配租力度，扩大廉租住房租赁补贴范围，并积极推进危旧房改造。

【建设工程招投标活动逐步走上了规范化、制度化的轨道】建立健全各项规章制度，使建设工程招投标活动逐步走上了规范化、制度化的轨道，为提高工程质量、确保施工安全以及从源头上遏制和治理建设领域腐败现象的发生发挥了积极的作用。2009 年，全地区招标项目共 36 个，中标金额为 11513.6298 万元。

【加强备案登记工作】继续加强建筑施工企业、监理公司、招投标代理机构、勘察设计单位的备案登记工作，并认真落实建设项目报建制度，加强对建设工程施工许可证制度执行情况的检查，凡不能满足施工许可证条件的施工单位，一律不给予发放施工许可证。2009 年，全地区从事建筑活动的建筑企业有 45 家，其中当地建筑企业 7 家，区内外建筑企业 38 家；监理公司 8 家，招标代理机构 3 家；办理本地农牧民建筑施工队伍资质年检和登记 10 家；办理预制厂企业资质的 10 份。

【加大建筑市场监管力度，使建筑市场健康发展，工程建设有序进行】有形市场的项目登记管理、监理备案管理、信息化建设、“一条龙”服务得到了加强；“工程量清单、低价中标和工程担保”三项制度的实施，使廉政关口前移，未出现违规违纪行为，工程造价预决算机制进一步加强。搜集整理典型工程资料，及时发布季度材料价格信息；施工与安全监管并重，对 61 项建设工程进行拉网式检查，及时查处 2 项工程未办理施工许可而擅自开工问题，全年稽查覆盖率、举报查处率达 100%，有效规范了市场行为。2009 年，累计受监工程 61 项，总建筑面积 78367.38 平方米，总投资 1.81 亿元。发出施工现场整改通知 18 起，停工通知 1 起，组织工程质量巡查、抽查检查 8 次，危房鉴定 2 起，监督覆盖率达 98%。

【建设领域清欠工作】2009 年，地区清欠办根据自治区党委、政府、自治区清欠办会议文件精神和地委、行署主要领导的批示文件精神，继续大力推进建设领域清欠工作，对各施工单位和建筑企业关于拖欠民工工资情况做了大量调查工作，切实解决“双拖欠”问题，确保了社会局势稳定。全年未发生一起因拖欠工程款或工资而造成的民工上访事件。

【城镇总体规划】牵头组织阿里 10 多家相关单位的负责人召开了狮泉河镇（含噶尔县城）城镇总体规划评审座谈会 2 次，及时总结汇总意见与建议，并反馈给中规院项目组尽快修改完善总体规划。对狮泉河镇（含噶尔县城）城镇总体规划进行公示，并派专人赴拉萨协调总体规划审核工作。根据《中华人民共和国城乡规划法》要求，进一步做好了城市规划区内的建设工程选址和两证核发工作，共办理“一书两证”43 套。同时，为了减轻狮泉河镇退休职工私房建设用地压力，彻底摸清退休区土地利用情况，协同地区国土局、噶尔县国土局对退休区闲置空地、有一书两证但未开工建设的进行了摸底调查，并对退休五区进行了初步选址。在行署领导下，协同设计单位做好了狮泉河镇污水处理厂项目和狮泉河镇柴油发电厂项目等 80 个选址规划及设计任务。

【扎实推进廉租住房和周转房项目建设】2009 年年初，自治区安排阿里地区建设廉租住房 630 套，建筑总面积 37776.6 平方米，总投资 6804 万元，各县需配套 806.2 万元。其中：措勤县 80 套、噶尔县 140 套、改则县 96 套、革吉县 76 套、普兰县 84 套、日土县 76 套、札达县 78 套。廉租住房项目建设共 7 个县 15 个标段的第一、二批工程款（工程总造价的 70%）已全部拨付，共拨付资金 46713782 元。目前，各标段廉租住房全部竣工验收。按照自治区建设厅藏建房[2009]185 号文件精神，阿里地区住房和城乡建设局认真落实周转房建设项目土地审批手续，起草了《2009 年阿里地区周转房项目建设工程实施方案》并通过行署审批。2009 年安排县乡职工周转房共 452 套，总面积 27800 平方米，建筑主体投资 5699 万元。

【切实做好首期廉租住房第二批住户入住工作】阿里地区住房和城乡建设局依据廉租住房分房领导小组对入住户的调查统计数据，及时安排首期廉租住房第二批住户，并通过电视媒体和张榜公示等形式进行了公示，做到了公平、公正、公开、透明。第二批入住共 41 户 125 人，其中国有企业困难户 6 户。

【加强公有住房管理，切实推进房改工作】阿里地区住房和城乡建设局起草了《阿里地区公有住房物业管理实施意见》，对全地区城镇住房保障对象情况进行了全面调查，目前，各项资料汇总工作正在进行中。根据国有企业职工住房制度改革工作会议精神，在地区财政、国资委等部门的协助下，完成了对全地区企业职工和关、停、并、转及破产企业职工的房改补贴统一汇总工作。对全地区国有困难企业职工及农场、牧场、林场的职工住房制度改革进行了初步汇总，并办理房产证61份。

【住房补贴及公积金管理】自阿里地区党政机关及事业单位住房补贴测算工作完成以来，累计发放住房补贴近1.3亿元，2009年发放住房补贴53万余元。全地区第一批住房补贴测算及发放工作已基本完成。2009年阿里地区已建立住房公积金缴存登记的单位86家，参加住房公积金人数5546人。累计归集住房公积金1.92亿元，住房公积金归集余额1.11亿元，累计支取0.81亿元。从2009年8月起，协调阿里地区中国农业银行中心支行开展个人住房公积金贷款业务。2009年全地区贷款计划指标为2000万元，受理个人住房公积金贷款申请22份，发放公积金贷款20份，共计300余万元。

阿里地区旅游工作

【年度综述】2009年，阿里地区共接待国内外游客42338人次，同比上升134%。其中接待国内游客24087人次，接待国外游客18251人次；旅游接待总收入4299.6万元，同比上升226%；旅游外汇收入315.2万美元，同比上升473%。成功举办阿里地区第三届象雄旅游文化节活动，期间共接待游客1万人左右，实现旅游收入1200万元。

【认真开展旅游各项工作】一是阿里地区旅游局组织精干人员对全地区各景区景点和道路建设，旅游标示牌设置、景区公共厕所和给排水等项目做了深入细致的调研，为加快阿里旅游规划和实施奠定了良好基础。二是为加大旅游宣传促销力度，消除“3·14”事件负面影响，积极参加大连国内旅游交易会、重庆第一届中国西部旅游产业博览会和昆明旅交会，并协调“428”组委会举办了青藏高原汽车拉力赛颁奖典礼暨阿里旅游商贸推介会，为积极开拓内地旅游客源市场，尤其是西部旅游客源市场打好了一定的基础。三是认真做好“十二五”阿里旅游项目的编制和申报工作。通过与自治区旅游局的积极沟通，部分旅游项目获得了立项与审批。2009年共组织申报了《旅游商品、纪念品研发项目》等12个旅游项目，争取德鲁、科迦、那不如、扎不让等乡村家庭旅游旅馆建设、旅游信息网建设、旅游商品级纪念品研发和农牧民旅游从业技能培训等项目资金共计256万。组织各县旅游局参加西藏自治区首届旅游纪念品比赛，阿里地区共有70件旅游纪念品入选。四是积极与自治区旅游局协调，邀请专业人员为全地区旅游管理部门及宾馆饭店工作人员共计40人进行了旅游统计培训。

【积极开展扶贫联系点工作】2009年，阿里地区旅游局加强了扶贫联系点农牧民群众思想教育工作，积极引导农牧民群众牢固树立科学发展、科技兴农理念，加大调整当地产业结构步伐，为转变生产方式，拓宽增收渠道，实现产业多元化发展，切实增加农牧民收入，提高农牧民群众生产生活水平。一是积极开展“三农”调研工作，加大对农牧民群众科学种养教育力度。2009年，根据霍尔乡邦仁村的实际情况，阿里地区旅游局解决了74774.6元的春耕春播资金，分别购置了四轮拖拉机1辆、四铧犁1台、脱粒机1台、播种机1台、锄头30把、人工收割机2台、全自动榨油机1台，共计49270元，运送肥料30辆车皮、解决柴油费2900元，承担各项运货费共计6500元，并提供价值12504.6元的农作物种子，积极协调聘请普兰县农牧技术人员数名，组织农牧民种植各种蔬菜13亩、油菜15亩、青稞200亩、人工种草40亩。2009年共收获人工种草10吨、青稞稻草5吨，青稞8900斤、油菜籽500斤，白菜、萝卜、土豆共计4500斤，增收36850元。二是阿里地区旅游局适时派出工作组深入基层，采取走家窜户的方式，开展“下基层、送温暖”活动，为扶贫联系点农牧民发放近2万元慰问金及物品。三是派专人开展为期一年的定点扶贫工作，期间为霍尔乡中心小学捐助了近万元的教育扶贫资金。并通过“428”青藏高原汽车拉力赛活动，积极争取资金和学习用品外还协调解决了19名农牧民子女从小学至大学期间学费。

【加强家庭旅馆星级评定工作】阿里地区旅游局通过赴各县实地调研，全面了解和掌握了全地区家庭旅游旅馆的基本情况，为旅馆星级评定工作奠定了良好基础。根据《西藏自治区旅游家庭旅馆星级评定办法（试行）的通知》要求，对全地区家庭旅馆进行了星级评定，共评定出金星旅游家庭旅馆13家；银星旅游家庭旅馆20家；铜星旅游家庭旅馆35家。2009年，全地区7县农牧民群众通过参与旅游服务收入达到400万元，其中，巴嘎乡岗萨村背扶队纯收入近325万元，与2007年同期相比增长了100%，旅游富农效果明显。

【获奖情况】

阿里地区旅游局获得了西藏自治区首届旅游纪念品大赛最佳组织奖。

阿里地区旅游局参加自治区旅游纪念品大赛（展），其中2件旅游纪念品荣获三等奖。

阿里地区地震工作

【地震监测预报工作】2009年，阿里地区地震局负责制定全地区地震监测预报方案，加大了对地震台网的建设和管理力度，并根据国家对地震监测台网建设规划和管理的要求，动员全局工作人员轮流坚持24小时不间断值班，选定3个地县群测群网观测点，及时采集震情数据。加强对地震活动与地震前兆的信息检测、传递、分析和处理，对可能发生地震的地点、时间和震级的进行预测，依法做好地震监测预报工作。推进了县、乡（镇）、村（居委会）三级监测网络建设，形成了“横向到边，纵向到底”的群测群防网络体系，健全了监测预报体系。安装地震监测台站、网点的标志牌、警示牌和保护标志，规范了地震监测台站、网点的管理。阿里地区累计投资3000多万元对地震监测设施进行专人保护，保证了地震监测预报系统正常运转和地震监测设施及其观测环境不受干扰和破坏。

【地震预防与应急】2009年，地区地震局会同发改委、城建局、人财人寿保险公司阿里分公司等有关部门共同编制阿里地区防震减灾规划，成立了抗震救灾指挥部和地震应急救援队伍，修改和完善《阿里地区破坏性地震应急预案》，细化地震应急方案，对应急机构的组成和职责、应急通信保障、抢险救援人员的组织和资金和物资、应急救助装备准备工作、灾害评估和应急行动方案都作了详细安排。2009年7月24日上午，尼玛县和措勤县交界处发生5.6级地震，阿里地区地震局立即启动有感地震应急程序，及时与自治区及其他地市地震台网联系，确定地震详情，立即向行署领导和县政府报告，并派出现场调查工作人员，协助自治区地震局流动台开展震后数据观测工作，与县有关部门和各乡镇联系调查震后情况，通过新闻媒体及时平息谣言。"7·24"地震，对措勤县辖四乡一镇房屋均造成了不同程度的损坏，其中位于震中区的磁石乡受损最为严重，302间房屋受损，其中9间房屋倒塌，31间成为危房。地震没有造成人员伤亡。

【地震知识宣传】按照关于开展"5·12防灾减灾日"宣传日（周）活动的要求，通过悬挂横幅、标语、张贴图片、讲解防震、避震知识和发放防震减灾科普资料等形式，开展了主题为"关注生命安全，加强防灾减灾"的防灾减灾日宣传活动和"宁可千日不震，不可一日不防"的防震理念宣传活动。加强了对具有应急救援职责的部门及工作人员的宣传培训，在政府工作人员中强化应急管理、灾害管理等知识的学习教育，提高全社会应对突发事件的能力，促进各部门间的协调、合作，高效有序开展防震减灾工作。同时，在地区和县城中小学校普遍开展地震应急和地震自救科普知识讲座。广泛动员社会各方面的力量，努力提高全社会综合防震减灾能力，使防震减灾工作逐步成为全社会的自觉行动。积极推进地震灾害保险，鼓励社会捐助，逐步建立健全灾害救助和恢复重建的多元化补偿机制。

阿里地区环保工作

【阿里生态环境保护与建设工作有序推进】一是多次组织协调地区农牧局、水利局、林业局等单位对阿里地区生态环境进行了分析研究，并集中精力开展阿里地区"十二五"生态环境保护规划建设项目申报工作，全年共上报生态环境保护建设项目30个。二是积极申报农村环保专项资金，切实推动农村环境综合整治。根据《西藏"十一五"时期环境保护规划》和《西藏自治区农牧区环境综合整治规划》，对全地区所有村庄基本情况及主要环境问题进行了综合调查，按照轻重缓急、突出重点的原则，把群众反映强烈、环境问题突出的普兰县巴嘎乡岗沙村和噶尔县昆沙乡索麦村列入中央农村环保专项资金支持的农村环境综合整治项目，并完成了岗沙村和索麦村中央环保专项资金申请报告和环境综合整治项目预算测算工作，编制完成了索麦村中央农村环保专项资金项目实施方案，争取了噶尔县昆莎乡索麦村农村环境综合整治项目资金100万元。

【广大农牧民群众的生产生活环境得到不断改善】一是全面完成了污染源普查工作。摸清了927个污染点，全面掌握了180个重点污染源的各种污染物排放情况，分析了全地区污染物产生、处理及排放情况，对存在的问题提出了对策建议。在完成污染普查清查、入户调查、数据录入和核查的基础上，组织人员编写了《阿里地区第一次污染普查工作总结》，通过了自治区第一次污染源普查办公室的审查。认真分析研究全地区各类污染源普查数据，撰写了《阿里地区第一次污染源普查技术分析报告》，分类整理了全地区污染源普查档案。按核查要求，规范和完善了各项普查资料。同时，按行业类别重新对各县污染源普查入户调查情况进行了汇总。二是完成了城镇饮用水水源地现场调查工作。与自治区环保厅、四川大学专家对全地区七县县城集中式饮用水水源地进行了现场调查，共调查了水源点22个，记录了各饮用水水源点周边环境，拍摄了水源地环境现状图，收集了各县城镇规划、自然环境状况、社会发展状况和水源地地勘资料，建立了饮用水水源地环境保护档案。三是加大了环境综合整治力度。组织全地区党政军警民5000余人次，出动大小车辆30余台次，对狮泉河两岸白色污染和生活垃圾进行了清理，清理垃圾200余吨。四是积极解决群众反映的有关环保热点、难点问题，切实为民办实事。认真办理政协委员提案，邀请相关部门座谈，共同商量如何处理城镇垃圾焚烧和各机关、企事业单位锅炉所产生的烟尘污染，切实保护群众身心健康。五是及时处理群众来信来访。群众来信来访及电话投诉办结率为98%，得到了群众的好评。

【严格环境执法监管，规范各类开发建设】一是认真落实环评制度，全年共办理建设项目环评审批38个，环评执行率达100%。二是抓好城区各类噪声管理，保证了"两考"顺利进行。全年共检查文化娱乐场所10余次、整治建筑工地3家、查处违法排污企业5家。三是与国土、建设等部门联合执法，进一步规范砂石料场作业，防止乱挖滥采现象。四是对各县改扩建公路段进行现场调查，规范公路建设行为，并结合所建公路周边环境状况，明确土料场、砂石料场具体位置，有效地保护了公路周边环境。五是深入调查，及时解决了219线门士至巴嘎段公路建设引发的环境纠纷。六是发放《建设项目"三同时"管理情况跟踪调查表》，督促各建设项目加强环境管理。七是加强了信息报送工作。全年向地委、行署和自治区环保局报送信息39条，被自治区环保局采用19条，自治区政府采用2条。八是加强了排污费征收工作，全地区共征收排污费471246.90元，实现了全年排污费及时足额征收。

【狠抓环保能力建设，提高环境服务管理水平】一是争取资金660余万元建成了阿里地区环境监测综合办公楼及配套设施建设，完成了上下水和水电入网工程。二是积极与自治区环保局沟通，添置监测及办公室设备，改善了环保办公条件，极大地提高了办公水平和工作效率，为全面开展环保业务，提高环境管理水平奠定了坚实的基础。三是深入开展学习实践科学发展观活动和领导干部作风建设年活动，狠抓环保能力建设，提高环保队伍综合素质，树立良好环保队伍形象，提高环境服务管理水平。四是积极组织六五世界环境日宣传活动。

【获奖情况】阿里地区环保局获得2009年度全区环保系统先进集体。

阿里地区环保局德旦措获得2009年度全区排污费征收先进个人

阿里地区环保局田志鹏获得2009年度全区环境保护系统先进个人。

阿里地区环保局顾启华、噶尔县环保局高云娇、日土县环保局米玛次仁、革吉县环保局陈永川和措勤县环保局姜龙等5位人员分别获得全区第一次全国污染源普查先进工作者。

普兰县

【基本县情】普兰县位于阿里地区南部，与印度、尼泊尔交界，是全国十二个三国交界县之一，边境线总长414.75公里，有通外山口21条。全县总面积1.25万平方公里，总人口8899人，其中，农牧民人口7874人。辖三个乡镇（普兰镇、霍尔乡、巴嘎乡）、9个行政村、1个居民委员会、52个村民小组。全县耕地面积有9552亩，可利用草场面积为946万亩，是阿里地区的主要商品粮油基地，年均粮油产量占全地区总产量的60%以上。境内有举世闻明的神山—冈仁波齐、圣湖—玛旁雍措、千年古刹科迦寺以及独具特色的民族服饰，旅游资源极为丰富。普兰口岸是国家一类沿边开放口岸，是阿里地区乃至西藏、新疆通商印度、尼泊尔的南亚主通道。唐嘎市场已有500多年历史，是中印尼三国政治、经济、文化、宗教交流的重镇。

【特色产业】加强政策扶持和引导力度，大力开发特色产业。积极探索“公司+基地+农户”经营模式，成立了西藏阿里藏酿青稞酒业有限公司，年产青稞白酒50吨，消耗青稞200吨。以提高农牧民组织化程度为抓手，大力培育农牧民经济合作实体。目前，全县有蔬菜大棚86余套，种植40多个蔬菜品种；成立了曲龙组25户127人组成的蔬菜种植协会；建成的吉让预制厂、科迦“农家乐”、霍尔巴嘎“牧家乐”等，发展迅速，效益良好。已组建的巴嘎乡牦牛运输队创收275万元。

【旅游工作】紧紧抓住神山圣湖等旅游资源和边境口岸优势，立足把资源优势转化为经济优势，走有普兰特色发展路子。制定了普兰旅游业开发总规和详规，同西藏旅游股份有限公司达成投资开发普兰旅游资源合作协议。制氧厂等首批工程已开工建设。实行旅游门票一票制，接待游客12600人，增长4.8倍，旅游总收入达到1615万元，具有普兰特色的生态游、人文游、自然游、探险游和边境游蓬勃发展。大力发展边境贸易，全年边贸进出口交易额2437.28万元。

【经济发展情况】2009年普兰县按照“稳定发展第一产业、做大做强第二产业、加快发展第三产业”的思路，突出调整经济结构，突出推进改革开放，突出推进社会发展，确保经济平稳较快增长，确保农牧民收入提高，确保社会局势稳定。

2009年，全县生产总值达到13024万元，同比增长16%。县级财政收入400万元，同比增长16%。社会消费品零售总额2568.73万元，同比增长85%。城镇居民人均支配收入12435元。农牧民人均收入3190.62元，同比增长16%，其中，现金收入占60%以上。农牧民年末存款余额575万元，贷款余额1275万元，全县经济社会发展迈出了更加稳健的步伐。

【调整发展思路，实现农业发展】普兰县始终把农牧业作为基础产业常抓不懈。高度重视科技在农牧业中引领作用，积极调整发展思路。引进推广“藏青320”、春小麦和藏油17号优质、高效、高产农作物6740亩，粮食总产量2896吨，同比增长16%。积极做好春耕备播工作，农作物播种面积9552亩。优化调整畜群结构，引进优良畜种17头，改良黄牛186头，优良品种改良1229头。高度重视牲畜疫病防控，投入资金2万元，调运疫苗132箱，重大动物疫情监测及疫苗注射完成情况100%，动物重大传染病得到有效防控，成畜死亡率控制在3%，幼畜成活率91%。年末牲畜存栏13.51万头（只、匹）。切实抓好牲畜出栏工作，全年牲畜出栏率32%，农畜产品商品综合率63%。

【抓项目，促发展】牢固树立“抓项目、促发展”思想，推行领导和各职能部门带头跑项目、找项目和管理项目工作机制。完成城乡建设投资4.8亿元（含219国道巴马段项目3.6亿元），涵盖农、林、牧、水、路、教育、卫生、城建等。“二十项民心工程”建设进展顺利，已完成县城排水建设、县城街道整治建设等14个项目。实施县城“绿化、美化、亮化”工程，县城周边植树造林32.4万株2645亩，成活率达90%以上；成立了县城管大队，加强市容市貌整治，县城品味不断提升，人居环境越来越好。投入272万元，安排安居工程建设80户，完成54户，新增建筑面积3790平方米，农牧民生活条件极大改善。

【商业贸易】农牧区流通体制改革取得新成绩。农牧区碘盐配送38.28吨，覆盖率100%。完成“家具下乡”统计工作。“万村千乡”工程新增5家（挂牌营业），达到20家。全年农牧民劳务输出4523人次，创收862万元，人均创收1095元。专门开办农牧民技能培训班，培训旅游服务、科技等知识，共培训717人次，安排就业36人。

【各项社会事业有新进步】文化广电科技进一步发展。推进“村村通”“户户通”广播电视工程、“2131”工程和西新工程，新增有线用户15户，发放广播电视卫星接收器810套，“村村通工程”覆盖率达到92%，争取援藏资金新建文化广电中心。推广沼气工程546户。完成《普兰县志》初稿编纂，现已通过地区复审，待自治区终审通过后出版发行。

积极落实城乡低保和各项支农补贴政策。全年发放城市低保金124086元，惠及24户34人；发放农村低保金306436元，县财政配套17948元，惠及313户708人。“百万农奴解放纪念日”发放城镇低保和一次性农村低保补助分别为23200元、269180元；发放城市和农村低保一次性购物券分别为217717元、844021元。建成廉租房84套，着力解决城镇低收入家庭住房问题。落实种粮和农机具补贴118.6万元。落实农牧民住房、种植业、养殖业等保险赔偿金59.3万元。

积极落实五保户、老年人供养政策和义务兵优抚政策。发放五保户供养金54000元，发放特困五保户护理费600元。为低保、五保户768人缴纳合作医疗费用

7680元。建立60岁以上老年人档案778份，发放老年人健康补助21900元。发放现役军人优待金4900元。

积极落实各项社会救助政策。投入59931元实施农村医疗救助65人。制定了流浪乞讨人员档案。投入1400元救助4名流浪乞讨人员。

【抗救灾情况】扎实开展抗救灾工作，确保群众生命财产安全。全年发放粮食、衣物、帐篷等救灾物资254.24万元。积极开展“9·19特大暴（雨）雪灾”抗救灾工作，争取资金1450万元，修复农田、水利、道路等基础设施、添置群众生产生活资料和维修校舍民房等。“10·4”、“11·12”暴雨雪灾害发生后，立即启动应急预案，科学开展抗救灾，疏通道路687公里，转移安置灾民312户1258人、民工180名，转场牲畜38853头(只、匹)，发放应急救灾物资190954元，发放饲草料325吨。通过一系列行之有效措施，把自然灾害损失降至最低，无人员伤亡，圆满完成抗救灾任务。

札达县

【经济发展情况】2009年，札达县国民经济保持了持续、快速、健康发展的态势，生产总值完成12890万元，同比增长66.9%。其中第一、第二、第三产业增加值分别完成1700万元、6210万元和4980万元。县级财政收入完成326万元，同比增长16%；农牧民人均纯收入达到2750元，同比增长23.2%；各类储蓄存款达到1.54亿元，同比增长131%；发放各类贷款1569万元，其中安居工程和“三农”贷款1200万元。全年农牧民劳务输出达27648人次，创收369万元。

【农、牧、林产业稳步提升】札达县加大政策扶持和资金投入，全面落实粮食直补、良种补贴、农机具补贴等支农惠农政策，积极进行农牧业结构调整，加强林业工作，提高牲畜出栏率。全年实现农、牧、林业产值2190万元，同比增长13%。农牧业结构进一步优化，完成农作物播种面积7505亩，其中粮食作物播种面积5941亩，经济作物播种面积783.77亩，饲草料种植面积780.23亩，粮、经、饲比例调整为79：10：11，全县粮食总产量900吨。牛、马、羊比例调整为10：1.7：88.3，年末牲畜存栏14万头（只、匹），幼畜成活率为89%，牲畜出栏率在28%以上，牲畜疫苗注射率达100%。幼成义务植树造林455491株。

【社会事业有新进步】2009年，投资319.6万元完成了札达县188户安居工程建设任务，使680多人搬进了安全适用的住房；投资380.95万元，开工建设了484口沼气池，为农村新能源替代打下了基础。札达县小学适龄儿童入学率达99.26%，巩固率达98.7%，初中入学率达96.1%，“两基”攻坚成果得到进一步巩固。通过改善医疗条件，提高诊疗水平，为人民群众生命健康安全撑起了一把“保护伞”。广泛开展“送药下乡”、“巡回义诊”活动，全年共累计发放药品4万多元，诊治人数达4000人(次)。“五苗”全程合格接种率为99.8%。“村村通工程”顺利实施，检修“村村通”基站9座，新安装广播电视收转站3座，新配“户户通”设备1100户，广播电视覆盖率达95.7%。投资33万元为15个行政村购置了书籍及相关设备，顺利完成了第一批“农家书屋”工程。加强了安全饮水工程建设，使700多人喝上了安全干净的水。完成碘盐配送30吨。

【基础设施条件不断完善】札达县加强了市政规划建设，完成了县城总体发展前期规划，以保增长、保民生、保稳定的扩大内需项目得到空前的发展。全面启动了垃圾填埋场、廉租房建设、县城排水工程、干部职工周转房建设、敬老院建设、税务局周转房、札达县公安边防大队综合整治工程、札达县武警中队综合整治工程、札达县工会职责之家、札达县城镇“三清三化一提高”等建设项目，完成市政基础设施投资2587万元。2009年，札达县共开工建设民生工程项目43个，总投资为8399万元，完成了垃圾填埋场、萨让电站、廉租房建设、加德农场农业综合开发、整乡推进项目、安居工程建设、沼气建设、县城排水工程、人工饲草料和草种繁育基地等一大批民生工程，极大地改善了基础设施条件。公路建设步伐不断加快，投资5.05亿元的巴尔至古格油路、投资3.8亿元的县城至山岗公路、投资4.9亿元的那木如至什布奇边防公路等工程正有序实施。完成了札达县农牧区以村为单位的公路养护项目共15条1043公里，投资208.58万元；完成农牧区公路改扩建9.6公里，投资14.7万元；投资80万元对农牧区水毁公路进行了修复。

【对口援藏成效显著】河北省第五批援藏干部坚持高标准、严要求，认真做好援藏项目工作的同时加大了援藏资金向基层、向农牧区、向科技倾斜力度。2009年第五批援藏资金到位965万元，新建农牧区安居工程建设、干部职工周转房建设、育肥基地、大棚蔬菜温室、城镇“三清三化一提高”工程、超声诊断仪、旅游发展总体规划等10个项目，为札达县经济发展增添了活力。

【第三产业焕发新生机】札达县围绕“旅游兴县”发展战略目标，不断加大对景区、景点和配套设施建设力度，强力宣传推介，不断规范旅游行业管理，优化旅游环境。2009年全县共接待游客3203人次，实现旅游收入456万元。其中门票收入为45.6万余元，餐饮、住宿等收入为410.4万元。旅游业已成为札达县新的支柱产业。

【社会保障体系进一步完善】2009年，札达县共发放城镇低保金9.628万元，农村低保金23.3万元，向“寿星”老人发放健康补贴3.1万元，发放五保供养金4.32万元。“双拥”工作得到全面发展，为27名返乡复原军人发放生活补助金6.9万元，发放优抚医疗款3.05万元。农村合作医疗参合率达100%。城镇职工基本医疗保险制度进一步完善，城镇职工参保人员达542人。成功调解劳动纠纷15起，涉案金额260多万元，弱势群体合法权益得到保护。大幅度提高村干部误工补贴标准，切实保障村干部的待遇。对口帮扶、定点扶贫机制进一步完善，扶贫工作深入开展。组织社会各界向新疆7·5事件受难者捐赠款物32050元。

【防抗灾工作扎实推进】始终把防抗灾工作摆在重要和突出位置，牢固树立“有灾

抗灾、无灾防灾”思想，做好易灾乡镇救灾物资和群众自救物资的储备，加强乡村道路、通讯等基础设施建设，认真落实各项防抗灾措施。全年累计储备各类粮食29吨，新建及维修棚圈217个。调整充实县防抗灾领导小组，组建督导组，确保各项既定措施落到实处。

【获奖情况】2009年札达县被自治区评为“平安县”

噶尔县

【经济发展情况】2009年，噶尔县完成生产总值11392万元，同比增长16%，财政收入完成1392万元，同比增长13%，农牧民人均纯收入3148元，同比增长18%，项目投资完成1亿多元；粮食播种面积2800多亩，饲草种植面积10000余亩，年末牲畜存栏22万头（只、匹），牲畜出栏率为36.8%，农畜产品综合商品率达到60.8%。

【农牧业发展迈出新步伐】一是春耕春播进展比较顺利。2009年，全县农作物播种面积14000多亩，其中：青稞播种面积3000多亩，豌豆播种面积51亩，油菜播种面积148.6亩，蔬菜播种面积280亩，饲草播种面积10000多亩。完成工程造林3610亩，其中防沙治沙工程造林2550亩，周边造林1060亩。二是畜牧业保持稳定发展。年末牲畜存栏22万头（只、匹），牲畜出栏8万余头（只、匹），牲畜出栏率达到36.6%，农畜产品综合商品率达到60.8%。三是防灾减灾工作取得阶段性胜利。全年，增添60顶帐篷、7台发电机、1吨铁丝、1万条编织袋及部分粮食衣物等防灾减灾物资，防抗灾物资储备切实做到“五有”、“四储备”。层层落实重大动物疫病防控目标责任制，积极开展重大动物疫病免疫工作，切实做好禽流感、小反刍、五号病、鼠疫疫情的监控和防治工作，牲畜疫苗接种率达到100%。

【社会事业协调发展】教育方面：狠抓教育教学，强化学校安全和后勤管理，认真落实“三包”经费政策。2009年，噶尔县小学入学率为99.8%，初中入学率为96.4%，青壮年文盲率控制在1%以内。噶尔县累计投资近930多万元对县直所有寄宿制学校进行了改扩建、校园硬化和美化等建设，圆满完成校园规范化建设任务。卫生方面：认真实施农牧区新型合作医疗制度，农牧民合作医疗参保率达到100%。深入开展农牧区送医巡诊活动，切实加强传染病、地方病防治工作和妇幼保健工作，重点抓好了结核病、鼠疫防控工作，不断提高农牧民群众健康质量。加快乡（社区）卫生院和学校医务室建设，乡卫生院都配备卫生巡诊车，各学校医务室配备1名医生，12个村级医生配备了巡诊摩托车，以满足广大人民群众的医疗卫生需求。文化方面：加大对物质文化遗产和非物质文化遗产保护力度。切实抓好了广播电视“村村通”、西新工程、农牧区电影放映工程和文物保护工作。建立7个农家书屋，充分发挥先进文化阵地作用。科技方面：切实加大常规技术与实用技术组装配套工作，积极开展农畜产品新技术的引进、示范和推广工作，大力推进农牧区科技特派员制度，已下派科技特派员22名。

【农牧民增收取得新突破】一是出台了《噶尔县增加农牧民收入实施方案》，明确群众增收措施和目标，狠抓工作落实。二是切实抓好劳务输出工作，县上成立劳务创收领导小组，指定专人负责劳务输出工作，明确凡是群众能干的项目，坚决交由群众去干。噶尔县已成立加木村、朗久村劳务创收队，门士乡苏那农民专业合作社等劳务创收组织。三是以特色产业为突破口，大力发展人工种草、苗木培育、蔬菜种植、奶牛养殖和牲畜短期育肥，促进农牧民增收。四是积极鼓励、引导群众从事特色产品生产销售、开办茶馆商店、运输服务等多种经营，大力拓宽群众增收渠道。五是充分利用狮泉河镇项目多的优势，吸收城镇剩余劳动力，实现转移就业促增收。六是切实强化牲畜出栏工作，加强出栏设施建设，积极引导群众加大出栏力度。2009年，农牧民劳务创收1020万元，平均每个农牧民增收1553元。

【农牧区改革取得新进展】2009年，噶尔县以村组为单位，按照农牧民协会前台唱戏，政府后台兜底撑腰的原则，出台了《噶尔县畜产品市场放开后销售管理意见》，指导畜产品销售工作，县、乡、村三级层层签订责任书，做到了群众收入有增加，税收收入不减少，稳定基础更坚实。同时，按照“大稳定，小调整，细完善”的工作要求，完成全县4乡1镇、12个村的夏秋草场承包到户工作，四季草场归户工作基本完成。加大了新开垦土地的归户工作力度，完成噶尔新村、朗久村3000多亩土地归户工作，提高了土地产出率。建立农牧户贷款担保基金，启动农牧户贷款业务，为农牧民群众贷款提供担保支持。认真实施“万村千乡”市场工程，新开农家店2个，加大加碘盐推广力度，碘盐覆盖率达95%以上。

日土县

【经济发展情况】2009年，日土县完成生产总值14339万元，同比增长16.8%；县级财政收入完成595万元，同比增长15.9%；农牧民人均纯收入达到3532元，同比增长15.2%；城镇居民可支配收入达到12480元，同比增长7.9%；完成社会固定资产投资5240万元；全县三次产业产值分别完成4315万元、2867万元、7157万元，同比增长分别为：4.9%、17.9%、10.9%，三次产业的比例调整到30:20:50；完成社会消费品零售总额4308万元，同比增长7.7%。全县经济社会继续保持了持续、健康发展的良好势头，经济实力得到全面提升。

【把项目建设作为加快发展的第一引擎，全力推进】2009年，全县共争取项目40余个，总投资过亿元。重点完成了以下项目：投资1473万元，完成县九年一贯制学校建设；投资955万元，完成乌江村水电站建设；投资930万元，完成廉租房及附属工程建设；投资132万元，完成日土镇文化站、卫生院及日松乡文化站建设；投资189万元，完成游牧民定居点配套设施工程建设；投资213万元，完成民兵训练基地附属工程建设。同时，积极争取国家计划盘子以外的项目，各单位自筹项目共28个，总投资达到2400余万元。通过狠抓项目建设，进一步改善了农牧民生产生活条件，有效拉动了县域经济的发展，使人民群众切身感受到了科学发展带来的实惠。

【社会各项事业协调发展】教育方面：农牧区义务教育和扫盲教育管理体制进一步完善，新义务教育法及实施办法在农牧区得到广泛宣传，“普九”工作已顺利通过西藏自治区验收；学校内部体制改革初见成效；08至09学年，小学适龄儿童入学率达到98.98%，在校生巩固率达100%，初中生入学率达到90.09%。校园“温馨工程”全面启动，学生生活得到显著改善；教育“三包”经费全面提高。控辍保学工作成效显著。目前，覆盖全县的各级各类学校5所。其中九年一贯制学校1所，职校1所，完全小学1所，初级小学2所。县辖中小学校舍面积达18298.22平方米，有在校学生1489人，专任教师82名，日土教育驶入了加速发展的快车道。卫生方面：公共卫生体系、医疗服务体系、疾病防控体系不断健全，处置突发公共卫生事件的能力全面提升，甲型H1N1流感疫情防控扎实有效开展，农牧区合作医疗制度进一步健全，合作医疗率达到100%，实现了家庭账户核销率、资金到位率、县财政配套率、医疗费用报销率、群众受益率5个指标达到100%；以合作医疗为主的县、乡、村三级医疗服务体系进一步健全；食品药品安全监管力度加大，安全生产责任制进一步强化。目前，日土县人民医院总占地面积1万多平方米，总资产1000余万元，全院共有医生、护士30余人，中级职称医务人员5人，病床21张；医疗设备有拍片机、B超、尿十项检查仪、血球计数仪、数字心电图仪、多功能手术床、半自动生化分析仪等；卫生服务中心住院部也已如期竣工使用，县医院功能不断完善。文化方面：“彩色周末”和“广场文化”活动有声有色开展，干部群众精神文化需求得到满足；“2131”和“村村通”工程建设力度进一步加大，广播、电视覆盖率分别已达到了90%和95%，全县单收站发展到263座，新增广播电视发射台5座。农牧区“户户通”工程发展到1236座。社会保障方面：社会保障体系建设大力推进，就业体系进一步健全，全年新增公益性就业岗位40个，养老保险金征缴率达到100%，失业保险金征缴率达100%，养老金、失业保险金清欠率达100%；农牧民增收机制逐步建立健全。

【狠抓各项惠民政策的落实，民生事业得到长足发展】2009年，全县累计完成944户农牧民安居工程，总投资1630余万元，达到了自治区提出的“让80%的农牧民住上安居房”的目标要求。共救助灾民405户3150人次，发放救助粮食55吨、衣被2000余件、鞋帽2500双（顶）；为县城镇低保户17户25人发放低保金6.87万元，发放城镇低保购物券1.68万元。为农村低保户277户755人发放低保金29.72万元，发放农村低保临时性补助金12.21万元；上半年，农村医疗救助77人次，救助金7.59万元，城镇医疗救助15人次，救助金2.52万元；下半年，对全县符合条件的4名学生进行上报并予以救助。同时，通过多玛乡至乌江村公路建设，日松乡高效玻璃温室建设、高效糌粑水磨房建设、借母畜还仔畜项目建设，农村公路养护项目，东汝乡牧业基础设施建设，多玛村蔬菜玻璃温室建设等一系列关系民生项目的实施，使农牧民群众切实感受到了发展带来的实惠，感受到了社会主义的无比优越性，感受到了党和政府的温暖。

【“四化”工程齐力改善环境，打造美丽高原边城】绿化工程：2009年，县城共铺草坪14120平方米，扦插班公柳1013株，种花200亩，县城移栽班公柳970余株，苗圃扦插班公柳3200多株，安排各乡镇栽植树苗12000余株，联系部队扦插班公柳3000余株，共19000余株。完成干部职工住宅区绿化1.4万余平方米，完成河北大街及军民路绿化带护栏安装；同时，实施绿化进校园、绿化进军营、绿化进社区等项目，在县城大力进行绿化、美化建设，县城综合功能和城市形象大大提升。

硬化工程：2009年，投资150万元完成了县城迎宾路延伸路面硬化，硬化面积为3872平方米，以及县教育路、军民路延伸路段硬化项目，硬化面积为3420平方米，县城主干道新铺彩砖2750平方米；至此，日土县的市政道路（硬化）总长达到5公里。

亮化工程：2009年，考虑到节能的问题，日土县充分利用高原特色资源——太阳能，在县城市政道路安装太阳能路灯153余盏。其中：迎宾路安装38盏大太阳能路灯（高11米、路灯为加厚灯罩）；河北大街安装40盏大太阳能路灯；县城其它市政道路共安装75盏小太阳能路灯（高4米、路灯为普通灯罩）。安装路灯广告牌45个；使日土作为新疆至西藏“窗口县”的作用发挥得更加充分。

净化工程：一是加大硬件设施建设力度。新建垃圾填埋场、垃圾池、厕所等，在各街道添置了垃圾筒，对县城公用厕所、生活垃圾堆放处理点、县城污水处理等公共卫生基础设施进行了规划管理，进一步加大了城镇居民生活垃圾的治理力度。同时，加大对医疗垃圾处置的监管工作力度，严格控制医疗废弃物混入生活垃圾，严防疫病通过垃圾传播。二是全民动员，共同参与，实行综合治理。三是投资10余万元，全面启动组建专业的环卫队伍，对保洁员实行分片区清扫制度。目前，所有城区硬化道路实现了全天保洁。

【依托旅游资源优势，着力打造文化旅游精品线】依托旅游资源优势，着力打造以日土民俗村、乌江古岩画长廊、日土宗和班公湖为代表的文化旅游精品线，以藏北野生动物保护为主的环保旅游精品线。加大对外宣传和促销力度，形成具有日土特色的旅游品牌。2009年，建立家庭饭店旅馆10余家，共接待游客2553人次，旅游总收入达62.6万元。此外，县委、政府积极协调筹措资金60万元，用于班公湖旅游度假、日土村民俗旅游度假村和德汝村民俗旅游度假村的一系列软硬件设施建设。

【援藏工作成效显著】2009年，河北第五批援藏干部争取援藏项目23个，共投入援藏资金1912.6万元，实现了援藏工作由城镇向农牧区延伸的重大转变，影响农牧区发展的基础设施建设有所改善，“瓶颈”制约得到逐步缓解，农牧民群众的生产、生活条件得到进一步改善，有效增强了日土自我发展、自我造血的能力，促进了日土经济社会协调可持续发展。

革吉县

【经济发展情况】2009年，革吉县按照：

"以经济建设为中心，促进社会和谐为主题，产业结构调整为重点，牧业增效群众增收"的目标要求，紧扣学习实践科学发展观的有利契机，团结和带领全县人民，紧紧围绕年初制订的目标任务，进一步解放思想，深化改革，加快发展，开拓创新，狠抓落实，保持了县域经济持续快速发展和社会事业的全面进步。2009年全县GDP完成14337万元，同比增长16.1%；财政收入完成850万元，同比增长4%；各项税收收入完成1407万元，完成全年计划的83%；社会消费品零售总额完成1608万元，同比增长5%；牧民人均收入达到3285.5元，同比增长16.2%。总体来说，社会局势稳定，牧业形势良好，人民安居乐业。

【新牧区建设工作取得新成效】一是加强思想投劳，提高群众自力更生脱贫致富的积极性。宣传教育面达到95%以上，提高了群众增收的积极性和自觉性，为实现群众增收奠定了坚实的思想基础；二是提高牲畜出栏率，加快畜群周转。截止目前革吉县牲畜存栏总数为635267头（只、匹），其中山羊318469只，绵羊286739只，牦牛27598头，马2461匹；三是大力实施退牧还草项目建设。全年组织实施人工种草1000余亩，退牧还草网围栏36.5万米；四是加强疫情防治工作。小反刍疫苗和"W"号疫苗免疫密度达到了100%。；五是加强牧业内部结构调整。革吉县扩繁场按照"建设基地化、品种优良化、管理现代化、技术科技化"的目标，目前，全县范围内已建立白绒山羊选育点10个，并在2个示范点6个组推广了140只种公羊，扩繁场存栏数622只，平均产绒量高达250克以上，适龄母畜人工受精率达98%，受胎率达96%，成活率达90%；六是实施"两白"战略，坚持牧矿致富。狠抓了畜产品收购和矿区安全生产、调运管理工作，全年完成畜产品收购321.6吨，调运硼镁矿6万吨

【调整产业结构】继续坚持"稳定发展第一产业、做大做强第二产业、加快发展第三产业"的原则，有效利用优势资源，不断优化产业结构。一产方面，从优化牧业结构入手，在原来50:45.5:4.09:0.41的基础上，增加绒山羊比重，由数量型畜牧业向效益型畜牧业转变。全年，第一产业完成产值6084.9万元，同比增长10.9%，全年收购羊绒40吨，绒毛总产量达到321.6吨；肉类总产量达3640.84吨，奶类产量达到995.4吨；牲畜出栏率达32.1%；牲畜存栏总数达63.5万头（只、匹），农畜产品综合商品率达67.7%。第二产业上，狠抓了能源建设和矿产资源的勘探、开发和管理，全年实现产值2506.8万元，同比增长15.2%。主要工业品产量稳中有进，发电量突破66万千瓦时，自来水供水量达到7万立方米；生产预制砖突破200万块，调运硼镁矿6万吨；三产方面，抓住国家扩内需、保增长、促销费的大好机遇，认真研究，周密调查，以提高旅游接待能力和服务质量为重点，着力打造革吉旅游品牌。截止目前，全县共有个体工商户339户，其中牧民群众经商户达16户；出售酥油2925斤，奶渣2750斤，各类皮张7.7万张；共接待旅游人数2995人次，实现收入117365元。全县社会消费品零售总额达到1608万元，增长5%。第三产业实现产值5745.5万元，同比增长11%。同时，2009年8月份成功举办了革吉县第九届物交会，交易额达到20万元，达到了相互交流、相互学习、相互促进的目的，促进了牧区特色产品的流通，展示了革吉的新变化、新风貌。

【认真实施"项目强县"战略,】一是努力扩大社会投资，完成全社会固定资产投资7298万元，增长59.9%，落实对口支援资金750万元，建设项目12个，援藏资金重点投向农牧区。二是紧紧抓住国家加大对农牧业和生态建设投入的机遇，编制了"十二五"项目规划，为争取国家投资创造条件。三是加强基础设施项目工程建设。投资150万元打井30眼；投资40万元用于盐湖乡其那引水工程；投资150万元建成革吉镇加布村巩穷安全引水管道工程；完成了农村公路通达工程重点项目4个及革吉至盐湖老路新增的18道涵洞建设；投资340多万元实施了县城排水工程；投资80余万元修建了干部职工活动中心；四是加强贫困户安居工程建设，改善农牧民群众的居住条件。2009年革吉县安居工程整合资金900多万元，全部安排为贫困户中的无房户，计划建设236套，目前，已建设完成203套。五是加大村级组织活动场所及配套设施建设，投资372万元，其中援藏资金110万元，用于8个村级组织活动场所的建设。

【防抗灾工作成效显著】救灾救济方面：革吉县属易灾多灾县之一，每年都会出现不同程度的自然灾害。上半年革吉县普遍出现风灾，针对突发情况革吉县及时实施了灾害救助。共发放了面粉23吨、毛衣、绒衣裤等保暖衣物1519件，棉鞋、大头鞋共计789双，手套438双，被子213床。确保灾民群众的生活顺利度过难关。目前，革吉县已准备抗灾柴油汽油共10吨，饲草料7吨，购买了2万多元牲畜药品，面粉4.1吨，大米4.5吨，青稞22.8吨，茶叶200条，棉手套689双，陆空棉被208床，绒衣裤230件，陆空大衣180件，陆空寒区棉衣100件，草绿绒衣裤100件，绒帽44顶，大头靴230双，加厚保暖靴125双，棉胶靴230双，雪镜260副，做到了有备无患。

【社会各项事业全面发展】大力发展科技事业。一是加强科普知识宣传。2009年共下发宣传资料1500多册，悬挂横幅60多条，制定宣传标语120多条，培训科技带头人64人。二是通过采取各种措施，增加了绒山羊的科技含量。同时，醉马草防治及人工种草工作取得初步成效，为牧业发展奠定了坚实的基础。

努力促进教育公平。把教育摆在优先发展的战略位置，围绕"两基"工作方针。"普九"工作方面。以"普九"迎国检为契机，一手抓巩固"普六"、扫盲成果，一手抓"普九"攻坚。目前，在校适龄儿童1503人，适龄儿童入学率达98.36%，辍学率为0.32%。

推进文化发展繁荣。一是定期抽调业务技术骨干对全县125座"村村通"工程进行全面巡视检查维修，新建单收站13座。2009年共巡视检查69次，对21座电视卫星单收站进行了维修，使革吉县的广播、电视覆盖率分别达到90%和85%。二是抓好"2131"工程。2009年县文广局派出专业放映员下乡128次，截至目前，共放映电影180场次，观看人数达6800人次，使文化生活更加贴近牧民群众。三是2009年下半年为各乡镇共发放了356套卫星电视接收设备，并组织各村

组主要负责人对他们进行卫星电视接收设备安装使用和操作法培训。

加快发展医疗卫生。一是加强卫生服务中心自身建设，努力改善医疗环境。2009年入院患者321人，门诊人数5100余人次，无医疗事故和责任事故发生。二是加大合作医疗宣传和管理力度，合作医疗覆盖率达到了100%、参合率达到了95%。三是认真开展计划生育工作。组织巡回医疗队下乡两次为群众提供免费计划生育服务264人次，受益育龄妇女达53人次，为群众报销计划生育手术费1.5万余元。四是加强对“一孩双女户”补助资金的管理。将2008年度“一孩双女户”补助资金及时发放到补助对象手中，同时将新增的受扶对象上报地区计生委。

改则县

【基本情况】改则县位于西藏西北部腹心地带，阿里地区东部，由于地处拉狮、安狮公路交通要道，具有一定的地理区位优势，素有“阿里地区东大门”之说。东距拉萨1185公里、措勤县260公里、那曲镇960公里、那曲地区尼玛县360公里，西至狮泉河镇497公里、革吉县370公里，北隔昆仑山与新疆维吾尔自治区的于田县相连。

全县平均海拔4500米以上，高原气候特征明显，气候寒冷干燥、昼夜温差大、空气稀薄、紫外线辐射强，年平均气温为—0.2℃。全县总面积13.5万平方公里，占阿里地区土地总面积的31.6%；草场总面积1.18亿亩（其中：可利用草场面积0.93亿亩；不可利用草场面积0.25亿亩）；平均海拔4500米以上，属于高原亚寒干旱季风气候区。

【经济发展情况】2009年改则县完成生产总值24607万元，增长10%；地方财政收入完成1045万元，增长13%；牧民人均纯收入3308.75元，增长10%；农畜产品综合商品率65%，增长3.7%；牲畜出栏率33%；年末牲畜存栏控制在82万头（只、匹）；幼畜成活率为80.03%，成畜死亡率控制在3.85%；羊绒60.1吨，超额2.1吨；羊毛487吨，超额50吨；绒毛总收购量达560.7吨，超额63.7吨；实现劳务输出创收1193.15万元；实现脱贫261人；新建万村千乡农家店14家；完成碘盐销售80吨。扩大内需工作得到加强，在人民群众得实惠的同时，也促进了县域经济的稳步发展。

【保障牧业基础地位不动摇】改则县2009年虽然遭受了历史同期最为严重的旱灾，但在地委、行署的大力支持下，县委、县政府统筹安排，积极将灾害损失降到了最低限度。针对改则县畜牧业经济发展现状和面临的挑战，加大了牧业综合开发工作，尤其是特色牧业开发工作得到较好落实，在今明两年实施的特色牧业项目就达2200多万元；牲畜疫病防治力度不断加大，抓好了一年来的动物疫病监测与防治工作，“五号病”疫苗、“小反刍兽”疫苗和各常规疫苗免疫注射密度达到100%，一年来未发生大的动物疫情传播，为稳定牧业生产起到了很好的保障作用。2009年通过与自治区农科院的进一步合作与协调，适当扩大了醉马草防治试验范围，从反馈结果看，效果良好，为早日完全攻克醉马草的防治进一步积累了经验。扩繁场白绒山羊的推广工作开始起步，首次免费向牧民群众推广了220只白绒山羊；人工种草在总结以往经验的基础上，2009年适当扩大了种草面积和规模，统一收购储存的干草就达30万斤左右，其经济效益、生态效益、社会效益初步显现；2007年的退牧还草项目基本完成，已在自验的基础上通过地区初验。水利开发工作步伐明显加快。水电站项目即将试运行；2008年的水利续建任务全部完成；2009年第三批安全饮水工程已顺利启动，将在明年全部完成，将可把改则县的安全饮水覆盖范围提高到80%左右。

【牧民收入持续稳定增加】2009年以来，改则县不断加大牧民增收工作力度，拓宽牧民增收的渠道，采取各项牧民增收措施，确保了牧民群众持续稳定增收。全年1193.15万元的增收目标基本完成，牧民人均创收约650元。

【固定资产投资平稳增长】全年各类基本建设项目共立项20个，项目总投资超过1.5亿元；其中援藏项目5个，投资2000万元。主要包括县水电站建设、村级组织活动场所建设、改则县首批廉租房建设、县城电网改造建设、给水工程建设、第二批安居工程建设、人畜安全饮水工程等。2009年已完成的工程项目占总项目的80%左右。在各项目建设中，重点加快了基础设施建设和民生建设，如第二批牧民安居工程建设扎实推进、顺利实施；坚持城乡统筹发展，完成了9.72公里乡村道路（洞措乡确登村）的建设任务和106.3公里乡村道路（物玛乡强古至扎果90.8公里、改则镇日玛至洞措15.5公里）的立项招标工作；全县境内的公路养护工作全部交到了牧民群众手中，乡村路网不断完善；改则县水电站有望建成并将试运行；县城给水工程主体建设基本完成，在明年调试后即可投入使用；县城电网改造主线路部分已完成；城镇基础设施及其功能不断完善。

【社会事业稳步发展】2009年，县委、政府紧紧抓住“促发展、重民生”这个重点，立足项目支撑，着力解决干部群众行路难、吃水难、用电难、通讯难等问题的同时，注重经济和社会协调发展，下大气力解决干部群众子女上学难、就业难、就医难、住房难等实质性问题，社会各项工作取得新成效。2009年城镇新增就业35人，公益性岗位解决53人；城镇居民可支配收入预计达到8300元，增长18.4%；加快推进了“万村千乡市场工程”，新增日用消费品农家店5家，农家店总数已达14家；卫生工作继续走在全地区前列，积极开展了提高牧民群众就医报销比例的工作试点，群众得到更多实惠；积极协助有关机构，成功实施了白内障复明手术36例；总投资近千万元的改则县首批廉租房建设顺利推进，可有效解决近百户城镇低收入家庭的住房问题。教育、卫生、文化等社会基础事业实现了与经济建设同步发展。教育工作通过县委、政府和各级党政组织、广大教育工作者的艰辛努力和不懈工作，于2009年10月份顺利通过了自治区“普九”工作验收，取得了改则县教育工作里程碑式的阶段性胜利。农村新型合作医疗在参合率100%的基础上，得到进一步巩固，报销比例、就诊制度、住院制度等相关制度得到进一步完善，牧区巡回医疗工作得到落实；卫生监督工作进一步加强，未发生食品安全事件。文化

工作稳步推进，在广播电视“村村通”基础上，正式启动了“户户通”工程；电影“2131工程”共放映143场。

【援藏工作不断深入，制度建设不断完善】中国移动通信集团公司第五批援藏干部和县委、政府的共同努力，2009年调整和完善了改则县2009年—2010年援藏项目计划，2009—2010年的援藏项目共涉及7大项，总投资达3500万元，牧区投资占总投资的80%以上。

措勤县

【经济发展情况】2009年，措勤县完成生产总值1.23亿元，同比增长16%；财政收入完成456万元，同比增长19.4%；全社会固定资产投资完成2.8亿元,同比增长21%；牧民人均纯收入达到3162.3元，同比增长18%。扩大内需工作有条不紊推进，社会零售总额达51.2万元，同比增长18%;信贷资金投放1035万元，同比增长15%；财政支出8290万元，同比增长19.5%。

【特色产业发展情况】2009年，充分考虑全县主要以绵羊饲养为主，绒山羊、牦牛等经济价值高的畜种养殖比例低的问题，积极引导各乡镇按照“三大”产业区建设规划和“宜山羊则山羊、宜绵羊则绵羊、宜牦牛则牦牛”的总体要求，结合实际进一步调整畜群畜种结构，大力增加饲养经济附加值高的畜种，不断提高畜产品在牧民群众收入中的比例。打造了“紫绒山羊”特色工程。引进优良畜种6.6万头（只、匹），淘汰2220头（只、匹），建立紫绒山羊良种推广与示范户120户。实施了“特色绵羊”工程，主要抓好了曲强村绵羊短期育肥特色项目，共育肥羊子513只，创收达24.8万元。实施“牦牛特色”工程，主要抓好了赤玛村牦牛风干肉加工特色项目，达到了预期效果。通过各项“产业优化”工程，促进了牧业增长，据统计，2009年，牲畜存栏49.5万头（只、匹），同比减少5%。牧业生产总值完成5804万元，同比增长15%。

【基础设施建设情况】2009年，全县新建安居工程房屋共205户，总投资达922.5万元；半封闭式羊圈782套，投资达516.12万元；投资200万元，实施灌溉饮水渠、人畜安全饮水工程；投资669.15万元，实施磁石乡尼龙村农业综合开发项目；投资173万元，实施措勤镇达东村种羊基地项目，已购置育肥绵羊7500只，完成土地平整1000亩、人工草地围栏3500米安装、人工种草1000亩、牲畜棚圈10000平方米的建设任务；实施草原围栏4.7万亩建设工程，投资262.5万元；实施“退牧还草”工程，投资达2500万元；投资260万元，建设村级活动场所5个；一批基础设施建设项目相继上马，廉租房投资811.45万元；防洪堤工程投资488万元；农贸市场投资142.16万元；措勤镇卫生院建设投资43.75万元；文化活动中心及广场建设投资480万元；幼儿园建设投资250万元，；排水项目建设投资406万元，；农牧民技能培训中心建设投资181.67万元；县城市政道路美化亮化工程建设投资499.89万元、县宾馆建设投资523.66万元、社会福利中心建设投资270.5万元、市政道路（广西路延长）建设投资135.97万元、教师公寓建设投资320.96万元，这批项目正在筹建过程中，前期准备工作已基本完成。2009年，措勤县各种在建、续建项目共20个，总投资达10850万元。

【改善牧民群众生产生活情况】措勤县全年实现劳务输出1.5万余人次，输出拖拉机及各类工程设备312台，实现创收746.79万元，同比增长22%。认真落实了就业再就业扶持政策，多渠道开发就业岗位32个。“7·24”地震救灾和重建工作取得实质性进展，兑现野生陆生动物灾害损失补偿资金72.61万元;牲畜疫病防控得到进一步加强，春季牲畜五号病防治发放疫苗123.74件、小反刍（羊X病）疫苗发放5.2件，注射绵羊30.25万余只，山羊24万余只，牦牛3.79万余头，免疫密度达到100%。幼畜成活率达62.3%，成畜死亡率控制在2%以内。配送碘盐58.84吨，实施扶贫项目6个，总投资达236.32万元，受益群众达1.3万余人，全县脱贫501人。

【五项牧区综合改革推进情况】积极探索专业协会建设，建立了磁石乡格玛村草地畜牧业合作社、曲洛乡雄玛村贫困户专业合作社、措勤县公路养护劳务服务协会等7个专业合作组织，投入资金达60余万元。以“万村千乡市场”工程建设为重点，积极推动牧区流通体系改革，投入40万元重点扶持乡级店的投产运营。成功举办扎日南木措物资交流会，全社会零售总额突破了50万元。县财政安排30万元，筹建了扎日南木措民间艺术团，全力推进了文化服务体系改革，保障牧民群众享有公共文化服务。建立了“四项保险”制度，共落实赔付资金达158.96万元，争取和落实“7·24”地震重建资金449万元，确保了“灾后不返贫、受灾少受损”。积极探索建立“产仔畜、还母畜”扶贫长效机制，共投入资金50万元，组织实施“产仔畜还母畜”扶贫工程，495名贫困群众享受到了“造血式”扶贫的实惠。

【社会事业发展情况】2009年，措勤县完成廉租房建设80套，落实贫困户安居工程205户；落实“一个供养、两个低保、三个补助、五个救助”补贴资金69.4万余元；制定并出台改善民生政策3项，全面实行了乡镇干部、村干部、村人医、村兽医艰苦补贴，提高了寿星和80岁以上老人的健康补贴标准；认真实施“科教优化”工程，全面提升教育教学质量。2009年，措勤县小学适龄儿童入学率达99%，初中入学率达95%，辍学控制在2%以内；认真实施了基础教育与职业教育相结合的办学方针，开办纺织、建筑、维修职教班3个，培训人数达315人。认真实施“公共文化、卫生改造”工程，成立扎日南木措民间艺术团，开展下村巡回演出19场次，完成重大节日、重要活动登台表演10场次；优化医疗服务质量，提高医疗服务水平，全年未发生一例甲型H1N1流感疑似病例；进一步加强“村村通”广播电视、“2131”、西新工程建设，发放直播卫星设备321套，完成8个行政村的“牧家书屋”建设；新建了6个城乡文化活动中心。

林 芝 地 区

林芝地区

【年度综述】2009年，林芝地委、行署带领全地区各族干部群众认真贯彻落实中央和区党委的决策部署，深入贯彻落实科学发展观，以保增长、保民生、保稳定为主线，紧紧围绕建设西藏经济强地、打造“五个林芝”的总目标，坚定信心，迎难而上，积极应对，共克时艰，较好地完成了各项目标任务，推动经济社会实现了平稳较快发展。全年完成生产总值45.77亿元，增长13.5%；固定资产投资43.04亿元，增长18.84%；财政收入2.87亿元，增长19.5%；农牧民人均纯收入4562元，增长11.4%，其中人均现金收入3651元，增长16.53%。

【突出“三农”基础地位，新农村建设扎实推进】加大农业结构调整力度，粮、经、饲比例由2008年的66:20:14调整为62:20:18；粮油产量7.55万吨，蔬菜产量2.85万吨、同比增长30%，牲畜存栏7.3万头（只）、同比增长5.95%；实现农业总产值7.67亿元，同比增长5.97%。建设农作物标准化高产示范基地1.5万亩，农业机械化率达60%，三项作业率达58%。实现农牧民劳务输出6.5万人次、劳务收入1.1亿元，同比分别增长3%、32%。对14家龙头企业进行了重新认定，新成立10个农牧民专业合作经济组织。实施扶贫开发项目61个、农业综合开发项目5个；完成农牧民安居工程4146户、抗震加固（设防）工程3775户；建成村级组织活动场所项目187个、村级道路硬化项目54个；解决和改善了71个行政村12173人的安全饮水问题、32个行政村12734人的用电问题、37个行政村10748人的通路问题，农牧民群众生产生活水平显著提高。新建乡镇邮政网点5个，电信、移动3G网络顺利开通，工布江达县在全区率先开通乡镇级电视电话会议系统，乡镇通宽带率达到85%，实现了乡乡通移动电话的目标，行政村移动电话覆盖率达到80%。

【强化产业支撑，特色产业加快发展】农牧业特色产业项目全面实施，林芝县种植优质玉米1万亩、无公害蔬菜6300亩，工布江达县种植藏丹参2300亩，米林县种植无公害蔬菜5000亩、发展优质水果2000亩，波密县建立冬小麦标准化示范基地1万亩、天麻种植面积达到76702平方米，朗县种植辣椒1200亩，察隅县建立高产水稻基地1万亩，墨脱县建立香蕉繁育基地208亩，全地区种植核桃、花椒、油桐等经济林木18300多亩，养殖藏猪36.5万头、藏鸡46万只，新增特色产业专业乡镇5个、特色产业专业村13个。机场路沿线观光农业带初步形成，尼洋河养殖公司被授予自治区级龙头企业，尼洋河养殖公司生猪、绿洲养殖场禽蛋获得国家绿色产品认证，波密天麻获得国家地理标识产品认证。成功召开了农牧业特色产业现场会，总结了近年来发展特色农牧业的经验，搭建了交流学习的平台，对加快特色农牧业发展起到了重要的推动作用。生态旅游业全面恢复。着力强化旅游宣传促销和客源组织，在27个省市设立林芝旅游咨询处，邀请区内外100多家旅行社到林芝踩线，积极促成东航开通广州至昆明至林芝包机航线，与福州、武夷山、丽江三地及国航西南分公司、广东中旅签订旅游合作框架协议。旅游业回升势头强劲，全年接待国内外游客110万人次，实现旅游总收入8亿元，分别比2007年增长31%和90%。新增农牧民家庭旅馆36家，参与旅游服务的农牧民达1800人，人均增收2700元。积极探索办节新模式，推动旅游线路向东延伸，促进冬季旅游发展，在波密县成功举办2009年大峡谷文化旅游节，并取得良好效益，节日期间接待游客1.2万人次，实现旅游收入358万元，分别比上届增长62%、58%，创历届之最。藏医药业稳步发展。以地区藏医院为中心、各县医院藏医科和乡（镇）卫生院藏医服务站为支点的藏医药服务网络基本建立，藏医药传统优势进一步发挥，藏医疾病诊断确诊率达到95%，藏医疾病参与治疗率达90%以上。进一步加强藏药产品研发、生产和销售，申报了160种藏药制剂品种，其中73个获得批准；支持奇正藏药集团成功上市，为藏医药业的加快发展注入了新的活力；种植藏药材2800亩；落实国家投资280万元，实施县级藏医院建设项目2个。水电能源业加快发展。墨脱县旁辛水电站竣工，老虎嘴电站、墨脱县亚东电站、察隅县沙堆电站、波密县康玉电站建设进展顺利，察隅松塔水电站前期工作基本完成，尼洋河梯级电站正在积极规划中。全年完成发电量1.15亿千瓦时，同比增长10%。林芝电网与藏中电网成功并网，每天向藏中电网输电40万千瓦时。

【加大投资消费力度，内需规模不断扩大】紧紧抓住国家扩大投资、拉动内需的有利时机，以项目建设为突破口，着力扩大投资规模，全年完成国家投资24.58亿元，同比增长32.64%，社会投资15.62亿元，同比增长5.27%，援藏投资2.83亿元。全年续建和新开工项目218个，巴河雪卡电站、林芝至拉萨220千伏输电线路、墨脱光缆传输工程成功建成，墨脱公路改扩建工程、八一镇河西区防洪堤等重点项目建设进展顺利。然察公路完成招投标，牛踏沟至中坝公路、八一镇污水处理厂前期工作基本完成。“180项目”全部开工建设，累计完成投资63.55亿元；落实国家新增中央投资项目48个，总投资6.74亿元。“十二五”规划编制工作全面启动，已完成项目规划、特色产业规划和边境乡镇项目等专项规划的修编。围绕内需拉动，积极采取措施，全年社会消费品零售总额实现10.21亿元，同比增长25.91%，地区居民消费价格指数（CPI）同比上涨1.08%。

积极推进家电家具下乡，实现销售额332.6万元，农牧民得到实惠70万元。深入实施“万村千乡市场工程”和“双百市场工程”，新建和改造农家店70家，累计达到280家，镇级、村级农家店覆盖率分别达83%和71.6%，初步形成了乡镇有中心店、村村有农家店的农村市场消费体系。

【深化改革开放，发展活力持续增强】国库集中支付改革继续深化，地区级73家预算单位、6县（墨脱县除外）实现了国库集中支付，各项财政支出全部纳入国库支付范围。狠抓税收政策落实，全力做好税收征管，全年组织税收收入22700万元，同比增长8.61%，其中完成新开征城市维护建设税566万元、卷烟批发环节消费税500万元，免征储蓄存款利息所得税53万元，减收小规模纳税人增值税231万元。农村改革稳步推进，在林芝、米林、工布江达、波密四县开展土地承包经营权流转试点，在察隅县下察隅镇11个行政村开展集体林权制度改革试点。国企改革取得新进展，特色产品加工厂、医药公司、林芝宾馆基本完成改制，地区自来水公司、建筑公司、客运公司正式挂牌，由更岗森工总厂、东久林场、林工商联合公司3家森工企业合并重组后的西藏林升森工有限责任公司正式成立。金融体制改革步伐加快，全年各项存款余额563515.12万元，增长12%，各项贷款余额100518.52万元，增长18%。农业政策保险试点工作逐步开展，医疗卫生体制改革顺利启动。深入开展“投资环境建设年”活动，着力完善优惠政策、营造良好环境、创新招商方式、强化工作责任，广泛吸引民间投资，对外开放进一步扩大，全年招商引资到位资金7.5亿元，民间投资到位资金5.42亿元。

【加强市政建设，城镇面貌明显改善】城市规划水平不断提高，完成《西藏林芝地区墨脱县城市总体规划及城市设计（2008——2020）》（初稿）；完成《西藏林芝地区八一镇消防专项规划（2008——2020）》并已报自治区人民政府审批；完成林芝地区“十二五”城乡建设发展规划及2020年远景展望专题报告，共申报28个城建项目，总投资达62.17亿元。城市建设水平不断提升，八一镇城市建设投资达5.8亿元，其中地区财政投入3589万元，均为历年之最，重点实施了“工布映象”、滨河路和八一大道、厦门广场、珠海路改造等市政工程，完成了厦门广场、珠海路、双拥路、福建路等道路的美化亮化改造；狠抓城市绿化美化工程，八一镇城区绿化面积达到456.4万平方米，绿化覆盖率达41%，人均绿地达到29.71平方米。市政管理进一步规范，针对“脏、乱、差”等突出问题，对违章广告、占道经营、乱搭乱建、乱停乱放等影响市容市貌的现象进行了全面整治。着眼为民办实事，完成八一镇公交线路和站点规划，成功开通公交线路2条，公交线路全长37公里、规划站点71个。为加快藏东南区域中心城市建设步伐，积极开展了撤地设市工作，目前进展顺利。各县加大了县城和小城镇的建设管理力度，改善了城乡发展条件。

【狠抓生态建设，生态环境保持良好】积极实施国家级生态地区创建工作，生态地区、生态县建设规划大纲通过论证。完成10个自治区级环境优美乡镇和3个自治区级生态示范村的规划编制及申报工作，农村环境综合整治全面启动。全面加强林政管理，严厉打击各类非法木材经营活动，进一步规范了木材市场秩序，确保了安居工程木材正常供应，共查获非法运输木材5000立方米，为国家挽回损失580万元，为全区供应安居材18.58万立方米，完成调运计划的98%。人工营林工作稳步开展，全年人工植树43万株，退耕还林补植补造5984亩，重点区域造林22695亩，迹地更新8000亩。林业重点工程建设进展顺利，纳入中央森林生态效益补偿基金补偿的森林面积进一步扩大，有偿保护森林面积达到4461.88万亩，年补偿金达1.34亿元；工布自然保护区、藏东南防沙治沙等生态工程建设和地质灾害搬迁工作扎实推进，建成了全区首个珍稀植物园。城镇绿化取得新进展，八一镇城区绿地面积达到456.4万平方米，人均绿地面积29.71平方米，同比增加1.91平方米，绿化覆盖率41%。森林防火的人力、物力投入力度不断加大，森林防火创历史最好成绩，全年发生森林火灾5起，下降50%，墨脱县创下了连续24年无森林火灾的佳绩。薪柴替代工程加快推进，建设沼气池8359座，累计完成11499座。污染控制工作进一步加强，第一次污染源普查工作顺利完成，对7县30个工业源、513个生活源、3个集中式污染源进行了普查调查、填报、验收、建档等工作，完成林芝地区垃圾焚烧站及4个县垃圾填埋场的环评工作，顺利启动机动车尾气排放检测工作，对13个饮用水水源保护区、5个重点建设项目进行了环境专项执法检查。

【着力改善民生，各项事业协调发展】积极实施教育兴地战略，扎实推进“两基”迎国检工作，察隅、墨脱两县“普九”复查全部合格，林芝广东实验学校、地区第二幼儿园、第二高级中学正式招生，全地区城镇幼儿学前三年入学率达90%以上，适龄儿童入学率、初中毛入学率分别达99.5%、98.8%，分别同比均增长0.1%，文盲率控制在2%以内。文化事业进一步繁荣，重点文化惠民工程扎实推进，投入1200余万元为所有乡镇和行政村配备了文化设备，完成7县综合文化活动中心和7个乡（镇）文化站的基建项目；加强了藏东南文化遗产博物馆、地区数字电影院等文化设施建设，建成综合文化活动中心2个、文化站7个、“农家书屋”56个、“新农村、新文化”示范村8个，新增自治区级非物质文化遗产项目18个，广场文化活动向乡村延伸，藏语文社会用字进一步规范。科技事业加快发展，全年科技经费累计投入880余万元，增长近40%，培训农牧民1.6万人次，建成科技示范村1个。卫生事业全面加强，以防控甲型H1N1流感、人间鼠疫为重点，完善了突发公共卫生事件应急机制；医疗卫生设施建设切实加强，共争取资金4850万元，实施卫生基础设施项目29个；农牧区医疗制度扎实推进，农牧民免费医疗经费标准达到人均140元，享受医疗制度人口覆盖率达到100%，各级财政免费医疗经费到位率100%，筹资人口覆盖面达97.04%，建立家庭帐户率100%；农牧区碘盐推广力度加大，全年销售碘盐1000吨，为贫困农牧民免费配送碘盐2100公斤。着力扩大社会就业，购买公益性岗位720个，实现城镇新增就业2113人，城镇失业率控制在3.5%以内。着眼扩面，强化征缴，各项社会保险工作全面推进；进一步提高城乡居民最低生活保障和农村五保供养标准，实现了城乡低保金社会化发放，新建敬老院3所、社会福利院3所、儿童福利院1所。自然灾害应急救助能力进一步提高，全地区储备救灾帐篷685顶、粮食82万斤、棉被7901床、衣物19858件，投入122万元解决弱势群体危房改造117户，地区、工布江达县、波密县、朗县、察隅县救灾物资储备仓库(点)前期准备工作基本完成。高度关注城市居民住房问题，切实加大廉租住房建设力度，完成廉租房342套，总建筑面积20520平方米。

【全力维护稳定，社会更加安定和谐】 扎实推进“兴边富民行动”，落实财政扶贫（少数民族发展）项目资金1737万元，安排边境人口较少数民族地区安居工程建设1215户，投入建设资金1458万元；深入开展寺庙法制宣传教育，进一步加大对宗教事务管理，圆满完成第一批藏传佛教活佛、僧尼信息采集录入工作，依法规范和维护了正常的宗教活动秩序。社会治安综合治理工作深入推进，完成法制宣传教育1.2万人次，调处矛盾纠纷327起，调解成功率99%；扎实开展严打整治专项行动，共立刑事案件198起，抓获犯罪嫌疑人140人，摧毁犯罪团伙32个；全面加强以人口、行业场所、危爆物品管理为重点的治安基层业务，共受理各类治安案件236起，查处231起，查处违法人员406人，检查行业场所9800余家，整改不安全隐患110余处。突出道路交通、森林、危化品和非煤矿山等重点，大力开展安全生产检查和专项整治活动，查出隐患261条，排查治理隐患企业3家，排查治理一般隐患98处、重大隐患2处，整改率均达到96%；全年共发生各类安全生产事故88起、同比下降3%，死亡70人，直接经济损失273.54万元。坚持“两手抓、两不误、两促进”，认真贯彻落实中央和区党委一系列会议精神及重大决策部署，狠抓维护稳定各项措施的落实，严密防范和严厉打击各种分裂破坏活动，确保了各个敏感时段的社会局势稳定，为庆祝新中国成立60周年、西藏民主改革50周年和地区经济建设以及各族人民安居乐业创造了安全稳定的社会环境。

【领导名录】

地委副书记、行署专员：卓　嘎

地委副书记、行署常务副专员：陈秋雄　李　宏

副专员：红　卫　田大刚　刘来兴　平措多吉　杨方宇　赵树明　扎西平措　顿　吉

行署秘书长：扎西达杰

行署副秘书长：谢雅星　朱　峰　丁惠霞　旺　东　贾百祥

行署副调研员：吕亚杰

林芝地区纪检监察工作

【强化监督检查，确保科学发展重大决策落到实处】 成立地区扩大内需促进经济增长政策落实监督检查工作领导小组及办公室，组织发改、审计、财政、农牧等部门，对2008年、2009年中央新增投资项目开工建设、资金到位等情况进行实地检查，对存在的问题及时予以纠正。积极配合中央和自治区检查组开展监督检查，及时通报有关情况，提出具体要求，并制定下发了《关于对中央新增投资项目建设中存在问题进行整改的紧急通知》，有力地推动了中央和自治区扩大内需促进经济增长政策在全地区的顺利实施。加大对森林生态环境保护政策落实情况的监督检查，集中开展打击非法木材经营活动，地县纪检监察机关投入大量人力、物力，对偷运倒运木材等违法行为进行监督检查和专项治理，共查获非法运输木材5000立方米，为国家挽回损失580万元，处理相关责任人4名，是多年来整治力度最大、效果最好的一次森林生态环保专项行动。会同有关部门对节约集约用地、国有土地使用权出让、资源节约和环境保护政策措施落实等情况进行监督检查，纠正了违规行为。

【落实《工作规划》和《实施办法》，推进惩治和预防腐败体系建设】 全面落实党风廉政建设责任制，对各县、地（中、区）直各单位2009年度党风廉政建设责任制落实情况进行全面考核。各级党委切实担负起全面领导惩治和预防腐败体系建设的政治责任，把贯彻落实《工作规划》和《实施办法》列入重要议事日程，同经济社会发展工作一起部署、一起落实、一起检查。各职能部门特别是各牵头单位切实发挥作用，认真履行主抓职责，协办单位积极配合，在全地区形成了组织协调行动，各种手段综合运用，全方位、多方面贯彻落实《工作规划》和《实施办法》的工作格局。

【着力解决突出问题，扎实开展领导干部作风建设年活动】 在巩固机关作风集中教育整顿成果的基础上，紧紧围绕区党委“六个明显”和地委“七个新”的目标要求，扎实开展领导干部作风建设年工作。以“解放思想、转变观念、改进作风”为主题，举办县（处）级领导干部党纪条规知识竞赛，分三批对480余名县（处）级领导干部进行了党纪条规知识测试。积极协助自治区在全地区成功召开全区领导干部作风建设年活动座谈会。开展公开承诺活动，在《林芝报》开辟“加强作风建设、优化发展环境”专栏，分期刊登53家单位76名党政一把手的公开承诺材料。积极开展“政策下乡进村入户”及“惠民政策在基层”专项活动，共宣讲483场次，落实有关政策159项，投入资金1.58亿元，为农牧民群众办实事、做好事、解难事1138件。加强制度建设，扎实开展“废、改、立”工作，完善制度1154个，新建制度559个，23家单位推行了限时办结制。通过活动的开展，集中整治了一些党员干部参与赌博、大操大办、出工不出力、政策上搞“截流”、工作中“肠梗阻”等突出问题，有力地改进了领导干部作风，提升了干部的能力素质，促进了经济发展和社会稳定，得到了区党委和地委的充分肯定。

【坚持教育与管理相结合，领导干部廉洁自律工作取得新进展】 以“深入学习实践科学发展观，切实加强党员党性修养、牢固树立和弘扬优良作风”为主题，以“召开协调会、专题学习会、警示教

育会，在地区电视台播放廉政电教片、公益广告和反腐倡廉电视剧，制作反腐倡廉宣传栏，讲授廉政党课，发送廉政短信，致勤政廉政公开信”等“十个一”为主要内容，深入开展了第十四个党风廉政建设集中宣传教育月活动。地区 7 县、50 多个地（中、区）直单位分别召开党风廉政建设理论专题学习会、警示教育会，讲授廉政党课 50 余场（次），4000 余名党员干部接受了警示教育；把地区中级人民法院、公安处、卫生局等 8 个单位作为重点，组织召开本系统专题述廉大会，单位“一把手”作全面述廉，纪委全程参与指导；发送廉政短信 5000 余条、播放廉政公益广告 30 余条、播放警示教育片 50 余场（次）。认真学习贯彻《中国共产党巡视工作条例（试行）》和《关于实行党政领导干部问责的暂行规定》，狠抓《领导干部廉洁从政若干准则》和“十个不准”等廉洁自律各项规定的贯彻落实。反复重申并严格执行领导干部不准驾驶公车的有关规定，对 2 名领导干部因驾驶公车发生交通事故的问题予以调查处理。认真落实“三谈两述”和领导干部报告个人有关事项制度，纪委主要负责人同下级党政主要负责人谈话 33 人（次）、领导干部任前谈话 57 人（次）、诫勉谈话 9 人（次）、领导干部述职述廉 339 人，共 318 人报告了个人事项。

【加强和改进查办案件工作，严厉惩处违纪违法行为】坚持把查办案件作为反腐败三项工作的重中之重，作为治标的切入点和突破口，既重点查办领导干部违纪违法案件，又认真查办普通干部损害群众利益的违纪违法案件，对重大复杂案件采取领导分工包案和挂号督办的办法，加大查办力度。全年共受理信访举报 102 件（次），立案 16 件，结案 13 件，给予党政纪处分 13 人，移送司法机关 2 人，为国家挽回经济损失 89 万元。采取“以案代训”，加强对基层纪检监察机关办案工作的指导。积极开展处分决定执行情况的监督检查、回访教育和申诉复查工作。认真做好信访举报工作，及时妥善处理来信来访。积极推进“县案地审”工作，组织人员赴拉萨、山南等地（市）学习考察，拟定业务工作流程，在朗县、工布江达县开展了试点工作。

【深入开展执法监察和纠风工作，群众反映强烈的突出问题得到有效解决】加强对扶贫开发、兴边富民、以工代赈项目和社保资金以及教育“三包”经费管理使用情况的监督检查，确保专款专用。加大安全责任事故的责任追究力度，对察隅县古玉乡中心小学“6·30”、工布江达县中学“4·22”安全责任事故共 9 名责任人进行了处理。加大对高考、内地西藏班招生、函授等考试的巡视和监督，查处舞弊行为为 24 人，取消高考录取资格 7 人、西藏内地班录取资格 2 人。积极参与整顿医药市场工作，推进药品集中招标采购，加强对医疗服务和药品价格的监管，集中销毁价值 14.5 万元的假劣药械和过期失效药品，取缔无证行医 2 户。巩固和扩大公路无“三乱”成果，取缔了 4 个违规设立的检查站（点）。进一步加强行风建设，强化职业道德和行业行为规范，调整充实民主评议行风社会监督员和特邀监察员 21 人。

林芝地区组织工作

【坚持培育特色，锐意创新，推进组织工作的创新发展】探索并推广“三个培养”工作经验。大力开展“把致富能手培养成党员，把致富能手中的党员培养成村干部，把村干部中的致富能手培养成为村党支部书记”的“三个培养”活动。此举在《全国基层组织建设工作情况通报》刊载后，中共中央政治局委员、中组部部长李源潮同志作出重要批示：“西藏波密县古乡古村党支部做引领群众致富的坚强堡垒的经验很好。村支部书记起到了关键作用。‘三个培养’为党支部增添了活力，他们的经验值得在藏区推广。”

探索并推广“三级书记联动抓基层党建”工作经验。坚持“书记抓、抓书记”，大力实施三级书记联动抓基层党建工作，2009 年 6 月 27 日，李源潮同志在新华社《国内动态清样》刊载的《西藏波密县三级书记联动抓基层党建》上再次作出重要批示：“西藏波密县委按‘书记抓、抓书记’的要求加强基层党组织建设和干部队伍建设，形成了三级书记联动抓基层党建的好势头。请组织局和研究室积极推广波密的好经验，切实提高基层组织推动发展、维护稳定的战斗力”。

探索并推广“分期分批培训新任村（居）干部”。按照“先培训，后上岗”的要求，分级负责，分期分批对新任村（居）干部进行大规模培训。此典型做法在 2 月 25 日的《全国基层组织建设工作情况通报》上刊载。区党委书记张庆黎同志、区党委常委、组织部长尹德明同志也分别作了重要批示。中组部副部长王尔乘同志在区党委常委、组织部长尹德明同志的陪同下深入林芝调研，又对“三级书记联动抓基层党建”、“三个培养”工作给予了充分肯定。

【坚持精心组织，严格程序，政府机构改革工作稳步推进】2009 年 4 月，全区政府机构改革工作会议召开后，地委、行署迅速召开联席会议，专题传达、学习会议精神，研究成立了地区机构改革领导小组及工作机构，迅速启动各项准备工作，在深入调查研究，反复向自治区政府机构改革工作领导小组及其办公室汇报、沟通的基础上，研究制定了《林芝地区行政公署机构改革方案》和《林芝地区县级政府机构改革意见》，按照建设服务政府、责任政府、法治政府和廉洁政府的要求，着力转变职能、理顺关系、优化结构、提高效能，以构建权责一致、分工合理、决策科学、执行顺畅、监督有力的行政管理体制。目前，改革的各项工作正有条不紊地推进，地直部分单位“三定”草案已基本完成，各县正着手起草县级政府机构方案，地直三定工作在 2010 年 2 月底完成，县级三定在 2010 年 3 月底完成。

【围绕抓基层，打基础，抓好基层组织建设】一是继续深入开展“反对分裂、维护稳定、促进发展”主题教育活动，发挥基层组织的战斗堡垒和广大共产党员的先锋模范作用，制定下发了《关于对村“两委”班子维稳工作作用发挥情况进行集中检查确保农牧区社会和谐稳定的通知》，采取“十查十看”方式，对村（居）“两委”换届后班子发挥作用，特别是动员群众参与维稳防控工作、党团员参与治保工作情况进行一次集中检查。二是抓好村（居）干部的教育培训，编制藏汉双语《农村干部工作手册》3000余册，采取“请上来集中培训，送训上门”等的形式，培训村党支部书记、村委会主任805人，完成计划的108.1%。三是做好党内帮扶关怀工作，认真做好“三大节日”慰问，将慰问向农牧区倾斜，重点对农牧区贫困党员和“三老”人员进行慰问。四是扎实做好农村现代远程教育工作，初步建立了农牧区远程教育骨干队伍，县、乡、村（居）均确定了1—2名远程教育站点操员，以各县委组织部为单位，确定了1名远程教育项目协调员，并向部分县分发了远程教育设备。

【围绕建队伍，聚人才，抓好人事人才工作】按照地委“人才强地”的要求，积极实施人才项目，认真做好2009年“西部之光”访问学者选派工作，推荐了两名访问学者，成功申报《林芝地区旅游人才培养项目》。进一步落实“一村一名拔尖实用人才培养”工作，对米林、波密、察隅、朗县等县进行重点培训。鼓励2006年以来的151名“三支一扶”人员参加各种就业考试，29名通过招录考试走上就业岗位。配合自治区人事厅完成了高校毕业生公开考录工作、基层政法机关定向招录考试。扎实做好公务员（工作人员）年度考核、奖励和人事处理工作，组织开展了全国第七届“人民满意的公务员”和“人民满意的公务员集体”评选推荐以及上半年地区“公开招考”、工资福利、2008年自主择业军转干部档案接收、退役金核算、医疗保险申报等工作。

【围绕落实“两项待遇”，做好老干部管理和服务工作】以“支部班子好、党员队伍好、组织设置好、开展活动好、群众反映好”为目标，加强和改进离退休干部党支部建设和老干部思想政治建设。充分发挥老干部余热，组织地区“夕阳红”老干部艺术团，参加地区开展庆祝中华人民共和国成立60周年活动。认真贯彻落实《关于进一步落实离退休干部政治待遇的意见》和《关于加强离退休干部思想政治工作的意见》，建立了离退休干部外出参观、学习制度，组织老干部赴区内外参观学习。同时，多方争取资金96万元，对八一3个退休支部居民区饮排水工程的建设和配电线路进行全面的建设和改造。争取福建省第五批援藏工作队投资688.5万元，按江南园林风格设计，建设了2696平方米的林芝地区驻拉萨办事处老干部活动中心及接待楼，为安置在拉萨的734名林芝地区离退休干部职工提供了活动场所。

【获奖情况】《波密县三级书记联动抓基层党建工作》受到中央政治局委员、中组部部长李源潮、区党委书记张庆黎、地委书记赵合等领导同志批示。

《波密县古乡古村三个培养工作》受到中央政治局委员、中组部部长李源潮、区党委书记张庆黎、地委书记赵合等领导同志批示。

林芝地委组织部被区党委组织部评为2009年度全区组织人事编制信息工作先进集体。

林芝地委组织部调研课题《加强后备干部队伍建设调研报告》被区党委组织部评为2009年度全区组织人事编制调研成果二等奖。

林芝地区编办被区党委组织部评为2009年度全区机构编制统计工作先进集体一等奖。

陈宗涛被区党委组织部评为2009年度全区组织人事编制信息工作先进个人。

林芝地区宣传工作

【深入开展首个“西藏百万农奴解放纪念日”宣传庆祝活动】围绕首个“西藏百万农奴解放纪念日”掀起了新年第一场舆论宣传高潮。2009年2月18日，为做好“西藏百万农奴解放纪念日”宣传庆祝活动，地委宣传部协调地委办、统战部等13家单位召开了工作协调会。2月19日，地委委员、宣传部长游胜苗主持召开了新闻工作部署会，安排“西藏百万农奴解放纪念日”宣传报道活动。在地委宣传部的统一部署下，地区各新闻媒体充分运用各种宣传报道形式，分阶段、有重点地组织开展了庆祝“西藏百万农奴解放纪念日”主题宣传活动。从2月中旬至3月底，在全地区主流媒体上深入开展了“诉农奴苦，说新生甜”自我宣传教育活动。《林芝报》开辟《纪念民主改革50年》、《不忘历史 珍惜今天》、《坚决拥护设立西藏百万农奴解放纪念日》等栏目，地区电视台开辟了《“诉农奴苦、说新生甜”访谈录》等专栏。

【舆论引导及时有力】抓好新闻媒体应对应变突发事件能力，舆论引导工作。为应对甲型H1N1流感疫情，做好正面宣传工作，林芝地区宣传部立即启动了甲型H1N1流感宣传应急预案，并于10月18日召集《林芝报》社、地区电视台负责人召开会议，强调采访报道纪律，对各媒体发放了《林芝地区突发公共事件新闻采访车牌》和《林芝地区突发公共事件采访证》，同时要求各媒体积极从卫生、科技、民政等相关部门收集甲型H1N1流感防病知识和防灾减灾资料，在《林芝报》、地区电视台刊播各类相关知识30多条，增强了广大干部群众对甲型H1N1流感的认识和防灾减灾意识。

【重大纪念日宣传庆祝声势浩大】围绕新中国成立60周年、西藏民主改革50周年、首个“西藏百万农奴解放纪念日”等重大节日，林芝地区宣传部提前谋划、周密安排、精心组织了一系列重大宣传庆祝和主题实践活动。3月27日晚，林芝地区在会展中心举行“庆祝西藏民主改革50周年”综艺晚会，地委、人大、行署、政协四大班子领导莅临晚会，地委委员、宣传部长游胜苗代表地委出席晚会并致辞。6月26日，由地委、行署主办，地委宣传部、地区文广局承办的庆七一“唱红色歌曲、展林芝风采”大型歌咏会在会展中心隆重举行并取得圆满成功。地区领导赵合、玉拉等出席歌咏会并与大家同台高唱红色歌曲。地委委员、宣传部长游胜苗代表地委、行署发表热情洋溢的讲话。8月18日，喜迎新中国60华诞暨第七届“林洽会”农牧民文艺调演成功举办。全地区共有5支代表队，14个节目参加展演。地区政协主席玉拉出席晚会并致辞，地区领导、参加“林治会”的各省嘉宾以及广大群众近千余人观看了此次文艺调演。8月28日，林芝地区“迎国庆、讲文明、树新风”礼仪知识竞赛活动成功举办。地委委员、宣传部长游胜苗出席知识竞赛活动，并代表地委、地区文明委作了重要讲话。此次活动共有6支代表队参加，通过激烈的角逐，米林县代表队凭借优异的表现最终荣获一等奖。国家级、自治区级、地区级文明单位干部职工近100余人到现场观看了竞赛。

【典型宣传有效开展】重点宣传报道了波密县三级书记联创，古乡古村党支部书记，察隅县委书记彭聪恩，林芝地区司法处党组副书记、副处长朱铁，林芝公安边防支队鲁霞边防派出所所长庹万华等一批扎根基层、为民服务、保民平安的先进组织、典型人物的先进事迹。

【继续拓展外宣渠道】积极组织演出团代表区党委、政府赴广东、福建两省进行答谢演出，8月17日晚，答谢演出团在广州蓓蕾剧场用动情的歌声和极具林芝民族风情的舞蹈向广东人民致谢。大力推进网络宣传，通过外宣网全力做好政务新闻和地区重大活动的新闻报道工作，共摘登涉及林芝的新闻和文章500余篇。征集对外宣传林芝主题标语口号，全国各地有500多人投稿，共征集口号6000余条。制定了“十二•五”外宣项目建设计划，为进一步提升对外宣传能力和水平打下了坚实的基础。

【新闻发布会制度进一步成熟】全年共举办新闻发布会7场，其中以自治区政府新闻办的名义发布1场。10月30日自治区新闻办公室在拉萨召开了林芝地区23年经济社会发展成就新闻发布会。地区行署副专员平措多吉从八个方面铺陈了林芝地区恢复成立23年来的巨大变化以及取得的辉煌成就。他还就大家十分关注的墨脱公路建设、生态地区建设、旅游线路开发、水资源开发等问题回答了记者的提问。9月23日，在第五届雅鲁藏布大峡谷文化旅游节（波密民俗文化艺术节）暨冬游西藏启动仪式新闻发布会上，邀请了新华社、中国西藏信息中心、《西藏日报》社等重要媒体出席新闻发布会，有力推进了林芝地区冬季旅游的发展。

【开展首届道德模范评选活动】组织评选了林芝地区首届道德模范，表彰了6名地区首届道德模范和6名道德模范提名奖获得者。9月25日 林芝地区首届道德模范表彰大会隆重举行。

【群众性精神文明创建活动广泛开展】全年评选表彰文明单位（县城、村镇、社区）及文明创建工作先进集体129个，其中国家级9个，自治区级120个。组织开展了林芝地区“迎国庆、讲文明、树新风”礼仪知识竞赛、“新中国优秀舞台影视艺术精品”展映等活动。组织开展了主题为“传唱红色歌曲、展林芝人风采”、“喜迎建国60周年、爱国歌曲唱响校园”、“红色经典歌曲校园唱”、“弘扬爱国精神、传承道德风尚”等丰富多彩的歌咏活动。

【文化市场监管工作全面有力】全年共出动执法人员600人（次）；车辆96台（次）；共检查网吧310家（次），停业整顿网吧3家（次），注销网络经营许可证一个；检查歌舞娱乐场所160家（次），检查出版物市场107家（次），受理举报30起，没收盗版音像制品1900余张，没收盗版书籍300余本。同时，组织召开了在八一镇的网吧、图书、娱乐业、音像业等30家文化经营业主参加的座谈会，共商共建规范、健康、文明、有序文化市场的新举措。在“4.22”销毁了非法、反动、盗版、淫秽音像制品6000余盘（张、册），侵权盗版图书500余本。

【文物保护工作进展有序】顺利完成了地区第三次全国文物普查工作，在墨脱县境内发现新石器时代的石器30多件。历时两年的全面、细致、拉网式的文物普查和古籍普查工作已基本完成；共调查、登录不可移动文物点275处，其中新发现文物点169处；复查点106处，完成45万字的调查文字资料。完成了40部的古籍普查和30处县级文物保护单位的记录档案和5处自治区级文物保护单位的保护范围和建设控制地带的划定工作。落实并实施了“十一•五”重点文物项目太昭古城的修缮工作，扎木中心红楼项目建设及阿沛管家庄园的前期勘查设计工作。

林芝地区统战工作

【民族团结进步事业扎实推进】认真贯彻落实中央、区党委、地委精神，把促进民族团结进步放到突出位置，通过举办座谈会、专题宣讲、编印学习宣传材料等多种方式，在统一战线成员和寺庙僧尼中深入开展民族团结宣传教育活动，广泛宣传党的民族理论政策，深入揭批达赖集团分裂祖国、破坏民族团结的罪恶行径，使各民族共同团结奋斗、共同繁荣发展的主题和“三个离不开”的思想更加深入人心，各族各界人士和广大僧尼的中华民族意识、国家意识、法制意识、公民意识不断增强。抓住国务院第五次全国民族团结进步表彰大会和全区民族团结进步表彰大会这一有利时机，大张旗鼓地宣传民族团结先进事迹，动员全社会积极参与民族团结进步事业，努力营造珍视民族团结、爱护民族团结的浓厚氛围。充分发挥统一战线成员在协调民族关系、化解民族矛盾方面的特殊作用，促进各民族之间的交流交融，自觉维护祖国统一和民族团结成为广大群众的普遍共识。

【寺庙法制宣传教育进一步深化】把思想教育作为寺庙法制宣传教育的抓手，不断丰富教育内容，突出反分裂斗争教育。邀请影响大、威望高的宗教界人士深入重点寺庙开展法制宣传教育活动。及时充实和调整软弱涣散、工作不主动、难以主导局面的寺庙管委会。制定和完善寺庙管理各项规章制度，佛事活动、外出学经管理等有章可循。扎实开展寺庙登记和活佛、僧尼资格备案管理工作，全面清理了寺庙编外僧尼、闲杂人员和不满18周岁的在寺未成年人，净化了寺庙环境，为建立宗教新秩序奠定了良好基础。按时完成藏传佛教活佛、僧尼信息采集录入工作。认真开展平安和谐寺庙创建活动，围绕平安林芝建设，制定下发了《林芝地区创建平安寺庙实施方案》。目前，各项创建活动正在有条不紊地开展。举办了林芝地区首期寺庙管委会成员培训班，对全地区40名寺庙管委会成员进行了为期3天的党的宗教工作方针政策和国家有关法律法规培训，并组织学员实地参观考察了巴河雪卡电站、老虎嘴电站和新农村建设。对全地区5座爱国守法先进寺庙和10名爱国守法先进僧尼进行了表彰，弘扬了正气，压制了邪气。把寺庙和僧尼纳入社会管理和公共服务范围，优先考虑爱国爱教的寺庙，切实帮助寺庙解决通路、通电、通水和僧尼住房等实际困难。2009年，各级党委、政府共投入资金139.98万元，帮助寺庙僧尼解决许多实际困难。

【以寺庙为重点的宗教领域始终保持稳定】在“3.10”、“3.14”、“3.28”、“萨嘎达瓦”节和国庆节等敏感时段，坚持把寺庙维稳工作作为重中之重，做到思想不放松、力量不减弱、目标不动摇，全面排查寺庙不稳定因素，严格落实管理措施。加强佛事活动管理，从严审批各类宗教活动，确保敏感时段大型宗教活动安全祥和。加强学经返回人员的跟踪管理，密切关注其动态。坚决取缔非法宗教活动场所和非法宗教活动，有效消除了少数非法宗教活动点对信教群众的消极影响，全力维护了藏传佛教正常秩序，有力促进了社会大局的稳定。

【服务经济发展取得明显成效】组织党外人士围绕“保增长、保民生、保稳定”等重大问题开展考察调研，形成一批有价值的意见建议。以开展学习实践科学发展观活动为平台，鼓励和支持党外代表人士建言献策，共谋经济发展之举。以非公有制企业开展学习实践科学发展观活动为契机，狠抓非公有制经济人士的思想政治工作。

【统一战线各领域工作协调发展】高度重视境外藏胞的审批、接待和管理工作。经常走访慰问归国定居藏胞，主动关心他们的生产生活。加强正面宣传教育，积极开展人物联络工作，团结争取更多境外藏胞心向祖国。着眼于服务祖国统一大业，向来全地区旅游的台胞广泛宣传党的民族宗教政策和林芝翻天覆地的巨大变化。着眼于巩固和壮大统一战线，照顾同盟者利益，加强党外干部的培养、选拔和使用工作，加大党外知识分子工作力度，全面了解掌握新的社会阶层人士基本状况，引导他们自觉承担社会责任，做合格的中国特色社会主义事业建设者。着眼于强化工作合力，建立和完善了党委统一领导，在民族、宗教等工作方面统战部门牵头协调，相关部门密切配合的工作机制，使统一战线工作合力得到进一步增强。

林芝地区政法工作

【深入开展严打整治斗争】全地区政法各部门充分发挥职能作用，始终坚持“严打”方针不动摇，不断总结经验，始终保持对各类刑事犯罪的高压态势。针对当前正处于反分裂斗争复杂期、刑事犯罪攀升期和人民内部矛盾凸显期的特点，积极开展了专项排查整治，加大了对黑恶势力犯罪、严重暴力犯罪、多发性侵财犯罪、涉众型经济犯罪、毒品犯罪的打击力度，切实增强了人民群众的安全感。同时，认真组织开展了对非法出入境人员、被打击处理过的“两劳”释放人员、境外回流人员、社会闲散人员等高危人群的排查管控，有针对性地组织开展了多种形式的集中专项打击行动，确保了社会治安局势的平稳。

【认真落实综治目标管理责任制】地委、行署每年以签订综治目标责任管理书的形式，层层分解综治工作任务，强化各级党政主要领导的责任。2008年12月29日，地委、行署专门召开了社会治安综合治理工作表彰大会暨2009年综治责任书签字大会，对2008年度综治工作成绩突出的县和单位进行了表彰，地委书记赵合、行署专员卓嘎分别与七县党政“一把手”续签了《林芝地区2009年社会治安综合治理目标管理责任书》。目前，全地区地、县、乡（镇）、村四级综治目标责任管理书的签订率达到100%。

【周密安排部署各项综治工作】年初，地区综治委制定下发了《关于分解2009年综治工作任务的通知》（林地综治委〔2009〕26号文件），把全年的综治工作进行了细化分解。同时，地区综治委召开了一系列专题会议，安排部署工作。3月6日、6月8日、9月5日，地区综治办分别召开了由地区综治委成员单位参加的专题会议，研究部署了综治宣传月、综治宣传周、“9·16”平安宣传日等相关工作。6月22日、11月4日，地区综治委先后召开了林芝地区社会治安综合治理委员会2009年第一、二次全体会议，多吉次仁、白玛才旺、平措多吉同志分别参加了会议，及时分析了社会治安面临的形势，有针对性地安排部署综治和平安建设工作。11月2日，地区综治办组织各县分管综治工作的政府副县长和各县综治办主任重点就抓好平安创建、矛盾纠纷排查调处机制、严打整治斗争、治安混乱地区的排查整治、流动人口服务与管理工作、落实综治成员单位职责任务等内容进行了为期1天的集中业务培训。同时，地区流动人口治安管理领导小组办公室、预防青少年违法犯罪领导小组办公室、校园周边治安综合治理领导小组办公室、矛盾纠纷排查调处领导小组办公室和刑释解教安置帮教领导小组办公室都根据各自的工作职责相应召开了专门会议。2009年，地区综治委共召开各项综治专题会议23次，全面安排部署了全地区的各项综治工作。

【狠抓了综治热点难点问题的解决】2009年，林芝地区进一步加大了对虫草采挖期间社会面的管控工作。加强了各地及各县边界社会治安管控工作。工作组开展法制宣讲326场，向农牧民群众发放有关材料4万余份，张贴虫草采集管理公告800余份。通过组织相关部门在虫草采挖区域设立流动警务区和治安室，采取设卡、清山，遣返无证人员和外来人员等措施，做到哪里有群众采挖虫草，哪里就有干部跟踪管理和服务，有效防止了各类矛盾纠纷、群体性事件和虫草采集期滥采乱挖现象的发生。

【狠抓了平安林芝创建工作】截至目前，全地区已创建全国平安县1个、自治区级平安县3个、地区级平安县6个，平安乡镇53个，平安村514个，平安学校76所，平安寺庙43座，平安家庭23970户，平安单位286个，平安小区2个，平安创建率达88%。

【获奖情况】2009年5月，林芝地区被中央综治委评为全国2005—2008年度“社会治安综合治理优秀市（地）”。

2009年10月，林芝地区社会治安综合治理委员会办公室荣获全区综治工作先进集体，胡旭彬（米林县委副书记、分管政法综治工作）、达娃（林芝县综治办主任）、拉姆（朗县综治办副主任）、丹增（工布江达县政法委干部）、同宇放（地区综治办业务科负责人）荣获全区综治工作先进个人。

林芝地区荣获2009年度全区综治考评第三名。

林芝地区党校工作

【主体班次培训任务圆满完成】2009年林芝地区党校共举办县处级领导干部学习科学发展观研讨班一期、中青年干部理论培训班一期、公务员初任班两期、村党支部书记、村委会主任培训班一期、公务员任职班培训班一期、乡镇党委书记、乡镇长培训班一期，组工干部业务知识培训班一期，共培训各类干部752人次。充分发挥了党校干部培训教育主渠道、主阵地的作用。

【校外宣讲成效显著】2009年来，林芝地区党校教师走出校门，深入机关、企业、镇、村等宣讲科学发展观，充分发挥了理论宣传主阵地的作用。在学习科学发展观教育活动以来，林芝地区党校组织教师学习，快速进入角色。在学习实践科学发展观活动中，林芝地区党校共派出10余位教师深入到各部门、单位进行宣讲，共宣讲50余场次，听讲达3000余人次。

【教学、科研工作迈上了一个新台阶】2009年，林芝地区党校科研工作迈上了一个新台阶。在教学中，把教学和科研紧密结合，初步形成了“围绕教学提高科研，搞好科研促教学”的科研教学格局。一是明确责任。对具有中、初级职称的教师规定了不同量的科研任务；二是强化对马克思主义基本问题和“三个代表”重要思想及科学发展观的研究，开展针对改革、发展、稳定中提出的重大理论和现实问题的研究，加强对学员普遍关心和感到困惑的问题的研究。2009年，围绕科学发展观、反分裂斗争与长治久安，民族宗教等重大问题开展了深入研究，党校教师在各级各类刊物上发表论文22篇，其中省级刊物上发表论文3篇，在《林芝发展探索》发表论文19篇。

【努力争取资金，改善办学条件】在地委和行署及有关部门的大力支持下，在广东第五批援藏干部的努力下，广东省第五批援藏援助5万元；广东省委党校援助林芝地区党校45万，用于改善办公条件；珠海市委党校援助林芝地区党校16万元，用于改善教学条件。

【积极开展同对口省市兄弟单位的联系】在广东省委党校援藏副校长陈培获同志的努力下，通过多方努力，为林芝地区党校筹措到援藏资金70万元用于改善办公和教学条件。

林芝地区外办工作

【年度综述】2009年，地区外办切实发挥外事优势做好“三个服务”。一是抓好维护稳定工作。严格按照自治区党委、政府和林芝地委、行署维稳工作部署，认真贯彻落实维稳工作有关指示精神。二是深入学习实践科学发展观活动，以“加强队伍建设、促进‘两个服务’，推动外事工作科学发展”为学习实践载体，着力突出外事特色深入开展学习实践。全办参学率100%。形成县处级以上干部调研报告2篇，撰写领导班子分析检查报告1篇，完善规章制度4件。三是做好因公出国管理，2009年全地区共完成因公出访17人，其中地级干部3人、县级干部5人，科级干部4人，农牧学院师生5人。四是做好外事礼宾接待，2009年共接待重要外事团组3批次，接待了中联部、外交部、兄弟省市外办等考察团组10余批次。五是做好边界管理，在全地区第二批科学发展观学习实践活动期间，对境内4个边境县进行了调研。六是做好涉外事件处理，共协调处理重要涉外事件4件。七是做好涉外项目管理，建立了“林芝地区涉外项目管理工作联席会议机制”。八是做好人员培训，派员参加各类培训6人次。

【主要特点】受全球金融危机和甲型H1N1流感影响，全地区2009年因公出访和外宾来访团组数较少。

【大事记】11月2日-8日，在林芝地区外办的精心筹划、组织及协调下，由地区主要领导率队的自组考察团赴日本，就松茸等林下资源产品在日本市场销售情况、日本林下资源保护利用方面的先进经验和做法等进行了考察，取得了成效。

2月份接待了《印度教徒报》主编拉姆夫妇访问林芝，其间，林芝地委行署宴请拉姆夫妇一行，对拉姆夫妇来访表示欢迎，并对《印度教徒报》长期以来关于西藏客观公正的报道表示赞赏；拉姆夫妇对林芝地区的热情接待表示感谢，并高度赞扬林芝地区改革开放取得的巨大成就。

9月1日，一名香港同胞在全地区境内因车祸失踪，林芝地区外办接洽了失踪香港同胞亲属来林芝，积极协助其与相关部门处理好有关事宜，失踪香港同胞亲属对林芝地区外办所做的工作表示满意和感谢，区港澳办、香港驻京办也对全地区所做的工作表示满意。

【获奖情况】2009年11月，地区人民对外友好协会被全国人民对外友好协会授予“人民友谊贡献奖”；

林芝地区外办副主任多吉占堆荣获外交部颁发的“资深外事工作者”称号。

林芝地区信访工作

【年度综述】2009年，林芝地区信访局共办理（接待）群众来信来访345批（件）（2678人次），其中，来访246批（件）（598人次）；来信99批（件）；集体访49批（件）（2034人次）；共收联名信15封；重信重访32批（件）（38人次）；赴自治区（进京上访）4批（件）、4人次；

非正常上访2批（件）、2人次。

从2009年的来信来访情况看，总体集中反映如下几个方面问题：一是资源纠纷问题；二是民工工资问题；三是企业职工待遇问题；四是农牧民补偿问题。

【主要特点】领导高度重视信访工作。地委、行署高度重视信访工作，将信访工作列入重要议事日程，定期听取信访工作情况汇报，认真研究部署信访工作。健全完善了处理信访突出问题及群体性事件联席会议制度，明确了地委、行署各一位领导为召集人，充实了联席会议成员；建立了领导包案工作制度和责任追究制度，形成强有力的领导机制。

地委赵合书记、行署卓嘎专员多次对重要信访案件作出批示，并随时了解掌握案件调查处理情况，个别疑难案件还亲自协调。多次召开联席会议和专题会议研究部署信访工作。

全力做好矛盾纠纷排查化解工作。针对2009年以来维护稳定工作的特殊情况，为进一步做好矛盾纠纷排查化解工作，真正做到早谋划、早部署、早安排，地区多次召开联席会议，对矛盾纠纷排查化解工作进行安排部署。

为确保社会局势持续稳定，地区多次召开会议，及时作出安排部署，明确要求各县各部门主要领导亲自负责矛盾纠纷排查化解工作，并做到每一起群体性事件责任部门领导必须亲自到现场进行处理，每一个信访案件必须有一位领导负责，做到了每次会议有要求，每个要求有人抓落实。

地区要求各县各部门将积压多年的疑难案件实行“一把手”包案，明确分管领导亲自负责，限期结案。为确保无人员进京进拉萨上访，地区有关部门还对个别缠访、闹访人员进行了稳控，实现了敏感时期越级上访人员零记录。

【经验体会】找准信访问题的“病根”是关键。来信来访群众都有各自不同的心态和要求，有的为了钱，有的为面子，有的为顺一口气，只要充分调查，深入分析，掌握其心理，找准“病根”，对症下药，就没有解决不了的问题。

只有直面问题，才能解决问题。对待信访，尤其是信访积案，主要领导要正面接触不回避，主动上手不推诿，抓紧解决不拖延，把问题解决在首问当中，只有在与上访人直接接触中才能了解真实情况、准确把握心态、甄辨是非曲直，才能正确应对，及时疏导，化解矛盾。只有多措并举，才能事半功倍。有的信访积案历时久远、情况复杂、影响面宽、解决难度很大，必须各负其责，齐抓共管，采取综合措施，用足用活政策，情、理、法多管齐下，达到化解矛盾，及早息访，维护稳定的目的。

林芝地区编译工作

【召开藏语文社会用字检查工作协调会议】2009年4月8日上午，召开了林芝地区藏语文社会用字检查工作协调会议，参加会议的有人大地区工委秘书长罗桑剑泽、地区政协驻会常委金文夏，地委宣传部、地区财政局、公安处、建设局、教育局、林业局、旅游局、交通局、文广局、民政局、工商局、编译室、城管大队、林芝县编译科等16个相关单位的负责人。会议由行署副秘书长谢雅星主持。会上林芝地区藏语文工作委员会办公室主任、编译室主任达瓦对地区藏语文社会用字检查工作进行了安排部署，并强调了藏语文社会用字清理整顿工作的重要意义，藏语文社会用字的检查范围和重点内容，以及工作要求。并在会上展示了拉萨、波密县、工布江达县等统一整改商户牌匾的图片样板。各单位参会人员积极发言，对各类广告、招牌及商户牌匾的统一和制作费用问题进行了热烈的讨论，并按照各单位的职责提出了很好的意见和修改建议，共同为林芝地区的藏语文社会用字的规范和提升整个城市的美观建言献策。

【认真履行职责，加大社会用字督促检查力度】2009年5月至8月间，受红卫副专员委托，藏语委办工作人员深入林芝县、工布江达县、朗县、米林县、波密县、察隅县实地检查和督促六个县的藏语文社会用字使用情况，了解和掌握地区行署办2009年4月下发的关于《林芝地区行署办公室关于印发林芝地区2009年藏语文社会用字联合检查工作实施方案的通知》（林行办发〔2009〕97号）文件的落实情况。

2009年的藏语文社会用字检查，主要针对各县乡镇公文、村委会办公场所、公路沿线标示、街道商店牌匾、宣传横幅等藏语文社会用字情况。直至2009年9月底，全地区共检查了社会用字门面标牌5658个，现场发现存在的问题提出了整改意见，受检单位和个人都表示一定按照检查组提出的意见，积极抓紧整改。

2009年各县藏文字使用工作各有特色。其中朗县政府投入资金十多万元，制作了有藏汉文两种文字的9面大型广告牌和24面警务工作牌，全县户外藏文字使用准确率达到99%以上。米林县统一了主街道商业牌匾制作样式，边框采用民族特色图案，县财政承担33%制作费用。工布江达县、察隅县、波密县以旅游景点为底色统一了门面标牌。

【成功举办了全地区国产新一代藏文软件培训】自治区藏语委办（自治区编译局）和西藏大学、林芝地区编译室于2009年6月20日至21日在林芝地区成功举办了国产新一代藏文软件培训班。

此次培训班的培训内容主要包括藏大岗杰藏文输入法、MS-Word、MS-Exce、MS-PPT、藏文网页设计、藏汉翻译多媒体在线翻译词典、Tibet Linux、Tibet Office等国产新一代藏文软件。来自林芝地区54个乡镇、7县编译科、教育系统和地直部门从事编译工作的101个学员参加了此次培训。来自西藏大学工学院院长、教育部工程中心主任、教授欧珠等6名老师为学员做了精心的培训工作。

为了切实提升林芝地区的藏文信息化水平，自治区藏语委办和西藏大学向林芝地区7个县和地区编译室共赠送了16台计算机，8台打印机，1500套藏文软件（其中办公套件140套、藏文之星140套、岗杰藏文输入法350套、电子词典140套、Linux系统140套、各种字库100套）共计1010套，价值35万元。

在培训结束后的七县编译科的座谈会上，学员们表示：国产新一代藏文软件统一了标准，使藏文信息资源得以共享；丰富了内容，使藏文信息化不再停留于文字处理；简化了操作，使藏文软件的使用不再复杂难学。此次培训，对于加快林芝地区信息化建设、促进藏民族文化的繁荣、维护民族团结、等方面都具有十分重要的意义。

林芝地区民宗工作

【在重点寺庙和广大僧尼中，继续深入扎实地开展法制宣传教育】2009 年，全地区共派驻寺庙法制宣传教育工作组 39 个，派出干部 123 人次，其中县级干部 13 人次，科级干部 57 人次，进驻 39 座重点寺庙开展工作。教育引导广大僧尼更进一步认清达赖集团政治上的反动性、宗教上的虚伪性和手段上的欺骗性，增强维护法律尊严、维护民族团结、维护人民利益、维护祖国统一的自觉性，坚决抵御达赖集团的分裂破坏活动；大力开展社会主义荣辱观教育，把“四增强、四热爱”教育与“八荣八耻”教育结合起来，进一步增强他们的祖国观念、法制观念、政府观念和公民意识。深入了解和掌握寺庙僧尼的思想动态，注意发现和掌握带有倾向性的问题和寺庙中的深层次问题，及时排查寺庙内潜在的各种不稳定因素，坚决制止各种非法活动，高度关注退寺离寺人员和学经劝返人员的动态。正确处理寺庙编制和僧尼配备问题。

【以加强民管会班子为依托，加强寺庙管理】不断探索藏传佛教管理长效机制。对不称职、宗教造诣不深、作用发挥不明显、僧尼意见比较大的民管会成员，进行了调整，进一步强化了民管会班子建设。按照新时期宗教工作的新要求和宗教事务条例的有关规定，进一步完善寺庙管理的各项工作制度，使寺庙管理更加规范化。

【结合寺庙法制宣传教育，积极开展“平安寺庙”创建工作】以开展“平安寺庙”、“和谐寺庙”创建为动力，努力营造全地区宗教领域团结和谐的局面，推进寺庙法制宣传教育向纵深发展。在深入开展寺庙法制宣传教育的同时，积极帮助寺庙僧尼解决生产生活中困难。在地委行署的高度重视下，2009 年，区地县各级政府投入资金 139.98 万元，帮助寺庙解决了各种困难，广大僧尼深切地感受到了党和政府的殷切关怀，使寺庙法制宣传教育达到了触动僧尼思想的积极效果。

【扎实推进“兴边富民行动”】2009 年落实“兴边富民”项目资金 1737 万元，其中察隅县 412 万元、墨脱县 858 万元、朗县 42 万元、米林县 350 万元、林芝县 55 万元、波密县 20 万元。2009 年，全地区在边境人口较少数民族地区安居工程建设完成 1215 户，投入建设资金 1458 万元，其中米林县 455 户，察隅县 340 户，墨脱县 420 户。

【认真开展创建民族团结进步示范活动（试点）、民族团结宣传教育活动】结合林芝全地区实际，制定了《林芝地区开展创建民族团结进步示范活动（试点）实施方案》，确定了工布江达县太昭村和米林县格嘎村为民族团结进步示范点，并将在两村实施国家少数民族村寨保护项目。

林芝地区扶贫农发工作

【项目争取迈上新台阶】2009 年，全地区争取扶贫农发项目 66 个，总投资 8741.57 万元，国家投资 7307.13 万元，同比增长 23.5%和 32.8%。其中：扶贫项目 61 个，总投资 6300.57 万元，国家投资 5574.13 万元；农业综合开发项目 5 个，总投资 2441 万元，国家投资 1733 万元。

【管理水平实现新提高】一是坚持重点建设项目领导班子成员挂点联系制度，狠抓项目质量。二是由地区扶贫（农发）办牵头，联合地区纠风办、财政局、审计局、发改委、民宗局、农行 6 个单位对全地区 7 个县 2008 年以来扶贫资金管理使用情况进行了专项检查，对管理不规范的问题进行了整改。加强了农业综合开发和扶贫开发项目资金的专项审计工作。

【产业开发取得新成效】林芝、米林县玉米种植基地达 2.3 万亩，特别是林芝县玉米实现了种植规模化、生产机械化、经营市场化、服务组织化。朗县核桃种植面积达 7200 亩，成为农牧民新的收入增长点。林芝巴结建材、扎西岗旅游、果绕立体养殖和波密县米堆冰川旅游、如纳涂料厂，工布江达县太昭旅游扶贫等一批产业扶贫项目星罗棋布、效益凸显，为推动贫困人口脱贫致富发挥了积极作用。2009 年 9 月份，全区农发产业现场会在林芝召开，在全区六个地市推广交流了产业化经验。

【建档立卡工作更扎实】贫困人口数据统计的基础上，对贫困现状进行了认真分析，总结出全地区贫困人口比重较大、贫困程度较深、边境和人口较少民族乡镇贫困人口较多、地区腹心县的贫困发生率偏高、返贫率较高，返贫因素复杂多样等五个方面的贫困特征。

【定点扶贫工作更扎实】全地区 41 个定点扶贫单位 221 名干部深入乡村开展帮扶工作，落实帮扶项目 33 个，投资 449.45 万元，为贫困户捐款捐物折款 38.06 万元。

【规划编制工作更扎实】完成了地、县两级“十二五”扶贫农发规划（送审稿）。“十二五”期间，全地区扶贫项目规划 439 个，投资总规模 5.71 亿元，建设类型为贫困户安居工程、整乡推进、“两类村”扶贫、溜索桥改造、贫困乡村基础设施建设、产业扶贫、劳动力转移和扶贫培训 8 大类；农业综合开发项目规划 41 个，投资总规模 2.8 亿元，分为土地治理和产业开发两大类。

【扶贫培训工作更扎实】2009 年全地区开展扶贫培训 1230 人，投入培训经费 64.43 万元，举办了 11 期培训班，培训了种养实用技术、果树栽培及病虫害防治、家庭旅游、驾驶技术、民族手工艺、建筑施工技术、导游等知识，通过技能培训转移就业率达 80%以上，培训后学员竞争能力增强，就业后工资提高 30%左右。

林芝地区政协工作

【政协全委会议】2009 年 12 月 15 日至 18 日在八一召开。政协林芝地区委员会六届三次会议在八一召开。本次会议应到委员 128 人，实到委员 86 人。

会议主要议程有：听取政协第六届委员会常务委员会工作报告；听取政协六届二次会议以来提案工作情况的报告；传达学习十七届四中全会精神、区党委七届六次全委会和地委扩大会议精神；听取林芝地区行署关于 2009 年经济运行情况的通报；选举事项；委员培训；闭幕会。参加会议的领导有地委副书记、纪委书记罗布顿珠，人大共委副主任廉建华，行署副专员红卫。参会的政协领导有地区政协主席桑杰扎巴、副主席周金城、甲央土登、旦白尼玛、郑维列、嘎玛、程尊祥，秘书长卢治安。地委统战部、地区民宗局、工商联、佛协等领导到会祝贺。本次会议桑杰扎巴当选为地区政协主席。

【政协常委会议】2009 年 4 月 9 日，政协林芝地区六届委员会第四次常委会会议在八一镇召开。本次会议应到常委 27 人，实到 17 人。会议主要议程有：传达学习全国政协第十一届二次会议精神；传达学习胡锦涛总书记在参加第十一届全国人大二次会议西藏代表团审议时的重要讲话；传达学习中央深入学习实践科学发展观活动巡回检查组第五组副组长陈邦柱在林芝地区检查指导工作时的讲话；传达学习赵合书记在林芝地区开展第二批深入学习实践科学开展观活动动员电视电话会议上的讲话；学习《西藏民主改革 50 年》白皮书。

2009 年 7 月 29 日，政协林芝地区六届委员会第五次常委会会议在八一镇召开。本次会议应到常委 27 人，实到 14 人。出席会议的人员有：政协第六届林芝地区委员会主席、副主席、秘书长和常务委员。本次会议听取林芝地区行署上半年经济运行情况及“十二五”规划设想的通报；通报政协领导班子学习实践科学发展观活动整改落实阶段方案；审议通过政协林芝地区委员会提案工作条例（草案）。

2009 年 10 月 27 日至 28 日，政协林芝地区六届委员会第六次常委会会议在八一镇召开。本次会议应到常委 27 人，实到 18 人。出席会议的人员有：政协第六届林芝地区委员会主席、副主席、秘书长和常务委员。本次会议审议通过六届六次常委会议议程；传达学习张庆黎书记在自治区党委七届六次全委会上的重要讲话；传达学习赵合书记在地委扩大会议上的重要讲话；学习《政协林芝地区委员会提案条例》；委员培训。

2009 年 12 月 8 日，政协林芝地区六届委员会第七次常委会会议在八一镇召开。本次会议应到常委 27 人，实到 22 人。会议主要议程有：审议通过玉拉、琼巴同志的辞职报告；选举桑杰扎巴同志为政协林芝地区六届委员会委员；请组织部领导介绍桑杰扎巴同志基本情况；审议通过召开政协六届三次会议的决定；审议通过政协六届委员会常委会工作报告和报告人；审议通过政协第六届委员会常务委员会关于政协六届二次会议以来提案工作情况的报告和报告人；审议通过六届三次会议提案审查委员会组成人员名单(草案)；审议通过六届三次会议主席团和秘书长名单（草案）；审议通过政协六届三次会议议程(草案)。

【提案工作】政协林芝地区六届委员会三次会议期间，共收到提案 61 件，经审查立案 41 件。（其中有 8 件提案合并立案后变为 4 件），占提案总数的 73.77%，作为委员来信转送有关部门研究处理 16 件。在立案的提案中，有关三农方面的提案 6 件占立案总数的 14.63%；科教文卫体方面的提案 10 件，占立案总数的 24.39%；水利方面的提案 11 件，占立案总数的 26.83%；民族宗教政协方面的 7 件，占立案总数的 17.07%；林业环保的 3 件，占立案总数的 7.32 %；其他方面的提案 4 件，占立案总数的 9.76%。

【政协林芝地区第六届委员会常委名单】玉拉、桑杰扎巴、周金城、甲央土登、旦白尼玛、郑维列、嘎玛、程尊祥、薛光明、卢治安、金文夏、陈维勇、扎西达杰、徐建军、王海、徐阿生、其米、孙庆亮、次仁罗布、顿珠。

林芝地区工会工作

【年度综述】2009 年“三大节日”期间，全地区各级工会组织共慰问困难职工 405 户，慰问资金达 32.4 万元。开展了 2008 年“金秋助学”资金发放工作，共资助大中专学生 11 人，发放资金 1.15 万元。在新中国 60 华诞、国庆节、中秋节来临之际，先后开展了“大病救助”、“帮扶进万家，真情促和谐”免费送医送药以及全国劳模的走访慰问活动，为 600 多名患病困难职工义诊服务，免费发放的药品价值达 1.5 万余元；走访慰问了 14 户患大(重)病的企事业困难职工，发放慰问金 28000 元；发放 2009 年全国劳模“三金”79452 元。为积极应对和克服国际金融危机，特别是拉萨“3.14”事件以来给企业发展带来的影响，地区工会办事处积极参与国有企业改制工作，促进企业发展，稳定职工队伍，与 7 县和 14 家地直企业签约了“促进发展，维护稳定，共渡难关”共同约定行动。圆满完成了 2009 年全区第三届 15 名劳模（先进工作者）和 1 名特邀代表推荐评选工作。积极组织参加了“全民健身运动大众工间操表演赛”等一系列有益活动，并结合新中国成立 60 周年和西藏民主改革 50 周年庆祝活动，举办了“我爱我的祖国”演讲比赛，激发了职工的爱国热情，表明广大职工忠诚于党、坚决跟党走的信心和决心。

【创新组织形式和组建方式，积极开展工会组建和会员发展工作】新组建工会 33 个，发展会员 1360 人，其中农民工入会 540 人，超额完成区总年初下达的“组建工会 28 个，发展会员 882 人”的目标任务。截止目前，林芝地区共有工会组织 365 个，工会会员 12667 人。工会组织进一步发展壮大，工会凝聚力进一步增强。

结合工会工作特点和工作安排，完成了“三级劳模调研”、“出租车行业组建工会组织摸底调研”以及“自治区总工会维稳调研”等调研工作任务，为上级的科学决策和今后的工作掌握了第一手资料。

【积极开展县级总工会“职工之家”建设工作】截止目前，林芝地区七县总工会全部完成“职工之家”建设项目申报工作。其中：已建成并投入使用的有5个；察隅县“职工之家”综合楼已建成，工程正处于收尾阶段；墨脱县“职工之家”建设项目已完成审批工作，工程正在建设。此项工作得到了区总领导的充分肯定和各族职工群众的广泛好评。

【获奖情况】2009年，地区工会办事处被地委、行署表彰为全地区“先进单位”，被中华全国总工会、国家安全生产监督局表彰为“安康杯”竞赛优秀组织。党组副书记、主任扎西罗布同志被中华全国总工会表彰为“全国优秀工会工作者”，并荣货获“全国五一劳动奖章”。

林芝地区共青团工作

【青少年思想政治工作】深入扎实开展了学习实践科学发展观活动，不断加强和改进青少年思想政治教育，通过专题报告、参观走访、调研座谈、业务知识培训、召开专题辅导等多种方式，深入系统地学习科学发展观理论，在提升领导班子科学发展能力和水平，深化青少年思想政治教育，夯实基层、加强基层基础工作，凝聚团属活动载体、拓展团的宣传阵地，维护青少年合法权益，促进青年征收成才，构架团的桥梁纽带作用等七方面取得了初步成效。

以爱国主义教育为主题，提高青少年思想道德素质。以中国共产党建党89周年、建国60周年、五四运动90周年、西藏民主改革50周年为契机，把“团结稳定是福，分裂动乱是祸”教育始终放在首位，以“我与祖国共奋进，我与林芝同发展”为主题，在青少年中广泛开展“民族精神代代传”、“爱国主义教育影片进校园”、“红领巾寻访”、“与党员朋友手拉手”、“走进红色故事”等活动。

【充分发挥服务职能，促进青少年成长成才】一是开展青春建功新农村农牧民培训，全年开展培训班7次，培训人数达到241人，争取经费10.29万元；二是扎实推进波密县古乡苗圃项目、朗县“青年经济林”建设、米林县南伊乡农牧民科技培训中心项目建设；三是建立青年就业创业见习基地，2009年共提供青年就业创业见习岗位60多个；三是扩大青少年对外交流渠道，上海团市委、浙江团省委、上海复旦大学交流团先后来到全地区考察交流，同时选派了两名基层团干到日本参观学习。

【少先队工作进一步深化】团地委通过组织开展形式多样的“迈入青春门，走好成人路”、“雏鹰争章”、“步入青春之门、奏响青春序曲”等主题活动。2009年先后开展了向地震灾区小朋友送爱心为主题的“小包裹、大爱心”活动，共收到爱心包裹价值50多万元;开展了“城乡少年手拉手，让青春与爱同行”共建联谊校活动，增进城乡少年相互了解，共同进步；组织开展了“感恩的心”征文及夏令营等活动。

【持续发展】大力推进保护母亲河行动——高原绿色希望工程，为深入贯彻落实地委、行署《关于建设生态地区的决定》，团地委积极带领地区各级团组织和广大团员青年开展“种下一颗生态树、保护生态我参与”保护母亲河行动，开展了“同饮一江水，共护一片绿”、“以人为本，共建绿色家园”、“美化生态环境，发展林芝旅游”等为主题的清理白色污染、“禁白”、植绿护绿活动。

【青年志愿者工作稳步推进】一年来，全地区青年志愿者开展慰老、环保、“三上乡”、国防宣传、公民道德宣传、“9.16平安西藏”等各类活动，进一步弘扬了“奉献、友爱、互助、进步”的志愿者精神。中山大学第十届研究生支教团开展“情洒林芝”爱心助学活动，共筹集奖学金34509元和爱心图书室援建资金20933元。8月，广东青年志愿者“健康直通车”第五次赴林芝开展医疗活动，捐赠药品、医疗器械70多万元，义诊人数3813人次。

【希望工程工作成效显著】全年发放民德助学金、圆梦助学金36000元，资助贫困学生12人；5月，团地委与地区乐百隆、百信、立信、惠好四家超市设立“爱心集零箱”，收到社会各界爱心捐款7000多元；7月，77586部队与地区6名贫困学社结成“手拉手1+1”结对帮扶助学对象，资助贫困学生11名；8月，上海复旦大学捐赠5000元的希望图书室，钟扬副院长捐赠1000余元的希望图书；9月，地区空军雷达连捐建“空军雷达连希望少先队室”；深圳航天科工集团捐赠价值2万余元书籍7000余册；广东于培松先生和洪立鸿女士设立“牵手”爱心助学基金，资助15名贫困学生，资助金额为每学年1万元，资助期为5年；团地委四处筹措资金，为工布江达县金达镇百丽希望小学、波密县蓝韵希望小学及波密县华北电网希望小学400名学生制作了价值31000余元的校服。

【领导名录】
书　记：成 燕
副书记：李保民　张 梅

林芝地区检察工作

【切实加大查办职务犯罪工作力度，推动反腐斗争深入发展】不断提升侦查理念，整合办案资源，积极开展案件查办工作。同时，以依法查办国家机关工作人员危害能源资源和生态环境渎职犯罪及重大责任事故背后的渎职犯罪为重点，依法查处渎职侵权案件。

【突出监督重点，全面加强对诉讼活动的法律监督】重点开展了对刑罚执行和监管活动的监督，通过与在押人员谈话教育、上法制教育课、对监管改造场所安全防范设施检查等措施，监督和协助监管场所落实安全防范措施，杜绝安全事故发生。为深入贯彻落实监所检察“四个办法”，林芝地区检察院监所处利用检察专线网络视频举办了《人民检察院看守所检察办法》和《人民检察院监外执行办法》培训讲座，为保证在押人员的合法权益，地区检察机关在全地区看守所全面实行了在押人员约见检察官制度。不断加大民事行政检察工作力度，强化林业检察工作，积极办理涉林案件，同时，抓住法制宣传活动的时机，加强了对广大农牧民的森林防火和生态环境保护的宣传，在虫草采挖季节，对群众进行了保护森林资源法律法规知识、安全用火知识宣传，提高了广大群众的护林意识。

【加强控告申诉检察工作，畅通群众诉求】严格落实首办责任制和检察长接待日制度，积极开展“信访积案化解”活动、“举报宣传周”活动，设立了“12309”全国检察机关举报电话，发放了举报联络卡。并对2006年1月至2008年6月间举报中心接收的属于检察机关管辖的职务犯罪举报线索情况，举报中心分流到各自侦部门之后办结、存查、缓查的举报线索等情况进行了全面清理和排查。同时，根据有关文件精神，结合全地区工作实际，制定了《林芝检察分院刑事被害人救助实施方案》。

【贯彻“打防并重、标本兼治”的方针，积极开展职务犯罪预防工作】深入开展预防职务犯罪工作。在个案预防上，做到了一案一分析、一案一建议，一案一整顿、一案一教育、一案一回访。积极深入金融、移动、工程建设等企事业单位进行调查研究，帮助整章建制、堵塞漏洞，开展法制宣传教育30余次，受教育面达800余人次。同时，到国税、卫生以及国有企业等单位开展预防职务犯罪座谈，并抓住全地区的民心热点工程开展预防职务犯罪工作，重点对巴河电站、八一二桥、地区廉租房、八一大街改造、沼气等重点工程建设开展了系列专项预防调研，并针对部分重点工程建设中存在拖欠农民工工资的问题，与劳动部门和建设部门进行了协商，拖欠现象得到了妥善解决。另外，各县检察院还开展了预防青少年违法犯罪工作，全地区七个县检察院副检察长或业务科长兼任了该县小学、中学法制副校长。同时，还采取发放“举报联络卡”、编印预防职务犯罪宣传册、设置检民联系箱、在重点工程项目中建立了联席会议制度、与重点工程建设项目负责人签订廉政安全施工责任书等措施，使预防工作进一步完善和规范，通过这些有效的形式，提高了全地区检察机关预防职务犯罪工作的水平。

【认真开展各类专项检查活动】地区两级院开展了直接立案侦查案件扣押冻结款物专项检查活动、刑事审判法律监督专项检查活动和看守所监管执法专项检查活动。由于领导重视，措施得力，责任落实，各项工作取得了明显成效。

聘任人民监督员工作。根据最高人民检察院、自治区检院的要求，按照选任人民监督员的条件和程序，两级院共选任了30名人民监督员，其中：分院选任了7名，基层院选任了23名。

【获奖情况】2009年1月，分院反贪污贿赂局获全区检察机关先进集体；

2009年1月，工布江达县检察院获集体三等功；

2009年2月，工布江达县检察院获全国先进基层检察院；

2009年1月，朗县检察院获全区检察机关先进集体；

2009年1月，分院公诉处蒋惠获全区检察机关先进个人；

2009年1月，分院侦查监督处周广元获全区检察机关先进个人；

2009年1月，分院计划财务装备处嘎特获全区检察机关先进个人；

2009年1月，分院政治处胡雷获全区检察机关先进个人；

2009年1月，分院反渎职侵权局张鹏获个人三等功；

2009年1月，工布江达县检察院平措登巴获全区检察机关先进个人；

2009年1月，波密县检察院土登获全区检察机关先进个人；

2009年1月，林芝县检察院次仁罗布获全区检察机关先进个人；

2009年1月，米林县检察院罗布次仁获全区检察机关先进个人；

2009年1月，察隅县检察院次旦多吉获全区检察机关先进个人；

2009年1月，墨脱县检察院德吉卓嘎获全区检察机关先进个人；

林芝地区审判工作

【维稳工作】始终把维护稳定作为第一责任和政治任务，深入开展反分裂斗争。两级法院始终将维稳工作放在首要位置，坚决做到“五个确保”。一是确保旗帜鲜明、思想统一。法院党组强化了对维稳工作的领导、监督和落实工作，始终将形势教育作为一件大事来抓，确保全体干警的思想认识统一到自治区党委、地委对反对分裂、维护稳定工作的决策和部署上来，统一到自治区高级人民法院的工作要求上来。二是确保法院工作始终为大局服务。服从高级法院和地委的安排部署，两级法院服务当地中心工作、维护稳定工作和到寺庙进行法制宣传等工作， 2009年，两级法院共出动警力3000余人次、1000余台次车辆参加社会管控等各项维稳工作。三是确保措施落实到位。坚持24小时值班制度和“零”报告制度。制定防范措施，演练预案，特别强化了法院机要、卷宗、档案、财务等重点部门和部位的安全保卫工作，严防死守，确保万无一失。四是确保党员领导干部起到模范带头作用。在维稳工作中主要领导在岗带班，县级以上干部战斗在一线，值班人员坚守岗位，将责任层层落实到人。五是确保信息安全工作。在上情下达和下情上报的信息报送工作上做到及时、准确、安全。

【审判执行工作】2009年，林芝地区两级人民法院共受理各类案件1768件，审、执结1662件，综合结案率94%。其中，受理刑事案件161件，结案160件，未结1件，结案率99.3%，刑事案件占所有案件比例为9.1%。由法院直接受理和审理、执行的民商事、执行等案件共计1607件，占所有案件比例为90.9%，其中受理各类民商事案件540件，结案534件，结案率98.9%，结案标的4469.8829万元；受理各类行政案件8件、减刑案件231件、申诉案件8件，全部结案；受理执行案件174件，结案165件，结案率94.8%，结案标的917.11万元；受理诉前调解类案件697件，调处607件，调处率87%。

【继续深入开展“严打”和“打黑除恶”专项整治工作】始终保持对严重刑事犯罪的高压态势，坚持罪刑法定和罪刑相适应原则，认真贯彻落实宽严相济的刑事政策。坚决抓好民事审判这个亮点，更加注重促进市场体系的健康发展，更加注重涉及农牧民群众和涉及弱势群体合法权益的保护，更加注重对企业改制、转制提供及时周到的法律服务，与此同时，两级法院抽调精干力量，在全区率先组建了8个审理旅游纠纷的专门合议庭，出台了《审理旅游纠纷案件的若干意见》，对审理旅游纠纷的专门合议庭、专任审判长、巡回流动办案、即时结案原则等进行了规定，为将林芝地区建设成为全国旅游目的地提供更为便利、快捷的司法服务。坚决抓好便民利民诉讼措施，2009年通过车载流动法庭等形式巡回审理和调处各类矛盾纠纷130余件；基于调解有利于减少对抗、降低诉讼成本的优势，出台了《进一步加强民商事调解工作的意见》，认真构建起立案调、庭前调、庭后调的全方位的调解制度；认真执行司法救助制度，两年来，两级法院共缓减免收诉讼费17.3563万元；严格落实人民陪审员制度，人民陪审员参与案件审理29件。坚决抓好公正高效规范廉洁司法，认真执行案件公开审理规定，以监督促公正，制定了《关于邀请人大代表旁听监督庭审活动的实施意见》，同时在法院的重大工作决策、部署等方面也主动向人大报告，征求各级人大代表的意见；严格执行审限警示制度，对处于正常审限的案件以绿牌示之，临近审限10日前以黄牌警示，超审限以红牌警示，并在法院办公楼前的入口处进行公示；认真推行案件的简繁分流制度，2009年民事一审案件适用简易程序审结171件，简易程序适用率38.4%；制定了《二00九年度人身损害赔偿执行标准》，出台了《规范民商事案件发回重审办案意见（试行）》，确保裁判工作的严肃性。

【获奖情况】2009年，中级法院被评为全区法院目标考评先进单位、林芝地区2009年度工作先进单位、林芝地区2009年度综合治理工作先进集体。

【领导名录】
党组书记、院长：达 瓦
党组副书记、副院长、纪检组组长：
向巴次仁
党组副书记、副院长、广东援藏干部：
史尊魁
党组成员、副院长：尼玛次仁　康林
党组成员、民事审判一庭庭长：冯国勇
党组成员、司法行政装备处处长：叶斌

林芝地区公安工作

【年度综述】2009年，全地区共立各类刑事案件198起，同比上升3%，破149起，破案率为75.3%，同比下降8.6%；抓获犯罪嫌疑人140人。

【狠抓刑事技科学技术工作】一是加快了技术室建设，解决了刑事勘察车及相应的技术设备，总价值20余万元；二是认真做好了检验鉴定工作。共出具各类检验鉴定书51份，其中法医活体鉴定26份、尸体鉴定25份、痕迹检验鉴定15份，检验意外死亡案尸体13具，协助各县局检验尸体5具；三是积极协助各县做好了大要案件的现场勘查工作。2009年以来，处刑侦部门直接参与大要案件的现场勘查50起（其中命案6起）；四是加强刑事案件现场勘查工作。各级刑侦部门刑事技术人员共勘查各类案件现场198起，勘验率为100%，提取痕迹物证1000余件，提取率达90%，利用率达40%；书面分析198案，分析率为100%；制作现场勘查记录198案；拍摄各类现场照片15000余张，制作率为100%；建档管理198案，建档率为100%。

【进一步提高治安行政管理水平】2009年，地区公安机关共检查涉枪单位43家，发现整改隐患4起。检查涉爆单位25家，发现整改隐患13起；共收缴火药枪2支，收缴小口径步枪16支，收缴炸药400公斤，雷管796枚，导火索955米。共受理治安案件236起，同比上升22.9%；查处231起，查处率97.9%；结案224起，结案率为94.9%。各类治安案件中，查处违法人员406人，同比上升40人，上升率为10.9%。

【切实解决突出治安问题】2009年，全地区共发生一般以上道路交通事故37起，死亡48人，受伤57人，直接经济损失16.97万元。四项指数与去年同期相比：事故起数减少6起，下降14%；死亡人数增加13人，上升37.1%；受伤人数增加13人，上升30%；直接经济损失减少3.66万元，下降17.8%。共发生火灾事故19起，同比下降1起；下降率为5%。死亡4人，与去年同期相比上升3人，上升率为300%，受伤3人。经济损失148.992万元，同期相比上升47.1%。过火面积4824.26平方米，同期相比下降9.2%。

【获奖情况】2009年7月，林芝公安处刑警支队被自治区公安厅评为年度破获命案先进集体。

林芝地区司法工作

【普法工作成绩斐然】2009年采取了灵活多样的普法形式，广泛学习宣传了宪法、民族区域自治法和有关政治、经济、文化、社会以及与人民群众生产生活密切相关的法律法规30余部。围绕地委、行署不同时期的中心工作开展了法律"七进"活动。一是围绕"3、15"消费者权益日、"3、28"百万农奴解放日、"9、16"平安西藏宣传日等节点开展法制宣传活动；二是围绕学习实践科学发展观活动大力开展法制宣传活动；三是围绕社会治安的热点、难点问题开展法制宣传活动；四是用发生在群众身边的典型案例，编写成教材，采取以案释法的方式有针对性地开展法制宣传教育活动，收效明显。特别是在法律"进乡村、进社区"活动中，55%以上的村、居委会设立了法制宣传栏；在法律"进校园"活动中，初步形成了学校、家庭、社会"三位一体"的青少年法制宣传教育格局。通过法律"七进"活动的开展，促进了社会治安的明显好转。

【基层人民调解工作稳步推进】建立健全了地、县、乡三级人民调解网络，调整充实人民调解组织742个，有人民调解员3785个，司法助理员55人（专职31人），进一步修订了《林芝地区矛盾纠纷排查调处工作制度》，增加了矛盾纠纷月排查制度和月报告制度，重大疑难民间纠纷交办、督办、移办制度，防止矛盾激化报告制度，做好了预警信息和重大突发性事件的搜集专报工作。从制度建设上，保证工作的开展。

据统计，全地区各级人民调解组织先后调处婚姻家庭、草场牧场、民间借贷、土地、劳资、林下资；经济等各类纠纷327起。其中土地纠纷43起，劳资纠纷93起，虫草纠纷3起，牧场纠纷2起，林木资源纠纷5起，民事纠纷105起，婚姻家庭纠纷34起，草场纠纷1起，经济纠纷37起，防止矛盾激化4起，调解成功324起，成功率为99%。切实起到了“第一道防线”的作用，有力地促进了基础社会的和谐与稳定。

在排查调处矛盾纠纷的同时，注重了对上报信息的收集和梳理，针对矛盾纠纷比较集中、突出的问题，采取培训人民调解员、司法助理员的方式，指导人民调解工作的开展。2009年3月初，针对林芝县百巴镇农牧民群众非法转让、非法占用他人耕地和以高于银行利率进行借贷引发纠纷多的问题，集中该乡人民调解员和司法助理员开展了培训工作，以生动的案例讲解了相关法律、法规及法律责任追究，并现场指导进行调解，取得了明显效果。

【法律服务工作与时俱进】在处党组的正确领导下，林芝地区司法处法律服务工作者紧紧围绕土地征用、城市建设拆迁、环境治理保护、企业重组改制和破产中遇到的涉法涉诉问题，以及就业、就学、就医、社会保障等民生问题，提供及时便捷的法律服务，促进了人民群众最关心、最直接、最现实利益问题的有效解决。还积极参与涉法涉诉信访案件、群体性事件和对社会影响较大的交通案件的处理，努力探索在庭外和非诉活动中促进当事人和解的方法和途径，有效预防、疏导、分流和化解矛盾纠纷，切实增强服务为民的本领。

公证处办理公证事项510项，其中民事类496项，经济类14项，涉及标的额1300余万元，草拟、修改公证法律文书260余份，解答公证法律咨询250人次。为方便群众对公证的需求，坚持24小时为公证当事人服务，受到了群众的一致好评。

尼洋律师事务所2009年共代理各类案件71件，其中民事60件，刑事6件，办理法律援助案件5件，法律咨询服务405人次，代写法律文书124份，担任常年法律顾问2家，为单位、集体和个人挽回经济损失500余万元。鉴于林芝地区律师缺乏的实际，采取招聘的方法，努力推动法律服务工作的发展。

【法律援助工作日臻完善】2009年，共办理法律援助案件112件，替人民群众代写法律文书234份，接待“148”法律咨询人数达1456人次，组织了《法律援助条例》的宣传3次，散发《法律援助条例》532册，各种宣传材料5800余份。提高了社会的知晓率，满足了经济困难群众和社会弱势群体对诉讼的需求。

【援助工作取得新突破】在广东省司法行政系统的大力支持援助下，2009年，完成了林芝地区法律服务大楼的建设工程，该工程为全框架结构，建筑面积为1315平方米，共投入资金200万元。

【获奖情况】处办公室被自治区司法厅评为年度工作先进集体；

办公室主任冯绍广同志被自治区司法厅评为年度工作先进个人；

法宣科科长旺杰同志被自治区司法厅评为年度工作先进个人。

林芝地区武警支队

【年度综述】2009年，是支队全面建设取得重大进步，得到总部、总队褒奖最多的一年。圆满完成了跨区增援、镇守维稳、国庆安保、抢险救灾、6个单位综合整治等大项任务，部队基础更加扎实，全面建设有了长足进步，被武警总部表彰为“管理教育工作先进单位”、“支援西部大开发先进集体”，实现了总部“三无”和总队先进支队两个五连贯的目标。

【张新枫警卫勤务】3月12日至13日，由彭玉明副支队长带队，派出5名兵力，圆满完成了公安部张新枫副部长一行工作组莅临林芝地区波密县检查指导工作期间的警卫任务。

【敏感日维稳】3月9日至29日一级战备期间，支队每天派出378名兵力，担负要道设卡、要点驻守、城区巡逻、清理清查和机动备勤任务，圆满完成了“3.10”、“3.14”、“3.28”等敏感日的维稳任务。

【增援八宿县】1月26日至4月10日，支队根据总队命令，派出188名兵力，圆满完成对八宿县城市武装巡逻、重要民生目标要点驻守和机动打击任务，受赠“威武之师、忠诚卫士”锦旗1面。

【扑灭火灾】5月4日17时至6日17时，程友忠支队长、王安彬副支队长带领机动大队83名官兵，历时3天时间，共计扑灭明火点450余个，暗火点600余个，开挖10米宽的防火隔离带600余米，扑灭火场面积达42亩，彻底扑灭林芝地区115医院后山突发森林大火。

【杜青林警卫勤务】6月6日至7日，林芝支队根据地委行署、公安处指示，派出机动大队7名兵力，圆满完成了全国政协副主席杜青林赴林芝视察调研期间住地警卫任务。

【王刚警卫勤务】9月4日至6日，中央政治局委员、全国政协副主席王刚一行工作组莅临林芝地区视察。根据地委行署、公安处指示，支队出动20名兵力，圆满完成了视察团一行工作组在林芝活动期间住地警卫任务。

【国庆60周年安全保卫暨维稳工作誓师动员大会】9月6日；林芝支队在机动大队隆重召开了参加国庆60周年安全保卫暨维稳工作誓师动员大会。大会由政治处主任段键主持，支队在家领导和驻镇单位310名官兵参加会议。

【国庆安保反恐怖联合演练】9月29日；支队与公安特警、消防支队在八一镇举行了国庆安保反恐怖联合演练。自治区赴林芝地区维稳督导组张跃平组长、林芝地委赵合书记、行署卓嘎专员等领导全程观摩了演练。

【士官制度改革座谈会】2009年10月

14日，林芝支队程友忠支队长带领士官制度改革领导小组成员，深入基层中队，与大队、中队主官和来自不同专业、不同年度的36名满期士官、义务兵代表座谈。

【退伍老兵表彰大会】12月4日下午，林芝支队隆重举行欢送退伍老兵暨表彰大会。林芝地委委员、政法委书记多吉次仁同志，公安处处长陈海利同志代表地委、行署出席了大会，总队工作组、驻镇单位官兵及全体退伍老兵共280人参加了大会。大会由程友忠支队长主持。

【新兵教育训练开训动员大会】根据总队统一部署，2009年12月15日10时，林芝支队在机关隆重举行2010年度新兵教育训练开训动员大会。大会由戴胜和副支队长主持。

【领导名录】
支队长：程友忠
第一政治委员、地委委员、公安处长：陈海利
政治委员：谭清河
副支队长：彭玉明　戴胜和　王安彬　李和平
副政治委：周　成　米玛次仁
参谋长：谭红彤
政治处主任：段　键
后勤处处长：刘　逊

林芝地区发展改革工作

【年度综述】加强对地区经济发展热点难点问题的跟踪监测，适时适度跟踪和把握经济发展趋势，客观分析经济运行走势，及时发现经济运行中存在的突出问题，科学有效的提出对策建议，重点开展了特色产业、生态旅游业、扩大内需、转变经济发展方式、生态环境建设等经济社会发展领域的调查研究，监测预测工作的科学性、前瞻性、战略性和有效性得到进一步加强，参谋助手作用得到较好发挥。2009年全地区生产总值完成45.77亿元，比去年同期增长13.5%。其中：第一产业完成5.58亿元，比去年同期增长3.6%；第二产业完成14.81亿元，比去年同期增长17.8%；第三产业完成25.38亿元，比去年同期增长13.5%；农业总产值（现价）完成76737万元，比去年同期增长5.97%；工业总产值（现价）完成57868万元，比去年同期增长8.1%；固定资产投资总额完成43亿元，比去年同期增长18.84%；社会消费品零售总额完成10.2亿元，比去年同期增长25.91%；农牧民人均纯收入完成4562元，比去年同期增长11.4%。

【投资管理工作情况】2009年，受拉萨“3·14”事件以及区内外复杂多变宏观经济形势的不利影响，全地区社会投资完成情况投资情况不容乐观，与年初预期的目标差距较大。为缓解社会投资落实不理想给经济总量增长造成的压力，按照“扩大投资出手要快、出拳要重、措施要准、工作要实”的要求，抓住国家扩大投资、拉动内需的有利时机，从项目的储备、争取、管理等方面入手，自我加压，迎头追赶，推动地区项目工作迈上了新台阶，实现国家投资再创历史新高。地区固定资产投资完成43亿元，同比增长18.84%；其中：国家投资24.58亿元，比去年同期增长32.64%；援藏投资完成2.83亿元，比去年同期增长-0.22%；社会投资15.6亿元，比去年同期增长5.27%。

【“十二五”规划编制情况】委牵头组织各县、各相关部门，在第一时间制定工作方案，及时启动了迎接中央调研组的各项准备工作。从改善交通条件、建设生态大地区、打造藏东能源接续基地、改善农牧业生产条件、夯实执政基础、建设旅游大地区等九个方面，编制《林芝地区“十二五”项目规划》，完成了地区“十二五”规划设想文稿的起草工作，配合各县各部门撰写了千万元以上项目建议书的编写任务，完成了特色产业规划和地区边境乡镇“十二五”项目专项规划的修编工作。

【第六批援藏项目规划情况】紧抓福建、广东两省援藏的有利时机，充分发挥受援办的工作职能，对援藏项目在立项、批建等手续上积极支持全力配合，营造良好援藏工作氛围，提高建设资金的使用效率，确保援藏建设项目的顺利实施。同时，积极做好第五、六批援藏项目的衔接工作，全面启动第六批援藏项目规划编制工作，在深入调研的基础上，就如何加大援助资金向农牧区倾斜、向边境偏远区域倾斜方面提出了援藏规划方案，明确了具体的工作原则和工作思路。初步汇总，第六批援藏政府投资备选项目5类55项，计划投资7.38亿元，其中福建援藏政府投资备选项目5类29项，总投资34700万元；广东援藏政府投资备选项目5类26项，总投资39100万元；项目建设类型主要包括新农村建设、城镇基础设施、社会事业发展、平安建设等五大类。

【市场物价监管情况】积极应对区内外复杂多变的宏观经济形势，高度关注市场物价变化，积极整顿和规范市场秩序，不断提高调控监管水平，保持地区市场价格总水平相对稳定，取得了显著成效。进一步强化公共服务职能，广泛宣传价格法律、法规和政策，出动检查人员86人次，检查单位门店100余家，发放宣传资料600余份，发放宣传手册100份，发售明码价签2万余张，现场价格咨询23件，审验收费许可证215个，监管覆盖面地区、县达85%以上。同时，做好案件查处举报工作，2009年共受理价格举报9件，办结9起。进一步加大肉、蛋、酥油、奶、成品油、液化气等重要商品的监测力度，积极开展药品、医疗服务、农业生产资料等价格的专项整治活动，推行收费公示、价格举报制度，坚决查处各种乱收费、乱加价和价格欺诈、哄抬物价等价格违法行为。进一步做好价格签证工作，全年价格认证中心共评估涉案标底金额125.2万元，案件69件。

【粮食安全管控情况】完成地区三家国营粮油企业的兼并重组，实现了粮食市场资源的优化配置。完成全地区粮食清仓查库工作，摸清了库存粮食的数量和质量，掌握了粮食管理工作中存在的问题，为确保地区粮食调控、粮食安全打下坚实基础。

林芝地区商务工作

【招商引资工作】招商引资（民间投资）

取得新成绩。招商引资到位资金 7.5 亿元，同比增长 17%；民间投资到位资金 5.42 亿元，同比增长 1%。

【内贸工作】国内贸易快速发展，消费品市场快速增长。全地区社会消费品零售总额实现 10.37 亿元，同比增长 25.5%。按销售地区分：其中县以上实现 8.1 亿元，同比增长 23%；县以下实现 2.27 亿元，同比增长 25%。按行业分：批发零售贸易预计实现社会消费品总额 7.42 亿元，同比增长 20.64%；餐饮业、住宿业实现社会消费总额 2.89 亿元，同比增长 42.62%；其它行业实现销售总额 0.06 亿元，同比下降 37.89%。

全地区"万村千乡市场工程"建设和改造农家店 70 家，完成年度目标任务的 100%；新增"万村千乡市场工程"配送企业两家；新增营业面积 2691 平方米，营业收入到达 576 万元，解决就业 78 人。"双百市场工程"珠江农畜产品批发市场监控等建设项目正在建设中。"家电家具下乡工程"进展顺利。全年

家电家具销售产品 2851 台（件），销售金额 511.76 万元，兑付补贴资金 98.69 万元。其中家电销售 2152 台（件），销售金额 357.89 万元，兑付补贴资金 65.12 万元；家具销售 699 件，销售金额 153.87 万元，兑付补贴资金 33.57 万元。

全地区销售碘盐 1044.08 吨，同比增长 5%。其中精制盐 396.83 吨，同比增长 2%，农牧区碘盐配送 647.25 吨，同比增长 6%，六县农牧区碘盐覆盖率达到 100%，全地区碘盐覆盖率达到 94.2%，同比增长 14.2%，超额完成碘盐覆盖率 90% 的目标任务。农牧区碘盐推广网点体系建设达到 331 家，比去年增加 70 家。

【外贸工作】外贸进出口有所下滑。全地区外贸进出口完成 268.37 万美元，同比下降 42.9%，自产产品（鲜松茸）出口 5.226 吨，创汇 14,6328 美元，同比增长 253%。

【积极开展市场整顿专项行动】协调组织各成员单位扎实有效地开展了药品、旅游、汽车、集贸市场、化妆品、美容服务为重点的专项整治，取得了良好成效。

林芝地区财政工作

【年度综述】2009 年，上级财政对全地区的财力补助 129519 万元，比上年净增 15768 万元，增长 13.86%。全地区财政收入完成 28694 万元，超额完成地区任务，比上年增收 4683 万元，增长 19.5%，高于地区 GDP 增幅，其中：地区级完成 14008 万元，比上年增加 2422 万元，增长 20.9%；县级完成 14686 万元，比上年增加 2261 万元，增长 18.2%。林芝、工布江达、波密三县财政收入超过 3000 万元，分别完成 3618 万元、3386 万元、3008 万元，米林县财政收入完成 2508 万元，察隅县财政收入完成 1345 万元。全地区财政支出完成 157237 万元，比上年决算数增加 19908 万元，增长 14.5%。全年实现收支平衡，略有节余。

【服务经济发展取得新成效】一是加大项目投资。地区财政安排项目前期工作经费 2,400 万元，支持各县、地区发改委和各行业部门开展基础设施建设项目和各类专款项目的前期工作；加大资金调度，积极落实预算内和国家安排的基础设施建设资金，确保了地区重大工程建设项目顺利实施。地区财政安排落实基本建设资金 298.3 万元，用地区安排的基建项目建设。1—12 月份，林芝教育我财政局共收到中央及自治区级、地区级基本建设项目 46 个，投资（指标）3.39 亿元，已按基本建设拨款程序拨付项目资金 1.235 亿元，其中：2009 年中央和自治区新增扩大内需投资项目 23 个，总投资 2.39 亿元。全年财政基本建设支出预计达 2.38 亿元，涉及工布自然保护区、教育、水利、卫生、交通、城市基础设施等项目。二是加大支持特色优势产业发展。安排旅游发展和旅游促销资金 200 万元，促进旅游产业加快恢复增长。拨付资金 160 万元，用于林芝地区雅鲁藏布大峡谷文化旅游节。安排农牧业特色产业发展资金 1000 万元，加快特色农牧业项目建设。三是加大支持骨干优质企业发展和招商引资工作。按照藏政办发[1997]24 号文件精神，落实奖励资金 772.8 万元（其中奇正藏药厂 703.3 万元），积极扶持纳税大户。安排国企改革与发展资金 974 万元，支持国有企业改革和技术创新。拨付资金 55 万元，用于第七届林芝投资贸易洽谈会。

【服务"三农"工作取得新突破】地区财政安排支农资金 2710 万元，比上年预算数增加 150 万元，增长 6%，其中安排农业资金 850 万元，增长 21.43%，高于财政收入增幅。

投资 4.76 亿元（地区财政投入 2789 万元），完成农牧民安居工程 4146 户，累计完成安居工程 24126 户，完成 2007 年国民经济统计数据的 100%，实现了让 100% 的农牧民住上安全适用新房的目标。完成村级组织活动场所建设 187 个，累计 489 个行政村实现村村有活动场所。落实补助资金 1887.5 万元（地区财政补助 589 万元），完成农牧民安居工程抗震加固（设防）3775 户，进一步提高了农房安全级别。

落实粮食直补和综合直补资金 709.48 万元，12 万农牧民从中受益。发放油菜和农作物良种补贴 13.45 万元。落实农药补贴 60 万元、化肥补贴 60 万元、能繁母猪保险和补助 80 万元。自治区拨付全地区家电家具补贴资金 240 万元，预计全年各县兑现补贴资金 80 万元，兑付率达到 80%。

落实资金 122.9 万元，在工布江达、波密两县推行涉农政策性商业保险试点。落实专项资金 1308.1 万元，再次提高村干部待遇，对村干部实行基本报酬及业绩考核制度，2327 名村干部受益。五保户供养标准再次提高 200 元，由年人均 1,600 元提高到年人均 1,800 元。继续加大财政支农惠农政策宣传力度，向 496 个行政村（含 7 个居委会）发放《西藏自治区财政补助政策》宣传册 1650 本，向农牧民发放《西藏自治区农牧民享受财政补助优惠政策明白卡》（藏汉合印本）24270 本。

2009 年，全地区农林水事务支出 17426 万元，比上年减少 3599 万元，主要原因是 2008 年地县财政对农牧民安居工程投入较大，而 2009 年因建设户数较少，投入相对较少。

【改善保障民生迈出新步伐】一是支持

建立健全社会保障体系。积极推进养老、医疗、失业、工伤和生育保险等制度改革。加强养老保险基金的征缴和管理，养老金及时足额发放。加强城镇职工、居民医疗保险资金征管，城镇职工、居民医疗保险制度顺利推进。落实 550 个公益性就业岗位资金 719 万元；安排就业资金 104.9 万元（地区本级安排 10 万元），支持职业培训和职业介绍，确保城镇失业率控制在 4%以内。加强工伤、生育保险资金监管，稳步推进工伤和生育保险制度改革。积极应对物价上涨对弱势群体生活影响，落实资金 421.28 万元（包括临时生活补贴 181.28 万元）保障 806 户 2151 人城镇低保对象生活，人均补差 213.74 元；落实资金 457.46 万元（包括临时生活补贴 118.7 万元），保障 2077 户 7133 人农村低保对象生活。自治区补助资金 1983.6 万元用于县乡廉租住房建设，改善城镇低收入家庭住房困难。2009 年，全地区社会保障和就业支出 8830 万元，比上年增加 783 万元，增长 9.73%。

二是支持优先发展教育。地区财政安排教育配套 900 万元，比上年预算数增加 100 万元，增长 12.5%。提高在职教职工公用经费标准，由原来 3,000 元提高到 3,400 元。中小学生公用经费标准继续提高，小学生年生均由原来 150 元提高到 300 元，初中生年生均由原来 250 元提高到 500 元。城镇义务教育阶段在校生学杂费、作业本费已列入年度预算。继续提高教育"三包"经费标准，全地区安排中小学"三包"及奖助学金 2,400.2 万元，小学生年生均由原来 1,200 元提高到 1,300 元，初中生年生均由原来 1,350 元提高到 1,450 元，边境县（校）在此标准上再提高 100 元。2009 年，全地区教育支出 26565 万元，比上年增加 3040 万元，增长 12.92%。

三是加大医疗卫生事业投入。分配落实农牧民免费医疗资金 1744.1 万元，农牧民免费医疗经费标准达到人均 140 元。落实资金 115.89 万元，用于 489 个行政村卫生室配备冰箱、冷藏包、观察床等医疗设备。投入资金 224 万元（地区本级投入 166.7 万元），全力支持甲型 H1N1 流感防控工作。积极支持地区医药卫生体制改革。2009 年，全地区医疗卫生支出 10870 万元，比上年增加 1693 万元，增长 18.45%。

四是加大文化事业投入。地区财政投入资金 900 余万元，建设地区数字电影院。落实资金 1155.74 万元，用于建设 54 个乡镇文化站、图书阅览室、群众文化广场，489 个行政村文化室，配备书籍等。2009 年，全地区文化体育与传媒支出 3753 万元，比上年增加 70 万元，增长 1.9%。

五是加大市政建设投入。为建设居宜林芝，地区财政落实八一镇市政建设、公共设施改造及维护资金 3588.4 万元，为历年投入最大，进一步提升了八一镇城市形象，提高了城市品位。2009 年，全地区城乡社区事务支出 7723 万元，比上年增加 6295 万元，增长 440.83%，为历年投入最大。

六是支持加强生态林芝建设。地区财政安排生态保护建设资金 100 万元。落实资金 1372.8 万元（地区本级配套 88.2 万元），用于 9020 户农牧民户用沼气项目补贴，发展农村清洁能源。拨付各县 2008 年以前年度森林生态效益补偿资金 4,598.3 万元，管护 1532.79 万亩；安排 2009 年森林生态效益项目资金 1,295.32 万元，用于重点区域公益林建设和林芝机场边坡治理植被恢复。2009 年，全地区环境保护支出 673 万元，比上年增加 187 万元，增长 38.48%。

七是大力支持社会和谐稳定建设。落实维稳专项经费 413.4 万元（地区本级投入 197.4 万元）。落实基层政权建设资金 628 万元，进一步改善乡镇办公条件。落实 17 个边境县乡镇配备车辆资金 139.2 万元。2009 年，全地区公共安全支出 14544 万元，比上年增加 2292 万元，增长 18.71%。

林芝地区国税工作

【年度综述】 2009 年，全地区共组织入库各项税收收入 25035 万元，同比增长 19.78%，增收 4134 万元，完成年度计划的 115.73%，超收 3402 万元，各单位均提前五十天完成了全年税收任务。

【加强了对重点税源监控，认真开展对企业纳税申报数据】 同行业税负预警值等指标的比对，进行行之有效的纳税评估，发现疑问，及时进行纳税约谈，有效降低税款流失风险，堵塞税收管理漏洞。全年通过纳税评估、纳税约谈，共计补缴各项税款及滞纳金 270.3 万元。

【强化了税收管理员制度，大力开展建筑安装行业、森工行业、藏医药业税收征管】 切实把握重点工程项目施工进度、拨款进度，严格落实税款代征代扣制度；切实加强森工行业木材指标分配、产品销售、资金流转等环节的监控管理，做好奇正藏药厂的申报审核，促进税款应收尽收，严格防止税收新欠、大力清理往年陈欠。全年藏医药、森工、建筑三大行业累计入库税收达到 15175 万元，占到税收总量的 60.62%。

【强化了税务稽查工作力度】 坚持"以查促查、以查促管、以查促收"的稽查工作原则，严厉打击涉税违法行为，营造公平公正的税收环境。重点开展了对大型连锁超市、建筑安装、金融、通信等行业的专项检查；大力开展了打击假发票违法犯罪活动；深入开展了整顿和规范税收秩序工作，全年共计查处有问题户 42 户；查补入库各项税款、罚款、滞纳金 301.14 万元，曝光案件 10 件。

【强化了税种管理，促进税源应收尽收】 全年做好了年所得 12 万元以上个人所得税自行申报工作；做好了企业所得税汇算清缴工作；做好了车辆购置税征收工作，对 2629 辆机动车征收车购税 1733 万元；做好了印花税、车船使用税、城市维护建设税、教育费附加等小税种的管理，累计组织小税种收入 1717 万元。

【强化了各项税收政策的落实】 一方面贯彻落实了中央"保增长、扩内需、促发展、惠民生"一系列税收优惠政策，为增值税一般纳税人累计抵扣固定资产进项税额 15 万元，为奇正藏药股份有限公司累计退还增值税、减免企业所得税 2427 万元，为新购置的 1.6 升及以下排量的机动车减征车辆购置税 187 万元，为符合条件的二手房交易行为减征税款 109 万元，为受到八一镇市政改造影响的商户调低核定营业额减轻税收负担 31.7 万元。另一方面严格执行了自治区政府出台的关于调整城市维护建设税、关于烟草行业批发环节征收消费税等相关政策，全年共增收城市维护建设税 359 万元，增收烟草批发环节消费税 440.6 万元。

【获奖情况】全国精神文明创建领导小组授予林芝地区财政局“全国文明单位”荣誉称号。

人行林芝地区中心支行

【加强对宏观经济金融的分析指导】按季召开经济金融形势分析及窗口指导会，研究解决地区金融工作中的热点、难点问题；加强“窗口指导”，结合地区实际制定《2009 年信贷指导意见》和《认真贯彻落实适度宽松的货币政策进一步扩大内需促进经济平稳较快发展的指导意见》，引导商业银行加大对“三农”、消费、中小企业等符合信贷政策投向的领域的信贷资金支持。

【认真做好国家利率政策、优惠利率政策的贯彻执行】11 月初，按照上级行统一部署对辖区金融机构利率政策执行情况进行了抽样调查，重点查看了利率调整前后利息结算和有区别加罚息政策执行情况；做好民间借贷利率监测工作；协助开展住房公积金贷款利率报备工作。

【抓好信贷政策专项工作】结合地区实际制定《关于推进农牧区金融创新，支持“三农”发展的意见》，引导地区农行积极开展农牧户小额信用贷款和农牧民安居工程贷款，有力支持社会主义新农村建设；认真落实小额担保贷款新政策，结合实际，积极督促商业银行加强对创业促就业的金融支持，并积极开展专项调研，为上级行决策提出建议；大力支持中小企业发展，积极配合地方政府推进担保和信用体系建设，拟定了《林芝地区社会信用体系建设方案》和《林芝地区社会信用体系建设联席会议制度》并成功召开林芝地区首届银企对接会，为银企交流沟通提高平台；对国家助学贷款在辖区实施过程中的困难进行调查分析，积极协调西藏大学农牧学院与地区农行在政策实施过程中的不同意见，促使国家助学贷款及时发放；全面推动“绿色信贷”机制，加强窗口指导和风险提示，加强对信贷资金的监测分析，全年辖区金融机构未对“两高一剩”行业贷款；进一步健全信贷政策导向效果评估机制，时刻关注辖区经济、金融领域的新变化、新问题，准确报告和及时调整信贷政策导向，保证信贷政策导向与地区经济社会发展要求有机统一、步调一致。

【健全金融风险防范体系，确保一方金融稳定】一是加强风险监测。及时、全面、准确地收集、整理和分析各类金融机构存贷款、资产、负债和不良贷款等涉及金融稳定的相关数据资料，建立基础数据库以及从 2003 年以来的金融稳定评估模型指标体系。二是做好风险评估。按时完成《区域金融稳定报告》和《分行业风险分析报告》的撰写、分析和审议工作。三是做好风险处置工作。充实完善《林芝地区金融机构突发事件应急预案》，提高应急处置能力；督促指导地区农行按要求做好原聚源城市信用社无效资产清收工作和再贷款核销准备工作，及时向上级行报送相关情况，在此过程中未出现任何因主观原因造成风险扩散和引发群体性事件。

【获奖情况】2009 年中支获得地区“林芝地区 2009 年度先进单位”和“林芝地区 2009 年度社会治安综合治理工作先进单位”称号；央珍获得“成都分行女职工工作先进个人”；边珍获得“成都分行文明家庭”；央宗获得“成都分行巾帼建功标兵”。

中国农业银行林芝分行

【业务稳健发展】截止 2009 年 12 月 31 日，农行林芝分行存款总额达 357,467 万元，较年初增加 44,241 万元，增长 14.12%。其中，储蓄存款余额为 128,235 万元，较年初增加 20,254 万元。

【资产业务市场份额稳步上升，市场竞争力有效提升】截止 2009 年 12 月 31 日，农行林芝分行各项贷款余额 77,654 万元，较年初增加 9,384 万元，增长 16.11%。其中，涉农贷款总额 28,972 万元，占贷款总量的 37.31%，较年初增加 2,441 万元，增长 10%；个人贷款总额达 35,572 万元，较年初增加 10,765 万元，增长 43.40%。

【不良贷款实现“双降”，资产质量持续好转】截止 2009 年 12 月 31 日，不良贷款余额 6995 万元，较年初下降 1111 万元，不良贷款占比 9.01%，较年初下降 2.86 个百分点。

【稳步推进“三农”信贷业务持续发展】以《农牧户贷款证》“四卡”工作为载体，持续加大农牧户到户贷款投放工作。截止 2009 年 12 月，全辖累计发放涉农贷款 21,931 万元，涉农贷款余额为 28,972 万元，较上年末增加 2,441 万元，增长 10%，完成全年净增计划的 30.2%。其中：到户贷款余额 28,110 万元，占农贷总额的 97.02%。截止 2009 年 12 月，累计发放农牧业生产贷款 17,440 万元，农牧业生产贷款余额达 23,044 万元，较上年末增加 382 万元，增长 1.69%，贷款户数达 14,497 户。累计发放安居工程贷款 1,057 万元，累计收回安居工程贷款 4,761 万元，安居工程贷款余额 3,972 万元，占涉农贷款总量的 18.11%。安居工程贷款受益户 1,410 户。扶贫贷款余额达 5,928 万元，较上年末增加 2,139 万元，增长 56.45%，占涉农贷款的 20.46%，贷款户数达 2,860 户。“四卡”发放总量达 19,281 张，较上年末增加 957 张，发卡面达 97%，使用率达 90%，其中，钻石卡 520 张，使用率达 77%，卡贷款余额 4,962 万元。评定信用乡镇、村 216 个，其中：信用乡 8 个，信用镇 11 个，信用村 197 个。

【结合本地实际，创新“三农”金融服务】一方面，灵活运用中央赋予西藏的特殊优惠金融政策，按照“突出重点、兼顾一般”的原则，通过“银行+富裕户+贫困户”的模式，将贷款重点放在通过合同或协议带动贫困户脱贫致富的富裕户、能够辐射周边经济和直接增加农牧民收入的农牧民个体工商户、“铜卡”以下贫困户等方面，充分发挥了农牧民脱贫致富“以点带面”的作用，保证了农牧民安全、有效使用信贷扶贫资金，扶贫致富效果明显。另一方面，根据总行及区分行的政策指引，积极营销有以“公司+订单+基地+农户”为经营模式的农业产业化龙头企业。年内，与尼洋河养殖有限公司、八一牛奶加工养殖场等企业建立了长期合作关系。

三是认真开展“三农”业务风险防控工作。在积极开展信用乡、镇、村评定工作的基础上，与地方政府密切协作，实行基层营业所“三包一挂”制度，确保“三农”资产质量。截止 2009 年 12 月 31 日,涉农不良贷款余额 347 万元，占涉农贷款总额的 1.2%，较上年末减少 1685 万元，涉农贷款整体质量逐渐好转。

【严格执行各项信贷规章制度，全面防控信贷风险】一是将风险关口前移，切实把信贷业务的调查、审查、审批、发放等环节的相关工作做真、做细、做实；二是加强贷后管理，认真落实贷后跟踪检查制度，主动进行风险预警及时采取措施予以化解，采取“一户一策”的方法着重对存在风险或潜在风险的法人客户贷后管理和监督工作进行了解、分析、预测并制定了详细的贷后管理方案。针对嘉龙房地产开发有限公司等存在较大风险的客户采取派驻客户经理的方式强化了贷款管理，同时，在争取区分行支持的基础上，采取与企业座谈协商等方式积极清收企业贷款。三是积极做好信贷十二级风险分类工作。在规定时限内完成全辖所有法人客户十二级分类工作。四是按照分行相关通报要求，积极整改在信贷在线监测中发现的问题，较好地完成了全辖在线监测和经营行信贷经营监督工作。五是全面贯彻落实区分行风险管理工作会议精神，结合本行实际从信贷营销、贷后管理、风险预测防控、不良资产盘活、法律审查、信息披露等方面予以贯彻。

林芝地区审计工作

【审计成果】2009 年，林芝地区审计局共完成审计项目 17 个，查出违纪违规资金 6,230 万元，其中：应缴未缴财政收入 311 万元，隐瞒财政收入 237 万元，挪用专项资金 53 万元，违规收取各种费用 431 万元，虚列支出 3,530 万元，欠征社会保险费 673 万元，其它 995 万元，提出审计建议 37 条，向纪检监察机关移送违法违纪案件 1 件，提交审计信息、综合审计报告 120 余篇。

【财政审计】2009 年，林芝地区审计局共对 3 个县级财政决算及其他财政收支情况进行审计，查出违纪违规资金 4,255 万元，其中：应缴未缴财政收入 269 万元，隐瞒财政收入 218 万元，挪用专项资金 43 万元，违规收取各项费用 77 万元，虚列支出 3,530 万元，其它 118 万元，提出审计建议 9 条。在审计中，坚持做到“三个注重”：一是注重调整审计思路。把着力点放在促进加强财政管理和财政制度改革上来，推进依法理财的进程，由查错纠弊向揭露问题、分析原因、提出建议上转变；二是注重突出审计重点。加强对财政部门内控制度、财政预算编制、财政资金分配的审计监督，注重以提高财政资金使用效益，建立社会主义公共财政制度为目标，紧紧抓住“预算执行”这条线，实现由收支审计并重向支出审计为主转变。三是注重审计调查。由以会计核算中心查账、从上至下顺延审计为主，向注重审计延伸、抓住重点线索、发现问题、由下向上各个突破转变。

【行政事业审计】林芝地区审计局采取定期或不定期的方式，逐步加大了对行政事业单位的审计监督力度，共对 6 个地直单位进行审计，查出违纪违规资金 1,022 万元，其中：应缴未缴财政收入 28 万元，欠征社会保险费 673 万元，其它 321 万元，提出审计建议 18 条。通过审计，进一步规范了全地区行政事业单位的财务管理和会计核算，促进了行政事业单位严格依法办事，有效制约了损失浪费现象，提高了财政资金使用效率，增强廉政建设的自觉性。

【专项资金审计】按照专款专用、严禁挪用的原则，突出资金使用的真实性、合法性和效益性，林芝地区审计局不断加大专项资金审计力度，受地区农发办委托，目前林芝地区审计局正在对米林县农业综合开发项目进行专项审计。通过审计将有效地促使资金的使用管理，确保重大项目的效益发挥，使挤占挪用专项资金等行为也得到了有效遏制。

【企业审计】2009 年，受林芝地区国资委的委托，积极配合地区企业改制，目前林芝地区审计局对林芝地区特色产业加工厂进行审计。在审计中坚持走企业资产负债损益审计与经济责任审计、经济效益审计相结合的路子，切实为促进国有企业深化改革、加强管理、提高整体效益服务，为促进国家宏观经济调控服务。

【固定资产投资审计】为了尽快启动固定资产投资审计，林芝地区审计局派出审计人员走访了交通局、发改委、水利局等部门，本着“摸家底、揭隐患、促发展”的审计理念，针对工程项目的建设程序、工程进度、资金管理、内部控制制度等情况进行了解。通过走访，摸清了全地区固定资产投资的总体概况，拓展了固定资产投资审计的思路，为下一步开展固定资产投资审计奠定了基础。

【经济责任审计】2009 年受林芝地委组织部的委托，完成经济责任审计项目有 3 例，正在进行项目 3 例，查出违纪违规资金 953 万元，其中：应缴未缴财政收入 14 万元，隐瞒财政收入 19 万元，挪用专项资金 10 万元，违规收取各种费用 354 万元，其它 556 万元，提出审计建议 10 条。同时，林芝地区审计局全面加强了与地区纪检、组织及有关部门的沟通，进一步建立和完善了经济责任审计联系会议制度，推动了经济责任审计从事后监督向事中监督转变，发挥了经济责任审计在干部监督管理中的作用。（陆洋）

【领导名录】

党组书记：赵全智
局　　长：玉　珍
副调研员：刘应萍　路文玲

林芝地区工商工作

【切实改善服务方式，促进市场主体优化发展】全地区各级工商行政管理部门不断强化服务意识，结合当地实际，围绕地方的发展战略，积极配合当地招商引资工作的落实，拓展服务空间，服务重点行业、重点区域、重点项目、重点企业，支持市场主体做强做大，支持产业做强做大，促进经济结构调整和经济增长方式转变。2009 年继续采取“预约年检、捆绑年检、上门年检”等方式开展年检工作，2009 年全地区应检企业 451 户，实际参加年检企业 411 户，参检率 91%，合格率 100%，对逾期年检的企业进行了相应的处罚，全年共处罚 43 户企业，对其中对 3 户企业进行了罚款处罚，罚款金额 0.2 万元，对 40 家企业进行了吊销处罚。积极配合国有企业改制，为改制企业开放绿色通道，2009 年完成了对林芝地区客运公司、林芝地区自来水公司、林芝地区农业银行、林芝地区建筑公司 4 户企业的的改制工作。截止到目前，全地区注册登记各类企业 622 户，注册资金 155605.07 万元，与去年同比分别增长 9%、9%，其中：私营企业 337 户，雇工人数 5519 人，注册资金 90302.07 万元，与去年同期相比分别增长 10%、3%、7%。国有、集体企业 285 户，注册资金 65303 万元，与去年同比分别增长 7%、12%。

截止到目前，全地区注册登记的个体工商户 7082 户，从业人员 16744 人，注册资金 17724.5 万元，与去年同比分别增长了-4.5%、－2.5%、15%（与去年相比因受八一镇、波密县城等县城城市改建等影响，个体工商户办理暂停经营和注销较多，个体工商户户数出现负增长，但与往年相比个体工商户整体注册资金提高，规模逐渐扩大）。

【突出亮点提升特点，促进农牧区产业发展】按照年初地区工商工作会议的安排，全地区各级工商行政管理部门突出做好特色产业发展工作，努力实现“一县一品”和“数县一品”的发展目标，做好特色产业、农民专业合作组织和农牧区经纪人的发展工作。通过不折不扣地执行各级政府的优惠政策，切实转变工作作风，优化注册环境，降低门槛，简化手续，提高服务质量和工作效率，提高农牧民商品经营意识，吸引、引导和发展更多农牧民参与市场私营。截止 10 月底，注册登记农民专业合作社 25 户，成员 318 人，出资总额 995.3 万元，实现交易额 1128 万元，带动农牧民 1421 人，年交易额 10 万元以上 20 户；农牧区经纪人 505 户（人），累计交易额 2789 万元，带动农牧民 2056 人，年交易额 20 万元以上 10 户，10 万元以上 226 户。同时，紧密结合林芝地区特色产业发展战略的实施，把注册登记工作的重点放到引导和扶持发展地方特色经济的发展，为涉农企业的注册登记开辟绿色通道，截止 10 月底，全地区注册登记涉农企业 30 户，注册资金 4919 万元。

【加快品牌战略实施】2009 年，年初，根据地区实际和各县制定了《林芝地区工商局 2009 年商标发展任务及目标》，工商局、直属工商所根据辖区产业特点，有针对性地对有潜力的产品和商标加以引导，鼓励和支持企业和个人申请注册商标或申请认定自治区著名商标。同时，抓住米林农场“嘎玛”商标被认定为西藏自治区第五批著名商标的契机，鼓励他们抓住机遇，进一步加大宣传力度，利用被认定自治区著名商标机会，进一步扩大“嘎玛”商标的知名度，提高商标的无形资产。并以此为成功实例，向广大企业和个人进行宣传。进一步加强全地区商标发展的远景规划。截止 10 月底，全地区共有有效注册商标 46 枚，2009 年新增 6 枚，同比增长 15%，拿到国家商标总局受理通知书的 78 枚，正在申请注册的 106 枚。

【加强农牧区市场监管】进一步加强农牧区食品市场专项整治工作。严把农牧区食品市场准入关，严格规范经营主体资格，强化对连锁配送和送货下乡经营食品行为的监督，加快推进农牧区食品安全信用体系建设，已建立食品经营示范店 39 个，在农牧区食品经营场所建立并执行“一票通”台帐已达 92%。并按照《林芝地区工商局 2009 年“红盾护农”行动工作方案》，全地区各级工商行政管理机关联合农牧部门认真开展“红盾护农，切实保障春耕生产”专项整治工作。为落实农资产品安全监管责任，各级工商行政管理机关与全地区的 32 家农资经营主体签订了《农资商品市场质量安全责任书》，确保流通环节农资商品质量合格。同时，积极组织执法力量，扎实开展农牧区“家电下乡”、“汽车摩托车下乡”等商品市场专项整治行动，对 10 户中标销售企业商品质量进行定点监管。截止 10 月底，在农牧市场整治工作中，取缔无照经营 3 户，查处制售假冒伪劣食品案件 43 件，查缴不合格食品 924.1 公斤，没收各类“三无”、过期及不合格种子 5.4 公斤，总案值 1.41 万元。受理消费者投诉 9 起，为消费者挽回经济损失 0.11 万元。向农牧民发放宣传材料 1000 余份、提供各类咨询 400 人次，价值人民币 0.13 万元。

【加强旅游市场监管】2009 年，全地区各级工商部门累计检查与旅游相关的主体 1722 户（次），检查旅游景区景点 30 个（次），检查旅游商品 184 种类，受理相关旅游投诉 4 件，为消费者挽回经济损失 0.16 万元，罚没金额 0.31 万元。

【积极推进广告监管方式创新】共登记审查各类广告 317 件，对 15 件不符合规定的广告未予以审批，同时组织地区两级工商部门开展 20 余次广告市场专项检查，没收各类广告宣传单 10000 余份，拆除各类广告横幅（条幅）51 条，没收非法所得 800 元。

【加强“12315”维权作用维护消费者合法权益】截止目前，全地区工商系统建立消费者申诉举报联系点 63 个。将“12315”消费申诉举报工作与市场监管工作有机结合起来，严格实行 24 小时全天候值班制度，通过明确职责、强化责任等措施，使维权工作得以充分落实。截至 10 月底，林芝地区工商局 12315 消费者投诉举报平台为广大消费者累计提供咨询服务 1153 人次，受理消费者投诉举报 139 件，调解成功 135 件，调解成功率 97%；移交相关部门 10 件。为消费者挽回经济损失 8.93 万元。

林芝地区质量监督工作

【加强标准化工作】经林芝地区质监局积极争取，林芝地区藏猪养殖、水果种植被国家标准化委员会列入第六批全国农业标准化示范一类项目，朗德鹅养殖被列入自治区农业标准化示范项目，争取到财政资金36万元，并于5月19日召开项目启动仪式，行署副专员赵树明和区局张益群副局长出席会议并作重要讲话。加强标准宣传贯彻，免费向企业提供标准文本65份，切实提高企业采用标准率。启动了地理标志保护产品普查工作。

【加强计量工作】深入开展“关注民生、计量惠民”专项行动。一是向群众和市场经营者印发《集贸市场计量监督管理办法》和《商业、服务业诚信计量行为规范》等相关计量法律法规宣传单300余份通过宣传，扩大了全社会对民生计量的关注度。二是认真开展对医疗卫生用强制检定计量器具的调查统计工作，摸清和掌握在用医用计量器具的底数。三是开展强制计量器具检定工作，共检定了加油机220台次、9个农贸市场计量器具330台次。四是开展液化气市场专项整治，累计检查液化气1200瓶，严厉打击了液化气充装站和销售点的短斤缺两违法行为。

【加强组织机构代码和条玛工作】全面完成了代码历史数据清理工作，规范了组织机构代码和条玛工作。共办理组织机构代码696套，其中新办证226套、到期换证138套、年检332套，保存电子档案920套。积极协助区局做好全地区条玛办理工作。

【突出重点产品，认真组织开展专项整治行动】按照全区产品质量监督抽查计划，林芝地区质监局共组织对食品、建材、农资、成品油、服装、验配眼镜、低压电器、水泥预制构件等产品进行质量监督抽查，共抽检样品24个，合格样品20个，抽检合格率为83.33%。按照有关规定，对不合格产品进行了严格处理。

认真组织开展食品安全大检查和集中整治行动。全力抓好“四查、四建、四落实”，全面排查生产过程中的安全隐患，完成对各县55家食品小作坊及7家获证企业全过程监管管理制度的建设工作，将进货台帐、销售台帐、食品添加剂备案本制定成册发放给了各食品企业及小作坊。与55家小作坊重新签订了《食品生产加工小作坊质量安全承诺书》，并对22家添加剂使用单位进行了备案管理。制定了《林芝地区食品生产加工企业质量安全工作规范》、制定了《林芝地区食品生产许可工作程序》。

部署和开展特种设备“三项行动”。围绕“特种设备执法行动、隐患治理行动、宣传行动”三项内容认真部署、精心组织，共现场监察特种设备单位75家次，设备120台（套），下达安全监察指令书19份。会同自治区特检所完成了对地区40台（套）特种设备的检验工作，排查出安全隐患17起，督促完成整改15起。通过地区电视台，积极宣传新修订《特种设备安全监察条例》，编印法律法规宣传小册子100份，免费发放有关特种设备使用单位进行宣传教育。加强特种设备人员上岗培训，邀请区局特监处专家作为师资力量，举办了起重机械、锅炉、电梯等操作人员培训班2期，这有力提高作业人员专业技术水平和操作能力，对全地区安全生产工作起到了基础性保障作用。

以农资、建材、家电下乡、家具产品为重点，深入广大农牧区及城乡地区开展执法打假工作。出动执法人员560人次，检查各类企业700家次，立案查处14起，罚没款和事业性收入约为35万元，查获假冒伪劣产品货值6.6万元。同时，开展了现场销毁假冒伪劣产品活动，共销毁了不合格纯净水40桶、白酒5桶，不合格油漆等建材产品以及农资产品8箱。

【积极争取外援，援藏工作取得新成果】广东省质监系统考察团以及有关兄弟质监局赴西藏，协商进一步做好援藏工作，增进了与各地质监交流与合作。争取广东省质监局支援，继续落实附属大楼配套工程建设，完成了基本建设任务。加强人员对口培训，3-4月份派出11人次到广东省质监系统进行为期45天的检测专业的业务培训。在积极争取广东省第五批援藏工作队的支持，在争取1台办公专用小车和援助资金16万元基础上，09年落实援助资金15万元。

【获奖情况】2009年，林芝地区质量技术监督局被评为西藏自治区质量技术监督系统“先进单位”。

林芝地区安全监管工作

【年度指标控制情况】2009年1-12月份全地区共发生各类安全生产事故88起，死亡70人（自治区下达指标48人），受伤68人；失踪3人；直接经济损失273.54万元。与去年同期91起，59人相比事故起数减少3起，下降3%；死亡人数相比增加11人，上升18%；受伤人数增加2人，上升3%；直接经济损失增加118.6万元，上升76%。其中：道路交通事故52起、死亡66人、受伤65人、失踪2人，直接经济损失21.81万元。火灾事故34起、死亡4人、受伤3人，直接经济损失251.73万元。工矿商贸事故2起，失踪1人。

【切实抓好非煤矿山安全监管工作】林芝地区安监局先后多次同地区国土局、环保局等有关部门组成检查组，对全地区矿山企业进行清理整顿，并对已通过评价，取得采矿许可证和安全生产许可证的两家矿山企业进行规范，要求企业完善各类安全生产规章制度，建立应急救援预案和操作规程。全地区已办证的两家采矿企业均为洞采式，经过区安全生产评价中心评价，符合安全生产条件。但工布江达县加兴乡的万成矿业有限公司矿洞只有一个安全出口，已由县相关部门下发了整改通知书，要求限期整改，待符合条件验收合格后，才正式复工。全地区矿山企业数量少，起步晚，各采矿企业均无尾矿库，目前，万成矿业及荣辉矿业两家公司正在规划建设尾矿库，地、县有关部门已对尾矿库选址及规划进行了初步审查。对在波密县境内做采矿前期工作的西藏恒和有限公司，因环保问题已全部停工，场房已关闭封锁，待符合环保要求，办理完安全生产许可证及相关证件后才进行采矿。

【切实抓好烟花爆竹安全监管工作】按照安监总局7号令的条件颁发了一家批发经营企业、18家零售经营店，在颁证过程中，严格按照控制经营许可、严格准入、方便群众、属地管理"的原则。要求实行专柜经营、专人销售、专货存放，并制定安全责任制，采取有效安全管理措施。在监管工作中，除加大平时执法检查力度，还聘请了社会安全监督员，对一些非法经营活动进行举报。每年及时印发烟花爆竹燃放有关安全知识及宣传单，加大对非法经营销售烟花爆竹的查处，由地区安监局组成的联合检查组对八一镇范围内的批发点、零售店、超市进行了拉网式检查，对违规销售烟花爆竹的经营业主，下发了行政处罚决定书，由工商部门暂扣了营业执照，并根据具体情况做出了相应的经济罚款。经过努力，全地区的烟花爆竹市场逐步规范。

【切实抓好危险化学品安全监管工作】全地区共危险有22家加油站，1家油库，11家液化气站。2009年来，全地区共组织对各类危化品企业检查60多次，发现各类安全隐患410处，下发整改通知书90多份，下发行政处罚通知书70多份，共处罚金3万元，通过检查整改，目前，全地区危化品企业安全生产隐患得到了有效治理，危化品领域未发生安全生产事故。

【获奖情况】地区安监局获得"全国安全生产宣传月"先进单位；获得全国"安全伴我行"演讲比赛获得三等奖；

地区安监局监督科科长安志光获得2009年度全国安全生产先进个人；

地区安监局危化品登记办公室科员贡村获得2009年度全区安全生产先进个人；

林芝地区烟草专卖工作

【年度综述】2009年1至12月份预计实现销售卷烟34212万支，同比增加2030万支，增长7.41%；实现销售总额13800万元（含税），同比增加800万元，增长5.7%；实现单箱销售收入20411.9元，同比增加3137.72元，增长为18.73%；上缴税金836万元。

【加大重点骨干品牌培育力度，不断优化卷烟产品结构】按照国家局加快10多个重点骨干品牌培育力度的要求，林芝局（公司）加大了卷烟销售结构调整，不断优化卷烟产品结构。2009年以来，一、二、三类卷烟同比上升53.68%，四、五类卷烟同比下降22.64%。高档卷烟以中华、云烟、芙蓉王、玉溪系列为主，销量较大的以云南、湖南、川渝为主，占总销量的76.49%。

【积极适应行业发展需要，率先推行电子结算业务】全面推进电子结算工作，减少人力成本及减小资金回笼风险，并为广大零售户提供"高效、便捷、安全"的现代卷烟经营服务。按照区局（公司）的总体发展规划，林芝局（公司）克服重重困难，转变观念、理清思路、积极行动，认真与林芝地区邮政储蓄加强合作，与广大零售户加强沟通，全面推行电子结算业务。目前，实行电子结算业务的零售户已达460户，基本实现城网全面电子结算。

【认真把握市场规律，稳步推进"按客户订单组织货源"工作】林芝局（公司）坚持以把握消费者真实需求为基础和关键，牢固确立以市场为导向的经营观念，在朗县卷烟配送中心先行"订单供货"试点基础上，逐步建立起自下而上的订单供货业务流程和需求预测体系，完善品牌引进与退出制度，深化工商协同营销，不断提高预测准确率，努力实现培育品牌功能进一步发挥，主体能力进一步增强，网建水平进一步提升，市场占有率进一步提高。

【抓好乡村配送服务工作，保证乡村市场货源供应】始终注重抓好乡村一级的市场工作，把乡村市场做为林芝烟草发展的潜力所在，充分保证乡村市场货源供应。林芝地区共有56个乡（镇）、530个行政村。年初，加大了乡村市场《专卖法》的宣传力度，对乡村市场占有率进行了摸查，并对墨脱县卷烟配送工作进行了研究。目前，除不通公路的以外，配送服务已辐射到36个乡（镇）、373个行政村。2009年以来，各县网点还加大了配送次数，从以往的每月1次增加到每月3次。各乡村零售客户数也从274户增加到517户。销售量较以往相比也较大提高，增长率为130.5%，全年预计销量为3880.75万支，销售收入1367.25万元。

【进一步加大打击售假网络力度及认真净化卷烟零售市场】坚持把"端窝点、断源头、破网络、抓主犯"作为卷烟打假工作的突出重点。2009年以来，共查获各类违法案件32起，案值114，109元。其中，查获真烟22.028万支，案值41，886元，假烟8.876万支，案值72222元，上交财政罚没款17405元。

【落实换证工作，严格市场准入】全地区共换发新证848户，地区501户（其中新办证134户），各县347户（其中新办证106户）。同时，对各乡（镇）、行政村未办证零售户进行了登记清理。

林芝地区农牧工作

【年度综述】2009年，全地区实现农牧业总产值6.91亿元，农牧民人均纯收入4730元，增长15.5%。农作物总播种面积为32.05万亩，其中：粮食作物面积20.02万亩，经济作物面积6.23万亩，饲草料作物面积5.8万亩。粮油产量为7.55万吨，完成全年计划的90%；蔬菜产量2.85万吨，比去年增加30%，外销瓜果蔬菜达1000余吨。

全地区牲畜养殖规模达72万头(只、匹)；牲畜出栏19.81万头（只、匹)，出栏率达到28%。肉类总产量1.35万吨，奶产量2.9万吨，禽蛋产量370吨，禽肉产量190吨，水产品产量103吨（其中人工养殖产量达到35吨)，生猪养殖规模为38万头，出栏率达到40%。

完成乡镇企业产值2.53亿元，比去年增加3600万元，增幅为17%，完成全年计划的102%；完成多种经营收入

49996.4万元，比去年增加10196.4万元，增幅为26%，完成全年计划的102%；劳务输出人数达65448人次，完成全年计划的130.5%；劳务输出收入11186.29万元，比去年增加2686.29万元，增32%，完成全年计划的112%；培训农牧民1.6万人次，完成地区1.5万人次的106.7%。

【农牧业项目建设稳步推进】2009年林芝地区农牧业特色产业及基本建设项目计划总投资22846.64万元。其中国家投资13026.9万元（发改委资金7026.9万元、财政资金6000万元）、群众自筹、投劳8293.64万元、企业投入1072万元、地方配套454.1万元。

【农业产业结构调整取得新成效】坚持以市场为导向，积极推动农业产业结构战略性调整，大力发展高效生态农业及观光农业产业带。继续实施优势农产品区域布局规划，建设特色农业产业带，着力培育规模特色基地，扩大了玉米、蔬菜等经济作物、饲草料作物种植面积，粮、经、饲比例由2008年的66:20:14调整为目前的62:20:18。

【农机化工程顺利实施】全地区农机化实施范围共涉及七县三场，共43个乡镇314个行政村。实施方案共需购置机具2729台（含已购置农机具），共需投入资金3668余万元。此项工作进展顺利，已进入购机阶段，截至目前，波密县、米林县已全部完成各类农机具购置工作，其它各县正在抓紧实施当中。2009年全地区机耕面积19.6万亩，机播面积18.4万亩，机收面积17.3万亩，三项作业率达58%，比去年提高3个百分点。

【农牧业抗灾救灾工作进展顺利】2009年以来，全地区农牧业灾害频发，四月份工布江达县的娘蒲乡和林芝县的鲁朗镇遭受雪灾，牲畜被困在牧场；面对灾害，全地区各级农牧业部门工作主动、反应迅速、措施得力；及时启动防抗灾应急预案并成立工作组到灾害第一现场，开展抗灾自救工作，共发放价值7万余元的抗灾药品及抗灾饲料5万斤、食盐3万斤，雪灾所困牲畜无重大伤亡现象发生。在2009年春、夏两季全地区遭受旱灾，受灾面积达到9.46万亩，其中绝收面积2.68万亩，重灾面积2.48万亩，轻灾面积4.3万亩。为应对旱情，地区农牧局积极采取有效措施，尽量把灾害损失控制在最低程度。

【农牧业产业化有较大发展】为推动农牧业产业化发展，2009年重点培育和扶持了一批有实力的、经济基础雄厚的龙头企业，在2009年的特色产业现场会上，地区行署重新认定挂牌了14家地区级龙头企业，对尼洋河养殖有限公司、米林农场等5家带动能力强、经济效益好的龙头企业进行了奖励。14家企业总固定资产达1.4亿元，年产值4412万元，注册资金6345万元，带动农户2300户、21463人。

为适应特色产业的发展需要，2009年全地区通过政府引导，先后组建了“错高藏猪养殖协会”、“唐地村藏鸡养殖合作社”等10家农牧民专业合作经济组织，这些龙头企业及经济合作组织按照市场经济的原则，以市场为导向，充分利用特色产业和资源优势，积极开发藏猪、藏鸡、松茸、优质瓜果、无公害蔬菜等产品市场，推进了全地区特色产业和农牧业产业化的快速发展。

【援藏项目基本完成】福建省第五批援藏项目有序开展，其中投资220万元的林芝地区重大动物疫病防控中心项目即将建成投入使用；林芝地区水产良种繁育项目，在完成主体建设的基础上，2009年又投入100万元完成了配套设施建设，2009年共完成了两批鱼苗人工繁育任务，并在尼洋河投放了13万尾鱼苗，填补了林芝地区人工繁育鱼苗技术的空白。

林芝地区林业工作

【狠抓项目建设，生态建设步伐加快】按照“投产一批、建设一批、论证一批、储备一批”的项目建设思路，积极做好林业项目建设和申报等相关工作。2009年先后开工建设7个重点项目，完成前期工作项目18个。在建项目方面，完成投资987万元的雅鲁藏布大峡谷国家级自然保护区二期工程、投资465万元的察隅慈巴沟国家级自然保护区一期工程；西藏工布自然保护区项目建设到位资金15841万元，已完成投资9563.7万元，完成投资计划的70.4%；藏东南防沙治沙工程，总投资2894.5万元，计划治理沙源地8209.09公顷，工程于2008年12月启动，完成治理面积7829.09公顷；退耕还林工程，2003年开始实施退耕还林工程，累计退耕地造林30300.4亩，宜林荒山地造林43712亩，验收合格11149.5亩，2009年主要开展补植补造，完成5984亩；重点区域造林工程，总投资1500余万元，2009年计划造林25196亩，已完成22695亩，占计划的90%，未完成任务将在2010年进行补造；争取到了林芝机场边坡治理植被恢复工程项目，该项目总投资695万元，5月获自治区批复同意，项目建设期1年，目前正在组织开展相关工作。申报项目方面，完成了波密嘎朗、林芝雅尼和东久雅屹湖三个国家湿地公园的总体规划和保护可研；积极开展2010年野生动植物保护主要包括工布江达县猕猴保护、白唇鹿保护、墨脱县格当乡孟加拉虎保护、察隅县红豆杉、樟木、檀香木保护项目的申报工作；及时上报一批林业后续重点建设项目11个；积极开展八一城镇园林规划工作；2009年新增的113.98万公顷公益林被纳入到中央森林生态效益补偿基金范围，使林芝地区的中央森林生态效益补偿基金面积达到297.46万公顷。

【狠抓兴林富民，新农村建设扎实推进】集体林权制度改革试点稳步推进。对全地区集体林地进行调查摸底，对试点单位察隅县下察隅镇的11个行政村586户2996人进行政策宣传，完成26宗3000亩林地的勘界确权。

野生动物肇事补偿进一步加强。对2008年野生动物肇事造成的公民人身伤害进行了统计，全地区共需补偿3131551元。

生态旅游发展取得新成效。地区自然博物馆旅游接待人次不断增加，累计接待游客达2万余人次，门票收入10余万元。

公益林效益补偿金及时兑现，共兑现管护资金8125.59万元。

【狠抓生态建设，人与自然和谐发展】高度重视植树造林工作，全年完成义务植树 43 万株，为计划数的 7.17 倍；完成迹地更新 8000 亩；对地区中心苗圃进行了改造，建设沉沙池、蓄水池各 1 座、引水管道 3000 米，总投资 20.6 万元；城区绿化美化取得新进展，截止 11 月，八一镇城区绿地面积已达到 456.4 万平方米，新增绿化面积 13.23 万平方米，人均绿地面积 29.71 平方米，绿化覆盖率 41%，与 2008 年同期相比，人均绿地面积增加 1.91 平方米；争取到 2018 年增加植树造林 103.08 万亩，其中人工造林 3.0 万亩，迹地更新 5.4 万亩，经济林木 80 万亩，防护林体系建设 14.68 万亩，封山育林 0.9 万亩。全年发生一般性森林火灾 5 起（其中 2 起系越境火），森林受害面积 13.9 亩，同比下降 50%、98%，创历史最好成绩。

【获奖情况】林芝地区森林防火指挥部办公室获 2007—2009 年度全国森林防火先进单位；

扎西次仁获 2007—2009 年度全国森林防火先进个人；

吴泽林获 2009 年度“全国绿化奖章”。

林芝地区水利工作

【年度综述】2009 年全地区在建项目涉及防洪、灌区配套、农村局域网、人饮、小农项目、应急抢险六大类共 11 个重点项目，总投资 1.13 亿元。累计为农牧民增收达 1200 万元。

【防洪工程】 2009 年防洪工程共 4 项，建设堤长：6.39 公里，总投资 3921.81 万元。其中：八一镇河西区防洪工程，总投资 2628.81 万元；工布江达县南岸防洪工程，总投资 471 万元；朗县二期防洪工程，总投资 454 万元；八一防洪堤 T2 段应急加固工程，总投资 368 万元。

【灌区工程】 2009 年灌区工程共 3 项，建设总渠长：59.55 公里，总投资 3254.94 万元，解决灌溉面积 3.25 万亩。其中：波密县玉倾灌区工程，总投资 2079 万元；工布江达县朗村灌区配套与节水改造工程，总投资 407.62 万元；波密县沙贡灌区配套与节水改造工程，总投资 768.32 万元。

【农村局域网工程】2009 年农村局域网工程 1 项，总投资 1346.05 万元。共架设 35kv 线路 50km，变电站 4 座，10kv 线路 33km，0.4kv 线路 5.5km。

【农村安全饮水工程】2009 年林芝地区完成饮水安全 1 项目，总投资 1771 万元，共解决了七县 15374 人的农村安全饮水问题。

【小农项目工程】2009 年小农项目工程 1 项，总投资 1063 万元。解决了全地区七个县 12 个引水渠道的建设及小水电 5 个项目建设。另外 2009 年 9 月由自治区发改委安排 180 万元解决朗县金东四村线路延伸问题。

【应急抢险工程】2009 年应急抢险工程 1 项，总投资 1000 万元。墨脱县甘德乡发生山体滑坡事件，得到了国家及区政府、行署的高度重视，并投入 1000 万元进行了应急抢险。

【水利规划】2009 年林芝水利“十二五”规划编报工作初步通过水利厅审定，共落实水利项目 11 大类共 155 个子项目，总投资为 37.39 亿元。其中列入自治区水利厅规划总投资 28.71 亿元。

【水利项目验收】2009 年验收工作任务主要是针对对“十一五”期间已完工的项目进行合同完工验收。已完成错木及日水库加固工程、工布江达下巴灌区、林芝县米瑞灌区、波密县县城南岸堤防、墨脱旁兴电站、墨脱 80k 电站、米瑞灌区共 7 个项目的验收工作。

【防汛抗旱】 2009 年，在区防汛抗旱工作会议后，林芝地区于 6 月 26 日及时召开防汛工作会议，传达了全区防汛工作会议的精神，安排部署了林芝地区 2009 年防汛抗旱工作，并与各县签订防汛抗旱责任书。同时，为确保 2009 年安全度汛，从 6 月 10 日起执行了 24 小时防汛抗旱值班制度。并储备防汛物资铁丝 40 吨，机编铅丝笼 6000 平方米，手编铅丝笼 40 余个，编制袋 18 万余条，彩条布 2 万平方米，块石 1500 立方米、救生衣 60 件、冲锋舟一艘。

据统计，止目前各县发生各类了旱情，农作物受旱面积达 92405.64 亩，绝收面积 19339.98 亩。受洪水影响，2009 年 6 月至 9 月底，全地区共有墨脱、察隅、波密、米林、林芝等 7 县（次)、35 个乡(镇)、1650 多人遭受不同程度的灾害。预计直接经济损失高达 1767 万余元。

【水土保持】 2009 年，为增加林芝水土保持项目的储备量。已完成水土保持项目前期工作共 6 项，总投资 5394.75 万元。分别为：波密县玉普乡生态修复工程、工布江达加兴乡水土保持治理工程、朗县拉多河小流域综合治理工程、朗县登木河小流综合治理工程、米林县里龙乡生态修复工程工程、林芝县马崩弄生态修复工程工程。同时，于 2009 年 5 月份顺利完成水土保持监督执法专项行动回头看工作。

【水政】2009 年进一步加强河道行政执法，建立强硬的领导小组全面统筹协调林芝地区的河道采砂管理加大日常监督和管理。加大了《自治区办公厅关于加强河道采砂管理确保防洪安全的通知》、《林芝地区河道采砂管理暂行规定》及水法宣传力度，并结合实际、把握政策，严厉打击“非法采砂乱采乱挖河道砂石严重影响河势稳定给堤防工程设施交通桥梁等建筑物带来安全隐患的行为”。

【水利援藏】2009 年，通过广东、福建两省援藏干部共争取到援助资金 639 万元。

林芝地区交通工作

【年度综述】2009 年，全地区共落实交通建设项目（含续建项目）共 26 个，争取资金 18508.6 万元(不含扎墨公路 9.5 亿元和洞呷公路 8343 万元）。2009 年投资建设项目 18 个（其中 09 年项目 8 个，09 年提前实施项目 10 个），分别是格当公路、帮兴乡公路、米瑞公路、珠拉公路、加拉萨乡标准骡马道、甘登乡标准骡马道、岗藏公路、知美公路、觉巴公路、扎拉公路、曲丁曲萨公路、门空桥、沙布公路、嘎达公路、巴日公路、加拉公路、达兴桥、米美桥，总投资15611.8万元。新修砂石路面180.55公里。通畅工程16.8公里。建设独立大桥3座270米，解决了两个乡10个行政村的通达问题和一个乡的通畅问题。据不完全统计，农牧民增收1120.42万元。

【交通厅重点项目】截止目前，林芝地区交通厅重点项目两个，一个为扎墨公路、一个为察隅县洞呷边防公路，完成总投资1.8827亿元。其中扎墨公路完成投资1.05亿元，隧道部分开挖1350米，完成喷锚等初期支护。洞呷边防公路完成投资8327万元，已完工。

【农村公路建设项目】（一）、续建项目。2009年续建项目12个，均已完工并交付使用。续建项目完成投资4210万元。

（二）、新建项目。2009年共争取项目18个，总投资15442.218万元。其中09年实施项目8个，2010年提前实施项目10个。截止目前完成投资7542万元，项目进展情况如下：

2009年实施项目。2009年林芝地区农村公路计划建设8个，项目总投资8152.00万元，完成投资5072万元，具体情况如下：

工布江达县扎拉公路。项目总长35公里，总投资640万元，由工布江达县人民政府组织实施，已完工并交付使用。

米瑞乡曲丁至曲萨公路。该项目全长12公里，总投资240万元，由林芝县人民政府组织实施，已完工并交付使用。

竹瓦根镇知美公路。项目总长24.1公里，计划投资120万元，由察隅县人民政府组织实施，已完工并交付使用。

察隅县岗藏公路。岗藏公路全长8公里，投资300万元，由察隅县人民政府组织实施，已完工并交付使用。

古拉乡觉巴公路。觉巴公路全长15.1公里，投资200万元，由察隅县人民政府组织实施，已完工并交付使用。

米瑞公路。米瑞公路属2007年提前实施项目，属09年项目，已完工并交付使用。

帮辛乡公路。项目全长35.84公里，总投资1782.149万元，施工单位已进场，完成投资980万元。

格当乡公路。项目全长29.67公里，总投资2455.43万元，施工单位已进场，完成投资720万元。

调增项目两个，分别是朗县如塘公路、拉丁雪村道路硬化及东雄桥，总投资202.87万元，已完工并交付使用。

2009年提前实施项目。2009年提前实施项目计划建设10个，总投资7290.218万元，完成投资2470万元。具体情况如下：

朱拉公路。项目全长16.8公里，技术标准为四级沥青混凝土路面，总投资1460万元，已完工并交付使用。

察隅县门空桥。桥梁全长120米，引道5公里，投资720万元，受气候影响，完成投资380万元，预计2010 10月底完工建设。

沙布村公路。全长4.86公里，投资150万元，已完成投资100万元。

嘎达公路。全长8.65公里，投资340万元，完成投资340万元，已完工并交付使用。

巴日公路。全长6.2公里，投资240万元，批复已下达墨脱县人民政府。完成投资180万元。

加拉公路。全长33.7公里，投资800万元，完成投资630万元。

扎木镇达兴桥。全长80米，投资280万元，已完工。

米美桥。全长70米，投资450万元，完成投资320。

加拉萨乡标准骡马道。项目全长38.27公里，总投资1787.81万元，完成投资560万元。

甘登乡标准骡马道。项目全长23.56公里，总投资1062.408万元已完工。

【养护生产情况】2009年1-12月，共完成备料75636立方米，铺料687471平方米，修补土路1555447平方米，修补油路493平方米，清理边沟2375717米，新挖边沟2100米，整修路肩319954平方米，疏通涵洞2710道，维修涵洞55道，清理塌方36510立方米，清雪打冰179708立方米，修补路基缺口623立方米/328处，整修边坡372870平方米，清扫路面7039485平方米，清理流沙1603立方米。对经常性养护的526公里的公路养护质量的进行了综合评定，优等路217公里，良等路177.7公里，中等路104.3公里，次等路25公里，差等路2公里，优良路率75%，MQI值86。

【农村公路养护工作情况】地区交通局与各县人民政府签订《林芝地区农村公路养护管理目标责任书》，各县交通局与各乡（镇）签订养护责任书，各乡（镇）与行政村再签订养护责任书，形成合同制管理，实行半年检查、年终检查验收管理制度。

据统计，农村公路共完成备料47324.84立方米，铺料2738944.02平方米，修补土路1819419.1平方米，清理边沟609282米，整修路肩168544平方米，清雪打冰164700立方米，修补路基缺口450立方米/9处，清扫路面3655031平方米。

【公路水(雪)毁抢险保通】为加强（雪）毁预防治理和抢险保通工作的领导，成立了由局主要领导负责，各段主要领导为第一责任人的抢险领导小组和抢险突击队，集中有限的资金，积极组织人力、物力，对水(雪)毁路段进行抢通，广大养护干部职工发扬伟大的抗洪精神，不等不靠，加班加点全力以赴地投入到抢险保通工作中，使公路水(雪)毁得到及时抢通和恢复，确保了公路的通畅。2009年上半年在水（雪）毁抢险保通工作中，然察公路路面积雪为349950立方米。较好地完成了水（雪）抢险保通工作。

【公路养护大中修工程及专项工程情况】2009年区公路管理局给林芝地区交通局安排下达了公路养护大中修工程省道201线2009年大中修工程，投资196.9655万元；米林段一工区住宅及二工区附属工程，投资115.0568万元；省道201线小扎拉桥、瀑布桥危桥改造工程，投资282.2535万元；米林段段部电路改造工程，投资14万元；省道306线、Z401线公路安全保障工程，投资95.6631万元，共投资704.0389万元。在公路养护大中修工程实施中，严格按照《公路养护大中修工程管理办法》和《公路养护大中修工程施工监理大纲》规定进行监督管理，认真抓好工程建设的每一个环节，加强对工程的质量监督，来保证公路养护大中修中工程的顺利实施。工程正在按相关程序相续组织实施中。

林芝地区邮政工作

【邮务类业务方面】成功开发了地区住房公积金管理中心的账单业务，并签订了长期合作协议，第一期制作账单 1.2 万余份、收入 1.7 万元；利用各种节庆、店庆、促销、各类产品业务宣传等机会，共制作 DM 广告 9.7 万余份、实现收入 9.37 万元，商函 9.8 万余份、实现收入 12.47 万元；配合部队做好全国“双百”评选活动的寄递工作，实现函件收入 3.5 万余元；开发了鲁朗林海、扎贡沟、南伊沟风景区门票共 6 万枚，实现收入 7.2 万元；林芝县局与县旅游局续签了 9 万枚大柏树和 1 万枚喇嘛岭邮资明信片门票制作协议，与雅鲁藏布旅游公司签订了色季拉山观景台 1 万枚、价值 1.1 万元的邮资明信片合同；工布江达县局与县旅游局签订了 1.5 万枚、价值 2.1 万元的太昭旅游景点门票合同和 14 万枚、价值 28 万元的巴松错景点门票合同；米林县局与圣地旅游公司初步谈妥大峡谷旅游门票制作意向。全年全地区共制作门票 33 万枚，实现门票收入 52.4 万元。

借助中国扶贫基金会和集团公司发起的向“5.12”灾区学生“六一”关爱行动，积极开展爱心包裹活动，全地区捐赠款达 51.15 万元，实现包裹收入 3.86 万元。

波密县局、米林县局与当地政府签订了“农家书屋”图书订购合同，永久支局与当地乡村签订了图书订购合同，图书征订共完成 83.12 万余元；成功开发制作企业形象期刊 5000 册；与“爱心书屋”签订了零售报刊合同；开办了农牧学院邮政所报刊零售业务；关注重点区域，开发重点客户，全面开展 2010 年报刊大收订工作，并提前超额完成了收订目标。

抓住建国六十周年华诞有利时机，客户服务中心代销 78 册西藏民主改革 50 周年和建国 60 周年纪念邮品，实现利润 3.15 万元；米林县局对县内集邮和收藏人员进行了分析和归类，围绕特色邮品有针对性地进行宣传、营销和促销，同时带动了西藏民主改革 50 周年纪念册、2008 年册和其它邮品的销售，共实现收入 2.2 万元。

【速递物流类业务方面】开展了“运行质量年”活动，以“优+”服务为主线，突出抓好 “五节联送”、“思乡”月等重点专题营销活动。通过精心组织、及早安排、宣传到位、统一协调，群策群力，“思乡”月专项营销活动超额完成了计划目标，实现了业务收入和市场占有率“双提高”；多途径拓展市场，挖掘客户，开展上门揽收工作，积极寻求与土特产经销商等大客户“家乡速递”业务的合作发展领域，努力提高市场占有份额；国内经济快递出口业务发展良好，共实现收入 20.86 万元，有力提升了速递业务的发展；与电信、移动公司分别签订了年运费为 3.8 万元和 5 万元的运输协议，拉萨返点、电信移动运费收入较去年有所增长；大力推进农资配送业务，销售农资化肥 100 吨，创收利润 5 万元。

【金融类业务方面】7 月份，建立烟草电子结算业务网络，开办烟草款电子结算业务，与林芝地区八一镇所有烟草经销商（共 486 户）签订了《委托代扣卷烟结算货款三方协议书》，同时进行帐户短信绑定，并在地区四个邮储网点设置了烟草经销商户 VIP 专柜，开通了绿色通道，以优质的服务赢得了烟草公司和广大烟草经销商户的信任和肯定，为全局金融业务发展奠定了良好的基础，此项业务在全区得到了推广；制定并下发了《林芝邮政金融业务发展计划》，为各县局、支局金融业务的发展提供了业务指导；分析总结了资金运用过程中存在的主要问题，加强资金头寸管理，积极采取有效措施减少透支，提高了全局储汇资金收益率；制定并下发了《2009 年邮政储汇短信业务考核办法》，激励各经营单位采取有效措施，促进了短信业务的良好发展，实现储汇短信业务收入 20.66 万元；林芝县局成功开发朗县、米林县、察隅县边防大队的代发工资业务，客户达 200 多户，储蓄短信加办率达 100%。

【获奖情况】地区局团委荣获共青团中央授予的 2008 年度“全国五四红旗团委”荣誉称号；党委书记、局长乔罗布获得“农牧区邮政通信--网络体系建设”第五届（2009）中国邮政企业管理现代化创新成果二等奖、第六届全国通信行业企业管理现代化创新成果三等奖；缪春香、袁扬、王晓玲在全区邮政职工法律法规知识竞赛中荣获三等奖；邓玲代表邮政储蓄银行西藏分行参加西藏自治区银行业协会第八届业务技能比赛，在计算机汉字输入单项中获得第三名的优异成绩，并获得 2009 年全区网点规范化服务“明星个人”奖。　（袁 扬）

【领导名录】

局党委书记、局长：乔罗布

副局长、纪委书记、工会主席：李卫华

副局长：拉巴次仁

网通公司林芝分公司

【认清形势，做好安全生产，促进社会和谐发展】在年初的员工动员大会上，公司领导着重强调了安全生产的重要性，组织员工对安全生产进行了学习，使员工深刻的认识到社会稳定是安全生产的必要前提，安全生产为公司生产经营活动能够顺利进行的保障。根据地委行署以及上级公司的要求，林芝分公司一直把综合治理、安全生产、维护稳定作为全年工作的重中之重，公司的一切生产经营活动都以此为中心开展。

在公司综合治理方面，林芝分公司本着“谁使用，谁负责”的原则，完善各项管理措施，确保综合治理不出纰漏。

在安全生产方面，本着科学发展的精神，首先从各项制度上入手，完善各项安全生产制度，制定相应的安全生产措施以及各项应急预案（综合应急预案、自然灾害应急预案、通信故障专项应急预案）；作为通信枢纽，林芝分公司制定了平时严格执行，节假日重点检查的工作方法，定期对各项工作进行检查，及时消除可能存在的各种安全隐患，确保通信畅通。

在维护稳定方面，根据地委行署以及上级公司的要求，2009 年以来，林芝分公司积极把生产经营活动与维护社会稳定相结合，以维稳工作为重心，严格做到：认清形势，认真落实维稳工作责任制；严格落实信息报告制度，扎实做好不稳定因素的排查化解工作；严格值班制度，确保24小时有人在岗；强化维控措施，积极防范和妥善处置突发事件。在地委行署的正确领导下，通过对员工进行教育，林芝分公司的维稳工作取得了很好的成绩2009年以来，公司无治安、刑事案件发生；无安全、责任事故发生；无火灾、交通事故发生；无不稳定因素产生。

【狠抓生产经营，促进公司发展】各项综合治理制度、安全生产制度的完善落实，为林芝分公司生产经营活动的顺利开展提供了有力的保障，确保了林芝分公司的进一步发展。在基站建设方面，林芝分公司加大了对基础建设的投资，2009年林芝分公司新建基站17个，其中行署所在地15个，通麦1个，大柏树1个，本地传输网正在建设中，大大改善了林芝分公司的网络环境（目前林芝分公司网络已覆盖行署所在地、尼西、巴河、工布江达、松多、米林、通麦、波密）；在公司主营业务收入方面，林芝分公司的收入实现了对去年的同比增长，进一步扩大了公司的规模。

林芝地区国土资源工作

【耕地保护】切实保护耕地。认真落实耕地保护共同责任制。在年初的地区国土资源管理工作会上，行署与各县政府签订了包括耕地保有量、基本农田保护面积、土地开发整理、耕地保护奖励与处罚等具体指标的耕地保护责任书，县与乡（镇）政府也层层签订了耕地保护目标责任书，落实政府一把手为第一责任人的保护责任体系。为进一步落实耕地和基本农田保护责任制，各县国土资源局设立了基本农田保护标志，进一步完善了全地区基本农田基础资料，做到了文、图、表、卡、册一致，并落实到地块和农户，确保了全地区耕地和基本农田保有量数量不减少，质量未降低。

强化土地利用计划管理，严控建设用地占用耕地，加强农用地转用计划指标管理。2009年下达给全地区的农用地转用指标为1800亩。林芝地区国土局根据地区各县实际情况对土地利用年度计划指标进行了合理安排。

积极开展土地整理。组织申报了林芝县、察隅县土地整理项目。项目总规模1305.71亩，总投资294.6万元。

【土地管理】积极争取，主动协调，全力做好重点建设项目用地预审报批工作。紧紧围绕“保增长，保红线”战略，积极提供征地服务和用地保障，提前介入，主动参与，全程服务，积极为扩大内需、重点建设项目用地进行组件报批和跟踪服务，确保了地区扩大内需项目和重点基础设施工程的顺利实施。

依法依规做好政协原大院土地收储工作，为地区建设提供用地保障。对位于双拥路政协原大院周边地块进行整理和收储。该地块占地总面积约18000平方米，在储备该宗地过程中，拆迁房屋面积约1000平方米，平整土地2000平方米。

土地供应规范有序。全年共供应土地196宗，面积17.65公顷，收取土地出让金1497.66万元。其中挂牌出让14宗；面积3.32公项；收取土地出让金420.58万元；协议出让138宗；面积9公顷；收取土地出让金1077.08万元，划拨用地44宗，面积5.33公顷。

加大执法监察力度，共创和谐国土。违法预防机制、动态巡查机制进一步完善。设立12336国土资源违法举报电话，聘请了执法监督协管员，拓宽案源发现渠道。认真落实《违法土地管理规定行为处分办法》，严厉查处非法占地用地、非法勘查开采、越界开采等案件。全年无重大违法用地案件发生，无一人就土地违法违规现象越级上访。

【国土资源基础工作】扎实开展第二次土地调查工作。成立了领导组织和工作机构，制定了工作方案，明确作业队伍；积极组织开展农村土地利用现状调查、农村土地权属调查以及城镇地籍调查工作。目前，地区“二调”工作已完成农村土地外业调查，已经自治区二调办验收并报国家二调办检查验收。在基本农田调查中，已完成实地调查等待验收。

土地利用修编工作步伐加快。为使土地利用总体规划修编按时保质保量完成，林芝地区国土局聘请四川省国土规划院为全地区编制土地利用总体规划。目前，编制工作正在收集资料，进行各项准备工作。

认真做好地籍管理和土地变更工作。建立健全土地登记程序、收费标准等制度，做好初始土地登记和变更土地登记工作。全年办理土地登记959宗，面积131.31公顷。其中初始登记592宗，面积83.25公顷(包括集体土地使用权40宗，面积1.38公顷)；变更登记268宗，面积41.74公顷；注销登记84宗，面积5.24公顷；其它登记15宗，面积1.08公顷。国有土地使用权划拨登记60宗，面积为33.48公顷，出让登记398宗，面积38.68公顷。土地使用权交易登记，转让登记229宗，面积53.02公顷，房地产转让额为3967.59万元。抵押登记117宗，面积11.55公顷，房地产抵押额为21400.96万元，房地产贷款额为13131.50万元。

全面加快电子政务建设。在国土资源信息化建设过程中，局主要领导亲自抓，注重协调沟通，落实人员和经费，带头学习、带头应用，做到设备、技术、经费、人员配备等全面落实，措施有力，促进了信息化建设工作的顺利进行。

【矿产资源管理】加强矿产资源开发秩序整顿。积极配合安监、环保等部门深入到地区矿山开展安全检查，认真排查安全隐患，确保了人民群众的生命财产安全。

开展了采矿权、勘查阶段在详查以上的探矿权的权属、储量情况核查工作。结合全地区实际，2009年安排了万成、腾荣、锦华三家矿业公司开展了权属、储量情况核查工作。对7家矿山企业进行了矿业权实地核查，签订核查合同6份，完成联测及控制测量，界桩放样，1:2000矿山地形图测量等工作。

认真组织开展矿山年检工作。重点检查矿山企业矿产资源补偿费、采矿权价款、生态环境恢复治理保证金及矿产资源开发利用方案执行情况，征收矿产资源补偿费17万元。

【地质灾害防治】一是强化防灾责任。召开地质灾害防灾培训及多次专题会议，部署汛期防治地质灾害工作，强化领导责任。地、县、乡逐级签订《地质灾害防治责任书》247份，通过层层签订责任书的形式，形成了纵向到底、横向到边的监测网络。二是完善防灾预案。结合全地区实际工作起草了《林芝地区2009年地质灾害防治方案》、《林芝地区突发地质灾害应急预案》编制，把防治措施落实到基层，进一步夯实防灾工作基础。三是落实防灾措施。对全地区地质灾害隐患点及危险点上原设置的51处警示牌逐个进行检查，发现有损坏的及时更换，累计发放《地质灾害防灾明白卡》2555份。四是开展地灾点治理。全地区涉及地灾搬迁工作的五县一场（林芝县、工布江达县、波密县、察隅县、墨脱县和易贡茶场）搬迁群众共计474户、2591人，目前林芝、工布江达二县10月底前基本能完成搬迁工作。波密、易贡茶场、察隅搬迁工作因受客观因素影响，进度相对缓慢。9月份完成了墨脱县搬迁灾评工作。

【获奖情况】地区国土资源局被西藏自治区人民政府评为《2009年度耕地保护责任目标考核第二名》。

才佳获“全国基本农田保护先进个人”荣誉称号。

【领导名录】
党组书记、副局长：　贺高峰
党组副书记、局长：　琼　吉

林芝地区住建工作

【重点项目建设情况】完成“工布印象”拆迁13682.43平方米，新建总建筑面积43000平方米。

积极推进深圳大道人行道改造工程，2009年完成工程总投资达到1775.98万元。

完成八一大街、厦门广场、珠海路、福建路、双拥路、桥头小广场改造和厦门广场电子显示屏设置，总面积达到34560平方米，总投资2488.78万元。

积极推进八一镇滨河路市政道路工程建设，总概算5729.81万元，截止2009年底预计完成投资3130万元。完成八一镇污水处理及收集系统设计、评审，项目概算投资1.2亿元。

【加大招商引资工作力度】2009年共引进4个项目，其中玉膳府大酒店、林海大酒店、黄金商业楼、汽贸市场等项目已开工建设，完成招商引资5824.9万元，完成2009年招商引资任务的116.5%。完成民间投资2.86亿元，完成2009年民间投资任务的143%，超额完成了年初下达的任务。

【城市规划情况】完成八一镇公交线路和站点规划。完成地区交警支队、守桥中队、保险公司、工布江达县住八一镇办事处、边防应急指挥中心、青少年活动中心等单位用地测量。

办理了35家《建设工程规划许可证》和37家《建设用地规划许可证》的现场踏勘及办证工作。

【工程质量监督情况】对24项工程进行监督，建筑面积19万m²，总投资2.51亿元；其中市政工程3项，道路工程1217.6m，工程投资合计0.48亿元。

组织质量检查10次，发出施工现场整改通知8起，返工通知2起，停工通知3起，工程质量、安全通报1起，全地区未发生建筑类安全生产事故，工程质量竣工验收一次合格率达到100%。

加大木材替代品推广力度，投入40万元建成建筑钢模租赁中心，每年节省木材1.5万立方米，节省资金800万元。

【建筑行业管理情况】有形市场共开标26项，房屋建筑面积72734.80m²、道路面积56340.262m²，总中标价16911.01万元。办理工程报建75710.55平方米，总投资8369.74万元。

全地区登记建筑企业168家，其中：农牧民施工企业25家，本地注册二级资质10家，区内建筑企业42家，区外建筑企业45家，登记监理企业26家，招标代理机构17家，设计企业3家。

组织地区建筑施工企业二级项目经理参加二级建造师过度考试。组织建筑从业人员培训班3期，培训人员45人次。

加大农牧民建筑技能培训。全年安排农牧民建筑技能培训50人次，与10家建筑企业签定了代培合同。

【民生工作情况】2009年共归集公积金全地区共归集住房公积金8142.22万元，支取住房公积金3164.63万元。截止2009年10月全地区住房公积金累计归集突破5亿元大关，余额达到2.58亿元，累计发放住房公积金贷款1.46亿元。

清理拖欠工程款和拖欠民工工资案件3起，涉及金额513万元，清欠率达99.6%。

对棚户区进行调查摸底，全地区共有棚户区16.62万平方米，2059户。其中，地直185户，建筑面积1.09万平方米；各县1874户，建筑面积15.53万平方米。

加大廉租住房建设力度。完成342套廉租房建设任务，总建筑面积20520平方米，完成投资2448万元。

林芝地区气象工作

【气象现代化体系建设步伐加快，全力保障基础业务平稳有序】进一步完善了气象灾害应急管理机制和分灾种气象应急预案的编制工作。

截止日前为止，已完成了墨脱县站、8个区域自动站、2个闪电定位仪（林芝、察隅二站ADTD雷电定位系统）、L波段雷达等业务建设项目。改建的色季拉山四站（尼池、鲁朗、色季拉山顶、排龙）工作将在年底前完成。

完成地区6个电子显示屏（地区局、米林县、察隅县、波密县、工布江达县、墨脱县）和1个农村大喇叭（八一镇公仲村）选址报告及各站联系人上报工作。

2009年基础业务运行平稳有序，各项业务质量保持稳定，没有出现任何责任性事故。全年共上报21个业务百班无错情（其中地面14个，探空7个）。

【结合地方实际、切实加强气象服务工作】及时通过西藏林芝气象网、“12121”、手机短信、林芝农经网、电视天气预报节目等发布渠道，向各级党委政府、相关部门和社会公众发布气象服务信息。

全年共发布短期气候预测 2 期，气候影响评价 10 期，重要气象报告 11 期，专题气象报告 91 期，预警警报 2 期，灾情服务 10 期，手机短信 51 期、向林业局提供 88 个高温点，同时根据天气气候变化情况及防灾减灾工作需要，认真履行气象灾害防御的综合协调职责。

2009 年 3 月 1 日，墨脱县境内出现严重的山体滑坡，形成局部堰塞湖，应政府及相关部门要求，专门制作了墨脱境内未来 72 小时天气预报，先后共向指挥部提供了 52 期专题预报。

5 月 25 日 20 时开始林芝大部地区出现一次中等强度的降水过程，针对此次强降水过程；林芝地区气象局及时开展服务，先后发布了强降水蓝色和强降水黄色预警信号。

5 月 28 日，米林县举行“黄牡丹旅游节”庆典，由于 25 日至 27 日米林县大部份地区都出现了中等强度的降水过程，旅游节能否如期举行成为县政府关注的重点，为做好气象服务工作，林芝地区气象局专门组织预报人员对此进行了会商，为米林县“黄牡丹”旅游节提供了 3 期专题天气预报，准确的气象服务工作得到了米林县政府领导的赞扬。

为做好 5 月 12 日“防灾减灾日”林芝地区突发公共事件应急演练气象保障工作，林芝地区气象局从 5 月 8 号起，连续 5 日为地区应急管理办提供了准确详实的气象专题预报服务，确保了演练工作的如期举行。

完成了林芝地区气象局电视天气多媒体软硬件设备升级改造工作，改版节目一次，新版节目于 10 月 1 日正式播出。同时在节目中增加制作了“5•12 防灾减灾日”公益广告、“月食”知识宣传节目及消防知识、气象知识的宣传。

与环保局合作开展了空气指数预报，气象服务内容进一步得到拓展。

农经网林芝分中心及四县服务站，全年共录入各类信息 4019 条，林芝气象网 748 条。

结合林芝旅游产业准确及时地发布了桃花、杜鹃花期预报。结合各时段天气情况，及时发布道路结冰、泥石流等预警信息。

为了解地区各部门对气象服务的要求，2009 年林芝地区气象局派人走访了地区多个部门及部分县，征询他们对气象服务的意见。为尽可能扩大气象服务信息受众面，在走访 22 个单位和部门的同时，收集了 124 个手机号码，完成了林芝地区 228 个气象信息员的登记报名和培训方案的制定工作。使林芝地区气象局气象信息手机短信平台受众面得到进一步充实和完善，服务覆盖面得到进一步提升。

【人影工作稳步推进】2009 年人工影响天气在扑灭森林火灾中效果明显。2009 年 5 月 4 日，林芝地区 115 医院东面发生森林火灾，林芝地区气象局接通知后，立即启动相应预案，在做好作业准备的同时密切监视天气演变，在抓住有力气象条件下，相继开展三次人工增雨作业，增雨累计达 1.8 毫米，为扑灭火灾起到了关键作用。林芝地区行署专员卓嘎和行署副专员杨方宇在其批示中对此次气象服务工作都给予了充分肯定。

首次开展增雨抗干旱作业取得显著效果。2009 年我区出现了较重旱情，给农作物生长带来很大影响，也造成森林火险等级长时间处于高度危险状态。为缓解持续 20 多天的旱情，林芝地区气象局于 6 月 28 日上午在八一镇新区开展增雨作业，共发射“三七”高炮弹 47 发，累计增雨 9.0 毫米，为缓解旱情起到了关键作用。

【援藏工作取得新进展】2009 年福建省气象局投资 30 万元为林芝地区气象局升级电视天气预报系统工作圆满完成。全新的电视天气预报节目已于 10 月 1 日正式播出。

林芝地区防震减灾工作

【年度综述】国务院把“5・12”定为防灾减灾日后，通过印制宣传册、制作宣传栏等形式宣传防震减灾。2009 年 5 月 12 日，全局出动 20 多人次，车辆 6 台次，发放藏、汉两种文字的宣传册 500 多册，对防震减灾工作进行了声势浩大的宣传活动。另外，充分利用青少年接受能力强和影响面广的优势，让班主任利用班会时间对学生进行防震减灾知识普及。通过此项活动，基本上让全地区近 3 万名中小学生对地震知识有了一个初步认识。

在机关干部中进行防震自救、互救小知识的宣传。6 月份，林芝地区地震局和行署办联合行文，要求机关干部、企事业单位工作人员集体学习防震知识，并与林芝电视台联系在《林芝新闻》后播放防震减灾的相关知识。

5 月 11 日在地区二小开展防震减灾疏散演练，由行署亲自动员 40 多个单位的领导。领导观摩、参加演练有防震避险、应急救援、火灾逃生等项目，共有地震、消防、教育、民政、医疗卫生等十多个单位 3000 多人参加演练。

加强校舍、医院等人口密集区的安评工作。“5・12”汶川地震中，因为学校、医院是救护的重点，也是媒体宣传的重点，校舍安全自然成为人们质疑的焦点。西藏自治区地震局和自治区教育厅领导对校舍安全十分重视，早在去年 6 月份，就组织教育、地震、建设三部门的联合工作组，对全区的中小学校舍进行了普查，2009 年 8 月份，地区地震局和教育局、发改委、建设局等单位一起组成联合检查组，为期两个月，行程 5000 多公里，对全地区 7 个县、40 个乡镇校舍进行了危房清查和登记，对存在安全隐患的工程，即使要求改进和停工整顿，完善图纸评审制度，严把建筑物质量关。

【重要会议与考察活动】林芝地区属地震高发区，有记载的中国最大地震发生在全地区察隅县，八月西南、西北片区地震系统老干部工作协调会议在全地区召开，九月西南片区地震应急会议在全地区召开，这充分说明对全地区防震减灾工作的重视，林芝地区地震局积极配合自治区地震局筹办会务工作，会议取得圆满成功，得到了与会代表和自治区地震局的充分肯定。

考察 1950 年 8.6 级地震遗迹。10 月 15 日至 17 日，由自治区地震局局长朱荃带队的考察队莅临全地区派镇开展科考活动，活动取得重大突破。通过此次考察，为建立地震遗址公园，开辟全地区地震地质学旅游做好前期工作。

【经验体会】积极学习广东、厦门和云南省地震局的经验，逐步完善局机关各项制度建设。先后共建立健全民主生活会制度、局长办公室的制度、地震局党组学习制度等十八项制度，为使各项工作的顺利开展打下良好的基础，通过不断完善制度，协调与各单位关系，顺利的推进全地区防震减灾事业。同时协调各单位之间关系，在平时的工作中不断跟相关单位协调沟通，并计划进行合作预演，彻底打开应急救援的良好局面。

林芝地区电力工作

【主要指标完成情况】2009年，全地区年累计完成售电量7569.07万千瓦时，同比增长14.93%，完成年计划任务的99.07%；线损率6.12%，同比上升3.91个百分点；网损率2.97%，同比下降0.16个百分点；电费回收率100%；实现电力销售收入3653万元，同比增长29.63%。

【电网保持了平稳运行态势】全年组织开展安全大检查11次，专项安全检查6次，排查安全隐患150项，整改消除安全隐患150项。下发“用户安全隐患整治通知单”25项且全部完成整改。完成厂站防雷检测项目274项。完成继电保护和仪表预防性试验269项。精心组织，周密安排，编制实施了林芝电网重要保电等12项方案。圆满完成了中央代表团莅临林芝视察、60周年大庆等28项重要保电任务。积极组织开展了应对突发事件电力事故抢修应急演练和“安康杯”知识竞赛，强化了安全意识，提高了突发事件应急能力。加强电网安全分析和危险点控制，全年电网发生一般停电事故1起，同期上升1起。发生一般设备故障、障碍3起，同期下降13起。发生一般输配电线路故障40起，同期下降28起。截止12月31日，连续安全生产1261天，没有发生电网事故和交通事故，电网保持了平稳运行态势，实现了第一年未拉闸限电的目标任务。11月19日，林芝电网成功并入藏中电网运行，提高了林芝电网的供电可靠性和设备利用率，截止12月31日林芝共向拉萨输送电量1697.70万千瓦时，输送最大功率为2.24万千瓦，为缓解中部电网供需矛盾发挥了积极作用。

【进一步提升服务能力】认真贯彻落实区公司营销工作会议精神，深刻领会营销工作思路，明确工作目标和任务，加强营销组织机构建设。积极开展营业普查工作。顺利完成电价理顺和调整工作。“SG186”营销业务应用系统按照区公司要求准时上线。规范服务、兑现承诺，客户满意率不断提高。制定了林芝电网迎峰度冬方案和需求侧管理实施方案，通过向地委行署汇报、召开用户座谈会、报纸、电视等方式宣传中部电网今冬明春供电形势，得到了政府的支持和广大用户的理解。认真落实节能节电会议精神，组织公司职工开展让电于民活动。开展用户安全用电大检查，目前已重点检查184户，查处窃电2户，补交电费3100元，违约金7100元。

【获奖情况】单位获奖情况：公司2009年度综治先进单位；公司财务部获得先进集体；公司荣获2009年西藏电力公司党风廉政建设先进单位；公司机关党支部荣获中共西藏自治区直属机关工作委员会评选区直机关先进基层党组织；中共国家电网公司党组评选林芝分公司党支部为电网先锋党支部；林芝分公司团支部荣获国家电网公司“五四红旗”团支部荣誉称号；

周朝东荣获国家电网公司2009年度纪检监察工作先进个人；崔世友荣获2009年度西藏电力有限公司综治先进个人；雷大林荣获2009年度西藏电力有限公司综治先进个人；官爱玲获得区公四财务系统先进个人；

林芝地区环保工作

【自然生态保护工作稳步发展】《生态地区建设》系列工作正在加紧完善。“绿色”创建活动的工作力度不断加大，自然保护区的建设、保护情况，相关资料正在加紧收集。一是狠抓了生态地区建设工作。完成了《西藏自治区林芝生态地区建设规划编制提纲（初稿）》及《西藏自治区林芝地区生态县建设规划编制提纲（初稿）》。在积极征求意见的基础上制定了林芝生态地区建设工作计划。二是《生态地区建设规划大刚》顺利通过论证。邀请环保部生态司、自治区有关厅局及地区有关单位组成专家组对《大刚》进行了论证，对下一步做好规划奠定了基础。三是“绿色创建”系列活动已进入规范化、农村环境综合整治已经开展。积极协调，目前已争取到中央财政农村环保专项资金184万元，包括波密县桑登村、通麦村，工布江达县的阿沛村等三村的污水无害化处理、改善饮用水、垃圾收集转运等建设内容。为尼洋河养殖厂争取到中央财政农村环保专项资金50万元，主要用于畜禽粪便污染防治建设。“环境优美乡镇创建”活动已展开并推向深入。深入到工布江达、朗县、米林三县，对具体的创建工作进行了指导，对存在的一些问题及时与有关部门沟通，力争使创建工作扎实有效的推进。

【污染控制工作进一步加强】加强建设项目环境管理，认真落实建设项目环境影响评价制度，严把建设项目“环评”关，严控“十五小”“新五小”企业审批；加强节能减排，严控S02（二氧化硫）、COD（化学需氧量）化学排放，淘汰燃煤锅炉，大力推广使用电能、太阳能等清洁能源。加强对旅游景区、重点建设项目及矿产资源开采环境保护管理。加强饮用水源地的规划调查工作。积极配合自治区环保局做了城镇饮用水的规划工作，争取到了230万元的中央环保专项资金，用于八一镇自来水一厂饮用水源地保护项目。狠抓建设项目环评工作。认真贯彻落实“环评制度”，进一步强化环评工作，简化审批程序，提高审批效率，更好地服务林芝地区经济发展、促进环境改善。完成了汽车尾气监测调试工作。污染源普查工作进入验收阶段。完成八类106份文件的归档、建档；完成了全地区七县工业源30份、生活源513份、集中式污染源3份共546份普查表册的归档、建档工作。

【环境监察工作稳步推进】一是环保专项行动趋于制度化。近年来，环保专项行动在林芝地区电力局已形成制度，成为年初工作安排的重要内容。专项行动中，先后开展了饮用水源保护、矿产资源勘查与开发活动、重点建设项目、重点区域环境综合整治等专项执法检查。

共检查矿产资源勘查与开采企业 6 家，检查矿点 7 处，叫停探矿项目 1 个，限期整改探矿项目 1 个。检查重点建设项目 7 个，集中式饮用水源地 7 个。二是开展了重点区域环境综合整治。转发了自治区环保局、建设厅、交通厅、旅游局《关于开展重点交通干线、旅游景区及主要城镇环境综合整治工作的通知》。加大对白色污染防治工作。召开了各部门间的协调会。在八一镇开展大规模“禁白”宣传与联合执法检查，没收一次性塑料袋 20 余万个，举行了“建设生态地区，在行动”大型签名活动、配合农牧学院开展了保护母亲河行动。联合相关部门开展了国道、省道、主要城（乡）镇村、景区等重点区域环境综合整治。综合整治共涉及工布江达、林芝、米林、朗县、波密、察隅 6 县的 7 个旅游景区（点）、5 个矿点、1 家规模化畜禽养殖企业、1 家农产品生产基地、7 个饮用水源地、4 个重点建设项目、20 个交通沿线乡（镇）、50 多个交通沿线村庄。三是深入开展生态环境监察试点。在去年工作的基础上，制定了生态监察试点现场环境监察等制度。四是通过加强排污收费宣传，严格排污申报，严格征收标准，扩大征收面，排污费征收工作做到了环保开票、银行代收、财政统管。

【环境监测取得新进步】局党组把监测站建设作为能力建设的主要内容，积极争取国家投资，援藏大力支持。目前，环境监测站硬件建设已基本完成，监测站管理制度也已形成，形成监测能力。空气自动监测子站已全部完成安装调试工作并投入使用。

【申报生态环境保护与建设的重点项目】为全面贯彻落实科学发展观，确保实施好西藏高原生态安全屏障保护与建设规划，林芝地区环保局编制了《林芝地区生态环保“十二五”发展规划及 2020 年远景展望专题报告书》，确定了林芝地区“十二五”及 2020 年远景生态环境保护与建设的重点项目。

【成立了林芝地区环境保护产业协会】。林芝环保产业协会的成立为林芝地区环境保护工作提供了新的载体。

【获奖情况】2009 年被评为全区环保系统先进集体。

林芝地区科技工作

【“林芝地区野生天麻繁育”重大科技项目】2007 年至 2009 年间共繁育天麻麻种近 2.2 万余斤，已形成了天麻育种、种植、技术培训、科普宣传于一体，规模化生产的麻种提供给当地群众，有利于保护全地区野生天麻资源和生态环境。2009 年地区科技局扩大天麻种植面积，在原有林芝县巴结村基地繁育天麻 27 个大棚的基础上，又在林芝县久巴村建设新的天麻繁育基地，繁育天麻 20 个大棚。

【藏丹参人工种植项目成绩明显】种植丹参 1300 亩，其中农牧民种植 800 亩，企业种植 300 亩，建立种苗繁育基地 200 亩，项目带动当地农牧民群众人均增收 300 元。

【科技特派员工作稳步推进】截至 2009 年，全地区科技特派员、科普带头人共有 160 人。科技特派员手把手地教会群众天麻栽培技术、藏丹参种植技术、小尾寒羊养殖技术、大棚蔬菜种植技术和果树栽培管理技术，受益农牧民群众达到 77 户、300 余人，每户农牧民群众年增加收入达 5000 余元，受到农牧民群众欢迎和肯定。

【引进示范优良品种，推进农牧业科技进步】借助科技援藏优势，从广东省农科院引进甜玉米、花生、水稻、蔬菜等 10 个品种，在当地示范，表现不错。如：在林芝县试种“甜 100 玉米”平均亩产量达到 2000 余斤，其甜度、无公害等指标有明显提高，具有极大的推广前景。

【科技培训结硕果】结合为农牧民办实事，科技培训以农牧业科技进步为基础，把“实际、实用、实效”的农牧业常规技术推广到农牧区。2009 年累计培训农牧民群众达 1.1 万余人次，主要内容有：蔬菜种植技术培训、特色种植（养殖）培训、果树修剪和管理培训等，培养了一批具有较高素质的农牧业技术力量和基层技术骨干、农牧民科技致富带头人，提高了农牧民群众科技文化素质，初步实现了村村有科技带头人、户户有科技明白人的目标。

【科技援藏结硕果】第三次全国科技援藏工作座谈会在拉萨召开，地区科技局共签订援藏项目 14 项，项目资金 1320 万元，这些项目都在积极衔接和实施中。

【对口援藏工作成效斐然】落实援藏资金累计达到 850 余万元，主要有：由广东省科技厅援助资金 300 万元，援建了林芝地区科技馆；由广东省第五批援藏工作队安排资金 208 万元，建设了林芝地区天麻育种及推广基地；投入援藏资金 100 万元，在林芝县八一镇久巴村建立特色产业示范基地，主要发展玉米、藏猪、草莓、水果等示范基地。

林芝地区教育工作

【年度综述】2009 年，全地区共有各级各类学校 119 所，其中职业技术学校 1 所，高中 2 所；初中 9 所，小学 66 所（其中完全小学 54 所），教学点 34 个，公办幼儿园 7 所。共有在校生 35553 人，其中小学生 20487 人；初中生 8045 人；普通高中生 3474 人；职业学校学生 3547 人。全地区适龄儿童入学率达 99.5%，初中毛入学率达 98.8%，均比 2008 年提高了 0.1 个百分点，文盲率控制在了 2%以内。另外，还有在园幼儿 1458 人，在外就读小学生 115 人，在外就读初中生 882 人。

【实施学校建设工程】全地区中小学校布局调整成效明显，教学点由 2008 年的 65 个减少到 34 个。学校建设力度加大，全年共投入资金 6038 万元，重点建设了各县中学教工周转房、林芝广东实验学校、林芝地区职业技术学校实训基地、林芝地区第二幼儿园等项目。学校教育信息化建设不断推进；地区一小在全区率先建成 52 英寸液晶电视+笔记本电脑的“班班通、堂堂用”模式，创造性地提出了“U 盘教学”模式，并在地区一小、广东实验学校实施了“校园数字化工程”试点。2009年，全地区还配发了433套电视、录像机等电教设备，组织教师参加全国教师教育技术能力培训达685人。

【实施职业教育工程】林芝地区职业技术学校共有注册学生3539人，比2008年增加1103人，各县职教班有学生594人。全地区共有职教教师116人，其中地区职校79人，各县职教中心37人。继续深化教育教学改革，逐步建立和完善了半工半读或工学交替制度，实现了由课堂教学为主到实践实习为主的教学模式转变。职业教育专业建设得到加强，共安排职业教育专项资金270万元，对林芝地区职业技术学校，波密县、工布江达县、朗县和米林县职教中心的重点专业进行了建设。大力开展职业教育培训活动，共培训农牧民3000人次，投入培训经费40万元。

【实施教师素质教育工程】继续将师德建设放在首位，切实抓好“名校长”、“名教师”、骨干教师和学科带头人培养培训工作，共举办各类培训班12期，培训教师1367人，培训校长107名，有28名教师获“优秀教师”、“优秀班主任”、“优秀校长”、“优秀教育工作者”等各种国家级和地区级荣誉称号，1所学校获国家先进集体称号。继续深化教育人事制度改革，共公开招考师范类毕业生98人，面向各县中小学校公开招考地直学校教师73。师资队伍进一步壮大，共有教师2836人，其中幼儿教师110人，小学教师1445人，中学教师733人，高中教师194人。

【获奖情况】全年共获得10个大奖，其中：国家级奖项2个，自治区级7项，地区级1项具体如下：

荣获全民国防教育先进集体

荣获教育部颁发的爱国歌曲大家唱——全国教育系统“祖国万岁”歌咏活动优秀组织奖。

荣获西藏自治区第九届中学生运动会田径乙组冠军

荣获西藏自治区第九届中学生运动会男子乙组篮球冠军

荣获西藏第九届学生运动会团体部分第一名

荣获2009年西藏自治区第九届中学生运动会体育道德风尚奖

荣获西藏自治区第九届中学生运动会足球赛冠军

2009年5月被评为“中华经典诵读活动先进集体”

2009年1月被自治区评为安全生产先进集体

林芝地区文化广电工作

【积极开展形式多样文艺活动】一是地、县成功组织并举办了三大节日、林芝地区纪念西藏百万农奴解放纪念日、纪念新中国成立60周年军民联欢晚会、庆祝“建军节”军民联欢晚会、林芝地区庆“七一”、传唱红色歌曲，据不完全统计，全地区开展文艺活动173场次，观众达15.2万人次，其中地区民族艺术团完成文艺演出93场次，（其中接待演出66场次）。二是地、县相继开展广场文化活动。在6月5日至9月21日旅游旺季期间，参与“传唱林芝歌、传跳林芝舞”地区广场文化活动的人数达22万人次。同时，除墨脱县外其他7县均开展了广场文化活动，广场文化活动现已向有条件的乡村延伸。三是8月15日至26日，地区民族艺术团圆满完成了到广东、福建对口援藏省市答谢演出的文艺节目，将具有地域特色的民族歌舞节目奉献给广东、福建两省的广大观众。四是地区民族艺术团本着收集整理民间音乐、传承保护弘扬民族文化，服务群众的目的，创建了林芝第一个音乐制作室—西藏林芝南迦巴瓦音频制作中心。五是成功组织举办了地区农牧民文艺调演活动，经认真评选推荐了6个优秀节目代表林芝参加全区农牧民文艺调演。六是积极筹备了林芝地区2009年大峡谷文化旅游节期间的文艺活动。七是地区民族艺术团、群艺馆先后派出16名辅导员多次深入到县、乡、村及地直各单位开展文艺演出活动的辅导工作。

【广播电影电视工作】“村村通”工程扎实开展。加大对广播电视设备的管理，及时完成了各级广播电视台、站卫星接收备份信号源设备的安装调试工作，及时调拨、发放了2009年度的村村通广播电视维护设备、器材，同时完成了广播电视各类统计报表的填报工作。

“西新工程”调频广播提高发射功率，扩大覆盖面，切实做到了满时间、满调幅、满功率“三满”安全播出，全地区农牧区放映电影16254场（其中数字数字电影放映7600场），观众约130万人次。

电视新闻工作。据统计：1—12月，地区电视台共制作汉语新闻2077条，藏语翻译播出新闻2077条，上送西藏台汉语新闻220条、藏语新闻220条，制作林芝电视台获得2009年度《西藏新闻联播发稿》三等奖系列报道4部。

【非物质文化遗产保护工作及书画创作工作】一是2009年在申报的25个第三批自治区级非物质文化遗产保护项目中全地区的米林切巴舞等18个申报项目成功地被公布为第三批自治区级非物质文化遗产项目。被自治区非遗办推荐申报第三批国家级非物质文化遗产保护项目的有24个。二是在全国第四个文化遗产日宣传日（6月13日）开展了民族文艺节目展演、发放宣传资料、设立宣传栏等多样宣传活动。三是为进一步增强林芝文化的影响力，提升林芝文化的竞争力，将林芝美景以书、画作品形式呈现在区内外游客眼前，2009年7月，首次邀请了内地书法、画家到林芝采风，所创作的八尺国画《南迦巴瓦峰的瑞雪》《云漫雅鲁藏布大峡谷》、书法《八一镇初夏看云》、《米林扎贡沟黄牡丹》等作品，生动再现了林芝优美风景，展示了全地区人心安定、经济发展、文化进步的良好社会局面。

【文物保护工作】一是全面顺利完成了林芝地区第三次全国文物普查工作任务。2009年文物普查队克服风餐露宿、徒步骑马等困难，先后深入米林、波密、林芝、朗县及察隅县察瓦龙乡、墨脱县继续开展文物普查和古籍普查工作，尤其是在墨脱县境内发现了新石器时代的30多件石器。截止目前，历时两年的全面、细致、拉网式的文物普查和古籍普查工作已基本完成，共调查、登录不可移动文物点275处，其中新发现文物点169处；复查点106处，完成45万字的调查文字资料。同时完成了40部的古籍普查工作，为下步文物工作深入开展奠定了坚定基础。目前，正组织力量对各普查点的文物资料进行分门别类地后期登记、归档管理。二是完成了30处县级文物保护单位的记录档案和5处自治区级文物保护单位的保护范围和建设控制地带的划定工作。三是落实并实施“十一五”重点文物项目太昭古城的修缮工作，扎木中心红楼项目建设及阿沛管家庄园的前期勘查设计工作。

【获奖情况】全国“扫黄打非”先进单位、全国文化市场执法先进单位、全国文化系统先进单位、自治区第三次全国文物普查工作先进集体、林芝地区维护社会稳定工作先进集体、全区广播电视事业统计工作中被自治区广播电影电视局评委先进单位。

林芝地区卫生工作

【扎实推进农牧区医疗制度】2009年，地区农牧民免费医疗经费标准达到到人均140元，为了使这项惠民政策落到实处，确保农牧区医疗制度有序健康发展。林芝地区卫生局重点从组织监督、民主监督和制度监督三方面，强化对农牧区医疗制度的监督，增强农牧区医疗制度的透明度和公信力。2009年，农牧区医疗制度人口覆盖率达100%，人均140元免费医疗经费到位率100%（1706万元），参加筹资农牧民126274人，筹资人口覆盖面达97.04%，建立家庭账户100%。截止目前，累计就诊人次27.62万人次。

【切实加强疾病预防和控制工作】认真组织开展了2009年林芝地区两轮脊髓灰质炎强化免疫工作，全地区应种儿童16895人次，实种16378人次，接种率为96.94%；狠抓基础免疫，建卡、建证率分别达到100%，“五苗”全程接种率达90%以上，使全地区“五苗”控制严重危害人民群众健康的七种传染病的发病率大幅度下降。同时，2009年7月份正式实施了国家扩大免疫工作（国家扩大15种疫苗，我区扩大到13种疫苗）截止目前，全地区共报告甲、乙、丙类传染病13种，700例，报告发病率为404.11/10万，与去年同期相比较上升22.59%。

鉴于2008年朗县发生人间鼠疫，2009年初，林芝地区卫生局制订了详细的鼠防工作计划，以巩固和完善地、县、乡、村鼠防监测体系为重点，以加强督导为保障，制订了《林芝地区鼠疫规范化监测方案》。特别是2009年6月份朗县发生动物间鼠疫疫情以来，在第一时间主管局长带队赶赴现场指导鼠防工作的开展。主要领导还分别前往朗县、米林县（联防联控县）和工布江达县督导鼠防工作开展情况。

进一步完善突发公共卫生事件应急机制，提高应对能力。截止目前，共处置突发疫情22起，总发病人数260人，波及3172人。（其中：乙类传染病1起，发病人数3人，波及46人，发病率6.52%；丙类传染病21起，发病人数257人，波及3126人，发病率81.32%）。均做到早发现、早报告、早隔离和及时有效处置。

2009年发生甲型HINI流感疫情以来，按照卫生部“外堵输入，内防扩散”防控策略，及时成立了“林芝地区应对甲型H1N1流感联防联控工作领导小组”，积极组织医疗卫生系统依据各自职责，分工明确，规范操作，认真履行各自职责。同时，各级医疗机构为有效应对甲型H1N1流感，配合各成员单位，充实医学检疫人员，使全地区5个检疫点有序运转。2009年5月12日起，累计检测78699人次。并于2009年6月23日—25日开展了林芝地区甲型H1N1流感应急实战演练活动。

狠抓了地方病防治工作。截止目前，共就诊疑似肺结核病人118人，共发现活动性肺结核32例，初治涂阳12例，涂阴20例，复诊结核病病人37例。未发现活动性结核患者。全地区累计新发登记麻风病人722例，累计治愈652例，治愈率90.3%。目前尚有现症病人8例。

加大了性病、艾滋病、麻风病的防治工作。截止目前，全地区报告新发性病病例4种50例，（其中淋病17例，占34.0%；尖锐湿疣22例，占44.0%；生殖器疱疹2例，占4.0%；非淋菌性尿道炎9例，占18.0%）。为了让群众了解预防性病知识，与地区相关部门共同组织开展了具有针对性宣传和便民服务活动，发放相关宣传资料2000余份，发放安全套3821只，制作展板15张。

针对林芝地区墨脱等县疟疾的流行，多方争取资金和技术支持等，已落实了93万元的项目资金和国家技术支持，组织专业人员分别到墨脱、米林抓捕蚊子及采集猪血共抓捕8605只、采集猪血清56份。为彻底查明全地区疟疾病的流行强度、传播媒介，制定控制策略与防控措施打下了基础。

【积极开展妇幼保健和人口计生工作】以降低两个死亡率为目标，加强县级产科建设。一是采取城市医院支援农村措施，组织地直医疗单位产科专家到各县人民医院蹲点，重点加强县级产科急救能力建设。二是农村孕产妇住院分娩实行医疗费用减免和限价，鼓励住院分娩。2009年农牧区孕产妇住院分娩率60.75%比上年提高了6个百分点，婴儿死亡率19.01‰比上年下降5个千分点，孕产妇死亡率135/十万。提高了妇女儿童健康保障水平。

【加大卫生执法力度，保障人民群众医疗和食品卫生安全】进一步加大了地区所在地1030户，1630名从业人员办证、体检和日常卫生监管。二是加大社会医疗机构监管力度和医疗服务收费督促检查力度。全地区没有发生大的医疗和食品卫生安全问题。

【继续加大藏医药产业建设】紧紧围绕地区明确的工作考虑，一是积极实施藏药材普查工作；二是积极开展160种藏药制剂品种的申报工作，已批准80个藏药制剂品种；三是在充分发挥传统优势的基础上，将传统优势与现代科技相结合，重点开展了心脑血管疾病、肝胆疾病、胃肠疾病、风湿类及皮肤等疾病的诊治；四是完成并衔接了“十二五”藏医药建设规划，并落实国家投资280万元，用于建设2个县级藏医医院。

【加大人才培训力度】邀请广东、福建两省援藏医疗队10人到林芝地区工作。举办7期培训班，为基层培训400多名卫生技术人员，内容涉及甲型HINI流感防控、鼠疫防治、食品安全等工作，全面提升了基层卫生管理能力和服务水平。

林芝地区民政工作

【着力打造覆盖城乡，保障有力的普惠民政】2009年，地区城镇居民最低生活保障标准人均统一提标50元/月，农村最低生活保障三类人群补助标准分别提高到750元、530元、398元。保障人数、低保金支出不断增加，城镇低保对象人数达到827户2189人，发放保障金466.23万元；农牧区低保对象人数达到2073户7148人，发放保障金343.68万元。管理逐步规范，坚持属地和动态管理，对低保对象进行定期核查，开展了对低保对象分类施保，重点救助，初步实现了城乡低保金社会化发放。同时，由于受去年金融危机的影响，2009年春节前林芝地区民政局对农村低保、农村五保、享受国家抚恤资金的优抚对象和“三老人员”发放了一次性生活补贴，共发放各类一次性生活补贴163.686万元，其中农村低保对象118.7万元、农村五保对象20.685万元、享受国家抚恤资金的优抚对象19090元、“三老人员”22.3万元、“59.3.20之前的老党员”920元。

2009年元月起年五保供养标准由人均1600元提高至1800元，1206户1379人的供养对象做到了应保尽保。集中供养率得到进一步提高，投资106万元建设3个敬老院。

林芝地区民政局积极做好救灾物资的储备和调度工作。目前全地区储备救灾帐篷685顶、粮食82万斤、茶叶3269条、食盐1.8万斤、棉被7901床、衣物19858件、鞋类5344双。地区下拨55万元的风灾、旱灾专项救助资金。

努力探索城乡医疗、教育救助新思路。农村医疗救助全面推行，前三季度救助农村困难群众387人次，发放救助资金204.87万元，缓解了部分特困群众看病难、看病贵的问题；城市医疗救助工作覆盖全地区7县，救助32人次，发放救助金58.07万元。同时，积极探索医前救助、门诊救助和免交住院押金等服务的新路子，认真落实医疗定点救助，配合劳动保障健全城镇低保人员合作医疗制度。健全困难家庭学生资助制度，2009年救助特困大学生13人，兑现救助金6.5万元。

林芝地区民政局一直将社会捐助作为经常性活动开展，在做好宣传的同时，大力提倡社会各界开展捐资捐物活动。同时，在学习实践科学发展观活动中，经报自治区民政厅审批，林芝地区民政局对全地区在四川汶川地震中人员、财产受损且符合条件的8户困难职工及退休人员按每户1.5万元的标准发放了生活补助金，共兑现生活补助金12万元。

全年地区共无偿救助342名流浪乞讨人员，有利缓解了全地区的社会治安压力，促进了社会的和谐稳定。同时积极开展司法、廉租房等救助工作。

【着力打造管理有序，形势新颖的法制民政】以丰富多样的村级经济实体建设促进村民自治工作。大力开展新一届村（居）委会成员培训工作，需培训2367人，目前已完成培训1948人，占培训总人数的82.3%。在开展村民自治工作中，林芝地区民政局把发展壮大村级集体经济作为一个突破口，引导各县在始终坚持“投资少、风险小、周期短、见效快”原则的基础上，以市场需求为导向，立足本地优势，不断拓宽资金渠道，采取国家投资、群众自筹相结合的方式，积极争取林芝地区2009年村级实体经济建设项目14个，总投资达669.72万元，其中国家投资515万元，群众自筹资金154.72万元。项目建设涉及旅游业、加工业、养殖业、种植业，有力地推进了村委会的公益事业，解决了村委会“无钱办事”的问题，增强了村委会的凝聚力、战斗力，取得了较好的社会效益和经济效益。

加强城乡社区建设。积极争取160万元加强社区服务基础设施投入力度，加快推进了林芝县城镇社区服务中心、社区服务站的建设。初步建立起政府投入为主、多渠道筹集资金的社区工作经费长效保障机制，加大资金投入、解决社区工作经费不足和社区居委会成员待遇的问题，确保社区组织正常运转。引入城市社区建设理念，从完善医疗卫生、教育文化、生产生活等服务资源及设施入手，把农村社区建设成为农民群众自我管理、自我教育、自我服务的有效载体。

【双拥、退伍安置优先工作】一是双拥共建共保活动体现时代内涵。2009年全地区以双拥共建、双拥共保为主题，以深入学习实践科学发展观和领导干部作风建设年活动为契机，不断创新双拥共建共保活动载体，丰富活动内涵，保持了共创共建、全面推进、整体提高的发展态势。结合“三大节日”、西藏百万农奴解放纪念日、建军82周年及新中国成立60周年庆祝活动，军地双方广泛开展了拥军优属、拥政爱民各项活动，推动了林芝双拥工作的新发展，促进了林芝社会和谐稳定。

退伍安置把握时代特点。2009年，在安置过程中，既把握严格落实安置政策严肃性，又大力提倡自谋职业，充分体现新时期安置工作的特点，圆满完成了年度安置任务。

优抚政策展现时代特色。高标准做好抚恤优待工作，全面落实优抚对象生活保障机制和重点优抚对象抚恤提标工作。扎实做好涉军信访维稳工作，及时有效地制止了部分安置遗留人员、复员退伍军人等越级上访事件的发生。

林芝地区
劳动和社会保障工作

【就业和再就业工作目标任务超额完成】2009年，落实积极的就业政策，狠抓就业再就业工作，就业再就业目标任务超额完成。全年城镇新增就业人员2113人，完成年初目标任务1500人的141%，城镇失业率控制在3.5%以内，基本实现零就业家庭动态清零。

【认真落实公益性岗位政策，稳定公益性岗位工作】积极落实就业政策，安置城镇失业人员、大中专毕业生到公益性岗位工作，确保就业困难群体再就业。2009年全地区政府购买公益性岗位720个（其中：地区312个，林芝县52个，工布江达县52个，波密县75个，察隅县68个，米林县42个，朗县48个，墨脱县71个），现720个公益性岗位人员经培训后全部上岗工作。

【全力以赴扩大高校毕业生就业】为了做好高校毕业生就业服务工作，全地区出台了《促进高校毕业生就业推进行动工作方案》，与地区人事局、国资委、工商联、财政等相关部门密切配合、认真做好高校毕业生就业备案登记、并确定专人负责，实施动态管理。通过广播、电视大力宣传高校毕业生就业优惠政策，组织高校毕业生参加各种形式的求职招聘活动，主动为高校毕业生提供免费的职业指导、职业介绍和就业信息服务。通过努力，2009年共有70名应届、往届高校毕业生实现了就业，解决了部分高校毕业生就业困难问题。

【加强职业指导和职业介绍服务工作】开展职业指导3942人次，职业介绍4173人次，完成年初目标任务2700人次的154.6%；开发就业岗位1907个，完成年初目标任务1850个的103%；农牧民转移就业74690人次（据农牧局数字），完成年初目标任务4万人次的186.7%。

【加强职业培训，促进就业再就业】开展职业培训41期，培训人数2972人，其中：就业再就业培训20期，培训人数1401人，完成年初目标任务1300人次的108%，农牧民转移就业培训21期，培训人数1571人，超额完成年初目标任务。培训工种涉及客房服务，餐饮服务、木碗加工、两椒两桃、泥工、涂料生产加工、农机驾驶与维修等。

【职业技能鉴定工作稳中求进】林芝地区劳动和社会保障局组织地区机关、企事业单位、高校学生802人进行了技术等级考试，其中职业鉴定合格762人。鉴定专业涉及到汽车驾驶、电工、养护工、计算机操作员、炊事员、放映员、园林工、农艺工、饲养工、机线员、秘书、项目管理12个工种。

【养老保险征缴工作得到加强】通过努力，全地区共有263家企业和354户个体工商户及灵活就业人员参加了基本养老保险，参保人数为3635人，完成年初下达指标任务5958人的61%；征缴基本养老保险费2998万元，完成年初下达指标任务2250万元的133%，及时足额支付了养老保险费5023万元。社会保险费清欠金额34万元，完成年初下达指标任务250万元的13.6%。为贯彻落实国家和自治区关于建立农村新型养老保险制度试点工作的通知精神，经过充分酝酿，报行署同意，确定林芝县为全区试点县之一。目前，已经初步完成调研上报工作，并派出人员前往江西参加全国新型农村养老保险制度试点培训班学习。此外，在养老保险方面，还主要做了四件事：一是在三大节日期间，根据地委、行署的安排，对地直企业2083名离退休人员每人发放了300元慰问金，共计发放624300元；二是为拉动内需，促进经济协调发展，按照国家和自治区的规定，对全地区2443名离退休人员分别发放了800元的现金或购物券（发放现金1829人，金额1463200元；发放购物券614人，发放金额491200元），共计发放金额1954400元；三是为庆祝新中国成立60周年和自治区民主改革50周年，对136名在藏59年3月28日前参工的离退休老同志每人发放1000元慰问金，共计发放136000元；四是认真落实藏劳社厅[2008]178号文件精神，对2008年12月31日前批准离退休的2361名离退休人员，人均月增养老金202.79元，年增加养老金总额575万元，再次提高了离退休人员的生活待遇。

【城镇职工基本医疗保险运行良好】全地区共有19216人参保，完成年初下达目标任务18507人的104%；征缴医疗保险费6989万元，完成年初下达目标任务4842万元的144%，及时足额支付了医疗保险费3186万元。

【城镇居民基本医疗保险全面开展】全地区参加医疗保险的城镇居民7949人，完成年初下达目标任务8195人的96.9%；征缴医疗保险费159万元，完成年初下达目标任务161万元的98.8%，及时足额支付了城镇居民基本保险费77万元。

【依法调处农民工投诉案件】共受理拖欠农民工工资案件176件，结案率100%，涉及农民工3585人，涉案金额近1400万元，调处解决拖欠农民工工资近1400万元，拖欠农民工工资全额追回，切实保障了广大农牧民的合法权益。

【加大对口衔接，努力做好援藏工作】2009年，广东省劳动保障厅在去年培训基地顺利竣工的基础理论，为林芝地区劳动保障培训基地投资20万元，购置了部分配套设备；为林芝地区劳动保障培训基地投资70万元，修建了培训基地附属工程食堂。

【获奖情况】2009年度，林芝地区劳动保障局法规监察科获全区农民工工作先进集体荣誉称号。

林芝县

【基本县情】林芝县地处西藏东南部，雅鲁藏布江与尼洋河交汇处，素有“西藏江南”的美誉，距自治区首府拉萨406公里。所辖的八一镇为林芝地区行政公署和县政府驻地，川藏公路318国道东西横贯全县。

全县下辖4镇3乡，67个行政村，134个自然村。全县总人口6.7万余人，其中农牧民近1.5万人，以藏族为主体，聚居着藏、汉、回、门巴、珞巴、僜人等十多个民族。全县区域面积为10238平方公里，其中耕地面积3.8万亩，草场面积56.5万亩，森林面积502万公顷。

旅游资源。县境内旅游资源丰富，拥有举世闻名的世界第一大峡谷——雅鲁藏布江大峡谷、色季拉国家级森林公园、世界柏树王——大柏树、千年古桑——帮纳大桑树、桃花沟、色季拉杜鹃花海景观、卡定瀑布、冰湖、“东方瑞士”——鲁朗田园风光、穆萨摩崖石刻、喇嘛岭等知名风景名胜。

森林资源。全县森林覆盖率达55.1%，活立木蓄积量1.2亿立方米。主要树种有柏树、桑树、云杉、高山松等。同时，这里物华天宝，林下更为资源丰富，极具开发利用价值的药材高达120余种，主要有虫草、三七、贝母、天麻、藏红花、雪莲花、红景天、灵芝等。这里更是野生动物的天堂，主要有牦牛、山羊、雪鸡、獐子、狗熊等。

水资源。林芝县水电资源丰富，可供开发的达400万千瓦，从而使林芝这块宝地得水独灵。

【经济发展情况】2009年，全县国民经济保持了持续增长的良好势头。全年林芝县生产总值完成24.9亿元，同比增长19.71%。全县财政收入完成3618万元，同比增长16.4%。全县乡镇企业总产值预计完成7365.12万元，同比增长12.88%，多种经营收入预计完成7669万元，同比增长14.65%。

【农牧业发展效果显著】结构调整力度进一步加大。一是抓农副产品种养结构调整，扩大了经济作物种植面积和养殖规模。投资164万元将玉米种植面积扩大到10012亩，紫花苜蓿种植面积发展到3300亩；投资32.8万元建设了164座温室大棚；投资300万元建设了林芝县无公害蔬菜生产基地，蔬菜种植面积发展到6314亩；投资8.6万元扶持油菜种植2400亩；投资24万元扶持发展草莓85亩；在米瑞乡扶持发展千亩脱毒马铃薯种植；投资10万元改良犏牛542头。完成“林芝县优质水果产业带建设”等5项特色产业项目申报工作，共申请国家投资2202万元。二是加大农牧科技推广和农牧业项目建设力度。完成技术培训52期8680人次；总投资1480.26万元相继完成优质奶牛扩繁场、藏鸡养殖基地、真巴特色种植、更章乡兽防站等项目建设。三是积极探索并开展土地承包经营权流转试点工作。全县流转土地达8000亩，转移农村富余劳动力400余名，劳务输出达13012人次，实现劳务输出收入达2515.69万元。

【旅游业恢复发展势头强劲】全年接待区内外游客41.02万人次，同比增长177%；实现旅游总收入1.85亿元，同比增长177%。其中旅游门票收入2414万元，同比增长208%；农牧民参与旅游实现收入158.04万元，同比增长190%。全年完成了7个旅游项目的前期建设，实现旅游基础设施总投资7996万元。

【安居工程建设稳步推进】全年共完成507户农房安居建设任务。其中，100户群众使用了木材替代材料建房。同时，完成了工布自然保护区穿衣戴帽农房改造350户。共发放环保铁皮40373张，脊瓦2365张，拉动民间投资2440.69万元。投资300万元完成村级组织活动场所建设15个；投资85万元完成了5个行政村的村级硬化路面建设，另有5个行政村正在建设中。

【固定资产投资保持强劲势头】2009年共完成固定资产投资42865.17万元，同比增长12.17%。其中，国家投资完成18504.17万元，同比增长72%；社会投资完成24361万元，同比减少8%；招商引资完成13321万元，同比增长7%，民间投资完成5360万元，同比增长7%。

【援藏工作扎实推进】截止目前，已经建好并投入使用的对口援藏项目达24个，完成援藏投资3550万元，在建项目11个，已投入援藏资金990万元。同时，智力援藏不断向纵深发展。先后组织县四套班子领导，各乡（镇）、县直部门主要负责人以及部分村“两委”班子负责人67人次分两批前往广东参观考察，选派了7批35名业务骨干、12名专业技术人员前往东莞对口单位跟班学习，为林芝县经济社会又好又快发展提供了强大的智力支持。

【社会事业协调发展】一是始终把教育放在优先发展的战略地位，加大“两基”攻坚的力度，大力发展职业教育，着力提高办学水平。目前，全县各小学适龄儿童入学率达99.8%，初中入学率达98.8%，巩固率达100%。二是积极宣传落实农牧区免费医疗制度。农牧区免费医疗制度参加人数达到15524人，参加率达100%，家庭账户建证率达到100%。扩建乡镇卫生院2个，新建村级卫生院2个。同时做好甲型H1N1流感的防控工作，及时有效的抑制了病情的蔓延。三是不断加强文化广电建设工作，投入援藏资金900万元建成了林芝县东莞文化活动中心，对全县所有村级台、站进行了维修，加大了国家赠送的“户户通”工程设备的安装力度。目前广播、电视覆盖率分别达到92.8%和97.1%。

工布江达县

【基本县情】工布江达县（藏语意思为凹地大谷口）地处西藏自治区东南部，念青唐古拉山南麓，雅鲁藏布江以北，尼洋河中上游。全县总面积12960平方公里，东西长180公里，南北平均跨度70公里，县内最高海拔6691米，最低海拔3180米，平均海拔3600米，属高原温带半湿润季风性气候。318国道贯穿县境210公里。全县辖3镇，6乡，79个行政村，2.9万人，其中农牧区2.5万人县城驻地果林卡，距自治区首府所在地拉萨市270公里，距林芝地区行署所在地八一镇130公里，县城常驻人口5000人，海拔3420米。

【经济发展情况】2009年，全县生产总值完成5.88亿元，财政收入完成3386万元，社会固定资产投资完成10.84亿元，农牧民人均纯收入达到5488元。

【特色农牧业、藏药业初具规模】2009年，按照“与旅游业紧密挂钩，因地制宜，深度开发，重视环境，科学发展”的特色农牧业发展思路，建成了夏巴3000亩优质青稞基地、800亩脱毒马铃薯良种基地、6000亩油菜观光带、227座大棚水果蔬菜旅游观光农业；全县青稞种植面积达到了21000亩，油菜种植面积达到了9100亩，丹参种植面积达到2300亩，成功试种天麻670㎡；全县牦牛、藏猪、犏奶牛养殖规模分别达到76000头、95000头、9000头，养殖户户均分别增收4400元、8000元、420元；在巴河、错高发展5个藏香猪养殖、繁育基地，发展了藏香猪肉联加工厂、松多风干牦牛肉加工点、松多畜产品销售点，扩大了夏巴糌粑生产规模；打造出了“工布藏香”等8个农牧特色品牌；推出了错高藏猪养殖、巴河果蔬藏药种植2个特色产业专业乡镇和结布藏猪养殖、拉如蔬菜种植等5个特色产业专业村；投入100万元，建成了养殖技术培训中心；新发展畜产品加工、野生食用菌加工2家农牧民经济合作组织，全县农牧民经济合作组织总量达到 9 家，基本实现了“公司＋基地＋协会＋农户”的经营模式和“产、供、销”一体化的农牧业产业发展格局。

【固定资产投资不断加大，基础设施进一步完善】2009 年，全县新建项目 47 个，续建项目 7 个，固定资产投资完成 10.84 亿元。泉州二桥、县城防洪堤、电力“户户通”、朱拉油路、扎拉公路、错高民俗文化村、中学完善项目等一批重点项目的实施对改善工布江达县基层基础设施、改善群众生产生活条件、推动特色产业发展、促进社会事业繁荣、加快城乡发展起到了巨大的推动作用，特别是“户户通”工程，彻底解决工布江达县未通电 8 个行政村 658 户 2843 人的用电问题，实现户户通电；朱拉油路、扎拉公路工程的建设，改善了工布江达县 22 个行政村 744 户 4087 人的对外通行问题；12 个村人畜饮水工程的实施，解决了工布江达县 207 户 1894 人的饮水困难。第五批援藏项目 21 个，总投资 4600 万元，到位资金 4300 万元，21 个项目中除投资 800 万元的泉州二桥外，其余全部完工，带动了相关产业的发展。

【招商引资力度加大】在第十三届中国国际投资贸易洽谈会和第七届林芝投资贸易洽谈会上，成功签约 6 个项目，协议资金 3.4 亿元，实际到位资金 1.37 亿元。2009 年，全县新注册企业 1 家、个体工商户 113 户，乡镇企业达到 17 家，总产值 4012 万元，比增 24.8%。实施“万村千乡”市场工程，建设农家店 15 家，开展“家电、家具”下乡，设立家电、家具销售网点 5 个，销售家电、家具 337 台（件），销售金额 76.55 万元，兑现补贴金额 16.66 万元，全县社会消费品零售总额达到 7295 万元，比增 26.3%。

【社会事业全面进步，社会保障水平明显提高】全年投向社会事业的资金 4320 万元。

教育水平进一步提升。2009 年，全县小学适龄儿童入学率达到 99.4%，巩固率达到 99.2%，初中入学率达到 92.6%，巩固率达到 96%；教育质量进一步提高。

文化事业进一步发展。“新农村、新文化”示范村建设工作积极开展，新建金达镇仲村、错高乡结布村 2 个示范点，实施了县文化信息资源共享工程，建设了 4 个乡镇文化站，村级有线电视覆盖率达到了 44%；投入 556 万元，实施太昭古城文物保护项目，一大批物质和非物质文化遗产得到妥善保护，错高梗舞、工布江达镇结地岗村曲果节被列为自治区第三批非物质文化遗产保护名录。

医疗卫生服务进一步改善。2009 年，落实农牧区医疗基金 173.4 万元，群众参加农牧区医疗制度筹资人数达 23819 人，为群众配送碘盐 14 万公斤，农牧区碘盐覆盖率达 100%；实施了 2 个乡镇卫生院标准化建设，为每个乡村医疗机构配备了标准医疗设备，有 57 人参加了县乡村三级医护人员培训，加大了村医补贴与奖励力度，年人均可达 3200 元以上；在农牧区孕产妇住院分娩全部免费的同时，实施城镇孕产妇补助政策；投入资金 31.24 万元，积极开展甲型 H1N1 流感、鼠疫等疫病防治工作，最大限度地减轻了疫情对人民群众健康的危害；加强食品药品安全工作，巩固了自治区级食品安全示范县成果。

米林县

【基本县情】米林县位于西藏自治区东南部，藏语为“药洲”之意，辖 5 乡 3 镇 66 个村民委员会，总人口 2.05 万，主要有藏、汉、珞巴、门巴等 9 个民族，总面积 9471.11 平方公里。米林旅游资源十分丰富，境内有世界第一大峡谷——雅鲁藏布大峡谷，中国最美丽的山峰——南迦巴瓦峰，还有南伊原始森林景观和终年不化的冰洞及珞巴民族独特的民俗文化风情。全县平均海拔 3700 米，县城所在地海拔 2950 米。

【经济发展情况】2009 年米林县实现生产总值 5.35 亿元，同比增长 18.6%；财政收入完成 2508.7 万元，同比增长 19.4%；农牧民人均纯收入 5809 元，同比增长 10.87%。实现乡（镇）企业总产值 3500 万元，同比增长 26%；实现多种经营收入 8800 万元，同比增长 22%，实现劳务收入 2200 万元，同比增长 41%；生态旅游业收入 2800 多万元；全县万元村达到 5 个、万元户达到 322 户。

【农牧业稳步发展】大力加强农牧业基础设施建设，争取涉农项目 11 个，争取国家项目资金 2900 多万元。全年粮食总播面积为 4.45 万亩，推广种植优质玉米 5000 多亩，亩产近 800 斤，粮油总产量为 9602 吨。狠抓畜牧业生产，投入 46.12 万元，新建乡级兽防站 4 个。认真开展春秋两季动物疫病防治工作，免疫率达到 100%，全年未发生动物疫情。年末牲畜存栏 10.9 万头（只、匹），牲畜出栏率 30%。建立和完善农业科技服务体系建设，严格落实科技承包责任制和科技特派员制度，全县科技特派员普及率达到 65%。加快推进农业机械化进程，农牧业机械化率达 76%。按照先行先试的原则，扎实开展土地流转试点工作，在米林镇东多村和扎绕乡莎玉村等两个基础好、条件成熟的村成功实现土地流转 1000 亩。大力加强地质、冰冻、雨雪等自然灾害防治工作，编制落实了地质灾害防灾减灾预案，储备抗灾物质 50 多吨。

【特色农牧业快速发展】争取国家投资和自筹资金 2938 万元，启动了总投资 2554.9 万元的万亩优质水果产业带项目，发展优质水果 2000 多亩，其中，投入 350 万元，建设葡萄种植标准温室 290 座，形成了雅江沿线成片优质水果种植带；大力发展蔬菜种植，投入 300 万元，实施了蔬菜种植项目，新建蔬菜温室大棚 500 座，累计达到 2500 座，同时，积极引导群众发展庭院经济，引导农牧民在房前屋后搭建温室大棚 560 亩，全县发展蔬菜种植 5000 亩，全年带动农牧民增收 700 万元；建成了派镇藏猪良种扩繁等基地和 7 个规模化养羊场，全县有藏鸡、藏猪养殖户分别达到 200 户和 130 户，发展养殖藏猪 5.4 万头、藏鸡 10 万只，出栏率分别达到 40% 和 50%，带动农牧民增收 1000 万元。大力加强特色产业科技服务水平，聘请嘎玛农场技术员和长期从事蔬菜种植、藏猪藏鸡养殖的人员，定期深入各种养基地进行技术指导，大大提高了特色产业发展的科技含量。大力扶持特色产业龙头企业，培育龙头企业 3 家，在松茸、蕨菜、藏香猪等林下资源和农畜产品加工方面取得较大突破，完成了南迦巴瓦食品有限公司改扩建工程，其系列产品通过国家QS安全认证，被评为林芝地区龙头企业。大力发展农村经济合作组织，在原有6家的基础上，新发展了帮仲村藏猪、藏鸡养殖经济合作组织和东多村犏奶牛养殖经济合作组织。大力加强特色农牧业专业村建设，培育发展藏猪、藏鸡、玉米、水果、蔬菜等特色产业专业村18个。逐步形成了以藏猪、藏鸡、养羊、奶牛为主的四大养殖区，以优质水果、核桃为主的两大产业带和无公害蔬菜、玉米、藏药材种植为主的三大种植业基地。全年，特色农牧业累计带动群众增收2000余万元，获地区"特色产业及增加农牧民收入一等奖"。

【社会主义新农村建设扎实推进】全年完成安居工程建设549户，全县农牧民群众全部住上了安全、舒适的新房，农牧区面貌焕然一新。累计实施了16个村的整村推进，全县95%以上的行政村实现了通水、通电、通广播电视、通电话。全面实施安居工程抗震加固工作。加快小集镇建设，不断扩大集镇规模，完善集镇功能，初步形成了"一城三镇"的城镇化格局，积极开展"万村千乡市场工程"工作。完成了8个乡镇集镇垃圾存放和填埋点建设。围绕建立农牧民增收的长效机制，搭建农牧民技能培训、劳务输出、农牧民创业平台，全年农牧民劳务输出人次达总人口的35%，全县实现劳务收入2200万元，人均达到1500元以上。鼓励群众合理采集虫草、松茸等林下资源，实现现金收入1600万元。大力发展民族手工业、交通运输业以及商业服务业，实现多种经营收入8800万元，加大农牧民实用技术培训，努力提高农牧民科学文化素质和科技致富能力，依托多卡水果基地、藏药材基地，培训农牧民达到全县总人口的2.5%，合格率达到90%，就业率达到80%。大力扶持农村集体经济，培育发展加邦村养羊、堆米村养羊、岗嘎村综合养殖场等3个村集体经济，发展万元村5个，万元户322户。加强基层基础工作，积极推进基层组织规范化建设，实行村民自治，制定和落实村务公开等10多项制度。大力开展"文明米林"、"文明村镇"创建活动，大力弘扬健康、文明、向上的社会风尚。

【生态旅游业迅猛发展】完成了《雅鲁藏布江下游与尼洋河下游水上旅游区旅游规划》等规划的编制评审工作。积极协调旅游开发企业，大力加强景区基础设施建设，总投资1亿多元的南伊沟景区和扎贡沟景区投入运营，旅游业全面恢复，迅猛发展，全年预计接待游客13万人次，实现旅游收入2800万元，是2008年的近4倍，旅游业带动农牧民收入达100余万元，旅游业已成为新的经济增长点。大力开展旅游宣传促销活动，在拉萨举办了米林旅游推介会，在杭州召开了南伊沟旅游产品发布会，参加了厦门"9.8"投资洽谈会、"旅博会"、"广交会"、"昆交会"，借助120余家旅行社和网络媒体、报纸、杂志对县旅游景区进行广泛宣传；首次采取市场化运作的方式，成功举办第三届珞巴民俗暨藏医药文化旅游节、西藏高原生态与自助旅游研讨会、2009年首届雅鲁藏布大峡谷徒步大会，使米林旅游走向了区内外。组建了旅游景区环境整治工作领导小组，经常开展景区、景点整治工作。积极引导农牧民参与旅游服务，培育派镇、南伊乡2个旅游特色乡镇，培育了南伊乡琼林、派镇格嘎等5个旅游特色村，发展家庭旅馆和农家乐20多家，增加就业岗位500余个，带动农牧民增收50余万元。加强对景区景点导游人员、宾馆饭店服务人员业务培训和农牧民家庭旅馆从业培训，提高旅游从业人员的整体素质。大力发展冬季旅游，冬季接待游客、旅游收入与去年同期相比均有大幅增加。

【项目带动成效显著】全年开工项目105个，完成固定资产投资3.24亿元，其中国家投资1.38亿元，社会投资1.78亿元，援藏投资800万元。实施扩大内需项目9个，总投资2900万元。借助"9.8"投洽会与"林洽会"等招商平台，签订协议项目6个，协议金额达3.12亿元，到位资金8865万元。

【援藏工作深入开展】厦门市第三批援藏已到位财政援藏资金3400多万元，所有项目建成并投入使用。争取厦门社会援藏资金和物资800多万元，争取福建省第五批省援藏队资金700多万元，本批援藏资金和物资已接近5000万元。自第五批援藏以来，投入资金1000多万元，用于农村建设，投入资金近700万元发展特色产业；投入资金800万元用于基层派出所、边境民兵组织、基层党组织建设和干部培训。协调、联系厦门市广电集团、教育系统、解放军101医院、厦门市中心血站、厦门市卫生系统等部门来米林开展对口援藏工作。

【社会事业蓬勃发展】不断加大财政对教育的投入力度，教育投入占财政收入的21.5%。投资900余万元，加强教育硬件设施建设，中小学入学率分别达到96.8%和99.76%，巩固率分别达到99.67%和99.86%。

积极加强乡镇卫生院建设，完成了派镇卫生院改造工程，全县8个乡镇全部建有卫生院，配齐配强乡镇医疗队伍，改善乡镇卫生院医疗条件。建成了120急救中心，改善了全县医疗条件。争取厦门4名医疗骨干前来米林进行医疗援助。农牧区新型合作医疗覆盖率达到100%，参合率达96%。全面应对甲型H1N1流感，全县未发生甲型H1N1流感病例。加强碘盐配送工作，为全县农牧民配送碘盐84.25吨。

投资125.6万元完善乡村文化站室硬件设施，乡镇文化站、电影放映队、村文化室覆盖率均达100%。投入资金118万元实施了信息资源共享工程，完成了2000套卫星直播机安装工作，农牧区广播、电视覆盖率均达99.9%。建成了8个"农家书屋"，并配备价值8.5万余元的书籍8000余册。加大对珞巴族文化的保护力度，投入援藏资金40万元建立珞巴民俗文化展览厅，并整理编辑《大山的民族——珞巴族》，即将出版。

【获奖情况】县委副书记胡旭彬被评为"自治区级先进个人"；米林镇帮仲村达娃荣获"全国三八红旗手"，羌纳乡娘龙村顿珠获得"全区劳动模范"。

墨脱县

【经济发展情况】2009年全县实现生产总值11300万元，比上年增长31%，连续4年保持14%以上的增长速度，有史以来增幅最大的一年。财政总收入273万元，增长13.75%。乡镇企业收入实现201万元，增长11.67%。

【社会主义新农村建设迈出新步伐】尊

重群众意愿的原则，农牧民安居工程建设稳步推进，统筹安排资金 674 万元，带动民间资金 58 万元，完成了 294 户农牧民安居工程建设任务。

【农牧业发展取得突破性进展】推进农牧业和农牧区经济结构战略性调整是新时期、新阶段重要任务。认真贯彻执行"1351"农牧工作发展思路，推进农业现代化建设工程。水稻良种的推广以及超级稻试种已获得成功，水稻试验田亩产均已超过 1000 斤；全县粮油总产量达 5088.83 吨，增长 2.83%；各类牲畜存栏 14996 头(匹)，牲畜出栏率 29.2%。

【城乡居民收入水平有新提高】2009 年农牧民通过参与工程建设和物资运输增收 1135.68 万元；农牧民人均纯收入实现 2985 元，同比增长 14%；农牧民人均现金收入实现 1984 元，同比增长 17%。

【消费市场呈现新亮点】三次产业的比例为 14：36：50；实现一产增加值 1592 万元，增长 13%；第二产业增加值 4024 万元，增长 72%；第三产业增加值 5684 万元，增长 16%；社会消费品零售总额全年实现 1350 万元，同比增长 18.02%。

【基础设施条件明显改善】全年完成社会固定资产投资 4.13 亿元，是去年同期的 3.8 倍，其中，国家投资 3.97 亿元(包括扎墨公路 3.2 亿元)，社会投资达到 0.03 亿元，对口援藏力度进一步加大，援藏投资达 0.13 亿元。19 个国家投资建设项目、10 个援藏投资建设项目、4 个社会投资建设项目的顺利建成。墨脱县光缆传输系统工程全面完工开通，结束了墨脱全国唯一一个不通光缆县的历史；旁辛电站建成发电；背崩乡至解放大桥机耕道工程顺利建成；荷扎、德果、背崩、100K 灌区建设完成。旁辛公路、格当公路、巴日公路和 6 条标准骡马驿道全面启动，扎墨公路改扩建工程、亚东电站建设进展顺利。

【社会事业全面提升】教育方面，始终把教育放在优先发展的战略地位，狠抓教育目标的落实工作和控辍保学工作，提高教育教学质量，适龄儿童入学率和在校生巩固率有所提高，全县现有在校生 1965 人，初中生巩固率达 99.32%，小学生巩固率达 99.86%，顺利通过了"普九"第二次复查验收。

卫生方面，组织县医院和援墨医生 19 次共 45 人次分别对 7 个乡镇部分群众、公路养护队、县中学、县完小和 3 个乡小学学生开展巡回医疗，诊治 2053 人次，发放免费药品 419 种，总价值 50588.35 元；深入乡村切实开展好地方病防治和传染病防治工作；制定了应急预案，积极做好防控物资储备和人员培训，切实抓好甲型 H1N1 流感防控工作；开展食品专项整治工作，进行不定期检查，确保食品安全；农牧区合作医疗深入人心，参加农牧区医疗制度为 1615 户，8841 人，参合率达 99%；计生服务及妇幼保健工作逐步完善；举办结核病培训班，共培训防疫专干 17 名；防病治病能力得到进一步提高。

文化方面，认真扎实地开展各方面工作，精心组织送电影下乡活动，共在全县放映优秀影片 120 余场次，观看人数 40000 余人次，丰富了广大干部职工和农牧民群众的业余文化娱乐生活；完成了 7 个乡（镇）40 个行政村文物普查工作，调查面积约 1.2 万平方公里，文物普查到达率和覆盖率达到了 98%。

波密县

【基本县情】波密，古称博窝，藏文意为祖先，位于西藏东南部，念青唐古拉山与喜玛拉雅山交界处，东邻八宿县，北靠洛隆、边坝县，西与嘉黎、工布江达县接壤，南连察隅、墨脱、林芝县，川藏公路 318 国道横贯东西约 270 公里，距自治区首府拉萨市 636 公里，距地区所在地八一镇 234 公里，距林芝机场 279 公里。全县下辖 3 镇 7 乡 84 个村委会，1 个居委会。总人口 3.2 万，其中农牧业人口 2.3 万，总面积约 1.7 万平方公里。全县平均海拔 2720 米，属藏东温带半湿润高原季风气候区，年均气温 8.5 摄氏度，年均降水量 876.9 毫米，年均日照 1544 小时，无霜期 150 天，境内森林资源、旅游资源尤为丰富，享有"高原氧吧"、"藏王故里"、"绿海中的明珠"、"大美波密·冰川圣地"等之美誉。

境内水土、矿产、动物、植物资源十分丰富。矿产有砂金、铁矿、水晶石、石灰岩、石膏等 40 余种；野生动物达 80 余种，其中被国家列为重点保护的动物有獐子、梅花鹿、熊、金丝猴、豹、羚羊、小熊猫、水獭、黑颈鹤等 20 余种；植物资源达 400 余种，有天麻、虫草、松茸、贝母、归参、茯苓、大黄等，其中高级食用菌松茸年产量达 100 吨左右；经济作物有核桃、花椒、苹果、枸杞、葡萄、水蜜桃、漆树等 30 余种。

【经济发展情况】2009 年，全县生产总值完成 62030 万元，同比增长 14.2%，其中第一产业增加值 14460 万元，同比增长 4%，第二产业增加值 12850 万元，同比增长 25%，第三产业增加值 34720 万元，同比增长 13.2%；财政收入 3008 万元，实现税收收入 1700 万元，分别同比增长 21.95%和 7.7%；完成社会固定资产投资 41476.42 万元；粮油总产量达到 16205 吨，其中粮食总产量 15225 吨，油菜籽总产量 980 吨。

【增收机制初步建成】2009 年，波密县农牧民人均纯收入达 5047 元，增长 11.86%，现金收入达 3915 元，增长 16%。主要举措是：一是认真发挥政策性增收作用，落实粮食直补、农机具补贴、化肥补贴等各项补贴 1808 万元；为群众兑现了重点公益林管护资金 1785 万元。二力发展现代特色农牧业，优化农牧业内部结构，扩大天麻、玉米、油菜等经济作物种植面积，扩大犏奶牛养殖规模，严格规范虫草、松茸等林下资源采集管理，群众种养业收入 1388.2 万元，采集业收入 1389 万元。特色产业促进群众增收 2562 万元。三是大力发展乡镇企业、村级集体经济实体和农牧民专业合作经济组织，促进群众增收 1000 多万元。四是组织群众积极参与兴修水利、修桥筑路、治理环境等工程建设，发展交通运输业，扩大劳务输出规模和水平，全年劳务输出 12623 人次，实现劳务收入 2197.5 万元。五是组织群众参与旅游经营活动，开发、加工、销售旅游产品，发展家庭旅馆和"农家乐"，实现旅游相关收入3500万元。六是加大信贷支持“三农”工作力度。全年累计发放农业贷款4357万元。七是开展农牧业商业保险工作，积极争取农灾保赔偿85万元。

【突出结构调整，注重特色品牌，产业发展势头强劲】2009年，波密县设立了“500万元特色产业滚动扶持资金”，落实投资303万元。实施了倾多镇牦牛养殖、扎木村回味乳业、松宗格尼蕨菜加工厂、古乡蜜蜂养殖、扎木岗村糌粑加工等12个特色产业项目，建立了天麻基地、油菜基地、辣椒基地、饲料玉米基地、水果基地、城郊蔬菜基地等6个特色农业生产基地，发展天麻种植、犏奶牛养殖等8个专业乡镇(其中新增1个)，发展个体运输、特色旅游等24个专业村（其中新增2个)。形成了“波密天麻、易贡菜籽油、多吉酥油和古乡蜂蜜”等一批特色品牌。2009年，波密天麻种植扩大到76702平方米，实现产值1831.6万元，促进群众增收484万元；油菜种植扩大到2436亩，总产量126万斤，促进群众增收190.2万元；易贡辣椒种植扩大到500亩，促进群众增收180万元；玉米种植扩大到2700亩，总产量270万斤，促进群众增收216万元；建立多吉、玉许、倾多、扎木等4个犏奶牛养殖基地，养殖规模达到8000多头，总产值1188万元，促进群众增收192.4万元；发展古乡养蜂专业户70户，养殖蜜蜂1200桶，实现产值110万元。

【突出优化环境，注重对外开放，生态旅游迅速升温】社会消费品零售总额达到6789万元，同比增长20%。2009年，累计接待游客突破10万人次，实现旅游相关收入3500万元，分别同比增长69%和79.31%。设立了“100万元旅游产业发展基金”，完成了《波密县旅游总体规划》和《波密县河心岛旅游规划》等景区景点规划。开展了旅游特色乡村建设，新发展古乡旅游特色乡镇和古乡巴卡村、古村、嘎朗村和扎木镇岗村4个旅游特色村。积极参加了广博会、厦洽会、林芝旅游推介会等活动；举办了“波密县2009年旅游纪念品展销会”；培训农牧民旅游人才51名，改扩建家庭旅馆6家；成功举办了“林芝第五届雅鲁藏布大峡谷文化旅游节（波密民俗文化艺术节）暨冬游西藏启动仪式”活动，开创了县级承办大型文化旅游节的先例，实现特色产品展销收入120.3万元；邀请了厦门鑫叶集团、云南丽江伟驰商贸公司等多家区内外企业到波密实地考察，有效提升了“冬游西藏”旅游品牌知名度和“冰川圣地·大美波密”的旅游形象，促进了生态旅游业的迅速升温，推进了“旅游兴县”战略的顺利实施。

【突出安居乐业，注重文明进步，新农村建设扎实推进】共完成安居工程685户，落实投资8735万元，其中兑现区、地补贴1276万元，县级配套115万元，“百户关爱”资金219万元，群众自筹7125万元。完成43个村“两委”活动场所、10个村级道路硬化工程建设，总投资1176万元，其中自治区投入资金565万元，地区补助资金240万元，县级配套265万元，群众投工投劳106万元。整合资金1000多万元，县、中、区直各单位及驻地军警部队干部职工捐款65万元，帮助以八盖、康玉等乡镇为重点的367户困难群众完成安居工程任务。对2个受地质灾害威胁搬迁村、3个搬迁点投入20多万元，解决搬迁群众的通水、通电和通路问题。自实施新农村建设以来，全县共有4055户22040名农牧民群众喜迁新居，完成安居工程任务100%，新增户农房改造完成57.16%，使广大农牧民群众真正感受到了在中国共产党领导下社会主义制度的优越性，真正感受到了各级党委、政府的亲切关怀和无比温暖。

【社会事业和谐发展】教育体育事业成绩显著。加大教育资金投入力度，县政府对教育投入资金524万元，比上年增加112万元，增长27%，完成了古乡、松宗镇小学教学楼及康玉乡小学等工程建设。再次提高了“三包”经费标准，中学生“三包”经费年均从1450元提高到1850元，小学生“三包”经费年均从1300元提高到1750元。中、小学生入学率分别达95.05%、99.7%，巩固率分别达98.66%、99.63%。全县各学校教学质量有明显提升。

文广事业蓬勃发展。全年落实文广事业投资472万元，其中县级配套投资189万元。建设了古乡古村、松宗镇格尼村2个“新农村、新文化”示范村。积极开展“西新工程”、“2131工程”、“户户通”工程及“四下乡”活动等，广播、电视覆盖率均达到100%，全县每户均有1台电视机。完成8家农家书屋建设。10个乡镇文化站均有3000册的各类图书及固定书架，全县各文化站（室）均配备了音响设备。普查登记各类不可移动文物点50处，新发现文物点30处，申报非物质文化遗产项目11个。

卫生事业再创佳绩。全年落实医疗卫生经费487万元。制定出台了《新型农村合作医疗基金财务管理办法（试行)》等，农牧区医疗制度覆盖率达100%，个人筹资率达100%；加大了村医补贴与奖励力度，人均每年补贴从720元提高到2400元；加强了传染病、地方病等各类疫病疫情的防治工作，制定出台了《波密县甲型H1N1病例应急预案》，全县未发生甲型H1N1疫病疫情，得到了区、地各级领导的充分肯定；公共卫生应急能力明显提高，人口和优生优育工作、食品药品监管工作得到进一步加强。

【粤藏友谊更加绚丽多彩】波密县始终把“受援工作作为增强自身造血功能”的有力举措，积极争取、衔接援藏项目。截至目前，第五批援藏工作组累计投入资金4600多万元，先后实施了南岸综合开发、困难群众安居工程、天麻种子培育大棚建设，发展壮大了农村集体经济，农牧区沼气建设，小康示范村建设、乡村公路改扩建、农田灌溉水渠维修及乡镇小学住房、电教室、澡堂建设等46个项目，80%以上的资金都倾斜到了农牧区，从而进一步丰富了援藏工作内涵，拓宽了援藏工作领域，较好地实现了援藏工作由城镇向农牧区延伸的重大转变，有力地改善了农牧区生产生活环境，增强了农牧区自我发展、自我造血的能力，对全县经济社会发展起到了极大的推动作用。

【获奖情况】波密县被评为“全国平安建设先进县”称号。

波密县城被评为“全国文明村镇”称号。

波密县人民政府被评为“全国群众

体育先进单位”称号。

波密县松宗镇朗秋村党支部被评为“全国民族团结进步模范集体”称号。

波密县松宗镇格尼村和扎木镇巴琼小康示范村被评为“全国文明村镇”称号。

波密县被评为“全区森林防火先进县”称号。

波密县劳动和社会保障局被评为“全区农民工工作先进集体”称号。

波密县松宗镇朗秋村被评为“全区民族团结进步先进集体”称号。

波密县委左孟新荣获“中组织部、中央综治委的嘉奖”。

波密县政府格桑荣获“中组织部、中央综治委的嘉奖”、“全国群众体育先进个人”称号。

波密县古乡人民政府李静被评为“全国经济普查先进个人”称号。

波密县林业局扎西次仁被评为“全区森林防火先进个人”称号。

波密县环保旅游局屈永辉被评为“全区环保先进工作者”称号。

【领导名录】

县委书记：左孟新

县委副书记、人大常委会主任 ：吴兴友

县委副书记、县长：格 桑

县委副书记、政协主席：蒲晓军

察隅县

【经济良好运行】2009 年全县产总值完成 2.58 亿元，同比增长 20%；粮油总产量完成 1.82 万吨；全社会固定资产投资完成 2.3 亿元，同比增长 16.3%；财政收入完成 1345 万元，同比增长 19%；农牧民人均纯收入达到 3531 元，同比增长 14.8%；乡镇企业产值达到 2626 万元，同比增长 14.2%；社会消费品零售总额完成 3450 万元，同比增长 13.1%。

【项目建设取得可喜成绩，县域基础设施建设得到提升】2009 年，察隅县新建项目和续建项目 71 个，完成投资 1.6 亿元，超过目标任务的 64.7%。其中：新建项目 62 个，完成投资 1.1 亿元。续建项目 9 个，完成投资 0.5 亿元。县城给排水设施、嘎巴新区道路硬化、藏医院综合楼、干部职工之家、县财政大楼、广东路、廉租房建设等一大批项目建成。洞呷公路、乡村公路、农牧区安全饮水、农牧区小水电等一大批项目完成建设。国家投资的重大项目然察公路油路化项目也正式开工建设。

【新农村建设攻坚破难，乡村面貌大为改观】2009 年，投资 779 万元，实施扶贫开发项目 17 个。建成农业标准化生产基地 1.5 万亩，完成低产田改良面积 3200 亩。新增农机装备 2198 台，较之去年提高 35.9%。全县累计完成农牧民安居工程 4164 户（其中 2004 年和 2005 年扶贫建房 424 户），完成了安居工程建设任务。累计解决和改善全县 5 个乡（镇）、41 个行政村、2295 户、12304 名农牧民群众的生产生活用电问题，86 个行政村、3785 户、21369 名安全饮水安全问题。大力开展抗灾防灾工作，县财政投入农田水利设施建设资金 26 万元，群众投工投劳 2000 余人次，维修水渠 379 条，31 万米，维修水塘 11 座。

【产业调整步伐加快，特色农牧业初显成效】察隅特色辣椒项目发展逐步成熟，优质率达到 90%，商品率达到 80%，2009 年实现总收入 210.7 万元，实现纯收入 200.3 万元，项目区户均增收 1401 元；万亩优质水稻项目建成，涉及竹瓦根镇、上察隅镇、下察隅镇农牧民户数 923 户、4900 人。建立了玉米高产创建示范基地 5000 亩，总产量 500 万斤，产值达 350 万元；花生种植规模不断扩大，2009 年新增花生种植面积 600 余亩，种植规模扩大了近 9 倍，产量达 21 万斤，直接收入 42 万余元。万亩油桐项目进入实施阶段。县级财政对龙头企业的扶持力度加大，2009 年县级财政投资 40 万元扶持花生加工厂，并引导企业和种植户签订了订购合同，“公司+农户+基地”的特色产业发展模式初步形成。

【援藏项目落实到位，援藏工作达到预期目标】第五批援藏工作组紧密结合察隅实际，落实援藏资金和物资 3500 余万元，落实项目 54 个，其中职业技术学校、察瓦龙乡中心小学、古拉乡小学、古玉乡科技培训中心和农贸市场、县小学足球场等一批援藏项目已投入使用，发挥了良好的社会效益和经济效益。

【惠农政策广泛落实】2009 年，察隅县共落实民生项目资金 1728.2 万元，农牧区基础设施不断改善，村容村貌焕然一新。落实良种补贴、粮食直补、农机购置补贴、能繁母猪补贴等支农惠农资金 404.8 万元，农牧民政策性收入不断提高。年人均收入在 1100 元以下的特困群众 677 户、2457 人全部纳入了农村低保，发放低保金 112.7 万元。加大救灾救济力度，发放救济救灾款 46 万元。由第五批援藏工作组发起成立了全地区第一个“爱心慈善会”，筹集资金 20 余万元，进一步完善了扶贫救济机制。2009 年，售出家电、家具下乡产品达 193 台（套），兑现补助资金 7 万元。

【教育、卫生事业快速发展】2009 年，县级投入教育经费增加 44 万余元，达到了 270 万元，保证了县级财政收入的增长与教育投入的增长同步。第五批援藏工作开展以来，累计投入教育的援藏资金达 1500 余万元。“普九”工作扎实推进。2009 年，察隅县顺利通过区、地“普九”复查验收，小学适龄儿童入学率达 99.56%，初中适龄少年入学率达 93.29%。狠抓学校教育教学质量，教学质量全面提高，2009 年察隅县完小参加内地西藏班招生考试，上线率达 13.8%，同比提高了 5.9 个百分点，上线率提高了 75%。

2009 年，察隅县争取国家投资 140 万元，完成藏医院门诊楼建设。县级投资 86 万元，对县医院进行全面维修，第五批援藏工作组投入 40 万元，加强了乡镇卫生院基础设施建设；加强医务人员的交流力度。选派医务人员到广东学习深造，多次组织广东医疗专家赴察开展支医活动，出资 20 万元开展“光明行动”，使 35 名白内障患者重见光明。认真贯彻实施了农牧区新型合作医疗制度，建立农牧区医疗家庭账户 4140 户，建户率达 100%。不断加大对重大传染病防控工作力度，提高疫情应急处置能力，有效控制了察瓦龙乡完小和阿丙村出现的甲型 H1N1 流感疑似疫情。

朗 县

【基本县情】朗（藏语显现之意）县地处喜玛拉雅山北麓，雅鲁藏布江中下游，往山南方向距离拉萨约 420 公里，离地区所在地八一镇 240 公里，中印边境线长约 100 公里，雅鲁藏布江、林邛公路穿境而过，县政府所在地为朗镇朗村。

朗县总人口 1.54 万，辖 6 个乡镇 52 个行政村（居）136 个自然村。有学校 9 所（其中县初级中学 1 所，完小 8 所，幼儿园 1 个），学生 2411 人，县级医院 1 所，县、乡共有医务人员 48 人。

朗县属典型的高山峡谷地貌，平均海拔 3700 米，空气中氧气含量只相当于内地的 60%左右，年平均气温 11.2℃。

资源：朗县现有耕地 1.9885 万亩，主要作物种植小麦、青稞、辣椒、油菜、豆类、马铃薯等，草场面积 1200 平方公里，主要有牦牛、黄牛、马、羊等畜种；森林面积 58964 公顷，森林覆盖率 41.33%，核桃、藏冬桃等水果年产量约 80 万斤。矿藏主要有铬铁、铅、锌、沙金、水晶等；名贵药材有虫草、贝母、蛤蚧等；旅游景点有列山古墓、十三世达赖喇嘛出生地、拉多藏湖、仁布圣水、沿江巨柏等。

全县通路率为 98%（有 2 个行政村不通公路），公路全部为三级或三级以下砂石路，省道林邛公路为主干线；电力主要为水电，装机容量为 1850 千瓦/时，行政村通电率为 60%；实现乡乡通电话，装机 1300 多部；行政村电视覆盖率达 100%，广播电视覆盖率达 80%。

【经济发展情况】2009 年，全县生产总值 21680 万元，同比增长 12%，其中：第一、第二、第三产比重分别为 23%、23.4% 和 53.6%；完成财政收入 548 万元，同比增长 16.1%；农村经济总收入达 14407.92 万元，同比增长 23%；乡镇企业产值 1412.45 万元，同比增长 13.83%；多种经营收入达 5906.22 万元，同比增长 15.21%；农牧民人均纯收入达到 4735 元，同比增长 11.62%，其中：人均现金收入 3571.21 元，同比增长 10.74%；粮油产量达 6636.6 吨，同比增长 0.21%；牲畜存栏 10.7043 万头只匹，出栏率 27.13%。

【立足优势，大力发展三大产业】一产上水平是关键。2009 年，共种植各类经济林木 3505 亩，成活率均在 90%以上，使用网围栏 50000 米，发放苗木 52440 株。经济林木总面积突破万亩大关，达到 12123 亩，其中：核桃 9255 亩，藏冬桃 2170 亩，花椒 698 亩。辣椒播种面积达到 1200 亩，比去年增加了 200 亩，年产量达到 312 万斤，实现产值 624 万元。特色养殖业初具规模，期间，藏鸡养殖 25998 只，出售 13390 只，出栏率达到 51.5%；生猪养殖 3710 头，出售 1950 头，出栏率达到 52.5%。通过壮大特色产业规模，坚持做大做强的思路，找准突破口，紧紧抓住一产上水平这个关键点，实现了基础产业的持续发展。

二产主抓龙头企业是重点。积极推动“朗香”农畜产品专业合作社的整改组建，加大“两椒两桃”、拉贡塘酥油等农畜系列产品的推广力度，产品总数达到 17 个品种。在林芝地区第七届林洽会和第十三届中国国际投资贸易洽谈会上，“朗香”系列农畜产品的知名度得到极大提升，全年实现营业总收入 110 万元，逐渐向市场化、产业化和现代化的发展方向迈进。同时，矿业开发工作进一步理顺，为今后矿产开发奠定基础。县农电公司企业体制进一步完善，企业实现盈利，逐渐走向正轨。朋仁曲德寺生产销售藏香 1.6 万包，销售收入 8 万元，同比增加 50%。

三产实现旅游业大发展是增收。配合《西藏旅游》杂志，大力对外推介列山古墓群、朋仁曲德寺等具有浓厚文化底蕴的景区（点）。拉多藏湖开发已投资 50 万元完成前期地勘资料，列山古墓群开发已投资 200 万元完成第一期开发计划。《朗县旅游发展总体规划》已于 2009 年 10 月 23 日通过自治区旅游局终审。朗泉宾馆经过初审、终审环节，被评为二星级宾馆，旅馆接待及服务水平明显提高。全县 2009 年接待国内外游客 4020 人次，同比增长 4.9%，实现旅游收入 79.8 万元，同比增长 4.15%。

【项目建设内容覆盖全面】2009 年，朗县建设项目 47 项，国家总投资 8712.586 万元，完工项目 32 项，完成国家投资 6869.976 万元（不包括安居工程国家投资 940 万元），完成年初计划的 118.45%。其中：新建项目 37 项，包括 2009 年农业综合开发土地治理项目、县城二期防洪堤、朗县优质水果产业带、朗县廉租房、朗县中学风雨球馆、如塘公路、安居工程建房补贴、县城老电站维修等农牧林水、交通能源、社会发展、新农村建设、市政等项目，国家总投资达 5859.536 万元，到年底完工 24 项，完成投资 3843.976 万元。续建项目 10 项，包括 2008 年农业综合开发项目、沼气建设、三个乡镇卫生医院改扩建、仲达农贸市场、朗县交警队办公及备勤用房等项目，国家总投资 4498.33 万元，其中 2009 年度完成国家投资 3026 万元，年底完成 8 个项目。2009 年朗县共争取各类产业项目 6 个，项目总资金达 2166.28 万元，包括朗县优质水果产业带项目，总投资 1645.28 万元，国家投资 794.8 万元，群众自筹 850.48 万元；朗县农业综合开发产业化项目及扶贫项目共 6 个，总投资 597 万元，国家投资 343 万元，群众自筹 254 万元。

【招商引资投资力度不断加大】2009 年，朗县招商引资完成 2100 万元（包括秀沟铬铁矿 1538 万元，朗吉铬铁矿 152 万元，塔布建设有限公司商品房 160 万元，列山古墓景区开发 200 万元，拉多藏湖开发 50 万元），完成指标任务的 105%；民间投资完成 530 万元（包括商品房 285 万元，个体商户投资 245 万元），完成指标任务的 106%；农牧民安居工程完成投资 6294.4 万元，完成指标任务的 103.18%。

【安居工程实现划零目标】2009 年完成安居工程建设 562 户（绝对贫困户 32 户，相对贫困户 97 户，兴边富民 25 户，农房改造 408 户），总投资达到 7334.4 万元（国家投资 940 万元，群众自筹 6294.4 万元，援藏投资 20 万元，县财政投入 80 万元），受益人口达到 2248 人，总建筑面积达 95540 平方米，木材耗用量 12926 立方米。同时，村级组织综合活动场所建设任务为 26 个（2008 年剩余 24 个，2009 年建设任务 2 个），已完成松木材村、堆许村、堆巴村等26个综合活动场所建设任务。完成投资635万元，（其中自治区投资320万元，地区配套105万元，援藏投资80万元，群众自筹130万元）。村级道路建设同步跟进，完成登木村、帮玛村等10个村道硬化建设项目。完成投资300万元（其中自治区投资170万元，群众自筹130万元），建设总里程4889米。

【援藏工作继续深入】以张维船书记为代表的第五批援藏工作队实施了雅江两岸经济林木开发、农牧民安居工程和改善社会民生等三大工程。截止2009年底，我县已到位援藏资金4220万元。其中投向农牧区、农牧民资金2987万元，实施项目47个，分别占资金总额和项目总数的72.5%和85.45%。

【民生事业协调发展】重视教育发展。2009年适龄儿童入学率达98.7%，初中适龄少年毛入学率为102%。县财政对教育拨款达109.6万元，援藏投入教育资金58.1万元。小学生及初中生公用经费分别比上年增长一倍，教育经费“三个增长”得到全面落实。同时积极开展各项职业教育，县中学职教中心共招收学员213人，开设绘画、木工、机械修理、种植养殖和卡垫纺织等专业。

紧抓医疗卫生。重点加强了鼠疫、甲流等急性传染病的防控工作。2009年，政府投入甲流防控经费22万元，用于购置预防药品、医疗器械等，防控工作做到了有效、有力、有序。医药卫生体制改革工作全面启动，农牧区免费医疗补助人均提高到了140元。

倡导文化繁荣。2009年完成6个乡镇、51个行政村的文化站（室）设备配置工作和6个乡镇、8个行政村“农家书屋”图书配送工作，发放直播卫星设备3338套。积极落实农村电影“2131”工程，共放映电影2017场，观众达3.2万人次。

第七篇 政府2009年
大事记

一月

1日

自治区主席向巴平措视察节日市场，自治区副主席邓小刚、宫蒲光陪同视察。

4日

自治区政府召开2009年第一次全体会议，自治区主席向巴平措主持会议。自治区常务副主席吴英杰，自治区副主席次仁、白玛才旺、多吉泽仁、邓小刚、宫蒲光、孟德利、德吉、李昭出席会议。

◆自治区主席向巴平措主持召开了自治区政府党组会议，研究《中共西藏自治区政府党组贯彻落实科学发展观情况的分析检查报告》。自治区常务副主席吴英杰，自治区副主席次仁、白玛才旺、多吉泽仁、蒲光、孟德利、德吉、李昭参加了会议。

6日

自治区召开《阿里地区志》验收稿评审会议。自治区副主席白玛才旺出席验收会，自治区副主席宫蒲光出席会议并讲话。

6—7日

全区政法工作会议在拉萨召开。自治区党委书记张庆黎出席会议并作重要讲话。自治区领导向巴平措、张裔炯、公保扎西等出席会议。自治区党委常委、政法委书记王宾宜讲话。自治区副主席李昭主持会议并作总结讲话。

7日

我区召开了全区重点工业企业(项目)座谈会，自治区主席向巴平措出席会议并讲话。自治区副主席邓小刚主持会议，自治区副主席宫蒲光出席会议。

◆全区国资(经委)工作会议在拉萨召开，自治区副主席邓小刚出席会议并讲话。

◆全区食品药品监督管理工作会议在拉萨召开，自治区副主席德吉出席会议并讲话。

8日

2009年全国春运电视电话会议在京召开。自治区副主席邓小刚出席西藏分会场会议并讲话。

◆全区建设工作会议在拉萨召开。自治区副主席孟德利出席会议并讲话。

9日

全区审计工作会议在拉萨隆重召开。自治区主席向巴平措出席会议并讲话。自治区人大常委会副主任阿登，自治区副主席白玛才旺出席会议。

◆自治区政府机关召开学习实践科学发展观活动第二阶段工作总结暨第三阶段工作安排大会。自治区主席向巴平措出席会议并讲话，自治区常务副主席吴英杰主持会议。自治区副主席白玛才旺、多吉泽仁、邓小刚、宫蒲光、孟德利、德吉参加了会议。

◆自治区人民政府在拉萨召开评议大会，在藏的党的十七大代表、人大代表、政协委员及社会各界代表以问卷调查形式对《中共西藏自治区人民政府党组关于贯彻落实科学发展观情况的分析检查报告(评议稿)》进行了评议。自治区主席向巴平措讲话。自治区常务副主席吴英杰主持会议，自治区副主席宫蒲光宣读《中共西藏自治区人民政府党组关于贯彻落实科学发展观情况的分析检查报告(评议稿)》。

◆自治区商务工作会议在拉萨召开，自治区人大常委会副主任嘎玛出席会议，自治区副主席邓小刚出席会议并讲话。

◆全区公安处局长会议暨全区公安机关“三基”工程建设总结表彰大会在拉萨举行，自治区副主席白玛才旺出席会议，自治区副主席李昭作工作报告。

◆自治区政府办公厅召开2008年度工作总结暨表彰大会，自治区副主席宫蒲光出席会议并讲话。

◆全区民政工作会议在拉萨召开，自治区副主席德吉出席会议并讲话。

9—10日

全区扶贫农发工作会议在拉萨召开。自治区副主席次仁出席会议并讲话。

10日

由自治区人民政府与国家工业和信息化部等部委联合承担的藏文软件研发推广和应用项目启动仪式在拉萨举行。自治区主席向巴平措发表讲话。自治区常务副主席吴英杰，自治区人大常委会副主任新杂·单增曲扎，自治区副主席宫蒲光，自治区政协副主席珠康·土登克珠出席启动仪式。国家工业和信息化部副部长娄勤俭发来贺信。

11日

全区水利工作会议在拉萨召开。自治区副主席次仁出席会议并讲话。

12日

全区税务工作会议在拉萨召开，自治区副主席白玛才旺出席会议并讲话。

14日

自治区九届人大二次会议在拉萨隆重开幕。大会执行主席、主席团常务主席列确主持会议。自治区主席向巴平措作政府工作报告。

19日

西藏检验检疫工作会议在拉萨召开，自治区副主席邓小刚出席会议并讲话。

20日

全区统计工作会议在拉萨召开，自治区常务副主席郝鹏出席会议并讲话。

◆中国人民银行拉萨中心支行 2009 年工作会议暨外汇管理工作会议在拉萨召开。自治区副主席白玛才旺出席会议并讲话。

◆自治区安全生产委员会 2009 年第一次全体会议在拉萨召开，自治区副主席白玛才旺出席会议并讲话。

◆自治区地(市)民宗局局长会议在拉萨召开，自治区副主席多吉泽仁出席会议并讲话。

◆全区卫生工作会议在拉萨召开，自治区副主席德吉出席会议并讲话。

21日

自治区主席向巴平措主持召开政府常务会议，会议原则通过《关于报送昌都解放 60 周年大庆项目建议安排方案的意见》、《(布达拉宫保护管理办法)(修订草案)的请示》、《关于呈请批准拉萨市为自治区园林城市的请示》等。

◆2009 年全区安全生产工作会议在拉萨召开，自治区副主席白玛才旺出席会议并讲话。

◆自治区 2008 年度经济金融运行分析会在中国人民银行拉萨中心支行召开，自治区副主席白玛才旺出席会议并讲话。

◆全区人口计生和优生优育工作会议在拉萨召开，自治区副主席德吉出席会议并讲话。

22日

在春节和藏历新年即将来临之际，自治区主席向巴平措率自治区慰问总团，看望慰问了正在执勤的武警官兵。自治区常务副主席郝鹏，自治区副主席宫蒲光，武警西藏总队总队长郭毅力一同参加慰问。

26日

自治区主席向巴平措亲切看望慰问节日期间依然奋战在工作第一线的执勤公安干警、消防部队官兵以及值班干部职工。自治区常务副主席郝鹏，自治区副主席宫蒲光、李昭一同参加看望慰问活动。

30日

自治区副主席白玛才旺一行在昌都地厂察雅县进行调研。

二月

2日

自治区政府召开党组会，专题研究讨论《西藏自治区人民政府党组关于深人学习实践科学发展观活动的整改落实方案》。自治区主席向巴平措主持会议。自治区常务副主席郝鹏，自治区副主席次仁、多吉泽仁、宫蒲光、德吉，自治区主席助理丁业现参加党组会。

◆自治区主席向巴平措主持召开自治区政府常务会议。讨论研究了《关于审定(西藏自治区文化市场管理条例(送审稿))的请示》，并原则通过了《关于呈报(西藏自治区土地储备管理暂行规定)的请示》，原则同意了《关于西藏自治区财经学校并入西藏大学成立西藏大学财经学院的请示》等。

5日

自治区常务副主席郝鹏专门就拉萨节日市场商品供应、商品价格及惠民卡发放使用情况进行视察调研。

6日

自治区主席向巴平措前往自治区人民医院和自治区藏医院考察调研。

9日

西藏公安边防总队在拉萨召开表彰大会，自治区常务副主席吴英杰，西藏公安边防总队总队长欧洛布穷出席会议并讲话。西藏公安边防总队政委孙立军主持会议。

◆全区环境保护工作会议在拉萨召开，自治区副主席孟德利出席会议并讲话。

◆全区文化(文物)局长会议在拉萨召开，自治区人大常委会副主任阿登，自治区副主席多托，自治区政协副主席索朗卓玛出席会议，多托作了讲话。

10日

全区文物工作会议在拉萨召开，自治区人大常委会副主任阿登，自治区副主席多托，自治区政协副主席索朗卓玛出席会议，多托作了讲话。

11日

全区林业局长会议在拉萨召开，自治区副主席次仁出席会议并讲话。

12日

全区广播影视工作会议在拉萨召开，自治区副主席宫蒲光出席会议并讲话。

13日

自治区常务副主席吴英杰在拉萨会见了青藏铁路公司党委书记、常务副总经理卢永忠一行。自治区副主席邓小刚、宫蒲光陪同会见。

16日

自治区政府召开政府机关深入学习实践科学发展观活动群众满意度测评和政府党组深入学习实践科学发展观整改落实方案公示大会，自治区主席向巴平措出席会议并讲话。自治区常务副主席吴英杰主持会议并对整改落实工作提出要求。自治区副主席邓小刚、宫蒲光、李昭出席会议。区党委深入学习实践科学发展观活动第六指导检查组组长顾茂芝在会上作了指导讲话。

◆全区粮食流通工作会议在拉萨召开，自治区副主席宫蒲光出席会议并讲话。

17日

由中国银联西藏分公司主办的自治区2009年银行卡同业年会在拉萨召开，自治区副主席宫蒲光出席会议并讲话。

19日

全区交通工作会议在拉萨召开。自治区人大常委会副主任周春来出席会议，自治区副主席李昭出席会议并讲话。

20日

自治区政府机关召开深入学习实践科学发展观活动总结大会，自治区主席向巴平措在总结大会上讲话。自治区常务副主席吴英杰主持会议。自治区副主席宫蒲光在大会上作总结，自治区副主席多吉泽仁、邓小刚出席总结大会。

◆自治区主席向巴平措主持召开自治区政府常务会议并传达了国务院第50次常务会议有关精神。会议研究了《关于呈报(西藏自治区人民政府关于贯彻实施成品油价格和税费改革的通知)的请示》，原则通过了《关于报请审定西藏自治区人民政府2009年度地方性法规、政府规章计划的请示》、《关于呈报昌都地区左贡县城至扎玉镇公路建设项目用地农用地转用及征收土地审核意见的请示》、《关于呈报国道318线川藏公路(西藏境)竹巴笼至海通沟兵站整治改建工程项目用地农用地转用及征收土地审核意见的请示》、《关于西藏自治区省道306线米林(南伊桥)至朗县公路改建整治工程用地审查意见的请示》等。

21日

自治区主席向巴平措率领自治区副主席宫蒲光、孟德利以及区政府办公厅，区民政厅、发改委、扶贫办、财政厅，拉萨市、日喀则地区等有关部门和地市的负责同志直奔当雄县、尼木县、仁布县地震灾区，看望和慰问受灾群众，为群众送去节日的祝福，把党的温暖送到群众的心坎上。

◆自治区副主席多吉泽仁前往民航西藏区局进行工作调研，慰问工作在一线的广大民航干部职工。

22日

自治区主席向巴平措在拉萨市走访慰问了低保户、五保户和困难群众，向他们致以新年的祝福，把党和政府的关怀温暖送到群众心坎上，自治区副主席宫蒲光一同前往。

◆2009年全区烟草工作会议暨纪检监察会议在拉萨召开，自治区副主席孟德利出席会议并讲话。

24日

自治区党委书记张庆黎在拉萨会见了国家广电总局副局长张海涛一行。自治区常务副主席郝鹏，自治区副主席多托参加会见。

◆藏历新年除夕，白玛才旺一行来到昌都地区公安处及110指挥中心，亲切看望慰问了正在值班的公安干警。

25日

自治区常务副主席郝鹏专程来到拉萨市城关区八廓街、西藏日报社、区电力调动中心、中国移动西藏分公司和西藏儿童福利院，代表自治区党委、政府看望慰问节日期间坚守工作岗位的值班人员，并与福利院的孩子们联欢、共庆佳节。自治区常务副主席白玛赤林，自治区副主席宫蒲光、李昭一同看望慰问。

◆自治区常务副主席吴英杰在山南开展节日慰问活动。

26日

自治区党委、政府在拉萨举行座谈会，欢送即将赴首都北京出席十一届全国人大二次会议和全国政协十一届二次会议的代表委员。自治区常务副主席郝鹏主持座谈会并讲话。自治区领导王宾宜、周春来、乔元忠出席座谈会。自治区副主席多吉泽仁向代表委员简要介绍了我区去年经济社会发展情况及2009年工作安排。全国两会代表委员、自治区领导巴桑顿珠、新杂·单增曲扎等出席座谈会。

◆自治区常务副主席吴英杰与国家广电总局副局长张海涛一行在拉萨座谈。自治区副主席多托出席座谈会。

三月

2日

我区开展“促团结、促发展、促和谐、保平安”为主题的法制宣传活动，自治区领导白玛赤林、秦宜智、周春来、李昭、刘庆慧、刘廷华以及自治区普法工作领导小组等有关部门负责人到宣传点检查指导工作，亲切看望慰问工作人员。

◆我区就《西藏民主改革50年》白皮书举行新闻发布会，自治区副主席德吉出席发布会并回答记者提问。

◆我区向基层公安机关配发警用特种车辆仪式在拉萨举行，自治区副主席李昭出席配发仪式。

4日

自治区常务副主席郝鹏在拉萨考察我区就业和社会保障工作。

◆自治区常务副主席吴英杰与中国国际工程咨询公司赴藏评估《西藏自治区旅游基础设施建设规划》专家座谈。

5日

出席十一届全国人大二次会议的西藏代表团认真审议了温家宝总理代表国务院所作的政府工作报告，自治区主席向巴平措出席会议。

◆建行西藏分行2009年工作会议在拉萨召开，自治区副主席多吉泽仁出席会议并讲话。

6日

山南开展综治平安建设宣传活动，自治区常务副主席吴英杰亲临现场检查指导工作。

◆自治区党委常委、宣传部部长崔玉英，自治区副主席多托为我区第一家社区书屋——拉萨市城关区仙足岛社区书屋揭牌，并对社区文化建设工作进行调研。

7—8日

公安部副部长张新枫，自治区常务副主席郝鹏，带领工作组深入到日喀则地区亚东县边境一线，实地检查指导维护稳定和边境防控工作。在日喀则指导维稳工作的自治区副主席孟德利出席日喀则地区边境防控和维护稳定工作汇报会。

8日

自治区主席向巴平措在北京与华能集团公司总经理、党组副书记曹培玺进行座谈。

2月28日—3月9日

自治区常务副主席吴英杰在山南开展维稳工作调研，并前往措美、扎囊等县，走寺庙、进乡村、听、汇报，开展多种形式的调研活动。

9日

四十家综治成员单位在拉萨联合开展了全国综合治理法规政策宣传一条街活动。自治区党委常委、自治区政法委书记王宾宜，自治区副主席李昭到宣传点检查指导工作，看望慰问工作人员。

10日

自治区副主席邓小刚前往自治区质监局，就我区质监工作开展情况进行调研。

11日

自治区主席向巴平措在北京与中国华电集团公司总经理、党组副书记云公民进行座谈。

◆自治区主席向巴平措在北京与中国铝业公司总经理、党组书记熊维平进行座谈。

◆自治区副主席邓小刚前往自治区工商局，就我区工商工作进行视察调研。

◆全区"扫黄打非"工作电视电话会议在拉萨召开。自治区党委常委、宣传部部长、自治区"扫黄打非"工作领导小组组长崔玉英出席会议并讲话，自治区副主席多托主持会议。

12日

《科学技术部、西藏自治区人民政府部区工作会商制度议定书》签约仪式在北京举行，全国政协副主席、科技部部长万钢，区党委副书记、自治区主席向巴平措分别代表合作双方签署了议定书。科技部党组书记、副部长李学勇主持签约仪式，区党委常委、自治区常务副主席吴英杰宣读了《科学技术部、西藏自治区人民政府部区工作会商制度议定书》。

◆自治区副主席邓小刚与青藏铁路公司总经理卢永忠一行座谈，就青藏铁路运输安全、青藏铁路那曲物流中心建设及招商引资工作交换了意见。

13日

中国科学院与自治区人民政府在北京签订新一轮科技合作协议书。自治区主席向巴平措，中国科学院常务副院长白春礼出席签字仪式并讲话。自治区常务副主席吴英杰，中国科学院副院长施尔畏分别代表合作双方签订协议书。

◆自治区人民政府与国家民委共建西藏民族学院协议签字仪式在北京举行。自治区主席向巴平措，国家民委主任杨晶，中央统战部常务副部长朱维群出席签字仪式并讲话。自治区常务副主席吴英杰，国家民委副主任吴仕民在共建西藏民族学院协议上签字。

15日

自治区社科院科研综合楼举行奠基仪式。自治区常务副主席郝鹏，区党委常委、宣传部长崔玉英，区政协副主席、区社科院院长白玛朗杰出席。

16日

自治区副主席邓小刚先后主持召开我区碘盐推广协调领导小组会议和自治区口岸边境贸易工作协调领导小组会议。

17日

拉萨海关关区关长会议在拉萨召开，自治区副主席邓小刚出席会议并讲话。

19日

自治区常务副主席郝鹏在拉萨会见了尼泊尔联邦民主共和国驻拉萨总领馆总领事乌帕达雅及领馆官员。

◆自治区常务副主席白玛赤林前往自治区交通厅进行调研。

20日

自治区碘盐营销网络拉萨配送中心开工典礼在拉萨举行。自治区主席向巴平措宣布项目开工并为工程开工奠基，自治区副主席邓小刚在开工典礼上讲话。

◆自治区高校毕业生就业制度改革协调工作领导小组召开会议，自治区常务副主席郝鹏出席会议并讲话，自治区常务副主席吴英杰主持会议。

23日

奇正藏药国家级企业技术中心在拉萨柳梧新区破土动工，自治区副主席德吉出席奠基仪式并讲话。

24日

自治区主席向巴平措主持召开自治区政府常务会议，原则通过《关于做好全区农牧民安居工程抗震加固(设防)工作有关问题的请示》、《关于解决拉萨市东西大门环境整治工程部分资金有关事项的请示》、《关于呈报西藏自治区旅游发展总体规划的请示》、《关于提高我区住房公积金贷款额度延长贷款年限的请示》等。

◆国务院举行第二次廉政工作电视电话会议。自治区主席向巴平措在西藏分会场就做好当前我区廉政工作作了重要讲话。自治区人民检察院检察长张培中出席会议，自治区副主席白玛才旺出席了昌都分会场会议。

◆自治区召开"家电下乡"工作领导小组会议。自治区副主席邓小刚主持会议并讲话。

25日

国务院召开全国粮食清仓查库工作电视电话会议。自治区副主席多吉泽仁参加西藏分会会议并讲话。

◆纪念西藏民主改革50周年首批献礼图书首发仪式在拉萨举行，自治区党委常委、宣传部部长崔玉英，自治区副主席多托出席仪式。

26日

自治区主席向巴平措主持召开自治区政府常务会议，研究了自治区机构编制委员会《关于报请研究(关于西藏自治区人民政府机构改革方案的实施意见)和(关于地(市)县(市、区)政府机构改革的意见)的请示》、自治区发改委《关于自治区“十二五”规划编制工作有关事项的请示》、自治区发改委、环保局《关于推进(西藏生态安全屏障保护与建设规划)实施有关事项的请示》、自治区人事厅《关于审定(关于积极做好我区普通高校毕业生就业工作的意见)的请示》。

27日

区院科技合作项目“中科院研究生院西藏项目管理工程硕士研究生班”开学典礼在拉萨举行。自治区常务副主席吴英杰出席并讲话。

◆自治区副主席德吉在自治区人口计生委生育健康培训中心，听取了相关负责人的工作汇报。

◆自治区文化信息资源共享领导小组在拉萨召开会议。自治区副主席多托出席会议并讲话。

28日

我区各族各界干部群众1万余人在布达拉宫广场隆重集会，热烈庆祝第一个西藏百万农奴解放纪念日。自治区党委书记张庆黎在庆祝大会上发表重要讲话。自治区主席向巴平措主持庆祝大会。自治区常务副主席郝鹏，吴英杰、白玛赤林等出席庆祝大会。

30日

全国造林绿化和森林防火工作电视电话会议在北京召开。自治区副主席次仁出席西藏分会场会议并讲话。

31日

全区重点项目建设工作会议在拉萨召开。自治区常务副主席郝鹏出席会议并讲话。

四月

1日

自治区维护社会稳定工作电视电话会议在拉萨召开，自治区党委书记张庆黎、公安部副部长张新枫、自治区党委副书记张裔炯出席会议并发表重要讲话。自治区主席向巴平措主持会议。自治区常务副主席郝鹏、吴英杰、白玛赤林出席拉萨主会场会议。

◆自治区召开全区“十二五”规划编制工作会议，自治区主席向巴平措作讲话。自治区常务副主席郝鹏主持会议，自治区常务副主席吴英杰宣读《自治区人民政府印发关于编制全区“十二五”规划工作意见的通知》。自治区常务副主席白玛赤林，自治区副主席次仁、甲热·洛桑丹增、多吉泽仁、邓小刚、德吉、李昭，自治区主席助理丁业现出席会议。

2日

全区劳动和社会保障工作会议在拉萨召开，自治区常务副主席郝鹏出席会议并讲话。

◆全国高校毕业生就业工作电视电话会议在北京召开，自治区常务副主席吴英杰出席西藏分会场会议并讲话。

◆首批西藏青年就业创业见习基地授牌仪式在拉萨举行，自治区副主席次仁出席仪式并为基地揭牌。

◆自治区副主席德吉率区卫生厅、教育厅等部门主要负责人及部分专业人员，前往拉萨市城关区蔡公堂乡白定小学、白定新村幼儿园和拉萨市实验幼儿园以及大地幼儿园，就我区手足口病防控工作落实情况进行视察。

3日

拉萨市城市规划建设委员会第三次全体会议暨拉萨市总规修编领导小组第四次全体会议在拉萨市召开。自治区常务副主席郝鹏出席会议并讲话。

◆自治区副主席德吉前往自治区食品药品检验所调研。

4日

自治区主席向巴平措在拉萨会见了前来我区访问的尼泊尔联邦民主共和国外交部长乌彭德拉·亚达夫一行，双方进行了亲切友好交谈。自治区常务副主席郝鹏，自治区主席助理丁业现一同参加会见。

7日

全区政府机构改革工作会议在拉萨召开，自治区主席向巴平措在会上作重要讲话。自治区常务副主席郝鹏主持会议。

◆自治区举行首个园林城市授牌大会，自治区主席向巴平措为拉萨市授牌，自治区副主席孟德利讲话。

◆自治区玉龙铜矿开发建设领导小组第五次会议在拉萨召开。自治区常务副主席郝鹏主持会议并讲话，自治区主席助理丁业现出席会议。

◆西藏陆军预备役混成旅召开任职授衔大会，自治区常务副主席白玛赤林出席会议，并为预备役军官授衔。

8日

全国集中清理执行积案活动第二次电视电话会议在北京召开，自治区常务副主席白玛赤林出席西藏分会场会议。

◆全区新闻出版工作会议在拉萨召开，自治区党委常委、宣传部部长崔玉英，自治区副主席多托为先进集体、先进个人颁奖。自治区副主席多托在会上作了讲话。

◆自治区副主席多托前往堆龙德庆县东嘎镇桑木村农家书屋视察。

9日

全区基层检察院建设工作会议在拉萨召开，自治区党委副书记张裔炯出席会议并讲话，自治区常务副主席白玛赤林出席会议。

10日

2009年自治区社会治安综合治理委员会全体会议召开，区党委常委、区政法委书记、区综治委主任王宾宜出席会议并讲话，自治区常务副主席白玛赤林传达了《中共中央办公厅国务院转发(中央社会治安综合治理委员会关于进一步加强社会治安综合治理基层基础建设的若干意见)的通知》精神。自治区副主席李昭主持会议。

◆墨竹工卡县举行了残疾人社区服务站揭牌仪式，自治区副主席德吉出席仪式并讲话。

11日

西藏启动“全国百城旅游宣传周”活动，自治区常务副主席吴英杰亲临现场检查指导工作。

13日

国务院在北京召开全国纠风工作电

视电话会议，自治区常务副主席吴英杰出席西藏分会场会议并讲话。

14日

自治区常务副主席白玛赤林在拉萨接受了腾讯网、新浪网联合专题采访。

◆自治区个体私营经济协会、消费者协会、广告协会在拉萨举行换届大会，自治区副主席邓小刚出席大会并讲话。

◆2009年全国整治违法排污企业保障群众健康环保专项行动电视电话会议在北京召开，自治区副主席孟德利出席西藏分会场会议并讲话。

◆自治区人大常委会副主任尼玛次仁、自治区副主席多托在拉萨会见德国青年联盟代表团一行。

15日

民航西藏区局荣获第二批“全国文明单位”称号揭牌仪式在拉萨贡嘎机场举行。自治区副主席德吉出席揭牌仪式并讲话。

10—17日

自治区副主席次仁深入山南地区7县20多个乡镇进行视察调研。

17日

自治区常务副主席白玛赤林在拉萨会见来藏访问的德国联邦议院霍尔格尔·海巴赫一行。

18日

我区新建的第一所县级高中——日喀则地区南木林高级中学奠基仪式举行，自治区常务副主席吴英杰出席仪式并为工程奠基。

◆全区档案局(馆)长会议在拉萨召开，自治区党委常委、秘书长公保扎西出席会议并讲话，自治区副主席多托主持会议。

20日

自治区常务副主席吴英杰主持召开自治区政府常务会议。会议原则通过《关于加快发展农牧民专业合作经济组织的意见》、《西藏自治区关于贯彻落实〈国务院关于深化改革加强基层农业技术推广体系建设的意见〉的意见》、《西藏自治区水资源综合规划报告》、《拉萨市关于对老城区范围内临街建筑物进行“穿衣戴帽”街景改造的请示》等，自治区副主席次仁、邓小刚、孟德利、多托出席会议。

◆墨脱公路新改建工程在林芝地区举行开工典礼，自治区常务副主席白玛赤林出席并讲话。

16—21日

自治区副主席李昭前往日喀则地区开展调研。

21日

全区援藏干部座谈会在拉萨召开，自治区党委书记张庆黎出席会议并作重要讲话。自治区党委副书记张裔炯主持会议，自治区常务副主席吴英杰出席会议。

◆全区农村沼气工作会议在拉萨召开，自治区副主席次仁出席会议并讲话。

22日

自治区常务副主席白玛赤林与交通运输部党组副书记、副部长翁孟勇率领的交通运输部赴藏考察组进行座谈。

◆全区冬虫夏草管理工作会议在拉萨召开，自治区党委副书记张裔炯出席会议并讲话。自治区副主席次仁出席会议并讲话。

23日

自治区藏医院改扩建准备工程在拉萨正式开工，自治区党委书记张庆黎为工程开工奠基。自治区常务副主席吴英杰在开工仪式上讲话。

◆全区国土资源管理工作会议在拉萨召开，自治区副主席白玛才旺出席会议并讲话。

◆自治区副主席邓小刚在拉萨会见澳大利亚国际发展署代表团一行。

24日

自治区常务副主席吴英杰与由中央纪委监察部驻海关总署纪检组组长胡玉敏率领的第十八中央检查组一行在拉萨举行座谈会。

◆全国“小金库”治理工作电视电话会议在北京召开，自治区副主席白玛才旺出席西藏分会场会议。

◆全区农牧民安居工程抗震加固(设防)工作会议在拉萨召开，自治区副主席孟德利出席会议并讲话。

◆自治区节能减排工作汇报会议召开，自治区副主席孟德利出席会议并讲话。

25日

自治区党委、政府与中央统战部赴藏调研组一行在拉萨进行了座谈。自治区党委书记张庆黎和中央统战部副部长、国家民委主任杨晶出席座谈会并讲话。自治区党委副书记张裔炯主持座谈会，自治区党委常委、自治区常务副主席吴英杰代表自治区党委、政府汇报了有关工作情况。自治区副主席多吉泽仁出席座谈会。

◆4月25日是“全国儿童预防接种宣传日”，自治区、拉萨市两级疾控中心开展“及时接种疫苗，人人享有健康”为主题的宣传活动。自治区副主席白玛才旺前往宣传现场看望了工作人员。

26日

拉萨市城网改造工程和20万吨青稞啤酒生产基地在拉萨正式开工建设。自治区党委书记张庆黎为工程开工奠基。自治区常务副主席吴英杰在开工仪式上讲话，自治区主席助理丁业现主持开工仪式。

◆自治区人民政府、西藏军区与国家财政部、总参动员部联合调研组关于西藏人武部基础设施建设座谈会在拉萨举行。区党委常委、西藏军区政委王增钵出席座谈会并讲话，自治区常务副主席白玛赤林主持座谈会。

27日

自治区地勘局召开2009年地勘工作会议，自治区副主席白玛才旺出席会议并讲话。

28日

我区第一条高等级公路——拉萨至贡嘎机场专用公路准备工程正式开工奠基，自治区党委书记张庆黎等为工程开工奠基，自治区常务副主席白玛赤林在奠基仪式上讲话。

◆西藏军区党委在拉萨召开驻藏部队群众工作座谈会，自治区党委书记、西藏军区党委第一书记张庆黎出席座谈会并作重要讲话。自治区常务副主席白玛赤林出席座谈会。

◆西藏第九届(春季)登山大会出征仪式在拉萨举行，自治区副主席白玛才旺出席仪式。

28—29日

全区公安处(局)长座谈会在拉萨召开，自治区副主席李昭出席会议并讲话。

29日

日喀则和平机场改扩建准备工程在日喀则市正式开工，自治区党委书记张庆黎为工程开工奠基。自治区常务副主席郝鹏在奠基仪式上讲话，自治区副主席多吉泽仁主持开工仪式。

◆评价考核我区节能减排工作会议在拉萨召开，自治区副主席孟德利出席会议并讲话。

30日

全区一季度工交经济运行情况分析会在拉萨召开，自治区主席助理丁业现出席会议并讲话。

五月

4日

自治区人民政府召开第二次全体会议，自治区常务副主席郝鹏出席会议并讲话，自治区常务副主席吴英杰主持会议。自治区副主席甲热·洛桑丹增、白玛才旺、多吉泽仁、孟德利、多托、李昭，自治区主席助理丁业现出席会议。

5日

西藏自治区应对气候变化专题报告会在拉萨举行。中国气象局党组书记、局长郑国光作题为《加强应对气候变化能力建设适应全球气候变暖的挑战》的报告。自治区常务副主席郝鹏，自治区副主席白玛才旺、多吉泽仁、孟德利、多托，自治区主席助理丁业现等参加报告会。自治区常务副主席吴英杰主持报告会并讲话。

◆青藏铁路那曲物流中心建设与运营工作座谈会在北京西藏大厦举行，自治区副主席邓小刚、铁道部副部长陆东福出席座谈会并分别讲话。

6日

自治区常务副主席郝鹏考察了拉萨市中心城区街景改造工程和唐蕃会盟碑等重点文物保护情况。自治区副主席甲热·洛桑丹增、孟德利一同考察。

◆自治区政府专门召开应对甲型H1N1流感联防联控工作会议，自治区常务副主席吴英杰出席会议并讲话。自治区副主席甲热·洛桑丹增主持会议。

◆自治区国家语言文字工作会议在拉萨召开，自治区常务副主席吴英杰出席会议并讲话。

◆自治区副主席白玛才旺前往区国土资源厅就我区国土资源工作情况进行了调研。

◆我区召开“青春建功新农村·爱民固边共和谐”先进集体命名表彰电视电话会议，自治区副主席多托出席拉萨主会场会议并讲话。

7日

2009年全国普通高校招生考试工作电视电话会议在北京召开，自治区常务副主席吴英杰出席西藏分会场会议。

◆自治区副主席甲热·洛桑丹增前往三大重点文物维修工程的布达拉宫和罗布林卡二期维修工程现场，视察工程进展情况。

◆自治区文化体制改革和文化产业发展工作领导小组第二次会议在拉萨召开，自治区副主席多托出席会议并讲话。

8日

自治区常务副主席郝鹏会见了国家西部大开发政策评估调研组一行。

◆高争民爆公司年产12000吨粉状乳化炸药生产线在拉萨市曲水县开工建设。自治区常务副主席郝鹏，自治区主席助理丁业现出席奠基典礼并为工程奠基。

◆自治区常务副主席吴英杰与铁道部计划发展司司长杨忠民率领的赴藏考察组座谈。

◆国务院在北京召开全国中小学校舍安全工程电视电话会议，自治区常务副主席吴英杰出席西藏分会场会议并讲话。

◆自治区副主席甲热·洛桑丹增在自治区财政厅、卫生厅、农牧厅、出入境检验检疫局等部门负责人的陪同下，先后来到自治区第二人民医院、自治区疾控中心、自治区人民医院、动物疫病预防控制中心、西藏出入境检验检疫局等单位，检查我区甲型H1N1流感防控工作情况。

◆自治区副主席白玛才旺赴自治区地勘局和西藏地勘局第六地质大队、区域地质调查大队调研我区地质矿产勘查开发工作情况。

9日

自治区帮扶困难企业稳定就业岗位补贴兑现仪式在拉萨举行，自治区常务副主席郝鹏出席兑现仪式并讲话。

◆我区设立建设领域劳动者维权公告牌，自治区常务副主席郝鹏出席揭牌仪式并讲话。自治区副主席孟德利出席揭牌仪式。

10日

华新水泥(西藏)有限公司年产60万吨扩建项目在山南地区桑日县开工建设。自治区常务副主席郝鹏，自治区主席助理丁业现出席开工仪式并与湖北省国资委、信息产业厅、华新水泥有限公司负责人一同为工程剪彩。

11日

“中国税务林”在拉萨奠基，自治区常务副主席吴英杰，自治区副主席白玛才旺出席仪式并奠基。

13日

夏鲁寺保护维修工程在日喀则市甲措雄乡正式开工，自治区副主席甲热·洛桑丹增出席开工仪式。

◆自治区第二次土地调查领导小组全体会议召开，自治区副主席白玛才旺主持会议并讲话。

◆自治区副主席孟德利深入拉萨市当雄和尼木地震灾区调研灾后恢复重建工作。

14日

自治区常务副主席吴英杰主持召开自治区政府第八次常务会议。会议原则通过《关于理顺和调整我区中部电网销售电价的请示》、《关于在部分地(市)县新建救灾物资储备仓库的请示》、《关于呈请审定(关于2009年全区开展行政效能建设和效能监察工作的意见)的请示》、《关于请求批准(西藏自治区城市饮用水水源地安全保障规划)的请示》、《关于呈报(西藏自治区级风景名胜区审查办法的请示》、《关于呈报(关于认真贯彻实施食品安全法的工作方案)的请示》、《关于呈报土地执法百日行动未批先建违法违规建设项目用地审查意见的请示》等。自治区副主席白玛才旺、多吉泽仁、孟德利、多托、李昭，自治区主席助理丁业现等出席。

15日

自治区常务副主席吴英杰在自治区教育厅、发展改革委、财政厅等部门、拉萨市委、市政府及市有关部门和城关区负责人陪同下，先后前往拉萨市第二中学、拉萨市城关区吉崩岗小学、拉萨江苏中学进行视察。

11—16日

自治区副主席甲热·洛桑丹增率工作组前往日喀则地区调研甲型H1N1流感防控工作和文物保护工作。

18日

自治区召开紧急会议，进一步研究部署我区甲型H1N1流感防控工作。自治区党委副书记张裔炯在会上对相关工作进行了具体部署，提出了具体要求。自治区常务副主席吴英杰主持会议，自治区副主席甲热·洛桑丹增、德吉出席会议。

◆自治区副主席甲热·洛桑丹增前往拉萨火车站，对甲型H1N1流感防控工作进行检查指导。

◆全国社会治安综合治理表彰电视电话会议在北京召开，自治区副主席李昭出席西藏分会场会议。

19日

自治区副主席甲热·洛桑丹增前往拉萨贡嘎机场，对甲型H1N1流感防控工作进行检查指导。

◆自治区副主席德吉与卫生部甲型H1N1流感防控赴藏专家组一同赶赴樟木口岸，落实疫情防控相关情况。

◆自治区副主席多托在拉萨会见南非驻华大使倪清阁一行。

20日

2009年民营企业招聘周启动仪式在拉萨举行，自治区常务副主席吴英杰出席启动仪式并讲话。

20—21日

全区农家书屋工程建设工作暨培训会议在拉萨召开，自治区副主席多托出席会议并讲话。

21日

自治区副主席李昭前往基层派出所进行信息化建设实地调研。

20—22日

自治区副主席孟德利在山南地区调研。

22日

自治区常务副主席吴英杰前往米拉山口视察米拉山旅游景点建设情况，并在墨竹工卡县进行调研。

◆自治区治理“小金库”工作电视电话会议在拉萨召开，自治区副主席白玛才旺出席会议并讲话。

◆“西藏社会生活50年物品征集活动展”在拉萨开展，自治区副主席多托出席并讲话。

23日

自治区副主席白玛才旺赴拉萨市墨竹工卡县甲玛乡驱龙铜多金属矿区和甲玛铜多金属矿区进行实地调研。

24日

拉萨市东西大门318沿线环境整治工程开工典礼在拉萨举行。自治区副主席孟德利出席并讲话。

25日

全区第一期援藏县委书记培训班在拉萨开班，自治区常务副主席吴英杰作专题报告。

◆全国“扫黄打非”电视电话会议召开。自治区副主席多托出席西藏分会场会议并讲话。

26日

西藏自治区首届体育彩票工作会议在拉萨召开，自治区副主席甲热·洛桑丹增出席会议并讲话。

◆自治区副主席白玛才旺分别前往西藏冰川矿泉水厂和羊八井地热田进行调研。

◆全区消防工作会议在拉萨召开，自治区副主席李昭出席会议并讲话。

◆自治区副主席多托在自治区政府办公厅、发改委、财政厅、广电局及拉萨市有关负责人的陪同下，前往拉萨市当雄县就广播电视收转情况进行调研。

27日

全区体育工作会议在拉萨召开，自治区副主席甲热·洛桑丹增出席会议并讲话。

28日

总投资9713万元的山南地区泽当镇水厂建设项目奠基仪式举行，自治区副主席孟德利出席奠基仪式并讲话。

30—31日

自治区副主席多托一行深入洛扎县检查指导抗救灾工作。

31日

《雪域边关情》文艺汇演在拉萨举行，自治区常务副主席白玛赤林等观看演出。

◆由自治区妇联组织的“六一”儿童节慰问活动在达孜县塔杰乡主西村教学点举行，自治区副主席德吉出席活动并讲话。

六月

1日

自治区主席向巴平措，自治区常务副主席吴英杰先后来到当雄县格达乡中心小学和拉萨市特殊教育学校，看望、慰问过节的小朋友，和他们欢度佳节。

◆自治区常务副主席郝鹏考察了哲蚌寺重点文物维修项目、哲蚌寺给排水工程建设情况。自治区副主席甲热·洛桑丹增一同考察。

◆全国安全生产工作电视电话会议在北京召开，自治区常务副主席白玛赤林出席西藏分会场会议并讲话。

3日

自治区政府召开专题会议，贯彻落实国务院副总理回良玉重要批示精神，研究部署我区当前防抗灾各项工作。自治区常务副主席白玛赤林主持会议并讲话，自治区副主席多托在会上通报了我区防抗灾工作情况。

◆西藏自治区首个在线广播网站——中国西藏之声网站在线广播(www.tibetradio.cn)开通仪式在西藏人民广播电台举行，自治区党委常委、自治区党委宣传部部长崔玉英，自治区副主席多托出席开通仪式并点击开通中国西藏之声网站在线广播。

◆自治区副主席白玛才旺率自治区国土资源、环保、国税、安监等部门的负责人，深入山南地区对罗布莎铬铁矿危机矿山勘探开采情况进行了调研。

4日

自治区主席向巴平措在拉萨主持召开自治区政府第九次常务会议，原则通过《西藏自治区冬虫夏草交易管理暂行办法》、《关于呈报(西藏自治区2008年度耕地保护责任目标履行情况报告)的请示》、《关于我区水土保持设施补偿费和水土流失防治费收费标准的请示》、《西藏自治区重点地区中小河流治理规划(2009—2020年)》。会议还研究讨论了其他事项。

5日

由中国工商银行西藏自治区分行向西藏自治区检察官协会定向捐款暨银检共建合作协议签字仪式在拉萨举行。自治区副主席白玛才旺致辞，自治区人民检察院党组书记、检察长张培中出席。

6日

中共武警西藏森林总队第二次代表大会在拉萨开幕，自治区党委常委、秘书长公保扎西出席，自治区副主席多托出席会议并讲话。

◆自治区主席助理丁业现在拉萨会见了由中央编办二司副司长黄路带领的电信监管机构编制调研组一行。

7日

自治区主席向巴平措，自治区常务副主席吴英杰及自治区政府办公厅、区教育厅、监察厅、拉萨市、区教育考试院等相关部门负责人巡视我区高考考点，视察指导我区高考工作。

8日

自治区党委书记张庆黎、自治区常务副主席郝鹏在拉萨分别会见了前来我区参加共青团西藏自治区第八次代表大会的团中央书记处书记罗梅一行。自治区党委常委、秘书长公保扎西，自治区副主席多托一同会见。

◆我区首批高校毕业生就业见习基地在拉萨正式挂牌，自治区常务副主席郝鹏出席授牌仪式并讲话。

◆我区首届旅游纪念品大赛(展)在拉萨开幕，自治区常务副主席吴英杰出席开幕式。

9日

自治区农牧民享受财政补助优惠政策明白卡首发仪式在堆龙德庆县羊达乡羊达村举行，自治区主席向巴平措，自治区副主席宫蒲光出席首发仪式。

◆共青团西藏自治区第八次代表大会在西藏人民会堂隆重开幕。自治区领导列确、向巴平措、王增钵、巴桑顿珠、王宾宜、崔玉英、白玛赤林、金书波、公保扎西、秦宜智、马如龙、孟德利、德吉措姆等出席大会。自治区党委副书记、自治区常务副主席郝鹏代表自治区党委致祝辞。团中央书记处书记罗梅代表团中央出席大会并致辞。

◆自治区医药卫生体制改革领导小组召开第一次会议，自治区常务副主席郝鹏主持会议并讲话，自治区副主席德吉出席会议。

10日

自治区常务副主席郝鹏在拉萨会见了由全国政协副秘书长卢昌华率领的赴藏考察团一行。

◆2009年全国电力迎峰度夏电视电话会议在北京召开，自治区主席助理丁业现出席拉萨分会场会议并讲话。

11日

共青团西藏自治区第八次代表大会胜利闭幕，自治区党委常委、秘书长公保扎西，自治区副主席孟德利代表自治区党委、政府接见了团西藏八届委员会常务委员会全体成员并座谈。

◆全区防汛抗旱工作会议在拉萨召开，自治区副主席次仁出席会议并讲话。

◆全国非物质文化遗产保护、古籍保护暨文博事业杰出人物表彰、颁证、授牌电视电话会议在京召开，自治区副主席孟德利在西藏分会场为我区获奖的先进集体和个人代表颁奖。

◆中国医药卫生事业发展基金会向我区捐赠“健康中国流动医院”医疗车交车仪式在北京举行。自治区副主席多托出席并讲话。

6—12日

全国政协副主席、中央统战部部长杜青林在我区林芝、拉萨、日喀则等地调研。自治区党委副书记、自治区人大常委会主任列确，自治区党委副书记、自治区主席向巴平措，自治区党委副书记、自治区常务副主席郝鹏，自治区党委常委、自治区常务副主席吴英杰，自治区党委常委、自治区政协副主席、自治区党委统战部部长洛桑江村分别陪同调研。

12日

自治区主席向巴平措在拉萨主持召开自治区政府第10次常务会议，原则通过《西藏自治区林地管理办法(草案)》、《西藏自治区野生植物保护办法(草案)》、《关于呈报(中共西藏自治区委员会、西藏自治区人民政府关于深化医药卫生体制改革的意见)的报告》、《关于审查(西藏自治区土地利用总体规划大纲(2006—2020年))的请示》。

13日

自治区主席向巴平措在拉萨与由国

土资源部总工程师、中国地质调查局副局长张洪涛率领的国土资源部赴藏调研组一行进行了座谈。自治区副主席宫蒲光主持座谈会。

◆自治区青藏高原地质矿产调查评价专项工作领导小组在拉萨召开会议，自治区常务副主席郝鹏主持会议并讲话。

◆我区举办"文化遗产日"系列宣传活动，自治区副主席甲热·洛桑丹增视察了宣传活动开展情况并慰问了工作人员。

14日

我区2009年普通高校招生考试评卷工作首次采取网上评卷方式。自治区常务副主席吴英杰视察了我区评卷工作。

◆我区开展"安全生产月咨询日"活动，自治区常务副主席白玛赤林参加了活动。

◆我区举行了授予首例造血干细胞捐献者熊忠翔"爱心模范"荣誉称号仪式。自治区副主席德吉向熊忠翔颁奖并讲话。

15日

自治区首届旅游纪念品大赛(展)颁奖文艺晚会在拉萨举行，自治区常务副主席吴英杰，自治区人大常委会副主任阿登和自治区政协副主席索朗卓玛分别为大赛金、银奖获得者颁奖。

16日

自治区召开全区老党员、老干部、老职工代表座谈会，自治区常务副主席白玛赤林出席座谈会。

◆自治区副主席邓小刚前往拉萨贡嘎机场，陪同国家质检总局党组成员、国家认证认可监督管理委员会工作组孙大伟一行，检查了拉萨航空口岸防控甲型H1N1流感工作情况，并视察了西藏出入境检验检疫局机场办事处。

◆自治区副主席德吉在拉萨会见了来藏参观访问的孟加拉国驻华大使艾哈迈德及夫人。

17日

自治区副主席甲热·洛桑丹增率领自治区"十一五"文物保护领导小组成员单位负责人检查指导2009年我区文物维修开工筹备情况。

◆中国电信西藏公司应急通信局挂牌仪式在拉萨举行，中国电信集团公司总经理王晓初、自治区主席助理丁业现参加挂牌仪式。

18日

自治区人民政府与中国电信集团公司推进西藏信息化建设战略合作协议签字仪式在拉萨举行，自治区主席向巴平措与中国电信集团公司总经理、董事长王晓初签订了战略合作协议。自治区副主席宫蒲光主持签字仪式，自治区主席助理丁业现出席签字仪式。

◆自治区常务副主席郝鹏专程前往拉萨市赛马场、自治区体育运动技术学校、区登山学校、实地考察研究我区"十一五"后期及"十二五"体育项目建设情况。自治区副主席甲热·洛桑丹增一同前往考察。

◆自治区常务副主席郝鹏在拉萨会见了金川集团董事长杨志强一行。

◆由自治区党委宣传部、自治区文联主办，西藏美术家协会、西藏书法家协会和西藏摄影家协会共同承办的"西藏民主改革50周年美术、书法、摄影展"在西藏博物馆开展。自治区副主席甲热·洛桑丹增出席开幕式。

◆全国清理整顿外派劳务市场秩序专项行动电视电话会议在京举行，自治区副主席邓小刚出席西藏分会场会议并讲话。

◆教育部2009年少数民族高层次骨干人才研究生招生工作会议在拉萨召开，自治区副主席孟德利出席会议并讲话。

◆自治区主席助理丁业现与金川集团董事长杨志强一行座谈。

19日

自治区政府召开专题会议，对我区当前抗旱工作进行再动员、再部署。自治区主席向巴平措出席会议并讲话。自治区副主席次仁主持会议。

◆西藏民族改革50周年大型展览在拉萨开幕，张庆黎、郝鹏、舒玉泰、巴桑顿珠、王宾宜、金书波、公保扎西、秦宜智等领导出席开幕式。自治区党委常委、自治区政协副主席、自治区党委统战部部长洛桑江村主持开幕式。自治区常务副主席白玛赤林在开幕式上讲话。

◆自治区常务副主席郝鹏在拉萨会见了由东风汽车公司副总经理欧阳洁率领的赴藏考察团一行。

◆全区"十一五"重点文物保护工程协调领导小组会议在拉萨召开，自治区副主席甲热·洛桑丹增主持会议并讲话。

◆金川集团拉萨代表处在拉萨揭牌，并与西藏鑫牛矿产开发有限公司签订合作框架协议，自治区主席助理丁业现为金川集团拉萨代表处揭牌。

20日

自治区常务副主席郝鹏在拉萨会见了中国储备粮管理总公司总经理包克辛一行，自治区主席助理丁业现一同会见。

◆拉萨海关举行新关长任职仪式，自治区副主席邓小刚，海关总署党组成员、纪检组长胡玉敏出席任职仪式并讲话。

22日

全区深化医药卫生体制改革工作会议在拉萨召开，自治区常务副主席郝鹏出席会议并讲话，自治区副主席德吉主持会议。

◆自治区副主席甲热·洛桑丹增与前来我区调研的国家文物局副局长董保华一行座谈。

23日

自治区主席向巴平措来到即将对外开放的布达拉宫珍宝馆视察，自治区副主席甲热·洛桑丹增、宫蒲光陪同视察。

◆自治区家电下乡工作领导小组会议在拉萨召开，自治区副主席邓小刚出席会议并讲话。

25日

我区"十一五"重点文物保护工程——哲蚌寺文物保护暨给排水工程开工仪式在拉萨哲蚌寺举行。向巴平措、秦宜智、土登才旺等自治区领导出席仪式并为工程开工剪彩。自治区副主席甲热·洛桑丹增在开工仪式上讲话，自治区副主席多吉泽仁主持开工仪式。

◆我区开展全国土地日宣传活动，自治区副主席白玛才旺前往宣传点检查指导工作，并看望慰问工作人员。

◆我区首家“流动妇女儿童之家”挂牌，自治区副主席德吉出席并为“流动妇女儿童之家”挂牌。

26日

自治区在拉萨召开全区中小学校舍安全工程电视电话会议，自治区常务副主席吴英杰出席会议并讲话。

◆成都军区人防政策法规建设座谈会在拉萨召开，自治区常务副主席白玛赤林出席会议并讲话。

◆西藏自治区银行业协会“银团贷款与交易专业委员会”成立暨《西藏自治区银行业银团贷款合作公约》签约仪式在拉萨举行，自治区副主席白玛才旺出席签约仪式并讲话。

◆我区开展“6·26”国际禁毒日宣传活动，自治区副主席多托前往现场指导工作。

27日

自治区主席向巴平措在拉萨会见了前来我区考察的由文化部副部长周和平率领的文化部赴藏调研组一行，自治区副主席宫蒲光、多托陪同会见。

◆文化部调研组听取我区文化工作汇报，自治区副主席多托主持汇报会。

25—28日

中共中央政治局委员、北京市委书记刘淇率北京市代表团先后深入我区林芝、拉萨等地进行考察。北京市委常委、北京市常务副市长吉林，北京市委常委、市委组织部部长吕锡文，北京市委常委、市委秘书长李士祥，北京市委常委、市委统战部部长牛有成等随同考察。自治区党委书记张庆黎，自治区党委副书记、自治区主席向巴平措，自治区党委副书记张裔炯，自治区党委副书记、自治区常务副主席郝鹏，西藏军区司令员舒玉泰以及自治区领导巴桑顿珠、洛桑江村、金书波、尹德明、公保扎西、秦宜智、土登才旺、邓小刚、宫蒲光、武警西藏总队政委汪象华陪同考察或参加座谈会。

29日

庆祝“西藏百万农奴解放纪念日”向农牧民群众赠送物资仪式在拉萨布达拉宫广场隆重举行，自治区领导张庆黎、张裔炯、舒玉泰、巴桑顿珠、吴英杰、王宾宜、崔玉英、洛桑江村、白玛赤林、金书波、尹德明、公保扎西、秦宜智出席。中央统战部常务副部长朱维群和自治区党委副书记、自治区主席向巴平措分别在赠送仪式上讲话。自治区党委副书记、自治区常务副主席郝鹏主持仪式。

30日

自治区向中央各部委调研组汇报会在拉萨举行，自治区党委书记张庆黎和国家发展改革委副主任杜鹰分别在汇报会上作重要讲话。自治区党委副书记、自治区主席向巴平措主持汇报会，自治区党委副书记、自治区常务副主席郝鹏代表区党委、政府向调研组一行作工作汇报。自治区常务副主席吴英杰、白玛赤林出席了汇报会。

七月

3日

我区银行业支持中小企业发展信贷产品推介会在拉萨举行，自治区副主席白玛才旺出席会议并讲话。

5日

自治区常务副主席郝鹏先后深入昌都地区八宿、察雅、昌都县和地直有关部门调研。

7日

自治区政府办公厅举行了保密承诺书签订仪式，自治区副主席宫蒲光在签订仪式上讲话。

◆拉萨开展军民警民双拥共建共保活动。王宾宜、秦宜智、李昭等自治区领导前往检查指导活动开展情况。

6—8日

中共中央政治局委员、国务院副总理回良玉在藏考察调研，国家民委主任杨晶、水利部部长陈雷、国务院副秘书长张勇、民政部副部长罗平飞、财政部副部长丁学东、农业部副部长陈晓华、国研室党组成员黄守宏等随同考察调研。自治区党委书记张庆黎陪同考察调研并主持了自治区党委、政府的工作汇报会。自治区党委副书记、自治区主席向巴平措陪同考察调研并代表自治区党委、政府汇报了我区有关工作情况。自治区领导列确、张裔炯、巴桑顿珠、王宾宜、崔玉英、白玛赤林、金书波、尹德明、公保扎西、秦宜智、次仁、白玛才旺、多吉泽仁、邓小刚、宫蒲光、孟德利、德吉、多托等陪同考察或参加汇报会。

8日

以全国政协常委、教科文卫体委员会副主任、中国宋庆龄基金会副主席、卫生部原部长张文康为组长的全国政协教科文卫体委员会和西藏自治区政协科教文卫体委员会联合调研组一行与我区卫生厅、区藏医院等单位负责人和藏医藏药专家举行座谈，自治区副主席德吉出席座谈会并讲话。自治区政协党组副书记、副主席德吉措姆主持座谈会。

8—11日

水利部部长陈雷率水利部赴藏考察组在自治区副主席次仁陪同下，深入拉萨市和昌都地区，调研我区水利工作和水利援藏工作。

11日

自治区人口计生委在桑日县开展了第20个世界人口日宣传服务活动，同时启动桑日县“幸福工程——救助贫困母亲”项目，向受助贫困母亲发放救助金。自治区副主席德吉出席并讲话。

8—12日

自治区主席向巴平措率领自治区政府办公厅、区国资委、教育督导委员会、财政厅、劳动和社会保障厅、交通厅、商务厅等部门负责同志赴西藏驻格尔木基地、那曲地区调研。

13日

水利部援藏工作会议在林芝召开。水利部部长陈雷，自治区常务副主席郝鹏出席会议并讲话。水利部副部长、水利部援藏工作领导小组组长矫勇主持会议。武警水电指挥部主任李光强、自治区副主席次仁、长江水利委员会主任蔡其华、黄河水利委员会主任李国英等出席会议。

14日

第十一世班禅额尔德尼·确吉杰布，在中央统战部副部长斯塔陪同下抵达拉萨。张庆黎、帕巴拉·格列朗杰、列确、向巴平措、张裔炯、郝鹏、巴桑顿珠、洛桑江村、公保扎西、秦宜智等领导同志前往迎接或看望。

◆自治区党委、政府在拉萨与水利部赴藏考察组一行进行座谈。自治区党委书记张庆黎、水利部长陈雷和自治区主席向巴平措分别在座谈会上讲话。自治区常务副主席郝鹏主持座谈会。水利部副部长矫勇、长江水利委员会主任蔡其华在座谈会上就我区水利工作提出意见和建议。自治区副主席次仁在座谈会上汇报了我区水利工作情况。自治区副主席宫蒲光出席座谈会。

14—15日

自治区副主席邓小刚率工作组赴青藏铁路那曲物流中心建设工地调研。

15日

我区最大的水利工程——旁多水利枢纽工程在拉萨市林周县正式开工。自治区党委书记张庆黎宣布工程开工，并与水利部部长陈雷共同启动开工礼炮按纽，为工程开工奠基。自治区主席向巴平措和水利部副部长矫勇在开工仪式上讲话。自治区常务副主席郝鹏主持开工仪式。自治区副主席次仁、宫蒲光和水利部长江水利委员会主任蔡其华，武警水电指挥部主任李光强等领导同志出席开工仪式并为工程开工奠基。

◆自治区主席向巴平措前往墨竹工卡县视察斯布牦牛育肥项目。自治区副主席次仁陪同视察。

◆自治区主席向巴平措在拉萨会见了由中国工商银行副行长牛锡明率领的中国工商银行赴藏调研组一行。自治区副主席白玛才旺陪同会见。

◆自治区党委副书记、自治区常务副主席郝鹏在拉萨会见了由江西省委常委、副省长陈达恒率领的江西省政府赴藏考察团一行。

16日

全区邮政工作会议在拉萨召开。自治区常务副主席白玛赤林出席会议并讲话。

◆自治区党委书记张庆黎在拉萨会见了中共中央委员、中国残联党组书记、理事长王新宪率领的中国残联赴藏调研组一行。自治区副主席德吉一同参加会见。

◆自治区副主席白玛才旺在拉萨会见了前来我区调研的中国银监会党风巡视组副组长王文进一行。

17日

自治区党委书记张庆黎在拉萨会见了十届全国人大常委会副委员长热地。自治区领导列确、向巴平措、张裔炯、郝鹏、舒玉泰、巴桑顿珠、吴英杰、王宾宜、崔玉英、洛桑江村、白玛赤林、公保扎西、秦宜智、土登才旺、赵正修、宫蒲光、乔元忠以及郭毅力等一同参加会见。

◆自治区政府召开全体会议，自治区主席向巴平措主持会议并讲话。自治区常务副主席郝鹏通报了中央经济社会发展组赴藏调研及成都交流会议情况和全区上半年经济运行情况，并安排部署下一步经济工作。自治区常务副主席吴英杰、白玛赤林，自治区副主席次仁、白玛才旺、邓小刚、宫蒲光、孟德利、多托、李昭以及自治区主席助理丁业现出席会议。

◆自治区主席向巴平措在拉萨主持召开自治区政府第12次常务会议，会议原则通过《关于呈报(2009年上半年经济运行分析以及下一步工作建议)的请示》。

◆自治区治理“小金库”领导小组第二次会议在拉萨召开。自治区副主席白玛才旺出席会议并讲话。

18日

自治区党委常委、组织部部长尹德明，自治区副主席德吉在拉萨与中共中央委员、中国残联党组书记、理事长王新宪率领的中国残联赴藏调研组一行进行座谈。

◆全区禁毒工作电视电话会议在拉萨召开。自治区副主席、自治区禁毒委主任李昭出席会议并讲话。

19日

第十一世班禅额尔德尼·确吉杰布圆满结束在拉萨的各项活动后，回抵日喀则。张裔炯、巴桑顿珠、白玛赤林、土登才旺、新杂·单增曲扎、策墨林·单增赤列等自治区领导来到雪林·多吉颇章，为十一世班禅送行。自治区领导洛桑江村、多吉泽仁、珠康·土登克珠及自治区有关部门领导陪同前往。

20日

自治区常务副主席郝鹏在拉萨会见了对外经贸大学党委书记王玲率领的赴藏考察团。

21日

西藏军区召开77625部队先进事迹情况介绍会。西藏军区司令员舒玉泰，副政委刘廷华、王克林，总政宣传部宣传局局长杨定宇，成都军区政治部副部长张力等出席介绍会。自治区常务副主席白玛赤林出席介绍会并讲话。

22日

自治区召开经济形势通报电视电话会议。自治区党委书记张庆黎出席会议并作重要讲话。自治区党委副书记、自治区主席向巴平措通报了我区上半年经济运行情况，并对下半年经济工作作出安排部署。自治区党委副书记、自治区常务副主席郝鹏主持会议。列确、张裔炯、舒玉泰、巴桑顿珠、吴英杰、崔玉英、白玛赤林、尹德明、公保扎西、秦宜智和自治区人大、政府、政协、武警西藏总队、武警边防总队的有关领导同志出席拉萨主会场会议。

◆自治区政府与国务院发展研究中心调研组座谈并举行辅导讲座。自治区主席向巴平措出席座谈会暨辅导讲座并讲话。自治区常务副主席郝鹏、吴英杰、白玛赤林，自治区副主席次仁、孟德利、德吉、多托以及自治区主席助理丁业现出席会议。自治区副主席、政府秘书长宫蒲光主持座谈会。

◆2009年全区上半年金融运行分析会在拉萨召开。自治区副主席白玛才旺出席会议并讲话。

23日

自治区主席向巴平措在拉萨主持召开自治区政府第13次常务会议。会议原则通过《关于送审〈西藏自治区扶持企业发展激励办法(暂行)的请示〉》等。会议原则通过了《关于提请审定〈西藏自治区就业促进条例(草案)〉的请示》、《关于报请自治区人民政府办公厅转发〈关于促进以创业带动就业工作的贯彻意见〉的请示》、《关于呈报〈西藏自治区基层党政机关、事业单位周转房建设规划(2009—2011年(送审稿)〉的请示》。

◆全国工商行政管理系统援藏工作会议在拉萨闭幕。自治区主席向巴平措，国家工商行政管理总局党组成员、副局长王东峰出席会议并讲话。自治区领导宋善礼、邓小刚、宫蒲光、刘庆慧出席会议。

◆自治区党委书记张庆黎在拉萨会见了国家工商总局党组成员、副局长王东峰和北京市副市长程红一行。自治区党委常委、秘书长公保扎西和自治区副主席邓小刚一同参加会见。

24日

自治区常务副主席郝鹏在拉萨会见了由中纪委委员、中国证监会党委委员、纪委书记李小雪率领的中国证监会赴藏考察团。自治区副主席白玛才旺一同参加会见。

◆自治区副主席白玛才旺与中纪委委员、中国证监会党委委员、纪委书记李小雪一行在拉萨举行座谈。

◆自治区副主席宫蒲光与由国务院研究室司长唐元带队的赴藏调研组一行座谈。

25日

自治区党委书记张庆黎在拉萨会见了中国驻挪威大使唐国强率领的驻外使节团一行。自治区党委常委、自治区政协党组书记、副主席巴桑顿珠，自治区党委常委、自治区常务副主席吴英杰，自治区党委常委、宣传部部长崔玉英一同参加会见。

◆西藏大学财经学院、西藏财政干部管理学院挂牌仪式在原西藏自治区财经学校举行，自治区常务副主席吴英杰，自治区主席助理丁业现出席挂牌仪式并揭牌。

26日

我区“十一五”重点文物保护工程暨大昭寺、小昭寺维修工程开工仪式在大昭寺举行。自治区常务副主席郝鹏宣布工程开工并剪彩。自治区党委常委、拉萨市委书记秦宜智，自治区人大常委会副主任阿登，自治区政协副主席珠康·土登克珠出席开工仪式。自治区副主席甲热·洛桑丹增出席开工仪式并讲话。

27日

自治区政府与前来我区考察的由驻挪威大使唐国强率领的我驻外使节团举行了座谈。自治区主席向巴平措主持会议。自治区常务副主席郝鹏介绍了我区有关情况。自治区副主席宫蒲光参加座谈。

◆全区农牧工作座谈会在拉萨召开。自治区主席向巴平措出席会议并讲话。自治区副主席次仁主持会议。

◆自治区党委、政府与国家税务总局赴藏工作组在拉萨举行了座谈。自治区常务副主席郝鹏主持座谈会并讲话，国家税务总局党组成员、副局长解学智介绍赴藏考察有关情况，自治区副主席白玛才旺介绍我区经济社会发展情况，自治区主席助理丁业现参加座谈会。

25—28日

中共中央政治局委员、上海市委书记俞正声和上海市委副书记、市长韩正率领上海市党政代表团在我区考察指导工作。上海市人大常委会主任刘云耕，上海市政协主席冯国勤，上海市委常委、统战部部长杨晓渡，上海市委常委、秘书长丁薛祥，上海市副市长胡延照等随同考察。自治区党委书记张庆黎，自治区党委副书记、自治区人大常委会主任列确，自治区党委副书记、自治区主席向巴平措，自治区党委副书记张裔炯，自治区党委副书记、自治区常务副主席郝鹏以及自治区领导王增钵、巴桑顿珠、吴英杰、白玛赤林、尹德明、公保扎西、秦宜智等陪同考察或出席座谈会。

28日

全区军转干部安置工作电视电话会议在拉萨召开。自治区常务副主席郝鹏，西藏军区副政委杨双举出席电视电话会议并讲话。

◆全区农牧工作座谈会在拉萨闭幕。自治区副主席次仁出席会议并讲话。

◆自治区政府办公厅召开干部职工大会。自治区副主席宫蒲光就政府办公厅下一阶段深入开展领导干部作风建设年活动讲话。

29日

自治区副主席德吉带领自治区有关部门负责人及有关执法监督人员，对我区食品市场进行了检查。

30日

在中国人民解放军建军82周年来临之际，自治区党委副书记张裔炯，自治区党委常委、政法委书记王宾宜，自治区党委常委、自治区常务副主席白玛赤林，自治区党委常委、拉萨市委书记秦宜智分组前往拉萨市各执勤点看望慰问执勤官兵和公安民警，向他们致以诚挚的问候和崇高的敬意。宋善礼、马如龙、李昭、罗松多吉、白玛朗杰、杨双举、郭毅力等领导同志一同前往看望慰问。

28—31日

中共中央政治局委员、中央书记处书记、中央组织部部长、中央深入学习实践科学发展观活动领导小组副组长李源潮深入我区城镇乡村、企业农户考察工作，看望慰问各族干部群众，与我区县委书记、藏族年轻干部代表亲切座谈，听取自治区深入学习实践科学发展观活动工作汇报，并发表重要讲话。自治区党委书记、区党委深入学习实践科学发展观活动领导小组组长张庆黎主持座谈会和汇报会并讲话。自治区领导列确、向巴平措、张裔炯、郝鹏、巴桑顿珠、吴英杰、王宾宜、崔玉英、洛桑江村、白玛赤林、金书波、公保扎西、秦宜智等出席汇报会。自治区党委常委、组织部部长尹德明在座谈会和汇报会上汇报了有关情况。自治区领导次仁、甲热·洛桑丹增、白玛才旺、邓小刚、宫蒲光、孟德利、德吉、多托、李昭、丁业现等出席座谈会。

31日

自治区庆祝“八一”建军节暨拥军招待会在拉萨隆重举行。自治区党委书记、西藏军区党委第一书记张庆黎出席招待会并作重要讲话。自治区党委副书记、自治区主席向巴平措主持招待会，西藏军区司令员舒玉泰、武警西藏总队总队长郭毅力在招待会上讲话。帕巴拉·格列朗杰、列确、张裔炯、郝鹏、巴桑顿珠、吴英杰、王宾宜、崔玉英、洛桑江村、白玛赤林、金书波、尹德明、公保扎西、秦宜智等领导同志出席招待会。

八月

1日

武警西藏总队在拉萨隆重举行军事会操，热烈庆祝中国人民解放军建军 82 周年。自治区党委书记、西藏军区党委第一书记张庆黎出席并作重要讲话。列确、向巴平措、张裔炯、郝鹏、吴英杰、王宾宜、崔玉英、洛桑江村、白玛赤林、秦宜智等出席军事会操活动。

2日

国道 317 线夏曲卡至那曲段公路改建整治工程在那曲镇举行开工仪式。十届全国人大常委会副委员长热地宣布工程开工。并与自治区领导郝鹏、嘎玛等一同为工程开工奠基。

◆为纪念建军 82 周年，由自治区文学艺术联合会、武警西藏总队政治部联合主办的“刘成俊诗词书法作品展”在西藏博物馆隆重开幕。展览期间，自治区常务副主席吴英杰等观看了作品展。

3日

自治区信托投资公司改制《产权转让协议》签字仪式在拉萨举行。自治区主席向巴平措出席签字仪式。自治区副主席白玛才旺在签字仪式上致辞。自治区副主席宫蒲光主持签字仪式。自治区主席助理丁业现出席签字仪式。

◆自治区党委书记张庆黎来到即将对外开放的布达拉宫珍宝馆考察调研。自治区领导张裔炯、崔玉英、公保扎西、甲热·洛桑丹增一同前往。

4日

自治区人民政府和中国移动通信集团公司战略合作框架协议签字仪式在拉萨举行。自治区党委副书记、自治区主席向巴平措与中国移动通信集团公司党组书记、副总裁张春江共同签署《西藏自治区人民政府和中国移动通信集团公司战略合作框架协议》。自治区副主席宫蒲光出席签字仪式。自治区主席助理丁业现主持签字仪式。

◆自治区“双学双比”、“巾帼建功”活动领导小组会议在拉萨召开。自治区副主席德吉出席会议并讲话。

◆全区农家书屋工程建设工作汇报会在拉萨召开。自治区副主席多托出席会议并讲话。

◆中国移动西藏公司“动力 100”信息化体验厅开业迎宾。自治区主席助理丁业现出席开业仪式并致辞。

5日

自治区党委书记张庆黎在拉萨会见科技部副部长张来武率领的赴藏考察团。自治区常务副主席吴英杰一同参加会见。

◆自治区人民检察院与北京师范大学法学院暨刑事法律科学研究院签订了长期全面合作协议。自治区常务副主席白玛赤林出席了签字仪式。

6日

自治区党委书记张庆黎和自治区主席向巴平措在拉萨会见了中国华能集团公司总经理曹培玺率领的赴藏工作组一行。自治区常务副主席郝鹏，自治区副主席宫蒲光，自治区主席助理丁业现一同参加会见。

◆《西藏自治区人民政府 中国华能集团公司关于进一步加强能源领域经济战略合作协议》签字暨华能澜沧江上游水电有限公司揭牌仪式在拉萨举行。自治区主席向巴平措和中国华能集团公司总经理曹培玺签署合作协议并为华能澜沧江上游水电有限公司揭牌。自治区常务副主席郝鹏和中国华能集团公司副总经理鞠章华分别在签字仪式上致辞。自治区副主席宫蒲光主持签字揭牌仪式。自治区主席助理丁业现出席签字揭牌仪式。

◆由国家科技部、自治区人民政府举办的第三次全国科技援藏工作座谈会在拉萨召开。自治区主席向巴平措出席会议。自治区常务副主席吴英杰，科技部副部长张来武分别在会上发表讲话。

◆自治区常务副主席白玛赤林在拉萨会见了尼泊尔劳动和交通管理署总署长沙拉德·昌德·庞德尔一行。

◆自治区党委书记张庆黎在拉萨会见了中央统战部副部长、全国工商联党组书记、第一副主席全哲洙率领的全国工商联赴藏考察团一行。自治区副主席多吉泽仁一同参加会见。

◆自治区副主席甲热·洛桑丹增来到布达拉宫和罗布林卡维修工程现场，检查验收工程进展情况。

4—7日

山东省委书记、省人大常委会主任姜异康，山东省委副书记、省长姜大明率领山东省党政代表团在我区考察并看望慰问山东省援藏干部。山东省委常委、秘书长王敏，山东省人大常委会副主任崔日臣，山东省副省长李兆前，山东省政协副主席齐乃贵随同考察。自治区领导张庆黎、列确、向巴平措、郝鹏、巴桑顿珠、吴英杰、公保扎西、格桑次仁、宫蒲光、乔元忠等出席座谈会或陪同考察。

7日

自治区主席向巴平措在拉萨会见了前来我区考察调研的由国家食品药品监督管理局副局长吴浈率领的国家食品药品监督管理局赴藏调研组一行。自治区副主席德吉一同参加会见。

◆自治区党委书记、西藏军区党委第一书记张庆黎和自治区党委副书记、自治区人大常委会主任列确在拉萨会见了成都军区政治委员张海阳，武警部队副司令员王建平一行。自治区常务副主席白玛赤林等领导同志一同参加会见。

◆自治区党委常委、宣传部部长崔玉英，自治区副主席多托专程前往自治区广电局亲切看望慰问中央人民广播电台、中国国际广播电台、中央电视台的援藏干部。

3—8日

中央统战部副部长、全国工商联党组书记、第一副主席全哲洙率北京、上海、天津、江苏、浙江、广东、山东、辽宁、吉林、湖北、四川等11省市的工商联以及近30家著名民营企业的负责人在藏考察调研。自治区领导向巴平措、张裔炯、郝鹏、洛桑江村、秦宜智、多吉泽仁、宫蒲光等陪同考察或出席座谈会。

8日

我区各族各界群众开展万人健步走、民族健身操展示、锅庄舞表演等活动，迎接首个“全民健身日”。自治区主席向巴平措宣布2009“全民健身日”活动万人健步走开始。自治区人大常委会副主任周春来、自治区副主席宫蒲光、自治区政协副主席央金出席。自治区副主席甲热·洛桑丹增讲话。

◆西藏儿童福利院举行欢送考入内地学校学生联谊会。自治区常务副主席白玛赤林出席联谊会。

9日

自治区常务副主席吴英杰在拉萨会见了由中国石油天然气股份有限公司副总裁李华林率领的赴藏考察团一行。自治区副主席孟德利参加会见。

◆西藏民族饭店在拉萨开业。自治区党委常委、区政协党组书记、自治区政协副主席巴桑顿珠，自治区副主席多吉泽仁、德吉、多托出席开业典礼并剪彩。

◆自治区副主席德吉在拉萨会见了世界卫生组织驻华代表韩卓升一行。

10日

自治区政府与中国国电集团公司在拉萨举行了开发西藏能源项目合作协议签字仪式。区党委副书记、自治区主席向巴平措和中国国电集团公司总经理、党组副书记朱永芃在协议书上签字。区党委常委、自治区常务副主席吴英杰，自治区副主席、政府秘书长宫蒲光出席签字仪式。中国国电集团公司党组书记、副总经理乔保平，中国国电集团公司党组成员、副总经理杨海滨出席签字仪式。自治区副主席邓小刚主持签字仪式。

◆自治区党委书记张庆黎在拉萨会见了湖北省委常委张昌尔，湖北省副省长张岱梨率领的湖北省党政代表团一行。自治区党委常委、自治区常务副主席吴英杰，自治区党委常委、政法委书记王宾宜，自治区党委常委、秘书长公保扎西参加会见。

◆羌塘恰青赛马艺术节在那曲镇开幕。自治区副主席多托出席了开幕仪式。

10—11日

全区农业技术示范项目现场会在日喀则召开。自治区副主席次仁出席会议并讲话。

11日

自治区党委书记张庆黎在拉萨会见了中国国电集团公司总经理、党组副书记朱永芃和中国国电集团公司党组书记、副总经理乔保平率领的赴藏工作组一行。自治区党委常委、自治区常务副主席吴英杰，自治区党委常委、组织部部长尹德明，自治区党委常委、秘书长公保扎西，自治区副主席邓小刚、宫蒲光一同参加会见。

◆自治区党委、政府与湖北省党政代表团在拉萨进行座谈。自治区党委副书记、自治区主席向巴平措和湖北省委常委张昌尔在座谈会上讲话。自治区党委常委、常务副主席吴英杰在座谈会上介绍我区经济社会发展情况，自治区副主席邓小刚主持座谈会，湖北省副省长张岱梨出席座谈会。

◆西藏博物馆正式向全社会免费开放。自治区领导列确、崔玉英、周春来、甲热·洛桑丹增、乔元忠等出席免费开放仪式并剪彩。

◆布达拉宫珍宝馆正式对外开放。自治区领导列确、崔玉英、周春来、甲热·洛桑丹增、乔元忠等为布达拉宫珍宝馆开馆剪彩。

12日

自治区主席向巴平措在拉萨主持召开自治区政府第14次常务会议。会议原则通过《关于2009年内地西藏中职班招生工作有关问题的请示》、《关于呈报(西藏自治区农牧民健康促进行动方案(2009—2015年)的请示)》等。会议还研究了其它事项。

◆全区地市妇联主席工作会议在拉萨召开。自治区副主席德吉出席会议并讲话。

13日

自治区政府与卫生部赴藏考察组举行座谈。自治区主席向巴平措，卫生部副部长尹力出席座谈会并讲话。自治区副主席德吉主持座谈会。

◆全国维护稳定暨信访工作第二次电视电话会议召开。会议结束后，自治区立即在西藏分会场召开全区电视电话会议。自治区党委书记、西藏军区党委第一书记张庆黎讲话。自治区党委副书记、自治区主席向巴平措主持会议。张裔炯、王宾宜、白玛赤林、公保扎西、赵正修、宫蒲光等领导同志出席西藏分会场会议。

◆自治区主席向巴平措在拉萨会见香港招商局赴藏考察团一行。自治区常务副主席吴英杰，自治区副主席邓小刚、宫蒲光一同参加会见。

14日

纪念西藏自治区人民代表大会常务委员会设立30周年座谈会在拉萨隆重举行。自治区党委书记张庆黎，十届全国人大常委会副委员长热地，自治区党委副书记、自治区人大常委会主任列确分别在座谈会上发表重要讲话。帕巴拉·格列朗杰、向巴平措、张裔炯、巴桑顿珠、吴英杰、王宾宜、洛桑江村、白玛赤林、公保扎西、秦宜智等出席座谈会。自治区人大常委会常务副主任土登才旺主持座谈会。

15日

“戈尔杯”第四届纳木措国际徒步大会出发仪式在布达拉宫广场举行。自治区党委常委、自治区常务副主席吴英杰宣布大会开始。自治区党委常委、拉萨市委书记秦宜智向徒步赛员领队授旗。

◆以“面向基层、服务农村、惠及百姓”为主题的中医中药中国行之西藏藏医藏药科普知识宣传活动在拉萨启动。卫生部副部长、国家中医药管理局局长王国强，自治区领导周春来、德吉、刘庆慧出席启动仪式。

◆2009 全区篮球锦标赛在拉萨正式拉开战幕。自治区人大常委会副主任马如龙、自治区政协副主席罗松多吉、西藏军区副政委王克林出席开幕式。自治区副主席甲热·洛桑丹增宣布篮球赛开幕。

17 日

自治区主席向巴平措在拉萨会见了前来我区考察的重庆大学党委书记欧可平一行。自治区常务副主席吴英杰，自治区副主席宫蒲光一同参加会见。

◆青藏铁路那曲物流中心竣工典礼暨入驻企业签字仪式在那曲地区隆重举行。自治区党委书记张庆黎和铁道部部长刘志军为青藏铁路那曲物流中心竣工剪彩并讲话。自治区领导公保扎西、周春来、罗松多吉和铁道部有关领导同志出席。自治区副主席邓小刚主持竣工典礼暨入驻企业签字仪式。

◆自治区党委书记张庆黎在拉萨会见香港招商局集团董事长、招商银行董事长秦晓一行。自治区党委常委、秘书长公保扎西，自治区副主席邓小刚一同参加会见。

◆全区食品安全委员会专题会议在拉萨召开。自治区副主席德吉出席会议并讲话。

18 日

自治区主席向巴平措与卫生部副部长、国家中医药管理局局长王国强率领的卫生部国家中医药管理局赴藏调研组举行座谈。自治区副主席德吉主持座谈会。

15—19 日

浙江省委书记、省人大常委会主任赵洪祝率领浙江省党政代表团前来我区考察并看望慰问浙江省援藏干部。浙江省人大常委会副主任刘奇、浙江省副省长陈加元、浙江省政协副主席王永昌等随同考察。自治区党委书记张庆黎和赵洪祝分别在两省区座谈会上发表重要讲话。自治区党委副书记、自治区人大常委会主任列确陪同考察并在浙江省援藏干部座谈会上讲话。自治区党委副书记、自治区主席向巴平措主持两省区座谈会。自治区领导尼玛次仁、嘎玛、宫蒲光、德吉措姆等陪同考察或出席座谈会。

19 日

自治区党委书记张庆黎和自治区党委副书记、自治区主席向巴平措在拉萨会见了由吉林省委书记、省人大常委会主任王珉，吉林省副省长王祖继率领的吉林省党政代表团一行。自治区领导张裔炯、公保扎西、格桑次仁、宫蒲光、李昭一同参加会见。

◆国家测绘局援藏工作座谈会在拉萨召开。自治区主席向巴平措和国土资源部副部长、国家测绘局局长徐德明分别在座谈会上讲话。自治区副主席白玛才旺介绍了我区经济社会发展和测绘工作有关情况。自治区副主席宫蒲光出席会议。

◆自治区政府与北京师范大学在拉萨签署了《北京师范大学与西藏自治区人民政府合作意向书》，自治区常务副主席吴英杰和北京师范大学党委书记刘川生出席签字仪式。

◆“看中国·CRI 中外记者边境行”西藏行在拉萨启动。自治区常务副主席白玛赤林出席新闻发布会。

◆恒昊集团“中国红光高清雪域高原千里行”捐赠活动在拉萨举行。自治区副主席宫蒲光出席捐赠仪式并讲话。

◆自治区副主席德吉前往曲水县就贯彻落实中共中央、国务院《关于促进残疾人事业发展的意见》精神、当地残疾人工作开展情况、残疾人的生活现状及困难进行专题调研。

20 日

自治区与国家财政部赴藏调研组在拉萨举行座谈。自治区党委副书记、自治区主席向巴平措，国家财政部副部长张少春在座谈会上讲话。

自治区党委常委、自治区常务副主席吴英杰介绍我区经济社会发展情况。自治区副主席白玛才旺主持座谈会。自治区副主席宫蒲光出席座谈会。

◆自治区党委书记张庆黎在拉萨会见了国家财政部副部长张少春率领的国家财政部赴藏调研组一行。自治区常务副主席吴英杰一同参加会见。

◆自治区党委书记张庆黎和自治区党委副书记、自治区人大常委会主任列确在拉萨会见了全国妇联党组书记、副主席、书记处第一书记黄晴宜率领的赴藏考察团一行。自治区党委常委、组织部部长尹德明，自治区副主席德吉，自治区政协副主席央金一同参加会见。

◆自治区党委副书记、自治区常务副主席、自治区世博领导小组组长郝鹏在拉萨会见了由中国贸促会会长、上海世博会组委会副主任委员、执委会执行主任万季飞和全国政协常委、上海市政协副主席、上海世博会执委会副主任周汉民率领的上海世博会组委会赴藏工作组一行。

21 日

自治区党委书记张庆黎和自治区党委副书记、自治区主席向巴平措在拉萨会见了上海世博会组委会副主任委员、执委会执行主任、中国贸易促进会会长万季飞和全国政协常委、上海市政协副主席、上海世博会执委会副主任周汉民率领的上海世博会组委会赴藏工作组一行。自治区领导郝鹏、吴英杰、秦宜智、宫蒲光一同参加会见。

◆自治区副主席邓小刚与前来我区考察指导工作的中国贸促会会长万季飞在拉萨进行座谈。

18—22 日

全国妇联党组书记、副主席、书记处第一书记黄晴宜率全国妇联赴藏考察团前来我区考察调研。自治区领导列确、尹德明、德吉、央金出席座谈会或陪同考察。

22 日

中国 2010 年上海世博会西藏宣传周在拉萨布达拉宫广场隆重开幕，上海世博会吉祥物——“海宝”也正式落户西藏。自治区党委书记张庆黎，自治区党委副书记、自治区主席向巴平措，中国贸促会会长、上海世博会组委会副主任委员、执委会执行主任万季飞，全国政协常委、上海市政协副主席、上海世博会执委会副主任周汉民，自治区党委副书记、自治区常务副主席、自治区世博领导小组组长郝鹏，自治区党委常委、自治区常务副主席吴英杰，自治区党委常委、宣传部部长崔玉英，自治区党委常委、拉萨市委书记秦宜智，自治区副主席、政府秘书长宫蒲光为中国2010年上海世博会西藏宣传周开幕和“海宝”入藏剪彩。万季飞、郝鹏、周汉民分别在仪式上致辞。吴英杰主持仪式。

◆我区举行建立草原生态保护奖励机制试点工作启动仪式。自治区主席向巴平措在启动仪式上讲话。自治区副主席次仁主持启动仪式。

◆自治区主席向巴平措在拉萨会见了广东省副省长李容根率领的广东省党政代表团一行。自治区常务副主席白玛赤林一同参加会见。

◆中国2010年上海世博会西藏宣传周暨走进世博会展览在拉萨西藏博物馆举行。张庆黎、向巴平措、万季飞、周汉民、张裔炯、郝鹏、巴桑顿珠、吴英杰、王宾宜、崔玉英、白玛赤林、金书波、秦宜智等领导同志前往参观。

◆拉萨市政府在大昭寺广场举行中国历史文化名街——八廓街揭牌仪式。国家文化部部长蔡武，自治区党委副书记、自治区常务副主席郝鹏为中国历史文化名街——八廓街揭牌。国家文物局局长单霁翔讲话。自治区党委常委、拉萨市委书记秦宜智主持揭牌仪式。自治区副主席孟德利代表自治区政府致辞，中国文化报总编卜健出席。

◆自治区常务副主席郝鹏在拉萨会见了来访的新加坡外交部部长杨荣文。

◆主题为“生态与城市发展”的中国2010年上海世博会西藏宣传周专题论坛在拉萨举行。自治区常务副主席吴英杰，上海世博会组委会副主任委员、执委会执行主任、中国贸促会会长万季飞分别在论坛上致辞。自治区副主席宫蒲光主持本次论坛。

◆2009全区篮球锦标赛落幕。自治区常务副主席白玛赤林，自治区副主席多吉泽仁等领导出席闭幕式。

23日

西藏布达拉宫、罗布林卡、萨迦寺三大重点文物保护维修工程竣工典礼在拉萨隆重举行。中央政治局委员、国务委员刘延东为工程竣工剪彩并发表重要讲话。自治区党委书记张庆黎，国家教育部部长周济等出席竣工典礼并为工程竣工剪彩。自治区党委副书记、自治区主席向巴平措和国家文化部部长蔡武分别在竣工典礼上讲话。自治区党委副书记、自治区常务副主席郝鹏介绍了三大重点文物保护维修工程实施情况。自治区副主席甲热·洛桑丹增主持竣工典礼。

22—24日

中共中央政治局委员、国务委员刘延东率领考察调研组，深入我区城市乡村、学校院所、文化单位、科研机构和农牧民家中，考察科技教育事业发展、文化遗产保护、特色产业发展以及农牧民生产生活和社会主义新农村建设情况，亲切看望慰问我区各族干部群众。国家教育部部长周济、文化部部长蔡武、国务院副秘书长项兆伦、国家发展改革委副主任刘铁男、教育部副部长鲁昕、国研室副主任江小涓、国家文物局局长单霁翔等随同考察。自治区党委书记张庆黎陪同考察调研并主持自治区党委、政府的工作汇报会。自治区党委副书记、自治区主席向巴平措陪同考察调研并代表自治区党委、政府汇报我区有关工作情况。自治区领导张裔炯、郝鹏、巴桑顿珠、吴英杰、崔玉英、尼玛次仁、甲热·洛桑丹增、宫蒲光等陪同考察或参加汇报会。

24日

自治区党委、政府与国家人力资源和社会保障部赴藏调研组在拉萨座谈。自治区党委副书记、自治区主席向巴平措，国家人力资源和社会保障部副部长兼公务员局党组书记杨士秋在座谈会上讲话。自治区党委副书记、自治区常务副主席郝鹏在座谈会上介绍了我区经济社会发展情况以及人力资源和社会保障方面有关情况。自治区副主席宫蒲光主持座谈会。

◆自治区政府与中国人民大学座谈会暨合作备忘录签字仪式在拉萨举行。自治区常务副主席吴英杰，中国人民大学校长纪宝成出席并讲话，并分别代表自治区人民政府和中国人民大学签署了《西藏自治区人民政府与中国人民大学合作备忘录》。

25日

自治区“庆祝中华人民共和国成立60周年活动办公室、西藏民主改革50周年纪念活动办公室”与中国工商银行西藏自治区分行联合发行的“庆祝中华人民共和国成立60周年、西藏民主改革50周年”牡丹联名卡发行启动仪式在拉萨举行。自治区主席向巴平措和中国工商银行党委书记、董事长姜建清共同为牡丹联名卡发行揭幕。

◆西藏“十一五’’重点文物保护维修工程暨江孜宗山抗英遗址保护工程开工典礼在英雄城——江孜隆重举行。国家文化部部长蔡武宣布工程开工，自治区党委副书记、自治区常务副主席、西藏“十一五”重点文物保护维修工程领导小组组长郝鹏，国家文物局局长单霁翔讲话，自治区副主席多托主持。

◆自治区党委书记张庆黎在拉萨会见了商务部副部长钟山率领的赴藏考察团一行。自治区副主席邓小刚一同参加会见。

◆第四届拉萨国际半程马拉松挑战赛在拉萨举行。国家体育总局副局长、中国田径运动协会主席、本届赛事组委会名誉主席段世杰，自治区人大常委会副主任、秘书长赵正修，自治区副主席、本届赛事组委会名誉主席甲热·洛桑丹增，自治区政协副主席、秘书长罗松多吉出席起跑仪式。

26日

自治区党委书记、西藏军区党委第一书记张庆黎和自治区党委副书记、自治区主席向巴平措在拉萨会见了中央军委委员、中国人民解放军总参谋长陈炳德一行。张裔炯、郝鹏、舒玉泰、王增钵、白玛赤林、公保扎西、李福林、郭毅力、汪象华等领导同志一同参加会见。

◆自治区主席向巴平措在拉萨会见了农业部部长孙政才一行。自治区副主席次仁、邓小刚一同参加会见。

◆商务部在拉萨召开全国商务系统援藏工作会议。自治区主席向巴平措，商务部副部长钟山在会上分别发表讲话。自治区副主席邓小刚出席会议。

27日

自治区党委书记张庆黎在拉萨会见了国家农业部部长孙政才一行。自治区党委副书记张裔炯，自治区常务副主席郝鹏和自治区副主席次仁、邓小刚一同参加会见。

28日

自治区党委书记张庆黎在拉萨会见了海外知名人士考察团一行。自治区党委副书记张裔炯，自治区党委常委、秘书长公保扎西，自治区副主席多吉泽仁一同参加会见。

◆自治区副主席甲热·洛桑丹增与国家体育总局副局长段世杰一行赴藏考察调研组座谈。

◆公安部赴藏慰问组一行带着公安部党委的深情厚谊慰问我区公安英烈家属代表和英模代表。自治区副主席李昭出席座谈会并讲话。

29日

"以祝福祖国，共享全运"为主题的第十一届全国运动会火炬传递活动在拉萨隆重举行。自治区党委书记张庆黎点燃火炬并宣布传递活动开始。自治区党委常委、拉萨市委书记秦宜智和火炬传递总冠名单位、中石化销售有限公司川渝分公司总经理陈肃分别在传递仪式上致辞。自治区副主席甲热·洛桑丹增主持仪式。自治区领导公保扎西、尼玛次仁、宫蒲光、德吉措姆等出席火炬传递仪式。

28日至31日

湖南省委书记、省人大常委会主任张春贤，湖南省委副书记、省长周强率湖南省党政代表团在我区考察工作并看望慰问湖南省援藏干部。湖南省委常委、省纪委书记许云昭，湖南省委常委、省委秘书长杨泰波，湖南省委常委、省委统战部部长李微微等随同考察。自治区领导张庆黎、向巴平措、张裔炯、郝鹏、洛桑江村、金书波、公保扎西、尼玛次仁、邓小刚、宫蒲光、索朗卓玛等陪同考察或出席情况交流会。

31日

自治区党委书记张庆黎在拉萨会见了国家交通运输部副部长、中国民用航空局局长李家祥一行。自治区党委副书记、自治区常务副主席郝鹏，自治区党委常委、秘书长公保扎西，自治区副主席多吉泽仁一同参加会见。

◆民航西藏区局向国家民航总局工作汇报会在拉萨召开。国家民航总局局长李家祥、自治区副主席多吉泽仁听取汇报并讲话。民航西南地区管理局局长郭为民出席。

◆上海市修志援藏工作座谈会暨捐赠仪式在我区召开。自治区副主席宫蒲光出席捐赠仪式。

九月

8月30日—9月6日

中共中央政治局委员、全国政协副主席王刚率领全国政协代表团在藏考察调研。全国政协副主席、民进中央常务副主席罗富和，全国政协委员、全国政协副秘书长卢昌华，全国政协常委、国家发改委原副主任王金祥，全国政协常委、民革中央副主席吴国桢，全国政协常委、中国民生银行股份有限公司副董事长、泛海集团有限公司董事长兼总裁卢志强，全国政协委员、交通运输部副部长、中国民用航空局局长李家祥，全国政协委员、中央统战部副部长斯塔，全国政协委员、中国移动通信集团公司党组书记、副总裁张春江，全国政协委员、原国务院西部地区开发领导小组办公室副主任曹玉书，全国政协委员、国家林业局副局长李育才，全国政协委员、中国藏学研究中心总干事拉巴平措等随同考察。自治区党委书记张庆黎陪同考察并在自治区党委、政府工作座谈会上介绍我区有关工作情况。自治区党委副书记、自治区主席向巴平措主持座谈会。自治区领导列确、张裔炯、郝鹏、巴桑顿珠、吴英杰、洛桑江村、公保扎西、土登才旺、宫蒲光、德吉措姆、乔元忠、罗松多吉等陪同考察或出席座谈会。

9月1日

政协西藏自治区委员会成立50周年庆祝大会在拉萨隆重召开。中共中央政治局委员、全国政协副主席王刚在庆祝大会上发表重要讲话。全国政协副主席、自治区政协主席帕巴拉·格列朗杰主持庆祝大会。自治区党委书记张庆黎在庆祝大会上发表重要讲话。自治区领导列确、向巴平措、张裔炯、郝鹏、舒玉泰、王增钵、巴桑顿珠、吴英杰、王宾宜、洛桑江村、金书波、尹德明、公保扎西等出席庆祝大会。

2日

自治区党委书记张庆黎，自治区党委副书记、自治区主席向巴平措在拉萨分别会见了中国铝业公司党组书记、总经理熊维平一行。自治区党委副书记、自治区常务副主席郝鹏，自治区副主席、政府秘书长宫蒲光分别参加会见。

◆自治区主席向巴平措在日喀则会见了尼泊尔商务供应部秘书奥加带领的尼泊尔政府代表团。自治区副主席邓小刚参加会见。

◆西藏自治区"迎国庆歌唱祖国——爱国歌曲大家唱"大型演唱会在拉萨宗角禄康公园隆重举行。自治区领导张庆黎、列确、郝鹏、吴英杰、崔玉英、金书波、尹德明、公保扎西等和拉萨各族各界群众聚集一堂，共同高唱爱国歌曲，共同祝福伟大祖国繁荣昌盛。

◆国务院新闻办公室举行新闻发布会，邀请内蒙古、新疆、广西、宁夏、西藏五大自治区政府负责人，介绍新中国成立以来，本区政治、经济、文化和社会等方面取得的巨大成就。西藏自治区常务副主席白玛赤林表示西藏将建设得更加美好。

◆为期两天的全区农业综合开发工作会议暨农发产业现场会在林芝圆满结束。自治区副主席次仁出席会议并讲话。

◆全区地(市)安监局局长工作座谈会在拉萨召开。自治区副主席李昭出席座谈会并讲话。

3日

拉萨市当雄县"10·6"地震后，格达乡羊易村受灾群众喜迁新居。自治区党委副书记、自治区主席向巴平措出席仪式并亲手将新房钥匙交给群众代表。自治区副主席孟德利出席仪式并讲话。西藏军区副司令员王业明、武警西藏总队总队长郭毅力出席仪式。

◆由中国西藏自治区人民政府和尼泊尔商务供应部共同举办的“2009 中国西藏——尼泊尔经贸洽谈会”在日喀则珠峰会展中心隆重开幕。自治区主席、中国西藏自治区政府代表团团长向巴平措出席开幕式并剪彩。自治区人大常委会副主任、日喀则地委书记格桑次仁，自治区政协副主席萨龙·平拉，我国驻尼泊尔大使馆参赞白东民出席开幕式。2009 中国西藏——尼泊尔经贸洽谈会组委会主任、自治区副主席邓小刚致开幕词。尼泊尔驻拉萨总领事乌帕达雅、尼泊尔商务供应部联秘席尔瓦等尼方官员出席开幕式。

◆自治区党委副书记、自治区常务副主席郝鹏在拉萨会见了由国家统计局副局长林贤郁率领的国家统计局赴藏考察组一行。

◆全区工程建设领域突出问题专项治理工作领导小组召开第一次会议。自治区党委常委、区纪委书记金书波出席会议并讲话。自治区副主席孟德利主持会议。

◆全区集体林权制度改革试点工作会议在林芝召开。自治区副主席、自治区林权制度改革试点工作领导小组组长次仁出席会议并讲话。

◆西藏公安边防总队召开国庆安保暨深化爱民固边战略电视电话会议。自治区副主席、公安厅厅长李昭出席会议并讲话。

4日

自治区党委副书记、自治区主席向巴平措在拉萨会见了武警水电部队政委贾方亮一行。自治区副主席、秘书长宫蒲光参加会见。

◆自治区 2009 年高校毕业生就业推进行动正式启动。自治区党委副书记、自治区常务副主席郝鹏出席启动仪式并讲话。自治区人大常委会副主任阿登，自治区政协副主席策墨林·单增赤列出席启动仪式。

◆自治区党委书记张庆黎和自治区党委副书记、自治区人大常委会主任列确在拉萨会见了中宣部副部长李东生率领的赴藏调研组一行。自治区党委常委、宣传部部长崔玉英，自治区党委常委、秘书长公保扎西，自治区副主席多托一同参加会见。

◆全区领导干部作风建设演讲比赛在拉萨举行。自治区党委常委、区纪委书记、区领导干部作风建设年活动联系会议召集人金书波，自治区人大常委会副主任马如龙，自治区副主席、政府秘书长宫蒲光出席演讲比赛并为获奖选手颁奖。

◆自治区与中宣部赴藏调研组座谈会在拉萨举行。自治区党委副书记、区人大常委会主任列确主持座谈会并讲话。中宣部副部长李东生，中央外宣办副主任钱小芊，国家新闻出版总署党组副书记、副署长蒋建国，光明日报社总编辑苟天林等出席座谈会并讲话。自治区党委常委、宣传部部长崔玉英作工作汇报。自治区副主席多托等出席。

6日

全国部分省区“扫黄打非”座谈会在拉萨召开。全国“扫黄打非”工作小组副组长兼办公室主任、新闻出版总署党组副书记、副署长蒋建国主持座谈会。自治区党委常委、宣传部部长、区“扫黄打非”工作领导小组组长崔玉英出席并讲话。自治区副主席、区“扫黄打非”工作领导小组副组长多托致辞。

8日

自治区党委召开电视电话会议，就维护全区社会稳定工作进行全面部署。自治区党委书记张庆黎在拉萨主会场发表重要讲话。自治区党委副书记、自治区人大常委会主任列确主持会议。中央深入学习实践科学发展观活动巡回检查组第六组组长、江西省政协主席傅克诚和自治区领导向巴平措、张裔炯、郝鹏、舒玉泰、崔玉英、洛桑江村、金书波、尹德明、公保扎西出席会议。

◆西藏藏医学院建院 20 周年庆祝大会在拉萨隆重召开。自治区党委书记张庆黎，自治区党委副书记、自治区人大常委会主任列确，自治区党委副书记、自治区主席向巴平措，自治区党委常委、秘书长公保扎西，自治区人大常委会副主任尼玛次仁，自治区政协副主席刘庆慧出席庆祝大会。自治区党委常委、自治区常务副主席吴英杰在庆祝大会上讲话。全国政协副主席阿沛·阿旺晋美，全国政协副主席、自治区政协主席帕巴拉·格列朗杰，十届全国人大常委会副委员长热地，卫生部副部长、国家中医药管理局局长王国强等领导同志和十一世班禅额尔德尼·确吉杰布为西藏藏医学院建院 20 周年题词。

◆自治区党委副书记、自治区主席向巴平措在拉萨会见了英国外交国务大臣刘易斯一行。自治区党委副书记、自治区常务副主席郝鹏一同参加会见。

◆自治区党委书记张庆黎在拉萨会见了中国华电集团公司党组书记、副总经理李庆奎一行。自治区党委常委、秘书长公保扎西和自治区主席助理丁业现一同参加会见。

◆自治区快递行业协会在拉萨成立。自治区副主席宫蒲光出席成立大会，为协会揭牌并讲话。

◆自治区副主席孟德利在拉萨会见前来访华的尼泊尔外交部长苏加塔·柯伊拉腊一行。

9日

自治区深入学习实践科学发展观活动第二批总结暨第三批动员电视电话会议在拉萨召开。自治区党委书记、区党委学习实践活动领导小组组长张庆黎和中央深入学习实践科学发展观活动巡回检查组第六组组长、江西省政协主席傅克诚在动员大会上分别作重要讲话。自治区党委副书记、自治区人大常委会主任、区党委学习实践活动领导小组副组长列确主持会议。自治区党委副书记、自治区主席、区党委学习实践活动领导小组副组长向巴平措传达了中央学习实践活动领导小组《关于开展第三批深入学习实践科学发展观活动的指导意见》。自治区党委常委、组织部部长、区党委学习实践活动领导小组副组长、办公室主任尹德明传达了区党委《关于全区开展第三批深入学习实践科学发展观活动的实施意见》，并在会议闭幕时作总结讲话。张裔炯、郝鹏、舒玉泰、崔玉英、洛桑江村、金书波、公保扎西和自治区人大、政府、政协、区高法、区检察院、武警西藏总队的有关领导同志出席拉萨主会场会议。

◆自治区党委副书记、自治区主席

向巴平措主持召开会议，研究部署我区甲型H1N1流感防控工作。自治区党委副书记、自治区常务副主席郝鹏，自治区党委常委、自治区常务副主席吴英杰，自治区副主席邓小刚、宫蒲光、多托、李昭，自治区主席助理丁业现出席会议。

◆自治区政府与国务院参事刘坚率领的西藏农牧区社会事业发展研究调研组一行在拉萨举行座谈会。自治区党委副书记、自治区主席向巴平措在座谈会上讲话。自治区党委副书记、自治区常务副主席郝鹏主持座谈会。自治区副主席、政府秘书长宫蒲光出席座谈会。

◆自治区政府与中国华电集团公司举行座谈。自治区党委副书记、自治区主席向巴平措与中国华电集团党组书记、副总经理李庆奎分别在座谈会上讲话并签署进一步加强西藏水电资源开发战略合作协议。

◆自治区党委书记张庆黎来到西藏职业技术学院，看望慰问广大师生员工，与我区高校优秀教师和专家代表座谈，共庆第25个教师节。自治区党委常委、自治区常务副主席吴英杰和自治区党委常委、秘书长公保扎西一同前往。

◆中共中央政治局常委、全国政协主席贾庆林，中共中央政治局常委李长春，中共中央政治局常委、中央政法委书记周永康，分别来到北京民族文化宫，在西藏自治区党委常委、自治区常务副主席白玛赤林的陪同下参观了“内蒙古新疆广西宁夏西藏自治区成立成就展”西藏自治区展馆。中共中央政治局委员、全国人大常委会副委员长、中华全国总工会主席王兆国，中共中央政治局委员、中央军委副主席徐厚才，全国人大常委会副委员长乌云其木格，国务委员戴秉国，全国政协副主席、中共中央统战部部长杜青林分别参观。

◆西藏藏药专家委员会成立暨第一次会议召开。自治区人大常委会副主任马如龙出席会议，自治区副主席孟德利在会上讲话，并共同为西藏藏药专家委员会专家颁发聘书。

10日

自治区党委副书记、自治区主席向巴平措在拉萨会见了国家林业局副局长李育才一行。自治区副主席、政府秘书长宫蒲光一同参加会见。

◆全国进一步做好甲型H1N1流感防控工作电视电话会议在北京召开。自治区党委常委、自治区常务副主席吴英杰出席西藏分会场会议并讲话。

◆自治区政府与中国农业银行召开座谈会，共商合作与开发事宜。自治区副主席邓小刚出席座谈会并讲话。

◆武警西藏总队召开电视会议，对新颁布施行的《人民武装警察法》的学习宣传贯彻进行动员部署。自治区副主席、公安厅党委书记、厅长、武警西藏总队第一政委李昭出席会议。武警西藏总队政委汪象华作动员讲话。会议由武警西藏总队总队长郭毅力主持。

11日

全区重点项目建设工作会议在拉萨召开。自治区党委副书记、自治区常务副主席郝鹏出席会议并讲话。

◆自治区党委副书记、自治区常务副主席郝鹏在拉萨会见了由俄罗斯矿产资源署署长安纳托利·利多夫斯基率领的代表团一行。

◆自治区党委常委、自治区常务副主席吴英杰在拉萨会见了由欧盟经济社会委员会主席马里奥·赛彼率领的欧盟经济社会委员会代表团一行。自治区政府副主席央金一同会见。

◆国家林业局在拉萨召开全国林业援藏工作会议。自治区副主席、政府秘书长宫蒲光出席会议并讲话。

◆自治区政府办公厅召开全体干部职工大会，传达区党委常委会议、区党委维护稳定工作电视电话会议、全区深入开展民族团结宣传教育活动电视电话会议和全区纪检监察工作会议精神。自治区副主席、政府秘书长宫蒲光出席会议并讲话。

◆自治区副主席多托在拉萨亲切会见了前来我区参观访问，由马里奥·扎罗内·波玛率领的意大利代表团一行。

13日

西藏地质矿产调查评价会议在拉萨召开。国土资源部党组书记、部长许绍史，自治区党委副书记、自治区主席向巴平措出席会议并讲话。自治区党委副书记、自治区常务副主席郝鹏主持会议。国土资源部副部长、中国地质调查局党组书记、局长汪民出席会议。

◆我区2009年“科普日”活动暨“北京—拉萨‘我和你’科普展”启动仪式在拉萨举行。自治区党委常委、自治区常务副主席吴英杰，区人大常委会副主任周春来，区政协副主席、秘书长罗松多吉出席启动仪式，并参观科普展览。

15日

中国民族语文翻译局在拉萨举行藏文版《江泽民文选》和《资本论》赠送仪式。自治区党委常委、自治区常务副主席吴英杰，中国民族语文翻译局党委副书记、局长吴水姊出席仪式，并向受赠单位赠送藏文版《江泽民文选》和《资本论》。

16日

拉萨市当雄县境内发生特大交通事故，造成10人死亡，6人受伤。自治区党委常委、自治区常务副主席白玛赤林和拉萨市委副书记、市长多吉次珠迅速赶往现场，指挥救护和安置工作。

◆来自区直和拉萨市的87家单位在拉萨开展内容丰富的“9·16平安西藏宣传日”宣传活动。自治区党委常委、自治区政法委书记、区综治委主任王宾宜，自治区党委常委、自治区常务副主席、区综治委第一副主任白玛赤林等来到各宣传点检查指导工作，看望慰问工作人员。

◆“重生行动——全国贫困家庭唇腭裂儿童手术康复计划”项目在我区正式启动。自治区副主席德吉出席启动仪式并为项目揭牌。

12—17日

安徽省委常委、组织部部长段敦厚，副省长唐承沛率领安徽省党政代表团在我区考察工作，看望慰问援藏干部。自治区领导郝鹏、白玛赤林、公保扎西、邓小刚、宫蒲光等陪同考察或出席座谈会。

17日

自治区党委副书记、自治区常务副主席郝鹏深入我区政法系统和武警部队有关单位，实地调研我区维稳能力建设情况，看望慰问执勤官兵和基层公安民警。自治区党委常委、政法委书记王宾宜，自治区副主席、自治区公安厅党委书记、厅长李昭，西藏军区副政委杨双举，武警西藏总队总队长郭毅力等一同前往。

◆自治区党委副书记、自治区常务副主席郝鹏在拉萨会见了武警森林指挥部政委王长河一行。自治区领导王宾宜、次仁、李昭一同参加会见。

◆自治区党委常委、自治区常务副主席白玛赤林代表自治区党委、政府到自治区人民医院亲切看望"9·16"特大交通事故伤员，了解受伤人员的治疗情况，并对后续工作进行安排部署。自治区副主席德吉陪同看望。

◆自治区新生儿听力筛查项目启动仪式暨上海市卫生局为我区捐赠医疗设备仪式在拉萨举行。自治区副主席德吉和国家"降低孕产妇死亡率、消除新生儿破伤风"项目督导组组长、上海市卫生局副局长王磐石博士出席启动仪式。

18日

自治区庆祝新中国成立60周年宣传工作座谈会在拉萨召开。区党委常委、宣传部部长崔玉英主持座谈会并讲话。自治区副主席多托传达了刘云山同志在庆祝新中国成立60周年宣传工作座谈会上的讲话。

19日

"全球通藏族佳丽——2009年西藏旅游形象大使"决赛在拉萨落下帷幕。自治区党委常委、自治区常务副主席吴英杰在现场观看比赛并为"西藏旅游形象大使"冠军颁奖。

◆自治区有关单位在拉萨开展第九个全国全民国防教育日宣传活动。自治区党委常委、自治区常务副主席白玛赤林，自治区人大常委会副主任阿登，自治区政协副主席央金，西藏军区副政委杨双举来到各宣传点检查指导工作，并慰问工作人员。

◆参加第二届全国道德模范评选表彰活动颁奖仪式的我区10名候选人启程赴京。自治区副主席、自治区文明委副主任多托代表自治区文明委欢送候选人一行。

20日

"放大青藏铁路对西藏社会经济带动能力研究"课题研讨会在北京西藏大厦举行。十届全国人大常委会副委员长、自治区发展咨询委员会名誉主任热地出席会议并讲话。区党委副书记、自治区主席、自治区发展咨询委员会主任向巴平措主持会议并讲话。十届全国人大环资委主任委员、自治区咨询委员会副主任毛如柏介绍课题报告情况并作会议总结。

◆自治区党委副书记、自治区常务副主席郝鹏在拉萨会见了中国科协书记处书记冯长根及参加第十届中国西部科技进步与经济社会发展论坛的领导、专家一行。自治区党委常委、自治区常务副主席吴英杰一同参加会见。

21日

由中国科协、中国工程院和自治区人民政府联合举办的以"依托优势资源、发展特色产业"为主题的第十届中国西部科技进步与经济社会发展专家论坛开幕式暨主题报告会在拉萨召开。自治区党委副书记、自治区常务副主席郝鹏在会上作了报告。自治区党委常委、自治区常务副主席吴英杰主持开幕式并致欢迎辞。自治区人大常委会副主任周春来、自治区政协副主席白玛朗杰出席。

◆自治区党委书记、西藏军区党委第一书记张庆黎在拉萨考察了我区节日市场供应情况，看望慰问正在执勤的武警官兵和公安民警。王增钵、王宾宜、白玛赤林、公保扎西、杨双举、郭毅力等领导同志陪同前往看望慰问。

◆为做好"国庆"、"中秋"两大节日期间的食品安全监管工作，自治区副主席德吉率领自治区相关单位负责同志对拉萨食品市场进行集中检查。

22日

自治区党委常委、自治区"扫黄打非"工作领导小组组长崔玉英在拉萨调研我区"扫黄打非"工作。自治区副主席、自治区"扫黄打非"工作领导小组副组长多托一同调研。

◆自治区副主席邓小刚在拉萨百货大楼对商场整体升级改造工作进行实地调研。

◆银联商务有限公司西藏分公司正式在拉萨开业。自治区副主席加热·洛桑丹增出席开业庆典并剪彩揭牌。银联商务有限公司总裁李陵致词。

◆自治区财政厅代行部分中央财政监督管理职能授权会在拉萨召开。财政部监督检查局局长耿虹、自治区主席助理丁业现出席授权会并讲话。

23日

自治区党委在拉萨召开省军级党员领导干部会议，传达学习党的十七届四中全会精神。自治区党委书记张庆黎主持会议并讲话。自治区党委副书记、自治区主席向巴平措和自治区党委副书记张裔炯分别传达了胡锦涛总书记在党的十七届四中全会第一次、第二次全会会议上的重要讲话。郝鹏、舒玉泰、王增钵、巴桑顿珠、吴英杰、王宾宜、崔玉英、洛桑江村、白玛赤林、金书波、公保扎西等出席会议。

◆全区维护社会稳定工作电视电话会议召开。自治区党委书记、西藏军区党委第一书记张庆黎在拉萨主会场作重要讲话。自治区党委副书记、自治区主席向巴平措主持会议。自治区领导张裔炯、郝鹏、舒玉泰、王增钵、巴桑顿珠、吴英杰、王宾宜、崔玉英、白玛赤林、金书波、公保扎西等出席拉萨主会场会议。

◆全区电信市场管理工作座谈会在拉萨召开。自治区主席助理丁业现出席会议并讲话。

24日

西藏军区某摩步团先进事迹报告会在拉萨召开。自治区党委书记、西藏军区党委第一书记张庆黎和广大部队官兵一起聆听报告并作重要讲话。自治区党委常委、西藏军区政委王增钵主持报告会。舒玉泰、崔玉英、白玛赤林、公保扎西等领导同志出席报告会。

◆自治区人民政府与中国水电工程顾问集团公司举行座谈。自治区主席向巴平措在座谈会上作总结。中国水电工程顾问集团公司党组书记、总经理晏志勇在座谈会上介绍了中国水电工程顾问集团公司在西藏工作的有关情况。自治区主席助理丁业现介绍了我区经济社会发展和西藏电力事业发展情况。

◆自治区反恐怖工作领小组在拉萨举行处置爆炸恐怖袭击事件实战演练。自治区领导张裔炯、王宾宜、白玛赤林、李昭、金毅明、张培中、郭毅力等亲临指导并观摩演练。

◆自治区反恐怖工作领导小组在拉萨召开第四次全区反恐怖工作电视电话会议。自治区党委副书记、区反恐怖工作领导小组组长张裔炯出席并讲话。自治区党委常委、政法委书记、区反恐怖工作领导小组副组长王宾宜主持。自治区领导白玛赤林、金毅明、张培中、郭毅力等出席会议。自治区副主席、自治区政法委副书记、公安厅党委书记、厅长、区反恐怖工作领导小组副组长李昭对下一阶段工作进行安排部署。

23—25日

自治区副主席多托带领自治区有关部门负责同志深入山南地区洛扎县检查指导抗震救灾工作。

25日

第十一世班禅额尔德尼·确吉杰布圆满完成比丘戒受戒仪式等在藏各项佛事活动和社会活动，乘专机离藏返京。期间，张庆黎、帕巴拉·格列朗杰、热地、列确、向巴平措、张裔炯、郝鹏等自治区领导分别看望或陪同十一世班禅在藏活动。

◆全区家电家具下乡工作座谈会在拉萨召开。自治区副主席邓小刚出席会议并讲话。

◆自治区副主席加热·洛桑丹增先后来到布达拉宫、大昭寺、小昭寺等我区重点文物保护单位，检查新中国成立60 周年大庆期间安全保卫和消防安全工作。

23—26日

自治区常务副主席郝鹏在自治区有关单位负责同志陪同下，来到山南地区，就藏木电站、通县油路建设工程，基层社会事业项目及维护社会稳定情况进行检查调研。

26日

自治区人民政府召开 2008 年度财政预算执行情况与审计查出问题整顿工作会议。自治区主席向巴平措主持会议并讲话。自治区常务副主席吴英杰、白玛赤林，自治区副主席德吉、李昭出席会议。

◆由国家发展改革委员会主办的全国部分省市推进价格公共服务座谈会在林芝召开。国家发改委党组成员、副主任彭森，自治区党委副书记、自治区常务副主席郝鹏出席会议并讲话。

◆新中国 60 华诞和中秋佳节到来之际，自治区党委副书记张裔炯、自治区副主席甲热·洛桑丹增一行走访慰问在拉萨的我区离退休省级老干部。

◆自治区召开争创中国驰名商标领导小组会议，启动“5100”、“藏缘”两件商标争创驰名商标工作。自治区副主席邓小刚出席会议并讲话。

◆自治区副主席邓小刚率领自治区有关单位负责同志对拉萨市火车站、加油站、加气站、百益超市、拉萨百货大楼、温州商贸城等商场和重点部位的消防、应急预案、安保制度、措施制定和落实情况、防控、监控措施、产品质量等相关情况进行检查。

24—27日

天津市委副书记、市长黄兴国率天津市代表团在我区考察工作并看望慰问援藏干部。天津市委常委、宣传部部长肖怀远，天津市人大常委会副主任孙海麟，天津市副市长李文喜，天津市政协副主席陈永川等随同考察。自治区党委书记张庆黎和黄兴国分别在自治区党委、政府与天津市代表团座谈会上作重要讲话。自治区党委副书记、自治区主席向巴平措在座谈会上介绍我区经济社会发展情况。自治区领导张裔炯、崔玉英、白玛赤林、公保扎西、周春来、白玛才旺、宫蒲光、索朗卓玛等出席座谈会或陪同考察。

27日

自治区在成都举行我区出席国务院第五次全国民族团结进步表彰大会代表团会议。自治区党委副书记、自治区主席向巴平措，自治区人大常委会副主任新杂·丹增曲扎，自治区副主席多吉泽仁出席会议。自治区党委常委、自治区政协副主席、自治区党委统战部部长洛桑江村讲话。

28日

受自治区主席向巴平措委托，自治区常务副主席郝鹏主持召开政府常务会议。会议听取了“9·21”地震受灾情况汇报，审议并原则通过《关于搞活流通扩大消费的意见》、《关于保持全区对外贸易稳定增长的意见》、《西藏自治区汽车摩托车下乡实施方案》等。

◆国家发展改革委员会召开全国“十二五”规划编制工作电视电话会议，全面部署制定国民经济和社会发展第十二个五年规划工作。自治区党委副书记、自治区常务副主席郝鹏出席西藏分会场会议并讲话。

◆自治区党委常委、宣传部部长崔玉英对我区广播电视的安全播出系统，报纸出版发行系统以及区内主要新闻媒体内部安全保卫工作进行检查。自治区副主席多托一同前往。

◆自治区党委常委、自治区常务副主席白玛赤林看望慰问拉萨城关区革命烈士遗属和伤残军人。自治区有关单位负责人一同慰问。

◆我区庆祝新中国成立 60 周年电视专题文艺晚会《祖国，扎西德勒》在拉萨隆重举行。自治区领导列确、崔玉英、阿登、多托、索朗卓玛、杨双举、郭毅力等与我区各族各界代表一同观看演出。

29日

自治区党委、政府在拉萨举行离退休老干部招待会。自治区党委书记张庆黎在招待会上作重要讲话。自治区领导列确、张裔炯、郝鹏、巴桑顿珠、吴英杰、白玛赤林、公保扎西、土登才旺、宫蒲光等出席招待会。

◆自治区党委常委、自治区常务副主席吴英杰在自治区有关部门负责人陪同下，对拉萨市景(区)点、宾馆饭店、旅游汽车公司等服务管理部门及旅游行业的安全生产情况进行检查。

◆自治区反恐怖工作领导小组在拉萨举行武装缉捕实战演练。自治区党政军领导张裔炯、王宾宜、白玛赤林、李昭、杨双举、郭毅力、欧洛布穷、琼色等亲临指导并观摩演练。

◆自治区实施国家西部大开发战略领导小组会议在拉萨召开。自治区党委副书记、自治区常务副主席郝鹏主持会议并讲话。

◆2009年“中华环保世纪行·西藏行”宣传活动组委会会议在拉萨召开。自治区人大常委会副主任周春来，自治区副主席多托出席会议并讲话。

◆昌都地区“在祖国的怀抱里”—庆祝中华人民共和国成立60周年红歌演唱会在昌都举行。自治区副主席白玛才旺出席并观看演唱会。

30日

自治区在拉萨隆重举行庆祝中华人民共和国成立60周年招待会。自治区党委副书记、政府常务副主席郝鹏、区党委常委、政府常务副主席白玛赤林出席。

◆西藏自治区庆祝中华人民共和国成立60周年大会在拉萨隆重举行。区党委副书记、自治区常务副主席郝鹏、区党委常委、政府常务副主席吴英杰、白玛赤林等出席。

十月

1日

自治区省级领导干部集中收看国庆庆典。

张庆黎、列确、郝鹏、舒玉泰、王增钵、巴桑顿珠、崔玉英、尹德明、公保扎西等领导一同收看。

◆拉萨市举行各族各界庆祝新中国成立60周年“升国旗唱国歌”仪式。

张庆黎、列确、张裔炯、郝鹏、舒玉泰、王增钵、巴桑顿珠、王宾宜、崔玉英、白玛赤林、尹德明、公保扎西等领导出席。秦宜智讲话。

4日

自治区党委常委、自治区常务副主席吴英杰在山南检查指导维稳工作。

5日

自治区党委副书记、自治区常务副主席郝鹏在那曲地区嘉黎县考察。

◆由自治区双拥工作领导小组办公室、拉萨市委、拉萨市人民政府主办，拉萨市委宣传部承办的军警民欢度国庆红歌演唱会在拉萨举行。自治区领导王宾宜、白玛赤林、秦宜智、周春来、多托、刘庆惠、杨双举出席演唱会。

11日

自治区党委书记张庆黎会见中国科学院赴藏考察团。自治区党委常委、自治区常务副主席吴英杰一同参加会见。

13日

中共西藏自治区七届六次全委会议召开。自治区党委书记张庆黎作重要讲话。自治区领导列确、向巴平措、张裔炯、郝鹏、王增钵、巴桑顿珠、吴英杰、王宾宜、崔玉英、洛桑江村、白玛赤林、金书波、尹德明、公保扎西、秦宜智出席。

◆自治区党委副书记、自治区主席向巴平措在拉萨会见了由中共中央候补委员、中科院副院长詹文龙率领的中科院赴藏考察团一行。自治区党委常委、自治区常务副主席吴英杰一同参加会见。

14日

自治区国防动员委员会第四次全体会议召开。区党委书记、西藏军区党委第一书记、自治区国防动员委员会第一主任张庆黎出席会议并为受表彰单位和个人颁奖。区党委副书记、自治区主席、自治区国防动员委员会主任向巴平措在会上作重要讲话。西藏军区司令员、自治区国防动员委员会第一副主任舒玉泰作工作报告。自治区党委常委、自治区常务副主席、自治区国防动员委员会常务副主任白玛赤林主持会议。

◆西藏天路建筑工业集团在拉萨举行揭牌仪式。自治区党委副书记、自治区常务副主席郝鹏，自治区人大常委会副主任周春来，自治区政协副主席索朗卓玛，自治区主席助理丁业现出席揭牌仪式。

16日

自治区党委召开议军会议。自治区党委书记、西藏军区党委第一书记张庆黎主持会议并作重要讲话。自治区党委副书记、自治区主席向巴平措和自治区党委常委、西藏军区政委王增钵分别讲话。西藏军区司令员舒玉泰报告工作。自治区领导列确、张裔炯、郝鹏、崔玉英、白玛赤林、尹德明、公保扎西、秦宜智和自治区人大、政府、西藏军区的有关领导同志出席会议。

◆区党委副书记、自治区常务副主席郝鹏在拉萨与中国人民银行副行长胡晓炼率领的赴藏调研组一行座谈。自治区副主席白玛才旺主持座谈会。

◆自治区党委常委、自治区常务副主席吴英杰在拉萨会见了前来参加西藏化学会成立庆典大会的中国科学院院士高松、张希一行。

17日

自治区党委书记、西藏军区党委第一书记张庆黎在拉萨会见了公安部边防管理局政委傅宏裕。自治区党委常委、政法委书记王宾宜，自治区党委常委、自治区常务副主席白玛赤林，武警西藏边防总队总队长欧洛布穷一同参加会见。

◆武警西藏边防总队第二次党代会16日至17日在拉萨召开，自治区党委书记张庆黎，公安部边防管理局政委傅宏裕，自治区党委常委、政法委书记王宾宜，自治区党委常委、自治区常务副主席白玛赤林，自治区党委常委、秘书长公保扎西出席会议。

19日

自治区第三人民医院新建工程奠基典礼在拉萨举行。自治区党委副书记、自治区主席向巴平措，自治区党委常委、自治区常务副主席吴英杰等出席奠基典礼并为工程奠基。

◆西藏天海西藏惠通集团公司成立。自治区党委常委、自治区常务副主席白玛赤林等出席揭牌仪式。

◆第十一届全国运动会西藏代表团团长、自治区副主席甲热·洛桑丹增来到全运会运动村，看望了我区参加本次全运会的运动员和教练员，鼓励他们认真参赛，力争取得好成绩。

20日

自治区政府召开专题会议，研究部署阿里抗击雨雪灾害工作。区党委副书

记、自治区主席向巴平措主持，区党委常委、自治区常务副主席白玛赤林等出席。

◆自治区党委常委、自治区常务副主席吴英杰在拉萨会见了美国驻成都总领事馆新任总领事布朗大维一行。

◆全区公安边防派出所会议19日至20日在拉萨召开。区党委常委、政法委书记王宾宜出席会议并讲话。自治区党委常委、自治区常务副主席白玛赤林出席会议。

◆自治区政府与自治区人大常委会《食品安全法》执法检查组交换意见，区人大副主任阿登、新杂·单增曲扎介绍情况，自治区副主席德吉讲话。

◆西藏中央储备粮管理办公室成立。自治区副主席多吉泽仁和中国储备粮管理总公司副总经理陈克出席揭牌仪式并讲话。

◆拉萨市过度电源项目贷款签字仪式在拉萨举行。自治区副主席白玛才旺出席并致词。

21日

自治区党委副书记、自治区主席向巴平措主持召开自治区政府常务会议。原则通过《西藏自治区档案条例》（草案）、《西藏自治区水文管理办法》（修订草案）、《关于呈报(西藏自治区人民政府关于推进信用担保体系建设的意见)的请示》、《关于提高我区中小学教育"三包"经费标准的请示》。自治区党委常委、自治区常务副主席吴英杰、白玛赤林，自治区副主席次仁、白玛才旺、多吉泽仁、孟德利、德吉出席会议。

◆中国工商银行西藏分行向日喀则捐建太阳能光伏电站。自治区副主席白玛才旺出席启动仪式并讲话。

23日

自治区党委书记张庆黎在拉萨市城关区调研深人学习实践科学发展观活动。

◆全区工程建设领域突出问题专项治理工作电视电话会议在拉萨召开。自治区党委常委、纪委书记、全区工程建设领域突出问题专项治理领导小组组长金书波出席会议并讲话。自治区副主席孟德利主持会议。

25日至26日

全区社会治安综合治理工作会议暨2005年—2008年度综治工作表彰大会在拉萨召开。自治区党委书记张庆黎为受表彰的先进集体和先进个人颁奖并作重要讲话。区党委常委、政法委书记、区综治委主任王宾宜主持会议并讲话。区党委常委、自治区常务副主席、区综治委第一副主任白玛赤林作总结讲话。

区党委副书记、自治区主席向巴平措，区党委常委、组织部长尹德明，区党委常委、秘书长公保扎西等领导同志出席会议并为受表彰的先进集体和先进个人颁奖。

27日

自治区第三届劳动模范和先进工作者表彰大会在拉萨隆重召开。自治区党委书记张庆黎出席会议并为受表彰的劳动模范和先进工作者颁奖。自治区党委副书记、自治区主席向巴平措出席会议并讲话。自治区党委常委、自治区常务副主席吴英杰主持会议。区党委常委、组织部部长尹德明宣读了《中共西藏自治区委员会西藏自治区人民政府关于表彰西藏自治区第三届劳动模范和先进工作者的决定》。自治区党委常委、区纪委书记金书波，区党委常委、秘书长公保扎西等领导同志出席会议。

◆自治区副主席白玛才旺主持召开政府专题会议，听取自治区相关部门、西藏巨龙铜业有限公司及相关设计单位关于墨竹工卡县驱龙铜多金属矿区勘探建设进展情况，研究下一步驱龙铜多金属矿区开发建设问题。

◆我区180重点建设项目、全国环保系统"十一五"对口援建重点建设项目一拉萨市环境监测站、环境应急指挥中心建设工程开工。自治区副主席孟德利出席开工仪式。

◆自治区副主席德吉在拉萨会见印度尼西亚驻华大使苏德加一行。

28日

自治区党委书记张庆黎在拉萨会见了中纪委派驻国家发展改革委纪检组组长苏波率领的中央扩大内需促进经济增长政策落实第十六检查组一行。自治区党委常委、自治区常务副主席吴英杰，自治区党委常委、自治区纪委书记金书波一同参加会见。

29日

自治区党委副书记、自治区主席向巴平措率调研组一行驱车深入拉萨市当雄县，就当雄县县域经济、社会发展、农牧民群众生产生活和第三批深入学习实践科学发展观活动开展情况进行调研。

23日至30日

自治区党委副书记张裔炯到林芝地区，就发展稳定、社会主义新农村建设、旅游业发展和基层党建等方面情况进行调研。

30日

全区森林防火工作会议在拉萨召开。自治区副主席次仁出席会议并讲话。

9日

全区外宣干部培训班正式开班，自治区副主席多托出席开班仪式并讲话。

11日

自治区主席向巴平措主持召开自治区政府常务会议，原则通过了《西藏自治区消防条例》（修订草案）、《关于呈报(西藏自治区人民政府关于进一步规范矿产资源勘查开发管理意见)的请示》、《关于呈报审定(西藏自治区城镇体系规划(2008—2020))的请示》、《关于呈请审批(阿里城市总体规划(2008—2020))的请示》、《关于我区城镇职工基本医疗保险实行自治区级统筹的请示》和《关于撤销林芝地区设立地级林芝市的请示》等。自治区常务副主席郝鹏，自治区副主席多吉泽仁、宫蒲光、孟德利、德吉、多托和自治区主席助理丁业现出席会议。

◆自治区主席向巴平措在拉萨会见了联合国驻华机构协调员、开发计划署驻华代表马和励一行。自治区副主席德吉一同参加会见。

16日

自治区召开专题会议，听取11月8日日喀则地区昂仁、萨嘎两县交界处发生5.6级地震后的救灾工作开展情况，进一步研究部署抗救灾工作。自治区主席向巴平措主持会议并讲话，自治区副主席宫蒲光、孟德利出席会议。

◆全区餐饮住宿行业职业技能竞赛开幕式在拉萨举行，自治区副主席宫蒲光出席会议并讲话。

18日

自治区政府党组理论学习中心组召开以从严管理干部、提高干部素质为主题的学习会，自治区主席向巴平措主持学习会并讲话。自治区常务副主席郝鹏，自治区副主席多吉泽仁、宫蒲光、孟德利、德吉、多托及自治区主席助理丁业现参加学习会。

19日

自治区常务副主席郝鹏在拉萨出席林芝电网与藏中电网联网运行启动仪式，并视察了羊湖电厂运营和拉萨过渡电源项目建设情况。自治区主席助理丁业现出席启动仪式并一同视察。

20日

手机藏文资讯研发项目在西藏大学新校区正式启动，自治区常务副主席郝鹏，中国移动通信集团公司党组书记、副总裁张春江，自治区主席助理丁业现出席启动仪式，并按动启动球。

23日

自治区主席向巴平措主持召开自治区政府常务会议，会议就自治区公安厅、人事厅《关于追记旺堆同志个人一等功的请示》，自治区财政厅、卫生厅《关于建立村医岗位补贴制度的请示》，自治区财政厅《关于推进财政科学化精细化管理工作的通知》的请示和自治区国土资源厅《关于西藏阿里地区札达至山岗边防公路改建工程项目用地的请示(代拟稿)的请示》等进行了研究。自治区常务副主席郝鹏，自治区副主席次仁、多吉泽仁、宫蒲光、德吉和自治区主席助理丁业现出席会议。

24—28日

自治区党委副书记、自治区常务副主席郝鹏率领的西藏自治区政府代表团在尼泊尔民主联邦共和国访问。

25日

自治区主席向巴平措在拉萨会见了国家发改委宏观经济研究院常务副院长王一鸣率领的西藏“十二五”规划思路研究课题组一行。自治区主席助理丁业现一同参加会见。

26日

自治区农牧民安居工程领导小组会议在拉萨召开，自治区主席向巴平措出席会议并讲话。自治区党委副书记张裔炯，自治区副主席次仁、宫蒲光出席会议，自治区主席助理丁业现主持会议。

◆全国食品安全整顿工作电视电话会议在北京召开，自治区副主席德吉出席西藏分会场会议并讲话。

27日

自治区主席向巴平措在拉萨主持召开自治区政府常务会议，研究讨论并原则通过了那曲地委、行署《关于请求自治区人民政府专题研究那曲地区草原生态畜牧业防减灾体系建设的请示》等。自治区副主席次仁、多吉泽仁、宫蒲光、德吉和自治区主席助理丁业现出席会议。

◆拉萨纳金大桥工程奠基仪式在蔡公堂乡隆重举行，自治区主席向巴平措在奠基仪式上讲话并为工程奠基，自治区副主席宫蒲光，自治区政协副主席德吉措姆等出席并为工程奠基。

◆“西藏今昔”图片展在尼泊尔博克拉市举行，正在尼泊尔访问的自治区党委副书记、自治区常务副主席郝鹏出席开幕式并讲话。

28日

我区重要能源建设项目—果多水电站筹建期工程在昌都县开工建设，自治区副主席白玛才旺出席开工典礼并讲话。

29日

2010年度中央机关及其直属机构公务员录用考试公共科目笔试在全国各省会城市、自治区首府、直辖市和部分较大城市同时举行。自治区副主席宫蒲光巡视西藏考区考点。

30日

自治区重大疾病防治协调领导小组成员单位会议在拉萨召开，自治区副主席德吉出席会议并讲话。

十一月

4日

自治区主席向巴平措在拉萨远大建材公司、堆龙东嘎水泥厂和曲水信通水泥厂调研，自治区副主席宫蒲光一同调研。

◆全区中小学和中等职业学校思想政治工作会议在拉萨召开，自治区常务副主席吴英杰出席会议并讲话。

◆自治区召开甲型H1N1流感联防联控工作领导小组第四次会议，自治区常务副主席吴英杰出席会议并讲话，自治区副主席德吉主持会议。

◆自治区副主席孟德利在拉萨会见了由国家开发银行党建巡视组第五组组长王历率领的国家开发银行党建巡视组一行。

5日

全区千名干部进百村开展“两帮助”活动动员大会在拉萨召开，自治区党委书记张庆黎在动员大会上讲话，自治区主席向巴平措主持大会，自治区党委副书记张裔炯宣读《活动方案》。自治区领导吴英杰、王宾宜、金书波、尹德明、公保扎西出席拉萨主会场会议。

6日

全国民族团结进步模范事迹报告会在拉萨隆重举行，自治区领导张庆黎、向巴平措、吴英杰、王宾宜、金书波、尹德明、公保扎西等出席。中央统战部副部长、报告团团长斯塔致辞，自治区党委副书记张裔炯主持报告会。

◆我区召开全区节能节电电视电话会议，自治区主席向巴平措出席会议并讲话，自治区副主席宫蒲光主持会议。

十二月

1日

中国佛协西藏分会第九届二次常务理事会议在拉萨召开，自治区副主席多吉泽仁出席会议并讲话。

◆西藏藏药产业发展战略研讨会在拉萨召开，自治区副主席德吉出席会议并讲话。

◆我区举办“世界艾滋病日”宣传活动，自治区人大常委会副主任马如龙、自治区副主席德吉、自治区政协副主席刘庆慧前往各宣传点察看宣传情况，并亲切慰问工作人员。

2日

自治区主席向巴平措主持召开自治区政府常务会议，研究讨论了自治区财政厅关于呈报《西藏自治区2009年财政预算预计执行情况和2010年财政预算初步安排意见》的请示，自治区国资委《关于组建西藏矿业集团的请示》和《关于组建西藏建材集团的请示》，自治区人力资源和社会保障厅、财政厅关于印发《西藏自治区人民政府开展新型农村社会养老保险试点方案》的请示等。自治区副主席多吉泽仁、宫蒲光、德吉、李昭和自治区主席助理丁业现出席会议。

◆那曲地区第四届畜产品展销会在那曲镇开幕，自治区副主席次仁出席展销会开幕式并讲话。

6日

自治区政府和中国联合网络通信集团公司正式达成战略合作框架协议，自治区主席向巴平措和中国联通董事长常小兵出席了在京举行的签约仪式。

8日

自治区建立草原生态保护奖励机制工作领导小组第一次会议在拉萨召开，自治区副主席次仁主持会议并讲话。

◆我区出生缺陷一级预防工作启动暨2009年新农村新家庭——人口健康促进项目拓展会议在拉萨召开，自治区人大常委会副主任马如龙、自治区政协副主席德吉措姆出席会议，自治区副主席德吉出席会议并讲话。

◆2010年度全区消防工作会议在拉萨召开，自治区副主席李昭出席会议并讲话。

11日

当雄召开千名干部进百村开展“两帮助”活动总结大会，自治区副主席宫蒲光出席并讲话。

◆自治区召开国庆60周年群众游行西藏主体彩车工作总结表彰大会，自治区副主席多托为受表彰的先进集体和个人颁奖并讲话。

13日

自治区主席向巴平措主持召开自治区政府常务会议，研究讨论了自治区发展改革委《关于2009年全区经济运行情况和2010年经济发展意见的汇报》等。自治区常务副主席郝鹏，自治区副主席次仁、白玛才旺、多吉泽仁、宫蒲光、德吉、多托、李昭和自治区主席助理丁业现出席会议。

15日

自治区工业和信息化厅在拉萨举行揭牌仪式，自治区常务副主席郝鹏，自治区人大常委会副主任尼玛次仁，自治区政协副主席、秘书长罗松多吉出席揭牌仪式，自治区主席助理丁业现讲话。

◆自治区人力资源和社会保障厅、公务员局在拉萨举行揭牌仪式，自治区常务副主席郝鹏出席揭牌仪式并讲话，自治区人大常委会副主任尼玛次仁，自治区政协副主席、秘书长罗松多吉和自治区主席助理丁业现出席。

◆西藏世丰担保公司成立暨担保合同签字仪式在拉萨举行，自治区副主席白玛才旺出席仪式并讲话。

16日

西藏盛源矿业集团、西藏高新建材集团在拉萨举行揭牌仪式，自治区常务副主席郝鹏，自治区人大常委会副主任尼玛次仁，自治区政协副主席德吉措姆，自治区主席助理丁业现出席西藏盛源矿业集团、西藏高新建材集团揭牌仪式。自治区副主席白玛才旺出席西藏盛源矿业集团揭牌仪式。

17—19日

全区经济工作会议在拉萨召开，自治区党委书记张庆黎、自治区主席向巴平措分别发表重要讲话，自治区党委副书记张裔炯，自治区常务副主席白玛赤林分别主持会议，自治区常务副主席郝鹏作会议总结讲话。

18日

全国政法工作电视电话会议在北京召开，自治区领导张庆黎、向巴平措、白玛赤林、公保扎西等出席西藏分会场会议，张裔炯讲话，王宾宜主持。

19日

全区2009年社会治安综合治理工作表彰大会暨2010年综治目标管理责任书签字仪式在拉萨举行。自治区党委书记张庆黎，自治区党委副书记、自治区主席向巴平措代表自治区党委、政府与我区七地(市)委书记、行署(政府)专员(市长)签订《2010年社会治安综合治理目标管理责任书》。自治区党委副书记张裔炯宣读了表彰决定。自治区领导郝鹏、巴桑顿珠、崔玉英、金书波、尹德明、公保扎西、秦宜智出席签字仪式。自治区党委常委、政法委书记王宾宜讲话，自治区常务副主席白玛赤林主持。

20日

自治区参与上海世博会工作领导小组召开专题会议，自治区常务副主席郝鹏出席会议并讲话。

21日

自治区主席向巴平措主持召开自治区政府常务会议，研究讨论了自治区工业和信息化厅关于呈报《西藏自治区人民政府关于贯彻(国务院关于进一步促进中小企业发展的若干意见)的实施意见(代拟稿)》的请示、自治区国土资源厅《关于对(西藏自治区矿产资源总体规划)进行评审的请示》、自治区人力资源和社会保障厅《关于推荐2009年我区享受政府特殊津贴人选的请示》等。自治区常务副主席郝鹏、白玛赤林，自治区副主席次仁、白玛才旺、多吉泽仁、邓小刚、宫蒲光、孟德利、德吉、多托、李昭和自治区主席助理丁业现出席会议。全区发展和改革工作会议在拉萨召开，自治区常务副主席郝鹏出席会议并讲话。

22日

自治区政府召开专门会议，征求各界人士对《政府工作报告》意见，自治区副主席白玛才旺、多吉泽仁、多托分别主持会议。

◆我区治理“小金库”工作领导小组第三次全体会议在拉萨召开，自治区副主席白玛才旺出席会议并讲话。

23日

自治区环境保护厅在拉萨举行揭牌仪式，自治区主席向巴平措，自治区人大常委会副主任尼玛次仁，自治区副主席宫蒲光，自治区政协副主席索朗卓玛出席仪式并为自治区环境保护厅揭牌，自治区副主席孟德利出席揭牌仪式并讲话。

◆自治区交通运输厅举行揭牌仪式，自治区常务副主席白玛赤林出席仪式并为新成立的自治区交通运输厅揭牌。

◆自治区住房和城乡建设厅揭牌，自治区常务副主席白玛赤林出席仪式并揭牌。自治区人大常委会副主任周春来，自治区副主席孟德利，自治区政协副主席刘庆慧出席揭牌仪式。

◆西藏自治区水利规划勘测设计研究院建院10周年庆祝大会在拉萨召开，自治区副主席次仁出席庆祝大会并讲话。

24日

全区外事系统工作总结表彰大会在拉萨召开，自治区常务副主席郝鹏出席会议并讲话。

◆自治区工商联四届三次执委会议在拉萨召开，自治区副主席多吉泽仁出席会议并讲话。

26—27日

尼泊尔总理马达夫·库马尔·尼帕尔在拉萨进行了为期 2 天的参观访问。自治区党委书记张庆黎，自治区主席向巴平措分别会见了尼泊尔总理。自治区常务副主席郝鹏，自治区副主席宫蒲光参加会见。

28日

全区财政工作会议在拉萨召开，自治区主席向巴平措出席会议并讲话，自治区人大常委会副主任尼玛次仁，自治区副主席宫蒲光出席会议。

◆阿沛·阿旺晋美同志遗体告别仪式在北京举行，自治区领导张庆黎、列确、吴英杰等出席告别仪式。

29日

自治区常务副主席郝鹏在拉萨主持召开自治区人民政府第 5 次全体会议，研究讨论《政府工作报告》。自治区副主席白玛才旺、多吉泽仁、邓小刚、德吉、多托、李昭和自治区主席助理丁业现出席会议。

◆自治区副主席白玛才旺前往自治区国税局，听取税务系统2009年度工作汇报。

◆2010 年“三大节日”即将来临，为确保节日期间人民群众饮食安全，自治区副主席德吉率相关单位负责人，对拉萨食品市场安全进行了检查。

30日

自治区常务副主席郝鹏率领相关部门负责人，看望慰问了区直单位部分困难职工和城镇低保户。自治区人大常委会副主任宋善礼、自治区政协副主席索朗卓玛、自治区主席助理丁业现一同慰问。

◆全区政法系统学习贯彻全国政法工作电视电话会议精神专题汇报会在拉萨召开。自治区副主席李昭出席了会议。

31日

自治区副主席白玛才旺前往银行机构营业网点，代表自治区人民政府向辛勤工作在业务一线的工作人员致以节日的问候。

◆自治区政府办公厅召开2009年度工作总结暨表彰大会，自治区副主席宫蒲光出席会议并讲话。

◆自治区副主席德吉和自治区政府办公厅、残联等相关部门负责人一同前往拉萨市特殊教育学校，自治区残联盲人培训中心看望慰问在校师生员工。

第八篇 统计资料

全国各省市自治区国民经济主要指标

地区	国土面积及排位（万平方千米）		年末总人口（万人）	城镇居民人均总收入（元）	农村居民人均纯收入（元）	地区生产总值（亿元）	人均地区生产总值（元）	全社会固定资产投资（亿元）	社会消费品零售总额（亿元）
全　国	960		133474	18858.1	5153.2	335352.9	25188	224845.6	132678.4
北　京	1.68	29	1755	30673.7	11668.6	11865.9	68788	4616.9	5309.9
天　津	1.19	30	1228	23565.7	8687.6	7500.8	62403	4738.5	2430.8
河　北	18.77	12	7034	15675.8	5149.7	17026.6	24284	12267.0	5764.9
山　西	15.63	20	3427	14983.2	4244.1	7365.7	21544	4943.2	2809.0
内蒙古	118.30	3	2422	16951.4	4937.8	9725.8	40225	7318.9	2855.3
辽　宁	14.59	21	4319	17757.7	5958.0	15065.6	34898	12292.6	5812.6
吉　林	18.74	13	2740	15155.2	5265.9	7203.2	26319	6411.3	2957.3
黑龙江	45.46	6	3826	13689.9	5206.8	8288.0	21665	5029.2	3401.8
上　海	0.63	31	1921	32403.0	12482.9	14900.9	78225	5143.7	5173.2
江　苏	10.26	24	7725	22494.9	8003.5	34061.2	44232	18950.0	11484.1
浙　江	10.18	25	5180	27119.3	10007.3	22832.4	44335	10741.6	8622.3
安　徽	13.96	22	6131	15691.9	4504.3	10052.9	16391	8985.8	3527.8
福　建	12.14	23	3627	21692.4	6680.2	11949.5	33051	6231.2	4481.0
江　西	16.69	18	4432	15047.2	5075.0	7589.2	17185	6642.4	2484.4
山　东	15.67	19	9470	19336.9	6118.8	33805.3	35796	19034.5	12363.0
河　南	16.70	17	9487	15408.0	4807.0	19367.3	20477	13704.6	6746.4
湖　北	18.59	14	5720	15698.1	5035.3	12831.5	22450	7866.9	5928.4
湖　南	21.18	10	6406	16078.1	4909.0	12930.7	20226	7703.5	4913.7
广　东	17.79	15	9638	24116.5	6906.9	39081.6	40748	12941.5	14891.8
广　西	23.60	9	4856	17032.9	3980.4	7700.4	15923	5237.2	2790.7
海　南	3.39	28	864	14909.3	4744.4	1646.6	19166	988.2	537.5
重　庆	8.24	26	2859	16990.3	4478.4	6528.7	22916	5214.3	2479.0
四　川	48.50	5	8185	15323.8	4462.1	14151.3	17339	11387.3	5758.7
贵　州	17.60	16	3798	13793.4	3005.4	3893.5	10258	2401.7	1247.3
云　南	39.40	8	4571	15680.3	3369.3	6168.2	13536	4526.4	2051.1
西　藏	122.84	2	290	14979.0	3531.7	441.4	15295	379.4	156.6
陕　西	20.56	11	3772	15311.3	3437.6	8186.7	21732	6249.0	2699.7
甘　肃	45.40	7	2635	12918.0	2980.1	3382.4	12852	2363.0	1183.0
青　海	72.12	4	557	14150.3	3346.2	1081.3	19454	798.3	300.5
宁　夏	5.18	27	625	15550.8	4048.3	1334.6	21475	1075.9	339.3
新　疆	165.00	1	2159	13602.2	3883.1	4273.6	19926	2710.9	1177.5

行政区划(表一)

地区	市辖区	县级市	县	乡	民族乡	镇	街道	居民委员会	村民委员会
总计	1	1	71	542	8	140	9	158	5746
拉萨市	1		7	48		9	7	28	241
昌都地区			11	110	1	28		12	1307
山南地区			12	58	4	24		52	542
日喀则地区		1	17	174		27	2	25	1732
那曲地区			10	89		25		28	1262
阿里地区			7	29		7		6	136
林芝地区			7	34	3	20		7	526

行政区划(表二)

拉萨市	城关区 墨竹工卡县 达孜县 堆龙德庆县 曲水县 尼木县 当雄县 林周县
昌都地区	左贡县 芒康县 洛隆县 边坝县 昌都县 江达县 贡觉县 类乌齐县 丁青县 察雅县 八宿县
山南地区	乃东县 扎囊县 贡嘎县 桑日县 琼结县 洛扎县 加查县 隆子县 曲松县 措美县 错那县 浪卡子县
日喀则地区	日喀则市 南木林县 江孜县 定日县 萨迦县 拉孜县 昂仁县 谢通门县 白朗县 仁布县 康马县 定结县 仲巴县 亚东县 吉隆县 聂拉木县 萨嘎县 岗巴县
那曲地区	申扎县 班戈县 那曲县 聂荣县 安多县 嘉黎县 巴青县 比如县 索县 尼玛县
阿里地区	普兰县 札达县 噶尔县 日土县 革吉县 改则县 措勤县
林芝地区	林芝县 米林县 朗县 工布江达县 波密县 察隅县 墨脱县

行政区划(表三)

分类	个数	县(市、区)名称
边境县	21	墨脱县 米林县 察隅县 朗县 洛扎县 隆子县 错那县 浪卡子县 定日县 康马县 定结县 仲巴县 亚东县 吉隆县 聂拉木县 萨嘎县 岗巴县 普兰县 札达县 噶尔县 日土县
农业县	35	城关区 墨竹工卡县 达孜县 堆龙德庆县 曲水县 尼木县 墨脱县 米林县 林芝县 波密县 察隅县 朗县 芒康县 左贡县 洛隆县 边坝县 乃东县 扎囊县 贡嘎县 桑日县 琼结县 洛扎县 加查县 隆子县 日喀则市 南木林县 江孜县 定日县 萨迦县 拉孜县 白朗县 仁布县 定结县 吉隆县 聂拉木县
牧业县	14	当雄县 仲巴县 萨嘎县 那曲县 嘉黎县 聂荣县 安多县 申扎县 班戈县 巴青县 尼玛县 革吉县 改则县 措勤县
半农半牧县	24	林周县 工布江达县 昌都县 江达县 贡觉县 类乌齐县 丁青县 察雅县 八宿县 曲松县 措美县 错那县 浪卡子县 昂仁县 谢通门县 康马县 亚东县 岗巴县 比如县 索县 普兰县 札达县 噶尔县 日土县
“一江两河”开发县	18	城关区 墨竹工卡县 达孜县 堆龙德庆县 曲水县 尼木县 林周县 乃东县 扎囊县 贡嘎县 桑日县 琼结县 日喀则市 南木林县 江孜县 白朗县 拉孜县 谢通门县
粮食基地县	11	堆龙德庆县 林周县 波密县 芒康县 乃东县 扎囊县 贡嘎县 江孜县 白朗县 日喀则市 拉孜县

全区主要经济指标

指标名称	单位	2009年	增长%
生产总值	亿元	441.36	12.4
人均GDP	元	15295	11.2
第一产业增加值	亿元	63.99	3.3
第二产业增加值	亿元	136.19	21.7
第三产业增加值	亿元	241.18	10.3
农林牧渔总产值	亿元	93.4	5.6
粮食产量	万吨	90.53	-4.7
肉类产量	万吨	25.52	4.3
工业增加值	亿元	32.67	12.9
发电量	亿千瓦时	18	12.5
地方财政收入	亿元	30.37	6.2
地方财政支出	亿元	470.56	22.5
全社会固定资产投资总额	亿元	379.42	22.4
各项存款余额	亿元	1028.40	24.1
各项贷款余额	亿元	248.35	13.2
社会消费品零售总额	亿元	156.58	21.3
货运总量	万吨	959.26	28
客运总量	万人次	7965.80	14.9
进出口总额	亿美元	4.02	-47.5
出口总额	亿美元	3.75	-46.9
进口总额	亿美元	0.27	-54.2
旅游外汇收入	万美元	7873	150
接待国内外旅游者	万人次	561.06	150
接待国内旅游者	万人次	543.57	150
接待海外旅游者	万人次	17.49	160
农牧民年人均纯收入	元	3532	11.2
城镇居民人均可支配收入	元	13544	8.5

全区各地（市）国民经济主要指标及排位

地　区	拉萨	昌都	山南	日喀则	那曲	阿里	林芝
地方财政收入（亿元）	10.05	2.79	3.23	2.92	1.80	0.92	2.87
排位	1	5	2	3	6	7	4
地方财政支出（亿元）	37.73	26.40	24.12	33.56	22.96	12.42	15.72
排位	1	3	4	2	5	7	6
财政收入占地区生产总值比重（%）	6.5	4.8	7.1	3.9	4.0	5.6	6.3
地区生产总值(亿元)	154.27	57.90	45.48	75.51	45.11	16.34	45.77
排位	1	3	5	2	6	7	4
地区生产总值增速% (按可比价格计算)	12.7	12.2	12.5	11.8	11.4	11.3	13.5
第一产业(亿元) (按当年价格计算)	8.56	14.03	3.42	19.48	9.10	3.45	3.59
第二产业(亿元) (按当年价格计算)	46.08	22.15	19.36	18.19	11.16	3.99	14.81
第三产业(亿元) (按当年价格计算)	99.63	21.72	22.70	37.84	24.40	8.90	25.37
规模以上工业企业增加值（万元）	155531	14715	46629	24950	4119	2630	27032
农林牧渔总值（万元） (按当年价格计算)	135551	219636	69105	259657	128430	44188	76738
全社会固定资产投资（万元）	1361055	514743	456457	534661	323600	173268	430374
排位	1	3	4	2	6	7	5
社会消费品零售总额（万元）	759112	122185	150680	303976	88625	39162	102074
排位	1	4	3	2	6	7	5
各地区农牧民人均收入（元）	4149	3144	3676	3203	3577	2987	4562
城镇居民人均可支配收入（元）	15114	11659	12982	13249	13037	16410	12261

西部十二省(区、市)行政区划（2009）

省级行政区划名称	地级区划数	#地级市	县级区划数	#县级市	#市辖区	乡镇级区划数
全　国	333	283	2858	367	855	40858
西　藏	7	1	73	1	1	692
重　庆			40		19	1009
四　川	21	18	181	14	43	4660
贵　州	9	4	88	9	10	1555
云　南	16	8	129	9	12	1366
内蒙古	12	9	101	11	21	863
广　西	14	14	109	7	34	1232
陕　西	10	10	107	3	24	1745
甘　肃	14	12	86	4	17	1350
青　海	8	1	43	2	4	396
宁　夏	5	5	22	2	9	233
新　疆	14	2	98	19	11	1005

西部十二省(区、市)主要经济指标（2009）

地　区	地区生产总值（亿元）	人均地区生产总值（元）	国际旅游外汇收入（亿美元）	农林牧渔业总产值（亿元）	农林牧渔业总产值比上年增长（%）
全国	335352.9	25188		60361.0	4.6
西　藏	441.4	15295	0.79	93.4	5.6
重　庆	6528.7	22916	5.37	913.1	6.4
四　川	14151.3	17339	2.89	3689.8	4.2
贵　州	3893.5	10258	1.10	875.2	4.6
云　南	6168.2	13536	11.72	1706.2	5.8
内蒙古	9725.8	40225	5.58	1570.6	2.4
广　西	7700.4	15923	6.43	2377.2	5.4
陕　西	8186.7	21732	7.71	1337.2	5.0
甘　肃	3382.4	12852	0.13	876.3	5.8
青　海	1081.3	19454	0.15	157.3	5.8
宁　夏	1334.6	21475	0.04	243.5	8.2
新　疆	4273.6	19926	1.37	1297.6	5.1